ZHONGGUO ZHISHICHANQUAN NIANJIAN

中国知识产权年鉴

主办●国家知识产权局

知识产权出版社
全国百佳图书出版单位

图书在版编目(CIP)数据

中国知识产权年鉴. 2017/国家知识产权局主编. —北京:知识产权出版社,2017. 11
ISBN 978-7-5130-5273-3

Ⅰ. ①中… Ⅱ. ①国… Ⅲ. ①知识产权—中国—2017—年鉴 Ⅳ. ①D923. 4-54

中国版本图书馆 CIP 数据核字(2017)第 280034 号

责任编辑: 牛洁颖　崔开丽　吴亚平　　**责任校对:** 谷　洋
装帧设计: 智兴工作室　　**责任出版:** 刘译文

中国知识产权年鉴 2017

国家知识产权局　主办

出版发行: 知识产权出版社有限责任公司　　**网　　址:** http://www.ipph.cn
社　　址: 北京市海淀区气象路 50 号院　　**邮　　编:** 100081
责编电话: 010-82000860 转 8109　　**责编邮箱:** nianjian772@sina.com
发行电话: 010-82000860 转 8101/8102　　**发行传真:** 010-82000893/82005070/82000270
印　　刷: 三河市国英印务有限公司　　**经　　销:** 各大网上书店、新华书店及相关专业书店
开　　本: 787mm×1092mm　1/16　　**印　　张:** 43
版　　次: 2017 年 11 月第 1 版　　**印　　次:** 2017 年 11 月第 1 次印刷
字　　数: 1100 千字　　**定　　价:** 240.00 元

ISBN 978-7-5130-5273-3

◆ 2016 年 7 月 21 日，由国家知识产权局、国家工商行政管理总局、国家版权局、商务部、北京市人民政府和世界知识产权组织联合主办的"一带一路"知识产权高级别会议在北京举办。国务委员王勇出席开幕式并致辞。

◆ 2016 年 7 月 21 日，国务委员王勇会见世界知识产权组织总干事弗朗西斯·高锐一行。

◆ 2016 年 4 月 9~10 日，首届中国知识产权保护高层论坛在北京举办。国家知识产权局局长申长雨强调要着力构建知识产权大保护工作格局。

◆ 2016 年 12 月 1 日，国家工商行政管理总局局长张茅（左二）、广东省省长朱小丹（右二）、国家工商行政管理总局副局长刘俊臣（左一）、广州市委书记任学锋（右一）共同为国家工商行政管理总局商标审查协作广州中心揭牌。

◆ 2016 年 8 月 25 日，作为第 23 届北京国际图书博览会（BIBF）重要活动之一的 2016 BIBF 国际版权贸易高级研修班在北京举行。国家新闻出版广电总局副局长、国家版权局副局长阎晓宏出席并发表主题演讲。

◆ 2016 年 4 月 26 日，最高人民法院在第一法庭公开开庭审理再审申请人迈克尔·乔丹与被申请人国家工商行政管理总局商标评审委员会、一审第三人乔丹体育股份有限公司商标争议行政纠纷系列案。最高人民法院组成五人合议庭对该案进行审理。最高人民法院副院长、审判委员会委员、二级大法官陶凯元（后排中）担任审判长。

◆ 2016 年 4 月 19 日，国务院新闻办公室召开中国知识产权发展状况新闻发布会，国家知识产权局局长申长雨（左二），国家工商行政管理总局副局长刘俊臣（左三），国家版权局副局长阎晓宏（右一）出席新闻发布会。

◆ 2016 年 1 月 7 日，全国知识产权局局长会议在北京召开。

◆ 2016 年 11 月 30 日，国家知识产权局在北京召开新闻发布会，就国家知识产权局新出台的《关于严格专利保护的若干意见》进行发布和解读。国家知识产权局副局长贺化（左二）出席新闻发布会并作新闻发布。

◆ 2016 年 8 月 18 日，国家工商行政管理总局副局长刘俊臣（左二）为沈阳注册商标专用权质权登记申请受理点揭牌。

◆ 2016 年 4 月 21 日，全国 31 个省（区、市）统一举行侵权盗版及非法出版物集中销毁活动，共销毁侵权盗版及非法出版物 1418 万余件。全国“扫黄打非”工作小组专职副组长李长江（右起第七人）出席北京主会场活动，国家新闻出版广电总局副局长、国家版权局副局长阎晓宏（右起第六人）出席活动并讲话。图为国家新闻出版广电总局副局长吴尚之主持活动仪式。

◆ 2016 年 4 月 19~22 日，2016 年海峡两岸植物新品种保护交流活动在陕西杨凌举办，推动落实了海峡两岸植物新品种保护合作方面的制度性安排，进一步深化了海峡两岸植物新品种保护的合作与交流。农业部种子管理局副局长马淑萍（左侧前排左四）出席会议并讲话。

◆ 为进一步提升我国植物品种测试水平，增进与国际植物新品种保护联盟（UPOV）及其成员的技术合作与交流，受农业部种子管理局委托，2016 年 6 月 5~10 日，农业部科技发展中心、农业部植物新品种测试（上海）分中心承办的第 34 届 UPOV 自动化和计算机程序技术工作组会议在上海举行。

◆ 2016 年 9 月 27~29 日，国家林业局在广东组织召开园林园艺植物新品种保护与推广研讨会。国家林业局科技发展中心（国家林业局植物新品种保护办公室）主任王焕良（左三）出席会议。

◆ 2016 年 9 月 27 日，国家林业局在园林园艺植物新品种保护与推广研讨会上进行茶花新品种商业开发授权签约仪式。

◆ 2016 年 4 月 25 日，公安部经侦局与英国知识产权局版权和知识产权执法司、英国伦敦城警察局在北京举行会谈，就知识产权刑事执法及国际合作等议题进行交流。

◆ 2016 年 7 月 15 日，公安部经侦局在公安部指挥中心召开全国公安机关打击涉烟经济犯罪视频调度会，听取各地公安机关收网行动汇报，对打击涉烟犯罪工作进行远程调度。全国打击侵权假冒领导小组办公室、海关总署、国家烟草专卖局等部门有关负责同志到会场观摩。

◆ 2016 年 6 月 21 日，最高人民法院知识产权审判庭庭长宋晓明率领由 10 名知识产权法官组成的欧盟考察团参加由欧洲专利局举办的圆桌会议。

◆ 2016 年 12 月 26 日，第十八届中国专利奖颁奖大会在北京举行。

◆ 2016 年 12 月 14~16 日，北京、天津、河北三地知识产权局在河北廊坊共同组织举办京津冀知识产权协同发展高层论坛。

◆ 2016 年 9 月 9 日，由国家知识产权局、辽宁省人民政府主办，大连市人民政府承办的 2016 年（第十届）中国国际专利技术与产品交易会暨知识产权保护与创新高层论坛在辽宁大连隆重启幕。

◆ 2016 年 5 月 28 日，由湖南省知识产权局和湖南省教育厅联合主办的 2016 年“华进杯”湖南省知识产权竞答赛决赛在中南大学举行。

◆贵州省知识产权局专利执法总队开展跨部门展会联合执法行动。

◆2016 年 6 月 8 日，宁夏回族自治区全区企业知识产权管理规范“贯标”工作启动暨培训会在宁夏银川召开。

《中国知识产权年鉴(2017)》编辑委员会名单

汪学军　农业部科技教育司副司长
陈　奎　国家工商行政管理总局商标局综合处处长
陈福利　商务部条约法律司副司长
林　新　科学技术部政策法规司副司长
林祥明　农业部科技教育司转基因生物安全与知识产权处处长
段玉萍　国家版权局版权管理司副司长
赵志彬　国家知识产权局办公室副主任
夏君丽　最高人民法院知识产权审判庭审判长
徐媛媛　中华全国专利代理人协会秘书长
诸敏刚　知识产权出版社有限责任公司董事长
曹冬根　中国知识产权报社社长
黄建华　海关总署政策法规司知识产权处处长
葛　树　国家知识产权局专利复审委员会副主任
韩秀成　国家知识产权局知识产权发展研究中心主任

年鉴编辑部名单

主　　　编：贺　化

副　主　编：赵志彬　王润贵

执行副主编：沙开清　汤腊冬

责 任 编 辑：牛洁颖　崔开丽　吴亚平

特 约 编 辑：（按姓氏笔画排序）

王　燕　（国家工商行政管理总局商标局综合处）

叶婷婷　（国家版权局版权管理司综合处）

刘　磊　（国家知识产权局规划发展司计划统计处）

刘　铭　（国家知识产权局专利复审委员会）

李芬莲　（中国知识产权研究会）

李　虎　（最高人民检察院侦查监督厅保护知识产权处）

何晓丹　（农业部科技教育司转基因生物安全与知识产权处）

吴　娴　（商务部条约法律司知识产权法律处）

杨　非　（国家知识产权局办公室）

杨烨瑶　（科学技术部政策法规司法规与知识产权处）

张　博　（最高人民法院知识产权审判庭）

张芬涛　（海关总署政策法规司知识产权处）

龚玉梅　（国家林业局植物新品种保护办公室）

编辑说明

一、《中国知识产权年鉴》是反映我国知识产权领域工作基本状况的大型资料性工具书，2001年11月创刊，每年出版一版，2017版反映的是2016年度我国知识产权工作的基本情况，2017年11月出版。

二、2017版内容由“重大战略部署”“领导讲话”“特约文章”“概况”“大事记”“新闻百条”“统计资料”“评选和认定”“法律、法规、规章及司法解释”“典型案例”“学术成果”“附录”12部分组成。

三、“重大战略部署”栏目记录了2016年度中共中央、国务院作出的关于我国知识产权发展的重大战略部署。

四、“领导讲话”栏目记录的是2016年度国家领导人以及国家知识产权局、国家工商行政管理总局、国家新闻出版广电总局、最高人民法院等部门的领导，有关知识产权问题的重要讲话。

五、“特约文章”栏目记录的是2016年度知识产权领域有关领导、专家、学者，对近年发生的一些重大、热点问题，发表的观点和论述。

六、“概况”栏目，全面记录了2016年度我国知识产权领域专利、商标、反垄断与反不正当竞争、版权、打击盗版、农林植物新品种、海关、商务方面的工作情况，司法机关保护知识产权工作的情况，全国性知识产权领域社团活动的情况，各地方开展知识产权工作的情况。

七、“大事记”栏目，记录了2016年度我国知识产权领域专利、商标、版权、打击盗版、农林植物新品种、海关、商务以及司法保护方面的重大事件。

八、“新闻百条”栏目，摘录了知识产权领域相关媒体2016年报道的有代表性的事件，其中大部分为首次发生的事件。

九、“统计资料”栏目收集了2016年度我国知识产权领域专利、商标、版权、农林植物新品种、海关、司法保护方面的重要统计数据。

十、“评选和认定”栏目收录了国家知识产权局第十八届中国专利金奖及外观设计金奖项目简介，国家工商行政管理总局商标局2016年度已注册和初步审定的地理标志商标名录，以及农业部2016年度农产品地理标志登记产品名单。

十一、“法律、法规、规章及司法解释”栏目收录了2016年度公布和新修订的与知识产权有关的法律、法规、规章及司法解释。

十二、“典型案例”栏目收录了2016年度的知识产权司法案例、最高人民检察院案例、国家知识产权局专利复审和无效宣告案例、国家工商行政管理总局商标局及商标评审委员会案例、国家工商行政管理总局反垄断与反不正当竞争执法局案例、国家版权局打击侵权盗版案例、出版物市场监管案例、海关知识产权保护案例、公安机关知识产权保护案例、知识产权系统专利行政执法案例。

十三、“学术成果”栏目收录了国家知识产权局以及农业部2016年度关于知识产权的主要学术研究成果介绍。

十四、“附录”栏目收录了与知识产权相关的主要政府网站简介。

目　录

重大战略部署

“十三五”国家知识产权保护和运用规划 …………………………………………………… (1)
2016 年全国打击侵犯知识产权和制售假冒伪劣商品工作要点 ………………………… (12)
知识产权综合管理改革试点总体方案 ……………………………………………………… (17)
《国务院关于新形势下加快知识产权强国建设的若干意见》重点任务分工方案 …… (20)

领导讲话

深化改革　创新发展　奋力开创知识产权强国建设新局面 ………………… 申长雨(27)
——在全国知识产权局局长会议上的工作报告
深化改革　不断创新　努力提升市场监管现代化水平(摘录) ……………… 张　茅(35)
——在全国工商和市场监管部门工作座谈会上的讲话
在“全球创作者论坛”上的书面致辞 ……………………………………………… 聂辰席(38)
加强商标保护　推动区域经济共同发展 ………………………………………… 刘俊臣(39)
——在第二届中国—东盟工商论坛上的主旨演讲
在2016 年全国侵权盗版及非法出版物集中销毁活动北京主会场
仪式上的讲话 ……………………………………………………………………… 阎晓宏(43)
充分发挥司法保护知识产权的主导作用　为建设知识产权强国
和世界科技强国提供坚强有力的司法服务与保障 ………………………… 陶凯元(44)
——在全国法院知识产权审判工作座谈会暨全国法院知识产权
审判“三合一”推进会上的讲话

特约文章

着力构建网络版权保护良好生态 ………………………………………………… 阎晓宏(57)
版权　创新　发展 ……………………………………………………………………… 于慈珂(59)
深化司法体制改革,加强知识产权保护 ………………………………………… 宋晓明(61)
关于知识产权损害赔偿的几点思考 ……………………………………………… 李明德(62)
严格的知识产权保护的基石:良好的专利授权和确权质量 ……………… 蒋　彤(70)

概　况

全国知识产权工作概况 …… (77)
专利工作 …… (77)
集成电路布图设计登记申请 …… (97)
商标工作 …… (98)
反垄断与反不正当竞争工作 …… (99)
版权工作 …… (101)
打击盗版工作 …… (105)
农业植物新品种保护工作 …… (106)
农产品地理标志工作 …… (107)
林业植物新品种保护工作 …… (109)
海关知识产权工作 …… (111)
商务知识产权工作 …… (117)
公安机关保护知识产权工作 …… (118)
知识产权民事司法保护工作 …… (120)
知识产权刑事司法保护工作 …… (129)
检察机关保护知识产权工作 …… (131)
全国知识产权社团工作 …… (132)
《中国知识产权年鉴》编撰部门相关信息一览表 …… (153)
地方知识产权工作概况 …… (154)
北京市(154)　天津市(163)　河北省(170)　山西省(178)　内蒙古自治区(184)
辽宁省(192)　吉林省(199)　黑龙江省(205)　上海市(213)　江苏省(221)　浙江省(229)
安徽省(235)　福建省(243)　江西省(250)　山东省(257)　河南省(264)　湖北省(270)
湖南省(277)　广东省(284)　广西壮族自治区(294)　海南省(300)　重庆市(307)
四川省(314)　贵州省(321)　云南省(327)　西藏自治区(333)　陕西省(339)　甘肃省(345)
青海省(352)　宁夏回族自治区(359)　新疆维吾尔自治区(366)　新疆生产建设兵团(371)
香港特别行政区(373)　澳门特别行政区(375)　台湾地区(378)

大事记

国家知识产权局 …… (380)
国家工商行政管理总局商标局 …… (383)
国家版权局 …… (387)
农业部 …… (391)
国家林业局 …… (393)
海关总署 …… (394)
商务部 …… (396)
公安部 …… (398)
最高人民法院 …… (399)
最高人民检察院 …… (400)

新闻百条

新闻百条 (402)

统计资料

专利 …… (424)
商标 …… (447)
版权 …… (465)
集成电路布图设计 …… (469)
农业植物新品种 …… (472)
林业植物新品种 …… (480)
海关知识产权保护 …… (491)
知识产权司法保护 …… (494)

评选和认定

第十八届中国专利金奖获奖项目简介 …… (498)
第十八届中国外观设计金奖获奖项目简介 …… (516)
国家工商行政管理总局商标局 2016 年度已注册和初步审定的地理标志商标名录 …… (518)
农业部 2016 年度新登记农产品地理标志名单 …… (533)
农产品地理标志相关评选和认定 …… (540)

法律、法规、规章及司法解释

法律、法规、规章

专利收费减缴办法 …… (541)
委托地方工商和市场监管部门受理商标注册申请暂行规定 …… (543)
国家工商总局商标局注册商标专用权质权登记受理点工作规程 …… (546)
中华人民共和国农业植物品种保护名录(第十批) …… (552)
主要农作物品种审定办法 …… (554)
农业部植物品种特异性、一致性和稳定性测试机构管理规定 …… (560)

司法解释

最高人民法院关于审理侵犯专利权纠纷案件应用法律若干问题的解释(二) …… (565)

典型案例

中国法院 2016 年度十大知识产权案件

案例 1　“乔丹”系列商标行政案 …… (569)
案例 2　侵害“庆丰”商标及不正当竞争纠纷案 …… (570)
案例 3　“非诚勿扰”商标侵权案 …… (570)
案例 4　“热稳定的葡糖淀粉酶”专利无效案 …… (571)
案例 5　“拉菲”与“拉菲庄园”商标行政纠纷案 …… (572)
案例 6　“美容器”外观设计专利侵权案 …… (573)

案例 7 “笔”外观设计侵权案 …………………………………………………………… (574)
案例 8 “大头儿子”著作权纠纷案 …………………………………………………… (575)
案例 9 “美人榆”植物新品种侵权案 ………………………………………………… (576)
案例 10 汪某某侵犯商业秘密宣告无罪案 …………………………………………… (576)
检察机关 2016 年度保护知识产权十大案例
案例 1 湖北张某假冒注册商标案 …………………………………………………… (577)
案例 2 福建陈某某等人假冒注册商标、非法制造注册商标标识、
销售假冒注册商标的商品案 ………………………………………………… (578)
案例 3 上海沈某、黄某某等人销售假冒注册商标的商品案 ………………………… (579)
案例 4 山东刘某等人销售假冒注册商标的商品案 ………………………………… (580)
案例 5 广东罗某某等人侵犯著作权案 ……………………………………………… (581)
案例 6 河北霍某某销售侵权复制品案 ……………………………………………… (583)
案例 7 北京何某某等人侵犯商业秘密案 …………………………………………… (583)
案例 8 南京科鲁斯公司侵犯商业秘密案 …………………………………………… (585)
案例 9 迅达公司因商标权纠纷申请支持起诉案 …………………………………… (585)
案例 10 江西珍视明公司与董某侵害商标权纠纷执行监督案 ……………………… (587)
国家知识产权局专利复审和无效宣告案例
案例 1 “一种向应用程序输入艺术字/图形的方法及系统”
发明专利权无效宣告请求案 ………………………………………………… (588)
案例 2 “一种无线局域网移动设备安全接入及数据保密通信的方法”
发明专利权无效宣告请求案 ………………………………………………… (588)
案例 3 “越野车(陆风 E32 车型)”外观设计专利权无效宣告请求案 ……………… (589)
案例 4 “固体药物剂型”发明专利权无效宣告请求案 ……………………………… (589)
案例 5 “主轴电机”发明专利权无效宣告请求案 …………………………………… (590)
案例 6 “取代的 2-(2,6-二氧哌啶-3-基)-邻苯二甲酰亚胺和-1-氧异二氢
吲哚及降低肿瘤坏死因子 α 的方法”发明专利权无效宣告请求案 ……… (590)
案例 7 “新型摄像导轨”实用新型专利权无效宣告请求案 ………………………… (591)
案例 8 “通过在解锁图像上执行姿态来解锁设备”复审请求案 …………………… (591)
案例 9 “载体装置”实用新型专利权无效宣告请求案 ……………………………… (592)
案例 10 “缝纫机”发明专利权无效宣告请求案 ……………………………………… (592)
国家工商行政管理总局商标局及商标评审委员会案例
商标监管典型案例
案例 1 天津市宁河区市场监管局查处天津正通恒业公司侵犯
颜色组合商标案 ……………………………………………………………… (593)
案例 2 江苏省扬州市工商局查处侵犯“劳力士”等商标专用权案 ………………… (593)
案例 3 广东省广州市工商局天河分局查处广州某公司销售侵犯“SANTAK”
商标专用权不间断电源案 …………………………………………………… (594)
案例 4 上海市工商局查处有象公司擅自使用联合国名称和徽记案 ……………… (594)
案例 5 四川省泸州市工商局查处李某某生产侵犯“国窖 1573”酒瓶立体
注册商标专用权案 …………………………………………………………… (595)

案例 6　湖南省株洲市工商局查处南洲新区石油销售公司侵犯中国石化等注册商标专用权案 …… (595)
案例 7　京冀两地工商部门查处侵权润滑油案 …… (596)
案例 8　海南省工商局查处王某某侵犯"宗申"注册商标专用权案 …… (596)
案例 9　重庆市巫山县工商局查处谭某某侵犯"幸福"商标专用权案 …… (597)
案例 10　北京市工商局丰台分局查处北京上富卓勤公司侵犯"brother"商标专用权案 …… (597)

商标异议典型案例

案例 1　"朵贝茶"商标异议案 …… (598)
案例 2　"胡诚礼 HUCHENGLI"商标异议案 …… (599)
案例 3　第 16191180 号"金食华年 JIN SHI HUA NIAN"商标异议裁决案 …… (601)
案例 4　"锦生堂 JINSHENGTANG 及图"商标异议案 …… (603)
案例 5　"莲香楼"商标异议案 …… (605)
案例 6　第 12347417 号"PAULA CADEMARTORI"商标异议案 …… (606)
案例 7　第 15805578 号图形商标异议案 …… (609)
案例 8　第 12047481 号"MOMTAZ POWER 及图"商标异议案 …… (612)

国家工商行政管理总局反垄断与反不正当竞争执法局案例

案例 1　L 公司侵犯商业秘密案 …… (614)
案例 2　N 公司仿冒知名商品特有的包装、装潢案 …… (616)
案例 3　S 公司销售侵犯他人注册商标专用权商品案 …… (618)
案例 4　W 公司擅自使用他人企业名称案 …… (619)
案例 5　亢某某等三名离职员工侵犯商业秘密案 …… (621)

国家版权局 2016 年度打击侵权盗版十大案件

案例 1　"风雨文学网"侵犯文字作品著作权案 …… (623)
案件 2　"echo 回声"APP 侵犯音乐作品信息网络传播权案 …… (623)
案例 3　"九九漫画"等网站侵犯漫画作品信息网络传播权案 …… (623)
案例 4　吴某某侵犯网络游戏著作权案 …… (624)
案例 5　汇梦影视茶吧侵犯影视作品著作权案 …… (624)
案例 6　青岛约吧有限公司侵犯影视作品著作权案 …… (624)
案例 7　霍某某销售盗版图书案 …… (625)
案例 8　巩某某等销售盗版光盘案 …… (625)
案例 9　邹某等制售盗版图书案 …… (625)
案例 10　竹林新华包装材料厂盗印教辅案 …… (626)

出版物市场监管 2016 年度典型案例

案例 1　江苏镇江、北京"10·26"特大网络销售盗版图书案 …… (627)
案例 2　江苏昆山"12·15"制售侵权盗版图书案 …… (627)
案例 3　江苏徐州"3·11"印制侵权盗版图书案 …… (627)
案例 4　河南滑县"5·12"侵犯著作权案 …… (627)
案例 5　河南焦作"4·15"侵犯著作权案 …… (627)
案例 6　山东济南"9·24"侵犯著作权案 …… (628)
案例 7　山东济南"10· 11"侵犯著作权案 …… (628)

案例 8 广西贺州“11・4”侵犯著作权案 …… (628)
案例 9 四川成都“www.imanhua.com”网站侵犯著作权案 …… (628)
案例 10 宁夏银川“广州创思信息技术有限公司”侵犯著作权案 …… (628)
海关 2016 年度保护知识产权典型案例
案例 1 黄埔、天津、杭州、宁波、广州海关联合查办进口假冒商标汽车润滑油专案 …… (629)
案例 2 深圳、宁波、天津、黄埔、上海、杭州、青岛、南京海关查办出口侵犯专利权电动平衡车专案 …… (630)
案例 3 上海、南京、广州、北京、拱北等海关开展中美联合执法行动打击跨国销售侵权货物专案 …… (631)
案例 4 上海海关查办出口假冒商标缝纫机头案 …… (631)
案例 5 厦门海关查办外贸综合服务平台企业出口侵权鞋服案 …… (632)
案例 6 黄埔海关联合公安机关破获特大假冒商标休闲鞋案 …… (633)
案例 7 宁波海关查办出口侵犯自主品牌挂锁案 …… (634)
案例 8 南宁海关查办出口系列假冒商标商品案 …… (634)
案例 9 郑州海关查办出口假冒商标集成电路案 …… (635)
案例 10 拉萨海关查办出口假冒商标商品案 …… (635)
公安机关 2016 年度知识产权保护案例
案例 1 “5・12”打击涉烟经济犯罪集中收网行动 …… (636)
案例 2 安徽“12・26”特大制售假冒名牌运动鞋案 …… (637)
案例 3 浙江宁波特大跨境制售假冒品牌农药案 …… (637)
案例 4 “4・22”跨境销售假冒润滑油案 …… (637)
案例 5 “10・29”特大制售假冒伪劣柴油案 …… (638)
案例 6 “3・18”特大制售假冒品牌食糖案 …… (638)
案例 7 朱某等人制售假冒品牌运动鞋服案 …… (638)
案例 8 王某等人特大制售假酒案 …… (639)
案例 9 沈某等人制售假冒品牌净水器案 …… (639)
案例 10 齐某等人制售假冒品牌饲料案 …… (639)
案例 11 天津网络盗版影视作品案 …… (639)
知识产权系统 2016 年度专利行政执法典型案例
案例 1 广东省知识产权局处理“具有翻边装置的轮胎成型鼓”发明专利权纠纷案 …… (640)
案例 2 浙江省金华市知识产权局处理“防盗门锁(双弧)”外观设计专利重复侵权纠纷案 …… (641)
案例 3 上海市浦东新区知识产权局处理“元贞甘唐”牌固体调味料(甜味)假冒专利案 …… (641)
案例 4 湖南省知识产权局处理“隐型防盗网型材”外观设计专利侵权纠纷案 …… (642)
案例 5 江苏省知识产权局处理“一种闪光对焊机用无压纹压块”实用新型专利侵权纠纷案 …… (642)
案例 6 广东省广州市知识产权局处理电子商务领域群体性专利假冒案 …… (643)

案例 7　黑龙江省哈尔滨市知识产权局处理“机动车空气滤清器”实用新型专利侵权纠纷案 …… (644)
案例 8　安徽省合肥市知识产权局处理“一种批式循环谷物干燥机分体式干燥箱”专利侵权纠纷案 …… (644)
案例 9　山东省知识产权局处理“锚固钉”外观设计专利群体侵权纠纷案 …… (645)
案例 10　河北省邯郸市知识产权局处理“包装桶(食用植物油)”发明专利侵权纠纷案 …… (646)

学术成果

国家知识产权局学术委员会 2016 年度学术研究成果 …… (647)
国家知识产权局 2016 年度软科学研究成果 …… (652)
农业部 2016 年植物新品种保护学术成果 …… (664)

附　　录

与知识产权有关的政府网站 …… (665)

Contents

Important Strategic Deployment

The 13th Five Year Plan for State IP Protection and Application .... (1)
Working Focus of Combating Intellectual Property Infringement and Counterfeiting in 2016 .... (12)
General Planning of Comprehensive Management Reform of Experimental Units .... (17)
The Plan on Division of Key Assignments under the Opinions of the State Council on Accelerating the Construction of an IP Powerhouse under the New Circumstances .... (20)

Leader Speeches

Deepen Reform Innovate Development Make Great Efforts to Build the New Era of IP Powerhouse .... By Shen Changyu(27)
—Work Report on Annual Conference of Intellectual Property Directors throughout the Country
Deepen Reform Keep on Innovation Make Great Efforts to Promote Modernization of Market Regulation(part) .... By Zhang Mao(35)
—Speech at the National Industry and Business and Market Regulation Department Symposium
The Written Speech on "World Creators Forum" .... By Nie Chenxi(38)
Strengthen Trademark Protection Promote Common Development of Regional Economy .... By Liu Junchen(39)
—Keynote Speech at the Second China-ASEAN Industrial and Commercial Forum
Speech at the Activity of Destroying Piracy and Illegal Publications in Beijing in 2016 .... By Yan Xiaohong(43)
Fully Deploy the Leading Role of Juridical Protection of IP and Provide Strong Juristic Service and Safeguard for Building IP Powerhouse and World Technological Powerful Country .... By Tao Kaiyuan(44)
—Speech at the National Judicial Work Symposium and the National Court Meeting of Promoting "Three in One" of IP Trial

Contributing Articles

Work Together to build a Sound Internet Copyright Ecology .... By Yan Xiaohong(57)

Copyright Innovation Development ······ By Yu Cike(59)
Deepen Judicial System Reform, Strengthen IP Protection ······ By Song Xiaoming(61)
Some Thoughts on Compensation for IP Infringement ······ By Li Mingde(62)
Steady Cornerstone of IP Protection: Good Quality of Patent Authorization and Right Confirming ······ By Jiang Tong(70)

Surveys

A Survey of National Intellectual Property Work ······ (77)
Patent ······ (77)
Registration of Layout Designs of Integrated Circuits ······ (97)
Trademark ······ (98)
Anti-trust and Anti-unfair Competition ······ (99)
Copyright ······ (101)
Combating Piracy ······ (105)
Protection of New Varieties of Agricultural Plants ······ (106)
Geographical Indication of Agricultural Products ······ (107)
Protection of New Varieties of Forestry Plants ······ (109)
Intellectual Property Work of Customs ······ (111)
Commerce Related Intellectual Property Work ······ (117)
Measures Taken by Public Security Organs to Protect Intellectual Property Rights ······ (118)
Civil Judicial Protection of Intellectual Property ······ (120)
Criminal Judicial Protection of Intellectual Property ······ (129)
IP Protection Made by Prosecuting Organs ······ (131)
National Social Organizations of Intellectual Property ······ (132)
Overview Table of Departments Making Contribution to *China IP Yearbook* ······ (153)
A Survey of Local Intellectual Property Work ······ (154)
Beijing Municipality(154) Tianjin Municipality(163) Hebei Province(170)
Shanxi Province(178) Inner Mongolia Autonomous Region(184) Liaoning Province(192)
Jilin Province(199) Heilongjiang Province(205) Shanghai Municipality(213)
Jiangsu Province(221) Zhejiang Province(229) Anhui Province(235)
Fujian Province(243) Jiangxi Province(250) Shandong Province(257)
Henan Province(264) Hubei Province(270) Hunan Province(277)
Guangdong Province(284) Guangxi Zhuang Autonomous Region(294)
Hainan Province(300) Chongqing Municipality(307) Sichuan Province(314)
Guizhou Province(321) Yunnan Province(327) Tibet Autonomous Region(333)
Shaanxi Province(339) Gansu Province(345) Qinghai Province(352)
Ningxia Hui Autonomous Region(359) Xinjiang Uygur Autonomous Region(366)
Xinjiang Production and Construction Corps(371)
HongKong Special Administrative Region(373)
Macao Special Administrative Region(375) Taiwan Province(378)

Major Events and Activities

State Intellectual Property Office ······ (380)
Trademark Office of the State Administration for Industry & Commerce of PRC ······ (383)
National Copyright Administration of PRC ······ (387)
Ministry of Agriculture of PRC ······ (391)
State Forestry Administration of PRC ······ (393)
General Administration of Customs ······ (394)
Ministry of Commerce ······ (396)
Ministry of Public Security ······ (398)
Supreme People's Court ······ (399)
Supreme People's Procuratorate ······ (400)

News (402)

Statistics

Patent ······ (424)
Trademark ······ (447)
Copyright ······ (465)
Layout Designs of Integrated Circuits ······ (469)
New Varieties of Agricultural Plants ······ (472)
New Varieties of Forestry Plants ······ (480)
Customs Protection of Intellectual Property Rights ······ (491)
Judicial Protection of Intellectual Property Rights ······ (494)

Selection and Affirmation

Introduction to Winning Patents in the 18th China Patent Awards ······ (498)
Introduction to Winning Designs in the 18th China Design Awards ······ (516)
2016 Directory of Newly Registered and Preliminary Approved Trademark of Geographical Indications Added by Trademark Office of the State Administration for Industry & Commerce of the PRC ······ (518)
2016 List of Registered Geographical Indication of Agricultural Products by Ministry of Agriculture ······ (533)
Relevant Rating and Recognition of Geographical Indication of Agricultural Products ······ (540)

Laws, Regulations, Rules, and Judicial Interpretations

Laws, Regulations, and Rules

Methods for Reducing Patent Fees ······ (541)
Interim Provision of Authorize Local Administration for Industry &

Commerce and Market Regulation to Accept Trademark Registration Application ············ (543)
Working Procedure of Trademark Office of the State Administration for Industry & Commerce Trademark Rights Pledge Registration Filing Center ············ (546)
Agricultural Plant Varieties Protection List of PRC(the 10th Batch) ············ (552)
Determination Method of Main Crops ············ (554)
Administrative Provision of Organizations Testing Specificity, Uniformity and Consistency of Plant Varieties ············ (560)

Judicial Interpretations

Judicial Interpretation of the Supreme People's Court on Several Issues on Law Application in Proceeding Patent Infringement Dispute(Ⅱ) ············ (565)

Typical Cases

Top 10 Intellectual Property Right Cases of Chinese Court in 2016

Case 1 Administrative Case of "Qiao Dan"Series Trademark ············ (569)
Case 2 Dispute of Infringement of"Qing Feng" Trademark Right and Unfair Competition ············ (570)
Case 3 Case of "Fei Chen Wu Rao" Trademark Right Infringement ············ (570)
Case 4 Case of "Thermostable Glucoamylase" Patent Invalid ············ (571)
Case 5 Administrative Dispute of "La Fei" and "La Fei Zhuang Yuan" Trademark ············ (572)
Case 6 Case of Right Infringement of Industrial Design of "Beauty Device"······ (573)
Case 7 Case of Right Infringement of Industrial Design of "Pen" ············ (574)
Case 8 Dispute of Copyright Infringement "Big Head Son"············ (575)
Case 9 Case of Plant Variety Infringement of "Beauty Elm" ············ (576)
Case 10 Case of Acquittal of WANG Infringing Trade Secret ············ (576)

Top 10 Intellectual Property Right Protection Cases of Chinese Procuratorate in 2016

Case 1 Case of Hubei ZHANG Counterfeiting Registered Trademark ············ (577)
Case 2 Case of Fujian CHEN and Others Counterfeiting Registered Trademark, Unlawfully Manufacturing Registered Trademark Logo, Selling Commodity with Counterfeited Trademark ············ (578)
Case 3 Case of Shanghai SHEN, HUANG and Others Selling Commodity with Counterfeited Trademark ············ (579)
Case 4 Case of Shandong LIU and Others Selling Commodity with Counterfeited Trademark ············ (580)
Case 5 Case of Guangdong LUO and Others Infringing Copyright ············ (581)
Case 6 Case of Hebei HUO Selling Tort Replica ············ (583)
Case 7 Case of Beijing HE and Others Infringing Trade Secret ············ (583)
Case 8 Case of Nanjing KELUSI CO. Infringing Trade Secret ············ (585)

Case 9 Case of XUNDA Co. Applied for Supporting its Pleading due to Trademark Dispute ………… (585)
Case 10 Case of Execution Surveillance over Jiangxi ZHENSHIMING Co. and DONG's Trademark Dispute ………… (587)
SIPO's Patent Reexamination and Announcement of Invalidation Cases
Case 1 Case of Appeal for Announcement for Invalidation of the Invention Patent "A Method and the System of Input Wordart/Graphics to Application Programs" ………… (588)
Case 2 Case of Appeal for Announcement for Invalidation of the Invention Patent "A Method of Safe Access to WLAN of Mobile Device and Data Secure Communication" ………… (588)
Case 3 Case of Appeal for Announcement for Invalidation of the Industrial Design "SUV(Lufeng E32)" ………… (589)
Case 4 Case of Appeal for Announcement for Invalidation of the Invention Patent "Solid Drug Dosage Form" ………… (589)
Case 5 Case of Appeal for Announcement for Invalidation of the Invention Patent "Spindle Motor" ………… (590)
Case 6 Case of Appeal for Announcement for Invalidation of the Invention Patent "A Method of Substitutional 2-(2, 6-dioxopiperidine-3-group) -phthalimide and -1-indoline and reducing TNF α" ………… (590)
Case 7 Case of Appeal for Announcement for Invalidation of the Utility Model "A New Type of Camera Guide Rail" ………… (591)
Case 8 Case of Appeal for Reexamination of "Unlock Device through Execute Movement on Unlocking Image" ………… (591)
Case 9 Case of Appeal for Announcement for Invalidation of the Utility Model "Carrier Device" ………… (592)
Case 10 Case of Appeal for Announcement for Invalidation of the Invention Patent "Sewing Machine" ………… (592)
Cases of Trademark Office of State Administration for Industry and Commerce of PRC and Trademark Review and Adjudication Board
Typical Trademark Supervision Cases
Case 1 Tianjing Ninghe District Market Supervisory Administration Investigating and Treating the Case of Tianjing Zheng Tong Heng Ye Company Violating Colour Combination Trademark" ………… (593)
Case 2 Jiangsu Yangzhou Administration for Industry and Commerce Investigating and Treating the Case of Violating the Trademark Right of "Rolex" and Other Trademarks ………… (593)
Case 3 Guangdong Guangzhou Administration for Industry and Commerce Tianhe Branch Investigating and Treating the Case of a Company in Guangzhou Violating Trademark Right of "SANTAK" UPS ………… (594)
Case 4 Shanghai Administration for Industry and Commerce Investiga-

ting and Treating the Case of Youxiang Group Unauthorized Use of the UN Name and Badge ······ (594)
Case 5 Sichuan Luzhou Administration for Industry and Commerce Investigating and Treating the Case of LI Producing the Wine Bottle Violating the Right of "GUO JIAO 1573" Registered 3D Trademark ······ (595)
Case 6 Hunan Zhuzhou Administration for Industry and Commerce Investigating and Treating Nanzhouxinqu Petroleum Sales Company Violating the Trademark Rights of Sinopec and Other Trademarks ······ (595)
Case 7 Administrations for Industry and Commerce in Beijing and Hebei Investigating and Treating Case of Infringement of Lubricating Oil ······ (596)
Case 8 Hainan Administration for Industry and Commerce Investigating and Treating WANG Violating the Trademark Right of "ZONG SHEN" Registered Trademark ······ (596)
Case 9 Chongqing Wushan Administration for Industry and Commerce Investigating and Treating TAN Violating the Exclusive Right of "XING FU" Trademark ······ (597)
Case 10 Beijing Fengtai Administration for Industry and Commerce Investigating and Treating Beijing Shangfuzhuoqin Company Violating Exclusive Right of "brother" Trademark ······ (597)
Typical Trademark Objection Cases
Case 1 Case of "DUO BEI CHA" Trademark Objection ······ (598)
Case 2 Case of "胡诚礼 HUCHENGLI" Trademark Objection ······ (599)
Case 3 Case of Adjudication of Trademark Objection No. 16191180 "金食华年 JIN SHI HUA NIAN" ······ (601)
Case 4 Case of "锦生堂 JINSHENGTANG and Graph" Trademark Objection ······ (603)
Case 5 Case of "LIAN XIANG LOU" Trademark Objection ······ (605)
Case 6 Case of Trademark Objection No. 12347417 "PAULA CADEMARTORI" ··· (606)
Case 7 Case of Graph Trademark Objection No. 15805578 ······ (609)
Case 8 Case of Trademark Objection No. 12047481 "MOMTAZ POWER and Graph" ······ (612)
Cases of Antimonopoly and Anti-Unfair Competition Enforcement Bureau, State Administration for Industry and Commerce of PRC
Case 1 Case of L Company Infringing Business Secret ······ (614)
Case 2 Case of N Company Counterfeiting Special Packing and Decoration of Well-known Commodity ······ (616)
Case 3 Case of S Company Selling Commodity Infringing the Exclusive Rights of Registered Trademark Owned by Others ······ (618)
Case 4 Case of W Company Unauthorized Use of the Name of Other Enterprise ······ (619)
Case 5 Case of KANG and Three Other Separated Employees Infringing Business Secret ······ (621)

Top 10 Cases of State Copyright Office Cracking Infringing and Pirating in 2016
Case 1 Case of "Fengyu Literature Novel Website" Infringing Copyrights of Literary Works …… (623)
Case 2 Case of "echo 回声"APP Infringing the Right of Communication Through Information Network of Music Works …… (623)
Case 3 Case of "Jiujiu Cartoon" and Other Websites Infringing the Right of Communication Through Information Network of Cartoons …… (623)
Case 4 Case of WU Infringing Copyright of Online Game …… (624)
Case 5 Case of Hui Meng Ying Shi Tea Pub Infringing Copyrights of Audiovisual Works …… (624)
Case 6 Case of Qingdao Yueba Co. , Ltd Infringing Copyrights of Audiovisual Works …… (624)
Case 7 Case of HUO Selling Pirated books …… (625)
Case 8 Case of GONG and Others Selling Pirated Optical Disk …… (625)
Case 9 Case of ZOU and Others Producing and Selling Pirated Books …… (625)
Case 10 Case of Zhu Lin Xin Hua Packing Material Factory Pirating Teaching Auxiliaries …… (626)
Case of Publication Market Supervision in 2016
Case 1 Jiangsu Zhenjiang, Beijing "10 • 26" Mega Case of Pirated Books Selling Through Internet …… (627)
Case 2 Jiangsu Kunshan "12 • 15" Case of Producing and Selling Pirated Books …… (627)
Case 3 Jiangsu Xuzhou "3 • 11" Case of Printing Pirated Books …… (627)
Case 4 Henan Hua County "5 • 12" Case of Infringing Copyrights …… (627)
Case 5 Henan Jiaozuo "4 • 15" Case of Infringing Copyrights …… (627)
Case 6 Shandong Jinan "9 • 24"Case of Infringing Copyrights …… (628)
Case 7 Shandong Jinan "10 • 11"Case of Infringing Copyrights …… (628)
Case 8 Guangxi Hezhou "11 • 4"Case of Infringing Copyrights …… (628)
Case 9 Case of Sichuan Chengdu "www. imanhua. com" Website Infringing Copyrights …… (628)
Case 10 Case of Ningxia Yinchuan "Guangzhou Chuang Si Information Technology Co. , Ltd" Infringing Copyrights …… (628)
Typical Cases of Intellectual Property Protection by China Customs in 2016
Case 1 Huangpu, Tianjin, Hangzhou, Ningbo, Guangzhou Customs Jointly Investigating and Treating the Exemplary Case of Importing Automobile Oil Counterfeiting Trademarks …… (629)
Case 2 Shenzhen, Ningbo, Tianjin, Huangpu, Shanghai, Hangzhou, Qingdao, Nanjing Customs Investigating and Treating the Exemplary Case of Exporting Electric Self-balancing Scooter Infringing Patent Rights …… (630)
Case 3 Shanghai, Nanjing, Guangzhou, Beijing, Gongbei and Other

Customs Conduct Joint Law Enforcement with USA Combating the Exemplary Case of Cross Border Selling Infringing Commodity …………… (631)
Case 4 Shanghai Customs Investigating and Treating the Case of Selling Sewing Machine Heads with Counterfeiting Trademarks …………………… (631)
Case 5 Xiamen Customs Investigating and Treating the Case of Comprehensive Foreign Trade Service Platform Enterprises Exporting Infringing Shoes and Clothes …………………………………………………… (632)
Case 6 Huangpu Customs and Public Security Organs Jointly Cracking Mega Case of Counterfeiting Trademarks Leisure Shoes …………………… (633)
Case 7 Ningbo Customs Investigating and Treating the Case of Infringing the Rights of Self-own Brand Padlock ………………………………………… (634)
Case 8 Nanning Customs Investigating and Treating Serial Cases of Counterfeiting Trademarks and Commodity ………………………………… (634)
Case 9 Zhengzhou Customs Investigating and Treating the Case of Counterfeiting Trademark Integrated Circuit ………………………………………… (635)
Case 10 Lasa Customs Investigating and Treating the Case of Counterfeiting Trademarks and Commodity ………………………………………………… (635)
Cases of Intellectual Property Protection by Public Security Organs in 2016
Case 1 "5 • 12" Draw In Action of Combating Economic Crime Concerning Tobacco ……………………………………………………………………… (636)
Case 2 Anhui "12 • 26" Mega Case of Producing and Selling Counterfeited Well-known Brand Sports Shoes ………………………………………… (637)
Case 3 Zhejiang Ningbo Mega Case of Cross-border Crime of Producing and Selling Counterfeited Brand Name Pesticides ……………………… (637)
Case 4 "4 • 22" Case of Cross-border Counterfeited Lubricate Oil Selling …… (637)
Case 5 "10 • 29" Mega Case of Producing and Selling Forged and Poor Quality Diesel Oil …………………………………………………………………… (638)
Case 6 "3 • 18" Mega Case of Producing and Selling Counterfeited Brand-name Sugar ……………………………………………………………………… (638)
Case 7 Case of ZHU and Others Producing and Selling Counterfeited Brand-name Sports Shoes ……………………………………………………… (638)
Case 8 Mega Case of WANG and Others Producing and Selling Fake Wine …………………………………………………………………………………… (639)
Case 9 Case of SHEN and Others Producing and Selling Brand-name Water Purifier ………………………………………………………………………… (639)
Case 10 Case of QI and Others Producing and Selling Counterfeited Brand-name Fodder …………………………………………………………… (639)
Case 11 Case of Tianjin Video On-line Pirating ………………………………… (639)
Typical Cases of Intellectual Property Governmental System Administrative Law Enforcement in 2016
Case 1 Guangdong Intellectual Property Office Treating "Tire Molding

Drum with Edge Turning Device"Patent Dispute ································· (640)
Case 2 Zhejiang Jinhua Intellectual Property Office Treating Repeated Infringement Dispute of the Right of Industrial Design "Safe-guard Chain Door Lock(Double Arc)" ·· (641)
Case 3 Shanghai Pudong New District Intellectual Property Office Treating the Case of"YUAN ZHEN GAN TANG"Solid Seasoner(Sweet) Counterfeiting Patent ·· (641)
Case 4 Hunan Intellectual Property Office Treating Infringement Dispute of the Right of Industrial Design"Hidden Anti-theft Net Section Material" ··········· (642)
Case 5 Jiangsu Intellectual Property Office Treating Infringement Dispute of the Right of Utility Model"a Type of Lock Block without Embossing Used in Butt Welding Machine" ·· (642)
Case 6 Guangdong Guangzhou Intellectual Property Office Treating Group Counterfeiting Patent in E-Commerce Territory ························ (643)
Case 7 Heilongjiang Haerbin Intellectual Property Office Treating Infringement Dispute of the Right of Utility Model"Automobile Air Purifier" ·············· (644)
Case 8 Anhui Hefei Intellectual Property Office Treating Infringement Dispute of Patent Right "A Kind of Split-type Drying Oven in Batch Type Recirculating Grain Dryer"··· (644)
Case 9 Shandong Intellectual Property Office Treating Infringement Dispute of the Right of Industrial Design"Anchor Nails"····························· (645)
Case 10 Hebei Handan Intellectual Property Office Treating Infringement Dispute of Patent Right of "Packing Barrel(Edible Oil)" ················· (646)

Academic Research Achievement

Academic Research Achievements of Academic Committee of SIPO in 2016 ······ (647)
Soft Science Research Achievements of SIPO in 2016 ································· (652)
Academic Achievement of Protecting New Varieties of Plants of Ministry of Agriculture in 2016 ·· (664)

Appendix

Government Websites Concerning Intellectual Property ································ (665)

“十三五”国家知识产权保护和运用规划

国发〔2016〕86 号

为贯彻落实党中央、国务院关于知识产权工作的一系列重要部署，全面深入实施《国务院关于新形势下加快知识产权强国建设的若干意见》(国发〔2015〕71 号)，提升知识产权保护和运用水平，依据《中华人民共和国国民经济和社会发展第十三个五年规划纲要》，制定本规划。

一、规划背景

“十二五”时期，各地区、各相关部门深入实施国家知识产权战略，促进知识产权工作融入经济社会发展大局，为创新驱动发展提供了有力支撑，进一步巩固了我国的知识产权大国地位。发明专利申请量和商标注册量稳居世界首位。与“十一五”末相比，每万人口发明专利拥有量达到 6.3 件，增长了 3 倍；每万市场主体的平均有效商标拥有量达到 1335 件，增长了 34.2%；通过《专利合作条约》途径提交的专利申请量(以下称 PCT 专利申请量)达到 3 万件，增长了 2.4 倍，跻身世界前三位；植物新品种申请量居世界第二位；全国作品登记数量和计算机软件著作权登记量分别增长 95.9%和 282.5%；地理标志、集成电路布图设计等注册登记数量大幅增加。知识产权制度进一步健全，知识产权创造、运用、保护、管理和服务的政策措施更加完善，专业人才队伍不断壮大。市场主体知识产权综合运用能力明显提高，国际合作水平显著提升，形成了一批具有国际竞争力的知识产权优势企业。知识产权质押融资额达到 3289 亿元，年均增长 38%。专利、商标许可备案分别达到 4 万件、14.7 万件，版权产业对国民经济增长的贡献率超过 7%。知识产权司法保护体系不断完善，在北京、上海和广州相继设立知识产权法院，民事、刑事、行政案件的“三合一”审理机制改革试点基本完成，司法裁判标准更加细致完备，司法保护能力与水平不断提升。知识产权行政保护不断加强，全国共查处专利侵权假冒案件 8.7 万件，商标权、商业秘密和其他销售假冒伪劣商品等侵权假冒案件 32.2 万件，侵权盗版案件 3.5 万件。全社会知识产权意识得到普遍增强。

同时，我国知识产权数量与质量不协调、区域发展不平衡、保护还不够严格等问题依然突出。核心专利、知名品牌、精品版权较少，布局还不合理。与经济发展融合还不够紧密，转移转化效益还不够高，影响企业知识产权竞争能力提升。侵权易发多发，维权仍面临举证难、成本高、赔偿低等问题，影响创新创业热情。管理体制机制还不够完善，国际交流合作深度与广度还有待进一步拓展。

“十三五”时期是我国由知识产权大国向知识产权强国迈进的战略机遇期。国际知识产权竞争更加激烈。我国经济发展进入速度变化、结构优化、动力转换的新常态。知识产权作为科技成果向现实生产力转化的重要桥梁和纽带，激励创新的基本保障作用更加突出。各地区、各相关部门要准确把握新形势新特点，深化知识产权领域改革，破除制约知识产权发展的障碍，全面提高知识产权治理能力，推动知识产权事业取得突破性进展，为促进经济提质增效升级提供有力支撑。

二、指导思想、基本原则和发展目标

（一）指导思想

全面贯彻党的十八大和十八届三中、四中、五中、六中全会精神，以邓小平理论、“三个代表”重要思想、科学发展观为指导，深入贯彻习近平总书记系列重要讲话精神，紧紧围绕统筹推进“五位一体”总体布局和协调推进“四个全面”战略布局，牢固树立和贯彻落实创新、协调、绿色、开放、共享的发展理念，认真落实党中央、国务院决策部署，以供给侧结构性改革为主线，深入实施国家知识产权战略，深化知识产权领域改革，打通知识产权创造、运用、保护、管理和服务的全链条，严格知识产权保护，加强知识产权运用，提升知识产权质量和效益，扩大知识产权国际影响力，加快建设中国特色、世界水平的知识产权强国，为实现“两个一百年”奋斗目标和中华民族伟大复兴的中国梦提供更加有力的支撑。

（二）基本原则

坚持创新引领。推动知识产权领域理论、制度、文化创新，探索知识产权工作新理念和新模式，厚植知识产权发展新优势，保障创新者的合法权益，激发全社会创新创造热情，培育经济发展新动能。

坚持统筹协调。加强知识产权工作统筹，推进知识产权与产业、科技、环保、金融、贸易以及军民融合等政策的衔接。做好分类指导和区域布局，坚持总体提升与重点突破相结合，推动知识产权事业全面、协调、可持续发展。

坚持绿色发展。加强知识产权资源布局，优化知识产权法律环境、政策环境、社会环境和产业生态，推进传统制造业绿色改造，促进产业低碳循环发展，推动资源利用节约高效、生态环境持续改善。

坚持开放共享。统筹国内国际两个大局，加强内外联动，增加公共产品和公共服务有效供给，强化知识产权基础信息互联互通和传播利用，积极参与知识产权全球治理，推动国际知识产权制度向普惠包容、平衡有效的方向发展，持续提升国际影响力和竞争力。

（三）发展目标

到 2020 年，知识产权战略行动计划目标如期完成，知识产权重要领域和关键环节的改革取得决定性成果，保护和运用能力得到大幅提升，建成一批知识产权强省、强市，为促进大众创业、万众创新提供有力保障，为建设知识产权强国奠定坚实基础。

——知识产权保护环境显著改善。知识产权法治环境显著优化，法律法规进一步健全，权益分配更加合理，执法保护体系更加健全，市场监管水平明显提升，保护状况社会满意度大幅提高。知识产权市场支撑环境全面优化，服务业规模和水平较好地满足市场需求，形成“尊重知识、崇尚创新、诚信守法”的文化氛围。

——知识产权运用效益充分显现。知识产权的市场价值显著提高，产业化水平全面提升，知识产权密集型产业占国内生产总值（GDP）比重明显提高，成为经济增长新动能。知识产权交易运营更加活跃，技术、资金、人才等创新要素以知识产权为纽带实现合理流动，带动社会就业岗位显著增加，知识产权国际贸易更加活跃，海外市场利益得到有效维护，形成支撑创新发展的运行机制。

——知识产权综合能力大幅提升。知识产权拥有量进一步提高，核心专利、知名品牌、精品版权、优秀集成电路布图设计、优良植物新品种等优质资源大幅增加。行政管理能力明显提升，基本形成权界清晰、分工合理、责权一致、运转高效、法治保障的知识产权体制机制。专业人才队伍数量充足、素质优良、结构合理。构建知识产权运营公共服务平台体系，建成便民利民的知识产权信息公共服务平台。知识产权运营、金融等业态发育更加成熟，资本化、商品化和产业化的渠道进一步畅通，市场竞争能力大幅提升，形成更多具有国际影响力的知识产权优势企业。国际事务处理能力不断提高，国际影响力进一步提升。

"十三五"知识产权保护和运用主要指标

指　标	2015年	2020年	累计增加值	属性
每万人口发明专利拥有量(件)	6.3	12	5.7	预期性
PCT专利申请量(万件)	3	6	3	预期性
植物新品种申请总量(万件)	1.7	2.5	0.8	预期性
全国作品登记数量(万件)	135	220	85	预期性
年度知识产权质押融资金额(亿元)	750	1800	1050	预期性
计算机软件著作权登记数量(万件)	29	44	15	预期性
规模以上制造业每亿元主营业务收入有效发明专利数(件)	0.56	0.7	0.14	预期性
知识产权使用费出口额(亿美元)	44.4	100	55.6	预期性
知识产权服务业营业收入年均增长(%)	20	20	—	预期性
知识产权保护社会满意度(分)	70	80	10	预期性

注:知识产权使用费出口额为五年累计值。

三、主要任务

贯彻落实党中央、国务院决策部署，深入实施知识产权战略，深化知识产权领域改革，完善知识产权强国政策体系，全面提升知识产权保护和运用水平，全方位多层次加快知识产权强国建设。

(一)深化知识产权领域改革

积极研究探索知识产权管理体制机制改革，努力在重点领域和关键环节取得突破性成果。支持地方开展知识产权综合管理改革试点。建立以知识产权为重要内容的创新驱动评价体系，推动知识产权产品纳入国民经济核算，将知识产权指标纳入国民经济和社会发展考核体系。推进简政放权，简化和优化知识产权审查和注册流程。放宽知识产权服务业准入，扩大代理领域开放程度，放宽对专利代理机构股东和合伙人的条件限制。加快知识产权权益分配改革，完善有利于激励创新的知识产权归属制度，构建提升创新效率和效益的知识产权导向机制。

(二)严格实行知识产权保护

加快知识产权法律、法规、司法解释的制修订，构建包括司法审判、刑事司法、行政执法、快速维权、仲裁调解、行业自律、社会监督的知识产权保护工作格局。充分发挥全国打击侵犯知识产权和制售假冒伪劣商品工作领导小组作用，调动各方积极性，形成工作合力。以充分实现知识产权的市场价值为指引，进一步加大损害赔偿力度。推进诉讼诚信建设，依法严厉打击侵犯知识产权犯罪。强化行政执法，改进执法方式，提高执法效率，加大对制假源头、重复侵权、恶意侵权、群体侵权的查处力度，为创新者提供更便利的维权渠道。加强商标品牌保护，提高消费品商标公共服务水平。规范有效保护商业秘密。持续推进政府机关和企业软件正版化工作。健全知识产权纠纷的争议仲裁和快速调解制度。充分发挥行业组织的自律作用，引导企业强化主体责任。深化知识产权保护的区域协作和国际合作。

（三）促进知识产权高效运用

突出知识产权在科技创新、新兴产业培育方面的引领作用，大力发展知识产权密集型产业，完善专利导航产业发展工作机制，深入开展知识产权评议工作。加大高技术含量知识产权转移转化力度。创新知识产权运营模式和服务产品。完善科研开发与管理机构的知识产权管理制度，探索建立知识产权专员派驻机制。建立健全知识产权服务标准，完善知识产权服务体系。完善“知识产权＋金融”服务机制，深入推进质押融资风险补偿试点。推动产业集群品牌的注册和保护，开展产业集群、品牌基地、地理标志、知识产权服务业集聚区培育试点示范工作。推动军民知识产权转移转化，促进军民融合深度发展。

四、重点工作

（一）完善知识产权法律制度

1. 加快知识产权法律法规建设。加快推动专利法、著作权法、反不正当竞争法及配套法规、植物新品种保护条例等法律法规的制修订工作。适时做好地理标志立法工作，健全遗传资源、传统知识、民间文艺、中医药、新闻作品、广播电视节目等领域法律制度。完善职务发明制度和规制知识产权滥用行为的法律制度，健全国防领域知识产权法规政策。

2. 健全知识产权相关法律制度。研究完善商业模式和实用艺术品等知识产权保护制度。研究“互联网＋”、电子商务、大数据等新业态、新领域知识产权保护规则。研究新媒体条件下的新闻作品版权保护。研究实质性派生品种保护制度。制定关于滥用知识产权的反垄断指南。完善商业秘密保护法律制度，明确商业秘密和侵权行为界定，探索建立诉前保护制度。

专栏1　知识产权法律完善工程
推动修订完善知识产权法律、法规和部门规章。配合全国人大常委会完成专利法第四次全面修改。推进著作权法第三次修改。根据专利法、著作权法修改进度适时推进专利法实施细则、专利审查指南、著作权法实施条例等配套法规和部门规章的修订。完成专利代理条例和国防专利条例修订。 支持开展立法研究。组织研究制定知识产权基础性法律的必要性和可行性。研究在民事基础性法律中进一步明确知识产权制度的基本原则、一般规则及重要概念。研究开展反不正当竞争法、知识产权海关保护条例、生物遗传资源获取管理条例以及中医药等领域知识产权保护相关法律法规制修订工作。

（二）提升知识产权保护水平

1. 发挥知识产权司法保护作用。推动知识产权领域的司法体制改革，构建公正高效的知识产权司法保护体系，形成资源优化、科学运行、高效权威的知识产权综合审判体系，推进知识产权民事、刑事、行政案件的“三合一”审理机制，努力为知识产权权利人提供全方位和系统有效的保护，维护知识产权司法保护的稳定性、导向性、终局性和权威性。进一步发挥司法审查和司法监督职能。加强知识产权“双轨制”保护，发挥司法保护的主导作用，完善行政执法和司法保护两条途径优势互补、有机衔接的知识产权保护模式。加大对知识产权侵权行为的惩治力度，研究提高知识产权侵权法定赔偿上限，针对情节严重的恶意侵权行为实施惩罚性赔偿并由侵权人承担实际发生的合理开支。积极开展知识产权民事侵权诉讼程序与无效程序协调的研究。及时、有效做好知识产权司法救济工作。支持开展知识产权司法保护对外合作。

2. 强化知识产权刑事保护。完善常态化打防工作格局，进一步优化全程打击策略，全链条惩治侵权假冒犯罪。深化行政执法部门间的协作配合，探索使用专业技术手段，提升信息应用能力和数据运用水平，完善与电子商务企业协作机制。加强打假专业队伍能力建设。深化国际执法合作，加大涉外知识产权犯罪案件侦办力度，围绕重点案件开展跨国联合执法行动。

3. 加强知识产权行政执法体系建设。加强知识产权行政执法能力建设，统一执法标准，完善执法程序，提高执法专业化、信息化、规范化水平。完善知识产权联合执法和跨地区执法协作机制，积极开展执法专项行动，重点查办跨区域、大规模和社会反映强烈的侵权案件。建立完善专利、版权线上执法办案系统。完善打击侵权假冒商品的举报投诉机制。创新知识产权快速维权工作机制。完善知识产权行政执法监督，加强执法维权绩效管理。加大展会知识产权保护力度。加强严格知识产权保护的绩效评价，持续开展知识产权保护社会满意度调查。建立知识产权纠纷多元解决机制，加强知识产权仲裁机构和纠纷调解机构建设。

4. 强化进出口贸易知识产权保护。落实对外贸易法中知识产权保护相关规定，适时出台与进出口贸易相关的知识产权保护政策。改进知识产权海关保护执法体系，加大对优势领域和新业态、新领域创新成果的知识产权海关保护力度。完善自由贸易试验区、海关特殊监管区内货物及过境、转运、通运货物的知识产权海关保护执法程序，在确保有效监管的前提下促进贸易便利。坚持专项整治、丰富执法手段、完善运行机制，提高打击侵权假冒执行力度，突出打击互联网领域跨境电子商务侵权假冒违法活动。加强国内、国际执法合作，完善从生产源头到流通渠道、消费终端的全链条式管理。

5. 强化传统优势领域知识产权保护。开展遗传资源、传统知识和民间文艺等知识产权资源调查。制定非物质文化遗产知识产权工作指南，加强对优秀传统知识资源的保护和运用。完善传统知识和民间文艺登记、注册机制，鼓励社会资本发起设立传统知识、民间文艺保护和发展基金。研究完善中国遗传资源保护利用制度，建立生物遗传资源获取的信息披露、事先知情同意和惠益分享制度。探索构建中医药知识产权综合保护体系，建立医药传统知识保护名录。建立民间文艺作品的使用保护制度。

6. 加强新领域新业态知识产权保护。加大宽带移动互联网、云计算、物联网、大数据、高性能计算、移动智能终端等领域的知识产权保护力度。强化在线监测，深入开展打击网络侵权假冒行为专项行动。加强对网络服务商传播影视剧、广播电视节目、音乐、文学、新闻、软件、游戏等监督管理工作，积极推进网络知识产权保护协作，将知识产权执法职责与电子商务企业的管理责任结合起来，建立信息报送、线索共享、案件研判和专业培训合作机制。

7. 加强民生领域知识产权保护。加大对食品、药品、环境等领域的知识产权保护力度，健全侵权假冒快速处理机制。建立健全创新药物、新型疫苗、先进医疗装备等领域的知识产权保护长效工作机制。加强污染治理和资源循环利用等生态环保领域的专利保护力度。开展知识产权保护进乡村专项行动，建立县域及乡镇部门协作执法机制和重大案件联合督办制度，加强农村市场知识产权行政执法条件建设。针对电子、建材、汽车配件、小五金、食品、农资等专业市场，加大对侵权假冒商品的打击力度，严堵侵权假冒商品的流通渠道。

专栏 2　知识产权保护工程
开展系列专项行动。重点打击侵犯注册商标专用权、擅自使用他人知名商品特有名称包装装潢、冒用他人企业名称或姓名等仿冒侵权违法行为。针对重点领域开展打击侵权盗版专项行动，突出大案要案查处、重点行业专项治理和网络盗版监管，持续开展“红盾网剑”“剑网”专项行动，严厉打击网络侵权假冒等违法行为。开展打击侵犯植物新品种权和制售假劣种子行为专项行动。

推进跨部门跨领域跨区域执法协作。加大涉嫌犯罪案件移交工作力度。开展与相关国际组织和境外执法部门的联合执法。加强大型商场、展会、电子商务、进出口等领域知识产权执法维权工作。

加强"12330"维权援助与举报投诉体系建设。强化"12330"平台建设,拓展维权援助服务渠道。提升平台服务质量,深入对接产业联盟、行业协会。

完善知识产权快速维权机制。加快推进知识产权快速维权中心建设,提升工作质量与效率。推进快速维权领域由单一行业向多行业扩展、类别由外观设计向实用新型专利和发明专利扩展、区域由特定地区向省域辐射,在特色产业集聚区和重点行业建立一批知识产权快速维权中心。

推进知识产权领域信用体系建设。推进侵权纠纷案件信息公示工作,严格执行公示标准。将故意侵权行为纳入社会信用评价体系,明确专利侵权等信用信息的采集规则和使用方式,向征信机构公开相关信息。积极推动建立知识产权领域信用联合惩戒机制。

(三)提高知识产权质量效益

1. 提高专利质量效益。建立专利申请质量监管机制。深化专利代理领域改革。健全专利审查质量管理机制。优化专利审查流程与方式。完善专利审查协作机制。继续深化专利审查业务国际合作,拓展"专利审查高速路"国际合作网络。加快建设世界一流专利审查机构。加强专利活动与经济效益之间的关联评价。完善专利奖的评审与激励政策,发挥专利奖标杆引领作用。

专栏3 专利质量提升工程

提升发明创造和专利申请质量。在知识产权强省、强市建设和有关试点示范工作中强化专利质量评价和引导。建立专利申请诚信档案,持续开展专利申请质量监测与反馈。

提升专利审查质量。加强审查业务指导体系和审查质量保障体系建设。完善绿色技术专利申请优先审查机制。做好基于审查资源的社会服务工作。构建专利审查指南修订常态化机制。改进审查周期管理,满足创新主体多样化需求。加强与行业协会、代理人、申请人的沟通,形成快捷高效的外部质量反馈机制,提高社会满意度。加大支撑专利审查的信息化基础设施建设。

提升专利代理质量。深化专利代理领域"放管服"改革,提高行业管理水平。强化竞争机制和行业自律,加大对代理机构和代理人的执业诚信信息披露力度。针对专利代理机构的代理质量构建反馈、评价、约谈、惩戒机制。

提升专利运用和保护水平。加快知识产权运营公共服务平台体系建设,为专利转移转化、收购托管、交易流转、质押融资、专利导航等提供平台支撑,提高专利运用效益。制定出台相关政策,营造良好的专利保护环境,促进高质量创造和高价值专利实施。

2. 实施商标战略。提升商标注册便利化水平,优化商标审查体系,建立健全便捷高效的商标审查协作机制。提升商标权保护工作效能,为商标建设营造公平竞争的市场环境。创新商标行政指导和服务监管方式,提升企业运用商标制度能力,打造知名品牌。研究建立商标价值评估体系,构建商标与国民生产总值、就业规模等经济指标相融合的指标体系。建立国家商标信息库。

3. 打造精品版权。全面完善版权社会服务体系,发挥版权社会服务机构的作用。推动版权资产管理制度建设。建立版权贸易基地、交易中心工作协调机制。充分发挥全国版权示范城市、单位、园区(基地)的示范引导作用。打造一批规模化、集约化、专业化的版权企业,带动版权产业健康快速发展。鼓励形成一批拥有精品品牌的广播影视播映和制作经营机构,打造精品影视节目版权和版权产业链。鼓励文化领域商业模式创新,大力发展版权代理和版权经纪业务,促进版权产业和市场的发展。

4. 加强地理标志、植物新品种和集成电路布图设计等领域知识产权工作。建立地理标志联合认定机制，加强我国地理标志在海外市场注册和保护工作。推动建立统筹协调的植物新品种管理机制，推进植物新品种测试体系建设，加快制定植物新品种测试指南，提高审查测试水平。加强种子企业与高校、科研机构的协作创新，建立授权植物新品种的基因图谱数据库，为维权取证和执法提供技术支撑。完善集成电路布图设计保护制度，优化集成电路布图设计的登记和撤销程序，充分发挥集成电路布图设计制度的作用，促进集成电路产业升级发展。

（四）加强知识产权强省、强市建设

1. 建成一批知识产权强省、强市。推进引领型、支撑型、特色型知识产权强省建设，发挥知识产权强省的示范带动作用。深入开展知识产权试点示范工作，可在国家知识产权示范城市、全国版权示范城市等基础上建成一批布局合理、特色明显的知识产权强市。进一步探索建设适合国情的县域知识产权工作机制。

2. 促进区域知识产权协调发展。推动开展知识产权区域布局试点，形成以知识产权资源为核心的配置导向目录，推进区域知识产权资源配置和政策优化调整。支持西部地区改善创新环境，加快知识产权发展，提升企业事业单位知识产权创造运用水平。制定实施支持东北地区等老工业基地振兴的知识产权政策，推动东北地区等老工业基地传统制造业转型升级。提升中部地区特色优势产业的知识产权水平。支持东部地区在知识产权运用方面积极探索、率先发展，培育若干带动区域知识产权协同发展的增长极。推动京津冀知识产权保护一体、运用协同、服务共享，促进创新要素自由合理流动。推进长江经济带知识产权建设，引导产业优化布局和分工协作。

3. 做好知识产权领域扶贫工作。加大对边远地区传统知识、遗传资源、民间文艺、中医药等领域知识产权的保护与运用力度。利用知识产权人才优势、技术优势和信息优势进一步开发地理标志产品，加强植物新品种保护，引导注册地理标志商标，推广应用涉农专利技术。开展知识产权富民工作，推进实施商标富农工程，充分发挥农产品商标和地理标志在农业产业化中的作用，培育一批知识产权扶贫精品项目。支持革命老区、民族地区、边疆地区、贫困地区加强知识产权机构建设，提升知识产权数量和保护水平。

（五）加快知识产权强企建设

1. 提升企业知识产权综合能力。推行企业知识产权管理国家标准，在生产经营、科技创新中加强知识产权全过程管理。完善知识产权认证制度，探索建立知识产权管理体系认证结果的国际互认机制。推动开展知识产权协同运用，鼓励和支持大型企业开展知识产权评议工作，在重点领域合作中开展知识产权评估、收购、运营、风险预警与应对。切实增强企业知识产权意识，支持企业加大知识产权投入，提高竞争力。

2. 培育知识产权优势企业。出台知识产权优势企业建设指南，推动建立企业知识产权服务机制，引导优质服务力量助力企业形成知识产权竞争优势。出台知识产权示范企业培育指导性文件，提升企业知识产权战略管理能力、市场竞争力和行业影响力。

3. 完善知识产权强企工作支撑体系。完善知识产权资产的财务、评估等管理制度及相关会计准则，引导企业发布知识产权经营报告书。提升企业知识产权资产管理能力，推动企业在并购重组、股权激励、对外投资等活动中的知识产权资产管理。加强政府、企业和社会的协作，引导企业开展形式多样的知识产权资本化运作。

专栏4 知识产权强企工程
推行企业知识产权管理规范。建立政策引导、咨询服务和第三方认证体系。培养企业知识产权管理专业化人才队伍。 制定知识产权强企建设方案。建立分类指导的政策体系,塑造企业示范典型,培育一批具备国际竞争优势的知识产权领军企业。实施中小企业知识产权战略推进工程,加大知识产权保护援助力度,构建服务支撑体系,扶持中小企业创新发展。 鼓励企业国际化发展。引导企业开展海外知识产权布局。发挥知识产权联盟作用,鼓励企业将专利转化为国际标准。促进知识产权管理体系标准、认证国际化。

(六)推动产业升级发展

1. 推动专利导航产业发展。深入实施专利导航试点工程,引导产业创新发展,开展产业知识产权全球战略布局,助推产业提质增效升级。面向战略性新兴产业,在新材料、生物医药、物联网、新能源、高端装备制造等领域实施一批产业规划类和企业运营类专利导航项目。在全面创新改革试验区、自由贸易试验区、中外合作产业园区、知识产权试点示范园区等重点区域,推动建立专利导航产业发展工作机制。

2. 完善"中国制造"知识产权布局。围绕"中国制造 2025"的重点领域和"互联网+"行动的关键环节,形成一批产业关键核心共性技术知识产权。实施制造业知识产权协同运用推进工程,在制造业创新中心建设等重大工程实施中支持骨干企业、高校、科研院所协同创新、联合研发,形成一批产业化导向的专利组合,强化创新成果转化运用。

3. 促进知识产权密集型产业发展。制定知识产权密集型产业目录和发展规划,发布知识产权密集型产业的发展态势报告。运用股权投资基金等市场化方式,引导社会资金投入知识产权密集型产业。加大政府采购对知识产权密集型产品的支持力度。鼓励有条件的地区发展知识产权密集型产业集聚区,构建优势互补的产业协调发展格局。建设一批高增长、高收益的知识产权密集型产业,促进产业提质增效升级。

4. 支持产业知识产权联盟发展。鼓励组建产业知识产权联盟,开展联盟备案管理和服务,建立重点产业联盟管理库,对联盟发展状况进行评议监测和分类指导。支持成立知识产权服务联盟。属于社会组织的,依法履行登记手续。支持联盟构筑和运营产业专利池,推动形成标准必要专利,建立重点产业知识产权侵权监控和风险应对机制。鼓励社会资本设立知识产权产业化专项基金,充分发挥重点产业知识产权运营基金作用,提高产业知识产权运营水平与国际竞争力,保障产业技术安全。

5. 深化知识产权评议工作。实施知识产权评议工程,研究制定相关政策。围绕国家重大产业规划、政府重大投资项目等开展知识产权评议,积极探索重大科技经济活动知识产权评议试点。建立国家科技计划(专项、基金等)知识产权目标评估制度。加强知识产权评议专业机构建设和人才培养,积极推动评议成果运用,建立重点领域评议报告发布机制。推动制定评议服务相关标准。鼓励和支持行业骨干企业与专业机构在重点领域合作开展评议工作,提高创新效率,防范知识产权风险。

专栏5 知识产权评议工程
推进重点领域知识产权评议工作。加强知识产权主管部门与产业主管部门间的沟通协作,围绕国家科技重大专项以及战略性新兴产业,针对高端通用芯片、高档数控机床、集成电路装备、宽带移动通信、油气田、核电站、水污染治理、转基因生物新品种、新药创制、传染病防治等领域的关键核心技术深入开展知识产权评议工作,及时提供或发布评议报告。 提升知识产权评议能力。制定发布重大经济活动评议指导手册和分类评议实务指引,规范评议范围和程序。实施评议能力提升计划,支持开发评议工具,培养一批评议人才。

培育知识产权评议服务力量。培育知识产权评议服务示范机构，加强服务供需对接。推动评议服务行业组织建设，支持制定评议服务标准，鼓励联盟实施行业自律。加强评议服务机构国际交流，拓展服务空间。

6. 推动军民知识产权转移转化。加强国防知识产权保护，完善国防知识产权归属与利益分配机制。制定促进知识产权军民双向转化的指导意见。放开国防知识产权代理服务行业，建立和完善相应的准入退出机制。推动国防知识产权信息平台建设，分类建设国防知识产权信息资源，逐步开放检索。营造有利于军民协同创新、双向转化的国防科技工业知识产权政策环境。建设完善国防科技工业知识产权平台，完成专利信息平台建设，形成更加完善的国防科技工业专利基础数据库。

(七)促进知识产权开放合作

1. 加强知识产权国际交流合作。进一步加强涉外知识产权事务的统筹协调。加强与经贸相关的多双边知识产权对外谈判、双边知识产权合作磋商机制及国内立场的协调等工作。积极参与知识产权国际规则制定，加快推进保护广播组织条约修订，推动公共健康多哈宣言落实和视听表演北京条约尽快生效，做好我国批准马拉喀什条约相关准备工作。加强与世界知识产权组织、世界贸易组织及相关国际组织的交流合作。拓宽知识产权公共外交渠道。继续巩固发展知识产权多双边合作关系，加强与“一带一路”沿线国家、金砖国家的知识产权交流合作。加强我驻国际组织、主要国家和地区外交机构中涉知识产权事务的人才储备和人力配备。

2. 积极支持创新企业“走出去”。健全企业海外知识产权维权援助体系。鼓励社会资本设立中国企业海外知识产权维权援助服务基金。制定实施应对海外产业重大知识产权纠纷的政策。完善海外知识产权信息服务平台，发布相关国家和地区知识产权制度环境等信息。支持企业广泛开展知识产权跨国交易，推动有自主知识产权的服务和产品“走出去”。继续开展外向型企业海外知识产权保护以及纠纷应对实务培训。

专栏6　知识产权海外维权工程

健全风险预警机制。推动企业在人才引进、国际参展、产品和技术进出口、企业并购等活动中开展知识产权风险评估，提高企业应对知识产权纠纷能力。加强对知识产权案件的跟踪研究，及时发布风险提示。

建立海外维权援助机制。加强中国保护知识产权海外维权信息平台建设。发布海外知识产权服务机构和专家名录及案例数据库。建立海外展会知识产权快速维权长效机制，组建海外展会快速维权中心，建立海外展会快速维权与常规维权援助联动的工作机制。

五、重大专项

(一)加强知识产权交易运营体系建设

1. 完善知识产权运营公共服务平台。发挥中央财政资金引导作用，建设全国知识产权运营公共服务平台，依托文化产权、知识产权等无形资产交易场所开展版权交易，审慎设立版权交易平台。出台有关行业管理规则，加强对知识产权交易运营的业务指导和行业管理。以知识产权运营公共服务平台为基础，推动建立基于互联网、基础统一的知识产权质押登记平台。

2. 创新知识产权金融服务。拓展知识产权质押融资试点内容和工作范围，完善风险管理以及补偿机制，鼓励社会资本发起设立小微企业风险补偿基金。探索开展知识产权证券化和信托业务，支持以知识产权出资入股，在依法合规的前提下开展互联网知识产权金融服务，加强专利价值分析与应用效果评价工作，加快专利价值分析标准化建设。加强对知识产权质押的动态管理。

3. 加强知识产权协同运用。面向行业协会、高校和科研机构深入开展专利协同运用试点，建立订单式发明、投放式创新的专利协同运用机制。培育建设一批产业特色鲜明、优势突出，具有国际影响力的专业化知识产权运营机构。强化行业协会在知识产权联合创造、协同运用、合力保护、共同管理等方面的作用。鼓励高校和科研机构强化知识产权申请、运营权责，加大知识产权转化力度。引导高校院所、企业联合共建专利技术产业化基地。

专栏7　知识产权投融资服务工程

建设全国知识产权运营公共服务体系。推进知识产权运营交易全过程电子化，积极开展知识产权运营项目管理。加快培育国家专利运营试点企业，加快推进西安知识产权军民融合试点、珠海知识产权金融试点及华北、华南等区域知识产权运营中心建设。

深化知识产权投融资工作。优化质押融资服务机制，鼓励有条件的地区建立知识产权保险奖补机制。研究推进知识产权海外侵权责任保险工作。深入开展知识产权质押融资风险补偿基金和重点产业知识产权运营基金试点。探索知识产权证券化，完善知识产权信用担保机制，推动发展投贷联动、投保联动、投债联动等新模式。创新知识产权投融资产品。在全面创新改革试验区引导创业投资基金、股权投资基金加强对知识产权领域的投资。

创新管理运行方式。支持探索知识产权创造与运营的众包模式，鼓励金融机构在风险可控和商业可持续的前提下，基于众创、众包、众扶等新模式特点开展金融产品和服务创新，积极发展知识产权质押融资，促进“互联网＋”知识产权融合发展。

（二）加强知识产权公共服务体系建设

1. 提高知识产权公共服务能力。建立健全知识产权公共服务网络，增加知识产权信息公共服务产品供给。推动知识产权基础信息与经济、法律、科技、产业运行等其他信息资源互联互通。实施产业知识产权服务能力提升行动，创新对中小微企业和初创型企业的服务方式。发展“互联网＋”知识产权服务等新模式，培育规模化、专业化、市场化、国际化的知识产权服务品牌机构。

2. 建设知识产权信息公共服务平台。实现专利、商标、版权、集成电路布图设计、植物新品种、地理标志以及知识产权诉讼等基础信息资源免费或低成本开放共享。运用云计算、大数据、移动互联网等技术，实现平台知识产权信息统计、整合、推送服务。

专栏8　知识产权信息公共服务平台建设工程

建设公共服务网络。制定发布知识产权公共服务事项目录和办事指南。增加知识产权信息服务网点，加强公共图书馆、高校图书馆、科技信息服务机构、行业组织等的知识产权信息服务能力建设。

创建产业服务平台。依托专业机构创建一批布局合理、开放协同、市场化运作的产业知识产权信息公共服务平台，在中心城市、自由贸易试验区、国家自主创新示范区、国家级高新区、国家级经济技术开发区等提供知识产权服务。在众创空间等创新创业平台设置知识产权服务工作站。

整合服务和数据资源。整合知识产权信息资源、创新资源和服务资源，推进实体服务与网络服务协作，促进从研发创意、知识产权化、流通化到产业化的协同创新。建设专利基础数据资源开放平台，免费或低成本扩大专利数据的推广运用。建立财政资助项目形成的知识产权信息和上市企业知识产权信息公开窗口。

3. 建设知识产权服务业集聚区。在自由贸易试验区、国家自主创新示范区、国家级高新区、中外合作产业园区、国家级经济技术开发区等建设一批国家知识产权服务业集聚区。鼓励知识产权服务机构入驻创新创业资源密集区域，提供市场化、专业化的服务，满足创新创业者多样化需求。针对不同区域，加强分类指导，引导知识产权服务资源合理流动，与区域产业深度对接，促进经济提质增效升级。

4. 加强知识产权服务业监管。完善知识产权服务业统计制度，建立服务机构名录库。成立知识产权服务标准化技术组织，推动完善服务标准体系建设，开展标准化试点示范。完善专利代理管理制度，加强事中事后监管。健全知识产权服务诚信信息管理、信用评价和失信惩戒等管理制度，及时披露相关执业信息。研究建立知识产权服务业全国性行业组织。具备条件的地方，可探索开展知识产权服务行业协会组织“一业多会”试点。

（三）加强知识产权人才培育体系建设

1. 加强知识产权人才培养。加强知识产权相关学科专业建设，支持高等学校在管理学和经济学等学科中增设知识产权专业，支持理工类高校设置知识产权专业。加强知识产权学历教育和非学历继续教育，加强知识产权专业学位教育。构建政府部门、高校和社会相结合的多元知识产权教育培训组织模式，支持行业组织与专业机构合作，加大实务人才培育力度。加强国家知识产权培训基地建设工作，完善师资、教材、远程系统等基础建设。加大对领导干部、企业家和各类创新人才的知识产权培训力度。鼓励高等学校、科研院所开展知识产权国际学术交流，鼓励我国知识产权人才获得海外相应资格证书。推动将知识产权课程纳入各级党校、行政学院培训和选学内容。

2. 优化知识产权人才成长体系。加强知识产权高层次人才队伍建设，加大知识产权管理、运营和专利信息分析等人才培养力度。统筹协调知识产权人才培训、实践和使用，加强知识产权领军人才、国际化专业人才的培养与引进。构建多层次、高水平的知识产权智库体系。探索建立行业协会和企业事业单位专利专员制度。选拔一批知识产权创业导师，加强创新创业指导。

3. 建立人才发现与评价机制。建立人才引进使用中的知识产权鉴定机制，利用知识产权信息发现人才。完善知识产权职业水平评价制度，制定知识产权专业人员能力素质标准。鼓励知识产权服务人才和创新型人才跨界交流和有序流动，防范人才流动法律风险。建立创新人才知识产权维权援助机制。

（四）加强知识产权文化建设

1. 加大知识产权宣传普及力度。健全知识产权新闻发布制度，拓展信息发布渠道。组织开展全国知识产权宣传周、中国专利周、绿书签、中国国际商标品牌节等重大宣传活动。丰富知识产权宣传普及形式，发挥新媒体传播作用。支持优秀作品创作，推出具有影响力的知识产权题材影视文化作品，弘扬知识产权正能量。

2. 实施知识产权教育推广计划。鼓励知识产权文化和理论研究，加强普及型教育，推出优秀研究成果和普及读物。将知识产权内容全面纳入国家普法教育和全民科学素养提升工作。

专栏 9　知识产权文化建设工程

加强宣传推广。利用新媒体，加强知识产权相关法律法规、典型案例的宣传。讲好中国知识产权故事，推出具有影响力的知识产权主题书籍、影视作品，挖掘报道典型人物和案例。

加强普及型教育。开展全国中小学知识产权教育试点示范工作，建立若干知识产权宣传教育示范学校。引导各类学校把知识产权文化建设与学生思想道德建设、校园文化建设、主题教育活动紧密结合，增强学生的知识产权意识和创新意识。

繁荣文化和理论研究。鼓励支持教育界、学术界广泛参与知识产权理论体系研究，支持创作兼具社会及经济效益的知识产权普及读物，增强知识产权文化传播的针对性和实效性，支撑和促进中国特色知识产权文化建设。

六、实施保障

（一）加强组织协调

各地区、各相关部门要高度重视，加强组织领导，明确责任分工，结合实际细化落实本规划提出的目标任务，制定专项规划、年度计划和配套政策，推动规划有效落实。

加强统筹协调，充分发挥国务院知识产权战略实施工作部际联席会议制度作用，做好规划组织实施工作。全国打击侵犯知识产权和制售假冒伪劣商品工作领导小组要切实加强对打击侵犯知识产权和制售假冒伪劣商品工作的统一组织领导。各相关部门要依法履职，认真贯彻落实本规划要求，密切协作，形成规划实施合力。

(二)加强财力保障

加强财政预算与规划实施的相互衔接协调，各级财政按照现行经费渠道对规划实施予以合理保障，鼓励社会资金投入知识产权各项规划工作，促进知识产权事业发展。统筹各级各部门与知识产权相关的公共资源，突出投入重点，优化支出结构，切实保障重点任务、重大项目的落实。

(三)加强考核评估

各地区、各相关部门要加强对本规划实施情况的动态监测和评估工作。国务院知识产权战略实施工作部际联席会议办公室要会同相关部门按照本规划的部署和要求，建立规划实施情况的评估机制，对各项任务落实情况组织开展监督检查和绩效评估工作，重要情况及时报告国务院。

2016 年全国打击侵犯知识产权和制售假冒伪劣商品工作要点

国办发〔2016〕25 号

2016 年，全国打击侵犯知识产权和制售假冒伪劣商品工作要认真贯彻党的十八大和十八届二中、三中、四中、五中全会精神，落实国务院有关工作部署，结合推动供给侧结构性改革，依法严厉惩处影响创新发展、妨碍公平竞争和侵害消费者合法权益的侵权假冒违法犯罪，为推动经济社会持续健康发展提供有力保障。

一、加强重点领域治理

(一)加强互联网领域侵权假冒治理。打击网上销售假冒伪劣商品。突出食品药品、农资、家用电器、建筑材料、汽车配件、儿童用品等重点商品，组织开展网络交易集中整治，加强监管执法。加强对网络交易商品的定向监测，强化电子商务产品质量执法打假维权协作，探索建立跨境电子商务侵权假冒商品追溯机制。打击邮件、快件渠道非法寄递进出口侵权假冒商品行为。(工业和信息化部、公安部、农业部、海关总署、工商总局、质检总局、食品药品监管总局、网信办、邮政局按职责分工分别负责)打击网络侵权盗版。开展 2016 红盾网剑专项行动。针对网络(手机)文学、音乐、影视、游戏、动漫、软件等重点领域，开展第十二次打击网络侵权盗版“剑网行动”。进一步扩大版权重点监管范围，探索对新型网络侵权盗版行为的有效治理模式。继续组织开展电子商务领域专利执法维权“闪电”专项行动，建立电子商务领域专利执法维权协作调度机制。加强文化市场技术监管与服务平台应用，以网络(手机)游戏、音乐、动漫为重点，组织查处违法违规互联网文化产品和经营单位。(工业和信息化部、公安部、文化部、工商总局、新闻出版广电总局、知识产权局、网信办按职责分工分别负责)强化网站监管。加强网站备案、网际协议地址(IP 地址)和域名管理。督促指导网站严格内容审核，研发应用技术措施，加大人工核查投入，畅通举报投诉渠道，完善监督处置机制，增强自律管理能力。加强网络交易平台监管，强化与大型电商平台合作，利用大数据分析技术，及时发现和掌握违法犯罪线索，加强预警监测和事前风险防范，增强精准打击能力。（工业和信息化部、公安部、农业部、商务部、文化部、海关总署、工商总局、质检总局、新闻出版广电总局、食品药品监管总局、林业局、知识产权局、网信办、邮政局按职责分工分别负责）

（二）强化农村和城乡结合部市场监管执法。加强全链条监管，围绕重要节庆时点和春耕、夏种等重要时段，针对农村市场侵权假冒易发多发的商品，从生产源头、流通渠道和消费终端三个方面大力整治，加强市场监督检查，严厉打击违法犯罪，维护农村市场秩序。（公安部、农业部、商务部、工商总局、质检总局、食品药品监管总局、林业局、知识产权局、邮政局按职责分工分别负责）部署开展农资打假、“红盾护农”“农资打假下乡”等集中整治行动。开展果、蔬、茶、中草药常用投入品专项治理，查处非法销售使用高毒、禁限用农药的违法行为。强化农资生产经营企业产品抽检，重点检测种子苗木质量、品种真实性以及肥料、农药、兽药、饲料有效成分含量和是否添加违禁成分，严肃查处虚假宣传行为。对抽检发现问题多、媒体曝光多、举报投诉多的地区开展专项治理。加强对游商游贩违法经营行为的治理整顿。（农业部牵头负责，工业和信息化部、公安部、工商总局、质检总局、林业局、高检院按职责分工分别负责）开展林木种苗行政执法专项行动，对16个重点地区开展林木种苗质量监督抽查，重点检查工程造林使用的种子苗木质量以及许可、标签、档案等制度落实情况。（林业局负责）

（三）持续开展中国制造海外形象维护“清风”行动。重点针对拉美国家和地区，突出进出口、重点专业市场、跨境电子商务等重点环节，以及出口规模大、涉及人身健康安全的电子电器产品、化妆品、纺织品、日用品、药品等重点商品，加强部门执法协作，严厉打击跨境制售侵权假冒商品违法犯罪行为。加强对重点产品生产企业以及出口新兴市场商品的专业市场、集散地的监管，加大涉外展会、交易会等活动中的知识产权保护力度，增加对出口重点地区商品的查验频次。充分发挥驻外经商机构职能，加强对外沟通协调及对境外中资企业、商户的服务和教育引导。（工业和信息化部、公安部、农业部、商务部、海关总署、工商总局、质检总局、食品药品监管总局、知识产权局、网信办、邮政局、贸促会按职责分工分别负责）

（四）深入推进软件正版化工作。研究制定规范计算机软硬件采购的具体措施，从源头上防止盗版软件流入政府机关。制定正版软件使用管理指南，推进软件使用管理标准化。巩固政府机关软件正版化成果，加快推进企业软件正版化。推广使用优秀软件产品。建立常态化随机抽查制度，探索利用第三方专业机构资源和技术手段开展督查，加大督导检查力度，严格责任追究。（新闻出版广电总局牵头负责，工业和信息化部、财政部、国资委、知识产权局、国管局按职责分工分别负责）推进中央企业所属四级、五级企业软件正版化工作，对进展缓慢的企业进行约谈。督促中央企业建立软件资产管理制度，规范软件资产的采购、登记、安装、升级等工作。开展中央企业软件正版化工作情况监督检查。（国资委负责）加大对新出厂计算机预装正版操作系统软件的检查管理力度，将平板电脑、智能手机等纳入监管范围。（工业和信息化部负责）

二、强化行业日常监管

（五）加强药品和医疗器械监管。严肃查处药品生产经营企业制售假药劣药案件，打击擅自变更生产工艺、非法添加等违法行为。加强对药品研发过程中临床试验的监督检查，严肃查处临床试验数据造假行为。加强对跨省份的药品、化妆品、医疗

器械、保健食品违法案件查处的督查督办。（食品药品监管总局负责）

（六）加强车用燃油监管。督促引导石油炼化企业严格按照标准生产加工车用燃油，强化出厂检测，推进油品质量升级。严肃查处石油炼化企业无生产许可违法生产、销售不符合国家标准车用燃油的违法行为。严格成品油批发零售资质管理。规范成品油特别是普通柴油销售，以县级以上城市及干线公路两侧加油站为重点，严肃查处销售伪劣油品等违法行为。（发展改革委、环境保护部、商务部、国资委、税务总局、工商总局、质检总局按职责分工分别负责）

（七）加强重点商品监管。以建筑材料、汽车配件等为重点，继续开展“质检利剑”行动。以质量问题突出区域为重点，深入推进集中整治。以家用电器、服装、洗涤用品行业为重点，推动企业开展产品质量承诺。严肃查处无证出厂销售强制性认证产品的违法行为。对纳入注册管理的进口食品，加大查处无证销售等违法行为力度。（质检总局负责）开展红盾质量维权行动，加大对儿童用品、装饰装修材料等重点商品的市场检查和质量抽检力度，强化流通领域商品质量监管。严肃查处欺骗、误导消费者的虚假违法广告。（工商总局负责）以口罩、空气净化器等为重点，开展防雾霾商品监督抽查和专项整治。（工商总局、质检总局按职责分工分别负责）探索建立消毒产品监管信息平台，加大抽检力度，加强生产使用环节监管。（卫生计生委负责）

（八）查处侵犯知识产权行为。规范商标代理市场秩序，推动商标注册和评审便利化，严肃查处恶意抢注商标行为。加强商业秘密行政保护。（工商总局负责）在重点城市开展高校及其周边复印店专项治理行动。开展印刷复制发行专项检查，加强对网络销售、传播出版物的监管。（新闻出版广电总局负责）继续开展知识产权执法维权“护航”专项行动。（知识产权局负责）严肃查处侵犯植物新品种、地理标志、集成电路布图设计等知识产权的违法行为。（农业部、工商总局、质检总局、林业局、知识产权局按职责分工分别负责）依法查处滥用知识产权、排除限制竞争等违法行为。（发展改革委、商务部、工商总局按职责分工分别负责）组织文化市场暗访抽查，加大检查力度，规范市场秩序。（文化部负责）加强企业日常税收征管，严肃查处侵权假冒涉税违法行为。（税务总局负责）

三、加强法规制度建设

（九）研究制订“十三五”时期打击侵权假冒工作指导意见。更加注重打建结合、依法治理、能力建设、社会共治、统筹协调，明确今后一个时期工作目标、主要任务和政策措施。（全国打击侵权假冒工作领导小组办公室牵头负责）

（十）健全相关法律法规。按照立法计划，推动制订修订反不正当竞争法、药品管理法、著作权法、专利法、化妆品卫生监督条例、专利代理条例等法律法规。积极推进电子商务法制订工作。（法制办、发展改革委、工业和信息化部、财政部、商务部、人民银行、海关总署、税务总局、工商总局、质检总局、新闻出版广电总局、食品药品监管总局、知识产权局、网信办、邮政局按职责分工分别负责）

（十一）完善监管制度。研究出台海关知识产权行政案件处罚标准，规范自由裁量权。完善侵权案件办理和罚没货物处置程序。（海关总署负责）制订修订林木种子生产经营许可证管理办法、林木种子质量管理办法、林业植物新品种保护行政执法办法等规章和规范性文件。（林业局负责）制订邮件、快件实名收寄管理办法，推动寄递企业落实收寄验视、实名收寄、过机安检等管理措施，建立用户信息档案库，严格执行运单信息核对制度。（邮政局负责）健全侵权假冒商品无害化销毁工作机制，将拟销毁物品交由有资质的单位进行无害化处

置。(环境保护部牵头负责)

(十二)加强标准建设。贯彻落实《深化标准化工作改革方案》(国发〔2015〕13号),集中开展滞后老化标准的复审和修订,适时制订急需的检验检测标准。(质检总局牵头负责)制订修订林木种子与苗木质量分级、林木种子检验、育苗技术规程等标准。(林业局负责)推进寄递行业标准化建设,规范收寄、分拣、运输、投递各环节操作行为,提高防范侵权假冒能力。(邮政局负责)

(十三)加强地方绩效考核。将打击侵权假冒工作作为平安中国建设的重要内容,纳入社会治安综合治理领导责任查究和重点地区治安突出问题排查整治范围。(中央综治办、全国打击侵权假冒工作领导小组办公室按职责分工牵头负责)

四、加强部门协同与司法保护

(十四)推进行政执法与刑事司法衔接。运行维护全国打击侵权假冒"两法"衔接信息共享系统,加强数据管理和有效应用。加强线上线下跨地区、跨部门执法司法协作与联动。推动打击侵权假冒涉案物品检验鉴定和保管处理体系建设。(全国打击侵权假冒工作领导小组办公室、高检院牵头负责,公安部、农业部、文化部、海关总署、工商总局、质检总局、新闻出版广电总局、食品药品监管总局、林业局、知识产权局、高法院按职责分工分别负责)

(十五)大力推进行政处罚案件信息公开。充分利用政府网站信息公开主渠道,公开案件信息。进一步完善和落实案件信息公开管理制度。加强监督检查、情况通报与考核,落实工作责任。(全国打击侵权假冒工作领导小组办公室牵头负责,农业部、文化部、海关总署、工商总局、质检总局、新闻出版广电总局、食品药品监管总局、林业局、知识产权局按职责分工分别负责)

(十六)推动跨区域跨部门合作。加强统筹协调,推动长三角、京津冀、泛珠三角等地区建立区域间、部门间执法协作机制,完善线索通报、证据转移、案件协查等制度,加强跨区域综合执法、联合执法。(全国打击侵权假冒工作领导小组办公室牵头负责)完善海关区域执法合作机制,防范和打击侵权假冒违法主体进行口岸"转移"。加强海关、工商、专利、邮政部门在进出口环节打击侵权假冒的执法协作。(海关总署牵头负责,工商总局、知识产权局、邮政局按职责分工分别负责)

(十七)强化刑事打击与司法保护。保持高压打击态势,深化情报导侦技术和手段运用,对犯罪行为实施全链条打击,打好一批高质量、有影响的集群战役。(公安部负责)严查侵权假冒犯罪案件背后的玩忽职守、贪赃枉法、徇私舞弊、帮助犯罪分子逃避刑罚等职务犯罪。开展危害食品药品安全犯罪专项立案监督活动。(高检院负责)推进知识产权审判民事、行政、刑事"三合一"改革。及时总结北京、上海、广州知识产权法院的经验,加强知识产权司法保护。(高法院负责)

五、推动打防结合打建结合

(十八)健全预警防范机制。加强新信息技术在执法监管中的研发运用,提高预测预警和分析研判能力,做到事前防范、精准打击。(全国打击侵权假冒工作领导小组有关成员单位按职责分工分别负责)推广使用知识产权海关保护执法移动查询系统,开发知识产权海关保护(二期)系统,实现案件在线办理。(海关总署负责)健全林业植物新品种测试机构,建设一批植物新品种测试站。推进植物新品种DNA(脱氧核糖核酸)图谱数据库建设,完善林业植物新品种保护信息管理系统,提供植物新品种网上查询服务。(林业局负责)实施寄递渠道安全监管"绿盾"工程,研究建立寄递渠道安全监控体系、安全执法检查支撑平台。(邮政局负责)

（十九）大力推进信用建设。全面实施统一社会信用代码制度，推动行政许可、行政处罚等信息上网公开，健全守信联合激励与失信联合惩戒机制。充分发挥全国信用信息共享平台和“信用中国”网站作用，加大信息归集整合力度，扩大平台互联互通范围，推进信息共建共享。（发展改革委、人民银行牵头负责）加快推进国家企业信用信息公示系统建设，构建新型监管制度，强化事中事后监管。（工商总局负责）推进网络领域信用体系建设，探索建立网络服务提供者管理人员失信“黑名单”制度，发挥网络诚信在网络空间法治化、网络生态治理中的作用。（网信办负责）

（二十）推进社会共治。整合行业组织力量，充分发挥行业自律作用，引导企业强化主体责任，加强知识产权自我保护，推动打击侵权假冒社会共治共享。（全国打击侵权假冒工作领导小组办公室牵头负责）完善举报投诉制度，发挥媒体和社会公众监督作用。（公安部、农业部、商务部、工商总局、质检总局、食品药品监管总局、林业局、知识产权局、邮政局按职责分工分别负责）

（二十一）开展全国质量提升行动。以消费品和工业品质量为重点，强化生产许可获证企业产品质量监管，开展电子商务产品质量提升行动，完善监督抽查、产品质量安全风险监控、缺陷产品召回等制度，全面提升产品质量供给水平。（质检总局牵头负责）

（二十二）加强知识产权保护服务。支持创新型企业选聘律师担任企业法律顾问，加强企业知识产权法律服务。加快推动知识产权证据材料公证保管执业管理平台建设，发挥公证机构服务职能，支持知识产权权利认定和纠纷解决。（司法部牵头负责）试点建立中小企业知识产权联络员制度。推动建立外经贸企业知识产权辅导体系，帮助企业建立知识产权战略管理制度。（海关总署负责）加强境内展会知识产权执法，督促落实展会主办方责任，组织查处侵权行为，妥善处理知识产权纠纷。（商务部、知识产权局按职责分工分别负责）

六、开展多样化宣传教育

（二十三）开展常态化宣传。制定年度宣传工作方案，把握正确舆论导向，组织各类新闻媒体，统筹做好对内对外宣传，解读政策措施，宣传工作成效，树立正面典型，曝光违法犯罪案件，加强舆论监督和警示教育。加强网络宣传，组织重点新闻网站、主要门户网站、政府网站等，充分运用微博、微信、移动客户端等新技术手段，扩大宣传覆盖面，增强宣传效果。充分发挥中国打击侵权假冒工作网网站群的宣传功能。积极开展对外宣传，及时发布权威信息，适时组织中外记者采访，展示成效，宣示决心，释疑解惑。（全国打击侵权假冒工作领导小组办公室、中央宣传部牵头负责，新闻办、网信办等按职责分工分别负责）

（二十四）加强集中宣传教育。深入推进“法律六进”主题活动。开展“3·15”国际消费者权益日、全国知识产权宣传周、“5·15”打击和防范经济犯罪宣传日、“8·8”海关法制宣传日、全国质量月、诚信兴商宣传月、全国网络诚信宣传日等活动。（公安部、司法部、商务部、海关总署、工商总局、质检总局、新闻出版广电总局、知识产权局、网信办按职责分工分别负责）

七、做好多双边协作与交流

（二十五）开展多双边磋商与交流合作。加强国际经贸合作，做好中美战略与经济对话、中美商贸联委会知识产权议题磋商，深化中美、中欧、中俄、中巴（西）、中瑞（士）、中日等知识产权对话交流，解决双方重点关切。加快中欧地理标志协定谈判进程。密切跟踪跨太平洋伙伴关系协定（TPP）、跨大西洋贸易与投资伙伴关系协定（TTIP）等多双边协定进展，深入分析相关影响，及时提出对策措施建议。（商务部负责）统筹协调涉外知识产权事宜，深化与世界知识产权组织等的交流合作，发挥金砖国家知识产权局局长会议作用，开展相关领域合作。（知识产权局负责）积极谋划与金砖国家、“一带一路”沿线国家知识产权合作。（商务部、知识产权局按职责分工分别负责）举办2016年国际工商知识产权峰会。充分利用多双边工商合作机制，推动知识产权国际交流。（贸促会负责）

（二十六）加强跨境执法协作。开展中美海关第二次知识产权联合执法行动。落实中欧海关2014—2017年知识产权合作行动计划。加强与俄罗斯海关知识产权保护合作。推动中日韩“零假冒计划”实施。加强对非洲和拉美国家海关、检验检疫执法的合作与援助。拓展与“一带一路”沿线国家海关、检验检疫的合作。（海关总署、质检总局按职责分工分别负责）加强警务国际执法协作，加大涉外侵权假冒犯罪侦办力度。（公安部负责）

（二十七）完善海外维权援助机制。完善国际经贸领域知识产权海外维权机制，引导我国企业积极开展海外维权。建立海外知识产权问题及案件信息提交平台，推动形成海外知识产权维权援助服务网。（商务部负责）健全境外展会防侵权管理体系，完善知识产权综合服务机制，帮助企业加快适应国际知识产权规则，做好政策指引、预警、咨询、诉讼等服务，协调处理涉外知识产权纠纷。在重要展会上设立中国企业知识产权服务工作站。（商务部、知识产权局、贸促会按职责分工分别负责）

知识产权综合管理改革试点总体方案

国办发〔2016〕106号

推进知识产权综合管理改革是深化知识产权领域改革、破解知识产权支撑创新驱动发展瓶颈制约的关键，对于切实解决地方知识产权管理体制机制不完善、保护不够严格、服务能力不强、对创新驱动发展战略缺乏强有力支撑等突出问题具有重要意义。按照《国务院关于新形势下加快知识产权强国建设的若干意见》（国发〔2015〕71号）和《中央全面深化改革领导小组2016年工作要点》要求，为充分发挥有条件的地方在知识产权综合管理改革方面的先行探索和示范带动作用，制定本方案。

一、总体要求

（一）指导思想

全面贯彻党的十八大和十八届三中、四中、五中、六中全会精神，深入贯彻习近平总书记系列重要讲话精神，围绕统筹推进“五位一体”总体布局和协调推进“四个全面”战略布局，牢固树立和贯彻落实创新、协调、绿色、开放、共享的发展理念，按照党中央、国务院决策部署，深化知识产权领域改革，依法严格保护知识产权，打通知识产权创造、运用、保护、管理、服务全链条，构建便民利民的知识产权公共服务体系，探索支撑创新发展的知识产权运行机制，有效发挥知识产权制度激励创新的基本保障作用，保障和激励大众创业、万众创新，助推经济发展提质增效和产业结构转型升级。

（二）基本原则

——问题导向。集中资源和力量破解制约知识产权支撑创新驱动发展的难题，因地制宜，实施知识产权综合管理，实行严格的知识产权保护，提升知识产权管理水平。

——紧扣发展。紧贴经济转型发展的重大需求，以改革促发展，充分发挥专利、商标、版权等知识产权的引领作用，有效发挥自主品牌消费对经济增长的拉动作用，激励创新创业，推动供需结构升级。

——统筹推进。统筹中央改革部署与地方改革需求，在有条件的地方开展知识产权综合管理改革试点，及时总结提炼，形成可复制经验，适时推广实施。

——大胆创新。注重顶层设计与基层探索相结合，突破妨碍知识产权发展的思想观念制约，尊重基层首创精神，激发全社会创新活力，允许多种类型、多种模式的改革探索和试验。

（三）试点布局和试点期限

根据国家实施创新驱动发展战略总体部署和重点区域发展战略布局，结合地方知识产权事业发展水平和创新驱动发展对知识产权综合管理改革的需求，选择若干个创新成果多、经济转型步伐快、发挥知识产权引领作用和推动供需结构升级成效显著的地方，开展知识产权综合管理改革试点。改革试点地方选择条件：(1)经济发展步入创新驱动转型窗口期，创新资源和创新活动集聚度高，专利、商标、版权等知识产权数量、质量居于全国前列；(2)设有或纳入国家统筹的国家自主创新示范区、国家综合配套改革试验区、全面创新改革试验区、自由贸易试验区等各类国家级改革创新试验区和国家战略规划重点区域，或设有知识产权法院的地方；(3)知识产权战略推动地区经济发展成效显著，知识产权管理体制和市场监管体制机制改革走在前面，知识产权行政执法力量较强，知识产权行政执法效能突出。具体试点地方由国家知识产权局会同工商总局、新闻出版广电总局(国家版权局)等部门尽快研究共同确定。试点期限为1年。

（四）工作目标

通过在试点地方深化知识产权综合管理改革，推动形成权界清晰、分工合理、责权一致、运转高效、法治保障的知识产权体制机制。通过深化简政放权、放管结合、优化服务改革，实现知识产权行政管理更加顺畅、执法保护体系进一步完善、知识产权市场监管和公共服务水平明显提升，有力促进大众创业、万众创新，加快知识产权强国建设，为全面建成小康社会提供有力支撑。

二、主要任务

（一）建立高效的知识产权综合管理体制

鼓励多种类型、多种模式的改革探索。科学划分知识产权部门政策引导、公共服务、市场监管职责，探索有效可行的知识产权管理体制机制。按照推进综合执法的要求，减少层次，提高效率，有效避免多层次多头执法。按照实行严格的知识产权保护的要求，结合综合行政执法体制改革，整合优化执法资源，统筹知识产权综合行政执法，避免出现版权执法的重复交叉。加强知识产权工作领导协调机制以及商标战略实施、软件正版化等工作机制建设，做好与知识产权司法工作特别是知识产权法院的衔接。

（二）构建便民利民的知识产权公共服务体系

坚持法定职责必须为、法无授权不可为的原则，大力推行知识产权权力清单、责任清单、负面清单制度，并实行动态管理。加大知识产权领域简政放权力度，强化依法行政，坚持放管结合，合理减少审批和管理事项。放宽专利代理机构准入条件限制，加强知识产权服务机构事中事后监管，完善执业信息披露制度。整合知识产权公共服务资源，优化知识产权公共服务供给，实现知识产权信息等各类服务的便利化、集约化、高效化。加强统筹规划和行业管理，完善知识产权交易市场。加强知识产权维权援助服务，完善知识产权维权援助机制，构建体系完备、运转高效的知识产权维权援助网络。

（三）提升综合运用知识产权促进创新驱动发展的能力

探索支撑创新发展的知识产权运行机制，构建促进市场主体创新发展的知识产权服务体系。建立健全知识产权评议、专利导航机制，完善知识产权风险预警体系，提升区域创新发展决策水平。统筹制定实施知识产权密集型产业促进政策，培育知识产权密集型产业成为新的经济增长点。指导市场主体综合运用专利、商标和版权组合策略，全方位、立体化地保护产品、技术、工业设计等的知识产权。引导市场主体综合运营知识产权，促进知识产权领域军民融合发展，加快药品等领域过期专利技术的有效应用，提升知识产权价值，加速知识产权转化运用。

三、组织实施

（一）加强组织领导

国家知识产权局要牵头会同工商总局、新闻出版广电总局（国家版权局）等部门加强对知识产权综合管理改革试点工作的指导，统筹协调改革试点中的重大政策问题。各试点地方要建立由政府主要领导负责的协调推进机制，将知识产权综合管理改革试点工作纳入重点改革任务，因地制宜研究制定改革试点具体实施方案，积极推进落实改革试点任务。各试点地方具体实施方案应于试点地方确定后两个月内印发实施。

（二）强化政策保障

针对改革试点任务部署和需求，各有关部门要积极研究制定支持改革试点的政策措施。各试点地方政府要按照改革任务要求，研究制定配套政策措施，做好与有关部门的衔接和协调，形成工作合力。

（三）做好评估推广

国家知识产权局要会同工商总局、新闻出版广电总局（国家版权局）等部门做好试点地方改革推进的督促检查和考核评估工作。根据改革试点评估情况，对取得实质效果和成功经验的改革举措，及时提出推广建议，报国务院批准后在更大范围推广。

各有关部门和地方要按照本方案精神，统一思想，密切配合，强化全局和责任意识，勇于创新，主动改革，积极作为，抓好落实，确保改革试点工作取得实效。要及时总结、宣传改革试点进展和成效，加强试点地方工作交流，强化舆论引导，营造有利于知识产权综合管理改革的良好社会环境。

《国务院关于新形势下加快知识产权强国建设的若干意见》重点任务分工方案

国办函〔2016〕66号

为落实《国务院关于新形势下加快知识产权强国建设的若干意见》(国发〔2015〕71号),根据各相关部门职责,对各项重点任务作如下分工。

一、推进知识产权管理体制机制改革

(一)研究完善知识产权管理体制

1. 完善国家知识产权战略实施工作部际联席会议制度,由国务院领导同志担任召集人。(知识产权局负责)

2. 积极研究探索知识产权管理体制机制改革。(中央编办、知识产权局、工商总局、版权局负责。列第一位者为牵头部门,下同)

3. 授权地方开展知识产权改革试验。鼓励有条件的地方开展知识产权综合管理改革试点。(知识产权局、中央编办、工商总局、版权局负责)

(二)改善知识产权服务业及社会组织管理

4. 放宽知识产权服务业准入,促进服务业优质高效发展,加快建设知识产权服务业集聚区。(知识产权局、工商总局、版权局负责)

5. 扩大专利代理领域开放,放宽对专利代理机构股东或合伙人的条件限制。(知识产权局负责)

6. 探索开展知识产权服务行业协会组织“一业多会”试点。完善执业信息披露制度,及时公开知识产权代理机构和从业人员信用评价等相关信息。(知识产权局、工商总局、版权局负责)

7. 规范著作权集体管理机构收费标准,完善收益分配制度,让著作权人获得更多许可收益。(版权局负责)

(三)建立重大经济活动知识产权评议制度

8. 研究制定知识产权评议政策。完善知识产权评议工作指南,规范评议范围和程序。围绕国家重大产业规划、高技术领域重大投资项目等开展知识产权评议,建立国家科技计划知识产权目标评估制度,积极探索重大科技活动知识产权评议试点,建立重点领域知识产权评议报告发布制度,提高创新效率,降低产业发展风险。(知识产权局、发展改革委、科技部、工业和信息化部、工商总局负责)

(四)建立以知识产权为重要内容的创新驱动发展评价制度

9. 将知识产权产品逐步纳入国民经济核算,将知识产权指标纳入国民经济和社会发展规划。(统计局、发展改革委、知识产权局、工商总局、版权局负责)

10. 在对党政领导班子和领导干部进行综合考核评价时,注重鼓励发明创造、保护知识产权、加强转化运用、营造良好环境等方面的情况和成效。(中央组织部、知识产权局、工商总局、版权局负责)

11. 探索建立经营业绩、知识产权和创新并重的国有企业考评模式。(国资委、中央组织部、知识产权局负责)

12. 按照国家有关规定设置知识产权奖励项目,加大各类国家奖励制度的知识产权评价权重。(知识产权局、人力资源社会保障部、工商总局、版权局负责)

13. 发布年度知识产权发展状况报告。(知识产权局、农业部、工商总局、质检总局、版权局、林业局负责)

二、实行严格的知识产权保护

(一)加大知识产权侵权行为惩治力度

14. 提高知识产权侵权法定赔偿上限,针对情节严重的恶意侵权行为实施惩罚性赔偿并由侵权人承担实际发生的合理开支。(高法院、农业部、文化部、海关总署、工商总局、质检总局、版权局、食品药品监管总局、林业局、知识产权局、法制办按职责分别负责)

15. 进一步推进侵犯知识产权行政处罚案件信息公开。(全国打击侵权假冒工作领导小组办公室、农业部、文化部、海关总署、工商总局、质检总局、版权局、食品药品监管总局、林业局、知识产权局负责)

16. 完善知识产权快速维权机制。(知识产权局负责)

17. 加大国际展会、电子商务等领域知识产权执法力度。(农业部、文化部、海关总署、工商总局、质检总局、版权局、食品药品监管总局、林业局、知识产权局按职责分别负责)

18. 开展与相关国际组织和境外执法部门的联合执法,加强知识产权司法保护对外合作。(高法院、高检院、公安部、司法部、农业部、商务部、文化部、海关总署、工商总局、质检总局、版权局、食品药品监管总局、林业局、知识产权局按职责分别负责)

(二)加大知识产权犯罪打击力度

19. 依法严厉打击侵犯知识产权犯罪行为,重点打击链条式、产业化知识产权犯罪网络。(公安部负责)

20. 进一步加强知识产权行政执法与刑事司法衔接,加大涉嫌犯罪案件移交工作力度。(全国打击侵权假冒工作领导小组办公室、高检院牵头,高法院、公安部、农业部、文化部、海关总署、工商总局、质检总局、版权局、林业局、知识产权局负责)

21. 完善涉外知识产权执法机制,加强刑事执法国际合作,加大涉外知识产权犯罪案件侦办力度。(全国打击侵权假冒工作领导小组办公室、公安部、商务部、海关总署、工商总局、质检总局、版权局、知识产权局、贸促会负责)

22. 加强与有关国际组织和国家间打击知识产权犯罪行为的司法协助,加大案情通报和情报信息交换力度。(司法部、高法院、高检院、公安部、海关总署、工商总局、质检总局、版权局、知识产权局负责)

(三)建立健全知识产权保护预警防范机制

23. 将故意侵犯知识产权行为情况纳入企业和个人信用记录。(发展改革委、人民银行牵头,工商总局、版权局、知识产权局等负责)

24. 推动完善商业秘密保护法律法规,加强人才交流和技术合作中的商业秘密保护。(工商总局、法制办负责)

25. 加强海关知识产权执法保护。建立收集假冒产品来源地相关信息的工作机制,发布年度中国海关知识产权保护状况报告。(海关总署、工商总局、知识产权局、邮政局负责)

26. 加强大型专业化市场知识产权管理和保护工作。(工商总局、质检总局、版权局、知识产权局按职责分别负责)

27. 发挥行业组织在知识产权保护中的积极作用。(全国打击侵权假冒工作领导小组办公室负责)

28. 运用大数据、云计算、物联网等信息技术,加强在线创意、研发成果的知识产权保护,提升预警防范能力。(知识产权局、网信办负责)

29. 加大对小微企业知识产权保护援助力度,构建公平竞争、公平监管的创新创业和营商环境。(工业和信息化部、公安部、司法部、农业部、商务部、文化部、人民银行、海关总署、工商总局、质检总局、版权局、林业局、知识产权局、网信办、邮政局按职责分别负责）

30. 开展知识产权保护社会满意度调查。（中央综治办、知识产权局按职责分别负责）

（四）加强新业态新领域创新成果的知识产权保护

31. 完善植物新品种、生物遗传资源及其相关传统知识、数据库保护和国防知识产权等相关法律制度。（科技部、环境保护部、农业部、林业局、知识产权局、法制办、国防科工局、中央军委装备发展部按职责分别负责）

32. 适时做好地理标志立法工作。（农业部、工商总局、质检总局、法制办按职责分别负责）

33. 研究完善商业模式知识产权保护制度和实用艺术品外观设计专利保护制度。（知识产权局、高法院牵头负责）

34. 加强互联网、电子商务、大数据等领域的知识产权保护规则研究，推动完善相关法律法规。（全国打击侵权假冒工作领导小组办公室、中央综治办、高法院、工业和信息化部、公安部、农业部、商务部、文化部、海关总署、工商总局、质检总局、版权局、食品药品监管总局、林业局、知识产权局、法制办、网信办负责）

35. 制定众创、众包、众扶、众筹的知识产权保护政策。（知识产权局负责）

（五）规制知识产权滥用行为

36. 完善规制知识产权滥用行为的法律制度，制定相关反垄断执法指南。（发展改革委、商务部、工商总局、知识产权局、法制办按职责分别负责）

37. 完善知识产权反垄断监管机制，依法查处滥用知识产权排除和限制竞争等垄断行为。（发展改革委、商务部、工商总局按职责分别负责）

38. 完善标准必要专利的公平、合理、无歧视许可政策和停止侵权适用规则。（质检总局、知识产权局、工业和信息化部、高法院负责）

三、促进知识产权创造运用

（一）完善知识产权审查和注册机制

39. 建立计算机软件著作权快速登记通道。（版权局负责）

40. 优化专利和商标的审查流程与方式，实现知识产权在线登记、电子申请和无纸化审批。（工商总局、知识产权局按职责分别负责）

41. 完善知识产权审查协作机制。（中央编办、工商总局、知识产权局按职责分别负责）

42. 建立重点优势产业专利申请的集中审查制度，建立健全涉及产业安全的专利审查工作机制。（知识产权局、工业和信息化部负责）

43. 合理扩大专利确权程序依职权审查范围，完善授权后专利文件修改制度。（知识产权局、法制办负责）

44. 拓展“专利审查高速路”国际合作网络，加快建设世界一流专利审查机构。（知识产权局负责）

（二）完善职务发明制度

45. 鼓励和引导企事业单位依法建立健全发明报告、权属划分、奖励报酬、纠纷解决等职务发明管理制度。（知识产权局、教育部、科技部、工业和信息化部、农业部、国资委、林业局、中科院负责）

46. 探索完善创新成果收益分配制度，提高骨干团队、主要发明人收益比重，保障职务发明人的合法权益。按照相关政策规定，鼓励国有企业赋予下属科研院所知识产权处置和收益分配权。（知识产权局、科技部、教育部、财政部、农业部、国资委、中科院、国防科工局负责）

(三)推动专利许可制度改革

47. 强化专利以许可方式对外扩散。研究建立专利当然许可制度,鼓励更多专利权人对社会公开许可专利。(知识产权局、法制办负责)

48. 完善专利强制许可启动、审批和实施程序。(知识产权局负责)

49. 鼓励高等院校、科研院所等事业单位通过无偿许可专利的方式,支持单位员工和大学生创新创业。(教育部、科技部、财政部、知识产权局、中科院负责)

(四)加强知识产权交易平台建设

50. 构建知识产权运营服务体系,加快建设全国知识产权运营公共服务平台。(知识产权局、财政部、教育部、科技部、工业和信息化部、国资委、中科院、国防科工局、中央军委装备发展部负责)

51. 创新知识产权投融资产品,探索知识产权证券化,完善知识产权信用担保机制,推动发展投贷联动、投保联动、投债联动等新模式。在全面创新改革试验区域引导天使投资、风险投资、私募基金加强对高技术领域的投资。(人民银行、工商总局、版权局、知识产权局、银监会、证监会按职责分别负责)

52. 细化会计准则规定,推动企业科学核算和管理知识产权资产。(财政部、知识产权局负责)

53. 推动高等院校、科研院所建立健全知识产权转移转化机构。(知识产权局、教育部、中科院、国防科工局负责)

54. 支持探索知识产权创造与运营的众筹、众包模式,促进"互联网+知识产权"融合发展。(知识产权局、发展改革委、工业和信息化部、证监会负责)

(五)培育知识产权密集型产业

55. 探索制定知识产权密集型产业目录和发展规划。运用股权投资基金等市场化方式,引导社会资金投入知识产权密集型产业。加大政府采购对知识产权密集型产品的支持力度。(知识产权局、发展改革委、财政部负责)

56. 试点建设知识产权密集型产业集聚区和知识产权密集型产业产品示范基地,推行知识产权集群管理。(知识产权局、发展改革委负责)

(六)提升知识产权附加值和国际影响力

57. 实施专利质量提升工程,培育一批核心专利。加大轻工、纺织、服装等产业的外观设计专利保护力度。(知识产权局负责)

58. 深化商标富农工作。(工商总局、农业部负责)

59. 加强对非物质文化遗产、民间文艺、传统知识的开发利用,推进文化创意、设计服务与相关产业融合发展。(文化部、版权局、知识产权局按职责分别负责)

60. 支持企业运用知识产权进行海外股权投资。(知识产权局、工业和信息化部、国资委负责)

61. 积极参与国际标准制定,推动有知识产权的创新技术转化为标准。(质检总局、工业和信息化部、知识产权局、国防科工局负责)

62. 支持研究机构和社会组织制定品牌评价国际标准,建立品牌价值评价体系。支持企业建立品牌管理体系,鼓励企业收购海外知名品牌。(质检总局、商务部、工商总局、国资委负责)

63. 保护和传承中华老字号,大力推动中医药、中华传统餐饮、工艺美术等企业"走出去"。(商务部、文化部、卫生计生委按职责分别负责)

(七)加强知识产权信息开放利用

64. 建立财政资助项目形成的知识产权信息披露制度。(知识产权局、科技部、财政部负责)

65. 加快落实上市企业知识产权信息披露制度。(证监会、知识产权局、工商总局负责)

66. 规范知识产权信息采集程序和内容。(知识产权局、工商总局、版权局负责)

67. 完善知识产权许可的信息备案和公告制度。(知识产权局负责)

68. 加快建设互联互通的知识产权信息公共服务平台,实现专利、商标、版权、集成电路布图设计、植物新品种、地理标志等基础信息免费或低成本开放。(知识产权局、发展改革委、农业部、工商总局、质检总局、版权局、林业局负责)

69. 增加知识产权信息服务网点,完善知识产权信息公共服务网络。(知识产权局、工商总局、版权局负责)

70. 推进专利数据信息资源开放共享,增强大数据运用能力。依法及时公开专利审查过程信息。(知识产权局、发展改革委负责)

四、加强重点产业知识产权海外布局和风险防控

(一)加强重点产业知识产权海外布局规划

71. 加大创新成果标准化和专利化工作力度,推动形成标准研制与专利布局有效衔接机制。研究制定标准必要专利布局指南。(质检总局、知识产权局、商务部负责)

72. 围绕战略性新兴产业等重点领域,建立专利导航产业发展工作机制,实施产业规划类和企业运营类专利导航项目,绘制服务我国产业发展的相关国家和地区专利导航图。(知识产权局、发展改革委、工业和信息化部负责)

73. 编制发布相关国家和地区专利申请实务指引。(知识产权局负责)

(二)拓展海外知识产权布局渠道

74. 推动企业、科研机构、高等院校等联合开展海外专利布局工作。鼓励企业建立专利收储基金。(知识产权局、教育部、工业和信息化部、财政部、商务部、国资委、中科院、国防科工局、贸促会负责)

75. 加强企业知识产权布局指导,在产业园区和重点企业探索设立知识产权布局设计中心。(知识产权局、科技部、工业和信息化部、国资委负责)

76. 分类制定知识产权跨国许可与转让指南,编制发布知识产权许可合同范本。(知识产权局、商务部负责)

(三)完善海外知识产权风险预警体系

77. 建立健全知识产权管理与服务等标准体系。(知识产权局、质检总局负责)

78. 支持行业协会、专业机构跟踪发布重点产业知识产权信息和竞争动态。制定完善与知识产权相关的贸易调查应对与风险防控国别指南。完善海外知识产权信息服务平台,发布相关国家和地区知识产权制度环境等信息。建立完善企业海外知识产权问题及案件信息提交机制,加强对重大知识产权案件的跟踪研究,及时发布风险提示。(工业和信息化部、商务部、工商总局、知识产权局、贸促会按职责分别负责)

(四)提升海外知识产权风险防控能力

79. 研究完善技术进出口管理相关制度,优化简化技术进出口审批流程。(商务部负责)

80. 完善财政资助科技计划项目形成的知识产权对外转让和独占许可管理制度。(商务部、科技部牵头,财政部、知识产权局负责)

81. 制定并推行知识产权尽职调查规范。支持法律服务机构为企业提供全方位、高品质知识产权法律服务。(司法部、工商总局、版权局、知识产权局负责)

82. 探索以公证方式保管知识产权证据、证明材料。(司法部、高法院、工商总

局、版权局、知识产权局负责)

83. 推动企业建立知识产权分析评议机制,重点针对人才引进、国际参展、产品和技术进出口等活动开展知识产权风险评估,提高企业应对知识产权国际纠纷能力。(知识产权局、商务部牵头,工业和信息化部、国资委、贸促会负责)

(五)加强海外知识产权维权援助

84. 制定实施应对海外产业重大知识产权纠纷的政策。(商务部、知识产权局牵头,工业和信息化部、海关总署、工商总局、质检总局、版权局、贸促会负责)

85. 研究我驻国际组织、主要国家和地区外交机构中涉知识产权事务的人力配备。(中央编办、外交部、财政部、商务部、工商总局、知识产权局、贸促会按职责分别负责)

86. 发布海外和涉外知识产权服务和维权援助机构名录,推动形成海外知识产权服务网络。(商务部、工商总局、知识产权局、贸促会按职责分别负责)

五、提升知识产权对外合作水平

(一)推动构建更加公平合理的国际知识产权规则

87. 积极参与联合国框架下的发展议程,推动《TRIPS 协定与公共健康多哈宣言》落实和《视听表演北京条约》生效,参与《专利合作条约》《保护广播组织条约》《生物多样性公约》等规则修订的国际谈判,推进加入《工业品外观设计国际注册海牙协定》和《马拉喀什条约》进程。(外交部、环境保护部、农业部、商务部、海关总署、工商总局、版权局、林业局、知识产权局、贸促会按职责分别负责)

(二)加强知识产权对外合作机制建设

88. 加强与世界知识产权组织、世界贸易组织及相关国际组织的合作交流。深化同主要国家知识产权、经贸、海关等部门的合作,巩固与传统合作伙伴的友好关系。(知识产权局、商务部、外交部牵头,农业部、文化部、海关总署、工商总局、质检总局、版权局、林业局、贸促会负责)

89. 推动相关国际组织在我国设立知识产权仲裁和调解分中心。(知识产权局、外交部、司法部负责)

90. 加强国内外知名地理标志产品的保护合作,促进地理标志产品国际化发展。(农业部、商务部、海关总署、工商总局、质检总局按职责分别负责)

91. 积极推动区域全面经济伙伴关系和亚太经济合作组织框架下的知识产权合作。(商务部、知识产权局、外交部、工商总局、质检总局、版权局负责)

92. 探索建立"一带一路"沿线国家和地区知识产权合作机制。(知识产权局、商务部牵头,外交部、发展改革委、工商总局、质检总局、版权局、贸促会负责)

(三)加大对发展中国家知识产权援助力度

93. 支持和援助发展中国家知识产权能力建设,鼓励向部分最不发达国家优惠许可其发展急需的专利技术。(知识产权局、外交部、科技部、商务部负责)

94. 加强面向发展中国家的知识产权学历教育和短期培训。(知识产权局、外交部、教育部、人力资源社会保障部、商务部负责)

(四)拓宽知识产权公共外交渠道

95. 拓宽企业参与国际和区域性知识产权规则制修订途径。推动国内服务机构、产业联盟等加强与国外相关组织的合作交流。(知识产权局、外交部、工业和信息化部、商务部、贸促会负责)

96. 建立博鳌亚洲论坛知识产权研讨交流机制,积极开展具有国际影响力的知识产权研讨交流活动。(知识产权局、商务部负责)

97. 建立具有国际水平的知识产权智库。(知识产权局负责)

六、加强政策保障

(一)加大财税和金融支持力度

98. 运用财政资金引导和促进科技成果产权化、知识产权产业化。(知识产权局、科技部、财政部负责)

99. 落实研究开发费用税前加计扣除政策,对符合条件的知识产权费用按规定实行加计扣除。(财政部、税务总局负责)

100. 制定专利收费减缴办法,合理降低专利申请和维持费用。(财政部、发展改革委、知识产权局负责)

101. 积极推进知识产权海外侵权责任保险工作。(保监会、知识产权局负责)

102. 深入开展知识产权质押融资风险补偿基金和重点产业知识产权运营基金试点。(财政部、知识产权局牵头,工业和信息化部负责)

(二)加强知识产权专业人才队伍建设

103. 加强知识产权相关学科建设,完善产学研联合培养模式,在管理学和经济学中增设知识产权专业,加强知识产权专业学位教育。加大对各类创新人才的知识产权培训力度。(教育部、知识产权局负责)

104. 鼓励各地引进高端知识产权人才,并参照有关人才引进计划给予相关待遇。探索建立知识产权国际化人才储备库和利用知识产权发现人才的信息平台。(中央组织部、知识产权局负责)

105. 鼓励我国知识产权人才获得海外相应资格证书。进一步完善知识产权职业水平评价制度,稳定和壮大知识产权专业人才队伍。选拔培训一批知识产权创业导师,加强青年创业指导。(知识产权局、人力资源社会保障部负责)

(三)加强宣传引导

106. 广泛开展知识产权普及型教育,加强知识产权公益宣传和咨询服务,提高全社会知识产权意识。(中央宣传部、知识产权局、教育部、文化部、工商总局、版权局、网信办负责)

深化改革 创新发展 奋力开创知识产权强国建设新局面

——在全国知识产权局局长会议上的工作报告

（2016 年 1 月 7 日）

国家知识产权局局长 申长雨

同志们：

本次会议的主要任务是：全面贯彻党的十八大和十八届三中、四中、五中全会精神，深入学习习近平总书记系列重要讲话精神，按照“四个全面”战略布局，坚持创新、协调、绿色、开放、共享的发展理念，认真贯彻落实《国务院关于新形势下加快知识产权强国建设的若干意见》，回顾总结“十二五”时期全国知识产权工作，深入分析知识产权事业发展面临的新形势新任务，科学谋划“十三五”知识产权工作总体思路和关键举措，部署 2016 年重点工作，奋力开创知识产权强国建设新局面。

下面，我向大会作报告。

一、“十二五”时期知识产权事业发展回顾

“十二五”时期，是我国知识产权事业发展很不平凡、成效极为显著的五年。五年来，在党中央、国务院的坚强领导下，全国知识产权系统凝心聚力、奋发有为、开拓创新，确立了知识产权强国建设新目标，出台了深入实施国家知识产权战略新举措，推动知识产权事业整体迈上了新台阶，为支撑经济社会发展作出了新贡献。

——这五年，知识产权大国地位日益巩固。“十二五”时期，共受理发明专利申请 403.4 万件、实用新型 421.4 万件、外观设计 297.2 万件、专利复审请求 8.6 万件、无效宣告请求 1.6 万件，其中，发明专利申请受理量跃居世界首位并保持领先地位；受理 PCT 国际专利申请 11.7 万件，比“十一五”增长 2.2 倍；发明专利授权量 118.9 万件，比“十一五”增长 1.5 倍；每万人口发明专利拥有量达到 6.3 件，圆满完成国家“十二五”规划目标。

——这五年，知识产权保护力度不断加大。“十二五”时期，全国知识产权系统共查处专利侵权假冒案件 8.7 万件，是“十一五”时期的近十倍；统一部署开展 7 次专利行政执法专项行动；29 个省（区、市）开通“12330”知识产权维权援助与举报投诉服务热线；8 个产业集聚区设立知识产权快速维权中心，知识产权保护社会满意度持续提升。

——这五年，知识产权运用效益快速提升。“十二五”时期，专利质押融资总额达 1533 亿元，年均增长 58%，惠及企业 5000 余家；120 项专利金奖项目新增销售额 6221 亿元，新增利润 1317 亿元；专利许可备案量近 4 万项，许可金额达 257 亿元，知识产权对经济社会发展的贡献度明显提高。

——这五年，知识产权管理能力明显

增强。“十二五”时期，上万家企业贯彻实施企业知识产权管理标准，超千家企业进入知识产权优势示范企业行列，涌现出华为、中兴等一批竞争力较强的知识产权示范企业。全国知识产权服务机构数量达到3.6万家，知识产权服务业年营业收入突破800亿元。

——这五年，知识产权事业基础更加牢固。“十二五”时期，制修订知识产权相关法律法规14部，出台部门规章9部。与63个国家、地区或国际组织签订多双边知识产权合作协议等171份。全国县级知识产权机构覆盖率扩大一倍，知识产权从业人员数量超50万人，专门从事代理、审查、管理、服务和教学科研的知识产权人才达到15万人。连续举办全国知识产权宣传周等重大活动，全社会知识产权意识大幅提升。

五年来，我们逐步探索形成了一系列知识产权工作新理念新思路。我们提出知识产权强国建设的目标要实现“中国特色、世界水平”，知识产权强国建设的路径要坚持“点线面结合、局省市联动、国内外统筹”。我们提出知识产权在经济社会发展中的作用既要做好“攀枝花”，又要当好“顶梁柱”，还要能够直接贡献GDP。我们提出知识产权创造要坚持“数量布局、质量取胜”。我们提出知识产权保护要坚持行政保护和司法保护两条途径“优势互补、有机衔接”。我们提出知识产权国际合作要坚持“普惠包容、平衡有效”。这些新理念新思路是我们集体智慧的结晶，引领着我国知识产权事业阔步前行、蓬勃发展。

围绕这些新理念新思路，我们重点开展了以下工作。

（一）加强知识产权事业发展顶层设计

组织起草了《关于新形势下加快知识产权强国建设的若干意见》，由国务院印发实施。这是继《国家知识产权战略纲要》之后又一专门指导知识产权工作的纲领性文件。编制实施《国家知识产权事业发展“十二五”规划》，“每万人口发明专利拥有量”首次列入国民经济和社会发展规划目标。组织编制《深入实施国家知识产权战略行动计划（2014～2020年）》，由国务院办公厅印发实施。连续制定实施知识产权战略和专利战略年度推进计划。21个省（区、市）相继印发本地区行动计划或配套实施方案。整体部署知识产权强省建设工作，与16个省（区、市）建立知识产权省部会商机制，广东、江苏率先出台知识产权强省建设政策文件。国家知识产权试点示范城市达到233个。围绕培育战略性新兴产业、支撑国家区域战略实施、助力创新创业、扶持小微企业等出台一系列政策措施。

（二）构建严格的知识产权保护体系

《专利法第四次修改（草案）》和《职务发明条例（草案）》由国务院法制办向社会公开征求意见。继续推动《专利代理条例》修订的立法进程。建立健全地方专利立法协调机制，山西、安徽、浙江等27个省（区、市）和18个较大的市出台了地方专利法规。配合完成全国人大常委会专利法执法检查工作，《专利法》实施得到全国人大常委会充分肯定。与地方政府共建专利审查协作中心，形成多层次专利审查格局，专利审查社会满意度稳步提高。跨区域知识产权执法协作深入推进。上海、福建等自由贸易试验区试点知识产权综合行政执法，浙江、江苏等省建立电商领域专利执法维权机制，广东、北京、新疆等地扎实推进展会执法维权工作。重庆、河北、吉林等地积极培育知识产权保护规范化市场。

（三）建立健全知识产权运用平台机制

加快建立“1＋2＋20＋N”的知识产权运营服务体系。围绕《中国制造2025》十大发展领域设立产业知识产权运营基金。建立完善专利价值分析指标体系，开展专利分级分类管理。专利权质押融资业务在全国全面展开，辽宁、四川等省设立知识产权质押融资风险补偿基金。江苏、福建、浙江等17个省(区、市)开展专利保险工作。河南、江苏等8个省市建设国家专利导航产业发展实验区。推动建设52个产业知识产权联盟。山东、江苏等省在28个产业集聚区推行知识产权集群管理。广东、上海等17个省市开展重大经济科技活动知识产权分析评议。深入开展百余项专利预警分析和普及推广项目，有力支撑了国家重大科技专项实施和相关产业发展。

(四)积极推进知识产权重点领域改革

联合开展深化中央级事业单位科技成果使用、处置和收益权改革试点。推进简政放权、放管结合、优化服务，取消一批评奖项目和审批事项，专利代理机构设立改为后置审批，并加强事中事后监管。延长专利年费减缴时限，减轻企业负担。完善专利代理人考试制度，改革专利代理人考试办法。建设专利数据服务试验系统，免费开放五局最新专利数据。完善中国专利奖评奖工作，更好发挥专利奖导向激励功能。浦东新区和上海、福建等自由贸易试验区探索建立统一的知识产权行政管理体制。知识产权相关举措写入国家全面创新改革试验区实施方案。中新广州知识城知识产权保护和运用综合改革试点工作稳步推进。

(五)深化知识产权对外合作交流

国家高层外交更加关注知识产权议题。世界知识产权组织(WIPO)在北京设立中国办事处。举办中美欧日韩知识产权局局长会议并首次签署《五局合作共识》。与新加坡签署两国政府间知识产权合作谅解备忘录。举办中欧两局合作30年纪念活动。推动建立工业品外观设计五局合作机制。成立金砖国家知识产权协调小组。积极参与WIPO专利法国际协调、《外观设计法条约》起草、PCT国际规则修改等议题的磋商和谈判。中国专利文献纳入PCT最低限度文献。引入联合专利分类(CPC)。与20个国家或地区开通专利审查高速路，启动五局合作专利审查高速路试点。与港澳台知识产权合作不断深化。

(六)夯实知识产权事业发展基础

知识产权专业人员纳入《国家职业分类大典》。初步建成领军人才、高层次人才、专门人才和专业人才等多层次的知识产权人才梯队。建立24个国家知识产权培训基地。全系统共举办知识产权培训2.2万余期，培训230余万人次。建成国家、区域、地方三级专利信息公共服务体系和全国专利信息传播利用体系。建设北京中关村、上海漕河泾、苏州高新区等10个国家知识产权服务业集聚发展试验区，培育97家全国知识产权服务品牌机构。全国专利代理机构超过1200家，执业代理人超过1.2万人。加大知识产权宣传力度，利用新媒体拓宽宣传渠道。开展全国中小学知识产权教育试点示范工作，完成首批试点学校认证。

五年来，全系统按照中央关于全面从严治党的统一部署，深入开展党的群众路线教育实践活动和"三严三实"专题教育，严格落实中央八项规定精神，持之以恒反对"四风"，认真学习贯彻《中国共产党廉洁从政准则》和《中国共产党纪律处分条例》，切实落实各级党组织的主体责任和纪检监察部门的监督责任，全面加强党员干部的教育管理，努力营造风清气正的良好环境，推进党风廉政建设和反腐败工作不断取得新进展。

五年来，我们积累了宝贵经验。一是遵循知识产权事业发展的客观规律，适应经济发展新常态和创新驱动发展新要求，找准知识产权工作的切入点、着力点、支撑点，主动融入国家经济社会发展大局。二是把握知识产权事业发展的基本定位，发挥好知识产权制度激励创新的基本保障作用，强化知识产权作为国际贸易的基础性制度支撑，营造良好的创新创业和营商环境，对内激励创新，对外促进开放。三是找准知识产权事业发展的有效路径，深入实施国家知识产权战略行动计划，谋划和推动一批重大政策、重大工程、重大项目，努力在重点领域和关键环节实现突破，以重点突破带动全局提升。四是增强知识产权事业发展的内在动力，加大改革创新力度，用改革的办法破解发展难题，提高知识产权治理能力和治理水平，用好政府“有形的手”，激活市场“无形的手”。

回顾五年来取得的成绩，我们尤为振奋，倍感珍惜。五年来，党和国家领导人对知识产权工作作出重要指示、批示百余次。五年来，党中央国务院以及各级地方党委政府在重要会议和文件中，多次对知识产权工作作出部署。五年来，各地区各部门各单位对知识产权工作给予了不遗余力的关心和支持。五年来，知识产权系统干部职工扑下身子、真抓实干，工作兢兢业业，成绩实实在在，推动实现了知识产权事业的大跨越、大发展。在此，我谨代表国家知识产权局，向各级领导、兄弟部门和社会各界，向全系统广大干部职工，表示衷心的感谢！

在总结成绩的同时，我们也要清醒地认识到，面对新形势、新任务、新要求，我国知识产权事业发展中仍存在一些不平衡、不协调的问题。知识产权与经济社会发展融合还不够紧密，知识产权“大而不强、多而不优”的矛盾依然突出，知识产权侵权在某些领域易发多发势头仍未得到有效遏制，知识产权转移转化仍缺少平台和机制，权益分配仍不够科学合理，企业知识产权竞争能力偏弱，海外风险防控能力不足，知识产权管理多头分散、效率不高，知识产权区域发展不平衡，这些都是制约知识产权事业发展，特别是知识产权强国建设的深层次矛盾和问题，亟待我们努力研究和破解。

二、以新理念引领“十三五”知识产权事业新发展

当前，我国经济发展进入新常态，创新引领发展的趋势更加明显，知识产权制度激励创新的基本保障作用更加突出，我们必须立足发展的阶段性特征，适应创新驱动发展和经济提质增效升级的迫切需要，科学谋划知识产权事业发展的新举措，展现新作为，作出新贡献，更好地适应和支撑经济发展新常态。

（一）深刻认识知识产权事业发展的阶段性特征

经过改革开放 30 多年的发展，特别是国家知识产权战略的实施，知识产权事业发展已经具备了坚实的数量基础、制度基础、人才基础和文化基础。进入“十三五”时期，知识产权事业呈现出鲜明的阶段性特征。

一是进入知识产权强国建设取得实质性进展的开创期。2014 年，《深入实施国家知识产权战略行动计划（2014～2020年）》明确提出了建设知识产权强国的战略目标。2015 年，《国务院关于新形势下加快知识产权强国建设的若干意见》对强国建设作出了战略部署。“十三五”时期，知识产权强国建设从整体谋划转入具体实施阶段。我们必须按照国务院决策部署，认真抓好贯彻落实，为知识产权强国建设开好局、起好步，特别要在战略引领、改革创新、市场主导、统筹兼顾等基本原则的指导下，大力推进知识产权强省、强市、强企建设，大幅提升知识产权创造、运用、保护、管理和服务水平，确保知识产权强国建设取得实质性进展。

二是进入国家知识产权战略目标任务全面完成的关键期。《国家知识产权战略纲要》实施五年评估结果显示，《纲要》第一阶段目标任务已基本完成，但对照 2020 年发展总体目标，我们在知识产权保护和运

用等方面还存在较大差距。进入《纲要》实施的第二阶段,针对评估中发现的问题,我们及时制定了知识产权战略行动计划,提出了一系列有针对性的举措。“十三五”时期,知识产权战略实施从全面推进转入重点突破阶段,我们要按照行动计划作出的工作部署,推动知识产权战略向纵深发展,重点破解知识产权运用和保护方面面临的深层次矛盾和问题,着力补齐短板,强化绩效考核,确保《纲要》目标任务如期全面完成。

三是进入知识产权领域改革取得决定性成果的攻坚期。这些年,我们始终以改革的精神推动知识产权事业创新发展,取得了巨大成就。当前,知识产权事业正在向质量效益更好、结构布局更优、可持续发展能力更强的方向迈进,但知识产权管理体制机制等方面存在的矛盾和问题越发凸显,成为知识产权事业科学发展的瓶颈制约。党的十八届五中全会强调要深化知识产权领域改革。国务院常务会议也明确,要用改革的办法加快知识产权强国建设。“十三五”时期,知识产权领域改革已经从自发探索转入国家整体部署推进阶段。我们要按照党中央、国务院决策部署,以体制机制改革为突破口,加快推进知识产权领域各项改革,确保改革取得决定性成果。

(二)准确把握知识产权事业发展的原则性要求

“十三五”时期,知识产权事业发展的基本要求是:全面贯彻党的十八大和十八届三中、四中、五中全会精神,按照“四个全面”战略布局,牢固树立创新、协调、绿色、开放、共享的发展理念,以加快知识产权强国建设为主线,以深入实施国家知识产权战略为依托,以深化知识产权领域改革为抓手,全面提高知识产权的创造质量、运用效益、保护效果、管理能力和服务水平,加快发展,重点突破,推动知识产权事业整体再上新台阶,为创新驱动发展战略实施提供更加有力的支撑。

我们要注意把握好以下“四个关系”。

一是顶层设计和基层探索的关系。要坚持创新发展,高度重视对新形势、新情况、新问题的持续深入系统研究,不断推进知识产权理论创新、实践创新和制度创新。既要在国家层面推动完善中国特色的知识产权制度,做好改革发展的顶层设计,又要鼓励地方层面因地制宜、大胆探索、先行先试,推动顶层设计和基层探索良性互动、有机结合,努力形成知识产权事业发展的强大合力。

二是整体提升和重点突破的关系。要坚持协调发展,既要从全局出发谋划知识产权事业整体发展,推动区域协调发展,促进知识产权与其他领域融合发展,做强知识产权工作全链条,促进知识产权事业全面提升;又要抓住关键,突出重点,补齐短板,以重点促全局,增强知识产权事业的可持续性和发展后劲。

三是内促发展和外促开放的关系。要坚持绿色发展和开放发展,加强知识产权与经济科技贸易等相关政策的衔接与融合,发挥好知识产权作为基础性制度安排的重要作用,对内支撑供给侧结构性改革,对外支撑更高水平的“引进来”和“走出去”,发展更高层次的开放型经济,加强内外联动,促进开放共赢,保持中高速增长,迈向中高端水平。

四是改革发展稳定的关系。要坚持共享发展,让改革成果惠及大众。既要加大改革的力度,主动作为、攻坚克难,又要把握改革的节奏,稳扎稳打、稳妥推进,最大限度地凝聚起有利于深化改革的社会共识,营造出有利于深化改革的良好环境,以改革增动力,以改革添活力,形成推动改革发展的正能量。

(三)努力实现知识产权事业的跨越式发展

“十三五”时期的总体目标是:全面落

实党中央、国务院有关知识产权的各项决策部署，知识产权强国建设取得实质性进展，知识产权战略纲要目标任务如期完成，知识产权领域改革取得决定性成果，知识产权创造、运用、保护、管理和服务能力大幅提升，为建成中国特色、世界水平的知识产权强国奠定坚实基础。为此，我们要努力推动知识产权事业发展实现"五个转变"。

一是知识产权创造由多向优、由大到强转变。要坚持"数量布局、质量取胜"的理念，完善知识产权创造激励政策，优化知识产权考核评价体系，推动职务发明相关制度的出台，合理降低专利申请和维持费用，提高全社会创新创造积极性，促进产出技术含量高、市场效益好的高价值专利。

二是知识产权保护从不断加强向全面从严转变。要实行严格的知识产权保护，加大执法力度，加强快速维权援助，引导创新主体多渠道、低成本、高效率保护知识产权合法权益，推动形成行政保护与司法保护两条途径"优势互补、有机衔接"的保护模式，不断提升全社会对知识产权保护的满意度。

三是知识产权转化运用从单一效益向综合效益转变。要从完善知识产权权益分配机制、搭建知识产权转化交易平台等着手，积极营造知识产权转化运用的良好环境，强化企业知识产权运用主体地位，提升企业知识产权综合运用能力，发挥市场决定性作用，培育知识产权运营新业态新模式，多渠道盘活知识产权资产，加速知识产权价值实现，提高知识产权运用综合效益。

四是知识产权管理从多头分散向相对集中转变。要积极推进知识产权管理体制机制改革，完善组织领导和统筹协调机制，强化部门协同和区域合作，鼓励开展知识产权综合管理改革试点，探索建立集中高效的知识产权管理体制机制，提高知识产权治理水平和管理效能。

五是知识产权国际合作交流从积极参与向主动作为转变。要充分利用多边、双边和区域合作平台，在知识产权国际规则制定谈判中主动作为，推动知识产权国际规则体现更多的中国元素、中国智慧，推动知识产权国际规则朝着"普惠包容、平衡有效"的方向发展。要依托"一带一路"倡议的实施，加强区域知识产权合作与交流，促进相关国家和地区共同发展，实现互利共赢。

三、2016 年重点工作

2016 年，是实施"十三五"规划的开局之年，也是深化知识产权领域改革、加快知识产权强国建设的关键一年。确保"十三五"知识产权事业改革发展开好局、起好步，要重点做好以下六个方面的工作。

（一）强化整体部署，加快推进知识产权强国建设

认真贯彻落实党中央国务院重大决策部署。推动完善由国务院领导同志担任召集人的国家知识产权战略实施工作部际联席会议制度，组织召开部际联席会议全体会议，明确《国务院关于新形势下加快知识产权强国建设的若干意见》的任务分工。主动抓好相关任务的落实，制订实施 2016 年国家知识产权战略实施推进计划和全国专利事业发展战略推进计划。各地要按照国务院文件要求，制定相应的实施方案和配套政策，完善落实机制，确保知识产权强国建设各项部署有效落实。

编制实施知识产权"十三五"规划。力争将知识产权"十三五"规划纳入国家专项规划，推动将"每万人口发明专利拥有量"纳入国家"十三五"规划纲要。编制发布知识产权人才、国际合作、专利审查、专利代理、信息化等专项规划。各地要做好本地区知识产权"十三五"规划的编制和实施工作。

加快建设一批知识产权强省、强市、强企。推进知识产权强省建设总体布局，确定首批引领型、支撑型、特色型知识产权强省建设试点。优化知识产权省部会商机制。出台知识产权强市建设指导意见，遴选若干城市率先开展知识产权强市建设。制订实施知识产权强企建设工作方案，打造一批知识产权优势示范企业。建立知识产权促进京津冀协同发展机制，研究制订知识产权支撑“一带一路”、长江经济带等国家战略实施方案。

（二）深化知识产权领域改革，提升知识产权治理能力

改革知识产权管理体制机制。按照中央统一部署授权地方开展知识产权改革试验。指导江苏等有条件的地方开展知识产权综合管理改革试点。支持国家全面创新改革试验区、自由贸易试验区和自主创新示范区等探索开展知识产权领域改革。加快推进中新广州知识城知识产权运用和保护综合改革试验区建设。继续推动将知识产权产品纳入国民经济核算。各地要推动将知识产权工作实绩作为党政领导班子和领导干部综合考核评价的重要内容。

创新知识产权管理模式。研究制定促进知识产权工作与经济社会发展深度融合的政策措施。运用标准化手段强化知识产权管理和服务，全面推行企业知识产权管理国家标准，制定发布高校、科研机构知识产权管理规范。研究制定专利价值分析、专利代理服务质量等系列知识产权管理和服务标准。继续开展知识产权区域布局工作。各地要推动建立重大经济、科技活动知识产权评议制度，对重大科技项目、人才引进项目和高技术领域重大投资项目等开展知识产权评议。

优化知识产权公共服务。探索建立重点优势产业专利申请的集中审查制度，完善优先审查机制，继续开展专利巡回实审和专利复审巡回口审。加强政府专利信息公共服务，推进专利基础信息资源进一步开放共享。研究建立财政资助项目形成的专利信息披露制度。进一步发挥专利审查协作中心和专利代办处服务地方功能，为地方创新创业提供高水平的分析预警、培训咨询等服务。各地要推动知识产权信息公共服务向市、区、县进一步延伸。

（三）严格知识产权行政保护，保障和激励创新创业

完善知识产权法律法规。配合相关部门加快《专利法》第四次修改和《职务发明条例（草案）》的审查工作。做好《专利法实施细则》和《专利审查指南》配套修改工作。推动《专利代理条例》修订完成。研究制定支持众创、众筹、众包、众扶的知识产权保护政策和商业模式知识产权保护办法。各地要积极推动地方知识产权法规的完善工作。

推进知识产权行政执法体系建设。制定加强知识产权执法维权工作的指导意见，修订《专利行政执法操作指南》，提升执法办案质量。加快建设专利行政执法维权信息系统，逐步推进侵犯专利行政处罚案件信息公开。积极参与社会信用体系建设，将故意侵犯知识产权行为情况纳入企业和个人信用记录。各地要加大执法办案力度，组织开展打击专利侵权假冒专项行动，重点加强对电商平台的知识产权侵权行为监管。

健全知识产权维权援助网络。加快知识产权快速维权中心布点，围绕重点产业、海外展会、电商领域等新建一批知识产权快速维权中心，重点加大轻工、纺织、服装等产业的外观设计专利保护力度。完善海外知识产权信息平台，建立涉外重大知识产权纠纷协调处理机制。各地要加强“12330”知识产权维权援助与举报投诉平台建设，运行好知识产权快速维权中心。

（四）促进知识产权创造运用，推动产业转型升级

提升知识产权创造质量。启动实施专利质量提升工程。完善专利审查质量保障体系和业务指导体系，进一步提升专利审查质量和效率。依法做好异常专利申请的审查工作，编制专利申请质量分析报告。各地要优化专利申请激励政策，有效遏制异常专利申请，完善各级专利奖励制度，针对创新主体开展提升专利申请质量的实务培训。

培育知识产权密集型产业。加快出台知识产权密集型产业认定标准，制定知识产权密集型产业目录和发展规划，加强知识产权密集型产业统计工作。推动建立专利导航产业创新发展工作机制，推广实施一批产业规划类和企业运营类专利导航项目。各地要积极探索知识产权密集型产业发展有效路径。

搞活知识产权运营市场。加快知识产权交易平台建设，支持知识产权运营机构发展，推动重点产业知识产权运营基金良性运行。加强产业知识产权联盟管理，组织开展标准必要专利运营试点。推动知识产权金融服务创新，探索投融资联动的知识产权信用担保模式。各地要支持商业银行、民间资本等开展知识产权金融服务，完善专利质押融资风险补偿机制，深入开展专利保险试点。

培育发展知识产权服务业。推进知识产权服务业集聚发展试验区建设。组织开展全国知识产权服务业统计调查。继续遴选知识产权服务品牌机构。稳步推进知识产权服务标准体系建设。实施专利代理行业中长期规划，完善专利代理执业信息披露和诚信评价制度，加强事中事后监管，促进专利代理行业健康发展。

（五）扩大知识产权对外合作交流，促进互利共赢

加强多双边知识产权合作。进一步加强与世界知识产权组织的合作，全面参与有关国际合作条约的制定和多边协议的谈判。进一步深化与欧洲专利局和欧洲内部市场协调局的战略合作伙伴关系。推进与美、日、韩等国合作。推进落实金砖合作路线图。务实推动中日韩、中蒙俄、中国—东盟的小多边和区域合作。主办外观设计领域五局合作论坛。拓展专利审查高速路国际合作网络。

推动“一带一路”区域知识产权国际合作。办好“一带一路”知识产权高层会议和“全球创新指数”发布会。搭建“一带一路”知识产权信息共享平台，研究发布沿线国家知识产权环境研究报告，建立与沿线国家间的交流协调机制。有关地方要积极参与“一带一路”等知识产权国际合作交流。

（六）夯实知识产权工作基础，支撑事业更好发展

完善知识产权人才培养体系。加强知识产权领军人才队伍建设，加快专利信息服务、管理运营和国际化等方面紧缺人才的培养与引进。完善国家知识产权专家库和人才库。推动中国特色知识产权新型智库建设。加强知识产权学科建设和专业学位教育，推动在管理学和经济学中增设知识产权专业。各地要依托国家知识产权培训基地探索产学研用相结合的人才培养模式。

加强知识产权文化建设。加大对党中央国务院有关知识产权重大决策部署的宣传力度，提高全国知识产权宣传周等品牌活动的影响力。广泛开展知识产权普及型教育，推进全国中小学知识产权教育试点。建立健全知识产权新闻发布制度，加强各类媒体联动，增强宣传效果。继续开展“知识产权走基层 服务经济万里行”等公益宣传活动。各地要积极开展知识产权公益宣讲和咨询等活动，主动探索开展地方中小学知识产权教育。

全系统要认真学习贯彻《中国共产党廉洁从政准则》和《中国共产党纪律处分条例》，自觉践行“三严三实”要求，坚持不懈反对“四风”，扎实落实党组织主体责任和纪检监察部门监督责任，加强党建工作与业务工作的有机结合，扎实推进全面从严治党，为新形势下推进知识产权事业发展提供坚强的思想、组织和作风保障。

同志们，回顾“十二五”我们心潮澎湃，展望“十三五”我们信心满怀！让我们紧密团结在以习近平同志为总书记的党中央周围，抓住机遇、乘势而上、改革创新、加快发展，努力开创知识产权强国建设新局面，为全面建成小康社会、实现中华民族伟大复兴的中国梦而努力奋斗！

深化改革　不断创新　努力提升市场监管现代化水平（摘录）

——在全国工商和市场监管部门工作座谈会上的讲话

（2016年12月22日）

国家工商行政管理总局局长　张　茅

同志们：

这次会议的主要任务是，认真贯彻落实党的十八大和十八届三中、四中、五中、六中全会精神，按照中央经济工作会议精神，全面总结2016年工作，研究部署2017年任务。党中央、国务院对工商和市场监管工作非常重视，李克强总理作出重要批示，充分肯定了今年工作取得的成绩，对做好明年的工作提出了明确要求。今天下午，王勇国务委员还将召开座谈会，并作重要讲话。我们一定要认真贯彻落实。下面，我讲几点意见。

一、以深化商事制度改革为主线，“十三五”市场监管工作开局良好

2016年是“十三五”开局之年，也是商事制度改革深化之年。全系统认真贯彻落实党中央、国务院的决策部署，按照简政放权、放管结合、优化服务改革精神，把商事制度改革作为供给侧结构性改革的重要举措，把改善市场准入环境、市场竞争环境和市场消费环境作为供给需求两端发力的重要着力点，充分激发了市场的活力和创造力，在改革发展全局中发挥了积极作用，实现“十三五”市场监管工作的良好开局。

……

（五）商标注册管理改革有了新举措。适应商标快速发展趋势，加快商标注册便利化改革，提升商标服务水平，更好地发挥商标品牌引领作用。

——开展商标注册便利化改革。拓展商标申请渠道，在全国设立15个商标注册申请受理窗口。积极推行网上申请，简化手续优化流程。缩短商标审查周期，在广州设立了京外商标审查协作中心。2016年前11个月，商标注册申请量332.6万件，审查量285万件。不断强化商标行政确权保护，缩短案件审理时间，前11个月收到评审案件申请13.4万件，审结完成10.3万件。

——加强商标监管执法力度。以高知名度的商标、地理标志、涉外商标为重点，深入开展打击侵权假冒工作，加强商标专用权保护。前11个月，全国查处商标监管案件2.5万件，案值3.4亿元。

——深入实施商标品牌战略。商标品牌创新力度进一步加大，与广东省政府签署商标合作协议。支持广州建设国家商标品牌创新创业基地。深化商标领域国际交流与合作，举办马德里商标国际注册体系成立125周年纪念活动，促进商标国际保护和全球化发展。运用商标专用权质权登记促进企业发展，今年共办理质权登记申请1202件，帮助企业融资576.3亿元。持续推进“商标富农”和运用地理标志精准扶贫工作，累计核准注册地理标志集体商标、证明商标3344件。

二、深刻学习领会中央经济工作会议精神，准确把握市场监管的新形势、新任务、新要求

刚刚闭幕的中央经济工作会议，习近平总书记、李克强总理作了重要讲话，分析了当前国内国际经济形势，明确了明年经济工作的总体要求、预期目标、主要任务和改革举措，为做好明年经济工作指明了方向。会议强调要坚持稳中求进工作总基调，牢固树立和贯彻落实新发展理念，适应、把握、引领经济发展新常态，坚持以提高发展质量和效益为中心，坚持宏观政策要稳、产业政策要准、微观政策要活、改革政策要实、社会政策要托底的政策思路，坚持以推进供给侧结构性改革为主线，适度扩大总需求，加强预期引导，深化创新驱动，全面做好稳增长、促改革、调结构、惠民生、防风险各项工作，促进经济平稳健康发展和社会和谐稳定，以优异成绩迎接党的十九大胜利召开。

做好明年工商和市场监管工作，要全面贯彻落实中央经济工作会议精神，坚持稳中求进工作总基调，在稳和进上下功夫。稳，就是要巩固扩大商事制度改革的宏观效应，降低市场准入制度性成本，进一步激发市场的活力和创造力，保持新设市场主体较快增长、繁荣发展的势头；进，就是要积极推进市场监管改革与创新，为经济发展营造良好的市场环境和具有国际竞争力的营商环境，推动供给侧结构性改革，为我国经济转型升级、提质增效提供持久动力。

……

（四）准确把握品牌经济发展趋势，充分认识实施商标品牌战略的重要作用。发展品牌经济，发挥品牌的引领作用，是适应百姓消费升级趋势，提升产业素质和供给质量，提高经济发展质量和效益的重要方向。发展品牌经济，需要商标、技术、质量、商誉等多要素支撑。但商标是品牌的重要载体，是品牌保护的法律支撑，在品牌经济中具有重要作用。

目前，我国商标品牌的发展取得了积极成效，但与发达国家相比，还有很大差距。一是商标的国际化程度低。我国商标申请量虽然位居世界第一，但每百万人口商标申请量还不高，2015 年瑞士为 4652 件，韩国 3783 件，澳大利亚 3397 件，德国 3173 件，中国 1939 件。并且我国仅有 4%的商标赴国外寻求保护，而瑞士的商标申请中 72%是国际商标，美国是 46%。二是全球知名品牌数量少。著名品牌咨询机构国际品牌集团发布《2016 年全球最佳品牌》，美国有 52 个品牌上榜，中国仅有 2 个品牌，并且我国品牌的价值与国际相比还有较大差距。三是商标知识产权侵权多。华为作为知名品牌，面临着许多商标侵权的困扰。很多非通信行业的产品、企业字号或企业名称使用带有“华为”字样的名称，有的甚至还在该类商品上注册了“华为”商标。为应对“职业打假人”，这两年支出超过 3000 万元。全国政协在关于中华老字号品牌质量提升情况的报告中反映，近年来围绕老字号的商标纠纷、假冒侵权事件屡见不鲜，一些老字号商标在国内外被抢注，有的地方老字号品牌商标被他人仿制或造假，企业维护自身品牌和知识产权任务过重、成本过高、周期过长，最后只能不了了之。

要从发展全局的战略高度，强化商标品牌意识，把实施商标品牌战略作为我国经济提质增效的重要举措。要完善商标服务体系，强化商标品牌的法律保护，推动我国商标向品牌提升，推动我国商标品牌向国际化迈进。

三、突出工作重点，全面做好 2017 年各项工作

2017 年是实施“十三五”规划的重要一年，是推进供给侧结构性改革的深化之年。贯彻落实中央经济工作会议精神，做好明年工商和市场监管工作的总体思路是：认真贯彻落实党的十八大和十八届三

中、四中、五中、六中全会精神，适应、把握、引领经济发展新常态，以新发展理念为指引，全面落实《"十三五"市场监管现代化规划》，以深化商事制度改革为主线，加强事中事后监管，加大消费维权力度，推进市场监管现代化，努力营造良好的市场准入环境、市场竞争环境和市场消费环境，持续释放改革红利，为大众创业、万众创新提供新的活力，促进经济平稳健康发展和社会和谐稳定。

……

（四）积极实施商标品牌战略，推动品牌经济发展。围绕品牌经济发展，实施商标品牌战略，树立商标品牌意识和国际化视野，完善商标注册和管理机制，加强商标保护和服务能力建设，充分发挥商标品牌对品牌经济发展的促进作用。

1.强化商标品牌战略顶层设计。制定商标品牌发展实施意见，指导推动商标品牌发展。积极支持各地政府推进商标品牌战略实施，引导企业加强商标品牌建设。加强自主品牌培育，推动产业集群品牌和地理标志商标注册，加强农业、制造业、现代服务业商标品牌建设。主动参与商标领域国际规则制定，发挥中国国际商标品牌节的平台作用，加强商标品牌对外合作。健全科学的商标品牌评价体系，有序开展商标品牌评价工作。

2.持续推进商标注册便利化改革。拓展商标申请渠道，优化商标注册申请受理窗口。完善商标审查机制，明年在上海、重庆设立商标审查协作中心。大力推进商标网上申请，2017年向所有申请人开放网上申请，力争1～2年内申请比例达到90%以上，逐步扩大网上申请业务范围。积极推进商标注册全程电子化，明年年底前电子送达和电子商标注册证系统投入试运行。完善全国工商系统商标数据共享系统，明年实现数据自动更新。扩大推行商标独任审查制，提高审查效率。

3.加强商标行政执法。加大对驰名商标、地理标志、涉外商标专用权保护力度，加强对老字号商标的注册保护。创新商标监管方式，将查处商标侵权假冒行为的监督检查和行政处罚信息纳入国家企业信用信息公示系统，加大失信惩戒力度。加强商标执法协作，促进跨部门、跨区域协同监管。推动落实商标行政执法与刑事司法衔接机制。研究推进商标代理信用监管，加强行业自律，提高商标代理行业服务水平。支持有条件的地方，在省、市、县三级开展统一市场监管框架下的知识产权综合管理改革。

4.加强商标评审工作。进一步简化案件审理流程，提高审理效率，缩短案件审理时间。健全监督责任机制，加强案件审理质量监督体系，严格落实合议制，探索推进"双随机"案件审理模式，有序公开案件裁定文书，主动接受社会监督。进一步加大制止恶意抢注行为力度，维护市场主体的商标信誉和创新成果。积极推进商标行政确权保护便利化。

同志们，全面做好明年的工作责任重大、使命光荣。全国工商和市场监管部门要更加紧密地团结在以习近平同志为核心的党中央周围，牢固树立政治意识、大局意识、核心意识、看齐意识，深入推进改革，加强监管创新，不断提升市场监管现代化水平，为促进经济社会健康发展作出新贡献，以优异成绩迎接党的十九大胜利召开！

在“全球创作者论坛”上的书面致辞

（2016 年 11 月 28 日）

中央宣传部副部长，国家新闻出版广电总局局长，
国家版权局局长　聂辰席

各位来宾，女士们、先生们：

大家好！

今天，国际作者作曲者协会联合会（CISAC）的贵宾和全球数十个国家的创作者、政府官员、专家学者代表集聚北京，参加由国际作者作曲者协会联合会和中国知识产权法学研究会共同举办的“全球创作者论坛”，这是国际版权界的一大盛事。首先，我谨代表中国国家新闻出版广电总局、国家版权局，向论坛的召开表示祝贺！向长期关心和支持中国版权事业的新老朋友们表示热烈的欢迎和衷心的感谢！

国际作者作曲者协会联合会有着九十年历史，成员遍及 123 个国家和地区的 239 个创作者协会，领域涵盖音乐、戏剧、文学、音像、摄影和视觉艺术等门类，致力于为数百万创作者提供权利认证和保护，在国际上有着广泛的影响力。近年来，联合会非常重视发展与中国的密切关系：2014 年，CISAC 将原设于新加坡的亚太区总部迁至中国，成为第一家将区域总部设在中国的著作权国际组织；2016 年，中国著名导演、编剧贾樟柯先生当选为联合会副主席。中国音乐著作权协会作为联合会会员，在其框架之下已与全球 60 余个著作权集体管理组织签订了相互代表协议。应该说，国际作者作曲者协会联合会近年来的工作，有效地加强了中国创作者的权益保护，提升了中国的著作权集体管理水平，促进了中外文化交流和版权合作。

创作是文化之本，文化让世界多彩，版权把创作与文化连接起来。版权保护制度源于“保护创作者”最直接的精神和利益诉求，越来越多的国家重视版权在提高民族创新能力、转变经济发展方式、提高国家核心竞争力方面的积极作用。改革开放以来，中国逐步建立了一整套既符合中国实际又与国际规则相接轨的版权法律体系，确立了具有中国特色的司法审判和行政执法并行的版权法律救济制度，版权国际交流与合作不断深化，版权环境和秩序日益好转，版权市场机制基本形成，版权产业健康发展，2014 年版权产业对国民经济贡献率已达 7.28%。这些成绩的取得，既凝结着中国广大版权工作者的心血和智慧，也包含着国际社会，包括国际作者作曲者协会联合会等国际组织，以及在座国际友人的关心和支持。借此机会，我代表中国国家新闻出版广电总局、国家版权局，再次向各位多年来对中国版权事业的关注和支持表示感谢！

当然，我们不能忽视的是，中国的版权保护制度还面临着许多困难和挑战。比如，中国的著作权集体管理起步较晚，我了解到今天有代表出席的法国戏剧作者和作曲者协会已有 240 年的悠久历史，而我国几家著作权集体管理组织才刚起步。中国的版权制度正在解决发达国家，甚至许多发展中国家已经解决了的传统环境下的问题，还将与世界各国共同应对新技术、新形势带来的诸多挑战。中国政府保护版权的立场是坚定的，态度是坚决的，成效也将越来越呈现！随着中国经济发展进入“新常态”，以及创新型国家和知识产权强国建设的逐步实施，速度变化、结构优化、动力转换等突出特征逐步呈现，经济社会发展将

更多依靠创新作为发展动力，将更多依靠包括版权在内的智力成果的创造与运用，基于作品的创作、传播和社会公众的消费而形成的版权产业，必将迎来蓬勃发展的新时期。我们愿意借鉴国际社会版权保护与产业发展的成功经验，共同探讨互联网环境下发挥版权制度的功能与优势，促进国际版权交流，同时，我们也愿意更加主动积极地开展版权贸易，向世界介绍中国版权优秀成果。我相信，国际作者作曲者协会联合会等国际版权组织利用自身的优势和经验，在版权国际舞台必将发挥更大的作用！

让我们共创国际版权事业的美好未来！祝本次全球创作者论坛圆满成功，祝贺国际作者作曲者协会联合会九十岁生日，祝愿各位朋友北京之行吉祥如意！

谢谢大家。

加强商标保护　推动区域经济共同发展

——在第二届中国—东盟工商论坛上的主旨演讲

（2016 年 9 月 12 日）

国家工商行政管理总局副局长　刘俊臣

尊敬的各位来宾，女士们、先生们，朋友们：

大家上午好！

非常高兴参加本届中国—东盟工商论坛。首先，我谨代表中国国家工商行政管理总局对论坛的召开表示祝贺！对莅临本次论坛的东盟各国部长、中外嘉宾致以热烈的欢迎和诚挚的问候！

中国与东盟各国关系源远流长，互为天然的合作伙伴。东南亚一直是古代海上丝绸之路的必经之地和重要枢纽，千百年来，中国人民和东南亚人民开展海上贸易和友好往来，结下了深厚的感情。

2016 年，是中国—东盟建立对话关系 25 周年。25 年来，中国与东盟共同发展。在东盟所有对话伙伴中，中国第一个同东盟建立了自贸区并完成了升级版谈判，这也是世界上最大的发展中国家自贸区。据中方统计，2015 年中国—东盟双边贸易额达 4722 亿美元，累计双向投资额达 1565 亿美元。中国连续七年成为东盟最大贸易伙伴，东盟连续五年成为中国第三大贸易伙伴。与此同时，《区域全面经济伙伴关系协定》(RCEP)谈判、共建 21 世纪海上丝绸之路等合作项目正在积极推进，将为中国东盟“钻石十年”关系的发展提供强劲动力。

商标，作为市场经济中最耀眼的商业标识，在促进各国经济发展和国际经济活动中发挥着举足轻重的作用。加强商标保护，发展品牌经济，也早已成为各国的共识。为此，中国国家工商总局与广西壮族自治区人民政府决定在中国—东盟博览会期间举办主题为“商标品牌保护与发展”的第二届中国—东盟工商论坛。本届论坛邀请了来自中国和东盟国家的高级别政府官员和专家学者、企业代表，共同探讨各国商标品牌保护与发展的最新情况，研讨交流如何进一步加强在商标知识产权领域的合作，强化商标品牌保护，共同分享互利共赢的经贸合作成果。这是中国与东盟各国第一次围绕商标品牌保护举办高层次、高水平的论坛，各国代表不仅要围绕各自的商标法律制度、政策交换信息，而且还会就具体的商标操作实务展开交流，本次论坛将对中国与东盟各国间经贸关系的长期健康发展产生积极的影响。

下面，我向大家简要介绍四个方面的情况。

一、为发展品牌经济，中国建立了完善的商标法律制度

中国于1982年8月颁布了《商标法》，从1983年3月1日起开始施行。《商标法》是改革开放以来中国颁布的第一部知识产权法律，为中国经济的快速健康发展奠定了坚实的商标法律基础。同时，为配合《商标法》的实施，中国国务院于1983年3月颁布了《商标法实施细则》，中国国家工商总局先后修改或制定了《商标评审规则》《驰名商标认定和保护规定》《集体商标、证明商标注册和管理办法》《马德里商标国际注册实施办法》等行政规章。另外，中国最高人民法院和最高人民检察院也先后发布了《关于审理商标民事纠纷案件适用法律若干问题的解释》等多个有关商标的司法解释。

为适应经济发展和加入世贸组织的需要，中国分别在1993年、2001年和2013年对《商标法》进行了修改完善。修改后的《商标法》不仅完全符合世界贸易组织《与贸易有关的知识产权协议》的规定，而且更加适应中国经济发展的需要。比如2013年修订《商标法》时增加了“声音”可以作为商标申请注册的规定，增加“一标多类”商标注册申请新方式，开放了商标注册的电子申请，第一次明确了商标审查与审理工作的法定时限，加大了对商标侵权行为的处罚力度，提高了侵权赔偿的额度，同时禁止抢注因业务往来等关系明知他人已经在先使用的商标，为保障中国经济进入新常态后的创新发展提供了有力的法律保障。

可以这么说，改革开放30多年来，中国经济高速发展，与之相适应的是，中国已经建立了较为完善的商标法律制度，形成了以《商标法》为基础、内容比较健全、符合国际规则的现代商标法律体系，为营造公平竞争的市场环境，促进经济创新发展发挥了重要的作用。

二、为维护公平竞争的市场环境，中国建立了独具特色的商标行政保护制度

强有力的商标保护是创新的有力保障。根据中国的具体国情和现实情况，在保护商标专用权方面，中国建立了颇具中国特色的“双轨制”，就是司法保护和行政保护“两条途径、协调运作”的“双轨制”。在大部分国家，当事人遇到商标纠纷一般必须通过司法程序解决，但司法审理都比较费时费力。而行政保护的特点是程序简便、处理迅速、办案快捷。在中国，绝大部分的商标侵权案件都是由工商和市场监管部门处理的。工商和市场监管部门机构健全，在全国都有分支机构，机构设置从中央到地方分为5级，即国家工商总局，省工商局、地(市)工商局、县工商局以及工商所，全系统约有40多万人，拥有强大的执法力量和网络，能够及时、有效查处市场上发生的商标侵权假冒行为。

近年来，中国工商和市场监管部门充分发挥市场监管主力军作用，开展了一系列专项整治，持续打击侵权假冒行为。在专项执法过程中，注重部门合作，积极加强跨部门、跨区域协作，加强与商标权利人配合，形成打击侵权假冒行为的合力。同时积极加强与司法部门的衔接。探索建立了信息通报制度、移送案件会商制度、移送案件督办制度，完善了商标行政执法与刑事司法衔接配合的工作机制。2011～2015年，中国工商和市场监管部门共立案查处侵权假冒案件31.17万件，捣毁制假售假窝点10 539个，依法向司法机关移送涉嫌犯罪案件2583件，涉案金额28.7亿元。

三、为优化商标注册服务，中国建立了便利化的商标注册体系

作为中国的商标主管机关，面对经济发展的新常态和商标品牌建设的新形势，国家工商总局按照“改革创新、简政放权、放管结合、优化服务”的原则，以拓展商标申请渠道、简化商标注册手续、优化商标注册流程、完善商标审查机制、加强商标信用监管为手段，全力提升商标注册便利化水平，进一步提高商标审查效率，更好地发挥品牌引领作用，促进经济发展。

一是扩大商标网上受理范围。一方面将网上申请由仅对商标代理机构开放扩大至所有申请人，另一方面将网上申请仅接受商标注册申请逐步扩大至商标续展、转让、注销、变更等业务。2015 年，中国网上申请注册商标的数量已经达到总申请量的 74%。

二是拓展商标申请渠道。目前在中国，商标申请人除了可以向国家工商总局直接递交申请、通过互联网递交申请外，还可以向国家工商总局委托地方工商、市场监管部门设立的商标受理处递交申请。2016 年，中国国家工商总局在四川雅安、浙江台州等地开展试点，设立商标受理处，代为办理商标注册申请受理等业务。以后还将根据试点情况逐步增设，为商标申请人提供更大的便利。

三是简化手续优化流程。为了给商标申请人提供更加优质的服务，中国国家工商总局采取了一系列改革措施，简化注册手续，优化注册流程。通过调整内部程序等方式缩短商标文书发放时间，简化部分商标注册申请材料和手续，清理商标申请书式和精简商标发文种类，积极推进电子商标注册证及电子送达工作，公布可接受商品服务项目清单和各类商标申请形式审查标准。同时，通过改革商标审查体制，优化审查环节，缩短审查周期，将商标注册审查周期缩短到法律规定的 9 个月以内。

四是设立地方注册商标质权登记申请受理点。为了解决企业融资难题，方便企业办理商标质权登记，2015 年 6 月，中国国家工商总局在浙江省台州市市场监管局设立商标质权登记申请受理点。2016 年 6 月，又在全国设立了 26 个注册商标质权登记申请受理点。2016 年上半年，引导企业质权融资 194 亿元。2017 年，还将在全国范围内逐步增设注册商标质权登记申请受理点。

五是降低商标申请费用。为了降低商标申请成本，提高申请人商标注册热情，中国国家工商总局 2013 年将商标注册费由每件 1000 元降低至 800 元，2015 年又降低至 600 元。

便利化的商标注册体系大大方便了申请人提交商标注册申请，推动了中国商标注册申请量逐年增加。2013 年中国商标申请量 188.2 万件，2014 年 228.5 万件，2015 年达 287.6 万件，已经连续 14 年位居世界第一。截至 2016 年 6 月底，中国累计商标申请量 2014.3 万件，累计商标注册量 1325.7 万件，有效注册商标 1122.3 万件，首次实现了“商标累计申请量、商标累计注册量、有效商标注册量”三个超千万。中国每万户市场主体有效商标拥有量也逐年增加，2011 年为 1074 件，到 2015 年为 1335 件。目前，中国平均每 7.5 个市场主体拥有一个有效商标。与此同时，中国企业的国际商标品牌意识不断增强。2015 年，中国申请人的马德里商标申请量为 2321 件，同比增长了 8.5%，位居马德里联盟第六位。

四、为促进经济转型升级，中国实施了积极的商标品牌战略

2008 年全球金融危机后，世界经济进入了深度调整时期。中国经济也进入转型发展的新阶段，传统的粗放增长模式已难以为继。为此，中国政府自 2008 年开始实施国家商标战略，以促进创新、引领发展，加快推动中国经济迈向中高端水平。

国家商标战略实施以来，中国的商标品牌事业实现了较快发展，全社会的商标品牌意识有了大幅提高，商标申请量连年保持快速稳定增长，为中国品牌经济发展提供了强劲动力。同时，中国企业的全球品牌价值不断提升，入选全球品牌咨询公司“华通明略”最具价值全球品牌 100 强排行榜的中国品牌，从十年前的 1 家增加到

2016 年的 15 家，总体品牌价值比十年前大幅增长。世界知识产权组织也与国家工商总局合作开展了“中国商标金奖”颁奖活动，对在商标注册、运用、管理和保护工作中做出突出成绩的企业、个人、机关进行表彰。世界知识产权组织 2016 年 8 月 15 日公布的《全球创新指数》中，中国总排名列第 25 位（比 2015 年上升 4 位），是第一个跻身前 25 位的中等收入经济体。这其中，中国商标事业的快速发展起到了非常重要的作用。

但是，我们也看到，中国商标品牌的发展与发达国家相比，还有一定差距。第一，全球知名品牌的数量还不多。2015 年世界品牌实验室编制的“世界品牌 500 强”排行榜，美国有 228 个品牌上榜，排名第一，英国以 44 个品牌位居第二，日本占 37 个，中国虽然有 31 个品牌入选，但与世界第二大经济体的地位还不相称，中国品牌的国际影响力和竞争力还有待增强。第二，中国品牌创造的经济效益的能力还不强。每千亿美元 GDP 的经济效益，在美国是由 2175 件商标创造出来，而在中国是由 12 071 件商标创造的，美国平均每件商标产生的实际经济效益是中国的 6 倍。第三，中国品牌的国际化程度还不高。中国的商标申请量虽然位居世界第一，但仅有 4%赴国外寻求商标保护，而瑞士的商标申请中 75%是国际商标，美国国际商标占比 45%。这说明，中国的自主品牌开拓国际市场的意识和能力都有待提高。

今后，实施商标品牌战略，发展品牌经济，是新形势下推动大众创业、万众创新的重要抓手，是促进中国经济创新发展的重要途径。需要三方面的举措。一是必须坚持市场化改革方向，发挥企业作为品牌建设的主体作用，引导企业树立全球品牌战略思维，通过健全品牌管理、加强品牌营销、提升产品质量和服务水平、加大研发投入等，提高品牌附加值和竞争力，培育具有全球竞争优势的自主品牌。二是要充分尊重市场规律特别是竞争规律，使市场和消费者成为品牌价值的最终裁判者，在市场主导下，通过公平竞争实现品牌的优胜劣汰。三是政府监管部门要切实履行好监管和服务职责，依法加强监管执法，创新监管模式，建立健全长效机制，不断提升综合治理能力，为培育全球品牌营造宽松平等、规范有序的市场环境。

当前世界经济已经进入品牌经济时代，商标品牌在吸引消费者和引导消费方面发挥的作用越来越明显，品牌竞争在市场竞争中发挥的作用越来越明显。拥有世界级商标品牌的多少，越来越多地体现出一个国家的经济实力与综合国力、创新力与竞争力。

中国与东盟大多数国家都是发展中国家，在商标品牌发展方面面临着类似的挑战，都处在培育自主品牌、积极运用品牌推动经济转型发展的重要阶段。为此，我们要加强商标品牌保护，加强交流与合作，为促进中国与东盟区域经济的健康发展提供有力的保障。

中国国家工商总局高度重视发展与东盟各国的交流合作。在商标品牌领域，我们已经与泰国、马来西亚、印度尼西亚、新加坡、越南等多个国家签署了合作谅解备忘录，分享有关商标的法律制度、信息和最佳实践，交流借鉴各自解决涉及商标的贸易纠纷和侵权的有益经验，为双方商标注册申请提供支持和便利，在提高全社会商标意识、人员培训方面开展合作等。

中国与东盟一衣带水，是长期友好近邻，是战略合作伙伴。东盟的发展为中国提供了广阔的市场，中国的发展为东盟各国带来了良好的机遇。未来，中国国家工商总局将继续加大与东盟各国在商标品牌方面的交流合作力度，加大对东盟国家的知识产权培训力度，与更多的东盟国家建立制度性的交流合作关系，推动中国与东盟品牌的健康稳定成长。同时，我们将积极利用中国—东盟工商论坛的合作新平台，促进中国—东盟合作发展机制化建设，加快经贸合作升级，推动“一带一路”倡议同区域国家发展的战略对接，推动区域和谐共同发展做出新的更大的贡献。

最后，祝本届中国—东盟工商论坛圆满成功！

谢谢大家！

在2016年全国侵权盗版及非法出版物集中销毁活动北京主会场仪式上的讲话

（2016年4月21日）

国家新闻出版广电总局副局长，国家版权局副局长　阎晓宏

尊敬的各位领导、各位来宾，同志们：

今天，按照全国“扫黄打非”工作小组的统一部署，全国31个省（区、市）同时举行侵权盗版及非法出版物集中销毁活动，以实际行动迎接“4·26世界知识产权日”，展示我国打击侵权盗版的成果，表明我国政府持之以恒打击侵权盗版的鲜明态度，宣示我们保护知识产权、支持创新创造的坚定立场和决心。

长期以来，“扫黄打非”、文化和版权执法战线的同志们以高度的责任感、使命感，奋战在保护知识产权、打击侵权盗版第一线，取得了重大成果。近些年，我国出版物市场面貌明显改观，制售侵权盗版出版物现象逐年减少。今年一季度，全国收缴侵权盗版出版物119万件，同比下降32%。今天，我们将集中销毁各类侵权盗版和非法出版物1418余万件。在展示打击侵权盗版成果的同时，我们也要看到，非法出版活动向网上转移的趋势明显，在有的地方，侵权盗版现象屡禁不绝，打击侵权盗版的任务依然繁重。

党的十八届五中全会提出了“创新、协调、绿色、开放、共享”的发展理念，明确指出“创新是引领发展的第一动力，必须把创新摆在国家发展全局的核心位置，不断推进理论创新、制度创新、科技创新、文化创新等各方面创新”。这些都要求我们必须进一步强化知识产权保护、鼓励支持创新创造。通过深入开展“扫黄打非”、打击侵权盗版工作，确保知识产权得到有力保护，确保人民群众创意创造的积极性得到有力保护，在全社会营造崇尚创新创造的良好环境。

与以往相比，这次北京主会场活动在形式和内容上有了创新和变化。现场不直接销毁非法出版物，而是展示样品，之后送到销毁厂销毁。虽然没有机器轰鸣、尘烟滚滚的震撼场面，但仍然起到很好的展示和警示效果。现场还将结合“扫黄打非”进基层工作，面向群众开展各类宣传教育、法规咨询。这些都是根据当前“扫黄打非”工作面临的形势变化所做的调整，既深化了“扫黄打非”的成效，又体现了环保意识和要求。

同志们，今年是全面建成小康社会决胜阶段的开局之年，为营造良好的文化市场环境，服务好党和国家工作大局，“扫黄打非”和打击侵权盗版工作责任重大、使命光荣。让我们以更加饱满的精神状态，更加扎实有效的工作，推动“扫黄打非”工作迈上新台阶！

充分发挥司法保护知识产权的主导作用 为建设知识产权强国和世界科技强国提供坚强有力的司法服务与保障

——在全国法院知识产权审判工作座谈会暨全国法院知识产权审判“三合一”推进会上的讲话

（2016 年 7 月 7 日）

最高人民法院副院长　陶凯元

在全国科技创新大会胜利召开，党中央国务院对我国科技事业发展作出重大战略部署的大好形势下，在知识产权审判工作取得新的成绩与进展，知识产权司法保护的主导作用进一步发挥的新形势下，全国法院知识产权审判工作座谈会暨全国法院知识产权审判“三合一”推进会今天在江苏南京隆重召开。本次会议的主要任务是：全面贯彻党的十八大和十八届三中、四中、五中全会及中央政法工作会议和全国科技创新大会精神，以习近平总书记系列重要讲话精神为指导，深入学习贯彻周强院长在第八次全国法院民事商事审判工作会议上的讲话，认真总结 2014 年以来全国法院知识产权审判工作的成绩与经验，分析形势任务，统一思想认识，明确工作思路和措施，全面推进知识产权审判“三合一”工作，充分发挥司法保护知识产权的主导作用，为建设知识产权强国和世界科技强国提供坚强有力的司法保障与服务。

下面我讲五个问题，供同志们讨论时参考。

一、大力发挥职能作用，知识产权审判工作和各项工作取得显著进展

2014 年以来，全国各级法院以执法办案为中心，以完善知识产权审判体制机制为基础，以加强知识产权司法保护为导向，改革创新，奋发有为，各项工作取得新进展。

——司法审判成效显著。第一，司法保护知识产权主渠道的作用更加明显。2014 年和 2015 年，全国法院新收知识产权（民事、行政和刑事）一审案件总数分别为 11.7 万件和 13.0 万件，分别比上年增长 15.6%和 11.7%。其中，新收知识产权民事一审案件分别为 9.6 万件和 10.9 万件，分别比上年增长 7.8%和 14.5%；新收知识产权行政一审案件分别为近 1 万件，超过 2013 年的两倍；新收知识产权刑事一审案件分别约为 1 万余件，比 2013 年增长 17.9%。第二，审判质效不断提高。2014 年和 2015 年，全国法院审结知识产权一审案件 11 万件和 12.3 万件，在法官数量未增加的情况下，结案数同比分别上升 9.8%和 11.7%。其中，审结知识产权民事一审案件分别为 9.5 万件和 10.1 万件，分别同比上升 7.0%和 7.2%；审结知识产权行政一审案件分别为近 5000 件和超过 1 万件，分别同比上升 68.5%和 123.6%；审结知识产权刑事一审案件分别约为 1 万余件，比 2013 年上升 17.3%。审结案件数和结案率大幅上升，再审率和改判发回重审率双双下降。第三，案件审理社会效果良好。认真处理好每一起案件，高度重视重大、疑难和新类型案件的审理工作，注重通过司法裁判明确法律标准和行为准则，彰显了司法的公信和权威。腾讯公司与奇虎公司垄断及不正当竞争纠纷案、双环公司与本

田株式会社确认不侵害专利权及损害赔偿纠纷案、琼瑶诉于正侵害著作权纠纷案等案件的成功审理，受到社会广泛好评。

——改革创新引人瞩目。第一，知识产权法院首次设立并顺利运行。为贯彻十八届三中全会的部署，北京、广州、上海知识产权法院依法于2014年11～12月相继设立，实现了我国知识产权司法保护体制机制的重大突破。最高人民法院发布了《关于北京、上海、广州知识产权法院案件管辖的规定》，三家知识产权法院人员精干，机构简化，全面率先推行各项司法改革措施，科学规范审判管理权和审判监督权的行使，成为司法改革的先行者。周强院长主持党组会专题听取知识产权法院工作情况报告，对知识产权法院工作给予充分肯定。中央深改领导小组将我院报送的相关报告编写成《改革情况交流》。第二，知识产权审判“三合一”改革试点取得突破性进展。试点法院审判组织更加优化，管辖制度更加完善，与公安、检察机关之间的沟通协调更加顺畅，提高了知识产权司法保护综合效能。最高人民法院党组专门听取“三合一”改革试点工作情况报告，并审议通过了《关于在全国法院推进知识产权民事、行政和刑事案件审判“三合一”工作的意见》，“三合一”改革迈出关键性步伐。第三，技术事实查明机制更加完善。最高人民法院出台《关于知识产权法院技术调查官参与诉讼活动若干问题的暂行规定》，建立技术调查官制度。启用技术调查官参与诉讼活动，辅助查明技术事实，技术事实查明的中立性、客观性和科学性进一步提高。第四，案件管辖制度更加合理。明确知识产权法院案件管辖，调整知识产权法院辖区内基层法院案件管辖，管辖制度更加合理。积极探索知识产权案件跨区域管辖，适当集中部分基层人民法院知识产权案件管辖权，明确自由贸易试验区法庭知识产权案件管辖，管辖布局进一步优化。

——监督指导措施有力。第一，司法政策体系进一步完备。强化司法政策指引，以创新、法治、市场和开放四项司法理念细化具体领域司法政策，各项知识产权司法政策内容进一步丰富和深化。第二，司法解释工作进一步增强。根据法律修订的新情况和司法实践出现的新问题，适时制定或者修改知识产权法院案件管辖、技术调查官参与诉讼活动、专利纠纷案件审理、专利侵权判定（二）等四项司法解释，细化了裁判规则，保障了法律适用统一。发布专利代理人代理专利行政诉讼的批复，明确了专利代理人在新行政诉讼法实施后的诉讼地位，保障了专利行政诉讼顺利进行。第三，案例指导工作卓有成效。加强案例指导的制度化、规范化建设，形成以十大案件、50件典型案件、案件年度报告为主体的知识产权案例指导制度体系。创新案例指导工作方式，创设了最高人民法院知识产权案例指导研究（北京）基地。第四，司法调研工作成果显著。先后成立最高人民法院知识产权司法保护研究中心、设立知识产权司法保护与市场价值研究（广东）基地和自贸区知识产权司法保护调研联系点，调研工作机制更加完善。知识产权司法保护理论研究基地、司法保护调研基地以及有关法院针对知识产权诉讼证据、侵权损害赔偿、自由贸易区内知识产权等问题开展专项调研，加强理论与实践的结合与互动，进一步提高了知识产权司法保护水平。

——司法公开深入推进。第一，审判公开的深度广度不断扩大。强化对社会高度关注案件的公开审理，全程庭审直播，提升审判影响力。乔丹商标争议行政纠纷系列案、王老吉与加多宝红罐包装不正当竞争案全程庭审直播，30多家境内外媒体进行了宣传报道，给予高度赞许。充分发挥中国裁判文书网的功能，及时上网发布全部可以公开的裁判文书，提高了裁判文书的公布范围和效率。截至2015年底，网络公开生效知识产权裁判文书约15.5万份。

第二，信息化建设深度发展。以中国审判流程信息公开网为载体，大力推进审判流程公开，推行网上办案，实现全程留痕，实时监督。第三，司法宣传更加形式多样。精心筹划“4·26世界知识产权日宣传周”活动，充分借助手机电视、微博、微信等现代信息手段开展知识产权法治宣传，知识产权司法保护广东行、重庆行、浙江行等活动精彩纷呈，扩大了知识产权审判影响力。第四，司法交流力度日益增强。加强知识产权国际交流合作长效机制建设，依托“中国法院知识产权司法保护国际交流（上海）基地”，先后举办知识产权保护国际视野、知识产权与国际贸易、创新驱动与知识产权司法保护等多个国际会议或论坛。发挥知识产权法院纽带作用，拓展交流渠道，扩大交流成果，提升了中国知识产权司法保护国际形象。

——队伍建设不断加强。扎实开展“三严三实”“两学一做”专题教育活动和向邹碧华同志学习活动，引导知识产权法官坚定理想信念，坚守法治信仰，思想政治素质进一步提高。加强对知识产权法官的业务培训和科学技术知识的培训，通过集中培训、专题研讨、优秀法官传帮带、上下级法院法官双向挂职交流、东部法院帮扶西部法院等方式，提高培训的针对性，司法能力和水平进一步提高。

应当说，两年来，人民法院知识产权审判事业阔步前进，实现了历史性飞跃。在这个过程中，我们积累了许多宝贵经验：一是始终坚持服务大局。围绕国家发展大计，找准加强知识产权审判工作着力点，在服务和保障国家重大战略实施中实现自身发展。二是始终坚持改革创新。以创新的理念和创新的方法破解知识产权保护难题，以敢为人先的勇气全面落实各项司法改革措施，勇做和争做司法改革的先行者。三是始终坚持政策引领。将法律精神、法律原则和立法宗旨凝练为明晰的司法政策，指引法律适用方向，统一裁判思路和方法，形成知识产权审判“全国一盘棋”。四是始终坚持公开透明。积极主动开展知识产权司法宣传，大力深化司法公开，将知识产权审判打造成为司法透明度最高的审判领域之一。五是始终坚持开放思维。统筹协调国内国际两个大局，既立足现实和国情，又尊重国际标准和主流做法，主动参与和引导国际规则形成。

这些成绩和基本经验的取得，离不开广大知识产权法官的团结奋斗，离不开各级各方面的关心支持。在此，我代表最高人民法院，向长期奋斗在知识产权审判工作岗位上的广大干警致以崇高敬意，向长期关心支持人民法院工作的社会各界表示衷心感谢！

在为成绩和进步深感欣慰的同时，我们必须认识到，知识产权审判工作还存在不少薄弱环节，前进道路上还存在不少难题：司法保护知识产权的主导作用尚待充分发挥；司法改革深入进行，亟需进一步探索符合知识产权案件审理规律的审判权运行方式；知识产权审判“三合一”改革进入新阶段，需要进一步统一思想和明确工作思路，完善工作配套机制；知识产权法院在实现良好开局的同时，其运行和发展也面临着一系列困难和问题，亟待研究解决；知识产权司法保护的力度和实效与人民群众的期待还存在一定差距等等。对这些问题，我们必须高度重视，切实予以解决。

二、充分认识形势任务，切实增强做好知识产权审判工作的责任感和使命感

当前，国际国内形势发生新变化，知识产权审判处于可以大有作为的关键发展机遇期。各级法院要充分认识知识产权审判面临的新形势新任务，进一步增强责任感、使命感和紧迫感，抓住机遇，奋发有为，不断提高知识产权审判能力和水平。

——充分认识国际经济贸易竞争变化对知识产权审判提出的新要求。世界经济深度调整、复苏乏力，经济全球化和区域一体化发展更加错综复杂，国际竞争在科技、经济、人才、制度等方面全面展开，争夺国际经贸规则制定主导权的较量更加激烈。部分发达国家寻求通过双边或者小多边方式确保其世界经贸规则制定主导权。部分国家达成跨太平洋伙伴关系协定（TPP），形成高标准的国际经贸规则和知识产权保护规则，抢得主导未来规则制定的先机。高标准的知识产权保护制度所产生的引导效应在未来可能进一步推高国际知识产权保护水准，并可能对我国知识产权制度的发展完善形成倒逼之势。我国已经成为全球第二大经济体和世界第一大贸易国，是世界经济格局中举足轻重的力量，可以发挥建设性和制衡性作用，推动国际经贸规则向更加公平自由、普惠包容的方向发展。我国正在积极构建开放型经济体系，大力推动建立双边自由贸易区和亚太自由贸易区，实施“一带一路”倡议，企业纷纷“走出去”，特别需要良好的国际贸易、投资和知识产权保护环境。我们必须深刻认识国际竞争和我国国际地位的新变化，适应我国开放型发展战略的新需要，更加积极主动地运用知识产权制度，加强知识产权保护，在参与、推动乃至引领国际知识产权保护和规则制定方面发挥更大作用。

——充分认识创新驱动发展战略实施对知识产权审判提出的新任务。我国经济进入新常态，处于跨越“中等收入陷阱”的紧要关头。创新是引领发展的第一动力，通过创新引领和驱动发展成为我国国家命运所系、发展形势所迫和世界大势所趋。党的十八大明确提出“实施创新驱动发展战略”。中共中央、国务院发布的《关于深化体制机制改革 加快实施创新驱动发展战略的若干意见》，要求“实行严格的知识产权保护制度”“营造激励创新的公平竞争环境”。十八届五中全会将创新列为五大新发展理念之首，要求“必须把创新摆在国家发展全局的核心位置”“让创新贯穿党和国家一切工作，让创新在全社会蔚然成风。”推进供给侧结构性改革和建设制造业强国，归根到底要依靠创新驱动，推动新技术、新产业、新业态蓬勃发展。可以说，我们比历史上任何时候都更加需要激励创新和呵护创新。创新具有不确定性，在很大程度上依赖由人才、资本、市场、法律等要素组成的创新生态系统。作为对创新的产权制度安排和激励机制，知识产权制度如同整个创新生态系统的氧气，是创新原动力的基本保障。近年来，我国创新能力和研发投入逐年提高，国内创新者对于知识产权保护的内在需求更加强烈，加强知识产权保护成为我国普遍的社会共识。中共中央和国务院 2016 年 5 月发布的《国家创新驱动发展战略纲要》明确要求，“充分发挥知识产权司法保护的主导作用，增强全民知识产权保护意识，强化知识产权制度对创新的基本保障作用”。司法是保护知识产权最有效、最根本、最权威的手段，是维护激励创新和公平竞争市场环境的枢纽环节。充分发挥司法保护主导作用，以严格的知识产权司法保护让创新创业者坚定创新信心、增强创新勇气、提升创新活力，已经成为当前知识产权司法的重要任务。与此相适应，知识产权审判必须责无旁贷地发挥保护创新和维护公平竞争的主导作用，更加注重保护创新和知识产权，更加注重推动大众创业和万众创新，更加注重维护统一透明、有序规范、公平竞争、充满活力的市场环境。

——充分认识建设知识产权强国和世界科技强国对知识产权审判提出的新目标。2015 年底，国务院发布《关于新形势下加快知识产权强国建设的若干意见》，要求“深化知识产权领域改革，加快知识产权强国建设”，并对建设知识产权强国的路径作出明确规划。2016 年 5 月召开的全国科技创新大会明确提出，到新中国成立 100 年时要使我国成为世界科技强国。建设知识产权强国和世界科技强国，要求具有完善的知识产权体制机制、良好的知识产权创造、运用、保护、管理和服务能力，实现知识产权治理体系和治理能力的现代化。知识产权司法是知识产权保护的核心环节，直接影响着知识产权的创造、运用、管理和服务水平。优质高效的知识产权司法体系是知识产权强国的重要指标和核心要素之一。知识产权强国的司法体系必须既能够高效解决纠纷，又能够通过明晰法律和制定规则促进国家的创新发展，更能够引领国际知识产权司法潮流。与世界知识产权强国相比，我国知识产权司法体系在体制机制、保护效能、国际影响等方面还存在较大的提升空间。我们既要正确认识自己的方位，了解自己的长处和短处，增强自信和战略定力，又要以建设知识产权强国和世界科技强国作为目标追求，扬长补短，迎头赶上。为此，必须进一步加强审判体系尤其是知识产权法院建设，完善知识产权司法保护体制机制，推进以审判为中心的诉讼制度改革，探索建立更加科学高效的知识产权审判流程；必须进一步提高我国知识产权司法的国际影响力，建设对创新创业者具有吸引力的良好营商环境，努力将中国法院打造成当事人信赖的国际知识产权争端解决的“优选地”。

根据形势任务的变化，当前和今后一个时期，人民法院知识产权审判工作的总体思路是：深入贯彻党的十八大和十八届三中、四中、五中全会及习近平总书记系列重要讲话精神，紧紧围绕“四个全面”战略布局，牢固树立“创新、协调、绿色、开放、共享”五大发展理念，积极主动适应国际形势新变化和经济发展新常态，切实增强机遇意识、责任意识、创新意识，深入实施国家知识产权战略和创新驱动发展战略，贯彻“司法主导、严格保护、分类施策、比例协调”的基本司法政策，以严格保护、深化改革、完善制度、统一规则为着力点，不断推进知识产权司法体系和司法能力现代化，为建设知识产权强国和世界科技强国提供坚强有力的司法保障。

三、着力强化政策指引，努力提升知识产权审判的权威性和公信力

服务和保障“创新、协调、绿色、开放、共享”五大发展，贯彻“依法保护产权、尊重契约自由、坚持平等保护、坚持权利义务责任相统一、诚实守信、坚持程序公正与实体公正相统一”六项原则，是当前和今后一个时期民商事审判工作的共同任务。结合知识产权审判工作的实际和新形势新任务新要求，我们将知识产权司法保护的总体要求归纳为“司法主导、严格保护、分类施策、比例协调”四项司法政策。全国各级法院要努力践行上述司法政策要求，使知识产权审判更好地适应和推动我国的创新发展。

（一）司法主导

司法在知识产权保护中发挥主导作用，是司法本质属性和知识产权保护规律的内在要求，是全面推进依法治国和提升司法公信力的重要体现，是提升我国国际影响力、树立大国国际形象的重要方式。

进一步强化知识产权司法保护的稳定性和导向性。要更加重视知识产权法律适用的稳定性和可预期性，最大限度地为利益攸关方提供明确稳定和可期待的预期，避免司法标准不统一或者变化频繁。要更加重视司法裁判的规则指引作用，通过明辨是非和明晰法律标准，为当事人选择正确行为模式提供指引，为知识产权的非诉讼纠纷解决提供依据和参考。要更加重视司法裁判的价值引导作用，始终将维护社会主义核心价值观作为司法保护的重要价值追求，提高公众对裁判的认同感和信赖感，提升司法的公信力。

进一步强化知识产权司法保护的实效性和全面性。要更加重视知识产权保护的实际效果，强化司法救济的及时性和有效性，切实满足权利人的正当保护需求。要更加重视知识产权民事、行政和刑事案件

审判“三合一”工作，努力构建资源优化、运行科学、公正高效的知识产权综合审判体系，努力为知识产权权利人提供全方位和系统有效的保护。要更加重视知识产权行政审判工作，强化对知识产权授权确权和行政执法行为的规范和监督，加大司法审查的深度和力度，彰显法治形象。

进一步强化知识产权司法保护的终局性和权威性。要更加重视司法维护社会公平正义最后防线的作用，致力于知识产权纠纷的实质性解决。要更加重视程序公正和实体公正的统一，既要尊重程序公正的独立价值，注重以诉讼权利的平等、诉讼程序的规范和诉讼过程的透明保障实体公正的实现，又要以解决实体问题和实现实体公正为终极目标，避免程序空转或者机械司法。要更加重视查明客观事实，切实增强司法查明事实和辨别是非的能力，最大限度地实现司法定分止争的效果。

进一步发挥司法审查和司法监督职能。要强化对知识产权授权确权行政行为和行政执法行为合法性的全面审查，不受当事人诉讼主张的严格限制。既要强化对行政行为程序正当性的审查，又要强化对实体标准合法性的审查，积极引导知识产权行政主管机关的调查取证、证据审查、授权确权实质要件、侵权判定等标准向司法标准看齐，促进知识产权行政行为进一步规范化和法治化。要正确处理严格程序运行与保护当事人实体权益的关系，当事人因行使程序权利的瑕疵而可能影响其重大实体权益，甚至可能导致其丧失救济机会且没有其他救济途径的，可以根据案件具体情况给予补救机会。兼顾实质性解决纠纷和保障当事人程序权利，妥当适用情势变更原则，积极探索改进行政授权确权案件裁判方式，防止循环诉讼和程序往复。被诉授权确权行政行为否决了某项专利商标申请或者专利商标权，其所依据的基础事由在行政诉讼过程中已经确定不复存在，维持被诉行政授权确权行为对于申请人或者权利人显失公平的，可以情势变更为由直接判令撤销该授权确权行为，责令行政机关重新作出裁决。被诉授权确权行政行为处理结果部分错误，且该错误部分可以分割处理的，可以尝试部分改判，责令行政机关仅就错误部分重新作出裁决。

进一步处理好知识产权民事程序和行政程序的关系。既要依法保障权利人的合法权益，又要注意提高民事案件的审理效率，致力于实质性解决纠纷，确保当事人及早获得公正结果。合理强化特定情形下民事程序的优先和决定地位，促进民行交织的知识产权民事纠纷的实质性解决，保障民事案件处理的公正和效率，并对后续行政纠纷的正确解决形成引导。对于违反诚实信用原则或者侵犯他人合法在先权利而取得的知识产权，权利人指控他人侵权的，可以根据案件具体情况以构成权利滥用为由对其诉请不予支持；在先权利人以被告取得和行使知识产权侵犯其合法在先权利为由，直接起诉被告构成侵权或者不正当竞争的，应该在查明事实的基础上依法裁判，既不需要以行政程序的处理结果为先决条件，也不需要因行政程序正在进行而中止诉讼。对于权利要求保护范围明显不清楚的专利权，在穷尽权利要求解释的途径和方法后，仍然无法确定专利权利要求的含义且无法通过解释予以澄清的，可以直接裁决不予支持，无需等待行政程序的结果。

（二）严格保护

严格保护知识产权是实施创新驱动发展战略的必然要求，是应对形势发展变化、增强发展动力、把握发展主动权、更好引领新常态的必然选择。严格保护是我国知识产权司法保护的主基调和基本导向。必须毫不动摇、旗帜鲜明地落实严格保护要求，充分发挥知识产权保护激发全社会创新动力、创造潜力和创业活力的独特作用。

严格执行法律，切实实现严格保护的

法律效果。严格保护知识产权，首先要严格司法、公正司法，切实保障知识产权法律体系的有效实施。对于法律明文规定构成侵犯知识产权或者违反竞争法的行为，要准确定性，坚决制止，充分赔偿，决不允许法外施恩。要用足用好用活知识产权法律空间，在法律允许的范围内积极采取有效措施，加大司法惩处力度，降低维权成本，给权利人提供充分的司法救济，使侵权人付出足够的侵权代价，努力营造侵权人不敢侵权、不愿侵权的法律氛围。要妥善行使司法裁量权，以有利于严格保护、有利于激励创新和有利于维护公平竞争为出发点，作出体现严格保护效果的选择。

以实现市场价值为指引，进一步加大损害赔偿力度。充分考虑知识产权市场价值的客观性和不确定性双重特点，在确定知识产权损害赔偿数额时，既要力求准确反映被侵害的知识产权的相应市场价值，又要适当考虑侵权行为人的主观状态，实现以补偿为主、以惩罚为辅的双重效果。对于重复侵权、故意侵权的行为人，可以根据具体案情酌情确定适当高于市场价值的损害赔偿。根据商标法关于惩罚性赔偿的规定，明确和规范惩罚性赔偿的标准和尺度，坚决遏制恶意侵权行为。对于直接故意侵害商标权，具有重复侵权、假冒商标或者其他严重情节的，可以依法适用惩罚性赔偿。要善于运用根据具体证据酌定实际损失或侵权所得的裁量性赔偿方法，引导当事人对于损害赔偿问题积极举证，进一步提高损害赔偿计算的合理性。权利人提供了用以证明其实际损失或者侵权人违法所得的部分证据，足以认定计算赔偿所需的部分数据的，应当尽量选择运用酌定赔偿方法确定损害赔偿数额。加大对合理开支的支持力度，除法律另有规定外，在适用法定或者酌定赔偿时，应另行计算合理的维权成本。

强化临时措施保护，提高司法救济的针对性和有效性。建立程序规范、保护有力的司法临时保护机制，合理发挥行为保全、财产保全、证据保全的制度效能，提高知识产权司法救济的及时性、便利性和有效性。凡是符合证据保全、财产保全、行为保全条件的，均应及时采取有关措施。合理平衡申请人与被申请人利益，兼顾迅速处理与查明事实的需要，依法及时审查和处理当事人的行为保全申请。合理把握行为保全的条件，评估难以弥补的损害时，被申请人的行为对申请人市场声誉的不利影响、市场先发优势的破坏、正当经营行为被排挤出市场的可能性等，均可纳入考量。

大力推进诉讼诚信建设，有效运用证据机制强化严格保护的法律效果。以诚信原则为指引，适度强化诉讼当事人的真实义务与协力义务，建立激励当事人积极提供证据的诉讼机制。一方当事人已经尽力举证仍无法提供相关证据，有证据证明对方当事人持有该证据但无正当理由拒不提供的，可以推定一方当事人所主张的需要以该证据证明的事实为真实；一方当事人故意毁损、隐匿证据、伪造证据、阻碍和抗拒证据保全或者妨碍证人作证的，可以推定该证据或者证人所证明的事实不利于该方当事人。对于严重违反诚信原则，毁损、隐匿和伪造证据、阻碍和抗拒证据保全、妨碍证人作证等不诚信诉讼行为，要坚决依法予以制裁。加大对虚假诉讼行为的惩处力度，严格依照法律规定追究虚假诉讼、恶意诉讼等行为人的法律责任。

（三）分类施策

知识产权的权利体系具有内容丰富、种类多样、领域广泛的特点。正确把握不同的知识产权的属性和特点及其不同的保护要求，采取有区别的保护政策、保护标准和保护思路。严格保护知识产权，应该根据知识产权的不同类型和领域量体裁衣、分类施策，使保护方式、手段、标准与其特质、需求相适应。

正确把握不同类型知识产权的保护需求和特点。对于专利、植物新品种、集成电路布图设计等科技成果类知识产权，要根据其权利类型法定性、权利范围限定性的特点，维护权利范围的公示和划界作用，增强保护范围的确定性，为社会公众提供明确的法律预期。在知识产权权利范围内给予严格保护，不打任何折扣；在权利范围之外，允许自由借鉴和模仿。对于商标、企业名称、商品名称包装装潢等商业标识类知识产权，要根据维护商业标识声誉和显著性的目的，结合保护范围弹力性的特点，尽可能保护商业标识的区别性，尽最大努力使商业标识之间保持足够的距离，限制不正当模仿搭车的空间。对于著作权、邻接权等文化创意类知识产权，要根据保护精神权利与经济权利的双重需求，考虑作品著作权的有限开放性以及邻接权的相对封闭性的特点，合理界定保护范围，使著作权人和邻接权人的智力劳动得到应有尊重和合理回报。

妥善界定不正当竞争和垄断行为的判断标准。深刻理解不正当竞争和垄断行为扭曲和破坏健康市场竞争机制的本质，正确界定不正当竞争和垄断行为界限，切实维护统一开放、有序规范、公平竞争的市场秩序。明确和细化网络不正当竞争行为的判断标准，对于互联网领域出现的新型竞争行为的正当性判断，要综合运用道德评价、效能竞争、比例原则、竞争影响评估等方法，从多个角度进行评价，提高评价标准的客观性，避免陷入简单主观的道德评价。切实加强反垄断审判工作，及时制止垄断协议、滥用市场支配地位、滥用行政权力排除限制竞争等垄断行为，打破行业垄断和市场分割，增强市场活力。坚持效果导向，正确运用法律判断和经济分析，提高垄断行为认定的准确性。垄断行为的分析判断通常需要借助于经济分析，但是行为的定性最终属于法律判断。既要合理运用经济分析的结果，更要抓住垄断行为对竞争具有实际或者潜在的消极影响这一行为本质，对垄断行为的认定作出符合现实的结论。

加强对关键环节、特殊领域及特定问题的研究和解决。加强对职务发明、技术合同、计算机软件侵权、商业秘密保护等对创新有重大影响的关键环节的重视和研究，从有利于保障创新资源的市场优化配置、有利于维护创新机制健康运行的角度分析和考虑问题，有针对性地采取相关司法措施。加强对具有中国特色的知识产权领域的保护，依法维护我国国家利益。对于非物质文化遗产、中华老字号、计算机中文字库等因历史传统与现代知识产权制度交织而形成的特殊法律问题，要根据我国的历史、国情和产业发展需求，独立思考和判断，正确认识其创新价值和我国的产业利益所在，依法合理运用现代知识产权制度予以保护。坚持传承与创新、保护和利用并重的原则，积极保护民间文学艺术、传统知识、遗传资源等非物质文化遗产，公平合理地协调和平衡在发掘、整理、传承、保护、开发和利用过程中各方主体的利益关系。既要注重保护非物质文化遗产利益相关方的精神权利，又要注重保护其经济权利。要坚持尊重原则和来源披露原则，利用非物质文化遗产应尊重其形式和内涵，不得以歪曲、贬损等方式使用非物质文化遗产，并应以适当方式说明信息来源。要结合非物质文化遗产的特质以及公私法兼具的保护模式，根据主体确定程度、内容创新程度、利用行为的性质及其效果等因素，正确确定其保护范围和保护程度。综合运用驰名商标、制止不正当竞争等法律规定，加强中华老字号的法律保护，促进民族品牌做大做强。加强对自由贸易区建设中出现的转运过境、平行进口、定牌加工等知识产权问题的研究和解决，要根据相关法律精神和具体规定，既要考虑自由贸易区“境内关外”的监管特点及便利贸易自由和符合国家产业政策的需求，又要考虑防止知识产权侵权和维护市场秩序的需要，妥善解决相关纠纷。

（四）比例协调

保护权利和激励创新是知识产权司法的双重属性和功能。前者着眼于对既有创新成果的肯定，后者侧重于对未来创新活力的激发，知识产权司法审判应当致力于两者的协调。在严格保护知识产权的同时，也需要坚持比例协调，使知识产权保护范围和强度与其创新和贡献程度相协调，侵权人的侵权代价与其主观恶性和行为危害性相适应，知识产权保护与发展规律、国情实际和发展需求相匹配，实现权利人利益与他人合法权益以及社会公众利益、国家利益的均衡发展。

合理确定不同领域知识产权的保护范围和保护强度。在科技成果领域，科技成果类知识产权的保护范围和强度应与其创新高度和贡献程度相适应。发明和实用新型专利权保护范围的确定，要与其相对于现有技术的创造性程度和撰写质量相协调；外观设计专利权的保护，既要立足于整体视觉形象的相同或者近似，又要以创新性的区别设计特征为基础，根据创新程度合理确定保护强度。在著作权领域，要根据文学艺术类作品和科学事实类作品在作品特性、创作空间等方面的不同特点，合理确定作品独创性尺度，既要坚持独立创作原则，又要维护最低限度的创造高度，正确划分著作权范围与公共领域的界限，努力实现作品保护范围和强度与其独创性范围和尺度相适应。在商业标识领域，要妥善运用商标近似、商品类似、混淆、不正当手段等弹性因素，考虑市场实际，使商标权保护的强度与商标的显著程度、知名度等相适应。

区分不同情况，根据侵权行为的性质、作用和侵权人主观恶性程度，恰如其分地给予保护和确定赔偿。对于生产商、制造商等侵权源头领域的侵权行为，要加大打击力度，根据被侵害知识产权的市场价值及对侵权行为人营利的贡献度，提高赔偿数额。对于销售商、网吧经营者、终端使用者，则要依据具体情节合理确定其是否应承担侵权责任及所应承担的赔偿数额。专利侵权产品使用者能够证明合法来源且已支付产品合理对价的，可不停止相应使用行为，以维护善意使用者的市场交易安全。对于因客观原因导致的侵权纠纷，要充分考虑被诉侵权行为的历史成因、被告的主观过错程度、使用现状等因素，根据保护在先权利、维护诚实信用和尊重客观现实的处理原则，公平合理地解决纠纷。

注意实现知识产权保护符合发展规律、国情实际和发展需求，适应我国知识产权司法体系和司法能力现代化的客观需要。社会经济科技发展水平提高，产业创新和发展需求提高，知识产权保护水平必须同步提高。对于因技术或者商业模式创新引发的知识产权纠纷，要根据技术发展水平、被诉行为的特点以及经营管理能力，合理界定被诉行为人的注意义务和预防义务，促使其成为保护知识产权的积极参与者。

依法合理平衡知识产权人权益、其他权利人合法权益及社会公共利益、国家利益，实现各利益相关方利益平衡和均衡发展。正确处理知识产权与物权等其他民事权利的冲突，在商标权等知识产权与物权等其他财产权发生冲突时，应以其他财产权的权利人是否善意作为划定权利界限和是否容忍的重要考量因素，同时应兼顾公共利益。高度关注“互联网＋”背景下创新的需求和特点，善于用创新的思维和方法来解决互联网领域司法中遇到的新问题，在严格保护的同时，合理平衡知识产权权利人、网络服务提供者和网络用户的利益，实现保护知识产权与促进技术创新、推动产业发展和谐统一。深入研究和探索网络商品交易平台、搜索引擎关键词竞价排名等网络环境下的专利商标侵权及不正当竞争问题，研究和总结其侵权判断规则的特殊性。结合信息网络环境的特点和实际以及网络商品交易平台服务提供者的认知能力，参考信息网络传播权保护的具体知情、侵权事实明显等标准，准确认定网络商品交易平台服务提供者的侵权过错，使其承担与行为特点、技术水平和认知能力相匹配的审查注意义务和法律责任。妥当适用“通知与移除”规则，既要维护该规则对于网络环境下知识产权保护的基本价值，又要注意该规则对网络交易平台中实体交易行为及网络商户利益的重大影响，防止权利人滥用该规则妨碍正当经营行为。

“司法主导、严格保护、分类施策、比例协调”是当前和今后一个时期我国知识产权司法保护的基本政策。司法主导是对司法保护知识产权职能作用的基本要求；严格保护是对知识产权司法保护强度的基本定位；分类施策是实现严格保护的基本方法；比例协调是严格保护的统筹原则，四者构成一个有机统一整体。

四、全面深化改革创新，不断推进知识产权司法保护体系和能力现代化

改革创新是知识产权审判持续健康发展的动力源泉。针对影响和制约知识产权司法发展的关键领域和薄弱环节，要锐意改革、勇于创新、精准发力和定向施策，推动知识产权司法保护体系和能力向现代化迈进。

（一）大力加强知识产权法院建设

知识产权法院是我国知识产权保护的新名片。要以国际视野和世界眼光打造知识产权法院，以更加开放的姿态推进知识产权法院建设，努力建设专业化、现代化的国际一流知识产权法院。要在高起点、高标准上谋划知识产权法院的运行、审判和管理，加强对审判规律、形势和趋势的分析研判，提早规划制度和采取应对措施。要用系统思维统筹考虑知识产权法院面临的发展难题，加强各方面配套措施的部署和落实，尽最大努力和以最快速度为知识产权法院改革建设提供保障和支持。要建立知识产权法院主审法官员额动态调整机制，为知识产权法院的顺利发展夯实制度基础。要深入研究和科学规划知识产权法院审判体制，合理确定案件管辖范围，完善诉讼制度，研究知识产权案件审理方式改革，逐步建立适合知识产权审判特殊需要的专门化程序和审理规则。要在京津冀率先推进知识产权法院案件审判体制改革，尽快研究落实北京知识产权法院跨区域集中管辖京津冀技术类案件试点工作，切实发挥知识产权专门化审判在推动京津冀创新驱动发展方面的作用。要加强对改革和完善现行知识产权法院体系的研究，探索建立国家层面知识产权高级法院的必要性和可行性。

（二）健全多元化技术事实查明机制

技术调查官制度对于提高技术类案件的审理质量和效率有着举足轻重的地位。技术调查官制度的适用不限于知识产权法院，审理技术类案件较多的法院均可积极运用。要适时出台关于技术调查官选任和管理的规范性文件，及时完成技术调查官的选任，为技术类案件的审理提供有力技术支持。要充分发挥技术调查官在技术事实查明中的优势作用，进一步细化其参与诉讼活动工作职责，使法官能够集中精力处理案件法律问题，提高裁判质量和效率。在充分发挥技术调查官作用的同时，也应注意防止法官对技术审查意见的过度依赖，进而实质让渡裁判权。要探索完善技术审查意见采信机制，对于积极辅助法官形成心证、与裁判结果有重要关联性的意见内容，应该通过释明的方式向当事人适度公开。要建立多元化的技术事实查明机制，实现技术调查官制度与专家辅助人、技术鉴定、专家陪审员、专家咨询等制度的有效衔接。

(三)注重维护知识产权司法统一

司法统一是司法公信力的重要体现。在司法改革深入实施、司法责任制全面推行的背景下,维护司法统一的任务更重,责任更大、难度更高。

处理好司法权与管理权、监督权的关系,积极创新管理监督方式,探索建立与司法权运行新机制相适应的管理监督体系。信任不能代替监督,放权不能变成放任,实行主审法官、合议庭办案负责制不能放弃对案件的正常管理和监督。要建立与司法权运行新机制相适应的类似、关联案件发现和协调机制,合议庭组成人员发现其审理的案件存在类似或者关联案件的,应该适时提出和报告;合议庭拟议的裁判结果与类似或者关联案件裁判结论可能存在冲突的,应及时提请讨论协调。要充分利用信息化手段,借助各种信息公开平台,加强各法院之间信息交流和共享,促进各法院对于类似案件审理的相互学习和相互借鉴。

综合运用司法政策、司法解释、案例指导等多种审判指导手段,推进司法统一。要深入贯彻"司法主导、严格保护、分类施策、比例协调"的基本政策,严格执行最高人民法院制定的各项知识产权司法解释,统一司法理念、尺度和规则。深入探索独具特色的知识产权案例指导制度,加强规范性建设,形成指导性案例和参考性案例并存的案例指导体系。各级法院要切实加强对最高人民法院发布的指导性案例和参考性案例的学习,高度重视在类案审理中参照指导性案例,借鉴参考性案例,积极在裁判文书中援引指导性或者参考性案例作为说理依据。类案审理中确有特殊情况不宜参照指导性案例时,应该在裁判文书中给出充分理由。加强最高人民法院知识产权案例指导研究(北京)基地建设,将其建设成为知识产权案例信息智能汇集中心、案例指导理论研究中心和综合服务中心,发挥其辐射和引领效应,推动知识产权案例指导制度不断完善发展。

加强调研指导,及时研究新问题和总结新经验。要发挥知识产权审判理论研究会、司法保护研究中心、调研基地、理论研究基地、调研联系点、基层示范法院及知识产权司法保护与市场价值研究(广东)基地等平台的作用,坚持理论联系实际,找准调研工作着力点,注重研究解决实际问题。要加强上下级法院之间的监督指导,发挥二审程序和再审程序的审判监督职能,适时统一新型疑难问题的法律适用标准。

(四)努力建设过硬法官队伍

队伍建设是知识产权事业发展的重要保障。要学习贯彻习近平总书记关于政法队伍建设的重要指示和全国政法队伍建设工作会议精神,牢牢把握"五个过硬"的要求,深入推进思想政治、业务能力、纪律作风建设。要始终把思想政治建设放在第一位,切实增强政治意识、大局意识、核心意识、看齐意识。要根据知识产权审判的特点和需要,深入推进知识产权法官队伍的正规化、专业化、职业化建设。确定知识产权审判岗位员额时,要充分考虑该审判岗位对知识产权业务知识和审理经验的要求,保障业务能力强、专业素养高、具有丰富知识产权审判经验的法官进入员额。要加强司法作风和司法廉洁建设,锲而不舍地加大正风肃纪力度,强化纪律约束力,真正把纪律和规矩挺在前面。要健全司法权运行监督管理机制,用制度管人管权管事,从源头上预防和制止腐败。增强廉洁司法意识,自觉谨慎对待权力,淡泊对待名利,自觉抵制诱惑。

五、深入推进"三合一"审判,努力实现知识产权审判模式全面优化

由知识产权审判庭统一审理知识产权民事、行政和刑事案件的"三合一"改革试点工作,是改革完善知识产权审判体制和

工作机制的重要内容。全国各级法院要把握机遇，深入推进知识产权审判“三合一”，全面优化知识产权审判模式，充分发挥知识产权司法保护综合效能。

（一）知识产权审判“三合一”工作取得重大进展与突破

早在1996年，上海市浦东新区人民法院就率先开展了“三合一”改革试点工作，至今已有20年。截至目前，全国法院共有6个高级人民法院、95个中级法院和104个基层法院先后开展了试点工作，积累了丰富的经验。试点法院对“三合一”工作进行了积极探索，形成了各具特色的工作模式。在总结经验的基础上，最高人民法院知识产权审判庭起草了《关于在全国法院推进知识产权民事、行政和刑事案件审判“三合一”工作的意见》（以下简称《意见》），最高人民法院党组已专题讨论并审议通过。下一步，我们将在中央政法委的协调下争取与最高人民检察院、公安部尽快会签有关文件。《意见》的制定，是人民法院知识产权审判工作的又一项重大突破，是知识产权审判模式质的飞跃。

（二）深刻认识全面推进知识产权审判“三合一”工作的重大意义

知识产权审判“三合一”是顶层设计和自下而上试点的协同成果，是落实中央司法体制改革任务的重要举措。“三合一”改革试点始于基层人民法院，推广于中级人民法院，成熟于高级人民法院。以江苏、上海、湖北等地高院为代表的试点法院积累了丰富成熟的经验，为在全国法院推进“三合一”工作提供了范本和示例。在此过程中，知识产权审判“三合一”工作得到党中央和国务院的高度重视，并将之作为司法体制改革顶层设计的重要内容。早在2008年6月5日，国务院印发的《国家知识产权战略纲要》就将“研究设置统一受理知识产权民事、行政和刑事案件的专门知识产权法庭”作为国家知识产权战略的重要战略措施。2015年3月13日，中共中央、国务院发布的《关于深化体制机制改革 加快实施创新驱动发展战略的若干意见》进一步要求：“完善知识产权审判工作机制，推进知识产权民事、刑事、行政案件的‘三审合一’。”2015年9月，中共中央办公厅、国务院办公厅《关于印发〈深化科技体制改革实施方案〉的通知》第120项再次重申了上述工作任务。《意见》的制定，是人民法院贯彻落实司法体制改革任务的重要举措，也是落实国家知识产权战略和创新驱动发展战略的重要举措，标志着“以上率下”的工作思路更加明确。

知识产权审判“三合一”是知识产权司法体制机制的全方位改革，是提高司法保护整体效能和综合效能的重要举措。20多年试点经验证明，“三合一”工作有利于统一司法标准，提高审判质量，完善知识产权司法保护制度；有利于合理调配审判力量，优化审判资源配置，提高知识产权司法保护的效益和效率；有利于知识产权专门审判队伍建设，提高知识产权审判队伍素质；有利于提高司法保护的整体效能，实现知识产权的全方位救济。《意见》对推进“三合一”工作做了全面部署和安排，必将对建立符合知识产权司法特点和规律的审判体制和工作机制、提升知识产权司法保护整体效能产生重大推动作用。

（三）扎实推进知识产权审判“三合一”工作

《意见》对“三合一”工作的组织协调机构、审判组织设置、案件管辖、队伍建设、工作机制、沟通协调等方面作出明确具体的规定，工作思路明确，力度空前。各级人民法院尤其是各高级人民法院要把思想和行动统一到中央和最高人民法院的精神和部署上来，以勇于担当的精神全面推进“三合一”工作。值得指出的是，推进“三合一”工作，既涉及知识产权案件管辖制度的重大变化，又涉及知识产权审判庭的名称、机构及人员的调整和优化组合，更需要检察机关、公安机关以及知识产权行政执法机关的协调配合，牵一发而动全身。需要各级法院认真谋划，积极推进。

推进“三合一”工作要做到全面彻底。《意见》印发以后，除知识产权法院暂不执行以外，“三合一”工作要在全国法院全面推开。在推进范围上，高级、中级、基层法院要同时启动。在工作模式上，要严格按照集中型立体审判模式，彻底建立“三级联动、三审合一、三位一体”的知识产权审判模式。在启动时间上，各高级人民法院最迟在今年年底之前要成立协调机构，出台具体实施方案。在审判力量配备上，各级人民法院要选拔政治过硬、业务精通、熟悉知识产权审判业务的法官到知识产权庭工作。

推进“三合一”工作要坚持实事求是。地方各级人民法院推进“三合一”工作，要尊重司法规律和中国国情，从便于当事人诉讼、有利于知识产权保护的角度出发，充分考虑本辖区经济发展的地域性差异、交通便利条件以及知识产权案件数量等因素，因地制宜。《意见》已经为“三合一”法院留出了自主选择空间，如审判力量配备、案件管辖、刑事案件类型等，有关法院可以结合自身情况作出恰当选择。

推进“三合一”工作要重视内外协调。“三合一”工作既涉及人民法院内部多个部门，又涉及公安、检察机关，要做好统筹协调，做到内外兼顾。最高人民法院已经成立协调小组，统一协调指导全国法院的“三合一”工作。组长由我担任，副组长由宋晓明庭长担任，组员由政治部、立案庭、刑一庭、知识产权庭、行政庭和司改办部门副职担任。领导小组下设办公室，设在知识产权审判庭，宋晓明庭长兼任办公室主任，由政治部、立案庭、刑一庭、知识产权庭、行政庭和司改办派员参加。各高、中级人民法院要成立相应的协调机构，组织协调辖区内的“三合一”工作，具体负责辖区内知识产权案件的管辖布局和指导监督。要做好案件审理各个环节的衔接工作，做好各个部门之间的协调，做好上下沟通，及时解决工作中出现的问题。各级人民法院要根据最高人民法院会同最高人民检察院、公安部联合制定下发的有关办理知识产权刑事案件法律适用相关问题的意见，在同级政法委员会的协调下，做好知识产权刑事案件的审理工作。各高级人民法院要建立人民法院与检察机关、公安机关以及知识产权行政执法机关的沟通联络机制，协调公安机关、检察机关做好刑事案件的侦查和移送起诉工作。

推进“三合一”工作要加强审判力量建设。各级人民法院知识产权审判庭应当根据审判任务需要配齐配好配强审判力量，严格选拔审判业务骨干，确保参与知识产权审判的法官具有相应的审判业务能力和经验。最高人民法院和高级人民法院每年要适时组织针对知识产权审判“三合一”工作的专门培训，本着立足长远的原则，拓宽培训渠道和方式，培养能够驾驭三类诉讼的复合型法官。要加强上下级法院的对口业务指导和监督，不断提高知识产权法官的综合素质，避免因民事、刑事、行政诉讼程序、证据规则的不同所导致知识产权审判庭内民事、刑事、行政审判法官的司法理念和经验的差异，保证裁判标准的统一。

同志们，不忘初心，方得始终。让我们永怀知识产权强国和世界科技强国的梦想和追求，铭记知识产权司法保护的使命与担当，恪尽职守，砥砺前行，努力实现知识产权审判事业的新飞跃，为建设知识产权强国和世界科技强国做出新的应有的贡献！

着力构建网络版权保护良好生态*

国家新闻出版广电总局副局长，国家版权局副局长　阎晓宏

2016年第16个世界知识产权日的主题是“数字创意重塑文化”，这充分反映了数字网络与版权创意密不可分的关系。探讨数字网络发展与版权保护的热点话题，具有很强的现实意义。

数字网络技术的飞速发展，在为版权作品的传播提供巨大便利的同时，也给网络版权保护带来了前所未有的机遇与挑战。经过十几年的探索与治理，网络环境下的版权问题呈现出三个积极态势：

一是版权在互联网生态中的重要作用日益突显，“互联网＋版权”已经成为互联网产业发展的重要模式。越来越多的网络视频、音乐、文学企业通过版权资源的运营和保护来获得收益，越来越多的权利人也因此获得作品的报酬，优质的知识产权(IP)越来越获得企业的青睐，版权资源的价值日益凸显。版权已经成为文化产业发展最重要的基础性资源。

二是要让网络版权秩序更加清朗，已经成为行业的共识、社会的呼唤。国家版权局、网信办、公安部、工信部四部门联合开展的打击网络侵权盗版剑网行动已经开展了10年，是最早在网络领域开展执法监管的治理行动，在国内外产生了很好的影响，网络版权治理初见成效，也为进一步依法管网治网奠定了良好的基础。

三是网络版权保护迎来了春天。党的十八大以来，党中央、国务院将网络治理和知识产权工作提高到了前所未有的高度，并将其作为激励创新的重要保障。习近平总书记亲自担任中央网络安全和信息化领导小组组长，并在今年4月召开的网络安全和信息化工作座谈会上强调，要推进网络强国建设，让互联网更好造福国家和人民。习近平总书记还多次强调，要完善知识产权保护和运用机制，加大知识产权保护力度，让各类人才的创新智慧竞相迸发。李克强总理在2016年的《政府工作报告》中指出，要发挥大众创业、万众创新和“互联网＋”集众智汇众力的乘数效应，加强知识产权保护和运用，依法严厉打击侵犯知识产权和制售假冒行为。2015年12月，国务院印发《国务院关于新形势下加快知识产权强国建设的若干意见》，对知识产权强国建设进行新的部署；2015年10月，国务院办公厅印发了《国务院办公厅关于加强互联网领域侵权假冒行为治理的意见》，要求用3年左右的时间，有效遏制互联网领域侵权假冒行为。

我们要认真贯彻党中央、国务院的重要战略部署，落实好创新、协调、绿色、开放、共享的发展新理念，更加重视和做好网络版权保护工作，为实施创新驱动发展战

---

* 本文系国家新闻出版广电总局副局长、国家版权局副局长阎晓宏2016年4月26日在中国网络版权保护大会上的发言，刊发时略有删节。

略、建设网络良好生态提供更加有力的支持。

一是要始终抓住"严格保护"这个关键词，进一步加大网络版权的保护力度。《中共中央 国务院关于深化体制机制改革 加快实施创新驱动发展战略的若干意见》和《国务院关于新形势下加快知识产权强国建设的若干意见》都明确提出，要实行严格的知识产权保护。这是党中央、国务院着眼创新驱动发展战略实施和知识产权强国建设作出的重要战略部署。我们应清醒地认识到，现阶段和未来较长的时期里，我国版权领域所出现的各种矛盾、纠纷依然仍将处于高发期，保护知识产权、打击侵权盗版仍将是一项长期、复杂、艰巨的任务。并且，国际诉求大于国内诉求的状况将发生转变。今后，国内权利人的诉求将大于国际诉求，加强版权保护是我国自身发展的需要，这一论断必将得到社会实践的充分证明。特别是对网络领域而言，一方面我国网络版权保护水平总体上还处在初级阶段，另一方面不断出现的网络新技术和新应用也给执法监管工作提出严峻挑战。因此，在矛盾纠纷高发期，需要进行严格的版权保护。2016 年的"剑网行动"要针对网络侵权的热点，如网络文学侵权问题、网络新闻作品非法转载问题、智能移动终端第三方应用程序（APP）等，进行专项治理。

二是要始终抓住"创新"这个根本，不断探索网络版权资源运营和保护的新模式。在党的十八届五中全会提出的五大发展理念中，"创新"居于首位，创新精神是当代中国最鲜明的时代特征。在网络时代，新技术、新应用、新问题层出不穷，要推进互联网产业的持续健康发展，必须把版权资源创造、运营、管理和保护的创新摆在重要位置。因为版权资源是内容产业的基础，获得相关版权资源的信息网络传播权是互联网企业开展内容运营的基本前提。特别是在移动互联网、大数据、云服务时代的背景下，现行法律所确立的保护机制在实践中的运行情况和效果如何，如何在保持各方利益平衡的基础上，造福于人民群众，提升人民群众在网络精神文化领域的获得感，都值得我们认真思考，敢于探索，大胆创新。有关体育赛事节目、网络文学、网络转载里的版权问题，都是与此有关的重大热点、难点问题，值得我们很好地研究。

三是要始终抓住"社会共治"这一重要手段，推动构建全社会共同治理新格局。要改变单纯依靠政府部门力量的做法，把行业、企业包括社会公众的力量凝聚起来，形成政府有效监管、企业自我约束、行业自律与公众监督相结合的新格局。版权行政执法部门包括承担版权行政执法职责的各地文化综合执法机构，要按照中央和各地网信领导小组的工作部署，与相关部门紧密配合，形成合力；要引导互联网企业强化合法经营意识，建立完善内部版权管理体系；要发挥行业组织作用，推动加强行业自律；要加强与权利人组织的合作，构建打击侵权盗版行为的信息沟通机制；要紧紧依靠人民群众的力量，不断强化舆论监督、群众监督和社会监督功能。

在新的形势下，网络版权保护工作责任重大，使命光荣，让我们携手奋进，共同建设天朗气清、生态良好的网络空间。

版权　创新　发展*

国家版权局版权管理司司长　于慈珂

一、版权制度激发创新热情，推动经济发展与文化繁荣

版权制度由来已久。早在中国宋代，就有防止擅自复印图书的“翻版禁令”。18世纪初期，在技术进步与社会需求的推动下，现代版权制度诞生，并在世界范围内广泛应用与发展，人们逐渐意识到“知识”是一种财富，这种财富与有形的私有物产一样，神圣不可侵犯。“尊重知识、尊重创作、诚实守信”的观念开始法制化和规范化，并为公众所共同遵循。

版权制度激发创新热情和文化繁荣。创新是民族进步、国家兴旺的不竭动力。版权制度是激励创新的基础性制度，通过确定创作者的专有权利，对其作品的传播和使用给予应有的回报，从而激发人们的创作热情，极大地促进了文化繁荣。同时，丰富和持续的创新成果也对版权保护产生了越来越大的需求。数百年的实践，充分证明了版权制度与创新两者相辅相成，共同发展。

版权制度推动经济发展和社会进步。在版权制度框架下，版权因其财产权具有可计量的价值，这种价值使得版权可以被交易并充分参与经济活动，从而成为越来越重要的生产要素和财富资源。近年来，随着新的传播方式发生革命性变化，以智力成果为资源，以知识创新为动力，以受版权保护作品的创新、生产、传播、使用和消费为基础的版权产业发展迅猛，速度远远超出传统制造业，被视为21世纪的朝阳产业。加快发展版权产业，已成为众多国家的共识，据世界知识产权组织估计，发达国家国内生产总值（GDP）中版权产业所占份额大约在10%以上，部分发展中国家也达到了3%以上，在中国，2014年版权产业占GDP已达7.28%。

二、中国政府重视版权保护，积极推进版权产业发展

中国政府高度重视版权保护工作，积极全面践行着对已加入的《伯尔尼公约》《与贸易有关的知识产权协定》（TRIPS）等相关国际版权条约的庄严承诺，版权保护总体上达到国际水平，为推动国际版权保护的进步和发展作出了应有的贡献，具体体现在以下六个方面。

一是提高版权的地位，将包括版权在内的知识产权提升到国家战略高度。2008年《国家知识产权战略纲要》颁布之后，中国政府开始实施“建设创新型国家”的战略。2015年12月22日，国务院发布《关于新形势下加快知识产权强国建设的若干意见》，明确深入实施包括版权在内的国家知识产权战略，提升产业国际化发展水平，保障和激励大众创业、万众创新，为建成中国特色、世界水平的知识产权强国奠定坚实基础。在这一大环境下，进一步完善版权保护制度，深化版权国际合作，对提高民族创新能力，增强文化自信，推动经济、社会发展具有重要意义。

二是完善法律制度，在符合中国国情的基础上充分与国际规则接轨。我国目前的版权法律体系主要体现为“一法五条例”和已经加入的7个国际公约。为解决数字技术发展给版权保护带来的新问题，我们

* 本文为作者在2016年国际版权论坛上的主题发言。

从加强可操作性出发，一方面，在国内层面积极推动《著作权法》等相关法律、法规的修订、清理工作，着重解决数字技术发展给版权保护带来的作者“公共传播权”、权利人技术保护措施和权利管理信息、网络服务商免责等新问题；另一方面，在国际层面积极加入《世界知识产权组织版权条约》(WCT)、《世界知识产权组织表演和录音制品条约》(WPPT)、《视听表演北京条约》等相关国际版权条约，全面履行国际义务，努力营造权利人、使用人和社会公众等各方利益和谐发展的版权法律体系。

三是整合资源，依法严厉打击侵权盗版行为，切实保护版权权利人的利益。中国实行行政保护和司法保护并行的版权保护模式，不断加大打击侵权盗版力度，联合相关政府部门共同深入开展打击侵犯知识产权和制售假冒伪劣商品专项行动、打击网络侵权盗版“剑网行动”，大力推进政府机关软件正版化，树立和维护了中国政府保护版权的良好形象。据不完全统计，2005～2015 年全国版权行政执法部门共办理行政处罚案件 7 万余件，移送司法机关案件近 4000 件，收缴各类侵权盗版制品近 5 亿件；在互联网版权保护领域，仅 2015 年“剑网行动”，各地就查处侵权盗版案件 383 件，行政罚款人民币 450 万元，移送司法机关刑事处理 59 件，涉案金额 3845 万元，关闭网站 113 家。

四是创新管理模式，由管理型政府向服务型政府转变，提供优良的版权社会服务。各级版权行政管理部门充分发挥服务社会的重要作用，积极引导版权行业协会和著作权集体管理组织的相关工作，逐步形成了政府监督管理、群团自我维权、企业依法经营的良性互动机制。深入持续地开展版权宣传教育工作，强化一般社会公众和版权业界“先授权、后使用”的版权意识，逐步形成有利于创新的良好版权氛围。

五是引导和支持市场主体创造和运用版权，推动版权产业蓬勃发展。近年来，从中央到地方，都制定了相关的政策，支持建立成熟、完善的版权发展模式，引导市场主体采取版权转让、许可、质押、登记、合同备案等方式实现版权的市场价值，构建综合性版权要素市场，为产业发展提供良好的政策环境，以增强版权产业在国内市场的整合能力和国际市场的竞争力。目前，我国文学艺术、新闻出版、广播影视、信息网络等版权产业在文化和经济发展过程中展现了强劲的后发优势，已经成为国民经济新的增长点和支柱产业。据统计，中国版权产业占当年 GDP 的总值从 2006 年的 6.4%，已经上升至 2014 年的 7.28%。

六是加强国际合作，推动建立平衡有效的国际版权体系。近年来，中国政府全面履行版权国际承诺，与国际社会建立了广泛、深入的版权多双边关系，也得到了在座包括世界知识产权组织在内的多个国际组织和国家的大力支持与帮助。特别是 2012 年，中国政府成功承办世界知识产权组织保护音像表演外交会议，来自 154 个世界知识产权组织成员国和 48 个国际组织的 721 名代表经过磋商谈判，顺利缔结《视听表演北京条约》，更是体现了国际社会对我国近年来版权保护工作的充分肯定和支持，树立了我国版权保护的良好国际形象。

多年来，世界知识产权组织一直大力倡导并积极推动各成员国树立这样一种理念：努力通过知识产权制度，为各自国家的创新与经济发展作出充分的贡献。我们坚信，随着市场经济不断规范、中国版权制度的不断完善，以及版权国际化合作的不断深化，知识和创造力的潜在价值将在有着五千年文明历史的中华民族得到全面认识和提升，版权保护一定会为推动民族、国家创新和经济、社会发展作出更大贡献。我们也希望，在世界知识产权组织等国际组织的支持下，与世界各国一起，与在座的海内外朋友们一起，加强沟通和交流，促成版权合作，改善国际版权环境，推进以创新为基础的版权产业发展，带动经济、文化和社会更好地发展。

深化司法体制改革，加强知识产权保护

最高人民法院知识产权审判庭庭长　宋晓明

经过三十多年的努力，人民法院知识产权司法保护工作取得了举世瞩目的成就。特别是党的十八大以来，中央提出全面深化体制改革，实施创新驱动发展战略，要求实行严格的知识产权保护制度，让知识产权制度成为激励创新的基本保障。中央治国理政新方略，对人民法院知识产权司法保护工作提出了更高要求。为适应新时期经济社会发展客观需要，人民法院锐意改革、大胆创新，着力解决制约工作水平的突出问题，知识产权司法保护工作进入一个新的发展阶段。

2014年，北京、上海和广州知识产权法院相继设立，并对所属行政辖区绝大部分技术类案件实行跨区域集中管辖，这是人民法院深化知识产权司法保护体制改革的重大举措。结合中央司改方案要求，三家知识产权法院实行法官员额制度，落实主审法官负责制度，推行人员分类管理制度、建立技术调查官制度，实行扁平化管理模式，构建全新绩效考评机制。经过一年多的运行，知识产权法院业绩表现突出，受到社会各界充分肯定，为人民法院推进全局性改革探索积累了宝贵经验。实践证明，知识产权法院对于改善司法资源配置状况、克服司法地方化弊病，提升知识产权司法保护水平，具有非常重要的推动作用。2016年"两会"上，不少代表委员建议尽快增设知识产权法院。一些地方党委和政府也积极呼吁尽早研究启动增设工作。为推广改革经验，放大改革红利，最高人民法院加快了知识产权法院建设的行动部署。目前正在总结评估北京、上海和广州三家知识产权法院的建设运行经验，同时依托司法部"国家法治与法学理论研究"重大课题开展知识产权高级法院的调研论证，计划在2017年8月向全国人大常委会汇报并提出下一步改革的建议。从长远发展的角度看，根据经济社会发展客观需要适当增设知识产权法院，并将上诉案件统一归口到知识产权高级法院管辖，从而形成管辖布局合理、案件相对集中、专业化水平较高的知识产权法院体系，能够更好发挥人民法院知识产权保护"主战场"的职能作用。当前和今后一个时期，知识产权法院建设是人民法院深化知识产权司法保护体制改革的战略重点。

长期以来，人民法院知识产权民事、行政和刑事案件分属不同审判部门审理。各审判部门对于案件裁判标准的掌握不尽一致，"类案不同判"现象普遍存在。人民法院知识产权审判条块分割、各自为战的弊端倍受社会诟病。因此，新形势下加强知识产权保护，提升司法保护工作水平，必须下大力气解决法院内部存在的执法尺度不统一问题。从1996年上海浦东法院试行知识产权审判"三合一"模式以来，人民法院广泛组织调研考察，不断扩大试点范围，积累了相当丰富的经验。目前全国共有6个高级法院、95个中级法院和104个基层法院开展了"三合一"改革试点工作。20多年的试点经验表明，"三合一"改革有利于科学调配审判力量，统一裁判标准，加强队伍专业化建设，有利于整合形成执法合力，提高司法保护效能。2015年，中共中央、国务院相继发布的《关于深化体制机制改革　加快实施创新驱动发展战略的若干意见》和《深化科技体制改革实施方案》等文件，明确要求全面推进"三合一"改革工作。"三合一"改革已经成为社会各界的共同期待。最高人民法院已经制定了《关于在全国法院推进知识产权民事、行政和刑事案件审判“三合一”工作的意见》，并很快颁布施行。2016年6月召开全国法院知识产权审判工作座谈会期间，将套开“三合一”改革推进会，具体动员部署改革推进工作。最高人民法院还将商请最高人民检察院和公安部共同出台工作意见，建立配套机制，争取相关执法机关的支持配合，凝聚形成知识产权保护合力。有条件的人民法院今后一个时期要重点落实好“三合一”改革工作，确保改革落地生根，成为推动人民法院知识产权司法保护工作发展的新动力。

最高人民法院关于司法审判体制机制的重大改革部署，为提升知识产权司法保护工作水平注入了活力、创造了条件、奠定了基础。各级法院要紧紧抓住机遇，加强形势研判，应对好新情况，解决好新问题，为落实创新驱动发展战略、服务经济发展新常态，提供坚强有力的司法保障。当前，要重点研究制定服务“双创”社会建设的司法意见，阐明政策原则立场，明确价值取向和裁判基准。要加紧研究新型创新成果的司法保护问题，补齐短板，积极推动信息技术革命、商业模式创新和产业升级换代。要注意保持裁判工作的前瞻性，合理把握新型创新成果的保护力度，保证创新主体能够凭借其创造性劳动获取应有的收益回报，发挥司法政策的引导效应。要科学界定职务发明创造的权利归属，推动建立最大限度激发科技人员创新热情的利益分享机制。要坚持问题导向，着力解决目前仍然突出存在的诉讼周期长、举证难、赔偿低问题，加大对创新活动带动生成的相关专利技术、软件作品和商业标志等传统类型知识产权保护力度。要准确界定权利状态和权利边界，科学评估知识产权市场价值，强化知识产权作为创新社会核心生产要素在资源配置中的基础作用。要依法审慎判断涉及知识产权投资入股、质押担保行为的效力，促进权利流转利用。要鼓励促进知识产权转让、许可交易，积极推动创新成果转化。要认真研究知识产权法与物权法、合同法、公司法以及侵权责任法等相关法律的关系，综合运用多种责任形式提供救济保护。人民法院要高度重视知识产权制度的社会人文价值，加强知识产权中人格权益的保护力度，保障人们通过创新活动实现物质利益和人格尊荣双重追求的权利，让创新活动成为人全面发展、自我实现的重要途径。人民法院知识产权司法保护工作应当在激发社会创新热情，支撑国家创新发展，提升社会文明整体水平各个方面都发挥出积极的作用，作出应有的贡献。

关于知识产权损害赔偿的几点思考

中国社会科学院知识产权中心主任，研究员，博士生导师　李明德

一、知识产权的价值评估

知识产权是一种无形财产权。关于知识产权所涉及的作品、专利技术、外观设计、商标、商号和商业秘密，无论是日常价值的计算，还是法院对于损害赔偿数额的认定，都有着一系列不同于有形财产的特点。到目前为止，对于知识产权的价值评估，主要有两种方法，一是成本投入法，二是市场价值法。就一项有形财产来说，无论是按照成本投入法计算，还是按照市场价值法计算，通常不会有太大的差异。然而，就知识产权的价值评估来说，无论是从成本投入的角度加以评估，还是从市场价

值的角度加以评估，都存在种种不确定性。例如，就一项专利技术而言，发明人可能投入了数量巨大的资本和人力，但如果相关的技术不为市场所接受，则不能为发明人带来任何经济利益。又如，即使是一项市场接受的专利技术，由于市场和消费者喜好的变化，也会成为一项市场不再接受的技术。在这方面，关于作品和外观设计，也有着类似的情形。

知识产权是一个集合概念，由著作权、专利权、商标权和制止不正当竞争的权利构成。其中，制止不正当竞争又至少包括了对于未注册商标和商号的保护，以及对于商业秘密的保护。从这些权利所涉及的客体来说，作品的价值、专利技术的价值、外观设计的价值、商标和商号的价值，以及商业秘密的价值又是各不相同的。再进一步分析，作品与作品之间、专利技术与专利技术之间、外观设计与外观设计之间、商标与商标之间、商号与商号之间、商业秘密与商业秘密之间，由于具体情形的不同，其价值也各不相同。例如，一件无人问津的作品，与一件万人争抢阅读、聆听和观看的作品，其市场价值迥然不同。又如，一件躺在专利文献上的专利技术，与一件可以带来新产品、新功能的专利技术，其市场价值不可同日而语。至于一件本地小有名气的商标，与一件全球驰名的商标，价值更是天壤之别。

为了说明知识产权的价值，我们有必要明确，知识产权是一种市场关系中的权利。事实上，在人类社会漫长的历史中，赋予智力活动成果以财产权，不过是近几百年的事情。在此之前，人的所有智力活动成果，自产生之初就存在于公有领域中，人人可得以自由利用。只是到了近代资本主义市场经济，当人的智力活动成果也可以成为商品的时候，才有了在某些智力活动成果上设定财产权利的做法。值得注意的是，国家和社会并没有将所有的智力活动纳入财产权的范围，而仅仅是对于作品、技术发明、工业品外观设计、商标和商号所承载的商誉，以及商业秘密赋予了财产权的保护。这表明，知识产权制度本身就是市场经济的产物。与此相应，我们对于知识产权，包括知识产权的价值，也应当更多地放在市场关系之中加以理解。

从市场关系的角度来看，在受到著作权保护的作品之中，只有少数作品具有较大的市场价值，能为权利人带来丰厚的收入。在受到专利权保护的技术发明或者外观设计之中，也只有很少的一部分能够为权利人带来可观的经济利益。在注册商标和未注册商标所标注的产品或者服务中，能够吸引消费者、占据相当市场份额的同样为数不多。与此相应，受到著作权保护的绝大多数作品，受到专利权保护的绝大多数技术发明和外观设计，受到商标法保护的许多注册商标，都是市场价值不高的，甚至没有多少市场价值的。正是从这个意义上说，知识产权的价值评估，应当主要是评估那些具有市场价值的知识产权。在知识产权价值的若干种评估方法中，市场价值法是一种最为有用的评估方法。

一方面，我们说很多作品、专利技术、外观设计和注册商标，都是没有多少市场价值的，难以为权利人带来必要的经济利益。但是，在另一方面，我们又可以肯定地说，凡是受到他人侵犯的知识产权，都是具有较高市场价值的知识产权。因为，侵权人在市场利益的驱动之下，未经许可而使用的一定是那些能为他们带来经济利益的作品、专利技术、外观设计、商标和商号，以及商业秘密。正是从这种意义上说，侵权人甚至比权利人更懂得市场需求，侵权人不会，而且也没有必要未经许可而使用那些无人问津的作品、专利技术、外观设计，也不会仿冒那些没有什么市场价值的商标和商号，更不会冒着风险去盗用没有市场价值的商业秘密。与此相应，无论是法院还是行政执法机关，对于那些遭受侵权的知识产权的价值，就应当有一个充分的评估。

二、填平原则与损害赔偿数额

我国目前有关知识产权损害赔偿的计算方式，通常采用填平原则，也即权利人损失多少，法院责令侵权人补偿多少。关于这一点，现行的《著作权法》《专利法》和《商标法》都规定，法院在确定损害赔偿的时候，以原告的实际损失予以计算，如果原告的实际损失难以确定，则以被告的利益所得加以确定。至于权利人的损失和被告的利益所得均难以确定时，则参照许可使用费的合理倍数加以确定。由这些规定可以看出，贯穿于其中的正是填平原则，即权利人损失多少侵权人赔偿多少，侵权人获利多少则向权利人赔偿多少。

除了以上三种计算方式，我国《著作权法》《专利法》和《商标法》还规定了法定损害赔偿，如 50 万元以下（著作权），100 万元以下 1 万元以上（专利权），以及 300 万元以下（注册商标权）。❶ 根据规定，如果权利人认为自己的损失或者被告的利益所得难以准确计算，则可以在法定赔偿的范围内主张一个数额，要求法院作出判决。至于法院，也会参照相关的证据和侵权的情形，在法定赔偿的数额之内酌定一个损害赔偿的数额。不过，规定法定赔偿，并不意味着权利人可以随心所欲地在法定赔偿的范围之内提出损害赔偿的数额，也绝不意味着法院可以在法定赔偿的范围之内随意确定一个赔偿的数额。至少，就法院所确定的赔偿数额而言，仍然是依据了双方当事人提供的证据和侵权发生时的具体情形。只是，法院在酌定赔偿数额的时候，不必进行严格的计算而已，贯穿于其中的仍然是填平原则的精神。

如果比较中外有关知识产权损害赔偿的计算方式，我们就会发现，中国与很多西方发达国家在这个问题上的区别并不很大。例如，美国版权法、美国专利法和美国商标法规定的损害赔偿计算方式，都是原告的损失、被告的利润所得。在此基础之上，美国版权法还规定了法定损害赔偿，目前的数额是最低 750 美元，最高 3 万美元。至于美国专利法和美国商标法则没有规定法定损害赔偿。❷ 至于我国，则不仅在《著作权法》中，而且在《专利法》和《商标法》中都规定了法定损害赔偿的制度。然而，比较中美两国的司法实践就会发现，二者在损害赔偿数额的确定上，却存在着很大的差异。例如，根据国家知识产权局提供的数据，我国专利侵权诉讼中，权利人通常选择法定赔偿，法院判决的数额平均为 8 万元左右。❸ 而依据美国的数据，自 1995～2013 年间，法院判决的专利赔偿数额大多在 210 万美元到 1670 万美元之间，平均数额是 550 万美元。尽管损害赔偿的数额近年来有所下降，自 2008～2013 年的损害赔偿的平均数额仍然是 430 万美元。❹ 又如，我国近年来的著作权损害赔偿数额，大多在 5000 元到 2 万元之间。❺ 而在美国，版权损害赔偿的数额，大多在几万到几十万美元之间。即使是按照法定损害赔偿数额，也在 5000 美元到 1 万美元之间。❻

基于以上的分析可以看出，一方面中美两国有关知识产权损害赔偿数额的计算方式没有太大的区别，另一方面两国法院判决的损害赔偿数额又存在巨大差异。同样是基于填平原则，同样是基于原告的损失或者被告的利益所得，中美两国的赔偿数额为什么会有如此之大的差距？显然，即使是在填平原则之下，美国的当事人和法院比较充分地评估了涉案知识产权的价

---

❶ 参见我国《著作权法》第 49 条，《专利法》第 65 条，《商标法》第 63 条。

❷ 参见《美国版权法》第 504 条，《美国专利法》第 284 条，《兰哈姆法》第 35 条。

❸ 参见国家知识产权局：《关于提请审议〈中华人民共和国专利法修订草案（送审稿）〉的请示》，2013 年 1 月。

❹ See PWC（普华永道）"2014 Patent Litigation Study"（www. pwc. com/us/en/forensic－service/publicaions）.

❺ 这是笔者从北京知识产权法院了解到的情况。

❻ 这是笔者从美国版权局了解到的大体数字。

值，而中国的当事人和法院则没有充分评估涉案知识产权应有的价值。这说明，我国的市场主体、法院、行政执法机关和专家学者，有必要重新认识知识产权的价值，尤其是有必要重新认识遭受侵权的那部分知识产权的价值。

先来看专利权。根据技术发明的规律，当某一个技术领域有可能产生突破的时候，可能会有若干个市场主体同时从事相关的研发。至于某一个具体的市场主体，为了获得相应的研发成果，又会在相关技术领域的很多个具体方面进行人力、物力和资本的投入。然而，在很多市场主体都在同一个技术领域进行研发的背景下，一个具体市场主体所获得的技术成果或者技术发明并不是很多。通过必要的筛选，研发者会找出其中的一部分(而非全部)申请专利。其中，能够通过严格的专利审查程序，获得专利授权的技术成果，又不是很多。事实上，即使是那些获得了专利授权的技术发明，能够转化为市场上需要的产品，从而为权利人带来经济利益的，更是为数不多。按照英美国家的估算，有效专利权所覆盖的技术发明，真正能够转化为产品并且为权利人带来经济利益的，大约只有5%。如果在这些具有市场价值的专利技术遭到他人侵犯时，法院仅仅依据该项专利技术自身的价值计算赔偿数额，显然是忽略了市场主体为了获得该项专利技术的其他投入。

再来看著作权。根据估算，在平均5部到10部作品中，大约只有一部具有较高的市场价值。例如，在1997年前后，美国的20世纪福克斯公司共拍摄了若干部电影，其中只有《泰坦尼克号》获得市场上的成功，而其他的电影则没有获得预期的市场效果。[1] 很多低票房的电影，制片人甚至难以收回相关的投资。除了电影作品，其他种类的文学艺术作品，包括文字作品、音乐作品、戏剧作品、美术作品和计算机程序，也大抵是在若干部相关作品的基础上，才会产生一部市场畅销的作品。这表明，尽管作者们投入大量的时间和精力，包括必要的投资，创作了许许多多的作品，但是能够为市场接受，能够为权利人带来相当经济利益的作品并不很多。但是在另一方面，他人未经许可而使用的作品，或者在市场上遭遇侵权的作品，通常都是那些具有较高市场价值的作品。与此相应，在著作权损害赔偿的计算中，如果仅仅计算那些畅销作品本身的价值，就会在事实上忽略了相关作者对于其他作品的投入。

最后来看商标权。在知识产权的客体之中，商标和商号的价值比较特别。在这方面，商标和商号的价值不是来自于标记本身，而是来自于市场主体对于相关商标和商号的投入。以商标为例，为了提升某一商标所承载的商誉，吸引更多的消费者购买相关的产品，商标所有人会在相关产品上使用大量的专利技术和非专利技术，会积极改进企业的管理方式以节省成本，会投入大量的广告以招徕消费者。事实上，企业经营活动中的所有努力，包括技术创新和管理创新，最后都结晶在了商标或者商号上。与此相应，很多商标和商号，尤其是那些全国乃至全球驰名的商标和商号，其价值是难以估算的。显然，在发生了商标侵权的情况下，尤其是在假冒商标的情况下，如果仅仅依据侵权产品的价值判定损害赔偿的数额，就会大大忽视了商标所有人对于商誉的投入。事实上，即使是按照原告产品的价值进行计算赔偿数额，也会大大低估商标所有人对于商誉的投入。根据笔者掌握的资料，欧美法院在评估商标侵权的损害赔偿数额的时候，不仅考虑了涉案产品的价值，而且更多地考虑了相关商标所承载的商誉。只有充分评估相关商标所承载的商誉的损失，才有可能判决较高的损害赔偿数额。

---

[1] 这是1998年笔者随国家版权局的代表团访问美国环球影视城时所获得的信息。

或许,就专利权和著作权而言,要求法院在确定损害赔偿数额的时候,进一步考虑发明人在其他方面的投入,或者进一步考虑作者在创作其他作品方面的投入,可能在逻辑上走得有些远了。但是法院在确定损害赔偿的时候,至少应当从相关专利技术或者作品的市场价值,包括其潜在的市场价值加以评估。如果仅仅从涉案专利技术或者作品本身的价值予以评估,就会大大低估其价值。至于在商标侵权案件中,法院除了考虑权利人产品的市场价值,还应当考虑相关商誉受到损害的情形,进而评估权利人应当获得的损害赔偿数额。如果仅仅考虑侵权产品的市场价值或者成本,则不仅难以填平权利人的损害,而且忽略了商标所承载的商誉,以及商誉的价值。

三、加大赔偿力度的尝试

在知识产权的侵权诉讼中,仅仅依据权利人的损失或者侵权人的利益所得而确定损害赔偿,显然不能完全填平权利人的损失。因为,权利人在维护自己权利的过程中,需要花费一定的时间和精力,包括支付相当的律师费和专家费。在这方面,欧洲大陆法系的诉讼原则是由败诉方承担胜诉方的费用,包括胜诉方的律师费。[1] 按照这种原则,当事人在提起诉讼之前,应当充分评估自己的权利状态和被告的行为,进而评估自己是否具有胜诉的可能性。否则,就有可能在败诉时向被告支付相应的诉讼费用和律师费用。显然,这种原则可以让权利人在胜诉之后获得必要的诉讼费和律师费,进而填补权利人在这方面的损失。而在美国,则是双方当事人各自支付自己的费用,包括律师费和专家费,这叫"美国规则"。[2] 如果说欧洲大陆的原则具有不甚鼓励诉讼的特征,那么美国的原则显然具有鼓励当事人提起诉讼的意味。或许,我们也可以由此而理解为什么美国人要比欧洲人更喜欢打官司。

尽管美国在诉讼费和律师费的问题上采取了当事人各自承担的一般原则,但是在有关知识产权的诉讼方面,相关的法律又规定,在必要的时候由败诉方向胜诉方支付合理的费用。例如,《美国版权法》第505条规定,法庭在其裁量权的范围内,可以判给胜诉方以诉讼费和合理的律师费。又如,《美国专利法》第285条规定,法庭在某些特殊的情形下,可以判给胜诉方以合理的律师费。再如,《兰哈姆法》第35条规定,在某些特殊的情形下,法庭可以判给胜诉方以合理的律师费。值得注意的是,上述规定所说的都是,在必要的情况下,在某些特殊情况下,可以判给胜诉方以合理的律师费。这表明,判给胜诉方以合理的律师费,是美国法律中的一个特例。而且,美国法院判给的是"合理的"而非全部的律师费。当然在另一方面,权利人在胜诉的情况下,能够获得合理的律师费,又在相当大的程度上弥补了自己为了维权而支出的费用。[3]

在有关知识产权诉讼费和律师费的问题上,中国从一开始似乎采取了美国而非欧洲大陆的规则,由双方当事人支付自己的费用和律师费。这显然不利于权利人维护自己的权利,不利于权利人填平自己的损失。随着对填平原则的深入认识,我国知识产权法律逐步采纳了合理费用的制度,以求有效填补权利人的损失。例如,2001年修订的《商标法》第56条规定,损害赔偿的数额,除了以侵权人的利益所得,或者权利人的损失加以计算,还应当包括权利人为制止侵权支付的合理开支。又如,2001年修订的《著作权法》第48条规定,侵权人支付的损

---

[1] 欧洲专利局局长于2013年10月访问中国时,曾经在国家知识产权局举行的晚餐会上提及有关诉讼费用的欧洲原则。

[2] 参见李明德:《美国知识产权法》(第二版),法律出版社2014年,第141页。

[3] 这在专利侵权诉讼中尤其如此。因为在很多复杂的专利案件中,律师费的支出甚至大于权利人可以获得的损害赔偿数额。

害赔偿，还应当包括权利人为制止侵权所支付的合理开支。再如，2008 年修订的《专利法》第 65 条也规定，损害赔偿的数额应当包括权利人为制止侵权所支付的合理开支。在司法实践中，上述法律规定的合理支出，包括了权利人的诉讼费和合理的律师费。这样，在权利人获得胜诉的前提下，就可以通过诉讼费和合理律师费的判决，一定程度上弥补自己的维权费用。

按照知识产权损害赔偿的填平原则，法院判给权利人的赔偿数额应当是权利人的损失或者侵权人因为侵权而获得的利益。然而，基于无形财产权的特征，在很多情况下权利人又难以说清楚自己的实际损失，更难以证明侵权人的利益所得。由此出发，一些国家设立了法定损害赔偿的制度。例如，《美国版权法》第 504 条规定，如果权利人认为自己的损失或者侵权人的利益所得，可以选择法定损害赔偿的，法定损害赔偿的数额，1976 年《美国版权法》的规定是最低 250 美元，最高 1 万美元。自 1989 年 3 月起，改为最低 500 美元，最高 2 万美元。到了 1999 年，又改为最低 750 美元，最高 3 万美元。❶

值得注意的是，在美国，只有版权法规定了法定损害赔偿，专利法和联邦商标法《兰哈姆法》都没有规定法定损害赔偿。而在我国，出于方便权利人诉讼和获得相应损害赔偿的考虑，则在《专利法》《著作权法》和《商标法》中全面引入了法定损害赔偿制度。例如，2001 年修订的《商标法》第 56 条规定，权利人的损失或者侵权人的利益所得难以确定的，法院可以根据侵权行为的情节，判决 50 万元以下的损害赔偿。到了 2013 年修订《商标法》，又在第 63 条规定，法院可以根据侵权行为的情节，判决 300 万元以下的赔偿。又如，2001 年修订的《著作权法》第 49 条规定，权利人的实际损失或者侵权人的利益所得难以确定的，法院可以根据侵权行为的情节，判给 50 万元以下的赔偿。再如，2008 年修订的《专利法》第 65 条规定，如果权利人的损失、侵权人的利益所得和专利许可费难以确定的，人民法院可以依据专利权的类型、侵权行为的性质和情节等因素，确定给予 1 万元以上 100 万元以下的损害赔偿数额。

关于法定损害赔偿，还有必要说到最低限额的问题。目前，《专利法》第 65 条规定，法定赔偿的数额是 1 万元以上 100 万元以下。对于其中的“1 万元以上”，很多专家认为，如果权利人以一个没有多少价值的实用新型或者外观设计，要求法院给予 1 万元的损害赔偿，侵权人会很难接受。在《著作权法》修订中，中国社会科学院知识产权中心的“专家建议稿”提出，法定赔偿的数额为 1 万元以上 100 万元以下。但很多专家认为，如果权利人以一幅图片、一小段文字要求最低 1 万元的损害赔偿，显然有失公平。此外，在 2013 年修订《商标法》时，关于法定赔偿的数额，曾经有一种方案是规定一个最低限度，例如 1 万元或者 2 万元以上。❷ 最后，立法机关虽然规定了 300 万元以下的数额，但没有规定最低限额。显然，很多专家是从填平原则的一般原理出发，否定了最低限额的规定。然而，如果我们承认法定赔偿制度还具有适当扩大赔偿数额，以有效遏制侵权的意味，则规定 1 万元或者 2 万元的最低限额，主要适用于故意侵权或者重复侵权，也是没有问题的。例如，可以在《著作权法》中规定，对于那些故意侵权、重复侵权者，可以针对其每一次的侵权行为，或者每一次未经许可使用他人作品的行为，责令其支付最低 1 万元的赔偿数额。这样，不仅可以有效地惩治那些惯常侵权者，而且可以避免伤及偶然的侵权者。

除了法定赔偿制度，在知识产权损害

---

❶ 参见《美国版权法》第 504 条的修改历史。www.law.cornell.edu/uscode/text。

❷ 笔者曾经参加过《商标法》修订的论证工作，了解这个过程中的一些争论。

赔偿的计算方式上，我国还规定了许可费用的合理倍数。例如，2000 年修订的《专利法》第 60 条规定，如果权利人的损失或者侵权人的获利难以计算的，可以参照该专利许可使用费的倍数合理确定。又如，2013 年修订的《商标法》第 63 条规定，权利人的损失或者侵权人的获利难以确定的，参照该商标许可使用费的倍数合理确定。再如，国家版权局于 2012 年 12 月提交国务院的《〈著作权法〉修订草案送审稿》第 76 条也规定，侵犯著作权或者相关权的，在计算损害赔偿数额时，权利人可以选择权利交易费用的合理倍数。当然，在规定了权利人损失的计算方式之后，是否有必要单独规定许可费用的合理倍数，还是值得讨论的。因为，当权利人可以在市场上发放许可的时候，许可费用的合理倍数，就是权利人的实际损失。正是从这个意义上说，我们也可以把许可费用的合理倍数纳入权利人损失的计算方式之中。

从立法宗旨上说，无论是维权的合理支出，还是法定赔偿和许可费用的合理倍数，都是为了填补权利人的损失，或者剥夺侵权人的利益所得。或者说，这些规定的初衷，都是为了更好地体现传统的填平原则。然而在另一方面，这些规定又预留了一定的自由裁量尺度，让法院在确定损害赔偿的时候，可以依据侵权者的主观恶意和侵权行为的情节，适当地增加侵权人支付的数额。例如，在侵权者具有恶意或者重复侵权的情况下，可以适当增加权利人维权的数额，可以在法定赔偿的范围内适当加大损害赔偿的数额，或者适当增加许可使用费的倍数。至少，合理的支出、许可费用的合理倍数，以及 50 万元以下、100 万元以下、300 万元以下的法定赔偿数额，不需要法院准确地加以计算。然而，非常遗憾的是，在传统的填平思维的支配下，这些本来可以灵活运用的规则，并没有发挥其应有的遏制和打击侵权的作用。

四、关于损害赔偿的新探索

在知识产权损害赔偿的问题上，中国从一开始接受欧洲大陆法系的填平原则，规定了权利人的实际损失或者被告的利益所得。近年来，随着对于知识产权无形特征及对填平原则的深入认识，逐步增加了权利人维权的合理支出、法定损害赔偿和许可费用的合理倍数等计算方式，以求真正填平权利人的损失。当然在另一方面，这些规则也赋予了法院以某种程度的自由裁量尺度，可以适当加大权利人可以获得损害赔偿的数额，从而逐渐游离了传统的填平原则。循着这条思路的最新发展，则是 2013 年修订的《商标法》引入了英美法系的惩罚性损害赔偿的规则。

从知识产权是一种无形财产权的特征来看，仅仅依据损害赔偿的填平原则，在很多情况下难以有效遏制侵权的频繁发生。例如，当作品在网络环境中传播的时候，或许某一网站未经许可使用了 100 个人的作品，但可能只有一个权利人提起诉讼。又如，在未经许可使用他人专利技术的情况下，很多权利人可能不知道自己的专利权受到侵犯，因而没有提起侵权诉讼。在这类情况下，严格适用填平原则，仅仅填平提起诉讼的权利人的损失，无异于鼓励了侵权人的行为。因为，惯常的侵权人会依据他人难以知晓侵权，或者即使知晓了侵权也不愿意或者不能提起诉讼的特点，甘冒风险无偿使用他人的作品或者专利技术，而不是依循正常的市场规则获得权利人的许可，并支付必要的费用。这在网络环境中的著作权保护中，尤其如此。正是针对这种情形，英美等国的法律率先规定了惩罚性损害赔偿的规则，即针对那些恶意的侵权者，或者重复的侵权者，责令其支付两倍到三倍的损害赔偿。例如，《美国专利法》第 284 条规定，在被告故意侵权或者恶意侵权的情形下，法院可以在原告损失或者被告利润所得的基础上，判给原告以两倍到三倍的损害赔偿数额。又如，根据《兰哈姆法》第35条，在注册商标侵权的诉讼中，法院应当依据衡平原则确定原告的实际损失，或者被告的利润所得。在必要的时候，法院还可以在原告损失或者被告利润所得的基础上，判给原告以不超过三倍的损害赔偿。尽管《兰哈姆法》和相关的法院判决都认为，判给原告以三倍的损害赔偿不属于惩罚性损害赔偿，但其中所具有的遏制商标侵权的意味则是不言自明的。[1]

在我国，针对知识产权侵权屡禁不止的局面，学术界和实务界一直主张，应当借鉴美国惩罚性损害赔偿的制度，以惩治那些恶意侵权者、重复侵权者。经过多年的探讨和论证，2013年修订的《商标法》第63条，终于参考美国的做法，规定了惩罚性损害赔偿。根据规定，对恶意侵犯商标专用权，情节严重的，可以在权利人损失、侵权人利益所得或者许可使用费合理倍数的基础上，确定一倍以上三倍以下的损害赔偿数额。除了《商标法》，目前在国务院讨论的《著作权法》修订草案和《专利法》修订草案，都仿效《商标法》规定了惩罚性损害赔偿。例如，《〈专利法〉修订草案送审稿》第68条规定，对于故意侵犯专利权的，可以在权利人损失、侵权人利益所得或者许可费用合理倍数的基础上，确定一倍以上三倍以下的赔偿数额。又如，《〈著作权法〉修订草案送审稿》第76条规定，对于两次以上故意侵犯著作权或者相关权的，可以在权利人损失、侵权人利益所得、许可费用合理倍数或者法定赔偿数额的基础上，确定二至三倍的损害赔偿数额。

比较世界各国的知识产权制度就会发现，无论是在欧洲大陆还是在英美国家，有关知识产权损害赔偿的基本原则都是填平原则，即权利人的损失或者侵权人的利益所得。在此基础之上，美国专利法和美国商标法还规定了损害赔偿的倍数，美国版权法规定了法定赔偿。在这一方面，我国的知识产权法律也借鉴其他国家的规则，规定了权利人的实际损失、侵权人的利益所得、许可费的合理倍数、法定损害赔偿、权利人维权的合理支出，以及惩罚性损害赔偿。仔细分析和比较就会发现，我国法律有关损害赔偿的规定，在很多方面甚至超越了欧美国家。例如，美国的法定损害赔偿规则仅见于美国版权法中，而在我国则不仅见于《著作权法》，而且见于《专利法》和《商标法》。又如，美国的惩罚性损害赔偿仅仅见于美国专利法和美国商标法中，而在中国则不仅见于已经修订的《商标法》中，而且见于即将修订的《著作权法》和《专利法》中。

然而在另一方面，我国法院判给权利人的损害赔偿数额，又明显低于欧美国家判决的数额。显然，出现这样的问题，根源不在于法律的规定，而在于我们对于知识产权价值的认识。至少在目前的很多案件中，无论是双方当事人，还是法院或者行政执法机关，都是从侵权产品本身的价值来评估损害赔偿的数额的。以这种方式评估损害赔偿的数额，无论是适用权利人的损失、侵权人的利益所得，还是许可费用的合理倍数和法定赔偿的数额，都大大低估了相关作品、专利技术、外观设计和商标的价值。由此而确定的损害赔偿数额，不仅不能全面补偿权利人的损失，而且难以有效遏制侵权。权利人抱怨的维权成本高、损害赔偿低，就是由此而发的。

显然，在我国实施创新驱动发展战略的今天，在我国实施知识产权制度已有30多年历史的今天，我们有必要重新认识知识产权的价值。知识产权是一种市场关系中的权利。与此相应，我们对于著作权、专利权、商标权和商业秘密的价值，也应当放在市场竞争关系中加以认识。在有关知识产权的侵权案件中，无论是法院还是行政执法机关，都应当更多地从作品的市场价

[1] 参见李明德：《美国知识产权法》（第二版），法律出版社2014年，第613～614页。

值，从专利技术和外观设计的市场价值，估算侵权人应当支付的损害赔偿数额。至于在商标侵权案件中(既包括注册商标，也包括未注册商标)，则应当更多地从商标所承载的商誉的价值，以及恢复商誉所需的数额，评估侵权人应当支付的赔偿数额。如果法院或者行政执法机关能够切实依据相关作品、专利技术、外观设计、商标和商号的市场价值，进而适用权利人的损失、被告的利益所得，或者许可费用的合理倍数、法定损害赔偿，以及维权的合理支出，就可以判给权利人以足够的损害赔偿数额。与此相应，潜在的侵权者也会逐步认识到，与其侵权而支付高额的损害赔偿，不如寻求许可，在支付了合理费用之后使用相关的作品、专利技术、外观设计，或者在不能获得他人商标、商号授权的条件下，创立自己的商标、商号。

损害赔偿方面的填平原则是针对大多数市场主体的。对于那些情节相对严重的侵权行为，对于那些具有某种主观故意的侵权行为，法院还可以在填平原则的基础上，充分利用有关法定赔偿、许可费的合理倍数和维权的合理支出的规则，判决侵权人支付相对较高的损害赔偿数额。对于那些少数的恶意侵权者或者反复侵权者，法院则可以在评估相关证据的基础上适用惩罚性损害赔偿，判给权利人以两到三倍的高额损害赔偿。在这里，无论是判决数额较大的损害赔偿，还是适用惩罚性损害赔偿，其目的都是利用市场利益的杠杆，迫使侵权者回到正常的市场竞争秩序之中。或许，通过加大损害赔偿数额这个杠杆，我们既可以有效保护创新成果，又可以净化市场竞争环境。

严格的知识产权保护的基石：良好的专利授权和确权质量

国家知识产权局专利局通信发明审查部副部长　蒋　彤

一、引言

实施“严格的知识产权保护”（下称“严格保护”）在 2015 年 4 月 17 日《中共中央 国务院关于深化体制机制改革　加快实施创新驱动发展战略的若干意见》(下称“中央 8 号文”)，和 2015 年 12 月 18 日国务院印发的第 71 号文《关于新形势下加快知识产权强国建设的若干意见》(下称“国务院 71 号文”)中明确提出。实行严格保护，不言而喻强调的是对有关知识产权权利的保护，但这并不意味着它仅仅涉及知识产权的保护环节。知识产权的创造、运用、保护和管理是一个有机衔接的整体，实施严格保护还需要知识产权创造等环节的支持和配合。对专利而言，正如申长雨局长讲的“提高专利的审查质量和审查效率，要从源头上保护好知识产权”。即知识产权保护的源头始于专利的审查和授予。离开权利的创造谈保护，单纯的严保护也就成了“无源之水”。可以说严格保护能否取得预期的效果不仅取决于保护制度是否实施到位，还取决于专利的审查和授予是否对严格保护给予了必要的配套和支持。本文特别聚焦严格保护为什么需要专利审查的支撑及其对授予的专利权的要求，另外还关注如何通过授权、确权程序的制度设计，为严格保护提供有效的保障。

二、严格保护为什么需要专利审查的配套和支撑

(一)专利审查和授予为严格保护提供法律基础

专利审查是国务院专利行政管理部门

受理专利申请以后，依据专利法及其实施细则的规定，按照法定的程序对申请进行审查并作出是否符合法律规定的结论的过程。对于符合法律规定的，即作出授予专利权的决定。授权标志着专利权的产生，经审查授权的法律文本自此成为专利权利的法律依据和权利保护的法律基础。专利的授权质量决定了专利保护的法律基础的稳定性和确定性。一项质量存在严重缺陷的专利权，一方面可能面临被宣告无效的风险，另一方面也可能造成专利保护的法律基础不稳定和不确定。没有稳定法律基础的严格保护不仅达不到预期的效果，而且会增加保护成本，浪费社会资源，甚至对正常的经济秩序造成干扰。

（二）坚持严格保护中的比例协调需要专利审查和授予的支撑

实行严格保护需要处理好对在先创新成果的保护、激励与引导未来创新潜能的关系。一方面，对专利权保护不力，专利价值就无法实现，专利权人得不到预期的回报，创新的积极性就会受打击；另一方面，对专利权过度保护，又会阻碍新技术的发展。如何处理好两者的对立统一关系，本人认为关键是要符合比例原则。

比例原则是许多国家行政法上一项重要的基本原则。行政法中比例原则是指行政权力的行使除了有法律依据外，行政主体还必须选择对人民侵害最小的方式进行。即行政权力所采取的措施与其所达到的目的之间必须合比例或相称❶。严格保护也需要符合比例原则，就是说要比例协调，即知识产权保护范围和强度与创新的贡献度相协调❷。使保护范围和强度与创新的贡献度相协调的前提是授予专利权利的范围与该项发明对现有技术作出的技术贡献相适应，即授权的权利边界清晰，范围适当。既不会由于撰写过于宽泛而损害公共利益，就像美国联邦最高法院大法官斯蒂芬·布雷耶就Cuozzo案所说的“一项合理，然而不合法的广泛的权利要求有可能会阻止公众对发明的使用”，同样也不会因为过度写入非必要技术特征而使保护范围小于其实质的技术贡献从而造成获得的权利不足以保护发明创造。在审查中要准确把握两个环节。一是在实质审查程序中，需要精确检索并定位最接近的现有技术，并通过准确的比较和判断确定发明相较于现有技术的智慧贡献，最终授予专利申请与其对现有技术作出贡献相匹配的权利。二是在专利确权程序中，通过专利权的修改和对专利有效性的再次审查使发明创造对现有技术作出的贡献与获得的权利保护范围相匹配。

（三）好的专利授权质量和严格保护是提升专利价值的保障

专利价值是指专利给主体带来的未来收益的折现。❸ 通常意义上的专利价值主要体现为经济价值，即专利预期可以给持有者或者使用者带来的经济收益。就影响专利价值的因素看，包括专利自身的质量、知识产权保护强度和市场因素。❹ 专利自身的质量又包含法律质量、技术质量和经济质量。❺ 其中，法律质量就是指授予专利权利的质量。可以说，专利授权质量和知识产权保护强度是影响专利价值的重要因素。

一方面，专利价值与专利授权质量息息相关。国务院71号文提出“实施专利质

---

❶ 蒋红珍：《论比例原则——政府规制工具选择的司法评价》，法律出版社2010版，第38～40页。

❷ 陶凯元：“知识产权保护要努力饯行‘司法主导、严格保护、分类施策、比例协调’四项司法政策”，载微信公众账号文章，转自《中国审判杂志》，http://www.weixinla.com/document/20888284.html，2016年7月7日。

❸ 胡元佳，卞鹰，王一涛：“专利价值的理论探讨”，载《科技管理研究》2008年第5期，第246～249页。

❹ 马维野：“影响知识产权价值的三个因素”，载科易网 http://www.1633.com/news/html/201209/news_1723272_1.html，发布时间2012年9月18日。

❺ 李海燕，高拯：“浅议专利价值分析指标体系的构成因素”，载《中国知识产权报》2013年9月11日。

量提升工程，提升知识产权附加值和国际影响力”。其中高附加值就是指知识产权所带来的价值。[1] 如果授权专利存在诸如专利权保护范围不清楚的缺陷，日后就可能面临被全部或部分无效的风险，同时专利价值自然也有丧失或贬损的可能。另一方面，失去权利保护的“裸奔”的专利权，面临专利侵权时就会陷入“任人宰割”的困境，其专利价值也无从实现。因此，实现专利价值既需要严格保护作为保障，同时也离不开良好的专利授权质量作为支撑。

三、以专利授权确权程序的制度设计保障专利权符合严格保护的要求

专利制度是商品经济的产物，它服务于一定的经济基础和一定的政治与政策。[2] 严格保护制度的实施正是服务于国家实施创新驱动发展战略和建设知识产权强国的需要。专利的授权确权程序的制度设计自然要服务于这一目的。

（一）严格保护对授予专利权的要求

按照法律学家有关“法的价值具有双重性质”的观点[3]，对严格保护法律制度而言，其价值既要满足专利权人的权利保障要求，也要满足社会公众的需要。实行严格保护需要公众对授予专利权利尽到必要的注意义务，基于利益平衡的考虑，一方面需要制度通过对侵权者实施判罚的具体执法行为向社会清晰传达保护的价值取向，另一方面也需要通过专利权的公示作用向社会明示有明确法律预期的授权专利的保护范围，维护公众对专利权保护范围的信赖。

专利权的明确法律预期包含四个方面。第一，专利权的确定性可预期。专利权的确定性是指权利要求的保护范围清晰、适当。这里所说的“保护范围清晰”是指权利要求的文字内容没有歧义，并且限定的保护范围清楚明了。“保护范围适当”是指专利权的保护范围与现有技术之间有清晰的识别度并且与创新对现有技术的贡献度相匹配、相协调。法经济学家认为，权利的边界越清晰，因此对权利边界的误解而产生的社会成本就越低。[4] 唯此公众才不会误入权利范围的“雷池”以避让侵权的风险。可以说，使专利权的确定性满足公众的合理预期对于维护专利权的公示作用尤为重要。第二，专利权的稳定性可预期，即授予专利权不存在影响权利有效性的瑕疵，这样才能够经受住后续确权和侵权判定程序的挑战和考验。良好的稳定性不仅能给专利权人和专利许可人、受让者带来可期和稳定的回报，而且能够维护社会对专利权保护范围的信赖和预期，从而也可以为研发专利权的改进技术和替代技术提供可能和帮助，有利于技术的再创新。第三，专利权的修改可预期。专利权存在瑕疵在所难免，但是其可以获得合理和便捷的途径，比如通过确权程序的权利要求修改来增强权利的稳定性，同时所做的修改又不致于使公众对专利保护范围的变更无从预期并因此背负侵权的风险。第四，专利权经历确权程序的时间可预期。由于在确权审理期间专利权效力处于不稳定状态，可能对未来的侵权诉讼和与专利价值有关的商业活动产生影响，故经历时间应该在公众的合理预期之内。除了提高确权审查效率之外，更需要通过完善制度设计使确权程序的时间尽可能合理，特别是解决造成确权时间不合理延长的突出问题。

---

[1] 吴汉东：“创新型国家拼的不是‘性价比’而是‘附加值’”，载人民网 http://ip.people.com.cn/n/2014/0523/c136655－25056405.html，来源：《重庆日报》2014 年 5 月 23 日。

[2] 文希凯主编：《专利法教程》，知识产权出版社 2003 年版，第 17 页。

[3] 张文显：《法哲学范畴研究》（修订版），中国政法大学出版社 2001 年版，第 192 页。

[4] 石必胜：“效率，效率，效率！——专利侵权司法解释二的核心价值观”，载知产力 http://blog.sina.com.cn/s/blog_13c36ff600102w8hr.html，2016 年 3 月 23 日。

(二)发挥复审制度程序救济作用,合理把握依职权审查,保障专利授权质量

根据《专利法》第41条❶有关复审程序的定位,有观点认为,复审程序的定位是对当事人的救济,续审❷只是一种例外,故依职权审查不符合程序设置的目的,而且会造成请求人的程序利益损失。笔者以为,这个问题应该从基于严格保护下的复审程序定位加以认识,复审程序不仅提供对当事人的救济,而且更需要发挥程序救济的作用。

复审程序作为行政审批程序的最后审级,肩负着或让申请回到实审程序继续审批或驳回专利申请的程序职责,因此,纠正前审的不当是程序设置的应有之义。第一,纠正不当既包括撤销不适当的驳回理由,也包括纠正前审应审而未审或审查失当的情形。第二,仅针对申请人提供救济,并受限于驳回决定所依据的理由和证据,放任存在影响授权质量的其他明显实质性缺陷的申请进入后续程序会造成对社会资源的浪费,既有损公众利益又与严格保护的要求不符。第三,复审程序行使依职权审查符合国际通行做法。欧洲❸、美国❹和日本❺都有在针对驳回决定的审查中不受限于驳回的理由和证据,行使自由裁量权的相关规定。第四,对于依职权审查对当事人造成的程序利益损失问题,应该看到对于真正有技术贡献的申请,可以通过依职权审查提升申请质量,增加后续授权可能;对于经修改仍无法克服缺陷的专利申请,也可以使申请人尽早获知相关意见,以节约时间成本和费用成本。而且还可以通过在现有程序中补充由当事人针对依职权审查内容自主选择的程序设置❻加以解决。

依职权审查必须把握"适当"的界限,符合比例原则。第四次专利法修改送审稿和配套的专利法实施细则修改建议中已加入了依职权审查的适用原则和情形。笔者以为提高依职权审查的法律位阶,明确依职权审查的合法性和必要性尤为重要。依职权的尺度和范围应以提高授权质量为目的,以不超公众的合理预期为界限。第一,复审程序并不是实审程序的重来,不能启动对申请的重新检索及引入新的证据。依职权审查涉及的条款不能有审级损失,但是不包括实审中应审未审或审查失当的情形。第二,需在个人救济与程序救济、保护创新与提高授权质量方面找到适度的平衡。最高人民法院在(2014)知行字第123号判决❼中表达了相同观点"即使复审请求人克服了原驳回决定或者复审通知书中指出的问题,但如果专利复审委员会认为申请存在明显实质性缺陷,可以用与原驳回不同的理由驳回复审请求"。第三,依职权审查的可预期是指根据已进行的审查过程,对行使依职权审查的结果不感到意外。申请自身存在的本应在驳回理由前先予审查或者足以造成驳回理由审查障碍的明显实质性缺陷等均属于可预期的依职权审查范畴。

---

❶ 《专利法》第41条规定,专利申请人对国务院专利行政部门驳回申请的决定不服的,可以向专利复审委员会请求复审。

❷ 《专利审查指南》,知识产权出版社2010版,第367页。

❸ EPC 111(1)规定,申诉委员会可以行使原作出被申诉决定的部门职权以内的任何权力,也可以发回作出被申诉决定的部门重审,是否发回由申诉委员会裁量。EPC114(1)规定,申诉委员会可以依职权引入新的驳回理由和证据,不局限于当事人所提供的事实、证据和论定以及当事人所请求的救助。T685/99规定,申诉委员会在审理时一般会考虑程序节约原则和程序公正原则,当这两个原则发生冲突时,一般优先考虑程序公正原则。

❹ 37CRF1.196(b)规定,专利申诉委员会可以基于新的驳回理由驳回申请中的一个或多个权利要求,其中包括审查员在驳回决定中未反对的权利要求。

❺ 《日本专利法》第159条第2款规定,第50条及第50条之2的规定准用于在不服驳回审查决定审判中发现了与审查决定的理由不同的驳回理由的情况。

❻ 崔国斌:《专利法原理与案例》(第二版),北京大学出版社2016年第2版,第440页。

❼ 转引自任晓兰:《专利行政诉讼案件法律重述与评论》,知识产权出版社2016年版,第118页。

(三)完善无效制度设计,提高专利权的授权质量和法律预期

1.发挥程序救济作用,通过合理的依职权审查提升专利授权质量

根据《专利法》第45条❶,专利无效程序是依据请求人的请求对已授予专利权利再次确定其有效性及保护范围的行政程序,也称确权程序。现实中对于无效程序的定位是基于请求人的无效理由进行审查还是需要考虑专利权的全面完善作出审查意见存在争议。对此,笔者以为,在实施严格保护的大背景下,无效程序的定位必须与之适应、协调,在解决当事人双方争议的同时更应当体现无效制度对不当授权的程序救济。

一是从涉及的异议、撤销和无效程序的专利法立法变迁过程看,纠正错误授权的行政确权职责一直贯穿于立法考虑的始终。从立法本意上讲并没有要消灭"审查机关主动纠错"的意思❷。因此,纠正专利审批机关的不当授权、为社会提供无效有瑕疵专利的途径都是无效程序的目的之一。二是需要通过适当扩大依职权审查范围实现提升专利授权质量的目的。保障高质量的专利授权既是确权程序的使命和职责,也是其必然的价值追求。正如国务院71号文在知识产权强国战略中指出的"实施专利质量提升工程""适当扩大依职权审查范围",这也是解决全国人大常委会执法检查指出的我国专利质量总体水平较低的应有举措。另外,将无效程序仅定位为解决当事人双方争议而对存在的影响专利质量的缺陷"坐视不理"也有悖于专利法对创新的保护宗旨。试想一个本不应该作为创新保护的专利,又怎能称其是为天才之火浇上的利益之油?相反还会构成对技术进步和自由创新的打击和限制,妨碍社会的正常生产经营秩序。三是行使依职权审查符合国际通行做法。如日本❸、韩国❹、德国❺和我国台湾地区❻都有类似规定。特别对于依职权审查制度,我国台湾地区"经济部智慧财产局"的"专利审查指南"给予了明确阐释,"举发制度虽属公众审查,惟专利制度兼具公益精神,为减少诉源及行政资源之浪费,本'法'明定举发审查采行职权原则"。

依职权审查的尺度和范围应该符合比例原则,依职权审查的结果应该在公众合理预期之内。对于"适当扩大"与"合理预期"的把握界限,结合第四次专利法修改的送审稿和正在进行配套完善的专利法实施细则修改建议内容,笔者建议从五个方面考虑。第一,随着依职权审查法律位阶的提高,应该相应在细则和指南层面对依职权审查的具体情形予以明示,以解除社会对依职权审查权利行使边界不确定的担心并解决后续司法程序,如(2013)知行字第92号判决❼指出的"复审委有关'审查指南是对依职权审查情形的列举而非对依职权审查情形的限定'的主张没有法律依据"的问题。第二,依职权审查并不是对专利权是否符合授权规定的全面审查,只是在请求人提出的理由和证据的基础上结合必要

---

❶ 我国《专利法》第45条规定,任何单位或个人认为专利权的授予不符合专利法有关规定的,可以请求专利复审委员会宣告该专利权无效。

❷ 刘国伟:"专利无效宣告程序中的当事人主义若干问题的研究",载国家知识产权局条法司编:《专利法研究2009》,知识产权出版社2010年版,第252页。

❸ 《日本专利法》第153条规定,在审判中,也可以就当事人或者参加人未提出的理由进行审查,但必须给予当事人陈述意见的机会。

❹ 《韩国专利法》第159条规定,依职权的审判审查:在审判中可以审查当事人或者参加人没有提出的理由;但是,在这种情况下,必须给当事人和参与人在指定期间内就有关理由陈述意见的机会。

❺ 《德国专利法》第87条规定,专利法院应当依职权调查案情事实、不以当事人陈述的事实和提供的证据为限。

❻ 我国台湾地区"专利法"第75条规定,专利权责机关关于举发审查时,在举发声明范围内,得依职权审酌举发人未提出之理由及证据,并应通知专利权人答辩期限;届期未答辩者,迳予审查。

❼ 刘国伟:"专利无效宣告程序中的当事人主义若干问题的研究",载国家知识产权局条法司编:《专利法研究2009》,知识产权出版社2010年版,第123页。

且适当的情形进行，不会自行引入除公知常识类证据外的其他证据。第三，出于纠正不当授权的考虑，对于专利权存在的某些需要在无效理由之前先予审查的缺陷行使依职权审查，避免无效理由无法审查或得出不合理审查结论的情形。第四，出于避免因请求人法律知识和表达能力的局限带来不合理审查结论的情形，专利复审委需要客观依据证据但又不能简单依赖于当事人对案件事实和法律适用的表述，可在释明有关内容的前提下行使依职权审查。如对于因请求人提交的创造性审查相关证据组合方式不适当而导致不合理审查结果的情形，简单得出不合理结论不仅无益于双方当事人争议的实质解决，而且会造成社会资源的浪费，甚至从某种意义上说这样的制度设计也有违公平正义的要求。类似的，最高人民法院在(2014)知行字第82号判决❶中也肯定过无效程序中变更最接近现有技术的合法性。第五，对于不行使依职权审查反而会超出公众“合理预期”并有损公众利益的情形应当行使依职权审查。如与已无效权利要求的缺陷完全相同的其他未被提起无效的权利要求可以依职权审查。另外专利复审委员会主动引入公知常识或公知常识性证据也属审查应尽的责任，自然属于公众可预期的依职权范畴。最高人民法院早在(2012)知行字第50号判决❷中也明确表达了这种做法的合法性。

2.提高权利要求修改的便利度和可预期性，增强专利权的稳定性

专利无效制度还包括通过修正专利权瑕疵增强专利权确定性和稳定性的功能。相较于美国、欧洲、德国、日本以及我国台湾地区既可以在无效或异议程序设置单独的更正程序进行修改，又可以获得比较宽松的修改方式而言，我国没有设置单独的授权后更正程序，而且在无效程序中一般仅接受删除、合并的修改方式。实行严格保护，需要授予专利权具有良好的确定性和稳定性，并且允许的修改以不超公众合理预期为限，因此当初修改的设计考虑❸和现有修改方式已经不能适应当前要求。而且，还应看到，既然出于提高专利授权质量的考虑需要加强依职权审查，那自然给予专利权人在不扩大原授权范围的情况下较大的修改权利也是利益平衡的需要。❹ 同时扩充修改方式也是落实国务院第71号文加快知识产权强国建设意见中“完善授权后专利文件的修改制度”的必要举措。

如何做到修改的便利与可预期之间的平衡？下面结合《〈专利审查指南〉修改草案(征求意见稿)》的内容进行分析。第一，允许对明显错误的修改。明显错误是指对于本领域技术人员来说，根据其具有的普通技术知识在阅读权利要求后能够立即发现的错误，同时结合普通技术知识，阅读说明书及附图后能够立即确定唯一正确的答案。❺ 明显错误由于易识别、更正内容确定、唯一且无歧义，因而不会带来由修改导致的权利要求保护范围的改变。这也是世界上许多国家都允许的修改方式。增加这种修改方式的目的是避免授权后给确权程序和侵权程序的审理带来因明显错误解释不一致造成的困扰。第二，允许在权利要求中加入权利要求书中的技术特征，让专利权人针对请求人的证据，进一步明确发明相较现有技术的智慧贡献，并允许其将发明对现有技术作出贡献的特征限定到专利中。这样既有助于维护专利权人的合法利益，同时也符合激励创新的立法本意。

---

❶ 刘国伟：“专利无效宣告程序中的当事人主义若干问题的研究”，载国家知识产权局条法司编：《专利法研究2009》，知识产权出版社2010年版，第124页。

❷ 刘国伟：“专利无效宣告程序中的当事人主义若干问题的研究”，载国家知识产权局条法司编：《专利法研究2009》，知识产权出版社2010年版，第123页。

❸ 尹新天：《中国专利法详解》，知识产权出版社2011年版，第481～482页。

❹ 崔国振：“专利无效宣告制度的价值及其优化研究”，载国家知识产权局条法司编：《专利法研究2009》，知识产权出版社2010年版，第249页。

❺ 任晓兰：《专利行政诉讼案件法律重述与评论》，知识产权出版社2016年版，第90页。

考虑到权利要求的公示作用和公众对可预期性的要求，仅限加入已公示的权利要求书中的技术特征。

3. 修改确权程序的中止的规定，解决对程序的恶意拖延

无效宣告程序的中止[1]，是出于保障专利权属纠纷中真正专利权人的合法权益的考虑，但现实存在当事人恶意利用该程序拖延无效审理以此达到让侵权纠纷久拖不决的目的。统计数据显示：一是确权程序中约四成的中止案件都有专利权人与不同当事人发生两次及以上在不同地方专利局或者法院提起权属纠纷或财产保全纠纷的情形；二是一些极端案件甚至出现专利权人在一件无效案件的审理中以各种权属纠纷或财产保全纠纷名义提起中止达六七次之多，中止时间先后达六七年之长；三是在因权属纠纷提起的中止案件中真正只有少之又少的案件确实发生了专利权人变更。在这次实施细则的修改建议中，会在多种具有可操作性的可选解决方案中选择既能解决恶意拖延问题，又对真正权利人的实体权利和后续诉讼程序权益造成不利影响最小的方案。

四、结语

严格保护是专利制度高效运行的根本保障，同时又需要以完善的授权、确权程序的制度设计和优质高效的专利授权确权审查作为其支撑。只有范围界定清晰、权利稳定适当、具有明确法律预期的高质量的专利授权才能成为严格保护的基石。

---

[1] 《专利审查指南》，知识产权出版社 2010 版，第 474 页。

全国知识产权工作概况

专利工作

第一章　法律事务

1. 法制建设

积极推进《专利法》《职务发明条例》和《专利代理条例》的修改制定，主动配合法制办的审查，提前谋划，深度调研，重点协调，广泛宣传。

扎实开展“新业态创新成果知识产权保护”研究，形成对现行专利制度的改进建议，相关成果已体现在《专利审查指南修改草案(征求意见稿)》中。

完成《国家知识产权局法治政府建设实施方案》及任务分解表制定工作，对国家知识产权局2020年前的法治政府建设作出全面规划，并顺利完成国务院法制办法治政府建设督察相关工作。

完成《全国知识产权法治宣传教育第七个五年规划(2016～2020年)》编制工作，首次将知识产权普法工作扩展到全系统。

深入开展地方立法指导协调工作，发布《全国知识产权系统地方专利立法指导协调机制工作方案》。在江苏、湖南开展阶段性总结和专题研讨，促进地方和国家立法良性互动。

全面清理部门规章和规范性文件，对截至2016年3月底国家知识产权局发布的4万件文件进行全面筛查，并将35件部门规章和359件政策性文件纳入清理范围。清理后废止或宣布失效政策性文件214件，其中19件与推动简政放权、推进依法行政密切相关。

进一步完善部门规章及相关制度规范。完成《规范性文件制定和管理办法》制定工作，积极落实合法性审查制度，建立清理长效机制，完善“立新废旧”制度。配合财政部、发改委完成《专利收费减缴办法》修订。起草并向反垄断委员会办公室报送《知识产权领域反垄断执法指南(建议草案)》。起草《专利审查指南修改草案》并公开征求意见。稳步推进《专利优先审查管理办法》《关于规范专利申请行为的若干规定》的制定修改工作。

持续推进“中国特色知识产权制度理论与实践”课题研究。在深化中国特色专利制度研究基础上，继续开展中国特色版权制度和商标制度研究。继续开展知识产权基本法研究，形成基本法和民法典知识产权编学者建议稿，并深入研究基本法与民法典的关系。

继续开展PCT用户调查，进一步拓宽范围，聚焦问题，“边调查，边落实”，提出推进国际谈判和改进国家知识产权局PCT

工作的建议和措施。

2. 专利代理行业管理

加强专利代理行业宏观管理。召开全国专利代理管理工作会议，提出"十三五"期间发展目标，部署未来两年工作任务。制定专利代理行业中长期规划。向国家标准化委员会上报《专利代理机构服务规范》。进一步实施专利代理行业综合实力评价。

深化行政审批制度改革。取消由省级知识产权局负责的"专利代理机构设立审批初审"事项。印发《专利代理行业改革试点工作方案》，试点放宽对专利代理机构股东或合伙人的条件限制，10 省区市被纳入第一批试点范围。全面实施行政审批标准化，限定审批期限，简化手续、优化流程，取消不必要的证明文件，实行承诺告知制度，实时公开审批结果。2016 年共批准设立专利代理机构 269 家，其中 65 家机构享受改革试点政策，所有行政审批事项均做到零超时。

加强事中事后监管。全面推动"双随机一公开"监管，发布《专利代理行政执法规程》，公开《国家知识产权局行政处罚目录》和《国家知识产权局随机抽查事项清单》，制定并印发《专利代理管理及查处假冒专利行为随机抽查工作细则(试行)》，建立专利代理管理随机抽查的检查人员名录库。开展专利代理专项整治工作，严肃查处专利代理挂证，严厉打击无资质代理、代理非正常专利申请等违法行为。及时公开专利代理信用信息，并纳入社会信用信息目录。

顺利完成全国专利代理人资格考试工作。考点扩大到 27 个，报名人数达到 30 948 人，共计 21 102 人参加考试，其中 4954 人考试合格取得资格证书，均创历史新高。

3. 行政复议

2016 年共受理 129 件行政复议案件，以国家知识产权局名义应诉的一审行政诉讼案件有 17 件。

第二章　战略推进和保护管理

1. 战略推进

(1)国家知识产权战略工作的组织协调。

国务院批复同意建立国务院知识产权战略实施工作部际联席会议制度，由 31 个部门和单位组成，王勇国务委员担任召集人，办公室设在知识产权局。王勇国务委员主持召开联席会议第一次全体会议，部署知识产权战略实施和知识产权强国建设工作。

牵头制定《〈国务院关于新形势下加快知识产权强国建设的若干意见〉重点任务分工方案》(以下简称《分工方案》)，由国务院办公厅印发实施。制定印发《2016 年深入实施国家知识产权战略加快建设知识产权强国推进计划》，并切实组织落实。组织相关单位按照《分工方案》明确的任务分工制定具体实施方案，形成《落实〈若干意见〉重点任务实施方案汇总表》，以联席会议办公室名义印发实施。制定《国家知识产权局实施〈国务院关于新形势下加快知识产权强国建设的若干意见〉重点任务分工方案》。推动 24 个省(区、市)和新疆生产建设兵团制定出台《若干意见》相关实施方案或配套政策。

加强知识产权战略实施基础工作。做好《若干意见》宣贯工作，组织开展知识产权强国系列重大战略研究，国家知识产权战略实施研究基地达到 6 家。编制发布《2015 年全国知识产权发展状况报告》。完善知识产权战略信息工作机制，进一步完善国家知识产权战略网和知识产权战略微信公众号，围绕战略实施八周年和《若干意见》颁布一周年等重要节点开展知识产权战略宣传，举办知识产权战略实施工作和战略信息工作研讨培训活动。

(2)行业知识产权战略的组织协调。

确定黑龙江省、上海市、江苏省、浙江

省、山东省、河南省、重庆市、陕西省、新疆维吾尔自治区及上海市浦东新区知识产权局等10个地方深入开展重大经济科技活动知识产权评议工作，要求建立完善知识产权评议制度机制，推动建立企业知识产权评议机制，扎实推进知识产权评议能力提升。指导全国知识产权分析评议联盟提升分析评议服务能力，宣贯《知识产权分析评议工作指南》，培训人数达1200余人次。确定兴化特种合金材料及制品产业基地、南京软件谷、扬州经济技术开发区、枣庄高新技术产业开发区、烟台高新技术产业开发区、潍坊高新技术产业开发区、济南高新技术产业开发区、深圳市高新技术产业园区、成都市青白江工业集中发展区9个产业集聚区进一步推行知识产权集群管理模式，要求其以前期试点工作为基础，以完善集聚区知识产权工作体系为支撑，落实特定产业知识产权战略，支持围绕产业链开展布局，服务产业国际化发展，同时在相关产业领域复制推广集群管理模式和加快建设产业培育支撑体系，真正实现产业发展过程中的知识产权全流程、科学化管理。持续推进"智南针"平台建设，在总结前期工作的基础上研究完成"智南针"信息平台后续建设方案。不断丰富产业国际化发展信息平台内容，完善平台功能。指导"智南针"网站开展10期线下沙龙活动。组织河南、新疆、山东等地开展"知识产权走基层服务经济万里行"活动。与人力资源和社会保障部在深圳共同举办战略性新兴产业企业知识产权分析评议高级研修班，对120余名企业高层次知识产权管理人员进行培训。

(3)区域知识产权战略的组织协调。

印发《2016年全国地方知识产权战略实施工作要点汇编》和《2016年地方落实战略行动计划工作任务分解表》。形成《国家知识产权局贯彻落实"一带一路"倡议工作方案》和《国家知识产权局贯彻落实"一带一路"实施方案》，印发《推进长江经济带创新驱动产业转型升级"十三五"知识产权工作方案》，联合多部委制定《关于深入实施知识产权战略 促进东北老工业基地振兴的若干意见》，与发改委联合推动中德(沈阳)高端装备制造产业园知识产权环境建设，加强对国家重大规划、区域政策的衔接和落实。组织召开2016年全国地方知识产权战略实施工作会和地方知识产权战略实施培训班，由来自发改委、工信部的司级领导授课，提升战略实施工作人员能力。

创新推动知识产权区域布局工作，促进知识产权与经济社会发展相融合。印发《知识产权区域布局试点工作管理办法》，建立联合工作机制、专家支撑机制、汇报交流机制、宣传报道机制，提供数据支持，通过建章立制对试点工作加强管理和服务支撑。宁波、重庆、江苏、广西、潍坊、广州6地知识产权区域布局试点工作实施方案相继由试点地方政府印发。与广西、潍坊、江苏、广州4地人民政府共同召开知识产权区域布局试点工作启动会。深入开展基础研究，形成《知识产权区域布局基础理论与政策机制》《中国知识产权区域布局发展报告(2016)》《区域知识产权资源分析手册(上册)试用版》等书稿。

(4)全国专利事业发展战略推进。

认真组织实施《2016年度全国专利事业发展战略推进计划》。围绕"专利制度创新""专利制度运行保障体系建设""专利支撑经济社会发展"三大主体任务，确定13项具体任务、27项工作措施，稳步推进各项工作落实，促进专利工作与产业、区域、科技、贸易等经济中心工作进一步融合。组织实施2016年全国专利事业发展战略推进工作创新项目，从知识产权强省强市建设、知识产权综合管理改革、探索知识产权运营新模式等方面深入推进专利战略实施。开展专利战略五年评估工作。发布《2015年全国专利实力状况报告》。编制完成《2015年专利事业发展战略绩效评价报告》，并对2015年绩效评价优秀的先进单位和先进个人进行通报表扬。制订《专利质量提升工程实施方案》，开展重点城市专利质量约谈，进一步完善专利申请数量和质量指标监控机制。制定专利导航区域创新质量分析指标体系，编制专利导航绍兴、厦门等城市创新发展质量分析报告。

2. 政策研究

进一步规范管理，加强宏观课题研究统筹，完善相关工作机制，统一对外发布研究指南，加强课题的去重审核。围绕促进创新驱动发展战略实施、加快推进知识产权强国建设等，积极组织开展研究工作，形成了一批具有较高质量的研究成果，将课题研究成果纳入“文献资源联合目录”，促进研究成果在知识产权系统内的共享利用。完成第九届全国知识产权（专利）优秀调查研究报告暨优秀软课题成果评选工作，评出获奖作品 40 篇。全年完成软科学研究项目立项 30 项，完成项目结题 33 项。

进一步加强政务信息工作。围绕党中央、国务院有关知识产权工作的重大决策部署的贯彻落实，加快推进知识产权强国建设，深入实施知识产权战略，深化知识产权领域改革，围绕国内外知识产权热点问题，及时组织编写报送信息，为党中央、国务院掌握相关工作进展情况提供了信息支持。全年编发《知识产权局简报》48 期、《知识产权局信息》48 期、《知识产权工作动态》25 期，被中央办公厅、国务院办公厅采用信息 23 篇次。

3. 保护管理

(1)知识产权保护相关工作。

大力加强流通领域知识产权保护工作。印发《国家知识产权局办公室关于印发知识产权保护规范化市场认定管理办法的通知》，明确《知识产权保护规范化市场认定标准》。组织开展第一批国家级知识产权保护规范化市场评审认定工作，确定北京居然之家等 30 家市场为第一批国家级知识产权保护规范化市场。继续开展规范化市场遴选申报工作，确定红星美凯龙世博（天津）家居生活广场有限公司等 28 家市场为第三批知识产权保护规范化市场培育对象，指导各市场制定培育方案和培育计划。完成包括实体市场和电子商务平台共 32 家第二批规范化培育市场知识产权保护满意度调查工作。完成专业市场知识产权保护信息管理系统的一期开发工作。

持续开展知识产权保护社会满意度调查。对全国 31 个省（区、市）的调查数据进行详细分析，形成《2015 年知识产权保护社会满意度调查报告》和《2015 年专利保护满意度调查报告》。巩固调查指标体系，优化调整问卷表述和调查方式，细化调查方案，顺利完成 2016 年度知识产权保护社会满意度调查工作，推进完成专利法修改及社会关注焦点问题的全国调查工作。加强对执行机构的监督管理，引入调查监理机制，协调调查和监理工作步调和衔接安排，保障调查质量。

继续推进知识产权纠纷调解工作。完成上海、江苏、江西等首批试点单位的验收工作，推动创建（培育）了 20 家知识产权纠纷人民调解组织，组建了一支约 310 名专兼职调解员的人才队伍，成功调解案件 250 余件。协调北京、山东、广东、新疆等第二批试点地方不断深化试点工作，推动创建（培育）了 12 家知识产权纠纷人民调解组织，组建了一支约 140 名专兼职调解员的人才队伍，成功调解案件近 360 件，建立了《专家有偿评估鉴定制度》等规章制度。进一步扩大试点范围，选择天津、浙江、湖北、湖南、甘肃、广东、新疆生产建设兵团、宁波 8 个地方为第三批试点单位。

完成《2015 年中国知识产权保护状况白皮书》编写工作。会同工商、版权、海关、公安等相关部门共同编写《2015 年中国知识产权保护状况白皮书》（中英文版）。

(2)知识产权执法。

2016 年，专利行政执法办案总量突破 4 万件，达到 48 916 件，同比增长 36.5%。

其中，专利纠纷案件首次突破2万件，达到20 859件，同比增长42.8%。假冒专利案件28 057件，同比增长32.1%。电子商务领域专利执法办案量13 123件，同比增长71.4%；展会专利执法办案量2860件，同比增长2.4%。

印发《关于严格专利保护的若干意见》《国家知识产权局关于开展知识产权快速协同保护工作的通知》，全面加强专利保护监管，建立快速协同保护体系。修订《专利行政执法操作指南》，印发《专利侵权行为认定指南》《专利行政执法案卷评查办法》系列政策文件，完善执法维权绩效考核等政策指标。积极配合专利法修改工作，为《专利法》修改涉及专利行政保护部分提出建议与意见。继续加强知识产权执法能力建设，完善专利行政执法案件报送系统，实现各级专利行政执法案件信息实时汇总、分析和上报。启用维权援助举报投诉系统，启动知识产权系统信用信息平台建设工作。

快速维权与维权援助举报投诉工作不断深化。在各产业集聚区推进开展知识产权快速维权工作，加快快速维权中心布局，新设镇江丹阳(眼镜)、阳江(五金刀剪)、厦门(厨卫)、温州(服饰)、郑州(创意产业)、重庆(汽车摩托车)、汕头(玩具)、成都(家具鞋业)、潮州(餐具炊具)9家知识产权快速维权中心(共17家)，及常州(机器人智能硬件)1家知识产权保护中心。积极探索建立海外展会知识产权快速维权工作机制，派员入驻法兰克福国际汽车配件展览会开展知识产权快速维权工作。建立全国知识产权维权援助与举报投诉网站及12330知识产权维权援助微信公众号。

(3)知识产权管理。

知识产权综合管理改革。中央深改组审议通过《关于开展知识产权综合管理改革试点总体方案》。联合最高法、最高检、教育部等13个部委印发《中新广州知识城开展知识产权运用和保护综合改革试验总体方案》，制定开展综合改革试验的组织实施方案。会同商务部指导4个自贸区加强知识产权运用与保护，指导7个新设自贸区制定自贸区总体方案。会同发改委推进全面创新改革试验区落实总体方案，充分发挥知识产权运用与保护的重要作用，助力大众创业、万众创新。

知识产权强省强市、省部合作会商。批复广东、江苏、上海、四川4个引领型知识产权强省建设试点省，福建、河南、湖南、重庆、陕西、山东6个支撑型知识产权强省建设试点省，广西、江西和甘肃等3个特色型知识产权强省建设试点省，指导其制订实施方案。建立“一局三地”知识产权促进京津冀协同发展合作会商机制。建立与广东、上海、江苏、江西新一轮知识产权合作会商机制。印发《关于加快建设知识产权强市的指导意见》，修订印发《国家知识产权试点、示范城市管理办法》，修订《国家知识产权试点示范园区管理办法》。组织各示范城市、强县工程试点示范县、传统知识知识产权保护试点示范县试点园区等开展评定、复核与任务推进。截至2016年底，已与16个省(区、市)人民政府及4家中央单位建立知识产权合作会商机制。新批示范资格城市11个、示范园区16家、试点19家。

知识产权强企建设。研究制定《知识产权强企建设工作方案》《关于全面组织实施中小企业知识产权战略推进工程指导意见》(上报稿)。组织开展优势示范企业申报、考核、复核及省级考核等工作，新确定101家企业为2016年度国家知识产权示范企业，624家企业为国家知识产权优势企业。目前，共有国家知识产权示范企业281家、国家知识产权优势企业1692家，知识产权市场竞争优势初步形成，影响和带动了一大批企业运用知识产权有效提升市场竞争优势。

企业、高校、科研机构知识产权管理国家标准。继续做好企业知识产权管理规范国家标准推行工作，推动企业完善知识产权管理体系，2016 年约有 7000 家企业贯标，累计有 1.8 万家企业贯标，600 多家服务机构参与贯标服务，全年共有 1742 家企业获得认证证书。新发布《科研组织知识产权管理规范》《高等院校知识产权管理规范》国家标准，完成《专利代理机构服务规范（报批稿）》国家标准上报。强化知识产权领域认证体系建设、制度建设和能力建设，构建从标准制定到标准实施和监督闭环管理体系。

专利运用及产业化。会同财政部大力开展以市场化方式促进知识产权运营服务试点工作。扎实推进全国知识产权运营公共服务平台建设，顺利推进珠海、西安特色试点平台建设工作，统筹规划各类区域或地方知识产权运营中心筹建工作，培育以全国平台为引领、各地特色运营中心为支撑的全国“1＋N”知识产权运营平台体系。持续引导以股权投资方式扶持的约 20 家知识产权运营机构。引导重庆等 10 个重点城市开展重点产业知识产业运营服务试点工作，联合工信部开展高价值知识产权培育运营工作。推进北京等 10 个省份重点产业知识产权运营基金设立及运营工作。

深入实施专利导航试点工程。制定专利导航区域创新质量分析指标体系，编制专利导航绍兴、厦门等城市创新发展质量分析报告。印发《专利导航试点工程 2016 年工作要点》。批复新一批专利导航试点工程试点单位，加强产业知识产权联盟备案工作，备案联盟 83 家。制定《企业运营类专利导航项目实施导则》（征求意见稿），指导实施产业规划类专利导航项目和企业运营类专利导航项目。加强专利导航人才培养，探索建立专利导航人才支撑机制。

知识产权投融资。完善政策措施，加强知识产权市场管理与服务工作，加大质押融资服务工作力度，支持海外留学回国人员创新创业。拓展工作范围，开展需求调查、完善服务平台、创新担保模式等工作。完善知识产权质押融资风险分担及补偿工作机制，发挥风险补偿基金作用，鼓励加大贷款投放力度。加快推进专利价值分析，扩大专利价值分析指标体系的应用范围，优化指标体系。不断完善知识产权保险险种体系，与人保公司合作开发完成知识产权海外侵权责任保险险、质押融资保证保险，同时推动质押融资保证保险在广东中山正式签订第一单。至此，专利保险已经形成包括专利执行险、侵权责任险、代理人职业保证保险、境外展会侵权责任险及上述两险种的相对齐全的专利保险险种体系。2016 年全国新增质押融资试点示范 51 个，专利保险试点示范 21 个。全年专利质押融资总额为 436 亿元，共计 2605 项。

完成第十八届中国专利奖评选，评出金奖 25 项、优秀奖 633 项。今年选出的 25 项金奖项目，新增利润 304 亿元。

会同国务院有关部门、地方政府共同举办 7 个与知识产权相关的展会。指导举办大连专交会，吸引 25 个国家和地区的 5500 余个项目参展。利用高交会、上交会等大型展会平台，加强知识产权投融资、专利保险等知识产权工作宣传。完善展会知识产权保护机制，开展参展企业知识产权法律培训。

第三章　专利申请与审查

1. 专利申请与授权

2016 年，我国专利申请受理量为 346.5 万件，同比增长 23.8%。随着《新形势下加快知识产权强国建设若干意见》的稳步实施，我国知识产权事业发展各项指标量质齐升，我国发明专利申请受理量继续保持稳步增长，国内发明专利拥有量首次超过 100 万件，企业知识产权创造运用主体地位持续稳固。每万人口发明专利拥有量达到 8.0 件，实现了“十三五”时期的良好开局。

(1)专利申请。

最新统计显示,2016 年国家知识产权局共受理发明专利申请 133.9 万件,同比增长 21.5%。其中,受理国内发明专利申请 120.5 万件,占总量的 90%,同比增长 24.4%;受理国外发明专利申请 13.4 万件,占总量的 10%,同比下降 0.1%。

受理的国内发明专利申请中,职务申请 98.3 万件,占 81.6%,同比增长 26.7%,非职务申请 22.2 万件,占 18.4%,同比增长 15.5%。

2015 年,国家知识产权局共受理实用新型专利申请 147.6 万件,同比增长 30.9%;受理外观设计专利申请 65 万件,同比增长 14.3%。

表 1　2016 年国内发明专利申请受理量居前十位的企业

排名	申请人名称	申请量(件)
1	华为技术有限公司	4906
2	中国石油化工股份有限公司	4405
3	乐视控股(北京)有限公司	4197
4	中兴通讯股份有限公司	3941
5	广东欧珀移动通信有限公司	3778
6	京东方科技集团股份有限公司	3569
7	珠海格力电器股份有限公司	3299
8	北京小米移动软件有限公司	3280
9	努比亚技术有限公司	2912
10	国家电网公司	2784

表 2　2016 年国外发明专利申请受理量居前十位的企业

排名	国别	申请人名称	申请量(件)
1	开曼群岛	阿里巴巴集团控股有限公司	2974
2	韩国	三星电子株式会社	2396
3	美国	高通股份有限公司	1936

续表

排名	国别	申请人名称	申请量(件)
4	日本	丰田自动车株式会社	1831
5	德国	罗伯特·博世有限公司	1524
6	韩国	现代自动车株式会社	1347
7	美国	通用电气公司	1295
8	韩国	LG 电子株式会社	1198
9	日本	三菱电机株式会社	1164
10	美国	福特全球技术公司	1082

表 3　2016 年国内发明专利申请受理量居前十位的高校

排名	申请人名称	申请量(件)
1	广西大学	3181
2	浙江大学	3143
3	华南理工大学	2654
4	东南大学	2526
5	天津大学	2512
6	上海交通大学	2249
7	清华大学	2145
8	电子科技大学	2034
9	吉林大学	1808
10	江苏大学	1781

表 4　2016 年国内发明专利申请受理量居前十位的科研机构

排名	申请人名称	申请量(件)
1	中国科学院大连化学物理研究所	1035
2	中国电力科学研究院	948
3	中国移动通信有限公司研究院	573
4	中国科学院长春光学精密机械与物理研究所	490

续表

排名	申请人名称	申请量（件）
5	电信科学技术研究院	449
6	中国科学院合肥物质科学研究院	412
7	中国科学院宁波材料技术与工程研究所	378
8	云南电网有限责任公司电力科学研究院	376
9	中国科学院深圳先进技术研究院	347
10	中国航空工业集团公司西安航空计算技术研究所	342

（2）发明专利申请的地区和国别分布。

2016 年国内发明专利申请受理量居前十位的省市依次是江苏、广东、北京、安徽、浙江、山东、上海、四川、湖北和广西。

表 5　2016 年发明专利申请受理量居前十位的省（区、市）

排名	申请人省份	申请量（件）
1	江苏	184 632
2	广东	155 581
3	北京	104 643
4	安徽	95 963
5	浙江	93 254
6	山东	88 359
7	上海	54 339
8	四川	54 277
9	湖北	43 789
10	广西	43 078

2016 年国外在华发明专利申请受理量前十位的国家依次是日本、美国、德国、韩国、法国、瑞士、荷兰、英国、瑞典和意大利。

表 6　2016 年发明专利申请受理量居前十位的国家

排名	申请人国家	申请量（件）
1	日本	39 207
2	美国	35 895
3	德国	14 158
4	韩国	13 764
5	法国	4631
6	瑞士	3453
7	荷兰	3155
8	英国	2372
9	瑞典	1919
10	意大利	1610

（3）专利授权。

2016 年，国家知识产权局授权发明专利 40.4 万件，同比增长 12.5%。其中国内发明专利授权 30.2 万件，占总量的 74.8%；国外发明专利授权 10.2 万件，占总量的 25.2%。国内发明专利授权中，职务发明 27.6 万件，占 91.4%，非职务发明 2.6 万件，占 8.6%。

2016 年，国家知识产权局共授权实用新型专利 90.3 万件，同比增长 3.1%；授权外观设计专利 44.6 万件，同比下降 7.6%。

表 7　2016 年国内发明专利授权量居前十位的企业

排名	专利权人名称	授权量（件）
1	国家电网公司	4146
2	华为技术有限公司	2690
3	中国石油化工股份有限公司	2555
4	中兴通讯股份有限公司	1587
5	京东方科技集团股份有限公司	1228
6	腾讯科技（深圳）有限公司	1027
7	珠海格力电器股份有限公司	871

续表

排名	专利权人名称	授权量（件）
8	中国石油天然气股份有限公司	867
9	联想(北京)有限公司	763
10	上海华虹宏力半导体制造有限公司	721

表 8　2016 年国外发明专利授权量居前十位的企业

排名	国家和地区	专利权人名称	授权量（件）
1	美国	高通股份有限公司	1468
2	德国	罗伯特·博世有限公司	1413
3	日本	丰田自动车株式会社	1155
4	美国	通用汽车环球科技运作有限责任公司	1143
5	日本	三菱电机株式会社	1142
6	德国	西门子公司	1108
7	韩国	三星电子株式会社	1073
8	日本	佳能株式会社	1051
9	美国	通用电气公司	1039
10	日本	索尼公司	935

表 9　2016 年国内发明专利授权量居前十位的高校

排名	专利权人名称	授权量（件）
1	浙江大学	1730
2	哈尔滨工业大学	1389
3	清华大学	1245
4	上海交通大学	1201
5	东南大学	1200
6	华南理工大学	1000
7	北京航空航天大学	956
8	江苏大学	884
9	北京工业大学	878
10	西安交通大学	870

表 10　2016 年国内发明专利授权量居前十位的科研机构

排名	专利权人名称	授权量（件）
1	中国科学院微电子研究所	375
2	中国科学院大连化学物理研究所	364
3	财团法人工业技术研究院	337
4	中国科学院长春光学精密机械与物理研究所	258
5	电信科学技术研究院	222
6	中国科学院长春应用化学研究所	201
7	中国科学院深圳先进技术研究院	200
8	中国科学院化学研究所	199
9	中国科学院合肥物质科学研究院	192
10	中国科学院过程工程研究所	187

表 11　2016 年发明专利授权量居前十位的省、自治区、直辖市

排名	专利权人省区市	授权量（件）
1	江苏	40 952
2	北京	40 602
3	广东	38 626
4	浙江	26 576
5	上海	20 086
6	山东	19 404
7	安徽	15 292
8	四川	10 350
9	湖北	8517
10	陕西	7503

(4)专利拥有量。

截至 2016 年底，经国家知识产权局授权并维持有效的发明专利为 177.2 万件，同比增长 20.4%。其中，国内 115.8 万件，占总量的 65.3%，同比增长 25.7%；国外 61.4 万件，占总量的 34.7%，同比增长 11.5%。截至 2016 年底，我国每万人口发明专利拥有量(不含港澳台地区)达到 8 件(人口数据为 2016 年初步数据)。

2. 专利审查

(1)审查结案量。

2016 年，3 种专利共审结 231 万件，同比增长 11%，其中发明结案 67.5 万件。发明专利申请优先审查请求量为 13 141 件，同比增长 31%。

(2)审查质量。

2016 年专利审查质量用户满意指数为 82.7，连续 7 年处于满意区间。进一步完善外部反馈机制，以专利审查业务投诉平台为窗口，广泛听取社会对专利审查工作的意见和建议。2016 年累计处理公众投诉约 2050 件。

2016 年国家知识产权局制定《审查质量保障手册》，持续完善并发挥审查质量保障体系和业务指导体系的功能和作用，加强审查部门的审查质量保障和同领域的审查质量交流；同时，继续加强"道德、法律、技能"支撑能力建设，采取有效措施持续提高审查质量，保障审查标准执行一致，确保优质高效的专利审查。

(3)审查周期。

在专利申请量大幅增长的情况下，3 种专利的审查周期基本保持平稳，发明专利申请的平均实审周期稳定在 22 个月左右，实用新型和外观设计专利申请的平均结案周期稳定在 3 个月左右。

(4)审查能力。

2016 年，国家知识产权局内设部门在编专利审查员人数约 2600 人。截至 2016 年，作为专利局直属事业单位，国家知识产权局共有北京、江苏、广东、河南、湖北、天津和四川审查协作中心，专利审查员超过 9000 人。

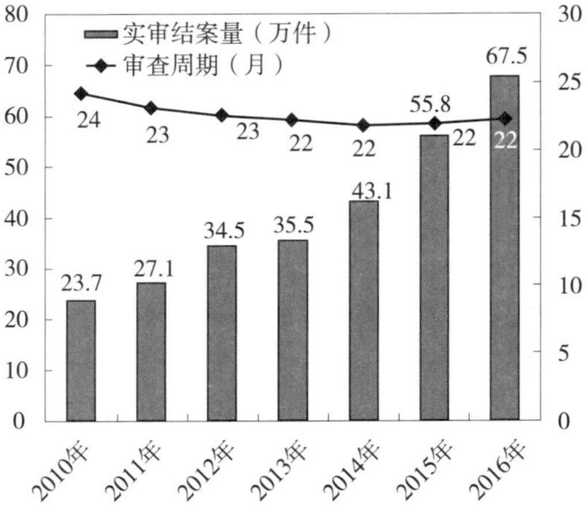

图　2010～2016 年实审结案量和实审周期变化趋势

3. PCT 国际申请

国家知识产权局作为国际检索单位，2016 年共完成国际检索报告 37 332 件，同比增长 33.7%。自 1994 年起累计完成 PCT 国际检索报告 183 628 件。

国家知识产权局作为国际初审单位，2016 年完成国际初步审查报告 410 件，自 1994 年起累计完成国际初步审查报告 7883 件。

4. 复审与专利权无效宣告

(1)受理复审请求与结案。

2016 年专利复审委员会受理复审请求 13 107 件，同比增长 3.4%。在 2016 年受理的复审请求中，涉及对驳回发明专利申请决定不服的复审请求为 11 339 件，占当年受理总量的 86.5%；涉及对驳回实用新型专利申请决定不服的复审请求为 1692 件，占当年受理总量的 12.9%；涉及对驳回外观设计专利申请决定不服的复审请求为 76 件，占当年受理总量的 0.6%。

2016 年复审请求结案共 17 623 件，其中涉及发明专利申请 16 454 件，涉及实用新型专利申请 1075 件，涉及外观设计专利申请 94 件。

自 1985 年以来，专利复审委员会共受理复审请求 143 289 件。截至 2016 年底，复审请求结案 134 234 件。

(2)受理专利权无效宣告请求与结案。

2016 年专利复审委员会受理无效宣告请求 3969 件,同比增长 6.6%。在 2016 年受理的无效宣告请求中,涉及发明专利权无效宣告请求为 916 件,占当年总量的 23.1%;涉及实用新型专利权的无效宣告请求为 1831 件,占当年总量的 46.1%;涉及外观设计专利权无效宣告请求为 1222 件,占当年总量的 30.8%。

2016 年无效宣告请求结案共 4100 件,其中涉及发明专利 837 件,涉及实用新型专利 1933 件,涉及外观设计专利 1330 件。

自 1985 年以来,专利复审委员会共受理无效宣告请求 45 480 件,截至 2016 年底,无效宣告请求结案 41 637 件。

(3)专利行政诉讼。

2016 年,当事人向北京知识产权法院和北京市第一中级人民法院起诉和向北京市高级人民法院上诉的案件总计 1490 件,其中针对复审审查决定起诉和上诉的有 460 件;对无效宣告请求审查决定起诉和上诉的 1030 件。

2016 年,北京知识产权法院和北京市第一中级人民法院对由专利复审委员会作出的各类决定审理结案 763 件,其中涉及复审决定的 254 件,涉及无效宣告请求审查决定的 509 件。

2016 年,北京市高级人民法院对由专利复审委员会作出的各类决定审理结案 206 件,其中涉及复审决定的 63 件,涉及无效宣告请求审查决定的 143 件。

2016 年,中华人民共和国最高人民法院申诉案件立案 72 件,提审结案 8 件。

(4)集成电路布图设计撤销案件审理。

自 2001 年 10 月 1 日《集成电路布图设计保护条例》颁布施行以来,专利复审委员会累计受理 13 件集成电路布图设计撤销案。截至 2016 年底,审结 5 件。

(5)巡回审理庭的建设和使用。

截至 2016 年底,专利复审委员会已在广东、河南、山东、新疆、四川等 10 个省市区建设了 11 个巡回审理庭。2016 年,选择广东、江苏巡回审理庭推广建设全网管理平台,实现案件远程审理。

(6)复审和无效请求电子请求率。

当事人通过复审和无效宣告电子请求系统提交复审无效请求的比率不断提高。据统计,2016 年全国复审电子请求率为 71.18%,无效电子请求率为 24.27%。该系统方便了当事人,有效缩短了立案周期。

第四章　信息化和文献

1. 信息化

编制完成国家知识产权局信息化“十三五”规划。建成中国专利受理及初步审查系统,在原离线客户端基础上新增在线互动电子申请和业务办理方式,有力促进专利申请、代理和审查质量提升,提高了便民利民的政府服务能力;建成新一代地方专利信息服务中心检索系统并完成首批试点,继续扩大向社会公众免费提供专利基础数据的范围。

(1)信息化建设。

稳步提升信息化效能,支撑各项审查业务快速发展。中国专利电子审批系统升级电子申请系统硬件,提升专利申请服务能力;实现专利年费减缴年限 3 年延长至 6 年,为申请人带来更多便利。专利检索与服务系统功能进一步完善,检索数据不断扩充,检索业务关键操作界面平均响应速度提高 1.8 倍以上。中国 PCT 申请国际阶段审查和流程管理系统发布应急系统,实现不间断受理 PCT 电子申请。

不断增强信息化资源保障。起草《核苷酸和/或氨基酸序列表电子文件标准》,完成 11 个专利业务通知书代码化标准研究工作,为提高专利审查数据的利用打好基础。国家知识产权局软件正版化工作得到国务院软件正版化督导检查工作肯定并推广经验。完成审查协作天津中心和四川中心过渡期信息化建设。

(2)专利信息公共服务。

精准提供专利信息公共服务。召开全国专利信息公共服务体系建设工作会议，制定新时期工作目标。2016 年 10 月与国防科技工业局签订专利数据资源使用协议，并持续为各地方专利信息服务中心提供数据支持。区域专利信息服务中心在继续对区域内政府、重点行业和产业开展专利信息服务的基础上，进一步完善和发展了高端专利信息服务等区域特色工作，并将服务体系延伸到所辖市区县及产业园区。持续提升地方专利信息服务中心服务能力，举办“全领域专利数据库系统暨专利信息运用与服务培训班”，提高系统应用水平。在山东省专利信息服务中心和济南市专利信息服务中心完成“新一代地方专利信息服务中心检索及分析系统”第 1 批试点工作，惠及 93 家企事业单位，并有 34 个地方中心已纳入系统下一批试点单位范围，惠及范围将进一步扩大。专利基础数据开放质量稳步提高，专利数据服务试验系统向公众提供中国标准化全文文本、著录项目和全文图像数据。在政府网站按月提供最新中国专利权威文档，为公众对所获取的中国专利文献数据开展完整性核查提供依据。

专利服务平台更加丰富，服务能力快速提升。完成 5 家新增快速维权中心信息化建设工作，通过优化业务流程支撑专利代办处开展快速维权业务。开通手机 App 应用——专利事务服务系统，提供专利费减证明备案、文件副本请求等服务。完成专利检索及分析系统用户界面和数据源全新升级并推出微信公众号移动终端版，开通专利登记簿查询和下载服务。推进集专利信息对外培训、讲座、研究与交流等功能为一体的专利信息传播利用综合服务平台建设工作。

(3)信息化国际合作。

持续深化信息化国际合作。与 26 个国家、地区和组织广泛开展数据交换工作，满足专利审查和公共服务需要。与 21 个国家、地区和组织(其中有 9 个是首次开展信息化交流合作，6 个为“一带一路”国家)深入开展双多边交流。稳步推进国家知识产权局牵头的 IP5 全球案卷法律状态项目与 ID5 优先权交换项目。巩固与欧洲专利局战略合作伙伴关系。云专利审查系统正式用户扩大至 3 家(新增秘鲁、沙特)，试用用户 39 家(新增 11 家)。专利检索及分析系统为 23 个国家和地区(新增 5 家)的知识产权局开通高级用户账号。

2. 文献

(1)文献资源。

全年共配置各类文献资源 162 种，其中专利资源 8 种，非专利资源 154 种，为专利审查、专利信息公共服务、宏观管理及相关研究等工作提供了基础保障；继续保持与 37 个国家(地区)或组织专利文献双边交换关系，向 7 个 PCT 国际检索与初审单位提供/赠予中国专利文献。

截至 2016 年底，国家知识产权局累计拥有 523 种专利文献资源，包括著录项目 184 种、全文图像 165 种、全文文本 82 种、专题数据 12 种、辅助检索 70 种、其他类 21 种。著录项目覆盖 104 个国家(地区)或组织，全文图像覆盖 102 个国家(地区)或组织，全文文本覆盖 35 个国家(地区)或组织。目前，中国专利文献总量超过 1800 万件。

数据加工质检工作取得 ISO9001 质量管理体系认证，实现了数据质量管理全流程质量管理体系覆盖。

(2)文献服务。

围绕审查工作需求持续优质高效开展文献提取与咨询服务；开展面向审查的知识化服务，向审查部门推送绿色化学、新能源化学相关技术信息；编制发布《各国家/地区专利文献号码检索指南》，覆盖 71 个国家和地区；加强数据库使用管理和培训，组织各类非专利数据库培训 19 次，累计培训 4100 人；完成知识产权文献数据库升级。

深化“互联网＋专利文献”服务模式，建立多层次、开放性、特色性大窗口服务格局。利用政府网站、“专利文献众享”微信公众号、微信群、电子邮件等推送专利文献相关知识、资讯，在线提供咨询、文献传递等服务。面向不同类型层次的社会公众，组织知识产权热点问题、专利意识深化、文献知识普及、信息利用技能等系列专题公益讲座。全年共组织 11 个专题的公益讲座 43 期，培训社会公众 6600 人次，比 2015 年增长 74%。利用网络课堂将参加公益讲座的省区市(副省级以上)由 2015 年的 15 个扩大至 47 个。知识产权陈列馆全年接待国内外团体参观 34 批 1506 人次。专利局专利文献部知识产权图书馆被科学技术部、中央宣传部、中国科协评为“全国科普工作先进集体”。

(3)文献分类与研究。

首次针对全部领域发明专利新申请文献同时开展 CPC 和 IPC 分类。2016 年推动 7 项 IPC 修订提案在 WIPO 成功立项，并促成其中 1 项获审议通过；向 WIPO 提供再分类数据 23.7 万条，圆满履行国际义务。加强专利文献与信息标准管理标准体系的建设与应用，完成《知识产权文献与信息 分类及代码》国家标准修订相关研究。完成世界主要国家、地区和组织专利信息工作政策等多项研究，为文献业务发展提供全面支撑。

(4)文献出版物。

全年出版发明、实用新型和外观设计专利公报文献共 2 622 499 件，其中发明公布 955 342 件，发明授权 333 153 件，实用新型 859 925 件，外观设计 474 079 件。利用刊物平台推广文献研究成果，编辑刊发公开出版物《专利文献研究 2016》；编辑刊发内部刊物《专利文献研究》6 期、《专利文献研究》专利技术综述特刊 2 期、《专利文献研究》增刊 5 期；编译刊发《国外知识产权资讯》20 期、《国外知识产权资讯专刊》6 期。

(5)专利信息传播与利用。

深化对全国专利信息传播利用工作的指导。编写并发放《全国专利信息传播利用 2015》白皮书。发布并实施《2016 年度全国专利信息传播利用工作计划》。修订完成《专利文献信息服务指引(2016)》。

推动专利信息传播利用体系进一步完善。纵向上，在 12 家专利信息传播利用基地持续推进工作体系建设与能力培育工作，推动专利信息传播利用工作向区县、园区进一步延伸，新增各类工作站点 40 余个；在湖北等 3 省份开展专利信息传播利用培育试点工作；继续面向西部 7 省区开展专利信息帮扶工作。横向上，探索建立行业性、跨区域的专利信息传播利用横向体系，与中国科学院文献情报中心签订专利信息工作合作备忘录，围绕国家重大科技 02 专项开展专利技术综述研究并推送研究成果，服务科技创新；在中国石油和化学工业联合会等 3 个行业协会开展行业能力培育试点工作。横纵交叉的立体化的专利信息传播利用体系初步形成。

促进专利信息工作融入知识产权强国建设。在北京、天津、上海等地组织开展专利信息助力创新创业试点、专利信息筛选及主动推送试点、企业专利信息利用能力建设试点工作。继续开展全球专利创新活动研究。围绕“雾霾防护用品”“可穿戴电子设备”“高速铁路机车动力系统”开展专利竞争情报研究。

专利信息传播利用人才工作逐步充实。形成领军人才 105 人，师资人才 296 人，实务人才 605 人的 3 级专利信息人才梯队；举办全国专利信息高级培训班 1 期，专利信息助力创新能力提升培训班 7 期，知识产权强企建设中专利信息利用工作指南宣讲培训班 6 期。

(6)专利文献国际交流与合作。

主办中、美、欧、日、韩知识产权局合作第一工作组第 15 次会议，推动五局分类合作政策性文件的进一步修改与完善；推动 6

项分类修订提案成为五局阶段修订项目。与欧洲专利局续签分类合作谅解备忘录；主办中欧联合专利分类实施小组第九次和第十次会议；组织两批学习团队赴欧洲专利局参加分类实习；向欧洲专利局提供中国专利文献CPC分类数据25.1万条。

第五章 宣传、人才培养和学术活动

1. 宣传

2016年，宣传工作紧密围绕国家经济社会发展大局，以宣传国家知识产权战略实施为主线，以增强全社会知识产权意识为目标，探索改进宣传工作的方式方法，全面展示我国知识产权事业的发展成就。

为配合《新形势下关于加快知识产权强国建设的若干意见》出台，先后在全国范围内举办16场宣传解读活动，听众累计达4000多人，申长雨局长及6位副局长分别参加部分活动并进行解读。组织中央新闻媒体采访团赴上海、安徽两省市开展“知识产权、竞争未来”主题采访活动，对我国企业运用知识产权提升创新能力、依靠知识产权成功实现“走出去”的典型案例进行宣传报道。年内，还对全国“两会”、全国局长会、2015年发明专利授权排行、“一带一路”知识产权高级别会议、外观设计五局会议、中国（大连）国际专利技术与产品交易会等各项重大活动开展了专项宣传报道。

联合中宣部等23个部门在全国范围内开展知识产权宣传周活动，期间，组委会各成员单位单独或者多部门联合开展活动70余项次。全国各地宣传周活动同步启动，形成国家、省、地、县四级联动，全国一盘棋宣传局面。通过举行启动仪式、召开新闻发布会、举办开放日等主题鲜明、形式多样的宣传活动，引起社会各界广泛关注。据不完全统计，各地区组织开展各项活动逾2000项次，企事业单位组织开展相关活动数百场次，全国知识产权相关原发新闻报道近2万条。

继续支持人民网建设“知识产权频道”，与中国科技网合作建设“知识产权板块”，联合《中国日报》出版《知识产权周刊》，委托《中国知识产权报》出版《知识产权双语周刊》。编辑出版刊物《每周知识产权舆情》《专利舆情周报》各52期，编辑《知识产权舆情特刊》《知识产权舆情专报》《知识产权舆情日报》等累计121期。进一步健全例行新闻发布制度，出台《国家知识产权局例行信息发布暂行规定》，围绕《关于严格专利保护的若干意见》发布、《中国专利密集型产业目录（2016）》发布等主题共举办6场新闻发布会。国家知识产权局政务微信公众号全年共推送200余期近1000条消息，公众号关注人数超过45 000人。

联合教育部继续开展全国中小学知识产权试点示范工作，25个省（区、市）的30所学校被评定为第2批全国中小学知识产权教育试点学校。组织举办全国中小学知识产权教育研讨培训班，各省区市知识产权局、首批试点学校代表参加研讨交流。首次参与全国青少年科技创新大赛组织工作，通过举办讲座、展览，设置咨询服务台等对参赛师生普及知识，提供服务。

2. 人才培养

（1）全国知识产权人才工作。

进一步加强知识产权人才工作顶层设计。围绕人才强国和知识产权强国建设的战略目标，研究制定《知识产权人才“十三五”规划（2016～2020年）》，以深化人才发展体制机制改革为主线，以培养知识产权急需紧缺人才为重点，系统规划未来几年全国知识产权人才工作，提出了一系列重大政策、重大工程和重大项目。

落实中央《关于深化人才发展体制机制改革的意见》，研究建立人才引进使用中的知识产权鉴定机制。牵头落实《国家中长期人才发展规划纲要（2010～2020年）》“实施知识产权保护政策”。落实国家专业技术人才知识更新工程，举办高级研修项目，开展重点领域知识更新，培训急需紧缺专业技术人才4000余人。

开展知识产权智库体系建设，发挥知识产权领军人才引领示范作用。评选产生第2批国家知识产权专家库专家155人。加强知识产权高端智库建设，邀请国内政治经济、科技教育、发展改革等领域的30名知名专家，成立第三届国家知识产权局专家咨询委员会。组织12期全国知识产权领军人才和专家库专家巡讲活动。

加强培训基地建设工作。截至2016年底，在全国19个省（区、市）批复设立国家知识产权培训基地24家，其中中小微企业知识产权培训基地3家。利用国家知识产权培训基地，探索完善产学研联合培养模式，围绕知识产权创造、运用、保护、管理等各环节，积极开展知识产权校企对接、联合培养试点、共享资源平台等工作，不断提升人才培养针对性和实效性。

制定2016年全国知识产权人才培训计划，重点围绕知识产权强国建设、知识产权助力创新创业、知识产权急需紧缺人才培训等主题，统筹指导全国知识产权系统知识产权培训工作。举办全国知识产权局局长高级研修班，针对“十三五”时期强国建设思路等进行研讨。举办全国知识产权专家高级研讨班，针对“国际视野下的知识产权强国建设”主题开展专家咨询研讨。联合国家行政学院举办厅局级知识产权专题研讨班，围绕知识产权强国建设、知识产权保护和运用“十三五”规划、完善知识产权维权援助体系等重点难点问题展开学习研讨。同时，为拓展视野，全年共选派70余人次赴美日欧等地进行出国（境）培训。

积极推动高校知识产权学院建设。国家知识产权局、辽宁省知识产权局、大连理工大学共建成立知识产权学院，签署战略合作协议，进一步加强知识产权专业人才培养，推动知识产权学科建设。支持上海成立了世界知识产权组织国际知识产权学院，设立知识产权法律硕士项目。赴辽宁、黑龙江、深圳等地开展人才工作专项调研，深入了解企业、服务业、高校和科研机构知识产权人才需求。

2016年，中国知识产权培训中心培训规模超过78万人次，同比增长178%。其中，面授培训班84期，培训人员7300余人次；远程教育有效选课学习约77万人次，新开设分站11个，分站总数达到144个，新开发上线远程课程82门，远程教育移动平台上线运行；国际培训班及研讨会29期，参会人员2000余人次，接待来自30多个国家、地区及国际组织的外宾300余人次，邀请外教来华授课22人次。2016年3月，与世界知识产权组织学院签订合作谅解备忘录，世界知识产权组织学院授权培训中心在全球范围内独家负责其远程教育中文课程的管理工作。2016年10月，培训中心负责建设和管理的世界知识产权组织远程教育中文平台正式启动运行。

（2）干部教育培训挂职工作。

举办两期司级领导干部能力建设培训班。共选派22名司局级领导干部参加调训班学习，20名司局级干部参加专题研修工作，继续组织司局级领导干部参加中组部中国网络干部学院在线学习。举办两期处级干部进修班，共培训学员118名。组织举办两期处级领导干部能力提升培训班，培训处级领导干部78名，该培训班在访谈往期学员的基础上对课程进行了优化调整，有效提升了处级领导干部领导、组织、创新、压力应对、公众演讲等诸方面的能力。举办处级领导干部轮训讲座，参加人数350余名。继续组织举办卓越领导力微课堂，培训人数70余名。举办两期青年管理骨干能力提升培训班，共培训学员190名。公务员初任培训151名。

2016年共选派233名干部进行挂职交流，其中选派到中央国家机关有关单位4名，地方政府、地方知识产权局、国家实验室、专利导航区及其他单位53名；选派到湖南桑植和河北崇礼扶贫支教6名；选派到局机关、局直属单位（包括京外审查协作中心)和社会团体挂职共 170 名。

(3)局内人才培养工作。

全面制定国家知识产权局《贯彻落实〈知识产权人才"十三五"规划(2016～2020年)〉行动计划》及任务分工方案,通过六项人才机制、三大人才工程、八类专门人才计划和四大支撑项目,明确了"十三五"人才工作重点。

完成局 75 名第三批高层次人才培养对象结业考核。举办知识产权强国论坛,为知识产权强国建设建言献策。举办"五大发展理念与供给侧结构性改革""'一带一路'战略下的知识产权保护与管理"等中高端人才专题培训班共 8 期,培训总人数 973 人次。积极开展中高端人才专利战略引导项目,共计 50 名中高端人才参与了 5 项课题研究。开展国家知识产权局"建设世界一流专利审查机构"征文活动,全局 39 个部门单位参与,投稿作品 762 篇。举办第三届全局人才工作会议,甘绍宁副局长出席并作重要讲话,总结"十二五"全局人才培养工作和教育培训工作,统筹"十三五"人才工作。

大力推进培训标准统一。制定发布《京外专利审查协作中心新审查员入职培训考核办法(试行)》,京外专利审查协作中心新人课程体系一致率达到 90%以上。试点开展智能在线考试。共计发放新入职审查员集中阶段结业证书 5745 本。

制定发布《关于开展新审查员在岗培训工作的指导意见》。建立审查业务培训师资评审专家库,共为各中心评审局级教师 59 人次,新增局级后备教师 436 人次,扩充了京外中心高水平师资队伍。

通过长中短期班结合、线上线下互补的形式,针对各级人才有针对性地组织开展各类外语培训,完善我局外语培训体系,全年共计 630 余人次。其中举办英、日、法等 22 个常规外语培训班,培训 490 余人次;举办北京语言大学脱产外语培训班,培训 40 余人次;北京语言大学韩语脱产培训班,培训 15 余人次;举办无忧英语在线高级英语培训班,培训 100 余人次。组织 15 人赴西班牙阿利坎特大学,25 人赴韩短期培训,55 人次参加欧洲专利学院在线课程学习,选派 3 人参加欧洲专利学院工作坊,3 人参加欧洲专利局研讨会。举办 3 期涉外教师培训班,培训国家知识产权局涉外教师、国际型审查人才培养对象等约 40 人次。

进一步加强审查员专业技术培训工作。依托 13 家审查员实践基地,继续开展在岗审查员专业技术知识更新与实践培训工作、专业技术调研工作和专业技术实习工作。全年派出实践、调研和实习团组 154 个,计 906 人次。派出 98 人次参加专业学术会议。创新开展审查员专业技术实践培训指导专家选拔工作,选拔了首批指导专家 10 人、工作助手 16 人,明确了指导专家工作内容、流程与职责。在国家知识产权局外网主页开辟了审查员实践基地网站。推进企业专利实务教学研究工作,新开发《专利权质押》《专利挖掘实战》等 5 门课程。开展企业专利实务课程巡讲调研,为实践工作顺利开展提供保障。

依托人才资源管理系统,加强审查员专业技术培训审批管理。推进 SIPOLeMS 二期系统建设,开展在线培训 15000 余人次。

(4)涉外培训工作。

新开发《中国知识产权国际合作的现状》等 3 门涉外培训课程。针对来自亚、非、拉美地区的官员,海湾国家合作委员会专利局审查员,沙特局审查员,朝鲜局审查员,东盟十国及秘书处审查员和官员举办 5 期涉外培训班,94 人参加。选派 2 名审查业务专家赴 GCC 专利局提供为期 1 个月的培训。

3. 学术活动

组织完成 2016 年度 9 项专项课题、30 项一般课题、10 项"青春求索"青年研究专项课题、10 项专利分析普及推广项目课题，重点围绕专利战略性问题、专利审查热点难点问题、专利审查综合能力提升问题和专利国际问题等方面开展一系列研究。

举办6场行业协会实战培训，10场专利分析方法培训，向社会推广专利分析成果和方法，为各行业和各省市培养专利分析人才。举办2期中国专利学术论坛。举办36期技术说明会、3场专利技术综述培训班。

编辑出版《学术观察》7期、《审查业务通讯》12期、《产业专利分析报告》系列丛书第39～48册。

第六章　港澳台交流活动

2016年，国家知识产权局与港澳台地区知识产权领域的交流合作内容更加丰富，层次不断提升，取得新成效。

1. 与我国港澳地区的交流

积极推动与香港知识产权署签署的《关于专利领域合作安排》及与澳门经济局签署的《知识产权领域协议》相关合作内容的落实。通过高层访问、业务交流和举办会议等多种形式，促进内地与港澳地区的知识产权交流。

2016年10月，何志敏副局长率团赴澳门参加2016年内地与香港特区、澳门特区知识产权研讨会，进一步夯实了内地与港澳交流合作的基础；深入务实的人员互访和交流，将内地与港澳知识产权交流合作提升至新高。

2016年6月，接待香港知识产权署团来访，就审查业务进行交流。9月，组团赴香港进行业务交流。12月，组团赴香港参加第六届亚洲营商论坛并与香港特区知识产权界人员交流。组织国家知识产权局专利局专利审查协作广东中心赴香港和澳门参加相关会议和活动。

2016年，继续为澳门经济局提供专利实质审查协助。

2. 与我国台湾地区的交流

继续稳步落实《海峡两岸知识产权保护合作协议》，积极有效地开展各项工作，以知识产权交流促进两岸经济发展，切实维护两岸同胞的知识产权合法权益。

2016年12月，国家知识产权局专利局副局长徐聪率团赴台北参加两岸专利论坛，并首次邀请大陆企业发言人赴台发言，增进两岸知识产权领域民间交流，为两岸专利界和产业界人士提供良好的交流互动平台。

2016年3月，接待我国台湾地区“智慧财产局”和“智慧财产法院”一行4人来国家知识产权局进行业务交流。5月，组团赴台北进行审查案例业务交流。

第七章　国际合作

2016年，国家知识产权局积极开创知识产权国际合作交流新局面。继续深化与世界知识产权组织(WIPO)、各国各地区知识产权机构的友好合作，不断拓展新的合作伙伴关系。2016年新签订36份知识产权各类多双边合作协议、会议纪要、联合声明、工作计划、谅解备忘录等，截至2016年底正在实施的共计168份。知识产权国际合作工作成果丰硕。

1. 涉外知识产权统筹协调

2016年，国家知识产权局切实履行知识产权涉外统筹协调职能，推动相关工作发展，圆满完成各项工作。

牵头组织协调有关部门参加WIPO框架下及国际植物新品种保护联盟(UPOV)等国际组织的各类会议，包括发展与知识产权委员会(CDIP)、商标、工业品外观设计和地理标志法律常设委员会(SCT)、知识产权与遗传资源、传统知识和民间文学艺术政府间委员会(IGC)等会议。2016年10月，申长雨局长率中国政府代表团出席WIPO第56届成员国大会系列会议。

2. 参加机制性对话和磋商谈判

继续深度参与中美战略与经济对话、中美创新对话、中美商贸联委会等中美政府间对话机制，积极参加中欧知识产权对话，中英、中法经济财金对话政策成果磋商，中意政府间委员会以及中美、中欧、中瑞（士）、中俄、中巴（西）知识产权工作组会议等机制性会议和磋商谈判。

积极参加中日韩自贸区以及区域全面经济伙伴关系协定（RCEP）、中国—格鲁吉亚自贸区协定以及中国—欧亚经济联盟经贸合作协议中有关知识产权章节的谈判。

3. 与世界知识产权组织（WIPO）的合作

2016 年，进一步深化与 WIPO 的合作。双方高层举行了 23 次会晤，深入交换对知识产权事务的看法。首次在华举办WIPO发展中国家培训班，启动 WIPO 远程教育中文平台。在多领域与 WIPO 开展人员交流，支持国家知识产权局国际化人才队伍建设。继续向 WIPO 中国信托基金捐款，额度进一步增加，有力地配合和促进WIPO框架下的发展事务工作。

4. 多边合作

（1）中美欧日韩发明五局（IP5）合作。

2016 年，继续深入参与 IP5 并发挥积极影响。5 月，2016 年中美欧日韩发明五局合作局长系列会议在日本召开，何志敏副局长率团参加，并先后出席了五局副局长会议、五局局长与产业界会议、五局局长会议。会议期间，还分别与欧洲专利局（EPO）、日本特许厅（JPO）及 WIPO 举行了双边会谈。在此次会议上，国家知识产权局成功推动《2016 年东京五局合作联合声明》，延续 2015 年所提出的“为用户和公众提供更好服务”的理念。在五局局长与产业界会上，国家知识产权局牵头的程序性业务规则和共同的专利审查高速路（PPH）请求表项目获得了产业界代表的一致支持，有助于申请人了解各局程序性业务规则和简化向各局提交 PPH 申请。

（2）中美欧日韩外观设计五局（ID5）合作。

2016 年国家知识产权局轮值担任 ID5 秘书局并于 11 月在北京举办了 2016 年工业品外观设计五局合作年度会议。申长雨局长与其他四局代表共同签署了《2016 年工业品外观设计五局合作联合声明》。会议批准了 12 个合作项目，并对 ID5 内部运行指南、ID5 未来发展方向以及用户参与 ID5 的模式等进行了深入探讨与展望。同时，还举办了五局与产业界对话会，五局分别向产业界通报了各局最新工作进展以及牵头的 ID5 合作项目，并与产业界代表就其关心的议题进行了讨论。会议增进了各国产业界对 ID5 相关工作的了解，有助于五局进一步听取用户意见，推动 ID5 成果更好地惠及用户和公众，也为与会各方深入了解中国外观设计领域建设成果提供了良好的平台。

（3）金砖国家知识产权合作。

金砖国家知识产权合作务实发展，取得重大突破。2016 年 6 月，何志敏副局长率团参加了在俄罗斯莫斯科举行的第 6 届金砖国家知识产权局局长会议，签署了第 6 届金砖国家知识产权局局长会议纪要。会上，国家知识产权局就金砖国家知识产权合作提出了一揽子发展合作建议，并通过了金砖国家知识产权合作路线图下六大合作领域的项目文书。10 月，申长雨局长率团参加了在瑞士日内瓦举行的第 7 届金砖国家知识产权局局长会议，俄罗斯联邦知识产权局代表金砖五国首次在世界知识产权组织第 56 届成员国大会上发表共同声明，支持在外观设计法条约中明确技术援助内容。

2016 年，国家知识产权局派员参加了首届金砖国家审查员研讨会、首届金砖国家知识产权合作协调小组会议以及由南非公司与知识产权注册局举办的金砖五国中小企业研讨会。金砖五国知识产权局启动了专利分类合作和在线培训课程领域的合作项目。

（4）中国—东盟知识产权合作。

2016 年，与东盟知识产权合作不断加

强。9月，在广州举办2016年中国—东盟专利审查培训班。11月，何志敏副局长率团参加了在马来西亚吉隆坡举行的第七届中国—东盟知识产权局局长会议，通过中国一东盟2016～2017年度知识产权合作工作计划。向柬埔寨、菲律宾、缅甸派出传统医药数据库专家组，完成中国—东盟传统医药数据库领域合作总结与分析报告，进一步推进与东盟在传统医药数据库建设方面的合作。

（5）中日韩三局合作。

中日韩三局合作推进顺利，在专利审查、外观设计、自动化、工作共享、复审和培训机构等领域开展了务实合作。2016年12月，第16次中日韩三局局长政策对话会和第四届中日韩知识产权研讨会在日本小田原市召开，申长雨局长与日本特许厅长官和韩国特许厅厅长率团出席会议并签署了会议纪要。2016年6月，召开中日韩外观设计专家会、外观设计论坛。

（6）中蒙俄合作。

继续稳步推进中蒙俄三边合作。2016年9月，申长雨局长率团赴蒙古乌兰巴托参加第四届中蒙俄知识产权研讨会。研讨会期间，中蒙俄3国知识产权局局长举行三边局长会，共同签署了《中蒙俄知识产权局2016～2017年合作行动计划》，明确了2016～2017年三局在中蒙俄研讨会、局长会、人员培训、信息化工作、经验交流等方面的具体活动安排。

5. 双边合作

（1）与欧洲专利局（EPO）的合作。

2016年，与欧洲专利局的传统友谊进一步巩固，战略伙伴关系继续深化。与EPO合作的七大领域50多个小项（数据交换、自动化、分类、能力建设、审查业务交流、复审交流、专利信息等）所涉及的合作活动均顺利完成。继续组织安排国家知识产权局分类员和审查员赴EPO参加联合专利分类（CPC）培训，不断提升CPC分类质量。与欧洲专利局就数据交换和EPOQUE系统使用进行深入交流。

9月，申长雨局长率团赴法国参加两局第十次局长会议，签署两局2017年度工作计划和会议纪要。

（2）与欧盟知识产权局（EUIPO）的合作。

2016年，与欧盟知识产权局的合作项目顺利推进。认真落实国家知识产权局外观设计数据加入Designview项目。积极跟踪欧盟知识产权局（原欧洲内部市场协调局）更名及其《2020战略规划》进展，推动双方战略伙伴关系进一步深化。10月，申长雨局长与欧盟知识产权局局长安东尼奥·坎普诺斯在日内瓦举行局长会谈。

（3）与欧盟的合作。

继续积极参加中欧知识产权对话、中欧知识产权工作组会议以及中欧法律交流等。与中欧新知识产权项目（IP—KEY）积极开展合作，在北京、重庆和广东中山成功举办了注册式共同体外观设计和欧洲专利巡回研讨会。

（4）与欧洲国家的交流与合作。

2016年，进一步加强了与欧洲各国在知识产权领域的友好合作关系，尤其是深化与“一带一路”沿线有关国家的交流合作。与英国、法国、德国、瑞士、丹麦、波兰、匈牙利、捷克、塞尔维亚、保加利亚、摩尔多瓦、格鲁吉亚、拉脱维亚、立陶宛、俄罗斯等国家的知识产权机构和欧亚专利局开展了高层交流。与欧洲专利局、欧盟知识产权局、瑞士、意大利、波兰、捷克、英国、法国、格鲁吉亚、阿尔巴尼亚、保加利亚等签署14项双边合作协议、工作计划或会谈纪要。恢复与意大利、保加利亚和葡萄牙的合作关系，新开拓与拉脱维亚、立陶宛等的合作关系。

（5）与美国的交流与合作。

2016年，何志敏副局长多次与美国专利商标局斯里夫副局长举行会谈，就两局进一步深化各领域合作达成重要共识。6月，何志敏副局长出席第七次中美创新对话并以“知识产权促进创新发展”为题发表主旨发言，全面介绍了中国在加强知识产权保护和运用，促进中国创新和经济发展方面所做的努力。11月，两局联合在北京举办了中美部分外观设计保护研讨会，增进了双方在部分外观设计保护领域的理解与交流。

（6）与拉丁美洲国家的交流与合作。

2016年10月，何志敏副局长访问厄瓜多尔、智利和阿根廷，与阿根廷签署首份合作谅解备忘录，建立正式合作关系；与厄瓜多尔高等教育、科技及创新部以及厄瓜多尔知识产权局签署第一份三方合作协议，提升合作层次；与智利续签合作谅解备忘录，巩固中智知识产权合作成果。

（7）与大洋洲国家的交流与合作。

与澳、新等国继续开展共赢合作，就政府知识产权公共宣传和公共服务等议题深入交流经验，有力推动合作。

（8）与海湾合作委员会（GCC）专利局及其成员国的交流与合作。

不断提升对GCC专利局代审服务质量，持续为GCC专利局及其成员国提供各类人员培训，并选派2名讲师赴GCC专利局授课。12月，国家知识产权局党组成员、直属机关党委书记肖兴威率团访问沙特，分别与沙特国王科技城、沙特专利局及GCC专利局进行工作会谈，与沙特专利局签署了两局2017～2018年度合作行动计划。

（9）与亚洲和非洲国家的交流与合作。

2016年，国家知识产权局进一步加强与亚洲国家知识产权机构的交流与合作。与文莱、柬埔寨、马来西亚、印度、伊朗、以色列、日本、韩国、新加坡、土耳其、蒙古等国知识产权机构开展高层交流。与印度、孟加拉国、斯里兰卡、卡塔尔等国开展工作层交流，探索建立合作关系。3月，甘绍宁副局长率团访问以色列、柬埔寨，参加中国—以色列创新合作联合委员会第2次全体会议并对以色列专利局进行工作访问，与柬埔寨商务部、工业和手工业部举行工作会谈并签署双边合作年度工作计划。12月，国家知识产权局党组成员、直属机关党委书记肖兴威率团访问伊朗知识产权中心。

继续拓展和深化与中亚国家知识产权机构的双边合作。6月，申长雨局长访问乌兹别克斯坦，代表中国政府签署了中国与乌兹别克斯坦政府间知识产权保护合作协定，并访问乌兹别克斯坦知识产权署；11月，中国与吉尔吉斯斯坦知识产权领域合作协议签署，标志着两局合作进入新阶段；3月，何志敏副局长率团访问吉尔吉斯斯坦和塔吉克斯坦，与两局分别签署相关工作计划。

同时，国家知识产权局与非洲国家知识产权机构、非洲地区性国际组织的友好合作关系得到进一步深化。3月，申长雨局长会见来访的摩洛哥工业和商业产权局局长，双方就进一步推进在专利云审查、PPH和知识产权战略等方面的合作达成共识。12月，何志敏副局长率团赴津巴布韦参加非洲地区知识产权组织（ARIPO）行政理事会及相关系列活动，期间与ARIPO总干事举行双边会谈，签署了国家知识产权局与ARIPO 2017～2018年行动计划。何志敏副局长还率团访问了尼日利亚商标、专利及外观设计注册局和埃塞俄比亚知识产权局，与尼日利亚商标、专利及外观设计注册局就2017～2018年工作计划展开磋商，并与埃塞俄比亚知识产权局签署了2017～2018年行动计划。

6. 与“一带一路”沿线国家的合作与交流

2016年7月，国家知识产权局与国家工商总局、国家版权局、商务部、北京市人民政府以及世界知识产权组织在京联合举办了“一带一路”知识产权高级别会议。这是2013年“一带一路”倡议提出后，国内首次举办面向“一带一路”沿线国家的知识产权高级别会议，开启了该区域知识产权合作的新篇章。会议通过了《加强“一带一路”国家知识产权领域合作的共同倡议》，发布了《“一带一路”知识产权高级别会议中方主办单位加强“一带一路”知识产权合作的措施》。《共同倡议》和《合作措施》两份文件分别从国际、国内两个层面明确了“一带一路”知识产权合作的内容和形式，标志着“一带一路”知识产权合作框架基本形成，合作机制初步建立。

7. 面向发展中国家的培训

国家知识产权局继续利用面向发展中国家培训基金进一步加强与发展中国家和“一带一路”沿线国家知识产权机构的友好合作关系。2016 年，共举办 7 次面向发展中国家知识产权培训班，邀请来自东欧及欧亚、亚非拉等地区，包括 ARIPO、非洲知识产权组织（OAPI）、东盟成员国及秘书处、GCC、沙特、朝鲜、吉尔吉斯斯坦、哈萨克斯坦、塔吉克斯坦、乌兹别克斯坦、蒙古、伊朗、土耳其、秘鲁、欧亚专利局、亚美尼亚、格鲁吉亚、保加利亚、塞尔维亚、阿尔巴尼亚、黑山、乌克兰、白俄罗斯、摩尔多瓦、波黑、马其顿、埃及、埃塞俄比亚、摩洛哥、尼日利亚、南非、巴西、智利、厄瓜多尔、古巴、哥斯达黎加、墨西哥、秘鲁、阿根廷等 46 个国家和地区的 118 名知识产权官员参加培训，以此为平台进一步促进国家知识产权局与各发展中国家知识产权领域的交流与合作。

8. 审查业务合作

2016 年，完成了与德国、韩国、奥地利、瑞典、冰岛、英国、以色列以及中美欧日韩五局的 PPH 试点延长的磋商工作。2016 年 3 月 1 日启动与匈牙利的 PPH 试点项目。目前，共签署 20 项 PPH 试点协议。

继续开展与日、韩、英、芬等局的审查员互派或交流项目，进一步增进在审查业务规则和实务领域的理解与互信。

9. 与知识产权业界和相关机构的交流

2016 年，国家知识产权局领导会见了丹麦商业和增长大臣托尔斯·伦德·保尔森、欧洲议会法律委员会议员泰蕾兹·科莫蒂尼·卡夏、国际知识产权律师联合会会长道格拉斯·迪斯、国际保护知识产权协会会长菲利普·克拉罗、美国电子电气工程师协会标准协会主席卡拉查理奥斯、美中贸易全国委员会高级副会长欧玉琳、欧盟商会主席伍德克、中国美国商会会长毕爱伦、诺基亚大中华区高新科技研发业务总裁拉姆兹·海德姆兹、荷兰壳牌公司法律总顾问卡伦·科克伦、爱立信全球副总裁及策略与专利组合管理部部长马蒂尔斯·赫尔曼，美国应用材料副总裁邝锦安、爱普生公司知识产权本部长高田俊哉等政府部门、行业协会和企业的高层。

2016 年，接待了国际许可贸易工作者协会、韩国律师协会、日本知识产权协会、日本贸易振兴机构北京代表处知识产权部、美国生物技术创新组织、英国玛丽女王大学商法学院、美国新罕布什尔大学法学院、法国保乐力加集团、瑞士罗氏公司等协会、高校和企业的来访。

（国家知识产权局办公室供稿）

集成电路布图设计登记申请

2016 年，国家知识产权局收到集成电路布图设计登记申请 2360 件，予以公告并发出证书 2154 件。自 2001 年 10 月 1 日《集成电路布图设计保护条例》实施以来，国家知识产权局共收到集成电路布图设计登记申请 15 535 件，予以登记公告并发出证书共计 14 043 件。

（国家知识产权局办公室供稿）

商标工作

2016年是“十三五”开局之年，也是商事制度改革进一步深化、商标注册和管理制度改革破冰的一年。全国各级工商行政管理和市场监督管理部门认真贯彻落实党的十八大和十八届三中、四中、五中、六中全会精神，按照国家工商总局党组决策部署，深入落实国务院简政放权、放管结合、优化服务的改革要求，大力推进商标注册便利化改革，切实加强商标监管执法，积极推动商标品牌战略实施，为推动品牌引领经济发展，建设商标品牌强国发挥了积极作用，各项工作成效显著。

一、商标注册便利化改革加快推进

随着商事制度改革持续推进，改革红利得到有效释放，市场活力得到有效激发，2016年，商标注册申请量达369.1万件，同比增长28.35%，再创历史新高。2016年7月14日，国家工商总局印发《工商总局关于大力推进商标注册便利化改革的意见》，以解决商标注册和管理过程中存在的问题为导向，以实现商标注册便利化为主线，从拓展申请渠道、简化商标注册手续、优化商标注册流程、完善审查机制、加强商标信用监管五个方面着手改革。2016年底，部分改革措施已切实落地见效：一是拓展商标申请渠道，在全国设立了15个商标注册申请受理窗口、30个地方注册商标质权登记申请受理点。二是简化手续优化流程，商标注册申请受理通知书发放时间缩短至3个月内，改变出具商标注册证明方式，为申请人提供优质服务。三是完善商标审查机制，实行商标审查工作部分委托、服务性工作全部外包，商标审查协作广州中心启动运行，积极推行独任审查制，合理调配审查力量，多措并举确保法定审限，缩短审查周期。全年共签发商标注册申请299.95万件，审结商标评审案件12.52万件。截至2016年底，商标累计申请2209.4万件，累计注册1450.9万件，有效注册商标1237.6万件。

二、商标品牌战略实施向纵深发展

一是加强商标品牌战略顶层设计。我国经济发展进入新常态，党中央、国务院高度重视品牌工作，国家工商总局准确把握新形势新特点，将商标战略深化和发展为商标品牌战略，广泛征求社会各界意见，研究起草了《关于新形势下深入实施商标品牌战略的意见》。二是加强对地方商标品牌战略实施工作的指导和支持。2016年12月1日，国家工商总局与广东省政府签署了《国家工商总局 广东省人民政府建设商标品牌强省战略合作框架协议》，同日，国家工商总局批复同意在广州市设立国家商标品牌创新创业（广州）基地。三是加强商标品牌研究工作。积极推进“商标与经济发展关系”课题研究报告的宣传与运用，加快构建商标品牌价值评价体系。

三、商标监管执法力度不断加强

全国各级工商和市场监管部门按照国家工商总局统一部署，着力加强商标行政执法力度，以高知名度商标、地理标志、涉外商标为重点，深入开展打击侵权假冒工作，切实加强商标专用权保护，有效维护了公平竞争的市场环境。2016年全系统共立案查处侵权假冒案件2.8万余件，涉案金额3.5亿元；捣毁制假售假窝点717个；依法向司法机关移送涉嫌犯罪案件293件，涉案金额1.6亿元。同时，国家工商总局不断完善打击侵权假冒工作长效机制，推进商标行政执法信息共享平台建设，利用信息化手段加强商标监管工作，积极推进线上线下一体化监管，不断加强代理机构监管工作，大力推进跨区域、跨部门商标执法协作，完善行政执法与刑事司法衔接工作机制，提升监管合力。

四、商标品牌创新运用能力不断增强

一是商标品牌创新力度进一步加大，与广东省政府签署商标合作框架协议，支持广州建设国家商标品牌创新创业基地。二是积极推进商标品牌国际化工作，深化商标领域国际交流与合作。举办马德里商标国际注册体系成立125周年纪念活动，促进商标国际保护和全球化发展，加强商标国际注册的宣传培训，指导地方开展商标国际注册工作。2016年，我国申请人提交马德里商标国际注册申请3014件，同比增长29.8%，在马德里联盟中排名第五位。三是指导企业开展商标权资本化运作，运用商标专用权质押帮助中小企业解决“融资难、融资贵”问题。2016年，共办理注册商标专用权质权登记1410件，帮助企业融资649.88亿元。四是持续推进“商标富农”和运用地理标志精准扶贫工作，深入基层开展地理标志和农产品商标运用、管理工作的调研，加强对地方开展地理标志工作的指导力度。截至2016年底，地理标志商标累计注册3374件。

五、商标公共服务水平不断提高

一是不断优化商标注册大厅、商标局驻中关村办事处、商标局驻广州办事处、地方商标受理窗口等单位的服务，严明工作纪律，规范工作流程，提升服务水平。二是不断改善中国商标网公共服务功能，扩大网上申请比例，着力为申请人提供高效便捷的商标注册服务。全年网上注册申请商标300.1万件，占同期申请总量的81.29%。三是加强宣传和舆情应对工作。拓展宣传渠道，确保改革动态及时通过各类媒介传达给社会公众，制作了卡通版《商标注册申请指南》向公众免费赠阅。

六、商标工作基础建设取得新成绩

一是完成《商标审查及审理标准》修订工作。商标局和商标评审委员会成立审查、审理标准修订小组，在反复征求意见的基础上，2016年完成了《商标审查及审理标准》的修订工作，2017年1月对外界发布。二是修订完成了新的《商标档案归档范围及保管期限表》《商标文件资料保管期限表》。三是加强商品分类研究，着手对商品服务数据库进行分阶段和分类别逐步清理。四是不断加强商标信息化建设，完成服务器内存扩容，提升网上申请的服务速度。

（国家工商行政管理总局商标局供稿）

反垄断与反不正当竞争工作

2016年，是“十三五”规划的开局之年。全国反垄断和反不正当竞争执法系统认真贯彻落实党中央、国务院相关文件精神，以强化知识产权保护为重点，切实加强事中事后监管，加大反不正当竞争执法力度，各项工作取得新成绩，为维护公平竞争的市场环境作出积极贡献。

一、强化对侵犯知识产权不正当竞争行为的行政执法，加大知识产权保护力度

2016年，全国工商、市场监管部门（以下简称工商机关）以关注民生为切入点，加大反不正当竞争执法力度，查处了一批假冒注册商标、仿冒知名商品特有名称包装装潢等侵犯知识产权的不正当竞争案件，通过案件查办实现了打击违法行为与保护知识产权相结合。据统计，2016年全国工

商机关共查处侵犯知识产权不正当竞争案件5710件，案值1.09亿元，没收金额215万元，罚款金额5612万元。其中，假冒他人注册商标案件4163件，案值7434万元，没收金额105万元，罚款金额3974万元；仿冒知名商品特有的名称、包装、装潢案件1137件，案值1459万元，没收金额77万元，罚款金额1075万元；冒用他人的企业名称或姓名案件358件，案值1988万元，没收金额30万元，罚款金额448万元；侵犯商业秘密案件52件，案值53万元，没收金额1.38万元，罚款金额113万元。移送有关部门处理案件62件，其中移送司法机关处理27件；查处利用网络从事侵犯知识产权不正当竞争案件51件。

各地工商机关结合自身实际，对部分行业和商品开展重点整治。四川省工商机关通过开展"红盾春雷行动2016"和"双保"工作，加大对知名企业和知名品牌的保护力度，查处了"金多宝"涉嫌仿冒"加多宝"特有包装装潢案、四川煜发公司涉嫌侵犯华润雪花啤酒"雪花"注册商标专用权案、烟台长城公司涉嫌侵犯中粮集团注册商标专用权案等。在国家工商总局统一部署下，充分利用跨区域的执法协作机制，协调全国16个省(市、区)工商机关牵头开展四川帝王洁具股份有限公司投诉案件查处工作，有效保护了企业的知识产权。

山东省工商机关开展了为期三个月的"六个核桃"饮品专项打假维权行动，重点对仿冒"六个核桃"饮品包装装潢和注册商标的产品进行专项整治，已立案办结29家，责令改正37家，罚没金额31万余元。案件查办过程中，加强部门及区域间执法协作，密切与公安、检察院、法院、食药监等部门的信息沟通与执法协作，与河北、江苏、河南、安徽等省建立"冀苏鲁豫皖"反不正当竞争执法协作机制，形成执法合力。

重庆市工商机关开展了保护"迪士尼""中国黄金""同仁堂""六个核桃"注册商标专用权专项执法行动，有效净化了市场环境。通过"两法"衔接信息共享平台，实现了与公安机关信息的无缝对接，建立起良好的执法联动机制。2016年，共移送司法机关案件10件，司法机关对42人依法追究了刑事责任，其中，向公安机关移送的侵犯"NVC""雷士"和"三雄极光"注册商标专用权案，经过公安机关的缜密侦查，打掉了一个涉及6省市、案值超过2700万元、刑拘17人的犯罪团伙。

二、推进线上线下监管的有机结合，针对互联网领域开展专项整治

各地工商机关加大对互联网领域的侵权仿冒行为监管和执法力度。加强对实体经营者网上经营、宣传的监督检查，实行网上网下相结合，严厉打击网上销售假冒产品、侵犯知名商品特有名称包装装潢、虚假宣传等不正当竞争行为。针对互联网的"刷单炒信"等行为开展重点打击。

重庆市工商机关充分发挥工商情报信息系统的优势，构建专题信息监测模型，实现对违法行为的定向监测，着力突破网络案件的查办难点，查处了"蓝天店主网"为他人虚假提升商誉案，涉案金额达1.06亿元。2016年，全市工商系统网上检查网站(店)2.24余万次，实地检查网站经营者5142户，删除违法商品信息428条，责令整改网站468个，关闭网站80个。

浙江省工商机关在开展的"红盾网剑"专项行动中，共查处炒信案件349件，查处炒信平台5家。杭州西湖区工商局一举端掉四家网络刷单平台，涉及淘宝、天猫、京东、蘑菇街等国内知名电商平台，涉案刷单金额累计高达1.2亿元，涉案商家1.86万家，涉案刷手6.36万名，有力地规范了互联网不正当竞争行为。

三、推动《反不正当竞争法》修订工作，完善充实不正当竞争行为的法律界定

继2015年底将《〈反不正当竞争法〉修

订草案送审稿》报送国务院法制办后，持续采取多种途径积极推进修法进程。在送审稿已经上报后仍积极配合法制办做好公开征集意见的整理，完成了对各部委意见以及 1787 条社会各界意见的整理和归纳；借助高校专家团队进行修法重点难点问题论证，以相关条款为主题形成了九份参阅资料，为进一步修订完善相关条款提供理论和实践支撑。目前，《反不正当竞争法》的修订工作已进入全国人大审议阶段。《反不正当竞争法(修订草案)》针对实践中的突出问题，补充、完善了相关规定，涉及知识产权领域的主要有：一是与《商标法》第 58 条的规定相衔接，对“将他人注册商标、未注册的驰名商标作为企业名称中的字号使用，误导公众”构成不正当竞争的情形予以明确规制。二是加强商业秘密的保护，增加规定商业秘密权利人的员工、前员工侵犯商业秘密的情形，还增加规定国家机关工作人员，律师、注册会计师等专业人员对其履职过程中知悉的商业秘密的保护义务。三是加强对侵犯知识产权不正当竞争行为的行政处罚力度。下一步将继续配合立法部门，积极推进《反不正当竞争法》的修订进程，并适时开展配套规章的修订完善工作。

四、组织中欧反不正当竞争研讨交流，拓宽知识产权保护国际视野

2016 年 11 月，国家工商总局组织召开了中欧反不正当竞争研讨会，内容涉及商业外观保护、反不正当竞争法“诚实信用”等原则的适用、滥用地理标识欺骗消费者、商业诋毁等其他不正当竞争行为的规制等方面，促进了国内工商机关、司法机关及欧方相关部门的交流，拓宽了国际视野。参加中欧知识产权合作项目(IP Key)、中欧、中美知识产权工作组会议、中美商贸联会等国际会议，交流介绍《反不正当竞争法》的修订情况和对商业外观保护、商标与企业名称字号权利冲突的有关进展，加强与欧盟、美国之间在反不正当竞争领域的研讨交流，推动了反不正当竞争法视野下的知识产权保护工作。

(国家工商行政管理总局
反垄断与反不正当竞争执法局供稿)

版权工作

2016 年，全国各级版权行政管理部门认真落实党中央、国务院关于新形势下加强版权工作有关要求，以十八大及十八届三中、四中、五中、六中全会精神为指引，坚持体制机制创新，围绕中心，服务大局，各项工作取得显著成绩。

一、版权执法监管工作成效显著

(一)深入开展打击侵权盗版专项行动

一是扎实推进“双打”工作。按照国务院关于打击侵犯知识产权和制售假冒伪劣商品专项行动的工作部署，国家版权局印发《2016 年全国新闻出版(版权)打击侵权假冒工作要点》，部署打击侵权假冒重点工作。全年全国各级版权行政执法监管部门共检查经营单位 878 013 家，取缔违法经营单位 6243 家，查获地下窝点 325 个，行政处罚 3065 起，移送司法机关版权行政案件 189 件，收缴各类盗版品 1291.97 万件。二是联合开展“剑网 2016”专项行动。联合国家互联网信息办公室、工业和信息化部、公安部开展打击网络侵权盗版“剑网 2016”专项行动，对网络文学侵权盗版、App 侵权盗版、网络广告联盟等进行专项整治。专项行动期间，各地共查处网络行政案件 514 件，行政罚款 467 万元，移送司法机关刑事处理 33 件，涉案金额 2 亿元，关闭网站 290 家。

(二)科学强化版权重点监管

一是继续推进国家版权监管平台建设,完成平台二期第三阶段主要建设任务。二是加强网络文学作品版权管理。印发《关于加强网络文学作品版权管理的通知》,建立网络文学作品版权监管"黑白名单"制度,要求网络服务商建立通知删除机制等四项工作机制,先后查处了江苏苏州"风雨文学网"等侵犯著作权案。三是开展春晚、国产电影专项保护。印发《关于禁止未经授权通过网络传播中央电视台 2016 年春节联欢晚会的通知》,对"央视 2016 春晚"网络传播进行专项保护。在中秋国庆期间,对《湄公河行动》等国产优秀电影进行专项保护。四是加强网络视频领域版权重点监管。对 20 家大中型视频网站继续进行版权重点监管,要求主动下线授权到期和无授权文件的影视剧,进一步完善公示、约谈、警示制度,推动权利人方与网络服务商建立版权保护合作机制,适时公布重点影视作品预警名单,全年共公布七批共计 284 部作品。

(三)健全执法工作体系

一是召开中国网络版权保护大会,发布《2015 年中国网络版权保护年度报告》和"2015 年度全国打击侵权盗版十大案件",聚焦"体育赛事节目与版权保护"等主题进行了广泛深入讨论。二是创新执法培训工作。将各地版权执法监管经验丰富的 50 名同志列入第一批全国版权执法培训师资库。举办四期全国版权执法监管培训班,对全国各省(区、市)的 1295 名基层版权执法监管人员进行了培训。三是开展执法奖励工作。下发《关于奖励 2015 年度查处侵权盗版案件有功单位及有功个人的决定》,对在 2015 年度查处侵权盗版案件工作中做出突出贡献的 195 家有功单位及 215 名有功个人给予奖励,有效激发了相关执法部门打击侵权盗版的积极性。

二、软件正版化工作稳步推进

(一)加强研究部署,明确目标任务

召开推进使用正版软件工作部际联席会议第五次全体会议,全面总结 2015 年推进使用正版软件工作,明确 2016 年推进使用正版软件工作任务。向国务院报送了《关于 2015 年推进使用正版软件工作情况的报告》,向各省(区、市)印发了《关于印发〈2015 年推进使用正版软件工作总结〉和〈2016 年推进使用正版软件工作计划〉的通知》。

(二)加强指导协调,推进长效机制建设

印发《关于做好 2016 年推进软件正版化有关工作的通知》,指导各省(区、市)完善软件正版化工作责任制度、加强计算机软硬件采购源头管理,督促各省(区、市)开展软件使用情况全面自查,健全软件正版化工作责任人信息库、落实软件正版化工作主体责任。

(三)创新督查方式,加强督促检查

会同部际联席会议成员单位组织了 10 个督查组,随机抽查了 32 家中央和国家机关、10 个省(区、市)的 60 家省级机关、20 家国有企业和 20 家金融机构的 1316 台计算机,实现对中央和国家机关软件正版化工作检查全覆盖。改进督查方式,首次利用第三方专业机构资源、软件检查工具等技术手段,对安徽、江苏、山东的省级政府机关软件正版化工作全面检查,共检查单位 155 家、计算机 6554 台,提高了督查效率,扩大了督查的深度和广度。

(四)研究编制指南,推进软件使用管理规范化

经广泛深入调研、反复征求意见和建议,编制印发《正版软件管理工作指南》,为各地各部门提供了操作性较强的正版软件管理工作制度范本和台账范本,为推进软件正版化工作规范化标准化奠定了重要基础，成为各地各部门规范软件使用管理的重要抓手。

（五）开展国产软件应用试点，推广使用国产软件

组织召开国产软件应用试点启动会，在贵州黔西县、山西平顺县和宁夏盐池县开展国产软件应用试点工作，指导参与试点的政府机关加强软件正版化工作制度建设和软件使用管理台账建设，建立健全软件正版化工作长效机制。

（六）加强宣传培训，营造良好舆论氛围

会同部际联席会议成员单位举办4期政府机关软件正版化工作培训班，对6个省的全部省级机关软件正版化工作责任人进行了培训。会同国资委、银监会等单位举办3期企业软件正版化工作培训班。组织编写《软件正版化专刊》，制作印发漫画形式的软件正版化工作公益宣传海报。通过国家版权局网站和微博、微信等方式及时宣传软件正版化工作成果，推广各地各部门的典型经验做法，营造使用正版软件良好舆论氛围。

三、版权社会服务水平显著提升

（一）加强版权行政审批及监管工作

一是按照国务院行政审批制度改革要求，全面实施行政审批事项一个窗口受理，做好“新闻出版行政审批预审查预受理平台”项目相关工作。二是召开著作权集体管理组织工作会议，参与审核5家集体管理组织的年检报告，参加中国音像集体管理组织理事会议，妥善协调解决著作权集体管理组织与相关利益方之间的矛盾与纠纷。三是召开涉外著作权认证机构在华代表处通气会。四是完成版权相关法规和规范性文件清理工作。梳理废止2个法规、7个规范性文件。

（二）有序推进著作权登记工作

一是下发《关于规范作品登记证书的通知》，要求各地版权局启用新版证书并统一签章。著作权登记继续保持平稳增长态势，全年登记总量突破200万件，其中作品登记159.96万件，计算机软件著作权登记约41万件，质权登记327件。二是下发《国家版权监管平台（二期）第一阶段著作权登记项目运行有关事项的通知》，要求各地版权局使用监管平台开展作品登记工作并报送数据。三是举办两期“全国作品登记工作培训班”。四是协调推进制定《军用计算机软件著作权登记工作暂行规则》进程。

（三）扩大版权工作社会影响力

充分利用各种渠道加强宣传，扩大版权工作的社会影响。一是在“4·26世界知识产权日”宣传周期间，通过举办数字环境下的影视产业版权保护圆桌会议、中国网络版权保护大会及制作布设宣传海报等形式，提升版权工作的社会影响力。二是建立版权舆情监测信息专报制度，针对国家版权局重点工作、版权敏感热点问题开展舆情监测和分析工作，出版9期《网络版权舆情动态》，及时提供版权舆情信息服务。三是利用新媒体加强版权宣传工作。国家版权局官方网站发布信息1284条，制作“2016中国版权金奖”等6个宣传专题，“中国网络版权保护大会”专题荣获“2016年度中央国家机关网站特色栏目”奖。官方微博发布信息211条；官方微信公众账号累计发布60期、共计103条图文消息，被评为“2016年度中国优秀政务微信”；新闻客户端“今日头条号”发稿441篇，总展示量达1亿次以上。四是举办三期“版权媒体热点问题研修班”，中央主流媒体《人民日报》、新华社、中央电视台等40多家新闻媒体记者参加了培训，取得良好效果。

四、版权产业持续发展壮大

(一)举办第六届中国国际版权博览会

2016年12月5～7日，在广东广州市成功举办第六届中国国际版权博览会。博览会期间，举办了中国版权金奖颁奖仪式、国际版权论坛、全国版权社会服务工作交流会、中国音乐版权保护论坛、粤港澳版权保护交流合作论坛、中国当代艺术品版权成果拍卖会等多项主题活动。中国、英国、美国、法国以及世界知识产权组织、国际唱片业协会等众多国际组织共212家单位参展，来自文学艺术、科技和管理等领域的1000多位嘉宾出席博览会。博览会观众达到5万多人次，创下历届版权博览会之最。

(二)设立颁发中国版权金奖

为表彰在版权发展与保护方面做出突出贡献的个人和单位，建立长效版权激励机制，国家版权局申请设立“中国版权金奖”纳入政府常设评比达标表彰活动序列并获得批复。经过申报和评选，在第六届中国国际版权博览会上颁发了6个作品奖、5个推广运用奖、5个保护奖、4个管理奖共计20个中国版权金奖，有力地促进了版权创作、运用和保护。

(三)开展全国版权示范创建工作

下发《关于加强对全国版权示范城市、示范单位和示范园区(基地)管理的工作要求》，协调各地版权局上报候选名单，经过评审初选出18个全国版权示范单位、6个全国版权示范园区(基地)，在全国版权社会服务工作会议上予以授牌。

(四)开展系列版权产业调研工作

加强对版权产业的监测和分析，为制定版权产业发展相关政策提供理论依据。一是发布2014年中国版权产业对国民经济贡献的调查报告，并继续开展2015年度调研工作，调查显示，2014年我国版权产业增加值已占全国GDP的7.28%。二是推动具备条件的上海、江苏、山东、广东东莞等地版权局开展本地版权产业对国民经济贡献的调查统计工作。三是开展“国有出版企业版权资产管理研究”。

五、国际交流合作不断深入

(一)继续加强国际版权多边话语体系建设

一是巩固加强与世界知识产权组织的良好合作关系。参加WIPO各委员会和地区会议，参与《保护广播组织条约》等国际条约的磋商，完成福建德化版权保护优秀案例示范点调研，在WIPO总部举办中国德化陶瓷版权保护优秀成果展和《版权保护促进中国德化陶瓷产业发展的研究》(英文版)首发仪式，与WIPO合作举办2016国际版权论坛及数字环境下的影视产业版权保护圆桌会议等重要会议。二是与全国人大、外交部等部门，共同推动《视听表演北京条约》早日生效。三是参加WTO对华贸易政策审议和我国对其他国际贸易政策审议工作。四是参加亚太经合组织(APEC)知识产权专家组会议，积极应对有关版权事务。

(二)进一步加强版权双边交流合作

积极应对中美商贸联委会(JCCT)以及中美战略经济对话(SED)项下版权工作，在《中美版权战略合作备忘录》项下就2017年召开体育赛事版权研讨会达成一致。在《中英版权战略合作备忘录》项下邀请英国作为2016年中国国际版权博览会主宾国，确定双方2017年合作计划，就第八次中英经济财金对话版权案文达成一致。参与中欧知识产权工作组对话及中俄、中巴知识产权工作组会议。举办第12届中韩版权研讨会、中日著作权政府间会谈及研讨会。积极参与中澳、中韩、中日韩、区域全面经济合作框架协议(东盟10+6)、中国与格鲁吉亚、中美投资协定和中欧投资协定等自贸区谈判以及中国与欧亚经济联盟经贸合作协议谈判等工作。通过两岸著作权窗口和案件协处机制，协助我国台湾地区处理多起版权案件，协助中国版权协会完成2016年海峡两岸著作权交流活动，推动“海峡两岸知识产权保护合作协议”具体落实。

（三）跟踪研究国际版权发展态势

依托以中南财经政法大学知识产权研究中心为主体的国家版权局国际版权研究基地，了解国际版权发展情况，研究有关版权问题，委托该基地编写《国际版权动态》。完成《各国知识产权机构设置情况调查报告》等多个研究成果。同时，加强版权对外宣传工作，对重点国家的政府和业界主动、公开、透明地介绍我国版权保护的情况，为涉外版权应对工作营造良好的国际环境。

（国家版权局版权管理司供稿）

打击盗版工作

全国“扫黄打非”战线按照中办、国办转发的《2016年“扫黄打非”行动方案》要求，坚持问题导向、坚持打管结合、坚持深化创新，对突出问题重拳出击，持续开展“秋风”“护苗”等专项行动，全国共收缴各类非法出版物1600余万件，其中查处各类案件6600余起。

一、深化开展“秋风2016”专项行动，打击侵权盗版工作成果突出

各地查办了一批大案要案，如江苏、北京联合查处了“10·26”特大网络销售侵权盗版图书案，涉案盗版图书数量120万册，总码洋5200余万元，系近年来破获的通过电商平台销售盗版图书数量最多、案值最高的案件。此外，在“秋风2016”专项行动初期，周密组织开展了对包括北京、西安、长沙、沈阳等全国高校聚集或复印业较为发达的40个城市在内的部分重点地区高校及其周边复印店专项治理行动，查处取缔违法违规复印店2000余家，开展假冒学术期刊网站专项整治工作，严肃查处利用假冒学术期刊网站实施诈骗等违法行为。

二、大力开展“护苗2016”专项行动，严查非法有害少儿出版物

各地“扫黄打非”部门一手抓市场整治、网络清查，共收缴非法有害少儿出版物346万件，处置妨害少年儿童健康成长的有害信息458万余条；一手抓正面引导，组织各地开展“绿书签2016”系列宣传教育活动，引导少年儿童远离和抵制非法有害出版物。同时，严厉打击涉少儿非法有害出版物制售传播活动，查办了一批典型案件。北京根据全国“扫黄打非”办公室转交线索，顺藤摸瓜，查办了“8·08”特大制售侵权盗版少儿类出版物案，查扣侵权盗版少儿出版物350余万册，码洋达9100余万元，打掉一个集印刷、寄递、网上网下销售为一体的家族式犯罪团伙，是近年来破获的数量最多、案值最高、品种最全的制售侵权盗版少儿类出版物案。

三、持续推动查办大案要案，深化打击侵权盗版工作效果

全国“扫黄打非”办公室以加强协调督办为重点提高案件查办效果，在案件查办上，不是简单下达指标、布置任务，而是统筹形成了集发动举报、联合督办、协调指导、宣传震慑为一体的工作流程，推动了一批大案要案的查处。同时，积极发动群众举报，2016年全国“扫黄打非”办公室联合举报中心受理举报12万余件；挂牌督办重点案件146起，其中全国“扫黄打非”办公室联合公安部、国家版权局挂牌督办重点案件111起，比往年有大幅度提高；组织召开案件协调会10余次，有力推动了重点案件的查办工作；同时，加强案件宣传，“边打边曝光”，达到了震慑犯罪、教育群众的效果。

（全国“扫黄打非”工作小组办公室供稿）

农业植物新品种保护工作

2016年，农业部植物新品种保护办公室继续开展品种权审查推进行动，加强农业植物新品种特异性、一致性和稳定性（DUS）测试体系建设，农业植物新品种权申请和授权量再创新高，DUS测试体系建设进展顺利，宣传培训、技术支撑和国际交流活动有序开展。

一、完善农业植物新品种保护制度

为进一步贯彻落实《种子法》，启动《植物新品种保护条例》修订工作：一是起草《植物新品种条例》修订工作方案和《实质性派生品种制度研究方案》，明确分工和进度，为修订工作顺利、有序开展打下基础。二是赴国家知识产权局等部门，湖南、河北等省市开展调研，广泛征求社会各界意见。在多次专题研讨、结合调研结果、征求主管部门和专家意见、参考最新国际形势基础上，完成了《植物新品种保护条例》修订草案（建议稿）及修订说明（送审稿）。

2016年，《中华人民共和国农业植物品种保护名录（第十批）》发布施行。本次发布的名录涉及45个属（种），受保护的农业植物种类共138个属（种）。

2016年，农业部办公厅发布《关于印发〈农业部植物品种特异性、一致性和稳定性测试机构管理规定〉的通知》，规范了测试机构的管理，保证植物品种特异性、一致性和稳定性测试结果的公正性、科学性和权威性。

二、农业植物新品种权申请和授权量创新高

2016年，我国农业植物品种权申请量为2523件，同比增长22%，再创历史新高，年度申请量在国际植物新品种保护联盟（UPOV）成员中位居第二位，申请总量达到18 075件。全年授予新品种权1937件，同比增长37%，再创历史新高；累计授权8195件，居UPOV成员第四位。为做好农业植物新品种权审查、测试工作，全年共下达集中测试任务6632个品种，同比增加35%；开展品种权申请实质审查1891件，审核测试报告1111份；接收委托测试品种1910个，完成复审技术审查、行政、司法等委托特异性鉴定154件。

三、新品种保护、DUS测试体系建设进展顺利

在新品种保护审查方面，实施品种保护审查提升行动，“ETC”式品种权快速审查模式功效初显，授权提速达3倍多，平均审查时间缩短为3.2年/品种。在DUS测试体系建设方面，已建成由1个中心和27个分中心组成的测试体系，测试中心启动二期改扩建项目建设，已建成约1000m^{2}的分子鉴定实验室。同时，开展“人才培训先行计划”和“一对一帮扶”人员培养行动、测试理论与测试技术系统培训、UPOV远程教育培训等，为测试事业全新开局锻造优质软实力。

四、宣传培训与合作交流不断加强

结合新修订的《种子法》的宣贯和品种测试能力的提升，根据受众不同，侧重不同内容的培训宣传，大大加强了公众对品种保护的认知度。在《农民日报》等报刊媒体进行专题报道。此外，选择3家育繁推一

体化的种子企业和育种单位作为试点，通过有针对性的咨询和培训，协助试点单位建立符合自身情况的品种管理制度和品种保护战略。

不断提升我国植物新品种保护的国际影响力，彰显大国担当，在上海承办了国际植物新品种保护联盟（UPOV）计算机及办公自动化技术工作组（TWC）会议；主动参与国际事务，举办实质性派生品种国际研讨会、国际品种权在线申请系统研讨会、中欧知识产权 IP Key 项目系列活动等；积极履行国际义务，派员参加中荷、中美品种保护合作交流以及 UPOV 秋季系列会议，东亚植物新品种保护论坛等，我国专家身影不断活跃在国际舞台。

为落实《海峡两岸知识产权保护合作协议》精神，在陕西杨凌举办了 2016 年海峡两岸植物新品种保护交流活动。

五、技术支撑能力进一步提升

2016 年，发布《农业植物品种特异性、一致性和稳定性测试育种人确认规程》《委托测试管理办法》和《品种资源项目经费分配办法》，完善测试管理制度体系，确保测试体系管理有章可循。

2016 年，制定《植物品种鉴定 DNA 标记法　总则》和《测试指南编写规则》；审定通过甘薯、苹果等 20 种植物测试指南；启动研制大丽花、石榴等 97 种植物测试指南；完成了玉米、水稻等 9 种作物分子技术标准的技术验证；建立了指纹采集流程并采集玉米、大豆、黄瓜等 1000 份品种的 DNA 植物，为满足测试需要和实现分子技术辅助筛选近似品种做好技术储备。

六、市场秩序进一步好转，套牌侵权行为明显减少

2016 年，农业部联合公安部、国家工商总局，继续在全国组织开展打击侵犯品种权和制售假劣种子行为专项行动，并启动了区域性制假售假专项治理打击行动，先后组织实施种子企业督查、春季市场检查、生产基地整治、秋季市场检查等。注重创新监管方式，通过强化“五个结合”，即部门协同与系统联动、部门打假与举报维权、查大要案与媒体曝光、挂牌督办与纪检问责、治标与治本相结合，监管取得明显成效。2016 年，全国共检查企业 8000 多个（次），市场 1.8 万个（次）。各地共查处种子案件 6000 多起，没收违法所得 424 万元，罚款 3340 万元，吊销许可证 24 个，移送司法案件 38 起，惩处不法分子 334 名。通过《农民日报》等新闻媒体两次曝光各地查处的 40 起典型种子案件。通过各地区各部门共同努力，种子市场秩序明显好转，违法分子已不敢公开制售套牌种子，套牌侵权行为明显减少，企业自有品种销量明显提高。农产品地理标志方面，每年“3·15 国际消费者权益日”期间，在全国范围内组织开展标志使用专项检查，有效地维护了市场环境；组织开展年度农产品地理标志综合检查，在全国范围内开展自查抽查，并组织督查组进行督导检查。

（农业部科技教育司供稿）

农产品地理标志工作

一、规范开展产品登记审查

做好申报材料审查。修订、完善审查表格，进一步规范形式审查工作。根据最新制度要求，严格审查把关，加强名录外产品审定、受理公示、在先知识产权衔接等工作，确保登记申报材料质量。对于新申报的产品，实现电子信息同步传递，充实、完善地理标志管理系统及基础数据库。组织好专家评审工作，全年召开 5 次全国农产品地理标志登记专家评审会。2016 年度新公告颁证农产品地理标志 212 个。截至 2016 年底，全国累计登记农产品地理标志 2004 个。

二、切实强化产品质量管控

部署 2016 年农产品地理标志监测工作，对山东、新疆等 6 省（区、市）30 个获证产品 120 个样品进行监测，全面验证获证产品质量安全和品质保持情况。“3·15 国际消费者权益日”期间，在全国范围内组织开展标志使用专项检查，累计出动检查人员 2.7 万人次，检查市场超市 7721 个，发放宣传资料 66.8 万份，有效地维护了市场环境。组织开展年度农产品地理标志综合检查，在全国范围内开展自查抽查，并组织督查组对黑龙江、河南等 6 个省（区）进行了督导检查。与中国水稻研究、农科院柑桔所等技术机构合作，开展粮食、果品等重点领域产品品质指标分析及参考体系构建工作，为农产品地理标志品质鉴定及保持提供了依据和参考。

三、加大创建和培训力度

系统部署年度农产品地理标志示范创建工作，经组织申报、实地考察和专家审定，新授予金山时雨、丹棱桔橙等 8 个产品国家级农产品地理标志示范样板创建资格，并对第二批国家级样板进行了验收和发布。截至目前，全国已创建国家级样板 20 个，省级示范创建工作也积极开展，实现了良好的示范带动作用。积极开展农产品地理标志核查员、管理系统、品牌建设、示范创建等专题培训，举办了 2 期全国地标培训班，支持黑龙江、山东、安徽等地开展本地区、本行业农产品地理标志核查员培训。

四、积极推进国际交流合作

加强对话磋商，全面参与中欧、中美、中格（格鲁吉亚）等双（多）边地理标志和知识产权磋商对话，全程参加中欧地理标志协定谈判，展示和维护了我方的利益关切。开展对外交流，组织相关管理部门、行业专家等人员参加了美国农业部地理标志交流项目（科克伦 cochran 项目），参加欧盟欧洲日地理标志交流活动，加强与重点国家和地区的互动交流，拓展国际合作环境。开展中欧农产品地理标志国际合作研究，召开中欧农产品地理标志工作现场会，邀请欧盟农业参展及商务部等负责同志参加，强化各级管理部门及生产经营单位“走出去”的能力。

五、全方位加强品牌宣传

在第十四届农产品交易会期间，成功举办了农产品地理标志展区展览及第二届全国农产品地理标志品牌推介会重大活动，获得“最佳组织奖”“贡献突出单位”等荣誉，23 个产品获得农产品交易会金奖，对优秀组织机构和参展单位进行了表彰。农产品地理标志展区展览得到各界积极评价，品牌效应初步形成。“4·26 世界知识产权日”宣传周期间，在《农民日报》刊登农产品地理标志知识产权专版，在央视播出专题节目，收到良好反响；组织开展全国农产品地理标志品牌价值评价工作，相关结果在央视权威发布；积极参与各类品牌建设培训及品牌发布等活动；支持湖南、广东、海南等地开展各类农产品地理标志宣传推广活动，提升农产品地理标志品牌知名度。做好全国农产品地理标志大型纪录片《源味中国》的组织协调工作，组织编撰《中国农产品地理标志》系列丛书，宣传推介我国农产品地理标志发展成果及精品形象。

（农业部科技教育司供稿）

林业植物新品种保护工作

一、林业植物新品种保护法规与政策

新修订的《种子法》于2016年1月1日开始施行，修订后的《种子法》增加了"植物新品种保护"的内容，并在"法律责任"一章中规定了侵犯植物新品种权的法律责任。依据新的《种子法》，会同有关部门联合成立了《植物新品种保护条例》修订工作组，启动了条例的修订工作；制定了《实施植物新品种强制许可审查工作细则》《实施植物新品种强制许可审批事项服务指南》《向外国人转让林业植物新品种申请权或植物新品种权审批审查工作细则》和《向外国人转让林业植物新品种申请权或植物新品种权审批事项服务指南》；组织起草了《林业植物新品种测试机构能力评估办法》及其评估指标体系；完成了《实施植物新品种强制许可活动随机抽查工作细则》；修订了植物新品种保护系列公告的模式和内容。发布了第六批中华人民共和国植物新品种保护名录（林业部分），把栀子属等8个属列入名录，以国家林业局令第43号文件公布，自2016年11月30日起施行。国家林业局先后分6批公布的植物新品种保护名录已达206个属（种）。

二、林业植物新品种审查和授权

2016年，国家林业局植物新品种保护办公室共受理国内外林业植物新品种申请400件，授权195件。共完成6批389个新品种权申请的初步审查，组织对189个申请品种进行了特异性、一致性、稳定性的专家现场审查，转田间测试1批19个月季品种，购买国外测试报告5件，完成了157件实审材料的补正工作。截至2016年底，共受理国内外植物新品种申请2188件，其中国内申请1808件，占总申请量的82.6%；国外申请380件，占17.4%。共授予植物新品种权1198件，其中国内申请授权数量1017件，占84.9%；国外申请授权数量181件，占15.1%。授权的植物种类中，观赏植物759件，占63.3%；林木255件，占21.3%，果树115件，占9.6%，木质藤本7件，占0.6%；竹子6件，占0.5%；其他56件，占4.7%。

三、林业植物新品种权行政执法

按照全国打击侵权假冒工作领导小组办公室的要求，参加了全国打击侵权假冒工作现场考核，分别对福建省、吉林省进行了检查，现场打分；深入贯彻实施《林业植物新品种保护行政执法办法》，进一步要求各省市区林业主管部门明确执法机构、培训执法人员、集中打击侵犯植物新品种权行为，切实保护品种权人和林农的合法权益。为配合全国"双打"办做好打击侵犯林业植物新品种权行为的工作，组织相关专家，讨论完善了各省市区打击侵犯林业植物新品种权工作考核体系，力求完整、准确地评价各地"双打"情况，有效促进保护林业品种权。仔细解答品种权人的各种维权咨询，认真解释《植物新品种保护条例》等相关法律法规部门规章的规定，指导利益相关人积极维权。同时，对各省市区林业主管部门在实施《林业植物新品种保护行政执法办法》过程中的疑问，及时解答，认真指导，努力促进各地营造较好的新品种市场氛围。

四、林业植物新品种测试体系建设

加快推进林业植物新品种测试中心、3个分中心、2个实验室和5个专业测试站的条件能力建设。按照国际植物新品种保护联盟（UPOV）对品种测试的要求，组织国内相关科研院所专家起草了林业植物种(属)测试指南(标准)37项。审查通过了油茶、油桐属、罗汉松属、红豆杉属、黄栌属、忍冬属、白蜡树属、榉属8个已完成的测试指南。举办了林业植物新品种测试指南编制培训班,请专家讲授UPOV测试指南编制要求、已知品种数据库建立方法,并请承担过UPOV国际测试指南编制任务的有关人员讲解国际测试指南编制经验,请专业测试机构测试人员介绍测试指南在测试实践中的应用。来自林业系统相关单位的70多人参加了培训。

五、林业植物新品种宣传应用

编辑出版了《中国林业植物授权新品种(2015)》。编译出版了国际植物新品种保护联盟(UPOV)信息类文件汇编和国际植物新品种保护联盟(UPOV)解释类文件汇编。举办了"林业植物新品种保护管理培训班",来自林业主管部门、林业科研院所、育种企业和育种者等单位和个人共110余人参加了培训。在《中国绿色时报》2016年1月25日头版头条发表了《我国林业植物新品种授权数量破千件》,对宣传林业植物新品种保护起到了重要作用。组织参加了第二届植物新品种交易大会,促进了新品种转化应用,提升了植物新品种保护意识。

六、国际合作交流与履约

(一)林业植物新品种履约与国际合作

2016年,派员参加了国际植物新品种保护联盟(UPOV)技术委员会第52次会议,行政和法律委员会第73次会议,顾问委员会第91次、第92次会议,理事会第33次特别会议和第50次常规会议,参加了UPOV公约框架下繁殖材料及收获材料研讨会等会议。依据会议的内容和国际发展趋势,结合国内情况,就了解UPOV发展动态、研究UPOV信息文件、应对新情况等方面提出了建议。

(二)中韩植物新品种保护交流

2016年9月,国家林业局科技发展中心(国家林业局植物新品种保护办公室)执行中韩植物新品种保护合作谅解备忘录,组团赴韩国开展中韩植物新品种保护与测试技术交流。对韩国山林厅、韩国林木种子与品种中心、蘑菇研究所、永木国家苗圃及有明山国家游憩林、木材加工厂等相关单位进行了访问,并开展了一系列技术交流活动。

(三)自贸区谈判与涉外知识产权工作

2016年,分别提供了"中日韩自贸区协定"和"中格自贸区协定"谈判中植物新品种保护条款的谈判对案或案文;参加了中欧知识产权合作研究项目——促进中国加入UPOV91文本可行性研究(IPK项目)北京圆桌会议,参加了中欧互联网知识产权保护(电子商务)专家圆桌会议及中美知识产权工作组会议等。

(四)参加第九届东亚植物新品种保护论坛

2016年9月,国家林业局科技发展中心派员参加了在越南召开的第九届东亚植物新品种保护论坛,来自东亚植物新品种保护论坛成员国及日本和韩国等方面的代表参加了会议。在本次论坛上,国家林业局科技发展中心(国家林业局植物新品种保护办公室)巡视员李明琪代表中国代表团做了植物新品种保护最新进展的报告。会议期间,中国代表团与有关国家的植物新品种保护工作者开展了一系列交流,同时就下一步国际合作进行了讨论。

(国家林业局植物新品种保护办公室供稿)

海关知识产权工作

2016年是“十三五”规划的开局之年，也是深化知识产权领域改革、加快知识产权强国建设的关键一年。全国海关深入贯彻落实党的十八大和十八届三中、四中、五中、六中全会精神，按照党中央、国务院关于知识产权工作的决策部署和《新形势下加快知识产权强国建设的若干意见》的要求，在全国打击侵犯知识产权和制售假冒伪劣商品工作领导小组和国务院知识产权战略实施工作部际联席会议的组织领导下，紧扣国家知识产权战略和创新驱动发展战略，严格知识产权保护，在专项整治、机制创新、执法协作、服务企业、国际合作、宣传等各个方面都取得了明显成效。

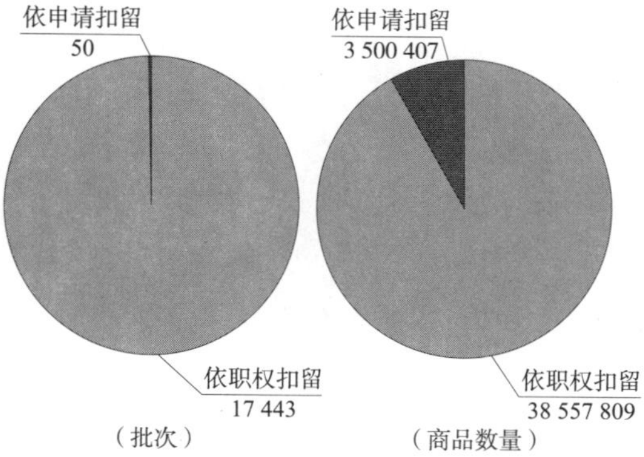

图1　2016年执法模式统计

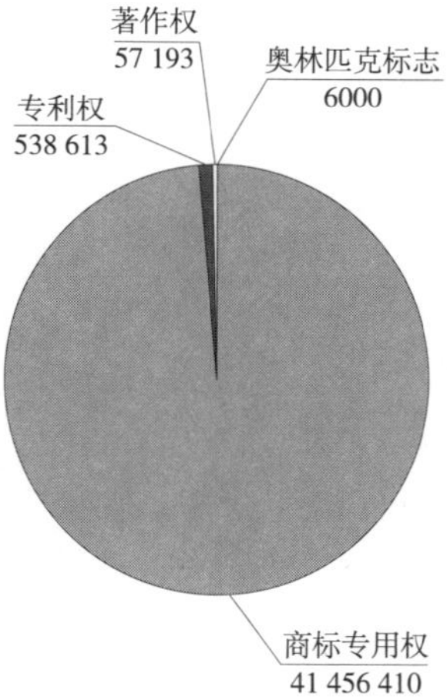

图2　2016年中国海关保护权利类型统计（商品数量）

一、执法情况

2016年中国海关进一步提升执法效能，持续加大知识产权边境保护力度，全年共采取知识产权保护措施1.95万余次，实际扣留进出境侵权嫌疑货物1.74万余批，涉及货物4205.82万余件。查扣侵权嫌疑货物呈现以下特点。

——以海关依职权主动查扣为主。2016年海关依职权主动查扣的侵权嫌疑货物批次约占全年扣留批次总数的99%，涉及货物3855.78万余件，约占扣留货物总量的91.67%；海关依申请扣留侵权嫌疑货物50批次，涉及货物350.04万余件，约占扣留货物总量的8.33%。（见图1）

——以侵犯商标专用权货物为主，侵权专利权货物持续增多。2016年海关查扣的知识产权类型包括商标专用权、专利权、著作权等，其中涉及涉嫌侵犯商标权的货物高达4145.64万余件，占侵权嫌疑货物总量的98.56%（见图2）。但专利权保护货物批次较去年同期增长82.76%，案值同比增长26.33%。

——大多数涉嫌侵权货物在出口环节被查获。2016年中国海关在出口环节扣留侵权嫌疑货物1.68万余批，占扣留总批次的96.20%；扣留的出口侵权嫌疑商品为4161.67万余件，占全部扣留商品总数的98.95%。（见图3）

——海运和邮递是查获侵权嫌疑商品的主要渠道。2016年海关在海运渠道查扣侵权嫌疑商品近3940.13万余件，占全年扣留商品数量的93.68%。在进出境邮递渠道共查扣侵权嫌疑商品1.42万余批，占全年扣留批次的81.33%。（见图4）

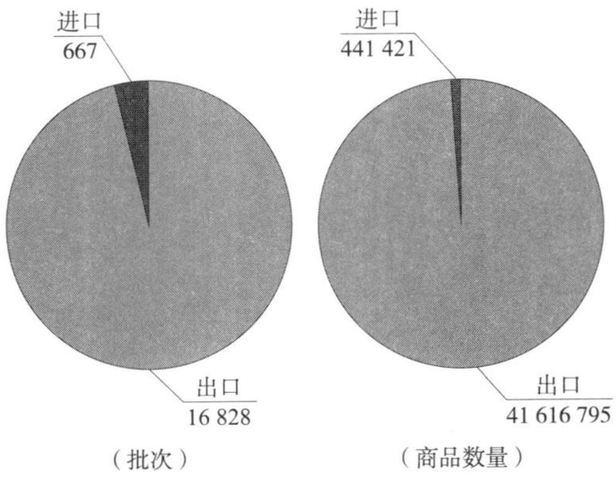

图 3　2016 年海关进出口查获侵权货物统计

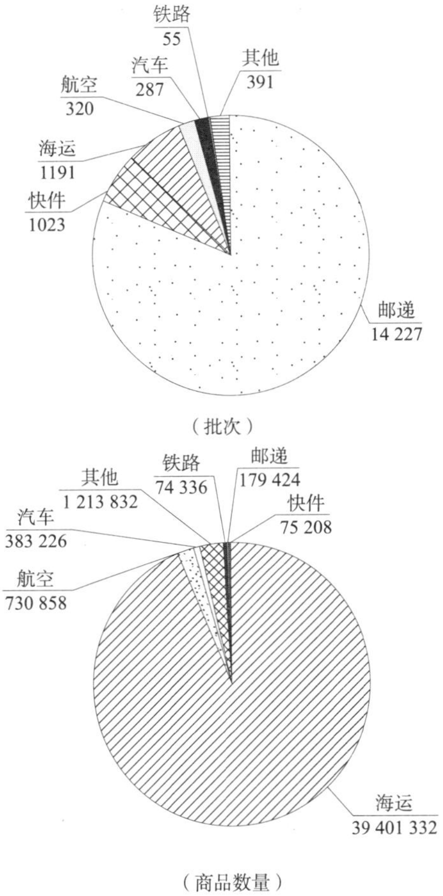

图 4　2016 年扣留侵权货物运输方式统计

——查获的侵权嫌疑商品以消费类为主。2016 年中国海关扣留的侵权商品以烟草、化妆、个人护理产品等产品为主。与 2015 年相比，扣留侵权药品类、食品饮料类商品的数量有较大幅度增长，全年共扣留侵权药品类商品 139.24 万余件、食品饮料类商品 31.67 万余件，分别增长近 37 倍和 26 倍。医疗器械、珠宝首饰、手表等类别侵权嫌疑商品则呈下降趋势，分别同比下降 99.79%、89.85%和 83.21%。（见图 5）

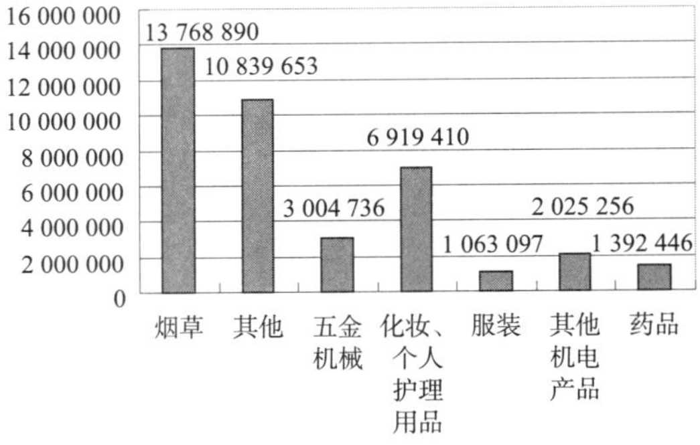

图 5　2016 年海关扣留主要侵权商品数量统计

——查扣涉嫌侵犯国内企业自主知识产权商品数量持续增长。全国海关持续加强对境内企业的自主知识产权保护，服务和支持企业“走出去”战略。全年共查扣涉嫌侵犯自主知识产权货物 757.85 万余件，同比增长 13.20%。

——进口环节查处侵犯知识产权案件呈上升趋势。2016 年中国海关进口环节查处侵犯知识产权商品数量较去年同期增长 33.60%，侵权商品价值同比增长 536.89%。中国海关在进口环节查处的侵权违法行为连续十年呈增长态势。

二、专项整治

在开展日常执法的同时，中国海关还根据党中央和国务院部署，结合执法现实情况，适时开展专项整治，着力打击危害性强、国际国内反响大的侵权行为，切实净化口岸环境，维护市场经济正常秩序。

——深入开展“中国制造”海外形象维护“清风行动”。根据国务院的部署，在 2015 年以查处输往非洲、阿拉伯国家侵权商品为重点开展行动取得阶段性成果基础上，重点针对输往墨西哥、阿根廷等拉美国家侵权商品开展专项行动，持续加大对出口侵权货物违法活动的打击力度，遏制了侵权违法活动多发高发态势。上海海关查办出口至拉美国家的案件29起，查获侵权商品约41万件，案值合计约244万元；宁波海关查获输往墨西哥、阿根廷等国家的侵权案件33起，查扣各类侵权货物约581万件，案值合计约592万元。

——开展出口电动平衡车知识产权保护专项行动。针对我国出口电动平衡车行业面临的侵权和无序竞争情况，部署开展为期一个半月的专项行动，引导企业保护自主知识产权。行动期间全国海关共计查获涉嫌侵权电动平衡车28批次，涉及商品数量12 766台，价值逾1300万元人民币。其中，深圳海关查获案件12起，宁波海关查获案件8起，天津海关查获案件5起，黄埔海关查获案件2起，上海海关查获1起，涉及发明专利、实用新型专利、外观设计专利等权利。

——继续推进互联网领域侵权假冒专项治理。加强打击跨境电子商务零售进出口中的侵权假冒行为，开展互联网侵权商品跨境邮递、快件运输渠道的专项执法，促进新兴贸易业态健康发展。2016年全国海关查获的邮递、快件渠道的侵权案件批次数约占全部案件批次数的87%，有效遏制了邮递和快件渠道“蚂蚁搬家”式侵权假冒多发高发态势。

——强化大要案的线索经营和查处。对案值高、社会影响大、直接影响国内消费者生命财产安全的案件，进行深挖扩线和重点查处，拓展执法广度和深度。如海关总署通过部门合作，从一起通过国内某电商平台销售假冒汽车润滑油案件中，敏锐地发现侵权线索，及时召集杭州、宁波、广州、黄埔、天津等海关组成专案组，对进口假冒润滑油进行专项打击，共查获假冒润滑油80吨，案值约950万元。并向公安机关通报海关新掌握的案件线索，公安机关在海关的支持配合下，捣毁仓库窝点5个，抓捕犯罪嫌疑人11人，查扣假冒润滑油11万桶。

——加强案件信息公开。加大对违法企业曝光力度，全年累计在海关门户网站和“信用中国”政府网站公开知识产权行政处罚案件信息1900件。将知识产权行政处罚与企业信用管理工作对接，对因进出口侵权货物受到处罚的企业，依法降低信用等级。厦门海关将知识产权守法状况纳入自贸试验区企业便利措施评价标准体系，采取侵权行为一票否决制，提高企业守法意识。

三、执法协作

海关作为国家知识产权保护体系的重要组成部分，自觉融入国家知识产权保护的整体格局，注重与公安、商标、专利等主管部门和地方政府开展协作，大力推进知识产权区域海关执法合作，构筑全方位的知识产权保护体系。

——认真做好“两法”衔接工作。参与全国打击侵权假冒平台建设，加强与公安机关刑事执法协作，全国一半以上直属海关实现了与地方“两法”衔接平台对接。全年全国海关共向公安机关通报涉嫌犯罪案件线索超过200起。南京海关向江苏省公安厅通报查获出口侵权假冒名牌眼镜6345副的案件线索，公安机关根据线索抓获犯罪嫌疑人；黄埔海关与安徽蚌埠公安机关联合破获特大销售出口侵权休闲鞋案，查获侵权休闲鞋37 050双，该案被列为公安部部级督办专案；上海海关查办假冒“蝴蝶牌BUTTERFLY及图形”“SINGER”商标专用权缝纫机头系列案并移送公安机关，当事人被判处有期徒刑一年六个月，责任单位和责任人被处以12万元罚金。

——深化与国内其他执法部门的合作。全国海关认真落实海关总署与工商总局在商标权执法领域的合作协议，探索建立地理标志行政保护的执法联动机制。广东分署与广东省知识产权局签署执法合作备忘录，试点专利执法部门为海关提供快速鉴定制度。江门海关与江门市中级人民法院、公安局、工商局、知识产权局共同签署《关于建立知识产权信息共享协作机制的意见》。深圳海关参与起草《深圳市建设国家知识产权示范城市工作计划》。南京海关联合江苏省外经贸厅、江苏省进出口商会，对江苏省2014～2016年度重点培育和发展的315个国际知名品牌企业的发展状况及品牌产品出口情况等，分片区进行了问卷调查和实地调研。

——建立知识产权区域海关执法合作机制。北京、天津、石家庄海关召开京津冀海关知识产权行政执法协作研讨会，签署《京津冀海关加强知识产权保护执法协作的意见》，构建知识产权行政执法协作联系配合机制。上海、南京、杭州、宁波海关构筑区域海关知识产权立体执法网络。东北、珠三角、海西等地区海关以区域通关一体化改革为契机，强化信息交流、情报共享、案件协查，着力防范侵权假冒商品口岸漂移。2016年8月，青岛、北京海关通过开展信息交换、执法协作，在通关一体化框架下采取执法联动机制，成功在首都机场查获侵犯威海某权利人专利权玻璃钢鱼竿250副。

四、机制创新

海关总署及各直属海关狠抓制度建设，创新机制体制，严格规范执法，加强科技支持，进一步夯实知识产权海关保护工作基础。

——做好知识产权海关保护顶层设计。制定海关总署关于贯彻落实知识产权强国建设若干意见的工作方案，从工作目标、重点任务、工作要求等做出具体部署，切实推动知识产权强国建设、加强知识产权海关保护，谋划"十三五"期间知识产权海关保护方向和措施，为企业开展自主创新、参与国际竞争提供优质公共服务。

——建立健全执法规范制度。出台知识产权海关保护行政处罚案件处罚幅度标准，明确了知识产权案件案值计算和行政处罚幅度，进一步规制行政裁量权；细化了知识产权海关保护工作操作流程，有效推进了全国海关知识产权保护执法的规范化和标准化；积极研究、解决自由贸易试验区知识产权海关保护相关问题。

——探索知识产权保护新举措。拱北海关与横琴新区管委会、横琴国际知识产权交易中心共同制定了《知识产权"易保护"便捷担保协作规定》，探索知识产权"易保护"模式，被广东省政府确认为中国（广东）自由贸易试验区第二批可复制、可推广的改革创新成果。厦门海关与工商、法院、公安、检察、仲裁委和自贸区管委会签订《关于建立中国（福建）自由贸易试验区厦门片区知识产权保护协作机制的意见》，建立自由贸易试验区多方协作的知识产权保护机制。

——强化科技支持。不断深化"科技强关"理念，将创新科技应用嵌入知识产权执法全过程，改造升级知识产权海关保护系统，实现案件办理全程无纸化和流程可追溯。在海关监管现场推广使用"知识产权海关保护移动查询"系统，便利执法人员即时核查货物知识产权状况。

五、服务企业

把为企业提供优质知识产权服务作为海关转变职能、简政放权的重要抓手。持续强化对自主创新型企业的服务，助力供给侧结构性改革，助推我国实现"从制造大国向创造强国转变、从中国产品向中国品牌转变"这一总体目标。

——积极培塑知识产权优势企业。研究"出口知识产权优势企业培塑计划"，提出知识产权保护直通车、企业知识产权战略规划指导、进出口快速通关、地方政府相关配套优惠等系列制度建议。持续推广海关与辖区企业的知识产权保护联络人制度，在企业开展自主创新、转变经营方式等方面提供个性化服务。拱北海关与格力电器股份有限公司、中山长虹电器有限公司等16家关区重点自主知识产权企业签署了加强知识产权海关保护合作备忘录，建立健全重点辅导制度、情况通报制度等多项制度，构建海关和关区自主知识产权企业互动交流的重要平台。青岛海关与12家企业建立“一对一”客户服务机制，为优质品牌企业提供知识产权政策宣讲、通报侵权案件信息、听取企业意见和建议等服务。石家庄、沈阳、哈尔滨、武汉、成都、重庆、海口、福州、合肥等海关充分发挥知识产权企业主管地海关的职能，加强对辖区自主知识产权的保护，为企业提供个性化指导与服务。

——减轻企业维权成本。实现知识产权海关保护备案申请全程无纸化。全年新增各类知识产权备案8844件，同比增长55%。暂停收取备案费政策全面落地，全年共为企业节省费用约710万元。积极引导国内自主知识产权企业在海关备案，鼓励企业寻求知识产权海关保护。截至2016年底，在海关总署备案的中国企业的知识产权达27 873项，占全部生效备案的52.51%。

——深入推广知识产权状况预确认制度。厦门、南京、广州、拱北、汕头、江门、黄埔、天津、北京等海关积极帮助企业先行确认订单知识产权状态，避免企业因信息不对称产生侵权，保障进出口企业快速通关。湛江海关帮助辖区企业预确认商标“global”“home touch”等10余个，涉及出口的货物10余批次，这些贴标加工货物出口直接为企业带来上百万元的收入。

——推动行业组织自律管理。海关总署指导中国机电产品进出口商会成立电动平衡车分会，并会同中国反侵权假冒创新战略联盟进一步加强行业自律与规范管理，把管理和服务的对象由单个企业转为行业，推动行业健康发展。拱北海关与中国中山(灯饰)知识产权快速维权中心签订合作协议，建立海关与中山(灯饰)知识产权快速维权中心合作机制，并设立海关知识产权保护工作室，创新运用“窗口受理—后台服务”这一工作模式，通过“快速维权中心”将海关服务延伸至产业前沿，为占国内市场70%和国际市场40%的灯饰产品提供知识产权海关保护服务。

——探索关企合作新模式。在与邮政部门建立传统协查机制的基础上，杭州海关受海关总署委托，与阿里巴巴集团签署合作备忘录，利用电商平台大数据追溯侵权邮包来源，锁定平台售假源头，共同开展互联网侵权治理。协议签订以来该关共向阿里巴巴集团通报侵犯知识产权线索5批次，涉及邮包1737个，阿里巴巴集团从中查实并关闭侵权店铺35家。厦门海关查获某外贸综合服务企业发生多起侵权案件情况后，主动约谈企业负责人，分析该企业在进出口环节应承担的侵权法律责任，帮助其建立企业风险控制体系，对代理进出口的商品开展侵权风险排查，将企业引入规范经营轨道，获得企业“真诚服务为企业，严格把关促发展”的感谢和赞誉。广州海关加强与承担展会工作的商务部门和省市国际贸易促进委员会合作，主动入驻“广交会”开展服务，宣传知识产权法律和政策，协助解决企业遇到的涉外知识产权纠纷，为企业海外市场布局提供支持。

六、国际合作

2016年，中国海关积极在中欧领导人会晤、中俄总理定期会晤、中美战略经济对话等机制下推进知识产权海关保护国际合作，海关服务国家对外交往大局的作用日益突显，国际合作层面层级和平台不断提升，知识产权海关保护国际影响力不断增强。

——开展跨境执法。2016年中国海关与美国海关针对汽车配件、药品等危害生命安全健康的重点商品开展了两次联合行动；与俄罗斯海关针对跨境电子商务领域侵权多发高发态势，开展了邮递快件渠道联合行动；部署上海、黄埔、青岛等多个口岸海关参与国际刑警组织、世界海关组织开展的区域性联合行动。广东省内海关深化粤港海关在知识产权案件信息情报互换、风险分析互助、联合执法行动等执法互助合作项目内容。广州海关与韩国海关开展合作，首次通过权利人传递信息的方式，截获出境退运的涉嫌侵权邮包。

——积极参与全球治理。在多边框架下研究和制定知识产权保护国际规则，策划和推动打击侵权假冒执法行动，派遣经认证的知识产权专家代表世界海关组织执行全球项目。建立与各国驻华使馆海关专员紧密沟通机制，举办多种形式交流活动，专门召开知识产权海关保护国际合作交流座谈会，欧盟、德国、英国、意大利、俄罗斯、日本、韩国等国家、地区驻华海关，商务专员及日本贸易振兴机构、欧盟商会等代表参加。为非洲海关官员开展三期知识产权执法培训，培训非洲海关官员 105 人次，进一步提升中国海关知识产权保护的影响力和话语权。

——拓展国际海关合作的深度和广度。将知识产权海关保护国际合作纳入中美战略经济对话、中美商贸联委会、中欧领导人会晤、中俄总理定期会晤等机制，不断提升层级。中欧、中俄海关知识产权合作项目获得实质性进展；中、日、韩三国海关知识产权保护“零假冒”计划修订并实施；落实国家“一带一路”发展战略，对非洲、阿拉伯、南美等国的国家海关提出合作倡议。

七、对外宣传

2016 年中国海关继续坚持“一手抓执法，一手抓宣传”，在不断加大打击力度、提升执法威慑力的同时，注重通过宣传教育，提升全社会的知识产权保护意识，引导公众树立“尊重知识产权”和“守法便利”的理念。

——创新宣传形式。各地海关积极探索利用微信推送、微视频拍摄等新媒体平台，提高知识产权宣传的时代性和针对性。上海海关制作以知识产权海关保护为主题的微视频《当买买买的“国际巨星”遇上海关》在海关总署官方微信平台“海关发布”推送，引起热烈反响。拱北海关借助“拱关青年”“天天微校”等微信平台，先后制作发布《知识产权海关保护·成语新解》《鉴系列》等 4 期知识产权海关保护微信，内容生动活泼，通俗易懂，宣传海关正能量。宁波海关利用“阿拉甬关”微信公众号宣传媒介开展多形式的宣传，展示近年来宁波海关打击知识产权侵权的成果，宣传海关知识产权保护的政策法规和特色工作。

——建设宣传阵地。青岛海关建成“中国海关知识产权保护展示中心（青岛）”并对社会开放。杭州海关充分发挥关区内设立的各海关知识产权保护展示厅宣传作用，主动邀请辖区企业、商户现场参观。全年接待各类参观团体 110 余批次，6000 余人次，获得东盟参与“一带一路”建设各国高级官员、美国驻沪总领馆高级商务专员、中宣部全国“培育核心价值，建设诚信社会”现场会代表、中国公共外交协会团等参观团体的一致赞誉。

——加大宣传力度。海关总署和各地海关利用“4·26 知识产权宣传周”“8·8 海关法制宣传日”和“12·4 国家宪法日”等重要时间节点，集中开展形式多样、内容丰富的知识产权海关保护宣传活动。部分海关启动“诚信兴商宣传月”“海关知识产权服务日”“保护知识产权边境行”等主题宣传活动，取得良好社会效果。福州、厦门、昆明等海关组织公开销毁侵权商品，宣传侵权假冒对社会公众的危害。上海、南京、杭州、广州、深圳、黄埔等海关通过新闻媒体开展以案说法，教育企业守法经营和尊重知识产权。各地海关注重在日常执法中运用各类媒体开展知识产权保护宣传教育，采取在报关大厅设置法律咨询台，宣传知识产权海关保护法律政策、执法动态和典型案例；通过海关 12360 服务平台，普及海关知识产权保护常识，解答热点疑难问题，接受社会各界意见与建议；与媒体建立常态化联络机制，及时曝光典型案例等举措，营造保护知识产权的良好氛围。

（海关总署政策法规司供稿）

商务知识产权工作

2016年，商务部继续加强与经贸相关的多双边知识产权谈判、双边知识产权合作磋商机制及国内立场的协调等工作，充分发挥全国打击侵权假冒工作领导小组办公室的职能作用，加强统筹协调，持续推动打击侵权假冒工作。巩固知识产权双边对话机制，增进多双边交流和合作，扎实推进专项谈判，积极参与国际秩序构建，研究制定与经贸相关的知识产权规则，加强部门间信息沟通交流，加强知识产权海外维权援助机制建设，完善海外维权信息平台建设。加强知识产权行政处罚案件信息公开，强化行政执法与刑事司法衔接。知识产权对外交往、磋商谈判及规则制定等均取得积极进展。

一、开展知识产权双边对话

配合完成中美战略经济对话、中美商贸联委会、中欧高级别战略和经贸高层对话、中英财金对话项下的知识产权议题磋商。

中美知识产权工作组司局级和副部级会议分别于2016年4月和10月召开，双方主要就中美商贸联委会成果、商业秘密、美“特别301报告”和“恶名市场”报告、标准与知识产权、应对知识产权滥用、体育赛事转播的保护、地理标志保护和中美知识产权合作等问题进行了深入交流。

2016年5月和11月分别召开了中欧知识产权第十八次、第十九次工作组司局级和副部级会议。双方就相关法律修订、商业秘密、网络盗版、创新政策、知识产权执法和交流合作等开展了交流和探讨。

2016年6月，第五次中日知识产权工作组会议在日本召开，双方就知识产权战略相关的信息交换、知识产权法律制度的最新动向、网络知识产权侵害的对策、促进国际性的技术转移、植物新品种保护等议题进行了交流和探讨。

2016年8月，中韩自贸协定项下第一次知识产权委员会会议在北京召开。双方就广播组织权利、著作权人或所有权人的身份推定、打击盗版、驰名商标认定原则与程序的信息分享等议题展开了交流和探讨。

2016年9月，第九次中俄知识产权工作组会议在莫斯科举行。双方就商标、专利和版权的立法和执法情况，知识产权司法制度，以及金砖国家框架下的知识产权合作机制等议题展开了交流和探讨。

二、开展知识产权多双边合作项目

推进中美、中欧知识产权合作项目，组织开展赴美知识产权司法交流、赴欧知识产权法律交流，与欧盟驻华代表团在北京共同举办了中欧互联网知识产权保护研讨会，就网络知识产权保护的相关问题进行了交流。

积极推动落实金砖国家知识产权合作，在2016年金砖国家经贸联络组第十一次会议上对知识产权合作机制议题进行了充分的磋商，就职责范围文件达成一致。与国家知识产权局、世界知识产权组织、国家工商总局、国家版权局和北京市政府共同在北京举办“一带一路”知识产权高级别会议。

三、牵头开展多双边知识产权规则谈判

牵头完成中国－加拿大、中国－格鲁吉亚自贸协定，中国—欧亚经济联盟经贸合作伙伴协定知识产权章节的谈判工作，牵头中日韩第十轮以及区域全面经济伙伴关系协定（RCEP）第十一轮、第十二轮、第十三轮的知识产权章节谈判。

中欧地理标志协定第十二轮谈判于2016年11月举行，双方就地理标志的保护范围、地理标志与商标的关系等问题进行了深入的技术性讨论。经过双方艰苦的磋商，初步拟定了产品清单，并将继续协调讨论产品清单的拟定和审核工作。

牵头参与亚太经合组织知识产权专家组会议，牵头参与世贸组织知识产权理事会知识产权相关议题谈判，推动商业秘密等议题取得进展。

四、加强知识产权海外维权援助机制建设

通过中国保护知识产权网、《知识产权国际快讯》等方式及时分享国外知识产权相关动态信息。推动发挥驻外使领馆经商机构的作用，跟踪研究有关国家知识产权法律法规及政策发展，加强知识产权涉外信息分享。

逐步完善知识产权海外维权及预警机制，推动驻外机构加强涉外知识产权工作。继续推进企业知识产权海外维权服务，2016年3月、6月和9月，分别在德国汉诺威消费电子、信息及通信博览会，奥芬巴赫中国品牌箱包展和德国柏林电子消费品展览会上设立知识产权服务站，聘请当地律师作为专家免费为中国参展企业提供法律咨询与服务，获得中国参展企业的好评。加强与国内产业的沟通联系，建立涵盖重点商协会、重点企业的国内联系网络。加强对海外知识产权贸易壁垒的研究，指导我国企业应对美国337调查取得积极成效。完善海外知识产权信息平台建设，发布海外知识产权服务机构名录和案例库，开发建立海外维权案件信息报送平台。

（商务部条法司供稿）

公安机关保护知识产权工作

2016年，公安部坚持将打击侵权假冒犯罪作为一项重点工作，组织全国公安机关坚持打击主业，突出信息化建设主线，积极构建数据化实战攻坚格局，全力服务创新驱动发展战略。

一是持续高压严打。2016年初即研究下发《关于扎实推进2016年打击侵权假冒犯罪工作的通知》《2016年打击侵权假冒犯罪工作统计评估办法》，全面、科学部署常态化条件下的打防工作格局，准确引导各地工作方向，努力实现专项行动常态化、常态打击专业化。切实发挥部局统筹指挥督导职能，挂牌督办89起重大侵权盗版案件，明确专人予以全程督导，推动各地重点突破。据统计，2016年，全国公安机关共破获各类侵权假冒犯罪案件17 225起，抓获犯罪嫌疑人22 060名，涉案总价值46.26亿元。

二是推进战役攻坚。坚持将危害群众健康、威胁公共安全、妨碍创新发展的侵权假冒犯罪作为主攻方向，优化情报导侦机制下的集群战役主战模式，先后组织各地围绕190余个跨区域、产业化制假售假犯罪网络发起战役攻势，形成协同侦控、合成围剿的强大声势。其中，2016年8月，公安部经侦局指挥山东、广东、江苏、福建、辽宁、北京、安徽、甘肃、吉林、浙江、河南等11个省市的公安机关，联合侦破一起制售假冒品牌运动鞋服案，抓获23名主犯，打掉生产、仓储、销售窝点20处，现场缴获假冒“耐克”“阿迪达斯”“纽巴伦”等品牌运动鞋服21万余件，以不法分子平均销售价计算价值3000余万元，市场正品价值1.2亿余元。特别是2016年7月、12月，公安部先后两次指挥28个省区市的161个城市公安机关开展数据化作战集约打击涉烟经济犯罪集中收网行动，共发起62起集群战役，破案755起，抓获嫌犯1815名；捣毁各类犯罪窝点893个，其中，假烟生产窝点106个，烟机拼装窝点13个，仓储窝点730个，原材料加工窝点44个；缴获烟机219台及电烫机等其他设备769台，假烟、走私烟238万余条，烟叶、丝束、盘纸等制假原料2682吨，涉案总价值15.5亿元，各项战果系历年打击涉烟经济犯罪之最。

三是强化部门协作。主动强化与各行政执法部门协作配合，先后与版权、烟草部门联合挂牌督办重大案件8起，其中，重庆“8·06”特大互联网侵犯著作权案等案件具有很强的典型示范意义。全力投入农村和城乡结合部市场假冒伪劣专项整治、防霾产品整治、车用燃油专项整治、“清风”行动，积极参与2016年度打击侵权假冒绩效现场考核等重点工作，切实发挥公安打假主力军作用，有效促进“两法”衔接。据统计，2016年以来，全国公安机关共受理行政移送涉嫌犯罪案件占公安机关受理案件总数的18.4%，刑事司法、行政执法的协作效能稳步提升。

四是深化国际合作。坚持以合作促宣传、谋主动，先后与国际刑警组织、欧盟反欺诈办公室（OLAF）等国际组织和欧盟机构，以及美国、英国、阿拉伯联合酋长国、马来西亚等24个国家和地区的执法机构开展案件合作与执法交流，增进互利互信。积极参与第27届中美商贸联合委员会、第八轮中美战略与经济对话等高层对话机制，以及中美、中俄、中日、中欧等双多边知识产权工作组磋商对话，宣传我方主张。会同国际刑警组织在江苏连云港共同举办中国及中亚地区知识产权保护大会，推动与“一带一路”沿线国家执法合作。充分利用中美刑事执法联合联络小组（JLG）等平台，围绕21起重点案件深化、创新知识产权刑事执法合作，打造执法合作亮点，策应对外工作大局。2016年4月，会同柬埔寨警方，就浙江夏某贵等人跨境制售假冒注册商标农药案开展国际执法合作。在干拉省大金欧市成功抓获主犯夏某贵，并联合柬埔寨警方捣毁位于昂斯诺市的假农药生产、仓储窝点，一举摧毁这一跨境生产销售假农药的犯罪链条。

五是夯实工作基础。继续深化与阿里巴巴等电商企业协作机制，组织浙江经侦总队开发完善“淘数据”侵权假冒线索甄别、研判软件，2016年，主动发现并向各地公安机关输送涉假线索1175条，组织各地公安机关立案542起，破案487起，抓捕犯罪嫌疑人860名，捣毁各类涉假窝点1397个，涉案金额30.5亿元，大数据服务、支撑打假实战已初见雏形；组织遴选各地公安机关优秀打假技战法54件，总结推广基层经验；面向一线执法干警举办“知识产权刑事执法培训班”，就假冒专利案件办理、版权法律法规理解与适用、商标案件办理实务等结合重点案件邀请专家授课，多举措推动提升一线侦查办案能力和执法规范化水平。指导各地紧密结合执法办案实践，加强情报信息研判预警，各地先后报送犯罪形势调研文章等150余篇，为实战打击提供丰富的理论指引。

六是教育宣传，营造良好社会氛围。选取节点，围绕“6·11”特大互联网假冒专利案、中美跨国假冒汽车安全气囊案、打击假烟犯罪“5·12”行动等重点案件开展集中宣传，掀起舆论高潮。组织全国公安机关结合“3·15消费者权益保护日”“4·26知识产权宣传周”“5·15防范和打击经济犯罪宣传日”等，开展形式多样的宣传活动，剖析典型案例，讲解法律常识，征集案件线索，争取社会各界广泛参与。

（公安部经济犯罪侦查局供稿）

知识产权民事司法保护工作

前　言

2016年,人民法院在以习近平同志为核心的党中央坚强领导下,在各级人民代表大会有力监督下,全面贯彻党的十八大和十八届三中、四中、五中、六中全会、中央政法工作会议和全国科技创新大会精神,深入学习贯彻习近平总书记系列重要讲话精神和治国理政新理念新思想新战略,牢固树立"四个意识",切实贯彻实施国家知识产权战略和国家创新驱动发展战略,紧紧围绕"努力让人民群众在每一个司法案件中感受到公平正义"目标,忠实履行宪法和法律赋予的审判职责,全面实施"司法主导、严格保护、分类施策、比例协调"的知识产权司法保护基本政策,以执法办案为重心,积极发挥司法保护知识产权主导作用,深化知识产权审判体制改革,加强审判监督指导,深入推进司法公开,着力打造审判队伍建设,充分展示人民法院知识产权司法保护的良好形象,为服务国家创新发展大局,建设知识产权强国和世界科技强国提供了有力的司法保障。

一、发挥审判职能,公正高效审理知识产权案件

习近平总书记在全国科技创新大会上提出到新中国成立100年时建成世界科技强国的伟大目标。要实现这一目标,归根到底要依靠创新驱动,推动新技术、新产业、新业态蓬勃发展。完善的知识产权保护制度是激发创新原动力的基本保障,而司法一直都是保护知识产权最有效、最根本、最权威的手段。一年来,人民法院充分发挥司法保护知识产权的主导作用,以民事审判为基础,行政审判和刑事审判并行发展,公正高效地审理了大量知识产权案件。2016年,人民法院共新收一审、二审、申请再审等各类知识产权案件177 705件,审结171 708件(含旧存,下同),比2015年分别上升19.07%和20.86%。

(一)妥善审理知识产权民事案件,维护权利人合法权益

一年来,人民法院加强知识产权民事审判工作,严格保护知识产权,给权利人提供充分的司法救济。2016年,地方各级人民法院共新收和审结知识产权民事一审案件136 534件和131 813件,分别比2015年上升24.82%和30.09%,一审结案率为83.18%,同比上升0.52%。其中,新收专利案件12 357件,同比上升6.46%;商标案件27 185件,同比上升12.48%;著作权案件86 989件,同比上升30.44%;技术合同案件2401件,同比上升62.23%;竞争类案件2286件(含垄断民事案件156件),同比上升4.81%;其他知识产权民事纠纷案件5316件,同比上升71.87%。全年共审结涉外知识产权民事一审案件1667件,同比上升25.62%;审结涉我国港澳台地区知识产权民事一审案件1130件,同比上升291.99%。地方各级人民法院共新收和审结知识产权民事二审案件20 793件和20 334件,同比分别上升37.57%和35.33%;共新收和审结知识产权民事再审案件79件和85件,同比分别下降31.30%和25.44%。

2016年,最高人民法院新收知识产权民事案件369件,审结383件,新收和审结与去年同比基本持平。其中,新收和审结二审案件7件和11件;新收和审结申请再审案件319件和331件;新收提审案件32件,审结32件。

一年来,人民法院审结的具有较大社会影响的知识产权民事案件有:礼来公司

诉华生公司侵害发明专利权纠纷案；松下株式会社与金稻公司、丽康公司侵害外观设计专利权纠纷案；晨光公司与得力公司、坤森公司侵害外观设计专利权纠纷案；北京庆丰包子铺与山东庆丰餐饮公司侵害商标权与不正当竞争纠纷再审案；江苏电视台、珍爱网与金某某侵害商标权纠纷再审案；大头儿子文化公司与央视动画公司侵害著作权纠纷案；河北林科院、绿缘达公司与九台园林处等侵害植物新品种纠纷再审案等。

（二）妥善审理知识产权行政案件，发挥监督促进职能作用

人民法院按照建设社会主义法治国家的目标，严格适用新修订的行政诉讼法，充分发挥司法对知识产权授权确权和行政执法行为的监督作用，严格规范知识产权行政执法行为，积极促进行政机关依法行政。2016年，地方各级人民法院共新收知识产权行政一审案件7186件，其中，专利案件1123件，商标案件5990件，著作权案件37件，其他行政案件36件。审结一审案件6250件，其中，涉外、涉港澳台案件2394件，占38.30%。在审结的一审案件中，判决维持具体行政行为的4241件，判决撤销的1263件。地方各级人民法院新收知识产权行政二审案件3233件，审结3069件，同比分别上升44%和31.77%。其中，维持原判2560件，改判418件，发回重审7件，撤诉49件，驳回20件，其他方式结案15件。

2016年，最高人民法院新收和审结知识产权行政案件355件和352件，与去年基本持平。其中，新收申请再审案件282件，审结283件。

一年来，人民法院审结的具有较大社会影响的知识产权行政案件有：迈克尔·乔丹与国家工商总局商标评审委员会、乔丹公司商标争议行政纠纷再审案；国家知识产权局专利复审委员会、诺维信公司与江苏博立公司发明专利权无效行政纠纷再审案；拉菲酒庄与国家工商总局商标评审委员会、金色希望公司商标争议行政纠纷再审案等。

（三）妥善审理知识产权刑事案件，惩治侵犯知识产权犯罪

一年来，人民法院坚持宽严相济的刑事政策，依法运用各种刑事制裁措施，严厉惩治和震慑侵犯知识产权犯罪，保护权利人合法权益，维护合法有序的社会经济秩序。2016年，地方各级人民法院共新收涉知识产权刑事一审案件8352件，同比下降23.9%。其中，侵犯知识产权罪案件3799件，其中，侵犯注册商标犯罪案件3565件，侵犯著作权罪案件195件，同比下降22.67%；涉及侵犯知识产权的生产、销售伪劣商品罪案件2765件，同比下降29.55%；涉及侵犯知识产权的非法经营罪案件1567件，同比下降18.51%；涉及侵犯知识产权的其他案件221件，同比上升3.27%。

地方各级人民法院共审结涉知识产权刑事一审案件8601件，同比下降20.43%，一审结案率为89.06%，同比基本持平；生效判决人数10 431人，同比下降18.13%；给予刑事处罚10 334人，同比下降17.85%。其中，审结侵犯知识产权罪案件3903件，生效判决人数5167人；涉及侵犯知识产权的生产、销售伪劣商品罪案件2855件，生效判决人数3032人；涉及侵犯知识产权的非法经营罪案件1551件，生效判决人数1790人；涉及侵犯知识产权的其他罪名案件292件，生效判决人数442人。在审结的侵犯知识产权罪案件中，假冒注册商标罪案件1793件，生效判决人数2604人；销售假冒注册商标的商品罪案件1543件，生效判决人数1823人；非法制造、销售非法制造的注册商标标识罪案件311件，生效判决人数420人；假冒专利罪案件5件，生效判决人数1人；侵犯著作权罪案件

207 件，生效判决人数 274 人；销售侵权复制品罪案件 4 件，生效判决人数 2 人；侵犯商业秘密罪案件 40 件，生效判决人数 43 人。

地方各级人民法院共新收涉知识产权的刑事二审案件 787 件，同比基本持平；审结 812 件，同比上升 3.83%。

一年来，人民法院审结的具有较大社会影响的知识产权刑事案件有：汪某某侵犯商业秘密犯罪案；沈某等假冒注册商标等犯罪案；邓某某、程某某等假冒注册商标和销售假冒注册商标的商品犯罪案；彭某侵犯商业秘密犯罪案。

2016 年，人民法院知识产权案件审判工作呈现出下列四个新特点。

案件数量再创新高。2016 年，人民法院新收知识产权民事、行政和刑事案件数量大幅增加，其中，一审案件 152 072 件，比 2015 年上升 16.80%。知识产权民事一审案件上升幅度最为明显，达到 24.82%。北京、上海、江苏、浙江、广东五省市法院收案数量一直保持高位运行态势，新收各类知识产权案件数合计 107 011 件，占全国法院的 70.37%。其中，广东同比上升 22.36%，上海同比上升 20.74%。山东、福建新收各类知识产权案件同比增幅也均在 20%以上。其他一些省份也一改往年案件数量偏少的状况，如贵州法院随着工业强省、城镇化带动战略的推进，案件数量增长迅猛，同比上升了 58.20%。重庆法院的知识产权案件数量也大幅攀升，全年新收知识产权案件同比上升 57.85%。湖南、安徽法院知识产权一审案件数量也增长迅速，分别同比上升 52.02%和 45.4%。

审理难度逐步增大。知识产权案件尤其是技术类案件涉及复杂技术事实认定，案件审理难度大。一年来，涉及高精尖技术的专利案件，涉及新技术合作开发、技术成果应用纠纷等技术类案件明显增加，无疑增加了事实查明和分析判断的难度。2016 年，山东法院技术合同案件收案同比上升 119%；上海知识产权法院审结的一审案件中，涉及专利、计算机软件、技术秘密等技术类案件占 95%以上。北京法院审结的“含核苷酸类似物的复合物或盐及其合成方法”发明专利权无效行政纠纷案涉及马库什权利要求等复杂的医药化学问题。除了技术类案件以外，一些商标纠纷案件由于涉及知名品牌利益保护，一些著作权纠纷案件涉及互联网新技术，一些垄断及不正当竞争纠纷涉及市场竞争秩序维护，社会关注度高，案件事实复杂难辨，法律适用新奇特殊，使知识产权审判不断面临新挑战。如北京法院审理的“枭龙”商标行政纠纷案涉及枭龙战机；腾讯公司“宫锁连城”作品纠纷案涉及信息网络传播权解释；奇虎诉百度不正当竞争纠纷案涉及 robots 协议等等。

审判质效稳中向好。一是再审率大幅下降。2016 年，地方各级人民法院审结的知识产权民事一审案件虽然同比上升 30.09%，但是二审案件的改判发回重审率为 5.94%，与上一年基本持平，再审率下降 45%。知识产权行政二审案件的改判发回重审率为 13.85%，同比下降 1.56%。二是案件调撤率大幅上升。地方各级人民法院民事一审案件调解撤诉率达到 64.21%，二审案件调解撤诉率达到 27.44%，取得了良好的法律效果和社会效果。上海法院知识产权民事案件调撤率为 73.92%；山东法院知识产权民事一审案件调撤率达到 69.70%。天津三级法院上下联动，积极发挥司法能动性，在查清案件事实的基础上，圆满调解了涉齐白石作品的数百起著作权纠纷案，使双方当事人历经十余年的纠纷全部得以化解。江西法院创新调解方式，引导 20 多家文化传媒公司与集体管理组织签订著作权许可使用合同，化解了社会矛盾，规范了版权市场秩序，降低了社会成本。三是结案数量大幅上升。重庆法院审结一、二审知识产权案件同比上升 62.74%；湖南法院审结知识产权一审案件同比上升

48.79%；广东法院审结知识产权民事案件同比上升42.82%；江苏法院审结知识产权民事一审案件同比上升30.8%。

赔偿力度有所提升。人民法院逐步探索将市场价值作为知识产权赔偿数额计算的参考，依法加大对关键核心技术和知名品牌的保护力度。通过对律师费等诉讼合理支出在赔偿额中单独计算和推进适用惩罚性赔偿等措施，使赔偿数额与知识产权市场价值相适应。北京市高院审结的松下株式会社与金稻公司、丽康公司侵害外观设计专利权纠纷案，全额支持松下株式会社300万元的赔偿请求。北京知识产权法院在"紫玉"商标侵权上诉案和书生公司系列侵犯著作权上诉案中，也全额支持权利人的赔偿额请求。与此同时，严厉惩处诉讼不诚信行为，对提供伪证、虚假陈述、故意逾期举证、毁损证据、妨碍证人作证等不诚信诉讼行为，依法给予程序和实体制裁。北京市高院在青岛科尼乐公司专利侵权案中，对拒不履行法院生效保全裁定的当事人处以50万元的罚款。

二、推进司法改革，科学完善知识产权审判体系

2016年是"十三五"规划的开局之年，也是人民法院全面深化司法体制改革的攻坚之年。人民法院锐意改革、勇于创新、精准发力、定向施策，积极推进知识产权司法体制机制改革，推动知识产权司法保护体系和能力向现代化迈进。

（一）大力推进知识产权法院建设

2016年，北京、上海、广州知识产权法院各项工作有序开展，司法职能有效发挥，全体法官凝心聚力，依托司法科技创新和制度创新，努力推进专业化、精细化、法治化建设，改革成效和标杆作用逐步显现，司法公信力和国际影响力持续增强，展示了中国知识产权司法保护的新形象。知识产权法院率先进行司法改革，形成院、庭长办案常态化机制，转变审判委员会职能，探索审判委员会参加案件审理的方式，成效良好。2016年，三家知识产权法院共受理知识产权民事和行政案件17 268件，审结14 896件，结案率86.26%。北京知识产权法院大力推进案例指导研究基地建设工作，上海知识产权法院积极服务上海科技创新中心建设，广州知识产权法院大力加强知识产权市场化研究，树立了中国法院知识产权审判的新形象。最高人民法院知识产权审判庭深入调查研究知识产权法院在改革发展中遇到的困难和问题，完成《知识产权法院设立及工作情况》，积极推进"知识产权法院建立重大问题研究"课题项目的调研工作，为建立知识产权上诉机制提供实践指引。

（二）全面深入推进"三合一"改革工作

2016年，知识产权审判"三合一"工作取得重大进展与突破。除知识产权法院暂不执行"三合一"以外，"三合一"工作在全国法院全面推开。7月5日，《最高人民法院关于在全国法院推进知识产权民事、行政和刑事案件审判"三合一"工作的意见》印发。7月7日，最高人民法院在江苏省南京市召开全国法院知识产权审判工作会议暨全国法院推进知识产权审判"三合一"工作会议，全面部署推进"三合一"工作，"三合一"工作迈上新台阶。目前，最高人民法院正在有关部门就知识产权刑事司法实施方案进行积极沟通，以期尽快会签相关文件，全面推进"三合一"工作，提高知识产权司法保护的整体效能。

（三）筹划设立知识产权专门审判机构

最高人民法院知识产权庭拟定在南京、苏州、武汉、成都等地设立知识产权专门审判机构及其案件管辖的具体方案。2017年初，上述四个专门审判机构相继挂牌，开始受理案件。南京知识产权法庭、苏州知识产权法庭分别以南京中院和苏州中

院知识产权庭为基础组建，按独立机构模式运行，在省内分别跨区域管辖专利等技术类知识产权一审民事案件等。武汉知识产权审判庭实行“三合一”，除管辖武汉市辖区知识产权民事、行政和刑事案件外，还跨区域管辖湖北全省有关专利等技术类一审知识产权民事和行政案件。成都知识产权审判庭跨区域管辖四川省内专利等技术类一审知识产权民事、行政案件。

（四）优化技术事实查明机制

完善的技术事实查明机制对知识产权案件公正裁判具有极其重要的作用。最高人民法院已经出台了《关于知识产权法院技术调查官参与诉讼活动若干问题的暂行规定》，正在抓紧制定知识产权法院技术调查官选任工作指导意见。上海市高院制定《关于知识产权民事诉讼中涉及技术事实司法鉴定的操作指引》，完善多元化技术事实查明机制。北京知识产权法院成立技术调查室，制定《技术调查官管理办法》，该院2016年技术类案件收结比率同比上升27.5%。广州知识产权法院从行政机关、院校、科研机构等单位聘请29名专家，组成技术专家咨询委员会，为案件审理提供专业意见。该院2016年共有88件案件启用技术专家或技术调查官，案件调撤率达64.7%。贵州省高院与贵州省科技厅合作，聘请科学技术咨询专家，为案件中涉及的专门性技术问题提供咨询意见以查清技术事实。四川省高院遴选电子信息技术、机械制造、医药、植物新品种等领域的专家进入知识产权技术专家库，丰富技术事实认定体系。

（五）健全多元化纠纷解决机制

近年来，人民法院的知识产权案件呈现逐年增长的趋势，“案多人少”的矛盾日益突出。因此，健全和加强多元化纠纷解决机制建设，对提高知识产权司法质量和效率具有重要的现实意义。北京法院加强与北京市保护知识产权举报投诉服务中心、中国互联网协会调解中心等相关单位的对接，充分调动行政调解、行业调解、人民调解组织的力量，推进纠纷的和解解决。上海知识产权法院与中国互联网协会调解中心、上海市软件行业协会、上海市生物医药行业协会、市工商联民商事人民调解委员会、东方公证处等10家社会组织和机构建立诉讼与非诉讼相衔接的多元化纠纷解决合作机制，推进诉前调解、诉调对接，形成优势互补、资源共享的多元化纠纷解决机制。2016年一年，该院经双方当事人同意进入诉前调解的案件96件，调解成功23件。福建法院注重发挥行业协会和科技专家的专业技术优势，实施委托调解、行业调解、科技专家调解，发挥协同解决知识产权纠纷作用，公正、有效地解决了一大批案件。

三、强化监督指导，切实保障司法裁判标准统一

统一司法裁判标准是提升司法公信力，树立司法权威的重要手段。2016年，人民法院继续加强司法解释和司法政策的制定工作，完善审判监督和审判管理工作机制，不断提高知识产权审判工作水平，确保司法裁判标准的统一。

（一）加强司法解释和司法政策的制定工作

制定《最高人民法院关于审理侵害专利权纠纷案件应用法律若干问题的解释（二）》。该解释由最高人民法院审判委员会于2016年1月25日通过，自2016年4月1日起施行。该解释进一步完善了专利侵权判定规则，明确权利要求的选择、权利要求解释、近似外观设计、间接侵权、抵触申请抗辩、标准实施抗辩、生产经营目的、合法来源抗辩、赔偿数额的计算、专利法第47条的适用等法律应用问题，将有效促进专利法的正确适用。

制定《最高人民法院关于审理商标授权确权行政案件若干问题的规定》。该规定由最高人民法院审判委员会于2016年12月12日通过，自2017年3月1日起施行。该规定针对司法实践中存在的突出问题，在2010年发布的《关于审理商标授权确权行政案件若干问题的意见》基础上制定，主要涉及审查范围、显著特征判断、驰名商标保护、著作权、姓名权等在先权利保护等实体内容，以及违反法定程序、一事不再理等程序内容，对商标授权确权行政案件所涉及的重要问题和审判实践中的难点问题进行了明确。该规定是最高人民法院总结审判实践经验、完善商标授权确权法律适用标准的重要举措，对倡导诚实信用理念、形成良好的商标申请和注册秩序、统一裁判标准具有重要意义。

制定《中国知识产权司法保护纲要》(2016～2020)。该纲要共分为前言、成就回顾、指导思想、基本原则、主要目标、重点措施和结束语七个部分，为未来五年人民法院知识产权司法保护明确指导思想和目标，确定保护原则和措施，规划发展路径和蓝图。该纲要着力补齐短板，提出了知识产权司法保护的努力方向和解决方案，从根本上破解司法保护良性发展的瓶颈问题。该纲要是最高人民法院第一次就专门审判领域制定发布保护纲要，是最高人民法院贯彻落实中央精神的具体举措，是加强知识产权保护和将经济发展新理念融入知识产权司法保护工作中的集中体现，是贯彻落实习近平总书记系列重要讲话精神和治国理政新理念新思路新战略，指导知识产权司法保护实践的重要成果。该纲要于2017年“4·26世界知识产权日”宣传周期间发布。

此外，最高人民法院正在抓紧研究《最高人民法院关于审查知识产权与竞争纠纷行为保全案件适用法律若干问题的解释》《最高人民法院关于充分发挥司法保护知识产权主导作用加快知识产权强国建设若干问题的意见》，通过完善司法解释和司法政策更好地监督指导全国知识产权司法保护工作。

(二)加强审判指导和审判调研工作

推动法律编纂修订工作。积极参与民法典、专利法、著作权法、反不正当竞争法、种子法、商标法实施条例等法律法规的编纂修订工作，提出修改意见并建议将知识产权纳入民法典。最高人民法院专门成立跨部门专利法修改调研小组，积极开展调研，系统总结专利法实施30年来司法实践中积累的经验，深入研究专利审判中遇到的困难和问题，向国务院法制办提出了专利法修改的总体方案以及具体条文修改意见。

加强法律适用的专题研究。最高人民法院开展“商业模式等新形态创新成果的知识产权保护办法”专题调研工作，对审理电影作品和以类似摄制电影的方法创作的作品民事纠纷案件适用法律问题以及著作权集体管理制度的相关问题进行调研，配合全国工商联开展民营企业知识产权保护专题调研，参与“标题党”整治工作，为净化网络环境提供法律支持。北京市高院在调研的基础上形成并发布《北京市高级人民法院关于网络知识产权案件的审理指南》，对商标、专利授权确权案件出台了审判参考问答。上海市高院对“商标多重许可中的法律问题”“涉深层链接的著作权侵权问题”“计算机软件专利权保护”开展调研。江苏省高院开展“供给侧结构性改革可能引发的法律问题及司法应对”调研，完成《关于侵犯商标权纠纷案件相关审理问题的调研报告》《技术创新背景下的专利案件裁判尺度》等调研报告。湖南省高院完成《知识产权案件技术事实查明机制研究》《知识产权行政保护与司法保护的冲突和协调研究》等课题。贵州省高院完成《黔茶知识产权保护问题研究——模式、问题及对策》调研报告及贵州省重点课题《非物质文化遗产保护》。吉林省高院积极开展朝医朝药调研，以推进中医药的知识产权保护。

重视与行政机关的沟通交流。最高人民法院知识产权审判庭与国家知识产权局专利复审委员会开展业务交流，进一步明确和统一专利授权确权纠纷解决的法律规则；与国家工商总局商标评审委员会开展业务交流，就商标保护相关法律适用问题进行深入沟通和研讨；与农业部种子局共同启动植物新品种保护司法解释修订的调研工作。北京市高院与国家工商总局商标局、商标评审委员会以及国家知识产权局专利复审委员会多次召开专题研讨会，对具体法律适用问题进行研讨。内蒙古法院与文化市场行政管理部门沟通协调，尝试从源头解决涉卡拉OK经营者著作权纠纷系列案件，初步形成呼和浩特地区版权使用费的三级收费标准。

发挥案例指导作用。最高人民法院知识产权审判庭定期发布典型案例，编辑出版《知识产权审判指导》《中国知识产权指导案例评注》。筛选出奇虎公司诉腾讯公司等滥用市场支配地位纠纷案等十个案例，作为最高人民法院发布的第16批指导性案例，该批案例已经于2017年3月6日发布。最高人民法院知识产权案例指导研究(北京)基地总结案例指导工作的经验，积极开展案例指导研究工作。

四、落实司法公开，营造良好司法保护法治环境

“正义不仅要实现，还要以看得见的方式实现。”2016年，人民法院全面深化司法公开，着力构建开放、动态、透明、便民的阳光司法机制，实现司法公开的转型升级，让公开更规范、更实效、更贴心、更均衡。

(一)加强司法公开，促进司法公正

努力做好重大案件的庭审公开。最高人民法院在“4·26世界知识产权日”宣传周期间公开审理“乔丹”商标争议行政纠纷案，陶凯元副院长担任审判长，通过全媒体对案件的审理和宣判进行了直播。来自美国、欧盟、日本、韩国等国家的驻华使节以及美国全国商会代表到庭旁听了案件的庭审。新华社、中央电视台和《新加坡联合早报》等20余家中外媒体记者全程旁听了案件审理并进行现场报道，中国法院网、最高人民法院官方微博等对案件庭审全程无缝隙直播。仅新浪法院频道全程直播累计观看人数超过150万人，覆盖人数达9800万人次。该案的审理向国内外各界人士展现了中国法院公开透明、公正司法、平等保护中外双方当事人合法权益的良好风貌。

积极做好裁判文书公开。人民法院不断完善知识产权裁判文书公开上网管理机制，对于适宜公开的裁判文书，督促将裁判文书及时上网，接受全社会的监督，以公开促公正，让人民群众切实感受到司法的公平正义。

不断推进审判流程公开。在中国审判流程信息公开网及时推送知识产权案件流程信息，保障当事人和人民群众的知情权、监督权。

(二)加强交流与合作，提升司法形象

最高人民法院以“中国知识产权司法保护国际交流(上海)基地”为平台，健全知识产权司法保护的国际和区际交流，加强与国际组织、其他国家之间的交流合作。派员参加中美法治对话、中欧知识产权对话及工作组会议、自由贸易区知识产权章节谈判以及中瑞、中美、中澳、中俄知识产权工作组会议等各类对外工作会议并提交书面意见。派员赴美国及欧洲出访，参加越南河内召开的“UPOV公约下植物育种者权利的执行”研讨会和在韩国召开的中国知识产权保护制度说明会。上海市高院成功举办“中欧法官论坛——创新驱动与知识产权司法保护”国际会议，全年接待来自十多个国家、地区及国际组织的官员、司

法机构人员和企业代表。重庆市高院与西南政法大学知识产权学院共同举办多期“中国知识产权法官讲坛”，上海知识产权法院与华东政法大学、同济大学建立合作共建机制，与上海对外经贸大学和上海政法学院建立法律服务志愿者机制。

（三）拓宽宣传渠道，实现宣传常态化

最高人民法院继续开展“4·26世界知识产权日”宣传周活动，形成知识产权司法宣传常态化。组织中央媒体“知识产权司法保护浙江行”，召开媒体见面会和新闻发布会，发布《中国法院知识产权司法保护状况（2015）》（中英文）、2015年中国法院十大知识产权案件和五十件典型知识产权案例及《最高人民法院知识产权案件年度报告（2015）》。地方各级人民法院也积极拓宽宣传渠道，富有成效地开展工作。江苏省高院在其微博、微信公众号同步开设“知产视野”栏目，交流总结全省重大疑难知识产权案件的裁判经验。浙江省高院成立“浙江法院新闻网·知之汇”子网，发布全省知识产权动态等信息，网站年点击量逾19万次。广东省高院规定参与评选优秀庭审的案件均应通过网络进行直播，快播公司著作权行政处罚纠纷、“非诚勿扰”商标侵权纠纷等受到社会广泛关注的重大案件庭审均通过广东法院网进行了视频直播。上海知识产权法院开通中英文版互联网站和官方微博、公共微信平台，接受媒体专访，在新华社、中央电视台等媒体刊发稿件156篇。陕西省高院“4·26世界知识产权日”宣传周期间通过网络视频直播对五起社会关注度高的新型疑难和重大典型知识产权案件进行了集中公开宣判，《西安日报》和《人民法院报》相继予以报道。

五、加强队伍建设，全面提升司法审判队伍素质

队伍建设是知识产权司法保护的基础和保障。必须深刻把握党和国家工作大局对知识产权审判队伍建设提出的新要求，坚持全面从严治党，按照党中央《关于新形势下加强政法队伍建设的意见》要求，努力打造一支信念坚定、司法为民、敢于担当、清正廉洁的知识产权审判队伍。

（一）加强思想政治建设，提升政治素养

知识产权审判队伍建设始终坚持党的领导，牢固树立“四个意识”，深入学习贯彻习近平系列重要讲话精神，坚定不移走中国特色社会主义法治道路，在思想上政治上行动上始终同以习近平同志为核心的党中央保持高度一致。积极开展“两学一做”学习教育活动，注重从中华优秀传统文化中汲取道德人文素养，弘扬社会主义先进文化和人民司法优良传统，自觉践行并坚决捍卫社会主义核心价值观。

（二）加强履职能力建设，提高专业水平

提升履职能力，是知识产权司法队伍建设的重要目标。必须大力加强履职能力建设，不断提升审判专业水平，着力培养一批讲大局、懂法律、懂技术、具有国际视野的复合型知识产权法官队伍，以适应知识迅速更新、实践快速发展的新形势。最高人民法院组织全国法院知识产权法官业务培训，陶凯元副院长为学员作专题讲座。北京市高级人民法院将年度集中培训与专题讲座相结合，拓宽业务培训的渠道。北京知识产权法院发挥资深法官的传帮带作用，对青年法官进行形式多样内容丰富的专业培训。上海市高级人民法院举办“法经济学高级研修班”“法经济学·反垄断高级研修班”，提升法官理论水平和业务能力。安徽省高级人民法院将新业务规范、新审判理念列入集体学习内容，利用部门微信群拓展“八小时”以外学习平台。海南省高级人民法院提出“一条主线、两个结合、三型党支部、四种意识、五大发展、六个原则”的工作方法，使各项工作整体推进。

（三）加强司法作风建设，树立良好形象

打铁还需自身硬，队伍强则事业兴，司法廉洁建设是队伍建设的重要环节。全国法院要坚持标本兼治，深入推进党风廉政建设和反腐败斗争，坚持从严教育、从严管理、从严监督，以零容忍的态度惩治司法腐败，确保司法公正廉洁。大力加强自身建设，锤炼对党忠诚的政治品格，锻造严以律己的过硬作风，从违法违纪案件中汲取教训，及时发现和纠正不正当的苗头倾向，切实做到防微杜渐。注重家庭教育，形成廉洁家风，强化亲情助廉措施，让家人当好审判队伍的“守门员”。

结束语

2017年是实施“十三五”规划的重要一年，也是深化司法体制改革的决战之年，更是知识产权司法保护大发展之年。人民法院知识产权司法保护将深入贯彻习近平总书记系列重要讲话精神和治国理政新理念新思路新战略，牢牢抓住新一轮科技革命的历史性机遇，积极主动适应国际形势新变化和经济发展新常态，牢固树立“四个意识”，按照“五位一体”总体布局和“四个全面”战略布局要求，遵循“创新、协调、绿色、开放、共享”的发展理念，深入贯彻实施国家知识产权战略，积极完善知识产权保护制度，依法保护知识产权。紧紧围绕“努力让人民群众在每一个司法案件中感受到公平正义”的目标，坚持司法为民、公正司法，充分发挥司法保护知识产权主导作用，加强知识产权司法保护力度，为推动国家创新驱动发展战略实施营造良好的法治环境，为建设知识产权强国和世界科技强国提供坚强有力的司法保障，以优异的成绩迎接中国共产党第十九次全国代表大会的胜利召开！

附件

2016年全国法院新收知识产权案件类型与数量图

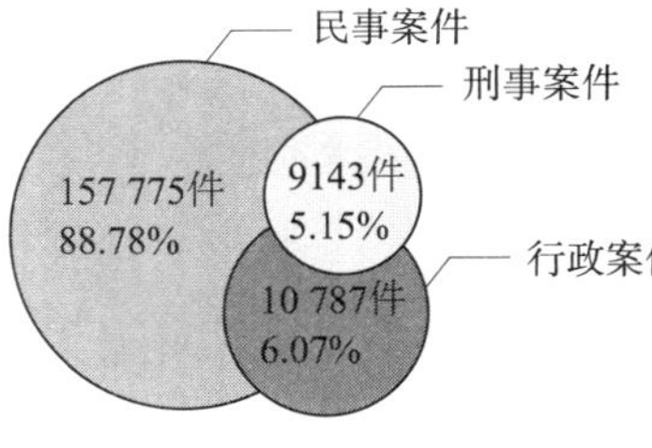

图1　2016年全国法院新收知识产权案件类型与数量图

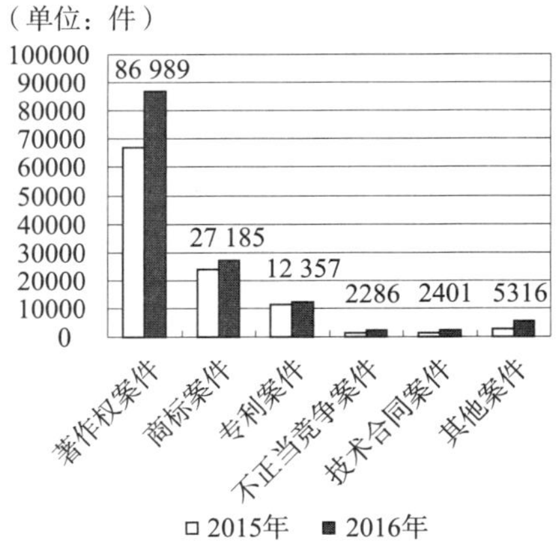

图2　2016年全国地方各级人民法院新收知识产权民事一审案件同比增幅图

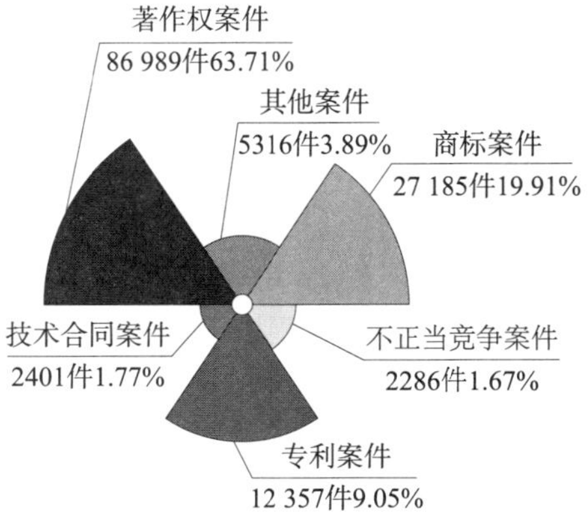

图3　2016年全国地方各级人民法院新收知识产权民事一审案件类型与数量图

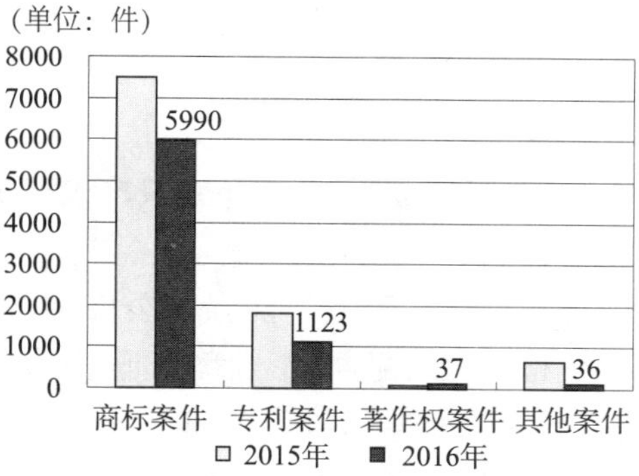

图 4　2016 年全国地方各级人民法院新收知识产权民事一审案件同比增幅图

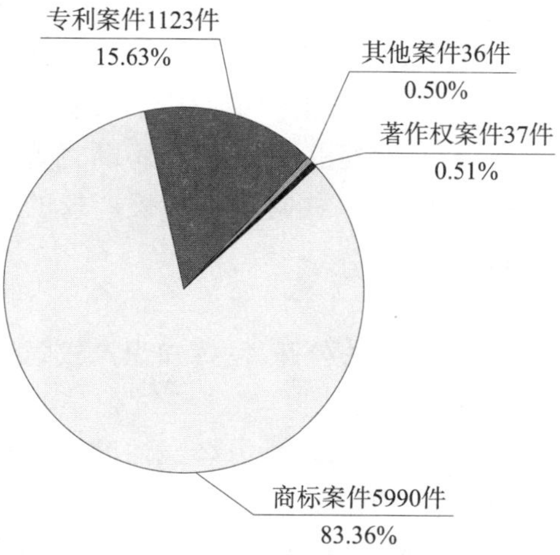

图 5　2016 年全国地方各级人民法院新收知识产权行政一审案件类型与数量图

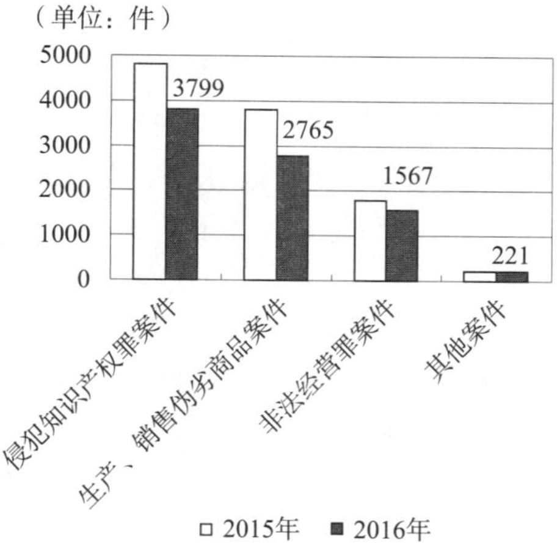

图 6　2016 年全国地方各级人民法院新收知识产权刑事一审案件同比增幅图

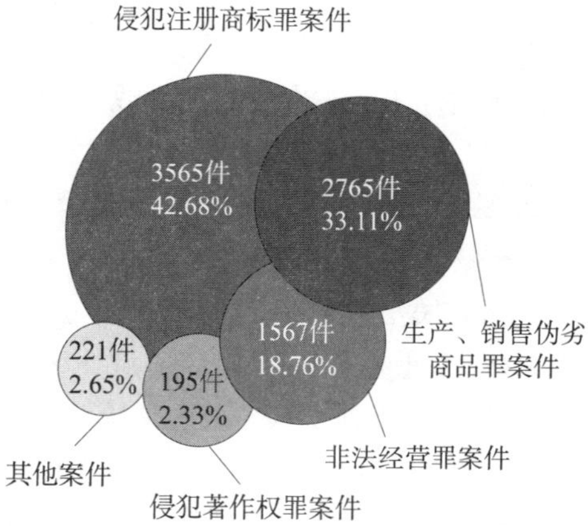

图 7　2016 年全国地方各级人民法院新收知识产权刑事一审案件类型与数量图

（最高人民法院知识产权审判庭供稿）

知识产权刑事司法保护工作

2016 年，全国各级人民法院全面贯彻党的十八大和十八届三中、四中、五中、六中全会精神，紧紧围绕“努力让人民群众在每一个司法案件中感受到公平正义”的目标，全力抓好各类知识产权刑事案件审判工作，切实维护知识产权权利人的合法权益，充分发挥知识产权刑事审判职能，促进大众创业、万众创新，各项工作取得了新的进展。

一、抓好执法办案，推进知识产权刑事审判工作

2016 年，全国各级人民法院高度重视知识产权刑事审判工作，以执法办案为第一要务，严厉打击各类侵犯知识产权犯罪，严格依法办案，确保司法公正，彰显我国加强知识产权刑事司法保护的立场和决心。全年共新收知识产权刑事案件 3799 件，同比下降 22.67%。其中，假冒注册商标罪案

件 1746 件，销售假冒注册商标的商品罪案件 1526 件，非法制造、销售非法制造的注册商标标识罪案件 293 件，假冒专利罪案件 4 件，侵犯著作权罪案件 195 件，销售侵权复制品罪案件 2 件，侵犯商业秘密罪案件 33 件。共审结侵犯知识产权罪案件 3903 件，生效判决人数 5167 人。其中，假冒注册商标罪案件 1793 件，生效判决人数 2604 人；销售假冒注册商标的商品罪案件 1543 件，生效判决人数 1823 人；非法制造、销售非法制造的注册商标标识罪案件 311 件，生效判决人数 420 人；假冒专利罪案件 5 件，生效判决人数 1 人；侵犯著作权罪案件 207 件，生效判决人数 274 人；销售侵权复制品罪案件 4 件，生效判决人数 2 人；侵犯商业秘密罪案件 40 件，生效判决人数 43 人。

二、强化调研指导，促进维护知识产权司法统一

最高人民法院和地方各级法院立足审判实际，高度重视知识产权刑事调研工作，注重总结审判实践经验，深入研究知识产权刑事审判中的疑难、热点问题，积极开展知识产权刑事审判业务培训，效果良好。最高人民法院刑一庭优化审判指导工作方式，指导办理一系列重大、疑难、复杂案件，研究解决司法实践中的难点问题，切实履行对下指导、监督的职责。深入调研知识产权刑事案件管辖问题，全面梳理侵犯著作权犯罪的相关司法解释以及在实践中的适用情况，积极探索区分著作权刑事或民事司法保护的界限等。积极配合最高人民法院民三庭推进全国知识产权审判“三合一”工作，派员参与相关文件的草拟、与相关部门的沟通协调，与最高人民检察院相关部门共同调研知识产权刑事审判在“三合一”试点法院的运行情况，协助评选知识产权典型案例等。

三、加强沟通协作，健全知识产权刑事保护协作机制

最高人民法院重视加强与公安部、最高人民检察院的配合，并与商务部、国家工商总局、国家新闻出版广电总局等部门保持良好的沟通协作，形成了较为完善的协作机制。参与商务部牵头的多轮涉外知识产权谈判工作，参与中日韩、区域全面经济伙伴关系（RECP）等自贸区谈判以及中美商贸谈判等知识产权相关谈判工作。地方各级人民法院在打击知识产权刑事犯罪中注重与公安、检察机关的配合，不断完善衔接协作工作机制，共同加强知识产权的刑事司法保护。

四、深化司法公开，发挥知识产权司法保护引导作用

最高人民法院和地方各级法院不断推进司法公开，健全审判流程、庭审活动、裁判文书公开平台，让人民群众看得见、感受到公平正义。通过对重大有影响的案件进行公开审理、庭审直播、邀请人大代表政协委员旁听庭审、裁判文书网上公开等多种方式，听取各界对法院知识产权刑事审判工作的意见和建议，拓展司法公开的广度和深度。通过各种形式的司法公开，震慑侵犯知识产权的犯罪行为，充分发挥刑事司法惩罚和预防侵犯知识产权犯罪的主导作用，引导全社会提升保护知识产权意识，保护和激发各类主体创新创业的动力。

（最高人民法院刑一庭供稿）

检察机关保护知识产权工作

2016年，全国检察机关认真贯彻落实中央的决策部署，按照《深入实施国家知识产权战略行动计划（2014～2020）》的目标要求，加强对市场经济秩序的司法保护，依法履行各项检察职能，在打击侵犯知识产权犯罪、依法开展检察监督、推动行政执法与刑事司法衔接机制建立和完善等方面均取得显著成效。

一、充分履行批捕、起诉职能，依法惩治侵犯知识产权和制售假冒伪劣商品犯罪

2016年，全国检察机关共批准逮捕侵犯知识产权犯罪案件（涉及知识产权犯罪案件是指包括刑法分则第三章第七节侵犯知识产权罪、数罪中含侵犯知识产权罪和他罪中含侵犯知识产权行为的案件）2251件3797人，提起公诉3863件7059人。其中，批捕假冒注册商标罪1037件1911人，起诉1684件3259人；批捕销售假冒注册商标的商品罪873件1330人，起诉1486件2470人；批捕非法制造、销售非法制造的注册商标标识罪167件264人，起诉294件556人；批捕侵犯著作权罪66件97人，起诉182件307人；批捕销售侵权复制品罪4件5人，起诉2件3人；批捕侵犯商业秘密罪22件36人，起诉25件57人；批捕数罪中含侵犯知识产权罪17件27人，起诉18件45人；批捕他罪中含侵犯知识产权行为65件127人，起诉170件360人。

二、发挥诉讼监督职能，强化对行政执法机关移送涉嫌犯罪案件和公安机关立案活动的监督

检察机关充分发挥刑事立案监督职能，以打击侵犯知识产权为重点，依法履行对行政执法机关移送涉嫌犯罪案件和公安机关立案活动的监督，防止和纠正有案不移、有案不立和以罚代刑。2016年，全国检察机关建议行政执法机关移送涉嫌侵犯知识产权犯罪案件112件140人，行政执法机关已移送166件134人；监督公安机关立案侵犯知识产权涉嫌犯罪案件73件93人。

三、深化重点领域突出问题专项治理

2016年，全国检察机关持续深入开展“危害食品药品安全犯罪专项立案监督活动”，以消除监督空白院为重要目标，将打击食品药品领域的侵权假冒案件作为重点之一。2016年，检察机关通过专项立案监督活动已经建议行政执法机关移送涉嫌危害食品药品安全犯罪案件1591件1769人，监督公安机关立案侦查826件997人。立案侦查相关领域失职渎职的行政执法人员涉嫌犯罪案件14件23人，促进严格执法、依法行政。经检察机关监督的案件，已有845件994人被提起公诉，同期有800件940人被法院做出有罪判决。

在专项活动中，为推进重大案件的办理，最高人民检察院还单独或者联合有关部门，对数十起危害食品药品安全领域的案件挂牌督办，取得了良好效果。

四、积极推进行政执法与刑事司法衔接工作

最高人民检察院积极推进建立健全“两法”衔接工作机制，进一步推动各地加强“两法”衔接信息共享平台的有效利用。积极参与推进“健全行政执法与刑事司法衔接机制”改革任务，对检察机关开展“两法”衔接工作状况、存在的主要问题进行了专题调研，向有关部门报送了《检察机关推进“两法”衔接工作评估报告》。与全国“双打”办密切联系配合，于2016年11月联合发布了《打击侵权假冒行政执法与刑事司

法信息共享系统管理使用办法》。2016 年“两会”结束后，最高人民检察院相关部门承办了多份全国人大代表和政协委员提出的关于“完善行政执法与刑事司法衔接机制”的建议、议案答复工作，人大代表、政协委员对检察机关的办理工作、沟通及答复均给予了肯定。

五、健全完善制度机制，加大司法保护力度

2016 年 7 月，最高人民检察院发布了《关于充分发挥检察职能依法保障和促进科技创新的意见》，并专门召开新闻发布会，进一步向社会公众释放检察机关加强对知识产权司法保护的信号。围绕服务和促进科技创新，检察机关重点通过依法惩治侵犯商标权、侵犯著作权、假冒专利、侵犯商业秘密的犯罪，会同有关部门完善法律法规、出台司法解释，依法履行批捕起诉职务来打击侵权假冒犯罪；重点通过强化对涉及知识产权案件的法律监督，加强对公安机关办理侵权假冒犯罪案件立案和侦查活动的监督，对人民法院刑事审判活动的监督，对涉及科技创新的民事、行政案件的审判和执行活动的监督等来为科技创新保驾护航；重点通过推进侵权假冒领域行政执法与刑事司法衔接机制建设，特别是建立完善侵权假冒信息共享平台，来实现行政执法与司法优势互补、有机衔接。

六、开展宣传交流，扩大司法保护影响力

全国检察机关组织开展各种宣传活动，产生了广泛而积极的社会影响。最高人民检察院在《检察日报》、正义网等开设专栏重点宣传知识产权的有关内容，并在 2016 年 5 月发布了“2015 年度中国检察机关保护知识产权十大典型案例”。地方检察机关也积极开展知识产权的司法保护宣传活动，通过发布检察机关保护知识产权白皮书、年度典型案例等方式总结知识产权刑事司法保护的特点和规律，加强对保护理念、保护方法的宣传。

在知识产权司法保护的国际交流与合作方面，2016 年 2 月派员赴西班牙参加了《中欧海关 2014～2017 年知识产权合作行动计划》，6 月赴俄罗斯参加了中俄检察机关圆桌会议，就知识产权的跨区域合作展开交流；与来访的英国版权执法司司长就版权有关问题进行工作会谈，与美方开展了知识产权会谈交流；按照“中国——欧盟知识产权合作第三年度行动计划”，10 月在上海、广州举办了以“中欧检察官知识产权刑事执法”为主题的交流活动。

（最高人民检察院侦查监督厅供稿）

全国知识产权社团工作

中国知识产权研究会（第六届）

名誉理事长 路甬祥 任建新 姜 颖
理 事 长 田力普
常务副理事长 甘绍宁
副 理 事 长 孔祥俊 王宏祥 王 涛 刘春田 吕国强 许瑞表 何训班 吴汉东 宋晓明 张 平 张雪峰 张 勤 李明德 李顺德 杨铁军 单晓光 周渝波 孟庆丰 林 新 贺志辉 徐志武 郭庆存 高 峰 黄 峰 曾祥夌
秘 书 长 张云才
副 秘 书 长 马秀山 李亚莉 李 剑 段玉萍 焦 刚

2016年，在国家知识产权局的领导下，在理事会成员和会员的大力支持下，研究会全体员工团结一心、开拓进取，在学术研究、编辑出版、宣传培训、研讨交流、会员服务、地方工作、法律咨询、国际合作、党建及廉政建设方面取得了一定成绩，较好地完成了全年工作任务。

一、学术研究

受国家知识产权局委托，组织完成了涉及宏观政策的"一带一路"有关国家或地区知识产权环境研究工作，并举行了研究成果发布会；受审业部委托，完成了三大基础课题，即"重点领域专利技术分析""各行业专利技术现状及其发展趋势报告"以及"国际知识产权热点问题"研究工作；与人教部、河北省知识产权局联合组织了传统课题——2015年度河北省重点企业专利战略引导计划项目研究工作；受条法司委托，完成了新业态创新成果知识产权保护需求调查研究工作。

编纂并发布《中国知识产权发展报告2015(蓝皮书)》，从知识产权非政府角度全面剖析了中国知识产权发展现状和历史，同时对中国知识产权的未来发展作了预测与建议。

二、编辑出版

全年共出刊《知识产权》杂志12期，并组织了"反不正当竞争法修订问题研究""专利法第四次修改专题研究""民法典与知识产权关系问题研究"等专题研究栏目；召开了"2016年度杂志理事会年会暨知识产权学术热点问题研讨会"，总结了杂志出版工作，并研讨了当前国内广受关注知识产权学术热点问题。杂志理事会队伍发展势头良好，目前已发展到65家。

三、宣传培训

全年出刊《知识产权竞争动态》和《中国知识产权研究会通讯》各24期；编辑印发《人民日报》知识产权篇2016年报摘；利用研究会网站和微信公众平台，发布最新知识产权信息、学术研究成果和研究会主要工作情况，加强知识产权宣传，扩大研究会影响力。

与北京市知识产权局联合举办了知识产权强国战略系列培训研讨活动；全年在北京、上海、杭州、深圳、海口、成都、济南、青岛、西宁等地举办专利、商标、版权等知识产权实务培训班18期，培训4000余人次。

四、研讨交流

与美国飞翰律师事务所联合举办知识产权提升企业国际竞争力高级研讨会；与北京三友知识产权代理有限公司联合举办知识产权国际交流论坛；与英国《知识产权管理》联合举办全球知识产权及创新峰会；与首都知识产权服务业协会、北京市专利代理人协会在东京联合举办中日知识产权交流论坛；与日本知财学会、韩国产业财产权法学会在京联合主办"中日韩国际知识产权"研讨会，300多名中外专家与会。

学术顾问委员会组织召开了"十三五"时期知识产权焦点、难点和热点问题学术研讨会，提出十余项值得深入研究的知识产权学术理论问题；网络知识产权委员会针对社会需求，组织举办了图形用户界面外观设计专利侵权判定法律及实务研讨会，促进了外观设计领域前沿问题的深入探讨。

五、会员服务

切实履行服务承诺，不断提高服务水平，保持了会员队伍稳定，团体会员已发展到514家，个人会员40人。积极创造条件，为会员单位提供参加各项评选、评比活动的机会：推荐20个会员单位参加国家知识产权专家库评选工作，15人入选；推荐1个会员单位参加第十四届中国青年科技奖候选人推荐工作，并成功入选；推荐会员单位参加专利代理行业综合实力评价活动，37家团体会员获评星级专利代理机构；推荐会员单位参加第115届巴黎国际发明展览会，所携发明项目获得列宾竞赛奖；推荐会员单位参加第十四届中国青年科技奖评选活动，成功获奖；组织会员单位参加2016年国家技术创新示范企业认定，5家企业会员入选。

六、地方工作

组织召开全国知识产权研究会工作交流会，分析形势，交流经验，提出"十三五"时期社团工作的新思路和举措；对全国知识产权研究会组织机构和人员状况进行深入调查，据统计，省、自治区、直辖市、新疆生产建设兵团、计划单列市、副省级城市（共47个）中，已有34个成立了知识产权研究会。

七、法律咨询

全年共完成法律咨询和司法鉴定案件39件；司法鉴定专家队伍健康稳定发展，进一步完善了鉴定专家的专业覆盖领域；组织开展司法鉴定专家业务培训活动，进一步提升了专家的业务能力和水平。

八、国际合作

接待日本知识产权协会（JIPA）代表团，并主持了代表团与局有关部门的业务研讨活动；接待日本汽车轮胎协会代表团，并联系局条法司、专利复审委员会等部门与代表团进行业务交流，促进中日两国民间知识产权合作与发展。

接待美国AIPLA代表团，并安排了代表团在北京和上海的走访活动，促进了中美专利、商标、版权、司法等知识产权相关部门及企业的交流沟通。

九、党建及廉政建设工作

开展"两学一做"教育活动，学习贯彻党的十八届六中全会精神；坚持"三会一课"制度，定期组织党员学习政治理论；深入开展廉政警示教育，组织党员观看反腐电视专题片《永远在路上》；大力弘扬焦裕禄精神、长征精神，引导党员干部牢记身份。

（中国知识产权研究会供稿）

中国专利保护协会

会　　长　孟凤朝
秘 书 长　马维野
副秘书长　张雪莉

2016年，中国专利保护协会面临脱钩改革的新形势，为贯彻党的十八届五中全会精神，落实知识产权工作要求，推动知识产权强国建设，协会牢固树立"创新、协调、绿色、开放、共享"的发展理念，顺应社会组织深化改革的大方向，探索、强化市场化运作方式，加快转型，努力成为依法自治的现代社会组织，着力发挥协会在推动知识产权强国建设、加强知识产权保护和运用、优化企业发展环境、为企业提供服务等方面的作用，推进协会持续、健康发展。

协会围绕深入实施创新驱动发展战略和国家知识产权战略，以创新和拓展企业服务、加快协会发展和服务能力建设为着力点，较好完成全年工作计划。主要工作开展情况如下。

一、完成换届选举工作，顺利实现脱钩，为发展打好基础

2016年7月召开第四次会员代表大会，选举产生新一届理事会及秘书处领导，完成协会换届选举。根据国家知识产权局关于《中国专利保护协会脱钩试点实施方案》及民政部《关于核准中国专利保护协会脱钩试点实施方案的函》的精神和要求，在主管及有关部门的领导和协调下，协会于2016年11月10日前完成机构分离、资产

分离、人员关系分离、党建事项分离和外事事项分离，正式完成脱钩工作，为促进协会规范、持续、健康发展、更好发挥协会独特优势和应有作用奠定良好基础。

二、加强创新，拓展和深化企业服务

协会积极开拓创新，紧密结合会员、企业需求不断拓展和深化服务。

一是协助行政部门面向企事业单位深入调研，听取对专利法修改、职务发明条例草案、PCT 制度、国际规则需求等的意见建议，共举办法律调研活动 19 次，企业参与 700 多人次。

二是加强行业性、专业性服务，依托国际、法律事务工作组及互联网工作组等专业性交流平台，举办“2016 中国企业知识产权战略论坛”，开展 2015 年度知识产权保护满意度评议活动，协助企业建立知识产权产业联盟并提供服务。

三是注重实效，为企业提供培训、研讨、咨询、第三方认证等服务。全年举办各类培训、研讨活动 29 期，企业参加人员 3000 多人次；根据企业需求提供专利分析咨询，专利维权协调等服务；中知（北京）认证公司全年开展企业知识产权管理体系初次认证审核共计 907 家，发出认证证书 916 件。

四是拓展企业对外交流合作。协会组织企业出访日本、法国、德国，开展业务交流和研讨；组织企业参加在美国召开的五局合作全球案卷任务组产业界系列会议及 2016 年在日本召开的五局合作局长与产业界系列会议。主办中美、中日知识产权研讨交流活动。同年在北京、成都两地与欧洲专利局共同举办质量伙伴会议，欧洲专利局就欧洲专利质量问题进行讲解并解答中国企业的疑问，得到了企业的广泛好评。

三、积极承接委托事项，为政府和企业提供服务

一是根据行政部门委托，开展与专利法及其实施细则修改项目有关的配套工作，开展《职务发明条例》制定有关的配套工作；组织侵权赔偿典型案例汇编统稿；承办知识产权保护社会满意度调查结果发布会；完善专利审查咨询技术专家库并提供服务，参与“强国建设”、“双创”等课题研究工作。

二是积极利用政策为企业提供服务。协助企业申报专利奖评选项目 35 项，其中 30 项获优秀奖；为企业提供专利行业分析服务，解决专利纠纷调解；为企业提供加快审查申请服务。

四、加强自身建设，促进协会发展

一是加强会员联系和发展工作，会员数量进一步增加；重视会员个性化服务，通过整合社会资源，拓展了会员服务领域，提高了会员服务能力。全年满足会员个性化服务 30 项左右，具体包括纠纷调解、法律咨询、专利分析预警等，得到会员好评。

二是创新会员发展思路，为吸引更多的会员加入，先后与隆天知识产权代理公司、中科院等机构开展战略合作，拓宽业务范畴，服务渠道，吸引更多会员加入中国专利保护协会大家庭。

三是加强协会制度建设，按照建立现代社会组织的要求，完善以协会章程为核心的内部管理制度，进一步完善了人、财、物及业务工作管理制度，强化合同、项目、预算等制度的实施及工作流程的规范化，强化以绩效考核为核心的激励约束机制，调动职工积极性。

（中国专利保护协会供稿）

中华全国专利代理人协会

会　　长　杨　梧

副 会 长　林柏楠　马　浩　王宏祥　姜建成　李　勇（港专）　任　虹　陈　浩　胡　杰　吴大建

秘　书　长　徐媛媛

一、重要工作进展情况

（一）加强自律监督，维护有序竞争的行业秩序

进一步充分发挥协会的自律监督职能，维护行业有序竞争的秩序，促进行业诚信体系建设。一是做好投诉查处工作，截至2016年12月底，共收到投诉案件39起，与2015年相比增长了62.5%，给予处分决定的共4起。二是开展专利代理专项整治工作，通过代理机构自查，社会公众举报，协会督查抽查等措施对专利代理人挂证情况进行了全面清查。对106名被举报的人员进行了情况核实，同时，在全国范围内抽查了60家专利代理机构，核查了其合伙人和股东是否存在挂证行为。三是开展无专利代理资质机构筛查工作，截至12月底，累计汇总了19批共430家无专利代理资质机构名单及证据材料，报送了局条法司，并在协会网站、全国专利代理公共信息服务平台进行了曝光。四是搭建全国专利代理公共服务平台，通过智能检索入口和智能导航，实现专利代理服务信息的一站式查询。通过在线交流、电子商务等功能集成，为“双创”主题提供专利申请的指引和在线商务。同时，通过行业信息的公开公示，完善行业监管机制，不断提高专利代理服务效能和服务质量。五是加强对专利代理机构规范化建设的指导，就专利代理机构内部管理问题举办专题交流活动。

（二）全方位加大教育培训力度，提升专利代理服务质量

一是开展多层次的培训交流活动，夯实培训基础，加大培训交流工作力度，全年共举办各类培训及交流研讨活动32期，培训学员3754人。二是进一步加强高端人才队伍建设，根据高端人才能力提升需求，创新高端人才培养模式，提高高端人才的综合素质，推动行业形成人才梯队。三是丰富远程培训内容，涵盖复审审代、高人培训、诉讼业务等，截至12月底，共有8957人参加了远程教育培训。四是制定上岗培训教学大纲及标准化课件，促进专利代理人执业培训系列教程的使用，组建并培养师资队伍。五是与专利代理机构合作举办典型案例系列沙龙讲座活动，拓展培训思路，促进专利代理人学术交流，提升代理人专业化水平。六是加强专利代理人诉讼能力培养，组织开展4期诉讼代理人业务培训班，培训学员420余人。同时采取线上线下培训相结合的模式，利用远程教育培训平台，为偏远地区诉讼代理人学习提供便利。七是加强与地方协会的联系，开展多层次实务技能培训，包括申请文件撰写、专利检索、专利代理人助理培训等，增强专利代理人业务能力，提升专利代理质量。八是开展优秀专利申请文件评选活动，强化专利代理人的质量意识，引导专利代理机构不断优化基础服务，提升行业核心竞争力和整体发展实力。

二、年度工作目标完成情况

（一）做好行业各项工作，服务于专利事业发展大局

（1）加强制度建设和做好行业服务。一方面，积极参与《专利代理行业发展中长期规划》《专利代理服务质量规范》的研究工作，推动《专利代理服务指导标准》在行业内的贯彻实施，促进专利代理行业的制度化、规范化建设。另一方面，做好行业服务。继续做好诉讼代理人的管理和服务工作，全年共完成三批诉讼代理人集中申报工作，专利案件诉讼代理人推荐名单共1968人。做好诉讼代理人个案申报审批工作，共发放民事诉讼及行政诉讼个案推荐函2152份。继续实施专利代理职业责任保险方案，做好保险续保工作，2016年，全国共有304家代理机构的5232名代理人办理了投保手续，机构增长40.5%，人数增长40.8%；做好中小专利代理机构EAC

升级改版、推广工作，并配套做好后续跟踪服务，帮助机构了解电子申请和费减备案系统的使用，为广大中小专利代理机构提高信息化管理水平做好服务。

(2)做好沟通配合和对外交流合作。一方面，加强与主管部门及相关部门的沟通联系，发挥桥梁纽带作用，做好相关配合工作。承接国家知识产权局规划司“2015年向外专利申请数据调查”项目，对专利代理机构提供的由本机构代理的向外专利申请数据进行了统计分析，为主管部门制定政策提供了较好的决策参考。另一方面，深化对外交流，提升行业国际影响力。参加了世界知识产权组织第56次成员国大会、FICPI、AIPPI、全球知识产权从业者协会网络峰会等国际知识产权NGO的活动和会议。发挥非政府组织优势，积极协助国家知识产权局相关部门开展外事活动，宣传我国知识产权制度，扩大行业国际影响力。全年共接待来自日本、英国、美国、法国、韩国以及FICPI国际代表团来访6次，并与日本贸易振兴机构共同举办第七次中日外观设计制度研讨会，接待外宾共计约70人。

(3)加强行业宣传和重视文化建设。一方面，加大行业宣传力度，提升行业社会认知度。丰富协会中英文网站内容，提高网站宣传效能；做好《专利代理》发行工作，全年共发行期刊34 400册，编审和印刷质量不断提升。为提升期刊学术影响力，不断开发优质稿源，与国家知识产权局电学发明审查部合作推出“热点研究”专题文章。与万方数据签订合作协议，利用多媒体平台不断扩大行业社会影响力。另一方面，开展扶贫倡议活动及献血公益活动等，积极调动9家专利代理机构出资援建了桑植县和崇礼县的4个扶贫项目。

(4)支撑标准贯彻和实现机制运行管理。2016年中规公司主要开展了以下工作：一是贯标咨询工作。截至12月底，中规公司收到认证申请近1100家，已签署认证合同近959家，已完成认证审核企业数量1033家，审核业务呈现快速增长态势。截至目前，在广州、成都、宁波、江苏、广西、郑州、陕西、深圳8地设立知识产权贯标认证机构办事处/工作站，以便更好地服务于各地认证企业，提高工作效率。二是贯标培育工作。一方面加强知识产权贯标宣传工作；另一方面开展知识产权贯标培训及审核相关培训，力图针对不同类型的企业的不同需求，分别落实有针对性的培育措施。

(二)加强秘书处内部建设，提高综合能力

继续加强秘书处内部建设，以加强制度建设和人事管理为核心，以加强党建工作、规范项目执行为重点，提升综合服务水平。

(1)加强综合管理工作。

一是建章立制。新制定了《协会工作人员因私出国(境)管理办法》，重新修订了《员工入、离职管理办法》等。二是做好人事管理。通过考核、激励等机制，进一步提高人员业务素质和综合能力。三是做好安保保密工作。认真贯彻落实保密工作各项要求，加强安全保卫和保密工作，做好机要文件、简报、信函、档案的阅览、保管、上交等工作，确保协会全年无泄密事件发生。

(2)加强党建工作。

一是坚决贯彻落实党中央和国家知识产权局党组关于全面从严治党的工作部署。深入学习贯彻党的十八大和十八届三中、四中、五中、六中全会精神，坚持以习近平总书记系列重要讲话为指导，按照全面从严治党要求，强化政治纪律，保证国家知识产权局党组的各项决定部署在协会不折不扣地落实执行。

二是深入开展“两学一做”专题教育。制订《开展“两学一做”专题教育工作实施方案》，开设网站学习专栏。通过举办专题党课、组织专题学习研讨、召开民主生活会等方式，查找“不严不实”的问题并研究制定整改措施，让领导干部在修身做人和管理用权方面，注重互相尊重、换位思考，不断改进工作作风。

三是严格落实党风廉政建设“六个一”。制定《协会2016年党风廉政建设工作要点》及工作推进计划，形成责任链条。与各部门负责人签署《党风廉政建设责任书》。组织开展廉政党课，抓好廉政警示教育，积极营造廉政氛围。

四是根据巡视整改要求，梳理协会党建工作中存在的突出问题，形成专项整治报告，并按时间节点推进落实。

（中华全国专利代理人协会供稿）

中华商标协会

会　　长　刘　凡
秘 书 长　王培章
副秘书长　肖　芸　汪　泽

2016年，中华商标协会在国家工商总局党组的坚强领导下，紧紧围绕国家工商总局中心工作，积极开展“两学一做”，立足协会实际，发挥桥梁纽带作用，以服务商标品牌建设为抓手，开拓工作思路、创新工作方法、助力创新发展、助推转型升级，各项工作迈上新的台阶。

一、助推发展，积极推进商标品牌建设

党的十八届五中全会提出了“创新、协调、绿色、开放、共享”五大发展理念。习近平总书记指出，要“全方位推进产品创新、品牌创新、产业组织创新、商业模式创新”。2015年底以来，国务院先后发布了《关于新时期加快知识产权强国建设若干意见》《国务院办公厅关于发挥品牌引领作用推动供需结构升级的意见》等若干文件，品牌建设已上升到国家战略的层面。国家工商总局《关于贯彻落实〈中国制造2025〉加强品牌建设 净化市场环境2016年工作措施的分工意见》中，明确中华商标协会负责牵头品牌评价相关工作，探索建立国家层面的商标品牌价值评价标准体系。

（1）中国商标品牌研究院工作取得新进展。2016年2月25日，中国商标品牌研究院在北京召开理事会和专家委员会成立大会。大会表决通过了研究院章程，并依据章程产生了理事会理事长、秘书长、研究院联席院长、副院长。中国商标品牌研究院理事会和专家委员会汇集众多国内国际知名专家，其正式成立进一步健全和完善了研究院的组织架构，对促进和加快中国商标品牌研究院建设工作的有序开展具有重要意义，标志着商标品牌理论研究平台的建设进入到了一个新阶段。中国商标品牌发展年度报告撰写项目，中国商标品牌消费者认知度、满意度、忠诚度调查分析项目，中国商标品牌排行榜编制项目顺利立项开题；先后组织召开近10次专家论证会、项目启动会、研讨会，基本完成了《2016中国商标品牌发展报告》《2016沪深上市公司商标品牌价值排行榜》的撰写和编制工作。

（2）举办第三届中国品牌经济高峰论坛。10月28日，在2016中国国际商标品牌节上，举办了中国商标年会主论坛——第三届中国品牌经济高峰论坛。主论坛围绕国内外商标品牌发展趋势，共话商标品牌发展战略，探讨当前中国大众创业、万众创新时代下，商标品牌助推经济发展之策。为引导企业牢牢抓住创新驱动发展战略、知识产权战略的历史机遇，以品牌培育带动企业发展，提供了有益的借鉴。

（3）积极推进农业商标品牌建设。中国商标品牌研究院与陕西省工商局、西北农林科技大学共同发起设立“一带一路”农产品商标品牌建设研究院，积极推动品牌农业发展，促进“一带一路”地区农业提质增效。

（4）积极推进商标品牌精准扶贫。为贯彻中央扶贫开发工作会议精神，中华商标协会积极配合国家工商总局办公厅通过

开展扶贫座谈会、组织专家授课、建立长期合作关系等措施对抚远、同江、泰和三地开展定点扶贫工作。

二、助力创新，成功举办商标品牌节

由中华商标协会主办的2016中国国际商标品牌节，于10月27～30日在江苏省昆山市举行。本届商标品牌节紧紧围绕党中央、国务院的战略部署，以推进创新驱动发展，发挥商标品牌引领经济转型升级作用，打造中国制造“金字品牌”，建设商标品牌强国为重点，以“创新驱动 品牌引领”为主题，继续深入拓展市场化道路、创新会展模式，在参会人数、论坛数量、展览规模等方面均再创历史新高。

(1)年会论坛紧扣热点，议题更加国际化。本届商标节上各论坛着眼全球战略，紧扣国际商标热点问题，设置了跨国公司商标保护论坛、互联网商标的合理使用问题等新论坛，探讨国际商标法律动态、商标品牌全球保护等话题，论坛议题更广、内容更实、层次更高。

(2)品博会挖掘内涵，彰显商标品牌文化特色。除传统的实物展外，博览会新增了中国商标品牌文化展，全方位、多层次展示企业实施商标品牌战略成果和我国商标品牌建设成就，吸引众多市民前来参观，传播了商标品牌文化知识，提升了公众的商标品牌意识。

(3)服务会员创新形式，注重发挥引领示范作用。举办“优秀商标代理案例”评选颁奖活动，为商标代理行业树立标杆；开展“中华商标协会会员企业优秀商标文化展示”活动，多角度宣传会员企业形象和品牌文化，首次表彰了协会会员中一批商标领军企业和个人，提高广大企业实施商标品牌战略的积极性。

(4)宣传报道形式新颖，全面及时多渠道推广。通过制作宣传片、专题网站、微信公众平台及报刊等多渠道、多形式，全方位致力于商标品牌节的宣传工作。

三、多措并举，主动服务会员发展

2016年，中华商标协会主动走入会员单位，加大服务力度，创新服务措施，提高服务会员水平，对会员的吸引力和凝聚力进一步增强。

(1)开展会员调研，明确会员服务内容。中华商标协会领导带队先后走访了30余家副会长会员单位，面对面了解会员需求；公布实施《中华商标协会会员服务内容》，明确会员享受的服务内容，吸引更多的企业加入商标协会。

(2)举办会员培训班。分别在厦门、昆明、重庆、银川和北京组织“企业品牌管理高级人才培训班”“商标审查、评审与诉讼培训班”和“商标法适用热点问题研讨班”等五期培训活动，共计2000多人参加了培训。

(3)积极宣传会员形象。在商标品牌节期间开展了多种形式的“会员文化展示”活动。

(4)为国有大型企业提供个性化商标品牌战略规划。在服务企业会员过程中，密切关注大型国有企业商标品牌培育和保护的个性化需求，针对商标确权、使用、管理、保护各环节存在和可能出现的问题及风险进行探讨，提出解决方案，制定商标品牌战略框架，努力提升国有大型企业的品牌影响力和品牌价值。

四、依法履职，不断提升行业自律水平

中华商标协会对商标代理机构会员实行自律管理，这是《商标法》的要求，也是对商标主管部门对商标代理组织事中事后监管的重要补充。

(1)树立行业规范。起草了《中华商标协会商标代理行业服务标准》《中华商标协会商标代理行业道德规范》《中华商标协会商标代理机构会员单位信用信息管理办法》等制度性文件，使行业自律管理有章可循。

（2）完善组织建设。分别召开中华商标协会第三届理事会第六次会议、中华商标协会商标代理分会会长办公会、《商标审查及审理标准（修订稿）》征求意见座谈会等，在2016中国国际商标品牌节上，商标评审委员会与部分商标代理机构代表进行了座谈。

（3）加强商标代理机构会员继续教育。通过并实施《中华商标协会商标代理分会继续教育暂行规定》；举办了2016年商标代理人业务培训；协会会员单位共计1160名商标代理人参加了业务知识考试。

（4）纠正违纪行为。针对某些代理机构以不正当手段招徕商标代理业务、扰乱商标代理市场秩序的现象，起草并公布了《关于代理机构会员规范使用商标信息的通知》，明确商标协会切实维护公平竞争的市场环境的态度。

五、拓展渠道，积极推进协会宣传工作

2016年，在国家工商行政管理总局信息中心的大力支持下，协会网站进行了全面升级改版，同时开发建设会员管理系统，开辟会员风采展示专区，刊登会员企业视频、图片宣传资料，设立咨询问答专栏，大大增强了会员与协会的互动。

《中华商标》杂志、《中国商标年鉴》《会员通讯》紧紧围绕国家工商总局商标工作重心，高度关注商标品牌建设，栏目设置与时俱进，内容更加注重实效，形式更为新颖。加强协会微博、微信等新媒体的对外宣传，打造协会全媒体平台。

制作《大力推进商标注册便利化　全面深化商标品牌战略实施》宣传片，并与国家工商总局商标局和商标评审委员会共同编辑出版了《中国商标年鉴（2016）》。

六、主动作为，充分发挥桥梁纽带作用

2016年5月12日，成功举办了首届“商标行政执法与司法保护联动高层论坛”，为更深层次促进行政执法与司法保护联动搭建了平台。

积极配合商标注册便利化改革，一方面从全国性商标组织的角度向商标主管部门提出意见和建议，代表会员发声；另一方面多次联系会员单位参加商标局、商评委组织的沟通会，在会员单位中就商标注册相关问题征求意见，及时汇总、反馈给商标主管部门。

分别与陕西省旅游协会、陕西省农业产业化龙头企业协会、陕西省广告协会签订了战略合作协议，为协会更好地服务地方商标品牌战略实施打下了基础。会同广东省工商局共同主办了首届“南方商标品牌高端论坛”，在商标注册大省广东传递品牌建设最新信息。

七、广搭平台，积极推进国际和地区交流

中华商标协会充分发挥民间社团组织的优势，积极开展国内外及海峡两岸交流合作。

2016年5月21～25日，王培章秘书长率团出席了在美国奥兰多举行的第138届国际商标协会（INTA）年会，与INTA高层举行了双边会谈，并首次在INTA年会上主办了CTA China Update（中国商标的最新发展）论坛。

9月20～23日，应欧洲商标权人协会（Marques）邀请，肖芸副秘书长赴西班牙阿里坎特参加Marques第30届年会，并与Marques领导层进行了会谈。

9月23日，在福建省平潭市与海峡两岸商务协调会共同主办2016海峡两岸商标研讨会，期间举行了“海峡两岸民族品牌创新青年联谊会启动仪式”，标志着两岸商标领域的合作开启了新篇章。

商标五方会谈年会（TM5）首次在商标节期间举办，并设置“有效遏制恶意商标注册”专题研讨会；世界知识产权组织（WIPO）、国际商标协会（INTA）和美国全国商会分别协办中国商标年会的相关分论坛；

协会先后与 WIPO 马德里注册局等国外政府机构官员和国际商标协会、美国全国商会、欧洲商标权人协会等国际组织的参会代表举行了高级别、多层次、多场次的外事活动。

11 月 7～11 日，应英国商标代理人协会(ITMA)邀请，汪泽副秘书长率团参加了在英国伦敦 ITMA 总部举行的商标品牌研讨会，访问 Brand Finance，与上述机构探讨品牌评价有关问题，并与英国知识产权局进行了会谈。

11 月 15 日，王培章秘书长应邀出席了由世界知识产权组织、国家工商行政管理总局联合主办的商标品牌和马德里国际商标体系成立 125 周年纪念活动，并在“马德里体系对全球品牌的支持”专题会议上发表了“运用马德里体系打造全球化品牌”的专题发言。

12 月 11～23 日，中华商标协会副秘书长张国鹏率领会员代表参加了在美国纽海文和纽约举办的国际前沿品牌战略实施及商标保护专业培训项目，培养会员国际化视野。

八、严谨务实，积极开展“两学一做”学习教育

2016 年，中华商标协会强化全体人员服务意识，牢固树立责任意识，扎实开展“两学一做”学习教育，发挥党员干部的先锋作用，注重开展多形式的政治素质、业务素质和综合能力培训，协会干部队伍的履职能力不断提升。

(中华商标协会供稿)

中国版权协会

名誉理事长　柳斌杰

顾问名单　王文章　苏士澎　沈仁干　陈建功　钱小芊　郭寿康

理事长　阎晓宏

常务副理事长　王国庆

副理事长　万　捷　于慈珂　王六一　王　涛　王野霏　石　村　刘正荣　刘春田　刘晓霞　吴汉东　张胜友　张鸿成　邹建华　陈一丹　邱文友　赫思佳　殷忠民　郭义强　童之磊　葛　珂

秘书长　孙　悦

副秘书长　翟丽凤　刘双阳　张有立　殷秩松

中国版权协会是国家新闻出版广电总局(国家版权局)主管的全国性版权专业社会团体，是我国版权领域唯一具有广泛代表性的社会团体。

中国版权协会本届理事会为第五届理事会，于 2013 年 1 月 29 日选举产生，国家新闻出版广电总局、国家版权局副局长阎晓宏为理事会理事长，王国庆为常务副理事长，副理事长 20 名，秘书长 1 名。

2016 年，协会积极贯彻落实国家新闻出版广电总局版权工作方针和政策，本着协会宗旨完成了以下工作。

一、拓展协会业务范围，提高服务会员能力

(1)2016 年 1 月 7 日，中国版权协会艺术品版权工作委员会挂牌运行，该委员会将向协会会员提供艺术作品鉴定、评估、交易等方面服务，并在净化艺术品行业版权生态环境，促进艺术品反盗维权工作常态化、系统化和制度化等方面发挥作用。

(2)整合协会反盗维权、鉴定监测工作机制，研究筹备“中国版权协会鉴定、监测、调解工作委员会”，该委员会拟为协会会员提供鉴定、监测、调解咨询服务。通过“中国版权协会监测中心”(域名 12426.cn)，向会员提供反盗维权网上免费监测服务。

(3)继续做好面向会员的版权培训服务。邀请立法、司法、行政、教学科技单位的领导和专家，以及版权产业界的领军人物，向会员介绍版权立法的新动态、司法行政的新情况、技术发展与运用的新趋势、版权产业发展的新特点。增强了会员对版权发展规律的总体把握能力，受到会员单位的积极评价。

(4)针对社会热点问题，开展版权研讨活动。在国家版权局和新华社的指导下，中国版权协会与新华社新闻研究所共同举办了“保护新闻作品版权论坛”。

为适应“互联网＋”时代，大众创业，万众创新的新形势，中国版权协会与金山公司合作，举办了以“创新与共享”为主题的思享会。

(5)固化研究成果，及时向会员提供有关版权信息。将2015年第八届中国版权年会“互联网＋时代的音乐——价值挖掘与实现途径”高层论坛的嘉宾发言集结于《因乐而动》一书，帮助会员从更广的领域、更宽的视角、更多的层次了解版权保护的作用和意义。

二、服务会员、服务行业、配合政府，积极开展反盗维权活动

(1)配合政府部门启动的“剑网2016”专项行动，开展版权执法和反盗维权研讨活动。主办了“App及广告联盟相关版权侵权问题研讨会”，分析了App及广告联盟相关版权侵权的基本现象，研究了移动网络反盗维权的对策。在国家版权局的指导下，举办了“网络文学版权保护研讨会”，发布了“网络文学版权联盟自律宣言”。

(2)配合国家版权局等部门积极推进软件正版化工作。接受国家版权局的委托，在推进软件正版化工作方面主要做了以下三项工作。一是组织培训，承办了4期政府机关软件正版化培训班。二是承担正版化项目开发，组织制定了“制定软件使用管理标准”，研发了“建立培训系统及专家库”。三是承担软件正版化督查的组织协调工作。

三、深化海峡两岸版权交流，举办海峡两岸版权保护研讨会

2016年9月，“第九届海峡两岸著作权保护研讨会”在四川成都举行。与会人员围绕“著作权法制之新思路”和“数字创意，再塑文化”的主题展开深入的探讨和交流。双方一致认为，在全球网络化趋势下，两岸数字文化产业发展迅速，图书、音乐、美术作品等几乎所有的版权客体形式都将以数字化的形态出现，两岸著作权保护的思维和目标一致，两岸版权产业界的交流与合作将进一步加深。通过共同研究对策，相互借鉴经验，一定能够促进两岸版权产业的不断发展。

四、筹备举办第九届中国版权年会

中国版权年会是中国版权界规格最高、规模最大的年度盛会，在中国版权界及社会各界有较大的影响力，到目前已成功举办八届。从过去的经验看，每届年会都是以论坛加年会的方式进行，而且盛况空前。但有不少会员反映，这种方式主要凸显了少数主讲嘉宾，会员参与程度不高，希望年会增加会员沟通交流的机会。根据会员的建议，2016年协会对年会进行了适当的改革，将论坛和年会进行分离，重点放在开展会员间的自由交流与互动环节上，使广大会员真正成为版权年度盛会的参与者，并通过互动交流达到交流经验、增进友谊、加强合作、思想融合、共谋创新的目的。当然，协会仍然将继续推动论坛和研讨的举办，只是要与年会作适当的分离。

五、加强协会组织建设，促进协会健康有序发展

2016年，中国版权协会根据国家有关社团管理，以及中央巡视组，国家新闻出版广电总局人事、党务、纪检等部门的有关管理要求，采取多项措施加强协会组织建设，促进协会健康有序发展。

(1)立行立改，积极落实中央、国家新

闻出版广总局社团巡视整改工作要求。针对2016年中央巡视组和国家新闻出版广电总局关于整顿检查局属社团的工作部署，中国版权协会领导高度重视，专门召开理事长会议研究贯彻落实措施，认真梳理存在的问题，积极开展自查自纠，加强完善管理制度，切实做到立行立改。

（2）加强党建工作，发挥党组织政治核心作用。坚持党的领导，在2015年协会成立党支部基础上，积极开展党建活动，落实国家新闻出版广电总局人事、党务、纪检工作要求，认真开展“两学一做”学习教育活动，明确党组织在社会组织中的功能定位，发挥党组织在协会中的政治核心作用，确保协会坚持正确的政治方向。

（3）完善管理制度，落实管理要求。根据国家新闻出版广电总局巡视整改工作要求，协会修改完善了《财务管理制度》《人事制度》《行政管理制度》及《文件管理制度》，重新制定《内部控制制度》，细化了管理办法。在制度落实方面，严格按照社会组织分类标准和具体办法开展业务，明确内部分工，落实相关工作第一责任人和具体责任人，确保协会工作有序开展。

（4）清理整合协会内设机构，保持协会运转活力。协会对8个内设委员会进行了全面梳理，凡2013年协会换届以来未开展工作的，进入整顿清理状态，对不具备工作条件和工作基础的拟作出撤并处理，并根据会员的实际需要，增设具有活力的面向社会和市场的内设服务机构。

（5）明确工作计划，加强管理和监督。2016年以来，协会加强了工作计划和管理监督力度，一方面严格落实日常督查，实行周报告、月例会、半年年度总结，定期调度各项工作进度；另一方面健全年度绩效考核工作机制，对协会干部实行绩效考评、利益挂钩，增强党员干部干事创业的责任感、紧迫感和积极性。

（6）加强基础建设、完成协会迁址。在朝阳区南磨房乡政府的大力支持下，协会由海淀区知春路迁入朝阳中国北京出版创意产业基地先导区，协会的办公条件得到极大改善。

（中国版权协会供稿）

中国音乐著作权协会

主　　席　赵季平

副 主 席　陈晓光　雷　蕾　屈景明

终身名誉主席　王立平

名誉主席　傅庚辰　谷建芬　阎　肃

常务理事　柯肇雷　李海鹰　刘春田　刘文金　那日松　宋小明　唐建平　王世光　徐沛东　张丕基　张亚东

一、会员发展

2016年中国音乐著作权协会（以下简称音著协）新发展会员数为401，其中词作者126人、曲作者256人、继承人12人、出版公司6家，其他1人。截至2016年底，会员总数达8502人。

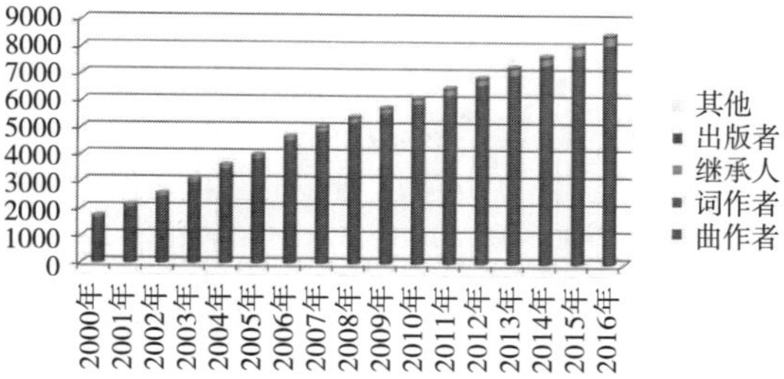

图1　2000～2016年会员发展情况柱形图

二、音乐作品资料管理

作为中国大陆地区唯一的音乐作品著作权集体管理组织，音著协通过全球最大的中文音乐作品版权信息系统DIVA（Documentation Innovation Visionary Art）对海量的音乐作品进行管理。DIVA可凭借其强大而完善的数据库处理会员信息、作品资料及版税分配等工作内容。2009年2月1日，音著协成为ISWC在中国大陆的唯一代理机构，负责ISWC编码在中国大陆地区的登记、发放和管理等工作。在数字音乐和网络环境下，ISWC编码是一首音乐作品在世界范围内被有效辨识、给予版权保护的“身份证号码”。

截至2016年底，DIVA数据库作品数目达到740万余首，其中音著协会员登记作品为39.2万余首（原创作品314 160首，影视作品65 784首，改编作品7556首，填词作品5205首），申请ISWC作品为13.4万余首。主要完成工作如下。

（一）提供版权证据证明，协助法院认定“非法的集体管理组织”

2016年1月在声影网络科技有限公司（以下简称声影公司）诉侨声娱乐有限公司卡拉OK一案中，音著协为中国音像著作权集体管理协会（以下简称音集协）授权的侨声娱乐有限公司核实并提供了174首会员作品登记版权证明。这些证据资料，有效证实了声影公司为非法的集体管理组织，为法院作出最终判决提供了关键性的证据。

2016年2月，应音集协请求，音著协再次对6万余首音乐作品进行细致的核查工作，为后续各地法院判决非法著作权集体管理提供了有力证据。此类案件对维护我国著作权集体管理组织的合法性，净化著作权集体管理环境，促进我国著作权集体管理的发展具有重要意义。

（二）署名核查

2016年1月15日起由湖南卫视重金打造的歌手竞赛节目“我是歌手”第四季共播出11期。为了尊重音乐著作权人合法权益，保证参赛歌曲署名的正确性，音著协本着认真严谨的工作态度，通过查阅会员登记表、直接电话联系会员等方式再次确认词曲作者署名；涉及海外歌曲的，直接通过与外国同类协会沟通等多种途径，及时有效地保证了每期每首歌曲署名的准确无误。

（三）与海外协会进行交流并提供影视作品核查清单

资料部在2016为COMPASS（新加坡协会）、JASRAC（日本协会）、MACP（马来西亚）、KOMCA（韩国协会）、SIAE（意大利协会）等19个海外协会核查了1200余部影视作品，提供并制作完成了会员作品70余部，870余集影视资料。为维护协会会员的海外著作权益，顺利实现海外使用音乐作品的许可收费，为会员的海外版税收益起到保驾护航的作用。

三、音乐作品许可使用工作

2016年，音著协许可总收益约为人民币1.84亿元（含海外收益人民币约622万元），创历年收入新高，较2015年增长8.2%。

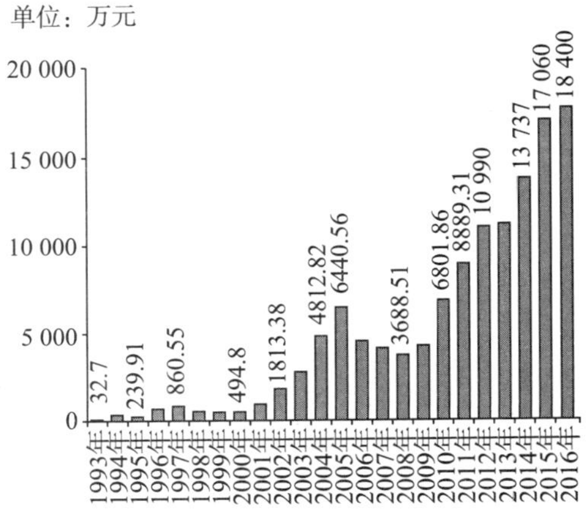

图2　1993～2016年许可收入图

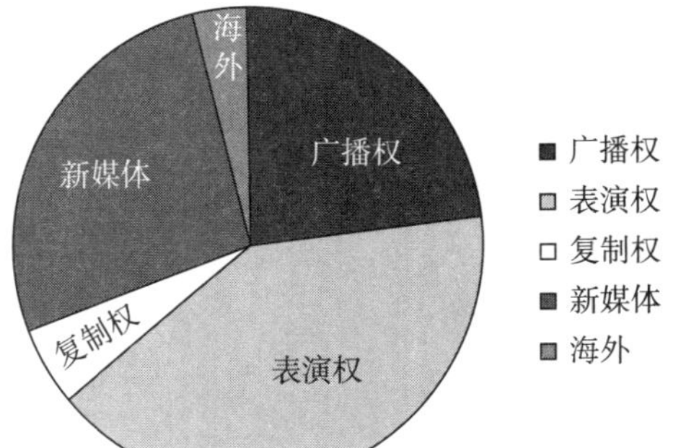

图3　2016年许可收入构成

(一)表演权许可工作

2016 年,音著协表演权许可收益约人民币 5940 万元。

1. 现场表演

商业演出一直是音著协许可工作的重点,但是因为演出分散在全国各地,工作人员与演出组织者谈判时频繁受地域差异、场地差异等因素的影响,导致实际收费标准偏低。自 2011 年起,音著协一直致力于逐步提升许可收费的幅度,同时对拒绝按新标准付费的演出组织者提起侵权之诉。从实践效果来看,在 2016 年,新的标准已在全国各地逐渐推广开来,同时在诉讼中,法院对音乐著作权人维权的判赔力度也越来越大。

2. 机械表演

2016 年,机械表演许可收益较 2015 有所减少。主要原因有二:第一,有些背景音乐服务公司在没有获得著作权人许可的情况下,私自向使用者发放授权,搅局版权市场;第二,实体经济衰退,导致部分音乐使用者为了削减成本,不再使用背景音乐。目前,全国获授权使用音乐的门店约两万家,其中,航空公司背景音乐收费已基本 100%覆盖全行业;大型活动如深圳大运会、南京青奥会等均获音著协授权;全国连锁企业沃尔玛、家乐福、麦当劳、肯德基、万豪酒店等继续与音著协保持长期合作。同时,在背景音乐的许可工作中,当遇到较大阻力时,音著协仍需依靠相当数量的诉讼、行政处罚等非常规手段,才能实现许可收费。近几年,一些背景音乐服务公司为了扩大自己的市场份额,除提供音乐设计等服务外,还声称拥有相应的著作权资源,并对外发放虚假授权。音著协对此也采取了发函交涉、诉讼等手段。整体来看,背景音乐诉讼的结果向有利于著作权人的方向转变,但是取证难、周期长、耗力多、判赔低的问题依然存在。

(二)广播权许可工作

2016 年音著协共实现广播权许可收益约人民币 4159 万元。

对于音乐作者、音乐著作权集体管理协会而言,广播权许可业务的重要性不言而喻,但是在中国大陆,它一直是音著协“最难攻克的堡垒”。截至 2016 年底,全国有 44 家电视台、51 家广播电台与音著协签署了音乐作品广播权付酬协议,签约台覆盖了国家级台、多数省级台和少量市级台。但是,广播权许可工作仍存在两个主要问题:一是收费标准偏低,二是许可覆盖率偏低。

为解决以上问题,音著协只有拿起法律武器,为维护权利正义和市场公平而战斗。继 2015 年后,2016 年音著协再次发起 10 场广播权维权诉讼。但音著协进行的诉讼并不是为了获得涉案少量曲目的赔偿,而是希望通过诉讼促使侵权使用者转变意识,自觉获得著作权许可,通过国家倡导的著作权集体管理制度、遵循“行业许可合作模式”,以整体解决其广播使用音乐作品的合法性问题。

(三)复制权及新媒体许可工作

2016 年音著协复制权许可收益约人民币 863 万元,新媒体业务许可收益约人民币 6845 余万元,继续保持快速增长。

1. 复制权业务

(1)音著协在影视、广告、录像、境外使用音乐的许可授权等方面,加大了对单一会员作品的定向服务。

(2)针对工业产品(如儿童玩具、早教机等)内置音乐的情况,音著协在市场调研后,通过向销售终端投诉的方式,促使生产厂家解决著作权问题。

2. 新媒体许可业务

2016 年,音著协继续坚持原有的“主渠道合作”模式,逐步拓展网络直播和网络视频业务。经过这一年坚持不懈的努力,与音著协达成音乐使用许可合作的较大影响力的企业共计7家。从许可收入上看，本项业务增长迅速，较2015年增长达到50%。

自2016年2～11月，音著协就苹果商店上的移动端App产品侵权使用音乐的情况进行了较大范围的调查、投诉和沟通维权工作。据统计，音著协向苹果应用商店共投诉了166个移动端App，所投诉的产品多由在国内影响力较大的公司开发和上架，被投诉下架的App产品数量为56个。

四、音乐作品许可使用费分配

2016年，音著协面向海内外音乐著作权人分配音乐许可使用费扣除增值税后约1.197亿元人民币（其中主要为2015年到账的使用费，因修改分配程序，来自互联网的使用费中有0.25亿元延迟到2017年分配）。其中，来自图书、音像制品、点歌机等的复制权使用费分配金额约为人民币740万元，来自互联网的使用费分配金额约为人民币734万元，来自卡拉OK的使用费分配金额约为人民币3002万元，来自演唱会表演歌曲的使用费分配金额约为人民币373万元，来自经营性场所播放背景音乐的使用费分配金额约为人民币2431万元，来自广播电台、电视台的使用费分配金额约为人民币4149万元、来自海外许可的使用费分配金额约为人民币540万元。

五、音乐作品诉讼维权工作

2016年，音著协共办理民事诉讼案件117件。通过诉讼方式获得判赔、调解及和解金共计人民币974万余元，待执行款人民币133万余元，诉讼花费总支出为人民币13万余元。

重点案例有：音著协诉2015陈奕迅Another Eason's LIFE演唱会南京站、徐州站侵权案，音著协诉北京王府井百货大楼背景音乐侵权案，音著协诉上海宜芝多（龙之梦店）背景音乐侵权案，音著协诉上海龙记香港茶餐厅背景音乐侵权案，音著协诉“咪哒”K歌产品侵权案，音著协诉上海教育出版社教科书侵权案，音著协诉武汉广播电视台侵权案，音著协诉厦门广播电视集团侵权案（第三次诉讼），音著协宁波广播电视集团侵权案（第二次诉讼）。

六、信息宣传工作

2015年音著协共制作完成《会讯》两期——第30期、第31期。其他主要工作如下。

（1）建设自身的宣传平台。

音著协微信公众号2016年3月开通，面向会员、产业界、学界、政府以及社会公众，通过即时和定期两种方式将会员发展、许可收费、费用分配、对外交流等各项工作全面地展示出来，主动为社会各界了解音著协提供了信息和窗口。

（2）扩大与社会各界的交流与合作。

在全社会版权法律意识还有待提高的现实情况下，加强海内外、版权产业界的交流与合作对音著协工作的开展十分必要。为此，音著协不仅积极参加由政府、国际组织、高校、行业组织、著作权集体管理组织举办的各种交流会和研讨会，还单独或合作组织了多次交流活动。

2016年4月21日，音著协与清华大学法学院共同组织了“著作权集体管理热点研讨会”。参会人员中，除了中国音乐著作权协会、中国音像著作权集体管理协会、中国文字著作权协会三家集体管理组织的代表外，还有来自清华大学、北京大学、中央民族大学、德国马普所等高校和研究机构的知识产权专家学者。

（3）组织或参与各类著作权宣传活动。

2016年11月28日，音著协参加了全球创作者论坛。本论坛由国际作者和作曲者协会联合会（CISAC）和中国知识产权法学研究会共同举办。来自30多个国家的超过200名创作者、政府官员、业界专家和知名人士参加了此次盛大的活动。

2016年12月5～7日，音著协参加了在广州举办的2016国际版权博览会。博览会期间，有多名广州会员及业内人士专程赶赴音著协展区，就其关心的入会、许可收费、版税分配、法律咨询、版权合作等众多问题和现场工作人员进行了深入交流，在拉近双方距离、增加彼此信任等方面起到了良好的作用。

七、国际事务

2016年8月，音著协与蒙古音乐著作权协会（MOSCAP）就音乐著作权的表演权和复制权签订了相互代表协议。至此，音著协已与73家音乐著作权集体管理组织建立了相互代表关系。

（中国音乐著作权协会供稿）

中国发明协会（第七届）

顾　　　问　袁隆平
理　事　长　潘云鹤
常务副理事长兼秘书长　余华荣
名誉副理事长　王永民　包起帆　曹培生

2016年，中国发明协会在科技部、国家知识产权局和中国科协的领导和大力支持下，认真学习党的十八大以来历次全会精神和习近平总书记系列重要讲话精神，认真贯彻落实李克强总理对中国发明协会第七次全国会员代表大会和协会工作作出的"厚植创业创新沃土，发掘和支持发明创造人才，聚众智、汇众力，为加快创新型国家建设作出新贡献"的重要批示，紧密围绕"大众创业、万众创新"宗旨，深入推进"创新驱动发展战略""军民融合发展战略""知识产权强国战略"，在增强社会创新创业、军民融合发展和知识产权强国意识、宣传发明创业人才、展示交流发明创新成果、为发明人服务和加强协会内部管理等方面，做了大量工作，取得显著成效。

一、成功召开第七次全国会员代表大会

2016年5月16日，中国发明协会在人民大会堂召开了第七次全国会员代表大会。中共中央政治局常委、国务院总理李克强对大会的召开和中国发明协会的工作作出了重要批示。科技部、国家知识产权局、中国科协、全国总工会等部委领导出席了大会开幕式。十一届全国人大常委会副委员长路甬祥做主旨报告，科技部党组书记王志刚、国家知识产权局局长申长雨等领导出席了会议并发表重要讲话，中国发明协会第六届理事长朱丽兰、第七届理事长潘云鹤也分别作了重要讲话。

第七次全国会员代表大会选举产生了新一届理事会及常务理事会，全国政协常委、外事委员会主任、中国工程院原常务副院长潘云鹤院士当选中国发明协会第七届理事会理事长，余华荣当选常务副理事长兼秘书长，大会选举产生27位副理事长，25位常务理事。袁隆平院士当选中国发明协会顾问，王永民、包起帆、曹培生聘任为名誉副理事长，共有174位优秀发明家代表当选为理事，今年又新增副理事长李书福、于英涛2人，新增常务理事李校堃、张松2人，新增理事12人，现共有优秀发明家代表190人当选为理事。

与此同时，协会通过修订章程，进一步贯彻落实"双创"和"三个战略"，不断增强全社会的发明创新活力，为加快建设创新型国家和世界科技强国作出积极的贡献。

二、成功举办系列品牌活动

（一）成功举办第十届"中国发明家论坛"暨第九届"发明创业奖·人物奖"颁奖典礼

2016年5月16～17日，由中国发明协会、科技日报社、国家科学技术奖励工作办公室、中国知识产权报社主办的第十届"中国发明家论坛"开幕式暨第九届"发明创业奖·人物奖”颁奖典礼在北京人民大会堂隆重举行。本次论坛以“发明与创业”为主题，在各有关单位和协会全体员工的通力协作下，取得圆满成功，受到与会者的好评。

在第九届“发明创业奖·人物奖”颁奖典礼上，共有 98 位发明人获得第九届“发明创业奖·人物奖”，其中黄尔南等 15 位发明人荣获“发明创业奖·人物奖”特等奖，被授予“当代发明家”荣誉称号，湖南省等 8 家单位被授予“伯乐奖”荣誉奖称号。

（二）成功举办第九届国际发明展览会

2016 年 11 月 17～20 日，由中国发明协会、发明者协会国际联合会（IFIA）共同主办，科技部、国家知识产权局、中国科协及江苏省科学技术厅、江苏省知识产权局、昆山市委市政府大力支持的第九届国际发明展览会，在江苏省昆山市国际会展中心隆重举办。

本届展览会共邀请到 41 个国家、地区及国际组织的 118 名外宾，携带 145 个发明项目参展，是一次名副其实的国际发明界盛会。本届展览会共有近 2500 个项目参展，展位数达 700 个。展览会在原有规模基础上，增设了“智能制造”展区和“VR 体验区”。

本届展览会本着“公正、公平、公开”的原则，由专家评审组评出国内项目金奖 353 项，银奖 472 项，铜奖 546 项，还有 61 项发明获得了 WIPO 等组织设立的专项奖。

在第九届国际发明展览会期间，还组织召开了“高端智能制造论坛暨成果转化推介会”和“国际发明创业论坛”。这次展会的举办很好地落实了习近平总书记关于在国际舞台上要发出中国声音的重要指示精神。

在这次展会上，中国发明协会还与伊朗科学研究技术部、发明者协会国际联合会、韩国发明振兴会、克罗地亚发明协会等签订多项合作协议。会后，协会与有关国家一起对合作项目进行跟踪落实。

三、认真做好国家科技奖励推荐工作

2016 年，中国发明协会推荐的“热轧带钢柱塞式层流冷却系统研发及应用”项目荣获国家科技进步二等奖，该项目是由宝钢集团有限公司一线工人王军主持完成的。根据国家科学技术奖励工作评审安排部署，中国发明协会已经开始了新一轮的国家科学技术奖推荐工作。为做好国奖推荐工作，中国发明协会连续组织了 7 次项目评审会，考察了 10 多个项目完成单位，经过认真严格的筛选，确定了 5 个拟推荐项目，其中技术发明奖 2 项，科技进步奖 3 项。

2016 年，在国家奖励办公室领导的大力支持下，协会由原先的推荐工人、农民科技进步奖，扩大到可以推荐社会各阶层各领域发明创新人才，同时还增加了科技进步奖和发明奖名额，下一步将积极争取推荐自然科学奖和国际科技合作奖。与此同时，协会还与中央人才领导小组办事机构——科技部人才交流开发服务中心签订了合作协议，协会可以推荐国家“万人计划”人选，推荐优秀理事和优秀会员进入国家科技专家人才库，成为国家科技人才专家（科技创新领军人才、创新创业人才、重点领域创新团队人才），还联合举办科技领军人才培训活动。

四、持续推进军民融合创新工作

军民融合发展是国家的重要战略部署。中国发明协会自成立以来，一直和军队相关部门保持密切合作，积极推进军民融合发展战略实施。2016 年 4 月，由重庆市政府、科技部、工信部、中国科学院、中国工程院、中国发明协会、军方等七方发起并组织的“第十二届中国重庆高新技术成果交易会暨第八届中国国际军民两用技术博览会”开幕。此次博览会被誉为与深圳高交会和北京科博会并列的三大科技创新品牌展盛会，同期举行的军民两用技术国际博览会，成为规模最大的军民融合展会。中国发明协会作为这两大会议的主办方之一，参加了组织活动和开幕式，在社会上影响和反响良好。

此外，协会还连续四年承接军民融合研究课题。2016 年，协会继续申报了《专利技术在国防领域应用价值的社会化评价机制研究》课题，已经通过专家评审予以立项，还获得了专项经费资助。

五、加强发明人才培训工作

2016 年，中国发明协会继续承办国家知识产权局有关发明创新人才和非职务发明人培训工作，分别在北京、郑州、徐州、廊坊、青海、天津、厦门、泉州、芜湖举办了九期“创新与知识产权”培训班，培训人员 1500 人次。培训内容围绕国家科技计划申报与实施、商业模式选择与创新、企业专利运营、TRIZ 创新方法、企业知识产权管理的确权、维权及用权等多项内容展开，受到学员的一致好评，取得了良好的社会效果。

2016 年，协会还受国家人力资源与社会保障部等部门委托，举办了“新产品研发高级专业人才能力提升高级研修班”和“知识产权强国建设巡讲”活动，围绕创新思维、创新意识、创业精神开展培训，受到企业和管理人员的热烈欢迎，成为协会品牌培训项目。

六、青少年创新活动蓬勃开展

2016 年 7～10 月，中国发明协会共参与主办了三项青少年创新竞赛活动。一是与宋庆龄基金会共同主办的“第十二届宋庆龄少年儿童发明奖”，来自全国各省、自治区、直辖市、香港、澳门及马来西亚共 35 支代表队的上万名中小学生参加。二是“第十四届全国中小学信息技术创新与实践活动”，来自全国各省市的近 5000 名师生代表参加了 15 项学生决赛、9 项教师决赛，活动的规模和参加人数为历届之最。三是“第十一届全国高职高专‘发明杯’大学生创新创业大赛”，是由中国发明协会、国家知识产权局人教部、江苏省科学技术协会等单位共同主办。通过以上活动的开展，鼓励和激发了在校学生、科技辅导老师的创新创业热情，社会反响强烈，受到广大师生的热烈欢迎。

七、外事工作取得新突破

在第九届国际发明展览会期间，中国发明协会与 IFIA、伊朗科研技术部、韩国发明振兴会、克罗地亚发明协会开展多次会谈，并在闭幕式暨颁奖仪式上签署了 4 个合作备忘录，中国发明协会在国际合作方面取得了新进展和新突破。

2016 年协会继续组团参加多个国际发明展览会，组织了百余项发明成果参展，并取得了优异的成绩，充分展示了我国发明创新的实力、能力和创新氛围，为发明创新型企业走出国门、打开海外市场创造了服务平台。

2016 年协会换届后，新的领导班子积极推进两个战场，一是组织做好国内各项工作，巩固老品牌，拓展新领域，迎接协会脱钩后市场社会化的新挑战；二是拓展国际合作，不忘老朋友，结识新朋友，与多国多边多领域合作，争取在国际舞台上多发出中国声音，多发出中国发明创新声音，实现双赢多赢。

八、加强协会内部建设和管理

（一）加强党的建设

中国发明协会党支部高度重视党建工作，认真落实习近平总书记关于社会团体组织“党的组织全覆盖，党的工作全覆盖”的重要指示精神；组织开展了“两学一做”专题学习，传达贯彻科技部、国际知识产权局、中国科协党组各项指示精神；认真落实支部书记上党课等“三会一课”活动，不断加强党风廉政建设和反腐败工作。

在中央第十巡视组对国家知识产权局开展专项巡视工作期间，中国发明协会全力支持、积极配合巡视组工作。根据巡视反馈意见全面开展协会内部清理整改工作，查找风险隐患，建立、健全、完善各项规章制度，重新修订完善各项管理制度 30 余项，及时向党组和局领导报告了自查自纠整改报告。

（二）加强内部机构改革

为了进一步加强协会组织机构管理，提高管理效率，协会 2016 年底启动了机构职能调整工作，进一步规范机构设置、明确部门职能分工、强化协会内部建设，加强人才培养和人才储备，适应协会改革发展的要求，主动迎接行业协会与行政机关脱钩带来的机遇和挑战，促进协会持续、健康发展。

（三）加强协会队伍建设

一是积极发展会员，吸纳优秀发明人才进入协会队伍，目前个人会员总数为 2680 人，单位会员总数为 212 家。二是今年年初，为了加强协会办事机构员工队伍建设，协会公开向社会选聘展览国际部部长、发明创业促进中心主任，经过认真遴选，选聘了一名优秀的展览国际部部长。同时，还选任了一名资深的组联宣传部部长，并在协会内部公选了五名优秀中层领导副职（副部长，中心副主任），其中一名是国家知识产权局专利局挂职协会锻炼一年的处长。三是协会还完成了内部中层负责人及员工轮岗交流工作，使员工在多岗位得到锻炼提升，同时还进行内部民主推荐，发现了一批优秀员工，协会领导对年轻员工着力加强培养，压工作、压担子，促其尽快成长，这些都是协会发展的后继力量。

（中国发明协会供稿）

国际保护知识产权协会（AIPPI）中国分会第七届理事会

会　　长　田力普
副 会 长　于　平　李玉光　许瑞表　龙传红　杨　梧　曾祥麦　林晓红　李　勇
秘 书 长　李　毅
副秘书长　宋建华　何训班

2016 年，国际保护知识产权协会（AIPPI）中国分会积极开展了以下活动。

一、2016 AIPPI 中国分会与美国 AIPLA 联合研讨会

2016 年 6 月 14 日，AIPPI 中国分会与美国 AIPLA 代表团共同举办了一场知识产权研讨会。这是两协会之间继 2014 年之后举办的第三次活动。

会议由 AIPPI 中国分会秘书长李毅主持，AIPPI 中国分会李勇副会长和美国 AIPLA 协会董事会成员柯思鹰先生分别致辞对研讨会的召开表示祝贺，AIPPI 总会副会长马浩作总结性讲话，代表 AIPPI 高度赞扬了中美两个协会之间的这种定期活动，希望通过这样的活动增进中美知识产权律师和代理人的相互交流和相互了解，为中美之间的经济发展和贸易往来作出贡献。

二、AIPPI 会长秘书长在北京拜访有关部门

2016 年 7 月 14 日，国际保护知识产权协会（AIPPI）会长菲利普·克拉罗和秘书长劳伦特·缇邦借赴青海西宁市参加 AIPPI 中日韩三国分会交流会之机，与副会长马浩一同在北京分别拜访了国家知识产权局、北京知识产权法院和中国国际商会。

国家知识产权局何志敏副局长介绍了中国知识产权工作的最新进展，了解了 AIPPI 的最新情况，表示将积极听取 AIPPI 关于知识产权制度发展的建议。菲利普·克拉罗会长高度赞赏中国知识产权工作取得的巨大成就，并就全球专利制度协调提出意见和建议。双方表示将进一步加强交流与合作，办好2020年在杭州举办的AIPPI世界知识产权大会。

北京知识产权法院宿迟院长介绍了北京知识产权法院整体情况、我国知识产权司法改革和司法保护的成就。菲利普·克拉罗会长高度赞扬中国知识产权司法保护成就，并介绍了AIPPI在知识产权领域的工作。双方表示愿意就AIPPI决议、2020年在杭州召开的世界知识产权大会等方面加强交流与合作。

三、2016年AIPPI中日韩三国分会交流会

2016年7月15～17日，每年一度、由三国分会轮流主办的AIPPI中日韩三国分会交流会在青海省西宁市举办。来自中国、日本、韩国的知识产权执业者、知识产权管理部门和法院的近100位代表参加了本次会议。

田力普会长在致辞中指出，AIPPI中日韩三国分会交流会已步入第14个年头，成为AIPPI唯一一个定期举办的地区性国际知识产权交流会，也成为AIPPI的一项重要活动，中国、日本和韩国是亚洲重要的三大经济体，三者的经济总量占亚洲的70%左右，三国在世界经济与国际合作中占据重要位置。鉴于此，中日韩三国深入交流知识产权制度、探讨各自在保护知识产权方面的问题对于促进三国知识产权事业健康发展，繁荣国家经济具有重要意义。开幕式上，AIPPI国际协会会长菲利普·克拉罗先生致辞祝贺三国交流会的召开，回顾了AIPPI成立以来近120年的历史、价值以及对世界知识产权保护进步所做出的贡献，同时表示AIPPI国际协会对各国和地区分会举办活动的支持。

本次西宁三国交流会事先经三国分会商量，确定了三个议题：第一个议题仍然是按照传统介绍中日韩三国知识产权法律和实践的最新发展；第二个议题是标准必要专利存在的滥用权利（滥用市场支配地位）问题；最后一个议题是讨论外观设计专利保护的范围。

四、2016 AIPPI米兰大会

2016年9月15～20日，2016 AIPPI世界知识产权大会在世界时尚和设计之都意大利米兰召开，来自世界各国和地区的超过2000名会员参加了本次大会，其中90人来自中国大陆地区。

大会共举办了2次执委会和多场专题讨论会，中国分会副会长龙传红作为代理会长，参加了会长理事会；另外中国分会还指定了10位会员作为代表参加了执委会。执委会通过了以下专题报告的决议：

（1）专利申请提交后修改允许的范围；（2）获得外观设计专利保护的条件；（3）提供网页链接的版权问题；（4）知识产权担保权益；（5）专利申请的公开。

在9月20日举行的本届大会的第二次执委会上，来自中国分会的马浩成功当选为AIPPI会长，成为该协会成立120年以来首位来自中国的最高领导人。马浩的当选，表明中国知识产权事业的发展和进步得到了国际社会的关注和认可，中国在世界知识产权的地位和影响力有了极大的提升和扩大，同时也有利于进一步促进中国知识产权界和国际知识产权界的沟通、交流与合作。

五、2016 AIPPI中国分会版权热点论坛

2016年12月11日，2016 AIPPI中国分会版权热点论坛在中国传媒大学中传国际交流中心举办。本次论坛是由AIPPI中国分会版权专业委员会承办的分会专业委员会第一次论坛，国内版权领域法官、学者、律师等法律人士近200人参会。在首先举行的开幕式上，AIPPI会长马浩、国家版权局版权管理司副司长段玉萍、北京知识产权法院副院长宋鱼水和AIPPI中国分会副会长杨梧分别致辞。

此次论坛分别围绕著作权、商品化权的司法保护现状及立法建议、影视改编的著作权问题、著作权损害赔偿四个主题展开。

六、AIPPI 中国分会第七届四次会员代表大会/第七届五次、六次理事会

2016 年 12 月 14 日，AIPPI 中国分会在京召开了第七届四次会员代表大会，以及第七届五次、六次理事会。会员代表大会由副会长龙传红主持，秘书长李毅向大会作工作报告，汇报自第七届三次会员代表大会以来分会进行的工作，对存在的问题进行总结。报告中指出，分会每年将 AIPPI 大会专题报告分派给各事务所，由各事务所代表分会完成分会报告，这项工作每年都能按时完成。但是在 AIPPI 大会上讨论专题报告决议时，我们的参与度还比较低。报告中对今后的改进提出建议，要更深入地参与国际规则的制定，发出我们的声音发挥我们的影响力。

（国际保护知识产权协会中国分会供稿）

《中国知识产权年鉴》编撰部门相关信息一览表

部门名称	主要或分管领导	联络机构	负责人	联系人	联系电话	电子信箱	地　址
国家知识产权局	申长雨	办公室	赵志彬	沙开清	010—62085202	shakaiqing@sipo.gov.cn	北京市海淀区西土城路6号
国家工商行政管理总局	刘俊臣	商标局	崔守东	陈　奎	010—63219616	ywp1111@163.com	北京市西城区茶马南街1号
	桑　林	反垄断与反不正当竞争执法局	任爱荣	杜长红	010—88650527	duchanghong@saic.gov.cn	北京市西城区三里河东路8号
国家版权局	周慧琳	版权管理司	于慈珂	叶婷婷	010—83138036	copyrightncac@sina.cn	北京市西城区宣武门外大街40号
全国“扫黄打非”工作小组办公室	吴尚之	全国“扫黄打非”工作小组办公室	薛松岩	王　松	010—83138733	xinxichu@shdf.gov.cn	北京市西城区宣武门外大街40号
农业部	张桃林	科技教育司	汪学军	林祥明	010—59193073	cq@agri.gov.cn	北京市朝阳区农展南里11号
国家林业局	孙扎根	科技发展中心	王焕良	龙三群	010—84238710	longsanqun@forestry.gov.cn	北京市东城区和平里东街18号
海关总署	邹志武	政策法规司	王　军	张芬涛	010—65195362	ipr@customs.gov.cn	北京市东城区建国门内大街6号
商务部	张向晨	条约法律司	陈福利	李　明	010—85093116	ipr@mofcom.gov.cn	北京市东城区东长安街2号
公安部	刘金国	经济犯罪侦查局	孟庆丰	吕　伟	010—66263698	18611140287@163.com	北京市东城区东长安街14号
最高人民法院	陶凯元	知识产权审判庭	宋晓明	夏君丽	010—67556787	spcipr@163.com	北京市东城区东交民巷27号
最高人民检察院	朱孝清	侦查监督厅	刘慧玲	李　虎	010—65209630	lihu2008a@163.com	北京市东城区北河沿大街147号

地方知识产权工作概况

北京市

专利工作

2016 年，在北京市委市政府的正确领导下，在国家知识产权局的大力指导下，北京市知识产权系统牢固树立创新、协调、绿色、开放、共享的发展理念，按照中央对北京市“四个中心”战略定位的总体要求，抓住机遇，开拓创新，完成了全年目标任务，实现了“十三五”良好开局。

一、深入谋篇布局，知识产权顶层设计不断深化

贯彻落实《关于新形势下加快知识产权强国建设的若干意见》，北京市知识产权局联合首都知识产权办公会议成员单位共同制定《关于加快知识产权首善之区建设的实施意见》，并以市政府名义印发。撰写《“一带一路”与知识产权的战略协同》研究报告，得到国务院领导张高丽同志和王勇同志批示。制订《加强办公会议统筹协调职能 推进知识产权运用与保护工作方案》，制定《北京市“国家知识产权试点、示范和强区”管理办法》，加强对国家知识产权试点示范工作规范化管理，指导朝阳区、海淀区开展国家知识产权示范城区建设，深化西城区、丰台区、石景山区、通州区、大兴区和密云区六区国家知识产权试点城区建设，推荐房山区、顺义区和昌平区申报国家知识产权试点城区，知识产权服务区域经济发展的能力显著提升。

二、发挥统筹协调作用，首都知识产权战略推进扎实有力

适应新形势，增补北京市中医管理局为北京市知识产权办公会议成员单位，总数增加到 42 家。一年来，办公会议各成员单位在各自领域深入推进战略实施。办公会议办公室年初发布了《2016 年首都知识产权战略推进计划》，明确 7 大工作重点和 61 项具体工作措施。召开四次办公会议成员单位联络员会议，对相关工作进行部署。北京市知识产权局联合市公安局、市工商局、市文化执法总队、市高院、市检察院、北京海关等单位共同形成《北京地区知识产权创造及保护数据统计分析报告》，全面反映首都知识产权发展情况。区域知识产权战略扎实推进，朝阳区发布《知识产权重点企业培育促进办法》，海淀区深入推进知识产权强区工程建设，丰台区完善《专利促进与保护管理办法》“1＋6”政策体系，石景山区以“两基地一平台”为依托整合资源，对接需求，加速成果转化。

三、注重培育引导，知识产权创造水平不断提升

多措并举，提升企业、大专院校和科研院所等创新主体的知识产权创造能力。北京市知识产权局与市国资委、市经信委等单位联合实施“千件专利企业”培植计划，打造具有国际影响力的知识产权优势企业群。全市 17 家单位专利申请量超千件，8 家单位专利授权量超过千件。全国企业发明专利授权量前十名中本市占五席。国家知识产权优势企业 87 家；国家知识产权示范企业 39 家，占全国 14％。深度助力“双创”，组织国家知识产权局 93 名审查员进驻 50 余家企业开展实践，为企业提升专利质量提供帮助。2016 年，北京市专利申请量达 189 129 件，同比增长 21％；发明专利申请量突破 10 万件，达 104 643 件，同比增长 17.7％，在国内专利申请量较大的省市中结构最优。专利授权量超过 10 万件，达 100 578 件，同比增长 7％；发明专利授权量为 40 602 件，同比增长为 15％。PCT 国际专利申请达 6651 件，同比增长 48.1％。

四、加大促进力度，知识产权运用能力显著增强

北京市知识产权局加快构建知识产权交易运营体系，全市知识产权试点运营机构 73 家，国家级运营机构 32 家，占全国的 28％。全年专利质押贷款总额达 50.69 亿元，位居各省市之首，同比增长 50.9％。推动新建高端精密机电等 5 个产业知识产权联盟，共有 18 家联盟通过国家知识产权局备案，位居全国第一。

五、加大打击力度，知识产权保护环境进一步优化

2016 年初，北京市知识产权办公会议与市政府新闻办联合召开知识产权保护状况新闻发布会，对外发布《2015 年北京知识产权保护状况》白皮书。北京市知识产权局全年查处假冒专利和专利侵权案件 842 件，同比增长 24.4％。联合东城、大兴等区共出动执法人员约 600 人次，进驻第四届京交会、第十九届科博会等各类大型展会 30 多个开展展会执法。在中关村科技园门头沟园、延庆园分别建立了知识产权保护服务工作站，标志着市、区、创新创业载体三级知识产权保护公共服务实现了 16 区全覆盖。

六、瞄准国际高端，知识产权国际交流合作取得新成效

北京市知识产权局积极配合国家知识产权局成功举办“一带一路”知识产权高级别会议，国务委员王勇和 50 个沿线国家以及国际组织高级官员、18 个驻华大使馆和 6 个联合国驻华机构代表出席大会。配合国家知识产权局，举办了第三届中英知识产权研讨会。举办了 2016 知识产权与创新大会、法国知识产权保护和运用研讨会、美国知识产权保护研讨会。依托 6 家首都知识产权国际交流合作基地，在亚、美、欧、澳等设立了 22 个海外站点，积极拓宽对外交流合作渠道。不断扩大与世界知识产权组织合作领域和范围，在北京首次举办中国暑期学校、全球调解与仲裁研讨会以及全球专利数据库培训等系列活动。

七、深度聚焦重点，中关村知识产权工作实现新突破

北京市知识产权局与中关村管委会联合实施《2016～2018 年中关村知识产权推进计划》，通过实施中关村知识产权改革试验工程等 7 个重点工程，促进中关村创新创业环境进一步优化。2016 年，培育了联想、百度、京东方、奇虎 360 等 48 家中关村知识产权领军企业，支持其开展知识产权战略制定、专利预警等工作，提升领军企业知识产权能力。国家知识产权局正式批复中关村成为全国首批国家知识产权服务业集聚发展示范区和质押融资示范区。

八、注重区域协同，京津冀知识产权一体化取得新进展

加速推进京津冀知识产权一体化进程，促成三地政府签署《知识产权促进京津冀协同发展合作会商议定书》，合作会商机制正式建立。2016 年三地重点在完善知识产权运营服务机制等 5 个方面开展工作。推动京津冀三地 123 家创新型企业和

32家知识产权服务机构成立京津冀知识产权发展联盟，利用北京市知识产权优势资源服务津冀企业创新发展。联合召开“京津冀知识产权协同发展高层论坛”，共商京津冀知识产权发展大计。三地加强在立案协作、委托取证、联合执法等方面的合作，推进京津冀知识产权协同保护，共建“京津冀家居行业12330知识产权保护服务工作站”，实现三地知识产权维权服务资源共建共享。

九、加大扶持力度，知识产权服务业发展成效显著

深入推进知识产权和标准化一条街建设，形成了中关村知识产权大厦、国际技术转移中心、致真大厦和银谷大厦四大集聚点，百余家各类知识产权服务机构在知识产权一条街集聚发展。加强监管和服务，促进专利代理行业稳步发展，对60家知识产权服务品牌机构进行了培育。加强知识产权服务业的人才培养，北京大学、清华大学、中国人民大学、北京科技大学和北京工业大学5所院校按计划合作开展了2016年知识产权实务教学课程，为行业持续发展提供支撑。截至2016年12月底，北京市共有专利代理机构444家，占全国总量的29.38%；共有执业专利代理人5972名，占全国总数的40.15%。

十、不断加大投入，知识产权基础建设不断推进

全市知识产权公共信息服务平台全面建成，涵盖103个国家和地区的文献数据近1亿件，为开展大数据服务奠定了坚实基础。利用“4·26世界知识产权日”等重要节点，围绕“知识产权战略实施”等重大活动大力推进知识产权文化宣传，社会大众知识产权意识进一步提升。北京市知识产权局与市教委联合印发《北京市中小学知识产权教育工作方案》，编写印刷并发放《中小学知识产权教育读本》80 000册，在昌平区和通州区全面推开中小学知识产权教育。

（北京市知识产权局）

商标工作

2016年，北京市工商局着力构建与完善“企业主体，市场主导，政府推动，行业促进和社会参与”的商标品牌实施工作格局。严厉打击侵犯商标专用权等违法行为，努力营造重视知识产权保护的良好社会氛围。

一、深入实施商标品牌战略，推动首都品牌经济发展

（1）发挥“北京市商标战略推进工作办公室”的平台作用。作为牵头单位，从建立信息交换机制、统筹支持企业发展、加强商标专用权保护等方面为北京市企业实施商标战略提供全方位、多领域、立体化的政策支持。“4·26世界知识产权日”宣传周期间部署全市开展以“加强知识产权保护运用 加快知识产权强国建设”为主题的知识产权周宣传活动。全市工商系统举办知识讲座及座谈会12次、业务培训10场、各类场地宣传活动31场，共发放知识产权宣传材料万余份。

（2）做好商标知识产权领域的对外交流合作。完成了国家工商总局非洲知识产权研修班交流访问、韩国驻华使馆来访等接待任务，并举办了韩国知名品牌鉴别培训会，参加了美国驻华大使馆的知识产权圆桌会议等活动。

（3）建设北京市商标监管服务数据系统。利用国家工商总局商标局部分开放的商标注册数据，在充分调研的基础上，抓紧建设北京市商标监管服务数据内外网，构建内网规范商标监管工作，外网提供社会指导服务的数据服务体系。同时，补充企业信用信息系统中的商标内容。

二、依法强化商标监管，为品牌发展营造公平有序的市场环境

作为打击侵犯知识产权和制售假冒伪劣商品专项行动的牵头单位，北京市工商局先后印发了多个商标监管的通知文件；同时发布了《2016年打击网络商标侵权专项计划》，重点布置开展2016年网络打击侵犯知识产权和制售假冒伪劣商品的专项行动。

（1）加大“双打”专项行动打击力度。2016年，北京市工商局对侵犯知识产权制售侵权假冒商品的窝点和源头进一步加大了打击力度，对在市场内公开销售侵权假冒商品的行为进行从重处理，并进行曝光。全市共办结商标侵权及假冒伪劣商品案件1819件，同比增长41%；罚没款3352万元，同比增长19%；移送司法机关11件，同比增长57%；捣毁制假售假窝点26个，同比增长30%。

积极开展了假冒“牛栏山”白酒、侵犯“西湖龙井”地理标志证明商标专用权、保护“迪士尼”注册商标专用权、查处互联网侵权假冒违法、奥标保护等专项执法行动，并积极指导企业在产品防伪环节、流通环节细化管理，加强终端控制，进一步加强品牌保护工作，有效地遏制了市场内公开销售假冒知名品牌的违法行为。

（2）加强业务指导，规范商标执法工作。2016年，共制发六期商标监管工作指导，并与北京市工商局稽查总队合发《商标执法工作规范》，从商标侵权案件的来源种类及处理、受理商标案件应注意的问题、立案前的重点注意事项、案件查办与调查取证、“两法”衔接类商标案件的办理流程等方面规范商标执法办案工作，理顺商标案件办案流程，促进商标监管与执法，以及行政执法与刑事司法的相互衔接，大力提升商标办案水平。

（3）强化京津冀区域执法协作，建立健全合作机制。与天津市、河北省签署了《京津冀商标保护区域合作备忘录》，达成建立区域联络机制、加强执法联动配合等十项主要内容。并要求各分局积极开展京津冀跨区域执法协作，推进三地开展全方位、多领域、深层次合作。目前房山已全面启动“房涿涞”地区商标联合监管协作机制。延庆、通州、大兴等多地分局也建立了执法相关合作机制，实现了案件线索移送、相关信息通报、跨区域执法等协作内容。

（4）加大案件信息公开和宣传力度。通过企业信用信息公示系统依法公开相关行政处罚案件信息，并采取多种形式积极宣传和扩大“双打”工作成果的社会影响。在《中国工商报》刊登文章以及“双打”工作宣传专版，并召开了“北京市工商局开展打击侵犯商标专用权和制售假冒伪劣商品工作取得显著成效”新闻发布会，曝光了侵权假冒十大典型案例。

三、积极实施商标战略，促进品牌经济发展

（1）注重商标品牌培育。确立“扶持、培育、推荐”相结合的原则，建立与完善商标培育机制，向高科技产业等重点领域倾斜，培育与高科技产业、文化创意产业集群相适应的自主商标品牌群。积极指导企业制订了培育计划，有侧重、分步骤地培育，在强化企业内部商标管理、推动企业开展科技与服务创新、提升品牌附加值方面取得显著成效。

（2）指导商业销售主渠道，提高商标保护水平。积极开展以加强商业企业内部商标管理为目的的“争创北京市无假冒商标商品示范单位”工作，通过法律法规再教育、指导商业企业建立健全商标管理档案，提升示范单位的管理水平和管理层的知识产权意识。目前全市共有“示范单位”90家，其中商场80家，市场10家。

（北京市工商行政管理局）

版权工作

2016年，北京市版权局积极推进著作权普法宣传活动，大力开展软件正版化工作，重点提升版权监测评估水平，全方位推进版权保护工作，取得了显著成效。2016年，北京地区作品自愿登记693 421项，占全国的43.35%，同比增长15.38%。版权合同登记10 281项，其中图书（期刊）出版单位引进版权10 090项，涉外电子出版物和计算机软件著作权合同登记191项。北京地区计算机软件著作权登记82 490项，占全国的20.2%。

一、形式多样、多方参与，着力抓好版权普法宣传活动

（1）基础与声势结合，举办音乐版权保护与产业发展论坛。2016年4月26日，北京市版权局组织开展了以“使命感 大局观 新起点”为主题的第六届音乐版权保护与产业发展论坛。邀请专家学者以及音乐人代表齐聚一堂，就如何加强数字音乐版权保护，推动付费下载，建立音乐产业发展的新模式和新机制等方面发表真知灼见，形成全行业的版权保护共识。

（2）发力与借力结合，积极探索开展版权师培训计划。2016年4月20日，北京市版权局启动了中国版权师培养计划。该计划采用线上线下一体化的新型学习培训方式，组织一流专家学者线上线下双线授课，面向各级党政机关、企事业单位招生，为各行各业培养版权领域专业人才和领军人物。

（3）主导与参与结合，多方聚力启动文化创作嘉年华。北京市版权局联合中国人民大学与中国下一代教育基金会青年创业基金，于2016年4月25日举办了以“加强版权保护 鼓励校园双创”为主题的“4·26世界知识产权日”版权系列宣传活动暨2016年北京文化创作嘉年华启动仪式。来自不同领域的专家学者围绕“数字世界中的版权 保护与创新创业”展开精彩探讨。

二、加强协作，攻坚克难，稳步推进软件正版化工作

2016年，北京版权局始终坚持“机制制度为核心，宣传培训为引导，创新服务为措施”的基本原则，确保年度各项工作任务有序推进、圆满完成。2016年的软件正版化工作，呈现出五个新突破。

（1）在推进覆盖范围上有新突破。在实现全市市、区、乡镇（街道）三级机关软件正版化常态化的基础上，联席会议有关成员单位密切配合，经过四年的逐级深入、不断总结、探索创新，基本实现了全市市属国有企业（三级以上）软件正版化，并联合行业相关主管单位，于2016年下半年启动了全市卫生计生系统软件正版化工作。

（2）在政策制度保障上有新突破。先后印发了《北京市政府机关使用正版软件管理办法》《关于明确北京市垂直管理机关软件正版化工作机制的通知》等多项制度文件，有效解决国务院、部委级正版化工作政策文件相对宏观、落地困难等问题，为全市软件正版化工作提供了明确的政策依据和行动指南。

（3）在考核评议机制上有新突破。联席会议办公室研究建立了一套真正具有可操作性的软件正版化工作考评体系，分门别类、权衡轻重、明确依据，精细化检查考核评分项目、客观化检查考核评分结果，同时按年度开展了认真严格的检查考核工作，并将结果以市政府办公厅的名义在全市范围进行通报，实现了考核评议的标准化和制度化。

（4）在工作推进模式上有新突破。将软件正版化工作与政府购买服务相结合，在部分地区和单位采用政府购买服务的方式，委托首都版权产业联盟等第三方专业机构开展软件正版化相关服务。

(5)在使用国产软件上有新突破。北京市广泛推广以场地授权形式,集中统一购买并部署国产办公软件的采购模式,全市80%以上的地区及10余个大型机关和企事业系统,均采取了此种工作模式,节约了大量采购资金并有效地促进了民族软件产业的快速发展,彻底打破了国外办公软件在北京市软件正版化工作中的主导地位。

三、提升监测水平,聚焦大案要案,切实加强版权保护工作力度

(1)纲举目张,逐月重点推进监测工作。按月选取具有代表性的重点热门影视17部、电视剧22部、音乐和综艺节目类作品15部,参照网站权重排名有针对性地对20家主流视频网站和12家音乐网站开展监测工作。在调取、核实各重点作品权利人权属授权和分销置换的基础上,实现了对各网站的播放和授权情况的完整性监测分析,并将授权播放情况与国家版权局重点预警名单详细对比,较为准确地掌握了北京市版权的总体情况。

(2)标本兼治,及时跟进侵权下线处理。在对各网站重点作品授权播放监测评估的基础上,对涉及侵权盗播的网站的盗版侵权情况也做了详细的跟踪调查,并及时发送下线通知和违规警示。按照《信息网络传播权保护指导条例》的规定向侵权链接所在的网络服务提供者发布了5000多条侵权下线通知,要求其在24小时之内删除侵权链接,同时加强对侵权下线通知履行情况的跟踪监察,绝大多数网络服务提供者能够及时履行通知删除义务。

(3)重拳出击,协调推进大要案整治工作。2016年7月,北京市版权局正式启动"2016剑网行动"。"2016剑网行动"按照国家版权局部署安排,紧密围绕"网络文学转载、网络云盘、移动App、音乐和广告联盟"五个方面开展相关工作。根据2016年工作重点,结合北京市版权保护的实际工作需要,对网络云存储领域的侵权盗版行为开展了重点整治行动。

(4)多策并举,加大版权行政调解力度。2016年共受理著作权纠纷调解案件225起,其中,行政调解52起,民事调解173起,涉及的范围包括图书出版物、信息网络传播、软件等。经调解,已结案并成功化解矛盾纠纷的案件118起,调解成功率52%以上。行政调解工作有效地化解了权利人和使用单位的矛盾,并促成双方良好的合作关系。

(北京市版权局　赵晓鹏)

司法工作

2016年,北京市各级法院以司法为民、公正司法为主线,以确保高标准完成全年审判任务、确保司法改革顺利推进、确保审判队伍平稳发展为目标,充分发挥知识产权审判职能作用,努力让人民群众在每一个司法案件中都感受到公平正义,为落实国家创新驱动发展战略,为建设法治中国首善之区和国际一流的和谐宜居之都作出了积极贡献。

一、高质高效完成审判任务,发挥司法保护主导作用

2016年,北京市各级法院共新收一审知识产权案件24 410件,其中:新收专利案件1739件,商标案件6784件,著作权案件14 552件,技术合同案件221件,不正当竞争案件428件,其他案件686件。

北京市高、中级法院共新收二审及申诉知识产权民事案件4425件。其中:新收二审专利案件307件,商标案件3046件,著作权案件895件,技术合同案件32件,不正当竞争案件46件,其他案件99件。

面对案件大幅增长的压力,攻坚克难,结案再创新高。北京市三级法院共审结一审案件22 890件,审结二审案件4410件。北京市高院年结案率为82.34%,同比上升约0.24个百分点;全体法官人均结案

126.7件，较2015年增长了22.5%；办案法官人均结案150.9件，较2015年增长了23.5%。北京市一中院在北京市高院的业务指导和帮助下，克服人员减少、撤庭改组等困难，基本完成案件清理任务。北京知识产权法院全年共审结案件8111件，较2015年同比增长49.3%。北京市各基层法院知识产权庭在立案登记制全面实施的背景下，进一步深挖内部潜力、克服案多人少的困难，优质高效地完成了案件审判任务。其中，朝阳区法院法官人均结案数达395.4件。

发挥司法保护引领示范作用，审理审结一大批有重大影响的知识产权案件，突出表现在：北京市高院审结了涉及马库什权利要求的“含核苷酸类似物的复合物或盐及其合成方法”发明专利权无效行政纠纷案、涉及枭龙战机的“枭龙”商标异议复审行政案、“红色娘子军”著作权纠纷申诉案等一系列有重大影响的知识产权案件，并促成了华为公司与中兴公司系列专利纠纷的全面和解。北京知识产权法院受理了涉及深圳大疆公司无人飞行器技术、诺华公司治疗胃肠基质肿瘤制药技术等多起高新技术案件，以及美国苹果公司诉北京市知识产权局专利侵权行政处罚案、国内首例图形用户界面外观设计专利侵权案、美国高通公司诉魅族公司确认不垄断纠纷案等一系列在国内外受到广泛关注的案件。海淀法院、朝阳法院、西城法院、石景山法院等基层法院分别审理或审结了全国首例网贷评级不正当竞争案、“脉脉”抓取使用“新浪微博”用户信息不正当竞争案、路虎“揽胜极光”汽车外观著作权及不正当竞争纠纷案、“电视猫聚合平台”著作权侵权案、电影《九层妖塔》著作权侵权案以及作曲家许镜清《西游记》音乐作品维权案等一系列知名案件。

积极探索知识产权临时保护措施、适用举证妨碍规则，加大司法保护力度。在“中国好声音”诉前行为保全案中，作出诉前行为保全裁定；在涉及奥多比软件著作权侵权案件中，及时进行证据保全。北京知识产权法院在U盾专利侵权案和“墙锢”商标侵权案中，均在被告构成举证妨碍时，结合在案证据全额支持了原告的赔偿请求，一审判决的赔偿数额分别达到5000万元和1000万元；在珠海政采公司诉国信公司等计算机软件著作权侵权案中，作出首例要求被告限期提交证据的民事裁定；在西电捷通诉索尼中国公司专利侵权纠纷中，被告依据原告的申请，提交了与侵权事实认定相关的测试数据。东城法院在“RIO”鸡尾酒知名商品特有包装、装潢不正当竞争案中，探索适用举证妨碍制度，最终全额支持原告要求被告赔偿300万元的诉讼请求。

严惩不诚信诉讼行为，营造良好的法治环境。北京知识产权法院在“家家JIAJIA及图”商标行政案、“TKD”商标行政案中，对当事人提供虚假证据和虚假陈述的行为，均处以1万元的罚款；北京市高院在青岛科尼乐公司专利侵权案中，对拒不履行法院生效保全裁定的当事人处以50万元的罚款。

二、加强审判监督，统一裁判标准

北京市高院注重加强对全市知识产权审判的宏观业务指导。2016年初，在全面走访各基层法院和中院的基础上，对全市法院知识产权审判工作作出部署，就知识产权审判工作中遇到的一些常见问题明确了裁判标准，确保裁判标准的统一。

北京市高院在调研的基础上形成了《北京市高级人民法院关于网络知识产权案件的审理指南》并对外发布。针对商标授权确权案件中争议较大的问题，制定并发布了5个有针对性的审判参考问答。针对专利授权确权案件中复杂且极具争议的问题，也出台了审判参考问答。通过这些措施，极大地提高了全市法院知识产权案件的审判质量。

三、统筹兼顾，全面推进、深化司法改革

2016年，根据中央部署，北京法院作为第三批试点单位，在北京市三级法院全面推开司法改革。北京市三级法院知识产权审判庭顺利完成了法官入额等改革任务，妥善处理了司法改革与审判工作、队伍建设三方面的关系。

北京知识产权法院作为司法改革的排头兵，各项改革措施进一步深化，具体体现在：一是废除个案汇报制，建立专业咨询制。二是建立多元化专业咨询机制，专业问题由专业人士解决。三是转变院长、庭长角色职能。四是完善当事人诉权保障机制。五是加大司法公开力度。六是推进知识产权法律共同体建设。

四、创新工作机制，有效开展工作

针对案件适当集中管辖带来的挑战，北京市相关基层法院开拓工作思路，有针对性地采取创新措施解决送达难题。石景山法院，采取不定期集中到外区送达的做法，全年共外出送达调查35次。丰台法院成立专门的送达小组，前置送达程序，提高送达效率。东城法院在发送起诉书时，创新性地向远郊区当事人同时发送《跨行政区域管辖告知书》，提高了审判效率。

通过内部工作机制调整，最大化地提高审判队伍战斗力。朝阳法院创设速裁审判机制，设立速裁审判组，缩短案件审理周期，实现类案“速审速结”。海淀法院中关村法庭进行人员分组和案件搭配，最大限度地避免审书配合不畅、案件流转不畅等现象。西城法院通过严格落实《串案办理制度》来提升办案效率，对于串案指定串案领办人，推进结案速度。海淀法院民五庭规范庭前会议制度，增强了知识产权审判的规范化、专业化程度，有效提高了庭审的质效。

充分调动社会各方力量，完善多元化纠纷解决机制。在北京市高院的统筹协调下，北京市各基层法院均重视进一步加强与北京市保护知识产权举报投诉服务中心（简称北京12330）、中国互联网协会调解中心等相关单位的对接。朝阳法院协调中国互联网协会调解中心派专人进驻民三庭开展调解工作，成功调解案件近百件。西城法院委托工信部电子知识产权中心、北京茶叶企业商会知识产权纠纷人民调解委员会调解相关纠纷近80件。

五、提高调研活动的针对性和前瞻性，实现调研成果、审判经验的有效转化

2016年，北京市高院将“有关视听作品、制品的著作权法律问题研究”作为全市法院年度重点调研课题。两项一般调研课题“商标行政案件裁判标准统一”“专利创造性判断研究”和庭内调研课题“专利说明书和权利要求合法性判断研究”，已取得阶段性成果。《最高人民法院关于审理侵犯专利权纠纷案件应用法律若干问题的解释（二）》出台后，北京市高院组织全市法院力量成立课题组，对2013年制定的《专利侵权判定指南》进行修订。

朝阳法院形成《关于知识产权诉讼中电子证据相关问题的调研报告》。海淀法院形成《海淀法院知识产权案件诉讼要素举证指引》；对外发布《关于网络不正当竞争纠纷案件的调研报告》。东城法院与中国互联网协会调解中心共同发布《移动互联网环境下文字作品著作权保护问题调研报告》。西城法院召开“关注网购中的IP侵权——西城法院涉网络购物平台知识产权典型案例新闻通报会”。石景山法院针对该区动漫游戏产业发展带来的相关案件激增的现状，专门成立课题组，形成了近15 000字的调研报告。

六、强化队伍建设，提高审判队伍素养

北京市高院和北京知识产权法院通过法官遴选，在一定程度上缓解了审判力量不足的问题；北京市各基层法院通过各种

渠道，健全知识产权审判队伍建设。北京市高院将年度集中培训与专题讲座相结合，进一步拓宽业务培训的渠道。北京知识产权法院和各基层法院都结合自身特色和工作实际，通过“周五课堂”“知者说”“醒客学习会”、法官联席会制度、庭审实训“三步法”等形式开展内容丰富的专业培训，充分发挥资深法官对青年法官的传帮带作用，强化对青年法官的培养。

（北京市高级人民法院知识产权审判庭）

检察工作

2016 年，北京市检察机关围绕服务首都经济大局的目标，大力发展专业化办案模式，依法严厉惩治侵权假冒犯罪，创新知识产权司法保护机制，努力为建设知识产权首善之区营造良好的法治环境，为首都建设具有全球影响力的科技创新中心作出了应有的贡献。

一、依法严厉惩治侵权假冒犯罪，护航首都科技文化创新发展

2016 年北京市检察机关共受理审查逮捕侵权假冒案件 226 件 293 人，其中批准逮捕侵权假冒案件 155 件 187 人；共受理审查起诉 412 件 503 人，其中提起公诉侵权假冒犯罪案件 377 件 444 人。从涉案类型看，涉嫌侵犯知识产权犯罪案件，共批准逮捕 62 件 80 人，起诉 101 件 137 人；涉嫌生产、销售伪劣商品犯罪案件中，共批准逮捕 93 件 107 人，起诉 276 件 307 人。

二、建立专业化办案部门，提升办案能力水平

加大专业化机构和人才队伍建设，优化专业机构职能配置，通过人员配备和整合权能，保障“双打”领域案件的最优检力配置。各级检察机关设立专门办理知识产权案件的内设机构，优先配备符合专业化办案要求的骨干力量，打造出年轻态、高学历、专业化的队伍，实现专案专办、术业专攻，提升了办案质量和效率。

依托高校学术研究的优势，聘请知识产权和专业技术相关领域专家，为检察机关办理新型、疑难、复杂知识产权案件提供法律指导和技术咨询，借助智库力量提升专业化办案水平。

三、推动提前介入与“两法”衔接相结合，构建多方位联动保护体系

北京市检察机关着力加强检察监督，利用“两法”衔接信息平台，完善联动保护机制，探索行政执法、刑事司法“双轮驱动”保护模式。积极开展专项立案监督活动，保障涉嫌犯罪案件及时移送司法查处。加强机制建设，深化与相关行政单位沟通协作，建立联席工作机制，与各单位实现数据互换和资源共享，形成工作合力。将提前介入工作机制与“两法”衔接机制相结合，与公安机关、行政执法机关联合办案，在行政执法环节即介入，前移引导侦查取证，规范取证确保证据质量，从而为准确认定事实打下基础，有效提升案件办理效果。

四、深化检企联络，营造保护知识产权的良好氛围

北京市检察机关将为企业维权提供“全方位、菜单式”服务作为工作的核心任务和重要职责，建立常态化、具项化的检企联络工作机制，积极开展检企联络活动，加强检察机关和企业间知识产权保护的交流探讨，充分了解企业面临的法律困惑和维权过程中的困难，精准把握企业对司法工作的需求，加强沟通和指导工作，努力提升企业刑事维权意识和维权能力，有效遏制部分侵权问题。

（最高人民检察院侦查监督厅供稿）

天津市

专利工作

2016年，天津市专利申请10.65万件，同比增长33.2%；专利授权3.97万件，同比增长6.4%；有效专利达到12.48万件，同比增长20.3%；每万人口发明专利拥有量达到14.7件；有专利的企业数量首次突破万家，达到10 639家；全年专利权质押贷款总额达到24.9亿元，立案查处各类专利行政案件578件，知识产权综合指数位列全国第七。

一、强化顶层设计和系统规划，加快推进知识产权强市建设

天津市政府印发《天津市知识产权“十三五”规划》《关于加快推进知识产权强市建设的实施意见》《深入实施天津市知识产权战略行动计划（2016～2020年）》，强化全市知识产权工作顶层设计和系统规划。滨海新区、西青区等6个区开展国家知识产权试点示范城区创建工作，西青区成为天津市首个国家知识产权示范城区，为知识产权强市建设奠定坚实基础。召开“2016年天津市科技和知识产权工作会议”、市知识产权战略领导小组办公室全体成员会议，部署“十三五”和2016年知识产权工作任务。召开天津市政府知识产权新闻发布会，向社会发布2015年天津市知识产权发展状况和保护状况。

二、集聚知识产权优势资源，促进京津冀知识产权协同发展

与国家知识产权局、北京市、河北省签订《知识产权促进京津冀协同发展合作会商议定书》，为三地知识产权要素资源合理流动创造了良好条件。北科大智能装备产业技术研究院、北科大国家大学科技园天津（磁敏）分园暨磁敏产业知识产权示范园同时落户华明高新区，中国技术交易所等30余家北京专业机构来津开展知识产权运营和服务业务。京津冀三地知识产权局发起成立“京津冀知识产权发展联盟”，整合三地优质知识产权资源，服务企业“走出去”参与国际竞争，共同举办“京津冀知识产权协同发展高层论坛”，推动京津冀知识产权协同发展。京津冀知识产权维权援助中心共同成立“京津冀家居行业12330知识产权保护服务工作站”，举办京津冀家居企业知识产权保护沙龙，加快京津冀一体化知识产权保护进程。

三、创新知识产权管理，支持国家自主创新示范区和自由贸易试验区建设

围绕天津国家自主创新示范区“一区二十一园”开展专利试点园区工作，优选天津赛达工业园等7个园区提升自创区重点园区知识产权能力，华明高新区和武清开发区成为国家知识产权试点园区。天津滨海高新区作为自创区核心区，率先开展“国家专利导航产业发展实验区”和“国家知识产权服务业集聚发展试验区”建设。推动建立自贸区知识产权风险防控机制，加快滨海新区知识产权保护服务中心建设，形成集行政调处、法院判决、仲裁、人民调解于一体的“1＋4”知识产权保护服务新机制。探索自贸区内知识产权联合执法，建立执法信息共享制度，确保案件转办、反馈及时，重点情况及时通报。

四、提升知识产权创造和运用能力，服务经济结构优化和产业转型升级

以企业为知识产权工作主体，以推动科技型企业知识产权工作为着力点，深化

专利试点示范和专利消零行动，培育和扩大企业知识产权优势，带动全市专利创造实现量质同升。2016年，有专利的企业数量首次突破万家，专利企业实现营业收入1.5万亿元。企业专利申请9.04万件，授权专利3.26万件，企业有效专利9.93万件。全市形成30家市级知识产权优势企业、56家国家知识产权优势（示范）企业和414家专利密集企业，培育知识产权优势产品（技术）39项、专利密集产品532个。加快华北知识产权运营中心建设，“华北知识产权运营网”正式上线运行。举办专利权质押融资银企对接活动，全市专利权质押贷款总额达24.9亿元，有效缓解企业融资压力。深化专利保险试点工作，全市25家企业投保专利执行险，降低企业维权成本。

五、严格知识产权保护，营造良好市场环境

持续开展全国打击侵犯知识产权和制售假冒伪劣商品专项行动，开展“4.26专项执法”“闪电专项行动”等专利行政执法活动。2016年，出动专利执法人员500余人次，检查商业场所250个（次），检查商品31.3万件；全年立案查处各类专利行政案件578件。加强大型展会知识产权执法，进驻津洽会等大型展会28个（次），在展会现场设立知识产权工作站，现场处理专利纠纷30件，接待咨询服务1300余人次，发放知识产权保护宣传材料3000余份。加强天津知识产权维权援助中心建设，全年受理各类有效举报、投诉、咨询4500件并及时处理，维护权利人的合法利益。加强与天津市高院、市公安局、市商务委的知识产权保护工作协作，积极构建知识产权“大保护”格局。完善知识产权“快保护”体系建设，在自行车、家具、医药行业成立3家知识产权维权援助行业工作站。

六、完善知识产权服务体系，提升知识产权服务能力

推进滨海高新区和东丽区、西青区学府高新区开展国家和天津市知识产权服务业集聚区建设。制订印发《天津市知识产权服务优秀机构培育工作方案（2016～2020）》，推动2家服务机构入选全国第三批知识产权服务品牌培育机构，天津市全国知识产权品牌服务机构累计达到9家。承办2016年全国专利代理人资格考试天津考点，天津考点报名参考人员创历史新高，全市新增128人取得专利代理人资格。加快知识产权公共服务平台建设，大力推广专利信息传播利用，新建红桥、武清、宁河和宝坻4家专利信息工作站，进一步完善“市、区县、重点企业”三位一体的专利信息服务体系。优化天津专利代办处工作流程，开展全国首批专利费用查询试点工作，保持代办业务零差错，基本实现专利电子申请全覆盖。天津市人力社会保障局印发《天津市工程技术系列知识产权专业高级工程师及工程师资格评审标准的通知》，全市首次建立知识产权专业职称评审制度。

七、培育知识产权文化，营造社会创新创业氛围

天津市知识产权局等十部门共同举办“2016年天津市知识产权创新创业发明与设计大赛”以及滨海高新区创新创业大赛、大学生知识产权创新创业大赛、外观设计创新创业大赛等特色初赛，吸引全市近2000个项目参赛，60个获奖项目列入天津市专利创业奖候选项目。深入推进中小学知识产权教育工作，天津市实验小学、红桥区实验小学、滨海九中和五十四中学4所学校被国家知识产权局评定为“全国中小学知识产权教育试点学校”，新增红桥区中心小学等10所天津市青少年知识产权教育示范学校，全市知识产权教育示范校总数达到20所。举办“2016年天津市青少年小发明设计大赛”，全市400余项参赛作品

获得专利授权，在全市校园营造良好的知识产权文化。

（天津市知识产权局）

商标工作

2016年，天津市商标监管系统本着转变观念、创新管理、贴近民生、服务经济的理念，以制订一个示范方案、建立二个协作机制、建立完善三个网络平台、实施四个覆盖为重点，引领全市商标战略实施工作再上新水平。

一、商标发展基本情况

2016年天津市各类市场主体共向国家工商总局商标局提出商标注册申请34 933件，注册商标22 504件，全市累计提出商标注册申请192 079件，有效注册商标134 145件（申请、注册件数指2015年12月16日至2016年12月15日的商标统计情况；累计商标注册申请、有效注册商标件数指截至2016年12月15日的统计情况）。

二、积极推动全市商标战略实施

2016年全市各级商标监督管理部门深入推进商标战略实施，促进经济发展方式转变，取得了良好效果。

（1）制订商标战略示范工作方案。为贯彻落实《国家知识产权战略纲要》，大力推进天津市商标战略实施，根据国家工商总局《关于贯彻落实〈国家知识产权战略纲要〉大力推进商标战略实施的意见》和《关于开展国家商标战略实施示范城市（区）、示范企业工作的指导意见》的要求，在天津市开展商标战略实施示范区（县）和示范企业创建工作。制订下发了《天津市市场和质量监督管理委员会关于商标战略实施示范区（县）示范企业创建工作方案》。

（2）建立两个区域协同协作机制。2016年6月，天津市市场和质量监督管理委员会、北京市质量技术监督局和河北省质量技术监督局联合在津召开了“2016年京津冀地理标志产品保护区域合作工作会”。2016年10月参加了商标行政执法区域协作座谈会，签署《京津冀商标保护区域合作备忘录》。

（3）建立完善三个网络公示平台。一是开通“商标管理系统”平台，并成功将商标数据、商标注册企业基本情况与企业审批网络库对接。二是建立“京津冀地理标志保护公共信息共享服务平台”。

（4）实施四个点位商标覆盖发展。为使商标注册发展工作更有针对性，主要针对民营企业、科技型企业、外贸型企业及涉农企业四个点位，开展商标战略实施工作。在全市范围内开展了内容丰富、形式多样的宣传活动，取得良好效果。活动周期间，共发放各类宣传材料40 000余份，参与宣传3000余人次，申请商标323件，受理投诉案件42件。

（5）继续深入开展“双打”专项行动。制定下发了《关于印发2016年天津市市场和质量监督管理系统打击侵犯知识产权和制售假冒伪劣商品工作要点的通知》，明确了围绕重点领域，强化日常监管，加强部门协同与司法保护的工作重点。2016年1～10月，累计共出动执法人员2.5万余人次，检查生产企业8230户次，查处行政处罚案件2504件，罚没金额4496.45万元，其中“双打”案件471件，罚没金额1058.7万元，没收和销毁侵权假冒伪劣物品16.3万件。

（天津市工商行政管理局）

版权工作

2016年，天津市版权局将进一步加强软件正版化长效机制建设、打击网络侵权“2016剑网行动”作为年度的重点工作，同时，加强了版权行政监管及推进版权产业发展，在加强软件正版化长效机制建设，净化网络版权环境，保护权利人的合法权益，积极开展版权宣传等方面取得了显著成绩。

一、继续完善天津市软件正版化长效机制建设

(1)强化软件正版化工作的基础性工作建设。核实天津市70个部门政府机关软件正版化负责人信息库,并进行了全面的核实补充完善;完善了市、区两级政府机关使用正版软件数据库。天津市、区两级共计864个政府机关,共有工作人员59 801人,计算机56 959台,安装使用正版软件分别为:操作系统52 646个,办公软件42 522个,杀毒软件56 751个;完成了天津市130家企业软件正版化工作情况的信息统计。

(2)加强软件正版化工作宣传和培训。组织召开软件正版化工作培训4期,参加培训的人数近200人;制作《天津市正版软件管理工作手册》,并下发到天津市政府机关及企事业单位。

(3)开展软件正版化工作检查。对天津市6家国有企业软件正版化工作检查;圆满完成国家督察组对天津市软件正版化工作的督导检查。推进使用正版软件工作部际联席会议第七督察组对天津市的软件正版化工作进行督导检查,检查了6个市级政府机关、2家国有企业和2家银行的软件正版化工作完成情况,天津市推进软件正版化工作得到了第七督察组的充分肯定。

(4)落实长效机制建设。按照督察组的反馈意见和市政府要求,督促整改落实,汇总整改情况报送市政府;开展软件正版化工作考核,组织了4个考核小组,对天津市10个市级政府部门和4个区政府软件正版化工作进行了考核,共抽查180台计算机。

二、打击网络侵权,开展"剑网2016"专项行动

(1)启动天津市"剑网2016"专项行动。制订"剑网2016"行动方案;成立"2016剑网"专项行动协调小组;召开动员部署会,加强联动形成合力。

(2)加强宣传培训,提高版权保护意识。"剑网2016"协调小组共同组织开展加强网络监管培训,天津市53家市重点监管网站负责人参加会议;在"剑网2016"专项行动期间,利用多种形式进行宣传。

(3)组织联合执法检查、净化网络版权空间。实地检查了3家网站,重点检查了网站各栏目的版权情况。

(4)对外公布了六批重点影视作品预警名单。将预警名单在天津市版权局政务网进行发布,并发送给天津市53家重点监管网站,要求其立即进行自查自纠。指定专人加大网上检查力度,查找侵权线索。

三、版权行政监管

(1)完成4起涉嫌侵权盗版案件中侵权制品的认定工作。天津市版权局对涉嫌盗版的17种图书和2种光盘进行了认定,并出具了认定意见,为案件的进一步审理提供了依据。

(2)开展2次版权执法检查。对南开大学、天津大学及其周边20余家复印店开展了两次执法检查。

(3)加强对天津市重点网站的日常监管。向53家重点监管网站转发国家版权局公布的三批重点影视作品预警名单,强化日常监管,及时查找问题,确保天津市网络环境的健康。

(4)保护著作权人权益,调处版权纠纷3件。

四、开展2016年市版权示范单位和示范园区(基地)评选活动

天津市版权局起草下发了《关于开展2016年天津市版权示范区县、示范单位和示范园区(基地)申报工作的通知》,完成了初步审核的4个区县9家单位的申报材料。请社会不同层面的版权专家对9家企业的材料进行评审,给出9家参评单位全部通过的评审意见。天津市版权局党组召开会议，对市版权示范评选工作进行最终审定，经过会议讨论决定，对9家申报企业再通过天津市市场主体信用信息公示系统进行查询，确定最终结果。颐博数码科技有限公司、方正汇智（天津）彩色印刷股份公司等7家参评单位通过最终审核，并在版权局政务网进行入选公示。

组织召开天津市版权示范单位（园区）授牌会议，向7家单位授予了牌匾。不断挖掘企业亮点，为扩大影响力做宣传推广，联系了中国新闻出版广电报记者对意库文化创意产业园进行了采访，做专题报道。

五、版权行政管理工作

（1）2016年，完成涉外图书出版合同审核登记320个；完成涉外电子出版物和计算机软件著作权审核、认证42个，其中电子出版物审核、认证13个；完成作品自愿登记审核发证440件。

（2）完成"2016年中国版权金奖评选活动提名推荐"组织上报工作。

六、开展版权宣传工作

（1）开展"4·26世界知识产权日"宣传周活动。监制了1200张宣传海报和20个易拉宝，在天津市各大公共资源地张贴；与滨海新区版权局联合开展街头宣传活动，印制了各类优秀图书名录在本次宣传周发放。

（2）以"4·23世界读书日""4·26世界知识产权日"及4月29日至5月3日的春季书展为主题，录制了"公仆走进直播间"节目。

（3）借助2016年春季书展的平台，继续延展版权宣传周活动，设立法律咨询、版权咨询等，为公众提供免费咨询服务。

（天津市版权局　张　倩）

司法工作

2016年，天津市各级法院深入贯彻党的十八大和十八届三中、四中、五中、六中全会及习近平总书记系列重要讲话精神，深入实施国家知识产权战略和创新驱动发展战略，以坚持审判第一要务、健全司法标准、完善审判机制、加强队伍建设为着力点，充分发挥司法保护知识产权的主导作用，积极推动知识产权强市建设，为促进创新驱动发展、加快建设法治天津、美丽天津作出了贡献。

一、坚持审判第一要务，知识产权审判工作取得新进展

2016年，上海星客特公司与天津世之源公司侵害外观设计专利权纠纷案、泽安公司与盟世奇公司著作权侵权纠纷案入选2015年度中国法院50件典型知识产权案例。泽安公司与盟世奇公司著作权侵权纠纷案裁判文书获评2015年全国法院精品裁判文书三等奖。

2016年，天津市各级法院新收各类知识产权及不正当竞争案件2385件，审结2374件。

知识产权民事案件中，新收知识产权民事一审案件1524件，审结1524件，同比分别上升4.27%和3.74%；新收知识产权民事二审案件521件，审结518件，同比分别上升21.73%和20.47%。新收申请再审民事案件297件，审结297件。

专利权案件新收89件，占全部新收民事案件的3.8%。商标权案件新收370件，占全部新收案件的15.8%。著作权案件新收1761件，占全部新收案件的75.19%。滨海新区法院高效审结侵害信息网络传播权案件，全年收案576件，结案565件，结案率为98.09%，乐视网专门将诉讼服务中心新设立在滨海新区。技术合同案件新收66件，占全部新收案件的2.82%。不正当竞争纠纷案件新收19件，占全部新收案件的0.81%。

刑事审判方面，天津市各级法院新收知识产权刑事一审案件43件，审结34件。

新收案件中，生产、销售伪劣商品罪 11 件，非法经营罪 17 件，侵犯知识产权犯罪 15 件。

行政审判方面，天津市法院新收和审结知识产权行政一审案件 1 件，均与 2015 年同期持平。

二、坚持服务大局，助力推动知识产权强市建设

（1）深化司法体制改革，服务京津冀协同发展。形成《京津冀协同发展视角下的知识产权技术类案件集中管辖制度研究》的报告。制定《关于全面推进知识产权审判"三合一"工作的实施意见》。天津市高院召开天津法院知识产权审判部门更名暨全面推进知识产权审判"三合一"工作座谈会。

（2）坚持能动司法，服务自贸区建设。根据《加强知识产权保护服务天津自贸区建设》的调研成果，制定《服务保障中国（天津）自贸区知识产权保护的若干意见》。开展"自贸区平行贸易所涉知识产权法律问题的调研"工作，形成专题调研报告。

（3）加强知识产权保护，服务保障供给侧结构性改革。天津市高院知识产权庭起草了《天津市高级人民法院关于充分发挥审判职能作用依法保护知识产权的实施意见》，并协助做好新闻发布会及会后的宣传工作。

（4）推进司法标准化建设，确保准确适用法律。2016 年天津市高院起草了《侵犯信息网络传播权案件的审理标准》。天津市一中院制定了《商标侵权案件的审理标准》。天津市高院完成了《关于侵害发明、实用新型专利权纠纷案件的审判指南》并已下发执行。天津市高院召开全市知识产权法官培训会，对 2015 年制定的《关于侵害商标权纠纷案件的审判指南》进行培训。天津市高院以《天津知识产权审判》为交流平台，为全市法院法官充分交流知识产权审判经验提供便利。

（5）继续探索审判体制机制创新，有效解决司法难题。天津市高院于 2011 年建立了"全市法院知识产权审判技术咨询专家库"，2016 年对专家库进行更新，拓宽了科学技术专家参与审判的途径。知识产权审判中人民陪审员的参审比例进一步扩大。

（6）积极推动天津市知识产权战略的实施。天津市高院作为天津市知识产权战略领导小组成员，积极参加天津市知识产权"十二五规划""十三五规划"的编制工作。天津市高院还积极参与了天津自贸区制度创新工作实施方案和制度创新清单的制定和落实工作。

三、坚持司法公开，积极回应人民群众的新期待新要求

2016 年，在齐白石后人诉湖南美术出版社等侵犯著作权系列案件中，天津市高院、一中院及和平区法院上下联动，积极发挥司法能动性，在查清案件事实的基础上，圆满调解解决了 627 件相关系列案件，并使双方当事人历经十余年的著作权纠纷全部得以化解。

"4·26 世界知识产权日"宣传活动期间，天津市高院召开全市法院知识产权审判新闻发布会，发布 2015 年度知识产权司法保护状况白皮书和典型案例。

四、坚持协作配合，增强知识产权保护合力

天津市高院邀请天津市商委、自贸区企业代表进行座谈，对商标平行进口问题深入研究，形成专题调研报告。天津市高院完成最高人民法院 2015 年度审判理论自选课题《关于为天津自贸试验区建设提供司法保障的调研——创新知识产权司法保护模式服务（天津）自贸试验区建设》的调研工作。为完成最高人民法院审判理论重大课题《互联网与审判的关系研究》，天津市高院课题组深入调研，顺利通过中期考核。天津市高院还顺利完成了法院系统重点调研课题《“互联网+”背景下知识产权司法保护探析》调研报告，并通过验收。

五、坚持正规化、专业化、职业化建设，不断提升知识产权审判队伍的综合素质

天津市各级法院认真学习贯彻习近平总书记关于政法队伍建设的重要指示，牢牢把握“五个过硬”的要求，深入推进思想政治、业务能力、纪律作风建设。结合知识产权审判的特点和需要，深入推进知识产权法官队伍的正规化、专业化、职业化建设。

2016年天津市各级法院法官员额制改革基本完成。目前全市法院专门从事知识产权审判的法官共28人，平均年龄43岁，半数以上为研究生学历，博士研究生学历2人；司法辅助人员19人，平均年龄28岁，68%以上为研究生学历。2016年天津市高院与天津大学联合申报最高人民法院重大理论课题1项。

（天津市高级人民法院知识产权审判庭）

检察工作

2016年，天津市各级检察机关在转变经济方式、调整经济结构工作中，充分发挥检察职能作用，着力提高知识产权刑事司法保护水平，取得了明显成效。

一、打击侵犯知识产权刑事犯罪情况

2016年，天津市各级检察机关充分发挥法律监督职能，依法履行立案监督、审查批捕、审查起诉、诉讼监督职责，共批准逮捕侵犯知识产权和制售假冒伪劣商品类犯罪案件41件70人，提起公诉侵犯知识产权和制售假冒伪劣商品类犯罪案件50件98人，有效打击了该类犯罪。

二、知识产权保护机制建设情况

建立打击侵权假冒领域行政执法与刑事司法衔接机制。建立完善各部门联席机制，统一执法司法标准，建立健全市区两级的“两法”衔接工作机制，推动行政执法机关移送案件的刑事处理。积极推动“两法”衔接信息共享平台建设，加强与本辖区公安、行政执法等部门的联系，积极推动平台规范化使用，形成统一建设、统一维护、统一使用的大格局。

建立跨区域间、部门间区域协作机制。建立京津冀三地检察机关的协作机制，加强知识产权司法保护协作，针对技术成果转化，产业转移等知识产权保护的新特点，加强沟通交流，分享借鉴经验，提升区域内知识产权司法保护水平，促进以科技创新引领经济发展。

会签打击食品药品领域违法犯罪规范性文件。天津市检察院与天津市委会、市高院等9家单位联合签署《关于办理食品药品领域违法犯罪刑事案件若干问题的意见》，明确食品药品行政执法与刑事司法衔接工作机制，规范现场勘验、检查、搜查程序，健全涉案物品的检验、认定机构和程序，统一法律适用标准，打击涉及食品药品安全领域的知识产权违法犯罪行为。

三、开展“危害食品药品安全犯罪专项立案监督活动”

自2015年3月起，天津市检察机关开展了为期两年的“危害食品药品安全犯罪专项立案监督活动”，通过在食品药品领域审查信访案件线索、媒体曝光线索、排查行政处罚决定书等方式，积极排查监督案件线索。2016年，天津市各级检察机关共监督行政执法机关移送涉嫌犯罪的食品药品犯罪案件42件44人，监督侦查机关立案涉嫌犯罪的食品药品犯罪案件24件33人，取得了良好的法律效果和社会效果。

四、开展知识产权宣传与培训工作

2016年“4·26世界知识产权日”宣传周活动期间，天津市检察院提前部署，制订了包括平面媒体、互联网站、两微一端全套宣传方案，编写、制作了 8 篇稿件和新媒体作品，在全网推送。其中，《天津市检察机关以“六项工作机制”为推手不断提高知识产权刑事司法保护水平》的专题文章，在《检察日报》《法制日报》、北方网等十余家平面媒体和互联网站发表。

（最高人民检察院侦查监督厅供稿）

河北省

专利工作

2016 年，河北知识产权工作以实施知识产权强省建设为核心，以深入实施知识产权“三优”培育工程、加快京津冀知识产权协同发展、创新知识产权金融服务等重点工作为抓手，实行严格的知识产权保护，有效促进知识产权创造运用，加强知识产权管理，优化知识产权服务，全省知识产权工作呈现较好发展。2016 年，全省专利申请、授权量分别为 54 838 件和 31 826 件，分别较上年增长 24.5%和 5.6%；万人发明专利拥有量为 2.122 件，较 2015 年底增加 0.46 件。

一、不断加强河北知识产权事业发展顶层设计

《国务院关于新形势下加快知识产权强国建设的若干意见》出台后，河北省知识产权局抓紧研究制定相关配套政策，经省政府常务会议审议通过，《河北省人民政府关于加快知识产权强省建设的实施意见》于 2016 年 4 月 20 日正式颁布实施。结合国家知识产权局和河北“十三五”规划，制定并印发《河北省专利事业发展“十三五”规划》。

二、加快推进京津冀知识产权协同发展进程

国家知识产权局与北京、天津、河北三地共同签署《关于知识产权促进京津冀协同发展合作会商议定书》，建立“一局三地”知识产权促进京津冀协同发展合作会商机制。京津冀知识产权局联合成立京津冀知识产权发展联盟，三地 120 家外向型企业和 25 家知识产权服务机构成为首批会员单位，其中河北企业 40 家，服务机构 5 家。在廊坊市举办京津冀知识产权协同发展论坛和京津冀企业知识产权海外发展交流座谈会，助力外向型企业海外发展。

三、进一步加大专利行政执法保护力度

深入开展知识产权执法“护航”专项行动，严厉打击知识产权侵权假冒行为。河北省全年立案处理专利侵权纠纷案件 857 件，查处假冒专利案件 390 件，共计 1247 件，较去年增长 192%。选择确定 14 家知识产权保护规范化市场开展专业市场知识产权保护培育工作，建设完成专业市场保护管理系统平台。积极筹建中国知识产权行政执法华北调度中心，落实了办公场地和工作经费。建成京津冀知识产权诚信管理系统，强化对侵权假冒等知识产权侵权失信行为的惩戒。加强专利行政执法队伍建设，推动保定市成立专利行政执法支队，组织举办专利行政执法维权培训班，培训执法人员 120 余名。

四、深入开展知识产权优势培育

引导 30 家全国知识产权优势示范企业开展优势培育工作。确定 50 家试点企业开展全省企业知识产权管理标准推行工作，规范企业知识产权管理。组织推荐河北 11 个优秀项目参选第十八届中国专利

奖评选活动，长城汽车股份有限公司的“哈弗 H2”汽车获得外观设计专利金奖，博深工具股份有限公司的“一种激光焊接金刚石圆锯片及其制备方法”等5个专利项目获中国专利优秀奖。积极组织开展河北省2016年度知识产权优势培育工程专利奖评选工作，确定英利能源有限公司的“一种太阳能电池栅线点击及太阳能电池片”等38个专利奖项目。

五、着力提升知识产权运用水平

受理专利权质押贷款、专利保险和专利权作价出资入股补贴申请，委托有关单位开展融资需求调查、银企对接、融资交流、业务培训等活动。全省全年专利权质押贷款实现18.14亿元，位居全国前十名；专利保险投保64笔，保费320万元；实现专利权作价出资入股54笔，涉及作价金额3亿元。联合中国知识产权研究会、河北省知识产权保护与发展协会继续实施专利导航产业发展工程，引导15家企业开展专利战略研究工作。

六、积极扶持知识产权服务业发展

进一步加强专利代理机构监管，对河北省内20多家代理机构进行督导检查。继续引进京津冀优质代理机构在河北设立分支机构，2016年引进北京优质代理机构8家。截至目前，河北省共有代理机构38家，实现各设区市专利代理机构全覆盖。不断加强知识产权品牌服务机构培育工作，制订品牌服务机构培育工作方案、指标体系及验收标准，新确定省级知识产权品牌服务机构7家。

七、不断加强知识产权维权援助

建成京津冀知识产权维权援助互通服务平台。在河北省家具协会设立河北（家具）知识产权维权援助中心，在石家庄、保定、廊坊高新区设立知识产权维权援助分中心。积极开展知识产权维权援助下基层服务工作，指导电子信息产业龙头企业建设专利数据库和检索分析系统。全年知识产权维权援助与举报投诉中心共接听电话、接待咨询5000余人次，接受并处理维权援助案件20余件，接受移交知识产权投诉举报案件58件。

八、努力提升知识产权管理水平

组织开展“4·26世界知识产权日”宣传周活动，在全省组织开展知识产权宣传活动70余场次。通过《中国知识产权报》《河北日报》等多家媒体报道了河北知识产权工作的新闻事件、重点工作和重大成就。组织举办全省专利代理人资格考试培训班，加大对河北省专利代理人才的培养。加强知识产权培训基地建设，依托华北理工大学、河北工程大学和保定学院省级知识产权培训基地，举办3期知识产权培训班，全面提升全省知识产权人才素质。加大中小学生知识产权意识培养，河北省临城中学成为第二批全国中小学知识产权教育试点学校。认真开展专利质量提升工程，重新修订《2016年度专利申请资助办法》，开发“河北省专利资助申报系统”软件及数据库，提升专利资助工作质量与效率。

（河北省知识产权局）

商标工作

2016年，河北省工商和市场监管系统以“谋创新、重民生、促发展”为主线，紧密结合全省经济转型升级需要，坚持监管、服务两手抓，大力推动商标品牌战略实施。

一、商标发展取得新成绩

制定了《河北省工商行政管理局关于“十三五”期间实施商标品牌战略的指导意见》，加强商标品牌战略的规划引领。商标数量和质量大幅提升，截至2016年底，全省共申请注册商标9.6万余件，新增注册商标5万余件。农产品商标和地理标志商标成绩突出，共提交地理标志商标申请40余件，新增核准注册的地理标志商标6件。商标战略示范效果明显，组织召开河北省商标战略实施示范县(市、区)、示范企业表彰暨现场经验交流会，表彰示范县(市、区)、示范企业，交流实施商标战略的经验做法，探索可推广、可复制的商标战略实施模式。商标品牌指导站建设全面铺开，目前全省已建立商标工作指导站135个，更好地服务了各类市场主体发展商标品牌。

二、商标服务取得新突破

大力推行商标注册便利化改革，在石家庄、唐山设立了商标注册申请受理窗口。确定“梯次发展、重点突破”的工作思路，通过建立与市场主体相关联的商标经济户口，健全商标联络员工作制度，引导无牌的企业创牌、有牌的企业争创名牌。以优势工业、传统农业和地理标志、高新技术、文化创意和设计服务、电子商务服务、旅游服务、现代物流服务领域为发展重点，先后多批确定重点帮扶对象，建立商标发展梯队，分类排队、分层指导，一企一策、跟踪帮扶，培育扶持了一批在市场上具有高知名度的商标品牌，并以此为主体、其他品牌为补充的品牌梯队逐步形成。

全省各级工商和市场监管部门主动为银企对接搭建桥梁、沟通信息，通过商标质押融资，解决企业特别是小微企业融资难问题，石家庄市工商局设立注册商标专用权质权登记申请受理点，目前为企业融资1亿多元。

对商标扶贫工作进行了有益探索。确定了全省地理标志商标富农效应分析调研课题，形成了《河北省工商行政管理局关于我省地理标志商标富农效应的分析报告》。

三、宣传培训取得新成果

各级工商和市场监管部门坚持采取社会公众喜闻乐见的宣传方式，大力宣传商标法律法规和相关政策，发布工商部门的商标工作动态信息，展示企业风采，吸引社会公众关注商标、重视品牌，提升全社会的商标意识。

“4·26世界知识产权日”宣传周期间，各级工商和市场监管部门开展了“品牌创新与转型发展”的主题宣传活动，组织现场咨询活动100多场，参加群众近万人。通过商标品牌展示，现场解答问题等方式，充分展示河北省商标发展及保护成果，激发企业实施商标品牌战略积极性，提升社会公众抵制假冒伪劣、尊崇知识产权意识，使品牌就是竞争力、品牌引领消费的观念逐步深入人心。各级工商、市场监管部门不断拓展宣传渠道，提升宣传效能，河北省工商局和部分工商、市场监管部门开通了商标宣传微信公众账号；大力开展“商标进企业”“商标进社区”“商标进农村”等系列宣传走访活动，主动把商标知识送到千家万户，产品未动、商标先行已成为不少企业的共识；积极组织全省驰名、地标企业参加“中国国际商标·品牌节”和“中国商标年会”，为河北省企业走向全国搭建良好的交流平台。

组织商标侵权案件研讨会、商标法律知识培训；石家庄市工商局组织“送商标服务进企业、进基层”巡回培训；唐山市工商局开展了商标国际注册培训，通过培训进一步提高了商标意识和业务能力。

四、商标监管取得新进步

全省工商、市场监管部门坚持把保护注册商标专用权的日常监管与开展集中检查专项整治相结合，不断加大商标行政执法力度，严厉打击各种商标侵权行为。

为加大对高知名度商标品牌的保护力度，与北京市工商局、天津市市场监管委员会共同签署了《京津冀商标保护区域合作备忘录》，推进三地商标工作进一步协同发展。加强沟通协作，与相关部门建立了跨部门商标联合保护工作机制，提升了商标专用权保护效能。

先后开展了打击假冒伪劣日用品专项行动，中国制造海外形象维护“清风”行动，保护“迪士尼”商标专用权等专项行动等，进一步维护了市场经济秩序，净化了市场环境。截至2016年底，全系统共查处商标侵权案件776件，查处侵权假冒案件2121件，移送司法机关7件，捣毁窝点9个。开展了商标代理市场专项整治，加强源头治理，为商标事业健康快速发展提供了有力保障。

（河北省工商行政管理局）

版权工作

2016年，河北省各级版权行政部门，进一步巩固政府机关和企业软件正版化工作成果，严厉打击各领域侵权盗版行为，积极创建版权示范单位和园区（基地），引领版权相关企业参与国际展会，不断提高版权服务能力，取得了显著成效。

一、继续抓好政府机关和企业软件正版化成果的巩固工作

一是加强工作部署。制订了《河北省2016年推进使用正版软件工作实施方案》，对2016年工作进行了统一部署。转发了《关于做好2016年推进软件正版化有关工作的通知》，就相关工作提出了具体要求。及时召开了全省版权工作会议，并传达学习了国家版权局相关会议精神，部署了全省软件正版化重点工作。

二是加强制度建设。制发了《关于进一步加强计算机软硬件采购源头管理工作的通知》，对新采购计算机软硬件工作进行了源头管控。及时转发《正版软件管理工作指南》，要求各地、各单位贯彻落实，开展好软件正版化工作。

三是开展督查考评。2016年下半年，河北省版权局分别组织开展了督导检查和考核评议活动，先后督查了3个设区市、6个县级政府的部分机关，完成了96家省直单位和13个市政府、11个县政府的考核工作并通报。

四是推进企业软件正版化工作。河北省国资委印发了《推进监管企业使用正版软件工作实施方案》，加快推进省国资委监管企业软件正版化工作进度。2016年下半年其对部分监管企业进行了软件正版化工作培训和督导检查。石家庄市国资委召开了12家国有企业参加的座谈会，并对企业上报的情况进行了认真核查。2016年1月、12月，全国打侵办考核组分别对河北省2015年度、2016年度包括软件正版化在内的打击侵权盗版工作进行了检查，并实地抽查了邯郸、石家庄等市部分单位的计算机，对河北省软件正版化工作的考核均给予了满分。国家版权局在对全国2016年度软件正版化工作进行总结时，也给予河北省满分的评价，并进行了通报表彰。

二、认真开展互联网领域和传统领域中的打击侵权盗版行动

一是组织开展“剑网2016”专项行动。按照国家要求，河北省版权局会同多部门联合制发《河北省打击网络侵权盗版“剑网2016”专项行动方案》，在全省突出整治未经授权非法传播作品的侵权盗版行为，重点查处通过各种平台进行的侵权盗版行为。专项行动期间，河北省版权局主动监管互联网站8000多家（次），先后查处了“指导网”“云腾网”等侵权假冒案件，处理了涉嫌侵权盗版违规网站17个，注销违规网站备案11个，取消违规网站接入7个，列入黑名单管理5个。

二是加强源头管理。河北省版权局协同新闻出版行业监管部门，对各类印刷复制企业进行专项整顿，确保了重要时间节点印刷复制企业和出版物市场的安全稳定。

三是加大出版物市场监管力度。制订了《河北省新闻出版广电局2016年打击侵权假冒工作方案》，对全年“双打”工作进行了安排部署。协同新闻出版行业监管部门

采取多种方式，对盗版出版物进行了重点查缴。对重点部位进行清查并定时巡查。

四是加大版权执法力度。先后查处了多起侵权盗版案件。在国务院考核组的考核中，版权执法工作成绩为满分并获得加分。

三、加强版权宣传、教育和培训工作，提高公众的版权意识

一是重视知识产权保护宣传周宣传活动。2016 年 4 月 23～26 日，河北省版权局组织新闻媒体，在积极宣传国家版权局制作的“4·26 世界知识产权日”主题——“数字创意、重塑文化”系列版权宣传海报的同时，还滚动播出版权公益广告宣传片《创作即有版权 版权创造财富》，取得了良好的社会效果。在“4·26 世界知识产权日”当天还组织开展了“保护版权、鼓励创新”为主题的校园签名宣传活动。另外，河北省版权局利用媒体对外公布了 2015 年度全省 10 起侵权盗版案件，受到社会的广泛的关注。

二是加强日常宣传。充分利用《中国版权年鉴》《河北新闻出版广播影视年鉴》等出版物的地位及影响，积极总结全省版权保护经验，通过文字、图片等形式，全面展示版权保护成果，不断扩大对外宣传。

三是加强软件正版化工作培训。2016 年上半年，河北省版权局组织有关人员参加了 2016 年国家版权局组织的政府机关软件正版化培训会议。12 月，河北省版权局专门召开会议，对参加全省政府机关软件正版化考核评议工作 11 个考核组的考核成员进行了政策、专业知识讲解和业务培训。2016 年，省、市、县三级政府先后组织了 230 余次培训，参训人员达 1 万余人次。

四是推荐宣传了查办案件的有功单位和个人。2016 年 4 月 20 日，国家版权局印发《关于奖励 2015 年度查处侵权盗版案件有功单位及有功个人的决定》，河北省 19 家单位及 22 名个人分别获奖。

四、加大版权示范城市、单位、园区（基地）建设及版权登记和服务推广工作，促进版权产业发展

一是推进开展版权示范单位、园区（基地）建设。印发相关的管理办法，强力推进全省版权示范城市、示范单位和示范园区（基地）的创建和管理工作。2016 年 6 月，相关领导就创建全国版权示范城市工作赴廊坊市进行实地调研并专门听取了工作情况汇报。经过调研，河北省版权局同意廊坊市政府创建全国版权示范城市的申请，并已上报国家版权局审批。同时河北省版权局对君乐宝、汉佳、中科恒运三家公司以及乐聪科技创意园区上报的有关申请材料进行了审核，分别授予其“河北省版权示范单位”和“河北省版权示范园区”称号。

二是强化版权服务功能。河北省版权局有关领导两次赴保定市曲阳县调研该县版权产业发展情况。河北省内第一个以单项产业为主体的版权服务站在曲阳县石雕产业中设立。2016 年，河北省版权保护中心还与省内六家文化、出版、报刊单位签署了《版权顾问协议书》。2016 年，河北省版权部门先后为省内各出版社登记外国及我国港澳台地区图书出版合同 88 件，为社会公众登记美术、文字和音乐等作品 372 件。

三是助推版权产业发展。2016 年 12 月 5～7 日，河北省版权局组织全省 11 家单位的 300 多件作品参加了第六届中国国际版权博览会。博览会上，河北省版权局推荐的电视剧《海棠依旧》荣获我国版权界最高奖项“中国版权金奖”。《知之深 爱之切》等一批作品获版博会颁发的“金慧奖”，河北省版权局获得最佳组织奖。展会期间，河北省组织了版权签约仪式，签约金额达 10.2 亿元。此外，河北省的展台设计、参展作品展示了河北版权产业的发展成果，展现了河北的文化自信，对推动全省版权产业的发展起到了积极作用。

（河北省版权局　李冬群）

司法工作

2016年，河北省各级法院知识产权审判部门全面贯彻落实党的十八大、十八届三中、四中、五中、六中全会及河北省第九次党代会的重大决策部署，认真学习领会习近平总书记系列重要讲话精神，充分发挥知识产权审判职能作用，积极服务保障经济强省、美丽河北建设，努力为创新驱动发展、“一带一路”、京津冀协同发展战略保驾护航，知识产权司法保护工作取得了新的进展。

一、狠抓执法办案“第一要务”，充分发挥知识产权司法保护主导作用

（1）案件质效进一步提高。2016年，河北全省法院共受理一审知识产权民事案件1008件，审结808件，结案率80.16%。在审结的808件案件中，涉及专利权232件，商标权282件，著作权179件。河北省高院受理二审知识产权民事案件141件，结案137件，结案率97.16%。在审结的137件二审案件中，专利权案件43件，商标权案件38件，著作权案件22件。河北全省法院共受理知识产权一审刑事案件99件，审结84件；受理二审刑事案件12件，审结10件；共受理一审知识产权行政案件22件，审结21件；受理二审行政案件10件，审结10件。

（2）不断加大损害赔偿力度。坚持以实现市场价值为指引，进一步加大知识产权案件的损害赔偿力度。特别是对重复侵权、故意侵权的，酌情确定适当高于市场价值的损害赔偿，有力遏制了知识产权侵权行为。石家庄寸方公司诉中电投公司不正当竞争案，依法判决赔偿150万元；上海联合制罐公司诉河北华糖公司侵害商业秘密纠纷案，判决赔偿55万元；养元智汇公司诉智尊智圣公司等侵害商标权纠纷案，原告获赔30万元。

（3）诉调对接效果明显。根据河北省高院与河北省知识产权局签订了《关于建立完善专利民事纠纷诉调对接机制的合作备忘录》，积极推进与知识产权行政管理部门的沟通联系。石家庄市中院成立专门诉调对接调解室，2016年183件知识产权案件交由调解室调解，45件诉前调解成功。

二、充分利用“4·26世界知识产权日”等平台，不断延伸审判职能作用

（1）积极服务创新河北建设。在“4·26世界知识产权日”前夕，河北省高院、石家庄市中院到衡水市饶阳县、安平县就饶阳植物新品种保护、地理标志产品及丝网企业的品牌保护等问题进行实地调研。

（2）召开知识产权保护座谈会。2016年4月22日，河北省高院举办企业知识产权保护座谈会，与企业共同探讨加强企业知识产权保护的相关问题。

（3）举办新闻发布会。2016年4月26日上午，河北省高院组织召开了知识产权司法保护新闻发布会，发布了河北省知识产权司法保护状况白皮书及10件典型案例。

（4）开展大型宣传咨询活动。河北省高院联合河北省知识产权局、河北省公安厅等单位于2016年4月26日举办了“4·26保护知识产权大型广场宣传咨询活动”，展示了河北省知识产权司法保护工作的最新进展。

（5）集中公开审理案件。河北省高院及石家庄市、秦皇岛市、沧州市等中院积极开展知识产权案件集中开庭、集中宣判活动。在“4·26世界知识产权日”当天，河北省高院公开开庭审理并当庭调解了一起知识产权案件，通过微博视频进行了直播。

三、大力加强监督指导，全面提升河北全省法院知识产权审判水平

河北省高院有针对性地加强了审判监督和业务指导。一是在河北全省法院知识产权审判培训班上，对知识产权司法保护

的四项基本政策进行了深入讲解；二是面对面地与石家庄市、秦皇岛市、衡水市等有关中院进行沟通指导；三是对社会影响较大的关联案件，统一裁判标准；四是总结审判经验，积极编写审判案例；五是积极利用裁判文书上网、信息化等手段，加强案例指导。

四、积极落实司法改革措施，大力推进知识产权案件“三合一”审判和跨区域管辖机制改革

（1）积极参加员额制改革。将落实员额制与司法责任制紧密结合，符合条件的审判人员积极参加员额法官的选拔。

（2）充分发挥陪审员作用。石家庄市中院于 2016 年 4 月首邀人民陪审员参与知识产权案件审理，全年陪审员共计参与审理案件 186 人次。

（3）全力推进“三合一”审判。在河北全省法院知识产权培训班上，向全省法院传达了“三合一”审判的具体要求。研究确定了河北省“三合一”审判集中管辖模式、案件管辖类型；与检察机关进行了初步联系沟通；审判机构对外更名工作已报河北省编办审批。

（4）协助开展跨区域管辖。为贯彻落实北京知识产权法院跨区域管辖京津冀技术类知识产权案件试点工作，河北省高院形成了《知识产权案件的跨区域管辖》的调研报告，在“第二次知识产权法院工作座谈会”上，进行了专题汇报，与北京知识产权法院进行了深层次的交流。

五、深入推进司法公开，司法公信力得到进一步提升

（1）大力推进庭审公开。知识产权案件庭审网络直播力度不断加大，河北全省法院除涉及商业秘密等不宜直播的案件外，知识产权案件的庭审均通过河北法院网向社会公众直播。

（2）大力推进文书公开。河北省高院加大对全省知识产权裁判文书上网公开的督导力度，全省法院除涉及商业秘密及调解方式结案的裁判文书外，生效知识产权裁判文书及时上传中国裁判文书网向社会公开。

（3）大力推进审判流程公开。河北全省法院以信息化建设为依托，积极试点知识产权案件“互联网＋”新模式，方便当事人快捷登录互联网查询案件情况。

六、加强政治业务学习，着力抓好知识产权审判队伍建设

（1）加强政治理论学习，进一步提高政治思想水平。认真学习习近平总书记系列重要讲话精神，学习党章党规，学习李保国等先进模范事迹，增强了“四个意识”，坚定了“四个自信”。

（2）积极组织参加业务培训，不断提高司法能力。举办河北省法院知识产权审判培训班，培训全省法院知识产权审判法官 80 余人。石家庄市中院积极参加海外知识产权培训。

（3）深入推进纪律作风建设，确保廉洁司法。扎实开展“两学一做”学习教育活动；积极开展各项党建活动；严格遵守“八项规定”等廉洁自律的各项规定，确保廉洁司法。

（河北省高级人民法院知识产权审判庭）

检察工作

2016 年，河北省检察机关打击侵权假冒工作效能明显提升，防范和化解侵权假冒风险能力显著提高，为促进改革发展和建设法制化营商环境、维护全省市场经济秩序稳定和社会和谐提供了有力的司法保障。

一、打击侵犯知识产权刑事犯罪概况

2016 年 1～10 月，河北省检察机关共批准逮捕涉嫌侵犯知识产权犯罪案件 55 件 83 人，提起公诉 73 件 143 人；批准逮捕涉嫌生产销售伪劣商品犯罪案件 231 件

302 人，提起公诉 620 件 772 人。

二、充分发挥职能，加大打击力度

对侵犯知识产权和制售假冒伪劣商品犯罪，河北省检察机关始终坚持依法从重从快的方针和“两个基本”的原则，对公安机关提请批准逮捕、移送起诉的重大犯罪案件，只要基本事实清楚，基本证据确凿，就依法快捕、快诉，不纠缠细枝末节，决不在检察环节贻误战机，确保打击效果。侦查监督、公诉部门坚持依法提前介入制度，对重大、有影响的侵犯知识产权和制售假冒伪劣商品犯罪案件，适时介入侦查、引导取证。把好事实关、证据关、程序关和适用法律关，不枉不纵，不错不漏，提高打击实效。

三、强化诉讼监督，形成工作合力

充分发挥法律监督职能，对涉嫌犯罪案件不依法移送或者有案不立、有罪不究、以罚代刑、重罪轻判的，依法予以监督纠正。通过联席会议、情况通报、查阅行政执法案件台账和案卷等方式，摸排一批涉嫌犯罪的案件线索，督促行政执法机关向公安机关移送。对该立案而不立案的，及时启动立案监督程序，并强化跟踪监督工作，确保案件及时捕、诉、判，防止案件流失。

四、推动“两法”衔接，促进依法行政

依托河北省“两法”衔接信息共享平台，深入推进打击侵权假冒工作。加强信息平台规范化建设，完善软硬件建设，明确专门领导、专门机构和专职人员负责平台管理维护；依法高效履行职责，进一步研究制定落实“两法”衔接工作的各项规章制度，规范和完善内部执法流程、监督制约机制，推动“两法”衔接工作实现全覆盖、无盲点；增强协调联动加大工作合力，将部门协调联动作为加强“两法”衔接工作的关键环节来抓，进一步完善和落实各项工作制度，加强行政执法机关、司法机关、检察机关之间的协调配合、有机衔接，形成强大工作合力；大力提升“两法”衔接工作实效，强化对行政执法机关案件录入情况的检察监督，依法监督移送涉嫌犯罪案件。

五、突出打击重点，推进专项整治

依托河北省检察院 2016 年 4 月开展生态环境司法保护专项活动，根据全省区域产业分布和侵犯知识产权案件的特点，突出重点、集中行动、拉网检查、打防结合、务求实效，遏制规模性侵犯知识产权行为，大力净化市场环境。

六、注重防范化解，维护社会稳定

紧密结合工作实际，努力预防和规避社会风险，在检察环节最大限度地减少社会不和谐因素，努力维护社会稳定。对可能引发系统性风险的侵犯知识产权和制售假冒伪劣商品犯罪案件，按照“谁主管、谁负责”的原则确定责任，确保各项工作落到实处。重大案件指定专人办理，加强批捕、公诉引导侦查工作，坚持依法提前介入制度，在确保办案质量的前提下，做到快捕快诉，确保打击效果。河北省没有发生因办理侵权和假冒商品犯罪案件而引发群体性事件和受到上级通报批评的情况。

七、加强宣传引导，营造良好氛围

把开展宣传发动工作常态化，加强正面引导和宣传，强化社会监督，切实保护群众监督积极性。河北省各级检察机关结合工作实际，因地制宜组织开展打击侵犯知识产权和制售假冒伪劣商品工作宣传教育，大力宣传国家保护知识产权的政策和法律、法规，在群众中普及知识产权保护知识，提高全社会保护知识产权的意识。据不完全统计，2016 年以来，河北省各级检察机关组织举行大型宣传活动 326 次，发放宣传材料 59 万余套（份）。接待群众法律咨询 23 592 余次，受理案件线索 1046 件。

（最高人民检察院侦查监督厅供稿）

山西省

专利工作

一、政策体系建设卓有成效

(1)2016 年 8 月,山西省政府出台《关于新形势下推进知识产权强省建设的实施意见》,要求深入实施创新驱动发展战略和知识产权战略,全面提升知识产权创造、运用、保护、管理和服务能力,到 2020 年,全省知识产权综合发展水平迈入全国中上行列。该意见提出了 16 项具体措施,以及 4 个方面的保障措施。该意见落实了国务院文件精神,为山西省知识产权强省建设提供了政策保障。

(2)2016 年 7 月,山西省政府办公厅出台《山西省专利奖励办法》,首次设立省专利奖。该办法规定,省专利奖由山西省人民政府设立,总金额 200 万元,设一、二、三等奖,并参照省科学技术奖作为专业技术人员职称评审、业绩考核等工作的依据之一。

二、专利数量质量双提升

2016 年全年,山西省专利申请受理量为 20 031 件,其中发明专利 8208 件;专利授权量为 10 062 件,其中发明专利 2411 件。截至 2016 年底,全省有效发明专利达到 9896 件,超过全年目标任务 949 件,每万人有效发明专利拥有量为 2.7 件。

三、专利资助项目效果明显

2016 年继续开展山西省专利推广实施资助,共安排专项资金 510 万元,项目总数为 54 个。专项资金的设立,有效地激励了项目单位完善专利管理制度,提高专利创造运用能力,促进专利转化实施,已经成为山西省专利事业发展的有力措施之一。

四、专利执法工作开展有力

2017 年山西省共查处假冒及各类专利纠纷 88 件。

(1)起草并印发《山西省专利行政处罚自由裁量权规定》,进一步规范专利行政执法行为。

(2)将“双打”工作纳入对各市局的指标考核,调动基层工作积极性。

(3)加强对大型商业场所与商品集散地的监督检查力度,净化市场环境。

(4)加大专利行政执法人员培训力度,提升执法办案能力。

(5)加强“12330”维权援助平台建设,驻展会,入基层,提高全社会知识产权维权保护意识。

五、专利服务能力不断加强

(1)知识产权金融服务迈出新步伐。一是建立“山西省企业专利质押融资需求数据库”。对全省 500 余家专利较多的企业进行专利质押融资需求调查。二是多次组织山西省内银行、担保公司等金融机构、技术交易所、资产评估机构、企业等举行项目交流对接活动,促进专利质押融资项目落地。三是支持太原高新区成功入选国家知识产权局认定的首批专利质押融资试点单位。

(2)企业专利信息服务取得新成效。一是构建了一站式、多库融合的山西省重点产业专利信息服务平台,包括不锈钢产业、煤化工产业、装备制造业三大专利数据库。二是面向企业举办了多期专利信息运用培训班。三是编制完成《山西省专利统计分析年度报告》,对山西省重点企业和产业的专利情况进行了多维度、广尺度的统计分析。

(3)知识产权公共服务设立新平台。一是建立并开通了“山西省知识产权服务网”，依托太原代办处建立了手机微信平台。二是与专利审查协作河南中心、天津中心分别签订了知识产权服务战略合作协议，利用审协人才、信息优势，提升山西省知识产权公共服务水平。三是加强山西省知识产权服务联盟建设，有效整合服务资源，加快知识产权服务业整体发展。

六、宣传培训工作有声有色

(1)开展大型宣传活动。一是在“4·26世界知识产权日”宣传周期间，组织山西省内专家赴部分县(区)宣讲，传播知识产权文化。二是开展知识产权进校园活动。在省内多所中学开展了丰富多彩的宣传教育、专题知识讲座。成功推荐山西省陵川第一中学入选第二批全国中小学知识产权教育试点学校。

(2)开展多层次培训。一是邀请国内著名知识产权专家吴汉东教授到山西省做“创新发展与知识产权保护”专题讲座。二是在山西省党校培训中设置知识产权相关内容学习课程，提高各级干部的知识产权意识。三是举办“高新企业知识产权培训班”“山西省知识产权战略培训班”“专利收费减缴业务培训研讨会”“煤化工产业专利信息应用培训班”等多期专业培训班，共计600余人参加，省内从业人员专业技能得到进一步提高。

(山西省知识产权局)

商标工作

2016年，山西省各级工商部门紧紧围绕引领经济发展新常态的战略重点和关键举措，充分发挥职能作用，不断提高企业商标注册、运用、保护和管理的能力，全面推进商标战略的实施，严厉打击商标侵权和制售假冒伪劣商品等违法犯罪行为，为经济发展作出了积极贡献。

一、打击侵犯知识产权和制售假冒伪劣商品工作取得显著成效

2016年全省打击侵犯知识产权和制售假冒伪劣商品工作在巩固成果的基础上，各项工作取得了显著成效。

(1)安排部署及时有效。制定下发了《山西省工商系统“双打”工作工作要点、方案》《山西省工商系统“双打”工作重点工作任务及责任划分》等指导性文件。召开全省工商系统商标发展与保护工作会议，对2016年开展打击商标侵权和制售假冒伪劣工作进行了专项安排部署，要求各级工商机关结合当地实际，强化监管，严厉打击侵权假冒行为；精准发力，抓好重点领域专项整治；打防结合，加强信用监管；建立机制，推进部门协作。

(2)专项行动收效明显。制定下发《山西省工商行政管理局关于保护汾酒集团“汾”“杏花村及图”“竹叶青及图”驰名商标的通知》。在全省范围，开展保护“汾”“杏花村”“竹叶青及图”等驰名商标集中整治行动，重点查处各种侵权假冒、虚假宣传、不正当竞争行为。有效地打击了侵犯注册商标专用权及贩卖假冒伪劣商品等违法行为，维护了消费者的合法权益。全省共查处侵权假冒“汾酒”注册商标专用权案件43件，罚款金额57.9万元，其中移送司法机关1件，案值5.4万元。

(3)案件查处成效显著。2016年，全省工商系统共检查市场主体25 632户，检查商品交易市场10 816个，立案查处商标侵权假冒案件404件，其中已结案382件，其中查处侵犯驰名商标权益案件90件，侵犯涉外商标专用权案件7件。罚款金额202万元。移送司法机关11件。

(4)行政处罚案件信息公开公示不断上升。按照《山西省工商行政管理局依法公开制售假冒伪劣商品和侵犯知识产权行政处罚案件信息实施细则》的要求，2016年全系统所有适用一般程序查办的假冒伪劣商品和侵犯知识产权行政处罚案件信息，在其门户网站或者专门网站上依法进行了公开，案件公示率达到了100%。

二、发挥职能作用，商标品牌战略得到有效推进

（1）“冬季行动”见成效，商标注册总量不断增加。为全面推进工商行政管理系统“冬季行动”各项工作，全力帮扶企业注册自主商标，确保“集中申报一批商标”工作落到实处，制订下发了《关于开展“集中申报一批商标”工作实施方案》，明确了工作目标，对各市、县的指标进行具体量化，各市、县均超额完成了规定的注册商标申请量。督导检查，帮扶指导。现场就企业登记注册、商标注册和保护为企业答疑解惑。大力开展“一企一商标”“一村一品一商标”活动，指导地方相关组织注册具有地域优势、特定品质的地理标志；分类指导新兴行业等注册商标。2016年，全省商标注册申请量25 980件，商标注册量15 127件，有效注册商标总量达到90 605件，地理标志商标47件，国际注册商标52件。

（2）商标质押融资工作稳步推进。截至目前，山西省太原、大同、长治、运城4市累计办理商标专用权质押融资企业9家，参与金融机构4家，共质押商标41件。4家企业办理了商标专用权质押登记证。授信额达10亿元左右，实际贷款总额3.6亿元和3500美元。

（3）商标监管执法培训效果明显。为提升全省商标监管干部的业务水平和执法能力，按照《山西省工商行政管理局2016年教育培训计划》的要求，2016年6月12日在上海交通大学举办了全省工商和市场监管干部综合素质提升培训班，全省共有170名商标监管人员参加了培训。

（4）商标注册便利化服务措施正在落实。为方便申请人办理商标注册申请，推进商标注册申请便利化，根据山西省实际情况，向国家工商总局商标局申请在太原市、大同市、长治市设立商标注册申请受理点。

三、商标法律法规宣传效果好

制定下发《关于开展2016年全国知识产权宣传周活动的通知》，在全省范围内开展以“加强知识产权保护运用，加快知识产权强国建设”为主题的知识产权宣传周活动。与知识产权局等相关单位共同组织了知识产权知识进校园活动，发放商标法律法规知识宣传材料1000余份。公布五大商标侵权假冒案件，维护了企业创新成果和消费者合法权益，有效遏制了商标侵权和制售假冒伪劣商品违法行为，震慑了不法分子，取得了良好效果。

（山西省工商行政管理局）

版权工作

2016年，山西省版权局着力加强版权监管保护力度，有效拓展了版权宣传教育范围，突出注重打击侵权盗版和软件正版化工作，扎实开展版权公共服务体系建设，全省版权工作取得积极成效。

一、注重版权生态保护建设，创新开展版权管理执法工作

山西省版权局不断提高工作标准、加大打击力度、丰富监管方式，以打促防，打防结合，力求保持对侵权盗版不法分子和违法行为的持续高压态势。

（1）加强领导，整合执法资源形成监管合力。切实发挥版权局“双打”领导小组办公室的职能作用，对全省版权领域“双打”工作进行部署，要求加强版权监管源头治理，开展印刷复制发行企业大检查、大整顿、大治理工作，保持对生产、销售侵权盗版制品违法行为的持续有效打击。同时，特别注重“双打”数据统计与信息宣传统筹工作，以求全面掌握工作情况，有效反映工作动态。

（2）集中力量，全面整顿传统出版物市场秩序。组织开展了全省冬季出版物市场整治行动、“秋风2016”专项行动、“净网2016”专项行动、“护苗2016”专项行动、教材教辅专项整治行动、云盘专项整治行动、印刷复制企业整治行动等全省性的集中统一行动，坚持每月重点抽查和每季全面检查，基本完成了全省绝大部分县区的明查暗访和通报问题“回头看”，下发《出版物市场巡查暗访友情告知书》14份，当面反馈问题30多个。全省2016年查处较大侵权盗版案件52起。

（3）创新理念，继续加强网络版权环境治理。在2016年7～11月与多部门共同组织开展第十二次打击网络侵权盗版专项治理“剑网行动”。突出整治未经授权非法传播作品的侵权盗版行为，重点查处通过各种平台进行侵权盗版的行为。

（4）转变方式，推动案件办理规范化建设。下发了《山西省新闻出版广电局关于加强新闻出版广电系统“双打”工作信息共享平台管理应用工作和行政处罚案件信息公开工作的通知》，要求各级版权管理部门做好“双打”行政处罚案件信息公开工作和“双打”信息共享平台管理应用工作。

二、注重版权舆论环境建设，持续加大版权宣传教育力度

“4·26世界知识产权日”宣传周期间，围绕“加强知识产权保护运用、加快知识产权强国建设”的宣传主题，组织全省各级版权管理部门开展各类版权宣传活动，努力营造良好的舆论氛围。

（1）版权宣传进媒体活动。山西省各地媒体利用播放版权公益广告、开设专栏等方式宣传版权知识。太原、晋城、阳泉等市利用公交移动媒体和城市核心区域的楼宇LED播出版权宣传片达1750余次。还利用网站大力宣传版权相关法律法规和相关知识。

（2）版权宣传进机关活动。山西省版权局设计制作版权宣传漫画给100余个省级政府机关和各市市级政府机关，组织学习《政府机关使用正版软件管理办法》等相关文件。

（3）版权宣传进企业活动。山西省多市在电脑城、书店或影剧院悬挂宣传条幅、张贴宣传海报、解答版权问题；大同市利用短信平台开展针对性宣传，发送3000条以保护版权为主题的宣传短信给全市出版、发行、印刷、网吧等重点区域。

（4）版权宣传进校园活动。山西省版权局在山西大学开展版权宣传活动，发放版权宣传海报1300余张、版权宣传品1800余件，解答各类版权法律问题80余个；太原市印制18万册《小学生漫画版权读本》发放给全市十县（区）各小学学生。全省开展知识产权街头集中宣传活动。还进行了侵权盗版和非法出版物集中销毁行动。

三、注重重点版权扶持保护，全力推进软件正版化工作

（1）加强政府机关使用正版软件工作的长效机制建设。下发了《山西省2016年推进使用正版软件工作实施方案》并严格组织实施，巩固政府机关使用正版软件工作成果。一是落实工作责任。下发了《关于报送省级机关单位软件正版化工作责任人的通知》，完善更新省级政府机关软件正版化责任人数据库。二是加强考核管理。由山西省政府办公厅下发了《山西省政府机关使用正版软件工作考核办法（试行）》，对各机关团体的多方面进行考核，对于工作出现问题的单位和责任人严肃追究责任。三是试点国产软件。2016年10月，山西省版权局在平顺县全面启动了国产软件的应用试点工作。四是组织业务培训。2016年11月17日，组织召开全省政府机关使用正版软件工作培训会议，重点对全省108个省级政府机关和11个市版权局的分管领导和工作人员进行培训。五是开展审计工作。由山西省审计厅督促各级审计部门围绕政府机关软件资金预算编制、软件采购实施和软件资产管理情况进行审查。

(2)逐步推进省属国有企业和全省银行系统、民营企业使用正版软件工作。

一是有序开展省属国有企业和全省银行业软件正版化工作,要求各企业加强对软件正版化工作的重视,确保按时完成企业软件正版化工作任务。二是继续推进新闻出版行业二级企业软件正版化工作。山西省版权局组织通过软件资产管理和制度建设深入推进企业软件正版化工作。

四、完善版权公共服务,以服务促管理、促规范

在版权公共服务体系建设中,山西省版权局特别注意加强作品版权登记工作。全年完成作品版权登记350余件,完成版权贸易合同备案46件。总计答复著作权方面的社会咨询近180人次,调解多起著作权纠纷,版权工作的社会影响逐步显现。推动成立了山西省版权保护中心,努力将其建成版权服务、版权保护、版权交易、对外展示、宣传教育等版权服务的主要渠道。

(山西省版权局 郝子谋)

司法工作

2016年山西法院知识产权审判工作坚持司法为民、公正司法,积极依法履职,坚持以改革创新精神推动知识产权司法事业发展,充分发挥司法保护知识产权的主导作用,坚持裁判尺度统一,优化审判资源配置,为创新驱动发展及“大众创业、万众创新”战略的实施提供了坚强有力的司法保障。

一、坚持审判第一要务,公正高效完成审判任务

2014~2016年山西省各级法院共受理知识产权民事案件1156件。在新收案件中,按照案件审理程序划分,共受理一审民事案件993件,二审民事案件160件,再审3件;按照案件所涉客体类型划分,共有专利案件172件,植物新品种案件17件,商标案件556件,著作权案件385件,商业秘密案件12件,其他不正当竞争、技术服务合同案件14件。三年共审结各类知识产权案件1059件,其中审结一审案件902件,结案率为90.83%。审结二审案件157件,结案率为99.36%。

山西省高院2016年共受理知识产权民事案件92件,其中二审民事案件89件,申请再审案件3件。涉及专利案件13件,植物新品种案件3件,商标案件41件,著作权案件29件,技术合同案件3件,商业秘密案件9件,其他知识产权纠纷案件3件;审结二审案件142件,结案率为98.88%,调撤33件,调解4件,调撤率为41.57%。

2014~2016年山西省各市中院受理知识产权案件情况为:太原市中院受理著作权纠纷案件154件,商标权纠纷案件304件,专利权纠纷案件118件,植物新品种纠纷案件12件,其他知识产权纠纷案件14件;大同市中院受理著作权纠纷案件13件,商标权纠纷案件22件;阳泉市中院受理著作权纠纷案件5件,商标权纠纷案件14件,其他知识产权纠纷案件13件;长治市中院受理著作权纠纷案件1件,商标权纠纷案件2件,专利权纠纷案件1件,技术服务合同案件2件;晋城市中院受理著作权纠纷案件19件,商标权纠纷案件4件,其他知识产权纠纷案件4件;朔州市中院受理著作权纠纷案件30件,商标权纠纷案件18件;忻州市中院受理著作权纠纷案件8件,商标权纠纷案件8件,技术服务合同案件3件,其他知识产权纠纷案件1件;吕梁市中院受理著作权纠纷案件8件,商标权纠纷案件21件,技术服务合同案件2件,其他知识产权纠纷案件1件;晋中市中院受理著作权纠纷案件15件,商标权纠纷案件29件,技术服务合同案件2件,其他

知识产权纠纷案件2件；临汾市中院受理著作权纠纷案件23件，商标权纠纷案件42件，技术服务合同案件3件；运城市中院受理著作权纠纷案件31件，商标权纠纷案件38件，技术服务合同案件6件，其他知识产权纠纷案件1件。

从山西省各市中院受理知识产权案件数量可以看出，知识产权纠纷数量与区域经济发展程度高低成正比，受理案件数量不均衡。其中，太原地区、晋城地区、晋中地区、运城地区同期受理著作权纠纷、商标权纠纷明显高于其他地区受理案件数量。著作权纠纷中多为中国音像著作权集体管理协会等诉本地KTV歌厅等娱乐部门侵犯音乐作品著作权的关联案件。

二、充分发挥审判职能作用，不断提升知识产权司法保护的质量和水平

山西省高院坚持“加强保护、宽严适度”的基本政策，不断加强审判规范化建设，有效统一了知识产权案件的裁判标准。如针对音像作品著作权商业维权案件中的新情况、新问题，山西省高院积极开展调研，重新明确了该类案件的裁判标准，为全省法院统一裁判尺度、提高审判质效提供了有效指导。通过努力，中国音像著作权集体管理协会与快乐迪KTV歌厅已达成和解协议。特别是在太原地区该类著作权侵权纠纷呈现出逐年递减的良好态势。

三、加强山西省知识产权司法保护的主要举措

(1)树立正确的知识产权司法理念。随着山西省转型综改示范区工作进入实质性推进阶段，山西省法院知识产权审判人员不断加深对新形势下知识产权司法保护的重要意义和主导作用的认识，充分发挥知识产权司法保护激发创新动力、创造潜力和创业活力的特殊作用，有效推进山西省综改的深入开展和经济快速健康发展。

(2)加强业务指导，不断提升知识产权审判人员的司法能力。山西省高院知识产权审判庭不定期地组织召开全省知识产权审判工作会，并且与法官协会积极配合，开展全省知识产权审判人员的集中专业培训。

(3)探索适合山西省知识产权审判“三合一”的审判方式，逐步推进“三合一”工作。结合山西省实际及在太原市中院开展知识产权审判“三合一”试点的经验总结，出台《关于在全省法院开展知识产权审判“三合一”工作的实施意见》，2017年拟在山西全省法院全面开展“三合一”工作。

(4)加强知识产权审判司法调研和法治宣传工作。通过对知识产权审判工作的法治宣传，特别是开展内容丰富的“4·26世界知识产权日”主题宣传活动，以及利用裁判文书上网、庭审直播等司法公开平台，推动形成保护知识产权的良好社会氛围。

(5)注重以调解手段化解纠纷。山西省各级法院加大调解工作力度，取得良好的法律效果和社会效果。例如，美国磊若软件公司诉侵权人侵害计算机软件著作权纠纷系列案中，山西省高院作了大量调解工作，使侵权人主动停止侵权行为并积极承担赔偿责任。而在中国音像著作权集体管理协会与快乐迪KTV歌厅经营者侵害著作权纠纷系列案中，山西省高院通过悉心调解，大大增加了该系列案的调撤率。2016年侵害著作权纠纷撤诉案件15件，调解4件。

（山西省高级人民法院知识产权审判庭）

检察工作

2016年，山西省检察机关按照党中央、最高人民检察院的工作部署，深入推进行政执法与刑事司法衔接长效机制建设，有力地促进了行政执法机关和公安机关的规范执法，着力维护人民群众的合法权益，取得了良好的成效。

一、立足检察职能，严厉打击侵权假冒犯罪

2016年山西省各级检察机关共批准逮捕生产、销售伪劣商品罪62件82人，起诉225件318人；批准逮捕侵犯知识产权罪23件28人，起诉41件62人。

二、注重协调配合，强化打击合力

与山西省委政法委、省双打办、公安厅、省食药监督局等单位沟通协调，完善衔接机制，增强打击合力。建立联合检查制度，定期对“专项监督”活动开展的情况进行联合检查。重大立案监督线索，联合相关部门进行挂牌督办，现场督导。明确任务分工，切实履行职责。公安机关对移送的涉嫌犯罪案件，及时作出是否立案的决定；行政执法机关发现涉嫌犯罪的案件线索，及时收集有关证据，并及时移送。需要进行鉴定和监测的，及时出具权威报告。确保查办力度、增强活动实效。检察机关、公安机关、行政执法机关在专项监督活动中坚持不护短，切实做到发现一起、移送一起、立查一起，并限期落实，涉嫌职务犯罪的移送检察机关侦查部门立案查处。

三、高度重视专项立案监督活动，狠抓贯彻落实

山西省检察院党组高度重视危害食品药品安全专项立案监督活动，将其作为重点工作来部署和开展，山西省检察院检察长、分管检察长多次就专项立案监督活动作出批示，定期听取工作情况的汇报，采取有力措施切实帮助解决问题，推动专项立案监督工作深入开展。

四、强化线索管理，确保线索成案率

大力加强案件线索管理工作，认真梳理和排查监督线索；组织侦监部门、自侦部门的精干力量对获取的案件线索进行审查和评估，努力提升案件线索的价值，提高案件线索成案率。建立集中统一备案审查制度、案件线索统一评估制度、案件线索处理进展情况备案制度，加强线索管理，避免因各种干扰因素而造成线索流失，提高立案监督案件的质量。

五、注重完善“两法”衔接机制

打击违法犯罪行为的同时，注重行政执法与刑事司法衔接长效机制建设，促进了行政执法机关和公安机关的规范执法。结合山西省实际，建立联席会议，将环保、国土、水利、安监、煤监和交通运输等行政执法机关，纳入全省打击侵权假冒信息共享平台。初步实现案件网上移送、受理、立案、监督的无障碍对接。

（最高人民检察院侦查监督厅供稿）

内蒙古自治区

专利工作

2016年，内蒙古自治区专利工作取得较大进展。专利年申请量首次突破1万件；自治区人民政府正式印发了《内蒙古自治区关于加快知识产权强区建设的实施意见》；调整和充实了《自治区人民政府知识产权战略实施工作厅际联席会议》制度；3家专业市场被认定为首批国家级知识产权保护规范化市场；锡林郭勒蒙古族中学成为自治区首个国家级知识产权教育试点中小学；2个集体和1名个人获评全国专利系统先进集体和先进工作者；内蒙古自治区知识产权局被评为2015年度全国专利事业发展战略推进工作先进单位，这是内蒙古自治区知识产权局首次步入全国先进行列；呼和浩特专利代办处实现了蒙汉双语专利代办服务，荣获“全国知识产权系统人才工作先进集体”；开发并运行了全国首个蒙汉双语APP“内蒙古知识产权执法平台”等。

一、开展顶层设计，指导全区知识产权工作

（1）制定发布《内蒙古自治区人民政府关于加快知识产权强区建设的实施意见》。

2015年12月，国务院发布《关于加快知识产权强国建设的若干意见》（以下简称《意见》）。自治区按照《意见》要求，首先对自治区知识产权协调指导办公会议工作机制进行了调整，修订了《自治区人民政府知识产权战略实施工作厅际联席会议制度》，调整充实了成员单位和组成人员。

“自治区人民政府知识产权战略实施工作厅际联席会议”成立后，组织相关部门贯彻落实《意见》相关任务。经努力，内蒙古自治区人民政府于2016年10月8日正式印发《内蒙古自治区关于加快知识产权强区建设的实施意见》。

（2）组织编制《内蒙古自治区知识产权事业“十三五”发展规划》。

2015年，内蒙古自治区知识产权局着手开展“十三五”规划编制工作。2016年，在初稿的基础上，形成《内蒙古自治区知识产权事业“十三五”发展规划征求意见稿》并广泛征求意见。2017年4月该规划由自治区人民政府正式印发。

（3）制订《内蒙古自治区2016年知识产权战略推进计划》。

按照国家知识产权局有关要求，编制《内蒙古自治区2016年知识产权战略推进计划》，提出11个方面工作措施，制定了相应的工作目标、具体措施、进度安排，指导2016年全区专利工作开展。

二、加强专利法制法规建设，营造良好的法制环境

（1）修订《内蒙古自治区发明专利费用资助办法》。

对2003年颁布实施的《内蒙古自治区发明专利费用资助办法》进行修订，修改了资助方式，加大了资助额度，同时增加了对PCT专利申请的资助，该办法拟于2017年发布实施。

（2）制定《内蒙古自治区知识产权局专利行政执法“双随机、一公开”实施细则（试行）》。

制定《内蒙古自治区知识产权局专利行政执法“双随机、一公开”实施细则（试行）》，进一步加强事中事后监管，促进“双随机、一公开”监督工作的顺利实施。

（3）开展《内蒙古自治区专利促进和保护条例（草案）》的立法工作。

积极与自治区法制办进行沟通，对《内蒙古自治区专利促进和保护条例（草案）》的框架体系和内容作了进一步的修改与完善。该条例已经列入2017年自治区人大立法调研计划。

三、开展专利行政执法工作

（1）知识产权执法维权“护航”专项行动。

印发《自治区2016年知识产权执法维权“护航”专项行动实施方案》，明确了工作目标、工作内容和实施步骤，对全区开展“护航”专项行动进行了统一部署。

（2）执法巡查。

以旗县区为主面，向全区各盟市开展执法巡查，重点巡查有关超市、药店、专业市场等大型场所。赴盟市开展三级联合执法，指导盟市开展专利纠纷的调处、假冒专利行为的查处以及执法档案的建立工作，提高专利行政执法工作的规范性。

（3）展会“护航”。

入驻“中国（满洲里）北方国际科技博览会”“中国北方农业科技成果博览会”和“中国新丝绸之路·锡林郭勒草原畜牧业创新品牌展示交易会”，设立知识产权执法维权咨询服务台，为展会提供知识产权举报投诉与维权援助服务。

(4)专业市场知识产权保护工作。

2016 年在全区范围内推进“知识产权保护规范化市场培育”工作。新增 1 家“国家级知识产权保护规范化培育市场”,目前共有 6 家培育市场,3 家被认定为“国家级知识产权保护规范化市场”。

(5)开发了全国首个双语 App“内蒙古知识产权执法平台”。

开发完成了“内蒙古双语专利行政执法信息平台”,实现与全球专利数据库进行实时链接和更新,包含了实时专利法律状态查询、专利说明书全文、摘要、历史法律状态查询等内容。

(6)开展“双打”考核。

按照自治区“双打”办的要求,自治区知识产权局与自治区环保厅、自治区新闻出版广电局、自治区文化厅组成考核小组对呼伦贝尔市、通辽市、兴安盟和满洲里市的“双打”工作进行绩效考核。

(7)执法成效。

2016 年,全区共处理专利侵权纠纷 11 件,查处假冒专利行为 340 件。

四、开展试点示范培育,引导带动各领域创新

(1)培育国家知识产权示范试点企业。

组织开展 2016 年度国家知识产权示范、优势企业申报、复核以及年度考核工作。2016 年新增国家知识产权示范企业 1 家、优势企业 13 家,累计分别达到 5 家和 29 家。

(2)开展试点城市、园区、强县培育工作。

指导呼和浩特市、包头市申报国家知识产权示范城市。组织“包头稀土高新区”完成国家知识产权局知识产权示范园区 2016 年度考核工作。开展知识产权强县建设工程,2016 年,新增 1 家知识产权强县,累计达到 5 家。

(3)开展全区中小学知识产权教育试点示范工作。

按照《国家知识产权局 教育部关于开展全国中小学知识产权教育试点示范工作的通知》要求,在全区开展中小学知识产权教育试点工作。2016 年 10 所学校列入内蒙古自治区知识产权教育试点。锡林郭勒蒙古中学被评为国家级知识产权教育试点学校。

五、开展企业知识产权工作,推动企业创新发展

(1)开展知识产权金融工作。

2016 年,全区知识产权质押融资金额达 7000 万元,累计融资规模达 30.74 亿元。设立内蒙古自治区质押融资风险补偿资金,首批投入 600 万元,开展质押融资风险补偿项目试点工作。

(2)在企业中推行企业知识产权管理规范标准。

2016 年,继续加大贯彻“企业知识产权规范”标准工作力度。首批开展贯标的 10 家企业中,5 家通过外审,其余企业已提交外审申请。2016 年新增 6 家企业和 1 家科研院所开展贯标工作。

(3)深入推进企业知识产权托管工作。

继续深入开展企业知识产权托管工程试点工作,托管工程服务覆盖范围由初期的 4 个盟市 6 家试点服务机构拓展到 8 个盟市 14 家服务机构,发展入托企业 500 余家。

六、持续开展人才培育工作,建立知识产权人才梯队

内蒙古工业大学知识产权专业人才培养已招收的两批 134 名学生现已全部毕业;选送 3 名老师赴北京相关大学攻读知识产权方向博士、硕士研究生,为基地进行知识产权教学工作储备人才;知识产权人才短期培训已举办 8 期,培训人数达 530 人次。依托内蒙古自治区企业知识产权托管工程,组织有关专家先后 35 次走进工业园区、企业、大学、科研院所,有计划、分层

次、分类型进行12次专题辅导培训，培训人员达1200余人。

（内蒙古自治区知识产权局）

商标工作

2016年，内蒙古自治区商标监管部门认真贯彻落实全国、全区工商和市场监管工作会议精神，立足商标监管职能，突出服务发展主题，深入实施商标品牌战略，积极推进商标注册便利化，进一步加大商标专用权保护力度，为促进自治区经济持续健康发展作出新的贡献。

一、深入实施商标品牌战略，促进县域经济创新发展

（1）加强商标品牌战略调研，助推地方经济发展。一是代政府起草并上报了《内蒙古自治区人民政府关于进一步实施商标品牌战略的意见》（代拟稿），就自治区“十三五”时期商标品牌战略的指导思想、目标任务和具体措施提出了意见。二是印发了《内蒙古工商局“十三五”期间实施商标品牌战略发展规划》，提出了全系统“十三五”期间实施商标品牌战略的具体工作任务。三是印发了《内蒙古工商局地理标志证明商标行政指导规范》，就地理标志证明商标的宣传推广、许可使用、管理和保护等提出了具体要求。四是主动参与政府相关问题研究，起草了《内蒙古工商局关于加快建设绿色品牌大区的建议》。

（2）加大商标品牌创建力度，打造更多知名品牌。各级工商和市场监管部门深入辖区企业开展商标行政指导，重点加强对地方支柱特色、农畜产品产业和龙头企业的帮扶指导，积极开展知名、著名商标的认定和驰名商标推荐、地理标志商标的申报注册工作。2016年，鄂尔多斯煤、达茂小红皮小麦、巴彦淖尔羊肉、卓资熏鸡、开鲁红干椒等10件商标被注册为地理标志商标。至2016年底，全区有效注册商标已达90 603件，地理标志证明商标61件。

（3）进一步深化商事制度改革，推进商标注册便利化。先后在鄂尔多斯市工商局设立了“注册商标质押权登记申请受理点”，在呼和浩特市工商局、鄂尔多斯市工商局设立了“商标注册申请受理点”。其中，鄂尔多斯市工商局“注册商标质押权登记申请受理点”已于8月12日举行了揭牌启动仪式，至2016年底共办理商标质押贷款12件，贷款金额2400余万元。

（4）强化商标品牌培育宣传，提升服务创新发展能力。一是举办了全区涉农涉牧商标与地理标志商标规范使用推进会暨地理标志商标专题培训班，约90人参加了会议及培训，现场观摩了民丰薯业、丰镇月饼、卓资熏鸡等地理标志商标使用情况。二是召开了内蒙古羊绒产业商标品牌培育发展保护专题调研专家论证会及调研成果转化会，并就国际品牌、国内品牌打造及地理标志证明商标的培育等调研成果转化问题进行了专题研讨。三是组织部分盟市工商局和企业参加了2016年中国国际商标品牌节，推介了内蒙古的名优特产品。

二、切实加强商标监管执法，深入开展打击侵权假冒专项行动

（1）对全系统打击侵权假冒工作进行了全面部署。印发了2016年全区系统打击侵权假冒工作要点、保护注册商标专用权、加强互联网领域侵权假冒行为治理、维护海外形象“清风”行动、打击农村牧区和城乡结合部市场假冒伪劣行为、保护“迪士尼”注册商标专用权等专项行动方案或意见，进一步明确了各项重点工作任务的具体落实措施，确保了系统打击侵权假冒工作的有效开展、扎实推进。

（2）切实加大对各类侵权假冒案件的查处力度。以驰名、涉外商标和地理标志、农畜产品商标为重点，围绕食品、农资、建筑材料、汽车配件等行业，依法查处各类商标侵权假冒行为。重点加强了对“草原王”白酒、

“中国黄金”“周黑鸭”“格日勒阿妈”(服务商标)、“巧脆棒”(雪糕)、“成吉思汗”(牛肉干)等典型案件的分析研究和具体指导。2016年,全区共查处侵权假冒案件657件,案值477.005万元,罚没金额495.829万元。

(3)不断完善打击侵权假冒长效机制。一是及时对全区驰名商标企业的维权联系人进行了统计,全区驰名商标维权联系人信息库初步建立。二是进一步加强执法办案协作机制,印发了《自治区工商局关于转发〈京津冀晋蒙五省(区、市)打击侵权假冒区域协作共同指引〉的通知》,主动与国家工商总局、自治区打击侵权假冒工作办公室联系沟通,加大对各盟市工商局“两法衔接平台案件”录入工作的指导,积极与自治区高院就涉嫌商标侵权假冒案件进行业务交流。三是认真做好行政处罚案件信息公示工作,强化商标侵权假冒行为失信惩戒。2016年全系统通过“内蒙古自治区企业信用信息公示系统”公示商标侵权假冒案件行政处罚案件643件,公示率达97.87%,初步实现“一处违法、处处受限”。

(4)不断强化打击商标侵权工作的宣传。组织开展了“4·26世界知识产权日”宣传周活动。深入广泛开展了宣传活动,共开展宣传咨询服务活动82次,设宣传点106个,提供咨询服务4285人次,网络媒体发布信息1126条,发放宣传资料13万余份,制作宣传展板118块,条幅(LED)宣传736条,组织召开座谈会9次,开办培训讲座7次。加强商标执法保护工作宣传。上报打击侵权假冒工作信息等。

(内蒙古自治区工商行政管理局)

版权工作

2016年,内蒙古版权工作以培养提升良好版权环境、促进版权相关产业繁荣发展为目标,大力推进软件正版化,加强版权行政执法监管,坚持开展版权法律知识宣传教育,提升版权公共服务能力,各项工作取得显著成绩。

一、深入推进使用正版软件工作

(1)深入推进政府机关软件正版化工作。内蒙古自治区版权局拟定了《内蒙古自治区推进政府机关使用正版软件工作考核评价实施细则》,经各盟市及联席会议成员单位征求意见并修改完善后,经自治区版权局党组研究审议,于2016年5月底前报自治区考核办。同时开展软件正版化年度考核督查工作,分四大类13个考核项目对各盟市和区直政府机关单位软件正版化工作进行考核检查。还积极推进内蒙古自治区软件使用管理标准化。向自治区各厅局、各盟市转发了国家版权局制定的《正版软件管理工作指南》,按照该指南要求,推进各级政府机关建立软件使用管理制度,形成信息全面、动态更新的软件管理台账。

(2)全面开展内蒙古自治区国有企业软件正版化工作。内蒙古自治区版权局联合自治区国资委于2016年4月开展了全区国资委监管国有企业软件正版化调研工作,成立了由六部门组成的推进区属企业使用正版软件工作联席会议。

2016年6月,自治区版权局与自治区国资委联合制订了《推进自治区直属企业使用正版软件工作实施方案》及《软件正版化工作进度安排表》,按照“一企一策”的方式,分户下达各企业软件正版化年度推进目标,细化工作任务,全面推进自治区国有企业软件正版化工作。

(3)建立全区各级政府机关软件正版化责任人数据库,推动各级机关单位部门责任人切实抓好本机关单位使用正版软件。

二、加大版权执法工作力度

(1)有效开展打击侵犯知识产权和制售假冒伪劣商品专项行动。严格落实案件信息公开和版权执法信息月报制度;协调自治区版权局科研所在自治区版权局官方网站开辟“双打”工作专栏,将“双打”工作情况上报国家版权局和自治区“双打”办的同时向社会公示。

(2)积极开展“剑网 2016”打击网络侵权盗版专项工作。2016 年 7 月，召开全区“剑网 2016”专项行动电视电话会议，制作打击网络侵权盗版专项行动公益公告，运用多部门网络专项治理协作机制，针对重点领域实施立体布控，全面清查，打击网络侵权盗版行为。

截至 2016 年 10 月底，全区共办理版权案件 31 起，比 2015 年全年增加近 20%，其中移交公安机关案件 2 起(含本年度拟移交案件)。

三、组织版权宣传培训教育

2016 年，内蒙古自治区版权局始终将宣传教育工作贯穿于版权执法监管和管理服务之中，建立起版权宣传、教育和培训的常态机制。

(1)版权宣传工作落到实处。自治区、盟市、旗县三级版权部门上下联动，统一步骤，围绕“4·26 世界知识产权日”，开展了丰富多样的版权宣传活动。召开了面向自治区主要媒体参加的宣传工作协调会议；开展了侵权盗版及非法出版物集中销毁活动；制作了 LED 视频，在自治区版权局楼宇 LED 屏、楼宇电梯口以及公交车上进行视频播放。印制“4·26 世界知识产权日”宣传海报和易拉宝；在内蒙古自治区的报纸媒体进行了多层面、多角度的宣传报道。

(2)版权培训工作进一步加强。2016 年，自治区版权局共组织举办各类版权培训班 5 次，共 300 余人次参加了培训。

四、提升版权公共服务能力

(1)版权作品登记情况。内蒙古自治区按照《作品自愿登记试行办法》组织开展了全区作品自愿登记工作，截至 2016 年底，共登记版权作品 2138 件，其中，2016 年已登记 134 件。

(2)网络版权公共服务平台项目建设情况。2016 年，内蒙古自治区版权公共服务平台项目建设工作已基本完成，该平台处于试运行阶段，待该服务平台项目完成后，将实现与国家版权局、盟市版权管理部门网上互联互通，规范工作程序；实现侵权盗版网上监控、取证、执法等功能，加大版权保护工作水平和工作力度；作品登记、合同备案网上办理，实现作品登记信息实时发布、在线传输、实时统计；将为海量版权作品提供展示平台，为获取有价值版权作品的使用者提供便捷授权通道，促进内蒙古自治区版权贸易和版权产业的繁荣发展。

(内蒙古自治区版权局　郝　炜)

司法工作

2016 年，内蒙古自治区各级法院以党的十八大及十八届三中、四中、五中、六中全会精神和习近平总书记系列重要讲话精神为指导，强化审判管理，努力提高司法能力和水平，坚持能动司法、阳光司法，以改革创新和求真务实的工作作风，持续提升知识产权审判业绩，为建设创新型内蒙古，服务保障“一带一路”建设提供有力的知识产权司法保障。

一、抓审判，重质效

2016 年内蒙古自治区受理知识产权纠纷案件 503 件，其中知识产权民事案件 477 件，案件类型涉及商标专用权纠纷、著作权纠纷，专利权纠纷等；知识产权刑事案件 26 件，案件类型涉及销售假冒注册商标的商品罪，非法制造、销售非法制造的注册商标标识罪，侵犯著作权犯罪。知识产权民事、刑事案件共审结 497 件，未结 6 件，审限内结案率为 100%。

(一)突出特点

(1)案件数量略有上升，且案件类型呈多样化。知识产权案件类型日益增多。案件所涉及的技术领域也越来越广，不仅包括与普通大众息息相关的技术，还涉及生物、制药等相对“高精尖”的技术领域。

（2）权利人系列维权的现象较普遍。内蒙古自治区各盟市中院虽然受理案件数量不均衡，但受理系列案件的情况较普遍。其中涉卡拉OK经营者的侵犯著作权纠纷系列案件数量比较突出。

（3）复杂疑难案件和新类型案件不断增多。既有（株）S. M. ENTERTAINMENT 诉鹿晗及内蒙古伊利公司侵权责任纠纷案、CJ 第一制糖株式会社诉内蒙古伊品公司侵害发明专利权纠纷案、北京四环制药公司诉齐鲁制药公司侵害发明专利权纠纷案等多起重大疑难案件，又有广州富可士公司诉内蒙古财经大学、内蒙古众志伟业公司、沧州冠杰公司侵害外观设计专利权纠纷案等复杂案件。

（4）知识产权刑事案件的专业性问题判断难度增加。对审判人员的综合能力提出了更高要求。

（二）主要举措及亮点

（1）坚持典型案例评选活动，继续发挥典型案例指导作用。编辑下发《知识产权典型案例汇编》。

（2）与文化市场管理部门协调，尝试从源头解决涉卡拉OK经营者著作权纠纷系列案件。呼和浩特市文化局根据呼和浩特市中院的司法建议，组织全市卡拉OK经营者协会代表与中国音像著作权集体管理组织充分协商，共同探索卡拉OK经营者支付MTV作品版权使用费的合理标准。现已初步形成呼和浩特地区的三级收费标准。

（3）向先进地区学习调研。内蒙古自治区高院带领呼和浩特市中院到北京市高院学习调研，着力提升知识产权专业审判水平和能力。

（4）增强法院与律师的良性互动，促进知识产权审判工作。呼和浩特市中院与律师进行良性互动，进一步发挥律师在案件调解、释法工作中的良好作用。

二、抓调研，重指导

呼和浩特市中院承担内蒙古自治区重点调研课题《知识产权审判专业化》，形成《关于审理侵害著作财产权纠纷案件适用法定赔偿的裁判指引》，并下发各中院学习借鉴。召开内蒙古自治区法院知识产权审判工作座谈会。

三、服务大局，能动司法

（一）增强知识产权司法保护的主动性

为建设创新型内蒙古，切实为内蒙古自治区创新发展战略提供有力的知识产权司法保障，内蒙古自治区高院制定《内蒙古自治区高级人民法院关于充分发挥知识产权审判职能作用　为自治区创新驱动发展战略提供有力司法保障的意见》。

进一步落实内蒙古自治区高院《关于强化企业知识产权司法保护工作的若干意见》。内蒙古自治区两级法院前往蒙草抗旱公司等企业与相关企业进行座谈。

（二）参与社会管理，高度重视司法建议工作

针对内蒙古自治区各级法院涉及卡拉OK经营者著作权纠纷案件居高不下的情形，鉴于呼和浩特市中院探索的源头解决尝试，向包头市文化局发出《司法建议》。

（三）指导内蒙古自治区各级法院开展知识产权宣传周系列活动

利用“4·26世界知识产权日”，部署内蒙古自治区各级法院在辖区范围内组织开展知识产权宣传周活动。（1）集中公开审理、宣判案件，并对媒体开放。（2）开展送法进企业活动。分别走访所辖区域内知识产权试点企业和科技名牌企业，与企业法务人员座谈。（3）开展知识产权司法保护入校园活动。开展现场普法宣传和知识产权讲座。（4）在公共场所开展知识产权宣传、咨询活动。布置宣传展板、发放宣传单、提供咨询活动。(5)配合其他司法、行政执法机关开展联合执法活动。(6)利用传统媒体和新媒体,拓展宣传的深度和广度。集中宣传报道知识产权宣传周活动。其中,呼和浩特市中院专门召开新闻发布会,通报知识产权司法保护状况。利用微信平台,通过扫描二维码的方式发放《知识产权电子宣传单》。

四、推进司法公开,回应群众需求

坚持以公开促公正,运用新闻媒体、微博等现代信息技术和方式,丰富司法公开的形式和内容,主动接受监督。尝试通过新闻媒体促进审判公开,回应人民群众对司法公开的新期待。主动邀请人大代表、政协委员、新闻媒体、社会公众和企业代表旁听案件的庭审,增加司法公开透明度。

(内蒙古自治区高级人民法院
知识产权审判庭)

检察工作

2016年,内蒙古自治区检察机关通过依法履行侦查监督、审查起诉等职能,依托"两法"衔接工作机制,采取多项措施,加强与各地打击侵权假冒办、公安机关、人民法院和相关行政执法机关的沟通联系,扎实开展打击侵犯知识产权和制售假冒伪劣商品工作,有效地打击震慑了制售和使用假冒伪劣商品违法活动,维护了人民群众的合法权益,打击侵权假冒工作取得了一定成效。

一、依法履行批捕起诉职能,严厉打击侵权假冒犯罪

始终保持严厉打击的态势,以"零容忍"的态度严肃查办此类犯罪。严把事实关、证据关、法律适用关,稳、准、狠打击涉嫌侵权假冒犯罪。根据法律规定严格适用逮捕措施。对符合逮捕、起诉条件的犯罪嫌疑人坚决予以逮捕、提起公诉;对提请逮捕存在证据不足的,及时提出取证意见以确保起诉、审判的顺利进行。2016年内蒙古自治区共批准逮捕侵犯知识产权类案件7件13人,起诉19件43人;批准逮捕生产、销售假冒伪劣商品类犯罪48件66人,起诉72件110人。

二、依法履行监督职能,加大对侵权假冒特别是侵害民生、民利犯罪案件的打击力度

以开展两个专项立案监督活动为契机,结合地区实际,按照实施方案,分阶段扎实推进。2016年内蒙古自治区检察机关共监督行政执法机关移送涉嫌危害食品药品安全类案件6件6人,共监督公安机关立案侦查危害食品药品安全类案件8件13人。切实做好非法经营疫苗系列案件办理工作,内蒙古自治区三级检察机关迅速行动,共批准逮捕8人,移送职务犯罪案件线索3件12人,有力打击了犯罪。

三、健全"两法"衔接工作机制

推进"两法"衔接信息平台建设。除鄂尔多斯市已经建成全市范围内的"两法"衔接信息共享平台之外,通辽市检察院、赤峰市检察院等其他地市也在积极行动,推动"两法"衔接信息平台尽快建成。加强信息通报制度建设。各地检察机关注重加强与行政执法机关、公安机关之间的信息统计、通报制度,强化工作效果。健全组织机构设置,设立联合执法监督办公室,组成检察院、公安局、食品药品监督管理局三方相关业务部门在内的联合办案机构,确保从行政监管到刑事追责等环节无缝衔接。

四、积极开展法制宣传教育

内蒙古自治区各级检察机关采取各种形式开展普法宣传,引导群众尊重知识产权和抵制假冒伪劣商品,培养敢于同侵权假冒犯罪作斗争的意识。呼伦贝尔市检察院结合工作实际,以开展"检察开放日"活动为契机，在人口密集的商场、街道、社区设立宣传点，悬挂横幅、标语，发放宣传图册，提供法律咨询服务，将远离非法出版物，拒绝文化垃圾宣传图册作为法治常识宣传重点之一。赤峰市检察机关充分利用检务信息公开平台和借助“内蒙检察”“赤峰检察”微博、微信公众号等新兴媒体，扩大对侵权假冒犯罪打击的宣传，营造强大的舆论声势。呼和浩特市检察院推出联合宣传工作制度，设立专门宣传人员，通过广播、电视、网络等新闻媒体和检察院“两微一站”，宣传“双打”工作方面的法律、法规，增强企业和人民群众的守法意识和自我保护意识。

五、严密防范和化解区域风险

紧盯重点领域，适时介入引导侦查取证，确保侵权假冒类案件高效办结，对情节严重、影响恶劣和直接损害群众切身利益的违法犯罪案件，坚决贯彻依法“从重从快”的方针，快捕快诉，始终保持打击侵权假冒犯罪的高压态势；适时提前介入、积极引导公安机关调查取证工作，加大对重大案件的会商协调力度，深入发掘相关案件线索，深挖犯罪组织者、策划者和生产加工窝点，摧毁产供销产业链条，主动支持配合法院作好侵权和假冒伪劣案件审理工作，保障相关案件刑事诉讼程序顺利进行。认真贯彻执行重大敏感案件快速反应机制。认真执行最高人民检察院侦监厅《关于建立重大敏感案件快速反应机制的意见（试行）》，杜绝迟报、漏报问题的发生。聚焦重点案件，突出监督重点。内蒙古自治区检察院于 2016 年 11 月确定了第一批制假售假挂牌督办案件。办案中，侦监部门与侦查机关密切配合，及时引导取证，加大监督力度，针对存在的问题及时提出检察建议，保障诉讼顺利进行。

（最高人民检察院侦查监督厅供稿）

辽宁省

专利工作

2016 年，辽宁省三种专利申请受理量达到 52 603 件，同比增长 24.8%。其中发明专利申请受理量为 25 561 件，同比增长 32.2%；发明专利授权量为 6731 件，同比增长 2.5%；有效发明专利量为 27 915 件，同比增长 20.1%；每万人口发明专利拥有量为 6.37 件；PCT 国际专利申请受理量为 208 件，同比增长 16.9%。

2016 年，主要做了以下工作。

一、深入实施创新驱动发展和知识产权战略

制定了《辽宁省人民政府关于在新形势下加快知识产权强省建设的实施意见》《辽宁省人民政府关于中德（沈阳）高端装备制造产业园知识产权保护工作的若干意见》和《辽宁省知识产权“十三五”规划》等政策文件，其中《辽宁省知识产权“十三五”规划》首次列入《辽宁省国民经济和社会发展“十三五”规划》重点专项规划，沈阳、大连等市分别出台了加强本地区知识产权工作的政策文件。

二、加大专利行政执法和维权援助工作力度

全省办理专利行政执法案件 871 件，其中调处专利纠纷案件 245 件；查处假冒专利案件 626 件。全省各维权中心维权援助与举报投诉接待量 2595 件。

开展了锦州农博会展会专利行政执法维权行动、“4・26”全省执法维权专项行动和电子商务领域专利执法专项行动。

开展了互联网领域的专利权执法保护

工作，全省有13个市对电商领域发生的专利侵权假冒案件进行了查办，共查办电商领域专利行政执法案件540件。

针对机床行业、工业基础领域、医药领域、汽车零部件领域，开展重点企业知识产权维权援助工作。

三、不断提高知识产权运用能力

2016年具有创新能力的规上工业企业专利清零539户；开展规上工业企业创新能力和知识产权密集型产业调研，形成《辽宁省规模以上工业企业创新能力调研报告》和《辽宁知识产权密集型产业现状及对策研究》调研报告，调研显示2010～2014年，辽宁省专利密集型产业增加值为14 040.8亿元，全国排名第7位，对GDP的贡献率为12.47%，全国排名第11位。

全省共22个项目获第十八届中国专利奖，其中获得金奖1个。对第十七届中国专利奖辽宁获奖项目给予184万元奖励；大连、鞍山和盘锦首次设立专利奖，全省共组织124项专利技术实现了产业化。

继续开展知识产权规范化管理和优势企业培育工作，全省14家企业达到国家级知识产权管理规范。向国家知识产权局推荐4家知识产权示范企业和13家知识产权优势企业，确定68家企业为省级知识产权优势企业。

积极推进知识产权金融服务工作，全年知识产权质押融资43项，共计17.415亿元。

成功举办2016年中国国际专利技术与产品交易会，国内外5500余项专利技术与产品参加了现场展示和交易，开幕式当天现场签约项目12个，签约金额4.47亿元。

四、强化知识产权管理和服务

组织开发了先进陶瓷及特种玻璃产业、生物医学工程产业专题专利数据库和锦州俏牌机械有限公司三个专题的专利数据库，实现与大连、南京专利信息服务中心专利信息公共服务平台63个专题专利数据库资源的共享。

开通辽宁省知识产权局官方微博及微信公众平台“辽宁知识产权”，开通“辽宁知识产权网”，实现“辽宁省知识产权局”与“辽宁知识产权网”“辽宁省知识产权综合服务平台”的互联互通。

与辽宁大学合作，成立了辽宁知识产权学院，著名法学家、博士生导师吴汉东教授任名誉院长，招收知识产权专业本科二学历学生；与国家知识产权局和大连理工大学三方共建大连理工大学知识产权学院，聘请国内著名知识产权专家陶鑫良教授担任院长。

探索开展知识产权各类专门人才职称序列评定工作，起草了《辽宁省知识产权(专利)专业技术资格评审标准(征求意见稿)》，设知识产权管理、专利代理、专利信息3个专业的初、中、高级职称序列。

培育知识产权服务品牌机构，向国家知识产权局推选7家单位参评全国第三批知识产权服务品牌机构。

举办了2016年全国专利代理人资格考试考前培训班，170余人参加培训。组织了2016年全国专利代理人资格考试，420人参加了考试，成绩合格者88人，通过率为16.99%。

五、加强国际合作与交流

举办中美知识产权高级研讨培训。积极参与中德装备制造园建设，选派辽宁省知识产权局一名干部挂职中德装备园知识产权保护局任局长助理，为园区建立了一整套知识产权保护制度和机制，在加强园区知识产权保护工作方面，积累了许多可复制的有益经验和做法。

(辽宁省知识产权局)

商标工作

2016年是“十三五”规划的开局之年，也是全面深化改革的重要之年。辽宁省工商系统商标监管工作紧紧围绕重点工作，以继续深入实施商标品牌战略为主线，大力支持品牌建设，有效引导商标注册和运用，加强商标管理和保护，各项工作稳步推进。

一、积极承接商标便利化改革任务

（1）开展了全省商标数据信息共享应用。成立联合工作小组开展商标数据信息共享平台建设工作，提出具体功能需求，完成了商标数据信息共享平台建设，共采集商标数据77万条，基本实现了全省各级商标数据分类汇总、统计等应用功能。

（2）商标权质权登记工作取得突破。确定沈阳市工商局为辽宁省第一批商标权质权登记申请受理点，标志着全省商标权质押融资改革工作进入了一个新的历史时期。目前，沈阳受理点已实际开展工作，共为7家企业的47件注册商标办理了质权登记，授信额度近9000万元，盘活企业无形资产作用初步显现。

（3）积极争取国家工商总局在辽宁设立商标注册申请受理点。根据商标注册便利化改革的需要，对具备运行条件的地方工商部门，经委托开展商标注册申请受理业务。目前，已经上报沈阳市、大连市工商局作为全省第一批试点单位。

二、积极引导加强商标注册与有效运用

（1）继续推行“三书一表”制度。为引导申请人进行商标注册，规范企业商标使用管理，提升企业商标保护意识，开展发放“三书一表”进企业进园区活动，引导企业在开拓市场的同时更加注重商标注册。截至2016年底，辽宁省申请注册商标58 310件，注册34 747件，有效注册总量达到214 518件，总量同比增长19.5%，新增国际注册商标申请21件，总数达到413件，同比增长5.4%。自2010年全省商标战略实施以来，辽宁省商标有效注册量从95 826件上升到214 518件，近六年年平均增长约14.82%。企业对自身品牌保护意识不断增强，商标注册意愿不断提升。

（2）引导外贸企业开展商标国际注册。主动走访企业，宣传商标国际注册知识，支持企业实施“走出去”发展战略。阜新市工商局先后深入6户外贸企业，上门宣传指导商标国际注册工作，帮助阜新福棉纺织有限责任公司、阜新德尔汽车部件股份有限公司等企业的5件商标获得马德里商标国际注册。2016年，全省新增马德里商标国际注册申请21件，总量达413件。

（3）推进地理标志商标富农效益。地理标志商标在推动农业特色产业发展，解决农民增收、农业增效、农村发展等方面发挥了重要作用。全省各级工商和市场监管部门积极指导地理标志商标注册人制定地理标志商标推广应用规划，完善地理标志商标许可使用规范。大连市工商局组织长海市场监管局、渔业协会等赴外省市学习管理经验，推动“长海海参”地理标志商标的规范使用。2016年，全省新增地理标志商标5件，总量达106件。

（4）帮助企业开展商标融资。认真贯彻《辽宁省商标专用权质押贷款暂行办法》和《关于进一步推进我省商标专用权质押贷款工作的意见》，积极引导银行与企业对接，并主动帮助他们办理质权登记，有效推动了商标专用权质押贷款工作的开展。2016年全省各地累计帮助企业办理商标权质权登记共18笔。

三、大力加强商标专用权保护

（1）开展了保护“迪士尼”注册商标专用权专项行动和“中国制造”海外形象维护“清风”行动。各地加强了“迪士尼”形象产品和出口产品的日常监管，严厉打击涉外侵权假冒违法行为，全系统共出动执法人员4869人次，检查经营户5767户，查处涉外商标侵权案件35件，案值37.41万元，罚没款49.05万元。

(2)组织开展商标侵权假冒专项执法行动。围绕重点行业、重点区域强化商标行政执法，加大对侵犯驰名商标、地理标志商标、涉外商标专用权等违法行为的查处力度。辽宁省工商系统共立案查处商标类案件330件，案值298.02万元，罚没款369.01万元，移送案件3件。其中，查处一般违法案件21件，比2015年上升200%，案值23.67万元，罚没款17.74万元；查处商标侵权假冒案件309件，比2015年下降22.9%，案值274.35万元，罚没款351.27万元。

(3)积极协调打击侵权假冒各项工作。制定下发了《2016年辽宁省工商系统打击侵犯知识产权和制售假冒伪劣商品工作要点的通知》，明确以商标专用权保护、网络交易监管、红盾护农、不正当竞争行为问题整治、流通领域商品质量监管、广告日常监管等为全年"双打"工作重点任务，落实了责任分工，提出了具体工作要求，下达了考核指标。全省工商系统按照通知的部署，积极开展2016年度打击侵权假冒工作，取得了实效。

(4)强化商标代理机构监管。完善商标代理组织数据信息库，通过电话了解和实地走访等方式，对商标代理机构进行摸底和调查，建立了商标代理组织数据信息库。出台《商标代理机构监督管理工作规范》，积极引导商标代理机构加强行业自律，促使其依法经营、诚信经营。

（辽宁省工商行政管理局）

版权工作

2016年辽宁版权工作紧紧围绕辽宁省版权局党组确定的"工作落实年"总体要求，真抓实干，勇于探索，突出重点，狠抓落实，主要工作如下。

一、围绕中心，全力推进北方国家版权交易中心项目申报工作

2016年初以来，根据辽宁省版权局党组的部署，全力做好北方国家版权交易中心项目前期论证和调研工作，组织召开项目论证会，指导辽宁出版集团研究制定项目可行性报告。

二、多措并举，全面提升政府和企业正版化工作水平

(1)组织召开辽宁省政府使用正版软件工作领导小组成员单位联络员会议，全面总结了2015年正版化工作情况，审议讨论了2016年推进使用软件正版化工作实施方案，部署年度正版化工作任务。

(2)组织开展了全省政府机关软件正版化工作先进单位和先进个人表彰工作，共评选出正版化工作先进集体50个、先进个人80名。

(3)组织开展辽宁省直机关软件正版化业务培训。共有178家省直机关的257名正版化责任部门负责人和技术人员参加了培训。

(4)扎实推进企业软件正版化工作。举办了全省推进国有企业软件正版化工作部署暨业务培训会议。2016年，分批次、分行业组织开展了三期企业软件正版化业务培训，来自重点行业的100余家企业相关部门负责人参加了培训。

(5)组织开展国有企业和政府机关软件正版化督导检查。2016年6～9月分两个阶段对26家省属国有企业推进软件正版化工作情况进行了实地督导检查。10月下旬，抽调省政府使用正版软件工作领导小组有关成员单位人员，组成4个督查组，对39家省直机关、14个市30个县区级政府机关软件正版化工作进行督导检查。

三、加强版权执法，提升版权监管水平

(1)及时发布央视春晚版权预警。2016年1月，对本地区主要网络服务商发出针对"央视2016春晚"的版权预警提示，加强版权监管力度，在辽宁省范围内未出现盗播、盗版情况。

(2)以满分成绩通过了国家对辽宁省“双打”工作中版权项目的现场考核。

(3)深入推进辽宁全省新闻出版广电和版权领域打击侵权假冒工作和“剑网2016”专项行动。据统计,截至2016年11月底,已成功查办两起重大网络侵权案件,分别给予行政处罚15 000元、没收涉案服务器1台的行政处罚。两起案件在结案后已及时在官方网站予以行政公开。

(4)举办全省基层版权执法业务培训班,各市、县基层版权执法人员80余人参加培训。

四、强化版权宣传,提升政策水平和业务能力

(1)部署知识产权宣传周期间版权集中宣传工作。组织各市版权局通过举办启动仪式、参与读书节活动,授权揭牌、城市中心宣讲、咨询、发放宣传品、展览等形式开展了集中宣传活动。2016年4月开始,各市版权局组织全市版权执法人员开展了版权执法行动,重点对各地出版物发行单位、印刷企业、校园周边复印、打印店进行了检查,打击盗印中小学教辅材料的行为。

(2)组织开展第五届辽宁省全民读书节版权集中宣传活动,如设立版权宣传与咨询服务台,设立大型版权宣传展示板,组织版权专家、志愿者提供版权法律宣传与咨询服务,现场发放宣传材料2000余份。

(3)2016年4月21日,举办“辽宁省集中销毁侵权盗版及非法出版物销毁活动”及版权宣传活动。

(4)组织开展版权保护进园区系列主题讲座。组织网络版权专家赴东北地区最大的互联网企业沈阳盘古网络技术有限公司开展以互联网条件下加强版权保护为主题的版权保护进园区系列讲座、论坛。

(5)在“4·26世界知识产权日”当天,在沈阳故宫举办辽宁省版权局沈阳故宫博物院版权工作站揭牌仪式,推动了版权保护在全省文博系统中的广泛开展和深化普及。

(6)2016年4月,举行京版十五社反盗版联盟与辽宁省版权局战略合作协议签字仪式及版权保护工作座谈会,并达成了战略合作协议。

(7)辽宁省版权局联合省知识产权局、省工商局、辽宁广播电视台组织策划拍摄了版权公益系列宣传片。

(8)组织参加国家版权局举办的系列培训。

五、促进版权贸易,推动版权产业发展

(1)先后在沈阳、大连召开了两片区的图书出版单位版权贸易工作座谈会,通报了近五年来全省图书版权贸易情况;传达了国家有关加强中国出版“走出去”及版权贸易的有关政策措施,并对做好版权贸易工作提出要求。

(2)2016年9月初,组织辽宁省内10余家省版权局版权工作站召开工作座谈会,总结交流了各设站单位版权业务发展情况,就如何进一步提高各单位的版权创造、运用、保护、管理及服务能力等进行了讨论。

(3)组织12家出版单位参加第23届北京国际图书博览会。展会期间,共签订版贸协议及达成版权合作意向百余项。

(4)辽宁全省共报送《丝绸之路与石窟艺术》丛书等5个作品、《小王子》AR技术童书等3个项目参评2016年“中国版权金奖”活动。

(5)积极筹备第六届中国国际版权博览会的参展工作。

六、开展版权示范,推动版权公共服务体系建设

2016年初,制定出台了《辽宁省版权示范城市、示范单位、示范园区(基地)管理办法》规范性文件,印发全省实施,全面启动全省版权示范工作。在国家版权局发布的《关于表彰2015年度全国查处侵权盗版有功单位和有功个人的决定》中,辽宁省共有5个单位、5名个人获奖。2016年度，辽宁省共办理作品自愿登记8244件，审核涉外著作权合同登记262件，办理著作权合同备案登记5件。

（辽宁省版权局　李安庆）

司法工作

2016年，辽宁省法院系统认真贯彻实施国家知识产权保护战略，充分发挥知识产权司法保护的主导作用，坚持“司法主导、严格保护、分类施策、比例协调”的知识产权司法保护基本原则，大力加强知识产权审判工作力度，较好地完成了2016年的知识产权审判工作任务。

一、辽宁省知识产权案件审理情况

2016年度，知识产权一审案件新收1679件，同比增长50.45%，旧存201件，结案1610件，同比增长62.63%；二审案件新收191件，旧存16件，结案171件；再审案件新收1件，旧存1件，结案2件。

二、知识产权案件特点

（一）新类型和疑难复杂案件持续增多，审理难度加大

涉及新商业模式的新类型案件和疑难案件继续出现。滥用市场支配地位的反垄断纠纷，确认不侵害专利权纠纷，网络域名权属纠纷，涉及商业诋毁、商业贿赂、低价倾销、侵害商业秘密的不正当竞争纠纷，网络著作权案件，信息网络传播权、计算机软件著作权、技术合同、网络域名、特许经营、企业名称权、商业秘密及虚假宣传等新类型案件占比较高，增加较快。案件中相关的技术和法律问题日趋复杂，涉及的经济利益愈加重大。

（二）涉名企、名牌案件持续增多，请求赔偿额高

受理了微软公司、普拉达公司、保罗弗兰克、格林豪泰公司、彤德莱公司、中粮集团、老凤祥公司、华强动漫公司、高平老奶奶食品公司、上海美术电影制片厂等国内外知名企业提起的诉讼，涉及中华铅笔、老奶奶花生米、长城干红葡萄酒、康恩贝药品、格林豪泰酒店、彤德莱火锅等名牌商标侵权案件和大嘴猴、熊大、熊二、光头强、喜羊羊卡通形象等著作权侵权案件。还包括涉及本田、惠普的专利侵权诉讼、中国石油公司的商标维权诉讼、飞利浦公司的域名维权诉讼、3M与得力公司的商标侵权诉讼、侵犯植物新品种权纠纷案件以及请求赔偿额高达千万元的侵犯商业秘密纠纷案件。

（三）大连西岗区法院集中维权案件较多

受理高平老奶奶食品公司、老凤祥公司、中国音像著作权集体管理协会、华强动漫公司等10余家企业集中维权案件，占全部知识产权案件的85%左右。

三、知识产权审判工作亮点

（一）遵循先例、同案同判、上下联动，确保裁判结果统一

对于在辽宁全省多地区受理的关联案件，为统一裁判尺度，辽宁省高院尊重先例，通过上下级法院联动与参考其他法院先例的方式，确保裁判结果一致性。加强对典型案件的研究，重点针对知识产权批量案件较多的特点及存在的问题，进行了一些有益尝试。一是强化司法文书送达。强化文书送达准备工作、基层组织联动，送达过程固定。对于在外地的被告实行委托送达。二是采取集中开庭、合并审理的庭审操作模式，确保庭审质效和减轻当事人的诉累。三是规范审判管理，确保批量案件的“同案同判”，统一判决赔偿标准。四是在强调保护的同时兼顾利益平衡，确保案件审理的社会效果。重视兼顾涉及行业发展生存、诉讼弱势群体案件当事人的利益平衡，注意克服诉讼市场化运作带来的负面影响。五是建立适合知识产权批量案件特点的纠纷解决机制。强化诉前疏导、诉讼中调解，积极引导当事人合理选择纠纷解决方式，注意发挥各种行业协会出面协调解决、行政执法机关在作出行政处罚时进行行政调解等作用，形成化解矛盾纠纷的社会合力。

（二）坚持多措并举，努力打造知识产权审判工作的专业化水平

一是充分发挥知识产权技术专家库的作用，开拓知识产权审判思路。定期与辽宁省内大学知识产权司法保护基地知识产权技术专家和学者进行交流研讨。二是坚持调解优先，促进和谐司法。积极协调知识产权局、相关行业协会等各方力量，尽最大可能促使双方当事人从矛盾对抗走向合作发展；做好关联案件调解工作。

（辽宁省高级人民法院知识产权审判庭）

检察工作

2016 年，辽宁省检察机关深入贯彻落实党中央、国务院及最高人民检察院的工作部署，按照辽宁省打击侵犯知识产权和制售假冒伪劣商品工作领导小组的具体要求，提高认识，统一思想，完善工作机制，加大工作力度，突出工作重点，打击侵犯知识产权和制售假冒伪劣商品工作取得了新的明显成效。

一、提高认识，统一思想，切实增强打击侵权假冒工作的责任意识

辽宁省各级检察机关充分认识打击侵犯知识产权和制售假冒伪劣商品工作的重大意义，深入贯彻辽宁省打击侵权假冒工作领导小组下发的《2016 年辽宁省打击侵犯知识产权和制售假冒伪劣商品重点工作实施方案》的要求，和最高人民检察院下发的《关于依法严惩危害食品安全犯罪和相关职务犯罪的通知》的精神，进一步树立大局意识，增强工作的使命感和自觉性，把打击侵犯知识产权和制售假冒伪劣商品工作作为当前检察工作的重要任务，明确责任，切实履行法律监督职能，强化措施，扎实工作。

二、认真履行检察职能，严厉打击侵权假冒犯罪

辽宁省检察机关通过认真履行工作职能的方式，持续推动全省打击侵权假冒工作的深入开展。辽宁省各级检察机关依法严厉打击严重侵犯知识产权和制售假冒伪劣商品犯罪活动，依法及时批捕、起诉严重侵犯知识产权和制售假冒伪劣商品犯罪的案件。积极发挥监督职能，按照最高人民检察院的工作部署，辽宁省各级检察机关持续开展危害食品药品安全犯罪专项立案监督活动，对办理侵犯知识产权犯罪案件中存在的有案不送、有案不立、有罪不究、以罚代刑的情况，及时予以监督纠正。对于有重大影响的案件，及时予以督办。严肃查处侵权假冒犯罪背后的职务犯罪。2016 年辽宁省检察机关共受理提请批准逮捕侵犯知识产权和制售假冒伪劣商品案件 249 件 394 人，起诉侵犯知识产权案件 45 件 83 人，制售假冒伪劣商品案件 349 件 588 人；共监督行政执法机关移送涉嫌危害食品药品安全犯罪案件 29 件 32 人，共监督公安机关立案 42 件 62 人。

三、积极探索推动行政执法与刑事司法机关衔接机制的建设和应用

积极推动行政执法与刑事司法信息共享平台的应用，对“两法”衔接平台的应用工作进行专项部署，定期重点检查平台已录入案件的审查办理工作，从而确保对平台的充分应用。开展信息共享平台应用的培训工作，进一步提高检察机关对共享平台的运用程度，更大限度地发挥信息共享平台的作用。2016 年 5 月辽宁省检察院与省打假办在辽宁省 14 个市开展信息共享平台应用的培训工作，近 3000 人参加了培训。加大已录入案件审核工作的力度，及时、全面审核办理案件。2016 年 10 月辽宁省检察院与省打假办协作配合，共同解决部分案件由于行政执法机关录入案件操作节点未完成而检察机关无法审核的问题，并加大审核案件力度。截至 2016 年底，行政执法机关已录入案件 3366 件，检察机关审核案件 2827 件，审核率达 84.0%，高于考核最高要求 4 个百分点。盘锦等地检察机关通过对案件的审核，已经有效监督了案件的移送，信息平台应用效果初显。

四、建章立制，强化立案监督工作刚性

辽宁省检察院与省公安厅通过会签《关于进一步规范刑事立案和立案监督工作的有关规定（试行）》，明确刑事立案期限、以人立案和以事立案区别对待、超立案范围取证程序性处理办法、重大立案监督案件异地管辖制度、一体化立案监督和信访案件穷尽式指导思想等一系列相互配套、相互衔接的工作机制，推动打击侵权领域立案监督工作的开展，强化监督刚性。

五、积极开展法制宣传教育活动

辽宁省检察机关积极开展法制宣传教育活动，增强广大人民群众对检察机关侦查监督职能的认识，增强广大人民群众对知识产权保护和打击制假售假的重视。2016 年，辽宁省各级检察机关共开展各类与打击侵犯知识产权和制售假冒伪劣商品有关的法制宣传教育 60 余次，设立宣传点 20 余处。

（最高人民检察院侦查监督厅供稿）

吉 林 省

专利工作

2016 年吉林省知识产权工作认真落实全国知识产权局局长会议和吉林省委十届六次、七次全会及全省经济工作会议精神，围绕中心，扎实工作，为建设科技创新强省、实现吉林老工业基地全面振兴提供了知识产权支撑。

一、强化宣传培训，营造知识产权氛围

以“4·26 世界知识产权日”宣传周、“中国专利周”为契机，通过知识竞赛、“三进三讲”、户外宣传、专利执法、网络媒体等多种宣传方式，取得了较好的宣传效果；为行政机关、高校、科研院所、企事业单位、专利服务机构、专利推进与转化项目承担单位等相关人员宣讲《国务院关于新形势下加快知识产权强国建设的若干意见》，开展知识产权质押融资及专利保险知识培训，参训人数 1000 多人次。吉林省远程教育平台共开设班级 12 个，注册学员 1901 人，培训学员 2053 人次。

二、围绕强省建设，推进专利战略实施

代吉林省政府起草了《吉林省人民政府关于新形势下加快知识产权强省建设的若干实施意见》，按照《吉林省深入实施知识产权战略行动计划（2015～2020 年）》要求，制订了《2016 年专利事业发展战略推进工作实施方案》，针对实施情况开展了自查评估工作并形成评估报告。《吉林省专利条例》制定工作取得进展，已拟列入省政府和省人大 2017 年度立法计划。

三、开展试点示范，提供区域发展动力

受国家知识产权局委托，对吉林省内国家知识产权示范培育城市、强县工程试点（示范）县（市、区）工作进行了年度考核。推荐通化市东昌区申报国家知识产权强县工程试点县（市、区），推荐长春市九台区申报国家知识产权强县工程示范县（市、区）。

推荐吉林省第二实验学校为全国中小学知识产权教育试点学校。会同省教育厅联合开展吉林省中小学知识产权教育试点示范工作，确定东北师范大学附属中学等46所中小学校为“吉林省中小学知识产权教育试点学校”。

四、依托专利牵引，推动专利实施运用

完成了2013年所立项目的验收工作及2016年专利转化任务书的签订工作。每季度进行一次项目调度检查，对逾期没有完成进度的企业，查明原因，限期完成。编制了《2017年专利转化项目指南》及《2017年专利转化项目指南说明》，2017年专利转化项目立项28个，扶助资金700万元。在中国发明协会第七次全国会员代表大会暨第十届中国发明家论坛第九届发明创业奖颁奖典礼上，吉林省发明协会被中国发明协会授予第九届“发明创业奖·人物奖”伯乐奖。

五、采取激励措施，激发驱动创新潜能

完成了2013年专利推进项目的验收工作和2014年、2015年项目的中期检查工作及2016年项目任务书签订工作，编制了《2017年度专利推进项目指南》。2017年专利推进项目立项40项，安排经费600万元。在吉林省科技发展计划项目中设立中小学知识产权教育试点项目和知识产权试点示范市（州）、县（市、区）项目，提供经费支持。组织推荐的2项发明专利和1项外观设计专利获第十八届中国专利奖优秀奖。组织开展第二届吉林省专利奖评选表彰工作，授予20个专利项目“吉林省专利金奖”，授予40个专利项目“吉林省专利优秀奖”。

六、完善资助机制，增强申请专利意识

2016年对1107项专利给予申请补贴，补贴金额200万元。2016年吉林省专利申请18 922件，比上年增长27.85%，其中：发明7537件，比上年增长22.5%；实用新型9647件，比上年增长31.34%；外观设计1738件，比上年增长33.59%。获授权专利9995件，比上年增长12.58%，其中：发明2428件，比上年增长8.4%；实用新型6179件，比上年增长9.6%；外观设计1388件，比上年增长38.8%。每万人口发明专利拥有量3.36件，比上年增长20%。

七、加强行政执法，提高专利保护能力

制定并印发了《2016年全省专利行政执法工作要点》《2016年专利行政执法检查工作计划》。组织开展了“3·15春季农资市场假冒侵权专利检查行动”“4·26知识产权执法专项行动”、专业市场专利执法检查行动。组成专利行政执法巡查督导小组赴各市（州）进行督导。整合维权援助中心案件信息资源，建立了举报投诉电子信息数据系统平台。设立了知识产权维权援助白山分中心。吉林省人参电子交易平台有限责任公司被确定为国家级知识产权保护规范化培育市场。联合长春市知识产权局进驻第十五届长春农博会。2016年，全省共调处专利侵权案件54件，结案54件，查处假冒案件25件。

八、加强体系建设，提高专利服务水平

启动《专利信息检索服务规范》制定工作。与北京合享新创信息科技有限公司签订战略合作框架协议，与国家知识产权局专利局审协河南中心签订知识产权服务合作协议。在省光电子产业孵化器等五家科技孵化器开展“服务双创，助力专利质量提升”专题服务。2016年，吉林省知识产权局对全省108家企业的419项专利保险给予补贴，补贴资金49.16万元。专利权质押登记33件、质押金额4180万元，长春市被国家知识产权局确定为专利质押融资试点市。2家专利代理机构获批成立。通过2015年全国专利代理人资格考试人员27人，组织345人报名参加2016年全国专利

代理人资格考试。2016 年，吉林省专利代办机构共受理专利申请 13 119 件，同比增长 23.1%，电子申请率达 100%，办理专利实施许可备案 14 件、专利登记簿副本 350 件、专利电子申请注册 378 户。

（吉林省知识产权局）

商标工作

2016 年，吉林省工商局坚持以服务发展为中心，充分发挥商标行政管理职能作用，指导全省系统强化商标行政指导和商标专用权保护，全面推动实施商标品牌战略，促进和支持全省品牌经济发展。

一、强化商标行政执法，不断规范市场竞争秩序

（1）认真落实国家工商总局转办案件查处工作。组织开展保护“周黑鸭”“同仁堂”注册商标专用权专项执法行动。全省系统根据投诉人提供的案件线索全面进行调查处理。对 7 家商户在牌匾上违法使用“周黑鸭”注册商标的行为责令整改，限期全部拆除牌匾。对 16 家个体工商户的名称侵犯“同仁堂”注册商标权益问题依法进行了纠正和查处。同时要求全省新办理个体工商户名称登记时，对与中国北京同仁堂（集团）有限责任公司没有投资关系的，一律不得将“同仁堂”作为字号使用。

（2）加强商标印制和商标代理行为监管。结合落实“双随机一公开”监管要求，收集整理全省商标印制企业和商标代理机构名单，8 月印发《关于开展商标印制和商标代理监管抽查工作的通知》部署抽查工作。抽查发现的违法行为和经营异常情况全部通过国家企业信用信息公示系统（吉林）向社会公示。

（3）深入推进“双打”工作。制定《2016 年全省工商和市场监管部门打击侵犯知识产权和制售假冒伪劣商品工作要点》，组织开展了保护“迪士尼”商标专用权、“清风”行动、儿童及学生用品专项整治等多项执法行动。全省系统突出以保护高知名度商标为重点，强化日常商标监管执法，查处了侵犯“牛栏山”“大嘴猴”“柳河大米”等一批驰名商标、涉外商标、地理标志商标专用权案件。2016 年全省系统共查处侵权假冒案件 438 件，案值 780.99 万元，罚没款 513.6 万元。其中商标侵权案件 227 件，案值 510.34 万元，罚没款 272.04 万元。案件查处信息全部录入吉林省打击侵权假冒领域“两法”衔接信息平台和国家企业信用信息公示系统（吉林）。

二、加大行政指导力度，提升服务经济发展水平

（1）持续开展常规化商标行政指导。全省系统深入落实“三书五进”商标行政指导工作法和“一所一标”工程，全年共发送“三书”7 万多份，直接指导并协助市场主体申请注册商标 575 件。长春市工商局召开商标授权经营制度推行工作现场会，在全市大型商场推行商标授权经营制度。2016 年，全省商标注册申请量达到 30 794 件、核准注册商标达到 19 948 件，均创同期历史新高。

（2）不断深化商标富农工作。制定印发《关于加快推进农产品商标品牌建设的若干意见》，按照全省农业发展布局规划，指导全省系统针对区域农业主导产业，加强统筹管理，有效推进农产品商标品牌注册、培育、保护工作。组织开展全省农产品地理标志资源普查，将 53 件地理标志收入“农产品地理标志商标培育储备库”，为持续推进地理标志商标注册奠定基础。

（3）围绕政府重点任务实施重点帮扶。落实吉林省政府关于“提高矿泉水、人参等品牌影响力”工作安排，联合国土厅等 4 部门召开矿泉水、人参、大米行业商标品牌建设座谈会，宣讲行业政策，开展品牌营销知识培训。

（4）不断增强商标品牌公共服务能力。

依托国家企业信用信息公示系统(吉林),积极推进商标注册信息归集公示工作。向国家工商总局推荐并确定通化市工商局开设商标质权登记申请受理点,方便企业就近办理登记手续,提高商标权质押贷款工作效率。2016 年全省有 10 家企业通过商标专用权质押实现融资 6.33 亿元。

三、完善商标品牌建设政策法规,大力培育高知名度商标群体

(1)推动政府加强政策引导。起草并由省政府转发《关于进一步推进商标品牌建设工作的意见》,规划"十三五"时期全省商标品牌发展蓝图,明确任务措施和扶持政策,确立部门协同推进的工作机制。

(2)地理标志商标总量稳步增加。全省系统指导相关行业协会运用商标法律制度加强地理标志保护。"东丰梅花鹿""伊通大米"等 6 件地理标志商标被核准注册。全省地理标志商标总数达到 51 件,比 2015 年末增长 13.3%。

四、加强商标宣传推介,持续营造良好知识产权氛围

(1)开展商标知识产权宣传周活动。"4·26 世界知识产权日"宣传周期间,组织全省系统广泛开展以商标宣传"五进"(进企业、进商场集市、进机关、进高校、进社区)活动为重点的商标知识产权宣传周活动。据统计,活动期间全省系统"五进"宣传 608 户次,制作条幅展板 312 条(块),发放宣传资料 9.4 万册,解答群众咨询 4000 余人次,举办座谈会、培训班 8 次,立案查处商标侵权假冒案件 4 件。

(2)大力推介吉林品牌。动员组织省内 8 家知名品牌企业参加 2016 年中国国际商标品牌节展览活动,增进品牌产品外埠宣传。在吉林商标网开辟"商标展示平台"专栏,经过稿件征集和整理,有 29 家企业已在专栏中宣传品牌文化。

(3)运用网络加强商标信息发布。全年利用吉林红盾网、吉林商标网合计发布商标工作信息稿件 90 多篇;长期转载商标法律知识和商标品牌战略相关政策。

(吉林省工商行政管理局)

版权工作

2016 年,吉林省各级版权行政管理部门坚持加强版权保护、推动产业发展的工作主线,进一步强化和规范版权社会监管,提高版权社会化服务水平,积极探索新形势下加强版权保护的工作举措,持续推进版权相关产业的健康发展,为全省经济社会发展提供了更为有力的支撑。

一、加强协调配合,规范执法,版权行政监管工作成效显著

2016 年,吉林省版权局积极开展版权侵权案件查处和执法监管工作,取得良好的工作效果。全省 2016 年度共 15 个单位和 12 个人(专案组)获国家版权局查处侵权盗版有功单位和有功个人的奖励。

(1)统一领导,加强指导,打击侵权盗版形成合力。通过案件预报机制,吉林省版权局定期协调、调度各级版权执法机关的案件查处工作,通过督办、转办等方式及时督促、指导各地的版权执法工作;严格落实全省版权执法案件月报制度,对全省执法案件进行信息公开。各市、县级版权执法机关组织了对印刷复制企业的专项执法检查,特别对校园周边的复印社和小书店开展了阶段性集中治理;开展了"秋风 2016"专项行动,多部门协同工作,打击侵权盗版。吉林省版权局还对部分地区的文化综合执法机构一线执法人员多次开展版权执法专题业务培训,培训总计达 80 人次。2016 年,吉林全省共立案查处涉及版权侵权的行政处罚案件 64 件,移送司法机关 1 件,没收盗版图书、教辅材料 15 000 余册,罚款总计 43.7 万元。

(2)吉林省级版权机关积极履行主体

责任，查办典型、重大侵权案件。吉林省版权局坚持亲自查办案件，提高版权执法工作的社会影响。经认真调查核实，依法对中国移动通信集团白山移动公司"智慧白山"手机 App 未经许可播放视频作品的网络侵权行为做出了行政处罚；对"就爱网"未经许可传播网络文学作品的侵权行为进行了深入调查并进行了相应处理；对国家版权局移交线索进行督办的"梨树文学"网涉嫌侵权行为立案调查。此外，吉林省版权局向相关版权执法机关移交 4 起涉嫌侵权的案件线索，并进行督办。

(3)组织开展"剑网 2016"专项行动，严厉打击互联网领域侵权盗版行为。吉林省版权局将网络文学网站和手机 APP 移动客户端侵权作为专项治理的重点，对该领域的网站进行重点监测，及时发现案件线索，立案查处重点、典型网络侵权案件，立案查处网络侵权案件 3 件，结案 2 件，其中做出行政处罚 1 件，申请予以关闭网站 1 件。长春市版权局协调组织相关区(县)文化综合执法部门对本市十多家"私人影院""小影吧"进行集中执法检查并做出相应的行政处理。吉林市版权局对 7 家网站进行重点监控，加大对网络侵权盗版的打击力度和对合法网站企业的引导，进一步强化对网络商务平台的管理与服务。组织开展了"吉林市电子商务企业知识产权保护"活动，与该市主要的电商平台签署了《电子商务知识产权保护承诺书》。2016 年，吉林全省各级版权执法机关共立案查处涉及互联网领域侵权案件 44 件，行政罚款数额总计 29.5 万元，行政查处案件数量同比 2015 年有较大增长，治理力度和工作效果明显增强。

二、加强督促指导，推进整改，软件正版化工作常态化

(1)加强组织协调，统一部署软件正版化工作。2016 年初，印发《吉林省 2016 年推进使用正版软件工作实施方案》，统一部署本年度的软件正版化工作。各级政府推进使用正版软件工作领导机构结合本地实际情况，制订了本年度软件正版化工作实施方案，并汇总、建立工作责任部门及联系人信息表，全省建立统一的软件正版化工作联系、沟通机制。

(2)采取有效措施，持续推进机关单位软件正版化深入整改。2016 年 7 月，组织召开省级机关单位软件正版化工作培训会议，通过培训会议安排部署工作，全省 85 家省级机关单位软件正版化工作负责人参会。同时，向各单位下发了《省级机关单位软件正版化工作情况统计表》，对相关情况调度汇总并督促整改。积极落实软件正版化工作考核评议制度。

吉林省各市、县软件正版化工作牵头业务部门，通过督促检查和工作指导等方式，建立长效工作机制。长春市版权局采购安装了"正版软件管理系统"，提高了软件正版化工作管理的效能。吉林市版权局针对特定需求，及时制订正版软件采购方案和经费预算方案，使软件正版化整改工作常态化。

(3)结合吉林省实际，平衡推进企业软件正版化。吉林省版权局继续推进省属国有企业软件正版化整改，对 11 家省属国有企业软件正版化整改情况进行了督导、检查。2016 年 6 月，吉林省版权局向各相关国有企业下发了整改通知，要求制订上报整改方案并落实方案。根据整改通知要求，各相关企业开展了自查，制订整改工作方案。2016 年 10 月，吉林省版权局对部分国有企业的相关负责人进行工作约谈并督促下一步的整改工作。此外，吉林省版权局对部分政府采购协议供货单位销售计算机软件预装情况进行了抽查，对未按合同约定预装正版软件的限期整改。

三、突出重点，组织策划，版权宣传工作取得实效

(1)统一安排部署，做好重要节点的宣

传活动。吉林省版权局组织开展了“4·26世界知识产权日”版权宣传周系列活动。如在中心城市开展街头、公共场所系列宣传活动，印发《认识版权》宣传知识手册；在吉林省电台、部分高校开展版权知识专题讲座，宣传普及著作权法；指导吉林省内两个省级版权示范园区开展了相应的宣传和培训活动，扩大产业园区的社会影响。

(2)加强媒体宣传，扩大版权工作社会影响。在重要节点的宣传期间，吉林省版权局协调省内相关媒体进行深度报道，宣传著作权法，展示吉林省近年来版权产业发展所取得的成就。吉林省版权局还协调《中国新闻出版广电报》对吉林省版权保护工作及版权产业发展状况进行了专题报道。

(3)重视日常法律咨询服务，宣传普及著作权法。2016年，吉林省版权局接待解答广大社会公众或著作权人咨询超过100人次，为多个版权相关企业提供版权法律建议。此外，还主持开展了多次版权纠纷的行政调解。

四、创新工作方法，提升效能，版权社会化服务工作进一步改进

加强版权作品自愿登记管理，不断规范完善了工作程序，加强工作指导，发挥各市(州)代办机构的作用，方便本地区著作权人就近登记；继续在相关产业园区及版权企业开展集中登记。吉林省全年作品登记数量达1200件，同比上年大幅提高。同时，作品登记质量不断提高，并呈现几个新的特点：一是登记作品种类呈现多样化。二是登记作品内容质量明显提高，2016年度登记了多部50万字以上的文学作品和各类社科基金项目科研成果，还包括吉林省内独立摄制完成的动画大电影多部。三是法人作品数量明显增加。

进一步规范外版图书引进合同备案工作，加强对外版引进图书项目的行政监管，对引进和输出版权项目进行统计、汇总和分析，提供合理化建议和指导意见，规范和引导吉林省内图书版权贸易秩序。2016年向境外输出版权超过100项。2016年12月，吉林省版权局组织参加第六届中国国际版权博览会。

(吉林省版权局　王培舒)

检察工作

2016年，吉林省严格落实《2016年全国打击侵犯知识产权和制售假冒伪劣商品工作要点》要求，以“务实、规范、创新、科学”发展检察总基调为统领，立足职能，全力开展打击侵犯知识产权和制售假冒伪劣商品工作，为维护市场经济秩序，促进吉林省经济社会健康发展作出了应有贡献。

一、充分发挥检察职能，严厉打击侵权假冒违法犯罪

2016年，吉林省检察机关共受理提请批捕、移送起诉侵权假冒案件分别为90件163人和163件413人，批准逮捕49件90人，提起公诉110件136人。

二、高度重视，积极谋划，将侵权假冒工作列入检察工作重点

作为全国司法改革试点先行先试地区，吉林省检察机关在着手调研、谋划机构重组、职责整合等诸多改革问题中，深刻认识到打击侵权假冒对维护社会稳定、保障经济社会发展大局的重要意义，切实将打击侵权假冒工作作为重点调研内容。在2016年初的全省检察长工作会议上，吉林省检察院党组书记、检察长杨克勤专门要求全省各级检察机关要积极参与整顿和规范市场经济秩序，加强行政执法和刑事司法衔接，从严惩治侵犯知识产权和制售假冒伪劣商品等严重经济犯罪。以推进平安建设为依托，严格落实全国、全省打击侵权假冒要求，积极开展工作。整合吉林省检察院机关机构、人员分工，由刑事检察部牵头负责打击侵权假冒工作，侦查监督指导组指定专人负责具体落实。率先成立行政检察部，具体负责行政违法线索的审查。

三、立足职能，重拳出击，有力遏制侵权假冒违法犯罪

立足审查逮捕、审查起诉职能，通过提前介入、引导取证、对进入批捕、起诉环节的案件依法快捕快诉，始终保持对侵权假冒违法犯罪的高压态势。吉林省各级检察机关依托诉讼监督职能，通过走访行政执法机关和公安机关，查询“两法”衔接信息平台、行政处罚台账、关注新闻媒体报道、受理控告、举报、申诉、加强媒体宣传等多种方式，依法监督行政执法机关移送案件，纠正公安机关有案不立违法情况。职务犯罪侦查部门结合惩治和预防工作，高度重视发生在群众身边、损害群众利益的侵权假冒职务犯罪线索，严肃查处侵权假冒背后的行政执法机关、公安机关徇私舞弊、渎职等职务犯罪，打掉侵犯知识产权和制售假冒伪劣商品犯罪背后的“保护伞”。

四、依托专项，突出重点，有效整治侵权假冒行为

依托全国检察机关部署的“破坏环境资源和危害食品药品安全犯罪专项立案监督活动”，吉林省各级检察机关将打击食品药品领域的侵权假冒案件作为重点，与省食药委、省公安厅、国土资源局等单位共同开展专项活动。各地按照吉林省检察院部署，相继与行政单位就案件移送标准、移送程序、查证取证等问题达成共识，签订规范性文件，强化基础工作联系，畅通监督渠道，实现信息动态共享常态化。稳步推进对公安派出所刑事执法监督试点工作，通过建立联络员、信息通报规范化制度、参与案件情况分析会等，畅通监督渠道，为侵权假冒案件线索的发现、执法规范化建设奠定了坚实基础。2016 年以来，延吉市检察院借助公安警务综合信息平台，共引导公安机关侦查侵权假冒案件 20 余件，提出补充侦查建议 40 余份。

五、沟通协作，多措并举，有序推进“两法”衔接和案件信息公开工作

吉林省检察院牵头与 7 家行政执法单位会签文件，下发执行《吉林省检察机关打击侵权假冒信息共享平台查询终端管理办法》，推动打击侵权假冒领域“两法”衔接和案件信息公开工作。大力推进“两法”衔接信息共享平台建设，依托信息平台，督促行政执法机关依法及时移送案件，并不断完善监督机制，努力形成对侵权假冒违法犯罪的打击合力。

（最高人民检察院侦查监督厅供稿）

黑龙江省

专利工作

一、知识产权强省建设

黑龙江省知识产权局牵头省知识产权战略制定和实施工作领导小组 25 个成员单位共同研究制定了《黑龙江省人民政府关于新形势下加快知识产权强省建设的实施意见》。协调各成员单位研究制订了《〈黑龙江省人民政府关于新形势下加快知识产权强省建设的实施意见〉重点任务分工方案》，制定了《黑龙江省知识产权（专利）“十三五”规划》，出台了《2016 年专利事业发展战略推进工作方案》。各成员单位和各市（地）按照强省建设分工方案和年度战略实施推进计划扎实跟进相关工作。

二、知识产权创造

（1）积极开展企业专利工作。2016年，新确定专利优势企业25家，其中示范企业7家、试点企业13家、培育企业5家。跟进“千户科技型企业三年行动计划”，走访专利企业100多家，开展专利挖掘，开辟专利申请和加快审查绿色通道，涌现出专利申请“除零”企业170家、“超100”企业51家。

（2）加快发展高校院所“提质促量”工作。持续开展专利“提质促量”政策服务，2016年实现高校、科研院所专利事业发展项目平台化管理，涵盖了项目申报、审核、评审、结题验收全流程。哈尔滨工业大学发明专利申请受理量及发明专利授权量双双跃居全国高校第二位。

（3）继续开展专利资助工作。对黑龙江省609家企业发明专利申请和授权、有效发明专利维持及专利优势企业创建等给予资金资助2073万元，对4884项高校、科研院所及个人发明专利给予资金资助375万元。

（4）专利申请和授权。2016年，黑龙江省专利申请35 293件，同比增长1.97%。其中，发明专利申请13 177件，实用新型专利申请18 856件，外观设计申请3260件。2016年，全省授权专利18 046件，同比降低4.73%。其中，发明专利授权4345件，实用新型专利授权11 707件，外观设计授权1994件。截至2016年底，全省累计授权专利158 636件。全省有效发明专利16 137件，每万人口发明专利拥有量为4.234件。

三、知识产权运用

（1）推进专利技术展示交易工作。升级面向公众的专利检索分析系统，定期发布专利统计数据报告。与重点高校、院所建立专利转化合作机制，推介优质专利项目千余项，实现一批专利技术转化落地。专利技术交易服务联盟新吸纳成员单位10家。全省完成专利实施许可合同备案44件，备案金额375.84万元。

（2）推进预警分析、重大经济科技活动知识产权评议试点工作。围绕焊接行业和医用机器人行业开展专利预警分析，连续五年承担国家知识产权局重大经济科技活动知识产权评议试点工作。联合有关部门、中介服务机构对筛选出的重点领域项目开展知识产权评议。被国家知识产权局确定为新一代地方专利信息服务中心检索及分析系统建设试点单位。

（3）推进专利质押融资工作。建立企业专利权质押融资需求数据库，联系银行、评估机构、科技园区等单位，开展培训和对接服务活动，推动知识产权资本化工作深入开展。2016年完成专利权质押登记29件，登记金额34 709万元。

四、知识产权保护

（1）加强专利行政执法工作。2016年，共查处各类专利违法案件654件，同比增长34%，其中专利侵权案件236件。黑龙江省知识产权局满分通过2016年全国“双打”办绩效考评。在2015年国家知识产权局执法绩效考评中排名第14名，再次位居东北三省一区第1名。

（2）深化知识产权维权援助。完善“12330”服务热线和网上举报投诉平台建设，建立专利侵权判定咨询机制和专家库，发展壮大维权援助志愿者队伍。共接听“12330”电话416个，受理举报投诉33件。在黑河成立维权援助分中心，全省形成2个国家级中心、7个分中心、1个工作站的工作体系。黑龙江省维权援助中心在全国考核中排名第10名。

（3）推进知识产权保护规范化市场培育工作。完成对2014年知识产权保护规范化市场项目的验收工作。2家企业被国家知识产权局认定为知识产权保护规范化市场。制订《2016年黑龙江省知识产权保护规范化市场培育工作方案》并启动了

2016年规范化市场培育项目。哈尔滨1家商场被国家知识产权局批准为试点单位。

五、知识产权管理

(1)积极推动知识产权服务业发展。完成对105家服务机构的统计调查工作,《知识产权服务机构名录库》得到充实。推荐服务机构参加网上培训和相关服务平台,已有7家以上服务机构通过互联网平台开展业务。

(2)增强知识产权公共服务能力。发挥知识产权大数据平台的作用,开展专利挖掘、专利布局、专利信息检索和专利分析等服务。根据特定地区的产业发展特点,有针对性地对失效专利进行数据检索、收集、筛选,形成可靠、实用的专利技术信息数据包供参考和定向发送。中外专利信息检索平台收录国内专利信息约1350万条,国外专利信息约6100万条。

(3)提高代办处窗口服务水平。顺利开展全国首批应缴费用查询试点工作和全国第二批网上缴费远程票据递送业务推广工作,顺利开展专利费减备案材料审核、专利事务专利政策咨询的新业务,圆满完成了22项审查业务,实现全年业务质量零差错。窗口电子申请比例97.99%,全省电子申请比例90.34%,实现双达标。

六、知识产权宣传培训

知识产权宣传契合新需要,唱响主旋律。知识产权宣传周期间,在黑河学院组织举办了中俄高校知识产权文化交流活动,活动情况被国家知识产权局写入给国务院的报告。中国专利周期间,在哈尔滨、大兴安岭举办知识产权高层论坛。2016年,召开新闻发布会2次,接受省政府网“在线访谈”2次,接受人民网、东北网人物专访4次。全年在中省直媒体刊发稿件135篇,重要政务载体采用稿件25篇。

制订印发《2016年全省知识产权人才培训计划》和《黑龙江省知识产权人才队伍建设工程实施方案》。哈尔滨继红小学、大庆一中分别被评为全国首批、第二批中小学知识产权教育试点学校,牡丹江职业教育中心学校被评为省级试点学校。国家知识产权培训(黑龙江)基地调整到东北林业大学图书馆设立。知识产权远程教育分站增加到12个,注册总人数5625人,在全国排名第9。全省开展培训活动100余场次,培训各类人员8000余人次。

(黑龙江省知识产权局)

商标工作

2016年以来,黑龙江省各级工商和市场监管部门强化服务发展意识,聚焦主责主业,遵循品牌—企业—产业—地方经济的内在逻辑,紧紧围绕绿色食品、林产品加工业、畜牧业等重点产业,以商标、广告、合同“三位一体”监管服务为具体抓手,全面深入实施商标品牌发展战略。

一、统筹推进商标品牌建设与保护工作

着眼推进全省绿色生态农业等重点产业发展,围绕商标、广告、合同职能做好品牌培育营销保护工作,进一步完善制度建设,明确工商部门在推进商标品牌培育营销保护工作的具体工作措施,为系统全面深入实施商标品牌发展战略,充分发挥职能作用起到方向指引作用。下发《黑龙江省工商行政管理局关于做好商标、广告、合同“三位一体”监管服务促进品牌培育营销保护工作的通知》,起草《黑龙江省绿色食品商标(品牌)使用许可规范指引(试行)》《黑龙江省绿色食品商标(品牌)使用许可合同示范文本》,编印《商标、广告、合同三位一体促进品牌培育营销保护服务指南》,制订《关于开展“商标(品牌)建设和保护”调研活动的实施方案》和调研工作推进表。依据调研实施方案,起草《黑龙江省商标品牌建设和保护调研提纲》。

二、加快推进商标培育和运用工作

探索开展商标品牌指导站建设试点工作，大力引导帮助各类市场主体申请商标注册，逐步扩大全省商标注册总量。积极开展品牌指导站机构设置、工作制度、议事规则、工作内容、运行模式、资金运用等情况的调研工作，并形成了《商标品牌指导调研情况报告》。下发了《黑龙江省工商行政管理局商标品牌指导站试点建设工作方案》，确定在绿色食品、林产品加工、农产品等重点产业比较集中的四个县区工商局设立商标品牌指导站试点。

围绕特色农业和绿色食品产业发展，加大重点培育力度，积极引导申请地理标志证明商标注册；围绕"龙江丝路带"战略布局，积极支持引导大型出口加工企业及外贸企业"走出去"开展商标国际注册，举办商标业务培训班，宣传普及商标国际注册知识，提高企业商标国际注册和保护意识。积极向国家工商总局争取在哈尔滨市设立商标注册申请受理窗口，缩短企业申请商标注册的时间，节省企业申请商标注册的经济成本，提高政府部门咨询服务商标品牌发展的工作效率。开展商标专用权出质登记融资支持服务，印发《哈尔滨市商标专用权质押贷款管理暂行办法》，对商标权质押工作开展的好做法予以推广。

三、持续加强商标监管执法工作

深入开展打击侵犯知识产权和制售假冒伪劣商品等专项行动，以保护绿色食品企业和地理标志商标专用权为重点，加大对商标侵权行为的打击力度。

制订《打击侵犯知识产权和制售假冒伪劣商品工作实施方案》，明确工作目标，确定重点整治领域及主要任务，进一步明确组织机构及有关要求。认真落实《工商总局办公厅关于进一步完善商标及打击侵权假冒案件数据统计有关工作的通知》要求，完善综合业务系统，确保按期上线运行。深入开展"迪士尼"注册商标专用权专项行动和中国制造海外形象维护"清风"行动等专项整治工作。开展打击假冒五常大米专项整治行动，对省外打击假冒五常大米成果进行跟踪问效。在打击假冒五常大米专项整治行动中，全省共立案调查违法案件184件，其中破获刑事案件2件，移送检察机关起诉1人，查封扣押假冒五常大米311吨，没收违法包装物54万件，收缴罚没款68.52万元。

建立健全工作制度，制定《商标监督管理处交办案件程序规定》，从案件线索受理、审核、转办、督办和办理结果呈报等方面对案件转办程序做了进一步规范。进一步加强商标代理监管，对商标代理组织进行摸底调研，建立全省商标代理机构名录档案，核查被投诉商标代理组织主体经营情况，进一步规范商标代理市场秩序。

四、广泛开展宣传活动

以提升市场主体商标意识为重点，采取行之有效的形式，广泛深入开展走访宣传活动，大力宣传商标法律法规和品牌的价值。以"四访四宣"活动为载体，通过走访宣传，深入开展商标品牌培育工作。开设《龙江名物志》栏目，宣传推广省内绿色食品品牌，集中宣传品牌文化历史悠久、产品品质独特、符合重点产业政策的地理标志品牌；重点宣传地理标志商标文化、历史传承、产品品质优势，对区域经济发展的拉动作用，以及地理标志商标注册、运用、管理和保护知识等。

（黑龙江省工商行政管理局）

版权工作

2016年，黑龙江省版权局进一步加大工作力度，在推进使用正版软件、打击侵权盗版、建设版权示范单位和园区、加强版权宣传与教育以及调节版权纠纷等方面开展了系列工作，达到了良好的效果。

一、软件正版化工作

(1)制订工作方案。制订《黑龙江省2016年推进使用正版软件工作实施方案》对软件正版化工作进行了总体部署。

(2)认真组织培训。2016年,多次组织相关工作人员赴武汉、哈尔滨和厦门参加系统工作培训。

(3)组织督促检查。下发《关于进一步做好政府机关软件正版化自查自纠整改工作的通知》,定期通过电话、发文等形式进行督促,按时催要、催报各地的工作进展、制度建设等情况。全面细化"三个制度一本账"制度,制定《黑龙江省政府机关软件正版化考核办法》,以建设长效机制。

二、版权执法工作

(一)打击网络侵权盗版"剑网行动"

(1)精心组织,周密部署。制订《开展打击网络侵权盗版专项治理"剑网2016"工作方案》,突出整治未经授权非法传播网络文学、新闻、影视等作品的侵权盗版行为,查处移动终端第三方应用程序(App)、电子商务平台、网络广告联盟、私人影院(小影吧)等平台的侵权行为。

(2)形成联动,强化执法。密切与相关部门的协调与合作,建立了重大信息互通共享机制。认真落实版权管理部门对网站监管和宣传教育的工作职责。在"剑网行动"期间,组织各地著作权行政管理部门根据本地区的网络分布情况,制订工作方案,紧紧抓住监管重点,变被动查办侵权投诉案件为主动监管;加强与网络视频企业的合作,严厉打击私人影院非法传播影视、音乐等作品的侵权行为。

(3)扩大宣传,营造氛围。组织各地加大网络版权法律宣传教育力度,充分利用电视台、报纸、网站及政务微博等媒体开展宣传。组织人员参加第二期基层版权执法培训。

(4)重大案件查处情况。2016年5月,黑龙江省版权局向齐齐哈尔市文化广电新闻出版局移交"疯趴影院"案件线索。齐齐哈尔市文化广电新闻出版局经过详细调查,根据法律规定,给予行政处罚,责令当事人停止侵权行为,并没收违法所得1500元,罚款33 500元。

(二)打击侵犯知识产权和制售假冒伪劣商品专项行动

按照《黑龙江省关于进一步做好打击侵犯知识产权和制售假冒伪劣商品工作实施方案的通知》要求,加强"双打行动"期间和节假日期间的市场监管,对11家在服务器及客户端存有侵权盗版电影、电视剧的网吧,"嘿秀直播""中国原创DJ基地网站"两家网站予以行政处罚,共查缴侵权盗版出版物13 261件。

三、推进版权示范单位和示范园区建设

黑龙江省推动省版权示范单位和示范园区(基地)建设。对全省申报企业逐家进行了实地考核,组织召开专题讨论会并进行评审。评选出黑龙江动漫产业(平房)发展基地等3家单位为2016年省级版权示范园区(基地);黑龙江出版集团有限公司等33家单位为省级版权示范单位并授牌。

四、宣传工作

组织开展形式多样的"4·26世界知识产权日"宣传周活动,召开黑龙江省暨哈尔滨市举办侵权盗版及非法出版物集中销毁大会;与哈尔滨市联动,组织开展"打击侵权盗版、保护知识产权"大会签名活动,现场开展版权法律法规咨询宣传,发放宣传材料、海报等;参加黑龙江省知识产权保护状况新闻发布会;在黑龙江省电视台滚动播出版权保护宣传语;在黑龙江省版权局官方网站上滚动播出版权宣传片及宣传海报。

五、组织北京国际图书博览会参展工作

组织全省13家图书出版单位参加第二十三届北京国际图书博览会。展会期间，共展示出版物近1000种，展示了黑龙江新闻出版业的最新成果；黑龙江教育出版社与美国SAGE(世哲)出版公司举行了《世界前沿教育书系》版权引进签约仪式，引进图书19种。

六、调解各种版权纠纷

积极调解各类著作权侵权纠纷，先后对央视诉百事通、群众诉黑龙江科技出版社等纠纷进行调解；组织相关人员鉴定出版物2500余册，其中侵权非法出版物1600余册。

（黑龙江省版权局　闫　石）

司法工作

2016年，黑龙江省法院系统全面贯彻落实最高人民法院关于加强知识产权司法保护工作的各项要求和部署，围绕“让人民群众在每一个司法案件中都感受到公平正义”的工作目标，坚持司法为民、公正司法这一工作主线，抓住执法办案这一中心要务，积极推进服务大局、调研指导和队伍建设，知识产权审判工作取得了新进展。

一、围绕依法履行职责，切实提高审判质效

2016年，黑龙江省两级法院新收知识产权案件数量较往年有所上升，全年共受理各类知识产权民事案件338件(含旧存24件)，同比2015年的291件上升16.2%；结案316件，同比2015年的263件上升20.2%；结案率为93.5%，高于2015年3.1个百分点。全年共受理各类型知识产权民事一审案件290件，其中新收266件，与2015年同期的235件相比上升13.2%；审结268件，结案率为92.4%，高于2015年5.4个百分点。全年共调解和经调解撤诉146件，调撤率为46.2%，低于2015年14.7个百分点。

在新收一审案件中，权属侵权纠纷案件241件，占知识产权民事案件收案总数的83.1%，合同纠纷案件21件、不正当竞争纠纷案件4件。在案件类型上，著作权纠纷案件、商标权纠纷案件、专利纠纷案件分别为107件、102件和41件，分别占收案总数的36.9%、35.2%和14.1%，其余为不正当竞争纠纷案件和技术合同纠纷案件。黑龙江省高院共受理各类型知识产权民事二审案件48件，其中新收48件(著作权纠纷15件、商标权纠纷18件、专利权纠纷8件、其他7件)，同比2015年新收的56件下降14.3%；审结48件，结案率为100%；审结案件中共调解和经调解撤诉15件，调撤率为31.3%。

针对2016年黑龙江省收案数量大幅上升的实际情况，为确保顺利完成审判任务，全省法院积极采取各种有效措施，进一步提高办案质量和办案效果，重点作了以下几项工作。

(1)注重审判管理的同步性和实效性。依托数字法院办案系统，运用常态的审判管理监管案件质效。全年无一件超审限案件，实现了案件信息系统录入百分之百准确。全部案件已完成同步扫描，上传至数字法院办案系统。

(2)以庭审规范化、文书精品化为目标，提升庭审和裁判文书质量。全年所有案件全部做到一次开庭结案。继续抓好文书精品化，结合最高人民法院下发的最新裁判文书写作规范，改进文书写作。

(3)切实提升办案的社会效果和法律效果。黑龙江省高院2016年调解及经调解撤诉的案件15件，均已即时履行完毕。其中有多起涉黑龙江省知名企业侵犯他人知识产权纠纷，通过积极促成当事人和解，减少了因侵权给企业造成的负面影响。

(4)进一步推进院长、庭长办案。2016

年全面落实了由正、副庭长担任审判长参加合议审理案件的工作机制，黑龙江省高院已审结的48起案件全部由正、副庭长担任审判长，其中正、副庭长主审案件8件。

二、围绕推进服务大局，切实发挥审判职能

（1）扩大司法宣传。在"4·26世界知识产权日"宣传活动期间，召开黑龙江省法院知识产权审判工作新闻发布会，通报全省法院知识产权审判工作情况，发布十大典型案例；参加黑龙江省知识产权保护状况新闻发布会；参加黑龙江省知识产权局举办的《黑龙江省关于新形势下加快知识产权强省建设的实施意见》新闻发布会。

（2）加强司法公开。积极开展庭审直播录播工作，黑龙江省高院2016年庭审直播录播案件11起，占全年案件的22.9%。扎实推进裁判文书上网工作，2016年通过中国裁判文书网共发布裁判文书44篇，占依法可公开裁判文书的100%。

（3）加强司法交流。与黑龙江大学联办第五届黑龙江知识产权司法保护论坛。受黑龙江省法学会知识产权法学研究会邀请，参加黑龙江省知识产权座谈会并作主旨发言。受黑龙江省工商局邀请，出席黑龙江省著名商标认定条例专家研讨会。

三、围绕统一裁判尺度，切实强化调研指导

（1）总结类案审判规律。哈尔滨市中院审理的王某某诉百度公司滥用市场支配地位纠纷案，是黑龙江省受理的第一起反垄断案件，黑龙江省高院对该案及时给予指导，对反垄断案件的审理提供了依据。

（2）加大对下指导力度。黑龙江省高院专门组织召开全省法院知识产权审判业务培训班。为适应农、林、铁机制改革，为跨行政区集中管辖知识产权案件做好准备，黑龙江省高院知识产权庭选派两名法官陆续到相关法院讲授全省知识产权案件审理的基本概况及审判实务问题。

（3）完成相关调研任务。黑龙江省高院对绥化市、伊春市中院近年来民商事审判工作情况进行调研；完成最高人民法院布置的关于植物新品种、著作权等一系列调研任务；对黑龙江省知识产权局开展的《全省知识产权战略实施推进计划》《2015年全省知识产权白皮书》等内容上报意见和建议。

四、围绕抓好队伍建设，切实提高司法能力

（1）切实加强纪律教育和廉政教育。结合十八届六中全会精神、习近平总书记系列重要讲话及对黑龙江工作的重要指示，深入开展"三严三实"专题教育，"两学一做"学习教育，重点学习《关于新形势下党内政治生活的若干准则》《中国共产党党内监督条例》，不断增强干警服务大局和廉洁司法的自觉性。

（2）以提升审判人员业务素质为目的，定期开展法官讲坛活动。2016年共举办"知识产权司法政策解读""商标案件裁判规则"等为主题的六期法官讲坛活动。

（3）积极开展案例编写工作，提升调研指导能力。2016年黑龙江省高院知识产权庭编写的韩某诉哈尔滨报达家政侵害商标权纠纷案被最高人民法院评为"2015年中国法院50件典型知识产权案例"，编写的3个案例入选黑龙江省审判指导案例，还有3起知识产权案件被《中国知识产权》杂志刊登并转发。

（黑龙江省高级人民法院知识产权审判庭）

检察工作

2016年，黑龙江省检察机关认真履行检察职能，充分发挥法律监督职责，积极参与专项行动，依法做好打击侵犯知识产权和制售假冒伪劣商品犯罪工作。

一、依法履行监督职责，严厉打击侵权假冒犯罪

黑龙江省检察机关始终将案件查办工作作为各项工作的重中之重，依法、公正、高效审查批捕、起诉侵犯知识产权和制售假冒伪劣商品相关的犯罪案件，有效发挥刑事诉讼惩治和震慑的功能。2016年1～12月，黑龙江省检察机关共受理审查逮捕涉嫌侵犯知识产权刑事犯罪案件24件46人，批准逮捕20件41人；受理移送审查起诉此类犯罪40件92人，提起公诉29件52人。受理审查逮捕涉嫌生产销售伪劣商品犯罪59件119人，批准逮捕34件61人；受理移送审查起诉此类犯罪105件230人，提起公诉76件140人。

二、突出监督重点，深入开展专项立案监督活动

黑龙江省检察机关认真履行法律监督职责，坚决纠正有法不依、违法不究的现象。2016年共办理打击侵权假冒领域犯罪专项立案监督案件23件31人。其中，监督行政执法机关移送涉嫌犯罪案件13件13人，直接监督公安机关立案侦查案件10件18人。

三、建立重点案件报告制度和重大案件挂牌督办制度

增强工作的主动性和职业敏感性，着力扩大监督信息来源。黑龙江省各级检察机关及时向上级检察院层报专项立案监督活动中发现的在本地有重大影响、办案阻力大或者群众反映强烈的立案监督线索。加强对下指导，对于在黑龙江省有重大影响的案件，黑龙江省检察院领导小组派员赴现场督导，对于各地市有重大影响的案件，市检察院领导小组派员赴现场督导。对于本地区重大、有影响的案件，予以挂牌督办。

四、推进行政执法与刑事司法衔接机制建设

黑龙江省检察机关定期、主动与行政执法机关、公安机关通过召开研讨会、联席会议等多种方式通报阶段性情况，解决案件移送、证据收集、检验鉴定、涉案物品处置等工作中存在的问题。通过会签座谈会纪要、规范性文件、联合下发典型案例等方式，在环境资源监管和食品药品监管领域建立和完善案件移送标准、程序。加强检察机关与公安机关、行政执法机关的协调配合，促进严格公正司法，解决长期以来监督信息匮乏、渠道不畅的问题，为履行监督职能提供重要保障。

五、积极探索精准化办案管理模式

专项工作采取省检察院主导、市检察院组织、基层检察院主办，三级联动的捆绑式一体化专项工作机制，充分发挥团队办案优势，按照边总结边提升、边建设边发展、以管理促效益的思路，积极融办案指导、综合调研为一体，有效地提高了专项工作的针对性和实效性。黑龙江省检察院在专项工作中充分发挥统领、示范带动作用，重点负责组织领导、关键突破、难题解决、阻力破除等工作，同时要求市检察院把专项作为“专案”办理，并负责后期案件的全程跟踪和指导推进，强调增强办案主体的责任，做到责权明确。

（最高人民检察院侦查监督厅供稿）

上海市

专利工作

2016年，上海市认真落实知识产权强国和上海科技创新中心建设战略部署，切实加强知识产权运用和保护，稳步推进知识产权领域改革创新，实现了"十三五"知识产权工作的良好开局。

一、支撑科技创新中心建设有新突破

顶层设计不断加强，《关于加强知识产权运用和保护支撑科技创新中心建设的实施意见》正式发布；上海市政府与国家知识产权局开展第三轮合作会商；上海成为首批国家引领型知识产权强省试点省；"每万人发明专利拥有量"指标首次列入上海国民经济和社会发展五年规划。综合管理改革稳步推进，完成上海自贸试验区知识产权三年工作总结评估，支持浦东新区和自贸区深化改革，知识产权综合管理、保护、运用和服务探索实践取得成效。优质资源持续集聚，上海国际知识产权学院挂牌成立；上海知识产权交易中心建设方案获批；世界知识产权组织在华首个高端人才培养项目落户上海；上海市政府与世界知识产权组织共同举办了以"尊重知识产权，激励创新创造"为主题的第十三届上海知识产权国际论坛。专利创造量质齐升，每万人口发明专利拥有量达到35.2件。

二、推进市场主体创新发展有新举措

企业能力不断提升，13家企业分别入选国家知识产权示范、优势企业；1所学校入选全国中小学知识产权教育试点学校；新认定市级专利工作试点、示范单位共150家。园区服务持续加力，1家园区入选国家知识产权试点园区；新认定市级知识产权试点、示范园区共5家。区域工作多元发展，闵行区获批国家知识产权示范城区；在浦东新区及闵行、奉贤、杨浦、静安、黄浦等区分别推进知识产权质押融资及专利保险试点工作，上海代办处共办理专利质押融资52笔，融资额5.2634亿元，有50家企业的678件专利参保，保险金额超过2600万元。

三、促进知识产权有效运用有新亮点

运营体系建设推进有力，设立产业知识产权运营基金，首期募资2亿多元；举办以"加强知识产权运营，开拓知识产权强企之路"为主题的第十届专利周活动；推动成立知识产权运营联盟。服务体系建设继续深入，印发《关于加快上海知识产权服务业发展的意见》；漕河泾新兴技术开发区入选首批国家知识产权服务业集聚发展示范区；2家和1家机构分别入选全国知识产权服务品牌机构和培育机构。信息传播利用持续强化，研究推进统一的专利、商标、版权公共信息和服务平台建设；知识产权（专利信息）公共服务平台注册用户达9121家，年访问量7万余人次；完成知识产权评议（专利分析）技术导则研究。

四、优化知识产权保护环境有新成效

行政保护成效明显，立案处理各类专利案件258件；出动执法人员170人次开展执法检查34次，检查商业单位75家、商品60余万种；派员174人次入驻41个国际展会，处理专利侵权纠纷投诉300多件；在浦东新区探索建设知识产权侵权查处快速反应机制。纠纷多元解决机制持续优化，印发《关于本市开展知识产权纠纷人民调解工作的若干意见》和《知识产权纠纷人民调解案例汇编》。重点领域保护机制不

断完善，连续四届实现了“上交会”知识产权零投诉；推动建立“迪士尼”知识产权保护长效机制；6家单位和1家市场分别入选国家级知识产权保护规范化市场和培育单位；在277家商业单位的3244个门店开展“双真”承诺活动。

五、加强知识产权文化建设有新发展

人才队伍建设加快，8人入选国家知识产权专家库专家，46人入选全国专利信息实务人才；举办上海市领导干部知识产权与科创中心建设专题研讨班；18 872名专业技术人员完成知识产权公需科目培训；72人获得专利管理工程师资格；1300余人获得专利工作者证书。合作交流持续深入，与世界知识产权组织相关部门共同在沪举办WIPO知识产权服务体系有效运用高级研修班、调解仲裁专题研讨会等；在沪举办新疆喀什地区知识产权高层次管理人员研修班。宣传活动形式多样，开展以“加强知识产权运用和保护，支撑上海科技创新中心建设”为主题的知识产权宣传周活动，发布上海知识产权白皮书、十大典型案件等，举办知识产权强国建设政策宣传解读会、知识产权情况通报会等。

（上海市知识产权局）

商标工作

一、突出“三个重点”，完善长效机制，进一步加大商标保护力度

（1）以“迪士尼”商标保护为重点，全面部署开展“迪士尼”商标保护专项行动。

一是加强业务培训，承办全国“迪士尼”商标专用权保护培训会议，有力推进全国范围的保护“迪士尼”注册商标专用权专项行动，在全国形成“迪士尼”商标案件查处、信息共享、线索提供的跨区域保护联动机制。

二是制订《关于充分履行市场监管职能做好上海迪士尼乐园和度假区服务保障工作的方案》，加强协作，形成整体工作合力，全面服务切实保障上海迪士尼乐园顺利开园及今后上海迪士尼乐园和上海旅游国际度假区的正常运营。2016年以来上海各级工商（市场）监管部门累计立案查处各类侵犯“迪士尼”注册商标专用权案件112件，没收侵权商品1729件，共处罚没款人民币73 200元。

三是结合市场实际情况，开展重点领域商标专项整治行动。印发《上海市工商行政管理局关于开展重点领域商标专项执法行动的通知》，在迪士尼乐园开园前夕和国庆长假旅游旺季等重要的时间节点，开展集中执法整治行动，重点加强“迪士尼”商标知识产权的保护、重点区域侵权易发风险点的整治、农村和城乡结合部市场的监管执法，并持续开展中国制造海外形象维护“清风”行动。

（2）以商标专用权保护为重点，深入推进打击侵犯知识产权和制售假冒伪劣商品工作。一是整合执法资源加大商标专项整治力度。以商标专用权保护为核心，围绕重点区域和重点环节，以高知名度商标、涉外商标、地理标志和农产品商标为重点，加大侵权打击力度。如，静安区市场监管局坚持对七浦路市场群的日常巡查监管，始终保持高压打击态势，严控侵权假冒行为。二是认真总结“双打”工作经验。三是开展知识产权宣传周活动。向社会公布上海工商部门2015年查处的十件商标侵权假冒典型案件。

（3）以推进制度建设为重点，进一步完善落实商标长效保护机制。一是贯彻落实《长三角四省一市打击侵权假冒工作联动机制》，加强区域协作，进一步净化长三角区域网络市场环境，有效遏制互联网制假售假产业链条。二是加强案件信息公示制度，提高执法透明度和公信力。依托企业信用信息公示系统，开展商标案件行政处罚信息公示工作，完善企业信用惩戒机制。2016年，上海市工商局在企业信用信息公示平台和上海市工商局门户网站累计公示商标违法案件行政处罚信息878件。

二、抓住“三项工程”，围绕科创中心，进一步推动商标品牌战略实施

(1)服务指导企业商标品牌建设，推进“品牌强企”工程。一是支持企业实施商标品牌战略。鼓励老商标老品牌传承发展，分类指导培育一批有潜力、有发展的商标，支持一批现代服务业商标成长壮大，指导出口企业加强品牌建设，加强对农产品商标的保护。二是开展企业走访活动。全年共走访商标企业22家，涉及文化产业、日化产业、小家电产业等，对企业的商标问题予以答疑解惑，帮助企业建立完善商标档案、弥补商标管理漏洞、提升商标维权能力。

(2)努力打造“商标品牌数据库”工程。购买商标数据服务。通过购买商标数据服务更好地挖掘利用现有商标数据资源，为发布上海商标白皮书奠定基础。结合上海实际制定了详细的商标数据指标和重点分析内容，为开展针对性商标指导服务和商标监管保护提供了有力支撑。

(3)积极推进“品牌中心”工程建设。一是开展商标质押试点工作。上海市注册商标专用权质权登记申请受理点自2016年7月28日设立以来，共受理商标专用权质押申请2件，核准登记2件，核发质押登记证2件，被担保的债权数额达人民币1000万元，涉及质押商标5件，商标总价值近4000万元人民币。二是积极申请在徐汇区设立商标申请受理处，进一步服务企业。三是促进国家工商总局在沪设立商标审查协作中心。

三、深化“三个促进”，夯实监管基础，进一步提升商标监管水平

(1)促进社会宣传。一是开展重点工作宣传。围绕全国“迪士尼”商标保护培训、上海商标工作“十二五”回顾等重点内容开展宣传报道。二是推进商标网上政务。2016年7月，上海市工商局正式启动“网上政务大厅商标管理”项目，推动商标工作的公开透明，提升网上办事能力，而且能更好地服务商标企业、走近广大社会公众。

(2)促进代理服务。指导商标代理行业建章立制，促进商标代理服务业规范发展，出台上海市《商标代理服务规范》(上海市地方标准)，经过向社会各界和专家学者广泛征求意见后，由上海市质量技术监督局审批生效。

(3)促进队伍建设。一是开展全员专业培训。2016年7月15日起，上海市工商局在国家工商总局行政学院组织开展了为期八天的全市工商(市场监管)系统商标广告业务专项培训。二是开展品牌真假鉴别培训，培训全市工商(市场监管)部门一线执法干部掌握真伪鉴别的方式和技能。

(上海市工商行政管理局)

版权工作

2016年，上海市版权局以深入推进软件正版化与网络版权综合治理为重点工作，进一步加大版权保护力度，营造良好版权发展环境，“双打”工作取得新进展。

一、以长效机制建设为基础，以考核督查为抓手，推进使用正版软件工作扎实有序

2016年初，召开全市软件正版化工作会议，动员部署新一轮工作。明确将长效机制建设、严格考核、加强监管以及宣传培训列为2016年的四项重点工作。

(1)上海市版权局在全市范围制定实施了《上海市政府机关使用正版软件工作考核办法》和评估体系，确保考核工作准确、规范、统一。上海各级政府机关使用正版软件工作基本形成长效管理的良好工作格局。

(2)开展专项检查，确保及时发现问题，及时督促整改。2016 年上半年，上海市版权局联合相关成员单位组建专项检查组，对本市 20 家政府机关、6 家金融机构以及 20 家国有企业进行了督查，针对督查中发现的问题，及时反馈并要求被督查单位及时整改。下半年，上海市版权局又抽查了部分区级政府机关，及时督促相关部门整改落实。各级政府机关高度重视对使用正版软件工作的日常监管与考核。

(3)借助技术手段，提升管理效能，建立上海软件正版化信息管理系统。上海市版权局研发上海市软件正版化管理信息平台。此平台已处在试运行阶段，在提升日常管理效率方面取得较大突破。

(4)突出建章立制，上海市版权局主动采取一对一的重点扶持措施，通过上门进行政策讲解、技术培训等方式，切实增强相关单位的正版意识与提升工作能力。上海市软件正版化工作受到中央督查组的高度肯定。

二、以大要案查处为突破，以日常主动监管为抓手，部署"剑网 2016"专项行动

多部门部署"剑网 2016"专项行动，明确了三项重点工作：(1)发挥网络版权综合治理机制作用，强化"两法"衔接，发挥联合执法优势，切实加大对网络侵权盗版行为的打击力度。(2)加强网络版权主动监管，以文学、新闻、影视等作品为主要监管内容，重点加强对本市 APP、文学网站、电子商务平台、私人影院(小影吧)等的版权监管力度，积极引导互联网企业开展自查自纠。(3)进一步推进本市主要互联网企业开展网络版权保护自律工作。

取得了三大成效：(1)大要案件查处有力。截至 2016 年底，全市公安部门共查获网络侵权盗版案件 17 件，其中 10 件已破案，依法逮捕犯罪嫌疑人总计 13 名，移送起诉 8 人。其中永道公司侵犯宫崎骏"龙猫"动漫形象著作权案因侵权情节较重、社会影响较大等，已被国家版权局、公安部正式列为 2016 年"剑网行动"重点案件予以联合督办。(2)主动监管成效显著。上海市版权局通过网络版权监测平台，对"剑网行动"重点领域实施 24 小时全天候监测，及时掌握第一手侵权信息或线索。据统计，全年累计监测影视作品 15 745 部(包含电影、电视剧、综艺、体育等)、音频作品 120 万首(包含数字音乐单曲、专辑、有声读物等)、图文作品 112 万个。监测范围包括 PC 端、移动 APP 端、OTT 端及 APK 应用。并发布四期监测分析报告。(3)行业监管全面扎实。市网络版权综合治理领导小组各成员单位，对各自的管辖领域进行有效的监管，取得了一定成效。同时，对监管中发现的涉嫌侵权盗版网站，及时通过协作机制，将相关线索移交执法部门。

三、点面结合，有针对性地开展宣传培训，积极营造良好氛围

首先，2016 年上海市版权局专门编写印发了《上海 2015 年度十大版权典型案例》宣传手册，结合"4·26 世界知识产权日"宣传周，向有关单位与市民免费发放，有效普及版权基本知识，受到各方肯定。其次，上海市版权局以版权工作站为主要连接点，走进基层，开展软件正版化专题培训宣讲。2016 年"4·26 世界知识产权日"宣传周期间，上海市版权局派员赴徐汇版权工作站，为徐汇软件园区 40 多家企业举办了软件知识产权保护专题讲座。最后，大力开展评优评先工作，树立正面典型，积极扩大版权保护社会影响力。上海市版权局积极组织本市相关单位开展 2015 年度全国查处侵权盗版案件有功单位及有功个人推荐工作。上海共有 15 家单位和 8 名个人获国家版权局表彰。

(上海市版权局　王　骞)

司法工作

2016 年上海市各级法院在上海市高

院党组和各法院党组的领导下，充分发挥司法保护知识产权的主导作用，不断完善知识产权审判体制机制，为推动上海创新驱动发展，加快具有全球影响力的科技创新中心和亚太知识产权中心城市建设提供了有力的司法保障。

一、狠抓执法办案，较好完成审判工作任务

2016 年，上海市各级法院受理和审结各类知识产权案件总量增幅明显，共受理 12 171 件(含管辖、申诉、执行、他字号等案件)、审结 12 255 件，同比分别增长 20.74% 和 31.28%。受理一审知识产权案件 10 028 件，首次突破 1 万件。其中，受理一审知识产权民事案件 9844 件、审结 9907 件，同比分别增长 23% 和 35.03%；受理和审结的一审知识产权刑事案件和行政案件总量呈下降趋势，受理知识产权刑事一审案件 178 件、审结 179 件，同比分别下降 24.89% 和 28.4%；受理知识产权行政一审案件 6 件、审结 7 件，同比分别下降 45.45% 和 46.15%。浦东法院案件增幅较大，共受理案件 4003 件，同比上升 80.97%。

全市法院在收案总数继续保持大幅增长、办案力量不足的情况下，审判质效继续稳步提升。知识产权条线同期结案率 100.48%，同比上升 9.51%；知识产权民事案件调解、撤诉率为 73.92%，同比上升 2.27%；申诉率为 0.2%，同比下降 0.07%；人均结案数为 75.03 件，同比上升 12.9%。一审案件服判息诉率为 88.27%，审限内结案率为 97.24%，与 2015 年同期基本保持平衡。

全市法院审理了一批有重大影响的案件。如斗鱼公司与耀宇公司著作权侵权及不正当竞争纠纷案，壮游公司诉硕星公司等侵害著作权、商标权及不正当竞争纠纷案，汉涛公司诉百度公司等不正当竞争纠纷案，“拍拍贷”侵害商标权案、刘某等假冒注册商标罪案，高通公司与魅族公司等侵犯发明专利权纠纷案等案件。上述案件社会关注度较高，社会影响较大。

上海法院知识产权精品案例工作继续取得好成绩。爱奇艺公司诉聚网视公司其他不正当竞争纠纷案入选《最高人民法院公报》案例。帕弗洛公司诉艺想公司、毕加索公司商标使用许可合同纠纷案入选“2015 年中国法院知识产权司法保护十大案件”。卡骆驰公司等诉厦门卡骆驰公司等擅自使用知名商品特有名称、包装、装潢、虚假宣传、擅自使用他人企业名称纠纷系列案等 4 件案件入选“2015 年中国法院知识产权司法保护 50 件典型案件”。另外，龙井茶产业协会诉雨前春茶叶公司侵害商标权民事纠纷案等 4 件案件入选“2015 年上海保护知识产权十大典型案例”；美国某著名软件公司申请计算机软件诉前证据保全案、小熊游乐行李车著作权侵权纠纷案等 5 件案件入选“2015 年上海版权十大案件”。

二、充分发挥司法职能，服务保障大局成效明显

上海市高院在全国率先制定了《知识产权审判“十三五”规划》，确定了“十三五”时期上海法院知识产权审判总体目标、发展战略和主要任务，为今后五年上海法院知识产权审判工作的发展提供方向指引、发展动力和决策依据。

全市法院知识产权庭充分发挥司法保护知识产权的主导作用，为上海科技创新中心建设提供优质的司法服务。上海知识产权法院在 2015 年出台服务保障上海科技创新中心建设 26 条意见的基础上，细化推出 20 项具体措施，着力提升知识产权保护力度。

上海知识产权法院出台《关于设立自贸区案件专项合议庭的意见》，明确跨庭设立涉自贸区案件专项合议庭，更好地回应自贸区知识产权保护需求。浦东法院向社会发布《加强知识产权司法保护、服务保障中国(上海)自由贸易试验区建设三年情况》白皮书。

三、坚持开拓创新,知识产权审判体制机制不断优化

(一)完善知识产权法院专业化审判机制

制定《关于知识产权民事诉讼中涉及技术事实司法鉴定的操作指引》。起草《外观设计专利侵权纠纷审理指引》与《上海知识产权法院关于依法确定专利侵权损害赔偿数额的若干意见》,探索确立类案审判规则。

(二)完善知识产权刑事案件证据制度

上海市高院会同检察院、公安局联合发布《关于办理知识产权刑事案件若干问题的意见》,为规范知识产权犯罪案件证据标准和适法统一提供了依据。

(三)完善知识产权案件管辖机制

上海市高院制定《上海市高级人民法院关于调整本市法院知识产权民事案件管辖的规定》,对知识产权民事案件地域和级别管辖进行了调整。

(四)积极推进裁判文书改革

上海市高院拟定侵害商标权纠纷和侵害信息网络传播权纠纷两个案由的简化裁判文书格式和适用说明,在全市基层法院知识产权庭试行,对简化裁判文书进行了初步探索。

四、深化宣传交流,知识产权审判影响力日益扩大

(一)知识产权司法保护国际交流工作进一步深入

一是成功举办中欧法官论坛。2016年3月17~18日,由最高人民法院知识产权司法保护研究中心、中国法院知识产权司法保护国际交流(上海)基地、欧盟驻华使团联合主办,同济大学、中欧知识产权合作项目协办的“中欧法官论坛——创新驱动与知识产权司法保护”在上海举行。二是接待了大批外国政府官员、国际组织和企业代表来沪交流。上海市高院、知识产权法院2016年近20次接待来自美国、欧盟、日本、韩国、WIPO等10多个国家、地区及国际组织的官员、司法机构人员和企业代表的来访,充分展示了上海法院知识产权司法保护成效。

(二)司法宣传活动力度进一步加大

在“4·26世界知识产权日”宣传活动期间,上海市高院召开知识产权司法保护新闻发布会,发布2015年上海法院知识产权审判白皮书和“2015年上海法院知识产权司法保护十大案件”;上海知识产权法院召开新闻发布会,以中英文对照本形式发布该院首份审判工作白皮书,发布中英文版典型案例;浦东法院召开知识产权司法保护新闻通气会,发布该院2015年知识产权审判白皮书和十佳知识产权案例。此外,全市法院知识产权庭还开展了知识产权专题讲座、法律咨询和公众开放日等一系列丰富多彩的知识产权司法保护宣传活动。

(三)知识产权司法保护平台建设进一步完善

上海市高院认真落实《上海法院知识产权司法公开平台建设实施细则》,不断加强知识产权司法保护平台建设。截至2016年底,上海法院知识产权司法保护网共上传裁判文书18 044篇,中英文信息与案例411篇,庭审直播300次,典型案例224篇,媒体聚焦221篇,图片新闻2216篇,学术研究97篇。

五、强化调研指导,知识产权审判水平稳步提升

(一)加大学术研讨力度

建立常态化学术研讨机制,针对审判实务中遇到的新情况、新问题,上海市三级法院联动进行具有针对性、实用性的专题研讨。

（二）推进课题调研及案例编撰工作

上海市高院会同上海知识产权法院、浦东法院完成最高人民法院课题《知识产权法院案件管辖问题研究》和《知识产权“三合一”审判机制研究》。上海市高院完成的2016年最高人民法院司法大数据专题分析的司法统计——“知识产权民事侵权案件赔偿数额专题分析”获评人民法院司法大数据专题分析二等奖。上海市高院顺利完成上海市高院重点调研招标课题《软件相关专利法律规则研究》。上海知识产权法院《知识产权法院司法公信力评估与建设问题研究》课题被评为上海法院优秀重点调研课题。上海市高院《深层链接行为侵犯著作权的法律规制》、浦东法院《上海自贸区扩区后知识产权纠纷情况及对策研究》课题被评为上海法院优秀报批课题。浦东法院上海市哲学社会科学“十二五”规划2015年度系列课题《上海推进科技创新法制保障研究》，闵行法院2015年度上海市民主法治建设课题《知识产权审判刑民衔接实务问题研究》均顺利结项。此外，上海市高院还翻译出版了《最高人民法院知识产权审判年度报告（2008～2015）》，出版《上海法院知识产权案例精选（2013～2014）》，上海知识产权法院受国家知识产权局委托，承担了《案说专利法》的编著工作。

（三）强化对基层的指导

为应对重大新型案件增多的情况，上海市高院民三庭建立了调研联系工作制度，安排上海市高院审判长定期走访基层法院，开展办案交流、学术调研、问题反馈等活动，取得较好效果。

六、加强队伍建设，法官能力素养不断提高

（一）深入开展“两学一做”学习教育

上海全市法院知识产权条线认真开展“两学一做”学习教育活动，深入贯彻落实学习教育“基础在学，关键在做”的要求，通过党课、座谈等形式，引导全体党员认真学习党章、廉洁自律准则和纪律处分条例等规章制度，认真学习习近平总书记系列重要讲话精神，深入开展向邹碧华同志学习活动，争做合格党员，争做合格法官。

（二）涌现一批先进集体和先进个人

2016年上海全市法院知识产权条线很多集体和个人都获得了荣誉和表彰。其中，浦东法院、普陀法院、杨浦法院民三庭分别荣获国家版权局2015年度查处侵权盗版案件有功单位一、二、三等奖。上海知识产权法院知产一庭获全市法院集体一等功，上海市高院、闵行法院、杨浦法院民三庭分别获集体二等功，普陀法院、徐汇法院民三庭分别获集体三等功。上海知识产权法院吴盈喆法官被评为“全国法院办案标兵”，上海市高院民三庭马剑峰法官被授予“上海法院优秀法官”称号，上海知识产权法院胡宓法官被评为“上海法院办案标兵”。上海知识产权法院徐燕华法官荣获全市法院个人二等功，浦东法院杨捷法官、普陀法院张佳璐法官荣获全市法院个人三等功。上海知识产权法院吴盈喆法官、普陀法院鲁君庭长荣获“邹碧华式的好法官、好干部”称号。

（上海市高级人民法院知识产权审判庭）

检察工作

2016年，上海市检察机关在保护知识产权方面取得了成绩。

一、立足检察职能，加大打击侵权假冒犯罪的力度

2016年1～12月，上海市检察机关共受理涉嫌侵犯知识产权审查逮捕案件共133件231人，批准逮捕76件103人；受理侵犯知识产权犯罪审查起诉案件215件412人，起诉170件279人。

二、确立完善知识产权专业化办案模式

以上海市检察院第三分院成立为重要契机，推动上海市检察院第三分院承担上海市知识产权犯罪二审、管辖请示案件办理以及基层检察院案件指导工作，充分发挥集中管辖的优势，形成市院、分院、基层院三级联动的知识产权专业办案模式。各级检察院加紧提升知识产权案件办案能效，不断健全办案机制，积极协调跨区域查处侵犯知识产权违法犯罪活动。如虹口区检察院航运(金融)科开通了知识产权案件快速办理"绿色通道"，并积极梳理本辖区具有一定规模和影响力的高新技术企业名录，定期走访了解企业的知识产权保护情况，凸显法律服务的针对性和专业性。

三、统一知识产权犯罪案件执法标准

在2015年知识产权犯罪办案指引基础之上，上海市检察院与市公安局、市高级法院进一步就内容详细磋商，制发《关于办理知识产权刑事案件若干问题的意见》，提升办理案件质效，确保国家法律的统一正确实施。

四、探索建立知识产权保护平台

在已有"两法"衔接平台的基础上，上海市检察机关进一步推动建立专门的知识产权保护平台，畅通上海市行政执法和刑事司法在知识产权违法犯罪惩处方面的沟通衔接，提供权利人查询涉其权利的行政执法、司法案件情况的便利。浦东新区检察院已作为试点单位，与该区知识产权局签订相关合作协议，启动知识产权行政执法和刑事司法工作平台建设。

五、健全完善制度机制，加大知识产权司法保护力度

2016年，上海市检察院通过走访市知识产权局、张江高科技园区管委会、上海自贸区管委会及各执法、司法部门，邀请来自科研单位、科技金融企业、创新企业的专家、人大代表、政协委员举行座谈、论证会，在充分调研、论证的基础上，形成了《上海检察机关服务保障科技创新中心建设的意见》，受到各方肯定。建立以知情权为基础的权利保护机制，切实维护知识产权权利人合法权益。大力推动刑事诉讼程序中知识产权权利人合法权益保护工作的落实，督促上海市8个基层金融检察部门及时向涉案的知识产权权利人送达《被害人诉讼权利义务告知书》，充分保护知识产权权利人的知情权、参与权、诉讼权等合法权益，凸显司法保护知识产权的主导作用。全国"双打"办在第23期简报以"上海福建等地检察机关大力加强知识产权刑事保护"为题对上述工作情况进行介绍，上海市检察机关的这一做法获最高人民检察院的肯定。

六、开展宣传交流，营造保护知识产权的良好氛围

2016年4月，上海市检察院举行新闻发布会，发布《上海知识产权检察白皮书(2012～2015)》，受到公众和媒体的广泛关注，得到上海市委政法委主要负责同志的批示肯定。在2016年"3·15消费者权益保护日"和"4·26世界知识产权日"宣传周前夕，组织全市检察机关集中公诉假冒侵权案件61件106人，案值近1.7亿元。9月，邀请部分全国、市人大代表听庭评议，召开听庭评议座谈会。与中国外商投资企业协会优质品牌保护委员会代表就双方签署的"加强知识产权保护合作备忘录"的相关落实情况进行座谈，了解企业遇到的知识产权维权困惑和诉求，加强与其在知识产权权利人权利义务告知上的合作，探索在知识产权刑事保护领域更多协作的可能性。2016年10月，承办最高人民检察院组织的中欧检察官专题交流讲座，与来访的欧盟专家围绕知识产权刑事执法领域进行了全面、深入的交流，展示了中国知识产权领域办案检察官的良好形象和专业素质。

(最高人民检察院侦查监督厅供稿)

江苏省

专利工作

2016年，江苏省知识产权系统围绕“两聚一高”和建设“强富美高”新江苏总体目标，自觉践行新发展理念，统筹部署和扎实推进引领型知识产权强省建设，实现了“十三五”良好开局。

一、知识产权强省建设顶层设计基本完成

江苏获批全国首批引领型知识产权强省建设试点省，江苏省政府与国家知识产权局建立新一轮局省合作高层次会商机制。江苏省政府办公厅印发《建设引领型知识产权强省试点省实施方案》《“十三五”知识产权发展规划》，出台《知识产权区域布局试点工作推进方案》《知识产权强企行动计划》《专利发明人奖励办法》等近10份政策文件，部分市县印发知识产权政府文件，形成纵横联动的强省建设格局。

二、知识产权创造产出稳中调优

2016年全省专利申请量512 429件、授权量231 033件，发明专利申请量184 632件、授权量40 952件，保持全国前列；发明专利授权量占比达17.73%，万人发明专利拥有量达18.41件，PCT专利申请3213件。2项专利荣获第十八届中国专利奖金奖，83项专利获优秀奖；10个发明人荣获省首届专利发明人奖，树立了勇于创新、善于发明的典范。

三、知识产权强企行动全面推进

启动实施知识产权强企行动计划，推进“互联网＋”知识产权、企业知识产权管理标准化等五大工程，1500多家企业参与知识产权管理规范化贯标，其中590家企业通过国标认证；78家企业参与实施企业知识产权战略推进计划，企业知识产权综合能力显著提升。2016年，江苏省企业专利申请量、授权量分别为338 726件、157 887件，占比分别为66.1%、68.34%；73家企业入选国家知识产权示范优势企业，数量居全国首位。

四、知识产权与产业发展融合加快

重点依托高新技术园区推进实施专利导航工程，新增国家级专利导航试点单位27家。推进战略性新兴产业知识产权集群管理试点，兴化特种合金材料及制品产业基地在国家验收中连续两年评分全国第一。知识产权区域布局试点全面启动实施。在全国率先发布知识产权密集型产业目录和统计报告。

五、知识产权市场机制更加完善

江苏国际知识产权运营交易中心获批成立，南京理工大学建成国内首家面向高校的知识产权运营交易平台。江苏省重点产业知识产权运营基金规模扩大到10亿元。徐州、常州、镇江、南通等地建立特色产业运营平台，苏州、南通等市成立知识产权运营基金。无锡、镇江获批国家专利质押融资示范城市，南京、镇江成为全国首批专利保险示范城市。全省专利质押融资额超过20亿元，专利保险保单数超500件，保障金额达3000万元。

六、知识产权保护力度进一步加大

开展知识产权执法维权“护航”“闪电”行动，全年受理专利案件6390起，结案6295起。中国镇江丹阳（眼镜）知识产权快速维权中心获批成立，中国（常州·机器

人及智能硬件)知识产权保护中心成为全国首家知识产权保护中心。江苏省知识产权维权援助机构达 50 个,接听咨询电话 7073 个,服务企业 1662 家。新增"正版正货"承诺单位 208 家,6 个街区进入国家知识产权保护规范化市场培育工程。推动 6 家电商平台、8 个众创空间建立知识产权保护机制。围绕战略性新兴产业 8 个技术领域开展专利预警分析。

七、知识产权服务业加快发展

国家区域专利信息服务(南京)中心分支机构达 12 家,业务覆盖 12 个省。国家专利审查协作江苏中心全年审查专利申请 14.5 万件,国家知识产权局专利局南京代办处和苏州分理处全年受理专利申请 32.5 万件,业务量均居全国前列。新增专利代理机构及分支机构 60 家,总数达 251 家。苏州知识产权服务业集聚区成为全国首批示范区,入驻机构 70 多家,从业人员超 2300 人。"我的麦田""才标网""专利巴巴"等一批互联网知识产权服务平台开通。

八、知识产权培训宣传成效显著

举办企业家知识产权培训班、知识产权大讲堂,参训人员 1200 余人,知识产权课程纳入省级机关处级干部"876"培训计划。开展规模以上工业企业负责人专项培训,实现 45 619 家规上企业全覆盖。全年培训企业知识产权工程师 2145 人、总监 960 人、专利代理人 120 人,598 人取得专利代理人职业资格。《中国知识产权报》《新华日报》等各类媒体报道江苏知识产权信息 1000 余次,知识产权社会氛围更加浓郁。

九、知识产权国际交流合作日益深化

江苏省知识产权局与南京市政府共同举办首届紫金知识产权国际峰会,吸引一批知识产权高端服务机构和专业团队落户江苏。第十三届中国(无锡)国际设计博览会、第四届三江知识产权国际论坛等活动成功举办。中国(江苏)—以色列知识产权国际转移平台等国际合作载体加快建设。举办欧洲知识产权实务培训班、外向型企业海外知识产权风险防控培训会,提升企业海外风险防控意识和能力。

(江苏省知识产权局)

商标工作

2016 年,江苏省工商系统商标条线以执法办案为主攻方向,以区域商标品牌发展指数为引领,以落实省委省政府商标品牌战略目标任务为重点,扎实开展商标监管工作,狠抓工作任务落实。全省新增地理标志 51 件,新增注册商标 125 279 件,新申请商标 209 900 件,同比增长 30%。新申请马德里国际注册商标 345 件,同比增长 75%,圆满完成商标品牌战略任务。

一、继续强化商标监管力度

(1)大力推进"双打"工作。制定 2016 年"双打"工作要点和任务分工,明确各处室工作责任和要求。连续召开三次全省商标工作会议,着重强调打击侵权假冒工作的重要性;专题召开行政处罚案件信息公开电视电话会议,对案件查办工作作出部署。将执法监管工作列入全省区域商标品牌发展指数考核项目。2016 年 1~11 月,全省共立案查处侵权假冒案件 3522 件,已结案件 3271 件,案值 5633 万元,罚没款 4756 万元,移送司法机关 21 件,捣毁窝点 59 个,案件数、案值与 2015 年同期相比均大幅增长,打击侵权假冒力度进一步加强。

(2)着力加大商标侵权案件查办力度。通过召开商标条线工作会议、举行企业品牌管理人员座谈等方式,听取各地商标违法案件线索汇报,挖掘商标侵权案件线索,构建商标大要案件案源发现机制。全省各地以涉外商标、高知名商标为重点,加强大要案件的查处力度。此外,在全省组织开展保护“迪士尼”注册商标专用权、商标代理组织整治专项行动，督办了“峨眉”“同仁堂”“中国黄金”“轩尼诗”等商标案件；与商务部门协调推进中国制造海外形象维护“清风”行动。

（3）加强办案指导与协作。编纂了包含45个典型案例的《商标典型案例汇编》，为全省各地加强商标执法办案提供了重要参考。上半年举行全省工商系统商标疑难案件研讨会，9月举办了全省工商系统商标业务专题培训班。以在连云港市举办第十七届淮海经济协作区商标监管协作网络会议为契机，充分运用华东六省一市、长三角、淮海经济协作区等商标监管协作网络，通过签订协议，在异地举报受理、协同办案，定期沟通侵权动态等，不断强化商标执法监管协作。

二、切实加大商标战略实施力度

（1）完善全省区域商标品牌发展指数指标体系。广泛征求全省各地对指数指标体系的意见建议，与相关科研机构反复沟通，提升指标体系的科学性和可操作性。整合吉林省商标战略实施工作领导小组成员单位相关数据资源，委托相关机构收集论证数据，形成了指数报告，召开新闻发布会对外发布。

（2）强化品牌管理专业人才培训。开展了4期培训，注重加强培训内容创新，取得了积极效果，共培训企业品牌管理人员500人。此外，分别在苏州和连云港开展了两期商标国际注册专题培训，邀请世界知识产权组织中国办事处专家授课，参训出口企业达400家。

（3）加强公共宣传。开设江苏品牌大讲堂、《商标故事》宣传专栏，开展了第二届“我最喜爱的江苏商标”评选活动，举行“4·26世界知识产权日”新闻发布会，举办“媒企面对面 江苏商标星耀中国——全国主流媒体矩阵聚焦江苏名企”座谈会。

（4）加强商标信息化建设。围绕江苏省工商局“主体＋”的总体部署，及时修改完善软件需求，将商标数据与市场主体数据进行有效关联。注重加强商标数据的运用分析，为全省各地商标战略实施工作提供数据支撑。

（5）积极加强商标注册便利化改革。切实提升了本省商标服务水平，有利于企业发挥商标优势。通过商标战略强化核心竞争力、增加产品附加值，实现品牌扩张发展，推荐南京、苏州、无锡为受理点，南京、苏州被选定为全国13个受国家工商总局委托的商标受理窗口之一，并于11月1日挂牌。

三、全力抓好省政府重点工作任务落实

（1）加大商标国际注册推进力度。出台了《关于加快商标国际注册工作的意见》，完善了激励措施，确立了在苏州、无锡开展试点的工作方案，并将6月明确为国际注册集中推进月，全省各地马德里国际注册工作抓紧推进。在苏州和连云港开展了两期商标国际注册专题培训，邀请世界知识产权组织中国办事处专家授课，参训出口企业达400家。

（2）进一步抓好地理标志商标工作。以苏北地区为重点开展调研，广泛听取基层政府、行业协会和龙头企业在地理标志商标注册与保护方面的意见，指导各地进一步做好地方独特资源的梳理，加快地理标志商标注册与保护工作。召开全省地理标志工作经验交流会，大力加强宣传展示，认真总结交流地理标志商标工作经验，积极听取企业和行业协会工作意见，进一步提升全省地理标志商标工作水平。

（江苏省工商行政管理局）

版权工作

2016年，江苏省版权局认真落实年度工作安排，各项重要工作有序推进，取得了

较好工作实效。

一、积极推动版权产业发展

促进开展版权交易。江苏省版权局先后赴多地的国家版权贸易基地进行考察，并加强协调沟通，组织全省各地申报创建江苏省国家版权贸易基地，完善方案，组织可行性研究，争取早日挂牌。江苏省版权局在江苏书展期间组织开办文创版权馆，实现销售额70余万元。指导江苏文化产权交易所举办版权交易大会。组织10余家出版社参展北京国际图书博览会，实现向非华语国家输出版权95种。2016年12月组织苏州、昆山、张家港3个全国版权示范城市及其他市的20余家企业参加中国国际版权博览会。

推进全省版权示范创建。江苏省版权局积极推进各地在作品登记、软件正版化、版权执法、产业促进等领域的工作，先后命名了常州市创意产业基地等两家省版权示范园区（基地）和泰州高港高新技术产业园等18家省级版权示范单位、园区（基地），申报的江苏华夏云锦织造有限公司和苏州阳澄湖数字文化创意产业园被评为全国版权示范单位、园区（基地）。

继续开展江苏省版权产业经济贡献率调查。2016年4月发布《江苏省版权产业的经济贡献（2014）》报告。调查数据显示，2014年，江苏省版权产业的增加值突破5000亿元，达5407.83亿元，占当年江苏省GDP的8.31%，比上年提高0.46个百分点，其中，核心版权产业的增加值为3064.43亿元，占当年江苏省GDP的4.71%，比上年提高了0.52个百分点。

开展新闻出版广电集团版权资产运营管理试点。江苏省选择凤凰出版传媒集团进行试点，对凤凰集团相关下属单位进行了版权资产问卷调查，完成了调研报告。

二、扎实推动正版化工作

江苏省重点抓好省级机关软件正版化整改并多措并举做好迎检工作。

落实责任机制。江苏省版权工作领导小组办公室于2016年5月和7月两次发文，要求各省级机关完善软件正版化工作考核和责任制度，对本单位软件使用情况进行全面自查，摸清底数，并做好查漏补缺工作。同时大力推进市、县两级政府机关单位建立了省级机关软件正版化工作数据库，将软件正版化工作成果巩固情况与具体责任人挂钩，并进一步明确要求建立软件资产管理制度。

加强教育培训。2016年5月，江苏省版权局组织参加在武汉举办的第一期全国政府机关软件正版化工作培训班，6月又组织了83家省级机关参加了在济南举办的第二期培训班，同时指导多市开展正版化培训。8月在镇江举办了江苏省政府机关软件正版化工作培训班。

加强催办督导。2016年8月召开省级机关软件正版化工作责任部门负责人会议，部署和动员迎检工作，对部分整改工作较为缓慢的机关进行点名批评，对个别整改不够及时的机关单位分管领导进行催办。

加大指导力度。编发《政府机关软件正版化工作文件选编》，指导各机关加强长效机制建设，建立了省级机关正版化工作QQ群，在线提供咨询，主动上门服务，现场提供指导。通过迎检整改，长效机制基本建立，在国务院的检查中受到了肯定和表扬。

三、加大版权执法工作力度

版权执法工作成效明显。2016年江苏各级版权执法部门共立案60起，查处结案37起，调解结案7起，其中国家版权局督办8起，省版权局督办13起。江苏查处的“速酷电影网”侵权案入选2015年度全国打击侵权盗版十大案件。

扎实开展打击侵权假冒专项行动和“剑网2016”专项行动。江苏省多部门联合制订江苏省打击网络侵权盗版“剑网2016”专项行动工作方案，多次赴全省各地进行专项检查，指导各地组织网络巡查，主动出击，查办一批大案要案，切实规范了网络传播秩序。组织评选江苏省2015年度侵权盗版十大案件，较好地发挥了典型案例的警示作用。

组织全省基层版权执法人员参加培训。江苏省版权局组织各地一线版权执法人员参加了国家版权局在济南举办的版权行政监管和执法培训。与浙江省版权局共同举办2016年江浙版权执法监管工作交流会，在常州举办全省版权执法工作培训，安排一线执法骨干分享典型案件办案经验。

四、提升版权公共服务水平

开展优秀作品申报认定。开展江苏省优秀版权作品申报认定工作，广泛征集优秀作品，组织专家完成评审认定，共评选出《大雨如注》《人间正道是沧桑》等81件优秀版权作品。

深入推进作品登记工作。2016年江苏省完成全省一般作品登记平台升级改造。在作品登记数量稳步提升的同时，开展作品登记“质量年”活动，实现作品登记数量和质量双提升，2016年全省一般作品登记数量达181 309件。举办了两期作品登记培训班，支持各地开展作品登记培训工作。

五、创新版权宣传方式

江苏省组织开展2016年“4·26世界知识产权日”宣传周版权宣传活动，营造浓厚的版权保护氛围。首次在南京地铁开展为期两周的专列宣传。在全省主要城市中心地段户外大屏播放版权公益宣传片，首次采用微信微博公众号推送、有线电视开机广告、电影院贴片广告宣传等方式。在江苏交广网FM101.1《嘀嘀叭叭早上好》节目播放为期一周的15秒版权公益广告。设计制作海报等，同时在公共场所张贴。江苏省版权局于2016年4月25日举办现场活动，公布2015年十大案件评选结果和版权示范单位名单，赠送版权相关书籍，开展版权咨询、现场作品登记、发放问卷调查等活动。

（江苏省版权局　万进萍）

司法工作

2016年，江苏法院认真贯彻落实党的十八大、十八届六中全会、中央及全省经济工作会议精神及《关于完善产权保护制度依法保护产权的意见》等系列文件精神，积极履行审判职能，充分发挥司法保护知识产权、规范市场竞争秩序的主导作用，以维护统一透明、有序规范、公平竞争、充满活力的市场环境。

一、加强知识产权司法保护，营造有利创新的良好氛围

(1)依法审理大量知识产权案件。2016年，江苏省各级法院共受理知识产权民事案件13 449件，其中新收一审案件10 058件，同比增加9.6%；共审结11 727件，同比增加30.8%。新收一审案件中，著作权纠纷案件4542件，占45.2%；商标权纠纷案件3592件，占35.7%；专利权纠纷案件958件，占9.5%；不正当竞争纠纷案件178件，占1.8%；技术合同类案件253件，占2.5%；其他类型案件535件，占5.3%。

(2)继续大力推进知识产权审判精品战略，充分发挥审判对社会的规则治理作用。审理的上海柴油机公司诉江苏常佳金峰公司侵害商标权纠纷案，南京同舟公司诉江苏电视台、长江龙公司侵害商标专用权纠纷案，傅某诉吉林音像出版社、当当网侵害著作权纠纷案及郭某某等假冒注册商标罪案入选2015年中国法院50件典型知识产权案例。樱花卫厨公司诉苏州樱花公司等侵害商标权及不正当竞争纠纷案入选江苏法院 2016 年典型案例。徐州市中院审理的“速酷影视”侵权案入选国家版权局十大典型案例。苏州市昆山法院审理的邹某、上海墨龙公司等侵犯著作权罪案被评为 2016 年度江苏省文化厅知识产权保护十大精品案件。

(3)充分发挥民事司法保护的主渠道作用,不断加大知识产权司法保护力度。审结樱花卫厨公司诉苏州樱花公司等侵害商标权及不正当竞争纠纷案,依法追究恶意实施侵权行为的法定代表人民事责任,充分体现了对重复侵权、恶意侵权加大惩治力度的司法裁判引导作用。审结北京赤那思公司诉江苏赤那思公司、南通赤那思公司侵害商标权及不正当竞争纠纷案,全额支持了原告 15 万元的合理开支请求。审结清华大学诉扬州清华公司侵害商标权及不正当竞争纠纷案,有效遏制了故意攀附知名品牌、“搭便车”等不正当竞争行为,充分体现我国法律对知名主体及其知识产权权益严格保护的司法政策。

(4)切实加强司法调研,进一步指导审判工作。江苏省高院开展“供给侧结构性改革可能引发的法律问题及司法应对”专题调研,完成《关于侵犯商标权纠纷案件相关审理问题的调研报告》《技术创新背景下的专利案件裁判尺度》调研课题。常州市中院开展《知识产权侵权案件中共同侵权和分别侵权造成同一损害的认定及责任承担若干问题探析》课题调研。泰州市中院深入开展“服务医药产业发展司法行”系列活动,在系列走访调研基础上完成年度调研报告《泰州医药产业现状及发展调研报告》。

(5)进一步密切与相关部门的司法保护协作。江苏省高院继续与江苏省工商局商标处联合举办全省商标疑难案例研讨会。举办江苏省法学会知识产权法学研究会 2016 年年会。南京市中院联合江苏省版权协会、中国电信江苏公司共同举办了“互联网新形势下版权保护论坛”。无锡市两级法院配合“双打”办及市工商局、市知识产权局等行政机关开展打击仿冒他人知名商品特有名称、包装、装潢专项整治、专项行动。盐城市中院自 2013 年牵头市工商局、市知识产权局等九部门建立盐城市知识产权司法保护联席会议制度以来,每年定期召开会议,开展知识产权保护专项行动。

二、继续深入推进知识产权审判“三合一”改革试点工作,积极推进建立科学高效的知识产权综合保护体系

江苏全省法院新收知识产权“三合一”改革试点一审刑事案件 297 件,其中新收一审案件 252 件,审结 204 件;共受理知识产权“三合一”改革试点一审行政案件 10 件,其中新收一审案件 8 件,审结 9 件。

泰州市中院针对假冒食品药品注册商标等严重威胁人民群众切身利益的犯罪行为,在判处自由刑的同时,高度注重财产刑的适用,从经济上剥夺犯罪分子再次犯罪的能力和条件。在注重发挥知识产权刑事打击威慑性作用的同时,慎重把握入罪标准,维护当事人合法权益。孙某某犯假冒注册商标罪案、汪某某犯侵犯商业秘密罪案均宣告被告人无罪。

继续加强知识产权行政审判,督促行政机关依法行政。审结涉“native”商标工商行政处罚决定案,充分发挥“双轨制”执法体系中司法保护的主导和终局权威性作用。

三、继续深化司法改革,不断完善知识产权审判工作机制

(1)积极推进在南京、苏州设立知识产权法庭,合理配置知识产权管辖法院资源。经报请最高人民法院批准,2017 年 1 月 19 日南京、苏州知识产权法庭在南京、苏州两地正式挂牌成立。南京、苏州知识产权法庭分别以南京市中院和苏州市中院知识产权审判庭为基础组建,按独立机构模式运

行，并实行跨区域管辖。

（2）整合审判资源，不断完善司法便民利民举措。镇江市中院联合丹阳市知识产权局共同设立镇江市中院知识产权（丹阳）巡回审判庭。常州市中院在“中国以色列常州创新园”设立知识产权巡回审判法庭。泰州市专门成立医药产业、文化产业两个专业合议庭，审理涉医药产业、涉文化产业案件。盐城市中院与盐都区政府联合在盐城国家高新技术开发区设立盐城市知识产权司法保护中心。

（3）继续推进专家诉讼辅助人制度在案件审理中的适用，丰富专家辅助人制度的内容，拓宽专家意见来源渠道。江苏法院持续推进知识产权专家诉讼辅助人参与知识产权案件审判的改革。常州市中院与常州市知识产权维权中心合作，委托知识产权维权中心在其职能范围内召集专家并提供专家意见。

四、进一步做好司法宣传工作，不断延伸审判职能

（1）适应信息网络社会发展的时代要求，积极采用新媒体形式宣传，不断增强司法公开的力度和广度。2015年初，江苏省高院知识产权审判庭在江苏省高院新浪微博、微信公众号同步开设“知产视野”栏目，两年间共刊发112篇文章。2017年初又开设江苏省高院知识产权审判庭“江苏知产视野”官方微信公众号。江苏省高院还与“知产力”合作，开设“苏法视野”栏目。南京市中院进一步发挥“金陵法学论坛”的平台作用，有效整合产、学、研各家资源优势。苏州市虎丘法院在其官方网站上设立“知识产权司法保护服务平台”专栏，并针对区内高科技企业编制并推送知识产权司法保护电子杂志。

（2）进一步做好司法公开与宣传工作，健全司法延伸服务机制，推进阳光司法。组织开展“4·26世界知识产权日”主题宣传活动，发布《2015年江苏法院知识产权司法保护蓝皮书》。南京市中院参加2016年南京市知识产权维权援助宣讲。苏州市中院先后多次开展创新型孵化器集中调研，并将精心编纂的刊物《知识产权之窗》寄送给“千人计划”中在苏州落户的专家及创新企业。常州市中院继续与市知识产权局合作推进《常州中院法治大讲堂暨知识产权大讲堂》项目。南通市中院在“4·26世界知识产权日”宣传活动期间参加由南通市知识产权联席会议办公室组织的联合执法行动。连云港市中院在《连云港日报》以专刊的形式发布了《市中院知识产权审判规范市场秩序保障百姓民生典型类案案例》。宿迁市中院在洋河新区召开打击假冒侵权酒类商品专项活动通报会。扬州市中院与司法行政部门联合对公证员开展培训，提升知识产权维权取证公证事项办理的规范性。

（江苏省高级人民法院知识产权审判庭）

检察工作

2016年，江苏省检察机关围绕全国和江苏省打击侵犯知识产权和制售假冒伪劣商品工作会议要求，认真落实全国打击侵犯知识产权和制售假冒伪劣商品工作要点，将“双打”工作放到江苏省高水平全面建成小康社会的大格局中谋划和推进，紧紧围绕服务保障“两聚一高”，依法全面履行检察职能，突出打击重点，综合运用打击、监督、服务、预防等方式，着力为经济社会发展、科技创新提供强有力的检察保障，取得了较好成绩。

一、依法履行刑事检察职能，严厉打击侵犯知识产权和制售假冒伪劣商品犯罪

江苏省检察机关紧紧围绕服务经济发展方式转变和经济结构调整，充分发挥检察机关的批捕起诉职能、职务犯罪侦查职能。2016年1～12月，江苏省检察机关批准逮捕生产、销售假冒伪劣商品犯罪案件

240 件 398 人，提起公诉 1113 件 1996 人；批准逮捕侵犯知识产权犯罪案件 113 件 193 人，提起公诉 250 件 609 人。江苏省检察机关继续开展危害食品药品安全案件专项立案监督活动和侵权假冒专项整治工作。如苏州市检察机关将打击互联网领域的制假售假以及商标侵权犯罪、加大对知名品牌企业知识产权保护力度等作为突破口，积极配合相关行政执法机关和公安机关开展整顿和规范互联网领域的“净网行动”，成功办理了多起利用互联网销售假劣商品、网络侵权盗版制品案件以及侵犯知名品牌商标权案件。

二、完善知识产权保护专业化机制，加强知识产权司法保护

江苏省检察院先后下发《关于加强知识产权司法保护探索建立侵犯知识产权案件专门办理机制的方案》《关于规范环境资源和知识产权刑事案件集中办理工作的通知》，完善专业化办案组、专门院集中办理等工作机制。探索建立专门的知识产权办案机构或者办案小组，试行知识产权案件集中管辖。健全知识产权行政执法与刑事司法衔接工作机制，依托平台，加强知识产权案件各个诉讼环节的法律监督，增强保护知识产权合力。推行对重大疑难复杂犯罪案件介入侦查引导取证机制，确保侦查取证的合法性、有效性和案件定性的准确性。探索建立知识产权专家库，建立健全专家证人、专家咨询、技术鉴定等案件办理机制，完善有专门知识的人出庭作证制度，为办案提供智力支持。如无锡市检察院认真落实《关于深化知识产权司法保护服务保障无锡苏南国家自主创新示范区建设的意见》，发挥全市检察机关知识产权案件专业化办案模式作用，提升办案水平；搭建专门化服务平台，通过建立知识产权保护检察法律服务中心，向企业提供知识产权申报、交易、引进、运用等一站式服务指导。

三、进一步加强“两法”衔接工作机制建设

2016 年以来，加快江苏省三级检察院“两法”衔接信息共享平台建设，努力实现网上移送、网上受理、网上监督，提高衔接工作效率，信息共享平台已初步建成。2016 年还先后组织开展了江苏省“两法”衔接联席会议、参与“两法”衔接现场检查、开展江苏省“两法”衔接专题培训、组织江苏省检察机关信息平台管理员岗前培训等。

四、防范和化解区域风险

加强对外宣传工作。为迎接“4·26 世界知识产权日”，江苏省检察院邀请省人大代表、政协委员、特约检察员等视察了南京铁路运输检察院知识产权保护工作。举行新闻发布会，通报江苏省检察机关打击危害食品药品安全犯罪情况，分析办案情况并发布相关典型案例，提出检察建议。南京市检察院、江宁区检察院、玄武区检察院等积极开展多种方式的法律宣传活动。

开展分析研判，服务经济发展。淮安市盱眙县检察院联合开展保护盱眙龙虾知识产权专项执法检查活动，督促市场管理局立案 4 件 5 人；帮助龙虾协会在上海、南京等地设立维权点，起诉侵权案件 74 件。南通海门市检察院延伸监督触角，在检察机关和版权管理、工商行政、公安机关、社会矛盾调处机构之间建立信息互通和分享机制；针对辖区内全国最大的家纺市场——叠石桥国际家纺城，专门设立派驻检察官办公室，配合知识产权管理机构开展保护工作，受到当地市场管委会的欢迎。无锡市开发区检察院研究、整理国内外知识产权的法律前沿问题和动态风险，编印《决策参考》12 期，主动到企业走访，开展法律咨询，发放服务手册，在全社会营造起尊重创新、保护创新的浓厚氛围。

（最高人民检察院侦查监督厅供稿）

浙江省

专利工作

2016年，浙江省知识产权局系统认真贯彻实施创新驱动发展战略和知识产权战略，以建设知识产权强省为目标，主动适应经济发展新常态，助力大众创业万众创新，努力发挥知识产权制度激励创新的基本保障作用，各项工作取得新进展。2016年，浙江省专利申请总量39.3万件，同比增长27.95%，专利授权总量达到22.1万件，其中发明专利申请量为9.33万件，同比增长37.8%，发明专利授权量2.66万件，同比增长13.84%，每万人发明专利拥有量达到16.59件。

一、加强顶层设计，抓好政策规章制定

（1）研究制定知识产权强省建设政策。根据国务院《关于新形势下加快知识产权强国建设的若干意见》和《关于若干意见重点任务分工方案的通知》精神，研究制定了《关于新形势下加快知识产权强省建设的实施意见》。

（2）科学谋划“十三五”时期全省知识产权工作。知识产权发展“十三五”规划首次纳入省级重点专项规划。2016年9月18日，经浙江省政府同意，《浙江省知识产权发展“十三五”规划》正式印发实施。

（3）建立专利奖励体系。强化专利质量效益导向，制定出台了《浙江省专利奖评选办法》，加强对高价值专利的表彰奖励。启动实施首届浙江省专利奖评选活动，共评选表彰省专利金奖15项、省专利优秀奖30项。

（4）完善知识产权工作计划体系。发挥联席会议办公室职能，积极开展部门统筹协调工作，印发实施《2016年浙江省知识产权战略工作要点》《2016年浙江省“知识产权宣传周”活动方案》等。编制实施《2016年浙江省专利事业发展战略推进计划》，进一步加强对市、县专利战略工作的指导。

二、打造知识产权保护最严最优省

（1）加大执法力度。认真贯彻实施《浙江专利条例》，执法办案力度不断加强，执法办案效率显著提升。2016年，全省知识产权局系统共立案11 524起，同比增长34.2%，其中，专利侵权案件10 135起，假冒专利行为案件1389起。共办结案件11 496起，结案率为99.7%。调处赔偿金额108.5万元，处罚金额29 240元。

（2）深入开展电子商务领域专利保护专项行动。2016年2月，国家知识产权局在浙江省成立了全国唯一的电子商务领域专利执法维权协作调度中心，组织轮训20个省（市、自治区）知识产权执法人员70余人。开展2016年电子商务领域专利保护专项行动，现场处理电商平台上的专利侵权投诉案件98 168起，断开、删除侵权链接63 363条，线下调处电商案件7659件。

（3）持续深入推进打击假冒专利专项整治行动。护航G20杭州峰会，组织开展了2016年度打击假冒专利行为专项行动和明察暗访活动，累计出动行政执法人员1800余人次，检查商场、超市、小商品批发市场、药店等1100余家，检查商品22 000余种，查处涉嫌假冒专利行为案件400余起，查处专利标注不规范案件900余起。

（4）稳步推进维权体系建设。“中国温州（服饰）知识产权快速维权中心”正式批复设立并试运行。围绕高新技术产业园区和特色工业设计示范基地知识产权保护需求，新认定浙江省（嘉善）等省级知识产权

维权援助中心3家。注重维权援助绩效，对已正式批建运行一年以上的26家省级及以上知识产权维权援助中心进行工作绩效评价。

(5)创新合作维权机制。与浙江省法院签订知识产权保护协作备忘录，深入开展知识产权（专利）民事纠纷诉调对接工作，调处各类知识产权案件1500余起。宁波市知识产权综合运用和保护第三方平台顺利建成，调解各类知识产权侵权纠纷案件209件。义乌诉调中心接受委托调解案件710件，案件标的总额3048万元，调解成功323件，调解成功率为45.49%。

三、打造知识产权促进产业升级引领省

(1)启动实施专利战略推进工程。开展省专利战略分析，围绕“七大万亿产业”、优势特色支柱产业和省产业技术创新综合试点领域开展专利战略分析。首批“机器人专利战略分析研究——关键零部件”等17个专利战略分析项目正式启动。

(2)加强知识产权运营与金融服务。积极推进省物联网产业知识产权运营基金实施。省物联网产业知识产权运营基金政府引导资金、社会募集资金已基本到位。杭州市入选国家知识产权运营基金新一轮扶持计划，获国家财政资金4000万元。举办2016年专利权质押融资及专利保险业务培训班，继续推进知识产权金融服务工作。

(3)有序推进知识产权区域布局试点工作。推进宁波市国家知识产权区域布局第一批试点工作，印发了《宁波市知识产权区域布局试点工作方案》，着力通过分析、综合利用知识产权信息以及经济、市场、科技、教育等信息，推动区域产业发展和知识产权的融合，加强创新资源和知识产权资源的匹配，支撑产业中高端发展，29个知识产权区域布局专项相继启动实施。

(4)实施国家专利导航试点工程。推动杭州高新区、浙江省磁性材料协会、湖州电梯产业知识产权联盟、宁波材料所、天能电池公司等单位扎实推进2016年国家专利导航试点工程实施，鼓励和支持企业运用知识产权参与市场竞争，引领助推产业转型升级。

(5)鼓励创建产业知识产权联盟。完成杭州高新区安防装备产业知识产权联盟国家备案，引导台州电动车、温州低压电器、东阳磁性材料和湖州锂电池装备等产业知识产权联盟的筹备和组建。推动吴兴区建立物流装备产业专利战略联盟，积极指导南浔区电梯产业专利战略联盟建设。

(6)深入推进重大科技经济活动知识产权评议工作。探索开展高校院所知识产权管理规范贯标试点工作，扩大省重大科技专项知识产权评议工作范围，完成12个项目的背靠背知识产权双向评议。继续实施海外人才引进、科技进步奖、专利奖等活动知识产权评议。推进县域知识产权评议试点工作，德清县列入省知识产权评议试点县。

四、打造知识产权服务创新发展标杆省

(1)大力发展知识产权服务业。获批建设杭州高新区（滨江）全省首个国家知识产权服务业集聚发展实验区，召开杭州高新区（滨江）知识产权工作建设推进会。新增国家级品牌示范培育机构2家，全省累计达到8家。新培育专利代理机构10家，分支机构9家，全省累计专利代理机构69家，分支机构83家。圆满完成2016年全国专利代理人资格考试杭州考点工作，参考人数再创新高。

(2)推进知识产权人才体系建设。深化知识产权高层次人才队伍培养，新选派14名知识产权高层次人才赴美国开展专业培训。省知识产权高层次人才库初步建成，首批共96名知识产权专家入库。加强知识产权实务型人才培养，50人被纳入全国首批

知识产权实务型人才库。浙江、温州两个国家级知识产权培训基地共组织开展各类实务培训37班次，受训人员近5000人。

(3)加强知识产权宣传普及教育。认真开展"4·26世界知识产权日"宣传周、专利周等活动，编制发布《2015年浙江省知识产权发展与保护状况》白皮书，开展知识产权产权宣传巡回演讲、"市长杯"创意杭州工业设计大赛、发明创新大赛、知识产权知识竞赛、知识产权夏令营等活动。研究制订省级中小学知识产权教育试点示范工作方案，杭州艮山中学进入全国首批中小学知识产权教育试点。

（浙江省知识产权局）

商标工作

2016年，浙江省商标工作贯彻部署"扶优促强行动""惠农富民行动""市场品牌提升行动""小微企业品牌扶持行动"和"市场秩序净化行动"五大行动，全面部署"十三五"期间商标品牌工作各项任务。

全省新增注册商标19.3万件，总量达131.6万件；新增境外注册商标4510件，境外注册总量达7.3万件；新增地理标志证明商标6件，累计达199件；全年共查处各类商标违法案件3927件，案值达17 190.6万元，罚没款8058.3万元，移送司法机关131起133人次。

一、高度重视，政策环境有力提升

专题召开"商标品牌战略2016浙江行动"工作部署电视电话会议，全面总结"十二五"期间浙江省商标品牌建设工作，部署"商标品牌战略2016浙江行动"任务。制定出台《浙江省"十三五"商标发展规划》，明确未来五年，商标工作的主要任务和阶段要求，进一步明确商标品牌工作政策导向。

二、服务深化，商标品牌运作提升

(1)"商标质押百亿融资行动"深入推进。经国家工商总局商标局批准，设立浙江省工商局商标专用权质押受理点，下发《关于进一步深化"商标质押百亿融资行动"的通知》，各地积极联动，扩面增量，积极做好企业和银行的对接。全省新开展商标质押登记企业单位602家，涉及商标2466件，授信额达98.23亿元，开展质押登记数占全国同期办理总量1410件的42.7%，位列全国第一。

(2)各地商标注册委托受理点有序设立。经国家工商总局商标局批准，台州商标受理处在全国率先设立并运行，启动4个月来，共受理商标注册申请352件。宁波市成为浙江省第二个受理处并通过验收。

(3)"惠农富民行动"重点推进。开展"丽水山耕"品牌运营情况调研，指导丽水修改完善《"丽水山耕"品牌建设(2016～2020年)实施方案》，并先后两次向省政府行文专门报告"丽水山耕"品牌运营情况。2016年，全省共新增农产品注册商标千件，累计达万件。

(4)继续巩固提升品牌服务平台建设。为做好全省品牌指导站和品牌基地的提升工作，先后走访宁海市中国文具产业基地和丽水市开发区品牌指导站等开展调研，组织召开商标质押和品牌指导站工作座谈会，参观考察余姚市阳明街道品牌工作指导站现场。

(5)商标品牌科研力量进一步巩固。探索合作建立"浙江省商标品牌发展研究院"，开展浙江省商标品牌示范评价、2016年商标品牌发展报告等工作，有效提升浙江省商标品牌建设的理论水平，实现理论指导实践。

三、监管到位，商标品牌保护环境更加有利

(1)部署"双打"行动。为贯彻"市场秩序净化行动"，根据国家工商总局和省"双打"办下发的年度工作要点，部署做好2016

浙江"红盾网剑"专项执法行动、"防霾产品"专项整治行动、"清风"行动等专项行动，先后开展G20杭州国际峰会特殊标志、"迪士尼"注册商标、"中国黄金 China Gold及图"注册商标等重点商标的专项保护，全年共查处各类商标违法案件3927件，案值达17 190.6万元，罚没款8058.3万元，移送司法机关131起133人次。

(2)加大网络市场净化。为进一步规范网络市场秩序，切实保护消费者和经营者合法权益，着力营造良好的网络市场交易环境，组织开展了为期半年的2016年浙江"红盾网剑"专项执法行动，对网络交易市场中的"二大重点主体、五大类重点商品和七大类重点违法行为"进行有力打击。行动期间，全省共出动执法人员3.6万人次，检查相关网站3.9万家次，立案查处各类网络违法案件1907件，办结1314件，涉案金额2.7亿元，罚没款达2301.6万元，移送公安机关94起，关闭违法网站(网店)94个。

(浙江省工商行政管理局)

版权工作

2016年，浙江省版权工作紧紧围绕浙江省新闻出版广播影视业三大目标，组织开展打击侵犯知识产权和制售假冒伪劣商品专项行动，进一步推进政府机关党群系统和国有企业软件正版化工作，举办版权系列宣传活动，取得较好的工作成效。

一、版权保护方面

(1)认真做好打击侵犯知识产权和制售假冒伪劣商品工作。其一，做好2015年度打击侵犯知识产权和制售假冒伪劣商品绩效考核的有关工作，起草了两份自评报告。其二，制订并印发了《2016年版权行政执法工作方案》，明确了执法程序和执法责任，同时重申了案件查处信息报送、信息公开的有关规定。其三，做好浙江省2015年度全国查处侵权盗版案件有功单位和个人推荐工作，共有18家单位、18名个人分获有功单位及有功个人一、二、三等奖，浙江省版权局版权处荣获有功单位一等奖。其四，组织实施打击网络侵权盗版"剑网2016"专项行动。2016年7月20日印发《浙江省打击网络侵权盗版"剑网2016"专项行动实施方案》。其五，2016年7月27～28日在绍兴举办了版权执法监管培训班，来自江苏省和浙江省的120余名版权执法人员参加了培训。

(2)继续推进软件正版化工作。其一，印发了《2016年浙江省推进使用正版软件工作计划》。其二，印发了《关于做好2016年推进软件正版化有关工作的通知》，充实完善政府机关软件正版化工作责任人数据库。其三，2016年6月14日，召开了省市县三级政府机关软件正版化工作培训会。来自80多家省级机关及市县负责软件正版化工作的240多人参加了培训会。其四，2016年11月22～26日联合多部门对温州、台州两市的政府机关软件正版化工作进行了实地检查，做好监督检查工作，进一步健全长效管理机制，巩固软件正版化工作成果。

二、版权宣传方面

其一，组织举办主题为"加强知识产权保护运用，加快知识产权强国建设"的版权宣传活动。其二，举办了第四届"知识产权杯"创意设计大赛活动，共有14所高校参赛，参赛作品2010件作品。有5件大赛作品被不同企业采用，在大会现场设计者和企业代表签订了《委托设计作品应用合同》。其三，参与了长三角地区知识产权发展与保护状况新闻发布会。

三、版权服务方面

其一，制订印发了《加快推进浙江省新闻出版业向周边国家和"一带一路"沿线国家"走出去"工作方案》。对浙江省新闻出版业“走出去”工作有很强的指导作用。其二，指导浙江省版权协会推进“2015 浙江版权最具影响力企业”评选活动。推选出 8 家企业为“2015 浙江版权最具影响力企业”。其三，组织省内出版社等单位参加第二十三届北京国际图书博览会，参展出版物 1000 多种。其四，2016 年 9 月 28～29 日，召开了全省新闻出版业“走出去”工作推进会。特别是对加快推进向周边国家和“一带一路”沿线国家“走出去”工作提出了明确要求。其五，2016 年 11 月 13～19 日，赴罗马尼亚举办浙江版权贸易图书展。其六，2016 年 4 月，在台州市筹建了版权服务工作站，明确了工作站的职责、组织机构、人员配备等事项。其七，截至 2016 年 12 月 31 日，登记一般作品 17 785 件，核准登记出版境外图书合同 552 件，办理涉外图书、音像制品、电子出版物制作合同登记 609 件，计算机软件著作权合同备案 154 件。

（浙江省版权局　严庆荣）

司法工作

2016 年，浙江法院深入贯彻国家知识产权战略和创新驱动发展战略，以执法办案为中心，以完善知识产权审判体制机制为基础，以加强知识产权保护为导向，逐步形成区域知识产权司法保护的全新格局。

一、执法办案方面

（1）提升审判成效。2016 年，浙江省各级法院共新收知识产权民事一审案件 18 710 件，审结 18 536 件，分别同比上升 10.1% 和 18.3%；新收二审案件 1062 件，审结 972 件。共新收知识产权刑事一审案件 415 件，审结 423 件；新收知识产权行政案件 17 件，审结 17 件，同时审查执结了一批涉知识产权的非诉行政执行案件。

（2）打造精品案例。浙江省高院审理的嘉易烤公司与金仕德公司、天猫公司侵害发明专利权纠纷上诉案入选 2015 年中国法院十大知识产权案件。华为公司与中兴公司、阿里巴巴公司侵害发明专利权纠纷上诉案等四个案件入选 2015 年中国法院五十个典型知识产权案例。此外，还有多起案件入选全国法院系统 2016 年度优秀案例分析、优质品牌保护委员会“知识产权保护最佳案例”等。

二、调研指导方面

（1）有力组织调研指导。浙江省高院实现了 2015 年浙江省法院重点调研课题《关于市场开办者知识产权侵权责任的调研》的成果转化，制定并下发了《关于市场开办者知识产权侵权责任的纪要》。完成了 2016 年浙江省法院重点调研课题《关于知识产权损害赔偿问题的调研》。此外，还采用开设培训班、编发《办案质量通报》《知识产权审判疑难问题解答》等方式进行调研指导。

（2）落地大数据分析项目。2016 年，浙江法院在最高人民法院的支持下，推出区域知识产权民事审判大数据分析改革，并成功落地。由浙江省高院主编的《浙江省知识产权民事司法保护报告（2015 年）》经由法律出版社出版发行，代表着区域性知识产权司法公开步入全面系统、丰富多元的大数据时代。

三、机制建设方面

（1）第三方平台建设取得实质性进展。浙江省高院与浙江省知识产权局在义乌市、宁波市联合开展知识产权诉调对接机制工作试点，形成可复制推广的“义乌模式”“宁波模式”等机制模式。浙江全省范围内的知识产权多元化纠纷解决机制平台推广工作也在积极筹备中。

（2）有序推进“三合一”工作。浙江省高院出台了全省推进知识产权审判“三合一”工作的方案建议，并召开知识产权审判“三合一”工作推进会预备会。同时，积极推动跨区域管辖，助推杭州铁路运输法院的转型升级。根据最高人民法院的批复，杭州铁路运输法院自2016年7月1日起跨区域管辖杭州市江干区、上城区、下沙经济技术开发区、富阳区、临安市、建德市、淳安县、桐庐县辖区的一般知识产权民事案件。

四、宣传交流方面

(1)参与承办最高人民法院“浙江行”活动。浙江省高院参与承办了最高人民法院2016年“知识产权司法保护浙江行”媒体见面会。还召开了2016年浙江法院知识产权审判工作会议和浙江法院知识产权司法保护新闻发布会，公布了2015年浙江省十大知识产权保护案例和十大调解案例。

(2)打造“知之汇”品牌。2016年2月成立了“浙江法院新闻网·知之汇”子网，成为国内具有一定影响力的专业知识产权司法保护宣传平台。杭州市中院通过官方微博视频直播“嘀嘀商标侵权纠纷案”的庭审过程；温州市中院、西湖区法院等也利用微信公众号发布知识产权审判信息和典型案例。

(3)提升职业素质和司法能力。浙江法院在扎实推进队伍政治素质建设的同时，也注重提升审判业务素养。浙江省高院联合国内知名知识产权信息和数据平台，共同发起了知识产权专业、公益平台“三知论坛”，业已成为国内高端知识产权论坛品牌。首届论坛得到最高人民法院和中国知识产权法学研究会肯定和派员指导，并形成了《首届“三知论坛”纪要》。同时，浙江法院还组织了“知识产权司法保护论坛”等多场研讨会，派员参加“中国知识产权法官讲坛”等全国性学术研讨。一支政治素质过硬的专家型知识产权法官队伍业已形成。

（浙江省高级人民法院知识产权审判庭）

检察工作

2016年，浙江省检察机关按照《国家知识产权战略纲要》和《浙江省知识产权事业发展“十三五”规划》等要求，扎实履行对侵犯知识产权、制售假冒伪劣商品犯罪案件的批捕、起诉和诉讼监督职能，坚持打击、监督和服务并重，切实保护知识产权所有权人合法权益，为创新发展提供良好的法治环境，服务经济社会发展。

一、依法惩治侵犯知识产权和制售假冒伪劣商品犯罪，加大司法保护力度

浙江省检察机关立足检察职能，在审查逮捕、审查起诉、民事行政审判监督等工作中加大刑事司法保护力度，依法惩处侵犯知识产权和制售伪劣商品犯罪，保护知识产权人的合法权益。2016年，浙江省检察机关共对侵犯知识产权犯罪案件批准逮捕81件111人，提起公诉415件674人，立案监督5人；共对制售假冒伪劣商品犯罪案件批准逮捕318件581人，提起公诉885件1578人，立案监督168人。

二、强化内外协作，提高司法保护效率

浙江省检察机关注重加强上下级检察院之间的信息通报和业务交流，对案件移送、调查取证、区域合作、案件管辖等方面遇到的问题，增进上下级检察院间的协调和指导，各级检察机关还通过加强侦查监督、公诉、民事行政检察、反贪污贿赂、反渎职侵权等各部门之间的联系与协作，在知识产权犯罪案件立案监督、审查逮捕、审查起诉、出庭公诉、民事行政案件抗诉、职务犯罪侦查等环节加强配合，提高知识产权检察保护效率。建立对知识产权案件的提前介入机制，引导行政执法机关、侦查机关依法查明案情，及时收集、固定证据，并将推进知识产权检察工作和地方党委、政府工作实现有机融合，有效保证办案质量，进一步保障和提升办案效率。浙江省检察院与省公安厅、省高院建立打击危害食品、药品安全犯罪专项联络机制，注重协助配合，以达到最大程度打击危害食品药品安全犯罪行为目的。在2016年开展的食品药品专项监督过程中，注重不就案办案，围绕党和政府中心工作，着眼行政执法与刑事司法有效衔接长效机制建设，加强与公安机关和相关行政执法机关的协调配合，形成打击合力。

三、加强对下督办指导，延伸检察职能

鉴于各地检察机关在办理侵权假冒案件中存在的问题，浙江省检察院2016年多次组织赴台州、温州、金华等地，就办理侵犯知识产权和制售伪劣商品犯罪案件中存在的法律适用问题与基层检察院进行沟通交流，并提出指导意见。同时指导浙江省检察机关围绕中央和浙江省委、省政府的工作部署，深入开展食品安全大排查，延伸检察职能，积极配合强力推进"三打一严"专项行动，服务社会治理，坚持把专项监督工作与查找社会管理制度漏洞有机结合，通过检察建议等方式，促进社会管理健康发展。

四、加强调查研判，提高司法保护水平

浙江省各级检察机关在办案中加强对本地区侵犯知识产权犯罪案件情况的调查研判，围绕网络知识产权保护、企业知识产权涉法需求和相关法律适用疑难等问题摸清第一手情况，掌握第一手信息，确保办案工作有的放矢，突出打击效果。如台州市路桥区检察院通过调研分析，与路桥区法院、路桥区公安局联合出台了《办理侵犯知识产权刑事案件若干问题的指引》《办理侵犯商业秘密刑事案件若干问题的意见》，有力指导了当地侵犯知识产权刑事案件的办理。

五、加大宣传引导，营造重视和支持知识产权发展的良好环境

浙江省检察机关注重加强对知识产权保护工作的宣传和引导，加强与新闻媒体联系沟通，通过一系列的宣传活动，进一步宣传党和国家创新驱动发展战略，宣传有关保护和促进知识产权发展的方针政策和法律法规，不断提高社会公众知识产权保护的意识，有力推动知识产权社会保护体系的形成。义乌市检察院继续运用网络平台"义乌购"论坛中的"检察官说法"版块，以案例评析的方式向公众展示知识产权犯罪案件办理情况，剖析发生在公众身边的真实案例，普及知识产权相关知识。通过加大宣传，进一步扩大了知识产权检察保护工作效果。

（最高人民检察院侦查监督厅供稿）

安徽省

专利工作

一、知识产权强省建设开局良好

安徽省政府印发了《加快知识产权强省建设实施方案》，建立了知识产权强省建设联席会议制度，制订实施知识产权战略和专利战略年度推进计划。各成员单位根据分工，稳步推进强省建设工作目标和重点任务落实。组织《安徽省专利条例》宣讲和知识产权竞赛活动，起草《安徽省专利奖励办法》和《安徽省专利发展专项资金管理办法（修订稿）》，并已送审。出台《安徽省专利维权资助实施细则》《关于进一步加强专利权质押贷款工作的指导意见》和《关于进一步加强重大经济科技活动知识产权评议工作的指导意见》等配套政策。

二、知识产权创造水平大幅提升

印发《关于进一步规范专利资助政策的通知》，召开全省规范专利资助政策座谈会，要求各地修订现行专利资助政策，堵塞政策漏洞，防范非正常专利申请，着力提升专利申请质量。2016年，全省共申请发明专利95 963件，同比增长40.5%。共获授权发明专利15 292件，同比增长36.8%。每万人口发明专利拥有量6.37件，居全国第九位，首次进入全国前十。知识产权综合实力连续两年保持全国前十。

三、知识产权运用效益显著提高

指导重点企业开展专利运营试点。全省共办理专利权质押贷款220笔，质押金额24.36亿元，分别居全国第四位和第六位。蚌埠市成为安徽省首家国家知识产权质押融资示范城市，界首市成为国家知识产权质押融资和专利保险试点城市。组织完成知识产权评议项目8项，安徽省首个专利导航产业发展项目在宁国经开区核心基础零部件产业集聚发展基地开展。开发"安徽省知识产权信息公共服务平台"，可一站式查询专利、商标和版权等知识产权信息，为专利权人提供专利年费提醒、质量评价、技术推广等服务，为企事业单位提供专利贯标辅导、专利托管、质押登记等流程管理服务，还可提供专利专题数据库查询、在线专利分析、专利分析研究报告和知识产权维权援助等服务，各类基础信息资源均免费向社会开放共享。分产业举办5期专利信息分析与利用实战培训班，共计培训企业专利联络员、高校院所知识产权专员和研发骨干400余人。

四、知识产权保护环境不断优化

深入开展专利行政执法专项行动，重点查处专利侵权和假冒专利案件。2016年，全省共出动执法人员1000余人次，检查商业场所400余次，检查商品4万余件，全省专利案件受理量首次突破1000件，达1180件，较上年增长135.5%。召开全省电子商务领域专利执法维权调度工作会，出具电商领域专利侵权判定咨询意见403件，断开侵权电商链接300余条，有效维护了电商领域专利权人的合法利益。成立信用体系领导小组，印发《安徽省知识产权局行政处罚等信用信息公示工作方案》和《关于公开监督专利行政执法信息工作方案》，初步构建起知识产权社会信用体系机制。组织编印《安徽省专利执法维权典型案例》《专利行政执法手册》《执法文书规范》，举办专利行政执法人员资格培训和实务技能培训班，提高县级专利行政执法能力，2016年全省有62个县（市、区）受理专利行政案件543件，占46%。开通"专利维权信息网络报送和办理系统"，建立专利维权信息快速通道和快速维权保护机制，面向全省企业专利联络员、知识产权专员及骨干研发人员，广泛征集侵权案件线索和维权请求。

五、知识产权管理与服务能力得到加强

以示范引领带动知识产权强市、强县、强企建设。安徽省现有国家知识产权示范城市3个，省知识产权示范市、县（区）16个；国家知识产权强县工程示范、试点县（区）27个；国家知识产权示范、试点园区2个；省知识产权示范及培育园区30个。发布2016年安徽省发明专利百强榜。精心组织"4·26世界知识产权日"宣传周和中国专利周活动，编辑出版《向创新致敬——安徽省优秀发明专利精选（1985～2015）》，广泛宣传安徽省知识产权事业取得的成就。

（安徽省知识产权局）

商标工作

2016年，安徽省工商和市场监管部门积极履行商标管理职能，立足商标注册、管理、运用、保护和服务，大力实施商标品牌战略，积极推进质量品牌升级工程，认真开展增品种、提品质、创品牌行动，取得了新的显著进展，实现了“十三五”的开门红。

一、深入实施商标品牌战略，推进品牌升级

(1)认真筹划，提升部门行为为政府行为。发挥牵头部门作用，大力实施“五大发展行动计划”、质量品牌升级工程，认真开展增品种、提品质、创品牌行动，将实施商标品牌战略深度融入全省经济社会发展大局，作为全省推进质量品牌升级和开展增品种、提品质、创品牌行动的重要内容，将部门行为提升为政府行为，全面加以推进，积极参与了各类产业、行业、区域经济或综合性经济政策的制定，注入商标品牌发展内容，大力发展品牌经济，推动安徽产品和服务向安徽品牌、中国品牌、世界品牌的升级，服务供给侧结构性改革，助力全省经济发展。

(2)完善机构，出台发展规划完善顶层设计。调整充实了省实施商标战略工作领导小组，并将其更名为省实施商标品牌战略工作领导小组。出台了《安徽省“十三五”实施商标品牌战略规划(2016～2020年)》。

(3)加强协作，举办活动丰富工作内容。举办了安徽省领导干部推进质量品牌升级研讨班，举办了全省工商和市场监管系统质量品牌升级与商标国际注册培训班，召开了全省工商和市场监管系统推进质量品牌升级与商标代理机构座谈会，承办了国家工商总局商标局2016年马德里商标国际注册发展研讨会。会同安徽省质监局组织了质量品牌升级“江淮行”系列活动。会同安徽省质监局、省统计局研究制定了安徽省品牌经济统计实施办法。

(4)加强指导，助力地方商标品牌运用发展。大力开展商标品牌创建活动，认真开展省级专业商标品牌基地认定，积极指导企业商标注册、地理标志商标注册、马德里商标国际注册与品牌创建。组织了老字号品牌保护利用专题调研，向省政府提出加强老字号商标品牌保护利用、助力优质民营企业发展的具体措施。

(5)积极参与，大力推行商标注册便利化改革。积极参与国家工商总局推行的商标注册便利化改革，组织六个省辖市工商局申报设立商标注册受理处，并申报在合肥市设立京外商标审查协作中心，国家工商总局商标局已批准在合肥市工商局、芜湖市工商局和安庆市工商质监局设立商标受理窗口，合肥和芜湖商标受理窗口已经开展受理业务。

全省商标注册申请量增长迅猛，商标品牌创建取得了新成果。2016年全省新增商标注册申请88 042件，继续创历史新高；增幅为46.6%，高于全国平均增幅18.2个百分点。全省新增注册商标47 643件。全省累计有效注册商标量达到239 666件。新申请马德里商标国际注册61件，有效马德里商标国际注册数达385件；新增地理标志商标23件，总数达101件。全省每万户市场主体拥有的注册商标量已由2015年底的707件增长到737件，净增30件。新认定安徽省专业商标品牌基地申报23个，安徽省专业商标品牌基地达75个，这些品牌基地已拥有注册商标18 347件，2015年的产值达6418亿元，利润268.7亿元，税收153.7亿元。

二、大力开展商标质押贷款工作，助力实体经济发展

(1)明确重点，积极开展调研。将商标质押贷款作为商标品牌运用的重点，组织工商干部深入企业调研和排摸，积极指导

和帮助企业加强商标品牌的市场运用，充分挖掘商标品牌的价值，指导和帮助企业办理商标质押贷款，着力帮助企业解决融资难问题，服务实体经济，服务中小微企业发展，助力大众创业、万众创新。

（2）完善制度，确保工作范围。强化定期检查和通报，推进县市区帮扶企业商标质押贷款工作全覆盖，对全省商标质押贷款工作成绩突出的9个市工商局和42个县区工商局进行了通报表扬。

（3）注重协调，设立商标质权登记受理点。争取国家工商总局商标局批准设立了商标质权登记安徽受理点。安徽受理点从2016年8月30日开通至年底，已办理企业商标质押登记109件，质押商标318个，融资金额7.5亿元。全年办理商标质押贷款292件，帮助企业融资20.1亿元。全省已累计办理商标质押贷款1552件，商标质押融资金额达144.8亿元。

三、加强商标行政执法，加大商标品牌法律保护力度

（1）重点突出，加强商标专用权保护力度。以打击侵权假冒、保护商标品牌专用权为重点，组织开展了打击侵犯知识产权和制售假冒伪劣商品专项整治。对驰名商标、著名商标、地理标志商标、涉外商标进行重点保护。通过受理企业和消费者投诉举报、开展打假专案行动、公开"双打"行政处罚案件信息等多种方式，加大打击侵权假冒的力度，营造全社会创牌、用牌、护牌的良好氛围。开展注册商标专用保护专案行动，查处一批侵权案件，受到了企业的欢迎。

（2）方式多样，提高商标专用权保护效率。开展了全省企业商标注册信息归集到国家企业信用信息公示系统（安徽）工作，依法公开了全省工商和市场监管系统"双打"行政处罚案件信息。承办了国家工商总局商标局商标行政执法区域协作座谈会长三角片会，加强了商标执法区域协作。

（3）成效显著，积极营造公平竞争的市场秩序。2016年，全省工商和市场监管系统共查处侵权假冒案件5565件，办结5107件，案值2944万元，罚没3396万元，移送司法机关16件；其中查处商标侵权假冒案件2684件，移送司法机关15件。

（安徽省工商行政管理局）

版权工作

2016年，安徽省版权管理工作紧紧围绕全省中心工作，各方面工作取得较好的成效。

一、深入开展版权执法监管工作，提升依法行政水平

（1）开展"剑网2016"专项行动。安徽省版权局制订《安徽省开展打击网络侵权盗版"剑网2016"专项行动实施方案》，积极部署具体工作。

（2）严厉查处侵权盗版违法行为。充分利用安徽省数字版权保护平台的技术优势，及时监测巡查、及时发现掌握违法犯罪线索，建立规范有序的专项预警、实时监管和案源搜查机制。全年共立案查处著作权侵权案件20起。此外，通过主动监管、劝诫、说服教育等纠正网络侵权行为30余起。在国家版权局公布的2015年度查处侵权盗版案件有功单位和有功个人名单中，安徽省共有5个单位（专案组）和26名个人获得表彰。其中，安徽省版权局荣获有功单位一等奖。

（3）开展广播电视节目版权专项治理行动。下发《关于开展广播电视节目版权专项检查活动的通知》，进一步加强广播电视播出节目版权管理，对安徽省各广播电视台制作和播放的广播电视节目版权问题进行专项检查。

（4）加强版权执法培训和指导。安徽省版权局于2016年8月在合肥市举办了全省130多名执法队员参加的业务培训班。协调多部门多次组成联合督查组加大各地对大要案的查处和指导力度，确保重大典型案件的顺利查处。同时积极探索建立综合执法协调机制。积极组织全省版权执法人员参加国家版权局和其他部门组织的各类培训，共组织各类培训 40 余人次。

(5)加强案件信息公开和信息报送工作。明确版权行政处罚信息公开和信息报送工作的内容、范围、方式和时间等。每月安排专人按时向国家版权局和省“双打”办报送案件信息公开报表、行政处罚案件，及时做到案件信息公开。

二、大力推进软件正版化工作，建立健全长效工作机制

(1)建立健全政府机关软件正版化工作长效机制。制定出台管理制度，建立政府机关使用正版软件经费保障、正版软件采购以及资产管理和考核评议等制度，建立健全长效工作机制，巩固正版化工作成果，提升安徽省软件版权保护工作水平。

(2)开展软件正版化宣传培训工作。一是组织省直机关有关部门参加政府机关软件正版化工作培训会议和软件正版化长效机制建设工作培训会议。二是对企业开展软件正版化工作培训。三是通过网站大力开展宣传工作，介绍、宣传软件正版化工作成效、做法及工作动态。四是建立软件正版化工作责任人数据库，采集并建立了近 8000 个单位软件正版化工作责任人信息数据库。

(3)开展政府机关和企业软件正版化督促检查。一是对 54 家省直单位开展软件正版化工作检查，并上机检查了 2057 台计算机软件安装使用情况。二是审查 50 多家第三批安徽省诚信示范企业使用正版软件工作情况，提出评审意见和建议，对诚信示范企业建设工作严格把关。三是集中对企业软件正版化工作开展督促检查工作，推动企业整改，对于整改工作不到位的，责令限期整改。

三、强化版权公共服务，组织开展版权理论研究

(1)推动版权示范单位创建。安徽乐堂动漫信息技术有限公司、安徽新媒体集团、安徽漂牛网络科技有限公司三家单位被确立为省级版权保护示范单位。积极推动、指导安徽新媒体集团申报国家级版权示范单位并获批。培育并组织时代出版传媒股份有限公司获得世界(中国区)版权金奖。

(2)积极开展作品版权登记服务工作。在宿州、黄山、马鞍山市增设版权登记代办点。自 2016 年 7 月 1 日起，在全省实现版权免费登记制度。截至 2016 年 12 月底，全省约有 3700 份作品申请登记，比 2015 年增长约 163%。

(3)指导、推动版权保护协会开展相关工作。会同协会组织省内版权产业单位开展业务合作、学习交流、产业调研等相关活动。

(4)承担国家级版权课题研究。积极申报版权重点研究课题《知识产权强国背景下版权强国建设》，并获立项。

四、搭建版权交易平台，推动版权产业繁荣发展

(1)搭建版权交易平台。充分发挥安徽省版权交易中心作用，为版权产业企业和有关权利人搭建版权交易平台。

(2)开展版权产业调研。组织合肥、蚌埠等市版权管理部门赴广东省开展版权产业调研，形成《广东省版权产业调研报告》。

(3)组织产业单位参加第六届中国国际版权博览会。

五、丰富版权宣传形式，扩大版权社会影响

(1)开展版权宣传周活动。围绕“4·26 世界知识产权日”，启动 2016 版权宣传周活动，制订并印发《2016 年安徽省版权系统知识产权宣传周活动方案》。组织开展各类形式的版权宣传教育活动，还积极创新宣传工作方式方法，利用微信、微博平台等加大宣传力度，扩大活动影响。

(2)举办知识产权博士论坛。举办“数字创意、重塑文化”主题论坛，邀请知识产权理论和实务界的相关专家学者在论坛上进行交流发言。

（安徽省版权局　汪闻敏）

司法工作

2016年，安徽省各级法院全面贯彻党的十八大和十八届三中、四中、五中、六中全会精神，紧紧围绕“努力让人民群众在每一个司法案件中感受到公平正义”目标，聚焦司法为民、公正司法工作主线，积极践行新发展理念，明晰职能定位，狠抓执法办案，以改革的精神推进改革，以创新的方式保护创新，推动安徽省知识产权司法保护事业取得新进展。

一、强化政策指引，严格知识产权保护

2016年，安徽全省法院共受理一审知识产权纠纷案件4314件，其中新收案件4027件，同比分别增长45.4%和40.8%，审结3974件，调撤2871件，调撤率为72.2%；受理二审知识产权纠纷案件311件，其中新收288件，同比分别增长13.5%和0.9%；审结267件，调撤101件，调撤率为37.8%。

二、勇于改革创新，完善体制机制

(一)全面推进知识产权审判“三合一”工作

召开安徽省法院推进知识产权审判“三合一”工作座谈会，结合安徽省实际，形成推进知识产权审判“三合一”工作实施方案。芜湖等地法院已全面实现中、基层两级法院知识产权审判“三合一”，亳州市中院、合肥市高新区法院等形成了与工商、版权等行政主管部门定期召开通气会、交流审判、查处工作简报等形式的长效联络机制。

(二)推进知识产权案件集中管辖改革

合肥市中院、芜湖市中院分别受理皖北、皖南专利案件的专利案件分片跨行政区划管辖改革于2016年1月1日正式实施。2016年6月，在安徽省人大常委会和安徽省高院共同组织的驻皖全国人大代表、省人大代表“人大代表看法院(芜湖行)”活动中，代表旁听了管辖调整以来芜湖市中院受理的一起跨行政区划专利案件。一年来，安徽省高院密切关注集中管辖改革实施情况，及时形成调研报告报送安徽省委政法委。

(三)创新知识产权培训工作

安徽省高院内部挖潜，面向三级法院打造教育培训新平台，开展“安徽法院大讲堂——法官教法官”视频培训。铜陵市中院举办“知识产权发展与司法保护”主题沙龙。

三、加强审判管理，优化司法质效

(1)规范自由裁量。“4·26世界知识产权日”前夕发布安徽省法院知识产权司法保护典型案件和年度报告。在安徽省法院民事商事审判工作会议上作知识产权法律适用问题报告。

(2)强化审判管理。安徽省高院每半年对全省知识产权案件数量变化、特点及受理案件情况进行分析，有针对性地改进工作。铜陵市中院针对知识产权系列案件同质化特点，推出知识产权裁判文书简化模式。发挥案件质量监督员作用，依托信息化应用系统，加强对审判工作流程监督管理。推进庭审公开，对社会关注度较高的案件，通过邀请人大代表旁听、直播庭审等方式提升透明度；落实《最高人民法院关于人民法院在互联网公布裁判文书的规

定》，做到应上尽上。安徽省高院知识产权庭制订合议庭案件评议、裁判文书制作联署规定。

(3)加强调查研究。芜湖法院撰写的《知识产权审判“三合一”推广工作任重道远》《论商标侵权案件中的诉讼中止》等调研文章刊载于《中国知识产权报》《中国工商报》等主流媒体。铜陵市中院2016年在《人民法院报》、中国法院网、《中国知识产权报》《安徽法制报》等各类媒体发表知识产权宣传、调研文章30多篇(次)，并出版知识产权文集《使命与责任》。

四、拓展司法职能，倾力服务大局

(1)服务创新主体。芜湖市经开区法院联合芜湖高新技术创业服务中心、芜湖市高新技术企业协会成立安徽省首个知识产权司法保护法官办公室，实行驻点值班工作机制；联合高新技术企业协会、科创中心组织召开知识产权企业发展和保护研讨会；开展涉知识产权法律宣传教育。蚌埠市禹会区法院依托高新区知识产权维权援助工作站，实现与企业知识产权实践的深度对接。淮北市中院结合“百名法官进百企”活动，深入皖北煤电、辉克药业等企业调研。芜湖市中院开展“知识产权宣传万里行”系列活动。铜陵市中院与铜陵电视台、《铜陵日报》、铜陵新闻网联办知识产权专题节目、专版及在线交流活动，开展“知识产权日”公益短信宣传；并利用中国科技大学铜陵科技园知识产权法律服务站积极为企业提供法律服务。安徽省高院参加全国工商联民营企业知识产权保护状况调研座谈。作为安徽省台商权益保障工作联席会议成员单位，安徽省高院积极参加安徽省台办组织的贴心服务助台企行动。

(2)助力创新发展。安徽省高院先后参与安徽省委、省政府《贯彻落实国家创新驱动发展战略纲要实施方案》、省政府《关于深化体制机制改革建立政策与制度创新体系》《关于加快建设知识产权强省的意见》《关于推进和保障科教大省建设的若干政策》《关于完善产权保护制度依法保护产权的实施方案》等文件的调研讨论，提出意见建议。

(3)加强联络交流。2016年4月，马鞍山市中院举办“推进长江经济带发展——知识产权司法保护研讨会”。安徽省高院参加中国科技大学知识产权学科建设研讨会。安徽省高院陪同驻皖全国人大代表、省人大代表赴芜湖法院视察知识产权司法保护工作。

五、学做结合，在清风正气中激发队伍活力

(1)抓实“两学一做”学习教育。认真学习贯彻党的十八大、十八届三中、四中、五中、六中全会精神和习近平总书记系列重要讲话特别是视察安徽重要讲话精神，引导干警牢固树立“四个意识”特别是核心意识、看齐意识。深入开展“讲看齐、见行动”学习讨论、审判纪律和司法作风专项整治活动。扎实开展“万堂党课下基层”、支部共建活动，安徽省高院知识产权庭选取蚌埠市禹会区法院作为支部共建联系点，以支部共建为契机，建设高素质法官队伍，实现双方共进共赢。

(2)更高标杆定位司法能力。通过案件复议、扩大合议等形式，尽可能统一裁判尺度。加强业务学习，及时更新知识结构。创新学习形式，利用部门微信群拓展“八小时”以外学习平台。

(3)“三个严格”引领反腐廉政。安徽省高院以邀请纪检监察负责人上专题教育课作为新年第一次例会内容的制度传承，做到新年伊始廉政先行。实现每月第一个周例会的“廉政教育日”常态化。安徽省高院打破合议庭人员固定搭配，压缩不当干预的渗透空间。层层签订党风廉政建设责任书。全力支持廉政监察员履职。坚持纪在法前，用好“四种形态”，让“红脸出汗”、批评警示成为常态。

(安徽省高级人民法院知识产权审判庭)

检察工作

2016年，安徽检察机关充分发挥检察职能，依法严厉打击侵权假冒违法犯罪，积极助力知识产权保护，为安徽“创新型省份”建设提供了有力司法保障。

一、发挥检察职能，严厉打击侵权假冒犯罪

依法从严从快批捕起诉。安徽省各级检察机关共批捕侵权假冒犯罪案件126件179人，起诉224件451人。其中，批捕制售伪劣商品案件57件94人，起诉123件221人；批捕侵犯知识产权犯罪案件69件85人，起诉101件230人。强化刑事诉讼监督。综合运用立案监督、侦查活动监督、审判监督等措施，监督纠正有案不立、有罪不究、重罪轻判等现象，确保侵权假冒犯罪受到应有刑事处罚，共监督公安机关立案侵权假冒犯罪案件25件，纠正漏捕2人，纠正漏诉5人；对法院判罚畸轻的，提出抗诉4件。严肃查办职务犯罪。在打击侵权假冒犯罪的同时，注重深挖严查相关案件背后职务犯罪，坚决打击侵权假冒行为“保护伞”，促进有关行政执法机关依法严格履行市场监管职责。

二、围绕民生热点，扎实开展专项打击活动

按照最高人民检察院统一部署，组织开展危害食品药品安全犯罪案件专项立案监督活动，督促行政执法机关及时移送涉嫌犯罪案件、监督公安机关及时立案侦查，保护人民群众“舌尖上”的安全。为加强与有关部门的协作，安徽省检察院邀请8家省直行政执法机关相关部门负责人以及部分人大代表、政协委员召开专项行动联席会议，通报专项行动开展情况。各地检察机关主动加强同公安机关及有关行政执法机关的联系协作，积极拓展案源。响应安徽省打击侵权假冒工作领导小组部署，配合有关行政执法机关开展重点领域侵权假冒行为专项整治，从源头上治理人民群众反映强烈的侵权假冒顽疾。

三、深化“两法”衔接，增强打击侵权假冒合力

进一步健全“两法”衔接机制。专题向安徽省人大内司委汇报“两法”衔接工作情况，客观反映工作进展和存在的不足，配合安徽省人大内司委开展了“两法”衔接工作调研，并积极提出立法建议，推动适时启动“两法”衔接地方立法工作；会同安徽省食药监局等部门转发了《工商总局 公安部 最高人民检察院关于加强工商行政执法与刑事司法衔接配合工作若干问题的意见》，就食药监领域案件移送程序作了具体细致的规定，并建立健全了联席会议、重大案件调查、重大案件会商督办、执法联动等制度，有效提高“两法”衔接机制的操作性和实效性；安排人员在食药监系统有关培训班上授课，就“两法”衔接制度进行详细解读，引导行政执法人员准确理解、适用“两法”衔接各项规定，促进行政执法与刑事司法规范高效衔接。

推动“两法”衔接信息共享平台建设。主动沟通、加强协调，积极推动安徽省打击侵权假冒领域“两法”衔接信息共享平台扩大覆盖范围、强化运用管理。联合安徽省“双打”办，主动与省环保厅、省烟草专卖局多次沟通协调，就环保、烟草案件纳入平台达成共识。强力推进检察机关加强平台应用，定期统计通报各地检察机关平台连接和案件录入情况，提出改进措施，安徽省各级检察机关已全部连接平台，平台登录率、录入案件数稳步提高。

强化工作督导。为促进安徽省各级检察机关充分发挥在“两法”衔接中的监督职能，安徽省检察院侦查监督一处（“两法”衔接工作牵头部门）实行处领导包片指导制度，深入各市检察院实地调研，督促各地加

大对行政执法机关移送涉嫌犯罪案件和对公安机关立案的监督力度。

四、延伸工作触角，积极助力知识产权保护

出台规范文件。专门印发《贯彻省第十次党代会精神依法保障促进安徽创新发展的意见》，要求安徽省各级检察机关着力保障知识产权合法权益，加强知识产权刑事司法保护，强化涉及创新资金和收益分配纠纷、创新创业人才劳动争议、创新主体知识产权纠纷、军民技术纠纷等民事案件审判、执行监督，加强涉及科技创新枉法裁判、虚假诉讼、虚假调解等行为监督。

积极建言献策。安徽省各地检察机关针对办案中发现的知识产权保护领域存在的问题，主动向有关单位发出检察建议，促进其增强知识产权保护意识，完善知识产权保护制度，预防和避免侵犯知识产权行为发生。以检察机关办理的相关案件为基础，动态监控分析侵权假冒工作形势，及时向有关部门提出加强监管的检察建议。

加强知识产权保护宣传。将打击权假冒工作作为法制宣传重点，充分利用世界知识产权日、举报宣传周、法制宣传日等时机，组织干警开展设点集中宣传；不定期组织检察干警，深入机关、乡村、社区、学校、企业、单位等开展常态化宣传；积极运用广播、电视、报纸、网络以及微博、微信广泛开展知识产权保护宣传，拓宽宣传的覆盖面和提高宣传的传播速度，取得良好社会反响。

（最高人民检察院侦查监督厅供稿）

福 建 省

专利工作

2016 年，福建省知识产权局认真贯彻落实省委、省政府工作部署，深入实施创新驱动发展战略和知识产权强省战略，以强化知识产权创造、运用、保护、管理和服务为抓手，推动知识产权与经济深度融合，取得了明显成效。

一、知识产权工作顶层设计取得突破

福建省第十次党代会和省委十届一次全会对知识产权工作提出新要求，知识产权进入强省战略。2016 年 11 月，福建省政府常务会议专题研究并审议通过了《福建省加快知识产权强省建设实施方案》，明确了当前和今后一个时期加快知识产权强省建设的总体要求、重点任务和保障措施，是福建省知识产权事业未来发展特别是知识产权强省建设的重要遵循和行动指南。

二、知识产权创造实现量质齐升

全省电子申请率达 97.11%，居全国第 2 位，代理机构电子申请率达 99.99%。全省专利申请受理 130 376 件，同比增长 56.8%，其中发明专利申请 27 041 件，同比增长 53.09%；全省专利授权 67 142 件，同比增长 8.96%，其中发明专利授权 7170 件，同比增长 25.13%。专利领先创新水平进一步提高，福建省共有 13 项专利荣获第十八届中国专利奖。

三、知识产权公共服务体系不断完善

积极探索知识产权管理创新、服务创新和制度创新，面向全社会公开发布和推介福建省知识产权公共服务包及其路线图，包含专利申请/专利布局、专利导航、企业贯标、专利价值评估、专利质押融资、专利运营、专利预警、专利权评价、企业专利数据库建设等内容，优化知识产权在促进供给侧结构性改革中的制度供给和技术供给的作用。升级 12330 为知识产权综合服务热线，积极推进福建省知识产权新型智库建设。

四、知识产权保护力度不断加大

认真贯彻落实尤权书记、于伟国省长在福建省委九届十六次全会上作出的加强知识产权保护的重要指示。召开全省知识产权执法维权工作会议，建立福建省专利行政执法总队、设区市执法支队、县级执法大队组成的三级专利行政执法体系和联动机制。全年共办理专利行政执法案件1431件，同比增长12.8%，共开展展会专利执法保护服务活动25次。持续推动专利保险工作，为全省95家产业龙头企业的657件核心发明专利投保专利执行险，保额达1928.4万元。全省知识产权保护体系不断完善，在国家知识产权局组织的全国专利行政执法工作绩效考核中，福建省位居全国第七名。中国厦门（厨卫）知识产权快速维权中心获国家知识产权局批准设立。

五、知识产权运用水平大幅提升

依托“6·18中国·海峡项目成果交易会”，重点展示福建省在战略性新兴产业前沿技术领域知识产权的最新成果，积极促进专利技术对接转化，福建省省长于伟国、常务副省长张志南实地考察指导优秀专利项目展馆的转化应用项目。引导促进全省各类知识产权运营平台建设和发展，如国家专利技术（福建）展示交易中心平台、竹产业知识产权运营交易平台、海峡两岸茶产业知识产权运营平台等，有效促进专利转化运用，推动地方经济发展转型升级。围绕产业龙头促进计划，新培育省级知识产权优势企业100家；下达项目经费2076万元，支持107家省级以上知识产权优势（示范）企业实施专利技术产业化项目。大力推进专利权质押融资工作，全年专利权质押融资突破32亿元，同比增长40%，惠及企业193家，同比增长36%，专利权质押融资居全国第四位；对符合条件的59家企业专利权质押贷款项目予以财政贴息1156万元，降低中小微企业融资成本。出台《福建省专利导航试点工作管理暂行办法》，举办全省企业专利导航试点工作研讨会。围绕战略性新兴产业，遴选新大陆、宁德新能源等8家知识产权优势企业和产业龙头企业开展专利导航试点工作，积极推进“数控一代”智能装备、军民融合产业专利导航，为建设制造业强省和促进企业“走出去”参与“一带一路”建设提供专利预警和布局服务。

六、知识产权培训工作再创佳绩

推进“互联网＋培训”，加强知识产权远程教育平台管理，努力扩大培训覆盖面，全年共组织举办知识产权远程培训班81期，参训学员3万多人次，知识产权远程教育平台综合考评成绩居全国第一。加强知识产权教育培训，在9个设区市举办企业实务培训班，培训人数达1200余人。加强知识产权培训师资队伍和基地建设，国家知识产权培训（福建）基地——厦门大学在2015年国家知识产权培训基地考核中获得优秀。

七、国家专利审查协作福建中心顺利开工建设

在国家知识产权局申长雨局长和福建省政府张志南常务副省长的高度重视和关心下，及时解决项目建设、资金筹措等主要问题。福州市委、市政府以及福州高新区将项目列入“抓征迁、促落实百日攻坚行动”重大建设项目中，全力推进。福建省知识产权局积极组织对项目建设的督导服务，建立“一周两巡查一报告”的项目推进协调机制，科学缩短项目建设周期。

此外，2016年全国专利代理人资格考试福州考点通过的考生共160人，为历年来最多；福建省5家企业入选国家知识产权示范企业，26家企业入选国家知识产权优势企业，晋江市获批国家专利融资工作

试点城市，福安市逸夫小学被评为“第二批全国中小学知识产权教育试点学校”。2016年，福建省知识产权综合发展指数位居全国第七位，专利综合实力指数位居全国第九位。

（福建省知识产权局）

商标工作

2016年，福建省商标监督管理工作紧紧围绕深入实施商标品牌带动的主线，充分发挥职能作用，立足监管促进发展，取得了一定成效。

一、运用政策措施推动商标战略发展

2016年3月，福建省工商局印发了《关于推进地理标志商标工作的若干措施》，围绕及时注册、规范使用、有力保护、典型示范四个重点方面提出地理标志保护的具体政策措施。“十三五”期间，福建省工商局将每年组织开展对优秀地理标志商标注册人的推广示范工作，对被列入推广示范的地理标志商标注册人，同级政府给予一定奖励；省级财政对新被核准注册的地理标志商标的注册人给予一次性奖励10万元。各级工商、市场监管部门也自觉强化商标品牌工作的战略意识，主动加强与各级党委政府的沟通汇报，努力营造良好的政策环境。

2016年以来，全省新核准注册商标达93 179件，全省有效注册商标总数达616 693件，每万户市场主体有效商标拥有量2230件，马德里国际注册商标数1692件，地理标志商标数311件。

二、做好高知名度商标的培育、审查、推荐、认定、扶持工作

全省继续根据2013年出台的《关于推进商标品牌工作的若干措施》文件精神，重点培育新一代战略性新兴产业以及现代服务业的高知名度商标。2016年以来，福建省工商局协助2015年新认定的驰名商标及新注册的马德里国际注册商标企业申请省级财政补助金1240万元，协助2015年新认定的4件海洋产业类驰名商标、新核准注册的11件海洋产业类地理标志商标及2014年度认定的29件海洋产业类福建省著名商标向福建省海洋渔业厅申请奖励金。

三、加强商标行政指导效用

（1）指导企业运用商标专用权进行质押贷款工作有新突破。福建省工商局指导泉州市工商局积极完成注册商标专用权质权登记受理点的各项筹建工作，其已于2016年10月1日起正式开展质权登记受理工作。2016年以来，泉州市新增商标专用权质押融资2000万元，累计商标专用权质押融资超过13亿元。

（2）以规范使用注册商标为重点，指导企业建立健全商标自我管理制度。通过采取“事前”“事中”“事后”三管齐下的方式，以商标规范使用和有效运用为重点开展“双问双助”大走访活动，采取“一企一策”量身定制的监管模式等灵活多变的工作方法，有效掌握企业的商标注册、管理、运用情况，进一步提高企业商标意识，规范企业商标工作。

（3）发挥地理标志商标在“商标富农”工作中的特殊作用。截至2016年底，福建省地理标志商标总数达311件。宁德市运用地理标志商标“精准扶贫”成效显著。莆田市2016年新增地理标志商标3件，同比增长60%，突破了该市地理标志商标数量多年来零增长的瓶颈。

四、强化商标专用权保护

（1）突出保护重点，扎实推进“双打”专项整治工作。结合福建省“双打”形势，开展了互联网领域集中整治行动和开展保护“迪士尼”注册商标专用权专项整治行动，取得了一定成效。2016年，全省工商、市

场监管系统共立案查处商标案件1063件，案值2788万元，罚没款2147万元，移送7件。在开展保护“迪士尼”注册商标专用权专项整治行动中，全省共出动执法人员10 559多人次，检查15 619家商户，车辆1846台次，累计派发商标宣传资料8710多份。

(2)着眼长效监管机制，重视源头治理。充分发挥《福建省商标印制管理工作规范》、“互联网商务监测中心”等长效监管机制、机构作用，从源头上规范商标印制行为和商标印制管理工作，主动搜索梳理网络违法案件线索，加大网络领域侵权假冒查处力度，净化网络环境。

(3)推行商标行政执法信息公示制度。依托“福建省工商系统市场主体信用信息公示平台”，与全国企业信用信息公示系统互联互通，依法向社会公开制售假冒伪劣商品和侵犯商标专用权行政处罚案件的相关信息，将“一处违法，处处受限”落到实处。

五、全面夯实各项基础性工作

(1)加强调查研究。编写了《福建省2015年度商标发展报告》，对全省商标发展情况进行了全面的梳理。福建省工商局先后组织专题调研小组赴多地开展地理标志商标、“双打”等工作调研；组织开展地理标志商标专题调研工作，组织全省270件地理标志商标的注册人填写“地理标志商标与区域经济发展”专题调查表。

(2)加大宣传力度。以“4·26世界知识产权日”为宣传契机，组织开展“加强商标保护和运用 提升商标品牌竞争力”为主题的保护商标知识产权宣传周活动。活动期间，共发放商标知识宣传材料4万余份，接受群众咨询2000多条次；全省各级工商部门通过举办摄影比赛、组织新闻媒体进行商标战略报道等方式，加大各类媒体的宣传力度。

(3)强化学习培训。分批分次派员参加国家工商总局商标局的各项培训，并于2016年10月举办培训班，内容包括地理标志商标工作、商标申请注册制度改革、驰著名商标工作等商标法律法规实务。

(福建省工商行政管理局)

版权工作

2016年，福建省版权工作顺利完成年初确定的主要工作任务，多项工作进入全国前列，形成新的亮点。

一、加强版权行政监管

(1)深入推进软件正版化。一是制订印发《福建省2016年推进使用正版软件工作实施方案》。二是积极推进政府机关使用正版软件长效机制建设，对71家省级机关2015年度使用正版软件情况进行全面考核，并组织5035家政府机关开展新一轮使用正版软件情况自查，健全完善三级政府机关软件正版化责任人数据库。三是深入开展国有企业软件正版化工作。重点部署、推进省属国有三级企业软件正版化工作，举办全省企业软件正版化培训班。对23家部分省属国有集团公司及其权属二级企业完成软件正版化工作情况进行督查。四是印发《正版软件管理工作指南》，组织引导政府机关和国有企业等进一步完善使用正版软件相关制度和台账。

(2)着力打击侵权盗版。一是组织开展打击网络侵权盗版“剑网2016”专项行动。组织查办各类侵权盗版案件59起，直接查办3起案件，指导、参与查办发生在泉州、厦门的7起“私服”网络侵权案件。二是推动国家督办案件的办理结案。积极协调帮助有关部门做好福州“1·27批销盗版光盘案”和晋江“8·22销售盗版光盘案”两起国家督办案件办理工作。三是对福建省2015年度打击侵权假冒工作进行现场考核。

二、加强版权公共服务

(1)认真做好作品登记工作。2016年全省共核准登记作品47 704件，同比增长24.1%。同时，审核登记出版境外图书合同61件。在完善网上作品登记方面，2016年初，福建省版权局已将现有网上作品登记系统连接进入福建省政府网上办事大厅并对作品登记系统进行升级改造。

(2)推动行业协会开展版权维权。福建省版权局积极协调推动相关行业协会成立版权维权机构，开展版权维权工作。

三、促进版权产业发展

(1)推动版权交易平台建设。协调国家海峡版权交易中心加快数字版权综合运营管理平台建设，该平台五个子平台中的版权交易平台和作品登记平台已经基本完成项目建设。该交易中心积极开展相关业务工作，如多次参加各种文化创意展会与多家企业建立战略合作关系等。

(2)积极推进版权示范工作。指导各地版权行政部门采取自愿申请和重点推荐相结合的办法，动员具备较好条件的版权相关企业争创第二批省级版权示范单位和园区。分别授予22家企业和1个园区“福建省版权示范单位”和“福建省版权示范园区”称号。德化县政府被国家版权局和世界知识产权组织评为2016年“中国版权金奖”(保护奖)。

(3)2016年11月成功举办中国德化陶瓷版权优秀成果展，并发布《版权保护促进中国德化陶瓷产业发展的研究》(英文版)。

(4)开展广播影视版权保护调研，形成了《关于对福建省广播电视组织版权保护情况调研的报告》。

四、加强版权宣传培训

(1)大力开展版权宣传。以“4·26世界知识产权日”为重要时间节点，组织开展系列宣传活动。参与召开全省知识产权宣传周活动新闻发布会；首次在福州公交车移动电视频道播放版权公益宣传片；首次在“5·18海峡两岸经贸交易会”上设立版权咨询服务台；在全省126家影院播映版权知识公益宣传片2.6万多场次；在福建电视台少儿频道播放由省版权局制作的普及版权知识系列动画片；在福建省版权局微信学法平台推送版权法律基本知识等。

(2)积极开展版权培训。福建省版权局组织版权行政执法人员24人参加国家版权局在武汉举办的全国版权行政执法培训班。多交派人在知识产权行政执法培训班、软件正版化工作培训班、全省“扫黄打非”工作业务培训班上为相关人员讲解执法实务。

(福建省版权局　郑开辟)

司法工作

2016年，福建省各级法院以党的十八大以及十八届三中、四中、五中、六中全会和习近平总书记系列重要讲话精神为指引，认真践行创新发展理念，切实贯彻中央、省委、最高人民法院重大决策部署和福建省高院党组关于审判执行、队伍建设等系列部署要求，突出工作重点，创新工作方式，审判工作、队伍建设等工作取得了新成效。

一、充分发挥司法保护主导作用，服务新福建建设大局

2016年，福建全省法院共受理知识产权案件5346件，同比增长22.42%，审结4546件，同比增长19.01%。审结知识产权民事案件4033件，其中著作权纠纷案件1634件，商标权纠纷案件1414件，专利权纠纷案件648件，技术合同纠纷案件55件，不正当竞争纠纷案件60件，其他知识产权民事纠纷222件；审结知识产权刑事案件499件；审结知识产权行政案件14件。2016年福建省高院民三庭共受理各类知识产权案件367件，同比增加63件，增长20.72%。审结知识产权案件332件，同比增加72件，增长27.69%。结案率为90.46%，同比增加9.02个百分点。

加强对重点领域知识产权保护。加强对福建名牌产品、农产品地理标志、驰名商标、老字号等“福建制造”品牌的保护。受理了一批社会影响大、社会关注度高的案件，如安德阿镆公司诉安德玛公司、廷飞公司侵害商标权纠纷案，广药集团诉福建加多宝公司擅自使用知名商品特有名称、包装、装潢纠纷案，厦门中药厂诉片仔癀公司不正当竞争管辖异议案。

二、完善知识产权审判体制机制，营造积极创新的竞争环境

（1）稳步推进“三合一”工作。福建省福州、厦门两地开展“三合一”工作取得显著成效，为在福建省范围内推广这项工作打下了扎实基础。2016年11月25日，组织召开福建省知识产权审判工作座谈会，力争2017年在全省推开“三合一”工作。积极建立与检察机关、公安机关及知识产权行政执法机关的沟通联络机制。

（2）完善优化案件管辖布局。最高人民法院批复同意福建省三个自贸片区所在地的基层法院（马尾法院、湖里法院和平潭法院）管辖一审一般知识产权民事案件，服务保障自贸区建设。福建省具有一般知识产权民事案件管辖权的基层法院已达8个。

（3）健全完善多元化纠纷化解机制。福建省多个中级、基层法院与当地知识产权行政管理部门建立诉调对接工作机制，创设了符合当地实际的工作举措。如泉州市中院完善联络工作、诉前调解、委托调解和邀请调解等工作机制。德化法院联合该县文体新局、工商局、科技局、版权协会、陶瓷同业公会出台《诉调对接工作实施意见》，创新“申请＋介入”诉前简易调处模式，形成政府＋司法＋协会“三位一体”保护网络。

（4）探索建立适应知识产权审判的特色机制。福州市中院推广专家证人参与知识产权诉讼方式。泉州市中院制定《知识产权诉讼案件指南》。福州市鼓楼区法院通过推动公检法建立联席机制，搭建平台建立沟通交流机制。

三、践行司法为民，固树公正形象

（1）注重宣传，扩大影响。“4·26世界知识产权日”宣传周期间，召开新闻发布会，公布2015年度福建法院知识产权司法保护状况白皮书及十大典型案例。福建省各级法院在各地也开展不同形式的知识产权法律咨询及宣传活动。德化法院联合科技、文体、市场监管等部门发布《世界陶瓷之都·德化2015年陶瓷产业知识产权保护状况》白皮书。

（2）阳光司法，公开公正。福建省各级法院坚持依法公开审理各类知识产权案件，均力争快审快结，提升审判时效；认真落实裁判文书上网，公开接受社会监督。

四、全面提升能力，打造高素质过硬队伍

（1）提升专业素养，夯实审判能力。积极派员参加最高人民法院举办的各类培训及专业会议。配合最高人民法院做好在厦门召开的“全国法院著作权法修订研讨会”，组织召开福建省法院知识产权审判工作会议。

（2）严格开展“两学一做”学习教育活动。教育活动将个人自学、集中学习、专题学习讨论、微型党课、实践交流等方式相结合，紧紧围绕“党要管党、从严治党”主线，把开展好“两学一做”学习教育作为重大政治任务。

（3）严守廉政底线，深植纪律意识。深入开展纪律教育、司法廉洁教育、警示教育、“两学一做”学习教育活动。全体干警严格遵守“四个一律”“五个严禁”“十个不准”“七条禁令”等廉政纪律规定。始终把政治纪律和政治规矩挺在最前，坚持以《党章》为根本遵循，以《准则》和《条例》及“六项纪律”为戒尺，用纪律管住管好全庭干警。

（福建省高级人民法院知识产权审判庭）

检察工作

2016年，福建省检察机关按照最高人民检察院和省打击侵权假冒领导小组的工作部署，紧密结合“破坏环境资源犯罪专项立案监督活动”和“危害食品药品安全犯罪专项立案监督活动”，充分发挥检察职能，与有关部门协作配合，进一步加大对侵权假冒犯罪的打击力度和法律监督力度，不断完善“两法”衔接机制，全面推进信息共享平台规范高效运行。

一、高度重视，始终保持打击侵权假冒犯罪的高压态势

福建省检察机关始终把打击侵权假冒专项工作作为检察机关服务党和国家工作大局、保障民生的重要举措。按照《福建省贯彻落实2016年全国打击侵犯知识产权和制售假冒伪劣商品工作要点的任务分工》和最高人民检察院对全国检察机关打击侵权假冒的工作部署，从福建省实际出发，明确将互联网领域、农村和城乡结合部市场、“清风行动”、危害食品药品安全等作为专项工作重点，制订福建省检察机关2016年打击侵权假冒专项工作计划，切实加强对全省检察机关打击侵权假冒工作的领导和指导。2016年，福建省各级检察机关共批准逮捕侵权假冒犯罪案件219件375人，提起公诉604件950人。其中批捕侵犯知识产权犯罪案件57件79人，起诉179件257人；批捕制售假冒伪劣商品犯罪案件162件296人，起诉425件693人。

二、结合专项，不断强化侵权假冒犯罪的法律监督力度

紧密结合最高人民检察院部署开展的“破坏环境资源犯罪专项立案监督活动”和“危害食品药品安全犯罪专项立案监督活动”，积极推进打击侵权假冒工作。一是强化协作配合，实现监督“四个全覆盖”。即实现监督环节全覆盖、监督范围全覆盖、监督内容全覆盖、监督职能全覆盖。二是强化法律监督，严格纠正有案不移和有案不立。充分发挥省院为主导、市院为主体、县区院为基础的上下一体的检察工作机制，加强工作督导和案件挂牌督办，强化对行政执法机关移送涉嫌犯罪案件和公安机关立案活动的监督。三是强化机制建设，推进社会共治。如龙岩市检察院完善挂钩责任制，检察机关根据人员结构，优化资源，建立分片挂钩联系人制度，由专人专门负责联系具体的行政执法机关，对行政备案案件进行审查跟踪，提高了工作效率，形成既相对独立又有机统一、条块结合、相辅相成的侦监工作格局。

三、健全机制，大力推进“两法”衔接平台规范高效运行

2016年，福建省检察院制定《福建省检察机关行政执法与刑事司法信息衔接共享平台管理办法（试行）》，加强平台信息巡查工作，规范平台高效运行，促进检察机关内部“两法”衔接工作有效开展；制定《关于进一步完善行政执法与刑事司法衔接内部协作配合机制的意见》，进一步完善福建省检察机关在行政执法与刑事司法衔接工作中的内部协作配合。截至2016年底，福建省“两法”衔接信息共享平台共接入农业、文化、林业、工商、质监、新闻出版广电、食药监、知识产权、海关等部门成员单位552家，共录入侵权假冒行政处罚案件信息54 578件，涉嫌犯罪案件信息276件。

四、注重服务，突出保障非公企业知识产权

针对福建省侵犯非公企业知识产权犯罪案件发案领域具有明显行业性，主要涉

及鞋业和服装业；侵害对象范围广，既包括知名大企业，又涉及中小企业和个体工商户等特点，以及随着网络技术和现代物流行业的发展，侵犯知识产罪犯罪呈现出组织化、网络化特征，给案件查处带来新的挑战。福建省各级检察机关结合落实知识产权保护法治化的要求，在三个层面下功夫：一是把握“需求点”，深入研究经济发展态势和企业发展困难，从企业的现实需求出发，充分发挥打击犯罪、查办职务犯罪、诉讼监督等职能作用，积极完善和实施知识产权保护制度。二是抓住“切入点”，根据福建省区域产业特点和优势，以保护地域民族品牌为切入点，因地制宜开展打击侵犯知识产权犯罪工作，加大对反复侵权、恶意侵权行为的打击力度。三是找准“结合点”，加强对大数据时代侵犯知识产权新型犯罪研究，细化证据标准，完善案例指导机制，实现精准打击与有效服务相统一。

五、加强宣传，积极参与知识产权保护社会治理体系建设

一是通过广泛宣传，提升知识产权人和社会公众的知识产权保护意识。龙岩、宁德等市县检察院在《法治今报》、福建长安网、官方微信等积极宣传打击侵权假冒、保障“舌尖上的安全”等工作，提高民众知识产权保护意识。二是通过检察建议，促进社会治理法治化。结合执法办案，全面调查分析侵权假冒领域犯罪发案特点和规律，积极运用预防调查、检察建议等措施，向有关部门提出对策建议。三是积极推进知识产权专业化建设。福州、厦门等地探索集中批捕、起诉知识产权刑事案件工作机制，着力提升办理侵权假冒案件专业化水平；泉州市检察院在全省创新成立知识产权刑事司法保护研究中心，晋江市检察院在晋江市食品行业协会、纺织服装协会设立知识产权刑事保护检察室。

（最高人民检察院侦查监督厅供稿）

江 西 省

专利工作

2016年江西省知识产权局在国家知识产权局、省委省政府和省科技厅的坚强领导和大力支持下，按照国务院关于新形势下加快知识产权强国建设若干意见等一系列重大决策部署，从专利量质并进、知识产权特色强省建设、加大两个专项投入、加强执法队伍体系建设和执法力度提升、强化专利人才培养及知识产权宣传培训等十项重点工作方面，坚持创新，攻坚克难，进位赶超，推进各项事业稳步发展。

一、2016年江西省知识产权各项工作再创佳绩

（1）量质并进，专利增幅全国居首。2016年，江西省专利申请受理总量达60 494件，在2015年3.7万件基础上，一举突破4万、5万、6万件大关，同比增长63.8%，增幅位列全国首位，是全国平均增幅的2.5倍，专利申请量全国排名第15位，比2015年前进4位；全省授权专利31 472件，同比增长30.3%，达全国平均增幅的15.2倍。

江西省专利数量快速增长的同时，质量进一步提升，结构进一步优化，当年发明专利申请累计8202件，增幅43.4%，超过全国平均增幅19个百分点，全省万人发明专利拥有量达到1.52件。

（2）强化顶层设计，知识产权强省建设全力推进。2016年，国家知识产权局将江西省列为全国首批三个特色型知识产权强省建设试点省份之一，江西省政府先后印发《江西省人民政府关于加快特色型知识产权强省建设的实施意见》《江西省特色型知识产权强省建设试点实施方案》，强省建设打出组合拳。为此，江西省知识产权局抓紧政策宣讲落实，各市县相继出台配套文件，积极贯彻落实。

(3)夯实人才基础，不断加强人才队伍建设。2016 年江西省将 100 名特派员分派到 100 个县，对接企业需求，全年特派员累计开展培训 191 次，培训人员达 6000 余人，服务企业 4811 家，挖掘专利 6518 件。申请评定专利管理工程师人数 16 人，专利管理高级工程师人数 1 人，申请人数比 2015 年增加 50%，通过评审 12 人，通过率达 70.5%。专利代理人考试 33 人达到国家线，通过人数创新高，同比增长 10%。

(4)积极搭建知识产权金融合作平台。2016 年，江西省知识产权质押融资额达 3.3 亿元，是 2015 年全年总额的 3 倍，超额完成全年目标。省政府召开专利金融推进会，打通政银企合作通道，与北京银行等 6 家银行签订了“知识产权质押融资战略合作协议”，银行融资授信额达 55 亿元。知识产权金融杠杆作用取得显著成效。

(5)行政执法强化，工作亮点突出。一是获批增挂省专利行政执法监察总队牌子，增加 1 名正处级领导职数。二是中国景德镇(陶瓷)知识产权快速维权中心获批为全国第 8 家、中部唯一的快维中心。三是下发各市县政府《关于进一步加强知识产权(专利)执法维权工作的意见》，积极推动全面从严保护知识产权。四是代省政府起草了《关于严格知识产权保护 促进创新创业的意见》，助力“双创”“四众”。2016 年江西省专利行政执法案件量再上新台阶，达到 586 件，增幅 28%。

(6)获评 6 项国家知识产权局试点工作。2016 年，江西省获批成为全国专利代理行业改革试点 10 个省份之一；南昌代办处获批全国代办试点业务推广单位；成为高校知识产权管理贯标试点省份；九江经开区、萍乡经开区、瑞昌市、共青城市先后被国家知识产权局列为知识产权质押融资试点地区；南昌市被确定为国家重点产业知识产权运营服务试点城市；金轩公司成为江西省首家国家专利运营试点企业。

(7)电子申请率再创新高并实现零差错。2016 年，江西省共受理专利申请 36 308 件，收费 1937.86 万元，受理费减备案 3822 份，受理专利实施许可合同备案 27 件，质押登记 19 件，优先审查 108 件。全省电子申请率 94.46%，高于全国平均水平，同比提升 6.8 个百分点，代理机构电子申请率达 100%。全年资助专利项目合计 2537 项，资助金额合计 432.05 万元。新增专利代理机构 2 家，全省专利代理机构已达 26 家，再次实现全年零差错。

(8)聚焦园区、企业，企业专利迈上创新路。2016 年江西省企业专利申请量达 30 119 件，占全省专利申请总量的 50%，同比增长 66%；企业专利授权量为 17 805 件，占全省专利授权总量的 57%，同比增长 41%。全省企业专利申请、授权情况持续呈现稳步增长的态势，突出了企业的创新主体地位。

二、主要工作举措

(1)入园强企，“十百千万”工程激发企业创新活力。2016 年江西省企业专利申请量为 30 119 件，授权量为 17 805 件，专利申请、授权占比达 50% 和 57.8%，首次实现双过半，同比分别增长 66%、41%，均超过全省平均增幅，新增专利过千的园区 6 个，新增专利过百的高新企业 55 家，新增专利过十的规上企业 1246 家，专利消零中小微企业 4009 家。江西省已培育专利过千的园区 20 个，专利过千的企业 5 家，完成率突破 250%；专利过百企业 115 家，专利过十的规上企业 2168 家，10 962 家中小微企业实现专利零突破。

(2)紧抓创新主体，深化落实知识产权管理服务。江西省新增国家示范企业 2

家，优势企业29家，评定4家省级知识产权示范园区，12家知识产权示范试点园区，6家省级知识产权示范企业，88家优势企业，58家优势培育企业，建设省级知识产权（专利）孵化中心5家，南昌金轩科技有限公司被确定为第三批全国知识产权服务品牌培育机构。

（3）加大两个专项，充分发挥示范引领作用。2016年，江西省发明专利产业化立项项目42项，共计740万元。积极推进知识产权富民强县示范县建设。加强富民强县建设专项的实施管理，对江西省已验收和未验收的项目进行了绩效考评，编制《中期检查汇报编写提纲》及《中期检查评分表》，修改制定了知识产权"十强县"和知识产权工作"进步十强县"的考评表。江西省100个县（区）中有95个县区成立了知识产权管理机构。

（4）加强宣传力度，不断提升社会影响力。2016年，江西省知识产权局门户网站共发布新闻495条，其中处室稿件151条，地市稿件343条，国家知识产权局网站首页刊登新闻报道26次，在国家级和省级媒体刊登的知识产权工作宣传报道59次，其中《江西日报》头版新闻9次；编印出版《江西省知识产权局2015年年报》，出版《江西知识产权》内刊杂志6期；微信公众号自11月正式开通运营，已组织编辑推送信息15期、图文30余篇。

（5）延伸工作广度深度，不断扩大对外合作交流。2016年3月31日至4月1日，全国专利代理管理工作会议在南昌召开，会议邀请江西省政府副省长谢茹、国家知识产权局副局长贺化出席会议并致辞。会议宣讲解读了《国务院关于新形势下加快知识产权强国建设的若干意见》等文件精神，分析了行业发展形势，部署了未来两年专利代理管理工作任务。12月13日，由江西省知识产权局主办的第十一届泛珠三角区域知识产权合作联席会议在南昌举行，泛珠三角区域"9+2"各方专利、商标、版权管理部门代表共50余人参加会议，共商区域知识产权合作发展并签署了《泛珠三角区域深化知识产权合作协议》，会议进一步深化了泛珠各方协作，为推动泛珠三角区域各省区知识产权强省、强市、强县建设，打造区域知识产权执法协作新高地，创下坚实基础。12月20～21日，全国东部地区专利行政执法案例研讨会和东部部分省区专利行政执法座谈会在南昌举行，来自东部地区的16个省区市及部分省辖市知识产权局专利执法工作负责人、执法骨干共计90余人参加研讨会及座谈会。

（江西省知识产权局）

商标工作

2016年，江西省各级商标监管部门以"一条主线、三个重点、五项工作"为统揽，紧紧围绕全省经济社会发展大局，充分发挥商标监管和商标服务职能，提升商标注册、运用、保护和管理工作水平，维护商标权利人和消费者合法权益，以公平有序市场环境服务创新驱动。

一、把握方向，强化绩效考核抓落实

准确把握"十三五"时期商标监管方向，有序承接商标便利化改革事项下放，以新理念引领新常态，以新举措适应新体制。认真贯彻落实《江西省工商局关于印发2016年度江西省工商行政管理工作绩效考核实施方案的通知》要求，用好绩效考核"指挥棒"，抓住顶层设计、分解目标任务，严格绩效管理、强化责任落实，充分发挥省工商局的决策、协调及督导作用，推进全省商标条线工作。区市及省直管试点县（市）商标部门是商标监管的前沿阵地，是各项工作的落脚点，绩效考核作为"尺子""镜子"和"鞭子"，突破条块固化藩篱，破除体制机制弊端，改变以往一定程度上存在的会议落实会议、文件贯彻文件的现象，解决了干与不干、干多干少、干好干坏都一样的问题。

二、加强指导，推动区域商标品牌经济发展

全省商标条线运用政策、公共财政等杠杆，鼓励企业注册自主商标品牌，将资源、产业优势转化为品牌优势，充分发挥商标在集聚要素、整合资源、提升产品附加值和企业自主创新能力的作用，推动区域商标品牌经济的整体发展，提升市场主体和区域经济核心竞争力。2016 年，商标申请量、注册量保持超过经济发展速度的增长，商标品牌经济在创新驱动、促进经济转型升级中的效应逐渐显现。

培育一批在全国有影响力的优质农产品品牌，提高江西省农产品商标占商标有效注册量的比重，有效保护地理标志商标公共资源。

支持企业将商标与金融手段结合，盘活企业商标这一无形资产、破解融资难题，发挥工商（市场监管）部门职能优势，建立商标质押贷款项目库，2016 年，通过“商标贷”支持金融机构向 51 家企业授信，累计发放贷款金额 1.85 亿元。

三、大胆创新，加强网络领域商标监管执法

商标侵权案件异地发案率逐年攀升，特别是互联网领域侵权假冒案件，呈现出“案件线索跨区域，案件查处跨部门”的特点。受区域管辖范围限制，跨省商标异地侵权案件查处环节多、周期长、难度高，商标权利人各地间来回奔波。江西省工商局直面新矛盾，致力于商标行政保护的域外延伸，通过商标行政保护区域合作机制消除行政壁垒，构建统一的市场规则，减轻商标权利人维权成本负担，维护公平有序的市场秩序。利用泛珠三角区域商标保护协作网，帮助江西井竹实业有限公司联系深圳市场监督管理委员会实施驰名商标“井竹”跨省跨类别维权。与网监部门合作，对“江中”等高知名度商标进行互联网深度搜索，全面发现和帮助企业制止商标侵权假冒行为。2016 年，全省商标条线立案查处侵犯知识产权及制售假冒伪劣案件 497 起，涉案金额 365.64 万元，罚没金额 590.19 万元。移送公安机关案件 14 起。

（江西省工商行政管理局）

版权工作

2016 年，江西省各级版权部门不断加大版权执法监管工作力度，有序推进软件正版化工作，优化升级版权服务体系，着力构建版权全媒体宣传矩阵，版权社会影响力提升。

一、版权执法监管工作出实招

2016 年，江西省有 5 个单位和 10 名个人在全国分获查处侵权盗版案件有功单位及有功个人，受到表彰。打击侵权假冒工作在全国“双打”绩效考核中也再次获评满分并有加分项。

一是案件数量进展迅速。2016 年江西省各级版权执法部门查办侵权盗版行政处罚案件 95 起，较上年增长 150%。同时，法院成功判处 1 起侵犯著作权刑事案件，另外向公安机关移送了 2 起涉嫌刑事犯罪的著作权侵权案件。由国家版权局挂牌督办的江西九江“5·29 销售淫秽、盗版音像制品案”，推进案件依法快侦、快诉、快判，于 2016 年 5 月成功结案。

二是“剑网 2016”专项行动成效明显。2016 年，全省查办网络侵权盗版案件 16 起，其中涉及私人影院侵权案件 11 起，涉及未经授权传播网络文学、动漫以及安装使用盗版软件 5 起。江西省南昌市文化执法支队查办的“我的书兜网”传播侵权网络文学作品案、南昌“火课旗舰店”销售电子出版物案受到国家版权局肯定。

三是首次开展了私人影院侵权盗版专项集中整治行动。检查整治私人影院（小影吧）几十家，对其中涉嫌违法的 11 家私人影院依法进行了行政处罚，处罚金额合计 8.8 万元。

四是深入网络文学领域进行调研。2016 年 8 月，江西省版权局前往江西省文联进行专题调研，共商网络文学版权保护机制和网络文学作家维权渠道。

五是加大了版权执法工作培训力度。牵头组织参加了国家版权局举办的 2016 年第一期政府机关软件正版化工作培训班、2016 年版权执法监管工作培训班、2016 年新闻出版行业企业软件正版化工作培训班等各类业务培训；2016 年 11 月，江西省版权局举办了全省版权执法监管和软件正版化业务培训班。

二、软件正版化工作成果稳步推进

2016 年，江西省深入贯彻落实《政府机关使用正版软件管理办法》，规范软件资产采购、管理和使用，进一步巩固和提升了软件正版化工作成果。

一是工作机制进一步理顺。江西省版权局在全省制订下发了《2016 年江西省推进使用正版软件工作实施方案》，层层部署落实软件正版化各项工作任务。2016 年 3 月，下发《关于做好推进民营企业使用正版软件工作有关事项的通知》，共同推进江西省民营企业软件正版化工作。

二是软件资产管理走上制度化轨道。2016 年，江西省进一步完善了软件正版化责任人省、市、县三级数据库，层层建立了软件正版化工作责任制度和常态化管理机制。江西省人民法院将贯彻软件正版化工作要求写入《江西省法院信息化建设五年发展规划（2016～2020）》。江西省人大机关出台了《机关软件正版化工作管理办法》，制定了软件正版化工作考核与责任追究制度。

三是“双查”工作机制逐步成熟和完善。工作中，采取普遍自查与集中督查相结合的工作机制，及时摸清和跟进软件正版化工作情况，防止成果反弹。

三、版权“走出去”工作卓有成效

2016 年，大力实施版权“走出去”战略，鼓励和支持江西省出版单位开展各类版权贸易活动，取得了丰富成果。一是“江西省版权输出奖”获批。二是江西省有 3 种图书获得国家版权输出奖励。三是牵头组织江西全省出版单位积极参加各类国际性博览会，取得丰硕成果。四是各类版权贸易活动丰富多彩。通过组织参加国际书展达成版权交易同时还举办多种文化交流活动。2016 年 3 月 20～24 日，二十一世纪出版社集团与麦克米伦世纪出版国际有限公司举办“深化战略合作伙伴联合声明”签约仪式。

四、版权示范引领作用发挥较好

2016 年，江西省版权局不断优化升级全省版权服务体系，推动版权示范单位建设。一是版权示范单位建设效应凸显。2016 年全省有 2 家单位成功获批“全国版权示范单位”，17 家单位获批“全省版权示范单位”。二是江西省广播电视领域首摘“中国版权金奖”，江西网络广播电视台荣获“推广运用奖”。

五、全媒体宣传矩阵初具规模

2016 年，积极整合广播、电视、报刊、微博、微信、QQ，以及网络媒体、户外媒体、手机媒体等各类宣传资源，构建了多媒体版权宣传矩阵，社会公众版权保护意识不断提高。

一是突出抓好重点时段的集中宣传。以“3·15 国际消费者权益日”“4·26 世界知识产权日”和“12·4 法治宣传日”等时间节点为抓手，策划实施系列富有成效的宣传活动。如发布《版权自律公约倡议书》，举行“江西省电商知识产权保护合作备忘录签字仪式”。二是打造“江西版权保护宣讲会”主题宣传品牌。三是利用“院线”平台造势。积极开展“版权宣传进影院”活动，在江西省内各大院线广泛播放版权保护公益宣传片。

（江西省版权局　钟　娜）

司法工作

2016年，江西省各级法院认真贯彻落实党的十八届六中全会精神，紧紧围绕“努力让人民群众在每一个司法案件中都感受到公平正义”这一目标，坚持司法为民、公正司法，努力提高办案质效，充分发挥司法保护作用，较好地完成了各项工作目标、任务。

一、认真履职，严格依法办案

2016年江西省各级法院共受理知识产权民事案件1060件，审结1061件（含旧存）。受理知识产权民事一审案件983件，审结985件（含旧存）；其中调撤347件。受理知识产权民事二审案件77件，审结76件（含旧存）；其中调撤17件。2016年以来江西省高院审结的二审案件没有出现最高人民法院再审改判情况。各地法院根据本地实际情况和案件特殊性，采取了一些卓有成效的做法，如江西省上饶市中院在审理上海家化公司起诉各乡镇47家超市侵害“六神”商标案过程中，通过选准该系列案中一个审理判决的示范效果，最终实现46件调解结案。又如江西省赣州市中院针对KTV经营时间与法官的工作时间完全颠倒的现状，寻求KTV经营地派出所民警帮助送达诉讼文书，一定程度上缓解了送达难；审案过程中促使20多家娱乐公司与中国音像著作权集体管理协会签订了著作权许可使用合同，彻底化解了双方矛盾。再如九江市中院探索由被诉侵权人承担主要的举证责任，并按照被诉侵权产品价格与正品市场价偏差是否很大，进而推定被告主观上是否明知。

二、服务大局，积极工作争创一流

江西省人民政府印发《关于加快特色型知识产权强省建设的实施意见》，提出打造知识产权特色强省“江西样板”。2016年4月，江西省高院积极参与光明网主办的“检法系统新媒体经典案例”评选活动，推选的江中食疗公司诉宝嘉达公司、唯一家公司等侵害特有名称、包装、装潢案宣传案例，荣获全国“十佳经典案例”称号。

江西省南昌市中院围绕南昌市委、市政府关于打造“南昌光谷”的重大工作部署，通过与相关企业座谈等方式深入调研，出台了《关于为打造“南昌光谷”提供司法保障和服务的若干意见》。

三、深化司法公开

江西省高院采取多种形式促进知识产权审判公开；积极开展庭审直播活动；利用“4·26世界知识产权日”作为宣传契机，邀请泰豪公司、江中集团、奥克斯公司等企业代表进行座谈研讨。江西省三级法院充分利用“4·26世界知识产权日”宣传周开展内容丰富、形式多样的宣传活动。

四、扎实稳妥推进改革

一是主动推行院庭长办案，所有案件均由庭长、副庭长担任审判长，重特大案件由分管院长亲自担任审判长进行审理。二是积极指导景德镇知识产权三合一审判工作改革。三是对现有知识产权案件审理情况进行总结，提出将江西省内知识产权“三合一”一审案件统一归口南昌铁路运输中院管辖的初步设想。南昌市高新区法院继续实施专家陪审员制度，聘请有知识产权专长的同志担任人民陪审员。

五、严格管理，不断提升队伍素质

2016年初，江西省高院党组决定在全省法院开展“坚持弘扬井冈山精神，争创一流工作业绩”活动。全省知识产权法官找准难题和短板，严格执行规章制度，从小事细节上规范言行，以崭新的状态投入到争创工作中。廉政监督、廉洁自律不断加强，未发生一起违法违纪行为。

（江西省高级人民法院知识产权审判庭）

检察工作

2016年，江西省检察机关按照最高人民检察院的统一部署要求，充分发挥检察职能作用，与有关部门密切配合，积极开展打击侵犯知识产权和制售假冒伪劣商品等严重危害民生的刑事犯罪，保护了知识产权人的合法权益，净化了市场环境，较好维护了江西省社会经济秩序。

一、立足检察职能，保持打击侵权假冒犯罪的高压态势

2016年，江西省检察机关共批准逮捕涉嫌生产、销售假冒伪劣商品犯罪案件82件99人，提起公诉134件195人；批准逮捕涉嫌侵犯知识产权犯罪案件34件47人，提起公诉44件81人。

二、深入动员部署，确保打击侵权假冒和专项活动顺利开展

组织到位，成立监督活动领导小组，负责组织和协调江西省检察机关打击侵权假冒和专项立案监督活动，明确责任分工。汇报到位，定期向江西省检察院领导汇报“两个专项”立案监督情况并进行季度通报，编发监督专刊供各地交流学习借鉴。动员到位，江西省检察院罗晓泉副检察长作出指示和部署，要求全省各级检察机关认真贯彻国务院《关于印发2016年全国打击侵犯知识产权和制售假冒伪劣商品工作要点的通知》精神，加强与商务、公安及行政执法机关的沟通联系，明确打击重点，形成打击犯罪合力。

三、创新工作模式，促进工作机制建立健全

完善“两法”衔接机制，联合江西省高院、省公安厅与省食药监局制定《联合打击危害食品药品安全犯罪活动联席会议工作制度》，进一步建立和完善在食药品领域行政执法与刑事司法的衔接配合，形成打击合力。加强侦捕诉衔接，对于一些疑难、复杂案件批捕前听取公诉部门意见，形成捕诉打击合力。如九江市检察院在审查逮捕汤某等人生产销售假冒注册商标运动鞋一案时，对于非法经营数额的认定方法出现了不同意见，通过与公诉部门交换意见，使该案的后续诉讼程序进入快车道，诉讼效率明显提升。

四、重视督导督办，提升办案质效

加强督导检查。多次派出督导组，分赴各地市对打击侵权假冒、“两个专项监督”以及生态检察工作开展情况进行督导检查，对发现的问题进行全省通报，要求各地检察机关提高思想认识，加大工作力度。加大案件指导力度，梳理出一批“两法”衔接典型案件集中予以公布，适时提前介入相关案件的侦查，引导取证，以加强对“两个专项”立案监督案件办理的指导。对重点案件挂牌督办，分二批次挂牌督办行政执法机关发现和移送的10起案件，高度重视对证据合法性的审查，专人负责办理，确保严格依法办案；各市分院对辖区内有重大影响的案件也主动挂牌予以督办，减轻基层办案阻力，推动案件顺利办理。

五、惩防并举，打击和预防侵权假冒领域职务犯罪

认真总结查办制售假冒伪劣商品领域职务犯罪经验，提出“惩治预防并重，促进依法行政”的工作思路，通过查办职务犯罪，扩大法制宣传教育，规范行政机关“双打”执法行为。一是围绕办案，召开座谈会，观摩庭审，听取服刑人员现身说法，开展警示教育。二是延伸职能触角，加强对非公有制企业两类犯罪案件预防。如吉安市检察院制定《民营企业家法律风险防控100条》，指出民营企业经营管理过程中可

能存在的法律风险，向民营企业家讲授法律风险防控的重要性及预防措施。三是加强与公安、反贪、反渎的协调配合，优势互补，切实解决侦查与预防脱节、整体合力不强等问题，实现资源优化配置与信息共享。

六、创新宣传营造氛围，防范区域性风险发生

主动向新闻媒体提供打击侵权假冒以及“两个专项”监督活动的宣传素材。《人民日报》《法制日报》《检察日报》、江西省检察院门户网站、正义网集中报道了江西省检察院打击侵权假冒以及“两个专项”监督活动座谈会的情况。选择重要案例，通过新闻媒体宣传报道，深入宣传检察机关打击犯罪活动，及时将有社会影响的案件在受众面较广的报刊或网站等媒体上刊发，通过揭露犯罪、弘扬法制，提高广大人民群众知识产权法律意识。

（最高人民检察院侦查监督厅供稿）

山东省

专利工作

2016 年，山东省发明专利申请量为 88 359 件，发明专利授权量为 19 404 件，同比增长 14.9％；万人有效发明专利拥有量达到 6.33 件；PCT 国际专利申请量为 1399 件，同比增长 67.14％。办理专利权质押登记 302 件，融资金额为 39.57 亿元，连续三年居全国前列。专利行政执法办案总数达到 3426 件，同比增长 36.5％。

一、积极推动知识产权强省建设

国家知识产权局正式批复山东省为知识产权强省建设试点省，山东省政府印发《山东省知识产权强省建设实施方案》，明确了加快知识产权强省建设的重点任务。省政府常务会议研究同意建立省政府知识产权战略实施工作联席会议制度。出台了《山东省知识产权战略纲要》《山东省深入实施知识产权战略行动计划（2015～2020 年）》《山东省知识产权强省建设实施方案》，形成了“十三五”时期知识产权工作的政策体系。以省政府令的形式发布了《山东省专利纠纷处理和调解办法》。由省政府办公厅转发了《山东省知识产权服务业转型升级实施方案》。开展关键核心技术知识产权认定培育工作，召开省政府新闻发布会发布首批 15 项关键核心技术知识产权，引发强烈反响。在潍坊市启动知识产权区域布局试点。

二、全面加强知识产权保护

制定出台《关于进一步加强山东省知识产权维权援助工作的实施意见》《山东省举报假冒专利行为奖励办法（试行）》和《关于做好电子商务领域专利执法维权工作的通知》。扎实推进电子商务领域专利行政执法工作。12 家专业市场被列入国家级知识产权保护规范化培育市场名单。新成立了盐碱地、专用车产业知识产权保护联盟。完善省级知识产权维权援助合作单位及专家库的建设，建成覆盖全省 17 市的知识产权举报投诉与维权援助一体化服务网络。中国（山东）维权中心接听投诉举报及维权援助咨询电话 1500 余次，办理知识产权举报投诉案件 71 件。支持 2 家企业成功开展涉外维权。

三、大幅提高知识产权运用效益

组建山东省知识产权运营联盟。德州宁津电梯产业知识产权联盟获批为国家专利协同运用试点单位，4 家企业入选国家专利运营试点企业。在潍坊高新区、烟台经济技术开发区分别开展半导体发光产业、化工新材料产业专利导航项目。开展了14个省知识产权分析评议项目,15个专利导航产业发展项目,15个知识产权运营平台建设项目。制定出台《山东省知识产权质押融资风险补偿基金管理办法》。连续2年安排资金2500万元对小微企业进行贷款贴息和评估费补助,新增产值11.91亿元,新增利润1.41亿元,新申请专利241项。国家级专利质押融资及专利保险试点示范单位达到12个。

四、不断强化知识产权服务能力

国家知识产权局专利局济南代办处青岛分理处挂牌运行。在浪潮集团和青岛四方机车设立了国家知识产权局审查员实践基地。青岛崂山区国家级知识产权服务业集聚发展试验区正式揭牌。"一站式"知识产权综合服务平台和省知识产权交易中心建设取得积极进展。建成9个市级知识产权公共服务平台、14个县(市、区)级知识产权综合服务分平台和37个产业行业知识产权服务平台,完成机械、锂电新能源等10个重点产业协同创新路线图。

五、不断提高知识产权管理水平

成立专利代理行业专项整治工作领导小组。将专利代理机构事后监管纳入山东省诚信评价体系。拥有专利代理机构59家、分支机构79家、执业专利代理人506人;国家级知识产权示范企业13家,优势企业116家;省级示范企业216家;全省通过《企业知识产权管理规范》国家标准获证企业达到418家;国家级示范城市6个、示范园区5家、示范县区14个。

六、不断优化知识产权发展环境

组织开展"集聚发展 牵手双创"全国知识产权服务品牌机构青岛行活动。成功举办"知识产权走基层 服务经济万里行"山东站活动,活动首次在潍坊、淄博、烟台三地同时开展。成功举办"4·26世界知识产权日"宣传周、中国专利周系列活动。在《人民日报》头版头条刊发《青岛:推动"知产"变资产》。在《大众日报》整版发布15项关键核心技术知识产权。成功接待韩国特许厅访问团。举办2016鲁港知识产权研讨会。组织参加第六届"亚洲知识产权营商论坛"。积极推动与澳大利亚、新西兰的知识产权交流。

(山东省知识产权局)

商标工作

2016年,山东省商标工作以创新、协调、绿色、开放、共享五大发展新理念为引领,积极适应经济发展新常态和推进供给侧结构性改革的新要求,坚持问题导向,本着调整、巩固、充实、提高的原则,全面提升商标注册、运用、保护和管理水平,扎实促进品牌建设和经济转型升级。

一、完成"十三五"期间全省商标品牌工作的顶层设计

2016年6月16～17日山东省政府召开的全省品牌建设大会和9月18日省政府出台的《关于加快推进品牌建设的意见》,把品牌建设确定为推动供给侧结构性改革的重要抓手。在工作目标中确定"到2020年,全省国内有效注册商标总量达到65万件,马德里国际注册商标达到2000件,地理标志商标达到500件以上,全省拥有国家工商总局认定的驰名商标700件,培育山东省著名商标3800件";在重大工程和专项行动中要求"全面实施商标品牌战略","优化营商环境,加大执法力度,深入开展打击侵犯知识产权和制售假冒伪劣商品的违法活动","建立海外商标纠纷预警和危机管理机制,注重国际贸易和合资合作中品牌保护和管理,防止自主品牌被恶意抢注或收购",等等。

二、马德里商标国际注册取得新突破

2016年11月16日，山东省政府在青岛召开了全省商标国际注册与创建自主品牌工作会议，对全省商标国际注册与创建自主品牌工作进行部署。根据会议要求，山东省工商局组织对全省马德里商标国际注册情况进行了专题调研督导，组织各市报送“十三五”期间马德里商标国际注册工作指标2680件，其中2017年599件，筛选确定重点培育的目标企业1339家。

经过全省上下共同努力，全省马德里商标国际注册和保护工作取得显著成效。2016年国家工商总局向世界知识产权组织转送山东省马德里国际注册申请815件。全省拥有马德里国际注册商标2484件，比2011年开展合作之初增长3.9倍，比2015年增长49.1%。

三、商标国际合作达到新水平

进一步加强与世界知识产权组织的合作，邀请WIPO商标专家，分别在青岛、东营等市举办了“马德里商标国际注册和保护知识培训班”，涉外企业商标管理人员、各级政府及有关部门负责人、工商系统商标管理人员等400多人参加了培训。成功举办国家工商总局与世界知识产权组织共同合作的“商标品牌和马德里国际商标体系成立125周年纪念活动”。

四、商标注册申请更加便利高效

积极争取国家工商总局商标局在济南、青岛、济宁、临沂4市政务大厅设立商标注册申请受理窗口，在泰安市工商局设立商标专用权质权登记申请受理点；同时放开政策，发展商标代理服务机构1582家，方便企业申办商标注册和质权登记等手续。自2016年11月1日正式启动以来，济南、青岛、济宁三市商标注册申请受理窗口受理各类申请394件，咨询1700多人次；泰安商标质押申请受理点受理质押登记5件。

深入落实《山东省企业商标管理指导意见》，实施“一企一标”“一村一标”工程，强化企业主体意识，提高企业实施商标战略的积极性和主动性，商标注册量持续增加。据不完全统计，截至2016年底，全省商标申请量18.4万件，新核准注册10.9万件，有效注册商标59.2万件。

五、商标富农取得新成效

发动基层深入挖掘当地土特产品历史资源，积极申请地理标志商标注册，全省地理标志商标实现突破性增长，达到454件，覆盖全省近100个县(市、区)，涵盖了农林牧副渔180余个品种。经过连续5年多的推广运用和规范管理，全省涌现了“章丘大葱”“胶州大白菜”“淄博陶瓷”“烟台苹果”“金乡大蒜”“肥城桃”“荣成海带”“日照绿茶”“平邑金银花”“沾化冬枣”等一批区域品牌，既传承和弘扬了传统特产文化，又促进了农民脱贫致富。

六、商标保护又有新进展

按照国务院的部署，坚持行政保护与司法保护相结合，强化跨部门、跨区域执法协作，依法严厉打击商标侵权违法行为。2016年以来，全省工商(市场监管)系统共查处商标侵权假冒案件1636件，为品牌建设提供了及时有效的法律保障。

七、商标法规知识宣传培训又有新成效

组织开展全省商标品牌知识巡回宣讲活动，提升市场主体“用商标、创品牌”的能力；配合省商务厅组织开展商标法律知识培训，共同推动自主品牌培育建设，派员为“全省国际自主品牌建设专题培训班”、亚非援外班进行了商标业务知识培训；组织开展青岛、东营经验的“挖掘式”宣传，多渠道推进全省商标战略工作宣传，加强与人民网等媒体合作，充分利用媒体资源多渠道、多形式推介全省商标品牌工作。

（山东省工商行政管理局）

版权工作

2016年，山东省版权局按照“三位一体、整体推进”的工作思路，以“版权突破”为抓手，较好地完成了全年工作任务。

一、加大整治力度，严厉打击侵权盗版行为

一是开展专项整治，积极查处侵权盗版大案要案。始终将开展打击网络侵权盗版专项治理“剑网行动”，开展印刷业专项整治行动，开展图书、软件、音像制品市场集中检查整治行动作为重点任务，取得了较大成果。2016年，山东全省共查办各类案件253起，其中依据著作权法律法规查处的案件56起，刑事移交判决的9起，并全部依法公开，收缴各类盗版出版物353 145件。5起案件列入国家版权局督办案件。二是加强督导检查，消除问题隐患。山东省组织力量，不间断地对出版物市场进行暗访检查，对有关工作落实和专项行动开展情况进行督导。2016年，组织11个暗访督查组，直接深入到出版物市场和印刷发行单位进行督导检查。对暗访督查中发现的问题，督促有关市迅速进行核查整改处理。三是组织业务培训，提高执法能力。2016年5月，山东省版权局承办了国家版权局第二期全国版权执法培训班。还举办了三期全省版权执法工作培训班。

二、建立长效机制，巩固软件正版化成果

2016年全省党政机关采购各类正版软件1.3万套，投入资金800多万元。全省共有126家企业完成使用正版软件检查整改工作任务，采购各类正版软件0.94万套，投入资金1900多万元。

一是建章立制，不断完善软件正版化工作长效机制。先后下发一系列规章制度，全省各市、省政府各部门、单位也根据《山东省政府机关使用正版软件管理办法》要求，制定了实施意见，逐步实现软件正版化工作规范化、常态化。二是落实责任，实施软件正版化考核评定工作。省政府将软件正版化工作作为“双打”专项行动重要内容，纳入“双打”考核体系，每年年底对全省软件正版化工作进行实地检查、考核打分，并向全省通报考核结果。三是多措并举，扎实推进企业软件正版化工作。将推进国有企业、民营企业、新闻出版行业企业、上市公司软件正版化工作作为重点任务。2016年，山东省版权局联合省国资委对山东省属在济南的15家国有企业进行了督导检查。2016年全省126家企业完成软件正版化检查整改工作任务，采购各类正版软件近万套，投入资金1944万元。四是加强督导，巩固软件正版化工作成果。山东省建立了软件正版化联席会议成员单位联合督导检查制度，定期对省、市、县三级党政机关和国有企业软件正版化工作进行督查。2016年7月，省软件正版化联席会议办公室组成5个督查组，对47家省政府部门、直属机构逐一检查，对发现的问题进行整改。国务院推进使用正版软件工作部际联席会议督查组对山东省的软件正版化工作给予充分肯定。截至2016年底，全省共组织软件正版化检查36次，检查各级党政机关部门356个，企业198家，检查电脑8000多台。

三、版权示范带动，创意产业发展迅猛

一是认真筹办第三届青岛·东亚版权创意精品展示交易会。二是2016年3月首次召开全省版权贸易座谈会。三是开展版权产业经济贡献调查。四是公布省级“版权示范单位、园区（基地）”和“版权保护示范单位、园区（基地）”。决定授予“齐鲁电子音像出版社”等45家单位“版权示范单位、园区（基地）”和“版权保护示范单位、园区（基地）”的称号。五是组织参加第六届中国国际版权博览会。

四、版权社会服务体系基本建立

一是健全作品著作权登记体系。山东省版权局先后在全省建立了20家版权服务站，覆盖全省17市，直接受理作品著作权登记的初审和发证，大大方便了权利人登记。2016年全省作品著作权登记70 978件，比2015年的50 218件同比增长了41.34%。山东省共引进图书版权合同364份，输出图书版权合同179份，与上年同期基本持平。

二是版权登记平台进一步完善。山东省版权局开发版权保护手机版，2016年底已进入测试阶段。版权保护与服务平台后台数据库已实现检索、查询功能，上半年为济南、青岛、聊城等地方中院提供取证6次。

三是与国家版权局版权监管平台实现对接。山东省版权局于2016年3月底完成终端设备的安装部署工作，实现了与国家版权局的视频会议功能。于2016年5月底完成著作权作品登记信息与国家版权局版权监管平台对接。

五、创新方法，进一步加大版权宣传培训力度

一是积极开展形式多样的宣传活动。开展版权"五进"，宣传《著作权法》等法律法规，开展版权法律咨询等；利用"4·26世界知识产权日"开展系列宣传活动。通过山东省主要媒体广泛宣传开展打击侵权盗版专项行动的意义和重点任务，发布打击侵权盗版案件信息等；向社会公布版权执法部门举报投诉电话、举报邮箱，公开曝光了山东省10起侵权盗版典型案件。二是组织拍摄版权公益广告片、版权宣传片、版权微电影等。2016年，山东省版权局完成宣传片《版权强省建设——山东在路上》、版权保护公益广告片《版权保护，从我做起》、微电影《风筝谣》的拍摄。三是组织开展培训。2016年5月，山东省同时承办了国家版权局2016年第二期政府机关软件正版化工作培训班和第二期全国版权执法培训班。2016年，山东全省共举办版权执法和软件正版化培训工作培训班17次，参训人员1500余人。

（山东省版权局　高　睿）

司法工作

2016年，山东省各级法院全面贯彻落实党的十八大和十八届三中、四中、五中、六中全会及中央政法工作会议精神，深入学习贯彻习近平总书记系列重要讲话精神，主动适应形势任务的新变化和经济发展新常态，积极履行知识产权审判职责，知识产权司法保护工作取得新成效。

一、依法公正高效审理各类知识产权案件

2016年，山东省各级法院共新收各类知识产权民事一审案件8261件，同比增长20.6%。其中，新收著作权案件4228件，同比增长11.1%；专利案件746件，同比增长48%；技术合同案件250件，同比增长119%；商标案件2722件，同比增长29.7%；不正当竞争等其他知识产权案件315件，同比下降4.5%。共审结各类知识产权民事一审案件7609件，同比增长14.5%。共新收各类知识产权民事二审案件453件，同比增长35%；审结453件，同比增长35%。

2016年山东省知识产权案件审理工作总体呈现以下特点。

（1）案件数量大幅增长，审判质效不断提高。山东省法院新收知识产权民事一审、二审案件8717件，比2015年增长20.3%。知识产权民事一审案件结案数同比上升14.5%，结案率达到92.1%，一审案件上诉率5.9%，知识产权民事二审案件结案率达到100%。认真落实《山东省多元化解纠纷促进条例》，不断创新调解方式，知识产权民事一审案件共调撤结案5306件，调撤率

达到69.7%，同比上升近7个百分点。

（2）精品案件审理再结硕果。“张裕卡斯特”确认不侵害商标权案、“消防排烟装置”专利侵权案等两起案件入选2015年中国法院知识产权司法保护50件典型案件。国际棉花协会仲裁裁决案入选最高人民法院服务“一带一路”建设典型案件。“美人榆”植物新品种权纠纷案被中国教育电视台和最高人民法院合办的《法治天下》节目专题报道播出。因霍尼韦尔公司诉睿昕公司等侵害商标权纠纷一案的成功审理，山东省政府在中国欧盟商会主办的“中国知识产权友好奖”评选活动中获得了“最佳合作奖”。此外，审结了诸如“西湖龙井”、微软、诺和诺德等一系列具有较大影响的案件，还有多篇案例入选中国法院年度案例、人民司法案例、中国知识产权审判研究等。

二、发挥职能作用服务经济文化强省建设

（1）出台服务举措为科技创新保驾护航。山东省高院在充分调研的基础上，形成了《关于知识产权司法保护有关情况的调研报告》，出台了《关于充分发挥知识产权审判职能、依法保障和促进科技创新的意见》。

（2）多种形式助力企业创新与发展。一是继续完善知识产权保护企业联系点制度，主动邀请部分创新型企业召开知识产权司法保护工作座谈会。二是受邀参加“民营企业知识产权保护工作座谈会”。三是继续在创新型企业密集区增设巡回法庭。青岛市中院2016年12月在蓝色硅谷核心区即墨创智新区设立了蓝谷知识产权巡回法庭。四是细化司法便民利民措施，济南市中院专门向企业印发《知识产权诉讼指南》，并赠送该院编写的《企业知识产权保护司法实务》。

（3）加强与行政机关的联系协作，形成保护合力。山东省高院拟定了《关于加强企业名称工商登记管理工作的司法建议书》。与山东省科学技术厅、山东省知识产权局举办“知识产权司法保护工作座谈会”。对山东省商务厅《关于贯彻落实〈国务院关于促进外贸回稳向好的若干意见〉》提出具体落实措施。向山东省知识产权局通报了《2015年山东法院知识产权保护状况》，并对山东省知识产权局《2015年山东省知识产权发展状况》白皮书提出修改意见和建议。

（4）深化司法公开营造良好社会氛围。山东省高院多年来持续开展“4·26世界知识产权日”宣传周活动，召开新闻发布会，公布山东法院知识产权司法保护十大典型案件，发布山东法院知识产权司法保护白皮书。济南电视台《现在开庭》栏目对《熊出没》动漫形象维权案进行了专题报道，青岛市中院在《青岛财经日报》开辟了知识产权专版，滨州市中院联合当地电视台制作了法制宣传片《字号与商标冲突》。积极利用司法公开“四大平台”，扎实推进知识产权裁判文书上网、庭审网络直播、审判流程公开工作。人民陪审员参审工作取得显著成效，济南、潍坊、泰安、莱芜等地中院人民陪审员参审率均超过90%甚至达到100%。

三、加强审判指导提升知识产权司法水平

（1）拓宽渠道加强审判监督指导。山东省高院于2016年初制定公布《2016年知识产权审判工作要点》；撰写《知识产权一审案件情况及运行态势分析》和《二审知识产权案件改发情况及典型案件分析》；通过“一网”（山东省高院内网庭室园地）、“一刊”（《知识产权审判要情》）、“一群”（法官微信群），及时向山东全省法院发布审判经验和典型案例；召开山东省法院知识产权审判工作座谈会；举办山东省知识产权审判业务培训班；组织首届山东法院知识产权审判优秀论文评选活动；召开山东省法院知识产权审判“三合一”推进会；召开部分法院知识产权司法保护工作座谈会。

（2）多种形式促进调研交流。充分发挥山东省知识产权审判调研小组作用，调研小组成员多次在《中国知识产权审判研究》《人民司法》《法律适用》等核心期刊发表理论调研文章。召开山东省知识产权审判调研及写作方法研讨会；结合审判实际开展专题调研，完成了《关于适用新商标法案件情况的调研报告》《关于知识产权民事诉讼证据规则适用问题的情况报告》《关于植物新品种权司法保护的调研报告》《关于著作权审判工作的调研报告》等。积极参加最高人民法院举办的"全国部分法院涉电影作品著作权纠纷案件法律适用问题座谈会""全国部分法院专利法修改征求意见座谈会""全国部分法院著作权法修订研讨会""商标法司法解释专题研讨会"等；参加了最高人民法院"中欧法官论坛"、浙江省高院首届"三知论坛"等。济南市中院多次到山东大学、山东政法学院、齐鲁工业大学、济南日报等单位进行业务交流。烟台市中院为烟台大学知识产权专业的研究生和本科生开设专利法和知识产权司法实务课程。

四、抓好队伍建设不松懈不断提升履职能力

（1）加强思想政治建设。深入贯彻习近平总书记关于加强政法队伍建设的指示，以"两学一做"学习教育活动为契机，利用"三会一课"等组织形式，践行"四心工作法"，树立知识产权法官的良好形象。

（2）加强司法能力建设。集体学习与个人学习相结合，提升业务水平。定期举办山东省法院业务培训，积极参加最高人民法院专业培训及研讨交流，在知识产权法官微信群及时发布最新司法观点和典型案例。

（3）加强廉政作风建设。深入开展廉洁司法集中教育活动，认真学习中央纪委六次全会和山东省纪委七次全会精神，学习《廉洁自律准则》《纪律处分条例》《司法机关内部人员过问案件的记录和责任追究规定》等制度，切实将最高人民法院"五个严禁""十个不准"牢记于心。山东省各级法院2016年未发生违法违纪现象，维护了知识产权法官的廉洁形象。

（山东省高级人民法院知识产权审判庭）

检察工作

2016年，山东省检察机关严格按照山东省打击侵犯知识产权和制售假冒伪劣商品专项领导小组办公室工作要求，加强与领导小组成员单位的协作配合，充分履行检察职责，依法严厉打击侵犯知识产权和制售假冒伪劣商品犯罪。

一、严肃查办侵权假冒案件，充分发挥检察职能作用

2016年，山东省检察机关共受理审查逮捕制售假冒伪劣商品犯罪案件425件728人，批准逮捕257件426人，起诉456件695人；受理审查逮捕侵犯知识产权犯罪案件130件186人，批准逮捕86件119人，起诉167件338人。

二、强化组织领导，确保专项工作深入开展

山东省各级检察院党组定期听取工作汇报，全面掌握工作情况，确保在检察环节上的打击效果。检察长对重要案件亲自督办、重大问题亲自过问、重点环节亲自协调；分管检察长靠前指挥，亲自研究制定举措，认真抓好各项工作落实。山东省各级检察机关将执法力量向基层和一线倾斜，集中力量办理侵权假冒犯罪案件。积极向党委、人大汇报打击侵权假冒工作情况，争取广泛支持。结合检察机关的职责和工作实际，组织干警宣传知识产权保护知识及有关法律、法规，鼓励举报侵犯知识产权、制售假冒伪劣的违法犯罪行为，营造全社会参与打击的浓厚氛围。注重舆论引导，利用微博、微信等新兴媒体宣传、公开审查、检察宣告等形式，加大对专项活动开展及重大、典型案件的宣传，提升检察机关执法形象和司法公信力。

三、依法严格履职，确保工作实效

山东省检察机关保持对侵权假冒犯罪“严打”态势，对于公安机关报请逮捕和移送起诉的案件，确定精通业务的骨干优先办理，做好与公安机关的沟通工作，适时参与现场勘查、案件讨论，对公安机关收集、固定、保全证据和行政执法机关收集的证据如何使用等问题提出意见和建议，依法从快批捕起诉。对重大案件，及时派员提前介入，引导公安机关侦查取证，加大办案指导力度，及时跟踪督促案件进展情况。与公安、法院经常就个案及类案中存在的问题进行沟通交流，达成共识，确保案件能顺利起诉和判决。积极配合公安、质检、海关等部门开展互联网侵权行为专项治理、成品油专项行动、“清风”行动等专项活动，进一步加大在互联网领域、成品油市场及进出口环节对制售假冒商品犯罪的打击力度。

四、加强协作指导，形成工作合力

山东省检察机关结合“破坏环境资源犯罪专项立案监督活动”和“危害食品药品安全犯罪专项立案监督活动”，下发深化活动专项通知，将制假售假、侵犯知识产权犯罪作为专项监督活动的重点，积极加强与公安、工商、质检、食药监等有关部门的联系。山东省三级检察机关不断加强与行政执法、公安、审判机关的沟通协调，建立联合督办、共同调研、备案审查、双向咨询等多种形式的协调工作机制，健全完善联席会议、信息共享、案情通报、案件移送等制度，克服有案不移、有案难移、以罚代刑现象，形成管用实用、规范高效的常态化监督机制，着力完善案件移送标准和程序，解决案件移送、证据收集、检验鉴定、涉案物品处置等工作中存在的问题，消除分歧，达成共识，形成执法合力。山东省各级检察院不断加强“两法”衔接信息共享平台的建设和应用，积极督促行政执法机关规范执法办案信息录入的标准、内容和责任，加强对数据的收集、分析、研判，努力实现网络互联互通、信息共享共用，提高监督效率与效果。省、市两级检察院通过分析研判打击侵权假冒犯罪有关数据、典型案例、深入基层实地调研等形式加强对下工作指导和督促检查；积极发挥检察一体化优势，采取逐级汇报、个案指导、备案审查等措施，及时发现问题进行针对性指导。对重大案件进行挂牌督办，加强对案件的重点督察。2016 年以来，山东省检察院共对 7 起危害食品药品安全犯罪的案件进行挂牌督办，取得了明显效果。

（最高人民检察院侦查监督厅供稿）

河南省

专利工作

2016 年，河南省以知识产权强省建设为目标，以增强自主创新能力为核心，着力加强知识产权保护和运用，知识产权支撑经济社会发展的能力更加凸显。

一、与时俱进，知识产权重点工作布局初步形成

研究制订《河南省知识产权强省建设试点省实施方案》，省政府正式建立河南省知识产权战略实施工作联席会议制度，研究起草《河南省政府关于新形势下加快知识产权强省建设的若干意见》，为河南省开展强省建设工作提供了有力支撑。知识产权强省工作被列入《河南省国民经济和社会发展“十三五”规划》，“每万户科技型小型微型企业拥有授权专利数、同比增速”被列为省工信厅、科技厅、财政厅等部门联合出台的《河南省小型微型企业发展考核评价办法》的创新指标，《河南省知识产权事业发展“十三五”规划》和《河南省专利事业发展“十三五”规划》印发实施。

二、鼓励创新，知识产权创造能力显著增强

专利质量进一步提升，结构进一步优化。截至 2016 年 12 月底，河南省当年专利累计申请量达 94 045 件，同比增长 26%。发明专利申请量 28 626 件，同比增长 19.7%。截至 2016 年 11 月底全省拥有有效发明专利达到 22 262 件，每万人口拥有有效发明专利达到 2.37 件，较上年度同期增长 30.2%。

三、加强执法，严格的知识产权大保护格局逐步显现

组织开展了省市县联合执法活动，河南省全年执法办案达到 2056 件，其中纠纷案件 704 件，假冒案件 1352 件。加大电商领域执法维权工作力度，全省接收办理移交的电商案件 600 余件。积极申建中国郑州（创意产业）知识产权快速维权中心并成功获批，2017 年将正式运行。全年共设立产业集聚区知识产权维权援助工作站 28 个。信阳、三门峡国家级中心分中心成立，实现全省市级知识产权维权援助服务全覆盖。

四、注重实效，知识产权运用效益日益凸显

2016 年全省新增专利权质押融资需求企业 97 家，实现质押融资额 8.2 亿元；新乡市、郑州高新区、国家知识产权创意产业园获批国家知识产权质押融资工作试点。以中央财政 4000 万元重点产业知识产权运营资金为依托，设立河南省首支重点产业知识产权运营基金。与省教育厅联合启动高校知识产权综合能力提升专项行动。有序推进专利导航，首批确定了郑州市北斗导航产业等 7 个实验区，涉及相关产业规模达 881.9 亿。

五、夯实基础，知识产权管理和服务更加高效

（1）以省会商重点工作为抓手，加强国家知识产权重点项目建设。国家知识产权局专利局审查协作河南中心主体施工全部封顶，即将正式投入使用。《国家知识产权创意产业试点园区发展规划（2016～2020 年）》由省政府和国家知识产权局共同印发实施；园区入驻企业 157 家，从业人员 1.2 万人。国家专利导航（超硬材料）产业发展实验区累计签约项目 44 个，合同总投资 185 亿元。国家知识产权服务业集聚发展试验区顺利通过国家考核验收，获批全国十个专利代理行业改革试点省之一。

（2）推进知识产权试点示范工作。新增 64 家公司获企业知识产权管理规范贯标认证，省级共认定强企领军企业 4 家、强企示范企业 8 家、强企优势企业 59 家；8 家企业获批国家知识产权优势示范企业。郑州等 5 个示范城市和许昌等 4 市积极开展试点示范城市创建工作，巩义市等 12 个县（市、区）积极开展国家知识产权强县创建工作，试点示范城市群的区域创新格局梯次成形。

六、营造氛围，知识产权文化建设持续加强

连续 9 年举办县处级领导干部知识产权战略研究班；围绕强省建设重点工作举办培训班 10 余个，开展知识产权巡讲活动 20 余场，受训规模达 5000 人次。开展知识产权培训基地建设和中小学知识产权普及教育。借助河南知识产权门户网站、微信公众号、电视网络等载体开展知识产权强省专题宣传报道，形成“尊重知识、崇尚创新、诚信守法”的知识产权文化氛围。

（河南省知识产权局）

商标工作

2016年，河南省各级工商和市场监管部门认真贯彻落实省政府《关于实施商标战略的意见》，统筹谋划全省商标品牌战略发展，抓要害、定决策、解难题、谋发展，各地党委、政府高度重视，强化考核，全面落实，全省商标品牌战略取得丰硕成果，商标品牌竞争力显著提升，品牌经济发展进入新阶段。

一、商标品牌战略科学谋划彰显新水平

召开了全省深入实施商标品牌战略工作会议，在河南省政府2013年出台《关于实施商标战略的意见》的基础上，提请省政府印发了《河南省实施商标品牌战略2016～2018年行动计划》，进一步明确目标、强化措施；出台《河南省产业集群商标品牌培育基地认定和管理办法》，推动商标战略实施从培育商标品牌企业到培育商标品牌产业转变，由“产业集群”向“商标品牌集群”转型升级。全省所有省辖市、省直管县（市）政府全都制定了实施商标品牌战略相关文件，将实施商标品牌战略工作纳入年度目标管理和绩效考核，广大企业注册、培育商标的氛围日益浓厚，商标注册、运用、保护和管理的水平明显提升，全省形成了“企业主体、市场主导、政府助推、行业促进、社会参与”的商标品牌战略工作格局。

二、商标品牌培育和注册取得新突破

据国家工商总局最新统计数据，截至2017年12月15日，全省新增注册商标7万件、总量达到35.6万件，新增地理标志8件、总量达到56件，同比分别增长24.5%、16.7%。特别是有效注册商标无论是增长数量还是增长率都是历史最高值，说明2017年随着“商标品牌战略”的全面实施，全省对商标品牌战略地位、重要作用的认知程度越来越高，市场主体注册商标积极性明显提升、争创商标品牌的意识不断增强。

三、商标品牌打假维权展现新作为

先后组织开展了保护“双汇”“金龙鱼”“口福”等注册商标专用权专项行动，取得了显著成效。2016年，全省共查处各类商标违法案件2039件，案值1881万元，罚没金额1709万元。其中，全省仅清理收缴假冒、仿冒“双汇”食品就达10万多件。双汇、金龙鱼等企业负责人专程送来锦旗和感谢信。

四、商标服务水平得到新提升

深入分析河南省商标发展情况，发布《河南省商标发展及对经济影响研究》，组织举办了全省200名企业负责人参加的商标品牌战略专题培训，得到企业的一致好评。组织本省优秀企业参加2016中国国际商标品牌节，并获得“贡献奖”。

（河南省工商行政管理局）

版权工作

2016年，河南省版权局按照工作部署，抓好工作落实，各项任务基本完成。

一、继续推进全省政府机关软件正版化工作

2016年，河南省要求各单位报送软件正版化责任人信息表，认真开展软件使用情况摸底调查并报送机关软件使用情况表，加强软硬件采购源头管理，落实软件正版化工作主体责任，建立健全软件正版化工作责任制度。2016年5月，及时更新了全省软件正版化工作责任人信息数据库。

二、重点推进全省国有企业使用正版软件工作

一是及时转发文件。向河南全省省管

企业及中央驻豫企业下发了通知，对2016年的企业软件正版化工作作出新要求，要求各企业明确软件正版化工作主要负责人，认真开展使用正版软件自查整改工作，建立软件资产管理制度，做好信息报送，确保按时完成使用正版软件工作。

二是召开全省省管企业软件正版化工作推进会。2016年10月28日，此工作推进会部署河南省省管企业使用正版软件工作任务。28家省管企业主要负责同志参加了会议。

三、顺利通过国家督查组对河南省软件正版化工作的督查

2016年9月5～8日，推进使用正版软件工作部际联席会议督查组对河南省软件正版化工作进行了督导检查。督查组首先听取了河南省政府关于推进使用正版软件检查整改工作的汇报，随机实地抽查了6家省级机关、2家国有企业和2家金融机构。每家单位抽查了10台计算机软件安装使用情况，共抽查了102台计算机。9月8日，河南省政府主持召开了国家督查组督查情况反馈会，对河南省软件正版化工作督查情况进行了反馈。

四、严厉打击侵权盗版行为

一是加大日常监管执法工作力度，严厉打击侵权盗版。2016年，河南省坚持日常监管与专项行动相结合，加强版权行政监管执法。强化对印刷复制源头企业、出版物仓储物流运输企业、出版物批发零售经营商家的监督和管理。对郑州瑞特彩印务有限公司盗印图书案、南阳数家出版物零售单位销售盗版《全国建造师执业资格考试辅导》系列丛书案等案件进行指导督办，取得了较好效果。

二是启动2016年“剑网行动”。于2016年7～11月在全省开展“剑网行动”，突出整治未经授权非法传播网络文学、新闻、影视等作品的侵权盗版行为，保障有关权利人的合法权益；重点查处通过平台进行的侵权盗版行为，维护网络版权正常秩序；进一步规范了网络音乐、网络云存储空间、网络转载新闻作品的版权秩序，营造网络版权良好生态。

三是认真做好2015年度查处侵权盗版案件有功单位及个人的申报推荐工作。2016年4月，河南省共有17个单位及个人荣获有功单位、有功个人，获奖励资金42.7万元。

四是举办版权执法培训班，强化基础版权行政执法能力。2016年6月22～24日，国家版权局2016年第二期版权执法监管培训班在郑州举办。来自全国的260名版权行政执法人员参加了培训。

五、做好普法宣传工作

2016年4月26日，河南省版权局在郑州市文博广场举办2016年世界知识产权日宣传周活动。本次活动以“数字创意、重塑文化”为主题，重点宣传了河南省2015年在打击侵权盗版案件及“剑网行动”上取得的显著成就。

活动通过展板展示、现场讲解、发放宣传资料等多种形式，充分展示了河南省打击侵犯知识产权和制售假冒伪劣商品专项行动和“剑网行动”的成果，并现场接受了群众关于版权登记、侵权盗版投诉等方面的咨询，共发放《版权登记指南》《著作权行政投诉指南》《著作权法律法规选编》等书籍200余册。

六、做好作品著作权登记和版权贸易合同审核登记工作

继续开展作品著作权自愿登记工作，缩短受理周期，提高服务质量。全年共受理各类作品著作权登记849件，审核登记出版单位从国、境外引进的版权贸易合同429件。

（河南省版权局　焦艳娜）

司法工作

2016年,河南省各级法院深入贯彻党的十八大以及十八届三中、四中、五中、六中全会精神,以加强知识产权司法保护为导向,不断提升知识产权保护质效,为河南省创新驱动发展战略的实施提供了强有力的司法保障。

一、加强知识产权司法保护,依法公正高效审结大批知识产权纠纷案件

2016年,河南全省法院新收各类知识产权案件3418件,结案3061件,审结率89.56%。其中著作权类案件1140件;商标权类案件1008件;专利权类案件234件,其他知识产权纠纷679件。

河南全省法院一审知识产权案件的审理周期平均为90余天,二审案件的审理周期平均为50余天,一审裁判文书生效率超过90%。

二、加大对知识产权侵权行为的制裁力度,充分发挥司法保护主导作用

一是依法严惩知识产权刑事犯罪,加大刑事处罚的威慑力。二是逐步提高民事侵权赔偿数额,提高侵权人违法成本。如根据不同案件情况,对侵犯音乐作品著作权的案件,将赔偿标准从每首歌曲50～100元调整为300～600元。三是发挥司法审查和监督职能,规范行政行为。

三、全力推进知识产权民事、行政和刑事案件审判“三合一”工作,努力实现知识产权审判模式全面优化

2016年10月14日,河南省高院召开“全省法院知识产权审判工作座谈会暨全省法院知识产权审判‘三合一’推进会”;同时,结合河南省实际情况,起草了《关于在全省法院推进知识产权民事、行政和刑事案件审判“三合一”工作的实施方案》,拟作为今后一个时期河南法院知识产权审判工作的指导性文件。

加强审判调研,及时完善案件管辖布局。为更好地发挥郑州航空港经济综合实验区的区位优势和特点,经过充分调研,并向最高人民法院请示,拟指定郑州航空港经济综合实验区人民法院作为管辖知识产权案件的基层法院。

四、突出知识产权保护重点,全力服务经济社会发展大局

(1)加强对高新技术企业的知识产权司法保护。在审理牛某某等与慰农机械厂、老利机械公司等侵害实用新型专利权纠纷案,凯农机械与农丰机械厂、嘉禾机械公司侵害实用新型专利权纠纷案时,提高审判效率,加大赔偿力度。

(2)着力维护知名食品加工企业品牌和商誉。“好想你”“杜康”“莲花”“金星”“南街村”“三全”“思念”等一批河南省知名品牌和“茅台”“五粮液”等全国知名商标得到了有效保护,“傍名牌”“搭便车”等不良市场竞争行为得到进一步遏制。

(3)加强对传统文化的知识产权保护。对河南省传统艺术门类如戏曲、剪纸、版画、民间传说、陶瓷等,以及非物质文化遗产、中华老字号等,河南省各级法院从著作权、外观设计专利权、商标权等不同角度进行保护。通过审理苗某某、马某等戏曲作品著作权纠纷等案件,厘清了传统文化与商业使用之间的法律界限。

(4)积极服务“一带一路”发展战略。河南省高院审理的德国拜耳公司诉河南某公司、赵某侵犯注册商标专用权及不正当竞争纠纷案于2016年11月入选最高人民法院《“一带一路”司法理论与实务纵览涉外商事案例精选(2015～2016年度)》。

五、完善司法服务举措,提升全社会知识产权保护意识

(1)大力开展巡回审判。河南全省法

院积极选择有代表性的知识产权案件，到高校、郑州航空港经济综合实验区、各高新技术产业开发区、产业集聚区，以及侵权行为地开展巡回审判，以案说法，普及知识产权法律知识。2016年4月18日，河南省高院在郑州科技学院公开审理香港周六福珠宝公司与幸福万家公司、吴某某侵犯商标权纠纷一案，河南省内多家媒体予以报道。

(2)主动提供司法服务。河南省高院院长张立勇带头走访高科技企业。2016年4月19日，召开河南省加强知识产权司法保护座谈会。河南省各地市中院也都通过走访企业、召开座谈会、举办专题报告等形式，不断完善司法服务举措。

(3)加强司法宣传。2016年4月，与河南电视台联合开办知识产权保护系列节目；从河南省法院办结的1万余起知识产权案件中选取20起典型案例，接受社会各界投票，选出十大典型案例向社会公布；发布河南法院知识产权司法保护白皮书；中央电视台先后对河南法院审理的多起知识产权典型案例进行采访报道。

六、大力加强队伍建设，不断提高知识产权法官队伍的政治素养和专业水平

(1)持续加强思想政治建设。扎实开展"两学一做"学习教育，引导全体知识产权法官同以习近平同志为核心的党中央保持高度一致；进一步坚定理想信念，确保知识产权审判工作正确的政治方向。

(2)持续加强纪律作风建设。严格落实全面从严治党主体责任，进一步查摆和整改审判工作中存在的"四风"和"六难三案"等问题，增强反腐倡廉实际成效，确保队伍清廉、司法清明。

(3)持续提升专业能力。输送多批次法官参加国家法官学院知识产权培训。在2016年4月、10月，分别邀请国家知识产权局副局长甘绍宁、中南财经政法大学知识产权研究中心教授吴汉东等知名专家，为河南全省法官举办知识产权强国战略辅导报告。

（河南省高级人民法院知识产权审判庭）

检察工作

2016年，河南省检察院严格按照《2016年河南省打击侵犯知识产权和制售假冒伪劣商品工作任务及分工方案》的要求，切实履行法律监督职责，服务经济发展大局，积极开展打击侵权假冒工作。

一、依法严厉打击侵权假冒刑事犯罪

2016年，河南省检察机关共批准逮捕涉嫌生产销售伪劣商品犯罪案件172件260人；共提起公诉涉嫌生产销售伪劣商品犯罪案件695件985人。共批准逮捕涉嫌侵犯知识产权类犯罪案件65件90人；共提起公诉涉嫌侵犯知识产权类犯罪案件88件171人。

二、扎实开展侵犯知识产权专项立案监督活动，推动"双打"工作顺利开展

为更好地服务创新驱动发展战略，促进河南省创新发展，营造尊重知识、崇尚创新、诚信守法的知识产权文化氛围，创建"大众创业、万众创新"的良好法制环境，河南省检察机关决定在全省检察机关开展为期一年的"侵犯知识产权犯罪专项立案监督活动"。力争发现一批该移送不移送、以罚代刑涉嫌犯罪案件线索，依法监督行政执法机关移送、公安机关立案侦查一批涉嫌侵犯知识产权犯罪的案件，加大打击力度，有效遏制与扭转此类犯罪的发展态势。同时，通过对本地知识产权保护工作机制的梳理和分析，建立健全知识产权保护领域行政执法和刑事司法衔接机制。加强与有关行政执法机关的沟通配合，在知识产权保护领域建立信息共享、案情通报、案件移送制度，加强对知识产权的保护，促进知识产权保护领域"两法"衔接机制的有效运行。

三、积极履行法律监督职责，以专项立案监督活动为契机，促进打击侵权假冒工作深入开展

通过开展“侵犯知识产权犯罪专项立案监督活动”“危害食品药品安全犯罪专项立案监督活动”，河南省各地检察机关通过采取主动上门走访、调研等方式，加强与工商、食药监、质检等行政执法机关的沟通协调，对排查出的侵权假冒案件线索和监督立案案件，建立专人负责制度，并建立跟踪监督机制；采用检查督导与挂牌督办相结合的方式，推动活动深入发展并取得实效。

四、完善行政执法与刑事司法相衔接的长效机制

在省级层面出台“两法”衔接工作办法的基础上，河南省大部分地区结合本地工作实际，以专项活动和专项立案监督活动为契机，结合行政执法机关在执法和管理中存在的突出问题加强调研、沟通、协调，对规范移送案件程序、制度化解决“两法”衔接工作中的有关难题起了积极作用，并极大地推动了“两法”衔接机制的完善。与河南省高院、省公安厅、省食安办、省食药监局联合会签了《食品药品领域行政执法与刑事司法衔接工作实施细则》，推动食品药品领域“两法”衔接工作深入开展。

五、积极完善信息平台，建设推动河南省三级信息平台的互联互通

一是积极推动河南省三级信息平台的互联互通。河南省检察院积极与省“双打”办、省级信息平台技术服务单位积极沟通协调，争取必要的支持和配合。截至目前，加入省级平台的省直行政执法机关已达16家，地市层面18个地市级检察院的信息平台全部与省级平台实现互联互通。二是结合行政处罚卷宗认真审查平台录入的案件信息，对已录入平台的案件信息，认真审查，发现涉嫌犯罪线索及时监督移送，将未录入信息平台的案件作为监督重点，深入查找背后的以罚代刑、失职渎职案件线索。于2016年10月联合河南省“双打”办对信息共享平台进行了督导检查，促进各地行政执法信息完整、及时、全面录入信息平台。

六、深挖侵权假冒犯罪背后的职务犯罪，增强打击实效

侵权假冒犯罪屡禁不止，不仅与部分人的逐利思想有关，也与部分国家工作人员无视法律法规，为犯罪分子提供保护伞密不可分。针对侵权假冒犯罪活动的特点，河南省检察院要求全省各检察院反贪污贿赂、反渎职侵权和侦查监督等部门相互支持，通力合作，依法严厉查处侵权假冒犯罪背后隐藏的职务犯罪案件。

（最高人民检察院侦查监督厅供稿）

湖北省

专利工作

2016年，湖北省围绕知识产权强省建设，全面实施知识产权战略，提升知识产权创造、运用、保护、管理和服务综合能力，开创了知识产权事业发展新局面。

一、知识产权工作环境日益完善

（1）知识产权强省建设顺利启动。经协调推动，2016年6月24日，《湖北省人民政府关于加快知识产权强省建设的意见》正式颁布，标志着湖北省知识产权工作进入了新阶段。11月底，省政府常务会议审议通过知识产权强省建设实施方案，并由省政府办公厅印发，明确各地各部门具体任务，扎实推进强省建设的实施。

(2)稳步推进地方专利立法工作。充分利用《湖北省专利条例》列入省人大年度立法计划的机会，发动多方力量，完善条例草案，争取省人大、省政府法制办的有力支持，各项工作进展顺利。2016年9月5日，省政府常务会议审议通过了条例草案。省人大常委会对条例草案进行了第一次审议，2017年5月24日审议通过。

(3)多层次优化知识产权工作政策。2016年8月22日，省政府常务会议上审议通过了《湖北省知识产权"十三五"发展规划》，9月正式印发。省知识产权局联合教育厅、科技厅出台了《关于加强湖北省高等院校专利工作的若干意见》。

二、知识产权重点工作进展顺利

(1)深入推进湖北省知识产权示范企业建设工程。全面开展第三批省级知识产权示范企业建设，新认定示范创建企业331家，目前全省拥有示范建设企业706家。同时，对第二批知识产权示范建设企业工作开展情况进行检查督导，提高工作实效。围绕3D打印产业、东湖高新区存储器芯片产业等开展知识产权分析评议。

(2)推动长江经济带高校知识产权特色运营平台建设。依托中国地质大学(武汉)建设知识产权与技术转移中心(资源环境)，搭建专业化的知识产权转移转化平台，组建了一支110人的市场化运营管理团队，已实现百余项专利技术转移、转化，总评估金额超过2亿元，累计孵化公司50余家，该平台推进的新能源汽车重大技术创新合作取得重要进展。启动知识产权证券化和专利保险公司筹建的前期准备工作。

(3)营造良好知识产权保护氛围。借湖北省获批建设自贸区机会，推进成立集专利、商标、版权"三合一"的知识产权综合行政改革。同时，武汉知识产权法庭已获准成立。在恩施启动知识产权综合保护试点，推动专利行政执法保护与司法保护更加紧密衔接。启动湖北省企业海外护航工程，首批重点支持29家企业运用知识产权制度更好地"走出去"。在荆州、恩施新建两家知识产权维权援助分中心。

(4)发展知识产权服务业。推进东湖高新区国家知识产权服务业集聚发展试验区建设。湖北省知识产权综合服务大平台"知果汇"试运营，打造创新与市场、资本对接的知识产权一站式服务平台，促进"政产学研商"一体化。设立首批13家知识产权服务"双创"孵化基地，助推"大众创业、万众创新"。引进一批国内高端知识产权服务机构进入湖北，为市场主体提供优质知识产权服务。

三、知识产权工作实效不断增强

(1)完善机关处室对口联系市州知识产权工作机制，提升全省知识产权创造质量。由局领导带头，广泛深入工作一线，帮助基层解决工作困难，督导完成主要任务目标，提升机关工作人员服务能力。2016年，湖北省专利申请95 157件，同比增长28.17%，其中，企业专利申请占申请总量的50.88%。全省发明专利申请43 789件，同比增长近五成，居全国第九，较上年度提升两个位次。

(2)注重完善知识产权教育和人才培养体系，实现8家省级知识产权培训基地全部授牌，制定培训基地管理、考评办法。为更好地贴近产业，发挥湖北省高校、医疗等资源优势，湖北省知识产权局创新知识产权培训方式，组建培训师资库，深入重点企业、高校、医院开展"一对一""点对点"的知识产权培训，邀请企业知识产权实务人员"现场说法"，接受针对性强的知识产权培训人数超过千人，取得良好实效。向社会发布2015全省知识产权发展报告。

(3)加大知识产权宣传。在湖北省人民政府网站、荆楚网、湖北省知识产权局网站开设网络专栏，解读知识产权强省意见和有关法律法规；每一个重要节点举行一系列专题活动，在全省多地重要地段 LED 屏幕发布知识产权宣传标语；湖北省知识产权局主要领导做客湖北省政府门户网站、荆楚网接受在线访谈；通过湖北省人民政府新闻办公室，由主要负责人以发布会的形式解读知识产权政策；设计知识产权动漫形象，制作知识产权宣传短片和小动画片；收集企业知识产权典型案例，编写故事集，撰写故事启示和点评，印制 1.5 万册免费发送给企业；全面启动湖北省中小学知识产权教育试点学校评审活动，与教育厅联合认定了首批 20 所全省中小学教育试点学校。

（湖北省知识产权局）

商标工作

2016 年，湖北省商标战线认真贯彻党的十八届五中全会精神，创新优化商标监管服务，推进品牌强省建设取得较好成绩。截至 2016 年 12 月 15 日，全省有效注册商标达 23.9 万件，全年新增驰名商标 42 件，总数达 341 件；新增地理标志 43 件，总数达 292 件。

一、深入推进品牌强省建设

（1）提升品牌建设实施层次。主动会同有关部门，首次将工商部门主抓的品牌建设目标任务纳入全省“十三五”国民经济和社会发展规划统筹推进，商标工作主要目标措施分别纳入《中国制造 2025 湖北行动纲要》、省政府供给侧结构性改革专项行动和省政府重点工作任务，总结呈报了全省品牌强省建设成绩和建议。认真履行品牌强省建设联席会议办公室工作职责，代省政府草拟了《关于发挥品牌引领作用推动供需结构升级的意见》，印发了品牌强省联席会议 20 个成员单位 2016 年度工作要点，组织编撰了《湖北省商标发展年度报告》，编发品牌强省战略工作简报 13 期。

（2）开展行业品牌精准培育。全面实施制造业品牌升级、农产品品牌转化和服务业品牌示范三项行动，有计划、有步骤地针对全省重点产业、重点行业实施定向培育。研究拟定了全省品牌强省建设工作目标，会同省经信委研究制定《中国制造 2025 湖北行动纲要》品牌提升工作措施，对全省 97 个重点成长型产业集群（聚集区）企业实施品牌精准培育；会同省农业厅开展农业“三品”商标品牌转化工作，将 62 种有机农产品、407 种绿色食品、3350 种无公害农产品纳入转化范围；会同省发改委在 53 个省级现代服务业示范园区开展品牌示范园区建设活动，制发了《关于开展省级现代服务业品牌示范园区建设的通知》《关于在全省开展湖北制造业品牌升级行动的通知》《关于加快推进农产品品牌建设》等文件，全省第一、二、三产业品牌培育工作全面部署启动。

（3）响应落实国家工商总局便利化改革。积极向国家工商总局争取设立了湖北商标受理窗口，窗口自 2016 年 11 月 1 日启动以来，至 12 月底已受理商标申请 163 件。指导省商标协会与交通银行湖北分行推进“商标贷”融资服务，并形成了合作意见。推荐武汉、宜昌、襄阳三市工商局成为国家工商总局授权的注册商标专用权质权登记申请受理点，受理点个数为全国最多。

二、强化商标监管执法

（1）持续开展“双打”行动。研究部署 2016 年度打击侵犯知识产权和制售假冒伪劣产品专项行动工作；召开了全省打击侵犯知识产权和制售假冒伪劣商品工作会议，加大对侵权行为的打击力度。截至 2016 年 12 月底，全省工商系统共查办侵权假冒案件 6433 件，案值 8032.51 万元；其中查处商标侵权案件 1669 件，案值 1625.7 万元；案值 5 万元以上的案件 96 件。

（2）全面推行订单式打假工作。在全系统部署开展订单式打假工作，向国家工商总局报送了申请保护"劲"注册商标的请示，争取国家工商总局在全国23个省、市、自治区下发了"周黑鸭"注册商标的侵权转办函。征集了湖北中烟公司、黄鹤楼酒业、良品铺子、劲牌公司等16家省内驰名商标企业和2家外省驰名商标企业的打假线索。

三、强化商标发展培育

(1)积极发展高知名度商标。在全省范围内部署推进商标"四书五进"服务机制，积极发展在市场上具有高知名度的商标。荆州市工商局组织编印了《荆州商标名录》《品牌·魅力——荆州名优商标集》，激发了全市各类市场主体的品牌创建热情。仙桃市制发了《仙桃市工商局基层商标监管与服务工作规范》。

(2)持续推进地理标志培育。着力指导协会加强地理标志的运用和管理，带动地理标志向深度和广度发展。全省新增地理标志43件，品牌价值日益凸显，荆州"笔架鱼肚"管理经验在全国推广，"恩施玉露"和"恩施富硒茶"2016年品牌价值分别达6.81亿元和6.01亿元。

四、强化商标业务建设

(1)部署组织业务培训。与商标协会联合举办了商标国际注册视频培训班，共计2000余人参加培训。部署市州工商局制订了"四书五进"工作工商所长和业务骨干三年轮训计划，夯实基层商标工作基础。

(2)建立商标信息化管理系统。开发了著名商标申报及形式审查系统平台，目前已投入使用；率先开发完成了全省工商综合监管决策支持系统商标数据库，实现了商标基础查询、名标展示、数据分析、管理提示等主要功能，提升了商标品牌培育和保护的精准度，为相关经济分析和决策提供了可靠的信息支撑。

五、强化品牌强省宣传

积极主动宣传品牌强省建设工作成效和商标法律法规知识，取得较好的社会反响。在《湖北日报》策划编发地理标志专版，邀请记者深入采访本省商标品牌培育及产业发展情况，先后在《湖北日报》编发"湖北农产品商标观察"和先进制造业等宣传稿件，引起各界广泛关注。"4·26世界知识产权日"当天，在《湖北日报》《中国工商报》发表报道，全面展示了湖北省近年来的品牌建设情况。

（湖北省工商行政管理局）

版权工作

2016年，湖北省版权行政执法管理部门坚持以建设版权强省为目标，以"双打""剑网2016"等专项行动为抓手，注重加大版权行政执法力度，严厉打击各类侵权盗版行为，加速推进版权产业发展，切实加强自身能力建设，努力提升公共服务管理水平，保证了各项任务圆满完成。

一、强化办案举措，版权行政执法成效明显

2016年来，湖北省各级版权行政执法部门累计查处侵权盗版案件(线索)30件，移送司法机关10件，有效震慑了日益猖獗的侵权盗版行为。其中，黄石市公安局立案侦办的汇梦影视茶吧侵犯影视作品著作权案(黄石"12·22"案)已审结宣判，为全国首例因盗播电影被处判刑罚的案例；武汉音像出版社未经授权出版销售他人享有著作权的音乐光盘案和微信公众号(ID:gzdsj1516)涉嫌侵犯影视作品著作权案已顺利结案；《知音漫客》被侵权系列案取得重大突破(新破获案件3起)；荆门"073漫画网"侵犯著作权案主要犯罪嫌疑人已追逃归案；黄石亿通建筑书店侵犯著作权案已逮捕犯罪嫌疑人4名。

在国务院"双打"考核中，湖北省版权局主要负责版权行政执法和软件正版化两项内容，湖北省版权局还被临时抽点为实地考核单位，接受考核组实地考核，经全国“双打”工作领导小组办公室综合评定，上述两项考核连续3年取得满分成绩，受到通报表彰。在国家版权局组织的2015年度查处侵权盗版案件有功单位、个人评奖活动中，湖北省获得有功单位一等奖3个、二等奖3个、三等奖5个，有功个人二等奖3个、三等奖5个，累计11个单位、14名个人获奖，资金总额36.9万元。湖北省版权局版权管理处荣获有功单位一等奖，卢文俊同志荣获有功个人二等奖。

二、硬化督查检查，软件正版化整改向深层次推进

2016年5月，组织召开了省软件正版化工作成员单位联席会议。会议通报了湖北省2015年软件正版化工作情况，研究通过了2016年软件正版化工作计划、督查方案和绩效考核评分办法等相关文件。按照《2016年湖北省软件正版化督查实施方案》，认真组织成员单位开展好政府机关和企业软件正版化督查检查。2016年9月，国务院督查组对湖北省推进使用正版软件工作情况进行了督查。随机抽查了6家省级政府机关、2家国有企业和2家金融机构。督查组对湖北省在推进使用正版软件工作方面给予了高度评价。

5月中旬，国家版权局在武汉举办了版权执法监管和软件正版化工作培训班，参训人员共计336名。

三、优化创新机制，版权产业发展实现新突破

下发《湖北省版权示范城市、单位和园区(基地)创建管理办法》《关于开展版权示范城市、单位和园区创建工作的通知》，全省50多家单位和园区提交了创建申请，经验收，授予14家单位和5个园区省级版权示范单位和示范园区称号。11月，湖北省光谷创意产业园、汉阳造文化产业园、湖北电视台、长江文艺出版社被国家版权局授予国家级版权示范单位和版权示范园区称号。截至2016年底，湖北省已有5个单位、2家园区获得国家级版权示范单位和示范园区称号。

9月24日，第三届华中国际版权高峰论坛在武汉成功举行，论坛主题为“数字时代的版权保护与产业发展”。12月，湖北省内28家版权单位参加了广州第六届中国国际版权博览会。

华中国家版权交易中心市场化运作进一步推进，公司已于2016年初完成了股权变更，进行了组织架构调整，修订完善了全套的内部管理运营制度。版权电子交易平台系统(公司主页网站)已于2016年12月正式上线运营。

四、深化管理职能，版权公共服务提质增效

积极推进版权登记工作，推行作品免费登记，简化优化登记服务流程，创新登记服务模式。截至2016年底，共受理作品登记18 000多件，2016年全年突破了2万件，比上年同期增长50%以上。出版外国图书合同登记和合同备案登记近500件，涉及美、英、德等20多个国家和地区。认真做好侵权盗版鉴定工作，2016年共受理各级执法部门出版物鉴定(版权认定)申请55份，涉及出版物630余种，210万余册(张)，其中涉外出版物180余种，1900余册。

五、积极开展版权宣传“进校园、进社区、进园区”活动

注重穿插结合，有效依托版权高峰论坛活动、“剑网2016”专项行动、版权宣传进园区活动、版权交易中心平台上线运营活动等重点活动和重点时段，宣传版权法律法规知识，提升公众版权保护意识。全年累计发放各类法律法规选编、宣传单(册)10 000多份，接受群众咨询近500人次，湖北省版权局微博关注500余人次，转发各类版权主题宣传语1000多条。举办了第

六届“法理争鸣”法学专业辩论赛暨2016年版权专题辩论赛。

（湖北省版权局　张　威）

司法工作

2016年，湖北省各级法院的知识产权审判工作紧紧围绕“努力让人民群众在每一个司法案件中感受到公平正义”目标，积极服务于国家创新驱动发展战略和“五个湖北”建设，锐意进取、攻坚克难，取得了累累硕果。

一、基本情况

2016年，湖北省法院知识产权案件受理数量再创新高。湖北全省法院受理知识产权民事一审案件8405件，民事二审案件830件，刑事一审案件98件，行政一审案件8件，全部知识产权案件接近1万件。

十堰市中院、荆门市中院继湖北省高院、武汉市中院等6家法院后实行知识产权审判“三合一”，试点法院范围进一步扩大；跨区域管辖知识产权案件的专门审判机构——武汉知识产权审判庭即将挂牌，知识产权审判步入新阶段；湖北全省法院4件案件入选“2015年中国法院十大知识产权案件”和“50件典型案例”。

二、高效履行审判职责，发挥司法保护知识产权主导作用

（1）加大知识产权司法保护力度，维护权利人合法权益。审理了安某某诉长江文艺出版社、海豚传媒公司侵害著作权纠纷案，广东加多宝公司诉广药集团不正当竞争纠纷案等多起在全国范围内有重大影响的疑难案件。

（2）充分发挥审判咨询专家库作用，准确查明技术事实。自专家库建立以来，有关专家已为专业技术性很强的知识产权案件提供了权威、客观的咨询意见。例如，侵害磊若软件公司SERV－U计算机软件著作权纠纷系列案件，湖北省高院合议庭咨询了专家库的有关专家，准确查清了涉案技术事实，依法作出了最终的判决结果，统一了全省法院审理此类案件的认定标准。目前，湖北全省法院已在145件技术类知识产权案件审理中参考专家咨询意见，有效发挥了专家库作用。

（3）加强调解疏导工作，积极化解社会矛盾纠纷。例如，路易威登诉武汉滨湖公司侵害商标权纠纷系列案，经合议庭多次做工作，最终双方当事人达成庭外和解，全部系列案均以当事人撤回上诉结案。

三、主动拓展审判职能，服务知识产权强省建设

（1）发布白皮书和典型案例，引导创新驱动发展。2016年“4·26世界知识产权日”宣传周期间，湖北省高院召开湖北法院知识产权司法保护状况新闻发布会，公开发布湖北省《知识产权司法保护状况及十大典型案例》白皮书900册，并呈送省人大代表，向社会公布湖北法院2015年度知识产权司法保护取得的成绩及审理的典型案例。

（2）加强与行政机关横向协作，凝聚知识产权保护合力。注重加强与湖北省知识产权局、省工商局等行政管理机关沟通协作。2016年，受湖北省知识产权局委托，湖北省高院承担《知识产权行政执法与司法衔接》重点调研课题。

（3）落实省“双打”办工作部署，积极开展“双打”工作。作为湖北省“双打”办工作领导小组成员单位，湖北省高院知识产权审判庭与刑三庭共同配合，积极落实全国“双打”会议精神和湖北省“双打”工作要点，协助完成各项工作目标。

（4）对外积极建言献策，着力提升知识产权司法影响力。2016年先后就湖北省政府《关于加快知识产权强省建设的意见》《湖北省专利条例》《湖北省知识产权“十三五”发展规划》等近20份征求意见稿提出书面修改建议；先后参加湖北省政府召开

的知识产权“十三五”发展规划汇报会、全国人大法工委关于《民法总则（草案）》修订工作调研会、湖北省工商联组织的民营企业知识产权保护状况座谈会等并提交书面材料或发言；作为湖北自贸区工作小组成员单位，认真研究《自贸区总体方案》并提出修改意见。

四、坚持改革创新，进一步完善审判机制

（1）全面推进“三合一”工作。2016 年 8 月，湖北省高院召开全省法院知识产权审判工作座谈会。会后，十堰市中院、荆门市中院及时贯彻会议精神，与检察机关联合下文，对知识产权案件实行“三合一”审判模式。

（2）顺应司改需求组建审判团队。湖北省高院知识产权审判庭在完成法官入额工作的基础上，根据湖北省高院《司法体制改革试点实施方案》，研究制定了《审判团队管理办法（试行）》，新建了专业化、精干化的审判团队。

（3）积极筹建武汉知识产权审判庭。经最高人民法院、湖北省委省政府批准，武汉知识产权审判庭即将挂牌成立，并将跨区域管辖全省范围内专利、植物新品种等技术性较强的知识产权案件。

（4）深入推进司法公开。2016 年，湖北全省法院按照“应上尽上”的原则，督促裁判文书及时上网。对于典型案件，主动邀请武汉大学、中南财经政法大学等高校师生旁听开庭。

五、加强队伍建设，进一步提升履职尽责能力

（1）深入开展“两学一做”活动。湖北全省法院知识产权审判庭通过深入开展“两学一做”专题教育活动，不断增强服务大局和廉洁司法的自觉性，呈现出比办案、办好案，团结和谐、无私奉献的良好风气，并保持多年人员无违法违纪记录。

（2）围绕审判实践开展调研工作。湖北省高院注重发挥调研工作对队伍业务建设的促进作用，先后就涉电影作品著作权纠纷案件适用法律问题、著作权法修改草案问题、知识产权民事诉讼证据规则适用问题等问题进行深入调研。

（3）积极参加专业培训与学术交流活动。湖北法院十分注重知识产权法官的业务培训和对外交流，大力支持法官参加学习培训及对外学术交流活动，着力培养专家型、学者型法官。2016 年，湖北法院知识产权法官参加了国家法官学院组织的业务培训，最高人民法院组织的“涉电影作品著作权纠纷案件适用法律问题”座谈会、知识产权南湖论坛、自贸区知识产权司法保护研讨会、工信部举办的“ICT 行业反垄断法实施研讨会”等十多项学术交流活动。

（湖北省高级人民法院知识产权审判庭）

检察工作

2016 年，湖北省检察机关积极贯彻落实最高人民检察院、省委省政府关于加强知识产权保护、打击侵权假冒犯罪等工作的系列部署，充分发挥检察职能，以积极开展专项活动为抓手，加大对涉及侵权假冒案件的立案活动、侦查活动、审判活动的法律监督力度，健全“两法”衔接工作机制，推进“两法”衔接信息平台建设，有力打击了一批侵权假冒案件的违法犯罪活动，进一步巩固深化知识产权保护成果，服务湖北省改革发展稳定的大局。

一、依法开展法律监督，严厉打击各类侵权假冒犯罪

2016 年，湖北省检察机关认真履行法律监督职能，坚持一般监督与重点监督相结合、经常监督与专项监督相结合、监督办案与创新机制相结合、法律监督与服务保障相结合。对各类涉及侵权假冒犯罪案件发案、受案、立案、侦查活动、强制措施的全过程进行法律监督。依法运用检察建议、

纠正违法等手段，建议行政执法机关及时移送案件，监督公安机关及时立案侦查。对行政执法中出现的法律适用问题，提供法律咨询服务；对疑难复杂侵权假冒案件，提前介入，积极引导侦查取证；对于重大涉及侵权假冒犯罪案件进行跟踪督办，防止立而不侦、侦而不结。对涉嫌侵犯知识产权犯罪共批准逮捕 59 件 85 人，提起公诉 82 件 159 人，监督立案 5 件；建议行政执法机关向公安机关移送涉嫌侵犯知识产权犯罪案件 15 件 16 人，公安机关立案侦查 9 件 9 人。

二、积极开展服务非公企业专项活动，严格把控区域经济风险

制定出台了《湖北省人民检察院关于充分发挥检察职能依法保障和促进非公有制经济健康发展的十条措施》，湖北省检察院侦监处随后部署开展了“侵犯非公有制企业合法权益违法犯罪专项法律监督工作”，加强对下级检察院侦监部门就涉及侵权假冒犯罪案件的督导工作，坚持宏观指导与具体指导相结合，坚持具体案件与“鄂检十条”的精神相结合，做到年初有分工、定期有检查、年末有考核，确保下级检察院侦监部门办理涉及侵害产权犯罪案件质量。在专项监督活动开展过程中，湖北省各级检察机关高度重视依法保护非公有制企业创新创业权益，针对当前侵犯非公有制企业注册商标特别是驰名商标等知识产权的违法犯罪行为日益猖獗的情形，积极履行法律监督职能，加大对侵犯非公企业商标权、专利权、著作权和商业秘密的犯罪的惩治力度。2016 年，湖北省检察机关批准逮捕侵犯非公企业知识产权犯罪 22 件 35 人，提起公诉 46 件 86 人。

三、积极推进“两法”衔接机制，加大知识产权保护力度

持续深化“两法”衔接平台建设，充分发挥其功能作用，提升监督质量效果。加强与行政执法机关的协作沟通，健全、落实联络员联席会议制度，建立“两法”衔接信息共享机制，互通衔接情况，分析案情，对于通过信息平台发现的线索，积极跟踪处理结果，确保件件有结果、有实效。切实履行审查逮捕职能，扎实开展打击侵犯知识产权违法犯罪专项活动，加大知识产权保护力度，对涉及侵权假冒的犯罪嫌疑人依法快捕，维护知识产权主体的合法权益。加强与公安机关的联系与配合，及时掌握公安机关在办的重大、有影响的侵权假冒犯罪案件，提前介入、引导取证。以信息平台建设为抓手，以健全“两法”衔接工作机制为保障，全面加强和推进“两法”衔接工作，信息平台建设进一步提档升级，已建成省、市、县三级联通的“两法”衔接信息共享平台，初步实现了行政执法与刑事司法信息共享，涉刑案件网上办理、网上监督、网上移送。

（最高人民检察院侦查监督厅供稿）

湖南省

专利工作

2016 年，湖南省知识产权系统坚决贯彻落实党中央、国务院和省委、省政府的决策部署，以扎实推进知识产权强省建设为目标，以抓增量提质、抓保护创新、抓转化运用、抓自身建设的“四抓”工作体系为主线，以五件实事为抓手，圆满完成各项工作任务，实现了“十三五”的良好开局。

一、重点工作取得突破

(1)强省建设迈出新步伐。获批全国支撑型知识产权强省建设试点省,制定出台《湖南省知识产权(专利)“十三五”规划》,起草并以省政府名义出台《关于加快推进知识产权强省建设的实施意见》。

(2)专利量质有新提升。全年专利申请67 779件,发明专利申请25 524件,分别同比增长24.4%和30.9%;专利授权34 050件,发明专利授权6967件;PCT专利申请208件;万人发明专利拥有量4.11件。27项专利获第十八届中国专利奖,其中金奖3项。

(3)保护创新取得新成效。立案办理专利行政执法案件3617件,专利侵权纠纷554件,查处假冒专利3036件,专利行政执法案件数量排名全国第四位。

(4)转化运用获得新突破。投入7500万元发起设立湖南省重点产业知识产权运营基金,长沙市成为全国重点产业知识产权运营基金试点城市,获得国家4000万元资金支持。全年专利质押融资6.62亿元,湖南省知识产权公共服务平台正式上线运行。

(5)事业基础得到新加强。依法设立专利代理机构59家。中南大学知识产权研究院成功入选首批中国智库索引(CTTI)来源智库;香港知识产权运营培训班等取得实质性成果。

二、年度工作顺利开展

(1)狠抓实事破难题。利用专利产业化推进精准扶贫;建立湖南省重点产业知识产权运营基金;提升全省市州专利行政执法能力,形成一支由10人组成的处理电商领域专利侵权纠纷专业队伍;持续推进专利代理机构能力建设,113人通过全国专利代理人资格考试,专利代理机构代理量40 381件;加强舆论环境建设,与媒体常态化合作,新增《湖南知识产权》季刊、“湖南省知识产权”微信公众号两个宣传平台,联合相关单位策划摄制《国之利器》。

(2)严格保护优环境。完善省、市、县三级联合执法机制,在重点领域开展6次专项行动;加强协调联络,实质性推进行政执法与刑事司法“两法”衔接信息平台建设,侵权假冒案件立案11 246件,办结案件9418件,涉案金额1.45亿元;接听12330热线电话1400个,开展展会执法维权5次,在长沙和怀化2个高新区设立知识产权保护工作站。

(3)转化运用助发展。办理专利权质押贷款72笔,出质专利301件。常德、郴州获批知识产权质押融资试点单位,株洲获批专利保险示范单位。支持36个专利技术产业化示范项目。1195件有效发明专利进入全省重点发明专利库,482件重点发明专利成功转化,实现产值380亿元。连续5年与省经信委在工业领域实施“百项专利转化推进计划”。推进湖南省知识产权交易中心遴选组建运营团队,支持湖南省高等院校知识产权运营服务中心探索创新平台运营模式。

(4)试点示范见成效。新增国家知识产权示范企业1家、优势企业17家。郴州被列为国家知识产权示范创建城市。长沙市长郡芙蓉中学等3所学校获批全国中小学知识产权教育试点学校。宁乡等10个县开展湖南省知识产权建设强县创建工作。新增贯标企业6家。开展高校知识产权试点工作。

(5)管理服务固根本。将万人发明专利拥有量、“双打”工作、知识产权战略实施纳入市州、区县和园区工作考核体系。聘任12位知识产权精英为兼职研究员。开展11项知识产权软科学研究。选派10名知识产权协理员入驻企业开展服务。加强湖南省专利信息公共服务平台建设,筹建湖南省专利信息中心服务联盟。推进知识产权战略实施专项,省本级立项152个,资助当年授权专利6787件;湖南专利奖评选出51个奖项。

（6）从严治党强保障。深入开展“两学一做”学习教育，切实加强党风廉政建设，严格落实中央八项规定、湖南省委九项规定精神，认真执行湖南省知识产权局十项要求，进一步改进工作作风。

（湖南省知识产权局）

商标工作

2016年湖南省各级工商和市场监管部门按照简政放权、放管结合、优化服务的改革精神，立足商标注册、管理、运用、保护和服务，深入实施商标品牌战略。

一、积极推动商标注册发展

指导、推动长沙、怀化获批商标注册申请受理窗口，并于2016年11月1日正式启用。截至2016年12月31日，长沙受理窗口受理申请591件，怀化受理窗口受理申请79件，窗口服务效应初步显现。2016年1～12月，全省新申请商标注册87 800件，核准注册52 348件，全省有效注册商标257 429件；新核准注册地理标志商标12件，地理标志商标总数109件；新申请马德里国际商标25件，马德里国际商标注册量341件。

二、加大侵权假冒打击力度

充分发挥打击侵权假冒牵头协调作用，印发《2016年全省工商与市场监管部门打击侵犯知识产权和制售假冒伪劣商品工作要点》，明确重点任务和责任分工。圆满完成迎接全国“双打”工作绩效考核工作任务，得到全国考核组的肯定和好评。结合上海迪士尼游乐园开园，深入开展保护“迪士尼”商标专用权专项行动。组织开展保护家居（家具）用品商标专用权，打击侵犯知名“槟榔”商标专用权的专项行动。先后就保护“中国黄金”“六福”珠宝、“生活家”地板等商标专用权发出转办函，加强指导监督。2016年，全省共查处各类假冒侵权案件4014件，案值38 385.27万元，罚款7640.86万元，向公安机关移送侵权假冒案件6件；查处商标侵权案件682件，案值1181.31万元，罚款1081.37万元。

三、热诚服务商标品牌建设

印发《湖南省工商行政管理局企业商标工作联系点制度》，确定了35家行业代表性企业作为湖南省工商局商标工作联系点企业。实地走访泰富重装、永清环保、一朵、澳优乳业等100多家企业进行现场指导服务。就支持凤凰县、湘西自治州、永州市等地方政府及湖南广播电视台等知名企业的商标工作致函国家工商总局商标局、商标评审委员会。推荐长沙市工商局作为国家工商总局注册商标专用权质权登记申请受理点并获批。

四、扎实开展商标宣传培训

开展“4·26世界知识产权日”宣传周活动，在《湖南日报》专版刊登《品牌湖南，加速快跑——数说“十二五”时期我省商标事业发展》和李金冬局长《实施商标品牌战略 助推创新驱动发展》的专题文章。于云彩副局长参加了省政府新闻办召开的湖南知识产权保护新闻发布会并回答记者提问。在《中国商标年鉴》组织了2个版面的商标品牌战略实施图文宣传，编写商标战略简报8期。组织部分驰名、著名商标企业及地理标志注册人参加、参展2016中国国际商标品牌节和国家工商总局在长沙举办的招商推介会。举办了170多人参加的全省工商系统商标监管业务骨干培训班。

（湖南省工商行政管理局）

版权工作

2016年，湖南省版权局认真贯彻落实2016年初工作计划的各项任务，全年工作情况总结如下。

一、拓展服务范围，优化服务质量，促进版权产业健康发展

制定印发了《湖南省基层版权工作站管理办法》，进一步规范了工作站的设立、职能和管理。并且在长沙市天心区文化产业园、铜管镇陶瓷产业基地等版权企业集中的园区积极开展工作站试点。2016 年 7 月到长沙市天心区文化产业园实地调研，指导园区管理方完善版权服务机构。以创建全国版权示范单位为契机，实地指导多喜爱家纺、学海文化传播公司等企业建立健全版权管理制度，组织湖南主要版权企业参加中国版权年会和中国版权博览会，向全国推介湖南省优秀版权企业。以财政补贴为主要手段，指导长沙市继续开展版权优势企业培育工作。对企业实施原创战略、开展版权登记、健全维权机构予以资金扶持，全年累计投入 50 余万元。以提高登记效率为重点，对长沙代办点的工作人员进行培训，对工作流程予以规范和优化。截至 2016 年 12 月底，湖南省共办理作品登记 4341 件，比上年同期增长 106%，超额完成全年登记 2100 件的目标。另外，强化对出版社版权贸易和印刷企业海外承印的指导，办理引进版权合同登记 220 件，同比增长 32%，办理境外承印著作权授权书备案 25 件，同比增长 15%。

二、加强部门协调，完善工作机制，推动版权执法效能有效提升

2016 年 8～11 月，联合多部门，在湖南全省范围内连续第十二年开展打击网络侵权盗版"剑网行动"，湖南省版权局牵头制订了行动方案，召集各市(州)版权管理和执法部门的负责人参加工作会议，部署各项整治任务。加强与湖南省"双打"办的协调，在新闻出版广电、版权领域深入开展打击侵权盗版和制售假冒伪劣"双打"专项整治。专项行动中，全省各地共立案查处侵犯版权案件 62 起，建议相关部门关闭网站 17 个，下线侵权音乐影视作品 2000 余首(部)。其中，组织查处了国家版权局交办的"芭比教主""萌语文化"两网店销售盗版图书案，"飞飞侠""我们上上"网站侵犯影视作品著作权案等网络案件。查处株洲等地淘宝网店利用百度云、淘宝店盗播《芈月传》的违法行为。指导长沙、常德、衡阳等地开展"小影吧"侵权专项整治行动，处罚、关闭"小影吧"22 家。同时，依法加强版权行政调解，妥善处理微软公司、欧瑞克软件公司与软件使用企业的纠纷，以及福建教育出版社、广东咏声文化传播有限公司的投诉案件，依法严肃处理了侵权人。配合国家版权局搭建了视频会议系统，以方便国家版权局实施指导和了解案件查处情况。配合省"双打"办接入全省行政执法和司法"两法"衔接平台，组织各市(州)将版权案件查办情况录入平台信息库，并在当地门户网站进行公开。

湖南省版权局还组织各市州参评全国查处侵权盗版有功单位和有功个人，6 个单位和 19 位执法人员，获得了不同等级的奖励。湖南版权局直接查处的"人人影视侵犯影视作品著作权案"被评为一等奖，同时入选了 2016 年度全国打击侵权盗版十大案件。

三、完善长效机制，强化督查考核，推进软件正版化深入开展

一是加强正版化工作责任落实。2016 年初制订印发了《湖南省 2016 年推进使用正版软件实施方案》，明确了工作任务、目标和措施。5 月，又向 49 家省直部门和 14 个市(州)政府印发了《关于做好软件正版化有关工作的函》，要求加强采购管理，开展自查自纠，落实责任到人，并建立了政府机关正版化责任人数据库。二是筹划实施企业软件正版化。协调行业主管部门，推进省属国有企业、金融、民营等行业企业使用正版软件工作。联合省国资委，对各省属企业使用软件的情况进行自查摸底，共同制订正版化工作方案和实施步骤。三是加强考核和审计监督。制定了《湖南省政府机关使用正版软件考核办法》，进一步明确考核方法和考评措施，强化考核结果的运用和落实。2016年7月《关于2015年度省级预算执行和其他财政收支的审计工作报告》中，审计部门首次对5个使用正版软件不规范的省直单位进行了点名通报，被点名的单位迅速进行了整改。四是强化督导检查。2016年8月22日至9月10日，对15家省直单位和6家企业使用软件的情况进行实地抽查。10月30日至11月11日，联合省"双打"办对各市(州)开展"双打"以及软件和正版化工作情况进行了督导和评分。2016年2月和9月，湖南省顺利通过全国"双打"办和国家软件正版化部际联席会议组织的两次正版化工作考核。

四、创新宣传方式，丰富宣传手段，确保版权法制宣传取得实效

2016年"4·26世界知识产权日"宣传周期间，组织全省各地发放印制版权保护的主题宣传漫画2.5万余份，重点悬挂张贴于学校、市场周边。联合湖南省知识产权局发布了湖南知识产权保护白皮书，举办了新闻发布会，介绍了全省版权执法和软件正版化工作的最新进展。指导各市(州)结合当地实际开展了形式多样的宣传活动。在注重社会宣传的同时，还加大了业务培训力度。8月23日，举办了全省网络版权执法培训班。10月23日，又组织软件正版化工作培训，从软件资产管理、长效机制建设等方面对省直单位和部分企业的正版化工作骨干进行了培训，收到良好的效果。

(湖南省版权局　宋　亮)

司法工作

2016年，湖南省三级法院紧紧围绕"努力让人民群众在每一个司法案件中感受到公平正义"的工作目标，牢牢抓住司法为民、公正司法的工作主线，认真贯彻实施国家知识产权战略，充分发挥知识产权审判职能作用，为湖南省经济社会发展作出了积极贡献。

一、抓好执法办案，审判质效跃上新台阶

(1)审判质效稳步提高。2016年，湖南全省法院共受理知识产权一审案件(含刑事、行政和民事)4518件，比上年增长52.02%。其中，知识产权刑事一审案件98件，知识产权行政一审案件25件，知识产权民事一审案件4395件(其中商标权纠纷案件1575件，专利权纠纷案件234件，著作权纠纷案件2357件，其他知识产权案件229件)。审结知识产权一审案件3379件，比上年增长48.79%。案件审理效果良好，没有案件被改判、发回，仅有1件案件进入再审。富丽真金家纺公司诉富丽真金家具公司不正当竞争纠纷案、东方雨虹公司诉金雨伞公司不正当竞争纠纷案、湖南卫视诉湖南卫视文化传播公司侵害商标权及不正当竞争纠纷案等疑难复杂、有较大影响的案件成功审理，受到社会好评。

(2)严格保护落到实处。积极适用证据披露和妨碍制度，如万向泰富公司诉岳阳市水利水电公司等侵害发明专利权纠纷案、历辉公司侵害商标权纠纷案。

二、深化改革创新，审判机制日趋健全

(1)深入推进知识产权审判"三合一"，为激励创新提供高效、便捷的司法保障。下发贯彻《最高人民法院关于在全国法院推进知识产权民事、行政和刑事案件审理"三合一"工作的意见》几项具体要求的通知，推进长沙、株洲、岳阳、常德等地的"三合一"工作，确定10个基层法院申报一般知识产权案件管辖权，完善机构设置，并将从事知识产权审判业务的部门统一更名为知识产权审判庭，或加挂知识产权审判庭牌子。

(2)进一步完善知识产权纠纷多元化解决机制,为技术型企业解决纠纷提供快速通道。继续指导岳麓区法院开展专利纠纷行政调解协议司法确认试点工作,目前已对19起专利纠纷行政调解协议进行司法确认。依托该项试点工作,指导岳麓区法院和中南大学共同完成最高人民法院司法调研重大课题《〈专利法〉第四次修改关于专利纠纷调解救济机制的研究》。

三、加强调研指导,审判公信力有新提升

(1)积极开展调研工作。根据最高人民法院要求开展调研,报送新商标法实施情况、知识产权民事诉讼证据规则适用问题、涉剧本抄袭侵害著作权纠纷法律适用等调研报告。2015年湖南省知识产权软科学研究重点课题《知识产权案件技术事实查明机制研究》结题并通过验收,2016年湖南省知识产权软科学重点课题《知识产权行政保护与司法保护的冲突和协调研究》即将完稿。长沙市中院发布《知识产权民事案件损害赔偿额判定状况》。

(2)加强监督指导。编撰《知识产权审判动态》3期,统一全省法院裁判尺度;针对下级法院提出的法律适用方面的书面请示,及时回复,2016年共答复7件;严格执行驰名商标的判前审批制度,2016年对中院拟认定的1件驰名商标未予批准;坚持案例指导制度,收集、编写典型案例。中国港中旅公司诉张家界中港国际公司侵害商标权及不正当竞争纠纷案、法国皮尔法伯公司诉慧吉公司侵害商标权及不正当竞争纠纷案入选中国法院50件典型知识产权案例,五粮液公司诉和天下名烟名酒店等侵害商标权纠纷案入选湖南省"双打"工作十大典型案例。

四、延伸审判职能,服务大局有新成效

(1)积极回应企业司法需求。湖南省高院组织部分法官赴湘潭恒欣集团、酒鬼酒公司等企业和知识产权局等部门调研;湖南省高院协调中国音像著作权集体管理协会、长沙市知识产权局、长沙市文化市场综合执法局、行业协会等商讨著作权收费问题。

(2)深入推进司法宣传和公开。"4·26世界知识产权日"宣传周期间,湖南省高院召开知识产权司法保护状况新闻发布会,公开发布司法保护状况白皮书及十大典型案例;按照"应上尽上"的原则,督促承办法官结案后及时将裁判文书上网;通过湖南省高院微信公众号"知产天地"专栏推送知识产权审判动态,选取典型案件进行庭审直播,邀请人大代表、政协委员观摩庭审;办理人大代表建议、政协委员提案2件。

五、强化学习教育,队伍建设呈现新风貌

(1)加强培训交流。湖南省高院成功举办为期4天的全省法院知识产权审判工作座谈会暨培训班,全省14个中院、具有知识产权审判管辖权的6个基层法院的院领导、庭领导、法官近180人参加。派人参加最高人民法院组织的培训和会议,接待重庆法院来湘调研知识产权司法保护情况;湖南省高院就知识产权审判理论研究、案例发掘等问题加强与中南大学、湘潭大学等高校的交流。

(2)加强党风廉政建设。认真开展"两学一做"专题学习讨论会;党支部到平江起义纪念馆开展以"缅怀先烈、坚定信念、争创佳绩"为主题的党建活动,接受红色革命教育洗礼;组织湖南省高院民三庭全庭同志参加"湖南省干部在线学习中心"学习;贯彻从严治党的伟大部署,组织学习《关于新形势下党内政治生活的若干准则》《中国共产党党内监督条例》等规章制度,强化干警的廉洁意识。

(湖南省高级人民法院知识产权审判庭)

检察工作

2016年，湖南省各级检察机关切实贯彻党的十八大以及十八届四中、五中、六中全会精神，紧紧围绕“四个全面”战略布局和“创新、协调、绿色、开放、共享”发展理念基本要求，紧密结合湖南省经济社会发展大局，继续认真履行对侵犯知识产权刑事案件审查逮捕、审查起诉和依法对有关刑事诉讼活动实行法律监督的职责，严厉打击侵权假冒犯罪活动，加大“两法”衔接工作力度，提升对知识产权的司法保护水平。

一、立足检察职能，依法严厉打击侵权假冒犯罪

2016年，湖南省各级检察机关始终保持打击的高压态势，依法及时批捕、起诉侵犯知识产权和制售假冒伪劣商品刑事犯罪案件，共批准逮捕侵犯知识产权和制售假冒伪劣商品犯罪案件179件412人，其中涉嫌生产销售伪劣商品犯罪案件142件352人，涉嫌侵犯知识产权犯罪案件37件60人。共起诉侵犯知识产权和制售假冒伪劣商品犯罪案件351件689人，其中涉嫌生产销售伪劣商品犯罪案件289件555人，涉嫌侵犯知识产权犯罪案件62件134人。监督行政执法机关移送侵权假冒案件85件，监督公安机关立案侵权假冒犯罪案件62件。

二、认真履职，确保打击侵权假冒犯罪的效果

一是密切协作，强化工作指导。加强与公安机关协作配合，对侵犯知识产权和制售假冒伪劣商品案件及时了解进展情况，适时介入侦查、引导取证，依法快捕快诉。上级检察机关加强对下级检察院的业务指导，对重大疑难复杂或干扰阻力大的案件及时挂牌督办，限期办结，对特别重大的疑难复杂敏感案件直接赴当地督导办理。二是依法把关，确保案件质量。湖南省各级检察机关坚持以事实为依据、以法律为准绳，认真把好案件事实关、证据关、程序关和法律关，做到不枉不纵，既依法严惩侵权假冒犯罪分子，又注重宽缓刑事政策的运用，最大限度地化解社会矛盾。三是强化监督，突出打击效果。充分发挥法律监督职能，对涉嫌犯罪案件不依法移送或者有案不立、有罪不究、以罚代刑、重罪轻判的，依法予以监督纠正，确保打击到位，做到不枉不纵。

三、加强“两法”衔接工作，推进长效机制建设

一是推进信息共享平台的健康运行。积极推进行政执法与刑事司法衔接信息共享平台建设，全面建成覆盖省市县三级检察机关及主要行政执法机关的“两法”衔接信息共享平台。二是加强协作配合，形成执法合力。湖南省各级检察机关针对重点领域和重点问题，加强与相关单位的衔接，形成相互协调、相互促进的工作局面。三是狠抓机制落实，挖掘案件线索。联合湖南省食品药品监督管理局等五部门共同出台《关于贯彻落实食品药品行政执法与刑事司法衔接工作办法完善“两法”衔接工作制度的实施意见》，规范食品药品的“两法”衔接工作，切实加大对食品药品领域犯罪行为的打击力度。四是加强知识产权刑事案件的指导和办理。针对行政执法职能广泛、知识产权案件罪与非罪界限难以把握、执法人员对知识产权犯罪法律熟悉掌握程度不够等问题，部分地市检察机关如长沙市检察院积极为行政机关开展知识产权类案指导，对刑事案件立案标准进行专题讲解、梳理，刊印《最高人民检察院关于积极参与“打击侵犯知识产权和制售假冒伪劣商品专项行动”的通知》、追诉标准及相关司法解释。

四、主动延伸检察职能，营造良好法治氛围

一是积极参与社会治理工作。结合办案加强调查研究，通过对类案和典型个案的指导、剖析、培育和推荐，推动打击侵犯知识产权和制售假冒伪劣商品工作深入开展，积极向当地党委、政府和相关企业提出消除隐患、预防犯罪和建章立制的检察建议，促进企业管理和社会治理创新。二是积极开展“4·26 世界知识产权日”宣传周活动。湖南省各级检察机关开展多样的知识产权保护宣传教育活动，普及知识产权保护方面的法律法规，提高社会公众对打击假冒伪劣特别是知识产权保护重要性的认识，营造打击侵权假冒的良好氛围。三是及时收集典型案例和经验做法进行推广。收集和整理典型案例、取得的成效及好的经验做法，在湖南省推广，以便各级检察机关学习借鉴，提高打击处理能力。同时按时报送“双打”办典型案件。四是成立知识产权专门机构。如长沙市检察院成立知识产权检察保护专门内设机构——知识产权检察局，创新“三检合一”和“五项职能（查办、批捕、起诉、监督、预防）融合”的工作模式，对知识产权领域刑事案件的查办、批捕、起诉、民事行政监督、服务等工作实行资源共享、人力共享、信息共享等，达到办案效率倍增的目标。

（最高人民检察院侦查监督厅供稿）

广东省

专利工作

2016 年，在广东省委省政府的正确领导下，广东省知识产权工作围绕创新驱动发展核心战略，扎实推进引领型知识产权强省建设，取得新进展。

一、聚焦引领型知识产权强省建设

一是谋划知识产权战略实施。广东省政府知识产权办公会议审议通过《广东省知识产权事业发展“十三五”规划（2016～2020）》。省政府发布《关于知识产权服务创新驱动发展若干意见》，部署“知识产权保护责任制”等 9 项重点任务。发布《2016 年实施广东省知识产权战略纲要工作要点》部署全省战略实施工作。

二是启动引领型知识产权强省建设。省政府和国家知识产权局联合颁布《广东省建设引领型知识产权强省试点省实施方案》，在全国率先启动引领型知识产权强省建设，并启动第三轮省部知识产权合作会商。中新广州知识城获国务院批复开展知识产权运用和保护综合改革试验。

三是推进知识产权强市群建设。广州、深圳创建知识产权枢纽城市和中心城市。广州、深圳、东莞争创国家知识产权强市。惠州市入选国家知识产权示范城市，全省示范城市达 6 个，试点城市 13 个，强县工程试点、示范县（区）18 个。佛山围绕珠江西岸先进装备制造产业带建设引领型知识产权强市；湛江建设海洋产业特色型知识产权强市；梅州创建知识产权服务粤东西北创新发展试点市。

二、凸显企业创新主体地位

一是知识产权产出增量提质。全省专利申请量 50.57 万件，同比增长 42.1%；发明专利申请量 15.56 万件，增长 49.7%。专利授权量 25.9 万件，增长 7.4%；发明专利授权量 3.86 万件，增长 15.4%。PCT 国际专利申请量为 2.36 万件，增长 55.2%，占全国总量 56%，连续 15 年居全国首位。截至 2016 年底，全省有效发明专利量达到 16.85 万件，保持全国第一。每万人发明专利拥有量 15.53 件。获第十八届中国专利金奖 6 项、中国专利优秀奖 136 项。评选 2016 年广东专利奖金奖项目 15 项、优秀奖项目 55 项，发明人 10 个。

二是推进知识产权强企建设。推广《企业知识产权管理规范》，截至 2016 年底，全省通过贯标认证企业达 303 家，参与贯标辅导企业达 6000 多家。国家级知识产权优势和示范企业达 152 家，省级知识产权优势、示范企业达到 618 家、180 家。共有 17 056 家企业申请发明专利 113 422 件，占全省总量的 72.9%；有 7119 家企业获得发明专利授权 30 700 件，占全省总量的 79.48%。

三是开展重点产业专利导航。在工业机器人、海洋工程装备、高端制造产业等 9 个重点产业组织导航项目，佛山和广州开发区围绕机械装备制造、卫星通信（北斗）导航建设国家专利导航产业发展实验区。开展全球专利态势分析预警，建成产业专利系列数据库 17 个，形成分析预警报告 50 份。建成广东省战略性新兴产业专利信息实时统计系统。

三、实现知识产权运营服务新突破

累计投入 4505 万元扶持全省 568 个专利技术实施项目。民营化、市场化、网络化知识产权运营机构蓬勃发展，15 家获批为“国家专利运营试点企业”。广州、东莞等 4 个地区首批开展全国“知识产权质押融资示范”；深圳、珠海等 5 市开展国家知识产权质押（投）融资试点，全省入围国家试点达到 10 个；全省全年专利质押融资金额 48.49 亿元。制定《广东省专利联盟管理办法》，完成省级知识产权联盟备案 21 家，国家级备案 15 家，实施“广东省产业知识产权联盟示范培育工程”。

四、营造法治化、国际化营商环境

2016 年，全省知识产权系统受理专利纠纷案件 4038 件，结案 3879 件，查处假冒专利案件 1230 件。广交会期间受理调处知识产权纠纷案件 1046 件。建立知识产权保护责任制，省政府与各市政府签署《加强知识产权保护工作责任书》，落实重点产业重点市场知识产权保护等六大任务。建立重点企业知识产权保护直通车，入库企业 465 家。建立互联网知识产权保护长效机制，处理涉电商专利纠纷 600 余件。获批成立阳江五金刀剪、汕头玩具、潮州餐具炊具 3 个知识产权快速维权中心，省内快速维权中心达 7 家。省知识产权维权援助中心在各地设立分中心 7 家、工作站 31 家。建成专利复审第一巡回审理庭远程审理系统，远程审理无效宣告全国第一案。与海关广东分署加强广东进出口环节知识产权保护。召开珠三角地区第二届专利行政执法联席会议、闽粤两省沿海城市知识产权保护联席会议，粤桂琼三省联合开展专利行政执法。

五、优化知识产权资源供给

促进专利信息共享，建设华南知识产权大数据中心，搭建省、市、专业镇、企业四级服务平台，实施小微企业专利信息推送服务，向全省各市及 45 个专业镇、1600 家中小微企业推送专利信息产品。新增专利代理机构 58 家，达 216 家；另有专利代理分支机构 201 家。深圳市福田区入选国家知识产权服务业集聚发展示范区行列。新增 5 家服务机构入围国家知识产权服务品牌机构，总数达到 9 家；10 家机构入围国家知识产权服务品牌机构培育试点。新增知识产权培训基地 3 个，全省达到 25 个，全年共培训 4 万多人次。联合省人社厅建立知识产权职称评审机制。

六、加强知识产权对外交流

全年接待世界知识产权组织以及日本、韩国、伊朗、新加坡、墨西哥等国政府代表来访 29 批 178 人次。新加坡知识产权局在中新广州知识城筹建代表处。在美国、墨西哥宣讲广东知识产权发展与保护状况，与日本、法国、新加坡等国家知识产权部门和服务机构举办知识产权研讨。举行粤港保护知识产权合作专责小组第十五次会议、粤澳知识产权工作小组第三次会议，完成粤港合作项目 21 项、粤澳合作项目 15 项。参加第九届两岸专利论坛，与我国台湾地区知识产权研究机构、服务机构和企业开展交流。

（广东省知识产权局）

商标工作

2016 年，广东省工商局指导各地工商和市场监管部门严厉打击侵权假冒行为，深入实施商标品牌战略，营造法治化、便利化、国际化营商环境，推动全省商标品牌建设迈上新台阶，为促进全省经济社会发展作出积极贡献。

一、深入实施商标品牌战略，多措并举服务创新驱动发展

全省 2016 年商标注册申请量 689 434 件，商标注册量 410 207 件，累计商标有效注册量 2 043 798 件，全国占比分别为 19.55%、19.36%、18.34%。据初步统计，2016 年获准注册的地理标志商标累计 39 件。已备案商标代理机构 5278 家。从商标品牌发展质量看，广东 9 家企业荣登 2016 年《财富》世界 500 强榜单，其中万科企业股份有限公司、美的集团股份有限公司和恒大集团三家公司首次入榜，占中国首次入榜总数的 30%；2016 年中国最具价值品牌 500 强中广东占据 79 席。

（1）科学规划中长期商标品牌战略。广东省工商局先后完成《广东省“十三五”品牌发展战略研究报告》《“一带一路”倡议中广东海外商标发展的问题与应对》《广东自贸区对标 TPP 的商标制度创新研究报告》。积极开展商标品牌建设对经济发展贡献价值课题研究，研究起草《关于深入实施商标品牌战略 服务经济社会发展工作意见》，对广东中长期商标品牌发展提出总体目标要求。

（2）积极推动建立部省合作建设商标品牌战略强省工作机制。2016 年 12 月 1 日国家工商总局与广东省政府签署《国家工商行政管理总局 广东省人民政府关于广东建设商标品牌强省战略合作框架协议》（以下简称《合作框架协议》）。双方将建立部省合作建设商标品牌强省工作机制，在九个领域开展密切合作，共同把广东省打造成为国家商标品牌战略实施试验区、全国商标品牌发展和保护的新高地，建成率先发展的商标品牌强省。

（3）推动国家工商总局在京外率先设立商标审查协作广州中心。成立广东省商标审查协作广州中心筹备工作联席会议，成功争取国家工商总局设立国家工商行政管理总局商标审查协作广州中心、国家工商行政管理总局商标局驻广州办事处和国家商标品牌创新创业（广州）基地。争取设立注册商标专用权质权登记申请受理点，截至 2016 年 12 月 31 日，共办理商标质权登记申请 5 件，质押商标 74 件，帮助企业融资 11 860 万元。

（4）探索知识产权综合管理改革，建立高效知识产权管理体制。认真总结深圳市知识产权管理统一归口市场监管部门的改革模式和经验做法。《合作框架协议》明确提出，国家工商总局支持广东省政府开展知识产权综合管理改革试点工作，在统一市场监管体系框架下探索推进知识产权综合管理改革；广东省政府总结深圳在统一市场监管体系框架下的知识产权综合管理和行政执法改革经验，加以完善推广。

（5）将商标品牌工作融入法律政策体系，积极推动商标保护和运用。广东省委省政府制定促进创新驱动发展、粤东西北、珠三角、自贸区等发展规划政策，以及在广东省人大、政协的各提案办理过程中，融入

相关内容和项目，营造商标品牌发展的政策环境。

二、加大商标权保护力度，保障市场发挥配置创新资源的决定性作用

(1)强化组织领导，完善打击侵权假冒工作长效机制。增加打击侵权假冒成员单位，对打击侵权假冒工作领导小组及办公室成员进行调整、强化。制定下发《广东省工商行政管理局关于2016年开展打击侵权假冒工作的通知》。2016年，全省工商和市场监管部门查处“双打”案件6004件，案值5443.02万元，罚没金额5837.2万元，公开案件信息2920件，移送涉嫌犯罪侵权假冒案件63件。积极配合国家工商总局建设知名商标权利人维权库。指导珠海横琴新区成立国际知识产权保护联盟，将其打造成为“一带一路”和“中国—葡语系国家”知识产权保护新平台。

(2)严格商标监管执法。重点推进红盾网剑、“防霾产品”整治、保护“迪士尼”注册商标专用权、中国制造海外形象维护“清风”行动四个重点领域的专项行动。全年共查处商标一般违法和侵权假冒案件4161件，案值4653.16万元，罚没金额5020.95万元。在“迪士尼”商标专项整治工作中，查处侵犯“迪士尼”注册商标专用权案件36件。加强展会商标权保护，在119届和120届广交会共接受商标侵权投诉267件，全部依法处理。

(3)开展区域商标执法协作与商标品牌合作交流。认真落实粤港、粤澳合作框架协议，完成年度工作任务和粤港保护知识产权合作专责小组合作项目。与中国香港地区商标权保护协作进一步紧密，落实粤澳商标执法协查及联系人制度；与澳门经济局共同促成澳门连锁加盟商会和内地商标代理机构的商标业务交流；加强泛珠三角区域商标品牌战略实施工作交流和执法协作。

三、狠抓宣传培训，提高社会商标品牌意识和商标执法效能

(1)加强商标品牌宣传工作。开展“4·26世界知识产权日”宣传周活动，在省内主要媒体专题报道商标品牌战略实施成效。同时，加强对地方商标品牌工作的宣传指导力度，组织参加“2016中国国际商标品牌节”“第三届中国品牌经济高峰论坛”，指导一系列展览活动的开展，提高商标品牌宣传质量。

(2)开展商标业务培训。举办全省工商系统商标业务培训班、地理标志商标专题培训班、商标执法保护业务培训班、商标战略培训班，解答商标管理、执法、地理标志培育中的难点问题，培训全省450位商标管理及经检业务骨干；联合行业、专业协会开展企业商标品牌培训；联合广东省老字号协会举办老字号商标品牌培训班。

(广东省工商行政管理局)

版权工作

广东省版权工作准确把握现代版权产业发展的特点和规律，进一步提升版权创造、管理、保护和运用水平。

一、广东省版权产业经济贡献

2015年，广东省版权产业行业增加值为6184.47亿元，比2014年增加493.33亿元，占全省GDP的8.49%，比2014年提高0.1%，2015年全省版权产业保持了9%的增速。2015年广东省核心版权产业行业增加值已占到全部版权产业的46%，比2014年占比提高了2个百分点，其中新闻出版广电、软件、设计三个行业的增加值占到全部版权产业的45%左右，核心版权产业的地位得到凸显。

二、第六届中国国际版权博览会

第六届中国国际版权博览会于2016年12月5～7日在广州举行。广东省版权局出色地完成了博览会的组织协调、宣传推广、展区搭建等工作。

三、版权社会服务工作

2016 年，广东省版权登记量达 35 073 件（以出证为计），首次突破 3.5 万件，比 2015 年的 20 347 件增加了 14 726 件，同比增长 72.37%。新设立广东省版权兴业基地 12 家，版权基层工作站 1 家。

四、继续推进使用正版软件工作

为夯实政府机关软件正版化工作成果，继续推进软件正版化工作，按照国家版权局的部署，巩固软件正版化工作成果。2016 年，广东省版权局在广州和东莞分别召开全省政府机关和企业软件正版化培训；召开了全省省属国有企业软件正版化培训班。完善软件正版化工作责任、软件采购、安装使用、资产管理、审计监督和督导检查报告等制度。2016 年度印发全省推进企业使用正版软件工作督办企业名录，全省共督办企业 164 家。以国有企业、民营上市公司为重点，推进企业软件正版化工作。

五、深入开展"4·26 版权保护宣传周"系列活动

广东省版权局指导各地积极开展系列宣传活动。2016 年 2 月，省版权局向各地级以上市版权行政管理部门印发了《2016 年广东省保护著作权宣传周活动计划》，明确了活动主题和宣传重点。宣传周期间，在广东省版权局政务信息网上设立了"版权保护在广东"专栏，介绍本省及各市和有关企业在保护版权、促进创新发展等方面的情况，以及打击著作权侵权盗版行为的成功案例、典型人物事迹和行政执法的经验，并向社会公布 2015 年度广东省版权保护十大事件。还编印了《版权知识笔记本》，免费派发给有关人员，或在有关展会上免费派发给包含中小学生在内的观众。与香港知识产权署联合策划制作完成了粤港版权保护公益广告宣传片，并于 4 月 24 日在广州举行了首发仪式，并在电视台和网站播出。

六、深入开展粤港、粤澳合作交流活动

广东省版权局与香港海关、香港知识产权署联合举办的 2016 年粤港中学生版权知识和版权保护交流活动分别于 2016 年 3 月 23～24 日和 6 月 2～4 日在东莞和香港举行。广东省版权局与香港知识产权署联合组织的版权产业企业交流活动于 7 月 20～22 日在香港举行。广东省版权局派员参加粤港保护知识产权合作专责小组第十五次会议及粤澳知识产权工作小组第三次会议。邀请了香港知识产权署及香港版权业界代表参观第八届漫博会、东莞松山湖科技产业园区及东莞唯美陶瓷有限公司。邀请了港澳知识产权相关人员参加了第六届中国国际版权博览会，并参与其中的粤港澳版权保护交流合作论坛。

七、加强版权执法监管

（1）加强版权执法工作。组织力量查处侵权盗版案件，省版权局版权管理处荣获国家版权局 2015 年度查处侵权盗版案件有功单位一等奖。指导各地办理了一批侵权盗版案件，版权执法监管工作得到了国家版权局的肯定。（2）开展"剑网 2016"专项行动。2016 年 8 月 12 日，召开广东省打击网络侵权盗版"剑网 2016"专项行动工作会议，对全省开展"剑网 2016"专项行动进行动员部署。"剑网 2016"行动开展后，共接到国家版权局移转案件 12 宗。

八、做好第十二届中国（深圳）国际文化产业博览交易会版权服务工作

2016 年 5 月 12 日，第十二届中国（深圳）国际文化产业博览交易会在深圳会展中心拉开帷幕。广东省版权局、深圳市市场和质量监督管理委员会首次在文博会期

间联合设立版权服务工作站，开展免费作品登记、现场版权知识宣传、版权纠纷调解和版权行政执法工作。第十二届文博会组委会专门下发了《关于在第十二届中国(深圳)国际文化产业博览交易会期间对参展作品标贴“作品著作权来源信息卡”和著作权免费登记服务的通知》，要求所有参展作品填写作品著作权来源信息，签署参展作品著作权来源合法的《承诺书》，并对未登记的参展作品实行免费著作权登记。据统计，文博会期间，版权服务工作站现场为参展商提供版权咨询 2166 人次，发放《图解中华人民共和国著作权法》、版权知识笔记本等宣传资料 7000 多份，受理作品登记材料 275 件，现场分三次发放作品登记证书 235 份，其余证书展会后及时颁发。

九、做好第八届中国国际影视动漫版权保护和贸易博览会的版权服务工作

2016 年 8 月 18～22 日，第八届中国国际影视动漫版权保护和贸易博览会在东莞举办。版权服务工作站充分发挥一站式版权服务作用，版权服务亮点纷呈：确认参展作品著作权来源信息 336 宗，回收《承诺书》342 份，发出并在展位张贴《参展作品著作权来源信息卡》共 1356 张；截至 8 月 21 日，受理作品著作权免费登记申请 828 宗，同比上届漫博会增长 116%，现场核发《作品登记证书》608 件，同比上届漫博会增长 137%；出动执法人员 107 人次，受理各类版权咨询 362 人次，派发各类宣传品张 42 800 多份，实现了连续八届漫博会版权纠纷“零投诉”。

(广东省版权局　沈　欣)

司法工作

2016 年，广东省各级法院以党的十八大以及十八届三中、四中、五中、六中全会和习近平总书记系列重要讲话精神为指引，依法履行民事、刑事和行政审判职能，公正高效审理各类知识产权案件，加强知识产权审判领域改革创新和科学发展，完善知识产权审判机制，为全面深化改革和实施创新驱动发展战略提供了有力的司法服务和保障。

一、着力发挥审判职能，服务经济社会发展大局

(一)广东省知识产权案件总体情况

2016 年，广东全省法院收结案总量创历史新高，新收案件数和审结案件数继续位居全国首位。全省法院共新收各类知识产权案件 44 216 件，同比增长 22.36%；其中，新收一审案件 35 382 件，同比增长 20.07%；二审案件 8702 件，同比增长 32.43%；申请再审案件 132 件，同比增长 33.33%。审结各类知识产权案件 41 983 件，同比增长 29.16%。

按案件性质划分，新收知识产权民事、刑事和行政案件分别为 40 557 件、3599 件和 60 件，同比分别增长 35.25%，−41.04% 和 30.44%，分别占新收案件总量的 91.72%、8.14%和 0.14%。审结知识产权民事、刑事和行政案件 37 988 件、3929 件和 66 件，同比分别增长 42.82%、−49.10% 和 27.27%。

加强民事审判在知识产权司法保护中的主渠道作用。2016 年，广东省新收知识产权民事一审案件 32 205 件，同比大幅增长 35.51%。其中，著作权、商标权、专利权、技术合同、反不正当竞争案件分别新收 20 309 件、5216 件、4300 件、682 件和 389 件，同比分别增长 38.16%、43.26%、−6.30%、657.78%、66.24%。新收民事二审案件 8221 件，同比增长 34.07%。其中，著作权、商标权、专利权、技术合同、反不正当竞争案件分别新收 5288 件、664 件、1144 件、150 件和 125 件，同比分别增长 40.19%、−12.29%、29.12%、188.46%、26.26%。

2016 年共审结知识产权民事一审案件 29 771 件，同比增长 47.27%；结案率为

76.47%,同比上升1.43个百分点。在审结的一审案件中,有15 273件为调撤结案,调撤率为51.30%,同比上升5.18个百分点。审结知识产权民事二审案件8100件,同比增长29.15%;结案率为93.66%,同比上升0.04个百分点。在审结的二审案件中,有1975件为调撤结案,调撤率为24.38%,同比持平。

发挥刑事审判惩治和震慑知识产权犯罪的职能作用。2016年,广东省新收涉知识产权刑事一审案件3139件,同比减少44.63%。广东省审结涉知识产权刑事一审案件3461件,同比减少36.31%,其中,审结生产、销售伪劣商品罪1036件1619人,假冒注册商标罪815件1567人,销售假冒注册商标的商品罪490件731人,非法制造、销售非法制造的注册商标标识罪120件214人,侵犯著作权罪42件70人,侵犯商业秘密罪7件17人。新收涉知识产权刑事二审案件459件,审结468件,同比分别增长8.00%和13.04%。

提升行政审判对行政执法行为的审查监督职能。2016年,广东省新收知识产权行政一审案件38件,审结52件,同比分别增长18.75%和62.50%;新收知识产权行政二审案件22件,审结14件,同比分别增长57.14%和-12.50%。

审结一大批新类型、复杂疑难和重大案件。审结再审申请人江苏电视台、珍爱网与被申请人金某某侵害商标权纠纷,判决江苏卫视"非诚勿扰"栏目不侵犯商标权;审结周某某诉新百伦公司等侵害商标权纠纷;克里斯提·鲁布托申请广州问叹公司等诉前停止侵害专利权纠纷;吕某某诉汕头市知识产权局专利行政处理决定纠纷;引领平安文化公司诉平安保险、中超联赛公司侵害商标权纠纷;基本生活公司与思派硅胶公司侵害外观设计专利权纠纷;胡某某与南海迪利厂侵害外观设计专利权纠纷。2016年,广东省法院审理的暴雪公司、网之易公司诉七游公司等著作权侵权及不正当竞争纠纷诉中禁令案入选最高人民法院公布的中国法院十大知识产权案件,格力公司与美的公司、泰锋公司侵害商标权纠纷上诉案等4件案件入选中国法院50件典型知识产权案例。

(二)广东省高院知识产权案件情况

2016年,广东省高院知识产权庭新收知识产权民事二审案件1200件(其中职务技术成果完成人奖励、报酬纠纷及职务发明创造发明人、设计人奖励、报酬纠纷系列案计396件),同比增长65.75%。新收知识产权申诉、申请再审案件131件,同比增长47.19%;新收审判监督案件8件。其中,著作权、商标权、专利权、不正当竞争、技术合同案件分别新收49件、49件、969件、15件和111件,同比增长-33.78%、2.08%、67.07%、25.00%和1750%。

审结民事二审案件1216件,同比增长42.39%;二审结案率为91.36%,同比上升5.01个百分点;其中,调撤结案480件,调撤率为39.47%,同比上升9.66个百分点。审结知识产权申诉、申请再审案件117件,同比增长5.41%。审结审判监督案件15件。2016年全部案件审限内结案率达100%,平均结案周期为84.02天,督办案件100%妥善审结。

(三)专业技术性较强的知识产权案件情况

广东全省新收专业技术性较强的知识产权民事一审案件(包括专利、植物新品种、集成电路布图设计、技术秘密、计算机软件、驰名商标认定和垄断类案件)4450件,同比减少4.59%。广州知识产权法院新收2481件,其中新收专利权、计算机软件、驰名商标认定、技术秘密案件分别为2423件、30件、15件、13件;深圳市两级法院新收1969件,其中新收专利权、计算机软件、驰名商标认定、技术秘密、垄断案件分别为1863件、28件、38件、38件、2件。

广东全省审结专业技术性较强的知识产权民事一审案件4202件，同比增长51.42%。广州知识产权法院审结专业技术性较强的知识产权民事案件2663件，同比增长94.95%。其中审结专利权案件2613件，同比增长101.31%；审结计算机软件、驰名商标认定、技术秘密、垄断案件分别为29件、14件、5件、2件。深圳市两级法院审结专业技术性较强的知识产权民事案件1539件，同比增长9.23%。其中，审结专利权案件1462件，同比增长7.11%；审结计算机软件、驰名商标认定、技术秘密、垄断案件分别为20件、31件、22件、4件。

二、推进体制机制创新，提升司法保护整体效能

（1）积极推进“三合一”审判模式改革工作。广东省高院有针对性地对广东省开展“三合一”试点工作的相关情况进行调研，提出了具体措施。同时，对广州知识产权法院实施知识产权审判“三合一”工作的路径进行了设计，由广东省高院和广州知识产权法院共同做好知识产权审判“三合一”模式构建和对外沟通协调工作，并在广州知识产权法院人员培训、资源配置上给予政策倾斜。

（2）落实司法体制改革部署，扎实推进广州知识产权法院各项工作。2016年，广州知识产权法院共受理各类知识产权案件4752件，与上年同期基本持平；审结4907件，同比增长44.62%，结案率77.9%，同比上升9.22个百分点，主审法官人均结案206.61件。广州知识产权法院组建了25个新型审判团队，以主审法官为中心开展工作。该院积极走访中山、汕头等地的产业聚集区，依托知识产权行政部门设立的快速维权中心，建立诉讼服务处，通过视频技术开展立案咨询、案件查询、调解、庭审、答疑、接访等远程便民服务。广州知识产权法院还组成技术专家咨询委员会，2016年该院共有88件案件启用技术专家或技术调查官，意见采纳率100%，调解撤诉率达到64.7%。

（3）积极开展知识产权市场价值研究，努力破解侵权损害赔偿难题。“探索完善司法证据制度破解知识产权侵权损害赔偿难”试点工作被列入广东省全面创新改革试验改革事项。以“最高人民法院知识产权司法保护与市场价值研究（广东）基地”为研究平台，广东全省法院进一步发挥聚合效应，围绕在司法保护中实现知识产权市场价值展开理论和实践探索。广东省高院召开商标侵权损害赔偿问题专家研讨论证会，在工作思路上取得重要进展。2016年底，广东省高院在广州和深圳召开了两场“破解侵权损害赔偿难，提高知识产权司法保护水平”座谈会。

（4）创新调研指导工作机制，开拓调研指导工作新局面。广东省高院组建了专利权、商标权、著作权、垄断及不正当竞争等四个知识产权调研指导小组。广东省高院积极参与知识产权立法和司法解释制定相关调研，参与了著作权法修订、商标法司法解释制定、技术调查官制度构建、新商业模式的规制、知识产权民事诉讼证据制度、民营企业知识产权法律问题等多项调研工作，形成了相应的意见建议和调研成果。

（5）优化知识产权案件管辖布局，助推广东自贸区建设。经最高人民法院同意，新增深圳前海合作区法院、珠海横琴新区法院2个基层法院管辖一般知识产权案件。至此，广东自贸区范围内的广州南沙新区片区、深圳前海蛇口片区、珠海横琴新区片区三大片区对应的基层人民法院，均已获得一般知识产权民事案件的管辖权。2016年，广州南沙法院、深圳前海法院和珠海横琴法院分别新收知识产权案件777件、59件和4件。

（6）深入推进司法公开，提升司法保护的权威和公正。广东省高院积极推动全省法院上网公布知识产权裁判文书，广东省法院在中国知识产权裁判文书网发布裁判文书总量排名全国第一位。广东省高院审理的快播公司著作权行政处罚纠纷、“非诚勿扰”商标侵权纠纷等重大案件，其庭审活动均通过广东法院网进行了视频直播。2016 年“4·26 世界知识产权日”宣传周期间，广东省高院、广州知识产权法院、深圳市中院等分别举行了知识产权司法保护新闻发布会，广东省高院发布了广东省知识产权司法保护状况白皮书和广东省十大知识产权典型案例，广州知识产权法院首次以中、英、法、日四种语言发布知识产权司法保护状况白皮书。广东省高院对黎某某、蔡某某与被上诉人一插得公司、原审第三人安业公司返还专利权纠纷一案进行了公开宣判，该案入选广东省法院“弘扬社会主义核心价值观十大典型案例”。

三、强化沟通指导工作，有效统一司法保护标准

（1）健全和落实审判情况分析通报机制。广东省高院每季度对广东省各项知识产权审判数据进行统计分析，印发《全省知识产权审判工作统计分析情况的通报》。同时，广东省高院知识产权庭形成了《广东省专利审判基本情况及典型案例分析》专题报告。

（2）重点加强对广州、深圳知识产权审判工作指导。广东省高院将广州知识产权法院、深圳市中院作为监督指导的重点，通过实地调研了解审判工作中亟需解决的问题，明确工作重点和思路，推动审判工作发展。

（3）加强业务沟通交流，提升知识产权保护合力。广东全省法院共派出业务骨干百余人次参加最高人民法院、全国各地法院、行政部门、高等院校及行业协会召开的高端学术研讨会和国际性交流活动，如“南方商标品牌高端论坛”“知识产权司法保护研讨会”“涉动漫、游戏知识产权司法保护相关问题研究研讨会”“ICT 行业反垄断法实施研讨会”“中欧法官论坛——创新驱动与知识产权司法保护会议”“首届中国互联网纠纷解决机制高峰论坛”等。广东省各级法院主动邀请行政机关、行业协会、中介机构等组织的代表参与知识产权案件的调解工作，加大多元化纠纷解决力度。

四、加强审判队伍建设，促进司法案件公平正义

（1）加强思想政治建设，促进公正廉洁司法。广东全省法院高度重视知识产权审判队伍建设，坚持从严管理，扎实推进“两学一做”学习教育。严格落实党风廉政建设主体责任，组织干警对照“三严三实”要求，开展廉政警示教育活动，着力防控廉政风险。贯彻落实审判权运行机制和审判责任制改革，坚持有序放权与有效监督相统一，强化法官办案主体责任和院庭长审判管理、审判监督责任，不断完善专业法官会议制度，制订审判团队运行机制实施方案、法官助理职责与考核办法等配套制度，促进审判工作规范、有序运行。

（2）加强司法交流，拓宽业务培训渠道。2016 年，广东省高院接待了美国知识产权专家代表团一行，派出业务骨干参加“法经济学——反垄断经济分析高级研修班”以及涉及商标法、著作权法、专利法、垄断及不正当竞争等前沿领域的业务研讨和座谈会，受邀参加“中欧知识产权法律交流代表团”赴英国、比利时、西班牙等国进行访问交流等。加强对知识产权典型案件的研究，提高裁判尺度的统一性。努力培养高素质、专业化、国际化的知识产权法官队伍。

（广东省高级人民法院知识产权审判庭）

检察工作

2016 年，广东省检察机关贯彻中央、省委关于切实加强法律监督，维护司法公正和法律权威的要求，按照最高人民检察院和省委省政府关于打击侵权假冒的工作部署，切实发挥检察职能，严厉打击侵权假冒犯罪活动，加大“两法”衔接工作力度，切实维护广大知识产权权利人和消费者的合法权益。

一、依法严厉打击侵权假冒犯罪，切实保护知识产权利益

广东省检察机关充分履行批准逮捕、公诉职能，坚决严厉打击侵权假冒犯罪活动，2016 年 1～10 月，共批准逮捕侵犯知识产权犯罪案件 836 件 1579 人，生产、销售伪劣商品犯罪案件 392 件 693 人；起诉侵犯知识产权犯罪案件 1178 件 2051 人，生产、销售伪劣商品犯罪案件 1444 件 2108 人。针对社会反映强烈，涉及人民群众生命财产安全的重大案件，广东省检察机关依法及时批捕、起诉，成功办理了一批侵权假冒犯罪案件，切实维护了广大知识产权权利人和消费者的合法利益。珠海市检察院高新区知识产权检察室办理的房某某、珠海矽微公司侵犯商业秘密案和东莞市第二市区检察院办理的陈某某等 4 人假冒注册商标案成功入选最高人民检察院“2015 年度检察机关保护知识产权十大典型案例”。

二、全面推进“两法”衔接工作，强化长效机制建设

进一步推动“两法”衔接工作，不断扩充“两法”衔接成员单位。2016 年 8 月，广东省检察院推动召开了省行政执法与刑事司法衔接工作第四次联席会议，实现省级成员单位由 25 家扩充至 42 家，向成员单位全覆盖目标迈出了关键性的一步。建成省、市、县三级联通的“两法”衔接信息共享平台，打造了案件移送、跟踪监控、预警提示、监督管理、案件查询、统计分析、执法动态、法规查询等八项主要功能，初步实现“网上移送、网上受理、网上监督”。

三、完善协作联络制度机制，形成打击侵权假冒合力

注重与有关行政执法部门在打击侵权假冒领域的协作配合，建立了案件移送、线索通报、联合督办、走访座谈、新闻发布、联合培训等一系列重要工作制度，并通过联合开展专项立案监督活动及专项打击行动，形成共同研究、推进和优化广东省打击侵权假冒长效机制的良好局面。注重加强与国内外司法机关、各行业组织等的沟通协调和协作，共同形成知识产权保护合力。2016 年 10 月承办了最高人民检察院组织的“中欧检察官知识产权刑事执法”交流活动，促进了中欧检察官在知识产权刑事执法方面的务实合作与交流，为建立中欧知识产权刑事司法互助合作机制，解决合作中存在的问题与障碍发挥了应有作用，促进了知识产权的全面保护。黄埔区检察院举办与广州宝洁公司签署知识产权刑事保护合作备忘录活动暨知识产权保护交流座谈会，建立协作联络机制、信息通报制度、互助保障机制。

四、积极回应非公企业期盼，护航非公经济创新发展

贯彻落实中央、广东省委和最高人民检察院依法促进和保障非公有制经济健康发展的精神，广东省检察院出台“服务保障非公有制经济发展 15 条意见”，回应非公有制企业普遍反映的问题和期盼。汕头市澄海区检察院在澄海玩具协会设立广东省首个派驻行业协会保护知识产权检察工作联系点，搭建起保护非公企业知识产权的快捷通道。

五、服务广东自贸区建设，保障创新驱动发展战略

广东省检察机关着力服务保障创新驱动发展战略，严厉打击发生在广东自贸区内的侵权假冒犯罪，主动为自贸区内企业提供法律咨询、法律服务，为自贸区建设营造国际化、法治化营商环境。广州南沙区检察院建立知识产权保护检察建议制度，推动企业完善知识产权保护及维权措施。广东省检察院主办了检察机关服务保障自贸试验区建设经验交流暨理论研讨会，为建立健全服务保障自贸试验区建设的长效机制，切实为服务保障自贸试验区建设提供专业司法保障和支撑。

六、强化专业人才培养，提升知识产权保护能力

成立专门知识产权办案机构、健全完善分类办理、案件繁简分流、捕诉衔接、疑难案件集体讨论等办案机制，加大知识产权保护力度。注重加强知识产权理论调研和研讨，注重对法律适用、诉讼程序等新问题的研究。2016 年 6 月，广东省检察院在广东检察官（培训）学院举办了为期 10 天的全省检察机关知识产权专题研修班，全省三级检察院共 94 名业务骨干参加了专题研究。

（最高人民检察院侦查监督厅供稿）

广西壮族自治区

专利工作

2016 年，广西壮族自治区知识产权工作按照“抓创造、促运用、严保护、强服务、建强区”的工作思路，深入实施知识产权战略，扎实推进知识产权创造、运用、保护、管理和服务等各项工作，取得了六个新突破：一是在知识产权战略组织协调机制方面，新建立了广西壮族自治区知识产权战略实施工作厅际联席会议制度，由自治区领导担任召集人，成员单位由 28 个扩大为 31 个；二是在知识产权发展规划方面，全区每万人口发明专利拥有量指标纳入广西经济社会发展“十三五”规划纲要，“十三五”广西专利事业发展顶层设计基本完成，在全国率先召开知识产权区域布局试点工作启动会；三是在知识产权强区建设实践方面，知识产权强市、强县、强企建设的实施计划基本形成，广西成为全国首批特色型知识产权强区建设 3 个试点省（区）之一；四是在知识产权严格保护方面，专利行政执法队伍建设实现全区知识产权系统全覆盖，电子商务领域执法办案量实现零突破；五是在专利管理工作方面，3 家企业首次获批为国家知识产权示范企业，5 项专利获得第十八届中国发明专利优秀奖、1 项获得外观设计优秀奖，为历年最多，获奖专利产品为相关企业新增利润超 17 亿元；六是在知识产权人才培养体系方面，建立了广西首家知识产权学院。

一、深入实施知识产权战略，积极谋划推进知识产权区建设

2016 年，广西制订出台《广西知识产权区域布局试点实施方案》《关于加快知识产权体制机制改革的若干意见》《广西特色型知识产权强区建设试点工作实施方案》等文件，印发广西专利事业“十三五”规划，建立起政府主导、分工协调、全面推动的工作联动机制，建立全区知识产权区域布局试点的决策—领导—实施三级联动工作体系。

二、启动实施发明专利双倍增计划，全面推进“三工程三行动”

召开 2016 年全区科技改革暨发明专利双倍增计划启动会议，广西壮族自治区人民政府与各设区市人民政府签订了发明专利双倍增计划目标任务责任状。2016 年，广西专利发展指标量质稳步提升，发明专利受理量 43 078 件，比上年增长 39.83%；发明专利获授权 5158 件，比上年增长 28.37%；每万人口发明专利拥有量 3 件，每万人口发明专利拥有量比上年增长 49.95%，增长率位居全国首位。

三、强化企业创新主体地位，大力推进知识产权创造运用

启动专利密集型产业培育工程，出台《关于加快发展广西专利密集型产业(制造业)实施方案》，培育了一批专利密集型企业和4家高价值专利培育示范中心；以企业知识产权管理贯标为切入点，大力培育知识产权优势企业。据统计，2016年，国家知识产权优势企业达44家，新实现发明专利申请“清零”企业642家；全区企业申请发明专利17 406件，获发明专利授权2538件，同比增长49.21%，拥有有效发明专利的企业数量为1720家，比2015年增加29%。

开展专利导航及预警应用示范，首次编印产业专利分析研究报告；首次发布“广西企业专利技术创新100强”和“广西专利密集型产业统计监测报告”。

加快知识产权运营，推动知识产权金融服务试点。2016年，广西建立了专利质押融资需求库，开展知识产权投融资服务，推动创新专利金融产品发展，桂林市成为广西首个国家级专利质押融资试点城市。

四、加大知识产权保护力度，维护创新市场竞争秩序

进一步健全专利行政执法体系，拥有专利行政执法人员254人，比上年增长132%；建立广西专利侵权判定咨询专家库；新建立设区市知识产权维权援助中心8家，总数达到了12家；初步建立了知识产权(专利)社会信用体系；开展粤桂琼三省区联合执法行动；开展知识产权执法维权“护航”专项行动，出动执法人员362人次，检查各类商品32 660件。2016年，广西办理各类专利案件556件，其中受理维权援助案件52件，接收电商平台假冒专利投诉44件，办案总量较去年同期增长25.8%。

五、完善知识产权服务，夯实知识产权强区条件支撑

加强区域知识产权合作，扎实推进中国—东盟知识产权国际交流合作中心建设，编制了“中国—东盟知识产权国际交流合作中心建设方案”。

加强知识产权服务平台建设。进一步推进广西知识产权信息、交易中心建设，推动广西专利信息基础数据库正式上线，广西知识产权微信公众平台发布运营；大力推进知识产权服务业集聚发展试验区建设，引进高端知识产权服务机构来桂落户。2016年，在桂林市、柳州市和北海市高新区建立3个知识产权交易应用示范点，新增专利代理机构7家，总数达到40家。

加强知识产权(专利)人才培养。启动广西“十三五”知识产权人才培养计划，与南京理工大学知识产权学院签订《合作培养广西知识产权人才协议》，开展跨区域人才培养；建立广西知识产权培训师资库；加强培训基地建设，新建省级培训基地3个。

(广西壮族自治区知识产权局)

商标工作

2016年，广西壮族自治区工商和市场监管部门不断优化商标发展和保护环境，积极探索构建工商主推、企业主动、部门协调的商标品牌实施格局。

一、制定长远规划，提高商标品牌规划前瞻性和指导性

2016年7月1日印发《广西壮族自治区关于深入实施商标品牌战略的意见》。根据该意见要求，成立广西商标品牌战略实施工作厅际联席会议制度，加强组织领导，强化部门间统筹协调配合，深入实施商标品牌战略，加快“商标品牌强桂”建设。

二、增强商标服务功能，提高商标公共服务水平

（1）持续推进商标注册便利化。2016年11月1日，广西壮族自治区工商局作为全国首批13个商标注册受理窗口之一启动受理商标注册申请工作。自运行以来，广西壮族自治区商标窗口除受理广西业务外，还惠及来自广东、云南、海南等周边省区的市场主体，为他们提供商标咨询及注册等相关服务，得到办事群众的好评。

（2）开展商标专用权质押工作，促进商标运用多元化。2016年11月30日，广西柳州市作为首批全国25个试点城市之一，受理商标专用权质权登记工作正式运行。运行当日，广西6家企业以商标质押融资的方式，与柳州银行、广西北部湾银行柳州分行签订合作协议，贷款金额共计2600万元。

（3）建立商标展示平台，大力推进品牌，服务社会化。整合商标资源，建立广西商标网络展示平台，通过网络交流平台，向社会提供商标工作的相关政务信息，依法发布商标注册、查处商标侵权行为信息，提供相关业务服务，同时展示广西企业商标品牌风采，展示广西商标工作整体形象。

三、实施商标品牌战略，促进产业提质增效

（1）扎实推进培育名优品牌，促进精准扶贫攻坚工作。出台《关于培育名优品牌促进产业脱贫工作方案》，对贫困地区重点扶持的产业、企业、农民专业合作社进行“一对一”的指导、服务和培育，扎实推进精准扶贫攻坚富农、培育名优品牌工作进程。

（2）提供精细化商标指导和服务。印发《广西实施商标品牌战略志愿服务队组建和工作方案的通知》《全区工商系统工业园区商标品牌指导服务站建设工作方案》，组织志愿者参加“百色新山铝产业示范园商标品牌知识咨询会”“桂平市商标培育专题讲座”。同时，搭建高效畅通的指导帮扶平台，为全区工业园区及园区企业实施商标品牌战略提供一对一的指导和服务。举行了“百色新山铝示范园商标品牌指导服务站”及“桂平市木乐镇服装工业园区指导服务站”挂牌仪式。

（3）强化商标监管培训和调研。与高等院校开展政校战略合作，设立商标品牌人才培训基地。通过组织专题培训以及创建商标品牌人才培训基地，全面提升了工商干部和各类市场主体对商标品牌的认知水平，同时面向社会各界普及了商标品牌知识，营造了保护商标品牌、尊重知识产权的文化氛围。

四、深入推进商标监管规范化，打造良好营商环境

2016年，在全区工商系统集中开展打击侵权假冒专项行动，共出动执法人员数量3045人次，检查经营主体4927户，检查各类市场149个次，受理和处理消费者申诉和举报45件，共查处制售假冒伪劣商品案件509件，罚没案件金额256.56万元，有效地保护了商标注册人和消费者的合法权益。

（1）抓好重点领域专项整治。一是开展红盾网剑专项行动，进一步加强对网络交易平台的重点监管，强化网络交易商品定向监测，坚决打击网络侵权假冒违法行为。二是深入开展保护“迪士尼”注册商标专用权专项行动，加强“迪士尼”注册商标的保护，营造良好的知识产权保护环境。三是积极推进广西制造海外形象维护“清风”行动，重点整治出口商品，治理重点专业市场。

（2）加大商标专用权保护力度。组织区内多个城市工商局开展“中国黄金”“周黑鸭”商标侵权案件的查处。继续开展集中整治侵犯知识产权不正当竞争行为突出问题的专项执法行动，严厉打击网上销售假冒产品、侵犯知名商品特有名称包装装潢、虚假宣传等行为。认真开展农资打假专项工作，以“整治农资市场秩序，净化农资市场环境”为主要内容，重点查处销售假冒伪劣肥料及商标侵权、虚假广告等农资违法案件。

（广西壮族自治区工商行政管理局）

版权工作

2016年，广西壮族自治区版权局认真组织全区开展“剑网2016”专项行动，同时，自治区版权局继续抓好推进使用正版软件工作，继续巩固县级以上各级党政机关使用正版软件工作成果，版权工作取得了良好的效果。

一、软件正版化工作

（1）完善工作领导机制，充分发挥各级软件正版化工作领导机构作用。2016年，自治区及时调整自治区人民政府使用正版软件工作领导小组组长、副组长，使全区软件正版化工作始终保持顺畅的领导机制。

（2）加强部门协调，抓好长效机制建设。广西壮族自治区推进使用正版软件工作厅际联席会议自建立以来，由自治区版权局负责牵头协调，13家成员单位密切配合，共同推进全区的软件正版化工作。2016年，自治区版权局及时调整了联席会议各成员单位的负责人和联络员，对各成员单位2016年的工作任务进行了分工，保持在工作中的相互协作。2016年，全区各级政府机关均已基本建立软件正版化工作机制，并不断加以完善。自治区还将信息化建设与长效机制建设相结合，利用全区软件正版化工作信息管理平台，及时掌握全区各级党政机关使用正版软件有关信息，以动态管理的方式提高全区软件正版化工作的科学化和规范化水平。

（3）以检查整改为手段，不断巩固软件正版化工作成果。2016年，自治区继续抓好检查整改工作，全面部署回头看，强化查漏补缺工作。11～12月，自治区版权局组织检查组，到全区7个地级市和部分县（区）开展软件正版化工作专项检查。

（4）研究部署深入推进国有企业软件正版化工作。2016年10月25～26日，召开了自治区国有企业软件正版化工作会议，对深入推进自治区国有企业今后的软件正版化工作作出部署，要求各级国有企业加强组织领导、开展自查、加强制度建设、开展宣传培训、加强督导检查。

（5）多种形式做好宣传教育工作。充分利用各种媒体，组织开展宣传工作。在2016年“4·26世界知识产权日”宣传周期间，自治区版权局专门举办了“版权进校园”活动，走进广西民族大学，在大学师生中普及版权知识。2016年7月和10月，自治区版权局两次举办培训班，组织全区各市版权管理部门和文化市场综合执法机构、全区各主要国有企业进行软件正版化工作培训。

二、打击侵权盗版工作

（1）高度重视，精心组织，认真落实。广西版权局研究制订了广西“剑网2016”专项行动方案，明确各部门责任和分工，组织全区实施。并组织召开了自治区“剑网2016”专项行动动员部署会。会后还组织进行了版权执法专题培训班。各市也都组织成立了“剑网2016”专项行动机构。

（2）围绕三大任务、六项措施，深入开展“剑网2016”专项行动。自治区围绕三大任务，采取六项工作措施，重点开展了打击网络文学侵权盗版专项整治、打击APP侵权盗版专项整治、规范网络广告联盟专项整治行动。自治区版权局组织对全区的备案网络文学网站进行了全面认真梳理，共梳理出网络文学网站150家、网络出版服务单位17家，并按照属地管理原则，将网络文学网站名单印发各市，组织各市进行版权核查和查处。各市版权局还会同通信、网信、公安等部门开展了对APP上传者和应用程序商店以及广告联盟代理的版权执法监管。积极做好日常网络舆情监控工作，对全市网站、论坛、百度贴吧、微博、微信公众号等平台实时搜索和监控，对各类网络侵权盗版信息及时发现和处置，2016 年以来共清理相关信息 30 余条，网络治理成效明显。

（3）以查办案件为重点，进一步加大案件的督办、查办力度。2016 年自治区新闻出版、版权部门共查处各类案件 177 起，其中办理著作权案件 13 起；办结著作权行政案件 9 起；在办著作权刑事案件 4 起，其中网络刑事案件 3 起，均已进入司法程序。南宁市“皮皮小说网”案，自治区版权局全程指导，并出具认定意见书，自治区版权局还给予办案补贴 6 万元。该案被国家版权局列为全国 9 起挂牌督办案件之一，并给予办案补贴 8 万元。2016 年 7 月 5 日，南宁市西乡塘法院已公开开庭审理该案。

（4）组织抓好版权执法培训，加大版权执法宣传力度，突出曝光一批重大案件。2016 年 7 月 25～26 日，自治区版权局组织举办了全区版权执法暨软件正版化培训班。全区 14 个市也都举办了版权执法暨软件正版化培训班。此外，组织开展版权执法宣传，利用多渠道，及时宣传“剑网行动”，曝光一批大要案件。组织广西电视台、南宁电视台及报刊媒体及时报道了南宁市“皮皮小说网”案开庭审理纪实。

（广西壮族自治区版权局　杨训国）

司法工作

2016 年，广西壮族自治区各级法院认真学习习近平总书记系列重要讲话精神，扎实推进知识产权司法审判工作。充分发挥知识产权审判职能作用，审判质效进一步提升，司法宣传不断加强，指导基层工作扎实推进，各项工作全面发展。

一、加强审判管理，依法公正高效审理案件

2016 年，广西壮族自治区高院共新收知识产权案件 200 件，其中知识产权二审案件 156 件，民事申请再审案件 39 件，行政提审案件 5 件；结案 239 件，其中知识产权二审案件 143 件，其他民事二审案件 2 件，申请再审（民事、行政）案件 89 件（知识产权民事申请再审案件 19 件），行政提审案件 5 件，调撤 102 件，调撤率 42.68%。

二、积极服务经济发展大局，促进创新驱动战略实施

（1）服务企业创新发展，积极提供法律服务。2016 年 6 月 12 日，广西壮族自治区高院带领南宁市中院、青秀区法院三级法院知识产权法官到广西日报传媒集团就传统媒体和新媒体创新保护问题开展调研。

（2）服务县域经济发展，积极建言献策。2016 年 4 月 21 日，广西壮族自治区高院与德保县法院共同召开了“‘德保蛤蚧酒’地理标志使用及保护座谈会”。

三、加强调查研究和审判业务指导，提高指导针对性

广西壮族自治区三级法院完成了一批高质量的知识产权审判调研报告、学术论文、案例分析。两个案例入选中国法院 2015 年知识产权案件 50 件典型案例，1 篇论文在《人民司法》发表，完成广西壮族自治区高院 2015 年招标课题《商标侵权案件的裁判方法及裁判规则研究》并通过验收。

加强审判业务指导，采用多种指导方式，提高指导针对性。2016 年 10 月 19～21 日，广西壮族自治区高院到桂林市中院、叠彩区法院进行专题调研，集中解决两级法院审理知识产权案件中存在的问题。2016 年 11 月 30 日，广西壮族自治区高院调研组到柳州市中院指导知识产权审判工作。针对南宁市中院被发回重审、改判案件数量增长较快的情况，广西壮族自治区高院知识产权庭多次与南宁市中院知识产权庭法官召开案件情况分析会。

四、加强知识产权宣传力度，力促司法公正公开

(1)积极参加“4·26世界知识产权日”宣传活动。2016年4月20日，广西壮族自治区高院法官到广西科技馆广场参加“首府知识产权宣传服务广场日”活动，设立知识产权宣传板报，设置知识产权法律咨询台，在活动现场发放知识产权司法保护宣传资料。

(2)召开新闻发布会。2016年4月25日，广西壮族自治区高院召开“广西法院4·26世界知识产权日新闻发布会”，通报广西壮族自治区法院知识产权司法保护工作成果，公布广西壮族自治区法院2015年度知识产权十大典型案例。

五、认真开展“两学一做”学习教育活动

广西壮族自治区法院按照各级法院党组统一部署，结合知识产权工作实际，认真开展“两学一做”学习教育活动，以实际行动践行“做合格党员、做合格法官”。加强政治理论学习，召开学习讨论会，支部和个人都有学习计划、学习笔记、学习心得。坚持集中学习和自学相结合的制度，做好集中讨论和中心发言，谈深谈透学习内容。借助丰富的网络视频课程资源，组织党员收看中央党校、国家行政学院、北京大学等党建专家的辅导报告。

（广西壮族自治区高级人民法院知识产权审判庭）

检察工作

2016年，广西壮族自治区检察机关在上级检察院及各级党委的领导下，依法履行检察职能，深入贯彻实施国家知识产权战略，严厉打击侵犯知识产权和制售假冒伪劣商品犯罪，依法保护创新成果，维护社会主义市场经济秩序。

一、加强知识产权司法保护，依法开展对侵犯知识产权案件的审查批捕和审查起诉工作

广西壮族自治区检察机关坚持加大对侵犯知识产权和制售假冒伪劣商品犯罪的打击力度，对于公安机关提请批准逮捕、移送审查起诉的相关案件，注重对证据的审查，准确把握批捕、起诉条件；坚决依法及时批捕、起诉侵犯知识产权和制售假冒伪劣商品犯罪的案件。对重大有影响的案件加强与公安机关、法院的联系与配合，形成打击犯罪合力，保持对侵犯知识产权和制售假冒伪劣商品犯罪行为的高压态势。2016年，广西壮族自治区检察机关共受理公安机关提请批准逮捕侵犯知识产权和制售假冒伪劣商品犯罪案件127件215人，批准逮捕87件155人，不批准逮捕43件74人，受理移送审查起诉144件241人，起诉94件187人，不起诉20件29人。

二、密切与相关成员单位联系配合，确保及时、准确地查处侵犯知识产权犯罪案件

积极参与打击侵犯知识产权专项行动，及时与相关单位和部门商讨解决办理专项行动中遇到的法律问题，增强执法合力。加强对重大案件督办，形成打击合力，确保案件在期限内做到快捕、快结。如2016年3月广西壮族自治区检察院与自治区版权局、“扫黄打非”办、高院和公安厅联合将覃某等3人“××小说网”涉嫌侵犯著作权案作为2016年广西壮族自治区打击网络侵权盗版“剑网行动”挂牌督办案件。开展对下指导，与广西壮族自治区14个市级检察院及其所辖基层检察院保持密切联系，对在办理侵犯知识产权案件中遇到的问题给予指导帮助。加强个案协调沟通联系，依法提前介入上级督办的涉嫌侵犯知识产权犯罪案件以及公安机关商请检察机关提前介入的重大、复杂、疑难案件，及时引导取证，并有针对性地提出补充、完善证据的意见和建议，共同研究解决办案中遇到的问题，确保案件质量。

三、发挥检察职能作用，依法监督纠正有案不立、以罚代刑等违法犯罪行为和纠正生效错误判决

广西壮族自治区检察机关加大了对侵犯知识产权和制售假冒伪劣商品犯罪的监督力度，积极走访新闻出版、知识产权等有关行政执法机关，认真贯彻落实行政执法与刑事司法相衔接工作机制，摸排涉嫌犯罪的案件线索，督促行政执法机关向公安机关移送侵犯知识产权的犯罪案件，并及时纠正有案不立、有罪不究、以罚代刑、不该立案而立案和错误裁判等问题。2016年1～12月，广西壮族自治区检察机关建议行政执法机关移送涉嫌侵犯知识产权刑事案件线索1件1人，监督公安机关立案销售假冒注册商标的商品犯罪案2件3人。广西壮族自治区检察院依法对1件生效的知识产权纠纷案件错误判决进行了监督，已经依法提请最高人民检察院抗诉。

四、注重通过办案发现和解决在保护知识产权工作中存在的难点问题，积极参与建立健全知识产权保护工作的长效机制

广西壮族自治区各级检察机关结合办案加强调查研究，积极向当地党委、政府和相关企业提出强化管理、消除隐患、预防犯罪和建章立制的检察建议，促进企业管理和社会治理创新。对于法律政策界限不明，罪与非罪、罪与错不清的，慎重妥善处理，坚持既充分履行职能、严格依法办案，又注意改进办案方式方法，防止办案对企业正常生产经营活动造成负面影响，避免“办一个案件、垮一企业，失业一批、影响一片”的现象。加强对已被执行逮捕的非公有制企业经营管理者、关键岗位工作人员的羁押必要性审查。加强与公安机关以及其他行政执法机关就联席会议、情况通报、备案审查、查阅行政执法案件台账和案卷等方式加强沟通，达成共识，研究建立知识产权保护长效机制。

五、加强知识产权人才培养，加大培训力度

培养高素质的人才队伍是加强知识产权保护的基础。广西壮族自治区检察院积极参与各高校和研究机构举办的各类知识产权研讨和培训活动，有2名办案人员入选广西壮族自治区知识产权研究人才库，对知识产权案件的监督发挥了积极作用。

（最高人民检察院侦查监督厅供稿）

海南省

专利工作

在海南省科技厅的正确领导和国家知识产权局的指导帮助下，海南省知识产权局认真落实知识产权中心工作任务，使海南省知识产权创造、运用、保护、管理取得新成效，为海南经济社会发展做出了新贡献。

2016年，海南省加大知识产权工作投入力度，全年用于知识产权事业的各类资金共1000万元，给予专利、国际商标、地理标志、植物新品种权、动漫游戏产品、中介服务机构、知识产权优势企业和专利产业化达标等共740项知识产权各类项目资助、补助、奖励。2016年，海南省专利申请量3669件，同比增长17.4%，其中，发明专利申请量1275件、增长5.3%；全省专利授权量1938件，其中，发明专利授权量385件；有效发明专利达到2394件，同比增长13.4%，每万人有效发明专利拥有量2.66件。全省PCT国际专利申请16件。开展知识产权培训27场次，培训人员1500余人。专利质量大大提高，本年度荣获第十八届中国专利奖优秀奖4项；专利权质押融资3.1亿元，比去年同期增长166%。

一、大力实施知识产权战略，加快知识产权强省建设

（1）颁布《海南省人民政府关于新形势下加快知识产权强省建设的实施意见》。为深入贯彻《国务院关于新形势下加快知识产权强国建设的若干意见》，2016年10月25日，海南省政府颁布了《关于新形势下加快知识产权强省建设的实施意见》。该实施意见是海南省未来几年知识产权工作的纲领性文件，将为海南实现“创新驱动、绿色崛起”和国际旅游岛建设提供有力支撑。

（2）建立海南省知识产权战略实施工作联席会议制度，由王路副省长担任联席会议召集人，省科技厅为牵头单位，省工商、文体、财政等26家单位为成员单位。经六届省政府第68次常务会议审议通过，该联席会议为省政府议事协调机构，旨在加强对知识产权强省建设工作的组织、协调和督促。

二、大力推进知识产权宣传和培训工作

（1）年度知识产权宣传周和专利周活动精彩纷呈。围绕“加强知识产权保护运用，加快知识产权强国建设”主题，海南省知识产权局动员省市县有关单位组织举办活动40多场次，发放宣传材料近12 000份，接待咨询群众2000多人次，培训高校、科研院所、企事业单位科技人员和在校学生3800多人。新浪微博“海南知识产权宣传周”话题累计浏览量6.2万次，“微信转发接力，共促海南知识产权发展”活动共引起6000多人次点赞转发，在全省形成了上下联动、左右呼应的知识产权宣传大合唱，有力推进了以“尊重知识、崇尚创新、诚信守法”为核心的知识产权文化建设，营造了良好的社会氛围。

（2）首届“知识产权与创新创业论坛”在海口举办。6月24日，海南省科技厅（知识产权局）联合省工商局、文体厅、工信厅在省委党校大礼堂举办海南省首届“知识产权与创新创业论坛”。有关部门领导、知名专家学者出席论坛。省内外300多位各界人士踊跃参会。该论坛为知识产权专家学者与海南省创新创业主体搭建了交流平台。

（3）专利倍增系列培训成效明显。海南省知识产权局在全省各市县区、洋浦经济开发区和海南热带海洋学院等24个单位组织实施“专利倍增”系列培训暨专利质押融资服务宣讲活动，1193人受训。这种拉网式、全覆盖的知识产权培训在海南省尚属首次。

三、专利行政执法成效显著

通过组织省市（县）联合执法、跨部门联合执法、粤桂琼三省区联合执法，及时受理、处理专利侵权举报投诉，严格依法依规依程序执法，大力推进行政处罚案件信息公开，全省共查处食品、药品、农资产品等涉及民生领域侵权和假冒专利案件75起，较2015年增长70.5%，对专利侵权、假冒专利行为形成了有力震慑，规范了市场竞争秩序。

四、大力推进知识产权政务服务和服务机构建设

（1）知识产权社团作用彰显。11月10日，海南省知识产权协会召开成立大会。会上发布“海南省专利创新能力排行榜”，举行海南省“知识产权之最”颁奖仪式。此外，海南省发明协会积极开展发明创造进

校园培训活动，省科技企业联合会等单位承办海南省首届知识产权创造运营管理暨质押融资研讨培训班等，充分发挥了老社团知识产权新作用。

(2)知识产权新媒体受关注。海南省知识产权局官网、海南知识产权公众号、海南省知识产权微信群每天发布最新最权威的与知识产权相关的信息，受到的关注度越来越高。海南知识产权公众号2016年度阅读总数达到40万人次，曾经多次入围全省政务微信公众号三十强。

五、大力推进企业知识产权培育

一是申报推荐1家国家知识产权示范企业和5家国家知识产权优势企业。二是国家贯标企业达到5家，实现海南省国家贯标企业零的突破。三是引导创建产业知识产权联盟。指导组建海南热带高效农业知识产权联盟、海南食品产业知识联盟、海南南药产业知识产权联盟3家产业知识产权联盟获国家知识产权局备案公告。四是带领4家省内企业代表参加2016年中国专利信息年会，就专利商用化、专利信息服务等议题进行交流探讨。五是组织海南省企业优秀专利产品参加2016年第十届中国国际专利技术与产品交易会，并获组织优秀奖。

（海南省知识产权局）

商标工作

2016年，海南省各级工商和市场监管部门立足商标工作职能，坚持服务导向，把培育商标、运用商标、保护商标作为工作重点，深入开展商标战略实施，大力推进商标富农、商标强企工程，努力服务海南国际旅游岛建设，较好地完成了各项工作任务。

一、着力开展全方位、多层次的商标宣传培训活动，提高全社会商标意识

加大商标宣传培训工作力度，组织全系统以“3·15消费者权益保护日”“4·26世界知识产权日”为契机，利用多种媒体在黄金时段滚动播放公益宣传片或刊登宣传标语；在各市县乡镇的主要街道、公交站点及农场等悬挂宣传横幅；开展送法上门，向消费者发放新《商标法》《商标法理解与适用》、消费维权手册等各类宣传资料约6300份，悬挂宣传横幅790条，LED显示屏播放宣传标语约9万条次；设立56个消费维权宣传点，接受群众咨询3800余人次。全省工商系统共举办各类商标业务培训班10批次，培训人数达1600人次。

二、抓好商标的引导和培育，提高商标数量和质量，为企业打造优质品牌注入新鲜活力

一是积极引导商标注册，2016年全省新增注册商标8637件，累计有效注册商标50 078件，比实施商标战略前的2009年增长246%，商标注册量显著增加。二是支持企业“走出去”拓展国际市场，共引导29家外贸加工贸易企业注册商标138件，同时积极申请商标国际注册，如2016年积极引导海马投资集团有限公司、三亚永茂康复疗养休闲有限公司、海南伊万诺智能照明控制系统开发有限公司等企业注册国际注册商标16件，并主动与海南省科技厅联系，帮助企业申领国际商标注册资助，激发了企业的积极性，推动加工贸易企业由单纯的贴牌生产向自有品牌发展。三是宣传和培训相结合，引导和推动市场主体在经济活动中加快技术创新，对商标进行精心设计，积极防范和应对经济风险，提高企业品牌防御意识。随着商标数量的增长和质量的提升，为企业做大做强提供了良好平台。

三、加大商标专用权保护，提升商标监管服务全程信息化水平，维护公平竞争的市场秩序

制定《2016年打击侵犯商标专用权和制售伪劣商品工作要点》，组织全系统坚持专项执法行动与日常监管相结合，切实开展了保护“迪士尼”注册商标专用权、查处涉嫌侵犯“宗申”注册商标电动三轮车两项专项行动；履行“双打”办公室职责，配合有关责任处室完成2016年网络市场监管、成品油商品质量抽检、红盾护农行动、流通领域商品质量抽查活动、琼中绿橙商标维权等5项专项整治活动。全省工商系统共查处案件136件，结案135件，案值635.3万元，罚没款146.39万元。

为全面掌握全省商标信息，实现商标监管的全程科技化，推进商标管理的信息化建设和专业化水平，结合海南省实际，顺应基层工商部门在商标行政监管中的需求，目前已初步建成全省商标监管系统，待进一步修改并报审批后将正式投入使用。该系统能够实现著名商标申请认定和商标查询、公示、统计、监管等信息化功能，为全面提升商标监管服务效能打下牢固的基础。

四、大力开展商标富农工作，促进农业增效、农民增收

学习借鉴澄迈县等地商标富农工作经验，大力挖掘各地“名、优、特、新”农产品，强化对特色农业产业进行分类指导，重点引导定安黑猪、万宁槟榔、“牧榕”文昌鸡、三亚芒果、乐东香蕉、琼中绿橙、白沙绿茶、保亭红毛丹等农业优势产业和拳头产品打造优势商标品牌，指导企业培育农产品和地理标志商标。2016年新增“定安鹅”“保亭红毛丹”“永兴黄皮”3件地理标志商标，同比2015年增长200%，目前全省共有地理标志商标18件。通过充分发挥地理标志商标的品牌效应，扩大农产品知名度，提高农产品档次和水平，形成了农产品金字招牌。例如，琼中县积极利用琼中绿橙的优势产业和品牌影响力，大力发展休闲旅游、养生康体等特色旅游，深挖黎苗文化、红色文化、特色产业等旅游元素，开发了一批以乡村旅游为主线的生态休闲旅游产业，也带旺了绿橙、野生蜂蜜、灵芝、山茶油等农产品的旺销，综合效益不断呈现。2016年上半年，琼中县接待旅游人数27万人次，同比增长46%；旅游收入8100万元，同比增长65%。2016年定安县充分依托“定安粽子”地理标志商标资源，进一步发挥“味道定安”精品特色，全年共售出粽子1200万个，销售额达到1.8亿元，较2015年大幅增长。

（海南省工商行政管理局）

版权工作

2016年，海南省认真实施《著作权法》及相关法律法规，严厉打击侵权盗版，保护创新，积极开展版权宣传，营造良好的版权保护氛围，大力鼓励版权创作，为海南省创新发展助力。

一、稳步推进软件正版化工作

（一）推进软件正版化工作成效

2016年，海南省使用正版软件工作厅际联席会议加大了政府机关开展软件正版化工作力度，按照“年初有计划督查、年中有宣传培训、年终有考核通报”的工作思路，推动各级政府机关重视软件正版化工作，逐步完善和实施软件正版化各项制度，规范各级机关软件资产等台账，清晰反映各级机关软件正版化工作效果，进一步形成长效机制。企业软件正版化工作按照行业主管主抓的原则，明确厅际联席会议成员的企业正版化责任，海南省版权局配合进行培训和督查，积极稳妥地推进企业软件正版化工作。

（二）主要工作措施

（1）加强组织领导和工作部署。2016年1月7日，建立了海南省使用正版软件工作厅际联席会议制度。4月1日，召开了海南省2016年度使用正版软件工作厅际联席会议。会议听取了联席会议办公室2015年软件正版化工作总结，讨论了存在的问题，审议和修改了《2016 年海南省推进使用正版软件工作实施方案》，对 2016 年的工作做了部署。

(2)举办政府机关软件正版化培训班。2016 年 6 月 30 日，召开了省直机关软件正版化工作会议，以会代训的形式，向参加会议的各单位软件正版化联络员指出正版化工作中存在的问题，提出进一步整改的要求。7 月 8 日，举办了软件正版化培训班。

(3)开展政府机关软件正版化督查。2016 年 3 月 15～25 日，组织对各市县正版化工作情况进行了督导检查，并与市县分管领导进行了交流，重点要求各市(县)做好新购计算机源头治理和正版办公软件 2016 版的安装使用；4 月 8 日，印发市(县)软件正版化督查通报，提出整改意见；5 月，组织厅际联席会议成员单位开展省直机关软件正版化督查，重点检查新购计算机软件正版化情况及软件正版化相关台账的及时更新情况。

(4)开展政府机关软件正版化考核。2016 年 10 月 9～31 日，海南省厅际联席会议办公室组织对省直机关和各市(县)政府开展软件正版化工作情况进行了考核。现场打分评价。12 月，以厅际联席会议名义通报了考核结果。

(5)推动市县开展软件正版化培训。市县使用正版软件工作领导小组分别组织各自市(县)直属机关软件正版化负责人及联络员进行培训。

(6)开展软件正版化审计。对全省各级政府机关开展软件正版化工作在资金使用和软件资产管理情况进行了审计，没有发现违规问题。

(7)组织开展企业软件正版化培训。2016 年 4 月 25 日，与省国资委联合举办省属国有企业二级企业软件正版化培训班。11 月 18 日，举办企业软件正版化培训班，对纳入年度软件正版化工作的企业信息部门负责人及工作人员进行培训。11 月 30 日，海南银监局举办企业软件正版化培训班，对中国工商银行海南省分行、中国银行海南省分行等 30 多家银行机构负责人进行软件正版化培训。

(8)明确企业软件正版化分工责任。2016 年 4 月 14 日，海南省厅际联席会议通知要求各成员单位加强对主管行业领域内的企业开展软件正版化工作，落实责任，完成任务。8 月10 日，向厅际联席会议成员单位印发《关于进一步做好企业软件正版化有关工作的通知》，要求明确成员单位进一步落实企业软件正版化责任，督查、指导企业完成软件正版化任务。

(9)加强计算机及软件市场监管。海南省各级文化市场行政执法部门，联合各市县工商局、公安局等相关部门加大协同执法力度，把销售和非法预装盗版软件作为打击侵犯知识产权的执法重点，对涉及计算机软件的各种侵权行为及时依法查处。

二、严厉打击侵权盗版行为

(一)开展“剑网 2016”专项行动

2016 年 7 月 29 日，召开了打击网络侵权盗版专项行动工作会议，成立了海南省“剑网 2016”专项治理行动领导小组，制订了《海南省“剑网 2016”专项行动工作实施方案》。8 月 3 日，在省内主要媒体上发布了开展“剑网 2016”专项行动消息，并公布了网络侵权盗版的举报方式。9 月 5 日，印发《关于开展 2016 年打击网络侵权盗版自查自纠活动的通知》，要求南海网、天涯在线、凯迪网络等省内大型网络企业进行侵权盗版自查自纠活动，加强了对主动监管网站和重点监测网站的网上监察，并组织“剑网 2016”行动小组成员开展查处工作。

自开展打击网络侵权盗版专项治理“剑网 2016”以来，未发现省内网站上出现未经授权传播音乐、影视等作品的情况，也未接到国家版权局交办的网络侵权盗版线索。

(二)开展出版物销售市场清理

加强日常巡查检查,通过多种渠道途径发现案件线索,对侵权盗版行为发现一起查处一起,露头就打,始终保持很高的压力态势。2016 年,海南省各级文化市场行政执法部门先后查办了万宁市万城镇万隆书店、海南巨鹏邮轮人才管理有限公司涉嫌销售侵权盗版出版物案件。

(三)盗版制品集中销毁和"绿书签活动"

2016 年 4 月 21 日,隆重举行了"2016 年全国侵权盗版及非法出版物集中销毁海南分会场活动",此次活动销毁侵权盗版及非法出版物约 25 万件。

(四)查处侵权盗版案件有功单位及个人表彰

经国家版权局评选,海南省获查处侵权盗版案件有功单位三等奖两个,获有功个人二、三等奖各一个。

三、积极开展版权宣传

2016 年 4 月 15 日,以海南省版权局名义向各市县文体局印发开展"4·26 世界知识产权日"宣传周活动。联合省知识产权局、省检察院等单位在海口市名门广场开展知识产权宣传活动,发放著作权法知识小册子,并开展现场咨询。

四、认真做好版权服务

2016 年,海南省版权局继续做好作品自愿登记工作,全年受理作品自愿登记申请 165 件,发放作品自愿登记证 142 份;受理全省出版单位涉外图书出版合同登记申请 210 件,备案登记合同 204 件。

(海南省版权局　曾柏林)

司法工作

2016 年,海南省各级法院以党的十八大以及十八届四中、五中、六中全会及习近平总书记系列重要讲话精神为指引,以司法改革为契机,充分发挥知识产权司法保护的主导作用,审慎审理各类涉知识产权的民事、刑事及行政案件,知识产权司法保护工作取得新成效,对外交流机制实现新突破,为促进海南省经济社会发展及"智慧岛"建设提供了有力的司法保障。

一、抓审判管理,应对公开公正要求

2016 年,海南省各级法院共受理知识产权案件 180 件,收案数比 2015 年增长 12.5%。其中民事类 149 件,刑事类 28 件,行政类 3 件。按审级分,一审 165 件,二审 15 件。

(1)公正高效审理各类案件。海南省各级法院知识产权审判庭切实落实庭领导带头办案制度,发挥示范作用,带动全体干警,确保圆满完成了各个阶段审判指标。

(2)不断提高庭审和裁判文书质量。积极落实海南省高院制定的案件审理操作规范。规范裁判文书格式,落实裁判文书上网,不断提高庭审效率和裁判文书质量。

(3)充分发挥典型案例指导作用。将 2015 年新收典型案例以"知识产权十大典型案例"的形式于"4·26 世界知识产权日"宣传周活动时推出。积极完成了《中国法院年度案例 2017》《中国审判案例要览 2016》《人民法院案例选》的案例编报工作。

(4)定期发布知识产权白皮书。在"4·26 世界知识产权日"当天,海南省高院组织召开了"海南法院知识产权司法保护新闻发布会",并发布了《2015 年海南法院知识产权司法保护状况(白皮书)》和《2015 年海南法院知识产权十大典型案例(白皮书)》。

(5)继续落实对口包点指导工作要求。海南省高院多次深入包点单位三亚市中院,与有关人员进行座谈,进行有针对性的指导。

(6)积极推进诉调对接工作。通过诉前调解方式,促成案件当事人自行和解,撤回十余件著作权侵权纠纷案件。如三亚市中院审理的陈某与三亚某旅游演艺公司著作权纠纷案。

(7)实施食药刑事案件报告制度。为落实海南省委政法委关于加强食品药品安全刑事案件审判工作的各项要求,自2016年7月1日起,实行海南省法院食品药品安全刑事案件报告制度,承办法官要及时将案件的审理情况报告给海南省高院。

(8)依法履行"双打"工作职责。海南省高院拟定了《海南省食品药品行政执法与刑事司法衔接工作办法实施细则》(会签中),推进行政执法与刑事司法衔接。海南省高院还于2016年4月完成了对2014~2015年度全省法院系统审理食品药品刑事案件的逐案评查,统一全省裁判尺度。同时,形成了《海南省高级人民法院关于食品药品安全刑事犯罪案件审理情况的报告》报送海南省政法委。

二、抓庭务管理,应对队伍建设要求

(1)创新工作思路,整体推进各项工作。结合实际工作,进一步提出知识产权审判庭"一二三四五六"的工作方法,齐抓各项工作,即围绕"一条主线",一切工作都紧紧围绕党组的重大决策和中心工作这条主线来开展;抓好"两个结合",抓好党建工作与审判工作的结合、抓好党建工作与队伍建设的结合;建设"三型党支部",即建设学习型、服务型、创新型党支部;坚持"四种意识"(政治意识、大局意识、核心意识、看齐意识),回应人民群众期待要求;以"五大发展"(创新、协调、绿色、开放、共享发展理念)为引领统揽审判工作;以"六个原则"("产权、契约、平等、诚信、权责一致、程序与实体并重"六原则)为指导推进司法公正公开。

(2)明确权责清单,院、庭领导"放权不放任"。依据司法责任制职责清单,正确区分监督和干预的界限,依法正当行使审判管理职责。

(3)加强监督管理,落实风险防控措施。坚持对照防控措施清单,督促审判人员严格遵守审判工作纪律,履行好审判工作职责,确保风险防控措施取得良好效果。

(4)拟订工作计划,考核全年工作实绩。2016年初各知识产权审判庭结合工作实际制定了工作要点,拟定了全年工作目标。通过此项举措给干警们明确了全年工作任务,尤其是给年轻法官压担子,促成长,促使全体干警凝心聚力。

(5)依托科技平台,有效畅通交流渠道。建立海南省高院民三庭微信群,交流审判心得、讨论典型案例、分享法律信息。

(6)加大宣传力度,传播司法正能量。海南省高院与海南电视台新闻频道《说法》栏目合作,拍摄"法庭内外""庭审直播""法官说法"等节目,参与制作海南广播电台"海南法治之声"栏目三期。还会同新闻宣传处通过庭审直播,在报刊上开辟专栏,邀请海南省食药监局、公安机关、学生及市民旁听庭审,送法进街道,送法进社区等活动,扩大司法宣传力度。三亚市中院还通过微博直播开庭审理了张某某涉嫌销售假冒注册商标的商品罪一案。

(海南省高级人民法院知识产权审判庭)

检察工作

2016年以来,海南省检察机关精心部署,充分发挥检察职能,有力打击侵犯知识产权和制售假冒伪劣商品犯罪。

一、切实履行检察职能,依法打击侵权假冒犯罪

2016年,海南省检察机关共依法批捕侵犯知识产权和制售假冒伪劣商品案件30件36人,提起公诉24件34人,监督行政

执法机关移送涉嫌犯罪案件6件，监督公安机关立案案件17件。

二、多措并举，积极推进“两法”衔接机制建设

一是探索推进大平台建设。海南省检察院多次与省商务厅协商，力争在2017年实现海南省执法信息在该平台录入，以此拓宽检察机关监督渠道。二是联合海南省商务厅开展打击侵权假冒“两法”衔接专项督查。与海南省商务厅分别对全省20个市县实地开展督查，针对行政执法机关执法情况进行督查，防止以罚代刑，有案不移，进一步促进海南省双打工作。三是加强机制建设。海南省检察院主动作为，积极构建长效机制，推动工作深入开展。与海南省高院、省食药监局签订《食品药品违法犯罪案件联合督办工作制度（试行）》；与海南省高院、省公安厅、省食药监局印发《关于〈食品药品行政执法与刑事司法衔接工作办法〉的实施细则》，细化了生产销售假药的追诉和量刑标准；与海南省公安厅、省食药监局印发《严厉打击危害食品药品安全犯罪行为联席会议制度》。

三、密切与公安机关、行政执法机关的沟通联系，形成执法司法合力

通过联合执法、及时通报案件情况、召开联席会议等形式加强协作配合，实现关口前移。主动走访海南省食药监局、省质监局等8个单位，就工作中存在的问题加强沟通，形成执法司法合力。海南省各级检察院还注重提前介入，引导侦查，推动公安机关全面客观完善证据，促使案件快速侦办，确保不在各个环节贻误战机。多次派员为海南省食药监局、省农业厅干部讲解行政执法与刑事司法衔接课题。

四、加强工作指导，推动打击侵权假冒活动全面深入

海南省检察院将打击侵权假冒活动作为中心任务来抓，切实担负起督促指导职责。指派专人跟踪督促，共同分析案件线索，提出具体指导意见，还派出指导组赴各地实地检查工作，掌握工作进展情况。海口市检察院从四个区检察院抽调干警专门成立办案小组，统一指挥、具体协调海口地区案件办理，并开展调研，发现问题，解决问题。

（最高人民检察院侦查监督厅供稿）

重庆市

专利工作

2016年，重庆市专利申请59 518件，其中发明专利19 981件，占申请总量的33.6%，企业专利申请38 364件，占申请总量的64.5%。专利授权42 738件，其中发明专利授权5044件，占授权总量的11.8%，企业专利授权31 991件，占授权总量的74.9%。每万人口发明专利拥有量达到5.6件，同比增长30.66%。全市规模以上工业企业专利产品种类达到14 094类，专利产品产值达到3128亿元，占工业总产值比重达到12.7%。积极落实知识产权质押融资政策，全市新增知识产权质押融资14.17亿元，其中专利质押融资额达到7.6亿元，同比增长72.7%，拉动企业工业增加值500亿元，知识产权出资入股17.9亿元，同比增长39.8%，积极探索开展科技型企业知识信用价值综合授信增信改革试点。重庆高新区成为全国专利质押融资试点区，北碚区成为全国专利保险试点城市。基本建成技术创新专利导航平台，全市新培育全国知识产权服务品牌机构3家。出台《重庆市“十三五”知识产权人才规划》，全市新增企业专利工程师42

名、专利代理人31名，全国专利信息实务人才达到49名。实施高校专利管理能力建设计划，全市本科院校基本实现知识产权机构、制度、人员和经费“四有”条件保障，高校知识产权标准化管理的覆盖率达80%以上。重庆工商大学挂牌成立重庆知识产权运营研究中心。实施知识产权示范（试点）城市、强县建设计划，江北区成为国家知识产权示范城市，九龙坡区、开州区等7个国家知识产权试点城市（强县）通过考核验收，重庆高新区、长寿经开区成为国家知识产权示范园区。实施知识产权优势企业培育计划，组织国家专利审查员帮助全市15家龙头企业开展点对点知识产权服务，11家企业获得第十八届中国专利优秀奖12项，获奖项目新增出口额53.8亿元。全市新增国家知识产权优势企业23家、示范企业3家，市级知识产权优势企业96家，市级试点企业261家。重庆（国际）单轨协会成为国家专利协同运用试点单位、力帆集团成为国家专利运营试点企业。加强商贸流通领域知识产权保护，156家单位参与“保护知识产权、销售正版正货”承诺活动，全市新增国家级知识产权规范化试点市场4家。深入开展打击侵犯知识产权和制售假冒伪劣商品违法犯罪活动，全年立案查处侵权假冒案件4000余件、涉案金额4.5亿元，出动专利执法人员6700余人次，立案调处专利纠纷案件283件，受理知识产权维权援助案件106件。

（重庆市知识产权局）

商标工作

2016年，重庆市工商系统认真贯彻落实国家创新驱动发展战略，全面深入推进商标品牌战略，大力推动“品牌重庆”建设，各项工作取得明显成效。

一、商标品牌战略纵深推进

一是成功争取国家工商总局商标审查协作中心落户重庆。重庆市已在项目地址、机构人员、筹建经费等方面开展了一系列调研和筹备工作，积极从办公场所、设施设备、生活配套等方面为分中心筹建创造基础条件，为分中心运行做好配套服务工作。

二是在全国率先探索建设重庆商标交易中心，拟打造成国内首家由政府引导、市场运作、电子交易、公开透明、全程监管的大型商标交易专业服务平台，盘活闲置注册商标资源，为创业创新提供商标品牌创建的快捷通道。

三是为深入推动商标品牌战略实施，重庆市工商局与江北区政府联合打造建设“重庆商标品牌云基地”。该基地以互联网、大数据、云计算等现代信息技术为支撑，包括商标展示体验、价值评估、交易结算、代理服务、担保融资、法律保护和商标培训等平台系统，着力打造成为资源集聚、功能齐备、流转畅通、交易活跃、运行规范、规模显著的商标综合性服务平台，促进商标服务业聚集化发展，提升商标服务能力。

二、商标培育发展数质并举

在“4·26世界知识产权日”宣传期间，全系统以“加强知识产权保护运用，加快知识产权强市建设”为主题，广泛开展各类宣传活动，重点宣传商标法律知识、各级政府在商标培育发展方面的政策措施等。累计发放宣传资料8.2万份、接待咨询1万余人次、培训1170人次、走访企业5400余户，营造了全市良好的商标发展氛围，促进了全社会商标意识的进一步增强。发布了《2016年重庆市商标发展报告》，为企业发展和领导决策提供了数据参考。2016年全市共新增注册商标3.75万件，总量达到24.1万件。

三、商标品牌运用更加深入

强化商标指导运用，推进商标权质押融资工作，江北区工商局获批成为全国首批注册商标专用权质权登记申请远程受理点，节省了重庆企业质押登记成本。2016年，全市共办理商标权质押贷款32笔，累计办理366笔，缓解了企业融资难题。树立了先进典型，推广了成功经验，参训500余人次。

2016年新增地理标志14件，总量达209件。全市各地普遍建立了地理标志证明商标、集体商标使用管理细则、许可使用规定等制度规范。一些地区逐步建立了地理标志产品质量监控体系，严格监控产地环境，对生产过程、产品质量全程监控。一些企业利用“互联网＋”、电子商务等现代化营销手段，拓宽了地理标志产品的销售范围。例如，“长寿沙田柚”制定集体会员准入退出制度，实施了品牌宣传、生产标准、包装标示、基地认证、许可使用“六统一”的管理模式。“梁平柚”建立了“溯源平台＋电子商务平台＋定制平台”的新型营销体系，产品销售范围从全市覆盖到全国。

四、商标监管保护成效显著

进一步巩固商标代理机构专项整治成果，严厉打击商标代理违法行为，深入推行《商标代理机构规范代理指引》《商标注册申请代理合同示范文本》，引导商标代理机构建立服务收费事项“三上墙”的公示制度，有效规范了商标代理行为。指导成立重庆商标代理行业协会，加强代理行业自律。深入开展打击侵权假冒工作，以驰名商标、地理标志、涉外商标为重点，严厉打击商标侵权行为，全年查处商标违法案件274件，案值305万元，罚没款483万元。

（重庆市工商行政管理局）

版权工作

2016年，重庆市版权局增强“四个意识”，坚持执法监管和社会化服务两手抓、两手都要硬，主动作为，敢于担当，为文化强市建设、创新驱动发展作出新的贡献。

一、推动正版化

一是取得两项成果。第一，重庆市满分通过国家2015年度“双打”绩效考核。第二，配合国家督查组9月对重庆市10家市级机关、国有企业、金融机构进行专项督查，圆满完成此次专项督查。

二是突出两个重点。在市政府办公厅印发《重庆市2016年推进软件正版化工作实施方案》基础上，突出两个重点。第一，巩固政府机关软件正版化。组织全市软件授权许可服务期限核查。完成对15个区县、150余家单位的自评考核工作。召开5个片区督导会，结合对区县机关软件正版化考核督查，带着考核中发现的问题进行针对性讲评，有的放矢地分析问题，提出下一步工作整改要求。第二，推进国有企业软件正版化。印发《关于开展市属重点国有企业软件正版化工作检查验收的通知》，召开市属36家重点国有企业工作督办会，点对点分析问题、提出对策、扫清障碍，确保如期完成。

三是夯实三个基础。第一，抓教育培训。开展正版软件与信息安全专题培训13期、234课时，全市38个区县、10个开发区、1886个单位、2006人参训，参训率90％以上，培训满意率达98％。第二，抓日常核查。印发了《关于开展市属国有重点企业软件正版化工作检查的通知》，组成工作组，对市属重点国有企业总部及125个分部、1600余台电脑进行了检查，限期整改到位，确保国企使用正版软件在2017年底全面完成。同时，启动对9家市级单位直属27家事业单位、270余台电脑的软件正版化核查。第三，抓部门会商。建立部门会商机制，召开专题会议，研究制定相关政策措施，将合格软件产品及供应商及时纳入政府协议供货采购目录，尽量使自主可控正版软件较大范围地覆盖各系统各单位。

四是筑牢三大支撑。运用大数据技术支撑，提高软件正版化工作管理督查水平。

第一，建设软件资产监督管理平台。第二，探索研发软件正版化督查系统，该系统已投入运行。第三，完善责任人数据库，实现对全市机关和企事业单位责任人数据的动态管理。

二、打盗维权

一是全市5家单位、4位同志荣获国家版权局查处侵权盗版有功单位一、二、三等奖。重庆市公安局获国家版权局2016年“中国版权金奖保护奖”。二是与市公安局联合召开打击侵权盗版违法犯罪工作联席会，建立信息共享、执法协作、案件侦办协作机制。三是连续第三年面向全市40个区县（管委会）、150多名基层执法人员开展了为期3天的专题培训。四是会同公安部门成功破获“269小说网”“8·06”“10·19”互联网侵犯著作权案等重大案件。在全国2016年度第一批、第二批挂牌督办的17个案件中，重庆有3个，并获国家26万元办案经费支持。五是在“剑网2016”专项行动中，联合下发文件，推动各成员单位在重点整治领域建立“黑白名单”（重点保护作品“白名单”、侵权盗版互联网企业“黑名单”），健全对互联网企业的约谈、警示、通报工作机制，创新网络技术监测方式方法，运用第三方大数据分析、网络版权监管平台等新技术手段提高执法打击的精准度。

三、强化保护

一是进一步优化作品登记服务机制。2016年，重庆市版权保护中心走访大中型企业75家，开展现场服务12次，派出工作人员156人次，开展专项培训10次，完成作品登记71 836件，计算机软件登记1111件，版权贸易合同备案登记301件，版权保护产值达80.82亿元。二是重庆市版权保护中心与猪八戒网联合实施成立中国首个威客创意网络版权保护中心，启动“数字作品版权服务综合平台”项目，推进数字作品版权交易和转化应用。三是创新版权公共服务方式。重庆市版权局为“原创网络视听节目评比”“2016逐梦他乡重庆人摄影大展”等重大活动开通版权服务绿色通道，累计为452件视频作品、887件摄影作品提供版权登记服务。四是重庆市版权保护中心与市商标协会签订战略合作协议，加强企业商标、版权双重保护，建立企业知识产权立体防御保护网。

四、助推发展

一是全力推进重庆版权交易市场建设。截至2016年12月31日，该市场已为63 521件交易作品提供了版权综合立体保护。二是按“进企业、解难题、促发展”的思路，深入猪八戒网、隆讯科技、龙渲渲染、重庆荣昌陶瓷市场、重庆荣昌夏布市场等企业，通过质权登记、维权培训、专家咨询等方式，帮助他们解决融资担保、转型升级、创建国家知识产权保护示范基地等问题。协助重庆享弘数字影视有限公司等企业获得版权质押贷款共计2960万元。三是引导企业开展各类版权宣传与贸易活动。

五、普及宣传

一是召开版权保护新闻发布会。“4·26世界知识产权日”宣传周期间，召开新闻发布会，通报全市版权保护工作情况及工作打算，争取全社会参与和支持。二是举行版权战略合作协议签约仪式。4月23日，重庆市版权保护中心与6家单位签订版权保护战略合作协议。三是下发《全市知识产权宣传周版权宣传活动的通知》，组织各区县开展“绿书签2016”等一系列版权宣传普及活动。四是圆满完成17家中央媒体到重庆市集中采访版权工作。

（重庆市版权局　汤裕洁）

司法工作

2016年，重庆市各级法院深入学习贯彻党的十八届五中、六中全会精神，坚持以“五大发展理念”为引领，主动适应经济发展新常态，充分履行审判职能，为全面推进创新驱动发展战略及重庆五大功能区域发展战略提供了更优质的司法服务和保障。

一、认真履行审判职能，服务经济社会发展

（一）收案数量大幅增长，结案率稳中有升

2016年，重庆市各级法院共受理一、二审知识产权案件4666件，与2015年案件受理数2956件相比，同比上升57.85％。审结一、二审知识产权案件4236件，结案率90.78％，与2015年审结数2603件相比，同比上升62.74％。新收知识产权一、二审案件共4421件，同比增长70.56％。收案数量增幅尤以重庆市五中院和渝北区法院（重庆两江知识产权法庭）最为突出，重庆市五中院新收一审案件964件，同比增加了101.3％；渝北区法院新收案件2240件，接近过去两年新收案件总和。从知识产权案件类型来看，著作权侵权纠纷案件占85.32％，商标权侵权纠纷案件占5.55％，专利权侵权纠纷案件占3.79％，技术合同和其他纠纷案件占5.34％。

（二）培育指导性案例成效显著

2016年，成都同德福合川桃片公司诉重庆市同德福桃片公司、余某某侵害商标权及不正当竞争纠纷案入选最高人民法院第12批指导性案例。重庆市高院二审审理的郎酒公司与张某某侵害商标权纠纷和两江知识产权法庭审理的世茂公司诉索鼎公司、吕某某计算机软件著作权侵权纠纷两案入选中国法院2015年50件典型知识产权案例。重庆市一中院审理的陈麻花公司诉互旺公司侵害商标权及不正当竞争纠纷案入选重庆市高院第十批参考性案例。

（三）助力创新驱动，服务区域发展

重庆市高院出台了《关于为重庆加快实施创新驱动发展战略提供更加有力司法保障的意见》。渝北区法院加大对辖区内仙桃数据谷等重点项目的司法保障与支持力度，协助仙桃数据谷智能样机中心制定完善的知识产权保护体系。

二、强化调研和指导，提升司法能力

（一）法官会议指导咨询作用初步显现

2016年，针对商标侵权纠纷中商标使用的认定、KTV著作权侵权纠纷中作者的认定、网络著作权侵权纠纷中电子商务平台侵权责任的认定等问题，多次召开部门或三级法官会议。对个案裁判提供咨询参考，对法律适用统一思想认识。

（二）全员实务调研成效显著

2016年，完成了《商标许可使用中形成的商标增值利益的归属与分配研究》《关于互联网领域商业竞争法律规制问题的调研》等重点调研课题，撰写了《互联网背景下知识产权侵权案例的证据裁判规则》《假冒专利罪内涵界定应坚持严格解释原则》《酒类销售商不提供随附单应承担商标侵权赔偿责任》《超范围使用食品添加剂应适用十倍赔偿》《对不具区分功能的企业字号不应作为企业名称保护》《角色名称商品化权的保护》《论形象权与商标权冲突及解决规则》等20余篇案例分析、调研文章，分别发表在《人民司法》《人民法院报》《科技管理研究》《知识产权》《中国知识产权审判研究》等全国各类报刊上。

（三）案例指导取得新进展

（1）充分发挥二审引领裁判规则的作用。注意及时总结审判经验，指导条线法官明确裁判规则。（2）积极发掘和培育有典型意义的案例。（3）强调典型案例的学习与适用。重庆市高院两次组织三级法院法官，对最高人民法院发布的典型案例进行了分类学习、研讨。

三、创新工作机制，树立公正司法形象

（一）进一步加大两江知识产权法庭建设工作力度

2016年9月，重庆市委四届九次全委会对进一步加强两江知识产权法庭工作提出了明确要求；最高人民法院于2016年10月专门召开会议，要求重点区域法院学习重庆设立专业化知识产权法庭的做法。

（二）全面落实司法责任制

（1）按照“谁审理，谁裁判”的要求，完善案件评议与文书签发机制。（2）落实院庭长办案机制。（3）放权但不撒手。在还权合议庭的同时，充分发挥法官会议咨询作用，强调院庭长指导的依法依规并全程留痕。

（三）进一步加强与行政机关及高校的合作

重庆市高院在涉及KTV著作权侵权系列案件中，努力搭建司法机关与行政主管部门的沟通交流平台，逐步形成了涉KTV著作权侵权纠纷的长效解决机制。重庆市五中院与重庆市知识产权局建立知识产权信息共享机制，在重庆市知识产权局承办的“2016年全国专利行政执法业务提高培训班”上授课。

重庆市高院在与西南政法大学知识产权学院共同办好“中国知识产权法官讲坛”的同时，加强与重庆大学法学院、重庆邮电大学法学院、重庆理工大学的院校合作。

（四）积极开展“4·26世界知识产权日”系列宣传活动

以“4·26世界知识产权日”为契机，重庆市高院开展了一系列知识产权宣传活动：2016年4月13日，到重庆大学开展“庭审进校园”活动；4月20日，与重庆市知识产权局、市企业知识产权保护促进会共同举办知识产权维权专题座谈；4月26日，在两江知识产权法庭召开重庆法院知识产权司法保护新闻发布会，发布《重庆法院知识产权司法保护状况（2015）》（白皮书）、重庆法院2015年知识产权司法保护十大案例。4月26日，渝中区法院与渝中区版权局、文广新局等单位联合举办知识产权日活动，走上街头开展普法宣传工作。

四、依托专委会平台，展示知识产权司法保护形象

（一）召开新商标法司法解释座谈会

2016年7月14日，承办最高人民法院“新商标法司法解释座谈会”，最高人民法院、全国部分法院及重庆市三级法院知识产权法官参加了座谈。

（二）继续办好“中国知识产权法官讲坛”

知识产权专委会与西南政法大学共同主办的“中国知识产权法官讲坛”开办三年来，在各界尤其是实务界的影响力越来越大。2016年在讲坛主题上紧贴热点、难点问题，加强理论与实践的互通；每次讲坛都组织重庆市三级法院法官参加。同时，通过微信直播推送、年底结集汇编的方式，扩大讲坛的影响力。

（三）积极做好《中国知识产权审判理论研究》编辑出版工作

《中国知识产权审判理论研究》是知识产权专委会会刊。2016年编辑出版了《中国知识产权审判研究》第六辑，并对第七辑进行征稿、审稿等编辑出版前期工作。重庆市高院自负责专委会秘书处工作以来，及时制订全年工作计划、撰写《知识产权专委会年度报告》，保证专委会工作统筹安排、有序推进，相关工作得到最高人民法院民三庭及中国审判理论研究会的高度评价。

五、注重学习培训，全方位加强队伍建设

（一）加大教育培训，促进内涵式发展

2016年7月，与重庆市律师协会共同

举办“知识产权与涉外商事司法实务培训班”。举办了两期“重庆法院知识产权暨涉外商事审判法官讲坛”。同时，坚持日常例行学习，营造“重学习、善钻研”的氛围，不断提高队伍的职业素养和专业水平。

先后组织重庆市三级法院数十人次参加“涉电影作品著作权纠纷案件法律适用问题座谈会”“法经济学·反垄断专题高级研修班”、全国知识产权审判业务培训和“全国法院著作权法修订研讨会”等业务学习、交流活动。

(二)开展上挂下派，促进法官交流

纵向建立上下多级法院知识产权审判业务对口交流、培训机制，既安排有办案经验的同志到最高人民法院开拓视野，也从基层法院中选拔优秀干部到重庆市高院锻炼。

(三)扎实开展专题活动，不断增强队伍凝聚力

重庆市各级法院始终把思想政治建设放在第一位，务实开展“两学一做”“四讲四有”专题学习活动。通过落实“三会一课”，加强支部建设；通过正反典型事例教育，敦促干警审慎用权；通过落实整改措施，不断改进司法作风。同时，做好日常的廉政教育，做到防微杜渐、警钟长鸣。2016 年，重庆市各级法院全体同志努力做到秉公执法、清正廉洁，杜绝吃拿卡要，未出现一例违法违纪事件。

(重庆市高级人民法院知识产权审判庭)

检察工作

2016 年，重庆市检察机关在最高人民检察院和重庆市委的正确领导下，充分发挥检察职能，服务加快实施创新驱动发展战略，依法严厉打击侵权假冒犯罪，为保护和激发创新主体活力、维护群众生命食品药品安全作出了应有的贡献。

一、充分发挥检察职能，依法严厉查办侵权假冒案件

重庆市检察机关 2016 年 1～12 月共批捕侵犯知识产权以及制售假冒伪劣商品犯罪共 42 件 63 人，其中批捕侵犯知识产权犯罪 16 件 26 人，批捕制售假冒伪劣商品犯罪 26 件 37 人。起诉侵犯知识产权以及制售假冒伪劣商品犯罪 142 件 229 人(含他罪中包含侵犯知识产权行为 3 件 3 人)，其中起诉侵犯知识产权犯罪 42 件 74 人，起诉制售假冒伪劣商品犯罪 100 件 145 人，查办侵权假冒背后的职务犯罪 2 人。对 2 件销售假药案提起抗诉，获改判 1 件。

二、进一步提高思想认识，增强服务，加快实施创新驱动发展战略的使命感

出台《关于充分发挥检察职能服务加快实施创新驱动发展战略的意见》，提出深入贯彻落实重庆市委、市政府《关于深化改革扩大开放加快实施创新驱动发展战略的意见》的 10 条措施，进一步强化发挥检察职能服务创新驱动发展战略的大局意识和责任意识，切实找准保障和促进加快实施创新驱动发展战略的切入点和着力点，坚持运用法治思维和法治方式激发创新活力、保护创新成果，努力营造良好的创新生态，为重庆市初步建成西部创新中心提供有力司法保障。

三、进一步加大办案力度，保持对侵权假冒犯罪的高压态势

重庆市检察院始终把严厉打击侵权假冒犯罪摆在突出位置，指导督促全市检察机关将打击侵权假冒犯罪及其背后的职务犯罪作为重点工作来抓。重庆市检察院侦监、公诉等部门加强横向沟通协调和对下指导，构建上下联动的办案机制，与分院、基层院形成打击合力，不断加大办案力度。2016 年，重庆市检察机关批捕侵犯知识产权犯罪的件数和人数同比分别上升 166.67%和 160%，起诉数同比分别上升42%和42.24%；全年无一超期、无一错案。江津区检察院办理的兰某某、常某某销售假冒注册商标的商品案被最高人民检察院评为2015年检察机关保护知识产权十大典型案例。

四、进一步加强监督协作，深入开展“危害食品药品安全犯罪专项立案监督活动”

2016年，重庆市检察机关高度重视侵权假冒领域的诉讼监督工作，指导全市检察机关加大监督力度，对2件销售假药案进行抗诉，其中1件获法院改判。2016年，继续深入开展“危害食品药品安全犯罪专项立案监督活动”。重庆市检察院通过会议督导、调研督导、通报督导等多种方式，督促全市检察机关加强与行政执法机关、公安机关的协作配合，2016年共建议有关行政机关移送“双打”领域涉嫌犯罪案件40件，监督立案1件。

五、进一步强化信息共享平台的运用和管理，大力提升“双打”工作信息化水平

重庆市检察院加强与市政府“双打”办的工作联系，实现了重庆市食药监、工商、质监等行政执法机关全部接入平台，进一步巩固和提升了“双打”工作的信息化水平。2016年，重庆市检察院多次会同市政府“双打”办组织相应单位召开联络员会议，推动加强案件信息录入与信息查阅工作。截至2016年底，重庆市各行政执法机关录入案件信息7000余条。各级检察院指派专人负责查阅信息平台，发现线索及时调查处理，截至目前，重庆市已通过信息共享平台建议行政执法机关移送案件70余件。

六、进一步加强信息报送和法制宣传，积极营造保护智慧创新的社会氛围

重庆市检察院指定专人负责数据和材料的收集报送工作，及时向市政府报送相关数据和信息。积极落实“谁执法谁普法”的要求，认真开展双打领域的法制宣传和普及活动。重庆市各级检察机关根据工作情况，通过送法进企业、检察开放日、预防宣讲等活动，广泛开展宣传和普法，取得了较好的效果。

（最高人民检察院侦查监督厅供稿）

四川省

专利工作

2016年，在四川省委、省政府的坚强领导下，四川省知识产权工作主动融入全面创新改革发展大局，建设知识产权强省，全面创新改革取得新成绩，知识产权创造质量、运用效益、保护效果、管理能力和服务水平进一步提升，各项工作及指标均居全国前列，实现“十三五”良好开局。2016年，全省新申请专利142 522件，居全国第七位，同比增长28.69%；其中新申请发明专利54 277件，居全国第八位，同比增长34.23%。新获得专利授权62 445件；其中新获得发明专利授权10 350件，同比增长13.67%。新申请PCT国际专利527件，居全国第九位，同比增长50.14%。企业新申请专利91 647件，同比增长28.76%；其中新申请发明专利35 217件，同比增长37.73%。全省有效发明专利拥有量36 815件，同比增长28.2%。每万人发明专利拥有量4.487件，居全国第七位，同比增长28.2%。

一、加强专利行政执法保护和维权援助

深入推进“双打”“护航”“闪电”专项行动，加强食品、药品、农资、家电、电商平台等重点领域及西博会、科博会等大型展会的执法检查。开展第三批国家级知识产权保护规范化市场培育工作，指导市（州）深入开展无侵权假冒专利示范商场创建活动。加强泛珠三角区域、川渝两地、川北川南片区等省际省内专利行政执法协作，联合打击跨区域专利侵权假冒行为。加强知识产权（专利）投诉举报和维权援助制度建设，对企业应对涉外专利纠纷和维权工作开展援助。全年开展专利执法检查 823 次，出动执法人员 1885 人次，检查商业场所 765 个，检查商品 14.19 万件，开展大型展会专利执法保护 11 次。立案受理专利案件 1419 件、结案 1407 件、结案率 99%。与浙江省知识产权局协同办理电子商务领域专利案件 484 件，向广东、福建、浙江、北京、重庆、山东等省市移送涉嫌假冒专利案件共计 22 件。

二、加强企业、园区、区域知识产权工作

深化企业、园区知识产权工作，深入推进城市知识产权试点示范和强县工程，增强市场主体和区域竞争力。全年新培育国家知识产权示范企业 8 家、累计 21 家，优势企业 30 家、累计 111 家；新增企业知识产权管理规范国家标准认证企业 55 家、累计 90 家。绵阳市、德阳市获批国家知识产权示范城市，泸州市获批国家知识产权试点城市，自贡高新区获批国家知识产权示范园区。截至 2016 年，全省共有国家知识产权试点示范园区 3 个，省级知识产权试点示范园区 57 个，国家知识产权试点示范城市 8 个，国家知识产权强县工程试点示范县（区）43 个，国家知识产权示范优势企业 120 家，省知识产权试点示范优势培育企业 541 家，市（州）知识产权试点示范企业 300 余家。

三、推动知识产权转化转移

中央、省市共建社会化知识产权运营基金，形成“1＋3＋N”创新联动投融资机制。深入推进知识产权质押融资和专利保险试点工作，设立知识产权质押融资风险补偿基金，推出“天府知来贷”知识产权金融服务产品，帮助中小企业缓解融资难、融资慢、融资贵的问题。加强对专利实施转化激励引导，开展四川省专利奖评选表彰和中国专利奖申报推荐工作，开展重大经济科技活动知识产权评议试点。全年培育国家知识产权质押融资试点示范城市 5 个，专利保险试点示范城市 2 个，知识产权投融资试点地区 3 个；募集知识产权运营专项资金 11 亿元，储备重点项目 20 个，培育国家知识产权运营试点企业 7 家；质押专利 108 件，质押融资额 31.9 亿元；专利合同备案 49 份，金额 1516 万元；新增专利实施项目 1.14 万件，新增产值 1555.51 亿元，新增利税 192.73 亿元，分别同比增长 12.95%、11%、17.05%；省政府表彰 2015 年度四川省专利奖 41 项，荣获第十八届中国专利金奖 1 项、优秀奖 17 项和外观设计优秀奖 2 项。

四、加快发展知识产权服务业

探索建立便民利民的知识产权公共服务平台。推进成都高新区国家知识产权服务业集聚发展试验区建设，成立知识产权服务业联盟，聚集各类知识产权运营和服务机构 100 余家，托管服务企业 130 余家。加强国家知识产权局（四川）专利信息中心、国家专利信息传播利用（四川）基地和知识产权出版社专利信息利用试验基地建设。开展重点产业专利信息分析，新建企业主导产品专利数据库 15 个，累计建成行业专利数据库 18 个。拓展成都专利代办处服务职能，创新服务内容，提供咨询服务和业务辅导 1.22 万人（次）。全年新培育国家知识产权服务品牌机构 1 家、累计 7 家；新增专利代理机构 14 家、累计 55 家，新增分支机构 10 家、累计 36 家；新考取专利代理人资格 207 人、累计 1102 人，执业专利代理人396人;共培育全国知识产权专家人才16名。

(四川省知识产权局)

商标工作

2016年,按照国家工商总局和全省工商系统年度工作安排,不断创新发展理念、引领品牌经济发展,着眼企业发展品牌需求,突出“商标品牌服务年”主题,紧紧围绕“高起点、重质量、强保护、促开放”的工作思路,着力“六化”(体系化、品牌化、国际化、常态化、便利化、市场化)求突破,推进商标品牌战略实施。

一、“十三五”商标品牌战略实施政策措施和工作机制进一步完善

全省各级工商机关结合各地实际,在各地自身发展阶段性特征的基础上,积极谋划“十三五”商标发展规划和奋斗目标,出台政策措施,召开推进会,着力部署“十三五”时期商标发展战略,商标战略实施体系化建设取得新进展。一是及时制定规划,明确发展任务。二是完善工作机制,形成工作合力。三是发布商标发展报告,服务地方决策。四是健全激励措施,引导品牌创建。

二、以农产品商标和地理标志商标注册为抓手,商标富农工程取得新成效

涉农商标品牌建设是各级工商部门一直以来高度重视的一项工作。2016年继续保持了良好的发展态势,也呈现出一些可喜的新成绩、新变化。一是全省涉农商标注册总量首次突破10万件大关,地理标志商标新增38件,注册总量突破200件,创历史新高,达到202件。二是部分市州地理标志商标工作呈现快速增长态势。三是开展精准扶贫送商标活动。四是加强地理标志商标工作交流。成功承办中美地理标志保护巡回研讨会,积极参与国家工商总局举办的部分省市地理标志工作经验交流会暨保护“中宁枸杞”地理标志商标座谈会,宣传四川省地理标志工作经验和取得的成效。

三、着力商标监管常态化,商标专用权保护工作取得新突破

在商标战略深入实施过程中,坚持发展与保护并重的指导思想,持续加强商标专用保护工作。一是打击商标侵权违法行为。以“红盾春雷2016”为契机,突出打击商标侵权违法行为,保持了“双打”工作的高压态势。二是积极推进案件信息公开,认真贯彻落实《企业信息公示暂行条例》《工商行政管理行政处罚信息公示暂行规定》,积极推进行政处罚案件信息公开。三是加强案件指导力度。指导成都等地保护“老黄金”(首饰)商标专用权,维护消费者的合法权益。四是加强跨省区的商标专用权保护工作。五是加强粤川合作,推进品牌互认共同保护知名商标品牌。与广东省工商局建立区域名牌通报制度,逐步推进区域名牌互认合作。六是“两法”衔接创新商标保护机制,加强与四川省高级人民法院合作,加强行政执法与刑事司法衔接研究。

四、积极推进商标国际注册和质押融资工作

(1)加强培训调研,推进商标国际注册工作。一是联合四川省商务厅、四川省贸促会组织省内近100家“外向型”企业,在成都举办了商标国际注册与保护培训班,提高“外向型”企业国际商标品牌创建意识。二是开展国际商标注册保护课题调研,分析当前商标品牌国际化建设中存在的普遍性问题和今后的举措。三是有重点地指导企业开展国际商标注册和品牌创建工作。

(2)借助质押受理改革,积极推进商标质押融资工作。为鼓励和支持企业发挥商标品牌价值,解决企业融资难的问题,各市

州工商局积极推动和指导企业运用商标权质押贷款，引导其注重采用商标权质押贷款方式开展融资活动。截至2016年12月底，全省有21家企业开展商标专用权质押融资，获得有效质押贷款49亿元，拓展了企业融资渠道。

五、着力优化服务，积极参与商标注册便利化改革工作

四川省各市州工商局积极配合、主动参与国家工商总局主导的商标注册便利化改革工作。一是雅安受国家工商总局委托设立全国首家商标受理处。2016年7月5日，在国家工商总局、四川省工商局和雅安市委市政府三级高效联动下，国家工商总局商标局雅安商标受理处正式启动运行。二是注册商标专用权质权登记申请受理点正式运行。德阳市工商局是四川省当时首获批准的省内唯一受理点，极大地方便了四川省企业办理注册商标专用权质权登记。三是成都受国家工商总局委托同时设立商标受理窗口和注册商标质权登记窗口。截至2016年12月底，成都商标受理处受理申请量达947件，咨询3000多件，受理注册商标专用权质权登记4件，通过商标质押，企业成功融资金额达6318万元。

六、商标品牌建设培育和宣传推广工作取得新成绩

各地在积极推进商标品牌建设基础上，大力拓展和创新商标品牌建设培育和宣传推广的新平台、新模式。一是中华商标国际品牌节"川货全国行·昆山站"活动成效显著。组织83家知名企业组团参加"2016年中国国际商标节"暨品牌博览会。召开"四川省知名企业商标品牌推介会"，现场签订了总额1400万元的销售合同。二是积极创新举措，加强品牌创建推广。积极筹划全省商标品牌推广工作，四川商标品牌网(馆)建设方案已获通过。三是以"个十百千"工程和园区商标战略工作为抓手，开展品牌创建。四是重视公共品牌培育。

（四川省工商行政管理局）

版权工作

2016年，四川省版权局的版权工作跃上新台阶，为全省经济社会发展做出了积极贡献。

一、版权宣传教育工作

四川省版权局着力打造版权宣传阵地，加强版权宣传培训，营造良好的版权社会氛围。以"尊重创新、保护版权"为主题，以宣传普及著作权法律法规为重点，印发《2016年四川省版权工作要点》，坚持日常宣传与重点宣传相结合，通过积极开展普法宣传教育、组织新闻媒体宣传、开展公益广告宣传、开展重点宣传活动、开展版权工作专题培训以及发布《2015年度四川省版权保护典型案例》《2015年四川省知识产权保护状况白皮书》等多种措施提升社会的版权认知水平。

二、版权执法监管工作

召开全省版权执法监管工作会议，全面部署版权执法监管工作。深入开展打击侵犯知识产权和制售假冒伪劣商品工作，组织全省印刷复制发行专项检查，开展重点城市高校及其周边复印店专项治理行动。组织开展为期6个月的全省打击网络侵权盗版专项治理"剑网2016"专项行动，突出整治未经授权非法传播网络文学、网络新闻、网络影视三类网络侵权盗版行为，重点查处四种网络平台进行的侵权盗版行为，营造网络版权良好生态。召开全省网络执法专题工作培训会，进一步提升全省各级版权执法部门网络版权行政执法能力和水平。集中查处侵权盗版案件，全省版权行政处罚侵权假冒案件45件并依法实行信息公开，组织查处网络侵权盗版案件12件。

针对版权执法监管工作存在的问题，采取以下措施予以解决。一是加强对重点领域、重点市场的整治和大要案的查处，重点打击著作权领域侵权假冒行为，对重大侵权盗版案件挂牌督办查处。二是加大宣传工作力度，依托主流媒体开设专栏，宣传报道版权执法监管工作成果和经验做法。三是充分发挥工作整体合力，健全完善版权行政执法工作制度，对重大案件及时组织会商，形成打击侵权假冒工作合力。四是建立版权执法监管工作联动机制和长效机制，分析典型案件，针对日常监管和专项行动中存在的问题认真组织整改，推动建立完善版权保护的联动机制和长效工作机制，有效防止侵权盗版行为反弹现象的发生。

三、版权社会服务工作

全面实行作品著作权免费登记制度改革，四川省各市（州）版权行政管理部门和相关单位积极改善服务方式，取得显著成效。全省作品登记总量达到75 378件，是前20年登记总量的近5倍。同时，积极推动作品成果转化，影视剧本等作品版权交易金额达6000余万元。全省计算机软件登记15 601件。

制定《四川省版权示范单位和示范园区（基地）管理办法》，规范全省版权示范创建工作。授予中国（成都）艺库文创产业园区“四川省版权示范园区”称号，授予四川根石家文化传播有限公司、成都音像出版社有限公司“四川省版权示范单位”称号，同时，中国（成都）艺库文创产业园区被评为“国家版权示范园区”，成都音像出版社被评为“国家版权示范单位”。成都市版权局荣获2016年度中国版权管理金奖，四川文艺出版社有限公司出版的图书《琅琊榜》荣获2016年度中国版权作品金奖。

积极推动版权贸易，认真做好图书版权引进和输出合同备案工作。贯彻执行《四川省版权“走出去”专项补助资金管理暂行办法》，按照“支持重点，培育精品”的原则，对出版单位实施重点资助。制订《2016年度图书版权输出项目评审方案》。完成图书版权贸易合同登记备案502项，其中，图书版权引进341种，图书版权输出161种，图书版权输出同比增长85%。

四、软件正版化工作

四川省版权局全面巩固省、市、县三级政府机关软件正版化工作成果，健全完善软件正版化长效机制，圆满完成工作任务。全省58个省级部门、21个市（州）1347个市级部门、185个县（市）区9455个县级部门，拥有服务器和台式电脑、便携式电脑共315 697台，拥有正版操作系统、办公软件、杀毒软件共829 644套。其中，全省各级政府机关补充采购正版软件10 856套，实施采购资金1008.23万元。与此同时，大力推进地方国有企业使用正版软件工作，全省129家国有企业完成软件正版化工作，共采购各类软件7234套，实施采购资金1474万元。进一步改善计算机软件市场版权保护环境。在政府机关和企业软件正版化工作采购环节中，国产软件在协议供货采购中入围比例增大，国外品牌采购量明显下降。深入开展打击计算机软件市场非法预装行为，积极查办软件侵权盗版案件，全面改善了软件市场的版权保护环境。

软件正版化工作新进展、新成效表现在四个方面。一是组织保障取得新进展。二是长效机制建设取得新进展。四川省政府出台了《政府机关使用正版软件工作考核细则（试行）》，省版权局和财政厅联合下发了《关于建立健全政府机关使用正版软件长效机制的通知》。三是软件使用管理取得新进展。认真贯彻落实《正版软件管理工作指南》，为各地各部门提供可行性、操作性较强的正版软件管理工作制度范本和台账范本。四是巩固成果取得新进展。

（四川省版权局　王志坚）

司法工作

2016年，四川省各级法院深入贯彻党的十八大、十八届五中、六中全会精神，积极落实《2016年四川省知识产权战略纲要实施推进计划》和《关于深入实施知识产权战略加快建设西部知识产权强省的意见》，坚持以改革创新精神推动知识产权司法事业发展，深化知识产权司法体制改革，着力打造裁判尺度统一、裁判标准明确的四川知识产权审判新模式，为创新驱动发展战略的实施提供了坚强有力的司法保障。

一、扎实抓好执法办案第一要务

2016年，四川全省法院共受理知识产权案件3607件，审结3145件，结案率为87.19%。其中受理知识产权民事案件3464件，审结3017件，结案率为87.09%；受理知识产权刑事案件136件，审结121件，结案率为88.97%；受理知识产权行政案件7件，审结7件，结案率为100%。

二、全面推进知识产权审判“三合一”改革工作

四川省高院成立了推进“三合一”工作协调小组，并于2016年9月召开四川省法院知识产权审判“三合一”推进会。改革工作开展以来，四川省知识产权案件一审服判息诉率平均提高3.56个百分点，审理周期平均缩短13.5天。

在“三合一”模式下，四川省各级法院与公安机关、检察机关和知识产权行政执法部门建立了沟通协调机制，形成工作合力。四川省高院与四川省工商局共同出台了《关于建立商标专用权保护协作机制的意见》；与国家知识产权局专利局专利审查协作四川中心建立了配合协作机制。同时，四川省各级法院分别与文化、农业、新闻出版、知识产权、贸促会等相关部门建立了知识产权纠纷联动处理和委托调解机制。2016年，四川全省法院共调解结案204件，撤诉结案1348件，调解、撤诉率达到了51.44%。

三、努力解决知识产权案件事实认定的难题

2016年初，四川省高院按照《知识产权审判技术专家管理办法(试行)》的规定，遴选电子信息技术、机械制造、医药、植物新品种等领域的专家进入四川省知识产权技术专家库，并于6月2日公布了首批《知识产权审判技术专家库专家名单》，于9月举行了技术专家聘任仪式。

四、及时制定指导意见服务知识产权强省建设

2016年7月，在四川省科技创新大会召开后，四川省高院迅速贯彻会议精神，出台了《关于审判工作服务保障知识产权强省建设的指导意见》。

五、积极开展“知识产权宣传周”活动

四川省高院以“4·26世界知识产权日”为契机，组织全省法院开展了一系列形式多样、内容丰富的“知识产权宣传周”活动。(1)发布知识产权司法保护白皮书和典型案例。四川省高院发布《2015年四川法院知识产权司法保护状况》和《2015年四川法院知识产权司法保护十大典型案例》，向社会全面公开四川省法院知识产权案件审理情况。(2)精选案件公开庭审。四川全省法院在宣传周期间，精心挑选知识产权典型案例进行公开开庭审理。如成都市郫县、高新区、武侯区法院分别审理了涉及“中华香烟”“川消牌消防器材”“别克零配件”等知名品牌的销售假冒注册商标的商品罪案件。泸州市江阳区法院集中审理和宣判了一批侵犯知识产权案件。(3)主动为企业创新发展提供司法服务。四川省高院组织高院及成都市中院、德阳市中院、绵阳市中院和部分基层法院20余名知识产

权法官到腾讯公司成都分公司开展“送法进企业”活动。(4)召开知识产权司法保护座谈会。四川省高院邀请四川省人大代表、省政协委员、创新主体代表等，召开知识产权司法保护座谈会。(5)不断创新宣传模式。如成都市中院开通“司法智慧助力创新”微信平台；泸州市江阳区法院与泸州人民广播电台共同举办“知识产权保护，法官与你相约”主题访谈节目。

六、加强队伍建设，努力提升知识产权法官司法能力

扎实开展“三严三实”“两学一做”专题教育活动和向邹碧华、郭兴利同志学习活动，引导知识产权法官坚定理想信念，坚守法治信仰，进一步提高思想政治素质。通过开展专题培训、在职培养、交流挂职、庭审观摩等多种形式，不断加大知识产权法官培训力度，为规范有序推进四川省知识产权审判“三合一”工作打下坚实基础。

（四川省高级人民法院知识产权审判庭）

检察工作

2016年以来，四川省检察机关立足检察职能，在打击侵犯知识产权犯罪和制售假冒伪劣商品犯罪、建立健全行政执法与刑事司法衔接工作机制、促进依法行政和公正司法、维护市场经济秩序和社会治安秩序等方面取得了明显成效。

一、立足职能，严厉打击侵犯知识产权和制售假冒伪劣商品违法犯罪

加强沟通协作，适时提前介入，引导侦查取证，对严重侵犯知识产权和制售假冒伪劣商品的刑事犯罪案件，依法批捕、起诉，保障诉讼顺利进行，有力打击和震慑犯罪。2016年，四川省检察机关共批准逮捕侵犯知识产权犯罪和制售假冒伪劣商品犯罪案件189件306人，共起诉侵犯知识产权犯罪和制售假冒伪劣商品犯罪案件237件467人。

二、依法监督，促进公正廉洁执法

依法对公安机关查办的知识产权犯罪案件和制售假冒伪劣商品犯罪案件开展监督。2016年1～12月，四川省检察机关监督公安机关立案查处知识产权犯罪和制售假冒伪劣商品犯罪案件8件10人。认真办理涉及侵犯知识产权和制售假冒伪劣商品的控告、申诉案件，注重从中发现监督案件线索。加强知识产权领域民事、行政案件的审判监督。严肃查办侵犯知识产权和制售假冒伪劣商品背后的职务犯罪，将职务犯罪的惩治与预防相结合，源头防范和纠正知识产权领域执法、司法不作为、乱作为。

三、主动作为，深入推进“两法”衔接工作

立足检察职能，发现和建议行政执法机关向公安机关移送涉嫌侵犯知识产权犯罪和制售假冒伪劣商品犯罪案件线索，确保有案必移、有罪必究。2016年1～12月，四川省检察机关建议行政执法机关向公安机关移送涉嫌侵犯知识产权犯罪和制售假冒伪劣商品犯罪案件28件36人。同时加强四川省“两法”衔接信息共享平台的应用管理，充分发挥平台的行政执法与刑事司法信息互联共享功能，推进涉嫌侵犯知识产权犯罪和制售假冒伪劣商品犯罪案件网上办理。2016年1～12月，四川省行政执法机关通过“两法”衔接平台移送涉嫌侵犯知识产权犯罪和制售假冒伪劣商品犯罪案件58件，向全国打击侵权假冒“两法”衔接平台上传案件信息62条。

四、加强培训和宣传，为知识产权保护营造良好氛围

组织开展打击侵犯知识产权犯罪和制售假冒伪劣商品犯罪专题讲座和研讨，着力解决办案难题，不断提升检察干警司法水平。结合执法办案，以案说法，多形式、

多渠道宣传知识产权司法保护工作，增强人民群众保护知识产权的意识和能力。2016年4月20～26日，四川省各级检察机关根据本地实际开展了“4·26知识产权宣传周”主题宣传活动，向广大群众宣传国家知识产权法律法规和基本知识以及检察机关立足法律监督职能依法打击假冒注册商标、侵犯著作权等各类侵犯知识产权犯罪的成效，并征求群众对检察机关开展知识产权工作的意见和建议。此次宣传活动受到了广大群众的大力欢迎，切实增强了人民群众知识产权保护意识，促进了社会和谐稳定。

（最高人民检察院侦查监督厅供稿）

贵州省

专利工作

2016年，贵州省知识产权局认真贯彻落实《中共中央　国务院关于深化体制机制改革加快实施创新驱动发展战略的若干意见》和《深入实施国家知识产权战略行动计划（2014～2020年）》精神，大力实施知识产权战略，全面加强知识产权创造、运用、保护、管理和服务，有效推动知识产权与经济深度融合。全省发明专利申请11 154件，同比增长48%，增幅居全国第三位；其中发明专利申请占比43.3%，居全国第八位；发明专利授权2036件，同比增长35.6%，增幅全国第二位；4件发明专利获2016年第十八届中国专利奖优秀奖；有效发明专利7019件，万人有效发明专利达到1.99件。贵阳市获批国家知识产权示范城市，铜仁市和兴义市获国家知识产权试点城市年度考核优秀单位，黔东南苗族侗族自治州获批国家专利权质押融资试点州。贵阳市第三实验中学入选“第二批全国知识产权教育试点学校”项目实施单位。全年查办专利假冒侵权案件2797件，同比增长107.8%。加强专利代理行业事中事后监管，对1家违规代理机构进行惩戒。1家服务机构获全国知识产权服务品牌培育机构，实现贵州省品牌培育机构零突破。

一、知识产权战略深入实施

（1）组织对市（州）政府实施知识产权战略考核评价。以省政府知识产权办名义牵头相关省直部门组成考核工作机构，对各市（州）政府2015年度实施知识产权战略工作进行了联合考核评价，考核结果通报全省，促进工作落实。

（2）推进知识产权战略纲要实施。牵头推进贵州省新一轮《贵州省知识产权战略纲要（2016～2025年）》的制定。深入贯彻落实国务院71号文件精神，围绕新形势下贵州省知识产权工作形势任务，制定《关于新形势下加快知识产权强省建设的实施意见》，细化具体措施和任务分工，推动贵州省知识产权战略深入实施。

（3）统筹推进县域知识产权战略和地理标志工作。实施全省第二批县域经济知识产权战略推进工程，坚持“一县一策”，完善知识产权管理体制机制，推进国家知识产权强县工程试点工作，全面提升项目实施县知识产权创造、运用、保护、管理和服务能力。统筹协调地理标志工作，落实地理标志奖励政策；围绕地理标志专用标识使用、建立完善管理制度和技术标准制定等，推进全省地理标志产品产业化促进工程项目实施。在9个县域实施知识产权战略推进工程，优选5个道地农特产品实施地理标志产业化促进项目。

二、知识产权创造、运用成效明显

（1）开展县级知识产权质押融资试点。组织召开全省知识产权质押融资试点县经验交流会，落实专利权质押贷款贴息补助政策，提升贵州省国家知识产权质押融资规模。全省专利权质押贷款超过8.6亿元，同比净增1.79亿元，贷款额居全国17位。贵州省黔东南苗族侗族自治州被国家确定为专利权质押融资试点州，推动高校院所转移转化专利等知识产权39项，成交金额900余万元。

（2）推进科技成果和知识产权转移转化。组织了一批专利实施及转化运用项目，推动高校和科研院所专利转移转化887件。开展2016年全国专利运用状况调查，发布2015年贵州省专利运用状况统计数据，推动专利运用。评出贵州省专利金奖2项、专利优秀奖13项，获奖项目累计实现新增销售收入54.19亿元，利润10.17亿元。

（3）促进专利信息利用。充分利用国家开放共享的专利基础数据，组织开展省级科技计划项目的“三查”工作，对1143项申报项目进行了科技文献查新、564项进行专利检索，避免重复立项。立项支持一批专利战略分析项目，召开专利导航产业发展报告发布会；支持专利信息服务机构与重点企业结对帮扶，培养专利信息分析实务人才，提升帮扶企业专利信息利用能力。

（4）推进知识产权优势企业培育工程实施。培育支持一批知识产权优势企业，落实国家知识产权示范企业、国家和省级知识产权优势企业补助政策，对通过《企业知识产权管理规范》认证的企业和贯标服务辅导机构给予补助。贵州省铜仁市和兴义市获国家知识产权试点城市年度考核优秀单位。新增8家国家知识产权优势企业，14家知识产权贯标认证企业，国家级、省级知识产权优势示范企业达到107家。

（5）加强知识产权服务。举办全省专利代理人能力提升培训班，加强专利代理行业事中事后监管，将专利代理机构和代理执业人员的基本信息在厅网站进行公开，提升知识产权服务机构服务质量。落实支持知识产权服务机构发展的政策，对新设立的专利代理机构给予补助。

三、知识产权保护力度不断加强

（1）夯实专利保护工作基础。认真贯彻落实党的十八届三中全会“加强知识产权运用和保护”、《国务院关于新形势下加快知识产权强国建设的若干意见》和国务院打击侵权假冒电视电话会议“实行严格的知识产权保护”等精神，修订《贵州省专利纠纷调处暂行规定》，制定《贵州省科技（知识产权）信用信息管理办法（试行）》，建立知识产权信用信息等级分类标准，完善信用评价方法和程序，健全知识产权诚信体系，提高全社会尊重知识产权、崇尚创新的法律意识。

（2）扎实开展“护航”专项行动。2016年初，在全国率先制订《贵州省2016年知识产权执法维权“护航”专项行动方案》，深入实施专利执法县级区域全覆盖、专利执法精品案件和专利执法能力提升三大重点工程，以互联网、城乡结合部、展会、专业市场、进出口商品和专利密集型企业六大领域为重点，加强知识产权保护，为创新驱动发展战略实施营造良好的知识产权保护环境。

（贵州省知识产权局）

商标工作

2016年，贵州省工商局紧紧围绕本省经济社会发展大局，充分发挥职能作用，把推动商标建设、培育和保护商标品牌作为服务全省经济发展的重要突破口，强化服务举措，严厉查处各类商标侵权行为，扎实推进全省商标品牌战略实施。

一、谋划顶层设计，大力实施商标品牌战略

贵州省工商局制订下发了《2016年实施商标战略推进计划》，部署各市州工商部门结合本地实际，贯彻落实推进计划；同时，以服务全省大数据、大扶贫攻坚战略为目标，制定了《2016年商标监管工作要点》《贵州省工商局实施商标品牌战略“十三五”规划》《贵州省工商局实施商标品牌战略意见》。起草上报了《省工商局关于推进企业商标品牌建设意见的报告》。

二、做好筹划部署，大力推进商标注册便利化改革

积极贯彻国家工商总局关于推进商标注册便利化改革的精神，提升商标公共服务水平。

认真研究《工商总局关于大力推进商标注册便利化改革的意见》《委托地方工商和市场监管部门受理商标注册申请暂行规定》，在全省商标广告执法人员能力提升培训班上，向全省各市州和县级工商（市场监管）商标行政执法人员传达了国家工商总局商标注册便利化改革的精神，并对受理商标注册申请暂行规定的相关内容和要求进行了重点解读。根据《工商总局关于设立注册商标专用权质权登记申请受理点的通知》，积极筹划部署，做好准备工作。组织召开新闻媒体座谈会，通报设立注册商标专用权质权登记申请受理点的情况。大力提高商标管理信息化水平，完善商标查询统计软件，加强商标档案建设，编印《贵州商标年度发展报告2015》。

三、履行商标监管职责，加大商标专用权保护力度

印发《省工商局关于印发2016年打击侵犯知识产权和制售假冒伪劣商品工作方案的通知》，采取有力措施开展打击侵犯知识产权和制售假冒伪劣商品的专项行动。2016年1～11月全省工商系统共查处商标监管案件625件，案值580.31万元，罚没金额365.21万元。

一是深入开展保护“迪士尼”注册商标专用权专项行动，出动执法人员2233人次，检查超市283个次，检查手表、文具用品、食品、服装等各类经营户2399户次，强化“迪士尼”注册商标的保护，营造良好的知识产权保护环境。二是开展为期三个月的保护“中国石化”商标专用权专项执法行动，取得明显成效。共出动执法人员1368人次，重点对732户城乡结合部、县乡公路沿线的加油站开展检查。三是以查处侵犯商标专用权和制售假冒伪劣商品案件为重点，推动打击“傍名牌”专项行动向纵深发展。2016年先后督办了“中国黄金 China Gold及图”“维维”“庆丰”“茵茵”“周黑鸭”“中国石化”“雪花”“万豪”“十里香”等商标侵权案件。四是开展打击假冒名优酒违法行为整治工作。印发《省工商局关于在全省开展白酒市场专项整治工作的通知》，开展以茅台酒、习酒、青酒、赖茅酒、金沙回沙酒等为重点的酒类市场整治，促进酒类行业健康发展。五是加大展会、交易会等活动中的知识产权保护力度，开展贵州制造海外形象维护“清风”专项行动。2016年，加强“旅游发展大会”“酒博会”期间酒类市场监管，对展会周边的超市、烟酒店、餐饮店进行酒类商品专项检查，发现问题及时处置，维护“中国制造”“贵州制造”的良好形象。

四、强化涉农商标建设，服务扶贫攻坚战略

把地理标志的运用和保护作为破解扶贫攻坚战略的重点和难点，印发《关于深入开展地理标志服务扶贫攻坚战略调研工作的通知》，开展地理标志服务扶贫攻坚战略调研工作。2016年，新增毕节白萝卜、毕节白蒜2件地理标志，贵州省地理标志达到55件。此外还开展了“红盾护农”行动，有力地维护了公平竞争的市场秩序。

五、宣传商标法律法规，开展培训，提升全社会的商标品牌意识

印发《省工商局关于开展2016年“4·26知识产权宣传周”活动的通知》，组织开展形式多样、生动有效的商标法律法规宣传活动，充分利用广播电视、网络媒体等宣传平台，进一步展示和宣传贵州省工商部门推进商标战略和保护知识产权的工作成果，普及商标法律、法规知识，提高全社会的商标意识，积极营造健康有序的知识产权发展环境。组织举办商标广告执法人员能力提升培训班，拓宽视野，提升业务水平，适应新形势下商标广告监管工作要求。

（贵州省工商行政管理局）

版权工作

2016年，贵州省版权局以服务贵州省经济、文化建设发展为版权工作出发点，加强版权保护行政执法，推进软件正版化工作开展，提升版权社会服务水平，加大版权宣传力度，营造良好的版权保护氛围。

一、加强版权保护，开展版权日常执法和监管工作

（1）积极开展打击网络侵权盗版“剑网2016”专项行动。联合下发《关于开展贵州省打击网络侵权盗版“剑网2016”专项行动的通知》，成立专项行动领导小组，启动贵州省第十二次打击网络侵权盗版专项治理行动。专项行动清理整治阶段，组织引导重点互联网企业开展自查自纠，在集中整治阶段办理了17起国家版权局转移的案件，联系省通信管理局注销ICP备案并关闭了相关网站。（2）深入贯彻《著作权法》及相关法律法规，重点抓版权行政执法，全省版权行政处罚案件数量有所增加，版权行政处罚案件6件，罚款金额51万余元，对侵权盗版行为起到了震慑作用，有效保护了权利人的合法权益。（3）在版权行政执法中，注重发挥著作权法律的教育作用，贵州省版权局办理侵权行政投诉4件，通过行政调解结案。（4）贵州省版权局版权处获得年度全国查处侵权盗版案件有功集体三等奖。

二、克服困难，积极推进使用正版软件工作

制订了《贵州省2016年推进使用正版软件工作实施方案》，报经省人民政府审定后上报部级联席会议办公室。召开了全省软件正版化工作会议，进行部署和专项执法业务培训。贵州省版权局从实际出发，突出重点，克服困难，正版化工作取得了一定成效。

第一，国产操作系统软件试点取得突破性进展。试点范围从原有的4个县扩大至2016年的18个县（区），大部分试点单位已完成采购、安装、调试工作，贵州省版权局先后多次到黔东南州等地的试点县进行现场办公，解决试点工作中出现的问题，保证试点工作顺利推进。4月21日，《中国新闻出版广电报》第五版整版报道了贵州省推广国产操作系统软件的做法和经验，为促进使用国产操作系统试点推广营造了良好的舆论氛围。8月，软件正版化部级联席会议办公室到黔西县召开了国产软件应用试点工作启动会，授牌黔西县为全国第一批国产操作系统三个应用试点县之一。

第二，积极有序地推进企业软件正版化。明确目标，做好整体规划，开展企业软件正版化工作宣传培训和软件资产管理普及工作，举办正版化视频培训两次，参训人员200余人，走访企业50余家（次）。经过多年工作，贵州省上市公司、省属国有企业、大中型建筑勘察设计企业和多数规模民营企业实现了软件正版化，提升了企业的信息化管理水平和社会信用度。

三、努力提升版权社会服务水平

贵州省版权局把作品登记作为版权工

作服务经济、文化建设的重要抓手，全年办理作品自愿登记221件。省版权局全年接受版权咨询200多次，支持版权中介服务机构开展服务工作和代理维权。

四、加大版权宣传教育力度，提高版权知晓度

积极参与制定《贵州省知识产权保护状况白皮书》，参加白皮书新闻发布会，就版权保护工作回答记者提问，多形式、多角度、多渠道地宣传版权保护，不断提高社会公众的版权意识。结合实际，指导市（州）版权局组织开展具有地方和行业特色的版权宣传教育活动，在黔东南州进行非物质文化遗产传承人版权保护培训讲座2次，培训传承人100余名；在贵阳市进行版权产业从业人员培训，培训60人。

（贵州省版权局　徐　梅）

司法工作

2016年，贵州省知识产权审判围绕贵州省高院党组年初制定的工作要点，准确把握知识产权司法保护的方针政策，充分发挥审判职能，不断完善审判体制机制，努力营造和谐稳定的社会环境和公正、高效的知识产权司法环境。

一、抓好执法办案第一要务，充分发挥审判职能

2016年，贵州省各级法院共新收各类知识产权案件405件（新收案件364件，旧存41件），与上年同比上升了58.20%；审结380件，与上年同比上升了76.74%，审结率为93.83%，与上年同比上升了9.85%。其中，民事案件338件（含39件旧存），审结316件，审结率为93.49%；刑事案件65件（含2件旧存），审结62件，审结率为95.38%；行政案件2件，审结2件，审结率为100%。

（1）精益求精提高审判质效。在审判实践中切实把好案件事实关、证据关、法律关和文书关，从源头上预防涉诉信访案件的发生。

（2）加强审判监督管理。贵州全省知识产权审判业务庭充分利用法院网上办公系统，严格案件审判流程管理。建立长期未结案件督办机制。

（3）加强诉讼调解工作。积极探索上下级法院、法院与行政机关、法院与行业协会之间联动的调解方式。

（4）加强审判业务指导工作。加强对贵州全省知识产权审判动态的分析与总结。

（5）提高裁判文书质量。一是积极推广在知识产权案件裁判文书中插入注册商标标识与被控侵权标识或外观设计专利与被控侵权产品的图样，使商标权案件与外观设计专利案件的裁判文书更直观，更具有说服力。二是要求裁判文书做到“三通”，即法理通，文理通，情理通。三是做好知识产权裁判文书上网工作。

二、积极开展调研活动，不断丰富审判理论

（1）积极申报贵州省重点调研课题。贵州省高院积极申报了《非物质文化遗产保护》省重点课题，努力推动贵州省文化产业的健康持续发展。2016年，申请了贵州省法院重点调研课题《贵州省非物质文化遗产司法保护问题研究》，现已完成初稿。

（2）注重培养年轻干部，推动审判理论创新。贵州省高院注重鼓励、培养知识产权审判人员的调查研究能力。《浅析我国现行商标法第五十八条的适用实践》一文发表于《中国知识产权报》。

三、加强调研成果的转化能力，扩大调研成果的使用范围

（1）贵州省高院完成的《黔茶知识产权保护问题研究——模式、问题及对策》调研报告，被收录入《贵州法制蓝皮书》。

（2）贵州省高院办理并撰写的“万变窗

墙公司与王某实用新型专利纠纷案例”被清华大学教科书《专利法原理与案例》收录。

(3)积极向最高人民法院报送案例，其中贵阳市中院办理的叶某某、赵某某、宋某侵犯商业秘密罪案件，入选2015年中国法院50起典型知识产权案例。

四、加大宣传力度，树立良好司法形象

(1)举办知识产权宣传月系列活动。“4·26世界知识产权日”宣传周期间，贵州省高院召开新闻发布会，发布相关典型案例，回答记者提问。遵义市中院组织干警前往遵义市红花岗区老城纪念广场开展知识产权宣传日法律咨询活动。

(2)延伸审判触角，宣传知识产权司法保护。2016年4月18日，遵义市中院与遵义市知识产权局就遵义市知识产权保护的现状进行了交流座谈。

为进一步深入开展白酒知识产权保护工作，2016年6月1日，遵义市中院与茅台集团召开法律事务座谈会。

（贵州省高级人民法院知识产权审判庭）

检察工作

2016年，贵州省检察机关在保护知识产权方面，取得了成绩。

一、立足检察职能，依法办理一批侵权假冒犯罪案件

2016年贵州省检察机关共批准逮捕涉及打击侵权假冒类案件73件127人，共提起公诉涉及侵权假冒类案件109件179人。共受理建议行政执法机关移送涉嫌犯罪案件509件531人，建议移送502件524人，移送436件458人，公安机关立案161件178人，公安机关提请批准逮捕20件21人，批准逮捕9件9人，不批准逮捕11件12人，移送审查起诉36件40人，起诉27件29人，法院作出有罪判决30件36人。批准逮捕案件中，涉嫌破坏社会主义市场经济秩序类案件4件4人，涉嫌侵犯财产类案件1件1人，涉嫌妨碍社会管理秩序类案件4件4人。

二、加强打击侵权假冒领域行政执法与刑事司法衔接，积极推动“双打”领域“两法”衔接平台建设

一是积极推动“两法”衔接信息共享平台的建成与开通运行。贵州省检察院牵头组织贵州省“两法”衔接相关成员单位于2016年4月召开了“省检察院与行政执法机关两法衔接工作座谈会”，就平台建设、信息通报、案件移送、监督制约等方面进行认真研究并达成共识；多次会同贵州省“双打”办、公安、环保、食药监、税务、烟草、质监、农业等十余家行政执法部门就贵州省建设“两法”衔接信息共享平台进行会商，就工作中存在的问题进行深入探讨并共同推出解决办法，为“两法”衔接信息共享平台的建成与开通运行打下基础。二是市、县两级检察机关侦监部门积极主动与行政执法机关、公安机关、法院沟通联系，推动“两法”衔接制度化建设进程，规范信息共享、移送程序，增强监督效果，防范行政执法机关以罚代刑现象发生。三是积极参与各类培训，进一步提高贵州省检察机关开展“两法”衔接工作的能力，为“两法”衔接工作的有效开展提供较好的司法环境保障。

三、监督引导并举，提高衔接工作质效

一是发挥检察职能，加强案件移送和侦查监督。拓宽监督渠道，从立案、移送、侦查和报备等程序中无缝跟踪衔接，确保案件当移得移、当立得立，同时还要继续监督公安机关对该移送案件的侦查活动。二是加强引导，提高办案质量。通过提前介入、座谈、走访调研等形式，为行政机关讲解有关刑事立案标准、刑事证据收集等法律知识，增强行政执法机关对行政执法中发现的涉罪案件的预判能力。对于一些重大或复杂疑难案件，积极做好提前介入工作，确保证据能够及时收集、固定。三是对行政机关移送公安机关的案件，符合立案标准的，在审查批捕和审查起诉环节安排业务骨干从先、从快办理，有效发挥出“两法”衔接机制的高效性。

四、充分利用“两法”衔接信息共享平台，保障“两法”衔接工作的顺利开展

目前贵州省“两法”衔接共享平台已经顺利运行。省检察院及时对行政执法机关传送到信息共享平台上的案件执法情况及公安机关处理情况进行了解，并进行监督。对所涉及的行政案件进行认真排查、分析，对已达到刑事立案标准但未予立案的启动监督程序，有效避免了“想干就多干、不想干就少干甚至不干”的情况出现。

（最高人民检察院侦查监督厅供稿）

云南省

专利工作

2016年，云南省知识产权事业呈现良好发展态势。

一、云南省专利创新能力有新突破

2016年，云南省专利申请量23 709件，同比增长34.69%，超过全国平均增速9.5个百分点，其中发明专利申请量7907件，同比增长25.49%；专利授权量12 032件，同比增长3.21%，其中发明专利授权量2125件，同比增长2.21%；全省有效发明专利9011件，同比增长18.44%；PCT国际申请31件；万人发明专利拥有量1.9件，同比增长18.01%。知识产权数量稳步增长，质量明显改善。

二、组织开展“十三五”知识产权事业发展顶层设计

云南省知识产权局起草并实施了《云南省人民政府关于新形势下加快知识产权强国建设的实施意见》，编制完成《云南省“十三五”知识产权（专利）运用和保护规划》，明确了今后一段时期全省知识产权工作的指导思想、基本原则和主要目标，对知识产权创造、运用、保护、管理和服务等五个方面的主要任务和保障措施作出了全面部署。

三、建立健全知识产权激励机制

云南省知识产权局牵头制定了《云南省专利资助办法》，重点支持全省重点产业、战略性新兴产业中的科技型企业、知识产权优势企业取得的专利，激励创新主体的发明创造积极性。制定《云南省举报投诉专利违法行为奖励办法》，进一步规范专利违法行为的举报投诉，优化知识产权保护市场环境。

四、深入开展知识产权强企工作

积极推进知识产权运用，以云南省生物医药和大健康产业以及战略性新兴产业等领域发明专利为重点，安排专利转化资金300万元，对20项专利转化项目立项扶持。着力促进知识产权转让许可及质押融资，组织1100余家企业开展质押融资需求征询工作，昆明市、玉溪市开展知识产权质押融资试点，并被国家列为专利质押融资试点城市。2016年，全省专利质押融资11.20亿元，促进了知识产权资本化、市场化运作。云南省积极开展国家级和省级知识产权优势企业培育工作，截至2016年，云南省有国家知识产权示范企业7家，国家知识产权优势企业18家，云南省知识产权优势企业70家，云南省知识产权优势企业培育对象211家。

五、加强知识产权保护，创新创业环境不断优化

云南省知识产权系统重点在商品流通领域开展联合专利行政执法，检查超市、药店、商品批发市场等经营场所30余个、各类商品5000余种。2016年，全省专利行政执法共立案294件，较上年增长81.48%。积极开展展会知识产权保护。以第4届南博会和第24届昆交会为重点，展会期间检查专利产品1000余件，办理专利侵权纠纷案件2件，树立了云南省重视和保护知识产权的国内外形象，云南省知识产权局被云南省政府通报表彰为筹备组织工作先进单位。知识产权维权援助服务进一步拓展，形成了中国（云南）知识产权维权援助中心，云南海归创业园工作站、云南省软件技术开发研究中心工作站、德宏州工作站、曲靖市工作站等维权援助网络，共受理侵权案件16个。专利民事纠纷司法审判与行政调处衔接机制进一步完善，截至2016年，云南省高院移送云南省知识产权局案件22件，办结20件。

六、知识产权支撑区域经济发展取得新成效

云南省按照"一县一策"推进知识产权强县工程，确定禄劝、易门、思茅、香格里拉、瑞丽、元谋6个县（市、区）为云南省第三批实施知识产权强县试点。云南省现有23个县（市、区）进入国家和省的知识产权强县工程。其中，五华区等9个县（市、区）进入国家试点示范。丽江市古城区被确定为国家传统文化知识产权保护示范区。楚雄高新技术开发区被列为国家知识产权试点园区。

七、知识产权合作交流取得新成效

参加泛珠三角区域知识产权联席会议，签署《泛珠三角区域深化知识产权合作协议》，加强与泛珠三角区域各方在知识产权保护、运用和信息开发等方面合作。与国家知识产权局专利复审委员会签署合作备忘录，双方就建立案件审理联动、人员交流与人才培训、服务企业等方面进行合作。与大连理工大学（国家知识产权辽宁培训基地）签署战略合作协议，组织云南省各行业知识产权人员120余人参加了培训。与昆明理工大学签署了知识产权全方位战略合作协议，推进"国家知识产权培训（云南）基地"建设，促进高校科技成果转化。与云南省医药商会签署"建立云南生物医药和大健康产业知识产权战略联盟"合作协议，探索产业专利布局，促进知识产权与产业发展融合。

八、知识产权服务水平取得新成效

窗口服务得到公众认可，各岗位的公众意见评价表满意率达100%。积极推行专利电子申请，全省电子申请率连续四年位居全国第一。引导知识产权服务机构拓展服务功能、创新服务模式，为全社会在创新活动中知识产权的"获权、用权、维权"提供"一站式"服务。2016年，昆明知道专利事务所和云南凌云律师事务所被评为全国知识产权服务品牌培育机构。

（云南省知识产权局）

商标工作

2016年，云南省工商和市场监管系统商标监管部门按照国家工商总局和省委、省政府的安排部署，全面落实年初工作要点，加快实施商标品牌战略，积极服务云南品牌经济发展，各项工作进展顺利，成效明显。

一、深入实施商标品牌战略，助推品牌经济发展

全省各级工商和市场监管部门充分发挥职能作用，坚持服务为先、同频共振、依法行政的工作理念，加强商标分类指导、分层推进，加大基础商标发展，强化品牌培育，加快推进商标品牌战略实施。

(1)对商标品牌战略实施工作进行总结与规划。编撰《云南商标战略发展报告(2011～2015)》，记述了“十二五”期间全省各级工商和市场监管部门在商标申请和注册、地理标志商标、商标行政执法、商标宣传培训、商标对外交流与合作、商标代理机构监管工作等方面取得的成绩。

编印了《云南省商标品牌发展“十三五”规划》，客观分析了商标品牌工作现状，明确了“十三五”期间云南商标品牌指导思想、基本原则和发展目标，提出了大力推进中小企业、新兴产业、制造业、农产品商标品牌的发展；加强区域性品牌的谋划和打造；全面提升商标品牌管理运用水平和服务能力，推进品牌资本化运作；促进农产品商标和地理标志商标有效运用；加大商标行政执法力度，营造公平有序的商标品牌发展环境；加强商标品牌专业人才培养等一系列具体工作措施。

(2)全省商标申请和注册数量稳步增长。全省各地通过持续推进“一所一标”“一所多标”，运用“三书一卡”等工作积极指导各类市场主体进行商标申请注册。截至2016年9月15日，全省各类主体共向国家工商总局提交商标注册申请38 183件，核准注册26 930件，有效注册商标总数达到16.3万件。

(3)积极培育地理标志商标发展。各级工商部门努力挖掘和梳理地理标志资源，加强沟通协调，积极培育指导。2016年，云南省富民杨梅、丽江玛咖、普洱石斛、华坪芒果、腾冲红茶等14件地理标志商标成功注册，至此云南省已注册的地理标志商标总数达到144件。

二、坚持依法监管，努力维护商标品牌市场秩序

2016年，全省各级工商和市场监管部门坚持一手抓发展，一手抓保护，以保护促发展，在保护商标品牌上下功夫，坚持依法监管，深入开展打击侵犯知识产权和制售假冒伪劣商品行动，营造公平有序的商标品牌发展环境。

(1)深入开展商标专用权保护行动。制定了《2016年云南省工商系统打击侵犯知识产权和制售假冒伪劣商品工作实施方案》，对全年“双打”工作进行了安排部署；部署2016～2018年整治“黑心棉”专项行动；组织开展保护“迪士尼”注册商标专用权专项行动。截至2016年11月底，全省工商系统在打击侵权假冒工作中，立案查处侵犯商标权案件223件，案值270.5万元，罚没金额215.2万元；立案查处假冒伪劣商品案件218件，案值329.21万元，罚没金额257.3万元；查处网络违法案件71件，罚没金额263万元。

(2)加强沟通协调，维护云南品牌权益。针对云南省重点产业、重点企业在商标异议、商标争议等案件中遇到的困难和问题，一方面积极为企业提供业务指导咨询，另一方面加强上级有关部门的汇报和沟通协调，切实维护云南的品牌权益。

三、推进商标注册便利化改革，加强宣传培训，营造商标品牌发展的积极氛围

(1)促进云南省商标品牌资本化运作。在昆明市设立了商标专用权质权登记受理点，指导市场主体运用商标权拓宽融资渠道，为企业商标资本化运作提供便捷服务，截至2016年12月，共接待业务咨询30余次，受理商标权质权登记8件，办结5件，涉及省内企业6户、自然人2人，出质商标61件，被担保债权数额1.5亿元。

(2)开展商标注册便利化改革。积极向国家工商总局提出申请，争取在玉溪市设立商标注册便利化改革试点——玉溪商标受理点。初步完成了企业注册商标信息向全国企业信用信息公示系统的数据归集工作。

(3)继续强化商标业务培训。举办全

省商标业务培训班，就商标的注册、管理、使用、保护与品牌创建，商标行政执法，商标品牌创建保护经验和商标权利纠纷案例等内容进行了讲授和交流。2016 年全省工商系统共开展各项商标培训 83 次，累计培训人数达 6485 人次。

(4)坚持加大商标宣传力度。积极开展“4·26 世界知识产权日”宣传周系列活动，各地工商和市场监管部门采取召开新闻发布会、通报会、座谈会，知识讲座，走访或回访等方式，综合利用新闻媒体、大屏幕显示屏、红盾网站、印刷品、宣传栏、展板等多种形式，报道或集中展示了各地商标工作取得的成就和开展打击侵犯知识产权和制售假冒伪劣商品专项行动取得的成果。

(5)对州市工商局进行商标战略目标工作考核。对 16 个州市工商局开展三级商标品牌的培育申报、地理标志商标的指导申报、“双打”等工作情况进行目标任务考核。通过考核，分解落实任务，强化工作措施，加强督促指导，确保全年商标战略任务目标全面完成。

(云南省工商行政管理局)

版权工作

2016 年，云南省版权局积极推进实施创新驱动发展战略，版权创作、运用、保护、管理和服务工作取得了新进展、新成效，圆满完成了 2016 年版权工作各项任务。

一、版权执法监管力度不断加大

2016 年，云南省各级版权行政管理部门坚持日常监管与专项行动相结合，严厉打击各类侵权盗版行为，主动向社会公开举报投诉电话，及时做好举报受理及案件查处工作。各级文化市场综合行政执法部门坚持以专项行动为抓手，不断加大对侵权盗版案件的查处力度。

(1)开展“剑网 2016”专项行动。云南省版权局专门制订了《2016 年打击网络侵权盗版专项治理“剑网行动”实施方案》，全省各地版权行政管理部门对重点网站进行了全面清理检查，确定了 63 家网站为主动监管网站，按照要求这些网站开展了自查自纠活动。

(2)开展打击侵犯知识产权专项治理工作。检查出版物市场经营单位 47 131 家，收缴盗版图书、音像制品、电子出版物等各类侵权盗版出版物共432 273册(张)，行政处罚案件共 51 起。

(3)举办版权行政执法监管培训。2016 年 5 月 10～12 日，云南省版权局举办了全省基层版权执法培训班，云南省 16 个州(市)、129 个县(区、市)200 余名基层版权执法工作负责人及业务骨干参加了培训。

二、使用正版软件工作不断推进

2016 年，云南省推进使用正版软件工作联席会议两次召开联络员会议，研究部署软件正版化工作事宜。全省软件正版化工作取得重大进展。

(1)强化督促检查。2016 年，云南省各级政府推进使用正版软件工作联席会议对本级政府部门进行督查，共计检查 600 余家单位，随机抽查了 3000 多台电脑软件安装情况，对存在的问题及时进行了整改。

(2)开展集中采购。2016 年 9 月，云南省各级政府机关使用的 WPS OFFICE 办公软件 3 年场地授权按协议到期，再次以省级财政出资，单一来源集中采购的方式，采购 WPS OFFICE 2016 专业版办公软件，一次性地完成了全省政府机关办公软件正版化及升级工作。

(3)稳步推进企业软件正版化工作。纳入云南省国资委统计的 60 户企业加大新增软件采购、升级的资金保障；列为全省 2016 年软件正版化目标企业的 50 家省属国有企业全部完成了检查整改任务。截至 2016 年底，全省 508 户省属国有企业实现了软件正版化。

(4)举办软件正版化工作培训。2016

年6月1～3日，云南省举办了2016年全省州、市、县级政府机关软件正版化工作培训班。云南省版权局与工商联于2016年11月25日联合举办了全省民营企业软件正版化培训班。

三、版权社会服务水平不断提高

2016年，云南版权公共服务以作品自愿登记和图书引进合同备案登记为重点。2016年6月1日启用了国家版权局统一监制的新版作品登记证书及印章。2016年，受理作品登记咨询2756人次，办理作品登记162件，完成图书引进合同备案登记150件；此外，认真开展侵权盗版出版物鉴定工作，完成出版物鉴定81份；以化解社会矛盾为己任，主动调处著作权纠纷40余件。

四、版权宣传工作不断加强

2016年，云南省版权局与各级版权行政管理部门共同组织开展了形式多样、丰富多彩的宣传培训活动。2016年，在昆明市公交频道滚动播出“保护版权，尊重创作”的公益宣传片，共计播出200天；以主流媒体为载体，开辟版权法律法规宣传专栏；制作版权公益宣传片在云南电视台及各州市县电视台播放，通过“4·26世界知识产权日”主题宣传等活动，发放各类版权宣传品8万余份(册)。

（云南省版权局　王　成）

司法工作

2016年，云南省各级法院全面加强知识产权审判工作，在推动科技创新、经济发展、文化繁荣和对外关系等方面发挥了积极的作用。

一、坚定不移抓好执法办案第一要务，确保公正司法

2016年云南省各级法院共审结各类知识产权案件793件。

云南省各级法院坚持能动司法和改革创新，着力提升知识产权审判服务大局的有效性。坚持阳光司法，积极回应人民群众对司法公开的新要求。加强审判业务培训学习，切实提高知识产权审判水平。

二、积极调研，确保全省裁判标准统一

云南省高院召开云南省知识产权审判工作座谈会。同时根据最高人民法院的安排，结合云南省实际，对知识产权审判“三合一”进行广泛调研，形成云南方案上报最高人民法院。

三、加大知识产权审判宣传力度

(1)积极参与“4·26世界知识产权日”宣传周活动。云南省各中院结合自身实际积极参与当地的知识产权宣传周活动，以适合当地实际的方式宣传知识产权。云南省高院积极参与云南省政府组织的宣传活动，发布了云南省2016年知识产权审判情况和十大典型案例。

(2)典型引路，以“全国模范法官”杜跃林为主角，进行四项宣传工作。2016年3月，以昆明市中院知识产权庭杜跃林、杨越、王立等人员共同组成先进事迹报告团，在昆明市两级法院进行了四场报告。5月，昆明市中院以杜跃林为主角，组织全庭约10名干警，用时一周，完成宣传片《坚守》的拍摄工作。8月，云南省高院以杜跃林为主角，用时一周，完成宣传片《情暖人间》的拍摄工作。2016年下半年，云南省高院组织“全国模范法官”杜跃林、邓兴，2015年“全国十大正义人物”余华芬，以及“全国模范法院”官渡区法院、楚雄市中院、玉龙县法院三个模范法院的代表，组成报告团，到云南全省政法系统进行先进事迹巡回报告会。

四、积极参与多元化矛盾纠纷解决机制建设

2015年上半年云南省高院与云南省

知识产权局建立了专利纠纷诉调对接机制，2016 年该项工作得到加强。云南省各地法院结合自身实际积极参与本地多元化矛盾纠纷解决机制建设，取得良好效果。

（云南省高级人民法院知识产权审判庭）

检察工作

2016 年，云南省检察机关紧紧围绕云南省改革发展稳定大局，认真贯彻落实党的十八大和十八届三中、四中、五中、六中全会精神和习近平总书记系列重要讲话精神，发挥检察职能，以强化监督能力建设为抓手，依托信息共享平台，严格依法打击侵犯知识产权和制售假冒伪劣商品犯罪活动，促进社会和谐稳定和公正廉洁执法，为建设“法治云南”“平安云南”提供了有力司法保障。

一、充分发挥检察职能，依法查办一批侵权假冒犯罪案件

2016 年，云南省检察机关共受理审查逮捕的侵犯知识产权案件 63 件 120 人，经审查批准逮捕 45 件 81 人，受理审查起诉 53 件 111 人，起诉 40 件 77 人；受理审查逮捕的生产销售伪劣商品案件 47 件 100 人，经审查批准逮捕 26 件 45 人，受理审查起诉 53 件 107 人，起诉 35 件 60 人。在依法办理侵权假冒案件的同时，云南省检察机关还加强了对这两类案件的监督，要求公安机关说明不立案理由 18 件，公安机关主动立案 18 件。

二、紧盯重点领域，将两个专项立案监督活动与打击侵权假冒工作有机结合

一是注重协作打击、强化督导。各地积极与公安、行政执法机关密切工作联系，在联合执法办案、联合调查研究等方面积极作为。云南省检察院与省打假打私办密切配合，对红河、保山、版纳、德宏等口岸进行了多次检查。大理州检察院与州盐务局加强信息通报，发现刑事案件线索后及时介入引导公安机关准确取证，成功打掉了一个在大理州境内长期制造、贩卖假盐的窝点，切实保障了人民群众舌尖上的安全。二是加强个案协调指导，增强办案成效。在对师宗县“3·21”制售假化肥案进行挂牌督办中，省市县三级检察院齐心协力，彻底打掉了一个持续时间长、涉案人员多、销售金额大、影响范围广、社会危害特别大的制假售假团伙，切实保障了群众利益。三是结合当地情况，开展针对性强的专项行动。如红河州检察院开展了重点打击私开道口走私贩卖、走私冻品、野生动植物等边境走私犯罪的专项行动。四是标本兼治，加强源头性预防。通过对食品、药品安全等领域整治中暴露出的问题，积极与相关行政执法机关统一意见，达成共识。

三、着力重点行业，为云南省经济健康发展保驾护航

加强对重点行业的保护。烟草产业是云南省第一大产业，云南省检察机关始终保持打击涉烟违法犯罪的高压态势，加强了对于侵犯云南省驰名品牌的侵权假冒行为的打击力度，既强化源头打假工作，加大对非法经营烟叶活动的打击力度，又突出对假冒伪劣烟草制品流通重点环节的打击，打击涉烟违法犯罪已经提升到了保护烟草知识产权的高度上来。各地也结合本地实际，积极开展工作。

四、聚焦重点环节，推动“两法”衔接机制不断健全完善

2016 年，云南省检察机关以推动行政执法与刑事司法衔接机制为抓手，加强信息共享平台建设，以现代化、信息化促进打击侵权假冒工作效率提升。一是加强与行政执法机关的沟通协调。以开展两个专项监督工作为契机，云南省检察院牵头建立联席会议制度，并与 10 家省直单位共同出台《关于进一步加强食品药品行政执法与

刑事司法衔接工作的意见》，进一步完善信息共享、案件协作等沟通协调机制，有效拓宽监督渠道，强化了打击犯罪合力。二是积极推动"两法"衔接机制的完善。云南省检察院向省委、政法委作了《云南省检察机关开展行政执法与刑事司法衔接工作报告》，促使"两法"衔接工作得到了省委和政法委领导的高度重视与支持。三是推动"两法"衔接工作纳入考核体系，将云南省各级行政执法单位信息平台录入情况纳入考核，加快"两法"衔接平台建设进程。2016年，云南省行政执法机关录入信息共享平台案件9484件，同比增长了2.15倍，云南省各级侦查监督部门共监督行政执法机关移送涉嫌犯罪线索130件，同比上升35.42%。

（最高人民检察院侦查监督厅供稿）

西藏自治区

专利工作

2016年，西藏自治区知识产权局在国家知识产权局的指导和科技厅党组的领导下，认真贯彻落实党的十八大以及十八届三中、四中、五中、六中全会，及中央第六次西藏工作座谈会精神，贯彻落实全国科技创新大会精神及自治区第九次党代会精神，坚持问题导向，以科学发展为主题，以服务经济发展方式转变和创新驱动发展为主线，积极作为，各项工作取得了较好进展。

一、完善知识产权政策制度

为深入实施创新驱动发展战略和国家知识产权战略实施，进一步做好新形势下西藏自治区知识产权工作，根据国务院《关于新形势下加快知识产权强国建设的若干意见》和自治区有关领导批示要求，西藏自治区知识产权局研究起草了《西藏自治区人民政府关于加强知识产权工作的若干意见(送审稿)》，经2016年12月13日自治区人民政府印发(藏政发〔2016〕76号)，配套政策正在积极研究制定中。在该意见起草、征求意见及送审中，各相关单位进行了深入交流，并形成了广泛共识，为下一步意见的贯彻落实打下了良好的基础。该意见提出了完善知识产权管理体制机制、促进知识产权创造运用、加强知识产权保护3个方面15项重点举措。制定了《自治区科技厅行政强制流程图(对有证据证明是假冒专利的产品进行查封或者扣押)》《自治区科技厅行政裁决流程图(专利侵权纠纷调处)》和《自治区行政处罚流程图(对假冒专利进行处罚)(对专利代理机构及代理人违规行为的处罚)》，规范了行政执法程序。制定了《自治区科技厅行政权力清单表》和《自治区科技厅执法服务指南》，明确了职权类型、职权名称、职权依据、基本流程、承办机构、工作时间地址、服务电话和监督投诉机构及电话，全流程接受执法对象及社会监督。

二、开展知识产权宣传培训

(1)拓宽宣传方式。组织开展"4·26世界知识产权日"宣传周活动，邀请西藏日报社制作了知识产权宣传周专访，播放知识产权系列讲座，设置知识产权宣传板，发放各种宣传资料等；积极参与自治区"五下乡"活动知识产权宣传、自治区公安厅"5·15"打击经济犯罪宣传活动、中国专利周宣传活动和"12·4宪法日"宣传活动等；开展知识产权进校园活动等。

(2)整合培训力量。知识产权局采取借力培训和搭台培训相结合的方式，先后在拉萨高新区、自治区生产力促进中心、自治区农科院、自治区农牧学院、昌都市和西藏(成都)科技企业孵化器举办了6期500

人/次的知识产权（国家认证创新工程师）培训班。培训班特别邀请包括全国知识产权领军人才、重点高校首席教授、中华全国专利代理人协会理事、最高人民法院知识产权案例指导研究（北京）基地专家咨询委员会专家等进行精彩授课。培训进一步强化了参训人员对专利申请和维权保护的认识，提高了其专利申请保护能力，并针对部分学员反映的较集中的共性问题组织了专家现场答疑辅导，大大增强了实效性和针对性，提升了西藏自治区知识产权整体队伍的能力素质。

三、实施专利行政执法专项行动

根据西藏自治区打击侵权假冒工作领导小组办公室 2016 年度工作安排和西藏自治区知识产权局执法工作计划，在昌都、那曲两地市开展了专利行政执法专项行动。专项行动由自治区知识产权局、两地市知识产权局领导及骨干执法人员和 1 名全国知识产权领军人才、中华全国专利代理人协会理事、最高人民法院知识产权案例指导研究（北京）基地专家咨询委员会专家联合开展。检查组重点围绕民生和西藏特色产业方向的专利产品，对两地市主要商超市场进行了严格检查，对检查中发现的涉嫌侵权假冒和标识不正确等问题进行了现场纠正、约谈和取证，并对商超管理人员和销售人员进行了专利普法，有效提高了两地市的专利保护意识和执法能力，积极推进了两地市市场专利法制环境建设。派人参加自治区正版软件督查工作。

四、优化知识产权咨询服务

采用知识产权局统一找专利服务机构协商议价的方式向西藏自治区中小企业和个人提供低价优质的代理服务，免费提供咨询服务和专利信息服务。

完成西藏自治区 2015 年度专利申请资助及奖励工作，共受理专利资助和奖励 91 件，其中专利资助 41 件、专利奖励 50 件，核拨经费合计 303 740 元人民币。

组织推荐西藏诺迪康药业股份有限公司的“治疗心血管疾病的药物”和洛藏的“一种藏文编码的方法及终端”两项专利参加第十八届中国专利奖评选活动。

向西藏自治区参加科博会和高交会的企业提供知识产权服务。

（西藏自治区知识产权局）

商标工作

2016 年，西藏自治区各级工商部门紧紧围绕区政府关于“十三五”时期国民经济和社会发展规划目标，充分履行商标监管职能，深入实施商标品牌战略，大力培育商标品牌，不断强化商标监管，商标事业得到长足发展，为推动全区经济健康快速发展起到了极大的促进作用。

一、强力推进商标品牌战略实施

认真贯彻落实《西藏自治区人民政府关于印发“十三五”时期主要任务及 2016 年重点工作任务分解方案的通知》精神，制定《全区工商系统落实自治区政府 2016 年重点工作任务“实施质量商标品牌提升工程”实施方案》，起草《西藏自治区“十三五”期间商标战略实施规划》，建立各地市商标战略实施（包括广告工作）年度报告制度。坚持“监管与培育并重、商标与广告并举、特点与重点并轨、抓面与抓点并行”的工作思路，召开全区工商系统进一步推进商标战略实施现场会，总结交流了“十二五”期间各地市商标广告工作的经验做法，研究了存在的问题，明确了“十三五”全区商标战略目标任务，为推进商标战略工作向更高层次发展奠定了良好基础。截至目前全区商标有效注册量达到 7968 件，同比增长 21.97%，地理标志商标 15 件。

二、大力重视品牌培育和运用

始终把培育发展商标作为工商部门服

务地方经济的重要举措，纳入目标考核。坚持"培育一批，申报一批，储存一批"的原则，进一步做好商标品牌培育、孵化工作，打好高原、民族、文化、绿色、原生态牌。通过印发宣传资料、举办专题讲座、注册商标成果展、现场咨询、上门开展服务活动等工作方式，力争使市场主体树立商标"增量提质"的意识。大力推进区域公用品牌建设。积极配合相关部门协调国家工商总局关于区域公共品牌、行业品牌"拉萨净土、西藏好水、爱西藏"等商标注册事宜进行沟通，实现快速精准注册，目前"拉萨净土"申请的 17 个类别的商标申请已在公示期内，其他商标正在协调中。大力挖掘区内地理标志资源，建立地理标志资源储备库，申报的各类商标都明确了专人对接、定点联系、跟踪指导，杜绝了申报商标无人管、无人问的情况。

三、加大商标监管执法力度

认真履行监管执法职责，促进了市场有效好转。积极参与打击电信诈骗、网络诈骗、金融诈骗等专项行动，有效遏制了侵权假冒和违法广告蔓延的势头。根据西藏自治区打击侵权和假冒工作领导小组的工作部署，结合实际，突出重点，落实各项措施，加大行政执法力度，保持打击侵权假冒的高压态势，全年全区组织指导查处商标侵权案件 34 件，罚没款 29.17 万元。

四、持续推进商标宣讲活动

坚持把"宣讲"放在西藏商标战略实施的首位，通过持续推进商标宣讲活动，强化市场主体的商标品牌意识，变"要我做"为"我要做"；通过宣讲，丰富全社会特别是市场主体的商标品牌知识，变"慢步走"为"快步走"。一方面搞好"自己讲"，充分利用各种机会，面向基层工商干部，面向市场主体，面向各地领导，广泛宣传，深入解读，共计开展宣讲活动 18 次，200 多人次参加了相关活动。另一方面搞好"他人讲"，积极发动报刊、电视等大众传媒，创设有关节目，登载有关文章，讲述西藏品牌故事，宣讲商标品牌好处，得到了有关方面的积极响应，取得了很好的促进效果。

（西藏自治区工商行政管理局）

版权工作

2016 年，西藏自治区版权积极主动开展版权工作，各项工作稳步推进，圆满完成各项工作任务。

一、推进软件正版化工作

（1）安排部署全年正版化工作。制订印发《2016 年度全区推进软件正版化工作计划》，以完善长效机制、推进责任落实、严抓日常工作、加强市场监管、做好宣传培训为主基调，以从严从实为基本遵循，深入持续地推进软件正版化工作。

（2）召开自治区联席会议。会议通报了 2015 年全区软件正版化推进工作情况，研究通过了近期需要开展的工作。

（3）开展软件正版化督查工作。2016 年 5 月 8 日至 6 月 3 日，经自治区联席会议研究同意，组成 3 个联合督导组，对全区七地（市）和自治区部分区直单位软件正版化工作进行了专项督查。累计检查了 30 个区直机关、48 个地市直机关和 29 个县的 87 个县直机关，实地检查计算机 635 余台。

（4）推进软件正版化长效机制。2016 年以来，自治区联席会议以开展督查为契机，以座谈的方式征求意见，先后下发了多个通知。

（5）完成全区国有企业软件正版化工作。制订下发《关于推进自治区国有企业办公软件正版化工作的实施方案》。深入首批自治区国资委监管的国有企业开展调研，对企业进行抽查，指导自治区国有企业深入开展推进办公软件正版化各项工作，积极协调北京金山办公软件股份有限公司开展捐赠活动。全区国有企业应采购正版办公软件 427 套(其中,办公软件 417 套、操作系统 10 套)。截至 2016 年底,累计投入资金 44.395 万元,采购办公软件 191 套(捐赠 191 套),操作系统 5 套,基本完成西藏自治区国有企业软件正版化工作。

(6)开展软件正版化培训工作。在拉萨市举办全区政府机关软件正版化培训班,70 多个单位近 200 人参加培训活动。

二、推进版权公共服务

(1)开展版权工作调研。调研组先后走访了多个单位,调研领域涵盖了广播电视制作播出和传输、电影、图书、音像以及司法和学术界等领域。通过调研了解到,西藏自治区版权局系统直属单位作品创作类型全面,数量已经形成一定规模;版权运营使用情况较为活跃,但与其他省份相比尚有距离;具备版权保护意识,但有待进一步加强。通过调研,为下一步开展作品自愿登记打下了坚实的基础。

(2)提出西藏自治区开展作品登记可行性方案。经研讨形成了一个主体报告和四个分报告的西藏自治区开展作品登记可行性方案,待研究讨论。

(3)思考研究"十三五"版权重点项目。着眼于"互联网+"形势下的版权管理,建议把版权服务平台与版权监管(二期)平台建设,作为"十三五"时期版权工作的重点项目。

三、有效开展版权执法

(1)积极开展"双打"工作。积极配合自治区"双打"办工作,协调自治区相关单位,就加强版权执法,查处案件进行沟通协调。

(2)安排部署"剑网 2016"专项行动。制订《关于开展打击网络侵权盗版"剑网 2016"专项行动的工作方案》。多次走访相关部门,召开协调会议,成立工作小组,部署工作任务,组织开展"剑网 2016"专项行动。

(3)有效开展"剑网 2016"专项行动。重点围绕文字、影视、音乐、游戏、软件等作品的网站进行监管。确定 7 家重点门户网站作为西藏自治区主动监管网站,召集各网站负责人召开座谈会,组织区内主要网站开展"先授权,后传播"自查自纠工作。同时抽调人员组成网络监管小组对各网站进行实时监管和动态监控,严厉打击网络未经许可转载、非法传播他人作品的侵权盗版活动。

四、积极开展知识产权宣传周活动

"4·26 世界知识产权日"宣传周期间,西藏自治区版权局下载了以"数字创意、重塑文化"为主题的图片、音乐、视频等素材开展宣传,翻译成了藏文,以藏汉两种文字形式印制各类宣传海报 2000 张,分别发放给新闻出版广电系统,将宣传海报粘贴在拉萨市等地的各大中小学校、新华书店、电影院等公共场所。向西藏电视台、《西藏日报》、西藏之声等媒体提供宣传报道的素材,在 4 月 23～26 日用藏汉语两种语言在西藏卫视和藏语频道滚动播放宣传周公益宣传短片。整个活动通过新闻媒体、网络、张贴海报等方式进行,累计发放各类宣传手册 10 000 余份,海报 2000 余张。

(西藏自治区版权局　周祥祎)

司法工作

2016 年,西藏自治区高、中两级法院深入贯彻党的十八届三中、四中、五中全会精神和习近平总书记关于依法治国的重要讲话精神,尤其是中央第六次西藏工作座谈会精神,始终坚守以司法为民、公正司法为主线,立足反分裂斗争主战场实际,狠抓审判工作,维护公平正义,忠实履行司法职能,圆满完成了各项任务。

一、政治理论学习情况

西藏自治区高、中两级法院认真贯彻

落实党的路线、方针、政策和中央新时期西藏工作指导思想，按照西藏自治区党委的决策部署，立场坚定、旗帜鲜明地反对分裂、维护稳定，做到服务大局不动摇，落实司法为民不放松。抓好对西藏自治区高院《工作目标管理责任书》的落实，切实做到有令必行、有禁必止，要求西藏自治区高院所有人员都严格遵守中央“八项规定”，西藏自治区党委“约法十章”“九项要求”，最高人民法院“六项措施”“十个不准”等铁规和禁令，努力管好自己和家属子女。

二、案件审理情况

（一）基本情况

拉萨市中院民三庭从 2005 年开始受理知识产权民事案件，截至 2016 年 11 月，共受理知识产权民事案件 89 件，起诉标的总额约为 1347.485 万元（4 件未报金额、1 件无起诉金额）。其中专利纠纷案件 57 件、商标纠纷案件 21 件、著作权纠纷案件 7 件、反不正当竞争纠纷案件 1 件、技术委托合同纠纷 2 件。结案方式为：判决 34 件、撤诉 41 件、调解 13 件，未结 1 件。无申诉。

日喀则地区中院从 1995 年开始受理知识产权民事案件（民三庭自 2002 年 8 月成立），截至 2016 年 11 月，共受理知识产权案件 14 件，起诉标的总额计为 151.2 万元，最高标的额为 40 万元、最低标的额为 0.1 万元（另 1 件无金额）。其中商标侵权案件 10 件、著作权侵权案件 2 件、计算机网络域名纠纷案件 2 件。结案方式为：判决 8 件、撤诉 6 件。无申诉。

山南地区中院民二庭从 2007 年开始受理知识产权民事案件，截至 2016 年 11 月，共受理知识产权案件 5 件，2 件具有起诉标的案件总额为 12.8 万元，最高标的额为 8 万元、最低标的额为 0.3 万元。其中商标侵权纠纷案件 3 件、计算机网络域名纠纷案件 2 件。结案方式为：判决 2 件、撤诉 3 件。无上诉、申诉。

林芝地区中院民二庭从 2006 年开始受理知识产权民事案件，截至 2016 年 11 月，共受理知识产权案件 3 件，起诉标的总额为 0.5 万元，仅 1 件计算机网络域名纠纷案件有起诉金额 0.5 万元，其他 2 件商标侵权纠纷案件均无起诉金额。结案方式为：判决 3 件。无上诉、申诉。

昌都地区中院从 2007 年开始受理知识产权民事案件（民三庭自 2010 年成立），截至 2016 年 11 月，共受理知识产权民事案件 2 件，起诉标的总额为 10.8 万元，最高标的额为 10 万元、最低标的额为 0.8 万元。其中商标侵权案件 1 件、计算机网络域名案件 1 件。结案方式为：判决 1 件、撤诉 1 件。无上诉、申诉。

那曲地区中院（民一庭、民二庭合署办公）从 2007 年开始受理知识产权民事案件，截至 2013 年 6 月，受理商标侵权纠纷 1 件，案件起诉标的总额为 10 万元，结案方式为判决。无上诉、申诉。

阿里地区中院尚未受理知识产权民事、行政、刑事案件。

（二）受理知识产权刑事案件情况

西藏自治区全区法院只有拉萨市下属的林周县法院、城关区法院受理过知识产权刑事案件，截至 2016 年 11 月，共受理知识产权刑事案件 5 件，其中侵犯著作权罪 1 件，假冒注册商标罪 4 件。其他地区中院及其辖区基层法院均未受理过知识产权刑事案件。

（三）受理知识产权行政案件情况

西藏自治区全区三级法院至今未受理过知识产权行政案件。

（四）西藏自治区高院历年来受理知识产权案件情况

西藏自治区高院民三庭从 1995 年开始受理知识产权民事案件，截至 2016 年 6 月，共受理知识产权民事案件 22 件，起诉标的额为 372.785 万元，最高标的额为 50 万元，最低标的额为 0.5 万元。已结案件中，判决 4 件、调解 12 件、撤诉 5 件，指令再审 1 件。

（五）已受理知识产权案件的特点

（1）受理案件类型多为传统案件，传统案件中以专利侵权案件居多。如拉萨市中院共受理 89 件案件，57 件为专利侵权案件。

（2）商标案件呈上升趋势，其中，当事人主张认定驰名商标居多。

（3）案件的调撤率较高，无再审和申诉上访案件。

三、积极宣传知识产权司法保护情况

（1）西藏自治区高院积极加强宣传知识产权司法保护情况的工作，编撰了一套知识产权法制宣传手册（共九册），在西藏自治区高院政治部宣教处的协助下，印刷成册。利用“4·26 世界知识产权日”和“12·4 宪法日”，把法制宣传材料发放给群众，而且利用调研的机会，送给各地（市）法院从事知识产权审判的同志。

（2）借助“4·26 世界知识产权日”宣传周，由西藏自治区高院宣教处协调，通过《西藏法制报》《西藏日报》、西藏新闻网等主流媒体，大力宣传西藏自治区高院在知识产权审判工作方面取得的成效以及下一步工作的重点。

（西藏自治区高级人民法院
知识产权审判庭）

检察工作

2016 年，西藏自治区检察机关立足检察职能，加大知识产权保护力度，查禁假冒伪劣商品，维护市场经济秩序，创造了良好的社会经济发展环境，取得了一定成绩。

一、突出重点，围绕重点领域严肃打击各类违法犯罪行为

西藏自治区检察机关结合本地工作实际确定重点突出问题，要求严肃依法严厉打击各类违法犯罪行为，确保对打击侵犯知识产权和制售假冒伪劣商品工作有重点、有实效。2016 年以来，西藏自治区检察机关共批准逮捕侵犯知识产权犯罪 2 件 3 人，起诉 3 件 8 人，作出有罪判决 1 件 1 人。

二、发挥组织协调作用，确保专项活动有序开展

西藏自治区检察机关将打击侵权假冒活动的一般“参与”角色变为“主动”角色，充分发挥组织协调的能动作用，把握重点，加强联系，督促行政执法机关及时移送案件，监督公安机关及时立案侦查涉嫌犯罪案件。西藏自治区检察机关紧紧以“破坏环境资源和危害食品药品安全犯罪”的专项立案监督活动为契机，成立专项监督活动领导小组，制订下发实施方案，积极走访相关行政机关、公安机关，推动健全相关领域“两法”衔接机制。

三、广泛开展宣传，营造浓厚舆论氛围

充分依托日常法制宣传，下乡巡回法制宣讲，积极营造舆论宣传氛围，强化人民群众对行政执法与刑事司法相衔接工作的认识和了解，更好地推动“两法”衔接工作良性开展。昌都市江达县检察院积极利用“检察开放日”“举报宣传周”“女子检察官”宣传队等活动，选择典型案例“以案说法”，在广大人民群众中广泛开展与人民群众的生产生活息息相关的法制宣传活动。

四、积极总结，建立长效机制

西藏自治区检察机关积极协调相关行政执法部门开展联合执法检查活动，目前，未发现需要移送的犯罪线索。打击侵犯知识产权和制售假冒伪劣商品行动是一项长期开展的工作，西藏自治区检察机关将进一步研究部署，积极会同相关执法部门协作、配合，总结工作经验，达成工作意见，建立长效工作机制，以发现行政执法过程和检察机关监督立案中存在的问题，构建各单位齐抓共管的工作格局，形成打击侵犯知识产权和制售假冒伪劣商品工作的合力，确保公平有序的市场经济秩序。

（最高人民检察院侦查监督厅供稿）

陕西省

专利工作

2016年，陕西省知识产权局认真贯彻党的十八大和十八届三中、四中、五中、六中全会精神，深入学习贯彻习近平总书记系列重要讲话，特别是来陕视察重要讲话精神，贯彻落实《国务院关于新形势下加快知识产权强国建设的若干意见》和省委省政府决策部署，扎实开展“两学一做”学习教育，认真落实巡视反馈意见，以深入实施知识产权“一一八”工程为抓手，以推进全省知识产权发展跃上新台阶为目标，凝心聚力、迎难而上，各项工作取得较好成效。

一、关于创新成果产权化

采取一系列基础性、针对性、前瞻性措施，推进全省专利创造“提质挖潜”。全省专利申请69 611件，申请总量保持良好状态，其中，发明专利申请22 565件，同比增长30.3%，占申请总量的32.4%。获授权专利48 455件，同比增长45.3%，居全国第一，其中，发明专利授权7503件。每万人发明专利拥有量7.31件，居全国第七，中西部第一，比上年增加1.29件。在《陕西日报》公布2015年全省各市区专利、专利十强企业及排在前100位企业、全省高校专利状况。

二、关于知识产权管理规范化

继续开展知识产权“贯标年”活动。完善“政府推进、企业（高校、科研机构）实施、中介支持、（认证、验收）双轨并行”的贯标工作机制和体系，制定《陕西省企业知识产权管理规范贯标验收工作指南》。全年共有176家企业完成贯标工作，其中126家通过验收或专业认证。广泛动员高校、科研机构开展贯标工作，西安理工大学、中科院西安光机所等一批单位贯标进入实质性阶段。累计300多家企业、24家高校和6家科研机构开展贯标工作，是全国唯一“三标同贯”省份。

三、关于知识产权运用

竭力落实省委省政府关于知识产权质押融资关切，与陕西省银监局、省中小企业局等7个厅局联合印发《陕西省知识产权质押贷款管理办法》，与中国工商银行省分行等6家银行签署知识产权质押融资战略合作协议，与陕西省银监局建立银行质押融资通报机制。实行全省各市区质押融资工作月报和月通报制度。全省专利权质押合同登记数272件，位列全国第二；专利权质押金额15.07亿元，同比增长20.1%。中国军民融合平台（国家知识产权军民融合特色运营试点平台）上线运行。航空航天产业知识产权运营基金挂牌运作。在全国20项中国专利金奖中，宝钛集团、西北大学范代娣教授获得2项金奖，金奖数居全国第4位。成功组织国家知识产权局展团参加杨凌农高会。

四、关于知识产权保护

与陕西省网信办等7个部门联合开展“清朗”行动，共同打击网络知识产权侵权假冒行为。与省商务厅等部门加强电商领域执法协作，加强电商领域专利行政案件办理。组织省、市、县执法部门联合在“2016丝博会暨第20届西洽会”开展执法。建立全省知识产权维权援助工作体系，建成覆盖全省、聚焦各市产业特点的12个市级知识产权维权援助分中心。与陕西省高院、检察院、公安厅等分别签署合作协议，初步建立起知识产权行政保护与司法保护的衔接机制。全省受理专利行政案件726件，结案733件，结案率达100%。建立陕西省首家创客空间“创途在XI′AN”知识产权服务工作站。配合陕西省人大，组织做好全国人大来陕调研《专利法》修订工作。

五、关于知识产权培训与宣传

继续开展“培训年”活动。开展多层次、全方位、多样化、专题化知识产权培训。列入陕西省委组织部培训计划。会同省委组织部首次举办全省市县领导干部知识产权培训班，全省各市区及107个县区政府分管知识产权工作的领导和行政管理机构主要负责人约150人参加培训。全省共举办各类培训班319期，培训63 671人次。成功举办世界知识产权日、全国知识产权宣传周、中国专利周等重大活动。成功举办第二届全国军民融合知识产权运营高峰论坛、陕西省高校技术转移与区域经济融合发展高峰论坛暨西安环大学技术转移服务平台揭牌启动仪式。

六、关于知识产权决策咨询

开展新材料、虚拟现实、人机交互等重大产业规划，第四代环保发泡剂技术、激光微细加工工艺中背伤保护技术等高技术领域投资等17项中省知识产权评议项目。探索开展便利、高效、实用的企业专利导航发展工作，完成《陕西省3D打印产业专利导航报告》和《咸阳电子材料产业专利导航报告》。完成石墨烯、量子通信、第五代移动通信、自旋磁存储4项战略性新兴产业专利信息分析。会同省发改委、质监局开展陕西省旅游轨道交通产业标准必要专利布局工作。

七、关于知识产权服务业

继续实施“专利代理能力倍增计划”，开展报考宣讲“四进”活动，全省共有1224名考生报名取得考试资格。新增专利代理机构3家，新增分支机构8家，机构数发展到44家，同比增长33%；新增执业专利代理人26人，发展到208人，同比增长14.3%。新增从业人员150人，发展到600余人。积极组织和指导西安高新区申报国家知识产权服务业集聚发展试验区并获批。

八、关于知识产权密集型产业培育

按照“一产业一方案、综合施策”的办法，继续推进西安光电信息产业等8个知识产权密集型产业培育发展工作。2016年，8个知识产权密集型产业培育涉及企业979家，研发人员1.28万人，研发经费投入11.5亿元，实现工业总产值707亿元；共申请专利3801件，授权专利2038件。其中发明专利授权431件，同比增长52%；参与贯标企业25家；开展专利预警分析25项、各类知识产权评议9项；举办各类培训活动126批次，培训人员6560人次。新增陕西稀有金属材料、陕西生物医药、榆林兰炭、韩城大红袍花椒4个产业开展知识产权密集型产业培育发展工作。推动成立陕西生物医药产业知识产权联盟。

九、关于知识产权工作合作机制建设

进一步建立完善知识产权工作与市、县、园区纵向联动机制。与西安市知识产权局工作形成有机整体，与杨凌示范区管委会共建杨凌知识产权促进中心；与相关部门协同机制不断发展；进一步建立完善知识产权工作与重点企业、高校、科研机构、众创空间、金融单位等战略合作机制，全年与39家单位建立合作机制；知识产权对外合作工作不断发展，与国家知识产权局专利局审查协作湖北中心、河南中心，北京、广东等地高端服务机构签订战略合作协议。与英国知识产权局、世界知识产权组织中国办事处等建立交流合作关系。全省知识产权工作合力与能力不断加强与提升。

十、关于知识产权工作顶层设计

制定印发《陕西省知识产权（专利）“十三五”规划》。代省委省政府拟“关于建设知识产权强省的决定”，已待省政府常务会议研究。《陕西省知识产权强省建设试点省工作方案》经省政府和国家知识产权局审定通过，陕西省成为国家第一批知识产权强省建设试点省。国家知识产权局与陕西省政府第二次合作会商工作准备就绪。

（陕西省知识产权局）

商标工作

2016年，全省商标工作紧扣推进实施商标品牌战略这条主线，以服务地方经济发展为己任，以保护商标专用权为目标，以维护市场经济秩序为宗旨，大力营造商标保护、发展的良好环境，为促进全省经济跨越式发展作出了贡献。截至目前，全省累计有效注册商标总量202 095件，地理标志商标74件；商标质押贷款登记28起，贷款总额超3.96亿元。

一、积极争取政府对商标工作的重视和支持

组织召开全省推进商标品牌战略工作会议，联合省商务厅等九部门印发《陕西省关于加强商标国际注册工作的意见》，提出了“十三五”期间商标国际注册工作的指导思想、目标任务和主要措施，会同省农业厅等14个部门代省政府起草了《关于加强农产品商标品牌建设的实施意见》，进一步发挥商标品牌对农业增效、农民增收的促进作用。

二、商标工作更好地展示了工商部门的良好形象

成功举办2016丝博会暨第20届西洽会“‘一带一路’商标品牌建设交流合作论坛”和第23届中国杨凌农高会“一带一路”农产品商标品牌建设峰会。完成陕西省商标馆的筹建和开馆工作。商标馆集声光电等高新科技手段为一体，充分展示了陕西商标发展的足迹与成果，成为陕西省内首家以商标为主题的展览馆，也是我国西北地区首家以商标知识为主题的宣传教育基地。

三、服务地方经济发展取得新成效

先后指导汉中市工商局和铜川市工商局召开商标战略推进工作会。持续指导并扶持各地积极申请地理标志商标，对陕北横山羊肉、安康富硒茶、白水豆腐、延安苹果等地理标志商标，西洽会、丝博会、农高会、陕西自贸区等特定含义商标注册申请开展行政指导，带动区域经济品牌化发展，为各地开展精准扶贫探索新的路子。同时，为加强农产品商标品牌建设，与西北农林科技大学和中华商标协会共同发起成立“一带一路”农产品商标品牌研究院并揭牌。

四、进一步落实国家工商总局关于商标注册便利化改革的举措

商标注册陕西受理窗口和商标质权登记陕西受理点的积极申报和正式启用，大大便利了陕西省广大企业，并进一步拓宽了企业的融资渠道，对于助力企业加快发展，破解当前广大企业融资难的困局意义重大。

五、商标基础工作得到夯实

丝绸之路经济带建设商事制度国际合作研究“商标‘走出去’战略研究”子课题结题，研究成果汇编为《丝绸之路经济带：商事制度研究(中亚五国)》一书向社会赠阅。全省工商系统继续深化商标注册行政指导工作,开展商标企业“大走访”活动。突出利用“3·15消费者权益保护日”“4·26知识产权宣传周”等,集中宣传商标法律法规和全省工商系统开展的一系列商标专用权专项执法行动成果。

六、商标专用权行政保护工作得到加强

继续组织开展“双打”专项行动,按照统一部署,在组织领导、阶段安排、工作合力、责任落实、案件查处、长效监管等方面推动“双打”专项行动扎实有效的开展。深入开展保护注册商标专用权行动,重点查处侵犯驰名商标和地理标志商标专用权案件。安排部署了对“迪士尼”“延长石油”“庆丰包子”“白水杜康”“西凤酒”“梁家河”等商标侵权行为的专项整治行动,有效的保护了商标专用权,助推本地知名品牌企业做大做强。

(陕西省工商行政管理局)

版权工作

2016年,陕西省版权局深入贯彻党的十八大以及十八届五中全会和六中全会精神,版权工作取得了良好成效。

一、三个亮点

一是版权行政执法和版权示范创建获得了国家级荣誉。积极组织开展“双打”和“剑网行动”,直接查办侵权案件5起、办结3起;指导地市查办案件5起。全年全省共荣获“全国查处侵权盗版案件有功单位、个人”5个奖项。陕西师范大学出版总社荣获“全国版权示范单位”称号。

二是版权宣传教育受到了国家版权局好评。紧紧围绕“4·26世界知识产权日”宣传主题,通过举办全省“著作权知识竞赛”“数字创意,重塑文化”主题活动及省版权局主要领导在党报发表署名文章和与陕西省文联联合举办保护作家艺术家权益座谈会等“三大宣传、四项活动”,进一步提高了全社会的版权认知度。

三是版权对外交流开创了良好局面。组织版权局相关处室和省内版权相关企业赴广东参加第六届中国国际版权博览会,进行观摩学习。组织人员赴江苏、四川进行版权专题考察调研。首次在西安承办了“版权和相关权热点问题亚太地区研讨会”,与百余名来自亚太各国版权机构的代表展开深入研讨。

二、三项进展

一是版权公共服务和产业发展取得了新进展。积极探索作品登记新方法,全年共完成作品登记数量2918件,同比增长了61%。积极谋划版权工作新发展,组织撰写了《陕西版权产业发展研究报告》,草拟完成了《陕西省版权工作“十三五”规划(草案)》。组织省版权相关企业参加第23届北京国际图书博览会,共达成图书版权输出引进交易成果61种(含意向)。支持指导荣信教育文化产业发展股份有限公司开展童书海外版权输出,2016年共输出童书版权9种,计3.7万册。支持指导西安电视剧版权交易中心开展电视剧版权贸易,2016年该公司实现销售收入8000万元,同比上年增长了33%。

二是软件正版化工作取得了新进展。积极贯彻落实国家版权局关于软件正版化工作的各项部署要求,通过组织对31家省级机关和10家省属企业进行专项督查,以查促改,组织评选7家省级机关创优示范单位进行通报表彰,以点带面等多种方法和举措,进一步推动了全省软件正版化工作的有效开展,受到了访问陕西的国家正版化督查组和“双打”考核组的充分肯定。

三是培训工作和信息报送取得了新进展。多种形式组织开展版权培训,通过开

班培训、送出去参训、以会代训等多种途径，进一步提高了陕西省版权从业人员的综合素质，取得了良好成效。加强信息报送工作，局版权管理处全年共在陕西省版权局网站发布信息 65 条，数量比 2015 年翻了一番。

（陕西省版权局　王新民）

司法工作

一、努力提高知识产权案件的审判质量，为陕西省知识产权创新发展提供良好的司法保障

2016 年，陕西全省法院共受理知识产权案件 1934 件，结案 1820 件。陕西省高院共受理知识产权案件 84 件，审结 80 件，调撤 17 件。其中，陕西省高院审理的搜狗公司、搜狗科技公司与奇虎公司、奇虎 360 软件公司不正当竞争纠纷案，比登堡公司与陕西省军区军人服务社侵害商标权纠纷案，普惠公司与醉乡公司、张小利烟酒店侵害商标权纠纷等案件，具有较大的典型意义及社会影响力。

二、加强知识产权案件宣传，加大知识产权案件司法公开，优化司法保护环境

2016 年陕西省高院通过网络直播 8 个知识产权案件的庭审全过程，受到社会的广泛关注。陕西省高院依托信息化平台推进裁判文书上网，2016 年陕西省高院上网公开的知识产权生效裁判文书已达 80 份。

以“4·26 世界知识产权日”为时间节点，陕西省高院通过网络视频直播对京御煌店与北京黄记煌公司、西安黄记煌公司侵害商标权纠纷等 5 起社会关注度较高的案件进行了集中公开宣判，并被《西安日报》和《人民法院报》相继报道。

2016 年 10 月，陕西省高院开展了“知识产权案件庭审进校园活动”，在西北政法大学公开开庭审理了中健冶金公司与西安中健冶金公司侵害企业名称权纠纷案。

三、加强调研和监督指导，统一陕西省知识产权案件裁判标准，推动完善知识产权法律制度

陕西省高院向最高人民法院推选了 2015 年中国知识产权司法保护十大案件和 50 件典型案例 3 件。向最高人民法院报送了《关于知识产权民事诉讼证据规则适用问题》《2015 年知识产权涉外案件工作》《〈中华人民共和国商标法〉(2013)实施情况》《植物新品种权司法保护调研》等调研报告。

2016 年 8 月，陕西省高院圆满召开了“全省法院商事和知识产权审判工作座谈会”，统一了全省知识产权案件审理标准和方法；陕西省高院坚持对下指导工作，加强重大典型案件带案指导，2016 年共对下指导案件 8 件。

四、深化司法改革，完善审判体制机制

陕西省高院根据最高人民法院《关于在全国法院推进知识产权民事、行政和刑事案件审判“三合一”工作的意见》的要求，在总结他省试点经验的基础上，积极调查研究、沟通协调，于 2016 年 12 月完成了《陕西省高级人民法院关于在全省法院推进知识产权民事、行政和刑事案件审判“三审合一”工作方案》的制订工作，并计划在近期全面推行。

（陕西省高级人民法院知识产权审判庭）

检察工作

2016 年，陕西省检察机关认真开展打击侵犯知识产权和制售假冒伪劣商品犯罪活动，加强了对知识产权的刑事保护工作，加大了对制售假冒伪劣商品犯罪的打击力度，有力地净化了市场环境，维护了人民群众的合法权益，各项工作取得了好的成效。

一、充分发挥检察职能，依法打击侵权假冒犯罪

2016年，全省共批捕生产销售伪劣商品犯罪案件95件156人，起诉169件287人；批捕侵犯知识产权犯罪案件23件29人，起诉21件23人，有力地保护了市场秩序，维护了人民群众的生命健康安全。

二、突出工作重点，开展侵权假冒领域专项行动

陕西省检察院成立了以省检察院领导为组长，相关部门负责同志为组员的领导小组，并成立领导小组办公室专门负责具体工作，研究制订了陕西省检察机关“打击侵犯知识产权和制售假冒伪劣商品专项行动”实施方案。2016年3月，陕西省检察院召开了领导小组会议，分管副检察长对打击侵犯知识产权和制售假冒伪劣商品犯罪活动进行了动员和部署，要求各相关部门按照陕西省检察院的部署，树立“一盘棋”观念，强化统筹协调和衔接配合，各司其职，强化指导和检查，切实抓好工作，确保打击活动取得实效。按照陕西省检察院的部署与要求，陕西省各级检察院结合工作实际，制订实施方案，确保专项行动有计划、有步骤地扎实开展。

三、发挥职责，加大力度，确保打击工作取得成效

陕西省检察机关抽调有丰富办案经验的人员专门办理该类案件，认真审查案件事实证据，准确进行定性，把“严打”方针落实到办案的各个环节，坚持依法快捕快诉，增强打击效果，形成高压态势。加大监督力度，深入开展“危害食品药品安全犯罪专项立案监督活动”，从各种渠道发现涉嫌食品药品犯罪的线索，对发现和摸排的线索，以及新闻媒体曝光和人民群众反映强烈的案件线索高度重视，依法督促行政机关移送涉嫌犯罪案件，确保公安机关依法立案，有效解决有案不移、有案不立、以罚代刑等问题。加大挂牌督办增强打击实效，陕西省检察院对涉及面广、社会危害后果严重、社会各界反应强烈的6个案件及时进行挂牌督办，提高打击实效。强化“两法”衔接，形成打击合力，积极与公安机关和行政执法机关加强协作，以联席会议、案件双向咨询等多种形式加强与相关行政执法机关和公安机关的沟通协调，认真查找在案件移送、立案和监督环节存在的问题，及时通报，共同采取有力措施加以解决。加强督导检查，推动专项立案监督活动顺利开展。陕西省检察院强化指导、督促职责，统筹各方、扎实推进。加大检查和督导力度，及时研究解决工作中遇到的新情况、新问题，深入推进两个专项立案监督活动，防止走过场。强化检察建议，推进社会治理，充分发挥检察机关参与综合治理工作的职能作用，认真分析研究所办案件的犯罪类型、发案原因和规律特点，针对办案中发现的社会管理漏洞，及时制发检察建议，向有关单位提出防范和整治建议。

四、加强法制宣传力度，提升群众的知识产权保护意识

在打击假冒伪劣商品犯罪活动中，陕西省检察机关还注重加大宣传力度，全省检察机关借助广播电台、报纸、网络、微信平台，利用标语横幅、照片、视频等宣传素材广泛深入宣传，营造浓厚氛围，提升社会公众对检察机关依法保护环境资源和保障食品药品安全的认知度，充分发动群众的举报积极性，调动人民群众参与法律监督的热情。及时向社会公布检察机关办理的重大犯罪案件，释法说理，提高群众防范意识。2016年以来，陕西省检察机关先后开展法制宣传300余次，印发宣传材料2万余份，提供法律咨询1500余人次，受理群众线索百余件。

（最高人民检察院侦查监督厅供稿）

甘肃省

专利工作

2016年，在国家知识产权局的正确指导下，在甘肃省委省政府的大力支持下，甘肃省知识产权事业得到快速发展，主要工作成效如下。

一、知识产权强省建设取得实效

甘肃省政府出台了《关于新形势下加快知识产权强省建设的实施方案》。成立了以分管省长为组长，21个成员单位参加的甘肃省知识产权强省建设工作领导小组。制订了《甘肃省建设特色型知识产权强省试点省实施方案》。

二、专利创造能力显著增强

2016年，甘肃全省专利申请受理20 276件，首次突破2万件大关，同比增长39.0%，高于同期全国25.2%的平均增长水平，在全国31个省、自治区、直辖市中排名第24位，与2015年相比上升了1位。授权专利7975件，同比增长15.4%。发明专利申请受理6114件，同比增长11.1%。发明专利授权1308件，同比增长5.7%。发明专利申请占比为30.2%。有效发明专利5022件，同比增长22.7%，每万人口发明专利拥有量1.93件，受理PCT国际专利申请8件。

三、专利运用能力稳步提升

2016年，甘肃省质押专利90项，专利权质押25笔，融资额已达12亿元，超过“十二五”时期的总和。为了促进专利转化运用，正在积极筹建甘肃省知识产权交易中心。2016年甘肃有5项发明专利获得第十八届中国专利优秀奖，有50项专利获得甘肃专利奖。2016年兰州市作为试点城市，获得中央4000万元专项资金支持。截至目前，全省有4家国家级知识产权示范企业、44家知识产权优势企业。省级知识产权优势培育企业达到131家。

四、专利行政执法保护实效明显

加强对市州执法办案工作的督导督办，推动市州执法办案水平。完成2015年度市州专利行政执法绩效考核。积极参与入驻“兰洽会”和“双创周活动”等开展展会专利行政执法检查，设立了知识产权维权援助投诉站。2016年，甘肃各级专利执法部门共受理各类专利案件483件，同比增长42.06%。其中侵权案件40件，假冒专利案件443件，结案率96.69%。接受网上举报投诉案件4起，查证网上假冒专利案件7起。建立了“两法”衔接工作平台，共录入案件45件。公开案件信息254件，其中侵权10件，假冒244件。全年，12330举报投诉电话接听量达1000多次，立案25件。

五、专利管理水平进一步提高

完成了知识产权计划项目管理工作。组织了2016年甘肃省知识产权计划项目，共受理了121项申报知识产权计划项目，有70个项目获得立项，项目金额2000万元。建立甘肃省知识产权局工作台账，共列台账31项，完成27项，正在办理4项。制定了《甘肃省知识产权(专利)发展“十三五”规划》，联合甘肃省科技厅、甘肃省政府金融办、甘肃保监局印发了《甘肃省关于开展专利保险工作指导意见》、制定下发了《甘肃省专利行政执法案件信息公开工作实施细则(试行)》。组织了知识产权宣传周和中国专利周活动。发布了《2015年度甘肃省知识产权保护状况白皮书(中英文)》。

六、知识产权服务水平不断提高

推荐甘肃省知识产权事务中心成功入选“第三批全国知识产权服务品牌机构培育单位”,使其成为甘肃省第二家品牌机构培育单位。编制印发了《2015 年甘肃省专利统计分析报告》,发布了 12 期《2016 年甘肃省专利申请授权统计分析月报》和《2016 年甘肃省各市州专利指标情况通报》。甘肃省被国家知识产权局列入 2016 年省区专利信息利用工作帮扶省。2016 年首次启动了甘肃省专利资助资金申报工作,共资助专利 3240 件,资助金额 330.56 万元。

七、对外合作交流日益频繁

甘肃省知识产权局先后和广东省知识产权局、国家知识产权局专利局专利审查协作河南中心、天津市知识产权局签订了知识产权工作合作框架协议。

(甘肃省知识产权局)

商标工作

2016 年以来,甘肃省工商局把“两学一做”学习教育与业务工作紧密结合,以创新牵引各项工作,突出抓指导、抓重点、抓机制、抓落实,全面夯实基础,全面推进商标品牌战略。

一、抓考核,突出商标品牌建设的政策导向

(1)制定《关于深入实施商标品牌战略的意见》。制定并下发了《关于深入实施商标品牌战略的意见》,对全省“十三五”期间商标品牌建设作出了全面规划部署。

(2)明确目标。组织召开了全省商标工作座谈会,印发《2016 年全省商标工作安排》,明确五大重点工作,细化工作目标考核指标,分解压实任务。年底组织召开全省商标工作座谈及汇报会,对照目标逐项考核打分。

(3)加强督查。建立了商标注册季度通报制度,在《工商时讯》通报注册商标排名。先后下发《关于开展商标工作半年自查的通知》《关于加强工作自查推进商标品牌战略的通知》,通过“拉清单”“逐项销号”的方式,及时了解掌握各地工作进展情况。坚持推进工作,服务先行,编印下发了《商标注册申请指南》《甘肃省 2015 年商标申请注册一览表》《中国地理标志》等图册。

二、抓平台,夯实商标品牌建设的实施基础

(1)建好宣传平台。先后在每日甘肃网、省广播电台开播了“甘肃商标品牌战略”专栏,用两个月的时间,在甘肃卫视集中宣传了商标品牌战略。配合省电视台拍摄了甘肃首档口述记录栏目《品牌之路》宣传片,营造了良好的商标品牌建设氛围。

(2)建好展示平台。开发运行了“甘肃商标网”,使其初步具备了宣传展示、商标查询、网上办事、网上培训、业务开展等功能。及时在网上发布《关于谨防商标注册诈骗的紧急通知》。开发建成了具备商标基础数据分类分项查询检索的数据平台,满足了工商系统日常工作所需,大大方便了各类市场主体,促进了商标品牌战略的实施。2016 年 7 月“甘肃商标网”正式上线运行以来,点击率达到 62 万余次。

(3)建好管理平台。推广兰州市工商局大型商场和专营专卖店商标授权经营管理制度,实行注册商标、高知名度商标备案管理,涉外品牌设立“温馨提示牌”,全部翻译为中文,方便消费者选购。指导基层设立“商标品牌指导站”,建立企业“商标联络员”,服务各类市场主体。

(4)建好培训平台。组织举办“全省工商系统商标监管业务培训班”“全省国际注册商标培训班”,收效良好。指导各地分别组织工商执法人员和各类市场主体举办商标培训班共200多期。

三、抓载体，着力放大商标品牌效应

（1）推进商标注册便利化改革。设立了兰州、天水、酒泉三个商标申请注册受理点，即将实现全省商标申请注册的就近受理和便利化。

（2）提高商标品牌培育工作水平。下发了《关于建立甘肃省重点培育和发展知名商标目录的通知》，初步建立了全省重点培育商标目录数据库，全程动态帮助企业创立品牌，运用品牌开拓市场。

（3）推动地方产品向地方品牌转变。通过组织企业参加中国商标品牌节、兰洽会等商品交易会形式，扩大商标的知名度，努力为推动全省名优产品走出甘肃、走向全国搭桥铺路。

（4）积极筹备商标质押融资工作。组织各银行部门召开了商标质押融资座谈会，向全省系统下发了《关于做好商标权质押贷款宣传指导工作的通知》。

（5）努力构建商标品牌发展协同机制。支持“培育一批、推荐一批、储备一批”的发展机制，发挥市场对商标认定、认可和评判的作用，以品牌竞争实现创新发展，努力构建品牌竞争和创新发展的协同共治机制。

四、抓监管，切实发挥商标保护主力军作用

（1）加大商标专用权保护力度。指导各地开展商标法律知识培训，强化了商标侵权案件查处工作。深入开展保护注册商标专用权行动，以驰名商标、涉外商标、地理标志商标为重点，严厉打击侵犯注册商标专用权行为。截至2016年底，全省查处侵权假冒案件636件，案值597.52万元，罚没433.88万元，较2015年均有增长。

（2）建立商标执法协作机制。完善了商标举报投诉处理机制，强化了部门协作，先后和多部门配合开展联合执法行动，有效震慑了商标侵权和制售假冒伪劣商品违法活动。

（3）加强指导调研力度。指导各级对辖区内特色商标的情况开展调研摸底，掌握第一手资料。在全省实行著名商标交叉检查，实地察看的同时，大力开展商标品牌战略调研宣传，及时出谋划策，促进各地相互交流学习。

截至2016年12月31日，全省商标注册申请量达17 958件，新增有效注册商标7580件，总数达41 430件；新增地理标志证明商标5件，总数达62件；新申请商标国际注册11件，总数达21件。

（甘肃省工商行政管理局）

版权工作

2016年，甘肃省版权管理工作以建立长效机制，巩固党群机关软件正版化为重点，同时兼顾版权行政执法及法律服务，以此带动全省版权行政管理工作的全面进步。全年重点工作如下。

一、软件正版化工作推进

（一）工作成效

2016年，甘肃省版权局以会议部署、领导批示、以奖代补、督查检查等手段为抓手，着力抓好党政机关软件正版化工作成果的巩固；协调企业主管部门牵头，版权部门有效配合、双方联合检查等方式，稳步推进企业软件正版化；同时，加强源头监管、软件日常使用监管，落实考核评议制度，软件正版化长效机制建设进一步完善，得到了国家和甘肃省的肯定。

（二）工作措施

1. 责任落实“四有力”

（1）组织到位，推动有力。一是领导重视。2016年10月，甘肃省副省长在《关于省级党政机关软件正版化工作督查情况的通报》上批示，将软件正版化工作提到落实依法治国、各级党员干部遵纪守法的高度，对软件正版化工作起到了推动作用。二是全面部署。2016年初，甘肃省全省文广新局长座谈会上，专门就软件正版化工作进行了安排部署，并将其列为年度重点工作。三是通力协作。各成员单位积极配合督查工作，分组牵头带队实地抽查，并提交详尽的督查报告。

(2)资金到位，保障有力。甘肃省于2014年专门设立了软件正版化专项资金1000万元。2016年初，将2015年度的1000万元以以奖代补的方式全部奖励给工作扎实、成效显著的市(州)、单位。对省级党群部门以任务完成速度为标准，按照各单位自筹购置资金的95%、80%、60%分别进行奖补。市(州)以市直单位完成情况和所辖县区进展情况为标准，分为一类40万元，二类30万元，三类20万元进行了奖励。

(3)督查到位，措施有力。按照属地管理的原则，建立了省督查市(州)、抽查县(区)，市(州)全面督查县区的工作机制。2016年5月，专门抽查了省直个别单位和个别市县的党群软件正版化工作成果。2016年8月，甘肃省领导小组对省级81个党政机关软件正版化工作进行了实地抽查。

(4)责任到位，落实有力。一是全省通报。2016年9月，甘肃省领导小组办公室下发了《关于省级党政机关软件正版化工作督查情况的通报》，对所有省级党政机关的检查情况逐一列表说明，对各单位工作情况作出公正客观评价的同时，对工作仍有欠缺的单位提出警示。二是两级承诺。将国家版权局印发的《软件正版化工作指南》发给了各地各单位，按照要求，各单位都建立了处室、个人两级承诺制。三是责任追究。按照甘肃省确定的“分级负责”原则，建立起了政府将责任落实到各部门，各部门将责任落实到计算机使用人员的政府、部门两级责任追究机制。不断更新完善甘肃省党政机关软件正版化责任人数据库。推进各单位进一步明确软件正版化工作责任部门和责任人，将软件正版化工作成果巩固情况与具体责任人挂钩。

2. 加强监管“四注重”

一是注重源头管理。2016年4月，甘肃省制定印发了《2016年甘肃省推进使用正版软件工作实施意见》，对完善长效机制、加强监管力度、强化源头治理等工作提出了具体措施。

二是注重使用管理。各地各单位将软件资产纳入本单位资产管理体系，建立软件使用管理制度和软件台账，做到专人负责、台账齐全、管理严格、使用有序。抓好软件事后监督与使用监督的问题，保证软件使用者不擅自安装卸载正版软件，充分发挥正版软件的使用价值。

三是注重长效管理。甘肃省“双打”工作领导小组各成员单位按照各自职责，分别就软件资产管理、采购资金预算、软件采购、管理审计、年度考核等相关内容建立了制度，形成长效管理体系。

四是注重考核评议。2016年，甘肃省版权局起草了《甘肃省软件正版化工作实施意见》《甘肃省机关软件正版化考核办法》，对考核范围、考核内容、考核标准、考核结果进行了全面细化。

3. 企业同步“三推进”

一是推进国有企业。2016年7月，甘肃省国资委下发《关于开展2016年省属监管企业软件正版化实施工作督查的通知》部署工作。白银公司、八冶集团、华亭煤业等10家企业已完成软件正版化工作任务。2016年11月开始，甘肃省版权局对省属10家国有企业软件正版化工作进行了抽查。

二是推进金融机构。2016年7月，组织人员对金融机构软件正版化工作进行了抽查。抽查结果显示，金融机构对使用正版软件工作很重视，各单位软件正版化率都比较高，基本实现了100%。

三是推进新闻出版行业企业。2016

年7月，组织人员进行实地抽查结果显示，行业企业均能按照国家版权局对新闻出版行业企业使用正版软件的要求，建立了软件资产管理长效工作机制，完成了软件正版化工作目标。

二、开展“剑网2016”专项行动

甘肃省版权局联合公安部门、互联网信息管理部门、通信部门联合下发了“剑网2016”专项行动的通知，制订了专项行动工作方案。各市(州)按照甘肃省的安排，积极组织开展专项行动，及时与相关部门沟通协作，加强对主要网站的监管，持续对侵权网站保持高压态势。

据不完全统计，2016年，甘肃省各级行政执法部门共受理侵权案件9起，行政处罚结案2起，移交司法机关3起，调解处理1起，另行起诉1起，正在办理2起。

三、版权法律服务水平稳步提高

(1)提高作品著作权登记的效率。2016年甘肃省版权局受理作品登记215件，为历年之最。与此同时，甘肃省版权局注意强化诸如版权纠纷调解、作品登记、版权贸易合同的指导、版权咨询等工作。与兰州新区党群工作部联系，为其推介兰州新区提供法律服务；2016年12月，甘肃省版权局首次组织读者集团等出版单位负责人赴广州参加了第六届中国国际版权博览会；积极与文化集市负责人联系，力图通过提供版权法律服务促使甘肃版权产业再上新台阶。

(2)加大对著作权的宣传力度。以“双打”“4·26世界知识产权日”宣传周为平台，创新形式，深入宣传版权保护的措施和成效。制作“保护版权、促进创新”的宣传条幅，在4月21日组织现场万人签名活动；配合甘肃省高院，召开了省知识产权司法与行政保护座谈会；制作宣传挂图，在“4·23世界读书日”的全民阅读启动仪式现场进行宣传展示；甘肃广电总台策划制作了一批尊重、保护知识产权的公益宣传广告并集中播出。

（甘肃省版权局　夏　玲）

司法工作

2016年，甘肃省各级法院知识产权审判部门在最高人民法院的指导下，深入贯彻党的十八届三中、四中、五中、六中全会精神和习近平总书记系列重要讲话精神，紧紧围绕“让人民群众在每一个司法案件中都感受到公平正义”司法工作主线，切实履行执法办案第一要务，坚定不移地推进知识产权审判体制改革，不断提升司法公信力，各项工作取得了新进展。

一、甘肃省法院知识产权案件审理情况

2016年甘肃省各级法院共受理知识产权案件204件，一审案件175件，二审案件29件。其中，专利权纠纷45件，占22.1%；著作权纠纷8件，占3.9%；商标权纠纷93件，占45.6%；植物新品种权纠纷19件，占9.31%；技术合同纠纷16件，占7.8%；其他知识产权纠纷23件，占11.3%。共审结197件，未结7件，结案率97%。

二、主要做法

(一)强化审判管理，推动知识产权审判服务地方经济发展

(1)以积极落实司法政策为前提，着力提升审判质效。2016年，甘肃省各级法院集中精力成功审理了一批具有典型性和代表性的案件，如王黎清泉羊饭庄侵犯嘉峪关市清泉羊饭庄注册商标案，孔某与泓杰公司、庆阳市西峰区市政管理局、环宇路业公司侵害外观设计专利权纠纷案。

(2)以严控案件质量标准为抓手，强化裁判文书说理性。甘肃省各级法院积极开展案件评查活动，坚持对所办案件实行“一案一分析，一案一教育，一案一评估”的风险评查方式。甘肃省高院民三庭制定了《律师干扰办案情况登记表》，对存在不端行为的律师予以登记。由武威市中院审理的金苹果公司与乐尚公司侵犯商标权纠纷案，通过判决深刻细致辨法析理，引起了良好的社会反响。

（3）以制度建设为保障，确保司法公正透明高效。甘肃省高院民三庭先后制定了《合议庭工作规则》《审判流程权力清单》《司法审判权力运行流程图》《错案责任追究暂行规定》《法官办案责任制暂行办法》《办理案件审限超期责任追究办法》《法官办案相关事项登记制度》等 33 项审判管理制度，实现了用制度管人、管事、管案的科学化审判管理模式。

（二）加强宣传引导，努力为经济社会创新发展营造良好舆论环境

（1）精心谋划、周密部署。为迎接“4·26 世界知识产权日”，甘肃全省法院开展了形式多样的宣传活动。甘肃省高院民三庭制订了《“4·26 世界知识产权日”宣传周活动方案》。（2）以案释法、送法上门。宣传周期间，发放宣传资料 1000 余份，走访了兰州兰石公司；城关区法院民三庭将一起知识产权案件的庭审搬进了甘肃政法学院，为全校师生进行了一次生动的庭审观摩；针对专家、学者、教师、学生开展了知识产权保护签名、倡议等活动；积极与工商、专利、农牧等相关政府行政部门交换意见，深入“双联”联系点向当地群众宣讲法律条文。（3）座谈交流、专家讲座。邀请甘肃省工商局商标管理处副处长作了题为“新商标法框架下的商标知识产权保护”的专题讲座。召开知识产权与行政保护座谈会，就确立《关于建立健全甘肃省知识产权司法保护与行政执法机关协作配合机制的实施意见》达成了共识。同时确定并建立了首批甘肃省知识产权审判咨询专家库。（4）新闻发布、出台意见。召开新闻发布会，发布了 2015 年甘肃省知识产权司法保护十大典型案例和《甘肃法院知识产权司法保护状况（2015）》（白皮书）。印发了《甘肃省高级人民法院关于加强知识产权司法保护服务和保障我省创新驱动发展战略的实施意见》。

（三）深入调查研究，积极探索适应新常态下的审判方法

（1）开展实地调查。甘肃省高院民三庭形成了《甘肃省高级人民法院关于审理商标权案件情况的调研报告》，在 2016 年甘肃省法院优秀调研报告评比中荣获一等奖。武威市中院经过调研，根据企业实际需求，编印了知识产权维权资料，定期开展法律咨询。

（2）召开座谈研讨。酒泉市中院与酒泉市种子管理部门、甘肃省高院司法技术处，就植物新品种侵权案件证据保全中扦样、检测等专业问题进行了座谈交流。庆阳市中院与相关行政部门重点对当前商标权司法、行政保护中所存在的问题和应对的措施进行了分析、讨论，并在联动机制建立方面达成了高度共识。

（3）提出司法建议。在调研的基础上，甘肃省高院向省农牧厅、省工商局、省知识产权局、省版权局等部门发送了知识产权保护协作函。甘肃省高院等五部门联合出台《关于建立全省知识产权司法保护与行政执法机关行政配合机制的实施意见》。

（四）创新党建工作法，不断加强知识产权审判队伍建设

甘肃省各级法院认真践行“两学一做”学习教育有关要求，开展了一系列学习教育活动。

（1）找准结合点。重点突出六个结合点：将“两学一做”与司法廉洁教育相结合；将“两学一做”与巩固廉政风险防控试点成果相结合；将“两学一做”与“三严三实”整改提高相结合；将“两学一做”与推进审判质效相结合；将“两学一做”与贯彻落实制度相结合；将“两学一做”与上级安排部署相结合。

（2）牢固树立短板意识。按照规定召开了组织生活会，通过批评与自我批评、民主评议党员、谈心谈话等措施，着力解决思想“亏电”、精神“缺钙”、作风“松散”、工学“矛盾”等问题。

（3）全面落实保密工作会议精神。制定了《民三庭保密工作自查自评报告》《保密工作自查自评专项活动的工作方案》，提高干警对国家秘密和审判秘密的认识。

（甘肃省高级人民法院知识产权审判庭）

检察工作

2016年，甘肃省检察机关认真贯彻落实全国“双打”工作电视电话会议精神和省政府办公厅印发的《2016年甘肃省打击侵犯知识产权和制售假冒伪劣商品工作要点》要求，密切同行政执法机关、公安机关的协作配合，加强对市场经济秩序的司法保护，依法履行各项检察职能，在打击侵权假冒犯罪、加强对行政执法机关移送涉嫌犯罪案件和公安机关刑事立案的监督、推动行政执法与刑事司法衔接机制建立和完善等方面取得了一定成效。

一、始终保持打击侵犯知识产权和制售假冒伪劣商品犯罪高压态势

2016年甘肃省检察机关共批捕涉嫌侵犯知识产权案件10件12人，生产销售伪劣商品案件38件49人；审查起诉侵犯知识产权案件23件37人，生产销售伪劣商品案件77件114人。在严格依法的前提下从快批捕、起诉，为维护人民群众生产、生活秩序，规范市场经济秩序，保护企业自主创新活力和优化投资环境提供有力司法保障。

二、深化重点领域突出问题专项治理

最高人民检察院部署开展“危害食品药品安全犯罪专项立案监督活动”以来，甘肃省检察机关将打击食品药品领域的侵权假冒犯罪作为工作重点，共监督行政执法机关移送涉嫌犯罪案件线索34件37人，监督公安机关立案侦查10件10人。截至目前，经检察机关监督的案件，批捕12件14人，提起公诉30件36人，法院作出有罪判决14件16人。

三、深化对下业务指导，认真办理挂牌督办案件

甘肃省检察院和各市级检察院把挂牌督办案件作为加强对下业务指导的有力抓手，挂牌督办危害食品药品安全犯罪案件26件，交办涉嫌危害食品药品安全案件线索10起，并加强跟踪管理，落实督办责任。目前，已经作出有罪判决20件，移送审查起诉4件，仍在侦查1件。

四、加强协作配合，形成打击合力

甘肃省检察机关积极参加农资打假、清理整顿卷烟市场专项行动，充分发挥法律监督职能，注重及时与行政执法机关沟通交流，积极走访甘肃省食品药品监督管理局，获取63起制售伪劣药品、不符合标准的医用器材、伪劣食品、保健品案件线索，及时向相关地区交（督）办。目前，已建议移送3件，立案8件，批捕1件。在参与专项行动的同时，针对相关行政管理部门存在的制度缺陷和工作漏洞，运用检察建议等多种形式，提出针对性强的工作建议，强化法律监督。如兰州市城关区检察院针对办案中发现的食品和药品生产销售环节存在的共性问题，向兰州市城关区食品药品监督管理局发出检察建议，引起高度重视，兰州市城关区食品药品监督管理局迅速在全区开展“四品一械”摸排检查，并向检察机关专题回复了整改落实情况。

五、健全“两法”衔接工作机制

甘肃省检察院积极推动省食品药品监督管理局、省公安厅和省食品安全委员会

办公室会签下发的《甘肃省食品药品行政执法与刑事司法衔接联席会议制度》《甘肃省打击食品药品违法犯罪行政执法与刑事司法衔接工作实施细则》，建立健全了线索通报、案情通报、信息共享、案件移送、信息发布沟通协作、检验鉴定“绿色通道”、检验鉴定专项保障经费和涉案物品无害化处理（保存）等八项工作机制，解决了检验鉴定经费承担主体的实践难题。与甘肃省工商局和省公安厅会签下发《关于加强工商行政执法与刑事司法衔接规范和保护社会主义市场经济秩序工作的指导意见》，规范行刑衔接，健全常态化工作机制，强化职务犯罪惩治与预防，共同维护社会主义市场经济秩序。

六、注重宣传舆论引导，提升司法公信力

甘肃省各级检察院将知识产权保护列入法治宣传重点，充分利用“3·15 国际消费者权益日”“4·26 世界知识产权日”“12·4 全国法制宣传日”等时机，通过设点集中宣传、深入基层上门宣传、借力媒体广泛宣传等方式，宣传打击侵权假冒相关法律法规，提高消费者识假辨假能力，为打击侵权假冒营造良好的舆论氛围。如酒泉市检察院围绕“精准扶贫”“精准脱贫”工作，实施“先锋富民”行动，依法打击侵犯农业科技知识产权、危害农业科技创新和推广应用的犯罪，推动农业科技成果转化。

（最高人民检察院侦查监督厅供稿）

青海省

专利工作

2016 年是“十三五”开局之年，在国家知识产权局及青海省科技厅党组的正确领导下，青海省知识产权局紧紧围绕年度目标责任，各项工作扎实有序推进。

一、突出政策文件制定，政策体系不断完善

2016 年，青海省出台了《青海省人民政府关于加强知识产权工作的实施意见》，首次将知识产权相关指标纳入年度目标考核体系。同时，根据该实施意见要求，青海省知识产权局联合相关单位先后起草制定了 8 个配套文件，一系列文件的制定出台为未来青海省知识产权工作的发展提供了强有力的政策引导和保障。

二、优化专利补助政策，专利质量和数量稳步提升

青海省知识产权局协同青海省财政厅对旧的资助办法和奖励办法进行了优化整合，重新制定出台了《青海省专利补助资金管理办法》，通过专利优惠政策的落实，使青海省专利质量和数量保持稳步提升。2016 年，青海省共申请专利 3284 件，同比增长 28.1%，其中发明专利 1381 件，占比 42.1%，同比增长 25.2%。大专院校申请专利 143 件，同比增长 225%，实现了超过 2 倍的增幅。专利授权 1269 件，同比增长 16.1%，其中发明专利 271 件，占比 20%，同比增长 30.9%。每万人有效发明专利拥有量达到 1.53 件，同比增长 35.3%。以上数据均提前超额完成年度目标任务。

三、强化专利运用实施，专利转移转化成效显现

青海省知识产权局与专利服务机构签订了《专利权许可转化服务试点工作委托合同书》，完成 3 项专利转化。向技术交易市场、综合服务平台、企业、高校、科研院所推送专利 235 件。2016 年青海省有 8 件专利实现转移转化，中国科学院青海盐湖研究所一项核心专利许可费用达到了4000万元，充分凸显了核心专利技术对提升企业的创新能力和促进企业创新产生的效益。

四、深化专利与金融结合，专利质押融资深入推进

青海省知识产权局与服务机构签订《专利权质押融资服务试点工作委托合同书》，大力扶持服务机构开展专利权质押融资需求调查，掌握企业专利质押融资的需求及存在的问题和困难，组织专利质押融资专题培训，开展《青海省专利权质押贷款实施办法》文件宣传及知识产权质押融资主题培训班，联合西宁市科技局举办专利权质押融资对接会，邀请第三方服务机构参与，为企业质押融资提供分析、评估等便利服务。2016年青海省6家企业的9项专利实现质押融资，金额达到8196.36万元，其中1项专利权质押贷款为企业与企业之间抵债担保式质押，这在青海省尚属首例。

五、严格知识产权保护，专利行政执法不断加强

2016年共受理专利行政案件17起，同比增长113%，受理专利侵权纠纷案件12起，开展与相关部门的联合执法，重点加大与西宁市中级人民法院、西宁市科技局的合作，认真落实“联动机制”的相关内容。加强专利行政执法队伍建设，2016年3名同志通过国家知识产权局专利行政执法资格培训班考试取得执法证。派人赴广交会参与展会专利执法检查，学习快速维权处理的相关机制和流程。严格按照青海省政府法制办“双随机一公开”工作要求，及时对专利执法人员的执法证件有效性进行自检核查，并随机抽取被检查对象与执法人员，依法公开检查结果。积极配合国家、省级打假工作，积极部署打击侵犯知识产权和制售假冒伪劣商品专项行动工作，联合省商务厅合力推动“两法”衔接信息平台建设，实现执法数据信息共享，协同省“双打”办圆满完成国家对青海省年度“双打”工作绩效考核任务。

六、强化知识产权服务，专利服务能力大幅提升

一是建立了中小企业专利信息化服务平台，集专利信息发布、数据中心、服务机构、教育培训、展示交易、便民服务、应用系统集成等功能于一体，提供专利信息一站式的便捷服务。二是专利申请受理代办能力稳步提高。2016年，国家知识产权局专利局西宁代办处共受理纸件专利申请34件，共受理专利电子申请12 615件。三是创新知识产权服务方式。深入挖掘青海省各企业创新潜力，提高企业核心竞争力，实现专利“提质增量”，在全省各园区管委会设立知识产权工作站，开展专利服务机构、专利代理人“入园进企”活动，青海省两家企业2016年首次通过贯标认证。

七、加强知识产权宣传，知识产权意识不断提高

以“4·26世界知识产权日”、中国专利周、科技活动周、双创活动周、“12·4法制宣传日”为契机，开展各种形式的宣传活动。共举办“专利基础知识专题培训班”“代理机构能力提升培训班”等各类培训班21期，培训人员1500余人次，发放宣传资料约600份(册)。向国家知识产权局、青海省科技厅报送专利信息47条，《青海日报》刊登信息13条，青海新闻联播报道2条。同时，不断充实完善国家知识产权局信息网站青海子站及青海省知识产权局网站，充分利用网络宣传的方式，全面提高社会知识产权意识。

（青海省知识产权局）

商标工作

2016 年，青海省商标工作紧紧围绕省委、省政府推进“品牌强省”和“制造强省”的战略部署，在国家工商总局的大力指导下，力求创新，坚持商标培育和保护两手抓，商标工作取得显著成效。

一、指导各地扎实开展商标培育工作

制定下发了《2016 年全省商标工作要点》，对商标培育、注册等方面细化了任务。特别是，为支持黄南州尖扎县打造文化旅游业知名品牌，指导尖扎县在 12 个类别成功注册了 12 件“灵秀尖扎”商标，在 30 个类别成功注册了 30 件“五彩神箭”商标，注册成功率达 98%。截至 2016 年底，全省共申请注册商标 5168 件，成功注册 3274 件，有效商标总量达 18 033 件，分别较 2015 年同期增长了 26.3 %、11.5% 和 17.3%。2016 年，指导化隆县就业局成功注册“化隆牛肉面”商标，实现了青海省集体商标零的突破。新申报乐都大樱桃和乐都沙果两件地理标志证明商标。截至目前，全省地理标志证明商标总数 33 件。

二、积极组织企业借助多种平台推介品牌和商品

(1)圆满完成青海品牌商品杭州推介会。2016 年 5 月 27～29 日，“大美青海，特色品牌——青海品牌商品杭州推介会”，在杭州市和平国际会展中心成功举办，取得了显著成效。推介会上，共组织了 241 家品牌企业参展，参展商品共计 26 个大类，2807 个品种，累计销售商品 1300 种，总金额 650 万元，促成了 128 个项目签约，签约总金额约人民币 66.77 亿元。推介会期间，成功举办了青海企业对接浙江客商洽谈、参观学习电商企业、青海湖景区旅游推介、青海特色美食品牌推广、青海印象风情展演等一系列专场活动。

(2)精心策划“青洽会”特色品牌产品展示区。充分利用举办“青洽会”有利时机，以突出品牌效应、突出企业风格、突出地方特色、突出工商形象为基本定位，精心策划搭建了青海特色品牌产品展示区。并组织了全省 115 家品牌企业参展，展示商品 26 大类 2000 多种。参展期间，销售产品总额 158.09 万元。有 32 家参展企业寻找到了 28 家省外经销商、代理商和合作伙伴，签订协议 35 份，金额达 1917.34 万元，实现了合作共赢。

充分利用 2016 年中国国际商标品牌节、第 23 届中国杨凌农业高新科技成果博览会等时机，对本省品牌和商品进行展示。

三、继续开展了商标专用权保护工作

2016 年，制定印发了《2016 年青海省工商系统打击侵犯知识产权和制售假冒伪劣商品工作要点》，并组织全系统认真贯彻落实。一年来，相继组织开展了“保护地理标志商标专用权专项行动”“开展打击假冒伪劣日用品专项行动”和“商标代理市场专项整治行动”等一系列打击侵权假冒、保护知识产权专项行动。期间，抽调专人有针对性地开展了保护“金益”“互助”“天佑德”“迪士尼”“周黑鸭”等驰名商标执法工作，依法查处了侵犯驰名商标案件 8 件，涉案案值 1.5 万元，有效地维护了青海省高知名品牌的合法权益。

截至目前，全省共依法立案查处商标侵权案件 41 件，涉案金额 20 万元，收缴罚没款 17.2 万元，捣毁制假、藏假、售假窝点 2 处。

四、持续加强宣传活动

为了做好“4·26 世界知识产权日”宣传工作，结合杭州推介会，指导全省系统开展了以“商标提升价值、品牌驱动发展”为主题的系列宣传月活动。围绕“聚焦青海品牌”编发新闻稿件 19 篇；开设“青海品牌商品亮相西子湖畔”，播放新闻及专题报道

50 条；举办全省商标品牌策划、推广与评估专题讲座，全省共有 196 家知名品牌商标企业负责人听取了讲座。与此同时，全省系统组织开展了以“打击侵犯知识产权和制售假冒伪劣商品违法行为，维护良好的市场经济秩序”为主题的宣传活动，其中电视报道打假新闻 5 次，编印“双打”信息、简报 12 期，同时制作宣传展板 15 个，发放宣传资料 3200 多份。青海省工商局在做好系统内部宣传报道工作的同时，还积极主动和相关媒体取得联系，利用媒体的力量，广造舆论声势，扩大“双打”工作群众的参与度。

（青海省工商行政管理局）

版权工作

2016 年，青海省版权局围绕法制建设、版权管理和推进全省政府机关及企业软件正版化等工作，把握重点，认真谋划，精心实施，圆满完成了各项工作任务。

一、法制建设稳步推进

（1）着力推进依法治省加快法治政府建设。制定印发了青海省版权局《2016 年依法治省工作要点》《2016 年深入推进依法行政加快建设法治政府工作要点》和《任务台账》，明确了主要目标和具体任务，并就工作任务进行了逐项分工，设定完成时限，落实到具体处室。

（2）积极提升依法行政能力。将依法行政能力提升纳入年度培训目标和任务，整理了涉及文化新闻出版（版权）方面现行有效的法律、法规、规章以及规范性文件，编印了《文化新闻出版（版权）法律法规汇编》；4 月，举办了规范性文件制定报备培训班；5 月，举办了全省文化新闻出版（版权）依法行政能力提升培训班。

（3）积极开展法治宣传教育。制定印发了版权局系统《2016 年普法依法治理工作要点》，4 月 20 日在青海大学举行了青海省“版权进校园”主题宣传周启动仪式，5 月 31 日在新宁广场参加了《青海省法制宣传教育条例》集中宣传活动。

（4）全面完成了全省文化新闻出版（版权）系统行政执法人员资格清理工作。根据省政府法制办《关于开展全省行政执法人员资格清理的通知》，对照“三定”规定认真核查执法主体和执法岗位，核查实际持有行政执法证件的人员，逐个部门、逐项内容积极推进清理工作。

二、版权服务成效显著

（1）加强宣传，提升公众版权意识。充分利用“4·26 世界知识产权日”宣传周活动平台，着力加强了著作权法主题宣传普及活动。2016 年，开展了以“拒绝盗版，从我做起——版权进校园”主题宣传周活动。于 4 月 20 日上午，在青海大学举行了启动仪式，并在“拒绝盗版，从我做起”条幅上签名。现场悬挂横幅标语 3 条、展出展板 18 块、散发宣传资料 5000 余份，集中展示了近年来青海省实施知识产权战略以来取得的显著成效，宣传了开展打击侵犯知识产权和制售假冒伪劣商品专项行动，特别是集中宣传了自 2011 年以来全省各级政府推进软件正版化、版权保护工作取得的成果。同时，充分利用网络媒体进行宣传。在青海民族文化网和微信公众号“大美青海多元文化”等网络平台全面跟踪报道了各项活动。

（2）开展高校及其周边复印店专项整治。3 月，下发《关于开展高校及其周边复印店专项治理行动的通知》，部署开展了高校及其周边复印店专项治理行动。3 月 8～15 日，对 10 所高校校内及其周边的 34 家复印店开展了执法检查，对 4 家违规经营的打字复印店做出停业整顿处理。同时，向院校有关部门通报了检查情况，提出了明确要求，进一步教育引导高校师生提高自觉抵制盗版盗印的意识。

（3）积极开展打击网络侵权盗版“剑网

2016”专项行动。制订下发了《青海省开展打击网络侵权盗版“剑网2016”专项行动实施方案》，对全省开展“剑网行动”作出了安排和部署，明确要求各市、州紧密围绕工作重点积极组织开展查办网络侵权盗版案件。截至2016年底，全省未发生一起网络版权侵权案件，专项行动取得了明显的成效。

（4）开展集中销毁侵权盗版及非法出版物活动。2016年4月21日，在西宁举行了2016年侵权盗版及非法出版物集中销毁活动，集中销毁侵权盗版及非法出版物共计10.2万件。

（5）全面推进软件正版化工作。制订印发了《青海省2016年推进使用正版软件工作实施方案》《关于做好2016年推进软件正版化有关工作的通知》和《关于做好推进企业使用正版软件工作有关事项的通知》。一是加强计算机软硬件采购源头管理。制定印发了《关于进一步加强计算机软硬件采购源头管理的通知》。二是举办全省软件正版化工作培训班。分别举办了2016年全省党政机关、省属国有企业和民营企业软件正版化工作培训班。三是加强对软件正版化工作督查考核。11月部署开展了政府机关、省属国有企业、大中型民营企业和金融机构的软件正版化督查考核工作，首次实现了对69家省直党政机关软件正版化督查考核的全覆盖。

（6）积极开展执法培训工作。举办了全省文化新闻出版（版权）依法行政能力提升培训、全省印刷复制发行法制培训、全省文化市场综合执法骨干培训、全省网络文化以案施训培训、全省软件正版化工作培训、全省文化市场综合执法及“扫黄打非”业务骨干培训等七期培训班，共有720名文化新闻出版行政管理执法人员参加了培训。同时，先后组织99人次分别参加了由国家版权局举办的版权执法和软件正版化工作培训、上海市文化行政执法总队开展的驻场培训以及河南省和四川省举办的文化市场综合执法培训班。

（7）加大市场监管力度，规范市场经营秩序。青海省版权局始终坚持日常监管和专项行动相结合，严厉打击各类侵权盗版经营活动。持续组织开展了以抓源头、清市场、打网络、查办大案要案为重点的“双打”行动，有效地提升了版权执法监管效能。对送检的316种389张；191种317张音像制品样品进行了鉴定，并出具了认定意见书。分别委托湖北省版权局、内蒙古版权局对涉案出版物给予了认定。根据举报，省“扫黄打非”办公室会同印刷发行部门在西宁嘉彩印刷公司查获5种共9720册未办理印刷委托手续、违规印刷的盗版藏文出版物。依据相关法律规定，对该印刷企业做出警告并罚款3万元的处罚。

2016年，全省共出动文化市场综合执法人员47 006人（次），检查文化市场经营单位28 945家（次），查处违规经营单位300家（次）；查缴各类侵权盗版非法出版物及宣传品共6.4万件，取缔游商摊点94个。

（8）认真开展版权服务工作。全年接待来人（来电）版权咨询400余人（次），进行著作权作品登记70件，著作权合同备案登记1件。

（青海省版权局　付成久）

司法工作

2016年，青海省法院以保障自主创新，积极服务经济社会发展为宗旨，以提高办案质量和效率，推进“三审合一”审判模式改革为目标，以提升人员办案能力水平，构建专业化、科学化复合型人才队伍为抓手，知识产权审判工作有序开展，积极发挥司法保护知识产权主导作用，取得了较好的法律效果和社会效果。

一、基本情况

2016年青海省各级法院共审理知识产权案件49件，其中一审47件，二审2件。侵害专利权纠纷26件，占收案数的

55.31％；侵害商标权纠纷13件，占收案数的25.53％；著作权、权属侵权纠纷7件，占收案数的14.89％；其他2件，占收案数的4.26％。知识产权案件共结案45件，结案率为95.75％，其中判决11件，占结案数的24.44％，调解、撤诉35件，调撤率高达75.55％。

二、知识产权审判工作的主要做法和经验

（一）坚持以审判为中心，多措并举，大力提高审判质效，发挥司法保护主导力量

青海省高院积极推进审判信息化建设，坚持两级法院案件质量通报座谈会制度，建立人民法院、检察机关和公安机关以及知识产权行政执法机关沟通联络机制；西宁市中院先后制定了《知识产权审判庭基础工作目录》《知识产权审判庭管理手册》及《知识产权审判庭岗位工作手册》。

（二）贯彻“公正司法，一心为民”指导方针，紧扣知识产权案件特点，形成一套适合青海省知识产权案件审判的方式

青海省法院积极探索适合知识产权案件特点的审判方式。一是发送各类诉讼指导性材料。二是强调当事人举证责任。三是坚持公开审判原则。四是高度重视裁判文书质量。五是审慎认定驰名商标，确保司法认定驰名商标的准确性和公信力。六是积极推进信息化和司法办案的深度融合，智慧办案辅助系统广泛应用。依托青海省法院数字法院业务应用系统、智能文书编写系统等软件，大力提倡审判数字化、信息化，实现案件办理全程网络化。

（三）健全审判机构，加强队伍建设，着力提升法官队伍能力素质

一是大力加强思想政治建设。以“两学一做”学习教育为契机，积极开展社会主义法治理论教育，使知识产权审判工作指导思想进一步端正。二是加强审判力量，配齐配强知识产权人才队伍。审判人员优先从具有相应的审判业务能力和经验的法官中选拔任命。三是为弥补法官专业知识不足，采取聘请法律咨询顾问、特邀具有专业知识背景人员为审判人员辅导授课；同时，除组织人员参加日常业务学习外，先后派出多名审判人员参加知识产权审判业务培训班。四是加强同地方政府工作交流，形成互帮互学工作机制。积极组织省、市两级知识产权庭全体干警同地方科技、知识产权等行政主管部门进行业务座谈与交流。五是不断提升司法能力。依托法信、中国法律数字图书馆等网络平台积极开展业务学习，经常组织进行岗位练兵、裁判文书评比等活动。六是强化知识产权技术认证工作。聘请技术专家作为陪审员。

（四）注重普法宣传，提升公民依法维权意识，营造良好的知识产权保护氛围

一是积极开展普法宣传活动。利用“4·26世界知识产权日”到广场、社区等人口密集地段设置宣传文化版报，传发宣传海报，设置法律疑问解答岗等。二是发挥新闻媒体舆论导向作用。通过微信公众号、青海广播电台经济广播《生活与法》栏目进行知识产权法制宣传；同时，注重对典型案件的宣传报道，撰写的《同业竞争抢注商标 起诉禁用索赔被驳——王某某诉湟中县可可山泉公司侵害商标权案》入选《中国法院年度案例》，撰写的《使用商品通用名称不构成侵权——青海龙的酒业公司诉互助县青稞酩馏酒业公司侵害注册商标专用权纠纷案》在《青海审判》刊登。三是实现庭审网络直播，加强裁判文书上网规范，保证案件公开、公正。四是加强以案释法能力，重点加强特定行业知识产权保护意识。西宁市中院通过审理厦门雅瑞公司诉西宁地区多家眼镜店商标侵权案、中国音像著作权集体管理协会诉西宁地区六家娱乐公司著作权权属侵权纠纷案等案件，积极在所属行业进行普法宣传，在特定行业营造尊重知识产权良好氛围。

（青海省高级人民法院知识产权审判庭）

检察工作

2016年，青海省检察机关在最高人民检察院和青海省打击侵犯知识产权和制售假冒伪劣商品领导小组的统一领导下，认真履行法律监督职责，严格公正执法，依法规范办案，加强“两法”衔接，以维护人民群众的切身利益为出发点和落脚点，以保障市场秩序规范有序和社会公平正义为目标，圆满完成了检察环节打击侵犯知识产权和制售假冒伪劣商品的各项工作。

一、依法打击侵犯知识产权和假冒伪劣商品犯罪，切实维护国家和消费者权益

2016年，青海省各级检察机关切实履行检察职能，通过履行检察职责，依法严厉打击各类侵犯知识产权和制售假冒伪劣商品犯罪，2016年共依法批准逮捕侵犯知识产权类案和制售假冒伪劣商品类案18件26人，其中批准逮捕制售假冒伪劣商品类案12件16人，批准逮捕侵犯知识产权类案6件10人。经审查，检察机关依法提起公诉侵犯知识产权类案和制售假冒伪劣商品类案件74件92人，其中，提起公诉制售假冒伪劣商品类案件64件80人，提起公诉侵犯知识产权类案10件12人，起诉案件均作有罪判决。通过上述案件的办理，极大震慑了侵犯知识产权和制售假冒伪劣商品犯罪分子，为保护知识产权、维护青海省人民的生产、生活安全发挥了积极作用。

二、探索“两法”衔接平台和“侦查活动监督”平台建设路径，努力建立长效机制

2015年9月，青海省检察院主管副检察长带队到四川、海南、广东、安徽四省考察学习“侦查活动监督”平台和“两法”衔接平台建设工作，对平台建设工作高度重视，积极探索“两法”衔接平台和“侦查活动监督”平台建设路径。在充分考察调研的基础上，经最高人民检察院同意，青海省检察院党组决定在青海省检察院、西宁市、海南州两级检察院进行“侦查活动监督平台”试点，目前试点工作正在进行中。青海省“双打”办已牵头建设侵权假冒“两法”衔接平台，目前仍在调试运行阶段，青海省检察院将全面配合运行工作，力争在2017年取得新进展。

三、健全“两法”衔接机制，持续推动行政执法与刑事司法衔接工作

2016年，青海省检察院与相关行政执法机关积极沟通，在农业领域、交通运输领域、食品药品安全领域、林业保护领域、工商行政领域等多个领域会签了行政执法与刑事司法衔接工作办法实施细则。这些机制的建立，有力促进了“两法”衔接深入推进，为纠正有案不移、有案难移、以罚代刑现象，疏通案源渠道，加大协作、监督力度，提供了有力的制度保障。

四、加大宣传力度，营造保护知识产权的良好氛围

充分利用“4·26世界知识产权日”“12·4法制宣传日”等节点，集中宣传青海省检察机关在保护知识产权方面的工作，宣传打击侵权假冒相关法律法规，提高消费者识假辨假的能力，为打击侵权假冒营造良好的舆论氛围。各地市检察机关也因地制宜，充分利用“两微一端”等新媒体开展宣传工作。

（最高人民检察院侦查监督厅供稿）

宁夏回族自治区

专利工作

一、知识产权战略政策体系进一步完善

《宁夏回族自治区贯彻落实〈国务院关于新形势下加快知识产权强国建设的若干意见〉的实施方案》编制完成并提交宁夏回族自治区人民政府审定。该实施方案的制订紧密结合了宁夏经济社会发展特点和优势特色产业发展状况，紧紧把握宁夏的战略定位和实际区情，内容涵盖6大方面29项重点工作。

二、提升发明专利申请质量

2016年，宁夏回族自治区专利申请6148件，同比增长39.91%，其中发明专利申请2510件；授权专利2677件，同比增长43.5%，其中授权发明专利560件，同比增长26.7%，增长率居全国第六位，西部第五位。全区有效发明专利1680件，同比增长46.3%。每万人有效发明拥有量2.51件。银川、石嘴山、吴忠、固原、中卫万人有效发明拥有量分别达到5件、3.3件、1.27件、0.17件、1.12件。4项发明专利荣获第十八届中国专利优秀奖。

三、推动知识产权试点示范城市工作

加强全区地级市和县级试点城市的分类指导和动态管理，组织、整合有关专家资源，在专利布局、专利分析、企业贯标、执法维权、专利运营、知识产权金融服务等工作方面给予指导并提供业务支持。银川市、灵武市和青铜峡市年度城市考核结果优秀，银川市和灵武市被评为年度知识产权试点城市先进集体。

四、推行知识产权管理规范国家标准

加强国家级和自治区级知识产权示范、优势、试点企业的知识产权创造、运用、保护和管理能力建设。伊品生物等7家企业被确定为国家级知识产权优势企业，中色集团等24家企业通过复核及年度考核。开展新一批企事业单位知识产权试点示范培育工作，认定16家自治区级示范企业，30家自治区级试点企业。支持小微企业创业创新发展，激发中小微企业知识产权创造活力。在全区范围内举办10场专利专员培训活动，培训人次超过600人。制订印发《宁夏企业知识产权管理规范贯标工作实施方案》，共享集团等20家企业成为首批企业知识产权管理规范贯标推广企业。扶持区内两家辅导机构，引入互联网贯标管理平台，指导企业开展贯标工作。

五、促进专利信息利用帮扶

完成宁夏知识产权信息共享平台项目建设的可行性研究报告及《宁夏专利信息传播利用建设的中期规划》。开展地方特色专利信息服务、宁夏专利信息利用试点工作，帮助企业和专利信息服务机构合作开展重点技术领域专利文献信息分析，加快宁夏共享模具铸造3D打印专利侵权预警分析项目，推动宁夏专利信息服务企业工作站建设。

六、开展知识产权金融工作

银川市、青铜峡市被国家知识产权局确定为知识产权质押融资及专利保险试点城市，建立了宁夏专利质押融资需求数据库。举办4场知识产权质押融资银企对接培训班，与科技部门、金融机构开展知识产权质押融资工作会商，签署知识产权质押贷款战略合作协议，全区全年专利质押融

资突破3亿元。

七、提升知识产权服务业发展水平

合天律师事务所被认定为第三批全国知识产权服务品牌机构。北京中济纬天、北京弘权两家区外机构在宁夏建立分支机构，在宁夏注册代理机构数达到5家，另有50家区外代理机构在宁夏开展了专利代理业务。开展专利代理专项整治工作，引导知识产权服务机构多方面拓展服务领域，完善服务功能，提高服务质量和服务水平。

八、促进技术成果产业化

与国家知识产权局专利局审查协作河南中心和中科院创新孵化投资公司共同探索开展了“铸造3D打印产业专利运营”和“清洁能源专利技术+绿色金融”运营服务新模式。与中科院合作，成立宁夏知识产权运营中心，针对清洁能源领域开展专利运营工作，筛选适合宁夏产业发展的465项专利技术。对专利运用效果和引领示范作用显著的22个项目进行了资助奖励，奖励金额共计168万元。

九、加大专利行政执法力度

出台《关于加强专利行政执法工作的指导意见》。开展知识产权执法维权护航专项行动，有针对性地主动开展对专业市场、商品流通环节的食品药品、医疗器械、农业机械、电子商务等领域的专项行政执法活动，做好专利纠纷调处、知识产权维权援助工作，全年办理专利侵权纠纷案件56件、假冒专利案件5件。积极开展电子商务领域专利执法维权“闪电”专项行动，全年办理电商侵权投诉案件233件。

十、知识产权宣传工作效果显著

全年共举办各类培训班12期，培训各类人员3000余人次。支持代理机构、服务机构、企业、高校、研究机构的各类人才积极参加全国专利代理人资格考试，2016年宁夏有8人取得专利代理人资格。将合天律师事务所设立为专利代理人才实习培养基地。建立自治区知识产权人才库，初步建立起区内知识产权人才信息资源共享机制。利用自办刊物、新闻媒体、有奖竞赛、网络、公益广告、发放《中国知识产权报(4·26特刊)》等形式宣传知识产权强国建设的重大意义。

十一、拓展代办处业务范围

着力提升专利审查质量。全年专利受理8284件，收费711笔，434万元，同比增长18%，收费工作八年零差错。做好费减备案系统上线和试点工作，优化审查流程，审查时限由25个工作日提前到10个工作日。拓展审查业务通知书自取服务、专利实施许可合同备案、专利权质押受理、登记簿副本出具等10余项服务类业务，满足创新主体的专利服务需求。全年打印和送达通知书2049份，电子用户注册106份；受理专利权质押登记4份，同比增长300%；全年出具登记簿副本88件，同比增长125.61%。

（宁夏回族自治区知识产权局）

商标工作

2016年以来，宁夏回族自治区各级工商及市场监管部门紧紧抓住国家开发“一带一路”的有利时机，以提升品牌影响力和企业创新力为着力点，积极引导商标企业争创中国驰名商标和宁夏著名商标，充分发挥品牌引领作用，推动供给结构升级，在商标发展与品牌保护方面取得良好成效。

截至2016年底，全区有效注册商标总量突破2.5万件；地理标志证明商标20件；集体商标12件；中阿博览会特标18件。

一、加强宣传培训，树立商标品牌意识

一是以“3·15国际消费者权益日”

“4·26世界知识产权日”等宣传节点为契机，运用多种媒介，有计划有针对性地开展宣传活动，增强社会公众对商标品牌的认知度。二是不断加强对新《商标法》的培训力度，制作展板、编印法律文本和宣传彩页及课件，通过“个体工商户月例会”“送法进企业、进农村”及“商标注册及使用知识集中培训”等活动，宣传注册商标的重要性和商标注册、使用知识，增强企业注册商标的意识，规范使用商标的自觉性和争创驰著名商标的积极性。三是强化商标监管人员业务培训，2016年各级工商、市场监管部门共举办6期商标知识及监管技能培训班，2270人次参加培训学习，有效提高了商标监管人员的商标知识储备和业务能力。

二、注重行政指导，强化争创优质意识

2016年初，自治区工商局主要领导带领机关处室负责人深入五市调研座谈。制订商标培育计划，拟定了重点培育对象，指定责任人，深入企业进行行政指导，帮助企业解决申报中存在的问题。

针对中卫市提出“中宁枸杞”品牌保护的问题，自治区工商局及时下发了《关于开展“中宁枸杞”注册商标专用权保护行动的通知》，并申请国家工商总局在宁夏召开了部分省市地理标志工作经验交流会暨保护“中宁枸杞”地理标志商标座谈会。

三、强化商标监管，拓宽品牌服务保护领域

一是开展商标代理市场专项整治，共检查97家商标代理机构。强化商标代理机构备案工作，构建透明高效的信用监管和事中事后监管机制。二是认真办理政协“关于着力打造宁夏清真品牌”的提案和依法查处擅打“清真”违法行为的提案。有效规范宁夏清真品牌标识的管理使用，促进了宁夏清真产业的发展和清真产品档次的提升，维护了民族团结和社会的和谐稳定。三是开展地理标志证明商标保护，制定《加快宁夏枸杞质量监管品牌保护及市场规范的指导意见》《“盐池滩羊”地理标志证明商标使用管理办法》《宁夏贺兰山东麓葡萄酒产区保护条例》等政策文件，指导地理标志证明商标的使用、管理、保护；帮助商标企业，利用商标专用权质押取得了1.2亿元贷款，填补了商标专用权质押贷款工作的空白。通过地理标志证明商标助推了地方优势特色产业的壮大发展，促进了全区农业产业化和工业化进程，在经济结构转型升级和企业提质增效方面发挥了重要作用。四是做好“中宁枸杞”等商标品牌保护工作。重点打击假冒“中宁枸杞”“盐池滩羊”“西吉马铃薯”“灵武长枣”等驰名商标的违法行为。截至2016年11月底，全区共查处商标侵权案件142件，办结126件，案值68.04万元，罚没金额52.52万元，商标专用权得到有效保护，全社会保护知识产权的氛围逐步浓厚。

（宁夏回族自治区工商行政管理局）

版权工作

宁夏回族自治区版权局围绕版权执法监管、著作权保护、推进使用软件正版化三项重点工作，取得较好的工作成效。

一、理论学习的三个求实

一是学习内容求实。认真学习习近平总书记系列讲话精神，学习廉洁从政各项规章制度。二是学习效果求实。每月两次的学习，坚持做到“三必须原则”，即“学习必须围绕工作，学习必须有利于工作，学习必须服务于工作”。三是活动内容求实。2016年，按照一岗双责的要求，加强了党支部建设，共召开理论学习、“两学一做”专题讨论、民主生活会等支部活动26次，开展谈心6次。

二、版权执法监管的四个亮点

第一个亮点：两次就版权执法监管工

作专门给自治区党委常委、自治区政府副主席写专报。

第二个亮点:查处侵权盗版大案。一是协调银川市文广局、公安部门查办广州创思信息技术有限公司《烈焰手游》涉嫌侵犯著作权案。该案涉案金额过亿元,是宁夏多年来查处的最大一起侵犯著作权案,此案已向国家版权局申请列为全国挂牌督办案件。二是指导银川市文广局查处银川商城盗版图书案,此案正在查处中。

第三个亮点:公开案件信息。依照"谁执法、谁公开"的原则,依法先后在新闻出版广电局门户网站、宁夏电视台、《宁夏日报》上向社会公开了 2015 年办结的三起侵权盗版典型案例。

第四个亮点:联动执法,打击侵权盗版行为。2016 年 4 月 21 日,在银川市光明广场举行了侵权盗版及非法出版物集中销毁活动。销毁侵权盗版制品及非法出版物共计 6.2 万余件,其中侵权盗版音像制品 45 289 张、侵权盗版图书 5330 册(本)。

7 月协助国家版权局在自治区召开了全国版权执法工作培训会议和全国"剑网 2016"专项行动工作会议。

三、推进软件正版化工作的四个有所突破

一是制度建设上有所突破。印发《关于规范党政机关软件采购使用有关事项的通知》以及《宁夏回族自治区政府机关软件正版化工作管理办法》《自治区政府机关使用正版软件工作考核细则》;指导全区各级政府机关建立了相关制度;首次对软件正版化工作的相关问题提出了明确、系统、规范的管理要求,杜绝了软件市场的混乱现象。

二是推进范围上有所突破。2016 年,重点在党群口、人大、政协、法检两院、民营企业中开展了软件正版化工作。3 月举办了 2016 年全区党政机关软件正版化工作培训班,11 月举办了国有、民营企业软件正版化培训。6 月首次对自治区多部门进行了督导检查,共检查 396 台计算机。9 月对全区 5 个市、22 个市县区进行了软件正版化工作督查,共检查 1804 台计算机。

三是管理方式上有所突破。先后探索建立了推进软件正版化工作"分级管理、层层负责"的管理模式;建立起了全区各级党政机关软件正版化工作责任人数据库;建立了全区计算机使用软件台账,对全区 1070 个单位在用的 42 300 多台计算机使用软件情况进行了全面摸底调查,登记造册;对进入宁夏的软件公司实行了备案制;公布国家软件采购价格、规范软件市场。协调自治区财政厅出台规定,明确今后党政机关在计算机采购合同中增加预装正版软件的条款,不得购买 OEM 版(家庭版)的一体机等内容。首次从软件采购源头上、使用行为上进行了规范管理;分层分级分批举办了自治区及各市县软件正版化工作培训班;全年对自治区各县市进行了软件正版化工作培训。

四是使用国产软件上有所突破。首次将国产操作系统引进宁夏。

8 月,国务院推进使用正版软件工作部际联席会议上,确定宁夏回族自治区盐池县为全国三家国产软件应用试点县之一,并予授牌,11 月 11 日,自治区国产软件应用试点工作正式在盐池县启动。

四、著作权保护的三个提升

一是作品登记量的提升。进行了作品登记服务流程的优化改造,简化了作品登记程序、扩大了作品登记覆盖面。

二是版权服务方式的提升。进行了著作权人作品的社会公示、承诺登记办理期限、为老年人、残疾人等特殊群体开辟"绿色通道"等服务方式。作品登记时间比法定期限缩短一半以上,著作权专有权合同备案及著作权转让合同备案、涉外著作权合同备案等版权工作得到了进一步的发展。同时,也实现了办理著作权业务的零

投诉和群众满意度100%的目标。

三是宣传形式的提升。全年上报国家版权局各类信息10条，在版权局门户网站刊登版权信息32条，向《宁夏新闻出版广电》刊物提供版权信息8条。印制宣传册30 000册并发放；开展了版权知识进机关、进课堂、进社区、进企业、进家庭、进军营、进机关的“七进”活动，按照普及基层、普及群众的原则，为十个基层单位购买配送了10万元的图书；在“4·26世界知识产权日”宣传期间，开展了“数字创意，重塑文化”的主题宣传活动，印制了“尊重版权、保护创作”的宣传海报10 000张并张贴。

（宁夏回族自治区版权局　郝　辉）

司法工作

2016年度，宁夏回族自治区各级法院紧紧围绕司法改革，以审判业务、“创新突破年”“全区法院工作要点”“司法能力提升工程”“两学一做”等学习、工作为重点，不断加强审判业务工作，有序推进各项工作的落实，较好完成了知识产权司法保护工作任务。

一、充分发挥审判职能，化解矛盾纠纷、维护和谐稳定

2016年，宁夏回族自治区各级法院共受理各类民商事知识产权案件141件，其中一审案件125件，二审案件16件。共审结各类民商事知识产权案件96件，其中审结一审案件80件，二审案件16件。已审结案件中调撤案件63件，调撤率达65.625%。

2016年受理知识产权民事一、二审案件达141件，比2015年增加6件，同比上升4.44%。在宁夏回族自治区各级法院受理的各类民事一审知识产权案件中，银川市中院受理的案件数往往占到总数的80%左右。

二、围绕主线，全面加强知识产权审判工作

（1）深入贯彻学习全国法院知识产权审判工作座谈会精神，将会议精神及时向宁夏回族自治区高院党组进行汇报并提出贯彻落实意见。

（2）着力强化政策指引，努力提升知识产权审判的权威性和公信力。一是积极探索从根本上遏制侵权行为的方法、途径，有针对性地解决突出问题。二是积极应对知识产权案件新形势、新特点，做好对下级法院知识产权审判的指导工作。

（3）积极向下级法院传达会议相关精神，便于宁夏回族自治区五市中院均能及时准确把握当前形势下新调整的知识产权司法政策和执法理念，统一宁夏回族自治区全区法院的执法尺度。

（4）加强诉讼引导和法律宣传，开展知识产权普法宣传活动。一是组织参加银川市中院的知识产权案件观摩庭审活动。二是积极开展“4·26世界知识产权日”的宣传活动。2016年4月26日，宁夏回族自治区高院、银川市中院联合自治区知识产权局等单位，在银川市光明广场开展宣传活动，通过现场解答群众法律问题，发放宣传资料，营造良好的保护知识产权的社会环境。

三、围绕主线，突出重点，全面提升司法能力

（1）不断加强司法能力建设，提升审判技能水平。一是派出知识产权审判人员参加最高人民法院举办的培训班；二是创建微信平台供学习、讨论。

（2）抓庭审质量，切实提高案件质量。一是推进庭审实质化，防止走过场。所有庭审案件均要做到同步录音录像。二是以评选、推荐优秀庭审为契机，对已结案件的庭审过程进行回顾。

（3）抓法律文书制作，提高裁判文书质量。一是对最高人民法院新发布的《人民法院民事裁判文书制作规范》《民事诉讼文书样式》反复学习，全面理解、掌握新的制作规范并严格遵守；二是将评查的新疆建

设兵团法院上网文书与自己制作的文书进行对比学习，借鉴其他法院裁判文书的优秀之处。

（4）抓好群众工作，依法保障当事人诉讼权益。一是认真贯彻新修订的民事诉讼法和司法解释，依法保障当事人合法权益。二是做好接待工作，认真、耐心对待每一位来访的当事人，努力满足诉讼当事人及人民群众的知情权、监督权。

（5）坚持调解优先，调判结合，妥善化解矛盾纠纷。重点加强了对疑难复杂案件、有重大社会影响案件、系列案件以及可能引发上访的案件的调解工作，使部分案件达成了庭外和解。2016 年度，宁夏回族自治区各级法院已结知识产权案件的调撤率达 65.625%。

（6）加强调研工作，促进审判水平提升。对新商标法的实施情况、知识产权案件审理过程中的疑难问题、知识产权民事诉讼规则适用问题、著作权审判领域存在的问题等课题进行了调研。

（7）深化司法公开工作，增强透明度。一是落实庭审公开、文书公开。二是做好裁判文书公开上网工作。

四、围绕主线，抓基层，加强对下级法院审判业务的监督与指导

（1）加强对下级法院审判业务的监督与指导。一是对 2015 年的发改案件进行梳理，分别到一审法院座谈。二是以请示案件为依托，加强对下指导工作。对各中院审理中存在的认识不统一的情况，及时调研、指导、沟通、协调，尽力避免同案不同判问题。

（2）加强对下级法院法律和业务理论的培训。一是及时传达和转发最高人民法院的相关文件和要求。将具有指导意义的文件或案例发布在三级网上，供宁夏回族自治区全区法官学习。二是确保一线审判人员参加培训和研讨的机会。

五、统筹兼顾，全面加强知识产权审判队伍建设

（1）不断加强政治理论学习，提升党性修养。深入贯彻学习党的十八届六中全会精神和习近平总书记系列重要讲话精神。深入学习邹碧华、詹红荔、孟宪来、王秉祥等优秀同志的先进事迹及无私奉献的精神。积极参加各类学习，把“崇法厚德、致公为民、凝心聚力、务实卓越”的宁夏法院精神牢固树立在每位干警的心中，增强凝聚力。

（2）不断加强业务学习，提升专业知识水平。牢抓业务学习重点，积极进行业务问题研讨，为做好审判工作打牢基础。

（3）不断加强党建工作，积极创建星级党支部，提升队伍思想政治建设能力。坚持每月两次党支部和民主生活会制度。积极开展“两学一做”专题学习教育活动。结合审判工作实际，贯彻落实机关党委关于加强基层党组织建设的各项规定与制度，建立台账。以党建工作为依托，加强庭室文化建设。

（4）不断加强作风纪律和反腐倡廉建设，筑牢拒腐防变的防线。组织干警认真学习《中国共产党廉洁自律准则》《中国共产党纪律处分条例》《中国共产党问责条例》，不断增强“讲廉政就是最大福利”的意识。同时，运用通报的反面典型案例进行警示教育，引导干警树立道德高线，守住纪律底线。

（5）明确司法责任制改革的要求、目标和方向，推进和完善司法责任制改革。在宁夏回族自治区高院司法改革相关制度的基础上，结合第一批入额法官的情况，推行主审法官、合议庭办案负责制等审判运行机制改革措施，确保司法改革落到实处。

（宁夏回族自治区高级人民法院知识产权审判庭）

检察工作

2016年，根据最高人民检察院和宁夏回族自治区"双打"办关于打击侵犯知识产权和制售假冒伪劣商品工作部署，宁夏回族自治区检察机关高度重视，精心组织，周密部署，严厉打击侵权假冒犯罪，健全"两法"衔接工作机制，广泛开展法制宣传教育，各项工作取得了新成效。

一、充分发挥检察职能，依法严厉打击侵权假冒犯罪

2016年1～12月，宁夏回族自治区各级检察机关共受理侵犯知识产权和生产、销售假冒伪劣商品犯罪案件审查逮捕7件10人，批准逮捕6件8人，审查起诉案件9件15人，起诉7件7人，有力打击了侵权假冒犯罪。

二、高度重视，加强组织领导

宁夏回族自治区检察院高度重视打击侵犯知识产权和制售假冒伪劣商品工作，认真贯彻落实有关文件要求，2016年初制订下发了工作计划，要求各市、县(区)检察院在进一步加大打击力度的同时，更加注重健全该领域的"两法"衔接工作机制，特别是重点做好监督移送涉嫌犯罪案件有关数据的统计上报和三级信息共享平台的建设应用工作。

三、突出工作重点，保持打击侵权假冒犯罪的高压态势

宁夏回族自治区检察机关充分发挥法律监督职能，及时督办构成犯罪的重大、有影响的知识产权侵权案件，针对侵犯知识产权犯罪行为的方式、特点，提出防范、遏制的建议，依法打击侵犯知识产权的犯罪活动。实行定案、定人、定时间、包片负责、包案件质量的"三定两包"方案，建立了由侦查监督、公诉部门分片负责和案件质量负责制；通过"预警和通报"制度，对每位干警正在办理的每件案件实行挂牌式"倒计时"监督，对到期日办结的批捕案件和延长审查期限的起诉案件进行"黄牌警告"和"事后通报"，确保办案效率和质量。积极加强与行政执法部门、公安机关的协作配合，主动提前介入，及时指派侦监和公诉部门的办案骨干提前介入侦查取证活动，提出收集、固定、完善证据的意见和建议，把案件存在的疑点、重点、难点问题解决在提请批捕、移送起诉之前。

四、深入推进"两法"衔接工作，促进依法行政

为继续推动"两法"衔接工作深入发展，2016年初，宁夏回族自治区检察院侦监处按照全国、全区检察长会议精神对"两法"衔接工作进行了认真筹划和部署，并草拟了宁夏回族自治区"两法"衔接工作的推进意见，起草了《全区检察机关推进行政执法与刑事司法衔接工作情况的报告》。2016年3月，宁夏回族自治区检察院向自治区人大常委会作了专题报告，报告和工作得到了人大代表的高度评价和充分肯定。人大常委会在会后印发了《对全区检察机关推进行政执法与刑事司法衔接工作审议意见》，为今后"两法"衔接工作开展提出了新要求。目前，宁夏回族自治区各级检察机关已与572个行政执法单位签订了"两法"衔接工作机制协议，实现与信息平台对接的428个。

五、加强宣传，营造良好氛围，提高全社会保护意识

与有关部门协作，采取多种形式，加大宣传力度，有针对性地开展富有特色的知识产权保护宣传工作。深度挖掘宣传素材，通过宁夏电视台、宁夏广播网、互联网、《宁夏日报》《银川晚报》《法治新报》等媒体多角度对知识产权保护进行宣传，树立知识产权保护的理念，增强保护知识产权的

法律意识。宁夏回族自治区检察院会同相关部门通过举行宣传周活动、知识产权知识讲座、上街设点宣传、制作宣传栏、有奖知识问卷问答等灵活多样、喜闻乐见的形式进行宣传。宁夏回族自治区各基层检察院充分利用主题宣传日活动，在本地区设立分会场，组织各相关单位积极参加，通过摆放展板、发放宣传材料、悬挂横幅标语，开展咨询服务，与新闻媒体以及有关部门合作，集中力量、创新方式、广泛开展打击侵权假冒宣传教育活动。

（最高人民检察院侦查监督厅供稿）

新疆维吾尔自治区

专利工作

一、知识产权战略有序实施

第一，印发了《2016 年新疆维吾尔自治区知识产权战略实施推进计划》，提出 2016 年度战略实施的工作目标、任务和措施，并将战略实施目标任务分解落实到各成员单位。第二，组织启动了《新疆维吾尔自治区知识产权战略纲要》实施推进 5 年来的评估调研和《新疆维吾尔自治区知识产权战略实施推进计划（2016～2020 年）》的编制工作。第三，向自治区人民政府上报了《关于落实〈国务院关于新形势下加快知识产权强国建设的若干意见〉的实施方案（送审稿）》。第四，首次将“万人发明专利拥有量”列入地州市党政领导班子和领导干部年度考核指标，为知识产权纳入创新驱动发展评价指标体系迈出了重要一步。

二、专利创造能力不断提升

采取积极措施，促进专利创造能力不断提升。2016 年，新疆三种专利申请受理量为 14 105 件，同比增长 15.1%。发明专利申请为 3598 件，同比增长 19.0%。职务专利申请为 9317 件，同比增长 11.0%；非职务专利申请为 4788 件，同比增长 24.2%。三种专利授权为 7116 件。有效发明专利为 3762 件，同比增长 22.5%，增幅在全国排第 22 位。万人发明专利拥有量为 1.594 件，同比增长 22.5%。PCT 专利申请为 24 件，在全国排第 24 位，比上年提高一位。

三、知识产权管理水平逐步提高

一是在专利实施计划项目管理工作中，新立项目 66 项、投入项目资金 35 006.7 万元。二是在知识产权试点示范工作中，推荐乌鲁木齐经济技术开发区（头屯河区）申报了国家知识产权示范园区。在中小学知识产权教育试点工作中推广了创新试验室先进经验。三是在企业知识产权贯标工作中，新确定贯标试点企业 21 家，累计达到 76 家，并明确了服务机构，健全了服务机制，进行了培训和业务指导。四是在知识产权分析评议工作中，发布了《新疆维吾尔自治区关于加强重大经济科技活动知识产权评议工作的意见》，印发了《新疆维吾尔自治区重大经济科技活动知识产权评议工作操作指南》。“稠油加氢”技术和“棉花机械采摘及加工技术”2 个评议项目被立项，并进入实施阶段。五是加强了自治区知识产权质押融资平台建设。六是“区域促进工程”——“新疆‘一带一路’知识产权促进项目”和“信息引导工程项目”被国家知识产权局批准立项。该课题的研究成果将填补自治区对中亚国家知识产权环境研究之空白。七是组织开展第二届新疆专利奖评选表彰活动。2016 年 10 月 19 日，自治区人民政府召开大会，对获得第二届新疆专利奖的 39 项专利和获奖单位及发明人进行了表彰奖励。

四、专利保护力度得到加强

一是在全区组织开展了以查处食品药品、环境保护等涉及民生领域的侵权假冒行为为重点的执法保护活动。全年全区共受理专利案件 725 件，结案 738 件，出动执法人员 1052 人（次），检查商业场所 920 次，检查商品 21.36 万件，接受移交案件 3 件，协作执法 58 次。二是制订了《实施国家知识产权纠纷调解项目工作方案》，成立了知识产权纠纷调解委员会，在全区启动国家知识产权纠纷调解试点工作。三是在电子商务领域建立了专利执法工作机制、专利保护长效机制、专利保护内部监管机制、快速反应打击协作机制和专利执法维权协作机制。四是国家知识产权保护规范化市场培育工作有序推进。第一批规范化市场（华凌综合市场）培育项目进入验收阶段；第二批规范化市场（华凌南疆综合批发市场）培育工作进入中期总结阶段；第三批规范化市场（新疆诚和和田玉文化产业中心、新北商贸公司）申报获国家知识产权局批准立项。

五、知识产权宣传培训有效开展

全年共组织开展大型知识产权宣传活动 131 次，出动工作人员 2976 人（次），出动车辆 727 台（次），参加宣传活动人数达 74 485 人（次），印发资料 16.33 万份，挂横幅 1133 条，出专版 277 个，制作展板 772 块，撰写稿件 398 篇，咨询人数达 19.26 万人（次）。

全年举办知识产权培训班和专题讲座 268 期（次），培训人数 28 806 人（次）。其中，培训党政领导干部 4356 人（次），企事业单位人员 7123 人（次），知识产权管理和执法人员 2394 人（次），中介服务人员 491 人（次），中小学生 10 940 人（次），其他人员 3502 人（次）。

（新疆维吾尔自治区知识产权局）

商标工作

2016 年，新疆维吾尔自治区商标工作紧紧围绕国家工商总局和自治区工商、市场监管工作会议精神，按照年初制定的目标责任要求，立足本职，强化服务，进一步推进商标监管执法和商标战略实施两大工作进程。

一、商标品牌战略实施加快推进

近年来，新疆维吾尔自治区党委、政府一直把实施商标品牌战略作为深化优势资源转换战略、推动经济转型升级的重要抓手，采取各种有效措施继续全面深入推进商标战略实施。深入推进商标权质押融资工作。全年实现商标质押融资 5100 万元，是 2015 年融资总额 2300 万元的 2.22 倍。截至 2016 年底，已成功帮助 11 家企业以商标专用权贷款融资 10 400 万元，解决企业融资难问题。商标“走出去”战略大力推进。认真组织 11 家特色、名优产品企业参加 2016 年 10 月 28 日在昆山举办的“中国国际商标 · 品牌节”。制定完善了重点商标培育名录和地理标志资源库。为加快推进企业商标战略实施，提高区域经济核心竞争力，支持鼓励企业创立创新自主知识产权，培育发展一批在全区乃至在全国有影响力的驰（著）名商标，通过认真调研、普查，依托特色产品，进一步整理完善，重新制定了近三年（2016～2018 年）拟重点培育的商标名录和地理标志资源库。现有重点培育商标 228 件，地理标志资源 86 个，并对其加强重点培育、分类指导。

通过商标战略的大力实施，新疆维吾尔自治区商标数量得到了快速增长，对于保护注册商标专用权，维护公平竞争的市场秩序，推动供需结构升级发挥了重要作用，商标注册、运用、保护和管理水平明显提升。截至 2016 年 9 月，全区商标申请数 25 178 件，核准注册商标数 13 875 件（已连续三年超过万件大关），累计有效注册商标总量 95 577 件（首次突破 9 万件）。

二、商标行政指导日益加强

（1）注重基层调研指导。先后就“和硕葡萄”地理标志证明商标申报、“库尔勒香梨”专项保护等内容进行专题调研指导。

（2）商标监管长效机制继续有效推进。一是深入开展商标授权经营制度，目前已建立示范点 230 家。二是积极指导基层工商所、辖区街道办事处（社区）、乡镇团场联合开展商标品牌指导站建设，目前全区共建立指导站 260 个，为辖区经营户提供全方位的商标宣传、注册等服务，收效良好。三是继续推行“四书两账一卡”商标行政指导制度的落实，商标监管执法效能进一步提高。

（3）认真做好商标信息服务工作。在传递商标信息，交流商标工作经验，宣传普及商标法律知识和地方商标战略实施等方面搭建了有效的平台和载体。一是加强商标信息数据的分析利用，编制印发了《2015 年度新疆商标发展报告》，以便为政府决策和社会各界提供参考。二是充分发挥新闻媒体的宣传优势，积极在各类媒体投稿。三是编辑、刊发《新疆商标》。

（4）积极做好案件指导服务工作。耐心细致做好相关案件的咨询、投诉和调解，先后就涉嫌侵犯“花绿洲”化肥、“РУБИН ОРЁЛ、地球图形、ОКОЛ”牌水泵商标侵权案件分别对昌吉、博州等地进行指导，并多次就和硕葡萄、沙湾大盘鸡、天山北麓等地理标志注册遇到的有关疑难问题向国家工商总局请示、协调和沟通。

三、商标专用权保护力度不断强化

（1）继续深入开展“双打”工作。制定下发了《关于印发〈2016 年全疆工商系统打击侵犯知识产权和制售假冒伪劣商品工作要点〉的通知》，指导全系统有针对性地继续深入开展打击侵犯知识产权和制售假冒伪劣商品专项行动。并坚持每月上报两篇“双打”信息和编制“双打”报表。截至 2016 年 12 月 20 日全区立案 2405 件，结案 2127 件，案值 4308.91 万元，罚没款 1788.85 万元，捣毁窝点 9 个，移送司法机关 4 个。

（2）在全区范围内开展了保护“特利”“迪士尼”“周黑鸭”“特变电”“笑厨”等注册商标专用权专项行动。

（3）进一步强化商标专用权协作执法机制。一是加大与内地省市工商局的协作办案力度，从源头上及时制止了商标侵权行为，防止侵权商品流入市场，为商标权利人挽回经济损失近百万元。二是加强部门协作执法机制。通过沟通协调，与自治区高级人民法院签署了《加强合作 共建打击商标侵权行为协调机制的备忘录》，发挥两部门联合执法优势，共同打击商标侵权行为。

（4）进一步完善信息报送制度。为进一步完善商标及“双打”案件信息统计报送工作，确保案件统计数据的真实性、完整性、可靠性，做到工商、市场监管部门执法办案情况清、底数明、数字准，起草了《关于完善工商综合业务管理系统案件模块 进一步加强双打数据统计工作的通知》，为指导基层在案件系统中更好地录入假冒伪劣商品和商标侵权案件提供帮助。

（5）全面开展涉疆民族商标的监测工作。不断健全、完善与国家工商总局和自治区民族宗教委员会等部门的工作机制建设，进一步做好涉疆敏感问题商标的监测工作。全年共监测商标 16 323 件（自 2013 年开展商标监测工作以来，共监测商标 2 234 730 件）。

（新疆维吾尔自治区工商行政管理局）

版权工作

2016 年，新疆维吾尔自治区的著作权保护工作以加强宣传服务、狠抓执法监管、有序推进软件正版化为抓手，取得了较好成效。

全年共登记各类作品920余件，登记出版外国图书合同46件；新疆各出版单位向国外出版机构共输出版权56项（含合作出版图书），引进国外版权44项。全区各级版权执法部门积极开展"剑网2016""清源2016""秋风2016""固边2016"等集中行动，严厉打击各类侵权盗版行为，全年共出动执法人员5537人次、执法车辆1641台（次），检查出版物批销店（摊点）和文化用品店28 855个，印刷复制企业26 643家，取缔摊点64个，关闭印刷复制打字店4家。收缴非法（盗版）音像制品164 496张（盒），图书369 852本（册），教辅材料3693册（盒），盗版软件1272张。加大行政与司法衔接力度，全年向司法机关移送严重侵权案件4起，其中3起案件经人民法院审理，判处侵权人侵犯著作权罪，1起案件在侦查阶段。新疆版权局对17起安装盗版软件案件进行查处，调解结案12起；对9起侵权案件进行督办，全部予以行政处罚，其中沙湾县某学校侵权案，对侵权单位罚款21万元。

深入持久地抓好软件正版化工作，完善长效机制，推进软件正版化工作规范化、标准化，巩固政府机关软件正版化工作成果，加强督促检查和宣传培训，稳步推进国有企业及其他行业企业的软件正版化工作。全年各级政府机关共新购正版操作系统软件200多套，办公软件7144套；企业软件正版化稳步推进，自治区级41个国有企业中已有20家完成了集团本级的软件正版化；启动了事业单位的软件正版化工作。组成检查组，先后对自治区级44家政府机关以及伊犁州等10个地州市和10个县市区开展软件正版化现场检查，共检查计算机超过800台。投入资金68万元，与乌鲁木齐市、阿克苏地区等11个地州市共同举办软件正版化培训11期12场次，培训人员2055人。

做好版权宣传，通过乌鲁木齐晚报社阅报栏、乌鲁木齐市新闻出版局（版权局）、乌鲁木齐电视台公交移动电视等渠道，制作版权宣传海报1200套，在260多个公交阅报栏、全市近900个社区张贴海报，在BRT大容量公交移动电视上制作海报宣传片进行每天8次滚动播出，每天有30余万人次观看，在"亚心网"以悬浮广告方式进行宣传。

加强版权对外交流工作，积极组织中俄媒体交流年活动和第二届"中国亚欧出版博览会"，在第二届中国亚欧出版博览会上，共有来自14个国家的23家出版机构参加，展出国外图书5000余种，举办了出版论坛活动和中外合作出版签约仪式等，取得了良好的社会反响。

（新疆维吾尔自治区版权局　杨建新）

司法工作

为切实落实新疆维吾尔自治区知识产权战略实施领导小组制定的《知识产权战略实施推进五年计划（2016～2020）年》和《2016年度自治区知识产权战略实施推进计划》内容，2016年新疆维吾尔自治区高院立足审判实际，不断加大知识产权司法保护力度，通过积极履行知识产权审判职能，充分发挥司法保护知识产权、规范市场竞争的指引作用，为创新发展战略提供了有力的司法保障。

一、立足审判，狠抓办案

2016年新疆维吾尔自治区全区法院办理各类知识产权一、二审案件共计600余件，与2015年办理的知识产权案件数量基本持平。全区受理知识产权案件中，知识产权民事侵权类案件数量最多，约有500余件，知识产权行政案件与知识产权刑事案件数量较少，收案数量均在两位数。2016年继续保持了知识产权案件零申诉零信访的良好态势。

一是加强商标权保护。通过商标侵权

案件的审理，保护了“长城”“美的”“暴龙”“哥伦比亚”等驰名商标的商标权人合法权益。通过对吐鲁番楼兰酒业公司、新疆古城酒业公司等企业商标案件的审理和裁判，充分保护了新疆维吾尔自治区商标权人的合法权益。二是加强著作权保护。通过审理“熊大”“熊二”动漫形象著作权纠纷以及涉及KTV、网吧的著作权纠纷等诸多案件，保护了文化创造者的合法权益。三是加强专利权保护。结合当地实际，界定专利保护与民族传统工艺保护的界限，2016年新疆维吾尔自治区高院办理的“阿不都维力·巴拉提小花帽”案件体现得尤其明显，做到了在保护专利外观设计的同时，又不限制维吾尔族传统花帽文化的传承与发展，取得了良好的社会效果。四是积极应对伴随信息化发展与新商业模式涌现带来的新挑战。2016年法院办理了新疆维吾尔自治区第一起侵害商业秘密纠纷案件即“国环公司”起诉他人侵犯商业秘密案件。五是充分发挥知识产权刑事、行政审判职能作用，依法打击知识产权犯罪，促进提高知识产权行政保护水平。

二、重视宣传，服务大局

（1）组织“4·26世界知识产权日”宣传周各项活动。以“4·26世界知识产权日”作为全年知识产权保护宣传的着眼点，召开新闻发布会，通报新疆维吾尔自治区法院知识产权司法保护状况、公布新疆维吾尔自治区十个知识产权典型案例，走进企业开展知识产权宣传活动，组织知识产权案件庭审观摩等。乌鲁木齐市中院通过作客《说法》栏目直播间，担任兼职教学，采用“走出去、请进来”“线上线下”多种方式加大宣传力度，推进知识产权保护深入人心。

（2）服务知识产权战略大局。积极落实新疆维吾尔自治区知识产权战略实施领导小组制定自治区《知识产权战略实施推进五年计划（2016～2020）年》和《2016年度自治区知识产权战略实施推进计划》的相关内容，制订实施计划，按部就班逐步完成。

（3）充分利用社会资源，发挥法院核心引导与社会其他部门的联动协调机制，为化解纠纷提供助力。新疆维吾尔自治区全区法院不断创新调解工作方法，拓宽调解渠道，积极与知识产权局、博物馆、大学、科研机构等相关部门建立联动机制。新疆维吾尔自治区高院办理的“阿不都维力·巴拉提小花帽”案件中民俗专家及自治区博物馆工作人员的研究成果，为案件的顺利解决提供了非常大的帮助。

三、强化调研工作和对下指导

（1）强化对下指导，统一案件裁判尺度。积极组织新疆维吾尔自治区全区知识产权法官参加业务研讨和交流活动，通过网上交流、开座谈会、个案讨论等形式有针对性地进行对下指导，提供审理思路，统一裁判尺度。

（2）通过授课培训开展对下指导。组织新疆维吾尔自治区高院民三庭业务骨干对乌鲁木齐市地区法官进行授课，对新疆维吾尔自治区全区法院从事知识产权审判工作的法官进行集中培训。

（3）调研工作进展顺利，相关研讨会顺利召开。积极撰写典型案例及调研文章，特别是撰写典型知识产权案例在《新疆审判》上发表。

（新疆维吾尔自治区高级人民法院
知识产权审判庭）

检察工作

2016年，新疆维吾尔自治区检察机关认真履行法律监督职责，依法严厉打击侵犯知识产权和制售假冒伪劣商品的犯罪，积极推动建立、健全行政执法与刑事司法相衔接的工作机制，进一步加强知识产权保护工作和打击制售假冒伪劣商品犯罪的力度，取得了一定成效，为规范社会主义市场经济秩序和促进新疆维吾尔自治区经济的良性发展作出贡献。

一、依法严厉打击侵犯知识产权犯罪

2016年，新疆维吾尔自治区检察机关保持打击侵权假冒犯罪的工作力度，依法从快从严批捕起诉，共批准逮捕侵权假冒犯罪案件15件17人，起诉55件83人。

二、加大诉讼监督力度，切实防止和纠正有案不立、有案不移、以罚代刑等问题

新疆维吾尔自治区检察机关进一步加强与公安机关、法院以及有关行政执法机关的联系配合，以便于检察机关及时发现和掌握制售假冒伪劣商品、侵犯知识产权的犯罪线索，同时进一步加强检察机关内部职能部门深化衔接配合和统筹协调，努力形成加强对国家工作人员为侵犯知识产权犯罪活动充当“保护伞”、徇私舞弊不移交刑事案件、帮助犯罪分子逃避处罚等职务犯罪行为进行监督的合力，切实增强了打击侵犯知识产权和制售假冒伪劣商品犯罪的力度。

三、认真开展“两法”衔接工作

新疆维吾尔自治区检察机关通过与公安、监察、经贸、知识产权部门联系和沟通，各成员单位进一步统一了思想，提高了认识，明确了做好行刑衔接工作既是新形势下促进行政执法部门依法行政，严格执法的现实需要，也是严厉打击经济犯罪，整顿和规范社会主义市场经济秩序的现实需要，从而积极协调配合，共同推进工作发展。

四、加大宣传力度，营造良好氛围

利用新媒体，结合办案加大普法宣传力度，大力宣传新疆维吾尔自治区检察机关加强知识产权保护和打击制售假冒伪劣商品犯罪的措施和成效，提升公众保护知识产权的意识，营造知识产权保护和打击制售假冒伪劣商品犯罪的良好环境。

（最高人民检察院侦查监督厅供稿）

新疆生产建设兵团

知识产权工作

2016年，新疆生产建设兵团知识产权局深入实施“知识产权战略”和“专利事业发展战略”，印发《兵团贯彻落实〈国务院关于新形势下加快知识产权强国建设的若干意见〉的实施意见》《“十三五”时期兵团知识产权发展规划》，实现专利申请数量和质量双提升。“一种通用联合整地机”实用新型专利获得了第十八届中国专利优秀奖；开展专利联合行政执法活动8次，八师石河子市成功申报国家知识产权纠纷调解试点单位；深度推进企业知识产权工作，8家企业通过贯标内审，3家企业通过贯标外审认定，新确定了5家贯标试点企业，1家国家知识产权示范企业、2家国家知识产权优势企业通过复核，3家企业获评国家优势企业；组织开展“知识产权宣传周”“中国专利周”等宣传活动；举办三个专题培训班，共培训150余人；组织兵团知识产权信息中心开展专利信息帮扶工作，为企业建立了2个专题数据库；推进中小知识产权教育试点示范工作，确定3所学校为兵团第二批中小学知识产权教育示范单位，6所学校为兵团第三批中小学知识产权教育试点单位，1所学校被评为第二批全国中小学知识产权教育试点学校。

（新疆生产建设兵团知识产权局）

司法工作

2016年，新疆生产建设兵团各级法院认真学习贯彻党的十八届三中、四中、五中、

六中全会和习近平总书记系列重要讲话精神，按照“努力让人民群众在每一个司法案件中感受到公平正义”的目标要求，坚持司法为民、公正司法，着力抓好执法办案第一要务，强化审判监督和业务指导，深入贯彻国家知识产权战略，为加快经济发展方式转变、建设创新型国家提供了有力的司法保障。

一、认真履行审判职责，有效化解社会矛盾

2016年，新疆生产建设兵团三级法院知识产权案件共收案52件，结案52件，其中一审收案45件，结案43件；调撤案件36件，调撤率83.7%；二审收案7件，结案7件。按案由分类，商标权纠纷19件，专利权纠纷12件，著作权纠纷5件，实用新型纠纷3件，其他知识产权纠纷案件6件。

二、继续发挥知识产权民事审判在知识产权司法保护中的主渠道作用

（一）强化诉讼救济和民事制裁，加大了知识产权司法保护力度

取证难一直是知识产权诉讼突出的问题，兵团法院在工作实践中，逐步摸索出一套行之有效的取证经验，并对证据保全措施严格保密；在执行过程中，向被执行人做耐心细致的法律宣传，并严肃认真地依法执行等。由于知识产权专业性强、类型复杂，当事人的诉讼能力有限，法院积极合理地行使释明权，对当事人予以适度的诉讼指导十分必要。如当事人诉讼请求不明，要求明确；构成案件事实的证据不够充分，要求补充提供；不应并案审理的，建议当事人对诉讼请求作出选择后，另案起诉。

（二）注重案件审判的法律效果和社会效果，提升了知识产权司法保护水平

兵团法院强化知识产权案件的司法调解，正确运用程序法和实体法，不断提高知识产权案件的审判质量和效率，努力做到判调结合、案结事了。

三、加强知识产权专项调研，提高知识产权司法水平

针对审判实践中的热点、难点问题，结合审判实际的需要，开展专项调研工作，取得调研成果，用调研成果指导审判实践，有效统一了裁判尺度。注重知识产权审判的理论学习研讨和裁判文书的制作水平，增强了知识产权司法保障能力。通过合理配置司法资源，专业审判组织不断健全，审判力量得到充实，审判专业化水平进一步提升。

四、发挥能动司法作用，推进社会管理创新

兵团法院以“4·26世界知识产权日”为契机，努力打造“知识产权宣传周”平台，采取切实可行的方式，立体、多视角地广泛宣传知识产权司法保护所取得的成就，充分展示知识产权法官的风采，努力树立兵团法院知识产权司法保护的良好形象。兵团法院根据最高人民法院的要求，在宣传的广度和深度上狠下功夫，既注重宣传的内容，又注重宣传的形式，既重视发挥传统宣传方式的作用，又注意新型宣传方式的利用，充分利用报纸、电视台、广播电台、网站、书刊、标语等载体，组织法官大力宣传知识产权司法保护的重大意义、司法政策和所取得的新成就，对于社会公众提高知识产权意识起到了积极的作用。

五、坚持提升队伍素质，确保公正廉洁司法

一是将思想政治建设放在首位。二是突出抓好业务能力和专业水平的提高。选派法官参加相关业务培训。三是始终注重在促进知识产权司法廉洁上下功夫。

（新疆维吾尔自治区高级人民法院生产建设兵团分院知识产权审判庭）

检察工作

2016 年度新疆生产建设兵团检察机关按照新疆生产建设兵团打击侵权假冒工作领导小组的工作部署和要求，立足检察职能，以专项活动为依托，强化行刑衔接，加大打击侵犯知识产权和制售假冒伪劣商品犯罪力度，为维护新疆生产建设兵团社会市场经济秩序，促进新疆生产建设兵团经济又好又快发展作出积极贡献。

一、立足职能，依法办理侵权假冒犯罪案件

新疆生产建设兵团检察机关充分发挥介入侦查引导取证、批准逮捕、指控犯罪、法律监督的职能作用，使一批侵权假冒犯罪分子得到应有惩治。2016 年，共受理公安机关提请逮捕的侵犯知识产权案件 3 件 14 人，经审查，依法逮捕 2 件 5 人，依法不捕 2 件 10 人；审查起诉侵犯知识产权案件 2 件 10 人，生产销售伪劣商品案件 2 件 3 人，其中向法院提起公诉追究被告人刑事责任 4 件 13 人。

二、高度重视，认真部署打击侵权假冒工作

新疆生产建设兵团检察院领导高度重视“双打”工作，指定专人负责此项工作，早安排早部署，明确要求各级检察机关积极配合打击侵犯知识产权和制售假冒伪劣商品工作领导小组做好“两法”衔接工作，适时召开公安、食药监等部门参加的联席会议，积极服务创新驱动发展战略，切实加大打击侵犯知识产权和制售假冒伪劣商品等犯罪活动的力度。

三、依托专项活动推进“行刑”衔接，切实加强打击和惩治侵权假冒违法犯罪工作力度

新疆生产建设兵团检察机关将维护人民群众“舌尖上”的安全和保护企业知识产权，尤其是具有“中国驰名商标”的企业知识产权作为重点工作来安排，下发《推进兵团检察机关 2016 年“行刑”衔接工作通知》，持续开展“危害食品药品安全犯罪专项立案监督活动”，逐级成立专项活动领导小组，牵头召开查办危害食品药品安全联席会，会签相关行政执法与刑事司法衔接工作意见，并汇编《查处破坏环境资源和食品药品安全违法犯罪工具手册》分发有关执法和办案部门。各级检察机关依托专项活动，增强法律监督主动性和积极性，多次走访行政执法单位，组织召开不同层级和不同主题的“行刑”衔接联席会 10 余次，摸排相关行政执法案卷或执法台账百余册，配合行政执法部门开展专项检查和法制宣传 10 余次，及时对发现的问题提出整改意见和建议，努力维护食药领域执法公正和良好法治氛围。

（最高人民检察院侦查监督厅供稿）

香港特别行政区

知识产权工作

香港特区知识产权事务主要由特区政府知识产权署（以下简称知识产权署）承担。知识产权署隶属于香港商务及经济发展局，其下设有商标注册处、专利注册处、外观设计注册处和版权特许机构注册处。知识产权署负责就知识产权的政策和法例提出专业意见，并向政府提供知识产权方面的民事法律意见。此外，知识产权署还负责加强公众对知识产权的认识和尊重，以及促进和推广香港作为区域内首屈一指的知识产权贸易中心。

一、保护知识产权

香港特区有健全的保护知识产权制度，知识产权署通过周全的法例、简便易用的注册系统、严厉的执法行动和持续的公众教育计划，在有效保护知识产权方面，建立了良好声誉。

（一）注册

知识产权署致力为市民提供高素质和迅捷的注册服务。知识产权署提供多项电子服务，使商标、专利和外观设计的注册及管理更有效率和更具成本效益。有关的注册记录册以电子格式存储，公众可以通过互联网随时免费查阅中英兼备的资料。此外，电子提交系统亦为知识产权所有人或代理人提供既安全稳妥又简便易用的平台，让他们随时提交申请。

知识产权所有人或其代理人亦可使用知识产权署的互动服务，直接更改注册记录册上有关其注册及申请的某些资料，而系统亦会即时更新储存在注册处的相关记录。知识产权署的电子服务，特别是电子提交服务，广受用户欢迎。2016年，以电子方式提交商标注册申请的比率为64%，与前一年比较增加2%，而以电子方式提交专利及外观设计注册申请的比率则维持不变，分别为81%及77%。

（二）商标

2016年，商标注册处接获36 181宗注册申请。年内注册的商标有35 504个，较2015年减少5.3%。截至年底，注册记录册上有382 688个注册商标。

（三）专利

《专利条例》订明，标准专利的批予以三个指定专利局，即中国国家知识产权局、英国专利局或欧洲专利局（适用于指定英国的专利）所授权的相应专利为基础。该条例也规定短期专利申请经形式审查后可获授权。2016年，专利注册处接获14 092件标准专利申请及762件短期专利申请，共批出5 698项标准专利及485项短期专利。与2015年相比，分别减少4.4%及2.0%。

《2016年专利（修订）条例》制定于2016年6月，旨在修订《专利条例》，为设立“原授专利”制度，优化短期专利制度，以及设立暂行措施规管使用某些与专利代理服务有关的名衔及描述提供基本的法律框架。目前，特区政府正在为推广新的专利制度进行各项准备工作。

（四）注册外观设计

2016年，外观设计注册处接获2515宗申请，要求为4936项外观设计注册。年内获准注册的外观设计有4432项，较2015年减少5.7%。

（五）版权

根据《版权条例》，文学作品、戏剧作品、音乐作品、艺术作品、已发表版本的排印编排、声音纪录、影片、广播、有线传播节目，以及表演者的表演，不论其版权拥有人属何居籍，均可获得保护。条例并定版权拥有人必须注册版权之规定。

二、公众教育

2016年，香港特区共9个商会的1052个零售商参加知识产权署举办的“正版正货承诺”计划，涵盖6685个销售点。知识产权署透过学校探访计划，在95所学校举行讲座，共22 728名学生参加，并于105所学校举办互动剧场，共有31 530名学生参与。知识产权署也在研讨会和展览活动推广知识产权贸易的价值及保护知识产权的重要性。

三、知识产权贸易

香港特区知识产权贸易工作小组已完成工作，并提出28项建议措施，旨在将香港特区发展成为区域内领先的知识产权贸易中心。措施涵盖四个策略范畴，即优化知识产权保护制度；支援知识产权的创造和使用；促进知识产权中介服务和提升人力资源；推广、教育和对外合作的工作。香港特区政府现正与公营机构、专业团体、业界人士及其他利益相关者合作，以落实这些建议措施。知识产权署落实多项支援措施，如推出免费知识产权咨询服务、知识产权管理人员计划、各种推广和教育活动包括制作知识产权贸易成功个案的宣传片，以及资助和推广由利益相关者举办与知识产权有关的培训课程。知识产权署也计划进行有关香港特区的知识产权贸易和管理的人力资源统计调查。

四、与内地有关部门合作

知识产权署与内地各级知识产权部门紧密合作，加强推广知识产权保护、管理及贸易。

五、参与国际组织活动

知识产权署参与国际论坛，包括世界贸易组织辖下与贸易有关的知识产权理事会，以及在国家知识产权局统筹下，参与世界知识产权组织的有关活动。知识产权署还代表中国香港出席国际及地区知识产权研讨会和会议，包括亚太经合组织知识产权专家小组的会议。

（国家知识产权局港澳台办公室）

（注：根据香港特别行政区知识产权署提供资料整理）

澳门特别行政区

知识产权工作

一、工业产权申请与授权

（一）商标申请与注册

2016年，澳门特区商标申请量从2015年的历史最高点下跌了12.43%，全年共受理11 507件申请，占各类工业产权申请总量的95.6%。其中，产品商标7412件，服务商标4095件，分别较2015年减少4.91%和23.39%。

全年获准注册的商标共11 530件。截至年底，商标注册的累计申请总量为134 354件，其中产品商标93 157件，服务商标41 197件。

（二）专利申请与授权

1. 发明专利申请与授权

（1）在澳门特区提交的发明专利申请与授权。

2016年，发明专利的申请共有51件，与2015年相比减少21.54%；获得授权的发明专利共58件。截至年底，发明专利的累计申请总量为1472件。

全年送往国家知识产权局作实质审查的发明专利申请共54件，较2015年减少20.59%。

（2）内地发明专利延伸至澳门特区生效的申请与审批。

2016年，申请延伸至澳门生效的内地发明专利共有452件，较2015年增加18.32%；获准延伸至澳门生效的内地发明专利共471件。截至年底，内地发明专利延伸至澳的累计申请总量为2458件。

2. 实用专利申请与授权

2016年，实用专利的申请共15件，较2015年减少25%；授权的实用专利共12件。截至年底，实用专利的累计申请量达203件。

3. 设计/新型申请与授权

2016年，设计/新型的申请共有218件，较2015年减少12.45%。截至年底，设计/新型的累计申请总量为 1773 件。

4. 其他工业产权的申请与登记

(1)营业场所名称/标志的申请与登记。

2016 年,营业场所名称/标志的申请共有 23 件,较 2015 年减少 23.33%;获准登记共 22 件。

截至年底,营业场所名称/标志的累计申请量为 257 件,其中,餐饮业及零售贸易两个服务类别共有 147 件申请,占申请总量的 57.2%。

(2)原产地名称/地理标记的申请与登记。

截至年底,共受理原产地名称/地理标记的申请 1 件。

二、优化行政服务

2016 年澳门特区经济局继续进一步优化内部工作业务流程,减少流程环节,缩短处理时限,提升对外服务水平,推动知识产权及其他服务质量的进一步提升。

(一)跟踪及完善"服务承诺计划"

为掌握服务对象的意见,以达到持续改善的目标,澳门经济局就推行的服务设立收集服务对象意见的机制。2016 年进行了年度服务满意度调查,结果显示,市民对澳门特区经济局的服务满意度均在"满意"值区间。

(二)继续优化电子档案的管理

综合应用人工管理和信息技术管理手段,提升工业产权注册申请流程各个环节的档案管理,进一步提高资料处理、储存、检索和存档工作的运作效率和效能。

(三)简化行政手续

继实行申请人提交附注申请无须附同注册证原件后,2016 年,澳门特区经济局进一步推出优化措施——申请人提交续期申请无须再附同注册证原件,以简化向续期申请人所提供的服务。

三、推出"送服务上门"的便民措施

为向澳门中小微企业提供更多元化和便捷的服务,配合特区政府扶持中小企发展和"送服务上门"政策,经济局推出多项便民措施。

一是与澳门连锁加盟商会签署《关于支持澳门企业在内地注册商标的合作协议》,支持该会提供内地商标注册咨询及申请对接服务。

二是支持澳门连锁加盟商会举办"国内商标注册专题讲座——如何在内地保护您的商标",并筹建"国内商标注册咨询服务中心"。

三是上门为中小企业以及澳门特区经济局"青年创业孵化中心"的服务对象和其他青年创业者讲解知识产权注册申请流程,提供咨询和指导,协助中小企业及青年创业者解决运营中所遇到的知识产权难题。

四是拜访著作权集体管理机构,建立沟通机制,共同提升市民的知识产权意识,合力营造知识产权保护氛围。

四、电子化建设

为配合特区政府电子政务的发展,满足公众对服务不断提高的需求,2016 年,澳门特区经济局继续通过电子化建设,致力于提升知识产权电子服务的便捷度。

一是继 2014 年推出"商标注册申请电子服务"后,于 2016 年推出"商标注册申请一上载申请资料""在线缴付专利年费"及"工业产权网上申请一电子提交续期服务"服务功能。全年通过"商标注册电子申请系统"提交的商标申请占总申请量的 39.59%,较 2015 年增加 28.94%。

二是继续推广"商标注册申请网上填表与提交备案"服务,不断完善"商标注册申请网上填表与提交备案"系统功能。2016 年,通过"商标注册申请网上填表与提交备案"系统提交的商标申请为占总申请量的22.53%。

三是继续推进工业产权资讯系统的优化工作，优化现有审批流程，为工业产权注册申请的审查和审批工作提供技术保障，提高工业产权注册申请内部流程和效率。

五、宣传与培训活动

3月，应澳门科技大学邀请，派员担任其举办的“知识产权知多少”专题讲座的主讲嘉宾，向该校学生讲解澳门特区的知识产权法律制度。

4月，应澳门连锁加盟商会邀请，派员为“知识产权保护概念及澳门商标注册申请”分享会担任主讲嘉宾，以加深市民对知识产权保护概念及澳门商标注册制度和审批流程标准的了解。

4月，与作曲家、作家及出版社协会合作举办庆祝世界知识产权日宣传活动，以让公众通过活动了解知识产权在日常生活中的应用，扩大知识产权的社会影响力。

5月，应澳门消费者委员会邀请，派员为“维护消费权益及保护知识产权”专题讲座担任主讲嘉宾，加强“加盟商号”及“诚信店”保护知识产权的意识。

7月，与澳门贸易投资促进局及中国国际贸易促进委员会合办“澳门中小企业如何在中国内地取得知识产权保护研讨会”，协助想要进入内地的澳门企业提升知识产权保护意识；7月，应澳门国际品牌企业商会邀请，派员为“澳门国际品牌连锁加盟展(MDE)2016”分论坛“商标注册申请手续讲解会”担任主讲嘉宾。

9月，派员在澳门海关举办的“社区打假联络机制”启动仪式之“保护知识产权讲座”担任主讲嘉宾，向年轻人宣扬知识产权法律意识，携手做好知识产权保护的工作。

六、合作与交流

(一)与国家知识产权局的交流

1. 专利保护工作

自2003年1月签署《国家知识产权局与澳门特别行政区经济局关于在知识产权领域合作的协议》以来，在国家知识产权局的积极支持和技术援助下，澳门特区的专利保护工作取得一定的进展。自协议生效起至2016年底，澳门特区经济局寄送国家知识产权局作实质审查的发明专利申请954件，实用专利申请134件。此外，截至2016年底，共接获2458件内地发明专利要求延伸至澳门特区生效的申请，其中已获准生效的达2142件，占申请总量的87.14%。

2. 数据和文献交流

继续开展数据和文献交流，定期向国家知识产权局寄送澳门特区的各类专利数据和文献资料。

3. 全国专利代理人资格考试

负责接受公众关于参加国家知识产权局举办的“全国专利代理人资格考试”的相关咨询，协助考生报考。

4. 举办内地与港澳知识产权研讨会

2016年10月，由国家知识产权局、香港特区政府知识产权署和澳门特区经济局联合主办的“2016年内地与香港、澳门特别行政区知识产权研讨会”在澳门举行。来自内地和香港特区、澳门特区的各界人士围绕“三地知识产权的最新发展”“促进知识产权运用，引领经济创新发展”，以及“创新、创业中的知识产权思维”三个主题进行交流研讨。

(二)与泛珠三角区域知识产权机构的合作与交流

2016年7月，派员参加在广州举行的“泛珠三角区域知识产权部门负责人会议”。会议各方分享了知识产权工作的推进情况，并就加强泛珠三角区域知识产权合作机制、深化泛珠三角区域在知识产权强省建设和加强保护等领域合作进行了讨论。

12月，派员参加在南昌举行的“第十一届泛珠三角区域知识产权合作联席会议”。泛珠九省(区)与香港和澳门特区政府代表在会议上共同签署了《泛珠三角区域知识产权合作协议》。根据协议，泛珠区域将在知识产权强省建设、知识产权保护、知识产权转化运用、知识产权服务、知识产权信息开发利用、知识产权宣传培训及研讨等方面展开合作。

(三)粤澳合作与交流

2016 年 5 月，粤澳知识产权工作小组第三次会议在澳门举行。会议总结了 2014～2016 年粤澳知识产权合作情况，介绍了各自工作情况及最新进展，并对《粤澳知识产权合作计划（2016～2018 年）》进行了讨论。

12 月，参加由广东省工商局和中华商标协会在广州主办的第一届南方商标品牌高端论坛。

12 月，协助广东省新闻出版广电局(广东省版权局)在广州主办第六届中国国际版权博览会粤港澳版权保护交流合作论坛。

(四)港澳合作与交流

香港和澳门两地在知识产权领域一向保持良好而密切的合作关系。2016 年 1 月，香港特区知识产权署曾志深助理署长拜访澳门特区经济局，了解澳门专利行政管理工作，探讨双方未来合作。

(国家知识产权局港澳台办公室)

(注:根据澳门特别行政区经济局提供资料整理)

台湾地区

知识产权工作

一、专利事务

(一)统计数据

2016 年我国台湾地区“智慧财产局”发明专利申请提出实质审查 38 382 件;结案 61 287 件，较 2015 年有所减少。由于请求实质审查件数近年连续下降，同时审查周期大幅缩短，发明专利的待办案件量降至50 293 件，为近 5 年最低。从结案状态来看，2016 年授权 44 891 件、驳回 14 782 件、其他 1614 件，各占 73.3%、24.1%及 2.6%，其中授权件数较 2015 年减少 2.0%，驳回件数较 2015 年减少 28.9%。2016 年发明专利审查共发出 64 839 件审查意见通知书，其中发出第一次审查意见通知书件数 49 930 件，发出第二次(含以上)审查意见通知书件数 6545 件，发出最后通知书 84 件。发明专利审查周期近 5 年逐年下降，2016 年平均首次通知周期与平均审结周期分别为 12 个月和 19.8 个月，均较 2015 年缩短约 6 个月，为近 5 年最短。

2016 年新型专利申请案 20 161 件，结案件数 20 848 件，平均审结周期降至 2.5 个月。新型技术报告核发件数为 2049 件，较 2015 年略有减少，但仍维持在 2000 件以上。

2016 年设计专利授权 7689 件，驳回 607 件，各占 91%和 7.2%。2016 年设计专利申请案平均首次通知周期为 5.3 个月，平均审结周期为 6.9 个月，与 2015 年相比均缩短 1.5 个月以上，已降至近 5 年最低。

(二)审查人力现况

我国台湾地区“智慧财产局”目前专利各级审查人员 355 人、约聘专利审查人员 34 人、5 年任期制审查人员 159 人，共计 548 人。

（三）修订法制及相关配套措施

1. 专利相关“法规”

(1)“专利法”。

为适应商业及学术活动需求并促进技术流通，“专利法”修订稿于 2016 年 12 月 30 日通过，将发明及新型专利的宽限期从申请日前 6 个月放宽为 12 个月，将适用宽限期的公开形式放宽为不限制如何公开，并参考外界意见将适用宽限期的条件放宽为不需在申请时声明主张。新修订条文的施行日另行确定。

(2)“专利法实施细则”。

根据政策与业界需求，对“专利法实施细则”部分规定进行调整，重点包括：

① 为鼓励申请人以电子方式申请专利及推动无纸化，申请人如以规定的电子文件提交优先权证明文件，则无须再提交文件正本。专利电子申请及电子送达实施办法配合调整。

② 为符合设计实务及“专利法”文义，对于应用于物品的计算机图像及图形用户界面设计，调整相关规定文字，使该文义更为上位化。

③ 专利经授权后，申请延缓公告的期限由 3 个月延长为 6 个月，从而使专利申请人更能按照产业策略需求调整专利技术公告的时间点。

2.“专利师法”

为配合“专利师法”于 2015 年 7 月 1 日修正公布，并落实专利师自治精神，修正“专利师职前训练办法”。修正重点为授权次序的配合变更，以及删除训练申请须出具专利师证书的规定。另外，为落实专利师自治精神，在该办法中将职前训练委托由专利师公会办理，并建立相关监督机制。

修正后的“专利师职前训练办法”已于 2016 年 12 月 27 日公布，期望专利师能通过职前训练提升专利代理业界的质量及服务水平。

二、商标事务

2016 年商标注册申请案受理以案件计共有 79 300 件，办结 83 387 件，待办案件下降至 5 万件。

2016 年商标注册申请案受理以类别计共有 101 331 类，办结 108 387 类，待办案件 70 610 类。

2016 年商标注册申请案的平均首次通知周期为 5.4 个月，较 2015 年有所缩短，但为兼顾清理未审结复杂旧案，平均审结周期为 8.6 个月，较 2015 年有所延长。

三、著作权事务

完成著作财产权人不明著作申请 3 件，音乐著作强制授权申请案 2 件，集体管理团体设立申请案 3 件，电子核验著作权授权文件 26 416 件。

四、两岸交流

（一）审查业务交流

派出 3 位专利审查人员及 1 位“智慧财产法院”法官赴国家知识产权局进行经验交流。接待国家知识产权局 5 位专利审查人员进行审查案例业务交流。

（二）民间交流

2016 年 12 月，台湾工业总会与中华全国专利代理人协会在台北共同举办第九届两岸专利论坛，为两岸专利界和产业界人士提供良好的交流互动平台。

（国家知识产权局港澳台办公室）

（注：资料来源于台湾地区
“智慧财产局”年度报告）

国家知识产权局

1. 全国知识产权局局长会议召开。 1月7日，全国知识产权局局长会议在北京召开。

2. 申长雨会见新加坡知识产权局局长一行。 1月26日，国家知识产权局局长申长雨在北京会见新加坡知识产权局局长邓鸿森一行。

3. 中国知识产权维权援助与举报投诉网上线试运行。 2月4日，中国知识产权维权援助与举报投诉网上线试运行。

4. 中秘两局签署专利审查合作共享协议。 2月23日，中秘两局签署专利审查合作共享协议。

5. 深入学习《习近平关于科技创新论述摘编》。 2月25日，国家知识产权局党组召开专题会，深入学习《习近平关于科技创新论述摘编》。

6. 申长雨会见丹麦专利商标局局长一行，中匈专利审查高速路(PPH)试点启动，全国知识产权系统政务工作会议召开。 3月1日，国家知识产权局局长申长雨在京会见丹麦专利商标局局长康叶波一行。中匈专利审查高速路(PPH)试点启动。全国知识产权系统政务工作会议在广州召开。

7. 申长雨就知识产权保护问题回答记者提问。 3月13日，国家知识产权局局长申长雨在人民大会堂“部长通道”就知识产权保护问题回答记者提问。

8. 申长雨会见摩洛哥工业和商业产权局局长一行。 3月24日，国家知识产权局局长申长雨在京会见摩洛哥工业和商业产权局局长阿迪勒·艾尔·马里奇一行。

9. 国务院知识产权战略实施工作部际联席会议制度建立。 3月30日，国务院知识产权战略实施工作部际联席会议制度建立，国务委员王勇担任召集人。

10. 首届中国知识产权保护高层论坛举办。 4月9日，首届中国知识产权保护高层论坛在北京举办，国家知识产权局局长申长雨强调要着力构建知识产权大保护工作格局。

11. 2015年中国知识产权发展状况新闻发布会举行。 4月19日，2015年中国知识产权发展状况新闻发布会在京举行。

12. 全国知识产权宣传周活动举行。 4月20～26日，全国知识产权宣传周活动举行。

13. 国家知识产权青年联合会第一届委员会第一次全体会议召开。 5月4日，国家知识产权青年联合会第一届委员会第一次全体会议在京召开。

14. 申长雨会见丹麦商业和经济增长大臣一行。 5月19日，国家知识产权局局长申长雨在京会见丹麦商业和经济增长大臣托尔斯·伦德·保尔森一行。

15. 中美欧日韩发明领域五局合作第九次局长会系列会议召开。 5月31日至6月2

日，中美欧日韩发明领域五局合作第九次局长会系列会议在日本东京召开。

16. 申长雨会见加拿大知识产权局局长一行。 6月13日，国家知识产权局局长申长雨在京会见加拿大知识产权局局长乔安娜·贝丽斯一行。

17. 国家知识产权局与广东省人民政府第三轮知识产权高层次合作会商暨广东省建设引领型知识产权强省启动大会举行。 6月14日，国家知识产权局与广东省人民政府第三轮知识产权高层次合作会商暨广东省建设引领型知识产权强省启动大会在广州举行。

18. 江苏省引领型知识产权强省试点省建设启动会暨知识产权高层次合作会商签字仪式举行。 6月16日，国家知识产权局与江苏省人民政府在南京举行引领型知识产权强省试点省建设启动会暨知识产权高层次合作会商签字仪式。

19.《2016年深入实施国家知识产权战略加快建设知识产权强国推进计划》印发。 6月18日，《2016年深入实施国家知识产权战略加快建设知识产权强国推进计划》印发。

20. 第六届金砖国家知识产权局局长会议召开。 6月21～22日，第六届金砖国家知识产权局局长会议在俄罗斯莫斯科召开。

21.《中华人民共和国政府与乌兹别克斯坦共和国政府知识产权保护合作协定》正式签署。 6月22日，在国家主席习近平和乌兹别克斯坦总统卡里莫夫的共同见证下，《中华人民共和国政府与乌兹别克斯坦共和国政府知识产权保护合作协定》在乌兹别克斯坦首都塔什干正式签署。国家知识产权局局长申长雨和乌兹别克斯坦外交部部长卡米洛夫代表双方政府签字。

22. 中央第十巡视组专项巡视国家知识产权局党组工作动员会召开。 6月30日，中央第十巡视组专项巡视国家知识产权局党组工作动员会召开。

23."一局三地"知识产权促进京津冀协同发展合作会商机制正式建立。 7月11日，国家知识产权局与北京市、天津市、河北省签订《关于知识产权促进京津冀协同发展合作会商议定书》，"一局三地"知识产权促进京津冀协同发展合作会商机制正式建立。

24.《国务院关于新形势下加快知识产权强国建设的若干意见》重点任务分工方案印发。 7月8日，国务院办公厅印发《国务院关于新形势下加快知识产权强国建设的若干意见》重点任务分工方案。

25. 中新广州知识城开展知识产权运用和保护综合改革试验获批。 7月13日，国务院批复同意在中新广州知识城开展知识产权运用和保护综合改革试验。

26. 申长雨会见世界知识产权组织总干事高锐一行。 7月18日，国家知识产权局局长申长雨在京会见世界知识产权组织总干事高锐一行。

27. 南亚、东南亚地区及蒙古、伊朗知识产权局局长会议举行。 7月19日，南亚、东南亚地区及蒙古、伊朗知识产权局局长会议在京举行。

28."一带一路"知识产权高级别会议举行。 7月21日，由国家知识产权局、国家工商行政管理总局、国家版权局、商务部、北京市人民政府和世界知识产权组织联合主办的"一带一路"知识产权高级别会议在京举行。国务委员王勇出席开幕式并致辞。

29."一带一路"知识产权圆桌会举行。 7月22日，"一带一路"知识产权圆桌会在京举行。

30. 专利质量工作座谈会召开。 8月3日，召开专利质量工作座谈会。

31. 第三届中英知识产权研讨会举行。 8月26日，第三届中英知识产权研讨会在北京举行。

32. 第四届中蒙俄知识产权研讨会举行。9月6日，第四届中蒙俄知识产权研讨会在乌兰巴托举行。

33. 第十届中国国际专利技术与产品交易会开幕。9月9日，第十届中国国际专利技术与产品交易会在大连开幕。

34.《全国知识产权法治宣传教育第七个五年规划(2016～2020年)》印发。9月19日，《全国知识产权法治宣传教育第七个五年规划(2016～2020年)》印发。

35. 第七届中国专利信息年会举办。9月19～20日，第七届中国专利信息年会在京举办。

36. 江西特色型知识产权强省建设推进会举行。9月22日，国家知识产权局与江西省人民政府新一轮合作会商暨江西特色型知识产权强省建设推进会在南昌举行。

37. 申长雨率团出席世界知识产权组织成员国大会第56届系列会议。10月3日，国家知识产权局局长申长雨率团出席世界知识产权组织成员国大会第56届系列会议。

38. 第七届金砖国家知识产权局局长会议召开。10月4日，第七届金砖国家知识产权局局长会议在瑞士日内瓦召开。

39. 中国专利受理及初步审查系统上线运行。10月22日，中国专利受理及初步审查系统上线运行。

40. 世界知识产权组织远程教育中文平台启动。10月25日，世界知识产权组织远程教育中文平台在北京启动。

41.《专利密集型产业目录(2016)》(试行)及《中国专利密集型产业主要统计数据报告(2015)》发布。10月27日，《专利密集型产业目录(2016)》(试行)及《中国专利密集型产业主要统计数据报告(2015)》发布。

42.《2016年工业品外观设计五局合作联合声明》签署。11月1～2日，2016年工业品外观设计中美欧日韩五局合作(ID5)年度会议在京召开，会议签署了《2016年工业品外观设计五局合作联合声明》。

43. 亚洲地区知识产权战略及政策高级研讨会举办。11月8日，亚洲地区知识产权战略及政策高级研讨会在京举办。

44.《关于加快建设知识产权强市的指导意见》印发。11月9日，《关于加快建设知识产权强市的指导意见》印发。

45. 国家知识产权局与上海市人民政府第三轮合作会商议定书签字仪式暨合作会商会议举行。11月16日，国家知识产权局与上海市人民政府第三轮合作会商议定书签字仪式暨合作会商会议在上海举行。

46. 第十三届上海知识产权国际论坛开幕。11月17日，第十三届上海知识产权国际论坛在上海开幕。

47. 申长雨分别与世界知识产权组织和波兰、智利两国知识产权机构负责人举行双边会谈。11月17～18日，国家知识产权局局长申长雨分别与世界知识产权组织(WIPO)和波兰、智利两国知识产权机构负责人举行双边会谈。

48. 举办第十届中国专利周。11月21～27日，第十届中国专利周活动举办。

49. 申长雨会见欧亚专利局局长一行。11月22日，国家知识产权局局长申长雨在京会见欧亚专利局局长索里·特莱芙列索娃一行。

50. 申长雨出席首届紫金知识产权国际峰会开幕式并致辞。11月28日，国家知识产权局局长申长雨出席首届紫金知识产权国际峰会在南京举行的开幕式并致辞。

51.《关于严格专利保护的若干意见》印发。11月29日，《关于严格专利保护的若干意见》印发。

52. 申长雨出席广东省知识产权工作会议暨专利奖表彰大会并讲话。12月1日，国家知识产权局局长申长雨出席广东省知识产权工作会议暨专利奖表彰大会并讲话。

53. 第22次中韩知识产权局局长会议、第23次中日知识产权局局长会议及第16次中日韩知识产权局局长政策对话会召开。 12月8日，第22次中韩知识产权局局长会议、第23次中日知识产权局局长会议及第16次中日韩知识产权局局长政策对话会在日本召开。

54. 审议通过《关于开展知识产权综合管理改革试点总体方案》等重要文件。 12月5日，习近平总书记主持召开中央全面深化改革领导小组第三十次会议，审议通过《关于开展知识产权综合管理改革试点总体方案》等重要文件。

55. 专利质量提升工程实施启动。 12月23日，专利质量提升工程实施启动。

56. 第三届国家知识产权专家咨询委员会成立。 12月23日，第三届国家知识产权专家咨询委员会在京成立。

57. 第十八届中国专利奖颁奖大会举行。 12月26日，第十八届中国专利奖颁奖大会在京举行。

58. 国务院印发《"十三五"国家知识产权保护和运用规划》《知识产权综合管理改革试点总体方案》印发。 12月30日，国务院印发《"十三五"国家知识产权保护和运用规划》。国务院办公厅印发《知识产权综合管理改革试点总体方案》。

（国家知识产权局办公室供稿）

国家工商行政管理总局商标局

1. 刘俊臣会见以色列经济部总司长阿米特·朗先生一行。 1月6日，国家工商总局副局长刘俊臣在京会见了来访的以色列经济部总司长阿米特·朗先生一行，双方就企业注册、商标注册和保护、反垄断和反不正当竞争及双边合作进行了交流。

2. 召开打击侵权假冒工作领导小组第七次全体会议。 1月21日，国家工商总局打击侵权假冒工作领导小组召开第七次全体会议。国家工商总局副局长、领导小组组长刘俊臣主持会议并强调，要进一步提高认识，切实把思想和行动统一到党中央和国务院决策部署上来，努力开创"十三五"时期打击侵权假冒工作新局面。

3. 刘俊臣会见新加坡知识产权局局长邓鸿森一行。 1月27日，国家工商总局副局长刘俊臣会见来访的新加坡知识产权局局长邓鸿森一行，介绍了国家工商总局2015年商标工作情况，并就双方签署的商标合作谅解备忘录的实施进行交流。

4. 国家工商总局专题研究商标档案电子化工作意见。 2月24日，国家工商总局副局长刘俊臣召集办公厅、综合司、商标局、商评委、信息中心、商标审查协作中心等部门专题研究商标档案电子化工作意见。

5. 刘俊臣出席中国人民大学中国商标品牌研究院理事会、专家委员会成立大会。 2月25日，中国人民大学中国商标品牌研究院理事会、专家委员会成立大会在中国人民大学召开。国家工商总局副局长刘俊臣出席会议。

6. 张茅赴北京同仁堂集团有限公司调研。 3月15日，国家工商总局党组书记、局长张茅赴中国北京同仁堂（集团）有限责任公司调研民族品牌的发展与保护工作。

7. 张茅会见欧盟委员会负责农业和农村发展事务的委员菲尔·霍根先生一行。 4月18日，国家工商总局局长张茅会见欧盟委员会负责农业和农村发展事务的委员菲尔·霍根先生一行，就目前正在磋商的中欧地理标志协议文本进行讨论。

8. 刘俊臣参加 2016 年美国大使知识产权圆桌会议。2016 美国大使知识产权圆桌会议 5 月 6 日在京举行，来自中美两国的政府官员、法律界和学界代表及两国企业高管出席。国家工商总局副局长刘俊臣在会上发表题为“实施商标品牌战略打造全球品牌”的主旨演讲。

9. 张茅率团访问世界知识产权组织及卢森堡、以色列。5 月 10～19 日，国家工商总局局长张茅率团访问了世界知识产权组织以及卢森堡、以色列。5 月 11 日，张茅率团访问了位于瑞士日内瓦的世界知识产权组织（WIPO）总部，与 WIPO 总干事弗朗西斯·高锐先生进行会谈。双方还就共同关心的合作事宜进行了交流。会谈前，张茅与高锐共同签署了《世界知识产权组织和中华人民共和国国家工商行政管理总局关于进一步加强合作的谅解备忘录》。5 月 12～17 日，张茅先后赴卢森堡、以色列两国，走访了卢森堡创新中心、以色列专利局、太库（以色列）中国创新中心，与卢森堡副首相兼经济部长埃迪安·施耐德先生、以色列司法部长阿耶莱德·沙凯德女士、以色列专利局局长阿萨·科林先生、以色列经济部总司长阿密特·朗先生举行了会谈。

10. 刘俊臣会见格鲁吉亚经济与可持续发展部副部长盖纳迪·阿维拉泽先生。5 月 11 日，国家工商总局副局长刘俊臣会见格鲁吉亚经济与可持续发展部副部长盖纳迪·阿维拉泽先生一行，双方就格鲁吉亚地理标志在华注册情况以及中格自贸协定中有关地理标志保护的条款进行了交流和探讨。

11. 商标局召开改进出具商标注册证明方式通报会。5 月 11 日，改进出具商标注册证明方式通报会在证监会召开，研究改进出具商标注册证明方式相关问题。

12. 刘俊臣出席商标行政执法与司法保护联动高层论坛。5 月 12 日，商标行政执法与司法保护联动高层论坛在北京举办。国家工商总局副局长刘俊臣出席并作题为“多措并举积极构建商标行政执法与司法保护联动长效机制”的发言，受到与会者的高度关注。

13. 刘俊臣出席“一带一路”商标品牌建设交流合作论坛。5 月 14 日，由国家工商总局与陕西省政府共同主办的“一带一路”商标品牌建设交流合作论坛及相关活动在西安曲江国际会议中心举办，该论坛是 2016 丝博会暨第 20 届西洽会的重要活动之一，国家工商总局副局长刘俊臣出席并作题为“加强商标品牌建设合作 促进丝路经贸共享发展”的致辞。

14. 商标局召开“全面深化商标注册和管理制度改革”座谈会。6 月 6 日，商标局召开“全面深化商标注册和管理制度改革”座谈会。国家工商总局副局长刘俊臣出席会议。

15. 刘俊臣会见来访的加拿大知识产权局局长乔安妮·贝利索女士一行。6 月 12 日，国家工商总局副局长刘俊臣会见来访的加拿大知识产权局局长乔安妮·贝利索女士一行，双方就商标注册和保护最新进展以及如何提高审查效率等问题进行了交流，并确认了双方谅解备忘录框架内 2016～2017 年度工作计划。

16. 刘俊臣出席山东省品牌建设大会并作演讲。6 月 16 日，以“创新创优创品牌——山东经济由大到强的战略选择”为主题的山东省品牌建设大会在济南举行。国家工商总局副局长刘俊臣出席并作题为“实施商标品牌战略 促进经济转型升级”的演讲。

17. 国家工商总局召开全国工商（市场监管）系统注册商标质押融资工作经验交流暨培训工作会。6 月 22 日，全国工商（市场监管)系统注册商标专用权质押融资工作经验交流暨培训工作会议在浙江省台州市召开,国家工商总局副局长兼商标局局长刘俊臣出席会议并讲话。他要求,进一步增强改革意识,全面推进商标注册和管理体制机制改革,深入实施商标品牌战略,努力提高商标公共服务水平。

18. 世界知识产权组织副总干事王彬颖到访商标局。6月28日,世界知识产权组织副总干事王彬颖、世界知识产权组织驻中国办事处主任陈宏兵一行到访商标局,与国家工商总局商标局副局长崔守东进行了会晤。

19. 张茅会见世界知识产权组织副总干事王彬颖。6月28日,国家工商总局局长张茅会见来访的世界知识产权组织(WIPO)副总干事王彬颖女士。张茅在会见中希望双方巩固已有合作成果,进一步拓宽合作领域,推动商标事业向前发展。

20. 刘俊臣会见中国美国商会代表团。6月29日,国家工商总局副局长刘俊臣会见了来访的中国美国商会代表团。刘俊臣表示,希望双方进一步畅通对话沟通渠道,为中美企业健康发展营造良好的营商环境,共同促进中美经贸合作关系持续向前发展。

21. 商标局委托地方设立商标受理处正式启动运行。2016年7月5日、6日,四川雅安和浙江台州商标受理处作为首批地方商标受理处试点启动运行,商标局副局长崔守东、闫实赴四川参加商标局雅安商标受理处揭牌仪式。

22. 2016年度商标五方会谈中期会在京召开。7月19日,2016年度商标五方会谈中期会在京召开。来自美国专利商标局、欧盟知识产权局、日本特许厅、韩国特许厅和中国国家工商总局的30余位代表参加会议,世界知识产权组织代表作为观察员列席本次会议。各方代表交流了五方会谈框架下14个项目的进展情况,商谈了下半年在中国举行2016年年会的筹备事宜,商提了2017年中期会和年会主办方。中国国家工商总局商标局副局长林军强,副巡视员吴群、夏青出席会议。

23. 张茅会见澳大利亚新任驻华大使安思捷女士及知识产权参赞边大伟先生。7月19日,国家工商总局局长张茅会见澳大利亚新任驻华大使安思捷女士及知识产权参赞边大伟先生。

24. 张茅会见世界知识产权组织总干事高锐一行。7月19日,国家工商总局局长张茅会见世界知识产权组织总干事高锐一行。

25. 2016年度商标五方会谈专家技术会议在京召开。7月20～21日,2016年度商标五方会谈专家技术会议在京召开。各方专家技术代表分别介绍了本方在商品和服务分类方面的新举措和新动向,并就商品和服务名称构成、商品和服务分类项目、商品和服务树状结构分类体系等项目上的进展情况及下一步工作计划进行了讨论,各方一致同意在相关项目上进一步提高用户参与度。国家工商总局商标局副巡视员吴群出席会议。

26.《工商总局关于大力推进商标注册便利化改革的意见》新闻发布会在京召开。7月26日,《工商总局关于大力推进商标注册便利化改革的意见》新闻发布会在京召开。商标局副局长崔守东全面介绍了该意见的出台背景、起草过程、主要内容及下一步工作重点,详细解答了各媒体提出的商标热点问题。新华社、中央人民广播电台、中央电视台等十余家媒体参加发布会。

27. 国家工商总局召开商标注册便利化改革领导小组第一次全体会议。7月26日,国家工商总局召开商标注册便利化改革领导小组第一次全体会议,会议审议了商标注册便利化改革有关文件,并对下一步工作做了安排部署。

28. 中美地理标志保护巡回研讨会在四川成功举行。2016 年 7 月 27～28 日，国家工商总局与美国专利商标局在四川省共同举办了中美地理标志保护巡回研讨会，就中美地理标志保护制度和法律政策、相关地理标志产品保护实践等议题进行了探讨。来自美国专利商标局的专家、国家工商总局、四川省工商局以及行业协会、地理标志产品企业的代表等 30 人参加了研讨会。

29. 商标局召开“三定”方案专家研讨会。7 月 29 日，国家工商总局商标局召开“三定”方案专家研讨会，副局长崔守东主持会议。国家工商总局相关司局、地方工商局、商标代理机构、专家学者参加研讨会，就商标局机构设置等问题提出意见和建议。

30. 刘俊臣会见英国能源与知识产权国务大臣娜薇尔·露芙一行。8 月 25 日，国家工商总局副局长刘俊臣会见英国能源与知识产权国务大臣娜薇尔·露芙一行，双方交流了中英知识产权体系发展近况并探讨未来合作方向。

31. 国家工商总局举办提升地理标志运用水平助力贫困地区绿色发展高级研修班。9 月 1～3 日，提升地理标志运用水平助力贫困地区绿色发展高级研修班在深圳行政学院举办。商标局副局长林军强出席开班仪式并授课。

32. 第二届中国—东盟工商论坛在广西南宁举行。9 月 12 日，第二届中国—东盟工商论坛在广西南宁举行，论坛以“商标品牌保护与发展”为主题。国家工商总局副局长刘俊臣出席论坛并作主旨演讲，商标局副局长崔守东主持第二届中国—东盟工商论坛。

33. 刘俊臣出席《关于深入实施商标品牌战略的意见(征求意见稿)》征求意见座谈会。9 月 19 日，《关于深入实施商标品牌战略的意见(征求意见稿)》征求意见座谈会在中国商标大楼召开。国家工商总局副局长刘俊臣出席会议并讲话。

34. 刘俊臣在京会见国际商标协会(INTA)首席执行官艾迪埃纳·桑斯·阿塞多一行。9 月 20 日，国家工商总局副局长刘俊臣在京会见国际商标协会(INTA)首席执行官艾迪埃纳·桑斯·阿塞多一行。商标局副局长崔守东陪同会见。

35. 第 23 次中法商标工作组会议在京召开。9 月 21 日，第 23 次中法商标工作组会议在京召开，商标局副局长陈文彤与法国工业产权局局长伊夫·拉皮埃尔共同主持会议。

36. 2016 海峡两岸商标研讨会在福建平潭召开，刘俊臣出席会议。9 月 22～24 日，2016 海峡两岸商标研讨会在福建平潭召开，国家工商总局副局长刘俊臣出席会议，商标局副局长崔守东陪同参会、调研。

37. 张茅、甘霖赴东道品牌创意集团调研。10 月 11 日，国家工商总局局长张茅、副局长甘霖赴东道品牌创意集团调研。商标局副局长崔守东陪同调研。

38. 国家工商总局召开商标注册便利化改革领导小组第二次会议。10 月 13 日，国家工商总局召开商标注册便利化改革领导小组第二次会议。会议听取了关于商标业务经费保障、商标审查协作中心广州分中心、商标自动化系统广州审查协作分中心总局端一期扩容建设方案、商标数据库开放工作进展情况的报告，商标局关于商标注册便利化 1+X 方案落实情况的报告。

39. 2016 中国国际商标品牌节在江苏省昆山市举行。10 月 27～30 日，2016 中国国际商标品牌节在江苏省昆山市举行，国家工商总局副局长刘俊臣出席活动并发表演讲。

40. 2016 年商标五方会谈年会在江苏省昆山市举行。10 月 28 日，2016 年商标五方会谈年会在江苏昆山召开。国家工商总局副局长兼商标局局长刘俊臣出席年会并致辞。中国国家工商总局商标局、美国专利商标局、欧盟知识产权局、日本特许厅、韩国特许厅的40余位代表参加了会议，世界知识产权组织代表作为观察员列席了本次会议。

41. 国家工商总局首批新设立的13个商标注册申请受理窗口全面启动运行。11月1日，国家工商总局首批新设立的13个商标注册申请受理窗口全面启动运行。包括黑龙江省哈尔滨市市场监督管理局，江苏省南京市、苏州市工商局，浙江省宁波市市场监督管理局，山东省济南市、青岛市、济宁市工商局，河南省洛阳市工商局，湖北省工商局，湖南省长沙市、怀化市工商局，广西壮族自治区工商局，四川省成都市工商局在内的13个工商和市场监管部门设立商标注册申请受理窗口即日起开始办理有关商标注册申请业务。这一举措为申请人就近办理商标注册申请业务提供了便利。

42. 国家工商总局召开商标注册便利化改革领导小组第三次会议。11月7日，国家工商总局召开商标注册便利化改革领导小组第三次会议。会议听取了《商标审查协作广州中心设置方案》的报告、《关于商标注册申请量预测和京外商标审查协作中心布局及审查任务分配的报告》和商标审查协作广州中心筹建进展情况的报告。

43. 王江平赴人民日报社参加第二届中国品牌论坛。11月8日，国家工商总局副局长王江平赴人民日报社参加第二届中国品牌论坛。

44. 马德里国际商标体系成立125周年纪念活动在山东青岛举行。11月15日，由世界知识产权组织、国家工商总局联合主办的商标品牌和马德里国际商标体系成立125周年纪念活动在山东省青岛市举行。世界知识产权组织总干事弗朗西斯·高锐发来祝贺视频，国家工商总局局长张茅发来贺信。国家工商总局副局长刘玉亭、世界知识产权组织副总干事王彬颖出席纪念活动并作主旨演讲。

45. 中欧地理标志协定第十二轮谈判在商务部召开。11月28～29日，中欧地理标志协定第十二轮谈判在商务部召开，来自商务部、农业部、国家质检总局、国家工商总局的中方代表和来自欧盟农业与农村发展总司、欧盟驻华代表团的欧方代表就中欧地理标志产品清单等问题进行了讨论。

46. 国家工商行政管理总局商标审查协作广州中心、国家工商行政管理总局商标局驻广州办事处、国家商标品牌创新创业(广州)基地揭牌成立，张茅、朱小丹出席活动并作讲话。12月1日，国家工商行政管理总局商标审查协作广州中心、国家工商行政管理总局商标局驻广州办事处和国家商标品牌创新创业（广州）基地揭牌仪式在广州市越秀区流花展馆举行。国家工商总局局长张茅、广东省省长朱小丹出席仪式并致辞。国家工商总局副局长兼商标局局长刘俊臣，广东省委常委、广州市委书记任学锋，广东省副省长许瑞生出席仪式。

47. 刘俊臣率团出访英国和意大利。12月14～22日，国家工商总局副局长刘俊臣率团出访英国和意大利。

（国家工商行政管理总局商标局供稿）

国家版权局

1. 中以签署文学和翻译领域合作谅解备忘录。以色列时间2016年1月11～13日，国家新闻出版广电总局副局长孙寿山应以色列外交部邀请，率中国出版代表团出访以色列，并与以色列外交部签署《中华人民共和国国家新闻出版广电总局与以色列外交部在文学和翻译领域的合作谅解备忘录》。该备忘录的签署开启了两国在新闻出版领域交流与合作的新篇章。

2. 2016 CPCC 中国版权服务年会在京举行。2 月 24～25 日，由中国版权保护中心(CPCC)主办、以“尊重原创 传统再造”为主题的 2016 CPCC 中国版权服务年会在京举行。国家新闻出版广电总局副局长、国家版权局副局长阎晓宏出席年会开幕式，并为获得“2015 CPCC 十大中国著作权人”称号的刘和平、张威(唐家三少)等颁奖，希望获得 2015 CPCC 十大中国著作权人和专家提名奖的获奖者，不断创造更多优秀的版权成果和财富。

3. 推进使用正版软件工作部际联席会议第五次全体会议在京召开。3 月 11 日，中宣部副部长、国家新闻出版广电总局(国家版权局)局长蔡赴朝主持召开推进使用正版软件工作部际联席会议第五次全体会议。会议传达了国务院副总理汪洋关于软件正版化工作的重要批示，对 2015 年推进使用正版软件工作进行了总结，并讨论审议了 2016 年工作计划。国家新闻出版广电总局副局长、国家版权局副局长阎晓宏在会上汇报了 2015 年推进使用正版软件工作进展情况和 2016 年工作计划。会议审议通过了《2015 年推进使用正版软件工作报告》及《2016 年推进使用正版软件工作计划》。

4. 2015 年中国知识产权发展状况发布会举行。4 月 19 日，国务院新闻办公室在京举行新闻发布会，介绍 2015 年中国知识产权发展状况。国家知识产权局局长申长雨、国家工商行政管理总局副局长刘俊臣、国家版权局副局长阎晓宏出席发布会并一同回答了记者的提问。

5. 国务院办公厅印发《2016 年全国打击侵犯知识产权和制售假冒伪劣商品工作要点》。4 月 19 日，国务院办公厅印发《2016 年全国打击侵犯知识产权和制售假冒伪劣商品工作要点》，强调要结合推动供给侧结构性改革，依法严惩影响创新发展、妨碍公平竞争和侵害消费者合法权益的侵权假冒违法犯罪，为经济社会持续健康发展提供有力保障。

6. 国家版权局奖励查处侵权盗版案件有功单位及个人。4 月 20 日，国家版权局下发《关于奖励 2015 年度查处侵权盗版案件有功单位及有功个人的决定》，对在 2015 年度查处侵权盗版案件工作中作出突出贡献的 195 家有功单位及 215 名有功个人给予奖励。

国家版权局要求各级版权相关执法部门及广大执法人员要向查处侵权盗版案件有功单位和有功个人学习，进一步加强版权执法监管工作，严厉查处各类侵权盗版行为，有效维护权利人合法权益，积极推动版权相关产业健康发展，为提升我国版权保护水平作出更大贡献。

7. 中国网络版权保护大会在京召开。4 月 26 日，国家版权局在北京举办中国网络版权保护大会。工信部、公安部、国家网信办等相关部门负责人及来自版权产业界的代表，共同探讨了“数字网络发展与版权保护”等热点话题。国家新闻出版广电总局副局长、国家版权局副局长阎晓宏出席大会开幕式并致辞。

8. 中英探索建立双语侵权举报平台。4 月 27 日，在中国国家版权局版权管理司司长于慈珂、英国知识产权局版权与执法司司长罗斯·林奇的见证下，百度与在华国际出版商版权保护联盟(IPCC)在北京签署版权保护合作备忘录。

9. 国家新闻出版广电总局发布通知规范移动游戏管理。6 月 2 日，国家新闻出版广电总局发布《关于移动游戏出版服务管理的通知》。根据通知，国家新闻出版广电总局对移动游戏实施分类审批管理，今后将进一步压缩内容审查时间，提高移动游戏受理和审批工作效率。该通知自2016年7月1日起施行。自施行之日起，未经国家新闻出版广电总局批准的移动游戏，不得上网出版运营。

10. 全国第二期省级机关软件正版化工作培训班举办。6月20日，全国第二期省级机关软件正版化工作培训班在济南举办，国家新闻出版广电总局(国家版权局)党组成员、副局长阎晓宏出席开班式并讲话，山东省副省长季缃绮致辞。

11. 中国版权协会艺术品版权工作委员会成立。6月29日，中国版权协会艺术品版权工作委员会在京成立。国家新闻出版广电总局副局长、国家版权局副局长、中国版权协会理事长阎晓宏，中国版权协会副理事长、雅昌文化集团董事长万捷，中国版权协会秘书长孙悦，以及靳尚谊、张立辰、杜滋龄、何家英等数十位艺术家代表出席了中国版权协会艺术品版权工作委员会成立发布会。

12. 中国版权协会2016年第一期版权培训班举办。7月8日，中国版权协会2016年第一期免费版权培训班在北京举办，来自中国版权协会会员单位的百余名负责人参加了此次培训。国家新闻出版广电总局副局长、国家版权局副局长、中国版权协会理事长阎晓宏，北京知识产权法院法官芮松艳分别做了《版权与文化产业发展》和《著作权典型案例介绍》的报告。

13. 蔡赴朝会见世界知识产权组织总干事高锐一行。7月19日，中宣部副部长、国家新闻出版广电总局局长、国家版权局局长蔡赴朝在北京会见了世界知识产权组织总干事弗朗西斯·高锐一行，双方就进一步巩固和发展更加积极、务实、友好的合作关系进行了深入交流。国家新闻出版广电总局副局长、国家版权局副局长阎晓宏陪同会见。

14. 阎晓宏会见查德·康斯坦德、洪伟典一行。7月21日，国家新闻出版广电总局副局长、国家版权局副局长阎晓宏在北京会见了来访的环球唱片公司全球法律总裁理查德·康斯坦德及国际唱片业协会(IFPI)亚洲总裁洪伟典一行。双方就如何通过保护版权促进中国音乐市场的发展等共同关心的话题进行了探讨。阎晓宏表示，版权保护的进步带来了中国音乐市场的健康繁荣。

15. “一带一路”知识产权高级别会议召开。7月21～22日，由世界知识产权组织(WIPO)与中国国家知识产权局、国家工商总局、国家版权局、商务部、北京市人民政府联合主办的“一带一路”知识产权高级别会议在北京举行。中国国务委员王勇、世界知识产权组织总干事弗朗西斯·高锐出席7月21日举行的开幕式并致辞。

中国国家知识产权局局长申长雨，国家新闻出版广电总局副局长、国家版权局副局长阎晓宏等出席开幕式。

16. “保护视听表演对文化和创意产业发展的重要性圆桌会议”在京举行。7月22日，由世界知识产权组织(WIPO)与中国国家版权局共同举办的保护视听表演对文化和创意产业发展的重要性圆桌会议在北京举行。此次会议对于推动《视听表演北京条约》早日生效，巩固2012年保护音像表演外交会议成果，促进WIPO各成员国视听表演产业发展具有重要意义。世界知识产权组织副总干事王彬颖，中国国家新闻出版广电总局副局长、国家版权局副局长阎晓宏出席会议开幕式并致辞。

17. 中国出版数字资源国际交易平台启动。8月24日，由中国图书进出口(集团)总公司主办的中国出版数字资源国际交易平台启动暨海外合作签约仪式在北京国际图书博览会现场举行。国家新闻出版广电总局副局长吴尚之，中国出版集团总裁谭跃等出席并讲话。

18. 2016 BIBF 国际版权贸易高级研修班在京举行。 8 月 25 日，由国家版权局主办，中国图书进出口(集团)总公司承办的 2016 年 BIBF 国际版权贸易高级研修班在北京举行。国家新闻出版广电总局副局长、国家版权局副局长阎晓宏出席并发表主题演讲。

19. 阎晓宏会见英国能源及知识产权国务大臣娜薇尔·露芙一行。 8 月 26 日，国家新闻出版广电总局副局长、国家版权局副局长阎晓宏在北京会见了英国能源及知识产权国务大臣娜薇尔·露芙女男爵一行。双方回顾了《中英版权战略合作谅解备忘录》签署以来所开展的交流合作及取得的成果，并就版权立法、执法、产业发展、集体管理等问题交换了意见。

20. 聂辰席任国家新闻出版广电总局局长、国家版权局局长。 9 月 29 日，国家新闻出版广电总局召开领导干部会议，宣布中央决定：聂辰席同志任中宣部副部长、国家新闻出版广电总局局长、党组书记、国家版权局局长。蔡赴朝同志不再担任中宣部副部长、国家新闻出版广电总局局长、党组书记、国家版权局局长职务。

21. 阎晓宏赴上海美术电影制片厂调研。 10 月，国家新闻出版广电总局副局长、国家版权局副局长阎晓宏赴上海美术电影制片厂调研，阎晓宏一行参观了上海电影博物馆，与上海电影集团、上海美术电影厂班子成员进行了座谈。阎晓宏充分肯定了上影集团及美影厂在版权创作、运用和保护方面所做的工作，希望上影集团及美影厂进一步加大版权工作力度，重视版权登记，理清版权资源，不断提升版权的价值。

22. 国家版权局发布《关于加强网络文学作品版权管理的通知》。 11 月 4 日，国家版权局发布了《关于加强网络文学作品版权管理的通知》。该通知进一步明确了通过信息网络提供文学作品以及提供相关网络服务的网络服务商在版权管理方面的责任义务，细化了著作权法律法规的相关规定，是国家版权局加强网络文学版权保护的一项重要举措，对规范网络文学版权秩序具有重要的意义。

23. 第九届中国版权年会在京召开。 11 月 25 日，由中国版权协会主办的第九届中国版权年会在北京举行。第三届中国版权卓越成就者奖、中国版权最具影响力企业奖颁奖仪式同时举行。国家新闻出版广电总局副局长、国家版权局副局长、中国版权协会理事长阎晓宏作题为“2016 版权回顾与展望”的主题发言。

24. 全球创作者论坛在京举办。 11 月 28 日，全球创作者论坛在北京举行。国家新闻出版广电总局局长、国家版权局局长聂辰席在致辞中强调，版权是国家的核心竞争力，中国政府保护版权的立场是坚定的，态度是坚决的。

25. 国家版权局召开网络广告联盟服务版权保护工作座谈会。 11 月 30 日，国家版权局在北京召开网络广告联盟服务版权保护工作座谈会，通报了国家版权局规范网络广告联盟版权秩序的有关工作情况，调查确定了第一批侵权盗版网站“黑名单”，大型网络广告联盟发起《网络广告联盟版权自律倡议》。

26. 2016 中国版权金奖在广州颁发。 12 月 5 日，中国版权金奖颁奖仪式作为第六届中国国际版权博览会开幕式上的重头戏，在众人的期待中揭开了面纱。6 个作品奖、5 个推广运用奖、5 个保护奖和 4 个管理奖悉数亮相。

“中国版权金奖”是中国国家版权局与世界知识产权组织(WIPO)开展的合作项目，每两年评选一次，是中国版权领域内评选的唯一国际性奖项，也是国内版权领域的最高奖项。“中国版权金奖”的前身是“世界知识产权组织版权金奖（中国）”，已分别于2008年、2010年、2012年和2015年成功举办了四届，共有55个版权相关企业、机构及著作权人获奖，引起国内国际社会广泛关注，收到良好社会反响。

27. 2016年全国版权社会服务工作交流会在广州召开。 12月6日，国家新闻出版广电总局（国家版权局）在广州召开了2016年全国版权社会服务工作交流会。会议旨在表彰2016年度全国版权示范单位和示范园区，交流各地版权示范创建工作的先进经验，部署下一步版权社会服务的重点工作。国家新闻出版广电总局副局长、国家版权局副局长阎晓宏出席并讲话，广州市人民政府秘书长唐航浩出席并致辞。

28. 2016年国际版权论坛聚焦“版权 创新 发展”。 12月5～6日，被称为国际版权界盛会的2016年国际版权论坛在广州举行。本届论坛由世界知识产权组织（WIPO）与中国国家版权局共同主办，以“版权 创新 发展”为主题，旨在汇集海内外版权界杰出代表，共同探讨版权与创新在文化与经济发展中的作用以及如何促进和保护创新以推动版权产业发展，共同为推动国际版权多元化合作进行了深入探讨和交流。中国国家版权局副局长阎晓宏，WIPO副总干事王彬颖出席论坛开幕式并致辞。

29. 首个国家网络版权产业研究基地落户腾讯。 12月6日，在国家版权局主办的2016全国版权社会服务工作会上，国家新闻出版广电总局党组成员、国家版权局副局长阎晓宏及与会领导共同为首个国家网络版权产业研究基地落户腾讯主持了揭牌仪式。

30. 数字版权保护技术研发工程竣工。 12月20日，数字版权保护技术研发工程竣工大会在北京召开，国家新闻出版广电总局副局长孙寿山出席会议并讲话。经过20多家单位5年时间的协同攻关，国家新闻出版广电总局新闻出版重大科技项目——数字版权保护技术研发工程顺利竣工。该工程已为多家数字出版企业批量注册了版权作品信息，同时也在网络文学侵权追踪中发挥了重要作用。

31. “剑网2016”专项行动总结会在京召开。 12月22日，国家版权局、国家网信办、工信部、公安部在京联合召开“剑网2016”专项行动总结会。会议认为，通过5个月的专项治理，网络文学、影视、音乐等领域大规模侵权盗版现象基本得到遏制，版权秩序进一步规范，网络版权环境进一步净化。国家新闻出版广电总局副局长、国家版权局副局长阎晓宏出席会议并讲话。

（国家版权局版权管理司供稿）

农 业 部

1. 国务院建立知识产权战略实施工作部际联席会议制度。 为贯彻落实《国家知识产权战略纲要》和《国务院关于新形势下加快知识产权强国建设的若干意见》，加强组织领导和统筹协调配合，深入实施国家知识产权战略，加快知识产权强国建设，国务院同意建立知识产权战略实施工作部际联席会议制度。农业部张桃林副部长为联席会议委员。

2. 召开农业植物新品种DUS测试工作会。 3月29～31日，农业部科技发展中心（农业部植物新品种测试中心）在江苏南京召开农业植物新品种DUS测试工作会，对2016年新品种保护工作和DUS测试工作进行部署。

3. 发布《关于印发〈2016 年全国打击侵犯知识产权和制售假冒伪劣商品工作要点〉的通知》。4 月 19 日，国务院办公厅发布《关于印发〈2016 年全国打击侵犯知识产权和制售假冒伪劣商品工作要点〉的通知》，首次将“严肃查处侵犯植物新品种权违法行为”列入国务院工作要点。

4. 发布《中华人民共和国农业植物品种保护名录(第十批)》。4 月 16 日，《中华人民共和国农业植物品种保护名录(第十批)》发布，并于 5 月 16 日施行。本次发布的名录涉及 45 个属(种)，受保护农业植物种类共 138 个属(种)。

5. 举办 2016 年海峡两岸植物新品种保护交流活动。为落实《海峡两岸知识产权保护合作协议》精神，4 月 19～22 日，2016 年海峡两岸植物新品种保护交流活动在陕西杨凌举办，进一步深化了海峡两岸植物新品种保护合作与交流。

6. 我国两名专家获国际植物新品种保护师资证书。5 月 9～13 日，国际植物新品种保护联盟(UPOV)与美国专利商标局、世界知识产权组织在瑞士日内瓦联合举办国际植物新品种保护师资培训班。我国派出的两名专家均获得师资证书。

7. 中欧知识产权项目(IP KEY)暨 UPOV1991 年文本对我国农林业的影响研究项目启动并进行。5 月 31 日，中欧知识产权合作项目(IP KEY)暨 UPOV1991 年文本对我国农林业的影响研究启动并在北京召开多次圆桌会议。

7 月 4～7 日，UPOV 公约 1991 年文本实施经验分享圆桌会议分别在法国昂热和比利时布鲁塞尔顺利召开，我国农林两部委分别派员参加。

8. 举行国际植物新品种保护联盟(UPOV)第 34 届自动化和计算机程序技术工作组(TWC)等系列会议。6 月 5～10 日，农业部科技发展中心、农业部植物新品种测试(上海)分中心承办的国际植物新品种保护联盟(UPOV)第 34 届自动化和计算机程序技术工作组(TWC)会议在上海举行，履行 UPOV 成员义务，彰显大国担当。

农业部科技发展中心、农业部植物新品种测试(上海)分中心于 6 月 2～3 日，6 月 12 日分别举办了植物品种测试数据处理和共享国际研讨会和实质性派生品种制度国际研讨会，深入交流植物新品种保护国际热点问题。

9. 国际植物新品种保护联盟(UPOV)副秘书长彼特·巴顿先生访华。6 月 13 日，国际植物新品种保护联盟(UPOV)副秘书长彼特·巴顿先生前往农业部进行礼节性访问并介绍国际品种权在线申请系统，希望我国能够参加该系统的研发工作。

10. 派员参加中日知识产权工作组第五次司局级会议。6 月 28～30 日，农业部种子管理局派员赴日本东京和名古屋参加中日知识产权工作组第五次司局级会议。

11. 派员参加第九次东亚植物新品种保护论坛会议和品种权执法研讨会。9 月 6～8 日，农业部种子管理局派员赴越南河内参加第九次东亚植物新品种保护论坛会议和品种权执法研讨会。

12. 发布《农业部植物品种特异性、一致性和稳定性测试机构管理规定》。10 月 11 日，农业部办公厅发布《关于印发〈农业部植物品种特异性、一致性和稳定性测试机构管理规定〉的通知》。

13. 我国启动参与国际品种权在线申请系统研发项目。10 月 15 日，我国农业部和国家林业局分别向国际植物新品种保护联盟(UPOV)办公室发函，启动参与国际品种权在线申请系统研发项目。

**14. 召开 2016 年度植物新品种保护学术年会暨第八届全国农业知识产权论坛等系列

活动。11月5～9日，陕西杨凌农业高科技成果博览会期间，召开了2016年度植物新品种保护学术年会暨第八届全国农业知识产权论坛（植物新品种保护国际研讨会）、新品种信息发布和品种权交易会、首届杨凌国际种业成果展等系列活动。

15. 启动《植物新品种保护条例》修订工作。12月8日，召开《植物新品种保护条例》修订起草组第一次工作会，标志着《植物新品种保护条例》修订工作启动。

（农业部科技教育司供稿）

国家林业局

1.《2016年加快建设知识产权强国林业实施计划》公布。《2016年加快建设知识产权强国林业实施计划》以实施《国家知识产权战略纲要》为目标，重点围绕提高林业知识产权创造质量、提升林业知识产权运用效益、提高林业知识产权保护效果、提升林业知识产权管理和服务水平、提高林业知识产权基础能力、促进知识产权宣传和国际交流6个方面，提出了15项工作任务，分别由国家林业局相关司局和直属单位牵头完成。

2. 召开林业知识产权试点单位验收会。7月，国家林业局在上海组织召开了第三批全国林业知识产权试点单位验收会，内蒙古自治区通辽市林业科学院等19家试点单位通过考核验收，成为第三批全国林业知识产权试点工作合格单位。

3. 开展林业知识产权试点评估。2016年，国家林业局委托第三方对3批共75家全国林业知识产权试点单位的试点工作进行绩效评估，完成了《全国林业知识产权试点工作评估报告》。评估为优秀（90分以上）的试点单位13个，占试点单位总数的17%；评估为良好（80～89.9分）的试点单位36个，占试点单位总数的48%；评估为合格（60～79.9分）的试点单位23个，占试点单位总数的31%。

4. 实施林业专利产业化推进项目。2016年，国家林业局科技发展中心组织实施了“木材湿热压缩增强处理技术产业化示范”等11项林业专利技术产业化推进项目。成立专家组分别对2012～2014年实施的11个林业专利产业化推进项目进行了实地查定和验收。委托第三方机构对2011～2014年度实施的15个林业专利产业化推进项目进行总结和绩效评估，完成了《2011～2014年林业专利产业化推进项目评估报告》。

5. 油茶遗传资源调查编目总结。2016年完成全国油茶遗传资源调查编目总结工作。通过调查，在全国17个油茶省份，发现特异性状个体资源2000多份，完成性状观测调查1700多份，收集保存1200多份，全国油茶遗传资源信息库收录1600多份。召开了油茶遗传资源调查编目专家组会议，讨论并审定了《全国油茶遗传资源状况》《全国油茶遗传资源编目》《全国油茶遗传资源数据库》及其管理信息系统。

6. 开展全国核桃遗传资源调查编目工作。2016年国家林业局在24个省市区推进全国核桃遗传资源调查编目工作，对河南、辽宁、云南、安徽、四川等省市自治区的核桃遗传资源调查编目工作进行了督促检查，了解项目进展情况及存在的问题。2016年7月，在四川省凉山彝族自治州西昌市召开了全国核桃遗传资源调查编目培训暨工作会议，邀请中国林业科学院的专家，对各省市区的核桃遗传资源调查编目工作进行技术培训，并听取了各省市区项目进展工作汇报。

7. 组织开展林业重点领域专利分析研究。2016年，国家林业局知识产权研究中心组织开展了生物质胶黏剂、木门、木地板产业、荒漠化防治、森林防火、木材防腐技术和油茶产业的专利分析研究，完成了《木材用生物质胶黏剂专利与文献分析报告》，2016年4月正式出版了《人造板连续平压机专利分析报告》和《木地板锁扣技术与地采暖用木地板技术专利分析报告(2014)》。完善了林业知识产权基础数据库15个，2016年新增数据5万多条，入库数据记录累计65万条。建立了网上林业专利动态决策分析系统。林业相关专利累计公开量共计283 122件。

8. 推进林业知识产权联盟建设。推进木地板、竹材加工、木门等4个林业专利联盟建设，完善了木地板专利联盟网站，汇集了专利查询、专利服务、知识百科、专家问答等功能，为会员单位提供信息服务。2016年3月24日，在第15届中国国际门业展览会上，由中国林产工业协会和国家林业局科技发展中心共同主办的“中国木门窗专利保护联盟”成立大会顺利召开。会上选举产生了联盟理事会和秘书处，建立了联盟运行机制和木门窗专利信息共享平台。

9. 开展林产品地理标志保护发展动态研究。国家林业局组织开展了国际林产品地理标志保护发展动态跟踪研究，对欧盟、美国、智利等国家和地区的地理标志保护规定进行研究。

10. 开展“2016全国林业知识产权宣传周”活动。在“2016全国林业知识产权宣传周”。活动期间，国家林业局科技发展中心与有关司局和单位配合，以中国林业网(国家林业局政府网)、中国林业知识产权网等媒体为载体，开通了“2016林业知识产权宣传周”网站，通过媒体集中报道、出版科技图书等，向公众普及和宣传林业知识产权知识，展示林业实施知识产权战略取得的新进展、新成就。编辑出版了《2015中国林业知识产权年度报告》。编印了6期《林业知识产权动态》。全年共发表动态信息41篇，政策探讨论文6篇，研究综述报告6篇和统计分析报告6篇。

11. 林业生物安全和遗传资源管理国际履约。2016年5月，国家林业局科技发展中心派员参加了在加拿大蒙特利尔召开的生物多样性公约附属机构第一次会议，会议共讨论了生物安全议定书成效在内的18项议题。2016年12月2～19日，参加了生物多样性公约第13次缔约方大会、生物安全议定书第8次缔约方会议和名古屋议定书第2次缔约方会议，这是在公约会议改革后三个会议首次并行召开，会议在墨西哥的坎昆市举行，来自196个缔约方的6400多人参加了会议。

（国家林业局植物新品种办公室供稿）

海关总署

1. 部署开展与美国海关针对输美体育用品联合执法行动。2月22日，海关总署部署开展与美国海关针对输美体育用品联合执法行动，行动时间为3月1～31日。

2. 印发《关于贯彻落实国务院新形势下加快知识产权强国建设若干意见的工作方案》。3月7日，海关总署提出了“十三五”期间知识产权海关保护工作目标和五大项重点工作任务，并提出了2016年三个方面的工作要求，明确了十九项具体工作。

3. 邹志武参加国务院知识产权战略实施工作部际联席会议。3月22日，海关总署党组成员、副署长邹志武在京参加国务院知识产权战略实施工作部际联席会议。

4. 部署开展与美国海关针对输美商品联

合执法行动。3月25日，海关总署部署开展与美国海关针对输美商品联合执法行动，以输往美国的假冒汽车配件、药品、消费电子产品以及商标标识为重点，行动时间为4月1～30日。

5. 发布《2015年知识产权海关保护状况》和《2015年知识产权海关保护十大典型案例》。4月26日，海关总署发布《2015年知识产权海关保护状况》和《2015年知识产权海关保护十大典型案例》。

6. 中国海关博物馆“海关与知识产权”展厅正式对公众开放。4月26日，中国海关博物馆“海关与知识产权”展厅正式对公众开放。

7. 下发《2016年全国海关“清风”行动工作方案》。5月6日，海关总署下发《2016年全国海关“清风”行动工作方案》，对“清风”行动进行专项部署，以输往拉美国家的药品、食品、汽车配件、玩具等涉及人身安全和生命健康等出口商品为重点，加强监控力度，严厉打击进出口侵权商品违法活动，维护“中国制造”海外声誉。

8. 发布《京津冀海关加强知识产权保护执法协作的意见》。5月10日，北京海关、天津海关、石家庄海关共同发布《京津冀海关加强知识产权保护执法协作的意见》，三地海关加强案件信息交换、区域执法互助、开展联合执法培训等工作，进一步提升京津冀海关知识产权保护执法水平。

9. 海关总署与中国贸促会签署深化合作备忘录。5月9日，海关总署与中国贸促会签署深化合作备忘录，将知识产权保护执法合作作为其主要内容之一。双方将在共同开展自主品牌培塑、境外展会知识产权保护、出口订单知识产权预确认服务等方面开展合作。

10. 组织开展《自贸试验区知识产权海关保护执法模式问题研究》署级课题研究。6月6日，海关总署组织上海、广州、拱北海关和上海海关学院开展《自贸试验区知识产权海关保护执法模式问题研究》署级课题研究。

11. 对进口自马来西亚的假冒润滑油系列案件实施督办并成立专案组。7月6日，海关总署召集杭州、宁波、广州、黄埔等海关召开案情讨论会，对进口自马来西亚的假冒润滑油系列案件实施督办并成立专案组(随着案情进展，天津海关8月加入专案组)。

12. 邹志武参加全国打击侵犯知识产权和制售假冒伪劣商品工作领导小组第十次全体会议。7月25日，海关总署党组成员、副署长邹志武在京参加全国打击侵犯知识产权和制售假冒伪劣商品工作领导小组第十次全体会议。

13. 杭州海关与阿里巴巴签订知识产权合作备忘录。7月26日，杭州海关与阿里巴巴签订知识产权合作备忘录，在执法协查、线索排查和处置、风险分析、平台治理以及加强知识产权保护宣传和培训等多个方面开展全面合作。

14. 组织业务专家和技术专家撰写新知识产权海关保护执法系统业务需求。9月5～9日，为进一步提升知识产权海关保护案件办理效率，提升知识产权海关保护工作的办公自动化水平，海关总署组织业务专家和技术专家撰写新知识产权海关保护执法系统业务需求。

15. 海关总署广东分署与广东省知识产权局签署执法合作备忘录。9月14日，海关总署广东分署与广东省知识产权局签署执法合作备忘录，试点专利执法部门为海关提供侵权事实快速鉴定制度。

16. 举办“清风”行动现场推进暨执法经验及典型案例交流活动。10月24～25日，海关总署在天津教育培训基地举办“清风”行动现场推进暨执法经验及典型案例交流活动，就“清风”行动开展情况、执法经验、典型案例、知识产权海关保护工作面临的形势、问题及下一步工作规划等进行交流和部署。

17. 印发《海关对进出口侵犯知识产权货物违法行为行政处罚幅度参照标准(暂行)》。10月25日,海关总署印发了《海关对进出口侵犯知识产权货物违法行为行政处罚幅度参照标准(暂行)》,统一知识产权案件案值计算标准和行政处罚幅度,有效规制自由裁量权。

18. 部署开展与俄罗斯海关针对中俄跨境侵权商品邮递快件渠道联合执法行动。10月25日,海关总署部署开展与俄罗斯海关针对中俄跨境侵权商品邮递快件渠道联合执法行动,行动时间至12月31日。

19. 参加中美商贸联委会知识产权副部级工作组会议、司局级工作组会议。10月26～28日,海关总署参加中美商贸联委会知识产权副部级工作组会议、司局级工作组会议,与美方就中美海关知识产权保护合作进行讨论,并与业界就知识产权海关保护相关问题进行交流。

20. 部署开展以出口侵权电动平衡车行为为重点治理的专项行动。11月15日,为深入推进中国制造海外形象维护"清风"行动,加强出口环节电动平衡车知识产权保护,海关总署部署开展以出口侵权电动平衡车行为为重点治理的专项行动,行动时间至12月31日。

21. 组织业务专家梳理海关知识产权执法中"涉外定牌加工"案件相关情况。11月23日,海关总署组织业务专家梳理海关知识产权执法中"涉外定牌加工"案件相关情况,探讨"涉外定牌加工"案件海关知识产权保护政策。

22. 英国驻华大使馆国际贸易部商务参赞一行拜访海关总署。12月7日,英国驻华大使馆国际贸易部商务参赞一行十人拜访海关总署,就海关知识产权保护遇到的挑战、跨境电子商务平台知识产权保护、风险分析机制和2017年工作重点等议题进行了深入探讨,英方对海关专案组打击进口侵权润滑油取得的成效表示感谢,称赞中国海关是最为高效的执法机构。

23. 中国海关知识产权保护展示中心(青岛)正式对外开放。12月14日,中国海关知识产权保护展示中心(青岛)正式对外开放。与中国海关博物馆"海关与知识产权"专题展厅、中国海关知识产权保护展示中心(义乌)共同构成中国海关知识产权保护对外宣传的"一馆两翼"。

24. 召开知识产权海关保护国际对话会。12月15日,海关总署在青岛召开知识产权海关保护国际对话会,进一步加强知识产权海关保护国际合作。欧盟、德国、英国、意大利、俄罗斯、日本、韩国等国家及地区的驻华海关、商务专员及日本贸易振兴机构、欧盟商会代表参加。

25. 召开知识产权海关保护现场经验交流推进会。12月15日,海关总署在青岛召开知识产权海关保护现场经验交流推进会,深入分析当前面临的形势和问题,部署开展进一步加强知识产权海关保护工作。

26. 下发《知识产权海关保护工作规程》。12月30日,海关总署下发了《知识产权海关保护工作规程》,统一全国海关知识产权执法操作规范。

(海关总署政策法规司供稿)

商 务 部

1. 商务部部长高虎城一行实地调研苏州高新区知识产权工作。2月15日,商务部部长高虎城率调研组深入苏州高新区考察,专门赴国家知识产权局专利局专利审查协作江苏中心和苏州国家知识产权服务业集聚发展试验区实地调研，江苏省委副书记、省长石泰峰，江苏省商务厅厅长马明龙，苏州市委副书记、市长曲福田等陪同调研。高虎城部长充分肯定了苏州高新区在知识产权领域作出的努力和探索，并指出，今后需要进一步加强知识产权商用化步伐，转化知识产权成果，同时要强化知识产权保护，为企业走出去保驾护航。

2. 商务部、工业和信息化部、中国贸促会在德国汉诺威消费电子、信息及通信博览会设知识产权服务站。在3月举办的2016德国汉诺威消费电子、信息及通信博览会上，商务部、工业和信息化部、中国贸促会联合设立了中国企业知识产权服务站，为众多中国参展企业提供免费法律咨询，在维护展会秩序、保护企业合法权益方面取得了良好效果。

截至2016年，由商务部与中国贸促会联合打造的中国企业知识产权服务站在境外重要展会上提供服务已经是第七年，并已覆盖多个国外知名展会。下一步，两部门还将进一步开拓，为更多的走出去企业服务。

3. 2016年中美知识产权工作组会议在北京召开。4月6～7日，2016年中美知识产权工作组司局级会议在北京召开。商务部条法司陈福利副司长与美国贸易代表办公室知识产权与创新处处长迈克·迪尔共同主持了会议。双方就立法发展、多媒体盒子、体育广播、地理标志、商标恶意抢注等问题进行了广泛而深入的讨论。中方代表团由商务部、最高人民检察院、公安部、海关总署、国家工商总局、国家版权局、国家知识产权局、全国打击侵权假冒办公室等部门组成。美方代表团由美国商务部、专利商标局、贸易代表办公室、美驻华使馆组成。

4. 中欧知识产权工作组第十八次会议在京召开。5月31日，商务部条法司陈福利副司长和欧盟委员会贸易总司知识产权主任费尔南多·德皮尼克共同主持召开了第十八次中欧知识产权工作组会议。双方就商标、版权、专利、网络侵权、地理标志谈判的进展等广泛议题开展了深入讨论。来自最高人民法院、最高人民检察院、工信部、农业部、国家工商总局、国家版权局、国家知识产权局的中方代表和来自欧盟委员会贸易总司、农业总司、欧盟驻华使团及其业界的代表参加了此次会议。

5. 中日知识产权工作组第五次会议在京举行。6月28日，商务部条法司陈福利副司长与日本经济产业省制造产业局审议官小林洋司共同主持召开了中日知识产权工作组会议。双方就知识产权法律制度最新动向、网络知识产权侵害的对策、促进国际性的技术转移等彼此关注的议题进行了交流和探讨。来自中方国务院法制办、农业部、国家工商总局、国家版权局、国家知识产权局的代表和来自日方政府有关部门及其产业代表参加了此次会议。

6. 中韩自贸协定项下第一次知识产权委员会会议在京召开。8月，中韩自贸协定项下知识产权委员会会议在北京召开。双方就广播组织权利、著作权人或所有权人的身份推定、打击盗版、驰名商标认定原则与程序的信息分享等议题展开了交流和探讨。中方代表团由商务部、国家工商总局、国家版权局等部门的人员组成。韩方代表团由贸易工业和能源部，韩国特许厅，国家文化、体育和旅游部等部门组成。

7. 中俄知识产权工作组第九次会议在京召开。9月26日，商务部条法司陈福利副司长与俄罗斯知识产权局副局长柯里提·刘博共同主持召开了第九次中俄知识产权工作组会议。双方就商标立法及执法、专利和版权的立法及执法情况、打击知识产权侵权、知识产权司法制度等议题进行了交流和探讨。来自中方商务部、最高人民检察院、公安部、海关总署、国家工商总局、国家知识产权局的代表和来自俄方知识产权局、经济发展部、总检察长办公室、文化部、驻海关、内政部的代表参加了此次会议。

8. 2016 年中美知识产权工作组司局级和副部级会议在美召开。中美知识产权工作组司局级和副部级会议于 10 月 27～28 日在华盛顿召开。商务部条法司副司长陈福利和美国专利商标局高级顾问柯恒共同主持了司局级会议，商务部部长助理童道驰与美国贸易代表办公室副贸易代表霍利曼、美国专利商标局副局长斯里夫共同主持了副部级会议。双方就技术政策、商业秘密、中美知识产权合作等问题进行了广泛而深入的讨论，取得积极进展。中方代表团由商务部、公安部、海关总署、国家工商总局、全国打击侵权假冒办公室等部门派员组成。美方代表团由美国商务部、专利商标局、贸易代表办公室等部门代表组成。

9. 中欧知识产权工作组第十九次会议在京召开。11 月 11 日，商务部条法司陈福利副司长和欧盟委员会贸易总司知识产权主任费尔南多·德皮尼克共同主持召开了第十九次中欧知识产权工作组会议。双方就知识产权对话重点领域的最新进展，包括商标、网络知识产权侵权和盗版、商业秘密保护等议题开展了广泛讨论。来自全国人大法工委、国务院法制办、最高人民检察院、公安部、国家工商总局、国家版权局、国家知识产权局的中方代表和来自欧盟委员会贸易总司、欧盟驻华使团及其业界的代表参加了此次会议。

10. 商务部回应美国将中国企业列入恶名市场名单：不负责任。美国贸易代表办公室发布了《恶名市场非常规审议报告》，将我国 4 家网站和 6 家实体市场列入其中。商务部新闻发言人沈丹阳 2016 年 12 月 29 日回应称，对此中方表示关切。中方一直高度重视知识产权保护，近年来中国在知识产权保护方面取得的成效有目共睹。

沈丹阳表示，中方注意到，在《恶名市场非常规审议报告》中，美方对中国相关企业的描述大多采用“据称”或“据报道”等模棱两可的措辞，同时美方还以“恶名市场名单并不旨在反映违法行为的调查结果，也不代表美国政府对名单所涉国家的知识产权保护和执法环境的分析”为自己免责，这是不负责任和不客观的。

沈丹阳指出，近年来，针对“恶名市场”报告，中方一直向美方进行交涉，目前其向公众征求意见的时间比过去延长了一倍。中方希望美方能够进一步提高其程序的透明度，以公正、善意的态度客观评价我国企业在知识产权保护方面所做的努力及效果。

（商务部条法司供稿）

公　安　部

1. 开展知识产权案件执法合作交流。2 月 23～28 日，公安部经侦局组团赴西班牙开展知识产权案件执法合作交流，与欧盟税务和海关总司、内部市场协调局、欧洲刑警组织及西班牙、英国等欧盟成员国的警方、海关、检察官代表交流中欧知识产权执法合作。

2. 参加中美刑事执法联合联络小组(JLG)知识产权工作组年度会议。3 月 22～30 日，公安部经侦局组团赴美国参加中美刑事执法联合联络小组(JLG)知识产权工作组年度会议，并就近期重点涉美案件与美方研商执法合作事宜。

3. 中欧警务培训项目知识产权保护培训

班举办。4月18～22日，中欧警务培训项目知识产权保护培训班在中国刑警学院举办，来自全国11个省区市公安机关的学员参加培训。

4. 与英国知识产权局版权和知识产权执法司、英国伦敦城警察局在京举行会谈。4月25日，公安部经侦局与英国知识产权局版权和知识产权执法司、英国伦敦城警察局在京举行会谈，就知识产权刑事执法及国际合作等议题进行交流。

5. 与欧盟反欺诈办公室在京会谈。6月29日，公安部经侦局与欧盟反欺诈办公室在京会谈，研究进一步深化双方理解互信，完善工作机制，提升知识产权刑事执法合作水平。

6. 中国及中亚地区知识产权保护大会举办。7月6日，公安部会同国际刑警组织在江苏连云港举办中国及中亚地区知识产权保护大会。俄罗斯、哈萨克斯坦、乌兹别克斯坦、蒙古等国家代表，以及美国、英国、法国等国家驻华使馆官员参会，部分省市公安机关代表列席会议。

7. 全国公安机关集约打击涉烟经济犯罪视频调度会召开。7月15日，公安部经侦局在公安部指挥中心召开全国公安机关集约打击涉烟经济犯罪视频调度会，听取各地公安机关收网行动汇报，对打击涉烟犯罪工作进行远程调度。全国打击侵权假冒领导小组办公室、海关总署、国家烟草专卖局等部门有关负责同志到会场观摩。

8. 参加国际刑警组织主办的第十届世界知识产权执法大会。9月18～22日，公安部经侦局组团赴英国参加国际刑警组织主办的第十届世界知识产权执法大会。

9. 全国公安机关知识产权刑事执法培训班举办。11月21～25日，全国公安机关知识产权刑事执法培训班在湖北省武汉市人民警察培训学院举办，全国19个省、区、市公安机关负责打击侵权假冒工作的部门负责同志和业务骨干共计80人参加。

10. 与美国移民海关执法局在京会谈。12月23日，公安部经侦局与美国移民海关执法局在京会谈，研商进一步加强国际执法合作。

（公安部经济犯罪侦查局供稿）

最高人民法院

1.“中欧法官合作论坛”在上海举行。3月17日，“中欧法官合作论坛”在上海举行。最高人民法院陶凯元副院长、上海市政府赵雯副市长、上海市高级人民法院崔亚东院长和欧盟驻中国代表团副团长、公使卡门·卡诺女士出席论坛并致辞。

2. 召开新闻发布会通报《关于审理侵犯专利权纠纷案件应用法律若干问题的解释(二)》将于4月1日起施行。3月22日，最高人民法院召开新闻发布会，通报《关于审理侵犯专利权纠纷案件应用法律若干问题的解释(二)》，该司法解释将于2016年4月1日起施行。

3. 全国知识产权宣传周“知识产权司法保护浙江行”媒体见面会在浙江杭州召开。4月21日，全国知识产权宣传周“知识产权司法保护浙江行”媒体见面会在浙江省杭州市召开。最高人民法院副院长陶凯元出席见面会并讲话，浙江省委常委、常务副省长袁家军致辞。

4.《2015年中国法院知识产权司法保护状况》白皮书发布。4月21日，最高人民法院在杭州召开2016年知识产权宣传周新闻通气会，发布《2015年中国法院知识产权司法保护状况》白皮书，并公布了 2015 年中国法院十大知识产权案件和 50 件典型知识产权案例。

5.《最高人民法院知识产权案件年度报告(2015)》摘要发布。4 月 24 日，最高人民法院发布《最高人民法院知识产权案件年度报告(2015)》摘要。

6. 公开开庭审理再审申请人迈克尔·乔丹与被申请人国家工商行政管理总局商标评审委员会、一审第三人乔丹体育股份有限公司商标争议行政纠纷系列案。4 月 26 日，最高人民法院在第一法庭公开开庭审理再审申请人迈克尔·乔丹与被申请人国家工商行政管理总局商标评审委员会、一审第三人乔丹体育股份有限公司商标争议行政纠纷系列案。最高人民法院组成了五人合议庭对该案进行审理。最高人民法院副院长、审判委员会委员、二级大法官陶凯元担任审判长。

7.《关于在全国法院推进知识产权民事、行政和刑事案件审判"三合一"工作的意见》发布。7 月 5 日，最高人民法院发布《关于在全国法院推进知识产权民事、行政和刑事案件审判"三合一"工作的意见》。

8. 全国法院知识产权审判工作座谈会暨全国法院知识产权审判"三合一"推进会在江苏南京召开。7 月 7～8 日，全国法院知识产权审判工作座谈会暨全国法院知识产权审判"三合一"推进会在江苏省南京市隆重召开，最高人民法院副院长陶凯元出席会议并讲话。

9. 最高人民法院知识产权案例指导研究(北京)基地阶段性成果汇报座谈会召开。11 月 24 日，最高人民法院知识产权案例指导研究(北京)基地阶段性成果汇报座谈会在北京知识产权法院召开，最高人民法院副院长陶凯元出席会议并讲话。

10. 第二次知识产权法院工作座谈会在上海召开。12 月 16 日，第二次知识产权法院工作座谈会在上海市召开，最高人民法院副院长陶凯元出席会议并讲话。

11."商业模式等新形态创新成果的知识产权保护办法"课题开题会议召开。11 月 21 日，最高人民法院知识产权司法保护研究中心在最高人民法院新闻发布厅召开了"商业模式等新形态创新成果的知识产权保护办法"课题开题会议。

（最高人民法院知识产权审判庭供稿）

最高人民检察院

1. 派员参加《中欧海关 2014～2017 年知识产权合作行动计划》框架下的中欧海关知识产权工作组会议和中欧知识产权高层研讨会。2 月，最高人民检察院派员赴西班牙参加《中欧海关 2014～2017 年知识产权合作行动计划》框架下的中欧海关知识产权工作组会议和中欧知识产权高层研讨会。

2. 接待来访的英国知识产权局版权执法司司长一行。4 月，最高人民检察院接待来访的英国知识产权局版权执法司司长一行，并就版权有关问题进行工作会谈。

3. 发布"2015 年度中国检察机关保护知识产权十大典型案例"。5 月，最高人民检察院发布了"2015 年度中国检察机关保护知识产权十大典型案例"。

4. 派员赴俄罗斯参加中俄检察机关圆桌会议。6 月，最高人民检察院派员赴俄罗斯参加了中俄检察机关圆桌会议，就知识产权的跨区域合作展开交流。

5. 发布《关于充分发挥检察职能 依法保障和促进科技创新的意见》。7月，最高人民检察院发布《关于充分发挥检察职能 依法保障和促进科技创新的意见》。

6. 与来访的美方开展知识产权工作会谈。7月，最高人民检察院与来访的美方开展了知识产权工作会谈。

7. 开展中欧知识产权第三期合作项目计划。10月，最高人民检察院开展了中欧知识产权第三期合作项目计划，邀请欧方在上海、广州举办了以“中欧检察官知识产权刑事执法”为主题的交流活动。

（最高人民检察院侦查监督厅供稿）

1. 全国知识产权局局长会议在京召开

1月7日，全国知识产权局局长会议在北京召开，国家知识产权局局长申长雨传达了国务委员王勇对知识产权工作的重要批示，传达了《国务院关于新形势下加快知识产权强国建设的若干意见》(下称《意见》)并对学习贯彻落实工作作出了部署，做了题为《深化改革 创新发展 奋力开创知识产权强国建设新局面》的工作报告。申长雨指出，全系统要全面贯彻党的十八大和十八届三中、四中、五中全会精神，深入学习习近平总书记系列重要讲话精神，按照“四个全面”战略布局，坚持创新、协调、绿色、开放、共享的发展理念，认真贯彻落实《意见》，抓住机遇、乘势而上、改革创新、加快发展，奋力开创知识产权强国建设新局面。 (黄　盛　刘　倩)

2. 国家知识产权局积极推进全系统社会信用体系建设工作

1月，国家知识产权局印发了《关于开展知识产权系统社会信用体系建设工作若干事项的通知》(下称《通知》)，统筹推进全系统社会信用体系建设工作。《通知》提出了知识产权系统社会信用体系建设的基本目标，明确了切实做好信息记录基础工作、建立健全工作机制、加强信息系统建设、努力营造良好氛围四项主要任务。

《通知》要求，各地方知识产权局及有关管理部门要及时采集、公示和报送重复专利侵权行为信息、假冒专利行为行政处罚信息、不依法执行行为信息和专利代理相关信用信息等知识产权信用信息，并对具体采集报送方式进行了明确规定，要求将行政许可、行政处罚信息在作出决定后7个工作日内公示报送。 (安亚磊)

3. 中新知识产权合作再结硕果

1月26日，中国国家知识产权局局长申长雨在京会见了新加坡知识产权局局长邓鸿森一行，双方就进一步深化双边合作关系进行了深入交流。申长雨表示，希望中新两局进一步增进了解，凝聚共识，推动两国知识产权合作再结硕果。

邓鸿森高度赞扬了中国在知识产权方面所取得的显著成就。他表示，中国国家知识产权局是新加坡知识产权局非常重要的合作伙伴。希望今后双方能够进一步加强交流与合作，抓住机遇，共同推动两国知识产权事业的发展。 (赵建国　王　璐)

4. 首批56家产业知识产权联盟通过审核备案在册

1月，国家知识产权局公布了首批通过审核备案在册的56家产业知识产权联盟名单，56家产业知识产权联盟虽所处地域不同、行业各异，但都在凝聚知识产权力量、借助知识产权“抱团”发展过程中，迅速提升了市场竞争能力，壮大了自身产业规模，成为地方经济增长的新亮点。

在我国产业转型升级中日益增多的产业知识产权联盟，是以知识产权为纽带，以专利协同运用为基础的产业发展联盟，是由产业内两个以上利益高度关联的市场主体，为维护产业整体利益，为产业创新创业提供专业化知识产权服务而自愿结盟形成的联合体，是基于知识产权资源整合与战略运用的新型产业协同发展组织。

（赵建国）

5. 中秘两局签署专利审查合作共享协议

2月23日，中国国家知识产权局局长申长雨在京会见了来访的秘鲁国家竞争防卫与知识产权保护中心主席艾尔伯特·塔萨诺一行。双方就中秘知识产权工作组工作开展、两局人员培训和交流等议题进行了深入交流，并签署了《中华人民共和国国家知识产权局与秘鲁共和国国家竞争防卫和知识产权保护中心关于专利审查合作共享的合作协议》。申长雨指出，近年来，中秘两局合作不断深化，希望此次会谈能为两局未来的合作奠定更加坚实的基础，进一步开创中秘两局合作新局面。

（孙 迪）

6. 上海颁布条例强化知识产权保护和运用

2月25日，为深入贯彻落实《国务院关于新形势下加快知识产权强国建设的若干意见》，中共上海市委、市政府发布了《关于加强知识产权运用和保护支撑科技创新中心建设的实施意见》，围绕"强化保护、促进运用、完善服务、推进改革"四个方面，提出12条具体措施，将知识产权战略贯穿于上海科技创新中心建设全过程。（王 宇）

7. 中匈专利审查高速路启动

3月1日，根据《中华人民共和国国家知识产权局与匈牙利知识产权局关于专利审查高速路试点的谅解备忘录》，中匈专利审查高速路(PPH)试点启动，为期3年，至2019年2月28日止。

据悉，中匈PPH试点启动以后，申请人可以按照《在中匈专利审查高速路(PPH)试点项目下向中国国家知识产权局(SIPO)提出PPH请求的流程》向SIPO提出PPH请求；按照《在中匈专利审查高速路(PPH)试点项目下向匈牙利知识产权局(HIPO)提出PPH请求的流程》向HIPO提出PPH请求。（陈少蓓）

8. 政府工作报告强调：加强知识产权保护和运用

3月5日，第十二届全国人民代表大会第四次会议在人民大会堂开幕。国务院总理李克强代表国务院向大会作政府工作报告。他指出，强化创新引领作用，为发展注入强大动力。创新是引领发展的第一动力，必须摆在国家发展全局的核心位置，深入实施创新驱动发展战略。加强知识产权保护和运用，依法严厉打击侵犯知识产权和制假售假行为。

李克强指出，做好"十三五"时期经济社会发展工作，实现全面建成小康社会目标，必须着力把握好三点。一是牢牢抓住发展第一要务不放松；二是大力推进结构性改革；三是加快新旧发展动能接续转换。

李克强强调，强化创新引领作用，为发展注入强大动力。创新是引领发展的第一动力，必须摆在国家发展全局的核心位置，深入实施创新驱动发展战略。启动一批新的国家重大科技项目，建设一批高水平的国家科学中心和技术创新中心，培育壮大一批有国际竞争力的创新型领军企业。持续推动大众创业、万众创新。促进大数据、云计算、物联网广泛应用。加快建设质量强国、制造强国。到2020年，力争在基础研究、应用研究和战略前沿领域取得重大突破，全社会研发经费投入强度达到2.5%，科技进步对经济增长的贡献率达到60%，迈进创新型国家和人才强国行列。

（《中国知识产权报》综合新华社消息）

9. 国务院知识产权战略实施工作部际联席会议制度建立

3月21日，为贯彻落实《国家知识产权战略纲要》和《国务院关于新形势下加快知识产权强国建设的若干意见》，加强组织领导和统筹协调配合，深入实施国家知识产权战略，加快知识产权强国建设，国务院同意建立知识产权战略实施工作部际联席会议(下称联席会议)制度。

联席会议主要职责为：在国务院领导下，统筹协调国家知识产权战略实施和知识产权强国建设工作。加强对国家知识产权战略实施和知识产权强国建设工作的宏观指导；研究深入实施国家知识产权战略和加强知识产权强国建设的重大方针政策等。（王 宇）

10. 2016 年国家知识产权示范城市工作计划发布

3 月 23 日，国家知识产权局印发了《2016 年国家知识产权示范城市工作计划》(下称《工作计划》)。该计划包含了切实加大改革创新力度、加快政府职能转变、提高依法行政水平三大工作重点，并提出了编制实施城市知识产权"十三五"规划等八项具体任务。

据了解，《工作计划》明确了 2016 年国家知识产权示范城市工作的总体要求，提出要按照"四个全面"战略布局，牢固树立创新、协调、绿色、开放、共享的发展理念，主动适应经济新常态下城市创新驱动发展的客观要求，准确把握城市知识产权事业发展的阶段性特征，全面贯彻落实国务院关于新形势下加快知识产权强国建设的决策部署，以深化知识产权领域改革为抓手，深入实施国家知识产权战略，大力推动示范城市管理专业化、政策体系化建设，切实提高城市的知识产权创造质量、运用效益、保护效果、管理能力和服务水平。

（丁 涛 王 喆）

11. 首届中国知识产权保护高层论坛在京举办

4 月 9 日，以"保护知识产权 促进创业创新"为主题的首届中国知识产权保护高层论坛在京拉开帷幕。国家知识产权局局长申长雨出席论坛开幕式并致辞。申长雨强调，要牢固树立严格知识产权保护的理念，着力构建知识产权大保护工作格局，重点解决关键领域、关键环节的知识产权保护问题，不断提高知识产权保护的效果。国家知识产权局副局长廖涛出席论坛。

（王 宇 孙 迪）

12. 地方知识产权战略实施工作要点编制工作开展

4 月，国务院知识产权战略实施工作部际联席会议办公室组织全国各地方开展了 2016 年地方知识产权战略实施工作要点的编制工作，并于近日发布了 2016 年地方知识产权战略实施工作要点汇编(下称要点汇编)及 2016 年地方落实战略行动计划工作任务分解表(下称任务表)。

据介绍，要点汇编汇总了全国 30 个省(区、市)及新疆生产建设兵团 2016 年知识产权战略实施重点工作。任务表是各地方落实《深入实施国家知识产权战略行动计划(2014～2020 年)》的年度任务分解。国务院知识产权战略实施工作部际联席会议部分成员单位也对部分地方提出的工作指导需求给予了积极反馈。两份材料工作任务具体、预期成果比较明确，体现了知识产权战略实施的上下联动、共同推进。

（王 宇）

13. 全国知识产权宣传周活动启动

4 月 20 日，由国家知识产权局、中央宣传部等 23 个部门联合主办的 2016 年全国知识产权宣传周活动在人民网启动。今年全国知识产权宣传周活动的主题是"加强知识产权保护运用 加快知识产权强国建设"。国家知识产权局局长申长雨代表组委会发表了视频致辞。世界知识产权组织总干事弗朗西斯·高锐发来视频贺词。国家知识产权局副局长廖涛出席启动仪式。宣传周期间，组委会各成员单位将单独或者多部门联合开展近 70 项重点活动，组委会各成员单位还将围绕活动主题，结合各自工作领域特点，举办咨询会、论坛、讲座、开放日、报告会、展览等活动。

（《中国知识产权报》）

14. 国务院印发《促进科技成果转移转化行动方案》

4月21日，国务院办公厅印发《促进科技成果转移转化行动方案》，围绕激发创新主体积极性、构建支撑服务体系、完善创新要素配置等，部署了8个方面、26项重点任务，涉及加强知识产权信息资源开发利用、提升高校和科研院所知识产权管理水平、探索知识产权运营的有效机制、加强重点领域知识产权服务等一系列关键举措。

（孙　迪　吴　珂）

15. 中美欧日韩五局合作第九次局长会在日本召开

5月31日至6月2日，中美欧日韩发明领域五局合作第九次局长会系列会议在日本东京召开。会议由日本特许厅长官伊藤仁主持，中国国家知识产权局副局长何志敏、欧洲专利局局长伯努瓦·巴迪斯戴利、韩国特许厅厅长崔东圭、美国专利商标局局长李大乔分别率团出席会议。世界知识产权组织总干事弗朗西斯·高锐率员以观察员身份列席会议。

此次五局局长会听取了近一年来五局合作的成果，批准了全球案卷5个优先事项完善的范围文件、专利信息传播政策、PDCA矩阵表格、共同的专利审查高速路(PPH)请求表、PCT协作式检索与审查、单一性、现有技术引证等项目文件。共同签署了《2016年五局合作东京联合声明》，重申了2015年“苏州共识”提出的“为用户和公众提供更好的服务”的合作理念，确定了增进与用户的关系、提供高质量且可靠的审查结果、探索各局应对新兴技术知识产权保护三个重点合作方向。（李　博）

16. 中欧两局续签专利分类领域合作谅解备忘录

6月4日，中国国家知识产权局与欧洲专利局正式续签关于加强专利分类领域合作的谅解备忘录。新谅解备忘录有效期限为6年，内容涉及分类实践、分类培训、数据交换和保障机制等诸多方面。有关人士表示，新谅解备忘录的正式签署，有助于进一步加强和扩展中欧两局分类领域合作，也为中国国家知识产权局未来一段时期深化联合专利分类(CPC)推进实施工作提供了良好的基础保障。

依照该谅解备忘录，中国国家知识产权局自2016年1月起，使用CPC对所有技术领域新受理的发明专利申请进行分类，并与欧洲专利局共享相关分类数据；欧洲专利局继续为中国国家知识产权局提供特定技术领域CPC分类培训；中欧两局定期召开实施工作组会议，就质量保障、信息技术和培训交流等分类合作有关事务进行商讨。（王春辉）

17. 推进广东引领型知识产权强省建设

6月14日，国家知识产权局与广东省人民政府第三轮知识产权高层次合作会商暨广东省建设引领型知识产权强省启动大会在广州举行。中共中央政治局委员、广东省委书记胡春华及省长朱小丹会见了国家知识产权局局长申长雨一行，双方就努力推进广东省知识产权事业发展进行了深入交流，并共同出席了双方第三轮知识产权高层次合作会商议定书签署仪式。

（赵建国）

18. 我国已确定131家国家级知识产权保护规范化培育市场

6月16日，国家知识产权局办公室印发了《关于确定第三批国家级知识产权保护规范化培育市场并启动培育工作的通知》。根据前期各地市场申报，各省（区、市）知识产权局推荐，国家知识产权局综合考虑市场性质与规模、市场知识产权保护工作基础、实施方案细化程度及其实施可行性等，审核确定了红星美凯龙世博（天津）家居生活广场有限公司等 28 家市场为第三批国家级知识产权保护规范化培育市场。至此，我国已在两年多的时间里确定了 131 家国家级知识产权保护规范化培育市场，专业市场的知识产权保护工作初见成效。（崔静思）

19. 中乌两国元首见证两国政府间知识产权保护合作协定签署

6 月 22 日，在中国国家主席习近平和乌兹别克斯坦总统卡里莫夫的共同见证下，《中华人民共和国政府与乌兹别克斯坦共和国政府知识产权保护合作协定》（下称《协定》）在乌兹别克斯坦首都塔什干正式签署。中国国家知识产权局局长申长雨和乌兹别克斯坦外交部部长卡米洛夫代表双方政府签字。该协定的签署标志着中乌两国政府间知识产权合作关系正式建立。

《协定》指出，中乌两国政府认识到有效的知识产权保护对于发展两国经济、教育、科技和文化领域的互利合作的重要性，本着为这种合作创造良好条件，决定在平等互利原则的基础上开展知识产权保护合作。（张亚宁）

20. 六大重点任务推进知识产权强国建设步伐

6 月 24 日，《2016 年深入实施国家知识产权战略加快建设知识产权强国推进计划》（下称《推进计划》）印发实施。据联席会议办公室有关负责人介绍，今年的《推进计划》共确定了六方面重点任务、99 项工作措施，并为每一项工作措施细化分工、明确责任，全面推进 2016 年国家知识产权战略实施工作，力促新形势下知识产权强国建设从“设计图”转化为“施工图”。

据介绍，按照《国务院关于新形势下加快知识产权强国建设的若干意见》等文件部署要求，今年的《推进计划》六大重点任务分别为严格保护知识产权、加强知识产权创造运用、深化知识产权领域改革、加大知识产权对外合作交流、夯实知识产权发展基础、加强组织实施和保障。（王　宇）

21. 湖北出台加快知识产权强省建设意见

6 月 24 日，湖北省人民政府印发《湖北省人民政府关于加快知识产权强省建设的意见》。该意见明确提出了引导企业实施知识产权战略、深入实施高校院所知识产权推进工程、积极推进国防知识产权战略实施、发挥知识产权支撑产业发展作用、有效激励了知识产权创造运用等 12 项主要任务，涉及知识产权创造、运用、保护、管理和服务等多个方面。（刘　维　沈　莹）

22. 广东出台建设引领型知识产权强省试点省实施方案

6 月，广东省人民政府出台了《广东省建设引领型知识产权强省试点省实施方案》。据介绍，该方案部署了打造知识产权改革创新引领省、构建知识产权大保护工作格局、打造知识产权推进转型升级引领省、打造知识产权服务外向型经济引领省、打造知识产权服务业发展示范省等五大重点任务。计划到 2020 年，全省每万人口发明专利拥有量达到 19 件，通过《专利合作条约》（PCT）途径提交的国际专利申请量年均增长 10%。（顾奇志）

23. 重庆出台加快知识产权强市建设实施意见

6 月，重庆市人民政府出台《关于新形势下加快知识产权强市建设的实施意见》，该实施意见提出，到 2020 年重庆知识产权改革实现重大突破，发展主要指标达到国内先进水平，基本建成创造能力突出、运用成效显著、保护环境优化、管理服务高效、知识产权促进经济社会发展作用显著增强的知识产权强市。文件部署和建立了 6 项机制、

4项保障措施，即知识产权与产业融合机制、知识产权资本化机制、知识产权服务机制、知识产权海外发展及对外合作机制、知识产权保护机制和知识产权管理机制。

（谢从波）

24.《知识产权资产评估指南》施行

7月1日，中国资产评估协会制定发布的《知识产权资产评估指南》开始施行。该指南将有利于提升资产评估行业服务知识产权具体经济行为的能力，从专业角度助力知识产权资产的价值发现、价值衡量和价值提升。

据介绍，《知识产权资产评估指南》聚焦知识产权资产评估服务的典型经济行为，突出了知识产权资产评估在具体经济行为下的不同要求，深入挖掘不同经济行为中需要考虑的价值影响因素，提出了具体的操作指导。

（《中国知识产权报》综合消息）

25.“一局三地”知识产权合作会商机制建立

7月，国家知识产权局局长申长雨，北京市市长王安顺，天津市委代理书记、市长黄兴国，河北省省长张庆伟共同签署《关于知识产权促进京津冀协同发展合作会商议定书》（下称《议定书》），这标志着“一局三地”知识产权促进京津冀协同发展合作会商机制正式建立。

根据《议定书》，国家知识产权局将与三地政府在严格知识产权保护、协同知识产权运用、共享知识产权服务资源等方面探索一系列新的合作机制，共同打造区域知识产权协同发展示范区，推动京津冀成为全国知识产权支撑创新驱动发展的重要发展极。

（王　宇）

26.106项具体措施明确知识产权强国建设责任书任务状

7月8日，国务院办公厅日前印发《〈国务院关于新形势下加快知识产权强国建设的若干意见〉重点任务分工方案》。该分工方案围绕贯彻落实《国务院关于新形势下加快知识产权强国建设的若干意见》，根据各相关部门职责，对各项任务进行了细化分工，明确了新形势下深入实施国家知识产权战略、深化知识产权领域改革、加强知识产权保护运用、加快知识产权强国建设的责任书任务状。

（王　宇）

27. 南亚、东南亚地区及蒙古国、伊朗知识产权局局长会议在京举行

7月19日，由世界知识产权组织（WIPO）主办的南亚、东南亚地区及蒙古国、伊朗知识产权局局长会议在北京举行。WIPO总干事弗朗西斯·高锐、中国国家知识产权局局长申长雨出席会议开幕式并致辞。

据了解，在为期一天半的会议中，来自南亚、东南亚地区的有关国家和蒙古国、伊朗等国家的知识产权机构官员，WIPO相关部门负责人，企业知识产权高级管理人员，围绕知识产权行政机构管理、人力资源管理与培训、服务用户需求、审查能力建设及WIPO相关统计数据等进行交流探讨。

（王　康　孙　迪）

28. 河南知识产权强省建设试点省实施方案获通过

7月20日，河南省政府常务会议审议并通过《河南省知识产权强省建设试点省实施方案》，标志着河南省知识产权强省试点省建设工作全面展开。河南省知识产权局有关负责人表示，创建国家知识产权强省建设试点省，对于推动河南充分发挥知识产权制度激励创新的基本保障作用，实现经济大省向经济强省跨越，提升区域核心竞争力具有重要意义。

（王　康）

29.“一带一路”沿线国家代表共商知识产权合作发展大计

7月21日，由中国国家知识产权局、国

家工商行政管理总局、国家版权局、商务部、北京市人民政府和世界知识产权组织(WIPO)联合主办的“一带一路”知识产权高级别会议在京隆重举办。与会各方齐聚一堂，共商知识产权合作发展大计，共话“一带一路”区域创新发展。

据了解，此次会议主题为“包容、发展、合作、共赢”，旨在落实“一带一路”重大倡议，分享“一带一路”沿线国家依托知识产权促进创新和经济发展的有益经验，推动“一带一路”建设深入开展，促进沿线国家和地区的创新发展与繁荣进步。

(王　康　孙　迪)

30. 甘肃审议通过加快知识产权强省建设实施方案

7月21日，甘肃省人民政府常务会议审议通过了《关于新形势下加快知识产权强省建设的实施方案》。该实施方案明确，将按照“坚持改革创新，区域协调发展，夯实工作基础，坚持市场化导向，突出产业特色，支撑中心工作，加大保障力度”的工作思路，抓住“一带一路”建设机遇，发挥区位优势、产业资源和传统文化资源优势，保障和激励大众创业、万众创新，大幅提升知识产权对甘肃经济增长的贡献度。(石　红)

31. 吉林省发布实施意见 加快知识产权强省建设

7月22日，为落实《国务院关于新形势下加快知识产权强国建设的若干意见》，深入实施创新驱动发展战略，深化知识产权领域改革，加强知识产权保护运用，吉林省人民政府发布了《关于新形势下加快知识产权强省建设的实施意见》，该实施意见提出，围绕知识产权强省建设，要加强组织领导、加大财政支持力度；要建立吉林省知识产权战略实施联席会议制度，合力推动知识产权工作深入开展。(王志宏)

32. 安徽省出台加快知识产权强省建设实施方案

7月25日，《安徽省人民政府关于加快知识产权强省建设的实施方案》印发。该实施方案明确了安徽省知识产权强省建设的主要目标，即到2020年，全省知识产权重要领域和关键环节改革取得明显成效，基本形成权界清晰、分工合理、责权一致、运转高效和法治保障的知识产权体制机制，知识产权创造、运用、保护、管理和服务能力大幅提升，创新创业环境进一步优化，基本实现知识产权治理体系和治理能力现代化；建成一批知识产权强市、强县、强区(园区)、强企，知识产权对全省经济社会发展的支撑和促进作用充分显现，基本建成知识产权强省。(王晶晶)

33. 辽宁出台加快知识产权强省建设实施意见

7月26日，辽宁省政府印发《关于新形势下加快知识产权强省建设的实施意见》，明确了今后辽宁省将在推进知识产权管理体制机制改革、实行严格的知识产权保护、促进知识产权创造运用等方面采取30条措施，提升全省知识产权创造、运用、保护、管理和服务能力。

在体制机制改革方面，辽宁省将推动沈大国家自主创新示范区等有条件的地区开展知识产权综合管理改革工作。推进企事业单位知识产权管理规范化。完善知识产权服务体系，大力发展知识产权代理、法律、信息、咨询、培训等服务。(宋　词)

34. 2016年专利代理人资格考试报名人数继续增长

2016年全国专利代理人资格考试报名已于7月29日截止，网上报名人数为3.3098万人。

经统计核查结果显示，共有3.0948万人通过报名审核并按时足额缴纳报名费(下称报名通过人数)，该人数较去年相比增长11.07%。据国家知识产权局条法司相关负责人介绍，北京考点报名通过人数最多，达6057人，广州考点以3561人位列第二，上海考点报名通过人数为2667人。记者了解到，为了便于考生参加考试，今年国家知识产权局在调整增加考点的同时，首次在同一省份设置多个考点。（胡姝阳）

35. 高校科技成果转化收益全部留归学校

8月5日，教育部、科技部联合印发《关于加强高等学校科技成果转移转化工作的若干意见》。其中提出，高校科技成果转移转化收益全部留归学校，不再上缴国库。

该意见明确，高校依法对职务科技成果完成人和为成果转化作出重要贡献的其他人员给予奖励时，按照以下规定执行：以技术转让或者许可方式转化职务科技成果的，应当从技术转让或者许可所取得的净收入中提取不低于50%的比例用于奖励；以科技成果作价投资实施转化的，应当从作价投资取得的股份或者出资比例中提取不低于50%的比例用于奖励；在研究开发和科技成果转化中作出主要贡献的人员，获得奖励的份额不低于总额的50%。成果转移转化收益扣除对上述人员的奖励和报酬后，应当主要用于科学技术研发与成果转移转化等相关工作，并支持技术转移机构的运行和发展。

（《中国知识产权报》综合消息）

36. 中国创新交出傲人成绩单

8月15日，由世界知识产权组织（WIPO）、美国康奈尔大学、英士国际商学院联合发布的《2016年全球创新指数（GII）》报告显示，中国名列GII第25位，成为首版GII报告发布9年来第一个跻身25强的中等收入经济体。报告指出，9年来，GII前25名这一群体由高收入国家稳稳盘踞，鲜有变动，作为中等收入国家的中国首次跻身这一行列，引人瞩目。

报告指出，中国在创新效率排名中位列第7位，在创新质量排名中升至第17位，缩小了与高收入经济体的差距。可以说，在缩小发展中国家和发达国家之间差距方面，中国迈出了重要的一步。

（王　康　孙　迪）

37. 中英两国知识产权合作不断迈上新台阶

8月26日，由中国国家知识产权局和英国知识产权局共同主办的第三届中英知识产权研讨会在京举行。中国国家知识产权局局长申长雨、英国能源与知识产权国务大臣内维尔·罗尔芙女男爵出席开幕式并致辞。申长雨指出，此次研讨会的举办是落实2015年10月习近平主席访英成果的具体举措，对促进两国知识产权事业的发展具有重要意义。中国国家知识产权局愿与英方共同努力，推动两国知识产权合作不断迈上新台阶。（孙　迪）

38. 第二批全国中小学知识产权教育试点学校评定工作启动

8月26日，国家知识产权局办公室、教育部办公厅已于日前发布通知，启动开展第二批全国中小学知识产权教育试点学校的评定工作。

据国家知识产权局办公室相关负责人介绍，2015年11月，国家知识产权局、教育部按照《深入实施国家知识产权战略行动计划（2014～2020年）》关于建立若干知识产权宣传教育示范学校的要求，开展全国中小学知识产权教育试点学校评定工作。根据《全国中小学知识产权教育试点、示范工作方案（试行）》，此批次拟评定30～35所试点学校。（孙　迪）

39. 山西审议通过推进知识产权强省建设实施意见

8月，山西省人民政府常务会议审议通过《关于新形势下推进知识产权强省建设的实施意见》。该实施意见提出，要以推动科技创新为核心，以重点领域改革为抓手，以夯实创新基础为主线，促进新技术、新产业、新业态蓬勃发展，保障和激励大众创业、万众创新，为着力推进供给侧结构性改革，培育发展新动能，加快产业转型升级提供强有力支撑。（赵　鹏）

40. 第四届中蒙俄知识产权研讨会在乌兰巴托举行

9月6日，第四届中蒙俄知识产权研讨会在蒙古国首都乌兰巴托举行。蒙古国司法内务部部长宾巴朝格特，蒙古国知识产权和国家注册总局代理局长索德科乌，中国国家知识产权局局长申长雨，俄罗斯联邦知识产权局局长戈利高里·伊夫利耶夫出席会议并致辞。

研讨会上，中蒙俄三局就创新导向的知识产权国家政策和知识产权商业化运营等议题进行了研讨和交流。蒙俄两局代表还就世界知识产权组织（WIPO）科技创新支持中心（TISCs）在两国的运营情况进行了介绍。（王剑剑）

41. 第七届中国专利信息年会在京成功举办

9月19～20日，以“专利运营助推供给侧改革”为主题的第七届中国专利信息年会在北京成功举办。国家知识产权局局长申长雨等领导出席开幕式并致辞。申长雨指出，知识产权在供给侧结构性改革中提供着重要的制度供给和技术供给，要大力加强知识产权保护，积极推动专利运营，使更多的专利转化为现实生产力，促进经济创新发展。

据了解，为期两天的第七届中国专利信息年会吸引了国内外政府机构、知名企业和专家的广泛参与。来自中国国家知识产权局、世界知识产权组织、欧洲专利局、法国工业产权局、日本特许厅，以及国内各地方知识产权局、知识产权有关企事业单位和国外专利信息服务机构的代表4000余人齐聚一堂，围绕专利运营的创新、知识产权与创业、开放式创新与企业知识产权管理、加大专利保护力度、知识产权大数据与专利信息利用等议题进行了深入研讨。（王　宇）

42. 为加快知识产权强国建设提供法治保障

9月19日，国家知识产权局印发《全国知识产权法治宣传教育第七个五年规划（2016～2020年）》。

据介绍，该规划分为指导思想、工作目标和工作原则，主要任务，重点普法对象和要求，工作措施，保障措施，工作安排等部分。指导思想包括要充分发挥法治宣传教育在全面依法治国和法治政府建设中的基础作用等内容。工作目标包括，各级知识产权局法治宣传教育工作机制进一步健全等。（崔静思）

43. 2016年度全国通联工作会议召开

9月21日，2016年度中国知识产权报社全国通联工作会议在长沙召开，国家知识产权局副局长廖涛出席会议开幕式并讲话。他强调，要提高新闻舆论传播力、引导力、影响力，奋力打造知识产权新闻舆论工作主阵地，努力开创知识产权“大宣传”工作新格局，为加快知识产权强国建设提供坚强有力的舆论保障。

会议对2016年度中国知识产权报社通联工作先进单位和先进个人进行了表彰，并颁发了证书。

会议期间，与会代表还就新形势下传统媒体如何与新兴媒体实现融合发展等问题提出了意见和建议。（王　康）

44. 申长雨率团出席WIPO成员国大会第56届系列会议

10月3日，世界知识产权组织（WIPO）成员国大会第56届系列会议在瑞士日内瓦开幕，中国国家知识产权局局长申长雨率中华人民共和国政府代表团出席会议。中国驻日内瓦代表团特命全权大使马朝旭出席会议。中国政府代表团由外交部、国家工商行政管理总局、国家新闻出版广电总局（国家版权局）、国家知识产权局、常驻日内瓦代表团及中国香港特别行政区知识产权署共同组成。

在此次大会上，WIPO各成员国就计划预算、各委员会和国际规范性框架、全球知识产权服务等31项议题展开了磋商。

（钟　彦）

45. 我国专利密集型产业目录暨主要统计数据报告发布

10月27日，国家知识产权局在京举办了中国专利密集型产业目录暨主要统计数据报告新闻发布会，会上发布了《专利密集型产业目录（2016）》（试行）及《中国专利密集型产业主要统计数据报告（2015）》，并回答媒体提问。数据显示，2010～2014年，我国专利密集型产业增加值占国内生产总值（GDP）比重为11.0%，对经济增长贡献显著。（李　群）

46. 2016年工业品外观设计中美欧日韩五局合作年度会议在京召开

11月1～2日，由中国国家知识产权局主办的2016年工业品外观设计中美欧日韩五局合作（ID5）年度会议在北京召开。中国国家知识产权局局长申长雨出席1日举行的闭门会议，并代表中国国家知识产权局与其他四局代表共同签署了《2016年工业品外观设计五局合作联合声明》。

声明指出，五局一致认识到向用户和公众提供更好的服务、进一步推动外观设计领域创新的重要性，并将不断深化合作以取得切实成果，增强合作透明度。五局同意在协商一致的原则下通过以开展项目为主的方式进行合作，并同意启动实施12个合作项目，项目范围涵盖工业品外观设计审查实践研究、自动化支持系统、外观设计分类、质量提升、数据统计、新兴技术及有关外观设计新议题，以及外观设计五局合作网站等方面。（孙　迪）

47. 国家知识产权局印发《关于加快建设知识产权强市的指导意见》

11月11日，为贯彻落实《国务院关于新形势下加快知识产权强国建设的若干意见》，进一步深化城市知识产权试点示范工作，建设国内一流、国际有影响力的知识产权强市，国家知识产权局日前印发《关于加快建设知识产权强市的指导意见》，提出以知识产权与城市创新发展深度融合为主线，以加强知识产权保护和运用为主题，以改革和创新为动力，以知识产权强县（区）、强局、强企建设为抓手，建设一批创新活力足、质量效益好、可持续发展能力强的知识产权强市，为建成中国特色、世界水平的知识产权强国奠定坚实基础。（王　宇）

48. 第十三届上海知识产权国际论坛在上海开幕

11月17日，由上海市人民政府与世界知识产权组织（WIPO）共同主办的第十三届上海知识产权国际论坛在上海开幕。论坛主题是“尊重知识产权，激励创新创造”。上海市市长杨雄、国家知识产权局局长申长雨、WIPO副总干事王彬颖出席论坛开幕式并致辞。

论坛期间，申长雨还与王彬颖、赵雯共同见证了上海国际知识产权学院的成立。该学院是上海市政府依托同济大学建立的培养知识产权高级人才的国际学院。申长雨对上海国际知识产权学院的成立表示祝贺。（王　康）

49. 第十届中国专利周开幕

11月21日，以“加强知识产权运营，开拓知识产权强企之路”为主题的2016年第十届中国专利周拉开大幕。线下是各地知识产权系统围绕主题开展的丰富多彩的活动，线上则是专利周主会场推送的知识产权政策信息、知识产权运营助力企业发展的丰硕成果。线上线下联动，点燃知识产权活动热潮。

专利周期间，各地结合地方实际，创新活动形式，积极策划各类政策宣传、展览展示、信息发布、项目路演、投资交易、经验交流等活动，促进知识产权运营各类要素聚焦企业、聚集对接，实现多地、多网、多媒介联动，做到组织形式简朴、活动内容充实，体现地区特色，凸显专利周活动实际效果。

（吴　柯）

50. 国家知识产权局发布《关于严格专利保护的若干意见》

11 月 30 日，国家知识产权局在京举办新闻发布会，发布并解读近日出台的《关于严格专利保护的若干意见》（下称《意见》）。国家知识产权局副局长贺化出席发布会，并与相关部门负责人就《意见》相关内容回答了记者提问。

会上，贺化介绍了《意见》的制定背景、出台意义及相关亮点。贺化指出，《意见》的制定实施是深入落实中央有关决策部署的体现，有利于营造创新发展的良好环境；是充分履行政府监管职责的体现，有利于维护专利权人的合法权益；是切实解决人民群众关心的实际问题的体现，有利于创新专利保护体制机制。　（孙　迪）

51. 最高人民法院公开宣判“乔丹”商标争议行政纠纷系列案件

12 月 8 日，最高人民法院对再审申请人迈克尔·杰弗里·乔丹与被申请人国家工商行政管理总局商标评审委员会、一审第三人乔丹体育股份有限公司（下称乔丹公司）商标争议行政纠纷 10 件案件进行了公开宣判。其中，在涉及“乔丹”商标的 3 件案件中，法院认定乔丹公司的 3 件“乔丹”商标应予撤销，并判令商标评审委员会重新作出裁定；在其余 7 件案件中，法院依法认定再审申请人对拼音“QIAODAN”“qiaodan”不享有姓名权，驳回了再审申请人的再审请求。

据悉，关于商标行政纠纷中涉及在先姓名权保护的标准和条件等问题，在国内司法实践中一直不明确。“乔丹”商标争议行政纠纷系列案件明确了相关法律适用标准，合理地平衡了再审申请人与乔丹公司的利益。最高人民法院在本案判决中所阐述的法律适用标准对于统一此类案件的裁判标准将产生重要影响。　（冯　飞）

52. 第十八届中国专利奖获奖名单公布

12 月 13 日，国家知识产权局印发了《关于第十八届中国专利奖授奖的决定》，公布了第十八届中国专利奖获奖名单。据了解，2016 年，共有 20 件发明、实用新型专利荣获中国专利金奖，5 件外观设计专利荣获中国外观设计金奖，另有 568 件发明、实用新型专利获中国专利优秀奖，65 件外观设计专利获中国外观设计优秀奖。国家知识产权局将对这些积极有效开展知识产权创造、运用、保护和管理工作，在促进创新和推动经济社会发展等方面作出突出贡献的专利权人和发明人（设计人）给予表彰。

据了解，自 1989 年国家知识产权局首次与世界知识产权组织共同开展中国专利奖评选活动以来，我国经济社会和知识产权事业发展迅猛，中国专利奖的公信力、权威性、代表性和影响力也日益增强。据统计，在刚刚过去的“十二五”期间，仅 120 项专利金奖项目就实现新增销售额 6221 亿元，新增利润 1317 亿元。截至 2015 年底，我国共有 2870 件专利获评中国专利奖，1840 位专利权人受到奖励和表彰。中国专利奖对引领创新驱动发展，推动知识产权强国建设发挥了积极作用。　（崔静思）

53. 国家工商总局推进商标注册便利化改革

7 月 14 日，国家工商总局发布《关于大力推进商标注册便利化改革的意见》。该意见以解决商标注册和管理存在的问题为导向，以实现商标注册便利化为主线，采取拓宽商标申请渠道、简化手续优化流程、完善商标审查机制、加强商标信用监管等方式，进一步方便申请人申请注册商标。

该意见分六个部分，从五个方面提出22条改革措施。着眼5个亟待改变的问题，研究制定合理改革措施。一是增加委托地方受理商标注册申请。二是计划在京外设立商标审查协作中心，尽可能地缩短商标审查周期。三是将网上申请范围扩大至所有申请人，同时将网上申请项目逐步扩大至商标续展、转让、注销、变更等商标业务申请。四是缩短发放商标注册申请受理通知书时间，开通注册商标后续业务快速审查通道。五是逐步推进商标注册全程电子化。（李　春）

54. 商标注册申请量连续15年居世界第一

2016年我国商标注册申请继续快速增长，商标注册申请量369.1万件，比上年增长28.35%，已连续15年居世界第一位。其中国内申请352.68万件，占年度注册申请总量的95.54%。全年商标注册网上申请达300.1万件，占同期申请总量的81.29%，为纸件申请的4.4倍，比2015年网上申请量占比增长12.39%。我国每万户市场主体的平均有效商标拥有量从2011年的1074件增长到2016年的1422件，增幅为32.4%，比上年增长6.51%。

截至2016年底，我国商标累计申请2209.4万件，累计注册1450.9万件，有效注册1237.6万件。目前，我国平均每7.1个市场主体拥有1件有效商标。（鞠　闻）

55. 2015年中国商标申请量占全球三分之一

2016年11月22日，世界知识产权组织(WIPO)发布《世界知识产权指标》年度报告。报告显示，2015年全球商标申请共计600万件，按类计为840万件，中国商标申请量最多，按类计为283万件，占全球申请量的三分之一。报告指出，2015年中国出现了迄今为止最多的商标申请活动，由于中国的推动，2015年全球商标申请量比上年增长15.3%，是2000年以来的最高增长率。

商标申请量排名第二和第三的分别为美国（517 297件）和欧盟（366 383件），第四名和第五名为日本（345 070件）和印度（289 843件）。在前20名中，2015年商标申请量增长率为两位数的有日本（43%）、意大利（32.6%）、中国（27.4%）、印度（21.9%）和韩国（13.9%）。（李　春）

56. 国家工商总局出台规定委托地方受理商标注册申请

《委托地方工商和市场监管部门受理商标注册申请暂行规定》2016年9月1日起施行，表明委托地方受理商标注册申请经试点后全面启动，实现了商标申请人可就近办理商标注册申请业务。

根据该暂行规定，县级以上（以省会城市、地级市为主）工商、市场监管部门受国家工商总局商标局委托，在地方政务大厅或注册大厅设立商标注册申请受理窗口，代为办理商标申请受理等业务。申请单位填写相关材料后由省（自治区、直辖市）工商、市场监管部门提出意见后报送国家工商总局商标局，经批准公告后可开展受理业务。该暂行规定明确了地方受理商标注册申请的部门和程序，并对商标局、受托单位、受理窗口等单位的工作职责进行划分，强调相关工作人员应当依法行政，廉洁自律，忠于职守，文明服务。（商　宗）

57. 地方受理商标注册申请方便申请人

为进一步方便申请人就近办理商标申请业务，国家工商总局商标局改变多年来“集中受理”的做法，推动委托地方工商和市场监管部门受理商标注册申请。2016年7月5～6日，四川雅安和浙江台州商标受理处作为首批试点启动运行，9月28日，国家工商总局批准13个单位设立商标受理窗口，11月1日，首批新设立的商标受理窗口全面启动运行。

商标受理处主要负责接收辖区自然人、法人和其他组织的商标注册申请文件，对文件进行形式审查，向辖区市场主体提供商标咨询。受理窗口负责指定区域内商标注册申请受理、规费收缴，并接收、审核商标注册申请文件，对符合受理条件的商标注册申请确定申请日。受理窗口同时还代发商标注册证，提供查询和咨询等服务工作。2016年各地商标受理窗口共受理商标注册申请3440件，为当地申请人就近提交商标注册提供了极大便利。（李　春）

58.“十二五”期间立案查处侵权假冒案件31.7万件

1月21日，国家工商总局透露，2012年至2015年11月底，全国工商和市场监管部门共立案查处侵权假冒案件31.7万件；捣毁制假售假窝点10 622个；依法向司法机关移送涉嫌犯罪案件2644件，涉案金额29.1亿元。2015年前11个月，全国工商和市场监管部门共立案查处侵权假冒案件4.6万件，案值6.5亿元，双打各项工作取得积极进展。

“十二五”期间，国家工商总局制定出台了《工商行政管理行政处罚信息公示暂行规定》《关于依法公开制售假冒伪劣商品和侵犯知识产权行政处罚案件信息的意见（试行）》，积极督促指导各地工商和市场监管部门推进行政处罚信息公开工作，进一步提升执法的透明度和公信力。先后组织开展了中国制造海外形象维护“清风”行动、保护地理标志商标专用权专项行动、打击假冒伪劣日用品专项整治行动、商标代理市场秩序专项整治等一系列专项行动，持续保持打击侵权假冒高压态势。

（栗世民）

59. 商标行政执法力度不断加大

2016年，全国各级工商和市场监管部门进一步加大商标行政执法力度，扎实推进打击侵犯知识产权和制售假冒伪劣商品工作。2016年全系统共查处一般商标违法案件3565件，案值9532万元，案件数比上年增长6.8%；查处侵权假冒案件28 189件，案值3.5亿元。全系统共立案查处侵权假冒案件2.8万余件，涉案金额3.5亿元；立案查处商标行政违法案件3.2万件，案值4.5亿余元；捣毁制假售假窝点717个；依法向司法机关移送涉嫌犯罪案件293件，涉案金额1.6亿元。

在全年查处的一般商标违法案件中，注册商标使用违法案件388件，其中查处“商品粗制滥造、以次充好、欺骗消费者”的案件301件；未注册商标使用违法案2811件，其中查处“冒充注册商标”案件2408件。在全年查处的侵权假冒案件中，假冒商标案件4670件，一般商标侵权案件23 519件。（鞠　闻）

60. 地理标志商标精准扶贫助农富农

2016年，全国各级工商和市场监管部门精心培育优质农产品商标品牌，全年核准注册地理标志集体商标、证明商标394件。截至2016年底，已注册地理标志集体商标、证明商标达3374件。各地地理标志注册量均有所增加，其中超过100件的省（市）有11个（比2015年增加2个）。外国在我国注册的地理标志商标达到85件。农产品商标累计注册量达242.96万件。

国家工商总局商标局积极推进运用管理保护工作，针对部分地理标志“重注册轻使用、注而不用、用而不管、管而不畅”及保护不到位等问题，7月和8月先后召开地理标志工作经验交流会，研究探讨地理标志和农产品商标注册之后的管理和保护工作。国家工商总局还进一步推进地理标志注册与保护的部委间协作，创新性地探索开展地理标志商标精准扶贫工作，着力提高地理标志和农产品商标的社会关注度。

（商　综）

61. 商标评审案件申请量突破15万件

2016年，随着商事制度改革红利持续释放，各类市场主体竞相发展，商标评审案件申请量迅猛增长。2016年国家工商总局商标评审委员会共收到各类评审案件申请15.61万件，比上年增长32.77%，月均申请量达1.23万件，创历史最高水平。一年来，商标评审委员会共审结各类评审案件12.52万件，比上年增长15.85%。除因法定事由需要中止审理或延期审理的少量案件外，均严格按照审限要求完成了审理任务，较好地履行了法律职责。2016年商标评审委员会一审被诉案件5345件，比2015年减少29.97%；被诉率为4.27%，较2015年的7.06%进一步降低。

商标评审委员会积极做好商标行政复议工作，2016年共受理行政复议申请849件，审结行政复议案件855件，较2015年增长14.61%，切实体现出新《商标法》更加方便当事人申请的立法宗旨，充分发挥了行政复议制度的监督作用。（李　春）

62. 商标代理自律水平不断提高

2016年，我国商标代理事业继续快速发展。商标代理机构数量持续快速增长；商标代理机构监管进一步加强，商标代理机构信用信息平台和网上备案功能项目招标完成并开始建设；《商标代理机构信用信息管理暂行办法》和《国家工商行政管理总局停止受理商标代理机构商标代理业务办法》的立法工作正式启动，并被列入2017年国家工商总局一档立法项目。商标代理机构行业自律水平、业务水平不断提高，国际交流合作继续加强。

截至2016年12月31日，我国商标代理机构总数为26 635家，其中律师事务所8835家，新增经工商登记的商标代理机构2712家，新增律师事务所212家。自2003年以来，中国商标代理机构数量一直保持快速增长势头。（鞠　闻）

63. 商标品牌和马德里国际商标体系成立125周年纪念活动举办

11月15日，由世界知识产权组织、国家工商总局联合主办的商标品牌和马德里国际商标体系成立125周年纪念活动在山东省青岛市举行。世界知识产权组织总干事弗朗西斯·高锐发来祝贺视频，国家工商总局局长张茅发来贺信。

马德里商标国际注册体系所涵盖的114个国家，代表了全球贸易额的80%左右。目前有效的马德里国际注册商标已达125万件。中国政府1989年加入马德里体系，从2005～2015年，外国申请人指定中国的马德里申请连续11年位居马德里联盟第一。中国申请人提交的马德里申请也长期位居前十，2015年排名第六位，显示出马德里体系在中国的蓬勃。

2015年，世界知识产权组织收到将近5万件商标国际申请，中国是申请量排名前十的国家之一，也是马德里体系国际申请中被指定最多的国家。这意味着中国市场对马德里体系的申请人最有吸引力。

（李　春）

64. 国际注册助中国品牌“走出去”

2016年，国家工商总局有序开展马德里商标国际注册各项工作。根据世界知识产权组织国际局统计，我国申请人提交马德里商标国际注册申请3014件（一件商标到多个国家申请），比上年增长29.8%，年度申请量首次超过3000件，首次进入马德里联盟前五位。国外申请人指定我国的马德里商标申请量为21 238件，继续居马德里联盟第一位，累计有效注册申请量达23.6万件。

国家工商总局商标局积极推进商标国际注册便利化改革，在多项业务上均实现独任审查，不断优化申请流程，缩短审查周期，并从 11 月1 日开始通过电子通信系统向世界知识产权组织国际局发送领土延伸申请的驳回通知，领土延伸申请实审业务全面实现电子收发文。

国家工商总局商标局进一步完善商标海外维权相关机制，积极帮助国内企业维护商标权益。2016 年，帮助中国企业解决在欧盟、伊朗等地区和国家的维权案件，相关案件进展顺利。（鞠 闻）

65.《中国商标战略年度发展报告》公布

在第 16 个世界知识产权日来临之际，国家工商总局商标局、商标评审委员会联合编撰了《中国商标战略年度发展报告(2015)》。

《中国商标战略年度发展报告(2015)》共 14 章，以"商标注册便利化改革"开篇，系统记述了 2015 年度各级工商和市场监管部门在商标申请和注册、商标行政执法、地理标志和农产品商标、商标评审、商标法治建设、商标代理、地方商标工作、国际注册与海外维权、国际及中国港澳台地区交流与合作、商标宣传、商标基础建设和信息化建设、商标队伍建设等方面取得的成就，汇总了商标领域发生的重大事件，并对各类商标数据进行了统计分析。（鞠 闻）

66. 商标受理通知书发放时间缩短至 3 个月以内

国家工商总局商标局简化手续优化流程，为申请人提供优质服务。通过调整工作流程、增加工作人员、公布《类似商品和服务区分表》以外可接受商品服务项目名称及商标形式审查标准等方式，受理通知书发放时间已由 6 个月缩短至 3 个月以内，解决了商标受理通知书发放时间过长的问题。

与此同时，商标局改变出具商标注册证明方式，取消出具商标注册证明申请书原书式，简化申请材料和手续。商标局逐步推进商标注册全程电子化。开放商标数据库，2016 年 7 月商标数据实现了全系统共享，工商系统内各部门可运用商标数据库信息加强商标监管工作。（鞠 闻）

67. 地方注册商标质权登记申请受理点设立

国家工商总局在 2015 年启动设立地方商标质权登记申请受理点试点工作的基础上，2016 年将商标质权登记申请受理点试点范围扩大至全国 24 个省市的 30 个工商和市场监管局，同时制定印发了《注册商标专用权质权登记受理点工作规程》，保证商标质权登记受理点规范有序高效运行。

2016 年全年全国共办理质权登记申请 1410 起，比上年增长 20%，帮助企业融资 649.9 亿元，比上年增长 90%。其中，30 个地方受理点办理质权登记 439 起，其数量占比 31%，帮助企业融资 89.9 亿元，金额占比 14.9%。

受理点可代国家工商总局商标局收取当事人提交的注册商标专用权质权登记申请文件，发放相应的注册商标专用权质权登记证等相关文件。受理点在受理申请时应核实经办人员的身份，制作申请文件清单，并将收取的申请文件及清单及时转交商标局。受理点办理业务时，不向当事人收取任何费用。（鞠 闻）

68. 商标审查效率不断提高

为进一步缩短审查周期，保证商标法定审限要求，国家工商总局商标局与审查协作中心签订委托协议书、外包协议书，4 月 1 日，将商标注册申请，商标变更、转让、续展、许可备案等业务的形式审查和实质审查工作移交给审查协作中心。商标局还积极推进设立京外商标审查协作中心试点工作，2016 年 12 月 1 日商标审查协作广州中心正式挂牌，接受国家工商总局商标局委托开展商标审查工作。

国家工商总局商标局积极推行独任审查制，确保法定审限。目前，商标审查业务独任率已经达到69%,国际业务顺利实现去国际注册申请、国际异议、商标评审委员会裁定翻译通知等5项业务的独任审查,7月1日起异议全面推行独任审查。

(鞠 闻)

69. 第八届中国国际商标品牌节在昆山举办

2016年10月27～30日,2016中国国际商标品牌节在江苏省昆山市举办。本届商标品牌节由中华商标协会主办,以"创新驱动,品牌引领"为主题,主要由中国商标年会、中华品牌博览会和丰富多样的主题活动构成。与往年相比,本届商标品牌节设置了与商标品牌助力创新经济发展、商标注册便利化改革、商标审查与评审工作实务、商标法制建设等热点问题有关的10多个分论坛。主题更加精准,内容更加丰富,议题更加广泛。(李 春)

70. 第十二届海峡两岸商标研讨会在平潭举办

2016年9月23日,由中华商标协会和海峡两岸商务协调会共同举办的2016海峡两岸商标研讨会在福建省平潭综合试验区举办。

国家工商总局一直重视为中国台湾地区企业发展营造良好的商标品牌发展环境。截至2016年6月底,我国台湾地区企业在大陆有效商标注册量达134 252件。2016年上半年,我国台湾地区企业在大陆申请商标9931件,注册商标7279件。在本次研讨会上,还举办了海峡两岸民族品牌创新青年联谊会启动仪式。联谊会的成立将开启两岸青年企业家合作的新模式,服务青年创业、服务企业品牌创新发展。

(李 春)

71. 第二届中国—东盟工商论坛在南宁举办

9月12日,由国家工商总局与广西壮族自治区政府共同举办、主题为"商标品牌保护与发展"的第二届中国—东盟工商论坛在广西南宁开幕。本届论坛是中国与东盟各国首次围绕商标品牌保护举办的高层次、高水平论坛。

来自中国和东盟国家具有影响力的专家学者、企业代表,深入探讨中国与东盟各国商标品牌保护与发展的最新情况,并进行交流和分享,旨在进一步增进中国和东盟各国之间在商标品牌以及其他知识产权领域的合作,强化商标品牌保护,共同打造和分享中国—东盟互利共赢的经贸合作成果。(李 晶)

72. "一带一路"商标品牌建设交流合作论坛举办

作为2016丝博会暨第20届西洽会的重要活动,由国家工商总局与陕西省政府共同主办的"一带一路"商标品牌建设交流合作论坛及相关活动于2016年5月14日在西安举办。

区域经济一体化是全球化时代的一个重要特征,论坛以"加强商标品牌建设合作 促进丝绸之路经贸共享发展"为主题。"一带一路"构想突破了传统的区域经济合作模式,是党中央、国务院从世界视野、国际视角、未来视线作出的战略号召,对于沿线各省份经济合作、文化交流具有重要意义。国家工商总局在继续做好依法保护、促进运用、科学管理、营造环境等已经开展的工作基础上,还将秉持亲诚惠容、共商共建共享的原则,借鉴商事制度改革的成功经验,遵循商事制度改革的一般规律和原则,全面推进商标注册管理体制改革,为丝路沿线省份商标品牌建设提供更大助力。

(鞠 闻)

73. 5件声音商标获初步审定

声音商标是指由能够区别商品或服务来源的声音构成的商标。2016年5月14日,中国国际广播电台广播节目开始曲注册公告完成正式发证，成为我国首件注册成功的声音商标。截至 2016 年 10 月底，我国已初步审定 5 件声音商标，另几件分别是广东益华集团投资有限公司注册在第 9 类上的第 14623062 号和第 28 类上的第 14623064 号望子成龙小霸王商标，尤妮佳股份有限公司注册在第 5 类上的第 171438982 号 SOFT 声音商标。

国家工商总局商标局从 2014 年 5 月 1 日起开始受理和审查声音商标，并借鉴国外声音商标的审查经验，专门出台《声音商标形式和实质审查标准（试行）》，严格按照法定程序和审查标准进行声音商标的审查，对于符合法律规定的声音商标，予以注册保护。（李　春）

74. 出具商标注册证明立等可取

4 月 21 日，国家工商总局商标局发布《关于改变出具商标注册证明方式的公告》。自 4 月 22 日起，申请人在商标注册大厅直接办理出具商标注册证明事项，立等可取，且不收取费用。

商标注册证明是权利人享有注册商标专用权的凭证之一。根据此公告，自 4 月 22 日起，出具商标注册证明方式改为在商标档案打印件上加盖“商标注册证明专用章”。申请人提交身份证明文件和商标注册号即可办理。在商标注册大厅直接办理，立等可取；通过邮寄办理的，商标局在 5 个工作日内办结寄出。而且，费用方面比照档案查询规定不再收费。但是如果申请人要求按原有方式出具商标注册证明法律文书的，则仍按《商标法》规定办理，时间为 1 个月内。（李　春）

75. 商业服务代替服装成为申请最集中的领域

《中国商标战略年度发展报告》显示，2015 年，我国商标申请指定使用的商品或服务类别中，申请量最大的为第 35 类，取代了 2014 年排名第一的第 25 类，表明商业服务代替服装成为我国商标申请最为集中的领域。

从申请商标指定使用的商品或服务类别看，申请量最大的前 5 个类别依次为第 35 类“广告；商业经营；商业管理；办公事务”（298 704 件）、第 25 类“服装，鞋，帽”（197 594 件）、第 9 类“计算机，计算机软件”等（191 675 件）、第 30 类“咖啡，茶”等（165 593 件）、第 42 类“科学技术服务和与之相关的研究与设计服务”（130 801 件）。其中，排在前 4 位的类别与 2014 年相同，但排在第 1 位的类别由 2014 年的第 25 类变为第 35 类；排在第 5 位的类别由第 43 类变为第 42 类，表明在商业服务、服装、仪器设备、食品等传统领域外，科学技术服务也成为我国商标申请比较集中的领域。（李　春）

76.《中国知识产权指数报告 2016》发布

《中国知识产权指数报告 2016》11 月在京发布。该报告显示，2016 年中国区域知识产权指数排前 10 位的省市依次是：北京、江苏、上海、广东、浙江、山东、天津、重庆、福建、安徽，北京连续 7 年保持第一位置。该报告同时指出，知识产权对于创新有显著的促进作用。

该报告显示，与 2015 年相比，排前 10 位的省市组成完全一致，且绝大多数是经济发达省市。自 2010 年以来，知识产权指数排前 10 位的省市一直较为稳定。北京、江苏、上海、广东、浙江、天津、山东、福建等 8 个省市每年都在前 10 位中。但是各地区知识产权发展状况持续分化，发展极不均衡。近年来，广西、安徽、陕西崛起最快，辽宁、吉林、河北衰落最快。（晓　春）

77. 侵犯“墙锢”商标权秀洁公司被判赔偿 1000 万元

2016 年 11 月，北京知识产权法院审结了美巢集团股份公司（以下简称美巢公司）诉北京秀洁新兴建材有限责任公司（以下简称秀洁公司）等侵犯注册商标专用权一案，判决秀洁公司立即停止在其制造、销售的混凝土界面处理剂商品上使用“墙锢”字样，并赔偿美巢公司经济损失及合理支出1000万元。这一赔偿数额是北京知识产权法院自建院以来在商标民事侵权案件中作出的最高判赔数额。（京知宣）

78.“京东小金库”一审被判不侵权

2016年4月11日，北京市朝阳区人民法院对中科联社研究院与京东世纪贸易公司、京东叁佰陆拾度公司商标侵权纠纷一案公开宣判。朝阳区法院一审驳回中科联社研究院的全部诉讼请求，认定京东世纪贸易公司、京东叁佰陆拾度公司在新浪微博、网站和手机客户端金融业务及推广中使用“京东小金库”“小金库”字样，不构成对中科联社研究院“小金库”商标的侵权。

（周　南）

79.“新百伦”商标权案二审赔偿额由9800万元改为500万元

2016年6月23日，广东省高院判令新百伦公司、盛世公司立即停止侵害周乐伦“百伦”“新百伦”注册商标权，赔偿额由一审判决的9800万元改为500万元。

2013年7月15日，周乐伦以盛世公司、新百伦公司侵犯其“百伦”及“新百伦”注册商标专用权为由，向广州市中院提起诉讼，请求判令两被告停止侵权，分别赔偿其经济损失30万元和9800万元。

一审法院认为：新百伦公司在类似商品上使用与上述注册商标相同或者近似的标识，导致相关公众的混淆，侵害了周乐伦的注册商标专用权，判定新百伦公司向周乐伦赔偿9800万元。新百伦公司不服，提起上诉。广东省高院确定新百伦公司应赔偿周乐伦经济损失及为制止侵权行为所支付的合理开支共计500万元。对原审判决以新百伦公司被诉侵权期间销售获利总额的二分之一作为计算赔偿损失的数额予以纠正。

（晓　春）

80. 国家版权局发布2016年度第一批重点影视作品预警名单

2016年1月，国家版权局公布了2016年度第一批热播、热映的重点影视作品预警名单。

国家版权局要求相关网站应对名单内的作品采取以下保护措施：直接提供内容的网站未经许可不得上传预警名单内的作品；用户上传内容的网站应禁止用户上传预警名单内的作品；提供搜索链接的网站应仅提供获得合法授权网站的搜索结果及跳转链接服务；电商网站及应用平台应加快处理预警名单内作品权利人关于删除侵权内容或断开侵权链接的通知。

（《中国新闻出版广电报》）

81. 五部门联合下发通知：严打高校周边复印店盗版活动

2016年2月3日，全国“扫黄打非”办公室会同教育部、国家工商总局、国家新闻出版广电总局、国家版权局联合下发《关于开展部分重点城市高校及其周边复印店专项治理行动的通知》。通知要求，要以案件查办为着力点，对高校及其周边复印店的盗版复印活动予以严厉打击，有效遏制部分城市高校及其周边复印店盗版复印扩散蔓延势头。

此次专项治理以高校聚集或复印业较为发达的40个城市为重点，其中包括北京等4个直辖市、石家庄等22个省会城市、南宁等4个民族自治区首府城市和10个其他城市。（《中国新闻出版广电报》）

82. 四部门启动“剑网2016”专项活动

2016年7月12日，国家版权局联合国家网信办、工信部、公安部在京召开新闻发布会，宣布正式启动“剑网2016”专项行动，突出整治三类作品、重点查处四个平台、规范巩固三个成果。值得注意的是，2016年“剑网”专项行动还创新监管手段，将建立“黑白名单”制度，即在网络文学、APP、网络广告联盟等领域建立重点保护作品“白名单”库，同时公布侵权盗版互联网企业“黑名单”，旨在通过此种制度树立版权保护典型企业，推进版权领域信用体系建设。

（中国版权产业网）

83. 我国视频付费市场规模突破10亿大关

2016年爱奇艺发布《网络视频个人付费行业白皮书》，数据显示，2015年第三季度，我国视频行业个人付费市场规模突破10亿元大关，达到11.9亿元，同比增幅达256%，较上季度环比增长137%。

白皮书显示，会员大剧、网络大电影的蓬勃发展、模式创新创造了中国视频付费业务的爆发式增长。与此同时，会员的消费人群也正从一二线城市逐渐向三四线城市下沉，华语电影在网络院线持续走俏。可以看出，中国视频会员服务市场的变化折射出了中国网民线上娱乐生活和消费习惯正在发生着巨大变化。

（《中国新闻出版广电报》）

84. 2015 CPCC十大中国著作权人评选揭晓

2016年2月24日，在由中国版权保护中心（CPCC）主办的以“尊重原创 传统再造”为主题的2016 CPCC中国版权服务年会开幕式上，“2015 CPCC十大中国著作权人”评选结果揭晓。

白明、唐镛、刘和平、张威（唐家三少）、汪克、北京数字圆明科技文化有限公司、北京爱奇艺科技有限公司、国创联合控股投资有限公司、上海酷景信息技术有限公司、东阳市乐视花儿影视文化有限公司被评为“2015 CPCC十大中国著作权人”。另外，蒋胜男、速泰熙、中国中医科学院中药研究所、北京匡恩网络科技有限责任公司、广州酷狗计算机科技有限公司和熊猫传媒集团（北京紫媒广告有限公司）荣获专家特别提名奖。（《中国新闻出版广电报》）

85. 首届中国知识产权保护高层论坛举办

2016年4月9～10日，首届中国知识产权保护高层论坛在北京举办。本届论坛的主题是“保护知识产权、促进创业创新”，论坛希望通过强化知识产权保护意识，营造更好的创业创新环境，支撑创新驱动发展战略实施。

与会者认为，如何用好知识产权保护这个“驱动轮”，促进创业创新，已成为社会各界关注的焦点。我国知识产权保护虽然已经取得显著成绩，但也面临着一系列深层次的矛盾和问题，保护效果与社会期待相比还有一定差距。这些问题都需要通过进一步加大知识产权保护工作力度加以解决。（《中国新闻出版广电报》）

86. 2016中国互联网法治大会在京召开

2016年10月16日，“2016（第二届）中国互联网法治大会”在北京举办。大会主题为“互联网+时代的创新与治理”。与会嘉宾呼吁社会各界应大力推进依法治网、依法办网、依法上网，为维护网络空间秩序，推进“互联网+”法律的进程，共同营造风清气正的网络清朗空间。全国人大法律委员会副主任委员苏泽林出席主论坛并发表演讲。大会共设1个主论坛和6个分论坛，不仅聚焦网络法治建设，还共同探讨了网络法治创新新思路。

（《中国新闻出版广电报》）

87. AIPPI中国分会版权热点论坛在京举行

2016年12月11日，AIPPI（国际保护知识产权协会）中国分会版权热点论坛（2016年度）在北京举行。

论坛是由AIPPI中国分会主办，AIPPI中国分会版权专业委员会承办。这是AIPPI首次在中国举办以版权为主题的论

坛，会上还发布了2016年度中国版权行业十大热点案件。（《中国新闻出版广电报》）

88. 数字版权保护技术研发工程应用在京签约

2016年7月21日，中国数字出版年会在北京举行，中国新闻出版研究院与一起作业网就数字版权保护技术研发工程应用完成签约。这也是继在2016年深圳文博会上，中国新闻出版研究院与上百家出版单位及相关机构签订数字版权保护技术服务意向书、战略合作协议之后，就数字版权保护技术研发工程应用完成的首个具有实质服务内容的签约。

（《中国新闻出版广电报》）

89. 第十五届输出版引进版优秀图书推介活动名单公布

2016年12月，由中国出版协会、中国新闻出版研究院、出版参考杂志社联合主办的第十五届输出版引进版优秀图书推介活动圆满结束。推介活动于2016年初启动，国内各出版单位踊跃报名，几乎有版权输出、引进业务的出版社均参加了此项活动。活动推介输出版优秀图书100种，引进版优秀图书78种，推动版权输出、引进的典型人物4名，版权经理人9名。本次获推介的图书，基本涵盖了国内外相关领域的优秀经典图书，很多图书在销量上都有不俗表现。（《中国新闻出版广电报》）

90. 2016新德里世界书展中国代表团版权贸易成果丰硕

2016年1月17日，为期9天的2016新德里世界书展落下帷幕。其间，作为主宾国参展的中国代表团举办了近70场文化和出版交流活动，中国出版单位同外国出版商共达成588项版权协议及172项合作意向，版权贸易成果丰硕。此次中国主宾国活动由国家新闻出版广电总局主办，中国图书进出口（集团）总公司承办。

（《中国新闻出版广电报》）

91. 阎晓宏率代表团访问埃及并参加开罗国际书展

2016年1月26～29日，国家新闻出版广电总局副局长、国家版权局副局长阎晓宏率新闻出版代表团对埃及进行访问并参加开罗国际书展，进一步拓展中国与埃及以及阿拉伯国家的出版文化交流，推动国家新闻出版广电总局“丝路书香工程”全面实施，促进互利合作机制建立，提升中华文化在阿拉伯国家的传播力和影响力。

（《中国新闻出版广电报》）

92. 中捷建立战略伙伴关系共同保护知识产权

2016年3月28～30日，应捷克共和国总统米洛什·泽曼邀请，中华人民共和国主席习近平对捷克共和国进行国事访问。其间，中国和捷克两国达成多项重要共识，一致决定建立中捷战略伙伴关系。双方签署了《中华人民共和国和捷克共和国关于建立战略伙伴关系的联合声明》。

根据联合声明，双方决定按照2004年《中华人民共和国政府与捷克共和国政府经济合作协定》，充分发挥两国政府间经济联委会机制的宏观指导作用，推动扩大贸易规模和双向投资，促进双边贸易平衡发展。双方将为双向投资创造公平透明、积极友善的政策环境，致力于解决企业界有关市场准入和法规方面的关切。双方将共同努力，保护在捷中国企业和在华捷克企业的知识产权。（《中国知识产权报》）

93. 版权和相关权热点问题亚太地区研讨会在西安举行

2016年5月23～25日，由世界知识产权组织（WIPO）与中国国家版权局主办，韩国文化体育观光部与中国陕西省版权局协办的版权和相关权热点问题亚太地区研讨会在西安举行。

WIPO 版权发展司司长高航在 23 日举办的开幕式上致辞。她对中国政府为此次会议所付出的努力表示感谢。中国国家版权局版权管理司司长于慈珂在致辞中表示，这次会议的召开对于亚太各国从容应对新形势下版权保护面临的挑战和机遇，有针对性的营造良好的版权保护法制环境，促进版权产业健康发展具有重大意义。中国将积极承担自己的国际责任，真诚的与各国继续保持和发展良好的版权交流和合作关系，共同努力创造国际版权事业的美好未来。（《中国新闻出版广电报》）

94. 首个中国主题图书翻译出版中心在蒙古国成立

2016 年 10 月 1 日，首个中国主题图书翻译出版中心在蒙古国首都乌兰巴托举行的中国蒙古国文化合作启动仪式上正式成立。该中心由中国人民大学出版社和蒙古国立师范大学共同成立。中心将推动做好中国主题图书在蒙古国的出版发行、促进两国版权合作与版权贸易、设立和审定中蒙图书翻译资助项目等工作，旨在搭建中蒙两国新闻出版领域的政府间合作交流平台。（《中国新闻出版广电报》）

95. 万达 35 亿美元并购美国传奇影业

2016 年 1 月 12 日，万达集团并购美国传奇影业签约仪式在京举行。万达集团以不超过 35 亿美元收购传奇影业，这是迄今中国企业在海外的最大一桩文化并购。万达集团董事长王健林表示，并购传奇影业使万达影视控股公司成为全球收入最大的电影企业，特别是在中美两个全球最重要的电影市场，万达拥有了更大的影响力。万达打造的电影制作、放映、发行产业链，提升了万达在全球电影行业中的竞争力和话语权。（《中国新闻出版广电报》）

96. 我国数字出版产业规模突破 4400 亿元

2016 年 7 月 19 日，2016 中国数字出版年会在北京召开。据《2015～2016 中国数字出版产业年度报告》显示，2015 年我国数字出版产业整体收入规模为 4403.85 亿元，比 2014 年增长 30%。数字出版产业收入在新闻出版产业收入中的比重由 2014 年的 17.1%升至 20.5%。其中，互联网期刊收入 15.85 亿元，电子书 49 亿元，数字报纸 9.6 亿元，博客 11.8 亿元，在线音乐 55 亿元，网络动漫 44.2 亿元，移动出版 1055.9 亿元，网络游戏 888.8 亿元，在线教育 180 亿元，互联网广告 2093.7 亿元。

（人民网—《人民日报》）

97. 中国网络文学版权联盟成立

在 2016 年 9 月 19 日召开的网络文学版权保护研讨会上，由 33 家单位共同发起的中国网络文学版权联盟宣布成立，并发布《自律公约》。33 家联盟成员包括掌阅科技股份有限公司、阅文集团、咪咕数字传媒有限公司、阿里巴巴文学网、北京红袖添香科技发展有限公司、起点中文网等。

联盟成员在会上共同承诺：坚持网络文学正确导向，坚持社会主义核心价值观，大力弘扬主旋律，传播正能量；增强版权保护意识，坚持“先授权、后使用”的版权保护原则，切实尊重网络文学著作权人的合法权利；自觉抵制侵权盗版行为，坚决不用侵权盗版网络文学作品，不为任何侵权盗版网络文学作品提供接入、存储、搜索、链接等网络技术服务；积极配合政府部门开展网络反盗维权活动，努力营造良好的网络文学版权保护社会氛围等。

（《中国新闻出版广电报》）

98. 首份产经媒体融合发展报告发布

2016 年 11 月 19 日，中国行业报协会发布首份《中国产经媒体融合发展实践报告》。报告显示，有 36.67%的产经新媒体处于投入阶段，尚未营收；53.33%实现部分营收，但处在盈利初期；仅10%实现收支平衡。这表明在推进产经新媒体与传统媒体融合的过程中，仍然面临诸多问题。

该报告显示，参加调查的产经媒体普遍意识到了融媒体建设的重要性，其中，46%的产经媒体覆盖“两微一端一站”（微博、微信、移动客户端、官方网站）。

（《中国新闻出版广电报》）

99. 人民网与各党报新媒体发起党报新媒体版权联盟

2016年12月15日，2016党报网站高峰论坛在北京举行，论坛主题为“初心与创新——媒体融合时代的党报网站发展之道”。人民日报社副总编辑、人民网董事长王一彪与会并致辞。为加强党报网站间的横向交流与合作、共同推进媒体融合发展进程，人民网与多家党报网站在论坛上签署了党报新媒体版权联盟、地方政务发布平台、移动直播报道联盟、入驻人民日报社数据中心等战略合作协议。

（人民网—传媒频道）

100. 2015年中国游戏产业规模达到1407亿元

2016年4月18日，2016国际游戏商务大会暨互动娱乐展（IGBC）在北京举办。国际游戏商务大会高峰论坛是此次大会首场重要活动，内容涉及2016中国游戏市场发展，著作权法律法规解读，以及VR游戏、H5游戏、游戏电竞为代表的产业新动态解读。会上，国家新闻出版广电总局数字出版司巡视员、副司长宋建新表示，2015年中国游戏产业规模达到1407亿元，5年间实现翻两番。（中国知识产权资讯网）

专　利

一、专利申请受理与授权状况

表 1　　国内外三种专利申请受理年度状况(1985.4～2016.12)　　(单位:件)

	年份	合计	发明	实用新型	外观设计
合计	1985～2011	8 665 828	2 849 906	2 997 243	2 818 679
	2012	2 050 649	652 777	740 290	657 582
	2013	2 377 061	825 136	892 362	659 563
	2014	2 361 243	928 177	868 511	564 555
	2015	2 798 500	1 101 864	1 127 577	569 059
	2016	3 464 824	1 338 503	1 475 977	650 344
国内	1985～2011	7 500 037	1 843 959	2 976 278	2 679 800
	2012	1 912 151	535 313	734 437	642 401
	2013	2 234 560	704 936	885 226	644 398
	2014	2 210 616	801 135	861 053	548 428
	2015	2 639 446	968 251	1 119 714	551 481
	2016	3 305 225	1 204 981	1 468 295	631 949
国外	1985～2011	1 165 791	1 005 947	20 965	138 879
	2012	138 498	117 464	5853	15 181
	2013	142 501	120 200	7136	15 165
	2014	150 627	127 042	7458	16 127
	2015	159 054	133 613	7863	17 578
	2016	159 599	133 522	7682	18 395

表 2　　国内三种专利申请受理量(1985.4～2016.12)　　(单位:件)

地区	总累计			2016 年		
	发明	实用新型	外观设计	发明	实用新型	外观设计
全国总计	6 058 575	8 045 003	5 698 457	1 204 981	1 468 295	631 949
北京	621 141	419 574	112 286	104 643	64 496	19 990
天津	183 897	283 924	71 700	38 153	63 589	4772
河北	74 594	178 057	54 650	14 141	30 253	10 444
山西	50 859	69 456	26 309	8208	10 079	1744
内蒙古	18 183	37 906	11 684	2878	6401	1393

续表

地区	总累计			2016 年		
	发明	实用新型	外观设计	发明	实用新型	外观设计
辽宁	178 916	247 279	71 546	25 561	22 996	4046
吉林	49 939	73 030	18 029	7537	9647	1738
黑龙江	89 981	146 999	47 247	13 177	18 856	3260
上海	383 017	357 379	232 097	54 339	51 836	13 762
江苏	977 455	1 011 382	1 534 666	184 632	192 636	135 161
浙江	399 339	1 002 334	900 320	93 254	199 244	100 649
安徽	300 977	314 959	112 065	95 963	67 031	9558
福建	104 186	266 388	164 851	27 041	78 176	25 159
江西	40 072	106 000	63 596	8202	32 631	19 661
山东	476 088	693 079	236 517	88 359	106 100	18 452
河南	137 695	276 367	100 675	28 582	51 358	14 729
湖北	177 374	254 957	114 926	43 789	42 181	9187
湖南	127 888	194 835	95 589	25 524	29 635	12 620
广东	706 301	937 225	1 096 084	155 581	203 609	146 477
广西	130 229	69 593	25 934	43 078	11 599	4562
重庆	125 211	198 749	82 790	19 981	32 099	7438
四川	215 430	292 574	237 241	54 277	58 088	30 157
贵州	45 353	56 446	32 816	10 953	11 081	3281
云南	41 705	61 252	22 867	7907	13 549	2253
西藏	991	1011	1150	176	410	126
陕西	152 382	165 784	118 652	22 565	27 149	19 897
甘肃	33 945	46 316	14 858	6114	10 272	3890
青海	5551	6244	3017	1381	1569	334
宁夏	12 277	12 948	4455	2510	3329	310
新疆	19 556	48 140	17 516	3598	7999	2508
海南	9089	9715	5334	1278	1854	526
香港	11 690	12 105	28 487	1278	1195	2079
澳门	314	342	447	38	33	150
台湾	156 950	192 654	38 056	10 283	7315	1636
广州	126 903	163 968	156 694	31 892	41 517	25 783
长春	33 755	35 735	9444	5797	6522	1012
武汉	95 424	127 913	42 947	20 643	20 504	3679
南京	170 183	123 676	90 639	31 556	26 170	7535
杭州	129 772	198 812	129 895	25 009	32 256	16 429
西安	128 904	122 068	87 042	18 569	18 369	9165
济南	83 911	111 736	29 742	14 669	15 310	1879
沈阳	71 293	80 638	21 332	12 289	8472	1301

续表

地区	总累计			2016 年		
	发明	实用新型	外观设计	发明	实用新型	外观设计
成都	152 479	179 219	178 765	39 431	37 261	21 269
大连	66 305	72 465	29 453	7129	6042	863
厦门	26 992	52 485	30 186	5511	10 245	4708
哈尔滨	70 960	77 005	26 144	11 198	12 646	2141
深圳	337 122	274 012	201 435	56 326	56 881	32 106
青岛	183 692	109 966	48 384	34 953	21 009	3566
宁波	81 482	194 057	219 341	19 328	26 388	22 528
新疆建设兵团	2669	4575	454	637	1258	118

表 3　　国外三种专利申请受理量(1985.4～2016.12)　　(单位:件)

国家和地区	总累计			2016 年		
	发明	实用新型	外观设计	发明	实用新型	外观设计
合计	1 637 785	56 957	221 312	133 522	7682	18 395
安道尔	16	1	2	2		
阿联酋	109	23	178	34	5	16
阿富汗			11			
安提瓜和巴布达	8		3			
安圭拉	5	1	1	3		
阿尔巴尼亚	1	1	1	1	1	1
亚美尼亚	8		1	1		
荷属安的列斯群岛	319	1	11	4		
安哥拉			1			
阿根廷	135	12	17	4		1
美属萨摩亚		1				
奥地利	8634	282	883	946	52	56
澳大利亚	10 506	580	2828	624	86	217
阿鲁巴	1					
阿塞拜疆	6	1			1	
波斯尼亚和黑塞哥维那	1		1			1
巴巴多斯	1102	10	98	88	7	30
孟加拉国	7	1	4			
比利时	8141	158	745	700	38	67
保加利亚	95	6	29	6		3
巴林	3		1			
布隆迪	1					
贝宁			1			
百慕大群岛	1051	124	115	83		

续表

国家和地区	总累计			2016 年		
	发明	实用新型	外观设计	发明	实用新型	外观设计
文莱	40	36	23			
玻利维亚	1					
巴西	1528	103	504	134	23	26
巴哈马	214	18	52	9		
白俄罗斯	19	3	6			
伯利兹	41	57	12	8	5	
加拿大	14 182	505	1618	985	48	124
中非			2			
瑞士	42 709	1326	7969	3453	212	785
科特迪瓦			1			1
库克群岛	5	1	13			
智利	183	6	6	16	1	
喀麦隆	2					
哥伦比亚	67	3	17	6		4
哥斯达黎加	7		1			
捷克斯洛伐克	64	6	3	1		
塞尔维亚和黑山	2					
古巴	172		3	4		
塞浦路斯	282	20	62	15	6	10
捷克	415	82	744	65	11	67
德国	161 341	5044	18 978	14 158	757	1726
丹麦	10 227	266	1978	858	24	169
多米尼克	3					
多米尼加	3	2	4			4
阿尔及利亚	6	1				
厄瓜多尔	11	2	5			
爱沙尼亚	58	3	21	12		3
埃及	31	7	21	2	2	
西撒哈拉		1				
厄立特里亚	1			1		
西班牙	4668	263	1978	393	28	120
埃塞俄比亚		1	1			
芬兰	15 805	457	1800	1007	58	83
斐济	1	8	1			
福克兰群岛(马尔维纳斯群岛)			1			
法国	59 034	1921	9210	4631	301	843
英国	31 208	998	6163	2372	131	610

续表

国家和地区	总累计			2016 年		
	发明	实用新型	外观设计	发明	实用新型	外观设计
格林纳达	1					
格鲁吉亚	6	1	9		1	2
直布罗陀	27	1	4	3		
希腊	279	4	77	28	1	13
危地马拉	1		6			
中国香港						
洪都拉斯			1			
克罗地亚	135	4	6	3		
海地			1			
匈牙利	966	17	30	39	3	
印度尼西亚	84	26	146		1	12
爱尔兰	2168	67	223	223	4	15
以色列	7000	271	742	800	31	88
印度	2897	62	423	288	8	38
伊拉克	4	3	5		1	1
伊朗	12	12	38	1	9	18
冰岛	216	2	3	9	1	2
意大利	20 057	796	7702	1610	145	675
泽西岛	11			1		
牙买加	4		1			
约旦	24	6	10	3		2
日本	562 365	20 023	73 122	39 207	2134	3810
肯尼亚	6		1	1		
吉尔吉斯斯坦	5					
柬埔寨	2					
圣基茨和尼维斯	6	1		1		
朝鲜	22	3				
韩国	138 173	4415	22 719	13 764	814	2982
科威特	14		3			1
开曼群岛	10 708	337	1490	3309	47	436
哈萨克斯坦	31	7				
黎巴嫩	11	11	8			2
列支敦士登	1456	12	604	137	2	37
斯里兰卡	17	2	48			
利比里亚	2		1			
莱索托		1				
立陶宛	22	1	11	5		2

续表

国家和地区	总累计			2016 年		
	发明	实用新型	外观设计	发明	实用新型	外观设计
卢森堡	1904	133	492	252	11	85
拉脱维亚	56	2	11	2		
摩洛哥	13	2	43	1		1
摩纳哥	154	3	21	15		1
摩尔多瓦	4		2			
马达加斯加	3			1		
马绍尔群岛	12	3				
马其顿	2					
马里	50	8	13	11	2	7
缅甸			4			
蒙古	4	1				
马耳他	185	9	18	36	2	6
毛里求斯	90	33	36	4		2
马尔代夫	2					
马拉维	2					
墨西哥	432	17	236	27		7
马来西亚	872	185	637	57	22	32
纳米比亚	2					
尼日尔	1					
尼日利亚	4	3	12			2
荷兰	50 036	579	4822	3155	92	304
挪威	3401	45	373	194	8	21
尼泊尔		2	1			
新西兰	1590	92	407	143	24	65
阿曼	3					
巴拿马	278	10	41	3	2	2
秘鲁	16	2	4			
巴布亚新几内亚			2			
菲律宾	82	34	43	8	6	9
巴基斯坦	13	3	15	1		4
波兰	550	21	177	57	2	23
波多黎各	20	1	3	2		
葡萄牙	290	4	87	46		9
巴拉圭	1		3			2
卡塔尔	18		4	5		
罗马尼亚	36	2	6	4		
塞尔维亚	13					

续表

国家和地区	总累计			2016 年		
	发明	实用新型	外观设计	发明	实用新型	外观设计
俄罗斯联邦	2249	246	281	135	26	38
沙特阿拉伯	843	10	390	191		82
塞舌尔	154	50	37	39	9	
苏丹	2					
瑞典	26 546	497	3241	1919	58	484
新加坡	5599	721	1289	769	267	67
斯洛文尼亚	308	1	63	25		15
斯洛伐克	80	3	45	8		7
圣马力诺	17	3	2	3		
塞内加尔	1		1			
萨尔瓦多	2					
叙利亚	2	1	3			
斯威士兰	1					
特克斯和凯科斯群岛			1			
乍得	1	1				
泰国	291	104	349	46	4	20
突尼斯	17		2	1		
土耳其	675	83	488	80	8	29
特立尼达和多巴哥	4		1			
中国台湾						
坦桑尼亚		1	1			
乌克兰	130	24	16	9		4
乌干达			2			
美国	417 641	14 768	42 179	35 895	2070	3771
乌拉圭	28	3		4		
乌兹别克斯坦	10	1		1		
梵蒂冈	2					
圣文森特和格林纳丁斯	9					
委内瑞拉	54		10			1
维尔京群岛	2206	661	1559	211	46	139
越南	23	5	85	3	1	40
瓦努阿图	11		1			
萨摩亚	159	117	53	34	19	2
也门			7			2
南斯拉夫	31		8			
南非	1327	35	126	61	4	9
赞比亚	4	1		1		
津巴布韦	8		1	1		

表 4 国内外三种专利申请授权年度状况(1985. 12～2016. 12) (单位:件)

	年份	合计	发明	实用新型	外观设计
合计	1985～2011	4 857 872	893 866	2 121 216	1 842 790
	2012	1 255 138	217 105	571 175	466 858
	2013	1 313 000	207 688	692 845	412 467
	2014	1 302 687	233 228	707 883	361 576
	2015	1 718 192	359 316	876 217	482 659
	2016	1 753 763	404 208	903 420	446 135
国内	1985～2011	4 268 333	448 481	2 104 551	1 715 301
	2012	1 163 226	143 847	566 750	452 629
	2013	1 228 413	143 535	686 208	398 670
	2014	1 209 402	162 680	699 971	346 751
	2015	1 596 977	263 436	868 734	464 807
	2016	1 628 881	302 136	897 035	429 710
国外	1985～2011	589 826	445 385	16 911	127 530
	2012	91 912	73 258	4425	14 229
	2013	84 587	64 153	6637	13 797
	2014	93 285	70 548	7912	14 825
	2015	121 215	95 880	7483	17 852
	2016	124 882	102 072	6385	16 425

表 5 国内三种专利申请授权量(1985. 12～2016. 12) (单位:件)

地区	总累计			2016 年		
	发明	实用新型	外观设计	发明	实用新型	外观设计
全国合计	146 4115	5 823 249	3 807 868	302 136	897 035	429 710
北京	207 375	319 818	84 702	40 602	44 719	15 267
天津	32 190	158 195	31 681	5185	31 044	3502
河北	21 071	132 894	41 969	4247	19 789	7817
山西	14 307	49 335	11 976	2411	6399	1119
内蒙古	5008	26 504	8919	871	3977	994
辽宁	41 580	179 308	31 499	6731	15 506	2858
吉林	15 424	51 822	11 694	2428	6175	1388
黑龙江	24 073	103 224	31 296	4345	11 723	1994
上海	110 195	277 434	160 910	20 086	34 100	10 042
江苏	165 448	721 817	910 866	40 952	117 816	72 254
浙江	116 896	761 123	713 379	26 576	123 821	71 137
安徽	45 023	225 939	73 335	15 292	38 833	6919
福建	28 456	188 339	128 581	7170	42 114	17 862
江西	9225	69 172	40 897	1914	17 951	11 618

续表

地区	总累计			2016 年		
	发明	实用新型	外观设计	发明	实用新型	外观设计
山东	84 776	511 097	119 506	19 404	66 067	12 621
河南	30 759	196 488	60 289	6811	32 195	10 137
湖北	41 992	169 814	46 990	8517	27 201	6096
湖南	36 178	138 871	59 444	6967	18 454	8631
广东	200 036	696 505	810 468	38 626	118 153	102 249
广西	16 051	47 399	19 168	5159	6537	3164
重庆	21 825	136 887	60 458	5044	30 424	7266
四川	46 954	199 530	169 255	10 350	31 841	20 282
贵州	8757	38 696	22 139	2036	6524	1864
云南	12 901	44 988	17 455	2125	8061	1844
西藏	320	579	921	33	154	58
陕西	38 206	111 063	51 081	7503	17 077	23 868
甘肃	7289	28 596	7192	1308	5081	1592
青海	1159	3945	2142	271	884	203
宁夏	2170	9150	3174	560	1900	170
新疆	4927	33 735	10 552	910	4824	1378
海南	2877	6674	4275	383	1171	385
香港	4745	10 364	26 192	630	747	1593
澳门	107	258	354	25	29	125
台湾	65 815	173 686	35 109	6664	5744	1413
广州	38 322	116 238	114 485	7669	22 955	17 765
长春	11 252	26 019	5408	1980	4265	813
武汉	33 017	92 120	20 232	6514	13 971	2476
南京	43 988	84 901	36 954	8705	15 696	4468
杭州	48 527	156 653	102 754	8666	21 805	10 672
西安	32 831	81 022	36 649	6686	12 332	19 249
济南	20 573	83 807	11 810	4503	9621	1342
沈阳	16 878	56 446	12 545	2853	5715	959
成都	31 910	120 198	129 911	7190	19 142	14 812
大连	13 729	50 381	7317	2309	3928	546
厦门	8603	42 428	25 170	2028	6752	3338
哈尔滨	19 387	51 423	14 918	3695	7450	1135
深圳	111 460	207 796	158 580	17 665	34 307	23 035
青岛	22 219	80 750	25 853	6561	13 159	2328
宁波	23 176	155 226	182 831	5669	18 199	16 930
新疆建设兵团	653	3384	298	170	808	74

表 6　国外三种专利申请授权量(1985.12～2016.12)　(单位:件)

国家和地区	总累计			2016 年		
	发明	实用新型	外观设计	发明	实用新型	外观设计
合计	851 295	49 507	204 604	102 072	6385	16 425
安道尔	5	1	2			
阿联酋	28	16	164	4		11
阿富汗			10			
安提瓜和巴布达	4		3			
安圭拉		2				
阿尔巴尼亚						
亚美尼亚	4		1	2		
荷属安的列斯群岛	211	1	9	4		
安哥拉			1			
阿根廷	39	11	16	6	1	1
美属萨摩亚	1	1				
奥地利	4434	237	822	769	28	58
澳大利亚	4852	466	2588	479	50	153
阿塞拜疆	2					
波斯尼亚和黑塞哥维那			1			1
巴巴多斯	552	11	74	127	7	22
孟加拉		1	3			
比利时	4281	123	681	556	27	45
保加利亚	32	5	26	5		3
巴林岛	1					
贝宁			1			
百慕大群岛	402	106	104	35	1	1
文莱	25	33	28	1		
巴西	652	83	456	84	8	27
巴哈马	126	19	48	16		1
白俄罗斯	8		6			
伯利兹	3	50	12		3	
加拿大	6634	421	1417	798	33	77
刚果民主共和国			7			7
中非			2			
瑞士	22 702	1188	7382	2847	194	893
科特迪瓦			1			1
库克群岛	4	1	15			
智利	67	5	4	11		
喀麦隆	1					
哥伦比亚	26	3	12	2		

续表

国家和地区	总累计			2016 年		
	发明	实用新型	外观设计	发明	实用新型	外观设计
哥斯达黎加	1		1			
捷克斯洛伐克	23	6	3			
古巴	101		2	4		
塞浦路斯	129	18	58	20	5	9
捷克	173	79	706	22	4	63
德国	83 176	4386	17 373	12 593	604	1388
丹麦	5030	245	1826	654	33	117
多米尼加	5	2				
阿尔及利亚	1	1	2			
厄瓜多尔	3	1	5			
爱沙尼亚	19	3	19	3		3
埃及	7	7	21	2	1	
西班牙	1867	221	1797	253	21	104
埃塞俄比亚		1	1			
芬兰	8543	407	1704	892	55	89
斐济		8	1			
福克兰群岛(马尔维纳斯群岛)			1			
法国	31 909	1502	8541	3889	247	808
加蓬	2					
英国	14 241	831	5656	1566	83	573
格鲁吉亚	2		7			4
直布罗陀	20	1	4	2		1
希腊	114	2	65	6	1	15
危地马拉			6			5
洪都拉斯			1			
克罗地亚	57	5	6	2		1
海地			1			
匈牙利	396	19	27	20	3	1
印度尼西亚	33	18	131	3		4
爱尔兰	1058	54	207	189	4	11
以色列	2549	236	638	430	28	61
印度	1188	52	382	196	6	32
伊拉克		3	4		1	1
伊朗	5	4	22	1	1	5
冰岛	134	1	1	12	1	
意大利	10 886	672	6908	1265	141	527
泽西岛	5					

续表

国家和地区	总累计			2016 年		
	发明	实用新型	外观设计	发明	实用新型	外观设计
牙买加	2			2		
约旦	5	5	9	3		2
日本	336 436	18 182	70 216	34 967	2052	3552
肯尼亚	1		1			
吉尔吉斯斯坦	4			1		
圣基茨和尼维斯	1	1				
朝鲜	11	4		2		
韩国	64 711	3560	20 873	7410	580	2682
科威特	6		3			1
开曼群岛	1562	284	1267	514	26	429
哈萨克斯坦	14	8				
黎巴嫩	6	8	5	1	1	
列支敦士登	749	11	587	111	5	37
斯里兰卡	7	2	24			
利比里亚	2		1			
莱索托		1				
立陶宛	3	1	9			1
卢森堡	978	115	428	165	13	80
拉脱维亚	27	3	11	1		1
摩洛哥	8	2	43			1
摩纳哥	65	9	20	3	1	
摩尔多瓦	1		1			
马达加斯加	2					
马绍尔群岛	3	3		1		
马其顿	1			1		
马里	4	6	7	1	3	3
缅甸			4			
蒙古	5	2	1	1		
马耳他	84	9	10	21	8	4
毛里求斯	67	28	42	7		4
马尔代夫	1					
墨西哥	227	12	198	22	2	14
马来西亚	341	157	584	47	15	30
纳米比亚	1					
尼日利亚		2	12			1
荷兰	25 377	482	4460	2551	81	267
挪威	1849	35	330	196	6	17

续表

国家和地区	总累计			2016年		
	发明	实用新型	外观设计	发明	实用新型	外观设计
尼泊尔		2	1			
新西兰	644	68	344	83	14	42
阿曼	1					
巴拿马	227	9	40	1	3	4
秘鲁	3	2				
巴布亚新几内亚			2			1
菲律宾	30	31	29	7	10	1
巴基斯坦	3	3	11	1	1	2
波兰	217	22	150	48	3	15
波多黎各	3	1	3			
葡萄牙	108	3	69	17		7
巴拉圭			1			
卡塔尔	4		4	3		
罗马尼亚	14	2	7	2		
塞尔维亚	6	1		2		
俄罗斯	872	241	245	102	17	31
沙特阿拉伯	317	11	362	113		64
塞舌尔	53	38	37	19	11	6
瑞典	14 568	438	2830	1516	45	252
新加坡	2223	489	1207	400	117	68
斯洛文尼亚	160	1	52	16		8
斯洛伐克	35	3	42	6		9
圣马力诺	5	3	2			
塞内加尔			1			
萨尔瓦多	2					
叙利亚	1	1	3			
斯威士兰	1					
特克斯和凯科斯群岛			1			
乍得		1			1	
泰国	101	84	315	17	3	17
突尼斯	1		2			
土耳其	339	69	458	82	2	49
特立尼达和多巴哥	3		2			1
坦桑尼亚		1	1			
乌克兰	57	21	14	7	1	4

续表

国家和地区	总累计			2016 年		
	发明	实用新型	外观设计	发明	实用新型	外观设计
乌干达			2			
美国	190 047	12 742	37 617	25 637	1719	3461
乌拉圭	12	1	1	1		
乌兹别克斯坦	5	1				
圣文森特和格林纳丁斯	9			1		
委内瑞拉	40		8			1
维尔京群岛	1142	575	1351	138	41	107
越南	9	4	47	2	1	12
瓦努阿图	5					
萨摩亚	28	109	52	3	12	2
也门			6			2
南斯拉夫	17		7			
南非	646	28	115	50		10
赞比亚		1				
津巴布韦	3		1			

表 7 国内外三种专利有效状况(2016.12) (单位:件)

	年份	合计	发明	实用新型	外观设计
合计	2012	3 508 561	875 385	1 501 044	1 132 132
	2013	4 195 139	1 033 908	1 936 789	1 224 442
	2014	4 642 506	1 196 497	2 291 326	1 154 683
	2015	5 477 625	1 472 374	2 732 554	1 272 697
	2016	6 285 238	1 772 203	3 154 485	1 358 550
国内	2012	3 005 023	473 187	1 486 839	1 044 997
	2013	3 635 929	586 493	1 917 122	1 132 314
	2014	4 032 362	708 690	2 265 224	1 058 448
	2015	4792356	921 757	2 700 833	1 169 766
	2016	5 527 183	1 158 203	3 118 410	1 250 570
国外	2012	503 538	402 198	14 205	87 135
	2013	559 210	447 415	19 667	92 128
	2014	610 144	487 807	26 102	96 235
	2015	685 269	550 617	31 721	102 931
	2016	758 055	614 000	36 075	107 980

注:有效量:报告期末处于专利权维持状态的案卷数量。统计范围为:发明、实用新型、外观设计。与申请量和授权量不同,有效量是存量数据而非流量数据。

表 8　　国内三种专利有效量(2016.12)　　(单位:件)

地区	2016 年			
	合计	发明	实用新型	外观设计
全国总计	5 527 183	1 158 203	3 118 410	1 250 570
北京	417 666	166 722	203 533	47 411
天津	124 443	22 663	89 667	12 113
河北	105 490	15 755	68 809	20 926
山西	38 702	9896	24 638	4168
内蒙古	20 007	3734	12936	3337
辽宁	101 657	27 915	63 929	9813
吉林	34 101	9255	20 395	4451
黑龙江	61 245	16 137	38 405	6703
上海	285 877	85 049	160 744	40 084
江苏	740 215	146 859	419 226	174 130
浙江	732 438	91 373	410 069	230 996
安徽	188 240	39 104	126 067	23 069
福建	197 393	23 793	118 556	55 044
江西	73 745	6896	42 845	24 004
山东	312 937	62 005	208 963	41 969
河南	148 862	22 601	100 870	25 391
湖北	143 802	31 567	94 161	18 074
湖南	122 584	27 863	70 435	24 286
广东	940 138	168 480	443 368	328 290
广西	45 928	14 222	23 297	8409
重庆	116 201	16 737	76 390	23 074
四川	193 737	36 815	105 859	51 063
贵州	37 562	7019	22 725	7818
云南	40 583	9011	25 196	6376
西藏	989	394	292	303
陕西	116 270	27 599	55 903	32 768
甘肃	22 593	5022	14 398	3173
青海	3962	904	2247	811
宁夏	7220	1680	4935	605
新疆	24 531	3762	16 165	4604
海南	7366	2394	3693	1279
香港	15 815	4626	4017	7172
澳门	511	90	141	280

续表

地区	2016年			
	合计	发明	实用新型	外观设计
台湾	104 373	50 261	45 536	8576
广州	156 488	30 305	74 664	51 519
长春	23 427	6960	13 821	2646
武汉	84 576	24 460	52 001	8115
南京	102 454	33 458	55 887	13 109
杭州	157 097	36 579	85 384	35 134
西安	92 362	24 368	43 055	24 939
济南	54 015	14 628	34 158	5229
沈阳	35 222	11 108	20 653	3461
成都	122 951	25 198	64 161	33 592
大连	28 933	9625	17050	2258
厦门	47 788	7291	28 288	12 209
哈尔滨	40 240	13 372	23 098	3770
深圳	314 978	95 370	142 125	77 483
青岛	70 631	18 290	42 186	10 155
宁波	148 940	18 227	75 945	54 768
新疆建设兵团	2937	570	2195	172

表 9　　国外三种专利有效量(2016.12)　　(单位:件)

国家和地区	2016年			
	合计	发明	实用新型	外观设计
合计	758 055	614 000	36 075	107 980
安道尔	7	5	1	1
阿联酋	89	30	12	47
阿富汗	3			3
安提瓜和巴布达	7	4		3
安圭拉	1		1	
亚美尼亚	3	2		1
荷属安的列斯群岛	59	58	1	
安哥拉	1			1
阿根廷	37	28	4	5
美属萨摩亚	4	1	2	1
奥地利	4045	3364	193	488
澳大利亚	4113	2644	249	1220
阿塞拜疆	2	2		
波斯尼亚和黑赛哥维那	2	1		1

续表

国家和地区	2016 年			
	合计	发明	实用新型	外观设计
巴巴多斯	663	569	9	85
孟加拉	2		1	1
比利时	3733	3210	112	411
保加利亚	32	21	3	8
巴林	3	3		
百慕大群岛	421	272	64	85
文莱	29	15	11	3
巴西	779	438	56	285
巴哈马	115	104	1	10
伯利兹	44	4	31	9
加拿大	5884	4709	227	948
刚果民主共和国	13			13
瑞士	22 151	16 696	1160	4295
科特迪瓦	1			1
库克群岛	19	3	1	15
智利	60	57	2	1
喀麦隆	1	1		
哥伦比亚	23	17	2	4
哥斯达黎加	1			1
古巴	72	72		
库拉索	1	1		
塞浦路斯	113	74	12	27
捷克	536	114	50	372
德国	77 055	62 203	3677	11 175
丹麦	4838	3751	156	931
多米尼加	2	2		
阿尔及利亚	3	1		2
厄瓜多尔	7	3		4
爱沙尼亚	28	17	1	10
埃及	13	5	1	7
西班牙	2140	1221	106	813
埃塞俄比亚	2		1	1
芬兰	7286	6067	348	871
法国	28 687	22 954	1298	4435
英国	12 252	8685	524	3043
格鲁吉亚	5	1		4
直布罗陀	23	19	1	3

续表

国家和地区	2016 年			
	合计	发明	实用新型	外观设计
希腊	126	73	1	52
危地马拉	6			6
克罗地亚	11	9	1	1
匈牙利	174	148	9	17
印度尼西亚	62	19	6	37
爱尔兰	1145	1036	36	73
以色列	2424	1842	203	379
马恩岛	1	1		
印度	1043	872	34	137
伊拉克	6		4	2
伊朗	23	3	1	19
冰岛	90	88	1	1
意大利	11 329	7506	446	3377
泽西岛	3	3		
牙买加	2	2		
约旦	8	3		5
日本	285 255	238 910	13 584	32 761
肯尼亚	1	1		
吉尔吉斯斯坦	1	1		
圣基茨和尼维斯	2	2		
朝鲜	6	4	2	
韩国	61 667	47 090	1966	12 611
科威特	4	2		2
开曼群岛	3308	1998	245	1065
哈萨克斯坦	14	10	4	
黎巴嫩	11	4	2	5
圣卢西亚	1	1		
列支敦士登	691	481	7	203
斯里兰卡	5	4		1
立陶宛	12	2	2	8
卢森堡	1543	1133	83	327
拉脱维亚	25	18	1	6
摩洛哥	45	8		37
摩纳哥	43	35	2	6
摩尔多瓦	1			1
马达加斯加	2	2		
马绍尔群岛	5	3	2	

续表

国家和地区	2016 年			
	合计	发明	实用新型	外观设计
马其顿	1	1		
马里	15	3	5	7
缅甸	4			4
蒙古	2	2		
马耳他	113	97	9	7
毛里求斯	132	119	3	10
墨西哥	364	242	6	116
马来西亚	603	250	74	279
尼日利亚	4			4
荷兰	18 782	16 146	406	2230
挪威	1393	1185	34	174
尼泊尔	3		2	1
新西兰	683	430	43	210
阿曼				
巴拿马	150	115	5	30
秘鲁	4	2	2	
巴布亚新几内亚	2			2
菲律宾	86	60	12	14
巴基斯坦	11	3	3	5
波兰	273	162	13	98
波多黎各	6	3	1	2
葡萄牙	119	85	1	33
卡塔尔	9	5		4
罗马尼亚	7	4	2	1
塞尔维亚	5	5		
俄罗斯	687	445	121	121
沙特阿拉伯	444	292	6	146
塞舌尔	129	55	43	31
瑞典	12 475	10 396	335	1744
新加坡	2921	2037	309	575
斯洛文尼亚	123	101		22
斯洛伐克	41	19	1	21
圣马力诺				
萨尔瓦多	2	2		
叙利亚	1			1
乍得	1		1	
泰国	228	72	21	135

续表

国家和地区	2016 年			
	合计	发明	实用新型	外观设计
突尼斯	1	1		
土耳其	590	299	33	258
特立尼达和多巴哥	4	3		1
乌克兰	48	25	11	12
美国	170 211	140 947	9134	20 130
乌拉圭	6	6		
乌兹别克斯坦	3	3		
圣文森特和格林纳丁斯	2	2		
委内瑞拉	25	23		2
英属维尔京群岛	1983	972	359	652
越南	35	9	1	25
萨摩亚	325	190	105	30
也门	3			3
南斯拉夫	2	2		
南非	488	418	13	57
赞比亚	1		1	

表 10　　国际申请业务进展统计表(1985.4～2016.12)　　(单位:件)

项　　目	总累计	2016 年
收到国际申请	208 105	44 992
进入中国国内阶段的国际申请(发明)	924 843	81 055
进入中国国内阶段的国际申请(实用新型)	5462	871

二、专利行政执法

表 11　　2016 年各地区管理专利工作的部门专利执法统计表　　(单位:件)

地区	类别/时间	侵权纠纷		其他纠纷		查处假冒专利案件
		立案	结案	立案	结案	结案
合计	总累计	67 267	60 969	4458	3857	100 136
	2016	20 351	19 682	508	468	28 057
北京	总累计	1031	887	225	221	1768
	2016	244	229	0	0	598
天津	总累计	431	392	36	33	1670
	2016	102	90	0	0	459
河北	总累计	1706	1567	178	183	1943
	2016	640	636	36	36	390
山西	总累计	128	87	60	41	191
	2016	12	5	8	3	68

续表

地区	类别/时间	侵权纠纷		其他纠纷		查处假冒专利案件
		立案	结案	立案	结案	结案
内蒙古	总累计	160	143	11	11	2172
	2016	14	10	0	0	343
辽宁	总累计	704	673	233	200	2347
	2016	242	234	3	3	626
吉林	总累计	351	341	60	52	291
	2016	54	54	0	0	25
黑龙江	总累计	906	857	437	407	1066
	2016	236	239	128	129	290
上海	总累计	1127	1069	81	81	375
	2016	198	198	2	2	57
江苏	总累计	3981	3393	422	411	16 729
	2016	1226	1131	86	86	5078
浙江	总累计	23 810	23 400	538	466	2848
	2016	10 135	10 107	0	0	1389
安徽	总累计	1237	1040	53	46	2269
	2016	520	483	15	16	646
福建	总累计	1065	887	61	59	3966
	2016	169	174	5	4	1257
江西	总累计	742	571	40	27	1731
	2016	186	171	0	0	394
山东	总累计	3643	3082	204	194	13 850
	2016	475	469	4	3	2947
河南	总累计	2756	2074	196	141	4830
	2016	671	583	33	31	1352
湖北	总累计	1778	1490	233	180	5010
	2016	495	475	1	2	1620
湖南	总累计	1942	1628	464	422	13 318
	2016	554	534	27	25	3036
广东	总累计	13 326	11 932	290	230	5022
	2016	2734	2608	74	41	1230
广西	总累计	235	201	55	38	1284
	2016	34	32	0	0	522
海南	总累计	106	92	12	11	399
	2016	10	3	0	1	107
重庆	总累计	831	788	198	89	691
	2016	286	284	47	46	237

续表

地区	类别/时间	侵权纠纷		其他纠纷		查处假冒专利案件
		立案	结案	立案	结案	结案
四川	总累计	1989	1704	196	171	3178
	2016	644	492	37	37	738
贵州	总累计	322	233	25	21	5885
	2016	67	33	0	0	2730
云南	总累计	399	339	29	22	1047
	2016	31	35	0	0	263
西藏	总累计	11	9	0	0	10
	2016	0	0	0	0	0
陕西	总累计	652	526	39	36	2568
	2016	152	157	2	3	596
甘肃	总累计	352	247	25	18	1103
	2016	40	29	0	0	443
青海	总累计	46	30	9	10	67
	2016	10	4	0	0	0
宁夏	总累计	264	249	27	18	155
	2016	56	56	0	0	5
新疆	总累计	1236	1038	21	18	2353
	2016	114	127	0	0	611

三、中国专利金奖

表 12 中国专利金奖分布统计表 （单位：件）

地　区	总　计	第十八届
合计	272	20
北京	69	4
天津	6	0
河北	5	0
辽宁	12	1
吉林	2	0
黑龙江	4	1
上海	17	1
江苏	18	1
浙江	8	1
安徽	6	0
福建	2	0
江西	1	0
山东	15	0
河南	7	0

续表

地　区	总　计	第十八届
湖北	9	1
湖南	13	3
广东	40	4
广西	1	0
海南	4	0
重庆	5	0
四川	6	1
贵州	2	0
云南	3	0
陕西	14	2
甘肃	1	0
青海	1	0
宁夏	1	0

（本统计数据由国家知识产权局规划发展司提供）

商　标

一、商标申请与注册

表 1　　**2016 年度商标申请与注册概况表**　　（单位：件）

项目	国内	国际	马德里	合计
注册申请	3 526 827	112 347	52 191	3 691 365
异议申请	32 034	24 989	251	57 274
续展申请	103 822	17 438	9709	130 969
变更申请	186 542	28 285	7774	222 601
转让申请	147 542	12 274	4898	164 714
注销申请	7494		9640	48 631
撤销申请	31 497			
许可备案申请	16 262			16 262
注册商标	2 119 032	97 497	38 416	2 254 945
审定商标	1 773 645	18 967	1 792 612	
核驳商标	645 889		45 491	1 206 907
部分核驳商标	515 527			
异议裁定量 Dissent Ruling	48 850			48 850
变更注册商标	192 529	6228	198 757	
转让注册商标	163 676	5259	168 935	
续展注册商标	131 311	8549	139 860	
注销注册商标	12 999		7174	39 689
撤销注册商标	19 516			
许可合同备案办理	18 211			18 211
补发商标注册证	13 748			13 748
国内企业马德里商标国际注册申请	3014			
国内企业马德里商标国际变更续展等	987			

表 2　　**2016 年度各省、自治区、直辖市商标申请与注册统计表**　　（单位：件）

省、自治区、直辖市	申请件数	注册件数	有效注册量
北京	372 387	213 587	893 743
天津	34 933	22 504	134 145
河北	96 475	55 139	291 122
山西	25 980	15 127	90 605
内蒙古	28 847	17 121	95 854
辽宁	59 860	36 150	211 146

续表

省、自治区、直辖市	申请件数	注册件数	有效注册量
吉林	30 794	19 948	104 732
黑龙江	42 109	24 615	135 656
上海	257 616	158 380	697 251
江苏	209 900	125 314	743 670
浙江	327 572	193 348	1 315 742
安徽	88 042	47 643	239 666
福建	175 392	102 858	616 693
江西	57 838	31 563	162 765
山东	184 490	109 047	592 018
河南	129 946	74 276	356 106
湖北	79 095	47 821	238 734
湖南	87 800	52 348	257 429
广东	689 434	410 207	2 043 798
广西	35 229	19 616	103 135
海南	13 454	8637	50 078
重庆	67 024	45 777	240 519
四川	126 300	73 986	392 055
贵州	33 404	17 904	89 633
云南	54 969	37 991	173 703
西藏	4388	2572	8797
陕西	59 416	36 041	202 095
甘肃	17 958	7580	41 430
青海	6716	3303	18 537
宁夏	9439	5932	25 546
新疆	34 136	19 648	101 062
香港	65 837	65 743	329 482
澳门	818	829	4231
台湾	19 229	16 477	142 297
合计	3 526 827	2 119 032	11 143 475

注：1. 由于不予受理件未电子化，以上各省数据的申请量不含不予受理量。

2. 申请件数、注册件数指 2015. 12. 16 至 2016. 12. 15 的商标统计情况，其他指截至 2016. 12. 15 的统计情况。

表 3　　2016 年度外国（地区）在华商标申请统计表　　（单位：件）

外国（地区）	外国（地区）申请件数	马德里申请件数	合计
阿尔巴尼亚	2	2	4
阿尔及利亚	8	0	8
阿富汗	33	0	33
阿根廷	118	2	120
阿联酋	565	33	598

续表

外国(地区)	外国(地区)申请件数	马德里申请件数	合计
阿曼	13	0	13
阿塞拜疆	27	0	27
埃及	167	18	185
埃塞俄比亚	3	0	3
爱尔兰	184	170	354
爱沙尼亚	26	83	109
安道尔	5	7	12
安哥拉	4	0	4
安圭拉	67	0	67
奥地利	253	1052	1305
澳大利亚	4200	1730	5930
巴巴多斯	73	0	73
巴布亚新几内亚	1	0	1
巴哈马	96	23	119
巴基斯坦	108	0	108
巴拉圭	6	0	6
巴勒斯坦	5	0	5
巴林	5	3	8
巴拿马	52	10	62
巴西	382	3	385
白俄罗斯	8	47	55
百慕大群岛	220	8	228
保加利亚	47	104	151
北马里亚纳群岛	2	0	2
贝宁	5	0	5
比利时	434	694	1128
冰岛	22	46	68
波黑	3	2	5
波兰	372	367	739
玻利维亚	14	0	14
伯利兹	35	6	41
朝鲜	27	19	46
丹麦	890	737	1627
德国	4844	9682	14 526
多哥	1	0	1
多米尼加	21	2	23
俄罗斯	460	988	1448
厄瓜多尔	30	0	30

续表

外国(地区)	外国(地区)申请件数	马德里申请件数	合计
法国	3187	5557	8744
菲律宾	194	17	211
斐济	5	15	20
芬兰	422	1170	1592
刚果民主共和国	1	6	7
哥伦比亚	108	13	121
哥斯达黎加	5	0	5
格鲁吉亚	11	21	32
英属根西岛	3	6	9
古巴	16	1	17
圭亚那	1	0	1
哈萨克斯坦	20	42	62
海地	4	0	4
韩国	19 139	1376	20 515
荷兰	1483	1544	3027
荷属安的列斯群岛	6	0	6
洪都拉斯	9	0	9
吉尔吉斯斯坦	9	1	10
几内亚	6	0	6
加拿大	2798	32	2830
加纳	2	0	2
柬埔寨	13	0	13
捷克	102	305	407
喀麦隆	10	0	10
卡塔尔	26	0	26
开曼群岛	1045	5	1050
科特迪瓦	3	0	3
科威特	32	0	32
克罗地亚	27	68	95
肯尼亚	11	0	11
库克群岛	7	0	7
库拉索	5	3	8
拉脱维亚	27	45	72
老挝	6	0	6
黎巴嫩	49	0	49
立陶宛	31	28	59
利比里亚	1	0	1
利比亚	17	0	17

续表

外国(地区)	外国(地区)申请件数	马德里申请件数	合计
列支敦士登	105	42	147
卢森堡	460	619	1079
卢旺达	2	0	2
罗马尼亚	12	50	62
马达加斯加	2	2	4
马恩岛	125	24	149
马尔代夫	1	0	1
马耳他	48	55	103
马拉维	1	0	1
马来西亚	1545	3	1548
马里	7	0	7
马其顿	0	26	26
马绍尔群岛	133	0	133
毛里求斯	34	0	34
毛里塔尼亚	8	0	8
美国	28 868	5809	34 677
蒙古	13	0	13
蒙特塞拉特	1	0	1
孟加拉国	36	0	36
秘鲁	42	0	42
缅甸	53	0	53
摩尔多瓦	9	12	21
摩洛哥	5	33	38
摩纳哥	18	129	147
墨西哥	435	14	449
南非	211	0	211
尼泊尔	20	0	20
尼日尔	1	0	1
尼日利亚	30	0	30
挪威	145	296	441
帕劳	1	0	1
葡萄牙	131	206	337
日本	11 709	2710	14 419
瑞典	824	950	1774
瑞士	2112	3308	5420
萨尔瓦多	8	0	8
萨摩亚	115	0	115
塞尔维亚	10	30	40

续表

外国(地区)	外国(地区)申请件数	马德里申请件数	合计
塞内加尔	5	0	5
塞浦路斯	110	124	234
塞舌尔	733	1	734
沙特阿拉伯	105	0	105
圣卢西亚	4	0	4
圣马力诺	2	5	7
圣文森特和格林纳丁斯	1	0	1
斯里兰卡	35	0	35
斯洛伐克	15	81	96
斯洛文尼亚	20	117	137
苏丹	3	0	3
所罗门群岛	3	0	3
塔吉克斯坦	1	0	1
泰国	1222	7	1229
坦桑尼亚	12	0	12
特克斯和凯科斯群岛	1	0	1
特立尼达和多巴哥	15	0	15
突尼斯	11	3	14
土耳其	227	559	786
土库曼斯坦	10	0	10
瓦努阿图	42	0	42
危地马拉	11	0	11
委内瑞拉	42	4	46
文莱	40	0	40
乌干达	7	0	7
乌克兰	44	136	180
乌拉圭	17	0	17
乌兹别克斯坦	6	4	10
西班牙	1206	980	2186
希腊	83	85	168
新加坡	2572	452	3024
新西兰	1183	444	1627
匈牙利	36	70	106
叙利亚	55	0	55
牙买加	6	0	6
亚美尼亚	5	3	8
也门	101	0	101
伊拉克	118	0	118

续表

外国(地区)	外国(地区)申请件数	马德里申请件数	合计
伊朗	280	61	341
以色列	325	178	503
意大利	2448	3967	6415
印度	301	88	389
印度尼西亚	183	0	183
英国	7254	4164	11 418
英吉利海峡群岛	33	0	33
英属维尔京群岛	2716	131	2847
约旦	53	0	53
越南	211	91	302
赞比亚	4	0	4
泽西岛	15	13	28
乍得	2	0	2
直布罗陀	1	5	6
智利	453	1	454
合计	112 347	52 191	164 538

表 4　　2016 年度外国(地区)在华商标注册统计表　　(单位:件)

外国(地区)	外国(地区)注册件数	马德里注册件数	合计
阿尔及利亚	11	0	11
阿富汗	18	0	18
阿根廷	96	3	99
阿联酋	341	27	368
阿曼	4	0	4
阿塞拜疆	12	3	15
埃及	56	9	65
爱尔兰	266	93	359
爱沙尼亚	16	17	33
安道尔	1	0	1
安哥拉	1	0	1
安圭拉	17	0	17
奥地利	225	683	908
澳大利亚	2415	931	3346
巴巴多斯	95	2	97
巴布亚新几内亚	4	0	4
巴哈马	48	1	49
巴基斯坦	54	0	54
巴拉圭	1	0	1

续表

外国(地区)	外国(地区)注册件数	马德里注册件数	合计
巴勒斯坦	1	0	1
巴林	14	0	14
巴拿马	45	12	57
巴西	528	2	530
白俄罗斯	13	71	84
百慕大群岛	152	2	154
保加利亚	45	119	164
贝宁	6	0	6
比利时	298	673	971
冰岛	15	23	38
波兰	201	352	553
玻利维亚	7	0	7
伯利兹	54	26	80
朝鲜	5	19	24
丹麦	832	324	1156
德国	4153	7238	11 391
多哥	2	0	2
多米尼加	27	0	27
俄罗斯	473	915	1388
厄瓜多尔	17	0	17
法国	3271	5586	8857
菲律宾	207	5	212
斐济	4	0	4
芬兰	560	496	1056
冈比亚	3	0	3
刚果民主共和国	9	0	9
哥伦比亚	59	7	66
哥斯达黎加	5	0	5
格鲁吉亚	8	5	13
英属根西岛	16	8	24
古巴	33	0	33
圭亚那	10	0	10
哈萨克斯坦	13	12	25
海地	20	0	20
韩国	12 698	529	13 227
荷兰	1150	1278	2428
荷属安的列斯群岛	7	0	7
黑山	0	3	3

续表

外国(地区)	外国(地区)注册件数	马德里注册件数	合计
吉布提	2	0	2
吉尔吉斯斯坦	6	0	6
几内亚	4	8	12
加拿大	1880	33	1913
加纳	6	0	6
柬埔寨	52	0	52
捷克	78	235	313
津巴布韦	1	0	1
喀麦隆	3	4	7
卡塔尔	60	0	60
开曼群岛	3887	3	3890
科特迪瓦	4	0	4
科威特	28	0	28
克罗地亚	10	48	58
肯尼亚	22	2	24
库克群岛	8	0	8
库拉索	6	15	21
拉脱维亚	15	27	42
老挝	6	0	6
黎巴嫩	40	3	43
立陶宛	4	17	21
利比亚	10	0	10
列支敦士登	294	72	366
卢森堡	454	484	938
罗马尼亚	27	31	58
马达加斯加	1	1	2
马恩岛	163	0	163
马耳他	128	31	159
马来西亚	858	3	861
马里	5	0	5
马其顿	0	9	9
马绍尔群岛	183	0	183
毛里求斯	39	0	39
毛里塔尼亚	1	0	1
美国	25 727	3187	28 914
蒙古	11	0	11
孟加拉国	18	0	18
秘鲁	36	0	36

续表

外国(地区)	外国(地区)注册件数	马德里注册件数	合计
缅甸	72	0	72
摩尔多瓦	3	9	12
摩洛哥	15	20	35
摩纳哥	64	81	145
莫桑比克	3	0	3
墨西哥	326	37	363
纳米比亚	3	0	3
南非	169	0	169
尼泊尔	4	0	4
尼日尔	1	0	1
尼日利亚	28	0	28
挪威	106	192	298
葡萄牙	138	115	253
日本	11 403	2002	13 405
瑞典	711	469	1180
瑞士	1688	3515	5203
萨尔瓦多	1	0	1
萨摩亚	301	0	301
塞尔维亚	3	25	28
塞拉利昂	1	0	1
塞浦路斯	81	136	217
塞舌尔	340	2	342
沙特阿拉伯	84	0	84
圣基茨和尼维斯	2	0	2
圣卢西亚	2	1	3
圣马力诺	6	12	18
斯里兰卡	24	0	24
斯洛伐克	12	66	78
斯洛文尼亚	11	93	104
苏丹	11	0	11
塔吉克斯坦	2	0	2
泰国	825	0	825
坦桑尼亚	11	0	11
特立尼达和多巴哥	37	0	37
突尼斯	17	8	25
土耳其	175	491	666
瓦努阿图	14	0	14
危地马拉	6	0	6

续表

外国(地区)	外国(地区)注册件数	马德里注册件数	合计
委内瑞拉	29	0	29
文莱	58	0	58
乌克兰	22	142	164
乌拉圭	40	0	40
乌兹别克斯坦	13	3	16
西班牙	984	999	1983
希腊	64	39	103
新加坡	1973	232	2205
新西兰	861	161	1022
匈牙利	24	94	118
叙利亚	35	0	35
牙买加	10	0	10
亚美尼亚	3	7	10
也门	30	0	30
伊拉克	91	0	91
伊朗	152	56	208
以色列	338	116	454
意大利	2272	3126	5398
印度	286	55	341
印度尼西亚	301	0	301
英国	6140	2161	8301
英属维尔京群岛	3712	199	3911
约旦	75	0	75
越南	167	59	226
赞比亚	2	0	2
泽西岛	15	0	15
直布罗陀	29	6	35
智利	352	0	352
合计	97 497	38 416	135 913

表 5　　2016 年度按类申请和注册商标统计表　　(单位:件)

类别	申请				注册			
	国内	国际	马德里	合计	国内	国际	马德里	合计
1	44 934	1741	1200	47 875	30 195	1565	981	32 741
2	21 832	578	339	22 749	13 908	560	256	14 724
3	115 638	9185	2254	127 077	78 779	6550	1564	86 893
4	19 316	708	457	20 481	11 809	729	338	12 876
5	118 663	5781	2311	126 755	67 726	4454	1678	73 858
6	47 473	1420	881	49 774	32 417	1422	695	34 534

续表

类别	申请				注册			
	国内	国际	马德里	合计	国内	国际	马德里	合计
7	68 979	2788	1751	73 518	49 241	2820	1513	53 574
8	21 455	1173	515	23 143	12 986	1080	431	14 497
9	222 568	8926	5435	236 929	137 413	8546	3684	149 643
10	47 511	2455	1423	51 389	25 107	1978	962	28 047
11	97 135	2958	1431	101 524	66 872	2678	1034	70 584
12	53 137	1923	1116	56 176	35 161	1893	734	37 788
13	4962	186	60	5208	3065	151	56	3272
14	55 803	2162	1038	59 003	35 934	1907	838	38 679
15	11 196	369	141	11 706	6154	338	79	6571
16	68 817	3228	1508	73 553	39 136	3182	1225	43 543
17	19 872	961	599	21 432	13 809	807	497	15 113
18	53 198	3446	1551	58 195	35 955	3111	1200	40 266
19	46 078	754	515	47 347	31 658	735	456	32 849
20	78 409	2010	1044	81 463	51 882	1700	784	54 366
21	64 199	2772	1041	68 012	40 330	2438	811	43 579
22	11 050	427	196	11 673	7216	402	175	7793
23	7037	231	87	7355	4368	173	82	4623
24	40 124	1582	785	42 491	27 738	1521	593	29 852
25	250 464	6815	2707	259 986	153 977	5820	1705	161 502
26	15 688	668	257	16 613	9592	583	199	10 374
27	16 434	503	280	17 217	10 935	514	201	11 650
28	57 397	2987	1236	61 620	34 763	2650	874	38 287
29	162 929	3660	1042	167 631	97 448	2919	824	101 191
30	212 609	5442	1464	219 515	130 412	3993	1149	135 554
31	100 695	1361	499	102 555	64 020	1017	367	65 404
32	74 200	3077	868	78 145	40 945	2359	649	43 953
33	77 604	2779	1114	81 497	40 716	2368	698	43 782
34	10 350	563	208	11 121	7342	495	190	8027
35	386 632	7886	3460	397 978	204 679	6650	2182	213 511
36	76 582	1512	754	78 848	41 686	1562	597	43 845
37	45 635	1162	1160	47 957	30 503	1165	980	32 648
38	59 484	1269	981	61 734	32 330	1223	748	34 301
39	51 702	1073	667	53 442	31 725	1128	566	33 419
40	27 395	776	640	28 811	17 693	655	572	18 920
41	155 563	4494	2080	162 137	74 539	3921	1534	79 994
42	147 835	3442	3055	154 332	88 374	3064	2138	93 576
43	160 287	2787	789	163 863	92 843	2510	582	95 935
44	61 710	1594	754	64 058	34 007	1272	573	35 852
45	36 246	733	498	37 477	21 644	889	422	22 955
合计	3 526 827	112 347	52 191	3 691 365	2 119 032	97 497	38 416	2 254 945

注:由于不予受理件未电子化,以上数据不含不予受理量。

表 6　**1979～2016 年商标注册申请及核准注册商标统计表**　(单位:件)

年度	申请				核准注册			
	国内	国际	马德里	合计	国内	国际	马德里	合计
1979	0	0	0	0	27 459	5130	0	32 589
1980	26 177	0	0	26 177	15 348	1297	0	16 645
1981	23 004	0	0	23 004	15 707	2049	0	17 756
1982	17 000	1565	0	18 565	12 385	4672	0	17 057
1983	19120	1687	0	20 807	4293	2278	0	6571
1984	26 487	3077	0	29 564	13 252	1518	0	14 770
1985	43 445	5798	0	49 243	19 584	2084	0	21 668
1986	45 031	5939	0	50 970	26 993	5126	0	32 119
1987	40 014	4055	0	44 069	27 687	4454	0	32 141
1988	41 683	5866	0	47 549	25 448	3604	0	29 052
1989	43 202	5209	0	48 411	31 810	4625	0	36 435
1990	50 853	4371	2048	57 272	25 966	4036	1269	31 271
1991	59 124	5885	2595	67 604	34 501	3523	2306	40 330
1992	79 837	8367	2591	90 795	42 710	4198	1180	48 088
1993	107 758	21 014	3551	132 323	42 668	3999	2059	48 726
1994	117 186	20 238	5193	142 617	47 482	7803	3016	58 301
1995	144 610	21 442	6094	172 146	59 895	12 591	19 380	91 866
1996	122 057	22 615	7132	151 804	101 178	15 843	11 407	128 428
1997	118 577	21 676	8502	148 755	188 047	24 958	10 033	223 038
1998	129 394	18 252	10 037	157 683	80 095	14 137	13 478	107 710
1999	140 620	18 883	11 212	170 715	96 139	13 896	12 366	122 401
2000	181 717	24 623	16 837	223 177	129 441	16 327	12 807	158 575
2001	229 775	23 234	17 408	270 417	167 563	19 017	16 259	202 839
2002	321 034	37 221	13 681	371 936	169 904	23 364	19 265	212 533
2003	405 620	33 912	12 563	452 095	206 070	21 188	15 253	242 511
2004	527 591	44 938	15 396	587 925	225 394	25 069	16 156	266 619
2005	593 382	52 166	18 469	664 017	218 731	23 792	16 009	258 532
2006	669 276	56 840	40 203	766 319	228 814	25 254	21 573	275 641
2007	604 952	59 714	43 282	707 948	215 161	19 159	29 158	263 478
2008	590 525	60 704	46 890	698 119	342 498	31 870	29 101	403 469
2009	741 763	51 966	36 748	830 477	73 7228	68 471	31 944	837 643
2010	973 460	67 838	30 889	1 072 187	1 211 428	108 510	29 299	1 349 237
2011	1 273 827	95 831	47 127	1 416 785	926 330	66 074	30 294	1 022 698
2012	1 502 540	97 190	48 586	1 648 316	919 951	58 656	26 290	1 004 897
2013	1 733 361	95 177	53 008	1 881 546	909 541	59 496	27 687	996 724
2014	2 139 973	93 284	52 101	2 285 358	1 242 840	86 394	45 870	1 375 104
2015	2 699 156	116 687	60 205	2 876 048	2 077 037	99 852	49 552	2 226 441
2016	3 526 827	112 347	52 191	3 691 365	2 119 032	97 497	38 416	2 254 945
合计	20 109 958	1 319 611	664 539	22 094 108	12 985 610	991 811	531 427	14 508 848

二、商标评审案件

表 7　　2016 年度商标评审案件统计表

项目	案件类型	数量(件)
评审案件申请量	驳回商标注册申请复审	130 576
	无效宣告复审	15
	异议复审	0
	不予注册复审	1280
	撤销注册商标复审	4620
	无效宣告	19 640
	总计	156 131
评审案件裁决量	驳回商标注册申请复审	104 180
	无效宣告复审	0
	异议复审	818
	不予注册复审	1679
	撤销注册商标复审	4436
	无效宣告	14 113
	总计	125 226
参与行政诉讼	一审	5345
	二审	2482
	再审	197
	总计	8024
行政复议	申请量	849
	结案量	855

三、商标行政执法案件

表 8 **2016 年全国查处商标一般违法案件统计表** （单位：件）

项目		案件总数（件）		其中：涉外案件		案值（万元）	罚没金额（万元）	其中：立案查处（件）				收缴和销毁商标标识（件）	销毁物品（件）
		合计	其中：投诉案件	小计	其中：投诉案件			小计	其中：投诉案件	罚款 10 万～100 万元	罚款 100 万元以上		
合计		3565	723	56	20	9532.11	5146.04	1493	491	75	1	46 818	4434
注册商标使用的管理	自行改变注册商标的	33	0	1	0	39.36	*	11	0	*	*	*	*
	自行改变注册商标注册人名义、地址或其他注册事项的	15	2	0	0	8.00	*	1	1	*	*	*	*
	自行转让注册商标的	39	1	0	0	29.00	*	29	0	*	*	*	*
	商品粗制滥造、以次充好、欺骗消费者的	301	28	7	1	287.71	1787.35	47	4	1	0	*	*
未注册商标使用的管理	冒充注册商标的	2408	578	45	18	8394.13	2491.09	1056	405	62	1	*	*
	商品粗制滥造、以次充好、欺骗消费者的	295	43	0	0	363.54	351.17	71	10	6	0	*	*
	违反《商标法》第 6 条规定的	38	1	1	0	115.85	64.00	10	7	1	0	*	*
	违反《商标法》第 10 条规定的	70	1	1	0	51.69	41.00	40	0	0	0	*	*
违反《商标法》第 40 条第 2 款规定的		33	0	0	0	48.89	*	3	0	*	*	2000	0
违反《商标法》第 13 条规定的		30	18	0	0	24.43	*	23	18	*	*	446	524
违反《商标印制管理办法》规定的		222	25	0	0	124.77	261.83	152	24	2	0	44 371	10
违法使用地理标志的		3	0	0	0	2.03	1.49	2	0	0	0	0	1000
违法使用地理标志产品专用标志的		3	0	0	0	0.89	1.60	1	0	0	0	0	0
违法使用特殊标志的		75	26	1	1	41.82	146.51	47	22	3	0	1	2900

表 9

2016 年全国查处商标侵权假冒案件统计表(一)

项目		案件总数(件)		其中:涉外案件		案值(万元)	罚没金额(万元)	其中:立案查处(件)					
								小计	其中:投诉案件	处罚程度		利用互联网实施侵权假冒案件	
		合计	其中:投诉案件	小计	其中:投诉案件					罚款 10 万~100 万元	罚款 100 万元以上	案件数(件)	案值(万元)
合计		28 189	9738	6214	2660	35 445.00	34 859.86	20 074	8113	707	7	361	1116.24
假冒商标	小计	4670	1747	1339	746	11 500.58	7190.26	3445	1533	173	0	76	131.99
	未经注册商标所有人的许可,在相同商品上使用与其注册商标相同的商标的	2302	809	818	464	8920.35	3593.77	1683	697	53	0	24	24.05
	伪造、擅自制造他人注册商标标识或者销售伪造、擅自制造的注册商标标识的	318	75	73	28	593.47	502.12	243	63	49	0	1	0.00
	销售明知是假冒注册商标的商品的	2050	863	448	254	1986.76	3094.37	1519	773	71	0	51	107.94
商标侵权	小计	23 519	7991	4875	1914	23 944.42	27 669.60	16 629	6580	534	7	285	984.25
	未经注册商标所有人的许可,在相同商品上使用与其注册商标近似的商标或在类似商品上使用与其注册商标相同或近似的商标的	3792	1279	956	446	6183.66	6755.92	2902	1135	112	2	75	70.58
	销售侵犯注册商标专用权的商品的	18 549	6294	3830	1438	153 74.91	18 838.26	12 952	5084	382	4	193	862.92
	在同一种或类似商品上,将与他人注册商标相同或近似的标识作为商品名称或者商品装潢使用,误导公众的	363	148	43	23	921.62	518.70	235	139	7	0	4	33.31
	故意为侵犯他人注册商标专用权行为提供仓储、运输、邮寄、隐匿便利条件的	31	4	7	1	29.38	64.50	22	1	4	0	1	2.00
	未经商标注册人同意更换其注册商标并将该更换商标的商品又投入市场的	17	6	5	0	36.71	32.93	8	4	0	0	0	0.00
	给他人注册商标专用权造成其他损害的	169	48	8	3	623.46	182.66	106	51	3	0	2	0.20
	侵犯地理标志专用权的	29	8	0	0	4.23	8.23	21	8	0	0	1	0.09
	侵犯特殊标志所有权的	21	8	0	0	210.88	396.55	16	8	1	1	4	14.98
	侵犯驰名商标权益的	548	196	26	3	559.57	871.85	367	150	25	0	5	0.17

表 9

2016 年全国查处商标侵权假冒案件统计表(二)

项目		没收、销毁侵权商品(件)	没收、销毁侵权商标标识(件)	没收、销毁专门用于制造侵权商品和伪造注册商标标识的工具(件)	移送司法机关					
					案件数			其中:涉外案件		
					合计	其中:投诉案件	人数	合计	其中:投诉案件	人数
合计		8 881 676	3 181 890	2065	*	*	*	*	*	*
假冒商标	小计	3 192 590	1 291 158	175	203	66	188	124	43	118
	未经注册商标所有人的许可,在相同商品上使 用与其注册商标相同的商标的	2 790 897	532 690	64	95	35	82	60	21	51
	伪造、擅自制造他人注册商标标识或者销售伪造、擅自制造的注册商标标识的	29 297	739 257	75	28	8	25	11	5	11
	销售明知是假冒注册商标的商品的	372 396	19 211	36	80	23	81	53	17	56
商标侵权	小计	5 689 086	1 890 732	1890	*	*	*	*	*	*
	未经注册商标所有人的许可,在相同商品上使									
	用与其注册商标近似的商标或在类似商品上使	3 271 973	1 145 428	74	*	*	*	*	*	*
	用与其注册商标相同或近似的商标的									
	销售侵犯注册商标专用权的商品的	2 211 100	692 440	1805	*	*	*	*	*	*
	在同一种或类似商品上,将与他人注册商标相同或近似的标识作为商品名称或者商品装潢使用,误导公众的	133 373	24 098	0	*	*	*	*	*	*
	故意为侵犯他人注册商标专用权行为提供仓 储、运输、邮寄、隐匿便利条件的	2283	350	9	*	*	*	*	*	*
	未经商标注册人同意更换其注册商标并将该更 换商标的商品又投入市场的	149	370	0	*	*	*	*	*	*
	给他人注册商标专用权造成其他损害的	20 053	1419	0	*	*	*	*	*	*
	侵犯地理标志专用权的	233	8715	0	*	*	*	*	*	*
	侵犯特殊标志所有权的	560	35	0	0	0	0	0	0	0
	侵犯驰名商标权益的	49 362	17 877	2	*	*	*	*	*	*

表 10　　2016 年全国各地区查处商标违法案件基本情况统计表

地区	一般违法				侵权假冒			
	案件总数（件）	其中：涉外案件（件）	案值（万元）	罚款金额（万元）	案件总数（件）	其中：涉外案件（件）	案值（万元）	罚款金额（万元）
合计	3565		9532.11	5146.04	28 189		35 445	34 859.86
北京	7		8.7	2.82	1250		1140.28	1839.1
天津	35		128.15	55.97	332		419.70	441.82
河北	225		95.00	198.09	688		505.34	863.15
山西	26		8.13	11.03	253		94.44	148.83
内蒙古	48		16.46	37.60	128		154.94	807.26
辽宁	21		23.67	17.74	309		274.35	351.27
吉林	20		303.26	19.67	227		510.34	272.04
黑龙江	0		0	0	184		340.77	99.03
上海	26		112.63	108.63	1227		575.30	719.63
江苏	62		240.46	196.64	2038		3234.39	3813.85
浙江	284		5575.37	355.86	3643		11 615.24	7702.41
安徽	115		57.80	33.04	2910		1277.39	1425.56
福建	150		110.29	104.01	1152		1387.11	2115.49
江西	28		17.83	38.72	251		404.10	402.69
山东	105		94.43	82.47	1153		775.09	1220.01
河南	412		356.96	295.45	1627		1524.03	1413.28
湖北	732		988.54	776.64	1843		1999.81	2231.6
湖南	196		403.10	298.80	486		778.21	782.57
广东	157		424.34	178.66	4004		4228.82	4842.29
广西	62		84.60	209.71	696		536.48	379.19
海南	35		37.02	26.53	162		379.54	164.37
重庆	37		12.62	68.70	237		292.17	414.32
四川	76		50.12	71.09	827		813.25	774.79
贵州	219		110.73	136.19	540		501.67	309.32
云南	56		30.28	43.92	418		413.53	321.70
西藏	21		7.62	4.69	70		91.16	58.96
陕西	182		71.14	1632.80	420		69.02	243.71
甘肃	59		55.86	38.90	255		481.28	191.97
青海	19		1.41	8.20	90		41.35	38.17
宁夏	3		0.73	1.00	126		36.41	50.32
新疆	147		104.86	92.47	643		549.49	421.16

（本统计数据由国家工商行政管理总局商标局提供）

版　权

表 1　　**2016 年全国版权合同登记情况统计表**　　（单位：份）

	合计	图书	期刊	音像制品	电子出版物	软件	电影	电视节目	其他
合计	19 744	16 755	99	1790	238	686	1	2	173
中国版权保护中心	1674			1604		70			
北京	10 281	9994	96		188	3			
天津	462	420			13	29			
河北	88	85				3			
山西	45	45							
内蒙古									
辽宁	262	262							
吉林	141	141							
黑龙江	119	119							
上海	1025	861		129	35				
江苏	375					375			
浙江	663	480	2	57		124			
安徽	101	98				3			
福建	77	76				1			
江西	414	414							
山东	313	313							
河南	437	437							
湖北	567	480				77			10
湖南	220	218	1				1		
广东	423	255			2	1		2	163
广西	510	510							
海南	204	204							
重庆	301	301							
四川	495	495							
贵州	18	18							
云南	150	150							
西藏									
陕西	292	292							
甘肃	5	5							
青海									
宁夏	30	30							
新疆	52	52							

表 2　　2016 年全国作品登记情况统计表　　(单位:份)

	1月	2月	3月	4月	5月	6月	7月	8月	9月	10月	11月	12月	总计
全国合计	87 677	60 739	114 567	115 327	149 074	133 618	149 289	140 544	144 260	126 495	144 630	233 377	1 599 597
北京	34 755	16 110	59 733	45 853	73 428	59 431	64 041	56 371	55 555	52 050	61 180	114 914	69 3421
天津	12	13	12	14	4	32	86	0	72	7	35	169	456
河北	22	10	23	47	26	20	46	5	14	44	10	111	378
山西	8	6	20	31	5	4	11	16	9	219	3	24	356
内蒙古	45	8	14	7	5	11	20	4	15	5	82	0	216
辽宁	676	147	181	395	41	40	61	294	152	92	5438	727	8244
吉林	59	105	57	38	168	38	214	103	90	351	119	88	1430
黑龙江	23	33	29	37	64	23	60	161	66	31	38	92	657
上海	15 720	15 160	19 390	18 120	19 120	19 140	19 160	19 160	19 095	15 099	19 037	19 048	217 249
江苏	10 370	6744	9217	10 555	13 698	18 542	20 546	22 974	20 737	15 204	14 955	17 767	18 1309
浙江	1409	1242	1104	1310	1208	1082	1477	2046	1217	1402	1904	2383	17 784
安徽	18	8	68	30	39	36	217	66	73	62	168	3657	4442
福建	3474	2022	2001	3692	3506	5363	4609	3730	3934	4256	5204	5540	47 331
江西	89	141	973	611	238	513	265	630	644	740	612	669	6125
山东	908	238	1219	10 310	10 922	1066	11 756	1749	11 919	4005	2379	14 507	70 978
河南	82	12	59	75	76	25	79	57	29	50	152	152	848
湖北	1217	785	805	1175	988	3192	931	1234	575	1756	2536	1067	16 261
湖南	56	29	28	177	444	694	350	231	427	898	757	263	4354
广东	1140	1528	1716	1255	2473	2417	3339	3522	4138	3924	4116	5925	35 493
广西	14	7	11	3	15	20	16	14	11	4	27	47	189
海南	7	13	7	19	8	5	10	7	15	16	21	10	138
重庆	4075	3918	4154	4504	3925	1709	5577	4190	5919	6975	9590	17300	71 836
四川	498	3764	4347	6702	7948	10 019	8221	6229	6090	3737	4234	13 589	75 378
贵州	24	0	12	13	11	29	18	55	28	24	20	37	271
云南	19	3	8	11	34	17	32	13	13	2	4	7	163
西藏	0	0	0	0	0	0	0	0	0	0	0	0	0
陕西	25	31	134	49	83	144	108	544	1114	251	185	254	2922
甘肃	9	0	20	0	0	35	25	0	52	5	37	32	215
青海	2	0	1	1	47	0	0	0	0	17	0	2	70
宁夏	4	42	11	5	19	23	12	60	3	17	12	11	219
新疆	206	87	108	164	38	33	27	80	29	51	36	77	936
中国版权保护中心	12 711	8533	9105	10 124	10 493	9915	7975	16 999	12 225	15 201	11 739	14 908	139 928

注:中国版权保护中心共登记出证 87 988 件/系列,涉及作品 139 928 件。

表 3

2016 年版权输出地汇总表

(单位:项)

输出版权总数 / 版权购买者所在国家或地区名称	合计	图书	录音制品	录像制品	电子出版物	软件	电影	电视节目	其他
	11 133	8328	201	18	1264		16	1249	57
美国	1483	932			446		2	103	
英国	353	290			5			54	4
德国	346	262			30			54	
法国	164	110						54	
俄罗斯	360	356	4						
加拿大	143	87						56	
新加坡	403	184			118		2	96	3
日本	356	353					2	1	
韩国	719	576	46		93		2	2	
中国香港地区	710	486	99		5		2	110	8
中国澳门地区	179	56		12			2	108	1
中国台湾地区	2110	1848	19		148		2	61	32
其他	3807	2788	33	6	419		2	550	9

表 4

2016 年版权引进地汇总表

(单位:项)

引进版权总数 / 原版权所在国家或地区名称	合计	图书	录音制品	录像制品	电子出版物	软件	电影	电视节目	其他
		17 252	16 587	119	251	217	8	4	66
美国	5461	5201	41	174	17	2	1	25	
英国	2966	2873	10	15	38	1	1	28	
德国	895	888	2	1	3	1			
法国	1100	1069	7	12	11			1	
俄罗斯	104	101		3					
加拿大	152	142	1	6	3				
新加坡	262	260		1				1	
日本	1952	1911	8	6	25			2	
韩国	1067	1024		12	27	3		1	
中国香港地区	248	208	26	1	12	1			
中国澳门地区	1	1							
中国台湾地区	979	949	15		15				
其他	2065	1960	9	20	66		2	8	

表 5　　2016 年全国版权执法情况统计表

案件查处				收缴盗版品			
项目	上年度数量	本年度数量	同比增减(%)	项目	上年度数量	本年度数量(种)	同比增减(%)
行政处罚数量(件)	3477	3065	−11.85	合计	11 420 929	12 919 747	13.12
案件移送数量(件)	160	189	18.13	书刊	5 396 752	10 042 515	86.08
检查经营单位数量(个)	846 140	878 013	3.77	软件	368 499	378 021	2.58
取缔违法经营单位数量(个)	9340	6243	−33.16	音像制品	3 734 808	1 953 899	−47.68
查获地下窝点数量(个)	392	325	−17.09	电子出版物	177 506	162 048	−8.71
其中:地下光盘生产线(条)	0	1		其他	1 743 364	383 264	−78.02
违法经营网站服务器(个)	475	709	49.26	未分类项			
罚款金额(元)	9 746 538	13 406 043	37.55				

(本统计数据由国家版权局版权管理司提供)

集成电路布图设计

表 1 2016 年集成电路布图设计登记申请统计表 （单位：件）

地区	申请数量
合计	2360
国内	2242
东部地区	1779
中部地区	297
西部地区	156
东北地区	2
北京	184
天津	40
河北	22
山西	0
内蒙古	0
辽宁	2
吉林	0
黑龙江	0
上海	531
江苏	287
浙江	125
安徽	225
福建	63
江西	6
山东	23
河南	1
湖北	37
湖南	28
广东	504
广西	1
海南	0
重庆	10
四川	63
贵州	4

续表

地区	申请数量
云南	1
西藏	0
陕西	76
甘肃	0
青海	0
宁夏	0
新疆	1
香港	5
台湾	3
国外	118
美国	117
韩国	0
开曼群岛	1
日本	0

注：统计范围为向我国国家知识产权局提出集成电路布图设计登记申请的国内外申请人以及获得我国国家知识产权局登记发证的集成电路布图设计国内外专有权人。

表 2　　2016 年集成电路布图设计登记发证统计表　　（单位：件）

地区	发证数量
合计	2154
国内	2044
东部地区	1627
中部地区	276
西部地区	133
东北地区	1
北京	166
天津	36
河北	8
山西	0
内蒙古	0
辽宁	1
吉林	0
黑龙江	0
上海	500
江苏	247
浙江	120

续表

地区	发证数量
安徽	213
福建	63
江西	6
山东	22
河南	1
湖北	37
湖南	19
广东	465
广西	1
海南	0
重庆	10
四川	55
贵州	4
云南	0
西藏	0
陕西	62
甘肃	0
青海	0
宁夏	0
新疆	1
香港	4
台湾	3
国外	110
美国	109
韩国	0
开曼群岛	1
日本	0

注：统计范围为向我国国家知识产权局提出集成电路布图设计登记申请的国内外申请人以及获得我国国家知识产权局登记发证的集成电路布图设计国内外专有权人。

（本统计数据由国家知识产权局规划发展司提供）

农业植物新品种

1999～2016 年品种权申请情况汇总表

表 1　　根据植物种类划分的统计表　　（单位:件）

作物种类	植物种类	申请	授权	2015 年申请	2016 年申请	2016 年授权
大田作物 申请:14 905 授权:6938	水稻	5191	2468	508	669	551
	玉米	5848	2728	764	712	586
	普通小麦	1479	616	148	241	94
	大豆	730	406	115	86	164
	甘蓝型油菜	316	176	11	32	21
	花生	219	80	21	35	29
	甘薯	98	38	16	19	17
	谷子	95	30	29	19	4
	高粱	81	38	7	14	7
	大麦属	110	48	7	10	8
	苎麻属	3	2	0	0	0
	棉属	512	269	18	31	65
	亚麻	6	4	0	2	3
	芥菜型油菜	1	0	0	0	0
	蚕豆	18	7	5	0	0
	绿豆	30	4	8	8	0
	芝麻	20	2	6	3	1
	甘蔗属	58	21	10	11	9
	小豆	13	1	2	8	1
	燕麦	0	0	0	0	0
	向日葵	65	0	0	65	0
	荞麦属	1	0	0	1	0
	白菜型油菜	4	0	0	4	0
	薏苡属	1	0	0	1	0
	蓖麻	5	0	0	5	0
	甜菊(甜叶菊)	1	0	0	1	0
蔬菜 申请:1215 授权:466	大白菜	81	46	10	5	12
	马铃薯	121	49	10	15	19
	普通番茄	183	50	35	50	15

续表

作物种类	植物种类	申请	授权	2015 年申请	2016 年申请	2016 年授权
蔬菜 申请:1215 授权:466	黄瓜	89	60	4	9	14
	辣椒属	184	69	27	37	25
	普通西瓜	125	50	15	26	10
	普通结球甘蓝	67	27	11	18	15
	食用萝卜	17	6	3	2	3
	茄子	35	17	6	6	2
	豌豆	2	1	0	0	0
	菜豆	18	4	2	1	0
	豇豆	10	6	1	2	4
	大葱	3	1	2	0	0
	西葫芦	39	9	12	5	2
	花椰菜	24	12	1	2	4
	芹菜	4	0	0	1	0
	胡萝卜	0	0	0	0	0
	白灵侧耳	3	1	0	0	0
	甜瓜	66	23	13	15	6
	草莓	66	27	9	14	5
	大蒜	5	5	0	0	2
	不结球白菜	34	3	8	9	1
	苦瓜	11	0	0	4	0
	芥菜	3	0	1	0	0
	芥蓝	3	0	2	1	0
	莴苣	1	0	0	0	0
	冬瓜	2	0	0	2	0
	菠菜	2	0	0	2	0
	南瓜	14	0	0	14	0
	丝瓜属	2	0	0	2	0
	青花菜	1	0	0	1	0
	洋葱	0	0	0	0	0
	姜	0	0	0	0	0
	茭白(菰)	0	0	0	0	0
	芦笋(石刁柏)	0	0	0	0	0
	山药(薯蓣)	0	0	0	0	0
	菊芋	0	0	0	0	0
	咖啡黄葵	0	0	0	0	0
花卉 申请:1244 授权:521	春兰	0	0	0	0	0
	菊属	293	156	25	38	14
	石竹属	127	58	5	9	17

续表

作物种类	植物种类	申请	授权	2015 年申请	2016 年申请	2016 年授权
花卉 申请:1244 授权:521	唐菖蒲属	3	2	0	0	0
	兰属	57	23	1	13	11
	百合属	126	49	15	9	4
	鹤望兰属	0	0	0	0	0
	补血草属	4	3	0	0	2
	非洲菊	130	86	0	5	16
	花毛茛	2	0	0	0	0
	雁来红	0	0	0	0	0
	花烛属	179	66	21	19	25
	果子蔓属	54	29	1	5	7
	莲	19	4	1	13	2
	蝴蝶兰属	196	46	40	57	42
	秋海棠属	17	5	4	5	0
	凤仙花	2	0	0	0	0
	非洲凤仙花	0	0	0	0	0
	新几内亚凤仙花	14	4	4	0	4
	万寿菊属	11	0	3	0	0
	郁金香属	0	0	0	0	0
	仙客来	0	0	0	0	0
	一串红	0	0	0	0	0
	三色堇	0	0	0	0	0
	矮牵牛(碧冬茄)	0	0	0	0	0
	马蹄莲属	0	0	0	0	0
	铁线莲属	0	0	0	0	0
	石斛属	5	0	0	5	0
	萱草属	5	0	0	5	0
	薰衣草属	0	0	0	0	0
	欧报春	0	0	0	0	0
	水仙属	0	0	0	0	0
果树 申请:582 授权:233	梨属	82	46	7	14	7
	桃	64	37	7	11	12
	荔枝	3	1	2	0	0
	苹果属	89	28	22	8	7
	柑橘属	74	28	8	8	9
	香蕉	18	4	6	5	3
	猕猴桃属	107	45	11	21	19
	葡萄属	95	39	10	16	13
	李	19	0	0	3	0

续表

作物种类	植物种类	申请	授权	2015 年申请	2016 年申请	2016 年授权
果树 申请:582 授权:233	桑属	15	5	0	3	3
	龙眼	0	0	0	0	0
	枇杷	8	0	6	1	0
	樱桃	5	0	1	2	0
	芒果	1	0	0	0	0
	杨梅属	0	0	0	0	0
	椰子	0	0	0	0	0
	凤梨属	1	0	0	1	0
	番木瓜	0	0	0	0	0
	木菠萝(菠萝蜜)	0	0	0	0	0
	无花果	1	0	0	1	0
牧草 申请:20 授权:1	紫花苜蓿	7	0	2	0	0
	草地早熟禾	4	0	0	0	0
	酸模属	3	0	0	1	0
	柱花草属	2	1	0	0	0
	结缕草	4	0	0	4	0
其他 申请:109 授权:26	华北八宝	0	0	0	0	0
	橡胶树	8	6	1	0	6
	茶组	84	20	19	16	15
	木薯	0	0	0	0	0
	人参	5	0	0	0	0
	三七	1	0	0	0	0
	烟草	7	0	0	1	0
	羊肚菌属	0	0	0	0	0
	香菇	1	0	0	1	0
	黑木耳	3	0	0	3	0
	灵芝属	0	0	0	0	0
	双孢蘑菇	0	0	0	0	0
	枸杞属	0	0	0	0	0
	天麻	0	0	0	0	0
	灯盏花(短莛飞蓬)	0	0	0	0	0
	何首乌	0	0	0	0	0
	菘蓝	0	0	0	0	0
合计		18 075	8195	2069	2523	1937

表 2　　根据单位性质划分的统计表　　(单位:件)

单位性质	申请	授权	2015 年申请	2016 年申请
国内科研	7401	3981	705	928
国内企业	7353	2777	990	1173
国内教学	1284	653	93	199
国内个人	896	397	95	71
国外企业	1032	362	160	137
国外个人	61	10	19	4
国外教学	29	13	6	2
国外科研	19	2	1	9
合计	18 075	8195	2069	2523

表 3　　根据地区划分的统计表　　(单位:件)

	排名	地区	申请	授权	2015 年申请	2016 年申请
国内	1	北京	1940	668	361	368
	2	河南	1419	606	207	189
	3	山东	1280	646	107	174
	4	江苏	1191	609	99	154
	5	黑龙江	1101	505	138	166
	6	四川	1067	667	55	87
	7	安徽	1023	296	138	195
	8	吉林	883	460	71	84
	9	河北	761	380	76	112
	10	云南	702	300	81	90
	11	湖南	668	375	55	77
	12	辽宁	662	346	28	35
	13	浙江	499	214	62	67
	14	广东	495	186	59	115
	15	福建	401	180	60	61
	16	湖北	388	195	33	48
	17	上海	322	151	45	46
	18	内蒙古	278	121	32	43
	19	广西	272	149	37	32
	20	陕西	220	91	17	46
	21	天津	193	67	24	22
	22	山西	191	89	38	17
	23	贵州	189	126	8	14
	24	新疆	180	100	12	25
	25	重庆	158	80	9	18
	26	江西	143	85	6	19

续表

	排名	地区	申请	授权	2015 年申请	2016 年申请
国内	27	甘肃	139	55	10	38
	28	海南	65	34	8	10
	29	台湾	48	5	1	15
	30	宁夏	38	15	4	4
	31	青海	13	7	2	0
	32	西藏	5	0	0	0
国外	荷兰		398	182	38	42
	美国		346	82	75	45
	韩国		95	44	2	7
	法国		66	0	46	10
	日本		63	31	5	5
	德国		40	13	4	7
	瑞士		26	2	9	9
	意大利		20	5	3	7
	西班牙		18	9	0	5
	比利时		18	10	0	4
	新西兰		18	4	2	2
	澳大利亚		15	3	2	3
	以色列		11	0	0	5
	英国		2	1	0	0
	南非		1	1	0	0
	爱尔兰		1	0	0	0
	希腊		1	0	0	0
	智利		1	0	0	0
	新加坡		1	0	0	1
合计			18 075	8195	2069	2523

表 4　　1999～2016 年国外植物新品种权申请情况统计表　　(单位:件)

申请地区	植物种类	申请量
荷兰(申请 398 件)	马铃薯	28
	菊属	73
	石竹属	22
	普通番茄	4
	辣椒属	11
	梨属	1
	百合属	51
	普通结球甘蓝	3
	茄子	7

续表

申请地区	植物种类	申请量
荷兰(申请 398 件)	非洲菊	10
	花烛属	113
	果子蔓属	26
	蝴蝶兰属	35
	秋海棠属	14
美国(申请 346 件)	玉米	262
	普通番茄	21
	辣椒属	10
	苹果属	4
	柑橘属	2
	葡萄属	21
	草莓	26
韩国(申请 95 件)	水稻	2
	玉米	6
	马铃薯	5
	菊属	22
	唐菖蒲属	1
	梨属	24
	兰属	4
	甘薯	3
	桃	2
	普通结球甘蓝	1
	苹果属	7
	猕猴桃属	4
	葡萄属	8
	草莓	2
	人参	4
日本(申请 63 件)	水稻	13
	菊属	10
	石竹属	3
	石斛属	3
	普通番茄	1
	辣椒属	1
	兰属	10
	桃	1
	苹果属	2
	甜瓜	1
	草莓	3
	香菇	1
	新几内亚凤仙花	14

续表

申请地区	植物种类	申请量
德国(申请 40 件)	水稻	2
	玉米	21
	菊属	5
	梨属	3
	苹果属	1
	李	2
	秋海棠属	1
	马铃薯	5
比利时(申请 18 件)	果子蔓属	14
	苹果属	4
新西兰(申请 18 件)	苹果属	9
	猕猴桃属	9
西班牙(申请 18 件)	石竹属	12
	柑橘属	4
	草莓	2
澳大利亚(申请 15 件)	大麦属	2
	苹果属	8
	柑橘属	3
	李	2
意大利(申请 20 件)	石竹属	3
	梨属	1
	苹果属	4
	猕猴桃属	1
	葡萄属	2
	草莓	9
法国(申请 66 件)	玉米	59
	马铃薯	5
	苹果属	1
	草莓	1
瑞士(申请 26 件)	玉米	24
	普通番茄	1
	普通西瓜	1
以色列(申请 11 件)	非洲菊	4
	普通番茄	2
	蓖麻	5
英国(申请 2 件)	马铃薯	1
	苹果属	1
智利(申请 1 件)	葡萄属	1
爱尔兰(申请 1 件)	马铃薯	1
南非(申请 1 件)	柑橘属	1
希腊(申请 1 件)	猕猴桃属	1
新加坡(申请 1 件)	凤梨属	1
合计(件)	1141	

(本统计数据由农业部植物新品种保护办公室提供)

林业植物新品种

表 1　　1999～2016 年林业植物新品种申请量和授权量统计表　　（单位：件）

年度	申请			授权		
	国内申请人	国外申请人	合计	国内品种权人	国外品种权人	合计
1999	181	1	182	6	0	6
2000	7	4	11	18	5	23
2001	8	2	10	19	0	19
2002	13	4	17	1	0	1
2003	14	35	49	7	0	7
2004	17	19	36	16	0	16
2005	41	32	73	19	22	41
2006	22	29	51	8	0	8
2007	35	26	61	33	45	78
2008	57	20	77	35	5	40
2009	62	5	67	42	13	55
2010	85	4	89	26	0	26
2011	123	16	139	11	0	11
2012	196	26	222	169	0	169
2013	169	8	177	115	43	158
2014	243	11	254	150	19	169
2015	208	65	273	164	12	176
2016	328	72	400	178	17	195
合计	1809	379	2188	1017	181	1198

表 2　　1999～2016 年林业授权品种中不同植物类别授权量统计　　（单位：件）

年份	林木	经济林	观赏植物	竹	木质藤本	其他	合计
1999	6	0	0	0	0	0	6
2000	3	0	20	0	0	0	23
2001	2	2	14	0	0	1	19
2002	0	1	0	0	0	0	1
2003	6	1	0	0	0	0	7
2004	6	4	5	0	0	1	16
2005	3	1	34	0	0	3	41
2006	5	0	3	0	0	0	8
2007	7	1	70	0	0	0	78

续表

年份	林木	经济林	观赏植物	竹	木质藤本	其他	合计
2008	10	6	19	1	0	4	40
2009	14	1	39	0	0	1	55
2010	10	6	10	0	0	0	26
2011	2	1	5	0	0	3	11
2012	27	20	113	0	2	7	169
2013	34	9	114	1	0	0	158
2014	24	13	121	1	0	10	169
2015	31	28	106	1	2	8	176
2016	44	40	104	2	3	2	195
合计	234	134	777	6	7	40	1198

表 3　　1999～2016 年林业授权品种中不同申请国家的授权量统计　　（单位：件）

排名	国家	授权总量	2016 年授权量	主要属种
1	中国	1017	178	蔷薇属、杨属、山茶属、杜鹃花属
2	德国	57	0	蔷薇属、大戟属
3	荷兰	43	4	蔷薇属
4	法国	30	3	蔷薇属
5	英国	23	4	蔷薇属
6	美国	15	6	大戟属、悬钩子属
7	比利时	6	0	杜鹃花属
8	意大利	4	0	蔷薇属
9	丹麦	2	0	蔷薇属
10	新西兰	1	0	蔷薇属
合计		1198	195	

表 4　　1999～2016 年各国授权品种的属（种）授权量统计　　（单位：件）

属（种）	授权总量										
	中国	德国	荷兰	法国	英国	美国	比利时	意大利	丹麦	新西兰	合计
蔷薇属	140	42	40	30	23	0	0	4	2	1	282
杨属	122	0	0	0	0	0	0	0	0	0	122
山茶属	68	0	0	0	0	0	0	0	0	0	68
杜鹃花属	56	0	0	0	0	0	6	0	0	0	62
芍药属	35	0	0	0	0	0	0	0	0	0	35
含笑属	32	0	0	0	0	0	0	0	0	0	32
牡丹花属	32	0	0	0	0	0	0	0	0	0	32
核桃属	30	0	0	0	0	0	0	0	0	0	30
大戟属	3	15	0	0	0	7	0	0	0	0	25
银杏	24	0	0	0	0	0	0	0	0	0	24
木兰属	21	0	0	0	0	0	0	0	0	0	21
其他	454	0	3	0	0	8	0	0	0	0	465
合计	1017	57	43	30	23	15	6	4	2	1	1198

表 5　1999～2016 年林业授权品种中不同植物类别品种权人的授权量统计　(单位:件)

植物类别＼品种权人	企业	科研院所	高等院校	个人	植物园	其他	合计
观赏植物	368	115	113	115	45	21	777
林木	34	112	76	11	1	0	234
经济林	18	81	24	8	0	3	134
木质藤本	3	2	1	0	0	1	7
竹	0	5	1	0	0	0	6
其他	18	16	3	3	0	0	40
合计	441	331	218	137	46	25	1198

表 6　1999～2016 年林业授权品种主要品种权人的授权量统计　(单位:件)

排名	授权总量		2016 年授权量	
	品种权人	授权量	品种权人	授权量
1	北京林业大学	127	山东省林业科学研究院	17
2	中国林业科学研究院	84	北京林业大学	16
3	山东省林业科学研究院	65	中国林业科学研究院	15
4	昆明杨月季园艺有限责任公司	39	江苏省林业科学研究院	9
5	中国科学院	38	湖南省林业科学院	7
6	山东农业大学	29	昌邑海棠苗木专业合作社	6
7	德国科德斯月季育种公司(W. Korder′ Sohne)	26	昌邑市林木种苗站	6
8	上海植物园	24	德瑞斯克草莓联合公司(Driscoll Strawberry Associates, Inc., USA)	6
9	棕榈园林股份有限公司	24	山东农业大学	6
10	法国玫兰国际有限公司(Meilland International S. A)	23	昆明杨月季园艺有限责任公司	5
10			南京林业大学	5
10			中国农业大学	5
10			棕榈生态城镇发展股份有限公司	5

表 7　1999～2016 年国内授权品种中不同地域的授权量统计　(单位:件)

排序	省(市、区)	授权总量	2016 年授权量	主要属(种)
1	北京	234	35	杨属、蔷薇属、芍药属、牡丹、梅
2	山东	149	30	核桃属、银杏、苹果属、白蜡树属
3	云南	128	8	蔷薇属、含笑属
4	浙江	107	20	杜鹃花属、山茶属
5	河南	75	19	卫矛属、杨属
6	广东	74	8	山茶属、桉属
7	江苏	44	18	落羽杉属、银杏

续表

排序	省(市、区)	授权总量	2016 年授权量	主要属(种)
8	上海	33	1	木瓜属、山茶属
9	河北	24	4	板栗、榆属
10	湖南	24	10	山茶属、含笑属、紫薇
11	甘肃	23	0	牡丹、芍药属
12	江西	16	1	含笑属、南酸枣、枫香属、樟属
13	辽宁	12	2	杏、连翘属
14	广西	10	6	山茶属、桑属、松属
15	内蒙古	9	4	圆柏属、杨属
16	宁夏	9	0	枸杞属
17	陕西	8	3	杨属、杏
18	黑龙江	6	0	杨属、锦带花属
19	四川	6	3	核桃属、紫金牛属
20	湖北	5	2	紫薇、桂花
21	新疆	5	0	杨属、蔷薇属
22	安徽	4	3	柳属、梓树属、冬青属
23	福建	4	0	木麻黄属、南酸枣、忍冬属
24	山西	4	0	栾树属
25	贵州	3	1	黄杨属
26	重庆	1	0	桂花
	合计	1017	178	

表 8　　2016 年林业植物新品种申请人的申请量统计　　(单位:件)

排名	申请人	申请量	主要属(种)
1	北京林业大学	34	杨属、木兰属、蔷薇属、紫薇属、文冠果
2	中国林业科学研究院	26	金合欢属、柿、核桃属
2	甘肃省林业科学技术推广总站	19	芍药属
4	山东省林业科学研究院	17	柳属、苹果属(除水果外)、刺槐属
5	山东农业大学	15	苹果属(除水果外)、蔷薇属、桂花、牡丹、文冠果
6	丹麦永恒月季公司(ROSES FOREVER ApS, Denmark)	14	蔷薇属
7	黑龙江省森林植物园	12	锦带花属
8	中国科学院	11	紫薇、含笑属、山茶属、木兰属、紫金牛属
9	山东省果树研究所	10	杏、核桃属
10	嘉汉林业(河源)有限公司	9	金合欢属
10	三峡大学	9	木兰属
10	陕西省西安植物园	9	木兰属
10	五峰博翎红花玉兰科技发展有限公司	9	木兰属

表 9　　中华人民共和国植物新品种保护名录(林业部分)(第六批)

序号	属名	拉丁学名
1	栀子属	*Gardenia* J. Ellis
2	悬铃木属	*Platanus* L.
3	蚊母树属	*Distylium* Siebold et Zucc.
4	南天竹属	*Nandina* Thunb.
5	火棘属	*Pyracantha* M. Roem.
6	红千层属	*Callistemon* R. Br.
7	羊蹄甲属	*Bauhinia* L.
8	红花荷属	*Rhodoleia* Champ. ex Hook.

表 10　　2016 年批准的植物新品种 DUS 林业行业标准

序号	属(种)	标准号	标准名称
1	榆属	LY/T 2596—2016	植物新品种特异性、一致性、稳定性测试指南 榆属
2	崖柏属	LY/T 2597—2016	植物新品种特异性、一致性、稳定性测试指南 崖柏属
3	松属	LY/T 2598—2016	植物新品种特异性、一致性、稳定性测试指南 松属
4	蛇葡萄属	LY/T 2599—2016	植物新品种特异性、一致性、稳定性测试指南 蛇葡萄属
5	双蒴盖亚属	LY/T 2600—2016	植物新品种特异性、一致性、稳定性测试指南 桉属 双蒴盖亚属

表 11　　2001～2016 年主要林产品地理标志登记量统计　　(单位:项)

产品类别	累计总量	2015 年	2016 年
枣	109	3	3
核桃	102	4	5
板栗	57	0	5
杏	36	2	3
花椒	31	1	3
木耳	32	3	2
枸杞	20	0	4
油茶	11	0	3
其他	429	44	69
合计	827	57	97

表 12　　2001～2016 年主要省份林产品地理标志登记量统计　　(单位:项)

产品类别	累计总量	2015 年	2016 年
山东	88	3	9
四川	85	8	7
河北	43	0	8
新疆	42	3	4
辽宁	37	0	3

续表

产品类别	累计总量	2015年	2016年
陕西	44	4	5
山西	33	1	0
云南	33	1	2
安徽	41	4	10
河南	29	0	4
其他	352	33	45
合计	827	57	97

表13　　第三批全国林业知识产权试点合格单位名单

序号	单位	序号	单位
1	内蒙古自治区通辽市林业科学院	11	山东新港企业集团有限公司
2	黑龙江省森林与环境科学研究院	12	重庆市林业科学研究院
3	上海市植物园	13	四川省林业科学研究院
4	江苏红豆杉生物科技股份有限公司	14	吉林森工金桥地板集团有限公司
5	江苏富祥木业股份有限公司	15	黑龙江省牡丹江林业科学研究所
6	无锡市博大竹木业有限公司	16	大兴安岭神州北极木业有限公司
7	安徽亿佳鑫木业有限公司	17	长白山森工集团和龙人造板有限公司
8	安徽龙华竹业有限公司	18	宁波市林业局林特种苗繁育中心
9	江西艺竹实业有限公司	19	深圳市兰科植物保护研究中心
10	山东省烟台市林业科学研究所		

表14　　2016年林业专利技术产业化推进项目

序号	项目名称	承担单位
1	木材湿热压缩增强处理技术产业化示范	中国林业科学研究院木材工业研究所
2	竹缠绕复合压力管的产业化加工技术	国际竹藤中心
3	无患子提取物除草制剂加工与应用示范	国际竹藤中心
4	山桐子食用油加工技术产业化	四川省林业科学研究院
5	异色瓢虫人工饲料专利技术产业化	山西省林业科学研究院
6	红花荷矮化盆栽产业化示范推广	广东省林业科学研究院
7	新型花盆扦插红叶石楠专利技术产业化	芜湖市雨田润农业科技股份有限公司
8	天然右旋龙脑提取设备产业化推广应用	江西林科龙脑科技有限公司
9	杜仲系列专利技术推广应用	国家林业局泡桐研究开发中心
10	竹材原态重组技术产业化推广	国家林业局北京林业机械研究所
11	防火耐水生态秸秆复合材料低碳制造关键技术示范	中南林业科技大学

表 15　　2016 年通过验收的林业专利技术产业化推进项目

序号	实施年份	项目名称	承担单位
1	2012	炭化木地板系列专利技术转化	浙江世友木业有限公司
2	2012	环保增白型纤维板专利技术产业化	山东东营正和木业有限公司
3	2013	户外高耐竹材专利技术产业化推进	浙江大庄实业集团有限公司
4	2013	环保型木材防腐剂的推广和应用	广东省林业科学研究院
5	2013	平衡根系轻基质容器育苗专利技术产业化开发	山东省林业科学研究院
6	2013	林用专化性白僵菌菌剂产业化关键技术研发与示范	福建省林业科学研究院
7	2013	压力升降式育苗床产业化示范	广西壮族自治区林业科学研究院
8	2014	竹林专用钢渣肥加工及应用示范	国际竹藤中心
9	2014	新型竹地板专利技术产业化推进项目	安徽龙华竹业有限公司
10	2014	环保型重组竹专利技术应用与推广	江西康替龙竹业有限公司
11	2014	树皮粉酚醛树脂胶粘剂科技成果转化项目	内蒙古森工榜胶制品有限责任公司

表 16　　1985～2016 年林业重点领域专利公开量统计　　(单位:件)

领域分类	专利总量				2016 年专利量			
	发明专利	实用新型	外观设计	合计	发明专利	实用新型	外观设计	合计
森林培育	22 315	9183	497	31 995	4781	2233	51	7065
木材加工	16 773	13 765	14	30 552	2617	2913	0	5530
林业机械	8031	10 028	57	18 116	1957	2320	5	4282
竹藤产业	11 598	9264	11 580	32 442	2386	1474	1092	4952
木地板产业	2127	4118	2542	8787	397	502	591	1490
林产化工	9089	2863	208	12160	1515	409	11	1935
林业生物质能源	4559	2193	60	6812	754	385	4	1143

表 17　　2016 年林业科研院所和高等院校主要技术领域专利公开量　　(单位:件)

分类	排名	申请人	发明专利	实用新型	外观设计	合计
科研院所	1	中国林业科学研究院	215	50	0	265
	2	山东省林业科学研究院	40	7	0	47
	3	浙江省林业科学研究院	20	19	0	39
	4	甘肃省治沙研究所	14	6	0	20
	5	广西壮族自治区林业科学研究院	19	0	0	19
	6	新疆林业科学院	15	2	0	17
	7	重庆市林业科学研究院	8	7	0	15
	8	四川省林业科学研究院	12	1	1	14
	9	广东省林业科学研究院	9	3	2	14
	10	黑龙江省林业科学院	3	7	2	12

续表

分类	排名	申请人	发明专利	实用新型	外观设计	合计
高等院校	1	南京林业大学	369	116	24	509
	2	西北农林科技大学	224	183	1	408
	3	浙江农林大学	131	43	96	270
	4	中南林业科技大学	170	43	16	229
	5	信阳农林学院	39	143	1	183
	6	福建农林大学	100	74	0	174
	7	东北林业大学	78	74	14	166
	8	北京林业大学	129	7	0	136
	9	西南林业大学	48	7	2	57
	10	江苏农林职业技术学院	36	6	2	44

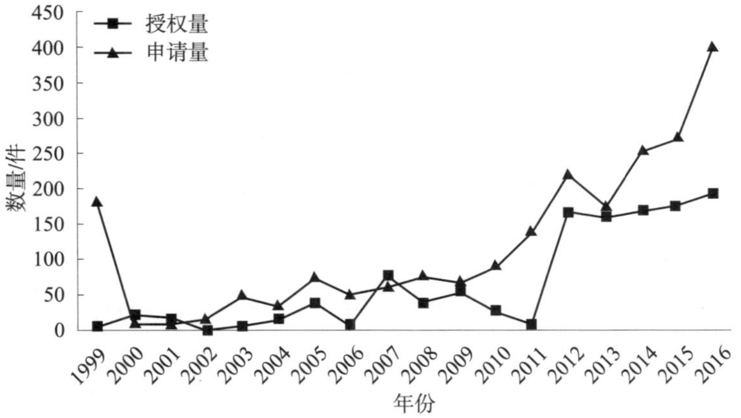

图 1　1999～2016 年林业植物新品种申请量和授权量统计

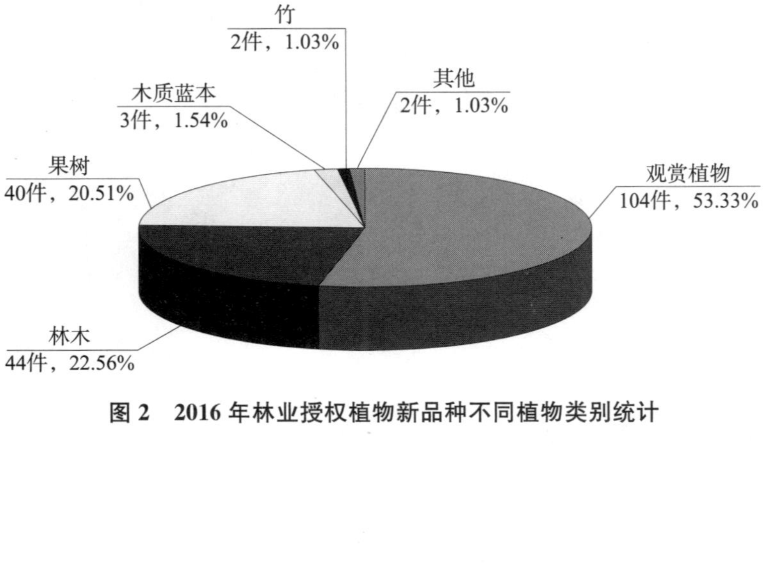

图 2　2016 年林业授权植物新品种不同植物类别统计

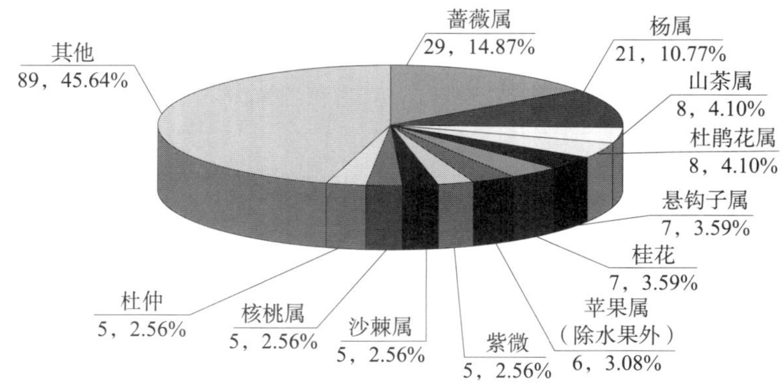

图 3 2016 年林业授权植物新品种属种统计

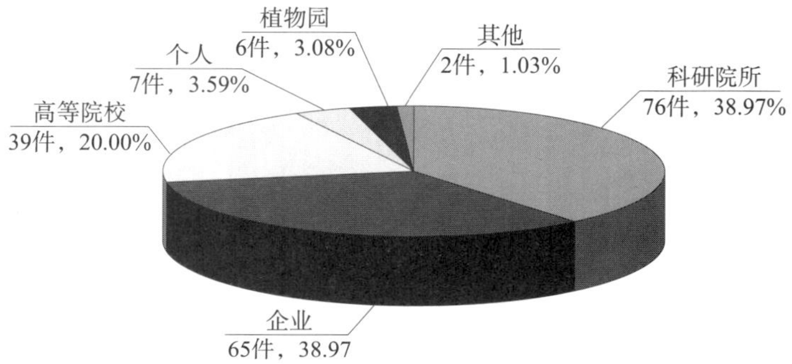

图 4 2016 年林业授权植物新品种品种权人构成分布

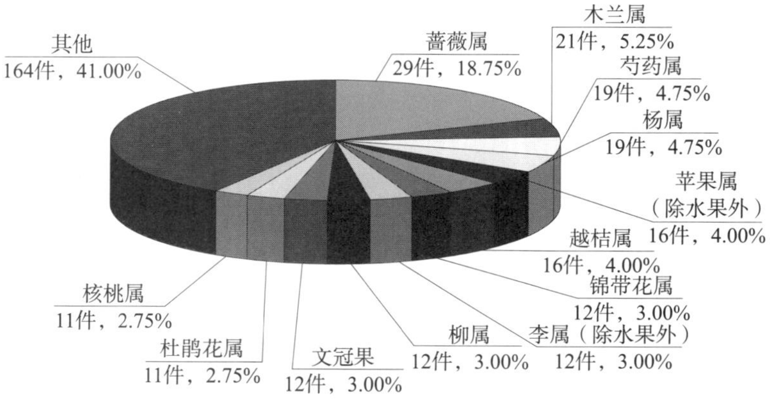

图 5 2016 年林业植物新品种申请属种统计

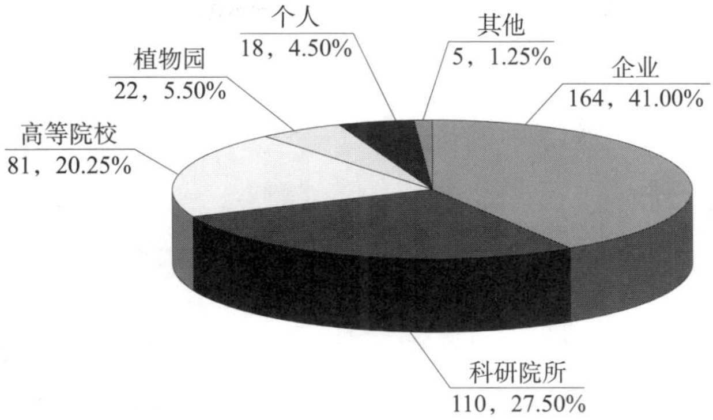

图 6　2016 年林业植物新品种申请人构成统计

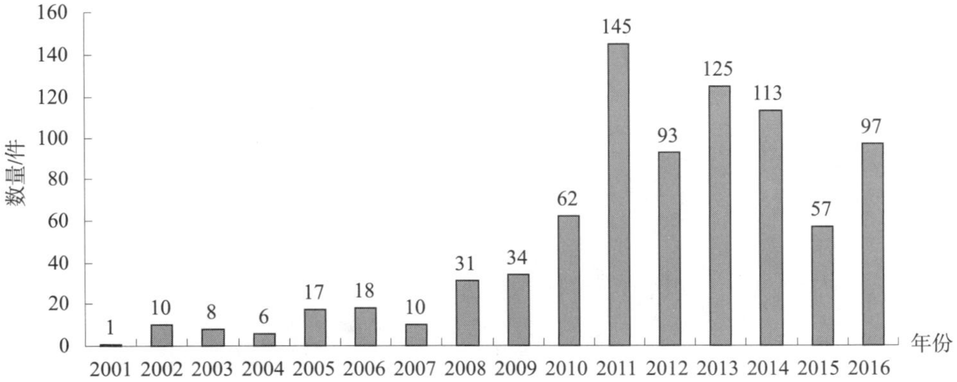

图 7　2001～2016 年注册和登记的林产品地理标志数量统计

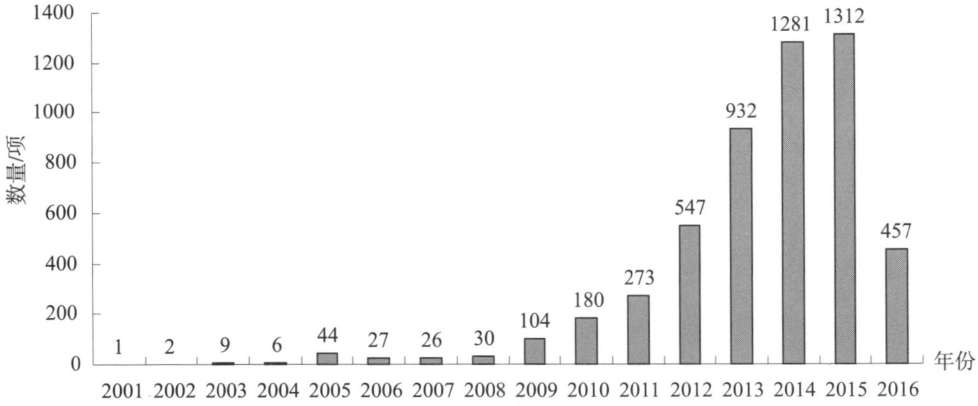

图 8　2001～2016 年林业软件著作权登记量统计

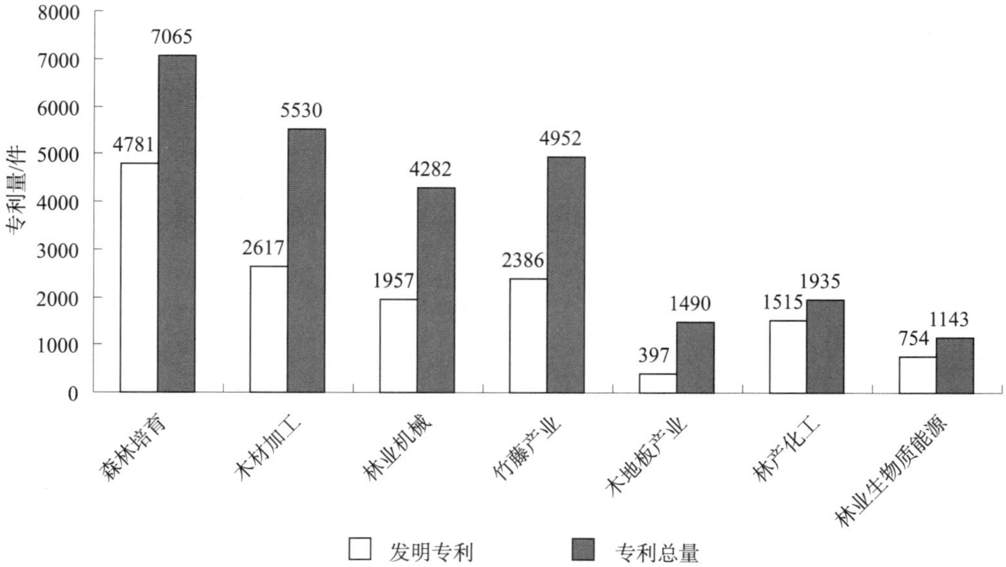

图 9　2016 年林业重点领域专利公开量统计

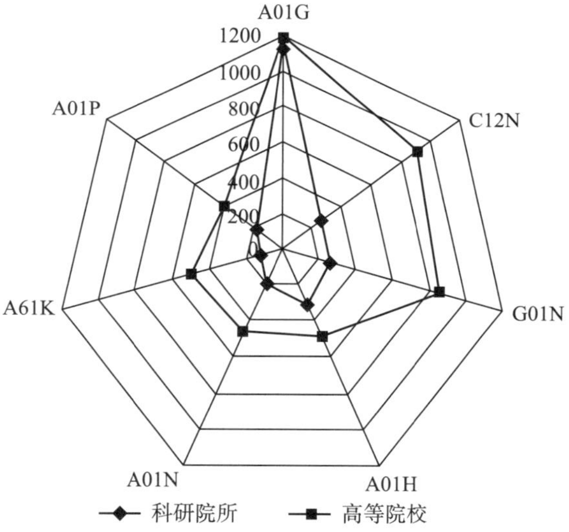

图 10　1985～2016 年林业科研院所和高等院校专利主要技术领域

（本统计数据由国家林业局植物新品种保护办公室提供）

海关知识产权保护

表 1　　2016 年海关采取知识产权保护措施统计表

	中止货物通关	扣留侵权嫌疑货物
批次	25 237	23 227
商品数量(件/双)	98 513 199	69 773 125

表 2　　2016 年海关扣留货物涉及的知识产权类型统计表

知识产权类型	商品数量(件/双)	占比
商标专用权	41 456 410	98.57%
著作权	538 613	1.28%
专利权	57 193	0.14%
奥林匹克标志专有权	6000	0.01%

表 3　　2016 年海关扣留货物的进出口流向统计表

进出口类型	批次	占比	商品数量(件/双)	占比
合计	17 493		42 058 216	
进口	667	3.81%	441 421	1.05%
出口	16 826	96.19%	41 616 795	98.95%

表 4　　2016 年海关扣留货物的商品类别统计表

商品类别	商品数量(件/双)	占比
烟草	13 768 890	32.74%
食品饮料	316 706	0.75%
其他轻工产品	808 257	1.92%
五金机械	3 004 736	7.14%
化妆、个人护理用品	6 919 410	16.45%
服装	1 063 097	2.53%
鞋类	655 616	1.56%
汽车、摩托车	109 078	0.26%
其他机电产品	2 025 256	4.82%
帽类	87 955	0.21%
箱包及皮革制品	169 370	0.40%
通信设备	287 783	0.68%
手表	54 754	0.13%
玩具游戏	234 824	0.56%

续表

商品类别	商品数量(件/双)	占比
药品	1 392 446	3.31%
存储介质	199 524	0.47%
运动器具	112 915	0.27%
珠宝首饰	7926	0.02%
医疗器械	20	0.00%
其他	10 839 653	25.77%

表 5　　2016 年海关扣留货物的运输方式统计表

	邮递	快件	海运	航空	汽车	铁路	其他
批次	14 227	1023	1191	320	287	55	391
占比	81.33%	5.85%	6.81%	1.83%	1.64%	0.31%	2.24%
商品数量(件/双)	179 424	75 208	39 401 332	730 858	383 226	74 336	1 213 832
占比	0.43%	0.18%	93.68%	1.74%	0.91%	0.18%	2.89%

表 6　　2016 年海关知识产权执法模式统计表

执法模式	批次	占比	货物数量(件/双)	占比
依职权扣留	17 443	99.70%	38 557 809	91.68%
依申请扣留	50	0.30%	3 500 407	8.32%

表 7　　2016 年海关保护的知识产权权利人来源情况统计表

国别(地区)	权利数	商品数量(件/双)	案值(元)
美国	1160	5 739 490	54 217 455
法国	730	1 105 836	6 264 317
德国	532	1 157 233	16 399 075
韩国	325	1 359 044	5 982 605
瑞士	365	17 496 078	7 543 205
意大利	312	716 553	5 167 473
日本	246	622 855	60 562 240
中国	278	7 578 542	45 116 512
英国	313	1 841 978	6 322 557
荷兰	408	1 018 789	13 304 122
卢森堡	103	32 348	951 896
瑞典	29	465 945	3 682 668
加拿大	29	342 233	877 095
中国香港	42	69 056	380 200
巴西	5	74 341	452 640
中国台湾	5	1 508 080	368 847
西班牙	2	602	12 400

续表

国别(地区)	权利数	商品数量(件/双)	案值(元)
印度	5	99 030	178 788
奥地利	1	4	200
蒙古			
丹麦	12	527	11 385
芬兰			
泰国	2	20 124	150 506
阿联酋	3	20 992	150 405
新加坡	3	138 942	621 224
国际奥组委	1	6000	8000
匈牙利			
伊朗			
英属维尔京群岛	2	841	1340
阿尔巴尼亚	1	23	4600
阿根廷			
澳大利亚	8	27 754	1 337 779
菲律宾			
海地			
梅利利亚			
挪威			
土耳其	4	59 756	717 932
印度尼西亚			
中国澳门			
比利时	2	209 356	128 384
俄罗斯	2	306 000	306 000
捷克	2	32	320
列支敦士登	2	5804	205 000
墨西哥	2	1617	135 105
爱尔兰	1	31 288	60 376
开曼群岛	1	3	90
库拉索	1	1120	8960

（本统计数据由海关总署政策法规司提供）

知识产权司法保护

表 1　　2016 年全国法院受理和审结各类知识产权案件统计表

项　目	2016 年
一、全国地方法院刑事案件	
新收一审案件(件)	8352
审结一审案件(件)	8601
生效判决人数(人)	10 431
给予刑事处罚(人)	10 334
侵犯知识产权犯罪(件)	3903
假冒注册商标罪(件)	1793
销售假冒注册商标的商品罪(件)	1543
非法制造、销售非法制造的注册商标标识罪(件)	311
假冒专利罪(件)	5
侵犯著作权罪(件)	207
销售侵权复制品罪(件)	4
侵犯商业秘密罪(件)	40
生产、销售伪劣商品犯罪(涉及侵犯知识产权)(件)	2855
非法经营犯罪(涉及侵犯知识产权)(件)	1551
其他犯罪(涉及侵犯知识产权)(件)	292
新收二审案件(件)	787
审结二审案件(件)	812
二、全国地方法院行政案件	
新收一审案件(件)	7186
新收专利案件(件)	1123
新收商标案件(件)	5990
新收著作权案件(件)	37
新收其他案件(件)	36
审结一审案件(件)	6250
判决维持具体行政行为的(件)	4241
判决撤销的(件)	1263
新收二审案件(件)	3233
审结二审案件(件)	3069

续表

项　　目	2016 年
三、全国地方法院民事案件	
新收一审案件(件)	136 534
同比增长(%)	24.82
专利案件(件)	12 357
同比增长(%)	6.46
商标案件(件)	27 185
同比增长(%)	12.48
著作权案件(件)	86 989
同比增长(%)	30.44
技术合同案件(件)	2401
同比增长(%)	62.23
竞争案件(件)	2286
同比增长(%)	4.81
其中垄断民事一审案件	156
其他知识产权案件(件)	5316
同比增长(%)	71.87
审结一审案件(件)	131 813
同比增长(%)	30.09
涉外案件(件)	1667
同比增长(%)	25.62
涉港澳台案件(件)	1130
同比增长(%)	291.99
新收二审案件(件)	20 793
同比增长(%)	37.57
审结二审案件(件)	20 334
同比增长(%)	35.33
新收再审案件(件)	79
同比下降(%)	31.30
审结再审案件(件)	85
同比下降(%)	25.44
四、最高人民法院知识产权审判庭案件	
新收知识产权民事案件(件)	369
审结知识产权民事案件(件)	383
新收知识产权行政案件(件)	355
审结知识产权行政案件(件)	352

(本统计数据由最高人民法院知识产权审判庭提供)

表 2　　2016 年全国检察机关办理侵犯知识产权案件情况统计表

项　目	2016 年
合计	
批捕案件(件)	2333
批捕人数(人)	3951
起诉案件(件)	4051
起诉人数(人)	7464
一、侵犯知识产权犯罪	
批捕案件(件)	2251
批捕人数(人)	3797
起诉案件(件)	3863
起诉人数(人)	7059
1. 假冒注册商标罪	
批捕案件(件)	1037
批捕人数(人)	1911
起诉案件(件)	1684
起诉人数(人)	3259
2. 销售假冒注册商标的商品罪	
批捕案件(件)	873
批捕人数(人)	1330
起诉案件(件)	1486
起诉人数(人)	2470
3. 非法制造、销售非法制造的注册商标标识罪	
批捕案件(件)	167
批捕人数(人)	264
起诉案件(件)	294
起诉人数(人)	556
4. 侵犯著作权罪	
批捕案件(件)	66
批捕人数(人)	97
起诉案件(件)	182
起诉人数(人)	307
5. 销售侵权复制品罪	
批捕案件(件)	4
批捕人数(人)	5
起诉案件(件)	2
起诉人数(人)	3

续表

项　　目	2016 年
6. 侵犯商业秘密罪	
批捕案件(件)	22
批捕人数(人)	36
起诉案件(件)	25
起诉人数(人)	57
二、数罪中含侵犯知识产权罪	
批捕案件(件)	17
批捕人数(人)	27
起诉案件(件)	18
起诉人数(人)	45
三、他罪中含侵犯知识产权行为	
批捕案件(件)	65
批捕人数(人)	127
起诉案件(件)	170
起诉人数(人)	360

（本统计数据由最高人民检察院侦查监督厅提供）

第十八届中国专利金奖获奖项目简介

专利名称：分子复合三聚氰胺氰尿酸盐阻燃剂及其制备方法和用途
专 利 号：ZL03135668.0
专利权人：四川大学

一、新颖性、创造性、实用性

本专利发明了一种通过分子复合的超分子设计方法来制备氮系阻燃剂三聚氰胺氰尿酸盐(MCA)的新技术，实现了MCA合成工艺的高效化、清洁化和MCA产品高阻燃效率低成本化，该新型MCA阻燃剂可用于制备高性能的无卤阻燃尼龙、聚酯等多种塑料，是MCA合成及应用技术的重要创新和突破。

本专利通过在ME与CA氢键复合过程中引入具独特四面体结构多元醇立体复合改性剂使其参加ME与CA氢键复合自组装，在超分子层次上破坏其平面规整性，通过立体空间位阻干扰和抑制MCA大平面氢键网络的生长，大幅减小MCA的网络尺寸，大幅降低体系流体力学半径，使反应体系黏度比传统技术降低2个数量级，减少溶剂使用量80%，极大提高反应活性，无须使用传统催化剂，反应时间可由2小时缩短为30分钟。所引入的多元醇立体复合改性剂本身是一种阻燃增效剂，可保留于产品中无须洗涤去除，实现了制备工艺大幅简化和节能降耗，生产过程无三废排放。由于MCA超分子结构的改变(内聚能密度降低)，使分子复合改性MCA(M-MCA)具有可熔融性，在与塑料共混复合过程中可发生熔融行为，从而在螺杆挤出机剪切作用下变形和破碎，实现其在树脂中成纤和超细化分散，因此M-MCA阻燃塑料具有优异的力学性能和阻燃性能。

采用本专利技术制备MCA阻燃剂工艺简单、清洁环保、易于实施，相对于传统合成MCA技术，本专利技术可将水与反应物的配比由4/1(目前MCA的传统生产工艺)降至1/1以下，每吨阻燃剂产品节能降耗25%左右，不使用传统酸、碱催化剂使MCA阻燃剂初产品可直接干燥粉碎实现废水零排放，可省去传统制备工艺中洗涤及过滤两个化工单元，万吨级生产线一次性节省装置费456万元，省去废水处理费用约270元/吨，是目前世界上最清洁和节能的MCA阻燃剂生产线。该MCA阻燃及力学性能指标全面超越国外同类产品，而售价仅为进口MCA产品的30%，具有很强市场竞争力。

二、社会效益状况

与传统MCA生产工艺对比，本专利水与反应物的配比小、工艺简化(省去洗涤及过滤两个化工单元)，可大幅提高生产效率、减小能耗，其生产每吨的能源动力费仅为传统合成工艺的70%左右；由于分子复合改性剂既是催化剂又是阻燃增效剂，因此无须洗涤去除，其生产过程无废水排放，而传统工艺的MCA生产工艺生产每吨MCA需排放约3吨左右碱性废水，因此分子复合改性MCA合成技术对于环境保护、消除公害污染具有积极意义。采用分子复合改性三聚氰胺氰尿酸可制备高性能环保型阻燃尼龙、环氧树脂、聚甲醛等塑料，提升了塑料使用的安全等级，提高其附加值，拓宽了应用领域，促进了阻燃塑料产业的发展；对防止火灾、保障人民生命财产及社会安全具有重大意义。

三、行业影响力状况

无卤阻燃塑料对于减少火灾、保障人民生命财产安全意义重大。我国塑料阻燃技术起步晚，当前国内阻燃剂消费量80%仍为传统卤系产品，环保型无卤阻燃剂严重缺乏。随着绿色制造业发展，一些强制性环保法规出台使无卤化成全球必然趋势，据商务部统计，相关法规已成为我国出口制造业的技术壁垒，涉及国内2000多家企业，600亿美元出口额。因此，加快研发高效价廉无卤阻燃剂并以此制备高性能阻燃塑料是我国国民经济急需解决的关键性问题。本项目通过原始创新成功建立了具有自主知识产权和世界先进水平的M－MCA工业生产线，为目前工程塑料大宗品种尼龙、环氧、聚甲醛等塑料提供了关键无卤阻燃剂技术，有力推动了我国环保型阻燃剂产业、下游新材料及相关制造业发展。

专利名称：一种用于流化催化转化的提升管反应器

专 利 号：ZL99105903.4

专利权人：中国石油化工集团公司、中国石化集团石油化工科学研究院

一、新颖性、创造性、实用性

在本发明美国专利实审过程中，审查员引用CN1013870B(国际壳牌研究公司)作为最接近的现有技术，其技术方案为：一种下流流化催化裂化设备，包括下流反应器，上流提升管再生器和卧式旋风分离器并于下流反应器上方设置管路密封层。而本发明所述的提升管反应器沿垂直方向从下至上依次为互为同轴的预提升段、第一反应区、直径扩大了的第二反应区、直径缩小了的出口区，在出口区末端有一水平管。本发明的提升管反应器在结构上与CN1013870B中的反应器、再生器均不相同。因此，本发明具有新颖性。

本发明与CN1013870B之间无论从结构，还是从用途、效果方面均不相同。因此，对于本领域普通技术人员来说，在CN1013870B所公开内容的基础上很难得到本发明权利要求1所要保护的技术方案。另外，从提升管反应器诞生至本发明申请日有40多年的历史，其结构一直是等直径的圆筒，本发明提出的反应器采用变直径的设计，在不同的工艺条件下对不同性能的原料进行分段裂化，克服了长期以来存在的技术偏见。因此，本发明权利要求1对于本领域普通技术人员是非显而易见的，具备创造性。

本发明所提供的串联变径提升管于2002年应用于FCC装置。截至目前，已应用于50多套FCC装置，逐步成为FCC新一代反应器。在本发明的串联变径提升管技术平台上，除成功地开发出生产清洁汽油的最大量生产异构烷烃系列技术(MIP)外，还开发多产轻质油的催化馏分油加氢和选择性催化裂化集成技术(IHCC)，并延伸到中国石化甲醇制烯烃技术(SMTO)，可进一步应用到其他复杂的气固催化反应系统中。

二、社会效益状况

(1)以本发明为核心的MIP工艺不仅降低汽油烯烃含量和硫含量，而且可提高汽油产率，降低干气和焦炭产率。在汽油质量升级过程中，MIP技术成为企业首选的炼油技术。这是因为即使我国所有的FCC装置改造采用MIP工艺技术，只需要5亿元的投资，从而节省了需要总投资达500亿元来建设其他清洁汽油装置费用，并节约了这些装置的日常操作费用，同时形成具有

中国特色的炼油技术路线。(2)以本发明为核心的 MIP 工艺不仅降低了汽油烯烃,而且汽油中的烯烃含有较多的异构烯烃,从而有利于汽油后处理脱硫技术。在汽油超深度脱硫时,MIP 汽油的辛烷值损失明显低于 FCC 汽油。MIP 工艺技术和加氢脱硫(RSDS)或吸附脱硫(S—Zorb)等技术相结合已成为我国清洁汽油生产最经济的技术途径。(3)采用本专利所提供的反应器的 IHCC 工艺液体产品收率增加 10 个百分点以上,这意味着采用 IHCC 技术后,国内炼油轻质油收率将大幅度提高。目前,就原油资源利用情况来看,我国炼油企业与国际先进水平仍存在较大的差距,国内炼油轻质油收率平均为 74%,而国外先进水平在 80%以上。当我国炼油能力达到 6 亿吨/年时,如果轻质油收率在 80%以上,那么每年多产轻质油可达 3600 万吨,接近于大庆油田每年的原油产量。

三、行业影响力状况

以本专利为核心形成的 MIP 技术是我国汽油质量升级的关键技术,在全国汽油质量升级解决方案中,MIP 技术成为企业首选的升级技术,已有 50 多套生产装置,加工能力达到 90Mt/a,用户包括国有石化企业和民营石化企业。以本专利为核心的 IHCC 技术开始了炼油技术开发由追求高转化率向改善选择性的转变,属国际首创炼油技术,预计在不远的将来本专利不仅能得到广泛的应用,而且对催化裂化学科发展将产生巨大的影响。

专利名称:一种桥接转发方法
专 利 号:ZL200510112882.1
专利权人:华为技术有限公司

一、新颖性、创造性、实用性

在本发明中,路由器将不同的 VLAN 以及这些 VLAN 对应的输入/输出端口互相组合成不同的虚拟转发实例(VSI);当从某一接收端口接收到报文时,从报文中提取源 VLAN ID 和目的 MAC 地址,根据所述源 VLAN ID 和接收端口,确定源 VLAN 所属的 VSI,然后根据该 VSI 和目的 MAC 地址查找转发表,获得用于发送该报文的发送端口以及对应的 VLAN ID;将该报文中的源 VLAN 的 VLAN ID 替换成新获得的 VLAN ID 并通过上述发送端口发送该报文。这样,实现了在多个{Port,VLAN}之间跨 VLAN 桥接转发单播和多播报文。本专利相对于现有技术具有明显的区别技术特征,并且基于该区别技术特征,本专利的跨 VLAN 转发方法,通过构建不同 VLAN 以及对应端口之间的映射关系,通过两次查表即可查找到报文发送的端口,以及实现新的 VLAN ID 的替换,相对于现有技术来说具有更高的转发效率,并且消耗更少的路径资源。本专利明显具有新颖性和创造性。

在 Internet 网络以及 4G LTE 移动承载网络,因为 VPLS 省去了复杂的路由表和路由协议维护,管理很简单,安全性良好,所以二层 VPLS VPN 已经取代三层 MPLS VPN 成为应用最广泛的 VPN 技术。中国电信、中国移动和国外 BT 等各大运营商在 Internet 骨干网和城域网中广泛应用 VPLS 技术。因此,业界 Internet 网络路由器设备都需要使用本专利。国际最有名的设备厂商如思科、Juniper 的路由器产品及国际最有名的芯片厂家如 Broadcom 的芯片都大量使用了本专利。

二、社会效益状况

华为公司路由器成长为世界第二,带来的社会效益有以下几点。(1)在国际上体现了中国企业的科技实力,显著提高了宽带网络速率和带宽,提高全球人民的网络生活质量。(2)解决就业问题。华为公司预计有 1.2 万人工作在路由器领域。(3)出口创汇。年总销售额 190 亿元人民币中,有 40%来源于出口。(4)国内厂家成为建网的主力设备，大大降低中国Internet网络和4G网络的建网成本。(5)对行业的贡献：为标准贡献重要创造发明，专利被一流大厂引用达到50次，共同推进世界技术的进步。

三、行业影响力状况

Internet通信网络发展日新月异，网络带宽每两年翻一倍，支撑人们的上网需求从过去的收发E-mail快速发展到今天的在线观看高清视频。未来的4K视频，3D视频也正在发展之中。在此发展过程中，各个国家都需要购买大量的路由器设备来进行Internet网络建设，以满足人们的带宽需求。路由器市场容量大，利润回报价值大，相应的技术难度也很高。美国的思科、Juniper等公司在过去的路由器转发标准(如三层VPN，RFC3031，2001年)作出了重要贡献，并持有大量基础性专利。华为公司作为在路由器领域的后起之秀，逐步在IETF标准中发力，为标准的形成作出创造性贡献，同时在此过程中产生重要专利，为华为路由器在国内国际上销售保驾护航。这个过程是很重要的，也是值得大力鼓励和继续提倡的。

专利名称：终端随机接入蜂窝无线通讯系统的方法及群标识生成方法
专 利 号：ZL200710161519.8
专利权人：中兴通讯股份有限公司

一、新颖性、创造性、实用性

在本发明之前的现有技术方案是将Preamble在时频域的绝对位置直接或者间接映射到群标识上来解决这个映射关系。LTE系统中系统时间采用SFN来表示，在时域中的绝对位置会使用到系统时间SFN。这种方式有两个主要的技术问题：(1)SFN获取过程会引入时延问题；(2)引入群标识的范围过宽问题。为了克服上述技术问题，本发明的核心思想是利用基站收到Preamble以后，在下行共享信道上发送随机接入响应消息，随机接入响应消息中包含上行无线资源这一步骤中，随机接入消息的接收窗口大小找出“有效冲突时间”，并重新定义群标识。随机接入消息的接收窗口指的是终端在发送Preamble后在n个子帧之后的Wm毫秒内接收随机接入消息，这n个子帧之后的Wm毫秒时间亦即随机接入消息的接收窗口，其中n是一个固定值。因为接收窗口的这个特性，LTE系统的“有效冲突时间”变成了Wm毫秒。这是因为在时域上相距Wm毫秒之上的两个Preamble会出现在不同的接收窗口之内从而避免冲突。在本专利中规定Wm小于或者等于10毫秒，这样如果两个终端发送Preamble的时间在时域上相距10毫秒以上，那么它们接收随机接入响应消息的时间相互之间不会发生冲突。因为LTE系统的一个无线帧为10毫秒，所以Preamble在时域上的位置可以摒弃SFN，而采用更加精确的子帧位置信息，这个子帧位置信息可以采用子帧的绝对位置(即子帧编号)或者相对位置(即发送Preamble的有限个子帧在一个无线帧内的相对序号)。在本发明中采用综合索引的方式和编码合并的方式，频域的标识采用随机接入信道在频域上的相对序号，从高到低或者从低到高的方式进行排序。

采用这种解决方案可以克服前面所述的两个技术问题。

本专利的技术方案已应用于FDD-LTE和TD-LTE的基站和终端设备的研发、制造和销售。

二、社会效益状况

本专利技术是实现LTE设备和终端的核心技术，其重要意义在于减少了用于切换的随机接入过程的切换时延，降低了切换失败的概率。一方面，本专利技术方案为3GPP LTE标准所采纳，这对提高LTE系统的竞争力和全球大规模应用具有重要推动作用。另一方面，本专利已经在中国、美国、欧洲、日本和加拿大进行了全面的专利布局，均已获得授权，这对提高中兴通讯在国内、国际领域的竞争优势，振兴中国民族通信产业也具有重要意义。

三、行业影响力状况

为了尽可能拓展专利的有效性和知识产权价值，中兴通讯积极参与3GPP LTE技术的标准制定工作，基于本专利方案提交了相关的国际提案，2007年本专利方法被采纳作为3GPP制定的LTE标准解决方案。这一方面增强了我国在国际通讯领域的竞争优势和业界影响力，另一方面也增强了国内同行在高科技领域的研发信心，起到了良好的示范作用，对促进LTE技术的成熟发展和全球推广都具有重要意义。

专利名称：一种从白钨矿中提取钨的方法
专 利 号：ZL201010605107.0
专利权人：中南大学

一、新颖性、创造性、实用性

本发明专利跳出目前广泛采用的钠碱加压分解体系的窠臼，提出硫磷混酸协同的白钨矿常压浸出新体系：利用磷与钨易形成可溶性杂多酸的特性，使钨以磷钨杂多酸形式进入溶液，过程产生的磷酸二氢钙与硫酸反应转化为结晶态的二水硫酸钙，从而在常压下实现钨的浸出并与钙分离。针对浸出过程中硫酸钙产物包覆白钨矿阻碍浸出的问题，提出了产物硫酸钙结晶形态的调控方法：利用钙与硫磷钨等的含氧酸根离子的竞争配位作用机制，提高磷酸浓度增加对钙的络合能力，并与硫酸浓度相匹配，并加入二水石膏作晶种，降低硫酸钙的过饱和度，从而抑制自发形核，促进粗晶生长，避免了致密产物膜的形成，保障了白钨矿的稳定分解。利用硫酸与矿石中的磷灰石及浸出过程产物磷酸二氢钙反应，使其转化为有用的磷酸，提出了浸出液循环利用的方法。

厦门钨业股份有限公司在中南大学提供的原料适用性实验报告与技术实施方案后，主要通过其公司内部的技术人员实施产业化，半年内在厦门建立了年产1000吨的APT试验生产线，实现了工艺的稳定运行，产出合格产品。

二、社会效益状况

本发明技术实现了常压高效浸出，取代了现有钨冶炼高压浸出工艺，操作简单、安全；本发明为建立新的技术标准，推动产业升级、淘汰落后产能、促进钨业可持续发展提供了有力的技术支撑。中国有色金属工业协会在2014年全国有色金属科技工作会议上的报告例举该发明：“中南大学与厦门钨业联合研发成功的复杂白钨矿高效处理新技术，使选冶综合回收率大幅度提高15%以上，废水和有害盐排放降低95%以上，每吨APT的总加工成本降低30%以上”，认为“高校发挥基础理论研究和关键技术开发联合优势，为行业技术创新作出了积极贡献”。

三、行业影响力状况

本项目的实施，使占钨资源储量70%以上的难处理白钨资源变为“易处理”；使现有的钠碱体系高温高压分解白钨矿的技术现状转变为常压分解，从高压釜的间断性操作转变为常压设备的连续分解；解决了钠碱工艺无法克服的废水和废渣排放问题，通过新技术的不断推广，有望成为新一代的钨清洁冶炼工艺。

本发明为建立新的技术标准与环保门槛和实施创新驱动、推动产业升级、淘汰落后产能提供了有力的技术支撑。

专利名称：一种雷贝拉唑钠的制备方法
专 利 号：ZL201210433619.2
专利权人：江苏奥赛康药业股份有限公司

一、新颖性、创造性、实用性

本发明专利的权利要求1请求保护一

种雷贝拉唑钠的制备方法，其特征在于，所述方法包括：将雷贝拉唑硫醚和含有钠离子的碱性物质加入水中，在0～20℃下加入次氯酸钠溶液搅拌反应，搅拌反应后，过滤反应液，滤液中加入饱和食盐水，搅拌后过滤，得到的固体减压烘干，制得雷贝拉唑钠，其中所述饱和食盐水的用量与雷贝拉唑硫醚的质量比为10∶1～50∶1。权利要求2～19进一步限定了权利要求1制备方法的具体工艺参数。

本发明专利未被现有技术所公开，且其与现有技术相比，创新改进了一种无需使用有机溶剂的“一锅法”制备雷贝拉唑钠的方法，并独创性地开发了氯化钠直接盐析技术，且不使用有机溶剂、三废少、利于环保，制得的雷贝拉唑钠质量达到注射用质量级别，具备专利法意义上的突出的实质性特点和显著的进步，能够在产业上制造和使用并产生积极效果，符合《专利法》第22条有关新颖性、创造性和实用性的规定。

本发明专利独创的“一锅法”、纯水相反应体系及氯化钠盐析技术制备雷贝拉唑钠的方法，具有操作简单、安全环保、收率较高、产品质量优、适合规模化生产、适用性广、生产成本低等有益技术效果。江苏省食品药品检验所抽样检测结果显示，雷贝拉唑钠的含量高，有机溶剂残留为很低或极低，水分含量低(公司内控标准为不高于3%，美国药典标准为不高于7%)，本发明专利制备的雷贝拉唑钠质量达到注射用质量标准。

二、社会效益状况

通过本发明专利技术生产的奥西康(注射用奥美拉唑钠)是国内第一支成功研发上市的质子泵抑制剂注射剂(静脉滴注)品种，现已成功替代进口品种；奥维加(注射用兰索拉唑)成功阻拦了国外产品的进口，填补国内空白；奥加明(注射用雷贝拉唑钠)是首个非酶代谢的质子泵抑制剂新药，现暂无国外同类进口产品。而正是由于奥赛康公司的质子泵抑制剂品种质优价廉，才使得国外高昂价格的同类产品在国内无立足之地，为消化道溃疡的患者带来了福音。

三、行业影响力状况

本发明专利所属企业是全国最大的质子泵抑制剂注射剂生产企业之一，国内PPI领域的领军企业，一直致力于PPI注射剂的研发、生产、临床应用和专业学术推广，引领着PPI行业的发展和技术趋势，具有行业影响力。与现有技术相比，本发明专利在节能减排、降本增效方面存在巨大的优势。这些优势必将吸引本领域的其他机构，在改进PPI药物生产方面开展更多的研究。进而有效促进我国医药产业在PPI的领域技术突破与知识产权布局。

专利名称：噻二唑类金属络合物及其制备方法和用途

专　利　号：ZL00132119.6

申报单位：浙江新农化工股份有限公司

一、新颖性、创造性、实用性

本专利发明首次发现并公开了噻二唑类金属络合物的农业杀细菌剂用途。本发明的一个目的在于为防治农作物细菌性病害提供一种新的高效、安全的双(2－氨基－5－巯基－1,3,4－噻二唑)金属络合物，该噻二唑类金属络合物含有噻二唑－巯基－元素金属(Zn、Ni、Mn、Sn)等官能团。本专利发明率先开发出噻二唑类金属络合物的清洁生产新工艺。本专利技术发明的另一目的在于提供一种该噻二唑类金属络合物的制备方法。

专利权人以本专利技术为基础，已开发并登记了6个杀菌剂产品，实现了专利产品产业化和商品化，对切实提高我国新农药创制水平、促进行业的技术进步和可持续发展，以及调整农用杀菌剂产品结构具有重要意义。

本专利技术具有很强的实用性，主要体现在四个方面：(1)创制了新农药；(2)开发了广泛的农业应用；(3)实现了工业产业化应用；(4)取得了显著的经济和社会效益。

二、社会效益状况

本专利项目已取得了明显的社会效益，主要体现在以下三个方面。(1)促进了技术进步。噻唑锌是目前国内自主创制杀细菌剂生产规模最大和应用面积最广的产品，成为我国"一个创制农药品种的成功典范"，噻唑锌的成功创制并实现广泛的农业应用，对切实提高我国新农药创制水平和促进技术进步具有重要意义。(2)推动行业可持续发展。噻唑锌的成功创制并实现广泛的农业应用，对调整农药产品结构和促进行业可持续发展有重要作用。(3)保障国家粮食和公共安全。噻唑锌系列产品已用于水稻、果树和蔬菜等四十多种作物病害的防治，对作物安全、无药害，有效地缓解了我国农作物生产中细菌性病害防治的压力。

三、行业影响力状况

本专利技术的有效实施及噻唑锌的成功创制，切实调整了农药杀菌剂的产品结构，提高了农作物生产中细菌性病害的防治水平，噻唑锌产品得到全国各地植保部门、经销商和广大农户的普遍认可，对促进行业可持续发展具有重要作用。

专利名称：一种类人胶原蛋白及其生产方法
专 利 号：ZL01106757.8
专利权人：范代娣

一、新颖性、创造性、实用性

本专利发明并命名了一种新型胶原蛋白——"类人胶原蛋白"，解决了重组原核体系难以高效表达胶原蛋白的难题，该新型胶原完全克服了动物胶原固有的排异反应高、病毒隐患及水溶性差等缺陷。2002年陕西省科技厅组织专家对"基因工程技术生产类人胶原蛋白中试"项目进行鉴定，鉴定结论为："应用基因工程技术在大肠杆菌表达系统中生产重组水溶性类人胶原蛋白研究具有重大的创新性，该成果达到国际领先水平，具有显著的经济、社会效益和广阔的市场前景。"

作为传统胶原蛋白的升级换代产品，类人胶原蛋白可广泛应用于生物医用材料、美容化妆、食品工业、医药、印染业等行业。课题组以类人胶原蛋白材料为基础，开发了类人胶原蛋白系列美容产品；类人胶原蛋白人工骨、类人胶原蛋白人工血管、类人胶原蛋白止血海绵、温敏型水凝胶修复液等医用修复材料；类人胶原蛋白金属螯合物、新型胶原蛋白—双歧杆菌复合微囊、类人胶原蛋白滴眼液等医药行业新产品。

二、社会效益状况

类人胶原蛋白的创制与应用，为我国生物材料领域的高科技产业化转化起到了示范作用，该成果催生了全球唯一一家类人胶原蛋白生物材料的生产企业——西安巨子生物基因技术股份有限公司。以"一种类人胶原蛋白及其生产方法"发明专利入股，组建了西安巨子生物基因技术股份有限公司，在国际上首次实现了类人胶原蛋白的量产；建成了类人胶原原料、类人胶原(可复美)敷料、类人胶原修复敷料一可愈膏、乳、凝胶剂系列敷料(国内第一个获得批文上市的膏、乳、凝胶剂型有机蛋白类创新医疗器械)、类人人工骨、类人止血海绵等Ⅱ、Ⅲ类医疗器械等11条生产线；开发的产品在5个国家和地区及国内30个省市广泛应用。可复美产品在以北京军区总医院等为代表的1000多家医院使用，可愈产品在以北京儿童医院为代表的几百家医院使用，已治愈皮肤患者500万余例。

陕西省政府已将类人胶原蛋白项目列入省“十二五”科技发展计划。

三、行业影响力状况

类人胶原蛋白不仅具有胶原蛋白固有的生物吸收性、细胞黏附性、促进新细胞形成、促进上皮细胞形成和生物兼容性，而且具有无病毒隐患、水溶性、可加工性和低排异反应等创新特性。类人胶原蛋白的创新特性，彻底弥补了动物胶原蛋白的不足，拓展了胶原蛋白生物材料的应用领域，促进了多个相关行业的发展。

专利名称：一种二维条码编解码方法
专 利 号：ZL200410022052.5
专利权人：武汉矽感科技有限公司

一、新颖性、创造性、实用性

GM是Grid Matrix的缩写，中文名为“网格矩阵码”，GM二维条码是我国唯一一个“四标”合一的二维码码制，武汉矽感科技有限公司拥有完全自主知识产权。GM网格码是一种正方形的二维码码制，该码制的码图由正方形宏模块组成，每个宏模块由6乘6个正方形单元模块组成。网格码可以编码存储一定量的数据并提供5个用户可选的纠错等级。该技术的全球领先性在于：在纠错等级允许的前提下，任何区域被污损都不影响识读。网格矩阵码具有纠错能力较强等特点，较适于在我国物品标识、单据、证照等领域推广应用，其国家标准的制定能够促进我国自动识别与数据采集技术行业与国家信息化建设的发展。

本专利的实用性方面：(1)本专利技术已成功应用于以GM码技术为核心、“从农田到餐桌”全环节追溯的“生鲜肉菜食品追溯二维码信息服务平台”，提取了生鲜肉食品种植、加工、流通、消费等供应链环节消费者关心的公共追溯要素，形成生鲜肉食品安全监控数据库，并对监控数据进行风险评估，做到对食品安全问题“早发现，早处理”；(2)本专利技术已成功应用于税务领域中，成功在京东商城启动电子发票试点，中国内地电子商务领域的第一张电子发票正式诞生；(3)本专利技术已成功应用于为机要信函涉密载体二维条码应用项目开发的定制码(SCDCC码)中，并正式颁布为强制性国家标准；(4)本专利技术已成功应用于创新“互联网＋”旅游模式中，通过应用矽感二维码技术，将旅游景点门票数字化、营销无限化、运维智能化，已成功建设了一大批包括九寨沟、黄山、龙门石窟等在内的数字景区、智慧景区。

二、社会效益状况

(1)打破了国外二维条码标准和设备对中国市场的垄断，保证了国家商品领域的信息安全。(2)该二维条码的推广将解决政府公文数字化和数据采集自动化的问题，将使政府的信息化管理和监督事半功倍。(3)在移动运营领域推广二维条码将使运营商的增值业务跨上一个新的台阶。(4)在食品药品生产流通领域的应用是对国家“促进信息化与工业化融合，走新型工业化道路”政策的贯彻和落实，是两化融合的创新实践，具有很好示范作用。(5)对我国民族自动识别产业产生强烈拉动作用。

三、行业影响力状况

GM码，2006年成为信产部的行业标准，2008年成为国际标准，2011年成为我国军用标准，2012年成为国家标准，从此，我们中国人有了我们自己的二维码，打破了国家标准用外国二维码的历史。二维码作为互联网的最佳入口已是业界共识，安全接入、快速解析是二维码应用有序、安全保障和科学发展的基本要求。本专利技术目前在安全追溯领域已产生了积极的市场反响。手机与二维码的结合，更是进一步拓展了GM码的应用价值，促进了行业的融合。GM码在人们的日常生活中已有了日益广泛的应用，当前，GM码融入了物联网、移动互联网、电子商务和云计算四重概念，未来市场规模巨大，GM码必将得到更大规模的应用。

专利名称：超宽带双频合路器
专 利 号：ZL200710027110.7
专利权人：京信通信系统（中国）有限公司、京信通信系统（广州）有限公司

一、新颖性、创造性、实用性

本专利技术方案提出了一种超宽带双频合路器。本发明专利技术通过两个射频通路中的同轴谐振子带通滤波器的腔体结构的改进，以及所述同轴谐振子带通滤波器与直流通路之间的连接部件——隔直流电容结构的改进，显著地减小了合路器的体积，增加了两路射频通路的隔离度，增大了合路器的功率容量，同时改善了合路器的无源互调指标。本发明的技术方案可利用现有的2G站址资源和天馈系统资源，实现对不同系统的信号进行分合路，快速建设3G、4G以及未来5G网络，以达到节省馈线、简化系统和降低成本的目的。因此，具有新颖性和创造性的超宽带双频和多频合路器是移动通信系统解决多系统共享系统资源的关键性技术，是解决2G、3G、4G和未来5G等通信系统共站址、共天馈资源建网的基础性专利。为对本发明专利的新颖性和创造性作出客观评价，检索分析了本发明专利申请日之前的现有技术，经比对，本发明专利技术方案不属于现有技术或抵触申请，主要技术特点突出，有显著的技术进步，具有新颖性和创造性。

该发明专利已获美国授权，并在专利标准化方面形成了从无源器件总体技术要求到部件测试等四项行业技术标准，其中三项已经发布实施，成为引领射频器件领域行业技术进步的核心专利技术。

本专利技术解决了多系统共站址、共天馈系统资源的关键技术问题，代表了移动通信多系统组网的先进技术水平。本专利的技术方案减小了合路器的体积，改善了合路器的隔离度，增大了合路器的功率容量，并改善了合路器的无源互调指标。合路器的其他技术指标也保持了良好的效果，具有积极的技术效果。

本专利技术所提出的超宽带双频合路器，结构简单，易于批量生产。可通用于2G、3G、4G，以及未来5G等不同频段的系统之间共址建站，共享天馈资源，广泛应用于基站建设、大型场馆信号覆盖、室内分布系统、RRU射频拉远覆盖系统等各种场所，创造良好的社会效益和经济效益，具有良好的实用性。

二、社会效益状况

该发明的研制和应用推广，填补了我国相关领域的空白，打破了国外产品在国内市场的垄断地位，有力推动了我国2G、3G和4G移动通信网络的建设和进一步发展，在科技进步、劳动就业、提高人民物质文化生活水平及对促进社会发展等方面起到了明显的推动作用，创造了显著的社会效益。(1)满足新一代通信系统市场需求，推动移动通信产业化建设，促进信息化发展。(2)积极创新，开拓国际市场，推动我国移动通信技术和产业向世界先进水平跨越。(3)打破国外射频无源器件厂商技术垄断，保持技术先进性，振兴民族企业。(4)提高全社会的运行效率，节约社会运行成本，促进社会经济协调发展。(5)专利技术实施，有效降低成本，适于产业化运用，创造良好社会经济效益。

三、行业影响力状况

本发明专利通过同轴谐振子带通滤波器和分布参数式隔直电容，在实现宽带合路、全面提升合路器性能指标同时，实现直流/低频信号通路和射频信号通路间的相互隔离，为合路器的功能拓展、推广应用和多系统共站址、共天馈资源创造技术基础。

本发明专利是新一代移动通信网络的重要组成部分，技术高度处于行业领先地位，其实施对无源器件行业的发展及技术趋势产生重大影响。

专利名称：人乳头状瘤病毒基因分型检测试剂盒及其基因芯片制备方法
专 利 号：200710030723.6
专利权人：潮州凯普生物化学有限公司

一、新颖性、创造性、实用性

本发明公开了一种具有与人乳头状瘤病毒HPV DNA互补的核苷酸序列的探针和含有该探针的基因分型检测试剂盒及其基因芯片制备方法。该探针选自SEQ ID Nos：1－21和与SEQ ID Nos：1－21互补的序列。该试剂盒包括一个基因芯片，其上带有至少一个上述探针、标记有生物素点的DNA序列、带有编码β－球蛋白部分的DNA序列，各种选自MY09/MY11的引物。该试剂盒的基因芯片通过DNA探针的制备，固定探针，利用氢氧化钠停止反应等步骤制得。

发明人利用本技术方案，研究开发了人乳头状瘤病毒（HPV）分型检测试剂盒。该试剂盒取得国内有关HPV检测的第一张药品注册证，填补了国内HPV检测的空白。技术产品以公司研究开发的21种采用基因扩增技术及导流杂交原理，通过反向点杂交检测扩增产物与包被有型特异性探针膜杂交结果，采用碱性磷酸酶系统定性检测，从而对21种HPV基因型（6、11、53、16、18、31、33、58、35、39、45、51、52、56、59、66、68、42、43、44及CP8304）进行分型检测。用于临床尖锐湿疣体表面脱落细胞、妇女宫颈细胞及宫颈粘液标本中21种HPV病毒DNA的分型检测。该产品上市以来，已广泛用于宫颈癌早期检测，带动、推进了国内人乳头状瘤病毒核酸分子诊断技术的发展。北京大学附属第一医院、广东省妇幼保健院等国内著名的妇产科医院是最早使用该产品的医院，积累了大量的临床应用数据，在数十万例的临床检测样本中，发现HPV阳性感染病例数万人份，检测出宫颈癌患者数万人，取得了重大的医疗价值。该产品截至目前累计使用量已超过1000万人次，为中国广大妇女进行宫颈癌早期检测提供了先进的检测方法，为妇幼健康作出了积极贡献。

二、社会效益状况

该专利在宫颈癌防治中的应用取得良好的社会效益，自开展临床应用推广以来，已累计为1000万人次的妇女进行宫颈癌检测。受检妇女中，HPV阳性感染患者数百万人，宫颈癌早期患者数以十万计。国内外科研机构、临床医院使用本发明检测技术平台，先后发表了300多篇学术论文，其中被国际SCI收录超过30篇，开展的项目覆盖国家“863计划”和“973计划”。2009年开始，由国家卫生部组织，中国医师协承接，潮州凯普生物化学有限公司积极参与支持，在全国组织开展了600场基层医生培训工作，累计对15万基层医生进行培训，提高了基层医生诊治妇科疾病的水平，取得了良好的社会效益。

三、行业影响力状况

本发明相关技术指标处于国际先进水平。随着HPV检测技术的推广，世界众多临床机构，包括美国妇产科协会（ACOG）、美国癌症协会（ACS）、生殖健康专家协会（ARHP）、美国阴道镜和宫颈病理协会（ASCCP）、世界卫生组织国际癌症研究所（IARC WHO）、中国宫颈癌筛查及早诊早治指引、欧洲生殖道感染和肿瘤研究组织（EUROGIN）等都逐步把HPV检测作为宫颈癌筛查方法，甚至是首选方法。本发明产品在上市之后，大力宣传和推广HPV分型检测的临床意义，打破了国外产品对该行业领域的垄断。先进的技术和良好的性价比使得凯普的产品市场份额逐渐增大。同时也带动了国内 HPV 行业的技术进步和发展，截至 2015 年底，参与 HPV 研究的同类行业超过十家，形成了多元化的 HPV 技术检测平台。

专利名称：一种干熄炉专用供气装置
专 利 号：ZL200710158949.4
专利权人：中冶焦耐工程技术有限公司

一、新颖性、创造性、实用性

本发明专利公开了一种干熄炉专用供气装置，该装置是实现干熄焦大型化、高效化和长寿化的核心设备。本发明创造性地将三维立体布风技术、组合式焦炭均匀下降技术和耐磨保护技术集成于一体，研发出一种全新的干熄炉专用供气装置，实现了干熄焦大型化、高效低成本运行和长寿化的重大技术突破，并已完全实现了工程化应用，全面应用于处理能力为 70t/h～260t/h 的 10 余种不同规模的干熄焦工程。

目前，本专利技术已成功应用于国内外 77 个工程的 94 套干熄焦。内容涉及本发明专利的技术咨询、设计、EPC 总承包的合同金额为 1 003 103 万元。其中，干熄炉供气装置的合同金额为 118 661 万元。产品得到宝钢、鞍钢、武钢、攀钢等国内大型钢铁企业的一致好评，并已应用到印度 JSW 干熄焦工程。应用本专利技术的干熄炉吨焦冷却气量从 1500m^3 下降到 1200m^3，这标志着我国干熄焦的主要技术经济指标达到国际先进水平。在此基础上研发的 70～260t/h 系列干熄焦，使我国实现了干熄焦的大型化、高效低成本运行和长寿化。采用本专利技术的广大钢铁企业取得了显著的社会、经济和环境效益。

二、社会效益状况

本发明专利解决了制约干熄焦大型化、高效低成本运行和长寿化的关键技术难题，实现了干熄焦技术及设备的国产化和系列化，节省了建设投资和运行成本。截至 2015 年底，本专利技术已应用于 77 个工程的 94 套干熄焦，焦炭处理能力达到每年 11 563 万吨，产生了十分可观的社会效益。

三、行业影响力状况

以本专利为核心干熄焦大型化技术解决了焦炉大型化的技术瓶颈问题，使我国炼焦工业综合技术水平跻身于国际先进行列，也为我国钢铁工业的结构调整提供了有力的技术支撑。以该项专利技术为核心的干熄焦技术也奠定了公司在该领域的行业引领地位。

专利名称：裂缝储层含油气饱和度定量计算方法
专 利 号：ZL200910087474.3
专利权人：中国石油天然气股份有限公司

一、新颖性、创造性、实用性

本专利发明突破固有理论认识，在国际上首次提出用井下密闭取芯饱和度值和基质电阻增大率实验曲线作为边界刻度进行裂缝饱和度准确模拟这一关键性原创科学思路，发明了在实体地层饱和度点线约束条件下定量计算裂缝饱和度的方法，解决了一个长期悬而未决的世界难题，填补了行业空白，推动发展了测井学基本理论，得到国际同行的高度认可，在获得中国发明授权的同时，还获得了美国、俄罗斯和澳大利亚三个地球物理勘探一流强国的发明专利授权（附件 8～10），这在中国测井 87 年发展史中尚属首次。更重要的是，以本专利为核心形成的火山岩、碳酸盐岩评价技术体系及大型测井软件 CIFLog 为我国东部和中西部整装特大型气田的勘探开发作出了突出贡献，经济社会效益十分显著，2008 和 2014 年先后两次荣获国家科技进步奖（附件 21～22）。

本专利及其延伸技术直接为大庆油田 2005 年提交 1018.68 亿立方米天然气探明

地质储量、2006 年新增控制天然气地质储量 768.76 亿立方米以及 2007 年提交 1038 亿立方米天然气探明地质储量作出了直接贡献。根据大庆油田最新规划，未来十五年再探明天然气 6000 亿立方米，实现天然气 7000 亿立方米规模，到 2030 年再提交 3000 亿立方米天然气，达到天然气 1 万亿立方米规模；到 2060 年再探明天然气 3000 亿立方米，达到天然气 1.3 万亿立方米，应用前景非常广阔。

二、社会效益状况

(1)为缓解中国石油能源紧张状况作出了突出贡献。应用该专利技术成果为大庆油田 2005 年提交 1018.68 亿立方米天然气探明地质储量、2006 年新增控制天然气地质储量 768.76 亿立方米以及 2007 年提交 1038 亿方天然气探明地质储量作出了直接贡献，从而为缓解西气东输气源紧张状况提供了最有力的技术支持，为保障沿线城市的工业生产和居民生活，尤其是为改善北京市的能源结构和环境质量作出了巨大而默默无闻的贡献。(2)为中国测井事业的发展培养了优秀技术人才。本专利研究团队及重点实验室共培养硕士、博士及博士后研究人员 56 名。同时，以该专利技术为核心的大型复杂储层高精度测井处理解释系统 CIFLog 软件先后被北京大学、同济大学、吉林大学、中山大学、中国石油大学、中国矿业大学、长江大学和荷兰代尔夫特等 17 所境内外高校用于教学科研，收到非常好的社会反响。(3)为中国其他类型油气藏勘探开发及国家实施“一带一路”建设提供了重要的技术借鉴。

三、行业影响力状况

该专利解决了一个长期悬而未决的世界难题，填补了行业空白。本专利发明将裂缝饱和度由原来的定性评价提升到定量计算，这是测井技术行业一次跨越式的发展，推动发展了测井学基本理论，因而得到国际同行的高度认可，在获得中国发明授权的同时，还获得了美国、俄罗斯和澳大利亚三个地球物理勘探一流强国的发明专利授权，这在中国测井 87 年发展史中尚属首次。此外，该专利发明对相关领域基础研究也具有较强推动作用。

专利名称：一种真空蠕变校形炉
专　利　号：ZL201020214751.0
专利权人：宝钛集团有限公司

一、新颖性、创造性、实用性

该专利技术为国内首创，技术水平达到了国际先进水平。其特点主要体现在以下几个方面。

(1)校形能力大大提高。(2)设备结构新颖。采用软盖式炉体结构，利用大气压力使钛板材在炉内一次完成蠕变校形和退火热处理。(3)设备在温度变化过程中变形控制原理先进。炉底钢平台采用水冷式结构，在升温和降温过程中变形小且只沿水平方向作很小的滑动而平面度不变，座落于其上的多块陶瓷平台由于上盖及工件的约束以及高温润滑剂的作用相对于炉底平台只滑动不伸缩，始终保持工作台面的整体性和平面度，工作平台作为校形基准从而保证了钛及钛合金板材的校形效果。(4)工作原理新颖。利用多台水循式真空泵组合形式，结合水冷式换热器，采用加厚塑料膜进行炉体密封，完成炉体在整个蠕变校形和退火热处理过程中抽除气体和保压。(5)控制技术先进。在该炉型上首次采用计算机集散控制(DCS)技术，通过对数据集中管理，利用计算机对加热器分散控制，代替了以往的仪表控温，提高了控温精度。(6)冷却方式新颖。在炉体降温过程中利用水环式真空泵对炉体冷却管路抽气进行快速冷却，相对于以往的压缩空气风冷方式减少了压缩空气消耗，降低了压缩空气系统压力波动对其他设备的影响。

该专利技术已应用于工业化生产，设

备运行可靠，技术性能稳定。截至 2015 年底，用真空蠕变校形炉已处理钛及钛合金板材 6700 多吨，板材的平直度、残余应力等得到有效控制，产品质量达到 AMS4911H、IL－T－9046J、BMS7－380、BMS7－347、AIMS03－18 和 ASTMB265 等国际宇航先进标准和波音、空客等企业板材标准要求，满足国内外宇航用户使用要求，为企业创造了巨大的经济效益。

该技术的应用，有效解决了宇航用高性能钛合金板材校形、残余应力控制等难题，使国产钛及钛合金板材质量达到了国际先进水平，解决了多年来制约航空应用的瓶颈问题，满足了航空领域需求；产品已先后通过波音、空客等国际知名航空企业的认证，批量稳定出口到波音、空客等公司。

二、社会效益状况

真空蠕变校形炉的建成及应用，对我国钛加工技术和航空技术的进步作出了重大贡献，有效解决了钛及钛合金板材校形、去除残余应力及材料除气等难题，使国产钛及钛合金板材质量达到了国际先进水平，解决了多年来制约航空应用的瓶颈问题，满足了航空领域需求；产品还已通过质量认证，批量稳定出口到波音、空客等公司。该专利技术的投入使用，提高了企业的管理水平，设备投入以后整个钛合金板材的工艺有所改进，减少了打磨和酸碱洗工作量，进而减少了工业生产对环境的污染，改善了工人的劳动条件，提高了安全生产水平，对国家重大项目提供合格的材料保障了国家和公共安全，产品质量的提高对人民文化生活水平、消费习惯等方面也起到了促进作用。

三、行业影响力状况

该专利技术的研制成功，使宝钛集团掌握了设计制造真空蠕变校形炉的技术，并且逐步配备了数台这种对钛及钛合金板材进行校形的先进设备，使企业的加工手段提高到了国内独有、国际先进的技术水平。这台设备的投产，使宝钛集团的钛及钛合金板材加工技术有了较大的提升，确立了企业在国内钛加工行业中的领先地位，不仅满足了国内航空材料、军工等方面的订货需求，还为国外客户提供了大量的优质产品。

专利名称：无模铸造成形机
专 利 号：ZL201110127890.9
专利权人：机械科学研究总院先进制造技术研究中心

一、新颖性、创造性、实用性

以本发明专利数字化无模铸造精密成形机为核心，发明了一种复杂铸件无模复合成形制造的方法，采用发明的型砂配方、刀具、软件控制系统及成形设备等进行砂型挤压、切削/打印一体化无模成形制造，实现了多材料、多工艺与多工序复合，改变传统模具翻砂造型，高效制造出高品质铸件。大幅度缩短流程，提高复杂件制造精度，推动铸造技术发展。经过近 10 年创新研究和上万小时刀具成形实验，完成 7 类设备、软件开发和 3000 多种零件应用。发明了适用于复杂铸件的复合铸型及型砂材料配方，砂型/砂芯高速高精挤压、切削/打印一体化复合成形制造工艺方法，多喷嘴随动排砂装置、大长径比空心立铣刀，数字化砂型柔性挤压成形机、系列化数字化无模铸造精密成形机、砂型/芯在线检测系统等关键装备及其控制软件系统，创建了数字化无模铸造岛，可用于树脂砂、水玻璃砂、覆膜砂、陶瓷等多种铸型制造，最大成形尺寸 5000mm×3000mm×1000mm。

本发明所述的无模铸造精密成形技术克服了传统制造工艺中存在的制模周期长、尺寸精度低、加工余量大、成形质量差、手工操作劳动强度高、生产工序多、重复性和稳定性差等问题，实现了大型复杂金属件制造过程的数字化、精密化、自动化、绿色化。已在航空航天、国防军工以及汽车等领域实现了广泛应用。

二、社会效益状况

本发明专利是一种典型的节能节材、绿色智能制造技术，节省大量木材、金属模具、型砂等材料；型芯直接加工制造，取消了拔模斜度，不需要工艺补正量，减少了零部件设计中加工余量，节省了原材料消耗，从而减少对森林资源的破坏以及能源资源的消耗；提高了自动化水平，大幅降低了劳动强度；缩短了铸造流程，实现了大型、复杂、高精度、壁厚悬殊铸件的短周期、高精度、高质量、低成本制造。本发明与传统铸造相比，铸件平均开发时间由100～120天，缩短为10～15天；加工费用由几十万元降低到几万元；铸造精度等级由CT13－15提高至CT8－12。省去模具制造工序，节省模具费用，降低了企业新产品开发成本，缩短产品开发周期，大大提高了企业的市场竞争力。

三、行业影响力状况

目前本技术成果已在中国航天科工、一汽铸造、中国一拖、广西玉柴、西班牙TECNALIA研究院等115家单位获得推广应用，在北京、山东、广西、吉林、河南、江苏等建立10个应用示范基地，生产、销售设备69台，并出口西班牙1台。复杂铸件无模复合成形技术与装备是一种全新的大型、复杂、高质量铸件制造所需的关键技术和设备，推动传统行业数字化、精密化、智能化、绿色化制造，引领了国际数字化铸造技术发展，对维护国防安全，推进国家重大工程实施，促进重大技术装备自主化，提升传统制造业技术水平及绿色化，推进工业化与信息化融合，具有重要促进和支撑作用。在航空航天、国防军工、汽车、轨道交通等领域具有极为广阔的应用前景。

专利名称：一种银杏叶组合物及其制备方法

专 利 号：ZL201110258734.6

专利权人：黑龙江珍宝岛药业股份有限公司

一、新颖性、创造性、实用性

本发明专利属于心脑血管疾病中药治疗领域的重大科技进步，其保护一种银杏叶组合物及其制备方法，明确了组合物含有24%～39%总黄酮醇苷、6.5%～18%银杏内酯、2%～5%白果内酯、6%～15%总氨基酸、6%～18%总糖，且银杏酸少于百万分之三。

本发明专利的银杏叶组合物中含有大量的聚异戊烯醇类、水溶性多糖、氨基酸类成分，该类成分对黄酮类和内酯类成分的功效具有显著的协同、提高作用，同时还具有显著的抗辐射等功效。本专利解决的是提取一定比例的黄酮与内酯有效成分，有效去除烷基酚酸类有害物质，各批次间有效成分含量稳定的技术问题。通过对提取工艺的选择和控制，达到了可同时提取一定比例的黄酮与内酯有效成分，有效去除烷基酚酸类有害物质，各批次间有效成分含量稳定。缩短生产时间，避免污染。收率高，杂质少。对静脉栓塞引起的疾病有显著疗效，应用安全。

本发明专利“一种银杏叶组合物及其制备方法”技术方案成熟，基于该专利技术，以开发出的治疗药物“舒血宁注射液”（批准文号：国药准字Z23022003），专利权人生产的核心品种。该专利技术自应用以来，最终实现了舒血宁注射液中药注射剂大品种整体技术含量及品质的提升。大幅度提升了产品的安全性、稳定性，保证了患者用药的安全性，进而拉动了产品相关的上游中药材种植产业发展，增加了当地的就业及税收的增长。

二、社会效益状况

本发明专利通过提取方法的变革，可同时提取一定比例的黄酮与内酯有效成分，有效去除烷基酚酸类有害物质，各批次间有效成分含量稳定。缩短生产时间，避免污染。收率高，杂质少。对静脉栓塞引起的疾病有显著疗效，应用安全。在解除患者病痛的同时，产品生产每年形成中药材的需求，在药用包装材料产业上形成 2ml 瓶 7672 万支、小盒 409 万个、大箱 22 600 个；5ml 瓶 7388 万支、小盒 1149 万个、大箱 85 817 个。因而该产品生产后将会一定程度拉动这些产业的发展，本产品生产直接提供了上百个就业岗位，而间接提供的相关辅助行业就业机会也大大提高了该专利和产品的社会效益。由于技术的改进，生产管理规范，本产品的生产对环境无破坏、污染情况，符合国家绿色环保的要求。

三、行业影响力状况

本发明专利产品研发成功，率先解决了中药注射剂组成明确、机理清晰的问题，经过自主创新和技术攻关获得了创新成果银杏叶组合物，并实现了产业化，这是近年来行业技术发展的一个重要突破，体现了中药在心脑血管疾病治疗方面的独特优势。因此，本发明专利转化产品舒血宁注射液在医院终端的心血管疾病用药中占据了重要地位，连续多年份额都在 40%以上。近年来，随着对中药在疾病治疗方面的重新认识，舒血宁注射液已跃升为心脑血管疾病的一线药物，也为我国中成药产业化起到示范作用，推动了中药市场的发展。

专利名称：轻轨车辆及其铰接式转向架
专 利 号：ZL201110271979.2
专利权人：中车株洲电力机车有限公司

一、新颖性、创造性、实用性

本发明专利中球铰由套环、芯轴、球面轴承、弹性组件等组成。上球铰与下球铰在水平投影面内，位于车体中心线两侧的球铰芯轴的垂线夹角范围在 30～50 度。两球铰的芯轴延长线相交于转向架的旋转中心。这是首创设计，极大地减小了抗侧滚装置中球铰的受迫性偏转角度，解决了球铰偏转角度大带来的寿命减小、异响噪音等现象，提高了车辆的运行品质。该专利创新设计了抗侧滚拉压杆的上杆、下杆及各自的螺母、螺筒上下不对称结构，将直径最大的部分避开了构架侧梁侧，解决了轻轨车辆动力转向架中布置抗侧滚装置的难题。本专利创新设计了一种新型空气弹簧，它包括面板、气囊和辅助弹簧，以及设于辅助弹簧底部的平板橡胶堆。该空气弹簧通过对辅助橡胶堆的特殊结构设计，与橡胶气囊串联组合。这种设置在辅助弹簧底部的平板橡胶堆是首创设计，该平板橡胶堆在应力作用下产生横向变形，从而增大传统空气弹簧的横向偏移量。本专利创新设计了摇枕与三环回转支承组合的铰接结构，回转支承的中圈与摇枕固定，内圈和外圈分别通过连接臂与不同的车体连接。这种摇枕与回转支承组合结构解决了两个车体在同一个转向架的侧滚、偏转、点头、摇头难题，从而实现了车辆铰接技术。此外，本专利创新设计了用于轻轨车辆悬挂装置的锥形橡胶弹簧，该锥形弹簧的顶端与构架固定连接，底端连接在轴箱体上。锥形橡胶弹簧利用金属与橡胶硫化在一起，其刚度可以通过控制橡胶量来实现，解决了轻轨车辆通过小曲线时的一系、二系悬挂参数匹配问题。

本专利的实施实现了产业的飞速发展并带动了轻轨车辆的强势出口。随着市场订单的开发，轻轨车辆及其铰接式转向架技术得到快速发展和批量运用，目前本发明专利技术已经应用到南宁地铁 1 号线、郑州地铁 2 号线、长沙地铁 1 号线、广州地铁 7 号线、广州地铁 9 号线、宁波地铁 2 号线、储能式电力牵引轻轨车辆等国内地铁项目。同时，该转向架技术也成功应用在了土耳其伊兹密尔轻轨车辆项目、土耳其伊兹密尔轻轨车辆增购项目、马来西亚安邦线轻轨车辆项目以及马来西亚安邦线轻轨车辆增购项目等国外地铁项目，打破了法国、德国、日本公司在该领域的垄断地位，提升了我国轨道交通装备制造业和产品配套产业的国际竞争力。采用本发明专利技术的车辆数量达129列车，转向架数量达1479台，单台转向架最高运行548 090公里。

二、社会效益状况

（1）填补国内空白，搭建具有国际竞争力的轻轨车辆铰接式平台。本专利技术产品车辆经试验和运营表明，其技术先进，具有良好的动力学性能及舒适性和平稳性，构建了我国铰接式轻轨车辆的平台，填补了国内铰接式轻轨车辆的空白。轻轨车辆及其铰接式技术实现了多个首创，总体技术居国际领先水平，具有划时代的意义。（2）拉动区域经济，实现相关配套产业腾飞。本发明专利产品相关技术已应用到了国内相关B型车平台地铁产品。如南宁地铁1号线、郑州地铁2号线、长沙地铁1号线、广州地铁7号线、广州地铁9号线、宁波地铁2号线等项目转向架及车辆。同时实现了出口，出口到了土耳其、马来西亚等国家。不仅极大地促进了这些区域经济的有力发展，为城市提供了极大的交通便利。而且该专利技术实现了产业化，带动了一大批行业的发展。（3）节能降耗，绿色环保，推动环境保护建设。本发明专利技术，车辆采用的是Bo－2－Bo配置模式，车辆可以实现任意组合的编组。车辆可以实现双向行驶，客流高峰采用长大编组，客流低谷可以采用短编组。极大地节约了能源，避免浪费，减少了城市的碳排放，有力地保护了环境，绿色环保。（4）节约土地成本，实现国有资产有效增值。本发明专利技术因为车辆具有的铰接功能，车体和转向架之间能实现较大的转角而能通过很小的曲线，能极大地减少城市建设的拆迁工作量，减少对城市现状的破坏程度，节约大量的拆迁成本。本专利技术的应用非常明显地减小了车辆场段的建设面积，可以显著节省城市中寸土寸金的用地面积，节约车辆场段的建设成本。（5）培养专业技术人才，提供重要技术支撑。与本发明相关的一系列铰接式转向架的成功研制，奠定了中车株洲电力机车有限公司在轻轨车辆铰接式转向架设计、制造工艺、质量控制的技术基础，形成了轻轨车辆铰接式转向架的自主创新能力，为开发我国的轻轨铰接式车辆提供了技术和人才支撑。

三、行业影响力状况

该专利技术在国内B型车平台地铁产品以及出口土耳其伊兹密尔轻轨车辆、马来西亚安邦线轻轨车辆项目上的成功实施，打破了法国、德国、日本公司在该领域的垄断地位，推动了我国轨道交通装备制造技术的发展，提高了产业的自主发展能力和整体技术水平，更重要的是提升了我国轨道交通装备制造业和产品配套产业的国际竞争力。

专利名称：多约束多航天器飞行间距预示及碰撞规避方法
专 利 号：ZL201210543834.8
专利权人：北京空间飞行器总体设计部

一、新颖性、创造性、实用性

本专利发明采用最恶劣作用力分析模型对航天器与非合作目标的飞行间距进行预示，不仅解决了航天器在空间飞行中姿态控制作用力大小和方向的不确定性条件下的建模问题，而且保证了最小飞行间距预报的有效性和安全性。针对多约束多航天器飞行中存在碰撞风险的情况，本专利提出了一种使用小推力器进行轨道机动的碰撞规避措施，不仅沿用了航天器原有的控制模式，而且避开了大推力发动机工作的众多限制条件。此外，综合考虑测控约束条件的约束及轨道机动量，提出选用执行机构的原则，即使用该执行机构的测控操作尽量简单，该执行机构能在尽可能短的时间内使航天器的距离拉开至目标距离。

我国某首发中高轨道一箭双星发射卫星成功应用该专利准确预示了星箭分离后双星的空间距离（未采取措施前，双星间的最近距离预计值仅 100 米，碰撞风险很大）以及各物体间的相对位置关系；采取最简单可靠的测控操作进行一次小量的轨道机动，将双星间的最近距离提高至十公里量级，有效规避了双星飞行过程中发生碰撞的风险。

二、社会效益状况

本项目已成功应用于北斗导航系统多次一箭双星发射任务中。北斗导航系统为我国首次进行混合星座组网，其中的某类组网卫星采用一箭双星发射。本专利针对一箭双星发射星箭分离后多目标碰撞预示及规避的难题，在测控资源受限，且航天器姿态随机控制等约束条件下，首次采用多约束多航天器的空间距离预示方法准确预报了双星的空间距离，设计了碰撞风险规避飞控实施方案，使双星最小距离由约 100 米变为大于 40 公里，实现了以最简单可靠的测控操作确保双星飞行安全的目标。为北斗导航系统的快速成功组网起到了至关重要的作用，而卫星导航系统是当今世界国民经济和国防建设不可或缺的重要空间基础设施，对国家经济的发展，甚至世界导航事业的发展都具有重要意义。

三、行业影响力状况

本专利的成功应用，可有效降低空间多个目标的碰撞风险，为我国一箭多星发射的成功实施奠定了基础，必将有力促进我国大型星座快速组网技术向更高水平发展，在我国航天事业发展中具有里程碑意义。

专利名称：平面回波成像序列的图像重建方法

专 利 号：ZL201310072198.X

专利权人：上海联影医疗科技有限公司

一、新颖性、创造性、实用性

本发明技术在采集获取平面回波成像数据的同时，采集三条没有经过相位编码的参考回波信号；通过所述参考回波信号计算出需要对所述平面回波成像数据进行校正的参数；将所述平面回波成像数据沿读出方向进行一维傅里叶变换，并用所述校正参数进行校正，计算出校正后的平面回波成像数据；对校正后的平面回波成像数据沿相位编码方向做一维傅里叶变换得到图像。

本发明技术方案属于临床高级应用序列平面回波成像技术的一部分，目前已经应用到专利权人的磁共振产品中，临床效果显著，极大地提高了病灶诊断的准确性，具备极强的实用性。

二、社会效益状况

本发明技术涉及的 1.5T、3.0T 国产磁共振设备，与国际品牌的产品价格相比，其产品约比进口同类设备低三成，在设备生命周期内采购和维修服务总价格要低五成甚至更多。在反复试用与临床试验中，联影产品均表现出一流的稳定性和优异的图像质量，具有超高的性价比。在图像高级分析应用方面，具备仿真内窥镜、图像拼接、波谱分析、动态分析、乳腺分析、联合神经、图像融合、心功能分析、心肌灌注分析、心肌活性分析、流量分析、脑灌注、血管分析等众多高级应用，不输于国外的同等产品，甚至在一些高级应用中有更优的表现。联影产品的产业化生产必将改写国内高端医疗设备产品定价受制于跨国公司的不利局面，为国际国内市场整机价格带来大幅下降。

三、行业影响力状况

本发明项目的1.5T磁共振产品将国产磁共振设备提升至国外产品同一水准，各项性能指标都达到同行业领先水平，而3.0T超导磁共振设备填补了国产高磁场超导磁共振领域的空白，高磁场超导磁共振设备相比于低磁场设备，能够提供更佳的图像均匀性、更高的图像分辨率、更快的扫描速度和更少的图像伪影，使诊断更加快速、成像清晰、运行安全。产品的推出打破了国人对传统国产产品以仿制、改进为主，无法研制出高技术含量产品的固有思维。

本项目涉及的技术方案，实现了平面回波成像序列（EPI）的图像伪影的去除以及图像变形的校正，并且没有延长平面回波成像序列（EPI）的采集时间，保持了平面回波成像序列能够进行超快速成像的特性。本发明技术方案对于平面回波成像序列领域的技术难题是一次重大的突破，具有非常高的经济价值与社会价值。

专利名称：一种电机端盖和一种电机
专 利 号：ZL201310366713.5
专利权人：中车株洲电机有限公司

一、新颖性、创造性、实用性

本发明专利公开了一种电机端盖和一种设置有该电机端盖的电机，突破原型电机结构限制，端盖本体上设有一种盒式气压平衡通道（由防砂盒与盖板装配而成），用于平衡电机内部负压，实现电机轴承润滑油密封效果。同时该盒式气压平衡通道入口垂直地面向下，避免车底携带砂尘的走行风直接灌入污染轴承润滑环境，且盒内设有多道挡砂梁，当空气在多个挡砂梁构成的弯曲气路中流动时，空气中的砂尘与挡砂梁发生多次撞击而被有效阻挡，并通过落砂通道排出，起到良好防砂效果，改善电机轴承润滑环境，提高电机应用可靠性。

（1）该专利技术原理简单巧妙，实施方案易于工程化。本技术方案的实施，并不需要改变电机端盖主体结构，防砂盒与端盖可通过整体铸造同步成型，生产工艺成熟稳定，易于量产和工程化，成本经济。盒体与端盖一体化设计，结构巧妙，体积小巧，较好克服车底电机安装空间限制。采用可拆卸盖板式设计，装配简易牢靠，独立实施性佳，配套技术依存度低，便于电机日常维护检修，易于清理。（2）技术性能成熟稳定，广泛应用成效显著。利用本专利技术，已批量应用于HXD1C机车、HXD1C高原车、HXD1神八机车、HXD1铁八机车、HXD1D机车等共计15 078台牵引电机，截至目前应用时间累计3年，技术应用成熟，性能发挥稳定，尚未发现相关结构缺陷或性能不足，成功解决了和谐型机车牵引电机轴承固死故障难题，有效遏制了牵引电机轴承固死恶性故障的进一步发展，牵引电机环境适应性显著改善，促进了电机高可靠性轴承润滑密封技术发展。

二、社会效益状况

随着电气化铁路里程的快速增长，直流客运电力机车的数量必然难以满足要求，迫切需要一种处于世界先进技术水平的交流传动客运电力机车来满足干线客运的要求并作为客运专线动车组的补充。而国内目前尚无功率大、牵引能力强、适用范围广的交流传动客运电力机车，该专利产品应用的160km/h客运机车牵引电动机年增长率超过50%，市场占有率60%以上，将有广泛的应用前景。本专利产品用牵引电动机将会带动相关零部件制造业的发展，形成专业化的零部件配套供应链，还为其公司和其他相关产业供应链创造了超过800个就业岗位，对增加社会就业机会、维护社会稳定有着积极的意义。

三、行业影响力状况

在成功构建六轴大功率交流传动电力机车设计平台的基础上，进行技术再创新开发轴功率1200kW、160km/h的六轴客运交流传动电力机车，不仅可以巩固此前技术引进消化的成果，也填补了国内六轴大功率交流传动客运电力机车的空白，适应铁路跨越式发展和技术创新的需要。牵引电机为电力机车的关键部件，以前一般依赖进口。该项专利技术目前已批量应用于HXD1C机车、HXD1C高原车、HXD1神八机车、HXD1铁八机车、HXD1D机车等共计15 078台牵引电机，成功解决了和谐型机车牵引电机轴承异常磨损问题，使电机轴承固死恶性故障得到了有效遏制，确保了电机运行安全，对提高整车运行稳定性、保障国家财产和公共安全起到了积极的促进作用。进一步的推广应用，将产生巨大的经济效益和社会效益，应用前景十分广阔。

第十八届中国外观设计金奖获奖项目简介

专利名称：汽车

专 利 号：ZL201230582123.2

专利权人：长城汽车股份有限公司

相对于现有设计中SUV粗犷、笨重、欠缺美感的造型，本专利产品的外观设计做得大气时尚，没有模仿、没有跟风，更多的是家族亲切感。行李架、镀铬中网、LED日行灯等应有的时尚元素一点不缺，细节的质感十分出色，同时也做出了自身特点和辨识度，整体给人深刻的印象。

本专利产品车型是国内首款采用百搭设计的车型，上下分色的车身配色设计，使消费者可根据自身喜好进行自主选择。精致、时尚的欧式风格外观，尽显现代潮流气息。车身呈流线型设计，侧面刀锋式腰线呈三条棱线排列，层次感强烈，运动感十足，超大尺寸的后视镜集成LED转向灯，锁车后可自动折叠，右后视镜盲区可视功能与哈弗标识的镭射迎宾灯，为同级独有配置；贴顶行李架与车身整体线条相一致，流畅饱满。车辆尾部遵循简洁美，整体采用了高腰线设计，LED光源高位刹车灯带有哈弗标识，醒目精致，浑圆的尾灯造型厚实，外形采用哈弗家族式设计，与尾部浑厚造型相吻合。

作为国内首款时尚百搭SUV，本专利产品不仅在国内赢得了热捧，在海外市场同样赢得了良好的口碑：入围智利"年度最佳SUV"。

专利名称：擦玻璃装置

专 利 号：L201330428867.3

专利权人：科沃斯机器人有限公司

本专利的外观设计要点在于：所应用于的产品具有单机工作和独有Smart Drive分体驱动系统的特点，基于产品卓越的技术特质，本专利运用夸张的手法把内外盘分置的技术特点从视觉上将内盘和外盘进行明显的分割，外盘为呈长方体、固定设置的清洁部，内盘为呈圆柱体、灵活转动的驱动部，清洁部及驱动部的布局设置高低错落、层次分明，并最大限度地提升处于外盘的清洁部的工作面积。在清洁部的顶部表面突设的4条筋板不仅向用户提供产品具有坚实和安全的信息暗示，而且更进一步地抓取用户注意力让其进一步关注到其所对应具有强大清洁效果的清洁部。手柄设置在驱动部的顶表面且纵贯整个驱动部顶部，将整机重量均匀分布于手柄两侧，符合人体力学设计，抓握操作轻松简便，有效提升产品应用的舒适感和档次感。一键式的启动设计，使得操作简便，造型简洁，达到“简约而不简单”的设计效果，具有未来科技感。

本设计在充分考虑了产品性能、使用场所和市场定位的前提下，产品造型不仅满足了产品的结构及性能要求，而且使产品达到了内外融合、整体呼应、和谐匹配的完美效果，整个外形硬朗并通过诸如对过渡线条等的柔和处理，使得整个外形刚柔并济、相得益彰，体现产品简约质感之美，充分展现出产品的人性化、科技化及时尚化。

专利名称：手机（Ascend Mate 3）
专 利 号：ZL201430089632.0
专利权人：华为终端有限公司

本专利产品的设计理念及设计要点有如下两大方面。(1)设计理念是简洁，在控制机身尺寸的情况下多采用金属材质。手机的正面设计、指纹识别模块的设计都是遵循这个原则。在该设计理念的指引下，遵循简洁自然的设计原则，去除所有不必要的装饰，干净利索的整体造型搭配大面积金属机身，以满足高端商务人士不凡的审美追求。(2)整体形态简洁；正面极窄边框设计，更多地利用有限空间，增加屏幕面积，极致视觉效果；背面指纹识别设计，与摄像头、闪光灯线条造型统一；全金属电池盖设计，大面积金属盖搭配极小面积天线。

正面屏幕遵循无边框的设计语言，充分扩展了屏幕视觉尺寸，为使用者带来无边框巨屏的惊艳体验，突出了本专利产品作为巨屏手机的亮点。背面机身巧妙的大面积应用冲压航空铝材＋CNC钻雕加工工艺，在保证较轻重量的同时极大地提升了整机的质感，和普通塑料手机相比更加彰显品质。

专利名称：飞行器
专 利 号：ZL201430178384.7
专利权人：深圳市大疆创新科技有限公司

本专利产品采用创新的机身变形设计，其高强度碳纤机臂即可带动四个螺旋桨在空中升起，带给使用者无尽的宽广视角，机身变形收起的起落架让相机360度无遮挡，让航拍者可以自由发挥想象力，以前所未有的方式演绎航拍。全新的13寸快拆螺旋桨采用轻盈坚固的碳纤复合材料，DJI专有的Z－Blade高效气动设计为其带来优秀的飞行性能和高稳定性。同时，本专利产品拥有可拆式云台，可支持升级DJI其他新设备。

本设计采用流线型的机身，加上可以升降的机臂，在天空中如鹰击长空。流线型的曲面使得风阻最小化，主要机构件为碳纤维，质量轻，强度大，电池和云台的中间布局设计可使飞机震动最小化，本外观设计实施产品内部拥有完美的飞行控制装置，可使飞行安全可靠。本专利产品被广泛应用到航拍、遥感测绘、森林防火、电力巡线、搜索及救援、影视广告等工业及商业用途，同时亦成为全球众多航模航拍爱好者的最佳选择。

专利名称：笔记本电脑（U430s）
专 利 号：ZL201330033017.3
专利权人：联想（北京）有限公司

专利权人根据来源于“dynamic journal”的设计灵感，创造出了“Journal”设计语言，并基于该设计语言设计出了U430s等相关笔记本电脑产品。

本专利产品采用“Journal”设计语言，具有独特的符号性，通过在后端设置一定的倾角，以及前端的反凹弧面设计，使得笔记本电脑在轻薄化、大尺寸的同时，兼顾便携性和实用性，开创了“Journal”设计语言的潮流。整体设计简洁明快，后端倾斜化设计浑然天成，前端反凹弧面设计自然得体，充满了清新、文艺的气息，恰似一本杂志，轻握手中，一方面表达对舒适、自由以及典雅大方的追求，另一方面，通过大胆创新，表达出了专利权人追求卓越，不懈进取的意志；其设计重点是在人机交互上的舒适度，其中采用的“Journal”设计语言使得笔记本电脑产品处于闭合状态时，在后端具有一定的倾角，这样其整体形状轮廓更加贴合人手掌处于握持状态时的轮廓，使得用户能够更加舒服地握持笔记本电脑；同时，将前端设计为反凹弧面，即前端壳体的最外侧相比内侧更加凸出，用户单指即能开启笔记本电脑，使得用户能够更加方便地翻开笔记本电脑。这样，用户能够获得最佳的使用体验。整体排布自然、合理，增加了设备握持时的稳定性，为设备的安全提供了保障。

（国家知识产权局专利管理司供稿）

国家工商行政管理总局商标局
2016 年度已注册和初步审定的地理标志商标名录

序号	商标名称	注册人	注册号	类别	商品	省份
1	丰台芍药	北京市丰台区花乡农业服务中心	17212897	31	芍药（自然花）	北京
2	鹿泉香椿	鹿泉市香椿协会	10837008	31	香椿	河北
3	阳原驴	阳原县阳原驴保种协会	16382439	31	驴（活动物）	河北
4	唐山骨质瓷	唐山市陶瓷协会	16325979	21	家庭用陶瓷制品等	河北
5	滦南大米	滦南县米业协会	16191209	30	米	河北
6	白洋淀荷叶茶	安新县白洋淀特产行业协会	13965589	30	荷叶茶	河北
7	柏乡汉牡丹	柏乡县汉牡丹文化产业发展管理中心	16281926	31	牡丹花（自然花）	河北
8	隆化肉牛	隆化县特色农产品开发协会	16454416	31	牛（活动物）	河北
9	涉县花椒	涉县林果协会	15359704	30	花椒；花椒粉	河北
10	涉县核桃	涉县林果协会	15359705	31	核桃	河北
11	深州蜜桃	深州市果品产业协会	17294606	31	桃	河北
12	馆陶黑小麦	馆陶县黑小麦产业服务协会	6741695	31	小麦	河北
13	壶关旱地西红柿	壶关县兴农旱地西红柿协会	15253438	31	西红柿	山西
14	黎城核桃	黎城县富民干果协会	15537089	31	核桃	山西
15	长治堆锦	长治市城区上党堆锦文化研究会	15578933	24	堆锦（工艺品）	山西
16	清水河海红果	清水河县农业技术推广站	17853913	31	海红果（新鲜水果）	内蒙古
17	清水河米醋	清水河县农业技术推广站	17853915	30	醋	内蒙古

续表

序号	商标名称	注册人	注册号	类别	商品	省份
18	达茂小红皮小麦	内蒙古达茂联合旗农业技术推广站	15854939	31	小麦	内蒙古
19	科尔沁蒙古馅饼	通辽餐饮与饭店行业协会	15429420	30	肉馅饼	内蒙古
20	开鲁红干椒	开鲁县农业技术推广中心	16023615	30	辣椒(调味品)	内蒙古
21	巴彦淖尔羊肉	内蒙古河套农牧业技术研究院	15511190	30	羊肉	内蒙古
22	巴彦淖尔羊肉	内蒙古河套农牧业技术研究院	15511191	31	羊(活动物)	内蒙古
23	五原向日葵	五原县绿色食品发展中心	16001557	31	向日葵	内蒙古
24	卓资熏鸡	卓资县熏鸡协会	14661864	29	熏鸡	内蒙古
25	四子王羊	四子王旗四子王农畜产品协会	18035677	31	羊(活动物)	内蒙古
26	大连槐花蜜	大连市蜂产品协会	15087809	30	蜂蜜	辽宁
27	长海海参	长海商会	15879021	29	海参(非活)	辽宁
28	盘道沟晚蜜桃	葫芦岛市连山区盘道沟晚蜜桃协会	17898169	31	桃	辽宁
29	八宝韭菜	开原市农副产品协会	14531405	31	韭菜	辽宁
30	开原榛子	开原市农副产品协会	15251460	29	加工过的榛子	辽宁
31	红石砬小米	农安县靠山镇杂粮协会	14535598	30	小米	吉林
32	东山白蜜	吉林市蜂业协会	13396437	30	蜂蜜	吉林
33	安图大米	安图县大米行业协会	17666377	30	大米	吉林
34	安图人参	安图县人参行业协会	16820020	5	人参	吉林
35	伊通大米	伊通满族自治县七星有机稻米协会	15393881	30	大米	吉林
36	双辽小米	双辽市优质农产品协会	16485074	30	小米	吉林
37	双辽花生	双辽市优质农产品协会	16485082	31	新鲜花生	吉林
38	四平玉米	四平市粮食行业协会	17410875	31	玉米	吉林
39	望奎马铃薯	望奎县寒地黑土绿色食品协会	12861389	31	新鲜土豆	黑龙江
40	同江大米	同江市米业协会	16149559	30	米	黑龙江
41	同江玉米	同江市米业协会	16149560	31	玉米	黑龙江
42	同江大豆	同江市生态大豆协会	16149561	31	大豆	黑龙江
43	孙吴大豆	孙吴大豆协会	15152032	31	大豆	黑龙江
44	丰县白酥梨	丰县宋楼镇农村经济管理服务中心	16073257	31	白酥梨(新鲜水果)	江苏

续表

序号	商标名称	注册人	注册号	类别	商品	省份
45	新沂水蜜桃	新沂市新沂水蜜桃桃农协会	16002121	31	桃	江苏
46	阜宁黑猪	江苏省农业科学院阜宁生态猪研发中心	16589186	31	猪(活动物)	江苏
47	大丰大米	盐城市大丰区稻米业协会	16857295	30	米	江苏
48	盱眙大葱	盱眙县农副产品营销协会	15928669	31	大葱	江苏
49	盱眙水蜜桃	盱眙县农副产品营销协会	15928670	31	水蜜桃	江苏
50	盱眙大白菜	盱眙县农副产品营销协会	15928671	29	腌制大白菜	江苏
51	盱眙大白菜	盱眙县农副产品营销协会	15928672	31	新鲜大白菜	江苏
52	盱眙螃蟹	盱眙县农副产品营销协会	15982807	29	螃蟹(非活)	江苏
53	盱眙螃蟹	盱眙县农副产品营销协会	16022253	31	螃蟹(活的)	江苏
54	盱眙青虾	盱眙县农副产品营销协会	15982808	29	虾(非活)	江苏
55	盱眙青虾	盱眙县农副产品营销协会	15982809	31	虾(活的)	江苏
56	盱眙草莓	盱眙县农副产品营销协会	16022254	31	新鲜草莓	江苏
57	洪泽白鱼	洪泽县洪泽湖农产品协会	15854804	31	白鱼(活的)	江苏
58	洪泽青虾	洪泽县洪泽湖农产品协会	15854805	31	青虾(活的)	江苏
59	洪泽青虾	洪泽县洪泽湖农产品协会	15854806	29	青虾(非活)	江苏
60	洪泽荷藕	洪泽县洪泽湖农产品协会	15854813	29	荷藕(加工过的荷藕)	江苏
61	洪泽荷藕	洪泽县洪泽湖农产品协会	15854814	31	新鲜荷藕	江苏
62	洪泽草鸡	洪泽县洪泽湖农产品协会	15854809	29	鸡(非活)	江苏
63	洪泽草鸡	洪泽县洪泽湖农产品协会	15854812	31	鸡(活的)	江苏
64	洪泽平菇	洪泽县洪泽湖农产品协会	15854811	29	平菇(干食用菌)	江苏
65	洪泽平菇	洪泽县洪泽湖农产品协会	15854810	31	平菇(鲜食用菌)	江苏
66	洪泽菱角	洪泽县洪泽湖农产品协会	15854808	29	加工过的菱角仁	江苏
67	洪泽菱角	洪泽县洪泽湖农产品协会	15854807	31	新鲜菱角	江苏
68	淮阴草莓	淮安市淮阴区畜禽产业协会	16281853	31	草莓(新鲜水果)	江苏
69	淮阴香瓜	淮安市淮阴区畜禽产业协会	16281855	31	香瓜(新鲜水果)	江苏
70	淮阴绿头鸭	淮安市淮阴区畜禽产业协会	16281851	29	鸭(非活)	江苏
71	淮阴青椒	淮安市淮阴区畜禽产业协会	16281854	31	青椒(新鲜蔬菜)	江苏
72	淮阴山药	淮安市淮阴区畜禽产业协会	16281850	31	山药(新鲜蔬菜)	江苏
73	淮阴长豆角	淮安市淮阴区畜禽产业协会	16281852	29	长豆角(干蔬菜)	江苏
74	广洋湖青虾	宝应县广洋湖镇水产协会	13660540	31	虾(活的)	江苏
75	界首茶干	高邮市界首茶干协会	11938605	29	茶干(豆腐制品)	江苏

续表

序号	商标名称	注册人	注册号	类别	商品	省份
76	兴化龙香芋	兴化市龙香芋产业发展协会	16590226	31	龙香芋	江苏
77	湖父杨梅	宜兴市湖父镇农业服务中心	14138044	31	杨梅	江苏
78	无锡毫茶	无锡市滨湖区茶叶产业协会	14982254	30	茶	江苏
79	马山芋头	无锡市滨湖区马山街道科学技术推广服务中心	15736337	31	芋头	江苏
80	泗洪大闸蟹	泗洪县渔业协会	14635609	31	螃蟹	江苏
81	如皋香堂芋	如皋市种植业协会	15261221	31	食用植物根	江苏
82	如东大米	如东县粮食行业协会	17897082	30	大米	江苏
83	黄湖白壳哺鸡笋	杭州市余杭区黄湖镇农业公共服务中心	15879088	31	笋	浙江
84	桐乡蚕丝被	桐乡市蚕丝被技术服务中心	13473225	24	蚕丝被	浙江
85	安顶云雾	富阳市安顶云雾茶产业协会	15439785	30	茶	浙江
86	望海茶	宁海县茶业协会	17083666	30	茶	浙江
87	嵊州香榧	嵊州市香榧产业协会	17431765	29	加工过的香榧	浙江
88	金华两头乌猪	金华市畜牧兽医局	16808266	29	猪肉	浙江
89	金华两头乌猪	金华市畜牧兽医局	16808267	31	活猪	浙江
90	文成杨梅	文成县文成杨梅协会	16369188	31	杨梅	浙江
91	文成贡茶	文成县文成贡茶协会	16369187	30	茶	浙江
92	开化清水鱼	开化县水产协会	16879461	31	活鱼(草鱼)	浙江
93	金寨板栗	金寨县板栗协会	15992066	29	加工过的栗子	安徽
94	金寨生姜	金寨县农业技术推广服务中心	15769577	31	生姜(新鲜蔬菜)	安徽
95	金寨生姜	金寨县农业技术推广服务中心	15769578	29	生姜干	安徽
96	金寨高山茭白	金寨县农业技术推广服务中心	15769579	31	茭白(新鲜蔬菜)	安徽
97	金寨高山茭白	金寨县农业技术推广服务中心	15769580	29	茭白干	安徽
98	金寨猕猴桃	金寨县农业技术推广服务中心	15769582	29	猕猴桃干	安徽
99	金寨猕猴桃	金寨县农业技术推广服务中心	15769581	31	猕猴桃	安徽
100	金寨葛粉	金寨县农业技术推广服务中心	15769583	30	葛粉	安徽
101	枞阳大闸蟹	枞阳县水产协会	15457933	31	活蟹	安徽
102	太湖鳙鱼	太湖县渔业协会	16410753	31	活鱼	安徽

续表

序号	商标名称	注册人	注册号	类别	商品	省份
103	雪湖贡藕	潜山县雪湖贡藕开发研究所	15458074	31	藕	安徽
104	杨桥朱红桔	安庆市宜秀区农业技术推广中心	15625690	31	桔	安徽
105	河口丝瓜	安庆市大观区农业畜牧技术推广中心	15567133	31	丝瓜（新鲜蔬菜）	安徽
106	河口韭菜	安庆市大观区农业畜牧技术推广中心	15567134	31	新鲜韭菜	安徽
107	山口红心山芋	安庆市大观区农业畜牧技术推广中心	15567135	31	红薯（食品植物根）	安徽
108	蓝田花猪	休宁县蓝田花猪产业发展协会	15713811	31	花猪（活的）	安徽
109	五河螃蟹	五河县螃蟹协会	16335112	31	螃蟹	安徽
110	宁国牡丹	宁国南极牡丹协会	15768140	31	牡丹（自然花）	安徽
111	郎溪黄金芽	郎溪县黄金芽茶叶协会	15876947	30	茶	安徽
112	问政山笋	歙县问政贡笋产业协会	15150888	31	新鲜竹笋	安徽
113	老集生姜	临泉县老集镇生姜协会	17992320	29	腌制姜（腌制蔬菜）	安徽
114	界首彩陶	界首市博物馆	18137487	21	陶器等	安徽
115	淮北石榴	淮北市林业工作站	16002060	31	石榴	安徽
116	罗源下廪羊	罗源县碧里乡畜牧兽医站	15843369	31	羊（活动物）	福建
117	福州鱼丸	福州市渔业行业协会	16072844	29	鱼制食品	福建
118	深沪巴浪脯	晋江市深沪小吃同业公会	16781955	29	鱼肉干	福建
119	永宁太平洋牡蛎	石狮市永宁镇太平洋牡蛎协会	13055996	31	牡蛎（活的）	福建
120	深沪紫菜	晋江市深沪小吃同业公会	16781958	29	紫菜	福建
121	深沪鱿鱼干	晋江市深沪小吃同业公会	16781953	29	鱿鱼	福建
122	深沪糖芋	晋江市深沪小吃同业公会	16781956	31	芋头	福建
123	深沪花生	晋江市深沪小吃同业公会	16781954	29	加工过的花生	福建
124	深沪虾仁干	晋江市深沪小吃同业公会	16781957	29	虾（非活）	福建
125	邵武蜜桔	邵武市卫闽镇农技站	15458767	31	蜜桔（新鲜桔）	福建
126	邵武红米	邵武市晒口街道办事处农业技术推广站	16349001	30	米	福建
127	建阳漳墩锥栗	建阳市漳墩镇三农服务中心	14610819	31	新鲜栗子	福建
128	顺昌海鲜菇	顺昌县食用菌竹笋开发办公室	17399206	31	海鲜菇（新鲜食用菌）	福建

续表

序号	商标名称	注册人	注册号	类别	商品	省份
129	五夫白莲	武夷山市五夫农产品协会	15629710	29	莲子	福建
130	古田黑番鸭	古田县黑番鸭协会	15736124	31	黑番鸭(活家禽)	福建
131	福安水蜜桃	福安市水蜜桃协会	15429628	31	新鲜水蜜桃	福建
132	福安水蜜桃	福安市水蜜桃协会	15429629	31	新鲜水蜜桃	福建
133	穆阳水蜜桃	福安市水蜜桃协会	15429630	31	新鲜水蜜桃	福建
134	穆阳水蜜桃	福安市水蜜桃协会	15429631	31	新鲜水蜜桃	福建
135	霞浦海参	霞浦县农副产品产业协会	15725925	31	海参(活的)	福建
136	霞浦海参	霞浦县农副产品产业协会	15725926	29	海参(非活)	福建
137	霞浦海参	霞浦县农副产品产业协会	15725927	31	海参(活的)	福建
138	霞浦海参	霞浦县农副产品产业协会	15725928	29	海参(非活)	福建
139	周宁高山马铃薯	周宁县高山马铃薯协会	13035632	31	马铃薯(新鲜的)	福建
140	苏坂蜜柚	龙岩市新罗区果树协会	13296517	31	柚子	福建
141	武平仙草	武平县仙草产业协会	16227655	5	仙草(中草药)	福建
142	长汀槟榔芋	长汀县槟榔芋产业协会	15260446	31	芋头	福建
143	武平青皮冬瓜	武平县无公害瓜果蔬菜协会	16933215	31	青皮冬瓜	福建
144	武平盘菜	武平县无公害瓜果蔬菜协会	16933216	31	盘菜(新鲜蔬菜)	福建
145	寮仔黄瓢西瓜	诏安县梅岭镇水果营销协会	15358274	31	西瓜	福建
146	梅岭牡蛎	诏安县梅岭镇水产养殖协会	15118639	29	牡蛎(非活)	福建
147	下傅紫菜	诏安县梅岭镇水产养殖协会	15118640	29	紫菜	福建
148	杜浔酥糖	漳浦县杜浔酥糖协会	8090682	30	酥糖	福建
149	赤土小叶榄仁	漳浦县赤土乡农产品产业协会	14982371	31	小叶榄仁(树木)	福建
150	赤土土鸡	漳浦县赤土乡农产品产业协会	14982370	31	土鸡(活家禽)	福建
151	火田青枣	云霄县火田镇农村经济服务中心	15262178	31	鲜枣	福建
152	火田大茂山茶	云霄县火田镇农村经济服务中心	15262179	30	茶	福建
153	火田菠萝	云霄县火田镇农村经济服务中心	15262180	31	菠萝	福建
154	南日鲍	莆田市秀屿区南日鲍协会	18020105	31	鲍鱼(活)	福建
155	仙游郑宅茶	仙游县茶叶产业协会	15587625	30	茶	福建
156	莆田兴化米粉	莆田市荔城区米粉行业协会	17224230	30	米粉	福建
157	莆田红毛菜	莆田市渔业行业协会	15835224	29	红毛菜	福建

续表

序号	商标名称	注册人	注册号	类别	商品	省份
158	建宁水稻种子	建宁县种子协会	16179803	31	谷种	福建
159	永安吉山老酒	永安市人民政府燕西街道办事处经济服务中心	15865282	33	黄酒	福建
160	尤溪红	尤溪县茶叶协会	15234145	30	茶	福建
161	大田雪山萝卜	大田县武陵乡农业服务中心	15134934	31	萝卜	福建
162	泰和酱菜	泰和县泰和酱菜协会	16380152	29	酱菜	江西
163	会昌酱干	会昌县土特产品协会	15137317	29	酱油豆干（豆腐制品）	江西
164	龙南江东荸荠	龙南县水果蔬菜协会	16381610	31	荸荠（新鲜的）	江西
165	龙南蜂蜜	龙南县农林产品协会	18020834	30	蜂蜜	江西
166	商河黑皮冬瓜	商河县玉皇庙镇瓦西村黑皮冬瓜种植协会	16160645	31	冬瓜（新鲜蔬菜）	山东
167	琅琊玉筋鱼	胶南市渔业协会	15086885	29	玉筋鱼（非活）	山东
168	灵山岛海参	胶南市渔业协会	15086886	31	海参（活的）	山东
169	烟台苹果	烟台市苹果协会	17259007	31	苹果	山东
170	东山三吉梨	荣成市果业协会	16782847	31	梨	山东
171	荣成无花果	荣成市果业协会	16782848	31	无花果（新鲜）	山东
172	威海刺参	威海市海参产业协会	16858144	31	海参（活的）	山东
173	威海苹果	威海市环翠区果树协会	14765432	31	苹果	山东
174	文登大樱桃	威海市文登区葛家镇农业综合服务中心	17855170	31	樱桃	山东
175	文登苹果	威海市文登区葛家镇农业综合服务中心	17876297	31	苹果	山东
176	乳山巴梨	乳山市梨业协会	15984059	31	梨	山东
177	泰安豆腐	泰安市传统食品协会	17482659	29	豆腐	山东
178	邹平酸浆豆腐	邹平县豆腐文化协会	17594224	29	豆腐	山东
179	河岔口鸭蛋	肥城市汶阳镇河岔口鸭蛋产销协会	15567989	29	鸭蛋	山东
180	新泰甜山楂	新泰市刘杜镇甜红子山楂协会	14963408	31	山楂（新鲜的）	山东
181	陵阳西瓜	莒县陵阳镇西瓜协会	17380329	31	西瓜	山东
182	莒县黄芩	莒县库山中药材协会	16970270	5	黄芩（中药材）	山东
183	莒县葡萄	莒县葡萄协会	19346872	31	新鲜葡萄	山东
184	招贤桂花	莒县招贤镇桂花协会	16970271	31	桂花树	山东
185	王丕芹菜	金乡县王丕街道蔬菜协会	17471600	31	芹菜	山东

续表

序号	商标名称	注册人	注册号	类别	商品	省份
186	战湾黄瓜	汶上县次丘镇蔬菜协会	18137435	31	黄瓜	山东
187	汶上白莲藕	汶上县次丘镇蔬菜协会	18098991	31	莲藕(新鲜蔬菜)	山东
188	汶上大荸荠	汶上县次丘镇蔬菜协会	18137434	31	荸荠(新鲜水果)	山东
189	嘉祥白菊花	嘉祥县纸坊镇药用白菊花协会	14641159	5	白菊花(中药药材)	山东
190	嘉祥大蒲莲猪	济宁嘉祥东三大蒲莲猪养殖协会	15984060	31	猪(活动物)	山东
191	嘉祥小尾寒羊	嘉祥县小尾寒羊养殖协会	14765433	31	羊(活的)	山东
192	泗水大葱	泗水县金庄镇瓜菜协会	16691836	31	葱(新鲜蔬菜)	山东
193	泗水黄姜	泗水县金庄镇瓜菜协会	17048794	31	姜(新鲜蔬菜)	山东
194	泗水蜂蜜	泗水县圣水峪镇西仲都蜜蜂养殖协会	14765429	30	蜂蜜	山东
195	泗水黄牛	泗水县圣水山畜牧养殖协会	17048795	31	牛(活动物)	山东
196	曲泗西瓜	泗水县泗河街道办事处农业综合服务中心	16359097	31	西瓜	山东
197	白石小麦	泗水县高峪镇优质农产品协会	15558652	31	小麦	山东
198	泗水大樱桃	泗水县星村镇北陈村超圣仙大樱桃协会	17048796	31	樱桃	山东
199	洪山樱桃	邹城市香城镇果蔬协会	16691837	31	樱桃	山东
200	洪山苹果	邹城市香城镇果蔬协会	16691838	31	苹果	山东
201	城前山豆角	邹城市城前镇十八趟果蔬协会	16519370	31	豆角(新鲜蔬菜)	山东
202	城前大枣	邹城市城前镇后瓦大枣协会	16519372	31	鲜枣	山东
203	城前大樱桃	邹城市城前镇石门大樱桃协会	16519371	31	樱桃	山东
204	城前柿子	邹城市城前镇林果协会	16519369	31	柿子(新鲜水果)	山东
205	城前花生	邹城市城前镇农产品种植协会花生分会	16519367	31	新鲜花生	山东
206	尚河苹果	邹城市城前镇农产品种植协会	16858788	31	苹果	山东
207	太平山药	邹城市太平镇山药种植协会	18162036	31	山药(新鲜蔬菜)	山东
208	郯城大蒜	郯城县马陵山优质农产品开发服务协会	15485873	31	大蒜(新鲜蔬菜)	山东

续表

序号	商标名称	注册人	注册号	类别	商品	省份
209	郯城生姜	郯城县马陵山优质农产品开发服务协会	15485874	31	新鲜生姜	山东
210	齐河玉米	齐河县粮食产业协会	15441025	31	玉米	山东
211	齐河小麦	齐河县粮食产业协会	15441026	31	小麦	山东
212	神头香椿	德州市陵城区神头镇香椿协会	17098611	31	香椿(新鲜蔬菜)	山东
213	高青雪桃	高青县雪桃产业协会	17153366	31	桃	山东
214	高青葡萄	高青县葡萄行业协会	17200743	31	新鲜葡萄	山东
215	博山陶瓷	博山陶瓷商会	15384222	21	瓷器等	山东
216	淄砚	淄博市淄川区淄砚协会	15339217	16	砚台	山东
217	马踏湖白莲藕	桓台县起凤马踏湖特产产业协会	17141217	31	藕(新鲜蔬菜)	山东
218	寿光茄子	寿光市纪台镇农副产品协会	16519368	31	茄子(新鲜蔬菜)	山东
219	老河口狗光鱼	潍坊滨海经济技术开发区渔业协会	15501880	31	狗光鱼(鲜活)	山东
220	茌平乌枣	茌平县优质农产品协会	17463010	29	干枣	山东
221	东阿草莓	东阿县多种经营办公室	15616806	31	草莓	山东
222	垦利大米	垦利县农学会	17037036	30	大米	山东
223	垦利黄河滩区小麦	垦利县农学会	17037037	31	小麦	山东
224	广饶草莓	东营市奥程草莓研究所	16691834	31	草莓(新鲜水果)	山东
225	单县青山羊	单县养羊协会	14765430	29	羊肉	山东
226	巨野樱桃	巨野县舒展樱桃协会	17744200	31	樱桃	山东
227	商城筒鲜鱼	商城县特色菜研究会	16267892	29	鱼(非活)	河南
228	延津小麦	延津县金粒小麦协会	17981921	31	小麦	河南
229	林州茶店柿饼	林州市茶店镇农业服务中心	16621936	29	柿饼	河南
230	林州茶店太行菊	林州市茶店镇菊花种植协会	16621937	30	菊花茶	河南
231	林州茶店山楂	林州市茶店镇农业服务中心	16621938	31	山楂	河南
232	平舆白芝麻	平舆县农业科学技术试验站	17460867	31	未加工的食用芝麻	河南
233	灵宝大枣	灵宝市大枣产业协会	16391944	29	干枣	河南
234	虞城乔藕	虞城县莲藕种植协会	15578954	31	莲藕(新鲜蔬菜)	河南
235	张港花椰菜	天门花椰菜产销协会	18720222	31	花椰菜	湖北
236	东西湖葡萄	武汉市东西湖区巨龙海葡萄种植协会	16425170	31	新鲜葡萄	湖北
237	宜昌红茶	宜都市宜红茶协会	10356050	30	茶	湖北

续表

序号	商标名称	注册人	注册号	类别	商品	省份
238	雾渡河猕猴桃	宜昌市夷陵区雾渡河镇猕猴桃专业协会	15625339	31	猕猴桃	湖北
239	兴山杨鱼	兴山南阳镇水产品产业协会	15638590	31	活鱼	湖北
240	兴山杨鱼	兴山南阳镇水产品产业协会	15638589	31	活鱼	湖北
241	枝江棉纱	枝江市农业技术推广中心	15494309	23	棉线和棉纱	湖北
242	长阳金栀	长阳金福红栀协会	14603285	31	栀果(植物)	湖北
243	应城糯米	应城市糯米行业协会	16425397	30	糯米	湖北
244	利川工夫红茶	利川市茶产业协会	16745054	30	茶	湖北
245	梁湖碧玉茶	鄂州市沼山茶油协会	14531126	30	茶叶	湖北
246	梁子湖红菱	鄂州市城乡名特农产品协会	15534548	29	菱角(干制加工的)	湖北
247	杨林湖白莲	鄂州市城乡名特农产品协会	15534546	31	莲子(新鲜未加工的)	湖北
248	杨林湖白莲	鄂州市城乡名特农产品协会	15534547	29	莲子(干制加工的)	湖北
249	房县豆油精	房县豆制品协会	15811258	29	豆油精(豆制品)	湖北
250	房县小花菇	房县食用菌产业协会	17011628	29	小花菇(干制)	湖北
251	房县阳荷	房县阳荷	17011860	31	阳荷(新鲜蔬菜)	湖北
252	郧西核桃油	郧西县古榨食用油研究会	16898386	29	核桃油(食用油)	湖北
253	张广河天麻	麻城市三河口镇张广河天麻产业协会	16038839	5	天麻	湖北
254	英山云雾茶	英山云雾茶产业协会	5593543	30	茶	湖北
255	余店大白菜	广水市余店镇农业服务中心	14003586	31	大白菜(新鲜蔬菜)	湖北
256	松滋鸡	松滋市惠民土鸡产业发展服务中心	15960668	29	鸡(非活)	湖北
257	街河市烟叶	湖北省松滋市绿生土特产业发展中心	16657411	34	烟草	湖北
258	麻砂滩萝卜	松滋市绿生土特产业发展中心	17202519	29	萝卜干	湖北
259	洪湖菱角	洪湖市莲藕协会	17142548	31	菱角(未加工的)	湖北
260	洪湖菱角	洪湖市莲藕协会	17142549	29	加工过的菱角	湖北
261	斗湖堤冬瓜	公安县农特产业服务中心	17557622	31	冬瓜(新鲜蔬菜)	湖北
262	张家岗荸荠	公安县农特产业服务中心	17557623	31	新鲜荸荠	湖北
263	公安葡萄	荆州市葡萄协会	16425395	31	新鲜葡萄	湖北
264	襄古桐	襄阳市襄州区油桐种植协会	14658098	4	桐油	湖北
265	襄阳豆腐干	襄阳市樊城区豆制品行业协会	16358695	29	豆腐干	湖北

续表

序号	商标名称	注册人	注册号	类别	商品	省份
266	襄阳豆腐	襄阳市樊城区豆制品行业协会	16358697	29	豆腐	湖北
267	襄阳花生	襄阳市襄州区花生种植加工协会	17389433	31	新鲜花生	湖北
268	襄阳菜籽油	襄阳市襄州区油菜籽种植加工协会	17011803	29	食用菜籽油	湖北
269	襄阳油菜籽	襄阳市襄州区油菜籽种植加工协会	17011802	31	油菜籽	湖北
270	保康土蜂蜜	保康县野花谷蜜蜂养殖专业技术协会	14765428	30	蜂蜜	湖北
271	枣阳半枝莲	枣阳市中药材种植协会	16922402	5	半枝莲(中药材)	湖北
272	宜城米	宜城市粮食经济学会	16713321	30	米	湖北
273	荆山苞谷糁子	南漳县农业科学研究所	15180585	30	玉米糁子(碾碎的玉米粒)	湖北
274	杨堡辣椒	咸宁市咸安区杨堡辣椒产业协会	16955489	31	辣椒(新鲜蔬菜)	湖北
275	通城猪	通城县通城两头乌猪研究所	16425396	31	猪(活动物)	湖北
276	隐水枇杷	通山县枇杷协会	16744782	31	枇杷	湖北
277	浏阳菊花石雕	浏阳市浏阳河菊花石研究所	14634871	19	石、混凝土或大理石艺术品等	湖南
278	安化红	安化县茶业协会	8947176	30	茶	湖南
279	安化红茶	安化县茶业协会	8947177	30	茶	湖南
280	桃江竹笋	桃江县竹产业协会	17824429	29	笋干	湖南
281	岳阳芭蕉扇	岳阳县农业技术推广站	15666717	20	芭蕉扇(非电动)	湖南
282	岳阳黄颡鱼	岳阳县农业技术推广站	15666161	31	黄颡鱼(活鱼)	湖南
283	岳阳兰花萝卜	岳阳县农业技术推广站	15665382	29	五香萝卜	湖南
284	岳阳张谷英油豆腐	岳阳县农业技术推广站	15667923	29	豆腐	湖南
285	道州脐橙	道县农业技术推广中心	16745895	31	橙	湖南
286	江华苦茶	江华瑶族自治县农业技术推广中心	13858983	30	茶	湖南
287	辰溪茶油	辰溪县爱民油茶产业协会	15385888A	29	茶油	湖南
288	汝城白毛茶	汝城县经济作物站	15984061	30	茶叶	湖南
289	耒阳油茶	耒阳市油茶产业协会	16323311	29	食用油	湖南
290	衡南烟叶	衡南县人民政府烟叶生产办公室	16159594	34	烟草	湖南
291	祁东槟榔芋	祁东县蔬菜行业协会	16493318	31	芋	湖南

续表

序号	商标名称	注册人	注册号	类别	商品	省份
292	船山烟草	衡阳县烟叶开发办公室	15671983	31	烟草(烟叶)	湖南
293	炎陵黄桃	炎陵县炎陵黄桃产业协会	18020220	31	桃	湖南
294	梅县金柚	梅县水果流通协会	14616403	31	柚子	广东
295	凌云白毫	凌云县茶叶管理中心	16225264	30	茶	广西
296	百色芒果	百色市发展水果生产办公室	17625752	31	芒果	广西
297	都安山羊	都安瑶族自治县畜牧管理站	14266233	29	羊肉等	广西
298	金田淮山	桂平市农村合作经济经营管理指导站	15577841A	31	淮山药(新鲜蔬菜)	广西
299	永兴黄皮	海口市秀英区永兴镇农业服务中心	16214891	31	黄皮	海南
300	定安鹅	定安县畜牧兽医局	13730197	31	活鹅	海南
301	保亭红毛丹	保亭黎族苗族自治县热带作物发展服务中心	16071175	31	红毛丹	海南
302	七仙岭山竹	保亭黎族苗族自治县热带作物发展服务中心	16402065	31	山竹果	海南
303	保亭山兰米	保亭黎族苗族自治县农业技术服务中心	16400688	30	米	海南
304	保亭什玲鸡	保亭黎族苗族自治县畜牧兽医与渔业局	18247294	31	什玲鸡(活家禽)	海南
305	涪陵脐橙	重庆市涪陵区珍溪镇农业服务中心	16591111	31	脐橙(新鲜水果)	重庆
306	梁平松花皮蛋	梁平县农副产品协会	14354794	29	皮蛋(松花蛋)	重庆
307	万州青脆李	重庆市万州区青脆李专业技术协会	16129261	31	李子	重庆
308	万县老土鸡	重庆市万州区现代生态农牧联合会	16058756	31	鸡(活的)	重庆
309	万县老土鸡	重庆市万州区现代生态农牧联合会	16058757	29	鸡(非活)	重庆
310	酉阳蜂蜜	酉阳土家族苗族自治县两罾乡农业服务中心	16425224	30	蜂蜜	重庆
311	白马蜂蜜	武隆县蜜园蜂蜜专业技术协会	15329660	30	蜂蜜	重庆
312	南川天麻	重庆市药物种植研究所	15886835	5	天麻	重庆
313	垫江蜜本南瓜	垫江县果品蔬菜管理站	16518089	31	新鲜南瓜	重庆
314	巫山粉条	巫山县大溪乡农业服务中心	15825683	30	粉丝(条)	重庆
315	彭水猕猴桃	彭水苗族土家族自治县猕猴桃协会	16425225	31	新鲜水果(猕猴桃)	重庆

续表

序号	商标名称	注册人	注册号	类别	商品	省份
316	都江堰猕猴桃	都江堰市猕猴桃协会	12746954	31	猕猴桃	四川
317	蒲江丑柑	成都市蒲江地方名特产品保护促进会	17721363	31	丑柑(新鲜柑橘)	四川
318	曾家山土鸡	广元市朝天区畜牧兽医技术推广服务中心	13807481	31	土鸡	四川
319	苍溪川明参	苍溪县经济作物技术指导站	15492703	5	川明参	四川
320	金阳白魔芋	金阳县白魔芋开发领导小组办公室	15917198	31	白魔芋	四川
321	会东黑山羊	会东县畜牧站	18171385	31	山羊(活动物)	四川
322	美姑岩鹰鸡	美姑县畜牧局畜牧站	11504519	31	鸡(活的)	四川
323	川红工夫	宜宾市茶叶站	12949947	30	茶	四川
324	平武大红公鸡	平武县畜牧产业发展协会	15982478	31	鸡(活家禽)	四川
325	平武中蜂	平武县蜂业协会	15981561	31	蜜蜂(活动物)	四川
326	平武黄牛	平武县畜牧产业发展协会	15980949	31	黄牛(活动物)	四川
327	高坪甜橙	南充市高坪区果树技术指导站	17316536	31	甜橙(新鲜水果)	四川
328	蜀宣花牛	宣汉县畜禽繁育改良站	15492321	31	牛(活动物)	四川
329	开江麻鸭	开江县畜禽改良站	16128245	31	麻鸭(活动物)	四川
330	开江白鹅	开江县畜禽改良站	16129193	31	白鹅(活动物)	四川
331	犍为茉莉茶	犍为县茉莉花协会	15279068	30	茶	四川
332	古蔺面	古蔺县古蔺面协会	17557223	29	挂面	四川
333	小金苹果	小金县农业局经济作物管理站	15767492	31	苹果	四川
334	三江黄牛	汶川县畜牧兽医学会	13403084	31	牛(活动物)	四川
335	汶川羌绣	汶川县羌绣协会	15929808	26	银线制绣品等	四川
336	汶川甜樱桃	汶川县农技推广站	15502711	31	樱桃	四川
337	麦洼牦牛	红原县畜牧工作站	16034119	31	牦牛(活动物)	四川
338	麦洼马	红原县畜牧工作站	16034114	31	马(活动物)	四川
339	雅安藏茶	雅安南路边茶商会	15878604	30	茶	四川
340	仁寿芝麻糕	仁寿县芝麻糕协会	15330168	30	芝麻糕(糕点)	四川
341	广安松针	广安市前锋区经济作物技术推广站	15628852	30	茶	四川
342	广安白市柚	广安市前锋区良种场	17515006	31	柚(新鲜水果)	四川
343	武胜金甲鲤	武胜县水产协会	13289152	31	活鲤鱼	四川

续表

序号	商标名称	注册人	注册号	类别	商品	省份
344	巴塘苹果	四川省巴塘县农业技术推广站	16454135	31	苹果	四川
345	理塘牦牛	理塘县畜牧站	16335430	29	牦牛肉(肉)	四川
346	理塘牦牛	理塘县畜牧站	16336937	31	牦牛(活动物)	四川
347	得荣树椒	得荣县农业技术推广和土壤肥料站	15196036	31	树椒(新鲜蔬菜)	四川
348	得荣核桃	得荣县农业技术推广和土壤肥料站	15224076	31	核桃(新鲜水果)	四川
349	新龙油菜	新龙县农村经营管理站	16379664	31	油菜(新鲜蔬菜)	四川
350	关岭黄牛	关岭布依族苗族自治县草地畜牧业发展中心	17059491	31	牛(活动物)	贵州
351	毕节白萝卜	毕节市七星关区果蔬技术推广站	15395907	31	萝卜(新鲜的)	贵州
352	毕节白蒜	毕节市七星关区果蔬技术推广站	15395908	31	蒜(新鲜的)	贵州
353	大方漆器	大方县特色产业发展中心	16022012	20	漆器工艺品	贵州
354	大方天麻	大方县特色产业发展中心	16022013	5	天麻	贵州
355	大方皱椒	大方县特色产业发展中心	16022014	29	干辣椒	贵州
356	大方豆干	大方县特色产业发展中心	16022015	29	豆腐制品	贵州
357	晴隆糯薏仁	晴隆县糯薏仁协会	15135106	30	糯薏仁米	贵州
358	册亨茶籽油	册亨茶籽油行业协会	17360259	29	茶籽油	贵州
359	惠水大米	惠水县雅水镇农业服务中心	15982549	30	大米	贵州
360	撒坝猪	禄劝彝族苗族自治县畜牧兽医总站	13244731	31	活猪	云南
361	元阳梯田红米	元阳县哈尼梯田红米协会	15429873	30	米	云南
362	普洱石斛	普洱市石斛产业协会	14465079	5	石斛	云南
363	富源魔芋	富源县魔芋协会	15769814	29	魔芋(加工过的)	云南
364	罗平小黄姜	罗平县特色产业协会	17569507	30	黄姜(调味品)	云南
365	罗平小黄姜	罗平县特色产业协会	17569508	29	黄姜(脱水蔬菜)	云南
366	师宗薏仁米	师宗县农业局农业技术推广中心	16179691	30	米	云南
367	乐业辣椒	会泽县乐业镇优质辣椒产销协会	16943749	30	辣椒(调味品)	云南
368	元谋青枣	元谋县果蔬行业商会	15628599	31	青枣	云南
369	楚雄核桃	楚雄市核桃产业协会	17378855	31	新鲜核桃	云南
370	腾冲红茶	腾冲县茶叶协会	17175217	30	茶	云南

续表

序号	商标名称	注册人	注册号	类别	商品	省份
371	腾冲绿茶	腾冲县茶叶协会	17175323	30	茶	云南
372	腾冲乌龙茶	腾冲县茶叶协会	17259261	30	茶	云南
373	腾冲黑茶	腾冲县茶叶协会	17259279	30	茶	云南
374	腾冲白茶	腾冲县茶叶协会	17787214	30	茶	云南
375	丽江玛咖	丽江市生物产业协会	15605276	5	玛咖(药用植物根)	云南
376	华坪芒果	华坪县园艺站	15629703	31	芒果	云南
377	新平腌菜	新平彝族傣族自治县酱咸菜行业协会	15547149	29	腌制蔬菜(腌制扁杆大青菜)	云南
378	峨山大龙潭花椒	峨山彝族自治县大龙潭乡花椒协会	16225893	30	花椒	云南
379	扎囊氆氇	西藏扎囊县特色产业发展协会	14005128	24	毛织品	西藏
380	紫阳红	紫阳县茶业协会	13641531	30	茶	陕西
381	陇州核桃	宝鸡市核桃流通协会	12198630	31	坚果(核桃)	陕西
382	城固元胡	城固县农业技术推广中心	14001803	5	元胡	陕西
383	留坝猪苓	留坝县中药材种植协会	15262380	5	猪苓	陕西
384	咸阳茯茶	咸阳市茶业协会	16279814	30	茶	陕西
385	柞水大红栗	柞水县林特产业发展中心	15169611	31	新鲜栗子	陕西
386	凉州羊羔肉	凉州区养羊协会	17970753	29	羊肉	甘肃
387	武山蒜苗	武山县蔬菜协会	16292498	31	蒜苗(新鲜蔬菜)	甘肃
388	清水大麻	清水县大麻协会	17515699	22	大麻	甘肃
389	康乐牛	康乐县畜牧技术推广站	15835885	29	牛肉	甘肃
390	康乐牛	康乐县畜牧技术推广站	15835886	29	牛肉	甘肃
391	和田甜瓜	和田地区农村合作经济组织协会	17306964	31	甜瓜	新疆
392	和田石榴	和田地区农村合作经济组织协会	17306965	31	石榴	新疆
393	和田葡萄	和田地区农村合作经济组织协会	17306969	31	新鲜葡萄	新疆
394	优级格拉夫 GRAVES SUPERIEURES	波尔多葡萄酒行业联合委员会	15615992	31	葡萄酒	法国

（国家工商行政管理总局商标局供稿）

农业部2016年度新登记农产品地理标志名单

序号	产品名称	所在地	证书持有人	证书编号
1	茅山后佛见喜梨	北京	北京市平谷区茅山后梨产销协会	AGI01794
2	宝坻大蒜	天津	天津市宝坻区蔬菜产销协会	AGI01795
3	扎赉特大米	内蒙古	扎赉特旗农业技术推广中心	AGI01796
4	五家户小米	内蒙古	扎赉特旗新谷园杂粮产业协会	AGI01797
5	赤峰绿豆	内蒙古	赤峰市农业技术服务中心	AGI01798
6	赤峰小米	内蒙古	赤峰市农业技术服务中心	AGI01799
7	锦州毛蚶	辽宁	锦州市水产品质量安全监督管理处	AGI01800
8	锦州毛虾	辽宁	锦州市水产品质量安全监督管理处	AGI01801
9	宽甸鸭绿江鲤鱼	辽宁	宽甸满族自治县渔业协会	AGI01802
10	赵屯小米	大连	大连瓦房店市赵屯金谷小米协会	AGI01803
11	瓦房店虾皮	大连	瓦房店市海参协会	AGI01804
12	勃利红松籽	黑龙江	勃利县农村合作经济经营管理总站	AGI01805
13	桦南紫苏	黑龙江	桦南县绿色食品协会	AGI01806
14	丁嘴金菜	江苏	宿迁市宿豫区丁嘴镇农业经济技术服务中心	AGI01807
15	洪泽湖大闸蟹	江苏	江苏省洪泽湖渔业协会	AGI01808
16	云和雪梨	浙江	云和县经济作物站	AGI01809
17	塘栖枇杷	浙江	杭州市余杭区塘栖镇农业技术推广站	AGI01810
18	庐江花香藕	安徽	庐江县花香藕产业协会	AGI01811
19	德化十八学士茶花	福建	德化县花卉协会	AGI01812
20	云霄蕹菜	福建	云霄县热带作物技术推广站	AGI01813
21	连江鲍鱼	福建	连江县鲍鱼行业协会	AGI01814
22	麻姑茶	江西	南城县农业技术推广中心	AGI01815
23	德兴铁皮石斛	江西	德兴市铁皮石斛产业协会	AGI01816
24	怀玉山三叶青	江西	玉山县高山特种经济作物种植协会	AGI01817
25	王桥花果芋	江西	东乡县花果芋行业协会	AGI01818
26	诸城绿茶	山东	诸城市茶叶协会	AGI01819
27	沙河辛西瓜	山东	禹城市辛店镇沙河辛西瓜协会	AGI01820
28	肥城桃	山东	肥城市肥城桃产业协会	AGI01821
29	双堠樱桃	山东	沂南县果蔬种植协会	AGI01822
30	天宝樱桃	山东	新泰市天宝镇樱桃产业协会	AGI01823

续表

序号	产品名称	所在地	证书持有人	证书编号
31	马踏湖白莲藕	山东	桓台县起凤马踏湖特产产业协会	AGI01824
32	灵岩御菊	山东	济南市长清区灵岩御菊种植产业发展研究中心	AGI01825
33	龙阳绿萝卜	山东	滕州市龙阳绿萝卜产业发展联合会	AGI01826
34	莒县黄芩	山东	莒县库山中药材协会	AGI01827
35	莒县丹参	山东	莒县库山中药材协会	AGI01828
36	莒县南涧小米	山东	莒县农业技术推广中心	AGI01829
37	鱼台大米	山东	鱼台大米产业协会	AGI01830
38	五莲小米	山东	五莲县农业技术推广站	AGI01831
39	无棣卤虫卵	山东	无棣环渤海卤虫卵协会	AGI01832
40	桐柏玉叶茶	河南	桐柏县农产品质量检测站	AGI01833
41	孟津黄河鲤鱼	河南	洛阳市水产技术推广站	AGI01834
42	伊河鲂鱼	河南	洛阳市水产技术推广站	AGI01835
43	大口蜜桃	湖北	钟祥市大口水蜜桃协会	AGI01836
44	远安冲菜	湖北	远安县农作技术服务协会	AGI01837
45	潜半夏	湖北	潜江市半夏协会	AGI01838
46	谢花桥大米	湖北	当阳市淯溪镇农业服务中心	AGI01839
47	金桩堰贡米	湖北	丹江口市习家店镇农业技术推广服务中心	AGI01840
48	孝感香米	湖北	孝感市农业技术推广总站	AGI01841
49	襄阳大耳黑猪	湖北	襄阳市襄城区卧龙镇襄阳黑猪养殖专业技术协会	AGI01842
50	枝江蜂蜜	湖北	枝江市安福寺养蜂协会	AGI01843
51	梁子湖大河蟹	湖北	武汉市江夏区梁子湖河蟹协会	AGI01844
52	桃源红茶	湖南	桃源县经济作物站	AGI01845
53	连州水晶梨	广东	连州市水果技术推广总站	AGI01846
54	台山大米	广东	台山市粮食行业协会	AGI01847
55	藤县江口荔	广西	藤县水果技术服务中心	AGI01848
56	南丹黄腊李	广西	南丹县水果生产管理局	AGI01849
57	罗城毛葡萄	广西	罗城仫佬族自治县水果生产管理局	AGI01850
58	平乐慈姑	广西	平乐县农业技术推广中心	AGI01851
59	南丹长角辣椒	广西	南丹县经济作物站	AGI01852
60	东兰墨米	广西	东兰县农业技术推广站	AGI01853
61	刘圩香芋	广西	南宁市青秀区农业服务中心	AGI01854
62	百色红茶	广西	百色市茶叶开发中心	AGI01855

续表

序号	产品名称	所在地	证书持有人	证书编号
63	隆林猪	广西	隆林各族自治县畜牧品改站	AGI01856
64	南丹黄牛	广西	南丹县畜禽品改站	AGI01857
65	靖西大麻鸭	广西	靖西县畜禽品种改良站	AGI01858
66	澄迈福橙	海南	澄迈福橙科学研究所	AGI01859
67	海南雪茄烟叶	海南	海南省雪茄烟叶种植协会	AGI01860
68	白莲鹅	海南	澄迈新华达白莲鹅研究所	AGI01861
69	霸王岭山鸡	海南	昌江县霸王岭山鸡养殖协会	AGI01862
70	蓬溪矮晚柚	四川	蓬溪县矮晚柚协会	AGI01863
71	小金苹果	四川	小金县农牧局农业植保植检站	AGI01864
72	小金酿酒葡萄	四川	小金县农牧局经济作物管理站	AGI01865
73	盐边桑蚕茧	四川	盐边县蚕桑丝绸协会	AGI01866
74	宁南冬季马铃薯	四川	宁南县农业技术推广站	AGI01867
75	都江堰方竹笋	四川	都江堰市经济林协会	AGI01868
76	都江堰茶叶	四川	都江堰市农业技术推广服务中心	AGI01869
77	云龙茶	云南	云龙县园艺工作站	AGI01870
78	底圩茶	云南	广南县茶叶技术指导站	AGI01871
79	诺邓黑猪	云南	云龙县畜牧工作站	AGI01872
80	抚仙湖抗浪鱼	云南	玉溪市水产工作站	AGI01873
81	漠西大葱	陕西	乾县农业技术推广站	AGI01874
82	洋县黑米	陕西	洋县朱鹮之乡有机粮油协会	AGI01875
83	安宁白凤桃	甘肃	兰州市安宁堡街道桃子协会	AGI01876
84	武都纹党参	甘肃	陇南市武都区纹党参协会	AGI01877
85	庆阳荞麦	甘肃	庆阳市农业科学研究院	AGI01878
86	定西马铃薯	甘肃	定西市安定区马铃薯产业开发办公室	AGI01879
87	玉树蕨麻	青海	玉树州草原工作站	AGI01880
88	玉树芫根	青海	玉树藏族自治州农业技术推广站	AGI01881
89	互助蚕豆	青海	互助土族自治县种子管理站	AGI01882
90	玉树黑青稞	青海	玉树藏族自治州农业技术推广站	AGI01883
91	贵南黑藏羊	青海	贵南县黑藏羊保种养殖协会	AGI01884
92	玉树牦牛	青海	青海省玉树藏族自治州畜牧兽医工作站	AGI01885
93	扎什加羊	青海	曲麻莱县畜牧兽医工作站	AGI01886
94	霍城树上干杏	新疆	霍城县农业技术推广站	AGI01887
95	霍城樱桃李	新疆	霍城县农业技术推广站	AGI01888

续表

序号	产品名称	所在地	证书持有人	证书编号
96	三塘湖哈密瓜	新疆	巴里坤县三塘湖乡农业发展服务中心	AGI01889
97	巩留苹果	新疆	巩留县农业技术推广站	AGI01890
98	惠远胡萝卜	新疆	霍城县农业技术推广站	AGI01891
99	安集海辣椒	新疆	沙湾县安集海镇农业综合服务站	AGI01892
100	吉木萨尔白皮大蒜	新疆	吉木萨尔县农业技术推广站	AGI01893
101	沙雅罗布麻茶	新疆	沙雅县优质农产品开发服务协会	AGI01894
102	铁力木小茴香	新疆	岳普湖县孜然协会	AGI01895
103	新疆兵团二十九团香梨	新疆兵团	新疆生产建设兵团第二师二十九团	AGI01896
104	万荣苹果	山西	万荣县科普惠农服务协会	AGI01897
105	平陆苹果	山西	平陆县果业局	AGI01898
106	忻州香瓜	山西	忻府区农业产业化协会	AGI01899
107	沁水刺槐蜂蜜	山西	沁水县蜂业协会	AGI01900
108	灵石荆条蜂蜜	山西	灵石县飞翔农蜂业科技开发中心	AGI01901
109	黑柳子白梨脆甜瓜	内蒙古	乌拉特前旗农牧业综合行政执法大队	AGI01902
110	新宾辽细辛	辽宁	新宾满族自治县现代农业技术推广服务中心	AGI01903
111	汪清黑木耳	吉林	汪清县乡镇企业暨农产品加工企业协会	AGI01904
112	肇州大瓜子	黑龙江	肇州县老街基特色杂粮协会	AGI01905
113	肇州糯玉米	黑龙江	肇州县老街基特色杂粮协会	AGI01906
114	饶河大米	黑龙江	饶河县农业技术推广中心	AGI01907
115	双城小米	黑龙江	双城市经济作物指导站	AGI01908
116	居仁大米	黑龙江	宾县居仁水稻种植技术协会	AGI01909
117	彭镇青扁豆	上海	上海浦东新区泥城农业发展中心	AGI01910
118	启东洋扁豆	江苏	启东市高效设施农业协会	AGI01911
119	万年香沙芋艿	江苏	海门市蔬菜生产技术指导站	AGI01912
120	泰兴香荷芋	江苏	泰兴市泰兴香荷芋协会	AGI01913
121	奎湖鳙鱼	安徽	南陵县许镇镇奎湖水产养殖协会	AGI01914
122	长乐番薯	福建	长乐市农学会	AGI01915
123	闽北花猪	福建	顺昌县畜牧站	AGI01916
124	德化黑兔	福建	德化县农业科学研究所	AGI01917
125	山亭花椒	山东	山亭区绿色农资推广应用协会	AGI01918
126	昆嵛山板栗	山东	威海市文登区绿色食品协会	AGI01919
127	伊水大鲵	河南	洛阳市水产技术推广站	AGI01920
128	郧阳天麻	湖北	十堰市郧阳区沧浪山天麻协会	AGI01921

续表

序号	产品名称	所在地	证书持有人	证书编号
129	房县虎杖	湖北	房县虎杖产业协会	AGI01922
130	环江红心香柚	广西	环江毛南族自治县水果生产管理局	AGI01923
131	秀山茶叶	重庆	秀山土家族苗族自治县农业技术服务中心	AGI01924
132	铜梁枳壳	重庆	重庆市铜梁区农业技术推广服务中心	AGI01925
133	得荣蜂蜜	四川	得荣县畜牧站	AGI01926
134	巴中柞蚕蛹	四川	巴中市蚕业管理站	AGI01927
135	留坝白果	陕西	留坝县林业站	AGI01928
136	留坝板栗	陕西	留坝县林业站	AGI01929
137	靖远旱砂西瓜	甘肃	靖远县农业技术推广中心	AGI01930
138	玛曲欧拉羊	甘肃	玛曲县西科河欧拉羊种公畜养殖场	AGI01931
139	玛曲牦牛	甘肃	玛曲县阿孜畜牧科技示范园区	AGI01932
140	兴海牦牛肉	青海	兴海县畜牧兽医工作站	AGI01933
141	昭苏马铃薯	新疆	昭苏县农业技术推广站	AGI01934
142	满城草莓	河北	保定市满城区农业技术推广服务中心	AGI01935
143	丰南胭脂稻	河北	唐山市丰南区农业服务中心	AGI01936
144	芮城屯屯枣	山西	芮城县农业技术推广站	AGI01937
145	古县小米	山西	古县金米协会	AGI01938
146	吐列毛杜小麦粉	内蒙古	吐列毛杜农场种植养殖业协会	AGI01939
147	巴林大米	内蒙古	巴林右旗农业技术推广站	AGI01940
148	巴彦淖尔河套枸杞	内蒙古	巴彦淖尔市绿色食品发展中心	AGI01941
149	巴彦淖尔河套肉苁蓉	内蒙古	巴彦淖尔市绿色食品发展中心	AGI01942
150	巴林牛肉	内蒙古	巴林右旗家畜改良工作站	AGI01943
151	巴林羊肉	内蒙古	巴林右旗家畜改良工作站	AGI01944
152	杭锦旗塔拉沟山羊肉	内蒙古	杭锦旗羚丰农牧业发展协会	AGI01945
153	科尔沁牛	内蒙古	通辽市农畜产品质量安全中心	AGI01946
154	乌审旗皇香猪	内蒙古	内蒙古乌审旗农牧业产业化办公室	AGI01947
155	风水梁獭兔	内蒙古	达拉特旗农畜产品质量安全检验检测中心	AGI01948
156	巴图湾甲鱼	内蒙古	内蒙古乌审旗农牧业产业化办公室	AGI01949
157	巴图湾鲤鱼	内蒙古	内蒙古乌审旗农牧业产业化办公室	AGI01950
158	陈旗鲫	内蒙古	陈巴尔虎旗渔政渔港监督管理所	AGI01951
159	北票荆条蜜	辽宁	北票市农业产业化办公室	AGI01952
160	瓦房店海参	大连	瓦房店市海参协会	AGI01953
161	洋北西瓜	江苏	宿迁市宿城区洋北镇农业经济技术服务中心	AGI01954

续表

序号	产品名称	所在地	证书持有人	证书编号
162	兰溪杨梅	浙江	兰溪市经济特产技术推广站	AGI01955
163	黄岩红糖	浙江	台州市黄岩区农业技术推广中心	AGI01956
164	旌德天山真香茶	安徽	旌德县农业技术推广中心	AGI01957
165	黄里笆斗杏	安徽	相山区农林技术推广中心	AGI01958
166	界首马铃薯	安徽	界首市农业技术推广中心	AGI01959
167	颍州大田恋思萝卜	安徽	阜阳市颍州区恋思萝卜产销协会	AGI01960
168	宜丰蜂蜜	江西	宜丰县绿色食品发展办公室	AGI01961
169	董市甜瓜	湖北	枝江市董市农业服务中心	AGI01962
170	钟祥泉水柑	湖北	钟祥市泉水柑种植协会	AGI01963
171	七星台蒜薹	湖北	枝江市蔬菜办公室	AGI01964
172	江夏子莲	湖北	武汉市江夏区蔬菜技术推广站	AGI01965
173	罗田天麻	湖北	罗田县农业技术推广中心	AGI01966
174	郧西杜仲	湖北	郧西县农业技术推广中心	AGI01967
175	郧西黄姜	湖北	郧西县农业技术推广中心	AGI01968
176	大埔乌龙茶	广东	大埔县茶叶行业协会	AGI01969
177	镇隆荔枝	广东	惠州市惠阳区镇隆镇荔枝生产协会	AGI01970
178	麻涌香蕉	广东	东莞市麻涌镇农业技术服务中心	AGI01971
179	三水黑皮冬瓜	广东	佛山市三水区农林技术推广中心	AGI01972
180	福田菜心	广东	博罗县福田镇农业技术推广站	AGI01973
181	清远黑山羊	广东	清远市畜牧技术推广站	AGI01974
182	那楼淮山	广西	南宁市邕宁区农业服务中心	AGI01975
183	陆川橘红	广西	陆川县农业技术推广站	AGI01976
184	石柱辣椒	重庆	石柱土家族自治县辣椒行业协会	AGI01977
185	达川安仁柚	四川	达州市达川区茶果站	AGI01978
186	梵净山茶	贵州	铜仁市茶叶行业协会	AGI01979
187	安顺金刺梨	贵州	安顺市农业技术推广站	AGI01980
188	关岭火龙果	贵州	关岭布依族苗族自治县果树蔬菜工作站	AGI01981
189	从江香禾糯	贵州	从江县农产品质量安全监督管理检测站	AGI01982
190	保田生姜	贵州	盘县农业局经济作物管理站	AGI01983
191	龙里豌豆尖	贵州	龙里县蔬果办公室	AGI01984
192	赫章黑马羊	贵州	赫章县草地工作站	AGI01985
193	平坝灰鹅	贵州	安顺市平坝区畜禽品种改良站	AGI01986
194	关岭牛	贵州	关岭布依族苗族自治县草地畜牧业发展中心	AGI01987

续表

序号	产品名称	所在地	证书持有人	证书编号
195	六枝月亮河鸭蛋	贵州	六枝特区月亮河种养殖专业技术协会	AGI01988
196	玉龙滇重楼	云南	玉龙纳西族自治县药材协会	AGI01989
197	陇州核桃	陕西	陇县农村合作经济组织联合会	AGI01990
198	旬阳拐枣	陕西	旬阳县林业开发绿化管理服务中心	AGI01991
199	榆林山地苹果	陕西	榆林市农学会	AGI01992
200	直罗贡米	陕西	富县水稻杂粮协会	AGI01993
201	榆林马铃薯	陕西	榆林市农学会	AGI01994
202	镇坪洋芋	陕西	镇坪县农业技术推广中心	AGI01995
203	米脂红葱	陕西	米脂县农产品质量安全检验检测中心	AGI01996
204	沙底辣椒	陕西	大荔县设施农业局	AGI01997
205	沙苑红萝卜	陕西	大荔县设施农业局	AGI01998
206	陇南绿茶	甘肃	陇南市经济作物技术推广总站	AGI01999
207	庆阳白瓜子	甘肃	庆阳市农业技术推广中心	AGI02000
208	舟曲核桃	甘肃	舟曲县林业工作站	AGI02001
209	舟曲花椒	甘肃	舟曲县林业工作站	AGI02002
210	岷县当归	甘肃	岷县中药材生产技术指导站	AGI02003
211	陇西白条党参	甘肃	陇西县中医药产业发展局	AGI02004
212	陇西黄芪	甘肃	陇西县中医药产业发展局	AGI02005

（农业部科技教育司供稿）

农产品地理标志相关评选和认定

一、国家示范样板

国家级农产品地理标志示范样板创建工作自 2015 年开始，开展单位为农业部农产品质量安全中心，每批样板创建期为两年，当年授予创建资格，第二年验收通过的授予称号。2016 年，根据《关于开展 2015 年农产品地理标志示范样板创建工作的通知》（农质安函[2015]122 号）和《关于做好 2015 年农产品地理标志示范样板创建验收工作的通知》，授予百色芒果、大田高山茶、京西稻、柴达木枸杞、诺邓火腿、潜江龙虾等 6 个产品“国家级农产品地理标志示范样板”称号；依据《关于开展 2016 年农产品地理标志示范创建工作的通知》（农质安函[2016]66 号），授予马陆葡萄、丹棱桔橙、奇台面粉、金山时雨、灵宝香菇、崇仁麻鸡、盐池滩羊肉、洪泽湖大闸蟹 8 个产品“国家级农产品地理标志示范样板创建资格”。

二、农交会金奖

第十四届中国国际农产品交易会由农业部主办，参展农产品金奖评选工作由农交会组委会负责。根据《关于开展第十四届中国国际农产品交易会参展农产品评奖活动的通知》（农组委发[2016]6 号），农产品地理标志展区推荐的潜江龙虾、寿阳小米、诺邓火腿、奇台面粉、大埔蜜柚、金山时雨、苍山大蒜、丹棱桔橙、舒兰大米、水城猕猴桃、商南茶、临川虎奶菇、勃利红松籽、辽宁辽育白牛、京西稻、三亚芒果、盐池滩羊肉、百色芒果、花园口红薯、兰溪小萝卜、大田高山茶、淮安蒲菜、阿拉善肉苁蓉 23 个地理标志农产品获得第十四届中国国际农产品交易会金奖。

三、全国品牌价值评价

2016 年品牌价值评价工作由国家质检总局开展，其中地理标志产品品牌评价工作由中国品牌建设促进会组织。根据《关于开展 2016 年地理标志产品品牌价值评价工作的通知》（国品会[2016]36 号），农业部门组织推荐的乌兰察布马铃薯、辽宁绒山羊、万昌大米、福安巨峰葡萄、南丰蜜桔、蒙阴蜜桃、苍山大蒜、沂源苹果、莱芜猪、新乡小麦、富川脐橙、钦州大蚝、丹棱桔橙、金堂姬菇、攀枝花芒果、湄潭翠芽、大荔冬枣、眉县猕猴桃、武都花椒、柴达木枸杞、盐池滩羊肉 21 个农产品地理标志品牌入选 2016 年中国品牌价值评价发布榜单。

（农业部科技教育司供稿）

法律、法规、规章

财政部　国家发展改革委
关于印发《专利收费减缴办法》的通知

财税[2016]78 号

国家知识产权局,各省、自治区、直辖市、计划单列市财政厅(局)、发展改革委、物价局、知识产权局,新疆生产建设兵团财务局、发展改革委:

为贯彻落实国务院《关于新形势下加快知识产权强国建设的若干意见》(国发〔2015〕71 号)有关要求,更好的支持我国专利事业发展,减轻企业和个人专利申请和维护负担,根据《中华人民共和国专利法实施细则》(国务院令第 569 号)有关规定,我们制定了《专利收费减缴办法》(见附件),现印发给你们,请遵照执行。

附件:《专利收费减缴办法》

财政部　国家发展改革委

2016 年 7 月 27 日

专利收费减缴办法

第一条　为贯彻落实国务院《关于新形势下加快知识产权强国建设的若干意见》(国发〔2015〕71 号)要求,根据《中华人民共和国专利法实施细则》有关规定,制定本办法。

第二条　专利申请人或者专利权人可以请求减缴下列专利收费:

(一)申请费(不包括公布印刷费、申请附加费);

(二)发明专利申请实质审查费;

(三)年费(自授予专利权当年起六年内的年费);

(四)复审费。

第三条　专利申请人或者专利权人符合下列条件之一的,可以向国家知识产权局请求减缴上述收费:

(一)上年度月均收入低于 3500 元(年 4.2 万元)的个人;

(二)上年度企业应纳税所得额低于 30 万元的企业;

(三)事业单位、社会团体、非营利性科研机构。

两个或者两个以上的个人或者单位为共同专利申请人或者共有专利权人的，应当分别符合前款规定。

第四条 专利申请人或者专利权人为个人或者单位的，减缴本办法第二条规定收费的85%。

两个或者两个以上的个人或者单位为共同专利申请人或者共有专利权人的，减缴本办法第二条规定收费的70%。

第五条 专利申请人或者专利权人只能请求减缴尚未到期的收费。减缴申请费的请求应当与专利申请同时提出，减缴其他收费的请求可以与专利申请同时提出，也可以在相关收费缴纳期限届满日两个半月之前提出。未按规定时限提交减缴请求的，不予减缴。

第六条 专利申请人或者专利权人请求减缴专利收费的，应当提交收费减缴请求书及相关证明材料。专利申请人或者专利权人通过专利事务服务系统提交专利收费减缴请求并经审核批准备案的，在一个自然年度内再次请求减缴专利收费，仅需提交收费减缴请求书，无需再提交相关证明材料。

第七条 个人请求减缴专利收费的，应当在收费减缴请求书中如实填写本人上年度收入情况，同时提交所在单位出具的年度收入证明；无固定工作的，提交户籍所在地或者经常居住地县级民政部门或者乡镇人民政府（街道办事处）出具的关于其经济困难情况证明。

企业请求减缴专利收费的，应当在收费减缴请求书中如实填写经济困难情况，同时提交上年度企业所得税年度纳税申报表复印件。在汇算清缴期内，企业提交上上年度企业所得税年度纳税申报表复印件。

事业单位、社会团体、非营利性科研机构请求减缴专利收费的，应当提交法人证明材料复印件。

第八条 国家知识产权局收到收费减缴请求书后，应当进行审查，作出是否批准减缴请求的决定，并通知专利申请人或者专利权人。

第九条 专利收费减缴请求有下列情形之一的，不予批准：

（一）未使用国家知识产权局制定的收费减缴请求书的；

（二）收费减缴请求书未签字或者盖章的；

（三）收费减缴请求不符合本办法第二条或者第三条规定的；

（四）收费减缴请求的个人或者单位未提供符合本办法第七条规定的证明材料的；

（五）收费减缴请求书中的专利申请人或者专利权人的姓名或者名称，或者发明创造名称，与专利申请书或者专利登记簿中的相应内容不一致的。

第十条 经国家知识产权局批准的收费减缴请求，专利申请人或者专利权人应当在规定期限内，按照批准后的应缴数额缴纳专利费。收费减缴请求批准后，专利申请人或者专利权人发生变更的，对于尚未缴纳的收费，变更后的专利申请人或者专利权人应当重新提交收费减缴请求。

第十一条 专利收费减缴请求审批决定作出后，国家知识产权局发现该决定存在错误的，应予更正，并将更正决定及时通知专利申请人或者专利权人。

专利申请人或者专利权人在专利收费减缴请求时提供虚假情况或者虚假证明材料的，国家知识产权局应当在查实后撤销减缴专利收费决定，通知专利申请人或者专利权人在指定期限内补缴已经减缴的收费，并取消其自本年度起五年内收费减缴资格，期满未补缴或者补缴额不足的，按缴费不足依法作出相应处理。

专利代理机构或者专利代理人帮助、指使、引诱专利申请人或者专利权人实施上述行为的，依照有关规定进行处理。

第十二条 本办法自2016年9月1日起施行。此前有关规定与本办法不一致的，以本办法为准。

国家工商总局关于印发《委托地方工商和市场监管部门受理商标注册申请暂行规定》的通知

工商标字〔2016〕168号

各省、自治区、直辖市及计划单列市、副省级市工商行政管理局、市场监督管理部门，总局机关各司局、直属单位：

为方便申请人办理商标注册申请，推进商标注册便利化，加强对委托地方工商和市场监管部门受理商标注册申请工作的管理，工商总局制定了《委托地方工商和市场监管部门受理商标注册申请暂行规定》，现予印发，请遵照执行。

国家工商总局

2016年8月31日

委托地方工商和市场监管部门受理商标注册申请暂行规定

第一条 为方便申请人办理商标注册申请，推进商标注册便利化，加强对委托地方工商和市场监管部门(以下简称受托单位)受理商标注册申请工作的管理，特制定本规定。

第二条 县级以上(以省会城市、地级市为主)工商、市场监管部门受工商总局商标局(以下简称商标局)委托，在地方政务大厅或注册大厅设立商标注册申请受理窗口，代为办理商标注册申请受理等业务。

第三条 县级以上(以省会城市、地级市为主)工商、市场监管部门拟开展商标注册申请受理业务的，须填写《地方工商和市场监管部门开展商标注册申请受理业务审批表》(附表)，由省(自治区、直辖市)工商、市场监管部门提出意见后报送商标局。按照便利化原则，兼顾区域分布、商标申请量等因素，经审核确有设立必要且具备运行条件的，经商标局批准并公告后开展受理业务。

第四条 商标局工作职责：

(一)确定受托单位受理业务范围和受理区域范围；

(二)制定工作规程、业务质量标准和业务质量管理办法；

(三)根据业务工作需要，对受托单位工作人员进行业务培训；

(四)对受托单位商标注册申请受理和规费收缴等工作进行指导和检查。

第五条 受托单位工作职责：

(一)负责商标受理业务机构设置、人员安排、网络联通建设、办公场所和相关设备配置；

(二)根据商标局有关规定，制定和落实业务质量管理办法；

(三)加强与商标局业务联系，定期向商标局汇报工作；

(四)办理商标局委托的其他工作。

第六条 受理窗口工作职责：

(一)在政务大厅或注册大厅设置“商标受理业务”的明显标识；

(二)负责指定区域内商标注册申请受理、规费收缴、代发商标注册证等工作。接收、审核商标注册申请文件，对符合受理条件的商标注册申请确定申请日；

(三)做好商标注册申请文件管理

工作；

（四）开展商标注册申请相关业务的查询、咨询等服务性工作。

第七条 受托单位及其受理窗口工作人员应当依法行政，廉洁自律，忠于职守，文明服务。

（一）严格遵守有关法律、法规及商标局有关规定，结合自身实际情况，制定相关规章制度。建立优良工作秩序，提供优质高效服务；

（二）严格遵守财务管理制度。加强账务管理，不得超范围、超标准收取费用；收取规费应按期如数上缴，不得擅自挪用、滞留，保证国家规费的安全；

（三）依法行政，公正廉洁。不得泄露或越权使用未公开的商标注册申请信息，牟取不当利益。

第八条 对违反本规定的受托单位，商标局将对其通报批评，情节严重者，将责令其停止工作进行整顿，直至取消委托业务。

对违反本规定，产生恶劣影响并造成损失的，视具体情况追究受托单位负责人和相关人员行政或法律责任。

第九条 本规定由商标局负责解释。

第十条 本规定自 2016 年 9 月 1 日起施行。

地方工商和市场监管部门开展商标注册申请受理业务审批表

申请单位	
申请事项	
申请理由及意见	（盖章）　　年　月　日
省级工商市场监管部门意见	（盖章）　　年　月　日
商 标 局审批意见	（盖章）　　年　月　日

关于实施《国家工商总局商标局注册商标专用权质权登记受理点工作规程》的通知

商标函字〔2016〕65 号

上海市、重庆市、河北省、山西省、内蒙古自治区、辽宁省、吉林省、黑龙江省、山东省、安徽省、浙江省、江西省、福建省、河南省、湖北省、湖南省、广东省、广西壮族自治区、四川省、云南省、贵州省、陕西省、甘肃省、新疆维吾尔自治区、沈阳市、武汉市工商局：

2016 年 6 月 7 日，总局批准同意在全国设立 25 个注册商标专用权质权登记受理点（全部受理点名单见附件 1）。为规范各受理点工作，我局研究制定《国家工商总局商标局注册商标专用权质权登记受理点工作规程》（附件 2），自即日起实施。

各受理点在受理质权登记申请时要严格按照工作规程要求操作，业务工作中的重要情况和建议请及时向我局报告。

附件：受理点名单

国家工商总局商标局注册商标专用权质权登记受理点工作规程

国家工商总局商标局

2016 年 7 月 22 日

国家工商总局商标局注册商标专用权质权登记受理点工作规程

第一条 根据国家工商总局《注册商标专用权质权登记程序规定》和《工商总局关于设立注册商标专用权质权登记申请受理点的通知》（工商标字〔2016〕106 号）的要求，规范国家工商总局商标局设立的注册商标专用权质权登记申请受理点（以下简称受理点）受理注册商标专用权质权登记申请工作流程，特制定本工作规程。

第二条 受理点的办公场所、装备、经费和工作人员由地方工商、市场监督管理部门商有关部门落实。工作人员的日常管理由地方工商、市场监督管理部门负责。

第三条 受理点在国家工商总局商标局指导下开展工作，可代商标局接收当事人提交的注册商标专用权质权登记申请文件、代商标局发放相应的注册商标专用权质权登记证等文件。

第四条 受理点在受理注册商标专用权质权登记、变更、延期、注销、补证申请时，依照本规程执行。

第五条 受理点在受理注册商标专用权质权登记申请前，可向商标局提出出质商标基本状况查询申请（附件 1）。

第六条 受理点在收到商标局的查询结果后，应及时将出质商标查询情况告知申请人。

第七条 受理点应当核实申请办理注册商标专用权质权登记经办人员的身份，核验经办人的身份证原件，并初审当事人主体资格证明、授权委托书、委托代理人身份证件等有关情况。

第八条 受理点在受理注册商标专用

权质权登记申请时，应对质权登记申请文件内容与申请文件清单（附件 2）按照申请文件核验指南（附件 3）要求进行核验，并填写申请文件清单。

注册商标专用权质权登记申请缺少申请文件清单所列文件的，通知申请人补充；申请文件不符合申请文件核验指南要求的，通知申请人补正。

第九条 受理点将审验后符合要求的注册商标专用权质权登记申请文件提交至商标局，商标局录入商标质权登记系统并生成申请号后，受理点应及时将生成的申请号填入申请文件清单。

商标局经审查后发现注册商标专用权质权登记申请文件需要补正的，通知受理点，由受理点转告给申请人予以补正。补正后的文件应按前述程序予以操作。

第十条 申请文件清单一式四份，由受理点、出质人、质权人签字确认并各留存一份，另一份随质权登记申请文件寄送商标局存档。

第十一条 经商标局核验符合登记要求的，受理点受理注册商标专用权质权登记申请的时间即为当事人质权登记日期。

第十二条 商标局核准注册商标专用权质权登记申请后，将《商标专用权质权登记证》的电子版发送给受理点，由受理点打印并发放给当事人。

第十三条 《商标专用权质权登记证》一式二份，出质人、质权人各一份。出质人或质权人为多人的，发放给质权登记申请书列明的第一位申请人。

第十四条 受理点打印制作《商标专用权质权登记证》后，应及时通知双方当事人领取。《商标专用权质权登记证》本应由办理质权登记的经办人或其授权的人员领取，领证人应携带本人的身份证和有关授权文件，并在授权文件上声明已领取。

第十五条 受理点应在每月月底前将申请文件清单连同质权登记申请文件、《商标专用权质权登记证》领取记录一并寄送商标局存档。

第十六条 受理点负责数据信息系统的日常管理和维护，应当保持线路畅通，保障数据安全，禁止非授权人员、计算机使用数据专线和客户端，制定数据安全保障与软件操作规范制度。

第十七条 受理点工作人员应定期参加商标局的业务培训，努力提高服务质量，优化服务效能。

第十八条 受理点不得向当事人收取任何费用。受理点工作人员必须廉洁自律，忠于职守，文明服务。地方工商局、市场监督管理部门应加强对受理点工作人员的管理，切实防范好履职风险和廉政风险。

第十九条 本规程自发布之日起实施。

附件：1. 出质商标查询申请表

2. 申请文件清单

3. 申请文件核验指南

附件 1

出质商标查询申请表

出质人名称	
出质人地址	
法定代表人	
联系电话	
拟出质商标注册号	
需要一并出质商标注册号	
出质商标权利状况	

附件 2

申请文件清单

（一式四份）

申 请 号：

申请日期：　　　　　　　　　　　　　　　　受理点工作人员：________

序号	文件名称	页数	说明
1	商标专用权质权登记申请书（原件）		按照总局发布的书式格式打字或印刷
2	出质人主体资格证明		企业为营业执照副本复印件，个人为身份证复印件
3	质权人主体资格证明		企业为营业执照副本复印件，个人为身份证复印件
4	出质方经办人的授权委托书（原件）		法定代表人亲自办理的无需提交
5	出质方经办人的身份证复印件		
6	质权方经办人的授权委托书（原件）		法定代表人亲自办理的无需提交
7	质权方经办人的身份证复印件		
8	主合同		主合同一般为借款合同、担保合同或授信合同。如为复印件应加盖双方当事人印章。质权合同应为原件。
9	质权合同（原件）		
10	出质方合同签字人的授权文件		授权文件不要求原件 法定代表人签署合同时不需提供
11	质权方合同签字人的授权文件		
12	评估报告（原件）		第12、13项二选一即可，如果质权合同条款已经对商标价值作出约定的，无需另行提供。
13	双方关于商标权价值认可的书面文件（原件）		
14	出质商标注册证复印件		尚未取得注册证或遗失的可以书面说明
15	关于出质商标权利的说明（原件）		关于出质注册商标权利状况的相关说明（风险和瑕疵揭示），格式可以为合同条款、单独声明，不限。需明示知晓情况有：1. 撤三案件、无效宣告案件；2. 出质商标尚未注册的；3 在先有商标许可备案；4. 在先质押登记；5. 在先的商标转让；6. 申请中的近似商标
16	关于出质商标到期续展的声明（原件）		
17	出质期间新注册近似商标的处置		
18	其他（请详细写明）		

出质方经办人：　　　　　　　　　　　　　　　质权方经办人：

附件 3

申请文件核验指南

一、商标专用权质权登记申请书（申请文件清单第 1 项）

1. 使用规定书式，打字或者印刷，内容完整，页面清晰，更正或改动处应由双方经办人签字确认，必要时（涉及金额、期限等重要项目）需加盖双方印章。如有附页，附页也需加盖双方印章。所有章戳应该完整清晰。

2. 出质人在相同类似商品上注册的相同近似商标必须一并出质，可以在一份申请书上填写多个注册号码，填写不下的可另附页。

3. 申请人名称应该与主体资格证明文件一致、与加盖的印章或签字相一致；多个申请人的应按照顺次依次填写，填写不下的可另附页；申请人为个人的，还需在姓名后备注身份证件号码。

4. 地址栏应将省市县行政区划填写完整；电话和邮编应详细准确；填写的地址应与主体资格证明文件列明的地址一致（申请人为自然人的可以填写通讯地址）。

5. 申请书填写的出质商标注册号、担保债权数额和质权登记期限应以质权合同为依据，出质商标注册号、担保债权数额应与合同规定一致，质权登记期限可以比照合同合理延长。质权登记期限起始日期不得早于申请日期。质权登记期限比合同规定担保债权期限短的，需要双方书面予以说明。

二、主体资格证明（申请文件清单第 2、3 项）

企业为企业法人营业执照或营业执照，个人为身份证，事业单位为事业单位法人证书或编制管理机构的文件。提供复印件，由当事人加盖公章或者签字确认与原件一致。

三、授权委托书（申请文件清单第 4、6 项，第 10、11 项）

申请文件清单第 4、6 项：普通授权情况下，授权委托书由委托人出具，需加盖委托人的章戳或法定代表人（金融机构分支机构可以为负责人）签字。法定代表人亲自办理的，只需在身份证复印件上标明法定代表人身份，并签字。授权委托书应为原件。

申请文件清单第 10、11 项：授权文件不要求原件，一般应为法定代表人出具，对于金融机构分支机构，可以用文件复印件。

四、主合同（申请文件清单第 8 项）

1. 主合同一般为借款合同、担保合同、授信合同或者其他能证明和此次质权登记有关的合同依据。主合同一般要求提供原件。原件不足的，提供复印件应加盖合同双方当事人印章，或提供经公证的与原件一致的复印件。

2. 借贷利率应符合相关规定，不超出同期银行贷款利率的四倍。

3. 合同内容应包括借款双方或者多方名称、借款或者授信期限、金额等。

五、注册商标专用权质权合同（申请文件清单第 9 项）

1. 应为原件，无法提供原件的可提供经公证与原件一致的复印件。

2. 合同内容应包括：

（1）出质人和质权人的名称（姓名）及住址；

（2）被担保债权的种类和数额；

（3）债务人履行债务的期限；

（4）出质商标（注册号、商标名称、类别、专用期等，或另附提交加盖双方章戳的质押物清单作为合同附件）；

（5）担保的范围；

（6）质押财产交付的时间；

（7）不能包含禁止流质的规定；

（8）可提交最高额质权合同。

3. 可能包括的有关出质商标的内容

（1）出质人的瑕疵担保义务：出质商标

为多件时，质权登记期限不宜超过提交质权登记申请时专用权最先到期的商标的专用权期限，但若质权人同意，出质人保证到期续展，则需另行提交其书面同意文件或在合同中载明。

（2）出质商标权利状况的揭晓义务：处于撤三、无效宣告、异议及其复审中的商标；在先有许可备案的商标；尚未核准注册及在公告期的商标，均需出质人做出说明，并提交质权人书面同意文件或在合同中载明。

（3）出质商标在先已有质权登记，若评估价值还有剩余，可在剩余额度内再次办理质权登记，但需提交书面知晓和同意文件或在合同中载明。

（4）为确保出质商标流转的通畅性，出质人在质押期限重新申请的商标与此次质权登记的商标构成相同或者近似，由于质押期限过长，则双方需出具待新申请的商标核准注册，保证补充质权登记的书面同意文件或在合同中载明。

（5）出质商标已提交转让申请但尚未被核准，受让人和质权人均同意的情况下，可以办理质权登记，但需提交其书面同意文件。

六、评估报告（申请文件清单第 12 项）

需具有评估资质的评估公司做出，评估资质以财政部门核发的资产评估资格证书为准。评估报告需在其载明的有效期内。

七、双方出具的价值认可文件（申请文件清单第 13 项）

双方签章或者法定代表人签字认可。质权合同条款已经对此作出约定的，无需另行提供。

八、出质注册商标的注册证复印件（申请文件清单第 14 项）

无法提供复印件的，可提交出质人加盖章戳的说明材料。

九、关于出质注册商标权利状况的相关说明（风险和瑕疵揭示）（申请文件清单第 15、16、17 项）

根据出质商标具体情况，提供相对应的书面说明材料。

中华人民共和国农业部令

2016 年第 1 号

《中华人民共和国农业植物品种保护名录(第十批)》已经 2016 年 3 月 26 日农业部第 2 次常务会议审议通过,现予发布,自 2016 年 5 月 16 日起施行。

部长　韩长赋

2016 年 4 月 16 日

中华人民共和国农业植物品种保护名录(第十批)

属或种名	学　名
向日葵	Helianthus annuus L.
荞麦属	Fagopyrum Mill.
白菜型油菜	Brassica campestris L.
薏苡属	Coix L.
蓖麻	Ricinus communis L.
菠菜	Spinacia oleracea L.
南瓜	Cucurbita moschata Duch.
丝瓜属	Luffa Mill.
青花菜	Brassica oleracea L . var. italica Plenck
洋葱	Allium Cepa L.
姜	Zingiber officinale Rosc.
茭白(菰)	Zizania latifolia (Griseb.) Turcz. ex Stapf.
芦笋(石刁柏)	Asparagus officinalis L.
山药(薯蓣)	Dioscorea alata L. ; Dioscorea polystachya Turcz. ; Dioscorea japonica Thunb.
菊芋	Helianthus tuberosus L.
咖啡黄葵	Abelmoschus esculentus(L.)Moench
杨梅属	Myrica L.
椰子	Cocos nucifera L.
凤梨属	Ananas Mill.
番木瓜	Carica papaya L.
木菠萝(菠萝蜜)	Artocarpus heterophyllus Lam.

续表

属或种名	学　　名
无花果	Ficus carica L.
仙客来	Cyclamen persicum Mill.
一串红	Salvia splendens Ker—Gawler
三色堇	Viola tricolor L.
矮牵牛（碧冬茄）	Petunia hybrida Vilm.
马蹄莲属	Zantedeschia Spreng.
铁线莲属	Clematis L.
石斛属	Dendrobium Sw.
萱草属	Hemerocallis L.
薰衣草属	Lavandula L.
欧报春	Primula vulgaris Huds.
水仙属	Narcissus L.
羊肚菌属	Morchella Dill. ex Pers.
香菇	Lentinula edodes (Berk.) Pegler
黑木耳	Auricularia heimuer F. Wu, B. K. Cui & Y. C.
灵芝属	Ganoderma P. Karst.
双孢蘑菇	Agaricus bisporus (J. E. Lange) Imbach
枸杞属	Lycium L.
天麻	Gastrodia elata Bl.
灯盏花（短莛飞蓬）	Erigeron breviscapus (Vant.) Hand. —Mazz.
何首乌	Fallopia multiflora (Thunb.) Harald.
菘蓝	Isatis indigotica Fort.
甜菊（甜叶菊）	Stevia rebaudiana Bertoni.
结缕草	Zoysia japonica Steud.

中华人民共和国农业部令

2016年第4号

《主要农作物品种审定办法》已经农业部2016年第6次常务会议审议通过，现予公布，自2016年8月15日起施行。

部长　韩长赋

2016年4月16日

主要农作物品种审定办法

第一章　总　　则

第一条　为科学、公正、及时地审定主要农作物品种，根据《中华人民共和国种子法》（以下简称《种子法》），制定本办法。

第二条　在中华人民共和国境内的主要农作物品种审定，适用本办法。

第三条　本办法所称主要农作物，是指稻、小麦、玉米、棉花、大豆。

第四条　省级以上人民政府农业主管部门应当采取措施，加强品种审定工作监督管理。省级人民政府农业主管部门应当完善品种选育、审定工作的区域协作机制，促进优良品种的选育和推广。

第二章　品种审定委员会

第五条　农业部设立国家农作物品种审定委员会，负责国家级农作物品种审定工作。省级人民政府农业主管部门设立省级农作物品种审定委员会，负责省级农作物品种审定工作。

农作物品种审定委员会建立包括申请文件、品种审定试验数据、种子样品、审定意见和审定结论等内容的审定档案，保证可追溯。

第六条　品种审定委员会由科研、教学、生产、推广、管理、使用等方面的专业人员组成。委员应当具有高级专业技术职称或处级以上职务，年龄一般在55岁以下。每届任期5年，连任不得超过两届。

品种审定委员会设主任1名，副主任2～5名。

第七条　品种审定委员会设立办公室，负责品种审定委员会的日常工作，设主任1名，副主任1～2名。

第八条　品种审定委员会按作物种类设立专业委员会，各专业委员会由9～23人的单数组成，设主任1名，副主任1～2名。

省级品种审定委员会对本辖区种植面积小的主要农作物，可以合并设立专业委员会。

第九条　品种审定委员会设立主任委员会，由品种审定委员会主任和副主任、各专业委员会主任、办公室主任组成。

第三章　申请和受理

第十条　申请品种审定的单位、个人（以下简称申请者），可以直接向国家农作物品种审定委员会或省级农作物品种审定委员会提出申请。

在中国境内没有经常居所或者营业场所的境外机构和个人在境内申请品种审定的，应当委托具有法人资格的境内种子企业代理。

第十一条 申请者可以单独申请国家级审定或省级审定，也可以同时申请国家级审定和省级审定，还可以同时向几个省、自治区、直辖市申请审定。

第十二条 申请审定的品种应当具备下列条件：

（一）人工选育或发现并经过改良；

（二）与现有品种（已审定通过或本级品种审定委员会已受理的其他品种）有明显区别；

（三）形态特征和生物学特性一致；

（四）遗传性状稳定；

（五）具有符合《农业植物品种命名规定》的名称；

（六）已完成同一生态类型区 2 个生产周期以上、多点的品种比较试验。其中，申请国家级品种审定的，稻、小麦、玉米品种比较试验每年不少于 20 个点，棉花、大豆品种比较试验每年不少于 10 个点，或具备省级品种审定试验结果报告；申请省级品种审定的，品种比较试验每年不少于 5 个点。

第十三条 申请品种审定的，应当向品种审定委员会办公室提交以下材料：

（一）申请表，包括作物种类和品种名称，申请者名称、地址、邮政编码、联系人、电话号码、传真、国籍，品种选育的单位或者个人（以下简称育种者）等内容；

（二）品种选育报告，包括亲本组合以及杂交种的亲本血缘关系、选育方法、世代和特性描述；品种（含杂交种亲本）特征特性描述、标准图片，建议的试验区域和栽培要点；品种主要缺陷及应当注意的问题；

（三）品种比较试验报告，包括试验品种、承担单位、抗性表现、品质、产量结果及各试验点数据、汇总结果等；

（四）转基因检测报告；

（五）转基因棉花品种还应当提供农业转基因生物安全证书；

（六）品种和申请材料真实性承诺书。

第十四条 品种审定委员会办公室在收到申请材料 45 日内作出受理或不予受理的决定，并书面通知申请者。

对于符合本办法第十二条、第十三条规定的，应当受理，并通知申请者在 30 日内提供试验种子。对于提供试验种子的，由办公室安排品种试验。逾期不提供试验种子的，视为撤回申请。

对于不符合本办法第十二条、第十三条规定的，不予受理。申请者可以在接到通知后 30 日内陈述意见或者对申请材料予以修正，逾期未陈述意见或者修正的，视为撤回申请；修正后仍然不符合规定的，驳回申请。

第十五条 品种审定委员会办公室应当在申请者提供的试验种子中留取标准样品，交农业部植物品种标准样品库保存。

第四章 品种试验

第十六条 品种试验包括以下内容：

（一）区域试验；

（二）生产试验；

（三）品种特异性、一致性和稳定性测试（以下简称 DUS 测试）。

第十七条 国家级品种区域试验、生产试验由全国农业技术推广服务中心组织实施，省级品种区域试验、生产试验由省级种子管理机构组织实施。

品种试验组织实施单位应当充分听取品种审定申请人和专家意见，合理设置试验组别，优化试验点布局，科学制定试验实施方案，并向社会公布。

第十八条 区域试验应当对品种丰产性、稳产性、适应性、抗逆性等进行鉴定，并进行品质分析、DNA 指纹检测、转基因检测等。

每一个品种的区域试验，试验时间不少于两个生产周期，田间试验设计采用随机区组或间比法排列。同一生态类型区试验点，国家级不少于 10 个，省级不少于 5 个。

第十九条 生产试验在区域试验完成后，在同一生态类型区，按照当地主要生产方式，在接近大田生产条件下对品种的丰产性、稳产性、适应性、抗逆性等进一步验证。

每一个品种的生产试验点数量不少于区域试验点，每一个品种在一个试验点的种植面积不少于 300 平方米，不大于 3000 平方米，试验时间不少于一个生产周期。

第一个生产周期综合性状突出的品种，生产试验可与第二个生产周期的区域试验同步进行。

第二十条 区域试验、生产试验对照品种应当是同一生态类型区同期生产上推广应用的已审定品种，具备良好的代表性。

对照品种由品种试验组织实施单位提出，品种审定委员会相关专业委员会确认，并根据农业生产发展的需要适时更换。

省级农作物品种审定委员会应当将省级区域试验、生产试验对照品种报国家农作物品种审定委员会备案。

第二十一条 区域试验、生产试验、DUS 测试承担单位应当具备独立法人资格，具有稳定的试验用地、仪器设备、技术人员。

品种试验技术人员应当具有相关专业大专以上学历或中级以上专业技术职称、品种试验相关工作经历，并定期接受相关技术培训。

抗逆性鉴定由品种审定委员会指定的鉴定机构承担，品质检测、DNA 指纹检测、转基因检测由具有资质的检测机构承担。

品种试验、测试、鉴定承担单位与个人应当对数据的真实性负责。

第二十二条 品种试验组织实施单位应当会同品种审定委员会办公室，定期组织开展品种试验考察，检查试验质量、鉴评试验品种表现，并形成考察报告，对田间表现出严重缺陷的品种保留现场图片资料。

第二十三条 品种试验组织实施单位应当组织申请者代表参与区域试验、生产试验收获测产，测产数据由试验技术人员、试验承担单位负责人和申请者代表签字确认。

第二十四条 品种试验组织实施单位应当在每个生产周期结束后 45 日内召开品种试验总结会议。品种审定委员会专业委员会根据试验汇总结果、试验考察情况，确定品种是否终止试验、继续试验、提交审定，由品种审定委员会办公室将品种处理结果及时通知申请者。

第二十五条 申请者具备试验能力并且试验品种是自有品种的，可以按照下列要求自行开展品种试验：

（一）在国家级或省级品种区域试验基础上，自行开展生产试验；

（二）自有品种属于特殊用途品种的，自行开展区域试验、生产试验，生产试验可与第二个生产周期区域试验合并进行。特殊用途品种的范围、试验要求由同级品种审定委员会确定；

（三）申请者属于企业联合体、科企联合体和科研单位联合体的，组织开展相应区组的品种试验。联合体成员数量应当不少于 5 家，并且签订相关合作协议，按照同权同责原则，明确责任义务。一个法人单位在同一试验区组内只能参加一个试验联合体。

前款规定自行开展品种试验的实施方案应当在播种前 30 日内报国家级或省级品种试验组织实施单位，符合条件的纳入国家级或省级品种试验统一管理。

第二十六条 DUS 测试由申请者自主或委托农业部授权的测试机构开展，接受农业部科技发展中心指导。

申请者自主测试的，应当在播种前 30

日内，按照审定级别将测试方案报农业部科技发展中心或省级种子管理机构。农业部科技发展中心、省级种子管理机构分别对国家级审定、省级审定 DUS 测试过程进行监督检查，对样品和测试报告的真实性进行抽查验证。

DUS 测试所选择近似品种应当为特征特性最为相似的品种，DUS 测试依据相应主要农作物 DUS 测试指南进行。测试报告应当由法人代表或法人代表授权签字。

第二十七条 符合农业部规定条件、获得选育生产经营相结合许可证的种子企业（以下简称育繁推一体化种子企业），对其自主研发的主要农作物品种可以在相应生态区自行开展品种试验，完成试验程序后提交申请材料。

试验实施方案应当在播种前 30 日内报国家级或省级品种试验组织实施单位备案。

育繁推一体化种子企业应当建立包括品种选育过程、试验实施方案、试验原始数据等相关信息的档案，并对试验数据的真实性负责，保证可追溯，接受省级以上人民政府农业主管部门和社会的监督。

第五章 审定与公告

第二十八条 对于完成试验程序的品种，申请者、品种试验组织实施单位、育繁推一体化种子企业应当在 2 月底和 9 月底前分别将稻、玉米、棉花、大豆品种和小麦品种各试验点数据、汇总结果、DUS 测试报告提交品种审定委员会办公室。

品种审定委员会办公室在 30 日内提交品种审定委员会相关专业委员会初审，专业委员会应当在 30 日内完成初审。

第二十九条 初审品种时，各专业委员会应当召开全体会议，到会委员达到该专业委员会委员总数三分之二以上的，会议有效。对品种的初审，根据审定标准，采用无记名投票表决，赞成票数达到该专业委员会委员总数二分之一以上的品种，通过初审。

专业委员会对育繁推一体化种子企业提交的品种试验数据等材料进行审核，达到审定标准的，通过初审。

第三十条 初审实行回避制度。专业委员会主任的回避，由品种审定委员会办公室决定；其他委员的回避，由专业委员会主任决定。

第三十一条 初审通过的品种，由品种审定委员会办公室在 30 日内将初审意见及各试点试验数据、汇总结果，在同级农业主管部门官方网站公示，公示期不少于 30 日。

第三十二条 公示期满后，品种审定委员会办公室应当将初审意见、公示结果，提交品种审定委员会主任委员会审核。主任委员会应当在 30 日内完成审核。审核同意的，通过审定。

育繁推一体化种子企业自行开展自主研发品种试验，品种通过审定后，将品种标准样品提交至农业部植物品种标准样品库保存。

第三十三条 审定通过的品种，由品种审定委员会编号、颁发证书，同级农业主管部门公告。

省级审定的农作物品种在公告前，应当由省级人民政府农业主管部门将品种名称等信息报农业部公示，公示期为 15 个工作日。

第三十四条 审定编号为审定委员会简称、作物种类简称、年号、序号，其中序号为四位数。

第三十五条 审定公告内容包括：审定编号、品种名称、申请者、育种者、品种来源、形态特征、生育期、产量、品质、抗逆性、栽培技术要点、适宜种植区域及注意事项等。

省级品种审定公告，应当在发布后 30 日内报国家农作物品种审定委员会备案。

审定公告公布的品种名称为该品种的通用名称。禁止在生产、经营、推广过程中擅自更改该品种的通用名称。

第三十六条 审定证书内容包括：审定编号、品种名称、申请者、育种者、品种来源、审定意见、公告号、证书编号。

第三十七条 审定未通过的品种，由品种审定委员会办公室在30日内书面通知申请者。申请者对审定结果有异议的，可以自接到通知之日起30日内，向原品种审定委员会或者国家级品种审定委员会申请复审。品种审定委员会应当在下一次审定会议期间对复审理由、原审定文件和原审定程序进行复审。对病虫害鉴定结果提出异议的，品种审定委员会认为有必要的，安排其他单位再次鉴定。

品种审定委员会办公室应当在复审后30日内将复审结果书面通知申请者。

第三十八条 品种审定标准，由同级农作物品种审定委员会制定。审定标准应当有利于产量、品质、抗性等的提高与协调，有利于适应市场和生活消费需要的品种的推广。

省级品种审定标准，应当在发布后30日内报国家农作物品种审定委员会备案。

制定品种审定标准，应当公开征求意见。

第六章 引种备案

第三十九条 省级人民政府农业主管部门应当建立同一适宜生态区省际间品种试验数据共享互认机制，开展引种备案。

第四十条 通过省级审定的品种，其他省、自治区、直辖市属于同一适宜生态区的地域引种的，引种者应当报所在省、自治区、直辖市人民政府农业主管部门备案。

备案时，引种者应当填写引种备案表，包括作物种类、品种名称、引种者名称、联系方式、审定品种适宜种植区域、拟引种区域等信息。

第四十一条 引种者应当在拟引种区域开展不少于1年的适应性、抗病性试验，对品种的真实性、安全性和适应性负责。具有植物新品种权的品种，还应当经过品种权人的同意。

第四十二条 省、自治区、直辖市人民政府农业主管部门及时发布引种备案公告，公告内容包括品种名称、引种者、育种者、审定编号、引种适宜种植区域等内容。公告号格式为：(×)引种〔×〕第×号，其中，第一个“×”为省、自治区、直辖市简称，第二个“×”为年号，第三个“×”为序号。

第四十三条 国家审定品种同一适宜生态区，由国家农作物品种审定委员会确定。省级审定品种同一适宜生态区，由省级农作物品种审定委员会依据国家农作物品种审定委员会确定的同一适宜生态区具体确定。

第七章 撤销审定

第四十四条 审定通过的品种，有下列情形之一的，应当撤销审定：

(一)在使用过程中出现不可克服严重缺陷的；

(二)种性严重退化或失去生产利用价值的；

(三)未按要求提供品种标准样品或者标准样品不真实的；

(四)以欺骗、伪造试验数据等不正当方式通过审定的。

第四十五条 拟撤销审定的品种，由品种审定委员会办公室在书面征求品种审定申请者意见后提出建议，经专业委员会初审后，在同级农业主管部门官方网站公示，公示期不少于30日。

公示期满后，品种审定委员会办公室应当将初审意见、公示结果，提交品种审定委员会主任委员会审核，主任委员会应当在30日内完成审核。审核同意撤销审定的，由同级农业主管部门予以公告。

第四十六条 公告撤销审定的品种，自撤销审定公告发布之日起停止生产、广告，自撤销审定公告发布一个生产周期后停止推广、销售。品种审定委员会认为有必要的，可以决定自撤销审定公告发布之日起停止推广、销售。

省级品种撤销审定公告，应当在发布后30日内报国家农作物品种审定委员会备案。

第八章 监督管理

第四十七条 农业部建立全国农作物品种审定数据信息系统，实现国家和省两级品种审定网上申请、受理，品种试验数据、审定通过品种、撤销审定品种、引种备案品种、标准样品等信息互联共享，审定证书网上统一打印。审定证书格式由国家农作物品种审定委员会统一制定。

省级以上人民政府农业主管部门应当在统一的政府信息发布平台上发布品种审定、撤销审定、引种备案、监督管理等信息，接受监督。

第四十八条 品种试验、审定单位及工作人员，对在试验、审定过程中获知的申请者的商业秘密负有保密义务，不得对外提供申请品种审定的种子或者谋取非法利益。

第四十九条 品种审定委员会委员和工作人员应当忠于职守，公正廉洁。品种审定委员会委员、工作人员不依法履行职责，弄虚作假、徇私舞弊的，依法给予处分；自处分决定作出之日起五年内不得从事品种审定工作。

第五十条 申请者在申请品种审定过程中有欺骗、贿赂等不正当行为的，三年内不受理其申请。

联合体成员单位弄虚作假的，终止联合体品种试验审定程序；弄虚作假成员单位三年内不得申请品种审定，不得再参加联合体试验；其他成员单位应当承担连带责任，三年内不得参加其他联合体试验。

第五十一条 品种测试、试验、鉴定机构伪造试验数据或者出具虚假证明的，按照《种子法》第七十二条及有关法律行政法规的规定进行处罚。

第五十二条 育繁推一体化种子企业自行开展品种试验和申请审定有造假行为的，由省级以上人民政府农业主管部门处一百万元以上五百万元以下罚款；不得再自行开展品种试验；给种子使用者和其他种子生产经营者造成损失的，依法承担赔偿责任。

第五十三条 农业部对省级人民政府农业主管部门的品种审定工作进行监督检查，未依法开展品种审定、引种备案、撤销审定的，责令限期改正，依法给予处分。

第五十四条 违反本办法规定，构成犯罪的，依法追究刑事责任。

第九章 附 则

第五十五条 农作物品种审定所需工作经费和品种试验经费，列入同级农业主管部门财政专项经费预算。

第五十六条 转基因农作物(不含转基因棉花)品种审定办法另行制定。

第五十七条 育繁推一体化企业自行开展试验的品种和联合体组织开展试验的品种，不再参加国家级和省级试验组织实施单位组织的相应区组品种试验。

第五十八条 本办法自2016年8月15日起施行，农业部2001年2月26日发布、2007年11月8日和2014年2月1日修订的《主要农作物品种审定办法》，以及2001年2月26日发布的《主要农作物范围规定》同时废止。

农业部办公厅关于印发《农业部植物品种特异性、一致性和稳定性测试机构管理规定》的通知

为贯彻落实《种子法》，进一步规范植物品种测试行为，加强测试机构管理，我部对原《农业部植物新品种测试中心、分中心管理规定》（农办科〔2002〕10 号）进行了修订，形成了《农业部植物品种特异性、一致性和稳定性测试机构管理规定》。现印发你们，请遵照执行。

农业部办公厅

2016 年 10 月 11 日

农业部植物品种特异性、一致性和稳定性测试机构管理规定

第一章 总 则

第一条 为规范农业部植物品种特异性、一致性和稳定性测试机构（以下简称测试机构）的管理，保证植物品种特异性、一致性和稳定性测试结果的公正性、科学性和权威性，制定本规定。

第二条 本规定所指的测试机构是指农业部批准或授权从事农业植物品种特异性、一致性和稳定性（以下简称 DUS）测试的指定机构，包括挂靠在农业部科技发展中心及有关单位的农业部植物新品种测试中心（以下简称测试中心）、测试分中心，以及农业部授权的其他测试单位。

第三条 测试机构为公益性非营利机构，应保持相对独立，并采用统一标识。标识由测试中心设计、发布、实施。

第四条 测试机构应对出具的测试报告承担相应的法律责任。工作人员必须遵纪守法，恪守职业道德，秉公办事，不徇私情。

第二章 职责与任务

第五条 测试机构主要承担农业植物品种 DUS 测试及其相关工作。包括：

（一）承担农业部植物新品种保护办公室、各级种子管理部门以及其他组织或个人委托的植物品种 DUS 测试与鉴定工作；

（二）承担种子等有关管理部门、各级司法机构及其他委托人委托的有关品种侵权等案件的技术鉴定；

（三）开展植物品种测试和鉴定新技术、新方法研究及测试指南的研制；

（四）收集、整理、保存植物品种测试所需的繁殖材料、抗病虫性鉴定所需的病原和虫源等；

（五）建设维护农业植物品种的性状描述、DNA 指纹、图像等数据库。

第六条 测试中心的职责与任务：

（一）负责拟定 DUS 测试体系发展规划，组织、协调、指导和监督其他测试机构业务工作；

（二）安排布置测试任务，并对测试结果进行汇总和审核；

（三）组织协调行政、司法鉴定中的植物品种 DUS 测试与鉴定；

（四）组织开展植物品种 DUS 测试和鉴定的新技术新方法研究、测试指南的制修订、DNA 鉴定方法研究、DNA 指纹信息采集等；

（五）构建与维护植物品种 DUS 测试信息平台等，开展植物品种 DUS 测试技术的宣传与培训，以及国际合作与交流；

（六）承担第五条一至五款的任务；

（七）农业部植物新品种保护办公室、农业部种子管理局安排的其他任务。

第七条 测试分中心以及农业部授权的其他测试单位的职责与任务：

（一）承担第五条一至五款的任务；

（二）测试中心安排的其他工作。

第三章 机构与人员

第八条 测试机构挂靠单位应出具法人代表授权书，授权测试机构独立开展测试工作，并承诺挂靠单位的任何机构、任何人员不得干预测试机构的测试工作。

测试机构挂靠单位级别为处级以上（含处级）的，应当设立独立运行的测试机构，条件允许的可以设置为二级法人。测试机构一般应设办公室，负责样品、仪器设备和档案管理、测试流程质量控制以及行政后勤工作。

测试机构挂靠单位应加强机构人员建设与日常监督，提供测试所需的基本条件、场所、设施设备等需求，保障测试机构的高效运行；应采取必要措施保证测试人员的待遇不低于本单位从事管理岗位同级人员的平均水平，条件允许的，应为测试机构出台符合其业务特点的绩效考核和职称评审等办法。

第九条 测试分中心等测试机构应配备专（兼）职主任、行政副主任和业务副主任。

（一）主任由挂靠单位主要负责人或分管负责人担任，行政副主任由内设机构或单位的相关负责人担任。

业务副主任应由有 2 年以上 DUS 测试及相关工作经验、组织协调能力强、具有高级专业技术职务的人员担任。

（二）主任与副主任的任免符合上述资格条件的，挂靠单位履行任职手续，同时报测试中心备案。测试中心每年年底一次性向农业部种子管理局备案。

第十条 测试机构应配备与承担测试任务量相匹配的专职测试人员。原则上编制内专职测试人员不少于 5 名，并且每 40 个测试品种需配备至少 1 名专职测试人员，于本规定颁布之日起 2 年内达到要求。

第十一条 测试机构设技术负责人 1 名，原则上应由业务副主任兼任。

技术负责人应具有植物分类、遗传育种、栽培、生理、种质资源等专业背景或工作经验，并长期从事 DUS 测试技术工作，具备一定管理能力且中级以上职称。

第十二条 测试中心、分中心的业务副主任、技术负责人和测试人员不得从事植物育种和品种开发工作。

第十三条 测试人员中有农学或植物学相关专业背景的人员应达到 80%以上，业务骨干应保持相对稳定。

测试人员须经专业培训并考核合格后，方可从事测试工作。新入职测试人员至少经过 2 个测试周期的辅助测试工作，并经所在测试机构考核合格后方能独立开展工作。

第十四条 测试机构及其工作人员应为申请人或者其他委托人保守其技术秘密和商业秘密，并采取措施确保繁殖材料安全。

未经测试中心批准，不得向任何单位或者个人提供测试样品的繁殖材料以及其他相关信息，测试数据未经许可不得扩散、利用。

第十五条 测试机构应当定期对工作

人员进行技术培训和业务考核。

第十六条 测试分中心以及农业部授权的其他测试单位应当及时进行年度总结工作，每年 2 月底前将上年度工作总结和本年度工作计划以正式文件报送测试中心。遇到测试不能正常开展等重要情况应及时向测试中心书面报告。

第四章 试验场所

第十七条 测试机构应具有与测试任务相匹配的相对集中、独立、封闭和安全的试验场所。

（一）试验地及配套设施

以大田作物、果树类测试为主的，应具有可用于 DUS 测试的独立试验地 6 公顷以上，一年一熟耕作地区还应酌情增加；以蔬菜、观赏植物类测试为主的，应具有可用于 DUS 测试的独立试验地 4 公顷以上。试验地应地面平整，土壤肥力均匀，四周应设人工隔离防护设施，地势开阔，无高大树木、建筑物等荫蔽，并根据需要建设良好的排灌系统、配备必要的农机具等。

（二）温室、网室

测试工作中需要利用温室或网室的，应具有面积不少于 $500m^2$ 的温室或网室。

（三）实验室、工作室等

具有实验室、挂藏室、摄影室、工作间、仓库，且面积分别不低于 $200m^2$、$100m^2$、$50m^2$、$100m^2$、$100m^2$，晒场面积不低于 $300m^2$，具有满足种子繁殖材料中、短期保存的低温保存库、无性繁殖材料保藏窖或田间保存圃。

第十八条 环境条件要求

（一）试验场所周围的粉尘、烟雾、振动、噪声和电磁辐射等环境污染程度应不影响测试精度；废气、废水、废渣处理应符合国家环境保护的有关规定。

（二）房屋的建造、温室和实验室的采光、温湿度均应满足测试任务所要求的技术条件。

（三）应配备必要的消防、监控、服务和其他辅助设施。

第十九条 承担转基因植物品种 DUS 测试任务的，试验场所还应满足农业转基因生物安全管理的相关规定。

第五章 仪器设备

第二十条 测试机构应具备与测试工作相适应的仪器设备。

（一）仪器设备应保持完好，并附具有效检定合格证书或校验证明、检验规程，仪器设备上应贴有唯一性标识和检定状态标识。

（二）仪器设备应建立技术档案，内容包括购置、验收、调试、说明书、历次检定情况、使用、故障和维修记录等。

（三）仪器设备应有操作规程，由专人管理。

（四）仪器设备应相对集中，布局合理，既便于操作和管理，又能保证仪器设备安全和人身安全。

第二十一条 对测试准确性和有效性有影响的仪器设备和计量器具应按规定的检定周期由法定计量检定机构进行检定，并建立检定档案；无检定规程的仪器设备，应制定校验规程，规定校准方法和周期，经校验确认后方可使用。

第二十二条 所有仪器设备，应执行定期检验制度。与化学分析有关的仪器设备还应通过仪器比对、方法比对、标准物质验证、加标回收等措施，保证其准确性。

第二十三条 农机具操作对人员资质有要求的，应按要求由专业人员操作、使用和管理，建立使用、故障和维修记录档案。

第六章 管理制度

第二十四条 测试机构应制定《质量管理手册》，内容包括：

（一）测试机构管理：机构概况、性质与

任务、组织机构图、业务范围、主要测试植物种类目录、测试指南及其测试能力分析表、环境技术参数及控制措施、测试机构及其挂靠单位的公正性声明等；

（二）人员管理：岗位职责、人员构成一览表和中级职称以上人员简历表、人员能力测试程序等；

（三）仪器设备管理：试验场地和设施分布图，主要仪器设备一览表，主要仪器设备购置、验收和调试程序、操作规程目录以及非计量测试仪器设备校验规程目录等；

（四）测试工作管理：工作流程图、质量控制程序和其他各项工作制度。

第二十五条 测试机构应建立以下制度：

（一）繁殖材料的收发、保管、处理、信息反馈，以及试验物资入库和领用登记等制度；

（二）仪器设备管理、计量器具检定、仪器设备校准以及标准物质（含标准样品）的使用和管理等制度；

（三）原始数据记录的填写与校核，测试报告的编写、审核和批准，测试事故报告及处理，以及测试报告的异议申请和处理程序等制度；

（四）测试机构财务管理，《质量管理手册》制定、检查，测试质量控制，定期内部核查与外部评审，年度工作计划、检查和总结，突发事件应急处理预案，试验场所安全与卫生管理，技术文件、档案管理及保密，以及人员的培训与考核、奖惩等制度；

（五）转基因植物品种 DUS 测试任务的受理、测试、样品销毁等安全管理制度。

测试中心还应制定监督检查和能力测试制度。

第二十六条 承担委托测试任务的，测试机构应制定委托测试管理制度。

第七章 测试工作

第二十七条 测试机构应严格按照测试指南和有关技术文件、执行统一的植物品种 DUS 测试流程进行测试。采用非标准方法进行测试时，应按照测试指南制定原则，起草非标准测试方法，并提前向测试中心备案，获得批准后方可使用。

第二十八条 测试分中心以及农业部授权的其他测试单位，应在测试工作结束后 30 天内上报测试报告，并及时整理植物品种测试数据，上传到农业植物已知品种数据库。由测试中心安排的测试任务，测试中心应及时审核各测试机构的测试结果，并在收到测试报告 30 天内出具审查报告。

第二十九条 测试分中心以及农业部授权的其他测试单位应将测试报告副本、原始数据记录、测试标准等技术文件及时整理归档，技术文件保存期为 25 年。

第八章 经　费

第三十条 测试机构的人员、公用等基本支出由挂靠单位负责解决并列入预算。

第三十一条 测试机构的基本建设投资等项目支出，应纳入挂靠单位事业发展规划，并在年度基建或更新改造计划中安排。

第三十二条 测试机构应严格遵守国家财务管理规定。测试费用由下达测试任务的单位或部门拨付，不得向申请者直接收费。其他委托测试任务，应按照相关收费规定收取。

第九章 监督与管理

第三十三条 农业部种子管理局负责对测试中心进行业务指导与监督，测试中心负责对测试分中心以及农业部授权的其他测试单位进行业务指导与监督。

省级农业主管部门应加强对本辖区内的测试机构的指导与监督，并给予支持。

第三十四条 测试中心对测试分中心以及农业部授权的其他测试单位开展不定期检查。检查组由评审员和相关行政管理人员组成，至少 2 人，时间一般 1 天。

第三十五条 新增的测试分中心以及农业部授权的其他测试单位除满足机构、人员、仪器设备、试验场所、管理制度等规定外，还应具备相应测试能力，方可开展测试工作。

第三十六条 测试机构接受社会监督。测试中心接受来自社会的举报，并对举报进行核查。

第十章 奖 惩

第三十七条 对完成任务好、管理水平高、团结协作好、成绩突出的测试机构和工作中坚持原则、实事求是、成绩突出的工作人员，给予表扬。

第三十八条 有下列情形之一的，由农业部种子管理局或测试中心给予通报批评，并限期整改。整改期间，暂停安排测试任务和接受委托测试，并视情节轻重，对主要责任人给予通报批评。

（一）管理混乱，或监督检查不合格的；

（二）已不具备测试能力的；

（三）工作失误、泄密、弄虚作假，经核查情节严重的；

（四）测试中心、分中心的业务副主任、技术负责人和测试人员有从事植物育种和品种开发工作的；

（五）违反本规定任免主任或副主任的；

（六）其他情形。

第三十九条 有下列情形之一的，由农业部撤销其测试机构资质并收回印章：

（一）限期整改后仍不合格的；

（二）法人资格依法终结或所在挂靠单位撤销，不能承担法律责任的；

（三）失去第三方公正性地位的；

（四）其他违规造成严重后果的。

第四十条 对不遵守职业道德或违反国家法律法规的机构和人员视其情节轻重给予通报，由主管单位给予批评教育、调离岗位或行政处分，并依据国家相关法律法规予以处罚。

第十一章 附 则

第四十一条 对违反本规定的，任何单位和个人可以向农业部有关部门或测试中心举报。

第四十二条 本规定由农业部种子管理局负责解释。

第四十三条 本规定自发布之日起实行，原《农业部植物新品种测试中心、分中心管理规定》（农办科〔2002〕10 号）同时废止。

司法解释

中华人民共和国最高人民法院公告

《最高人民法院关于审理侵犯专利权纠纷案件应用法律若干问题的解释(二)》已于2016年1月25日由最高人民法院审判委员会第1676次会议通过,现予公布,自2016年4月1日起施行。

2016年3月21日

最高人民法院关于审理侵犯专利权纠纷案件应用法律若干问题的解释(二)

法释〔2016〕1号

(2016年1月25日最高人民法院审判委员会第1676次会议通过,自2016年4月1日起施行)

为正确审理侵犯专利权纠纷案件,根据《中华人民共和国专利法》《中华人民共和国侵权责任法》《中华人民共和国民事诉讼法》等有关法律规定,结合审判实践,制定本解释。

第一条 权利要求书有两项以上权利要求的,权利人应当在起诉状中载明据以起诉被诉侵权人侵犯其专利权的权利要求。起诉状对此未记载或者记载不明的,人民法院应当要求权利人明确。经释明,权利人仍不予明确的,人民法院可以裁定驳回起诉。

第二条 权利人在专利侵权诉讼中主张的权利要求被专利复审委员会宣告无效的,审理侵犯专利权纠纷案件的人民法院可以裁定驳回权利人基于该无效权利要求的起诉。

有证据证明宣告上述权利要求无效的决定被生效的行政判决撤销的,权利人可以另行起诉。

专利权人另行起诉的,诉讼时效期间从本条第二款所称行政判决书送达之日起计算。

第三条 因明显违反专利法第二十六条第三款、第四款导致说明书无法用于解释权利要求,且不属于本解释第四条规定的情形,专利权因此被请求宣告无效的,审理侵犯专利权纠纷案件的人民法院一般应当裁定中止诉讼;在合理期限内专利权未被请求宣告无效的,人民法院可以根据权利要求的记载确定专利权的保护范围。

第四条 权利要求书、说明书及附图中的语法、文字、标点、图形、符号等存有歧义,但本领域普通技术人员通过阅读权利要求书、说明书及附图可以得出唯一理解的,人民法院应当根据该唯一理解予以认定。

第五条 在人民法院确定专利权的保护范围时,独立权利要求的前序部分、特征部分以及从属权利要求的引用部分、限定部分记载的技术特征均有限定作用。

第六条 人民法院可以运用与涉案专利存在分案申请关系的其他专利及其专利审查档案、生效的专利授权确权裁判文书解释涉案专利的权利要求。

专利审查档案,包括专利审查、复审、

无效程序中专利申请人或者专利权人提交的书面材料，国务院专利行政部门及其专利复审委员会制作的审查意见通知书、会晤记录、口头审理记录、生效的专利复审请求审查决定书和专利权无效宣告请求审查决定书等。

第七条 被诉侵权技术方案在包含封闭式组合物权利要求全部技术特征的基础上增加其他技术特征的，人民法院应当认定被诉侵权技术方案未落入专利权的保护范围，但该增加的技术特征属于不可避免的常规数量杂质的除外。

前款所称封闭式组合物权利要求，一般不包括中药组合物权利要求。

第八条 功能性特征，是指对于结构、组分、步骤、条件或其之间的关系等，通过其在发明创造中所起的功能或者效果进行限定的技术特征，但本领域普通技术人员仅通过阅读权利要求即可直接、明确地确定实现上述功能或者效果的具体实施方式的除外。

与说明书及附图记载的实现前款所称功能或者效果不可缺少的技术特征相比，被诉侵权技术方案的相应技术特征是以基本相同的手段，实现相同的功能，达到相同的效果，且本领域普通技术人员在被诉侵权行为发生时无需经过创造性劳动就能够联想到的，人民法院应当认定该相应技术特征与功能性特征相同或者等同。

第九条 被诉侵权技术方案不能适用于权利要求中使用环境特征所限定的使用环境的，人民法院应当认定被诉侵权技术方案未落入专利权的保护范围。

第十条 对于权利要求中以制备方法界定产品的技术特征，被诉侵权产品的制备方法与其不相同也不等同的，人民法院应当认定被诉侵权技术方案未落入专利权的保护范围。

第十一条 方法权利要求未明确记载技术步骤的先后顺序，但本领域普通技术人员阅读权利要求书、说明书及附图后直接、明确地认为该技术步骤应当按照特定顺序实施的，人民法院应当认定该步骤顺序对于专利权的保护范围具有限定作用。

第十二条 权利要求采用“至少”“不超过”等用语对数值特征进行界定，且本领域普通技术人员阅读权利要求书、说明书及附图后认为专利技术方案特别强调该用语对技术特征的限定作用，权利人主张与其不相同的数值特征属于等同特征的，人民法院不予支持。

第十三条 权利人证明专利申请人、专利权人在专利授权确权程序中对权利要求书、说明书及附图的限缩性修改或者陈述被明确否定的，人民法院应当认定该修改或者陈述未导致技术方案的放弃。

第十四条 人民法院在认定一般消费者对于外观设计所具有的知识水平和认知能力时，一般应当考虑被诉侵权行为发生时授权外观设计所属相同或者相近种类产品的设计空间。设计空间较大的，人民法院可以认定一般消费者通常不容易注意到不同设计之间的较小区别；设计空间较小的，人民法院可以认定一般消费者通常更容易注意到不同设计之间的较小区别。

第十五条 对于成套产品的外观设计专利，被诉侵权设计与其一项外观设计相同或者近似的，人民法院应当认定被诉侵权设计落入专利权的保护范围。

第十六条 对于组装关系唯一的组件产品的外观设计专利，被诉侵权设计与其组合状态下的外观设计相同或者近似的，人民法院应当认定被诉侵权设计落入专利权的保护范围。

对于各构件之间无组装关系或者组装关系不唯一的组件产品的外观设计专利，被诉侵权设计与其全部单个构件的外观设计均相同或者近似的，人民法院应当认定被诉侵权设计落入专利权的保护范围；被诉侵权设计缺少其单个构件的外观设计或者与之不相同也不近似的，人民法院应当认定被诉侵权设计未落入专利权的保护范围。

第十七条 对于变化状态产品的外观设计专利，被诉侵权设计与变化状态图所示各种使用状态下的外观设计均相同或者近似的，人民法院应当认定被诉侵权设计落入专利权的保护范围；被诉侵权设计缺少其一种使用状态下的外观设计或者与之不相同也不近似的，人民法院应当认定被诉侵权设计未落入专利权的保护范围。

第十八条 权利人依据专利法第十三条诉请在发明专利申请公布日至授权公告日期间实施该发明的单位或者个人支付适当费用的，人民法院可以参照有关专利许可使用费合理确定。

发明专利申请公布时申请人请求保护的范围与发明专利公告授权时的专利权保护范围不一致，被诉技术方案均落入上述两种范围的，人民法院应当认定被告在前款所称期间内实施了该发明；被诉技术方案仅落入其中一种范围的，人民法院应当认定被告在前款所称期间内未实施该发明。

发明专利公告授权后，未经专利权人许可，为生产经营目的使用、许诺销售、销售在本条第一款所称期间内已由他人制造、销售、进口的产品，且该他人已支付或者书面承诺支付专利法第十三条规定的适当费用的，对于权利人关于上述使用、许诺销售、销售行为侵犯专利权的主张，人民法院不予支持。

第十九条 产品买卖合同依法成立的，人民法院应当认定属于专利法第十一条规定的销售。

第二十条 对于将依照专利方法直接获得的产品进一步加工、处理而获得的后续产品，进行再加工、处理的，人民法院应当认定不属于专利法第十一条规定的“使用依照该专利方法直接获得的产品”。

第二十一条 明知有关产品系专门用于实施专利的材料、设备、零部件、中间物等，未经专利权人许可，为生产经营目的将该产品提供给他人实施了侵犯专利权的行为，权利人主张该提供者的行为属于侵权责任法第九条规定的帮助他人实施侵权行为的，人民法院应予支持。

明知有关产品、方法被授予专利权，未经专利权人许可，为生产经营目的积极诱导他人实施了侵犯专利权的行为，权利人主张该诱导者的行为属于侵权责任法第九条规定的教唆他人实施侵权行为的，人民法院应予支持。

第二十二条 对于被诉侵权人主张的现有技术抗辩或者现有设计抗辩，人民法院应当依照专利申请日时施行的专利法界定现有技术或者现有设计。

第二十三条 被诉侵权技术方案或者外观设计落入在先的涉案专利权的保护范围，被诉侵权人以其技术方案或者外观设计被授予专利权为由抗辩不侵犯涉案专利权的，人民法院不予支持。

第二十四条 推荐性国家、行业或者地方标准明示所涉必要专利的信息，被诉侵权人以实施该标准无需专利权人许可为由抗辩不侵犯该专利权的，人民法院一般不予支持。

推荐性国家、行业或者地方标准明示所涉必要专利的信息，专利权人、被诉侵权人协商该专利的实施许可条件时，专利权人故意违反其在标准制定中承诺的公平、合理、无歧视的许可义务，导致无法达成专利实施许可合同，且被诉侵权人在协商中无明显过错的，对于权利人请求停止标准实施行为的主张，人民法院一般不予支持。

本条第二款所称实施许可条件，应当由专利权人、被诉侵权人协商确定。经充分协商，仍无法达成一致的，可以请求人民法院确定。人民法院在确定上述实施许可条件时，应当根据公平、合理、无歧视的原则，综合考虑专利的创新程度及其在标准中的作用、标准所属的技术领域、标准的性质、标准实施的范围和相关的许可条件等因素。

法律、行政法规对实施标准中的专利

另有规定的，从其规定。

第二十五条 为生产经营目的使用、许诺销售或者销售不知道是未经专利权人许可而制造并售出的专利侵权产品，且举证证明该产品合法来源的，对于权利人请求停止上述使用、许诺销售、销售行为的主张，人民法院应予支持，但被诉侵权产品的使用者举证证明其已支付该产品的合理对价的除外。

本条第一款所称不知道，是指实际不知道且不应当知道。

本条第一款所称合法来源，是指通过合法的销售渠道、通常的买卖合同等正常商业方式取得产品。对于合法来源，使用者、许诺销售者或者销售者应当提供符合交易习惯的相关证据。

第二十六条 被告构成对专利权的侵犯，权利人请求判令其停止侵权行为的，人民法院应予支持，但基于国家利益、公共利益的考量，人民法院可以不判令被告停止被诉行为，而判令其支付相应的合理费用。

第二十七条 权利人因被侵权所受到的实际损失难以确定的，人民法院应当依照专利法第六十五条第一款的规定，要求权利人对侵权人因侵权所获得的利益进行举证；在权利人已经提供侵权人所获利益的初步证据，而与专利侵权行为相关的账簿、资料主要由侵权人掌握的情况下，人民法院可以责令侵权人提供该账簿、资料；侵权人无正当理由拒不提供或者提供虚假的账簿、资料的，人民法院可以根据权利人的主张和提供的证据认定侵权人因侵权所获得的利益。

第二十八条 权利人、侵权人依法约定专利侵权的赔偿数额或者赔偿计算方法，并在专利侵权诉讼中主张依据该约定确定赔偿数额的，人民法院应予支持。

第二十九条 宣告专利权无效的决定作出后，当事人根据该决定依法申请再审，请求撤销专利权无效宣告前人民法院作出但未执行的专利侵权的判决、调解书的，人民法院可以裁定中止再审审查，并中止原判决、调解书的执行。

专利权人向人民法院提供充分、有效的担保，请求继续执行前款所称判决、调解书的，人民法院应当继续执行；侵权人向人民法院提供充分、有效的反担保，请求中止执行的，人民法院应当准许。人民法院生效裁判未撤销宣告专利权无效的决定的，专利权人应当赔偿因继续执行给对方造成的损失；宣告专利权无效的决定被人民法院生效裁判撤销，专利权仍有效的，人民法院可以依据前款所称判决、调解书直接执行上述反担保财产。

第三十条 在法定期限内对宣告专利权无效的决定不向人民法院起诉或者起诉后生效裁判未撤销该决定，当事人根据该决定依法申请再审，请求撤销宣告专利权无效前人民法院作出但未执行的专利侵权的判决、调解书的，人民法院应当再审。当事人根据该决定，依法申请终结执行宣告专利权无效前人民法院作出但未执行的专利侵权的判决、调解书的，人民法院应当裁定终结执行。

第三十一条 本解释自 2016 年 4 月 1 日起施行。最高人民法院以前发布的相关司法解释与本解释不一致的，以本解释为准。

中国法院2016年度十大知识产权案件

案例1 “乔丹”系列商标行政案

迈克尔·乔丹与国家工商总局商标评审委员会、乔丹公司商标争议行政纠纷再审系列案

[最高人民法院(2016)最高法行再15、20、25、26、27、28、29、30、31、32号行政判决书]

一、案情摘要

再审申请人迈克尔·乔丹系美国NBA著名篮球明星，其于2012年向商标评审委员会提出申请，请求撤销乔丹公司在多个商品类别上注册的“乔丹”“QIAODAN”等多项商标。商标评审委员会于2014年裁定驳回其申请。再审申请人不服而提起行政诉讼。2015年，再审申请人不服北京市高院作出的68件商标争议行政纠纷案件的二审判决，向最高人民法院申请再审。2015年12月，最高人民法院依法裁定提审了10件案件。同时，最高人民法院裁定驳回了再审申请人在另外50件案件中的再审申请，并裁定中止了8件案件的审查。最高人民法院提审后，依法组成了由副院长陶凯元大法官担任审判长的五人合议庭对10件案件进行审理。经最高人民法院审判委员会讨论决定，判决认为：(1)关于涉及“乔丹”商标的(2016)最高法行再15号、26号、27号3件案件，因争议商标的注册损害了再审申请人对“乔丹”享有的在先姓名权，不符合2001年修订的《商标法》第31条有关“申请商标注册不得损害他人现有的在先权利”的规定，应予撤销，故判决撤销商标评审委员会作出的被诉裁定及一审、二审判决，判令商标评审委员会针对争议商标重新作出裁定。(2)关于涉及拼音“QIAODAN”的(2016)最高法行再20号、29号、30号、31号4件案件，以及涉及拼音“qiaodan”与 图形组合商标的(2016)最高法行再25号、28号、32号3件案件，共计7件案件，因再审申请人对拼音“QIAODAN”“qiaodan”不享有姓名权，争议商标的注册未损害再审申请人的在先姓名权。争议商标也不属于《商标法》第10条第1款第(8)项规定的“有害于社会主义道德风尚或者有其他不良影响”，以及第41条第1款规定的“以欺骗手段或者其他不正当手段取得注册”的情形，故判决维持二审判决，驳回再审申请人的再审申请。

二、典型意义

最高人民法院依法公开审理、宣判“乔丹”商标争议行政纠纷系列案件，平等保护中外权利人的合法权益，进一步树立了我国加强知识产权司法保护的负责任大国形象。最高人民法院在判决中强调了诚实信用原则对于规范商标申请注册行为的重要意义，对于净化商标注册和使用环境、保护消费者合法权益、弘扬和践行社会主义核心价值观等均具有积极意义。最高人民法院在判决中所阐述的商标法中关于在先姓

名权保护问题的法律适用标准对于此类案件的裁判标准将产生重要影响。

案例 2 侵害“庆丰”商标及不正当竞争纠纷案

北京庆丰包子铺与山东庆丰餐饮公司侵害商标权与不正当竞争纠纷再审案

[最高人民法院(2016)最高法民再 238 号民事判决书]

一、案情摘要

北京庆丰包子铺(以下简称庆丰包子铺)以山东庆丰餐饮公司(以下简称庆丰餐饮公司)侵害其商标权及构成不正当竞争为由提起民事诉讼。庆丰包子铺主张庆丰餐饮公司的法定代表人徐某某曾在餐饮服务业工作,明知庆丰包子铺商标及字号的知名度,仍使用“庆丰”字号成立餐饮公司,并在其官网、店面门头、菜单、广告宣传上使用“庆丰”或“庆丰餐饮”标识,构成侵害庆丰包子铺的商标权及不正当竞争。庆丰餐饮公司认为其有权将公司法定代表人的名字注册为字号,且有权使用经工商部门依法注册的企业名称;庆丰包子铺的商标并非驰名商标,其使用的标识与庆丰包子铺的注册商标既不相同也不近似。山东省济南市中院一审认为,庆丰餐饮公司使用“庆丰”与其使用环境一致,且未从字体、大小和颜色方面突出使用,属于对其字号的合理使用。庆丰包子铺在庆丰餐饮公司注册并使用其字号时的经营地域和商誉未涉及或影响到济南和山东,不能证明相关公众存在误认的可能,故不构成对庆丰包子铺商标权的侵害,判决驳回庆丰包子铺的诉讼请求。山东省高院二审维持一审判决。庆丰包子铺向最高人民法院申请再审,最高人民法院提审后认为,庆丰餐饮公司构成侵害庆丰包子铺的商标权及不正当竞争,改判撤销一审、二审判决,庆丰餐饮公司立即停止侵害商标权的行为及停止使用“庆丰”字号并赔偿庆丰包子铺经济损失及合理费用 5 万元。

二、典型意义

本案涉及商标权的行使与其他权利,比如姓名权的冲突问题。最高人民法院在本案中明确,公民享有合法的姓名权,当然可以合理地使用自己的姓名。但公民在将其姓名作为商标或企业字号进行商业使用时,不得违反诚实信用原则。明知他人注册商标或字号具有较高的知名度和影响力,仍注册与他人字号相同的企业字号,在同类商品或服务上突出使用与他人注册商标相同或相近似的商标或字号,具有攀附他人注册商标或字号知名度的恶意,容易使相关公众产生误认,其行为不属于对姓名的合理使用,构成侵害他人注册商标专用权和不正当竞争。最高人民法院进一步指出,如本案中的情形,在注册商标已经具有较高知名度的情况下,庆丰餐饮公司的使用方式一方面容易使相关公众对其与庆丰包子铺的关系产生混淆误认,另一方面其所创造的商誉也只能附着在“庆丰”品牌上,实则替他人做嫁衣裳,也不利于其企业自身的发展。反之,其变更企业名称后,可以通过诚信经营及广告宣传,提高企业的商誉和知名度,打造出自己的品牌,获得双赢格局。

案例 3 “非诚勿扰”商标侵权案

江苏电视台、珍爱网与金某某侵害商标权纠纷再审案

[广东省高院(2016)粤民再 447 号民事判决书]

一、案情摘要

2009 年 2 月 16 日,金某某向国家工商总局商标局申请注册“非誠勿擾”商标,并于

2010年9月7日获得核准，核定服务项目为第45类，包括“交友服务、婚姻介绍”等。江苏电视台旗下的江苏卫视于2010年开办了以婚恋交友为主题、名称为“非诚勿扰”的电视节目。珍爱网为“非诚勿扰”节目推选相亲对象，提供广告推销服务，并曾在深圳招募嘉宾，报名地点设在深圳市南山区。金某某以江苏电视台和珍爱网侵害其注册商标专用权为由，向深圳市南山区法院提起诉讼，请求法院判令江苏卫视频道立即停止使用“非诚勿扰”栏目名称等。一审法院认为，“非诚勿扰”电视节目虽然与婚恋交友有关，但终究是电视节目，相关公众一般认为两者不存在特定联系，不容易造成公众混淆，不构成侵权。深圳市中院二审认为，从“非诚勿扰”节目简介、开场白、结束语，以及参加报名条件、节目中男女嘉宾互动内容，以及国家新闻出版广电总局的发文、媒体评论，可认定其为相亲、交友节目，与金某某涉案注册商标所核定的“交友服务、婚姻介绍”服务相同，构成侵权。广东省高院再审认为，“非诚勿扰”电视节目与金某某注册商标所核准使用的“交友服务、婚姻介绍”在服务目的、内容、方式和对象上均区别明显，以相关公众的一般认知，能够清晰区分电视文娱节目的内容与现实中的婚介服务活动，故两者不构成类似服务。江苏电视台对“非诚勿扰”标识的使用，不构成对金某某注册商标权的侵犯，从而撤销二审判决，维持一审判决。

二、典型意义

本案涉及电视节目名称与商标的关系问题。由于被诉侵权的非诚勿扰节目的知名度和广受欢迎，本案也受到了广泛的关注。再审判决对于电视节目名称是否属于商标性使用、如何看待电视节目与内容题材之间的关系、如何判断电视节目的服务类别等问题进行了深入分析。判决认为不能简单、孤立地将电视节目的某种表现形式或某一题材内容从整体节目中割裂开来，而应当综合考察节目的整体和主要特征，把握其行为本质，作出合理认定。判决同时立足于商标法的宗旨，以相关公众混淆、误认的可能性作为是否构成商标侵权的判断标准。再审判决认为对注册商标的保护范围和保护强度，应与注册商标权利人对该商标的显著性和知名度所作出的贡献相符，也体现了知识产权司法保护力度与创新程度相适应的“比例协调”司法政策。

案例4　“热稳定的葡糖淀粉酶”专利无效案

国家知识产权局专利复审委员会、诺维信公司与江苏博立公司发明专利权无效行政纠纷再审案

［最高人民法院(2016)最高法行再85号行政判决书］

一、案情摘要

本案涉及国家知识产权局于2006年6月28日授权公告的名称为“热稳定的葡糖淀粉酶”的发明专利(以下简称本专利)，专利权人为诺维信公司。2013年3月11日，应山东隆大公司和江苏博立公司的请求，专利复审委员会作出第17956号无效宣告请求审查决定(以下简称被诉决定)，针对诺维信公司在2011年11月10日提交的修改过的权利要求书的基础上，宣告本专利部分权利要求无效，维持部分权利要求有效。本专利与本案争议焦点相关的部分权利要求如下：“6. 一种具有葡糖淀粉酶活性的分离的酶，与SEQ ID NO:7中所示全长序列之间同源的程度至少为99%，并且具有由等电聚焦测定的低于3.5的等电点。……10. 根据权利要求6～9任一项的分离的酶，所述的酶来源于丝状真菌Talaromyces属，其中丝状真菌是T. emersonii菌株。11. 权利要求10的酶，其中丝状真菌是T. emersonii CBS 793.97。12. 一种克隆的DNA序列，所述DNA序列编码表现出葡糖淀粉酶活性的酶,该DNA序列包括:(a)在SEQ ID NO:33中所示DNA序列的所述葡糖淀粉酶编码部分;(b)在SEQ ID NO:33中第649～2724位中所示的DNA序列或其互补链;……13. 权利要求12的DNA序列,其中所述的DNA序列来源于丝状真菌Talaromyces属,其中所述丝状真菌是T. emersonii的菌株。14. 权利要求13的DNA序列,其中所述丝状真菌是T. emersonii CBS 793.97。……"被诉决定认为,在说明书已经证实了来源于T. emersonii CBS 793.97的酶具有葡糖淀粉酶活性的基础上,本领域技术人员可以预计来源于T. emersonii菌株,且与SEQ ID NO:7全长序列具有至少99%同源的多肽也具有葡糖淀粉酶的活性,因此,权利要求10及11能够得到说明书的支持;权利要求13及14中引用权利要求12的(a)和(b)的技术方案也能够得到说明书的支持。该决定维持争议权利要求有效。一审判决认为,争议权利要求虽然限定到了具体的菌株,但其中有关同源性和开放式的撰写方式使得被限定的氨基酸序列和DNA序列包括了可能产生各种变异的其他序列,在本专利说明书未给出充分实验数据支持的情况下,争议权利要求的概括显然超出了说明书的内容。一审法院判决撤销被诉决定,二审法院维持一审判决。专利复审委员会和诺维信公司申请再审。最高人民法院提审后判决撤销一审、二审判决,维持被诉决定。

二、典型意义

最高人民法院在本案中认为,根据《专利法》第26条第4款规定,权利要求所要求保护的技术方案应当是所属技术领域的技术人员能够从说明书充分公开的内容中得到或概括得出的技术方案,并且不得超出说明书的范围。对于全长591个氨基酸的SEQ ID NO:7而言,尽管与之具有99%以上同源性的序列仍有约五六个氨基酸位点的差异,但是,除了同源性特征之外,权利要求10及11进一步限定所述的酶来源于T. emersonii菌种和特定菌株T. emersonii CBS 793.97。本领域普通技术人员一般认为,种是生物分类的基本单位,在某些基本特征上,同一种中的个体彼此显示出高度的相似性。同一种真菌或同一株真菌编码其体内某种酶的基因序列一般是确定的,偶尔会存在极少数同源性极高的变体序列,相应地,由该基因编码的酶也是确定的或者极少数的。本案中,99%以上同源性与菌种或者菌株来源的双重限定已经使得权利要求10及11的保护范围限缩至极其有限的酶,何况权利要求10及11还包括权利要求6所限定的酶的等电点和具有葡糖淀粉酶活性的功能。因此,在说明书实施例1～4已经证实了上述SEQ ID NO:7具有葡糖淀粉酶活性的情况下,权利要求10及11的保护范围能够得到说明书的支持。权利要求13及14中引用权利要求12(a)(b)的技术方案也能够得到说明书的支持。最高人民法院在本案中明确了使用同源性加上来源和功能限定方式的生物序列权利要求得到说明书支持的判断规则和生物序列发明专利的授权标准,对蛋白质、基因相关专利申请的撰写和审查具有指导意义,也有利于促进生物技术产业的创新和发展。

案例5 "拉菲"与"拉菲庄园"商标行政纠纷案

拉菲酒庄与国家工商总局商标评审委员会、金色希望公司商标争议行政纠纷再审案

[最高人民法院(2016)最高法行再34号行政判决书]

一、案情摘要

第4578349号"拉菲庄园"商标(即争议商标)的申请日为2005年4月1日,核定使用在第33类葡萄酒、酒(饮料)等商品

上，注册人为金色希望公司。“LAFITE”商标(即引证商标)申请日为1996年10月10日，核定使用在第33类的含酒精饮料(啤酒除外)商品上，注册人为拉菲酒庄。拉菲酒庄针对争议商标向商标评审委员会提出争议申请。商标评审委员会作出商评字〔2013〕第55856号《关于第4578349号“拉菲庄园”商标争议裁定书》(以下简称第55856号裁定)，对争议商标的注册予以撤销。金色希望公司不服，提起行政诉讼。北京市一中院认为，通过相关媒体的介绍，结合拉菲酒庄的“LAFITE”葡萄酒早在争议商标注册日之前就进入中国市场的情况，国内的相关公众能够了解到“LAFITE”又叫为“拉斐”“拉菲特”或者“拉菲”，并具有较高的知名度。争议商标的注册违反了2001年《商标法》第28条的规定，判决维持第55856号裁定。金色希望公司不服，提起上诉。北京市高院二审认为，难以认定在争议商标申请日之前，引证商标已经在中国大陆地区具有市场知名度，相关公众已经能够将引证商标与“拉菲”进行对应性识别。争议商标的注册和使用长达十年之久，从维护已经形成和稳定的市场秩序考虑，本案争议商标的注册应予维持，判决撤销一审判决及第55856号裁定。拉菲酒庄不服，向最高人民法院申请再审。最高人民法院裁定提审本案，并于2016年12月23日作出再审判决，撤销二审判决，维持一审判决及第55856号裁定。

二、典型意义

本案涉及中英文商标的近似性判断及是否形成稳定的市场秩序等问题。最高人民法院认为，本案中引证商标具有较高的知名度，拉菲酒庄通过多年的商业经营活动，客观上在“拉菲”与“LAFITE”之间建立了稳固的联系，故争议商标与引证商标构成使用在类似商品上的近似商标，违反了《商标法》第28条的规定。此外，对于已经注册使用一段时间的商标，该商标是否已经通过使用建立较高市场声誉和形成自身的相关公众群体，并非由使用时间长短这单一因素来决定，而是在客观上有无通过其使用行为使得相关公众能够将其与相关商标区分开来，以是否容易导致混淆作为判断标准，本案中并不存在这一情形。再审判决对商标构成要素及其整体的近似程度、相关商标的显著性和知名度、稳定的对应关系的认定、相关公众群体等展开论述，在此基础上明确中英文商标的近似性的裁判标准，具有十分重要的指导意义。

案例6 “美容器”外观设计专利侵权案

松下株式会社与金稻公司、丽康公司侵害外观设计专利权纠纷上诉案

［北京市高院(2016)京民终245号民事判决书］

一、案情摘要

松下株式会社于2012年9月5日获得名称为“美容器”的涉案外观设计专利，授权公告号为CN302065954S。松下株式会社认为金稻公司生产、销售、许诺销售及丽康公司销售的“金稻离子蒸汽美容器KD-2331”侵犯其外观设计专利权，请求判令：二被告停止侵权；销毁有关被诉侵权产品的全部宣传资料以及删除被诉侵权产品的宣传内容；金稻公司销毁涉案模具和专用的生产设备及被诉侵权产品全部库存，并从销售店回收未销售被诉侵权产品进行销毁；金稻公司赔偿经济损失人民币300万元，二被告共同赔偿合理支出人民币20万元。北京知识产权法院一审认为，被诉侵权产品与涉案外观设计专利存在的差异对二者的整体视觉效果并不产生实质影响，二者属于相似的外观设计。金稻公司在未经松下株式会社许可的情况下，实施了制造、销售及许诺销售被诉侵权产品的行为；丽康公司在未经松下株式会社许可的情况下，实施了销售及许诺销售被诉侵权产品的行为。现有证据可以证明金稻公司销售、许诺销售被诉侵权产品的获利,松下株式会社依据网上显示销量及平均价格主张300万元的赔偿数额具有合理的理由。此外,松下株式会社为制止侵权行为所支付的合理开支,丽康公司作为销售方,在得知本案诉讼后,依然未停止,对诉讼中的支出部分应当共同承担。据此,一审判决:二被告停止侵权;金稻公司赔偿经济损失人民币300万元;金稻公司、丽康公司连带赔偿合理开支人民币20万元。金稻公司、丽康公司不服一审判决,提起上诉。北京市高院认为,被诉侵权产品落入涉案专利权的保护范围。关于赔偿数额,松下株式会社通过公证取证方式在部分电商平台上检索得到侵权产品同型号产品销售数量之和为18 411 347台,平均价格为260元,并以此作为赔偿请求的依据。按照上述被诉侵权产品销售数量总数与产品平均售价的乘积,即便从低考虑每件侵权产品的合理利润,得出的计算结果仍远远高于300万元。在上述证据的支持下,松下株式会社主张300万元的赔偿数额具有较高的合理性。一审法院全额支持松下株式会社关于经济损失的赔偿请求,具有事实和法律依据。判决驳回上诉,维持一审判决。

二、典型意义

涉案专利为一款“美容器”外观设计专利,具有极高的市场价值,本案的高赔偿额充分体现了侵权损害赔偿充分反映、实现知识产权市场价值的司法保护理念。二审判决进一步明确了专利民事侵权案件中侵权获利证据的审查认定规则,对于类似案件具有一定示范意义。二审判决认为,考虑到专利权损害举证较难,与专利侵权行为相关的账簿、资料主要由侵权人掌握,如果权利人在其举证能力范围内就侵权人的获利情况进行了充分举证,且对其所请求经济损失数额的合理性进行了充分说明的情况下,侵权人不能提供相反证据推翻权利人赔偿主张的,人民法院可以根据权利人的主张和提供的证据认定侵权人因侵权所获得的利益。

案例7 “笔”外观设计侵权案

晨光公司与得力公司、坤森公司侵害外观设计专利权纠纷案

[上海知识产权法院(2016)沪73民初113号民事判决书]

一、案情摘要

晨光公司是ZL200930231150.3号名称为“笔(AGP67101)”的外观设计专利的专利权人,申请日为2009年11月26日,授权公告日为2010年7月21日,目前处于有效状态。坤森公司在“天猫”网上经营“得力坤森专卖店”,销售得力公司生产的得力A32160中性笔。晨光公司认为该产品侵犯其涉案专利权,诉至法院。上海知识产权法院认为,授权外观设计的笔杆主体形状、笔杆顶端形状、笔帽主体形状、笔帽顶端形状、笔帽相对于笔杆的长度、笔夹与笔帽的连接方式、笔夹长出笔帽的长度等方面的设计特征,在整体上确定了授权外观设计的设计风格,而这些设计特征在被诉侵权设计中均具备,可以认定两者在整体设计风格及主要设计特征上构成近似。而被诉侵权设计与授权外观设计存在的四点区别设计特征,对整体视觉效果的影响有限,不足以构成整体视觉效果的实质性差异。另外,授权外观设计的简要说明中并未明确要求保护色彩,且从图片或照片中显示的授权外观设计来看,其并不存在因形状产生的明暗、深浅变化等所形成的图案,故在侵权判定时,颜色、图案要素不应考虑在内。被诉侵权设计在采用与授权外观设计近似的形状之余所附加的色彩、图案等要素,属于额外增加的设计要素,对侵权判断不具有实质性影响。故被诉侵权产品构成对涉案专利权的侵犯,得力公司

与坤森公司应停止侵权行为,得力公司赔偿晨光公司经济损失5万元并支付原告律师费用5万元。法院确定赔偿数额主要考虑了以下因素:(1)原告专利为外观设计专利;(2)专利有效期自2009年11月26日开始,侵权行为发生时保护期已近半;(3)笔类产品的利润有限;(4)消费者在选购笔类产品时,除形状外,笔的品牌、笔芯质量、外观图案、色彩等,都是其主要的考虑因素,即得力公司使用授权外观设计形状所获侵权利润只是被诉侵权产品获利的一部分。

二、典型意义

本案原、被告均为国内较有影响的文具生产企业,涉案产品为日常生活中常见的笔类产品,其外观设计侵权判断受主观因素的影响较大。本案对外观设计近似性判断的客观标准进行了探索,既考虑被诉侵权产品与授权专利的相似性,也考虑其差异性,就相同设计特征与区别设计特征对整体视觉效果的影响分别进行分析,得出认定结论。本案判决对于生活中常见产品外观设计近似性的认定具有借鉴意义。此外,本案根据外观设计专利的特点,结合具体案情,确定法定赔偿额和被告应承担的原告律师费的数额,亦具有指引作用。判决后,双方均服判息诉,被告主动履行了生效判决。

案例8 "大头儿子"著作权纠纷案

大头儿子文化公司与央视动画公司侵害著作权纠纷上诉案

[浙江省杭州市中院(2015)浙杭知终字第356号民事判决书]

一、案情摘要

1994年,动画片《大头儿子小头爸爸》(1995年版,以下简称1995版动画片)导演崔某某等人到刘某某家中,委托其为即将拍摄的1995版动画片创作人物形象。刘某某当场用铅笔勾画了"大头儿子""小头爸爸""围裙妈妈"三个人物形象正面图,并将底稿交给了崔某某。当时双方并未就该作品的著作权归属签署书面协议。崔某某将底稿带回后,1995版动画片美术创作团队在刘某某创作的人物概念设计图基础上,进行了进一步的设计和再创作,最终制作成了符合动画片标准造型的三个主要人物形象即"大头儿子""小头爸爸""围裙妈妈"的标准设计图以及之后的转面图、比例图等。刘某某未再参与之后的创作。刘某某创作的底稿由于年代久远和单位变迁,目前各方均无法提供。1995版动画片由中央电视台和东方电视台联合摄制,于1995年播出,在其片尾播放的演职人员列表中载明:"人物设计:刘某某"。2012年12月14日,刘某某将自己创作的"大头儿子""小头爸爸""围裙妈妈"3幅作品的著作权转让给洪某。2014年3月10日,洪某将上述著作权转让给大头儿子文化公司。2013年,央视动画公司摄制了动画片《新大头儿子小头爸爸》(以下简称2013版动画片)并在CCTV、各地方电视台、央视网上进行播放。大头儿子文化公司认为央视动画公司在未经著作权人许可且未支付报酬的情况下,利用上述美术作品形象改编为新人物形象,制作成动画片等行为侵犯了其著作权,故诉请判令央视动画公司停止侵权,登报赔礼道歉、消除影响,并赔偿经济损失及合理费用。杭州市滨江区法院认为,刘某某作为受托人对其所创作的3幅美术作品享有完整的著作权。大头儿子文化公司经转让继受取得了上述作品除人身权以外的著作权。央视动画公司未经许可,在2013版动画片以及相关的展览、宣传中以改编的方式使用相关作品并据此获利的行为,侵犯了大头儿子文化公司的著作权,应承担相应的侵权责任。鉴于本案的实际情况,该院认为宜以提高赔偿额的方式作为停止侵权行为的责任替代方式,判决央视动画公司每个人物形象赔偿40万元。杭州市中院二审维持一审判决。浙江省高院亦驳回央视动画公司提出的再审申请。

二、典型意义

本案涉及动画人物形象权利归属及后续使用引发的纠纷。随着人们对优秀国产动画片价值认识的不断加深，近年来引发了不少类似的争议。本案中，由于在创作之初，投资拍摄的制片厂、电视台，以及参与造型的创作人员等，各方对其权利义务均没有清晰的认识和明确的约定，法院需要在时隔多年后，适用法律规则，合情合理合法地判定其权利归属。本案的处理对同类问题具有一定指引作用。同时，本案在认定侵权成立的前提下，综合考虑了创作背景和本案实际情况，在平衡原作者、后续作品及社会公众利益以及公平原则的基础上，将提高赔偿额作为被告停止侵权责任的替代方式，亦充分考虑了保护著作权人和鼓励作品创作和传播的公共政策的平衡。

案例 9 “美人榆”植物新品种侵权案

河北林科院、绿缘达公司与九台园林处等侵害植物新品种纠纷再审案

［山东省高院（2014）鲁民再字第 13 号民事判决书］

一、案情摘要

河北林科院、绿缘达公司系“美人榆”植物新品种权人，其认为九台园林处擅自在其管理的街道绿化带大量种植美人榆的行为侵害了其植物新品种权，请求判令九台园林处停止侵权并支付品种使用费。吉林省长春市中院和吉林省高院相继作出一审、二审判决驳回河北林科院、绿缘达公司的诉讼请求。河北林科院、绿缘达公司向最高人民法院申请再审，最高人民法院指定山东省高院再审本案。山东省高院再审认为，由于美人榆系无性繁殖，本身即为繁殖材料，所以，九台园林处的种植行为属于生产授权品种的繁殖材料的行为。虽然九台园林处系事业单位法人，其具有建设城市园林绿地的职能，但是判断九台园林处的行为是否具有商业目的不能仅以其主体性质来判断，而应当结合主体的行为进行综合判断。本案中，九台园林处存在大量种植美人榆用于街道绿化的行为，但其未能证明其种植美人榆的合法来源，九台园林处并不符合《植物新品种保护条例》第 10 条规定的可以自繁自用的主体身份，也不符合可以不经品种权人许可，不支付使用费的情况。所以，九台园林处没有从品种权人处购买美人榆，而擅自进行种植使用，不但损害了品种权人的利益，其自繁自用的行为也暗含了商业利益，应当认定为具有商业目的。故认定九台园林处的行为构成侵权，河北林科院、绿缘达公司关于支付品种使用费的请求应予支持，考虑到涉案品种的价值、九台园林处种植的范围以及其种植行为具有一定公益性质等因素，确定其支付品种使用费 20 万元。

二、典型意义

本案是对政府机关在履行职能时生产授权品种的繁殖材料等行为是否构成侵权的认定，其关于是否属于生产授权品种的繁殖材料以及是否具有商业目的的认定均具有一定典型意义和指导意义，有效地保护了品种权人的合法权益。

案例 10 汪某某侵犯商业秘密宣告无罪案

汪某某侵犯商业秘密上诉案

［江苏省高院（2015）苏知刑终字第 00012 号刑事判决书］

一、案情摘要

江苏谷登公司拥有非开挖水平定向钻

机的相关技术。江苏谷登公司与被告人汪某某签订劳动合同，并签有相关保密条款。2011年4月，被告人汪某某在江苏谷登公司派其去武汉参加非开挖水平定向钻机展会期间，未办理正常离职手续离开江苏谷登公司，并将其电脑上的技术图纸拷贝至U盘带到玉泉公司，主要从事YQ3000-L型水平定向钻机的研发工作。2011年5月至2012年7月，玉泉公司陆续生产并对外销售3台YQ3000-L型水平定向钻机。江苏省盐城市检察院指控被告人汪某某犯侵犯商业秘密罪，盐城市中院于2013年11月20日作出(2013)盐知刑初字第0004号刑事判决书，以被告人汪某某犯侵犯商业秘密罪，判处其有期徒刑1年3个月，并处罚金人民币1万元。江苏省高院以部分事实不清、证据不足为由，发回重审。盐城市中院重审后判决被告人汪某某犯侵犯商业秘密罪，免于刑事处罚。江苏省高院二审认为，对江苏谷登公司涉案履带行走装置技术信息是否不为公众所知悉，以及江苏谷登公司涉案损失数额是否在50万元以上的认定，根据现有证据，均存在一定疑点，尚不能满足刑事案件排除合理怀疑的证明标准，最终改判被告人无罪。

二、典型意义

本案较好地体现了知识产权刑事案件定罪量刑证据应当确实充分，且案件事实已经排除合理怀疑的刑事证据的裁判理念。二审法院依法坚持对鉴定报告内容进行实质性审查，纠正了仅对鉴定报告进行形式审查的认识误区。通过对财务鉴定报告的基础财务数据的审查，发现本案损失数额计算所依据的产品市场价格评估存在重大疑点。通过对司法技术鉴定所依据的技术资料的审查，发现第二次鉴定所依据的技术资料存在较大疑点，并在此基础上作出被告人无罪的判决。本案充分体现了在知识产权审判“三合一”改革试点工作推动下，审判、检察机关对知识产权刑事司法保护观念以及刑事证据裁判意识进一步统一。本案二审中，审判机关与检察机关依法履行职责，检察机关提出无罪建议，二审法院作出无罪判决，取得了较好的审理效果。本案的裁判结果充分体现了审理法院在依法打击各类侵犯知识产权犯罪行为的同时，在知识产权刑事案件审判中，坚持刑法谦抑性原则和刑事证据裁判标准的刑事司法理念。

（最高人民法院知识产权审判庭供稿）

检察机关2016年度保护知识产权十大案例

案例1　湖北张某假冒注册商标案

一、案件事实

2015年9～11月，被告人张某(无业人员)为非法牟利，在未取得宝洁公司商标使用许可的情况下，在湖北省汉川市徐家口村租赁的一民房内，进行假冒“飘柔”“海飞丝”“潘婷”洗发露和“玉兰油”多效修护霜的生产和销售。2015年11月12日，汉川市工商局现场查获成品假冒“飘柔”“海飞丝”“潘婷”洗发露和“玉兰油”多效修护霜共计5300多瓶，查获印有假冒“飘柔”“海飞丝”“潘婷”商标标识的空瓶及纸箱共计2.8万余个。经鉴定，上述涉案成品洗发露、修护霜价值共计29万余元，上述涉案空瓶、纸箱上的标识与“飘柔”“海飞丝”“潘婷”“玉兰油”注册商标完全相同。

二、诉讼过程

2016年1月8日，汉川市检察院通过“两法”衔接信息平台发现本案后，侦查监督部门派员迅速前往汉川市工商局了解案件情况，检察机关在走访调查中了解到，举报人多次反映张某的行为系侵权违法行为，汉川市工商局虽然及时查处，但因张某在查处当天潜逃而没有将案件移交给公安机关。汉川市检察院通过调取案件材料、核实证据、走访相关执法人员后发现，该案符合刑事立案追诉标准，系一起典型的刑事案件。

为了防止行政执法机关降格处理，2016年1月11日，汉川市检察院侦查监督部门向市工商局发出《建议移送涉嫌犯罪案件函》，汉川市工商局收到建议函后于次日将该案移送汉川市公安局。汉川市公安局没有在《公安部关于改革完善受案立案制度的意见》规定时间内作出是否立案的决定。1月18日，汉川市检察院向汉川市公安局发出《要求说明不立案理由通知书》。该局没有按要求书面回复不予立案理由。3月8日，汉川市检察院发出《通知立案书》通知汉川市公安局立案侦查。3月11日，汉川市公安局以张某涉嫌假冒注册商标罪对其立案侦查，并于2016年7月7日将犯罪嫌疑人张某抓获归案。

2016年8月9日，汉川市检察院以张某涉嫌假冒注册商标罪对其作出批准逮捕决定。2016年11月3日，汉川市法院以假冒注册商标罪判处张某有期徒刑3年，并处罚金5万元。被告人张某未在法定期限内提出上诉，判决已生效。

三、评析意见

知识产权作为一项重要智力成果，在加速科技创新与加快经济发展方式转变过程中发挥着巨大作用。但在我国实施创新驱动发展战略的重要发展机遇期，侵犯知识产权案件多发频发，严重破坏了社会主义市场经济秩序，妨碍了企业的正常经营发展，损害了人民群众的消费权益。本案的成功监督，严厉打击了侵犯知识产权犯罪，促进了行政执法机关严格规范执法，增强了行政执法与司法保护协调配合，营造了良好的法治化、市场化营商环境。汉川市检察院的如下做法值得借鉴：

一是发挥平台功能，挖掘监督线索。汉川市检察院充分利用行政执法与刑事司法衔接信息共享平台，通过线上发现与线下调查相结合，成功发现并监督了本案。汉川市检察院在线上仔细筛选平台中的行政处罚案件信息，敏锐地发现了该案线索；在线下迅速通过调取案件材料、核实相关证据、走访相关执法人员后，发现该案符合刑事立案追诉标准，立刻开展立案监督，有效防止了行政机关对该案以罚代刑和“降格处理”。

二是依法开展监督，督促规范执法。针对公安机关应当立案而不立案的情况，汉川市检察院在监督过程中多次与公安机关协商无果，遂依法向公安机关发出通知立案书，有力地促进了公安机关的规范执法。

三是强化跟踪监督，注重监督实效。本案中，检察机关既对行政执法机关及时移送案件和公安机关受理案件进行同步有效监督，又适时介入侦查并始终跟踪监督，没有因公安机关作出立案决定而终结监督程序。检察机关就如何取证指控犯罪、如何防止“人头搞错”等问题多次与侦查人员交换意见，列出详细的取证清单和补充侦查提纲，引导公安机关全面收集、固定证据，确保了案件准确批捕、顺利起诉和依法判决，取得了良好效果。

案例2　福建陈某某等人假冒注册商标、非法制造注册商标标识、销售假冒注册商标的商品案

一、案件事实

2014年10月至2015年11月，被告人陈某某（虎霸电池公司原法定代表人）以“虎霸电池公司”名义租赁安徽省合肥市庐阳区一工业区房间作为生产车间，从江苏省等地购进光身电池(无任何商标电池),组织工人贴标生产、包装假冒南孚“聚能环”电池,并雇佣被告人程某某(虎霸电池公司职工)负责生产工作,雇佣被告人李某某(虎霸电池公司职工)驾驶货车接收原材料、发送成品假冒南孚“聚能环”电池给全国各地客户,共计销售金额22万余元。同时,陈某某还通过其经营的位于合肥市瑶海区长江批发市场内的“虎霸电池”店销售他人生产的假冒“南孚电池”,销售金额19万余元。

2013年9月起,陈某某持伪造的南孚公司证明文件与被告人曹某某任法定代表人的龙珠包装公司共谋,印刷假冒“南孚电池”标纸。陈某某指派公司技术人员到曹某某公司进行技术指导并监督生产。2014年10月至2015年7月,曹某某共生产并销售给陈某某假冒“南孚电池”标纸约1000万张。陈某某再以每1万张280元销售给河南省新乡市的客户,共计销售假冒“南孚电池”标纸约300万张。

二、诉讼过程

2015年11月9日,福建省南平市公安局延平分局以涉嫌假冒注册商标罪对陈某某、李某某等人立案侦查。2015年11月11日对上述人员刑事拘留。2015年12月16日,南平市延平区检察院对陈某某、李某某等人以涉嫌假冒注册商标罪批准逮捕。2016年6月29日,南平市延平区检察院对陈某某等6人以涉嫌假冒注册商标罪、非法制造注册商标标识罪、销售假冒注册商标的商品罪提起公诉。2016年12月8日,南平市延平区法院判决被告人陈某某犯假冒注册商标罪、非法制造注册商标标识罪、销售假冒注册商标的商品罪,数罪并罚判处有期徒刑7年4个月,并处罚金36万元;其他5名被告人分别被判处1年8个月至3年不等有期徒刑,并处数额不等罚金。上述判决已于2016年12月19日生效。

三、评析意见

福建南平南孚公司系国内知名企业,其所拥有的“聚能环”注册商标为公众广泛知晓。本案被告人生产、销售假冒南孚“聚能环”电池及标纸,涉及多个省份,涉案人员多,数额巨大,情节特别严重,并已形成跨省生产、销售、购买的“一条龙”犯罪链条。南平市延平区检察院在办理该案中,全面审查案件证据,准确适用法律,积极引导取证,强化检察监督,发挥了重要作用。在审查逮捕阶段,在依法从快从严批捕的同时,针对尚未查清的裴某某等犯销售假冒注册商标的商品罪的事实,发出详细的继续侦查取证意见书,引导公安机关全面收集固定证据,并对侦查机关将陈某某、李某某共同实施犯罪却分别立案侦查的做法予以口头纠正。在审查起诉阶段,全面厘清了被告人在案件中的地位、作用和涉案金额,特别是细致审查全案犯罪行为后,认为陈某某还犯非法制造注册商标标识罪、销售假冒注册商标的商品罪,应依法予以追加起诉,不遗漏任一犯罪事实,确保准确适用法律。检察机关在此案中的充分履职,确保了准确及时全面追诉犯罪行为,对侵犯知识产权违法犯罪行为形成了有效震慑,取得了良好的法律效果和社会效果。

案例3 上海沈某、黄某某等人销售假冒注册商标的商品案

一、案件事实

2013年初,被告人沈某、黄某某等人正式出资注册设立狂人公司,沈、黄二人担任股东,租用福建省莆田市荔城区闵杰楼六楼作为办公场所,并先后雇佣朱某某(狂人公司法定代表人)等人,向美橙公司租用境外服务器,在全国多地开设、运营百余个互联网站,将从广东、福建等地采购的假冒LV、MK、NIKE等注册商标的商品向境外

销售。案发后,经审计,自 2013 年初至 2015 年 3 月,狂人公司销售假冒注册商标的商品后,通过国际支付结算平台收取的货款为 8400 余万元。

二、诉讼过程

2015 年 4 月 1 日,本案由上海市水上公安局立案侦查;同日上海市公安局经侦总队、水上公安局在狂人公司福建莆田的经营场所,当场抓获犯罪嫌疑人 10 余名。2015 年 5 月 7 日,上海市虹口区检察院以涉嫌销售假冒注册商标的商品罪对沈某、黄某某等人批准逮捕。10 月 23 日,上海市虹口区检察院将其中 11 名被告人起诉至上海市杨浦区法院。其间,虹口区检察院多次就本案的案件事实、证据标准、审计标准与杨浦区法院、审计事务所和计算机司法鉴定部门沟通、确认。2016 年 7 月至 9 月,杨浦区法院先后对涉案被告人依法作出判决,其中两名主犯沈某、黄某某分别被判处有期徒刑 6 年和 6 年 6 个月,并处罚金 980 万元和 900 万元;其他被告人分别判处 8 个月至 3 年 6 个月不等有期徒刑,并处 7 万元至 38 万元不等罚金。上述判决已生效。

三、评析意见

上海正在全力建设有全球影响力的科技创新中心和亚太知识产权中心,上海市检察机关作为法律监督机关,通过履行批捕、起诉等检察职责承担了重要的知识产权保护任务。虽然本案被告人均为福建人,但涉案公司开设境外网站所租用的服务器是在上海,销售对象全部是境外人士,被侵权的品牌也均为国际知名品牌,对上海的经济秩序、知识产权法治环境带来了极大的损害,因此,本案的成功办理维护了上海注重知识产权司法保护的良好形象。

本案作案手法新颖,涉案人数多,涉案金额大,社会关注度高,社会影响广泛,是近年来上海地区一起较为典型的借助互联网实施的侵犯知识产权犯罪案件。本案犯罪分子反侦查能力极强,导致案件办理难度大、取证困难,具体表现在:一是作案区域广。犯罪分子是通过开设网站向境外销售假冒注册商标的商品,涉案公司为了躲避侦查,将公司各部门分开,间隔一段时间就会关停一个网站,开设新网站,防止被一网打尽,租用的服务器遍及全国各地。二是查获涉案物品难。涉案商品全部销往境外,致使难以获取犯罪原始物品。狂人公司的销售模式非囤货,而是有订单才进行订货,且负责进货、发货的渠道部设在狂人公司主要经营场所以外,藏匿在租借的民房中,当狂人公司主要经营场所被公安机关查处后,渠道部立即从租借处退出,销毁具体货物证据。三是犯罪金额难以确定。狂人公司通过国际支付结算平台进入公司实际掌控的多个个人银行账户进行货款结算,避开了公司账户,导致确定最终犯罪金额十分困难。

办案过程中,上海市虹口区市检察院第一时间介入案件,与上海市水上公安局研判案件,确定打击范围,明确取证方向、固证要点及后期的移送程序,为案件的顺利办理打下坚实基础。同时,为了准确认定本案犯罪金额,上海检察机关整合技术部门、鉴定部门和审计部门的力量,通过对资金的走向、账户资金的使用情况综合分析,明确个人账户与售假资金的关系,进而确定整个案件实际售假的犯罪金额。此外,本案开庭审理期间邀请了多名全国、上海市人大代表对案件庭审过程进行观摩评议,积极彰显了上海检察机关打击侵犯知识产权犯罪的决心。

案例 4　山东刘某等人销售假冒注册商标的商品案

一、案件事实

2012 年至 2015 年期间,刘某等人从河北省高阳县的毛巾加工作坊中定制假冒的金号牌和洁丽雅牌毛巾，以淘宝网和阿里巴巴网为平台，开设“晨旭纯棉毛巾商行”“纯棉大世界”等多家网店，销售假冒的金号牌和洁丽雅牌毛巾100余万条，涉案金额150余万元。

二、诉讼过程

2015年4月22日，山东金号公司到山东省茌平县公安局经济犯罪侦查大队报案称：晨旭纯棉毛巾商行在淘宝网上大肆销售假冒金号牌毛巾，近30天的交易额就达5万余元。茌平县公安局于次日立案。2016年2月，茌平县检察院以涉嫌销售假冒注册商标的商品罪对刘某等人依法批准逮捕；2016年7月22日，对刘某等人以涉嫌销售假冒注册商标的商品罪提起公诉。2016年11月，茌平县法院以销售假冒注册商标的商品罪对主犯刘某依法判处有期徒刑3年，并处罚金20万元；其他4名从犯分别判处7个月至2年6个月不等有期徒刑。上述判决已生效。

三、评析意见

当前，以“互联网＋”为主要内容的电子商务发展迅猛，这一新兴商务模式在为人们的生活带来便捷的同时，也因侵权假冒大量发生而备受社会诟病，加大打击网络售假力度势在必行。刘某等人销售假冒注册商标的商品系列案件，给“金号”“洁丽雅”等知名毛巾生产企业造成恶劣社会影响，品牌价值损失严重。茌平县检察院在介入侦查时提出“上线下线同步查”的办案思路，指导公安机关一举端掉5个相关生产作坊，有力地打击了制假售假犯罪活动，维护了企业合法权益，净化了网络市场，取得了较好的法律效果和社会效果。

一是引导侦查取证，明确侦查方向。涉案犯罪团伙体系严密，上下游分工明确，假冒毛巾生产者、销售者、包装生产者均有涉及，制假、售假形成完整的产业链条。茌平县检察院适时介入，立足“上线下线同步查”的办案思路，针对网络售假犯罪手段隐蔽、查处取证难度大的问题，建议公安机关对生产假冒毛巾作坊及时勘查、拍照，并调取相关证言，巩固了犯罪嫌疑人制假、售假的证据链条；针对网店经营中“刷单”（用虚假的销售记录表示该商品的畅销）现象比较普遍、销售金额难以认定的问题，建议公安机关调取发货单、网络交易记录等相关书证多方印证。本案最终成功侦办、顺利诉讼。

二是注重证据审查，严把案件质量。案件报捕后，多名犯罪嫌疑人辩解不知道其所销售的毛巾为假冒毛巾，茌平县检察院对该辩解充分重视，通过细致审查相关犯罪嫌疑人的进货渠道、进货价格、销售价格、供货商证言等证据，层层分析，环环相扣，综合认定犯罪嫌疑人的主观故意，在难以回避的一系列客观事实面前，犯罪嫌疑人对销售假冒毛巾的事实供认不讳。

三是提出检察建议，服务企业发展。茌平县检察院在办案中发现，相关生产者之所以大肆制假，除了利益驱动外，也存在“毛巾真假难辨、不易被发觉”等侥幸心理。针对此情况，茌平县检察院向有关企业提出升级防伪标识、畅通正品验证通道、建立网络销售授权制度等检察建议，被相关企业采纳，有效防范了制假售假的发生，促进了企业的健康发展。

案例5　广东罗某某等人侵犯著作权案

一、案件事实

深圳市久洲公司法定代表人罗某某以牟利为目的，于2014年4月11日以久洲公司的名义与友芯公司签署协议，先后出资约40万元并提供和芯润德公司的正版9700USB网卡芯片，由友芯公司法定代表人徐某、研发技术部主管朱某某组织技术人员对正版 9700USB 网卡芯片(含上述固件程序软件)各层电路布局进行拍照,提取、分析数据信息,后将提取的代码数据、电路图等提交给和舰公司,由其生产出芯片晶圆,再切割、封装为仿冒 9700USB 网卡芯片成品。截至 2015 年 5 月,和舰公司先后共生产了 112 片该假冒芯片晶圆交付给友芯公司,每片晶圆可制作成约 6500 个假冒芯片。徐某将首批 5 万个封装好的成品仿冒 9700USB 网卡芯片交付给罗某某,罗某某将其中的 3000 个以每个人民币 4.5 元的价格出售给了罗某春(另案处理),其余芯片则由罗某某自行委托他人对外销售。2015 年 6 月 4 日,公安机关对罗某某住址进行搜查,现场查扣到仿冒网卡成品 105 个、半成品 150 个,网卡芯片 6 包等物。

经鉴定,和芯润德公司登记号为"2015SR003215"的软件著作权的软件源代码经编译生成的 ROM 数据与其型号为 9700USB 芯片的 ROM 数据相同,两者具有同一性。从被告人罗某某处提取的芯片 ROM 层与和芯润德公司芯片的 ROM 层数据信息相似度为 99.998%,友芯公司的 GDS 文件中 ROM 层信息与和芯润德公司芯片的 GDS 文件中 ROM 层信息相似度为 99.998%,均只有 4 位数据不同(共计有 13 万多个数据信息位置)。

二、诉讼过程

本案由深圳市公安局南山分局于 2015 年 2 月 14 日立案侦查。7 月 10 日,深圳市南山区检察院以涉嫌侵犯著作权罪对犯罪嫌疑人罗某某批准逮捕。8 月 5 日,公安机关抓获同案犯罪嫌疑人徐某,并在徐某配合下抓获犯罪嫌疑人朱某某,后对该两名犯罪嫌疑人取保候审。2016 年 2 月 26 日,深圳市南山区检察院对该案三名被告人罗某某、徐某、朱某某提起公诉。其间,犯罪嫌疑人徐某、朱某某赔偿被害单位损失,与被害单位达成和解。2016 年 4 月 7 日,深圳市南山区法院以侵犯著作权罪判处罗某某有期徒刑 3 年,并处罚金 5 万元;徐某有期徒刑 2 年 6 个月,缓刑 4 年,并处罚金 2 万元;朱某某有期徒刑 1 年 6 个月,缓刑 3 年,并处罚金 1 万元。被告人上诉后,深圳市中级法院于 2016 年 6 月 3 日作出驳回上诉、维持原判的终审裁判。

三、评析意见

本案是侵犯计算机软件著作权的一种新型手段,被侵犯对象是在集成电路芯片只读存贮介质 ROM 中固化的软件著作权,权利人将其享有著作权的软件程序复制在 ROM 上,从而实现芯片对外部数据的处理功能,与集成电路布图设计一起构成此种芯片的核心技术。犯罪嫌疑人无法直接通过对侵权对象程序进行复制获取程序代码达到复制目的,只能使用反向工程技术对正品芯片逐层拍照,提取、分析其中的数据信息,最终获取芯片的整个集成电路布图构造(包含已经固化其中的软件著作权)。

立案之初,深圳市南山区检察院侦查监督部门介入侦查,并就案件的定性、侦查方向提出合理化建议。本案中,权利人拥有集成电路布图设计登记证书、芯片 ROM 固体软件程序著作权以及使用该芯片制成的网卡的驱动程序著作权三种权利。犯罪嫌疑人通过仿制芯片侵犯了正版芯片上承载的软件著作权,检察机关根据侵权链条中不同环节犯罪嫌疑人的行为和主观认识特点,建议公安机关以侵犯著作权罪追究刑事责任,该定性在审判阶段得到了法院的支持。侦查期间,检警紧密互动,在犯罪嫌疑人罗某某到案后,检察机关建议公安机关从友芯公司下游晶圆、封装生产商处提取到侵权芯片的原始生产数据;对罗某某批准逮捕后,又针对证据中存在的问题出具了较为详细的《逮捕案件继续侦查取证意见书》,有效引导侦查,确保了案件后续顺利起诉、审判。案件的成功办理,体现了检察机关对科技创新和知识产权保护的高度重视，为保障单位和个人的研发热情营造了良好的法治环境。

案例6　河北霍某某销售侵权复制品案

一、案件事实

2016年5月，被告人霍某某（保定市宏祥公司原法定代表人）到河南郑州参加图书展销会，并从一刘姓男子手中购买了大量盗版图书，储存在其租用的河北省保定市清苑区田各庄村某库房准备销售。2016年6月16日被保定市文化广电新闻出版局在日常工作检查中发现，共计查获陕西人民教育出版社出版的《小学教材全解》丛书81 000册、山东省地图出版社出版的《北斗地图》系列丛书17 000余册，标价共计270余万元。经河北省印刷产品质量监督检验站鉴定，上述图书均为非法出版物。

二、诉讼过程

河北省保定市检察院在接到市扫黄打非办公室移交的案件线索后，经审查认为霍某某销售侵权复制品的行为已达到刑事追诉标准，遂指派侦查监督部门主动介入本案。2016年8月9日，保定市文化广电新闻出版局将本案移送保定市公安局立案侦查，保定市公安局同日指定莲池公安分局管辖。9月3日，霍某某主动投案并被刑事拘留。9月14日，保定市莲池区检察院以涉嫌销售侵权复制品罪批准逮捕犯罪嫌疑人霍某某。12月6日，本案被起诉至保定市莲池区法院。12月15日，全国"扫黄打非"工作小组、国家版权局、公安部、最高人民法院、最高人民检察院对本案联合挂牌督办。12月26日，保定市莲池区法院以销售侵权复制品罪判处被告人霍某某有期徒刑1年，并处罚金20万元。被告人霍某某未提出上诉，判决已生效。

三、评析意见

本案是销售侵权复制品的典型案件，涉案盗版图书数量和金额特别巨大。在案件办理过程中，检察机关充分履行侦查监督职能，发挥行政执法与刑事司法衔接信息共享平台作用，强化行政执法机关与司法机关的工作衔接和协调配合，体现了检察机关打击侵权盗版犯罪的坚定决心，震慑了侵权盗版违法犯罪分子，为共同保护知识产权和营造规范有序的文化环境提供了强有力的法治保障，为全社会诚信守法、崇尚创新营造了良好的社会氛围。

2016年6月获悉该案线索后，保定市检察院根据《重大疑难案件侦查机关听取检察机关意见和建议工作办法》提前介入本案，指派侦查监督部门主动与行政执法机关多次召开案件讨论会，指导保定市文化广电新闻出版局通过对查获过程和调查笔录予以录音录像、对查获的非法出版物进行鉴定等方式固定证据，同时也建议公安机关提前介入、配合行动，并与公安机关就受理行政执法机关移送涉嫌犯罪案件的审查标准、涉案金额的确定、法律的适用、案件的管辖等问题进行讨论，达成一致意见，为本案的成功侦破奠定了扎实基础。后在保定市检察院建议下，保定市文化广电新闻出版局将本案移送保定市公安局立案侦查。侦查期间，保定市检察院又多次跟踪案件进展，引导侦查取证，指明侦查方向，最终法院对本案依法作出有罪判决，取得了良好效果。

案例7　北京何某某等人侵犯商业秘密案

一、案件事实

被告人何某某、刘某某、臧某某原系理正公司项目研发及管理人员。2011年5月至2014年间，被告人臧某某等人成立大成公司，违反与理正公司的保密协议，使用其所掌握的技术信息，向艺筑公司等5家公司销售其研发的管理信息系统，销售金额合计410余万元。经鉴定，艺筑公司管理信息系统中当前使用的35个数据库表、10个存储过程/函数、7个源代码文件、1个源代码文件中的8个函数，以及从艺筑公司管理信息系统中恢复的已被删除的10个数据库表、22个存储过程/函数与理正公司管理信息系统对应的内容相同或实质相同。大成公司向其他公司销售的管理信息系统对应内容与理正公司管理信息系统也存在部分相同或实质相同。上述理正公司管理信息系统中的数据库表、存储过程/函数、源代码文件均不为公众所知悉，是非公知的技术信息，属于商业秘密。

二、诉讼过程

2012年11月16日，北京市公安局西城分局接到理正公司报案，后立案侦查。何某某于2014年7月31日被北京市公安局西城分局抓获，刘某某于2014年8月1日被北京市公安局西城分局抓获，2014年9月5日，二人被北京市西城区检察院批准逮捕。2015年3月11日，臧某某被北京市公安局西城分局抓获，2015年3月30日被取保候审。北京市西城区检察院分别于2015年6月18日以何某某、刘某某二人犯侵犯商业秘密罪，于2016年9月1日以臧某某犯侵犯商业秘密罪，向北京市西城区法院提起公诉。2016年7月4日，北京市西城区法院以侵犯商业秘密罪，判处何某某有期徒刑2年6个月，并处罚金10万元，判处刘某某有期徒刑2年6个月，并处罚金10万元；7月15日，二人提出上诉；8月31日，北京市二中院作出终审判决，维持原判。2016年12月12日，北京市西城区法院以侵犯商业秘密罪，判处臧某某有期徒刑2年6个月，缓刑2年6个月，罚金10万元，并禁止其在缓刑考验期内从事工程勘察设计及工程管理行业的企业管理信息系统的开发、销售及实施。臧某某未上诉，检察机关未抗诉。上述判决均已生效。

三、评析意见

本案系北京市首例涉及企业数据库的侵犯商业秘密案件，案件专业性强，被告人均具有专业背景和较高学历，反侦查能力强，被抓获后拒不认罪，取证难度大。为及时锁定案件关键证据，检察机关在侦查阶段提出的引导侦查意见被公安机关采纳，对大成公司的销售客户突袭调取证据，确保了案件质量。对于发现的原有非公知性鉴定意见部分涉及公知内容这一瑕疵证据，检察官通过多次走访鉴定机构、咨询专家、讯问犯罪嫌疑人、询问当事人后，主动申请其他机构重新鉴定，排除了有瑕疵的原鉴定意见，为准确认定犯罪发挥了重要作用。同时，检察机关在审查公安机关移送的何某某、刘某某案件中，发现臧某某虽未直接参与产品研发，但其作为大成公司的负责人在犯罪中起着主要作用，及时固定了臧某某参与共同犯罪的客观证据，依法对其追加起诉，确保案件公正审理。

在庭审阶段，针对被告人及律师提出的无罪辩解，即大成公司销售的管理信息系统与理正公司对应内容相同或实质相同的技术信息占整个管理信息系统比例非常小，检察机关围绕具有同一性的技术信息的实质作用，充分论证这些技术信息均是理正公司管理信息系统的核心且系主要组成部分。检察机关通过申请鉴定人员、证人出庭，展示大量客观证据，形成了完整的证据链条，使拒不认罪的被告人臧某某在庭审最后阶段认罪服法，最终被告人臧某某被法院判处了行业禁止令。案件成功办理后，被害单位送来锦旗感谢检察官的公正执法和专业敬业精神，实现了法律效果与社会效果的统一。

案例 8　南京科鲁斯公司侵犯商业秘密案

一、案件事实

被害单位尚爱公司系一家生产空气压缩机的民营高新技术企业，其研发的中小型空气压缩机拥有系列自主知识产权，打破了国外长期垄断，填补了国内市场空白。2012 年至 2014 年间，被告单位科鲁斯公司法定代表人梁某某为获取尚爱公司商业秘密，以高额利益收买该公司员工龚某某，被告人龚某某利用负责管理技术图纸的便利，多次秘密窃取尚爱公司 83SH、09WM、09SH、35VZ 等多款型号压缩机技术秘密图纸并拷贝至私人电脑。随后再通过 QQ 传输、U 盘传递、打印等方式，将图纸交给被告人梁某某。科鲁斯公司利用所窃取图纸，生产出“科鲁斯”牌 K1、K2、K3、K4VZ 等与尚爱公司系列产品对应型号的多款空气压缩机，同时还利用尚爱公司原销售人员和渠道在市场上销售侵权产品，造成尚爱公司产品销量直线下降，直接损失 120 万余元，间接损失近千万元。

二、诉讼过程

本案于 2014 年 7 月 22 日由南京市公安局雨花台分局立案，2015 年 6 月 30 日移送南京市雨花台区检察院审查起诉。2015 年 12 月 8 日，南京市雨花台区检察院以被告单位科鲁斯公司、被告人梁某某和龚某某涉嫌侵犯商业秘密罪向南京铁路运输法院提起公诉。2016 年 12 月 6 日，南京铁路运输法院以侵犯商业秘密罪判处被告单位科鲁斯公司罚金 40 万元；判处被告人梁某某有期徒刑 10 个月，并处罚金 20 万元；判处被告人龚某某拘役 5 个月，并处罚金 6 万元。一审宣判后，三被告人(单位)未提起上诉，判决已生效。

三、评析意见

本案是侵犯民营经济高新技术企业商业秘密的典型案件，对空气压缩机行业具有重大影响。检察机关及时介入案件侦查，提出取证思路。检察机关针对公开专利与商业秘密的异同点、罪与非罪的争议点，结合机械制造业特点，提出生产同型号成熟稳定的机器产品仅有专利远远不够，必须要具有能实现专利及其他产品性能的更加详细具体的尺寸、参数、公差等商业秘密，进一步明确了专利技术结构公开不影响商业秘密认定的具体情形，为本案定性和收集证据指明方向，也为后期起诉奠定了坚实基础。

为进一步强化核心证据的效力和证明力，检察机关在审查起诉阶段，多次实地勘查，咨询专家学者和行业协会意见，在鉴定意见中补充明晰了如何区分专利与商业秘密的详细内容和依据。同时根据难以从被害人单方直接测算损失、难以测算获利的复杂情形，科学确定了以“被告人销售侵权产品数量×被害单位单个产品净利润”认定重大损失的方法。针对庭审期间被告人突然翻供、辩护人作无罪辩护的突发情况，检察人员通过申请鉴定人员出庭做证、建议法庭进行实物比对等方式有力举证、质证，法院最终全部采纳了检察机关公诉意见，被告人也认罪服法未再提起上诉。案件的成功办理，体现了检察机关在经济转型发展关键时期，善于运用法治思维和法治方式，有力保护了企业的知识产权成果，保障了企业科技创新的积极性。

案例 9　迅达公司因商标权纠纷申请支持起诉案

一、案件事实

2016 年，迅达公司发现市面上多家个体经营的门店内销售假冒“迅达”注册商标的燃气灶。工商部门在抽查时也曾发现“迅达”牌燃气灶不合格，联系迅达公司鉴定后发现是“山寨”产品。迅达公司委托律师以普通消费者的名义到各家贩假店铺内购买了带有“迅达”商标字样的灶具，并邀请公证员进行了全程记录及相关证据保全。所购灶具经仪器扫描鉴定，无迅达公司防伪条形码显示，属于假冒产品。之后，迅达公司以多家商铺大肆销售假冒迅达公司注册商标的产品，侵犯迅达公司商标权、损害迅达公司品牌声誉、影响迅达正品在市场上销售，给迅达公司造成巨大的经济损失为由，向长沙市中院提起一系列诉讼，并于 2016 年 11 月 29 日分别向长沙市检察院、天心区检察院、岳麓区检察院申请支持起诉。

二、诉讼过程

检察机关受理该系列案件后，迅速审查相关证据材料，并分析该案是否符合检察机关支持起诉的条件。经审查，迅达公司在被告的多家个体经营的门面中购买的燃气灶经鉴定属于假冒产品，根据《商标法》第 57 条第(2)项、第(3)项的规定，有下列行为之一的，均属侵犯注册商标专用权：未经商标注册人的许可，在同一种商品上使用与其注册商标近似的商标，或者在类似商品上使用与其注册商标相同或者近似的商标，容易导致混淆的；销售侵犯注册商标专用权的商品的。从上述规定可知，侵犯注册商标专用权的行为包括以下因素：商品的相同或类似；商标的相同或类似；混淆的可能性。本案中，首先，被控侵权商品为燃气灶，与“迅达”商标核准使用商品中的厨房炉灶属于相同商品。其次，被控侵权商品上的“迅达”标识与迅达公司注册商标均构成近似的商标标识。最后，迅达公司的商标为较多公众所知悉，在厨房炉灶商品上具有一定的知名度，以相关公众的一般注意力，在被控侵权商品上突出使用的“迅达”标识足以误导消费者认为该商品来源于商标权利人即迅达公司，从而引起混淆。根据《商标法》第 57 条第(3)项规定，被告经营者的销售行为已构成对迅达公司注册商标专用权的侵犯，应依法承担相应的法律责任。

同时，由于假冒的“迅达”燃气灶缺乏自动熄火等保护装置，存在严重的安全隐患，且销售假冒商品的店铺较多，涉及面广，消费群体具有不特定性，因此对广大普通消费者的生命健康和财产安全造成危害。关于使用缺乏自动熄火保护装置的燃气灶造成消费者受伤的事例层出不穷，频繁见诸报端。因此，检察机关支持迅达公司起诉具有公益性和代表性。长沙市检察院、天心区检察院、岳麓区检察院遂依据《民事诉讼法》第 15 条之规定，分别对上述共计 35 件侵害商标权的案件向长沙市中院、天心区法院、岳麓区法院提出支持起诉，其中长沙市检察院支持起诉 30 件。

目前 35 件案件中，已经有 8 件被长沙市中院采纳支持起诉意见，均判决支持了迅达公司的诉讼请求，其中有 3 件已经生效；另有 7 件案件的被告已在庭审过程中与迅达公司达成和解（其中在长沙市中院达成和解的 4 件），迅达公司向法院申请撤回起诉；其余案件还在审理过程中。

三、评析意见

本案是长沙地区检察机关两级民事行政检察部门充分履行法律监督职能、维护社会公共利益、开展知识产权司法保护的典型案例。

一是关注社会公益及民生保障，积极探索支持起诉案件办理机制。首先，在确定案件类型方面，长沙市检察院民事行政检察处将检察机关支持起诉范围具体归纳为国有资产流失、环境污染公害、产品质量公害、劳动者群体讨薪等几个类型，并在办案中重点关注上述类型案件，以便发现相关线索。其次，在拓展案件线索方面，长沙市检察院民事行政检察处通过向律师事务所发送联系函、邀请律师座谈等方式，宣传民事行政检察部门支持起诉等职能，以便其在代理相关诉讼案件中寻求支持和帮助。本案就是迅达公司代理律师了解到民事行政检察监督职能，主动向检察机关申请支持起诉的，且涉及商标权的司法保护，既进一步提升民事行政检察案件线索的数量和质量，也为市级检察院开展支持起诉工作提供了司法实践案例。

二是在办案中重点审查鉴别“公益”及“私权”界限，牢牢把握支持起诉的公益性及检察监督的居中性。本案表面上是商事主体对自身商标专用权的维权纠纷，属于普通民事诉讼领域；即使有受到人身或财产损害的购买者起诉维权，也仍然属于私权领域。但通过对本案案情进行分析，本案不仅涉及个体的商标权保护、财产权保护或人身权保护，还涉及产品质量安全和众多消费者权益保护的问题。由于售假店铺多、波及面广、影响恶劣，除了对购买假冒产品的人已经造成实际损失之外，还存在着对不特定多数人的人身、财产安全造成损害的风险，危及社会公共利益，具有监督的公益性，符合检察机关监督的条件。本案在办理过程中，长沙市检察院民事行政检察处充分发挥公益保护领域的检察职能，会同代理律师分析案情，对被告身份及侵权事实认定方面可能存在的证据缺陷进一步补足和充实，并提供必要的政策指导和法律支持。同时，与法院承办法官及庭室负责人充分沟通协调，及时了解案件的审理、和解及判决情况，督促法院快审快结，确保支持起诉意见能够获得法院采纳，确保案件办理的公益效果。

三是检察机关通过支持起诉服务地方经济发展，促进企业科技创新，办案效果突出。“迅达”商标系国家工商总局商标局认定的驰名商标，多年来在市场上具有较高的知名度和占有率。近几年来，涉及“迅达”商标的侵权案件层出不穷，每年都有几十起，其中2016年一年就有70起，维权所耗费的人力物力巨大，个体维权势单力薄，而制假售假却屡禁不止。在检察机关支持起诉后，加强了对驰名商标的维护、对假冒产品的打击力度、对同类诉讼的监督。本系列案部分案件在检察机关发出支持起诉书后当月开庭并审结，均获得法院支持。在办案同时，通过新闻报道以案释法，加强民事行政检察部门职能宣传，扩大案件办理的社会影响力，引导类似受害者积极维权，增强知识产权保护的合力。

案例10　江西珍视明公司与董某侵害商标权纠纷执行监督案

一、案件事实

江西珍视明公司是“珍视明”注册商标的专用权人，该商标为驰名商标。珍视明公司维权人员在山东省枣庄市董仁堂大药房购买了包括“深圳康盛珍视明眼药水”在内的5种药品，涉案药品瓶及外包装盒上“珍视明”标识明显突出，没有注册商标标识，外包装盒标识生产商为康盛公司，而珍视明公司并未授权康盛公司生产带有“珍视明”标识的产品。董某系董仁堂大药房的经营者。2014年11月17日，珍视明公司将董某以侵害商标权为由起诉至枣庄市中院。2015年1月27日，枣庄市中院作出〔2014〕枣知初字第186号民事判决书，判决董某于判决发生法律效力后10日内，赔偿珍视明公司经济损失3万元。一审判决生效后，被执行人董某拒不履行法定义务。2015年12月9日，申请执行人珍视明公司向枣庄市中院申请强制执行，请求执行董某赔偿经济损失等费用32 150元。2016年1月8日，枣庄市中院指定山亭区法院执行本案。

二、监督过程

2016年1月22日，枣庄市山亭区法院对本案进行立案执行，法院未按法律规定执结。珍视明公司向检察机关申请检察监督。2016年12月20日，枣庄市山亭区检察院向山亭区法院发出山检民(行)执监

〔2016〕37040600006 号检察建议书，认为山亭区法院超过 6 个月未对本案执行结案，也未按照法律规定办理中止执行或延长执行期限等程序，存在违法情形，建议法院依法办理，尽快执行结案或者完善办理相关法定程序。山亭区法院采纳了检察建议，半月内执结本案，并函复山亭区检察院。

三、评析意见

监督和保障正确的生效裁判依法得到及时有效的执行，是检察机关保护知识产权的应有之义。本案中，被执行人董某系董仁堂大药房的经营者，在诉讼以及执行过程中，其药房正常经营，有较为稳定的收入和可供执行的财产。枣庄市山亭区法院在执行期限内一直未采取有效的执行措施，且不存在不予执行的正当事由，损害了申请人合法权益，存在怠于执行的违法情形。枣庄市山亭区检察院向其发出检察建议，督促其及时采取执行措施，早日执结本案。随后通过与法院的沟通协调，督促法院及时将案款给付了申请人。本案的办理，不仅有效地维护了申请人珍视明公司的合法权益，也有力震慑了侵害商标权的违法经营者。

（最高人民检察院侦查监督厅供稿）

国家知识产权局专利复审和无效宣告案例

案例 1 “一种向应用程序输入艺术字/图形的方法及系统”发明专利权无效宣告请求案

一、基本案情

请求人百度公司就专利权人搜狗公司的第 200610127154.2 号发明专利权提出无效宣告请求。专利复审委员会经审理后作出第 30192 号无效决定，宣告专利权部分无效。

二、决定要旨

CNKI 的一项功能是通过互联网方式二次出版传统出版方式已经出版过的内容（例如期刊、图书、报纸等传统出版物），从而为知识资源提供互联网共享平台，从这个意义上来说，来自 CNKI 的上述证据与以互联网作为首次公开出版方式的互联网证据并不相同，它实际上是传统出版物出版之后在互联网上的再次公开，其公开日期应当以该传统出版物的公开出版时间为准。

对于创造性判断中是否存在技术启示的把握，应当基于本领域技术人员的知识和能力，即利用其所知晓的普通技术知识和进行合乎逻辑的分析和推理，对发明和现有技术的技术方案均进行整体考量，即对技术问题、技术手段和技术效果进行综合考量，从而判断要求保护的发明对本领域的技术人员来说是否显而易见。在考察最接近的现有技术时，不应当仅仅局限于其公开的内容，还应当对其技术方案的应用场景进行深入理解和分析，进而判断现有技术整体上是否存在某种技术启示。

案例 2 “一种无线局域网移动设备安全接入及数据保密通信的方法”发明专利权无效宣告请求案

一、基本案情

请求人索尼（中国）公司就专利权人西电捷通公司的第 02139508.X 号发明专利权提出无效宣告请求。专利复审委员会经审理，作出第 28356 号无效决定，认定无效宣告请求的理由均不成立，维持专利权有效。

二、决定要旨

在创造性的判断中，对于涉案专利和现有技术的理解，都应当对技术方案进行整体考量。在创造性判断的具体步骤中，不应将整体的技术方案进行割裂，孤立地分析其所包含的技术特征，而忽略了技术方案的整体性，进而影响到对技术特征在整个技术方案中所起作用的判断。

当事人使用从互联网下载得到的文章作为证据时，一般可以通过提交在相关网站下载该文章过程的公证书以对下载内容进行证据保全。但是，通常认为公证书仅能证明在公证日能够从互联网下载到相关网页，而不能证明该文章在公证日以前真实存在且任何人均能够获得，而公证日期往往是在涉案专利的申请日之后。因此，还需要考虑下载网站是否为具有公信力的权威网站（例如政府类网站、知名非政府组织网站、大型科研院所网站、正规大专院校网站、知名商业网站等）、文章上传及修改机制等因素，并结合网站上的相应发布时间，才能认定专利法意义上的公开日，进而认定是否构成涉案专利的现有技术。如果相关网站并不属于具有公信力的权威网站，举证方也未能提供其他证据予以佐证，而仅凭相关网站的网页标记和文章首页的时间信息，并不足以证明文章的实际公开时间早于涉案专利的申请日。

案例3 “越野车（陆风E32车型）”外观设计专利权无效宣告请求案

一、基本案情

请求人捷豹路虎公司、Gerard Gabriel McGovern（杰拉德·加布里埃尔·麦戈文）先后就专利权人江铃公司的第201330528226.5号外观设计专利权提出无效宣告请求。专利复审委员会经审理后作出第29146号无效决定，认定涉案专利不符合《专利法》第23条第2款的规定，宣告其专利权全部无效。

二、决定要旨

对于《专利法》第23条第2款的判断应基于一般消费者的知识水平和认知能力进行评价。“一般消费者”是拟制的人，不是指购买者或者日常生活中的消费者，而是关注某类产品发展，出于对某类产品设计的关注和了解而具备一定知识和认知能力的人。一般消费者应当对涉案专利申请日之前相同种类或者相近种类产品的外观设计（现有设计状况）及其常用设计手法具有常识性的了解，有能力知晓相应产品的设计变化。

“整体观察综合判断”原则在本案中的判断步骤具体细化为五步：(1)确定相同点和不同点；(2)从一般消费者的知识水平和认知能力确定汽车不同面不同部件的观察权重；(3)从现有设计状况出发确定设计空间大小；(4)评价争议点是否为惯常设计和对整体视觉效果的影响；(5)对相同点和不同点逐一评述确定权重。

依据一般消费者的知识水平和认知能力，综合考虑本案中涉案专利与对比设计的相同点和不同点在汽车设计中的先后、难易、现有设计中出现的概率、是否容易被关注、所占据的体量比例或面积大小等因素，二者的相同点对整体视觉效果更有显著影响，而不同点属于局部细节设计，且多数区别特征是现有设计或现有设计中已经给出了设计手法，从而不同点对整体视觉效果的影响较小。

案例4 “固体药物剂型”发明专利权无效宣告请求案

一、基本案情

请求人罗氏制药公司就ABBVIE公司（原专利权人为雅培制药公司）的第200480024748.X号发明专利权提出无效

宣告请求。专利复审委员会经审理后作出第 23217 号无效决定，认定权利要求 1～26 不具备创造性，宣告涉案专利权全部无效。

二、决定要旨

反向教导是指会阻碍本领域技术人员选取该发明的技术方案的认知。区别特征未记载在最优实施方案中并不意味着给出了反向教导；如果现有技术中已经教导了为了解决发明实际解决的技术问题，可以采用该区别特征，无论是否记载在最优实施方案中，通常都应当认为现有技术已经给出了选择该区别特征的正向教导。

在专利权人主张存在反向教导且双方存在分歧的前提下，应结合双方的举证情况，从本领域技术人员的视角出发，对相关的证据和当事人的主张进行客观分析，全面把握现有技术，客观判断是否存在反向教导。如果因反向教导的存在而导致本领域技术人员不去考虑相关正向教导，避免采用所述区别特征来解决发明实际解决的技术问题，则倾向于认定发明具备创造性。如果现有技术中正向教导的启示远超出反向教导，即使考虑相关反向教导，也并不足以阻止本领域技术人员结合相关正向教导去得到该发明，那么应认为现有技术整体上给出了得到该发明的技术启示。

案例 5 “主轴电机”发明专利权无效宣告请求案

一、基本案情

请求人日本电产公司就专利权人 LG 伊诺特公司的第 201110369508.5 号发明专利权提出无效宣告请求。专利复审委员会经审理后作出第 26901 号无效决定，认为涉案专利符合《专利法》第 22 条第 3 款等规定，在修改的权利要求书的基础上维持专利权有效。

二、决定要旨

当发明的技术方案与最接近的现有技术相比存在多个区别特征时，确定发明实际解决的技术问题应当基于发明的整体技术方案进行考虑。如果某区别特征离开其他区别特征就不能实现其功能和作用，则可认为该区别特征与其他区别特征之间是相互关联、相互作用的，此时应当将这些区别特征作为一个整体，综合判断其对整体技术方案所带来的技术效果，从而确定发明实际解决的技术问题。

在判断是否存在技术启示时，应当站在本领域技术人员的角度，从最接近的现有技术和发明实际解决的技术问题出发，判断其他现有技术中是否存在解决发明实际解决的技术问题的技术手段，进而使得本领域技术人员可以显而易见地获得发明。片面关注区别特征本身是否在其他现有技术中记载，而将其从整体技术方案中孤立出来，将会导致创造性判断的结论出现偏差。

案例 6 “取代的 2-(2,6-二氧哌啶-3-基)-邻苯二甲酰亚胺和-1-氧异二氢吲哚及降低肿瘤坏死因子 α 的方法”发明专利权无效宣告请求案

一、基本案情

请求人卡文迪许公司就专利权人赛尔金公司的第 97180299.8 号发明专利权提出无效宣告请求。专利复审委员会经审理后作出第 21646 号无效决定，认定涉案专利不符合《专利法》第 22 条第 3 款的规定，宣告其专利权全部无效。

二、决定要旨

专利文件记载的技术方案相对于现有技术所作出的技术贡献，是本领域技术人员判断该技术方案是否具备创造性的客观事实基础。申请日后补交的实验证据可以

用来验证或者补充证明专利文件已经公开的技术效果，但不能改变该事实基础。如果将超出原始申请文件公开范围的技术效果纳入到创造性判断中，则会改变申请日通过提交原始申请文件内容所确定下来的技术贡献的客观事实基础，违背先申请原则的要求。

专利权人通过申请日后补交的实验证据来主张专利具有某种（或某种程度的）技术效果，该实验证据能否产生证明效力，通常取决于两个因素：一是专利权人意图证明的技术效果是否能够由该实验证据加以证实，二是该技术效果是否是本领域技术人员能够从专利申请公开的内容中得到的。如果该实验证据所证明的技术效果在原专利文件中没有公开，则不能将其作为判断专利是否具备创造性的依据。

案例7 “新型摄像导轨”实用新型专利权无效宣告请求案

一、基本案情

请求人拉图公司就专利权人大山公司的第201320578735.3号实用新型专利权提出无效宣告请求。专利复审委员会经审理后作出第29889号无效决定，认定涉案专利符合《专利法》第22条第3款的规定，宣告维持其专利权有效。

二、决定要旨

发明是否具备创造性，应当基于所属技术领域的技术人员的知识和能力进行评价。所属技术领域的技术人员，也称为本领域的技术人员，是指一种假设的“人”，假定他知晓申请日或优先权日之前发明所属技术领域所有的普通技术知识，能够获知该领域中所有的现有技术，并且具有应用该日期之前常规实验手段的能力，但不具有创造能力。

在本案的创造性判断过程中，在确定发明与最接近现有技术的区别特征时，要站位于本领域技术人员，以其已经掌握的所属技术领域所有的普通技术知识为前提，来理解发明中的专业技术术语的含义，由此才能准确、客观地确定发明与最接近的现有技术的区别特征和发明实际解决的技术问题，进而准确地把握、判断现有技术整体上是否存在技术启示。

依据本领域技术人员的理解，如果发明的某一技术手段由专业技术术语限定，在其所属技术领域具有明确的含义和功能作用，且发明正是利用该技术手段的功能作用获得了有益的技术效果，而现有技术中的相关技术手段并不具备上述功能作用，则即使发明中的该技术手段和现有技术中的技术手段在其他功能作用上存在相同之处，也不能认为后者公开了前者，不能认为现有技术中给出了采用该技术手段的启示。

案例8 “通过在解锁图像上执行姿态来解锁设备”复审请求案

一、基本案情

复审请求人苹果公司就国家知识产权局于2013年4月9日针对第200910175855.7号发明专利申请作出的驳回决定提出复审请求。专利复审委员会经审理后作出第109833号复审决定，认定复审请求人修改后的权利要求第1～17项符合《专利法》第22条第3款的规定，撤销了上述驳回决定。

二、决定要旨

在创造性的判断中，正确地把握发明构思是一个重要的前提。发明构思是发明人的技术改进思路，其本身通常是抽象的，需要通过专利申请文件从技术方案层面进行具体表达和展现。正确把握发明构思的过程应当是本领域技术人员基于申请文件所描述的背景技术、背景技术存在的技术缺陷、为克服技术缺陷而采取的技术手段以及最终实现的技术效果等方面，而对发明人技术改进思路进行抽象的过程。

在正确把握发明构思的基础上，将围绕实现发明构思的、形式上进行了划分但实质上具有技术上的内在关联并共同解决其技术问题的多个区别特征作为整体而非割裂看待。此外，在确定发明实际解决的问题时，应当根据该区别特征在发明中所达到的客观技术效果进行确定，不应带有发明为解决该技术问题而提出的技术解决手段的指引，例如直接将技术手段本身作为技术问题，而使得后续创造性的判断陷入"事后诸葛亮"的误区。

案例 9 "载体装置"实用新型专利权无效宣告请求案

一、基本案情

请求人零度公司就专利权人大疆公司的第 201320156576.8 号实用新型专利权提出无效宣告请求。专利复审委员会经审理后作出第 30205 号无效决定，认定涉案专利符合《专利法》第 26 条第 3 款、第 4 款，《专利法实施细则》第 20 条第 2 款的规定，维持涉案专利权有效。

二、决定要旨

所属技术领域的技术人员，知晓申请日之前所属技术领域的普通技术知识，能够获知该技术领域的现有技术，并且具有应用该日期之前常规实验手段的能力。在判断说明书公开是否充分、权利要求能否得到说明书的支持、权利要求所要求保护的范围是否清楚，以及权利要求所要求保护的方案能否解决技术问题时，应当基于所属技术领域的技术人员的知识和能力进行评价。

说明书充分公开所要求的能够实现，是指所属技术领域的技术人员按照说明书记载的内容，能够实现其技术方案，解决其技术问题，并且产生预期的技术效果。专利文件只要记载了相关技术方案，解决了相关技术问题并获得了预期的技术效果，就满足了能够实现的要求；对于其是否存在或者可能存在其他脱离涉案专利说明书所记载的内容的技术问题，通常不能作为判断涉案专利能否实现的理由。

案例 10 "缝纫机"发明专利权无效宣告请求案

一、基本案情

请求人中缝公司、美机公司就专利权人重机公司的第 03103421.7 号发明专利权提出无效宣告请求。专利复审委员会经审理后作出第 20220 号无效决定，认为涉案专利符合《专利法》第 26 条第 4 款、《专利法实施细则》第 20 条第 1 款的规定，维持涉案专利权有效。

二、决定要旨

对权利要求保护范围进行界定时，作为判断主体的所属领域的技术人员应当基于自身的知识和能力，结合专利申请文件的整体内容对权利要求的技术方案进行理解，从技术的角度加以分析，力求真实把握专利的技术实质。

如果权利要求中某一技术术语仅从权利要求对其的字面限定难以确定其真实含义，而该技术术语又为解决发明技术方案的技术问题必不可少的技术特征，此时所属领域的技术人员应该结合说明书及附图的内容，从专利所要解决的技术问题出发，结合其技术方案从整体上判断该技术特征的含义。在此基础上，如果所属领域的技术人员可以排除该特征的其他含义而得到唯一正确、合理的解释，则应将该解释作为该技术术语的确切含义，进而据此认定权利要求的保护范围。

（国家知识产权局专利复审委员会供稿）

国家工商行政管理总局商标局及商标评审委员会案例

商标监管典型案例

案例1 天津市宁河区市场监管局查处天津正通恒业公司侵犯颜色组合商标案

一、基本案情

2016年4月14日，当事人天津正通恒业公司运营的加油站试运行，未经黄红条指定颜色商标注册人壳牌公司许可，将上述颜色组合使用于加油站的顶棚、加油机及办公经营用房并开展经营活动。当事人还在其6台加油机上使用类似贝壳的红黄色图形标志，与壳牌公司注册的G964925号贝壳图形商标近似。

当事人的行为构成《商标法实施条例》第76条规定的“在同一种商品或者类似商品上将与他人注册商标相同或者近似的标志作为商品名称或者商品装潢使用，误导公众的”侵权行为，同时构成《商标法》第57条第(2)项所指的侵权行为。天津市宁河区市场监管局对当事人作出责令立即停止侵权行为并罚款5万元的行政处罚。

二、案例点评

作为一种重要的非传统类型商标，颜色组合商标自2001年《商标法》修订后在中国可获准注册并得到保护。历经十余年行政审查及司法实践的不断发展，颜色组合商标的授权确权标准也日趋清晰，实践中有不少申请人通过注册颜色组合商标，引导消费者识别自己的商品或服务。本案是一起典型的侵犯颜色组合商标专用权的案件，执法机关依法准确认定并作出处罚，为查办此类涉及非传统类型商标的案件积累了经验。

案例2 江苏省扬州市工商局查处侵犯“劳力士”等商标专用权案

一、基本案情

2016年2月，江苏省扬州市工商局执法人员根据举报对广陵区陆安康百货店进行检查，现场查获所谓“江诗丹顿”“百达翡丽”“劳力士”等国际知名品牌手表52块，标注的售价与正品相差极为悬殊，店主陆某无法提供腕表的合法进货凭证和相关授权证明。

经查，当事人陆某2014年12月通过微信结识了位于广州的假冒品牌手表供货商“彬仔表行”，将其加为微信好友，随即陆某在自己的微信朋友圈转发“彬仔表行”发布的侵权手表图片及相关说明介绍。陆某根据微信好友的需要，向“彬仔表行”购买假冒品牌的手表，通过物流快递向微信好友实施货品配送，并以微信红包的方式结算。至案发，陆某共实施销售成交85笔。执法人员通过调取交易记录、电话询问买家，查明陆某手表的成交价为400～1000元之间。陆某销售假冒注册商标手表的行为涉嫌构成《刑法》第214条规定的“销售假冒注册商标的商品罪”，扬州市工商局于2016年6月3日将本案移送给扬州市公安局侦办。

二、案例点评

统计数据显示，目前微信每月活跃用户数量平均达8亿。由于注册成本低、交易隐秘等特点，微信平台成为售假重灾区。一些人以为在微信朋友圈发布广告，通过红包交易不过是个人的“小买卖”，因此肆意销售各种侵权假冒商品。本案给微信商户敲响了警钟：微信平台不是法外之地，通过微信销售侵权假冒商品甚至可能构成犯罪。

案例 3　广东省广州市工商局天河分局查处广州某公司销售侵犯“SANTAK”商标专用权不间断电源案

一、基本案情

2013 年 12 月，深圳山特电子公司向广东省广州市工商局天河分局举报广州某公司侵犯商标权。深圳山特电子公司在不间断电源产品上享有“SANTAK”“山特”注册商标专用权。该公司发现广州某公司不仅企业字号与自己公司的字号、商标相同，而且销售“SANTAKUPS”品牌的不间断电源产品。深圳山特电子公司向工商部门进行了举报。

接到举报，广州市工商局天河分局对广州某公司的经营场所进行了检查，发现其销售的不间断电源产品上标有“SANTAKUPS”标识，其中“SANTAK”6 个字母为红色，后面的“UPS”3 个字母为淡黄色。经分析，该分局认为“UPS”为“Uninterruptible Power System”的缩写，是不间断电源的通用名称，广州某公司在使用“SANTAKUPS”时，故意突出使用“SANTAK”部分，构成对深圳山特电子公司商标权的侵犯。因此，该分局对广州某公司作出责令停止侵权行为、没收侵权产品、罚款 25 万元的行政处罚决定。广州某公司不服上述行政处罚决定，向广州市天河区人民政府申请行政复议，天河区人民政府随后将申请材料转由广州市工商局处理。在广州市工商局复议维持原处罚决定后，广州某公司又向广州市天河区人民法院提起诉讼，并在败诉后上诉至广州知识产权法院。此案历经 3 年，最终在 2016 年由广州知识产权法院终审定音。

二、案例点评

本案的难点主要是对侵权商品所属组别的判定，以及对“SANTAKUPS”标识与“SANTAK”注册商标是否构成近似的认定。办案单位从商品功能、用途和说明分析，以及从商标的构成和实际使用形态分析，对商标近似作出认定，有理有据。此案历经 3 年，经过复议、诉讼等程序，最终获得法院支持。

案例 4　上海市工商局查处有象公司擅自使用联合国名称和徽记案

一、基本案情

当事人有象公司是一家主要从事文化交流和会议会展服务的公司。自 2016 年 2 月起，在未经联合国组织授权同意的情况下，当事人在其官网、微信公众号、微博及其他宣传资料、报名协议等处使用“联合国”“United Nations”名称及徽记，并以所谓“联合国世界青年峰会”的名义组织招募人员赴美参会，从中获得参会费等违法经营收入 600 余万元。

当事人未经联合国授权同意，在经营活动中多处使用“联合国青年峰会”“联合国”“United Nations”字样以及包含“United Nations”字样的峰会徽记和联合国徽记，极易让公众误以为该峰会由联合国授权举办，其行为违反了《商标法》第 10 条第(3)项“下列标志不得作为商标使用……(三)同政府间国际组织的名称、旗帜、徽记等相同或者近似的，但经该组织同意或者不易误导公众的除外”的规定。上海市工商局检查总队对当事人作出责令立即改正并处罚款人民币 40 万元的行政处罚。

二、案例点评

本案为新《商标法》施行以来，上海工商部门查处的首例违反《商标法》禁用条款、擅自使用联合国名称和徽记的典型大要案件。政府间国际组织的名称、旗帜、徽记是国际组织的象征。执法机关立足商标监管职能，充分运用国际条约精神和商标法律法规规定，及时禁止他人擅自将国际组织标志作为商标使用的行为。本案行政处罚有理、有力，及时消除了不良影响，规范了商标使用秩序，严格维护了国际组织的合法权益，体现了对国际组织的尊重，同时达到了对违法当事人进行宣传教育的目的，树立了法治权威。本案的成功查处得到了国家工商总局和上海市政府的肯定。

案例 5　四川省泸州市工商局查处李某某生产侵犯“国窖 1573”酒瓶立体注册商标专用权案

一、基本案情

当事人李某某于 2016 年 1 月中旬在向某处购得 375 公斤原酒，在刘某处购得玻璃瓶、瓶盖、外箱等，在龙马潭区柏香林农贸市场购买了塑料漏斗、酒提、橡胶锤等工具，然后组织家人利用采购的工具、原酒和包装材料，手工生产、包装成品酒 120 件，品名为“内部接待酒”。该成品酒所采用的呈突破性截面切割瓶型与泸州老窖公司核准注册的“国窖 1573”酒瓶立体注册商标瓶型、颜色完全一致；酒瓶截面印制的角星图案标志，“LAO JIAO NEI BU JIE DAI JIU”“一号窖池酿制”“内部接待”“老窖”等，与“国窖 1573”酒瓶立体注册商标酒瓶瓶身的标志字样相同或者近似，且瓶盖、盖身上印制图案颜色也与“国窖 1573”酒瓶的立体注册商标近似。当事人生产销售该批“内部接待酒”的行为构成《商标法》第 57 条第（2）项所指的商标侵权行为，四川省泸州市工商局对当事人作出没收“内部接待酒”115 件并罚款 10 万元的行政处罚。

二、案例点评

自 2001 年我国《商标法》修改并正式允许立体商标注册申请至今，立体商标在我国的保护已走过 16 个年头，实践中涉及立体商标的侵权案件逐渐增多。与普通平面商标相比，立体商标的侵权认定更为复杂。白酒是涉及消费者人身健康的日常消费品，侵权假冒白酒危害性较大。本案办案机构从多个方面综合比对，最终认定当事人构成商标侵权行为，不仅维护了商标权利人的合法权益，还净化了酒类市场环境，体现出工商和市场监管部门保民生、重民生，保障食品安全的高度责任感和使命感。

案例 6　湖南省株洲市工商局查处南洲新区石油销售公司侵犯中国石化等注册商标专用权案

一、基本案情

2016 年 3 月 9 日，中国石化销售湖南株洲石油分公司反映，株洲县南洲新区石油销售有限公司（以下简称当事人）经营的加油站的罩棚和品牌立柱上使用侵犯中国石油化工股份有限公司相关注册商标专用权的标志。

2016 年 3 月 10 日，株洲市工商局对本案予以立案调查。经查，当事人在株洲县南阳桥乡南岸村开办的加油站的罩棚上使用、，在加油站员工制服上使用，在品牌形象立柱上使用、等标识，与中国石油化工股份有限公司在同类服务上的注册商标近似。2016 年 3 月 18 日，株洲市工商局对当事人下达行政指导意见书，责令其 15 日内撤换上述标识。5 月 26 日，执法人员对整改情况进行检查，发现当事人仅将罩棚上、两个标识中的“省中”“一中”予以去除，品牌形象立柱上“快捷”的“捷”字加以遮盖，员工的制服因季节变

换不再使用，但 标识中的图形、 中的“一中石化”两个标识并未改正。2016 年 6 月 29 日，株洲市工商局向当事人送达行政处罚听证告知书并于 7 月 15 日举行听证会。2016 年 7 月 21 日，执法人员再次到当事人加油站核实，确认当事人已清除全部侵权标识。

当事人未经注册人许可，在加油站的品牌形象立柱上使用 、在加油站罩棚上使用 标志，构成《商标法》第 57 条第(2)项所指的侵权行为。株洲市工商局依法作出责令当事人停止侵权行为并罚款 8 万元的行政处罚。

二、案例点评

本案体现了教育与处罚相结合的原则。办案中，执法人员多次上门对当事人开展指导、约谈并宣讲商标法律法规，促使其积极整改并接受处罚。执法人员还积极指导当事人申请注册商标，鼓励、引导其走创立自主品牌发展之路。案件查处后，株洲市工商局发出了《关于开展打击侵犯“中国石化”商标专用权专项行动的通知》，对当地多家非国有加油站使用与“中国石化”相关注册商标近似标识、误导消费者的行为进行查处，共查处侵权加油站 23 家。

案例 7　京冀两地工商部门查处侵权润滑油案

一、基本案情

2016 年 11 月 7 日，北京市工商局房山分局(以下简称房山工商分局)接到投诉，称在该区有两个制售假冒润滑油的窝点，其外包装来自河北省任丘市一个生产润滑油外包装的黑工厂，数量较大。房山工商分局与任丘市工商局两地工商部门一起行动，在房山发现一个制造假冒润滑油的窝点和一个存储假冒润滑油的仓库，在任丘市梁召镇东江村发现一个制造印刷假冒润滑油外包装的黑工厂。

房山工商分局对涉嫌侵犯商标专用权商品的 9694 桶美孚系列润滑油、6125 桶壳牌系列润滑油、1922 桶长城牌系列防冻液、282 桶长城机油、916 桶蓝星不冻液进行暂扣。经权利人鉴定，上述 18 939 桶润滑油(含防冻液)为侵权商品，涉案金额 256.135 万元。由于侵权商品涉案金额巨大，涉嫌构成犯罪，房山工商分局将本案移交房山公安部门。2016 年 11 月 22 日，北京市公安局房山分局予以立案，目前调查取证完毕。

二、案例点评

2016 年，国家工商总局商标局加强了商标行政保护的区域协作，分别在天津、合肥、广州召开了京津冀、长三角、泛珠三角区域的商标行政执法区域协作座谈会。北京、天津、河北三地工商部门签订了《京津冀商标保护区域合作备忘录》。本案是备忘录签订以来，京冀两地行政执法机关组织协调行动最快、查扣侵权产品最多的一起案件。从加工车间至存储仓库，从成品包装至印制材料，包装、灌装、仓储等生产线全部被查扣，一条商标侵权制假生产线被彻底捣毁，展现出区域协作执法的效率与威力。

案例 8　海南省工商局查处王某某侵犯“宗申”注册商标专用权案

一、基本案情

2016 年 6 月，海南省工商局组织各市县工商局在全省范围内查处涉嫌侵犯“宗申”注册商标电动三轮车的违法行为。根据乐东等 6 个市县工商局办案人员查封的实物及台账、发票、收据以及对经销商的询问调查得知，涉嫌侵权车辆全部由洋浦经济开发区的王某某供货。洋浦经济开发区工商局执法人员采取蹲点守候，逐街、逐店、逐厂区展开排查，找到集生产、加工、组装、销售于一体的制假售假窝点厂房。经清点统计，该案查扣的涉案车辆、零配件物品案值约 78 万元。由于当事人王某某涉嫌制假售假且案值较大，已达到刑事立案的标准，海南省工商局决定由洋浦经济开发区工商局按照法定程序将本案移交公安机关办理。

二、案例点评

本案涉及海南省多个市县，如何在第一时间控制局面、固定证据非常关键。海南省工商局创新办案机制，以微信工作群为平台，统筹协调安排全系统执法力量，同步出击，从销售环节入手，层层深挖，最终一举端掉制假售价窝点，斩断一条售假链条。2016 年，海南多地工商和市场监管部门在海南省工商局统一指挥下，开展跨地域执法协作，从商品销售端一直查到生产窝点，查清了生产、加工、组装、销售整个生产销售假冒商标商品的经营链条，实现了“全链条打击”，充分发挥出商标行政执法主动出击、集群作战、便捷高效的特点，值得各地借鉴。

案例 9　重庆市巫山县工商局查处谭某某侵犯“幸福”商标专用权案

一、基本案情

2016 年 1 月 15 日，重庆市巫山县工商机关执法人员根据举报对个体工商户谭某某经营的门市进行检查，现场发现其销售的“增幸福”牌铝材包装、字体与湖北省钟祥市宏达公司持有的“幸福”铝材商标极为相似，并突出使用“幸福”两字。执法人员依法对查获的涉嫌侵权商品予以扣押封存。

经查，“幸福”铝材文字商标注册号为 4984004 号，核准使用商品为第 6 类，注册日期是 2008 年 10 月 14 日，2013 年 12 月 13 日依法转让至湖北省钟祥市宏达公司。“增幸福及图”商标注册号为 12860721 号，核准使用商品为第 6 类，注册日期是 2014 年 12 月 21 日。但是，2015 年 10 月 29 日，国家工商总局商标评审委员会发出关于第 12860721 号“增幸福及图”商标无效宣告请求裁定书，裁定“争议商标在铝、普通金属合金商品上予以宣告无效，在其余商品上予以维持”。当事人谭某某与“增幸福及图”商标注册人为夫妻关系，对该商标被部分宣告无效的情况应当清楚。当事人谭某某构成《商标法》第 57 条第(3)项所指的侵权行为。重庆市巫山县工商局作出责令当事人停止违法行为，没收侵权商品并罚款 6.65 万元的行政处罚。

二、案例点评

本案调查初期，当事人提供了“增幸福及图”的商标注册证等材料，声称自己系合法使用商标。随着调查深入，办案人员取得了关于“增幸福及图”商标的无效宣告请求裁定书这一关键性证据，而且经过核实，确认“增幸福及图”商标注册人并未就商标评审委员会的裁定向人民法院提起诉讼，该裁定已生效。本案提示执法人员在查办侵权案件时，要注意核实涉案商标的状态，包括注册时间、有效期、核定使用商品或服务类别等，以防控执法风险。

案例 10　北京市工商局丰台分局查处北京上富卓勤公司侵犯“brother”商标专用权案

一、基本案情

当事人北京上富卓勤公司于 2014 年 8 月 20 日申请注册“BROTHERJET”商标，因与兄弟工业株式会社在类似商品上已注册的第 1981663 号“brother”商标近似，被国家工商总局驳回在第9类"与计算机连用的打印机,办公室用打印机,打印机和复印机用未填充的鼓粉盒"上的注册申请。当事人于2015年12月20日至2016年4月7日期间,在未经"brother"商标权利人兄弟工业株式会社许可的情况下,在其经营的打印机上擅自使用"Brother+图+Jet""BROTHERJET""brotherJet"三种标识。

北京市工商局丰台分局(以下简称丰台工商分局)经认真分析,认定当事人销售的打印机与"brother"商标核定使用的打印机商品为类似商品,当事人使用的三种标识与"brother"商标构成近似商标,其行为构成《商标法》第57条第(2)项规定所指的侵权行为。丰台工商分局对其作出责令立即停止侵权行为、没收带有用"Brother+图+Jet""BROTHERJET""brotherJet"等标识的打印机11台,并罚款276.572万元的行政处罚。

二、案例点评

在类似商品上使用近似商标的侵权行为的认定,一直是商标行政执法实务中的难点问题,也是近年来较为常见的侵权形态。本案执法人员及时执法,在查处行动中最大程度地搜集到侵权商品及其他相关证据,为后续的侵权认定打下扎实的证据基础。在办案中,执法机构依法履职,准确认定,严厉打击了妄图打法律"擦边球"的违法行为,受到权利人好评。

(国家工商行政管理总局商标局供稿)

商标异议典型案例

案例1 "朵贝茶"商标异议案

一、基本案情

异议人廖某某的异议理由为:异议人是贵州普定县定南朵贝茶业开发中心的法定代表人,异议人企业多次在各类展会中获得好评,2012年在"中国贵州黄果树瀑布节"的"朵贝之春"茶叶评比中,其"朵贝"牌雾毛峰获得银奖。"朵贝"是异议人已经在先使用的商标,并且经过异议人多年的广告宣传已经具有了很大的知名度和影响力。被异议人普定县茶叶生产管理站作为同地区的同行业者,利用知名企业没有及时注册的空隙在相同商品上抢注被异议商标的行为,具有主观上的恶意,违反了《商标法》第32条的规定。如核准被异议商标注册,将会给异议人带来难以估量的损失。

被异议人普定县茶叶生产管理站的答辩理由为:"朵贝茶"是贵州省著名的历史名茶之一,在各大史书文献中均有记载,是早已客观存在的地理标志产品,理应属于普定县的公众品牌,并非仅为异议人独家在先使用的商标。普定县人民政府已付出巨大的人力、物力、财力宣传地理标志"朵贝茶",使其具有较高的美誉度和知名度。如被异议商标无法成功注册,将无法实现品牌的统一管理,该地理标志产品质量将无法得到保证。异议人提交的证据无法证明其连续使用该商标并具有很大知名度。

国家工商总局商标局认为,被异议商标"朵贝茶",为指定使用于第30类"茶"商品上的地理标志证明商标,申请日期为2013年2月16日。异议人称被异议人恶意抢注其在先使用的"朵贝"商标,并提供了2010年8月开具的几份销售发票复印件、被异议人推荐异议人企业参加2009中国(广州)国际茶业博览会的推荐信复印件、异议人所获荣誉证书复印件、质检报告复印件以及部分购销合同复印件、部分单位和个人从异议人处购买"朵贝"茶叶的证明书复印件。国家工商总局商标局根据异议双方提供的证据资料及"朵贝茶"地理标志证明商标使用管理规则查明,贵州省普定县是茶叶产区,其县境内茶叶栽培品种主要有朵贝茶、羊场茶、开阳南贡茶、福鼎大白茶等(见《普定县志》)。其中,朵贝茶具有一定历史,最为知名,普定县亦是历史上著名的朵贝茶产区，尤以朵贝村所产品质最佳（见《贵州食品大全》）。自 2007 年以来，在普定县委、县政府的扶植下，该县茶产业得到大力发展，朵贝茶已具有了一定的知名度（见中共普定县委、县政府相关文件及部分茶文化节宣传图片和报道）。由国家工商总局商标局查明的上述事实可以证明，“朵贝茶”应属于当地特色产品，为公共资源，不宜为一家独占。被异议人作为普定县农业局下属事业单位申请注册被异议商标，应该能够代表广大茶农和茶商利益，有利于对该地理标志证明商标的统一管理和监督，维护该地理标志证明商标的声誉，从而保证其代表的独特品质。因此，异议人提交的证据虽然可以证明在被异议商标申请日之前，异议人在“茶叶”商品上使用了“朵贝”商标，但客观上说，“朵贝茶”在相关公众中的知名度并非异议人所建立的，而是源于作为当地特色产品所拥有的悠久历史和独特地理、人文环境。异议人作为仅是一家当地从事朵贝茶种植和经营的商户，对“朵贝茶”这一公共资源并不具有独占、排他性的使用权利，故国家工商总局商标局对于异议人称被异议人恶意抢注其在先使用并具有一定影响的商标并请求不予核准被异议商标注册的异议理由不予支持。

二、案例评析

本案主要涉及被异议商标是否构成《商标法》第 32 条“以不正当手段抢先注册他人已经使用并有一定影响的商标”的情形。

在判定上述情形标准方面，适用如下要件：(1)异议人商标在被异议商标申请日之前已经使用并有一定影响；(2)双方商标相同或近似；(3)双方商标所使用的商品或服务原则上相同或类似；(4)被异议人具有恶意。

本案中，被异议商标为申请使用于“茶”商品上的地理标志证明商标。根据被异议人提供的相关史料及政府相关文件可知，“朵贝茶”于明朝洪武年间即已闻名遐迩，新中国成立后也多次作为农特产参加全国展会或作为礼品馈赠。因此异议人在茶叶商品上使用的“朵贝”标志并不属于异议人的私权，更非异议人在先使用并使之具有一定影响的商标。此外，被异议人作为贵州普定县政府的下属机构，为促进全县茶产业发展、促进农民增收，将“朵贝茶”作为地理标志证明商标申请注册，其根本目的是实现品牌的统一管理，保证“朵贝茶”产品质量，并将长期惠及本地区的公众利益。被异议人申请注册被异议商标不具有主观上的恶意。由此，国家工商总局商标局认定被异议商标的申请注册不符合《商标法》第 32 条“以不正当手段抢先注册他人已经使用并有一定影响的商标”之情形，应该予以核准注册。

（国家工商行政管理总局商标局　董蓉晖）

案例 2　“胡诚礼 HUCHENGLI”商标异议案

《商标法》第 32 条规定，“申请商标注册不得损害他人现有的在先权利”。该条款的立法目的主要有两点：一是避免权利冲突，保护在先权利人的合法权利；二是避免混淆，保护相关公众的利益。根据《民法通则》的规定，姓名权是指自然人享有的决定、变更和使用其姓名的权利。姓名权属于人格权，是一项法定权利。未经许可，将他人姓名申请注册为商标，给他人姓名权造成或者可能造成损害的，系争商标应当不予核准注册。

一、基本案情

2015 年 12 月 7 日，中山市叠泉生态园公司（以下简称异议人）对珠海横琴新区美益实业集团公司（原珠海横琴新区光立实业有限公司）（以下简称被异议人）在第 18

类“动物皮;皮垫”等商品上初步审定并公告的第15793202号“胡诚礼 HUCHENG-LI”商标提起异议,称胡诚礼为中山市叠泉生态园公司的创始人,同时也是我国著名的训鳄大师、广东省水生野生动物救护基地主任等,在社会上拥有很高的知名度。异议人与被异议人联合研发胡诚礼鳄鱼养生功效酒、鳄鱼保健品系列、鳄鱼皮具系列等产品,存在业务往来关系,被异议人熟知异议人董事长在业界的知名度,深知被异议商标“胡诚礼”蕴含的巨大商业价值。被异议人恶意抢注被异议商标的行为侵犯了异议人公司董事长胡诚礼的在先姓名权,也损害了异议人的合法权益,被异议商标的注册和使用易造成消费者的混淆和误认,应不予核准注册。被异议人未在规定期限内作出答辩。

国家工商总局经审查认为,根据异议人提供的关于其董事长胡诚礼的百度百科介绍,胡诚礼的各项任职证明、发明专利概况,胡诚礼所发表的部分学术论文、学术成果概况,胡诚礼所获得的各项荣誉证书,知名报纸、杂志、网络等媒体关于“胡诚礼”的报道等证据材料可以证明:“胡诚礼”是中国著名的训鳄大师,是“中国第一位女性训鳄教练”,在训鳄和鳄鱼养殖领域具有一定的影响力,并为相关公众所知晓。此外,根据在案证据可知被异议人与异议人之间存在商业合作关系,理应对“胡诚礼”的名字有所知晓。被异议人未经胡诚礼本人许可,擅自将其姓名作为商标申请注册在与其从事行业高度关联的“动物皮”等产业上,容易使相关公众误认为该商标与胡诚礼本人存在特定关联,从而可能对其姓名权造成损害,因此被异议商标的申请注册已构成对异议人公司董事长胡诚礼姓名权的侵犯,根据《商标法》第32条应不予核准注册。

本案的焦点在于:被异议商标的申请注册是否损害了异议人董事长的在先姓名权。

损害他人的在先姓名权指的是未经姓名权人的许可,将他人的姓名,特别是知名人物的姓名申请注册为商标,容易导致消费者混淆误认,致使真实姓名权人的利益可能受到损害的情形。根据《商标审查及审理标准》,其适用要件包括:(1)在相关公众的认知中,系争商标文字指向该姓名权人;(2)系争商标的注册给他人姓名权可能造成损害。

(1)在相关公众的认知中,系争商标文字是否指向该姓名权人。认定系争商标是否损害他人姓名权,应当以相关公众容易将系争商标在其注册使用的商品上指向姓名权人或者与姓名权人建立对应联系为前提。针对用作姓名的普通词汇、笔名、艺名等,应综合考虑该词汇是否与某人产生特定的紧密联系,以及该词汇是否经过使用具有了强于普通含义的姓名意义。本案中,异议人提供的证据可以证明,被称为“中国第一位女性训鳄教练”的胡诚礼在中国鳄鱼养殖界具有较高的知名度和影响力,并为相关公众所知晓,可以认定在与鳄鱼相关的行业“胡诚礼”三个字直接指向了姓名权人本人。

(2)系争商标的注册是否给他人姓名权造成损害。姓名权的保护范围与力度需兼顾所涉姓名的知名度、影响力、知名领域、商标所使用商品或服务与姓名知名领域的关联性、相关公众混淆误认的可能性、对他人利益的损害程度等因素。由于“动物皮;皮垫;包”等产品与鳄鱼养殖行业具有较强关联,考虑到胡诚礼本人在鳄鱼训练和养殖行业的高知名度,被异议商标的注册和使用难免引起广大消费者对相关商品与胡诚礼之间关系的猜测和联想,并且基于对胡诚礼本人的信任和喜爱,进而产生误认误购,使有可能同样从事本行业的胡诚礼及其所属公司的合法权益受到损害。

二、案例评析

姓名并非普通的词汇,因其使用者的

因素可能产生不同的价值，体现着姓名权人对姓名的人格利益、身份利益。现有的商标法律法规和《商标审查及审理标准》主要从绝对理由和相对理由两个方面对姓名权人姓名进行保护。如果系争商标文字系政治、宗教、历史等公众人物的姓名构成的商标，足以对我国政治、经济、文化、宗教、民族等社会公共利益和公共秩序产生消极、负面影响的，可适用《商标法》第10条第1款第(8)项规定予以驳回。如果未经许可，使用他人姓名申请注册商标并给他人造成损害的，或明知为他人的姓名，却基于损害他人利益的目的申请注册商标的，可以认定为对他人姓名权的损害，适用《商标法》第32条予以规制。从本案的审理可以看出，对系争商标是否违反《商标法》第32条的规定损害他人在先姓名权，应从姓名权人的知名度和影响力，其是否直接指向该姓名权人，以及其所及于的领域和行业来判定被异议商标的注册和使用是否会造成消费者的混淆误认，并损害姓名权人合法权益等多方面因素进行综合考虑。应根据案件的具体情况作出公平的认定，从而更好地保护在先姓名权人的合法权益，维护公平竞争的市场环境和消费者的相关权益。

（国家工商行政管理总局商标局　池欣欣）

案例3　第16191180号“金食华年JIN SHI HUA NIAN”商标异议裁决案

一、基本案情

(一)当事人主张

异议人盐城金食华年食品公司的主要异议理由为：被异议人顾某某曾为异议人企业股东和法定代表人，在明知“金食华年”为异议人独创并在先使用商标的情况下，恶意申请注册被异议商标“金食华年JIN SHI HUA NIAN”，其行为违反了《商标法》第7条和第15条的规定，请求国家工商总局商标局裁决被异议商标不予注册，以保护异议人的合法权益。

被异议人的主要答辩理由为：被异议人承认其曾为异议人企业股东和法定代表人，但在申请被异议商标时已离开异议人，与异议人之间不再有任何联系。异议人曾经申请注册的第14133470号“金食华年JIN SHI HUA NIAN及图”商标于2014年10月转让给被异议人为异议人的真实意思表示。另外，异议人提交的证据不足以证明其在被异议商标申请前已使用了“金食华年”商标。因此，被异议人申请注册被异议商标未违反《商标法》第15条的相关规定，也未违反第7条的规定。

(二)国家工商总局商标局审理与裁决

国家工商总局商标局审理查明：

(1)被异议人于2015年1月20日申请注册被异议商标“金食华年JIN SHI HUA NIAN”，指定使用在第29类“肉；家禽(非活)；干食用菌；鱼制食品；肉罐头；腌制蔬菜；蛋；速冻方便菜肴；食用油；豆腐制品”商品上，该商标于2015年12月20日予以初步审定并公告。

(2)异议人于2013年12月13日成立，成立之时，被异议人为其股东和法定代表人。2014年8月15日因被异议人离开异议人，异议人变更其法定代表人。

(3)异议双方提及的第14133470号“金食华年JIN SHI HUA NIAN及图”商标于2014年3月7日由异议人提出申请，指定使用在第29类“肉；家禽(非活)；干食用菌；鱼制食品；肉罐头；腌制蔬菜；蛋；速冻方便菜肴；食用油；豆腐制品”商品上，与被异议商标指定使用的商品完全相同。该商标申请时，异议人委派了被异议人进行办理。该商标虽然于2014年10月15日被申请转让给被异议人，但其转让申请文件中提交的两份代理委托书的签订时间却为2014年8月5日，与被异议人离开异议人而签署股权转让协议为同一天，而不是异议人 2014 年 8 月 15 日变更法定代表人之后的时间，且转让申请文件中提交的转让人(即异议人)企业法人营业执照中法定代表人姓名仍为受让人(即被异议人)，而非变更法定代表人后的异议人。第 14133470 号“金食华年 JIN SHI HUA NIAN 及图”商标后因 2015 年 1 月 11 日被驳回而使该转让未予核准。

以上事实由异议人提交的证据及商标档案在案佐证。

国家工商总局商标局经审理认为，被异议商标为“金食华年 JIN SHI HUA NIAN”，指定使用商品为第 29 类的“肉；家禽(非活)；干食用菌；鱼制食品；肉罐头；腌制蔬菜；蛋；速冻方便菜肴；食用油；豆腐制品”，申请日期为 2015 年 1 月 20 日。异议人称被异议人曾为异议人企业股东和法定代表人，知晓异议人及其“金食华年”商标，并提供了以下证据：异议人 2013 年 12 月成立时和 2014 年 8 月变更法定代表人的营业执照复印件以及相关信息、异议人 2014 年 3 月 7 日申请注册的第 14133470 号“金食华年 JIN SHI HUA NIAN 及图”商标的相关信息以及异议人委托被异议人办理该商标的相关材料等证据。上述证据可以证明：被异议人曾为异议人企业的股东和法定代表人，被异议人在明知异议人及其“金食华年”商标和商号的情况下，将与异议人商标和商号文字相同的被异议商标申请注册在与异议人主营商品相同或关联性密切的商品上，已构成《商标法》第 15 条第 1 款规定之情形。被异议人称异议人在被异议商标申请注册前未使用“金食华年”商标，但异议人提供的第 14133470 号“金食华年 JIN SHI HUA NIAN 及图”商标申请注册的相关信息足以证明异议人在先创意并计划使用“金食华年”商标，符合《商标法》第 15 条第 1 款之有关规定。被异议人另称异议人于 2014 年 10 月在变更法定代表人之后转让其第 14133470 号“金食华年 JIN SHI HUA NIAN 及图”商标为其真实意思表示，但该商标因已被驳回而未转让成功，且在该转让申请材料中提交的异议人营业执照上的法定代表人仍旧是被异议人，而非法定代表人变更后的异议人，因而该转让申请无法证实是异议人真实的意思表示，故国家工商总局对被异议人的该项答辩理由不予支持。

二、案例评析

本案是关于《商标法》第 15 条第 1 款适用性的典型案例。关注的焦点主要集中在：一是被异议人是否为异议人的代理人或者代表人；二是被异议人是否未经授权，以自己的名义将被代理人或被代表人的商标进行注册；三是异议人是否在先使用了“金食华年”商标。

关于焦点问题一，异议人提供的其 2013 年 12 月成立时的营业执照复印件、公司章程、其 2014 年 3 月 7 日申请注册第 14133470 号“金食华年 JIN SHI HUA NIAN 及图”商标的相关信息以及异议人委派被异议人办理该商标的相关材料等证据足以证明被异议人曾经是异议人的法定代表人，属于代表人的范畴。

关于焦点问题二，异议人提供的 2014 年 8 月 15 日变更法定代表人时的营业执照复印件以及相关信息和商标局商标档案中关于第 14133470 号“金食华年 JIN SHI HUA NIAN 及图”商标于 2014 年 10 月转让申请的相关信息等证据足以证明，被异议人未经异议人授权，在离开异议人之际，擅自以自己的名义将被代表人(即异议人)的商标进行转让和注册。被异议人申请注册“金食华年 JIN SHI HUA NIAN 及图”被异议商标具有明显的主观恶意，违反了诚实信用原则。

关于焦点问题三，该问题主要取决于《商标法》对未注册商标提供保护时所需提供在先使用商标证据程度的要求。这是被异议人抗辩的最主要的理由之一，也是本案主要阐释的问题。

在《商标法》中关于禁止违反诚实信用原则恶意抢注他人未注册商标的条款主要包括：

一是《商标法》第 13 条第 2 款，“就相同或者类似商品申请注册的商标是复制、摹仿或者翻译他人未在中国注册的驰名商标，容易导致混淆的，不予注册并禁止使用。”该条款主要适用于保护经使用知名度已达到驰名程度的未注册商标。

二是《商标法》第 32 条中的“也不得以不正当手段抢先注册他人已经使用并有一定影响的商标”。该条款主要适用于保护经使用知名度已达到一定影响力程度的未注册商标。

三是《商标法》第 15 条第 2 款，“就同一种商品或者类似商品申请注册的商标与他人在先使用的未注册商标相同或者近似，申请人与该他人具有前款规定以外的合同、业务往来关系或者其他关系而明知该他人商标存在，该他人提出异议的，不予注册。”该条款规定旨在禁止利用特定关系明知他人在先使用商标而恶意抢注的行为。

四是《商标法》第 15 条第 1 款，“未经授权，代理人或者代表人以自己的名义将被代理人或被代表人的商标进行注册，被代理人或被代表人提出异议的，不予注册并禁止使用。”该条款规定旨在禁止代理人、代表人的恶意抢注行为。

上述条款均是用于保护在先使用而未注册的商标，对于与抢注人关系证据的要求是逐渐提高，而对于在先使用证据的要求却是逐次递减。具体到《商标法》第 15 条第 1 款对在先使用的判定，除了已经在中国市场上实际使用之外，还包括为进入市场而进行的具体准备活动，比如商标的设计创作、商标的注册申请、广告投入或是上述行为的实际磋商行为等。本案中，异议人提供的第 14133470 号“金食华年 JIN SHI HUA NIAN 及图”商标申请注册的相关信息足以证明异议人在先创意并计划使用“金食华年”商标，而异议人提交的其委派被异议人具体办理该商标申请注册的相关材料足以证明被异议人完全知晓异议人的使用意图，显然异议人提交的使用证据符合《商标法》第 15 条第 1 款之有关规定。

综上，被异议人作为异议人的原法定代表人和股东，未经异议人授权，擅自将异议人在先使用的商标在异议人主营商品相同或关联性密切的商品上申请注册，其行为已构成《商标法》第 15 条第 1 款规定之情形，被异议商标应不予核准注册。

（国家工商行政管理总局商标局　张永芳）

案例 4 “锦生堂 JINSHENGTANG 及图”商标异议案

一、基本案情

A 公司（以下称为异议人）对 B 公司（以下称为被异议人）经国家工商总局商标局初步审定并公告的“锦生堂 JINSHENGTANG 及图”商标提出异议，国家工商总局商标局依据《商标法》第 33 条规定予以受理。被异议人未在规定期限内作出答辩。

异议人的异议理由为：“锦生堂”文字系异议人从 2010 年成立以来一直使用的商标，经过异议人的持续使用，“锦生堂”商标在行业中已具有一定的知名度和美誉度。被异议人是异议人的特许经营商，异议人长期供货给被异议人，双方存在业务往来关系。被异议商标“锦生堂 JINSHENGTANG 及图”与异议人在先长期使用的“锦生堂”商标高度近似，且双方商标指定使用的商品相同或类似，被异议人申请注册被异议商标的行为属于明显的恶意抢注行为，违反了《商标法》第 15 条的规定。

根据当事人陈述的理由和事实，国家工商总局商标局认为：

被异议商标“锦生堂 JINSHENGTANG 及图”申请日期为 2014 年 1 月 3

日，指定使用于第3类“化妆品；洗发液”等商品上。异议人提供了其企业登记信息查询单打印件、含有“锦生堂中药养发专家JST JINSHENGTANG及图”标识的产品宣传样册资料原件、异议人印制锦生堂系列产品包装合同复印件、异议人在先使用“锦生堂”商标系列商品包装扫描件、2010年签订的《锦生堂中草药茶麸养发堂授权书》《锦生堂加盟协议书》、异议人2012～2014年与各经销商签订的《锦生堂特许经营合同书》及加盟商证人证言复印件、异议人“锦生堂”系列养护发产品2012年检验报告、异议人官方网站展示的全国各地加盟商含有“锦生堂”标识的店面经营照片及锦生堂系列养护发产品打印件、异议人与被异议人于2012年11月10日签订的《锦生堂特许经营合同书》复印件、被异议人企业基本信息打印件等证据材料。上述证据材料可以证明：在被异议商标申请注册前，异议人已在“洗发液”等相同或类似商品上在先使用“锦生堂JINSHENGTANG及图”商标，并且在被异议商标申请日之前，被异议人与异议人之间签订了《锦生堂特许经营合同书》，被异议人作为异议人“锦生堂”产品特许经销商，应该知晓异议人的“锦生堂”商标。被异议人未经异议人同意，擅自在“洗发液”等相同或类似商品上申请注册被异议商标，违反了我国《商标法》第15条第2款的规定。

依据《商标法》第15条第2款、第35条的规定，国家工商总局商标局决定被异议商标“锦生堂JINSHENGTANG及图”不予注册。

二、案例评析

本案的焦点问题是，被异议商标的注册是否构成《商标法》第15条第2款所指的特定关系人抢注明知是他人在先使用的商标的情形。特定关系是指存在代理、代表关系以外的合同、业务往来关系或其他关系。

(1)关于“禁止特定关系人抢注”的法律规定。《商标法》第15条第2款对因双方存在代理、代表关系以外的合同、业务往来关系或其他关系而明知该他人商标存在并抢先注册的不正当情形加以规制，规定“就同一种商品或类似商品申请注册的商标与他人在先使用的未注册商标相同或者近似，申请人与该他人具有前款规定以外的合同、业务往来关系或者其他关系而明知该他人商标存在，该他人提出异议的，不予注册”。

(2)本案适用《商标法》第15条第2款的条件。本案适用《商标法》第15条第2款必须同时满足以下四个条件：

一是异议人与被异议人之间存在合同、业务往来关系或者其他关系。常见的合同、业务往来关系包括定牌生产、加盟连锁(商标使用许可)、买卖关系、投资关系、赞助、联合举办活动等。常见的其他关系包括亲属关系、隶属关系、曾发生侵权纠纷的竞争对手等。

二是异议人已在先使用商标。“在先使用”要求异议人必须在被异议商标申请之前使用，并且在中国市场上实际使用或进行了针对中国市场的推广宣传，不要求异议人的商标已经产生知名度。

三是被异议商标与异议人在先使用的商标相同或近似。

四是被异议商标指定使用商品与异议人商标在先使用的商品相同或类似。类似商品的判断应当结合商品的功能、用途、原料、销售渠道、消费对象等方面综合进行判断。如果上述因素具有较多的共性，相同或近似商标的使用易使相关公众对商品来源产生混淆、误认或易导致错误联想的，应当判定为类似商品。

(3)本案构成特定关系人抢注的判定理由。本案中，异议人提供的与被异议人于2012年11月10日签订的《锦生堂特许经营合同书》复印件、被异议人企业基本信息打印件证据材料可以证明：在被异议商标申请之前，被异议人是异议人在福建省福州市区域的“锦生堂”产品的特许经销商，双方存在合同、业务往来关系。

异议人提供的产品宣传样册资料原件、印制锦生堂系列产品包装扫描件、2010～2014年与各经销商签订的加盟协议书复印件、锦生堂特许经营合同书复印件、全国各地加盟商含有“锦生堂”标识的店面经营照片打印件、加盟商证人证言复印件、锦生堂系列养护发产品照片打印件等证据材料可以证明异议人在被异议商标申请之前，已经在中国实际使用“锦生堂”商标，并且使用的商品与被异议商标指定使用的“化妆品；洗发液”等商品在功能、用途、销售渠道、消费对象等方面基本相同，属于相同或类似商品。

被异议商标与异议人在先使用的“锦生堂”商标在文字构成、呼叫、整体外观等方面高度近似。被异议人作为异议人“锦生堂”产品的特许经销商，未经异议人许可，在相同或类似商品上注册被异议商标，易使相关公众对商品来源产生混淆、误认。

综上，本案被异议人申请注册被异议商标构成了特定关系人抢注，违反了《商标法》第15条第2款的规定。

（国家工商行政管理总局商标局
王小云　李　勤）

案例5　“莲香楼”商标异议案

随着市场经济的深入发展和商业竞争的加剧，商标权与商号权冲突的情形愈加突出。知名企业在商标异议案中主张在先商号权已成为最常见的异议理由之一。具有悠久历史传承和良好口碑的老字号企业是我国商业的宝贵财富，其商号和商标所蕴含的巨大价值不言而喻。为了更好地传承和发展老字号，加大对老字号的知识产权保护目前已成为一种共识。

一、基本案情

广州市莲香楼公司（以下简称异议人一）、广州饮食服务企业集团公司（以下简称异议人二）主张：引证商标“莲香楼”是有100多年悠久历史的中华老字号，具有很高知名度；双方商标构成使用于类似商品的近似商标；异议人的“莲香楼”获原国内贸易部首批“中华老字号”称号，多年来获得多项各种荣誉；被异议商标侵犯其在先商号权。

世丰（天津）贸易公司（以下简称被异议人）答辩的主要理由为：（1）被异议商标“莲香楼”与异议人引证商标指定使用的商品不类似，因此不会造成混淆；（2）已有他人的“莲香”商标在第30类注册，未侵犯异议人的在先权利；（3）异议人的“莲香楼”商标非驰名商标，应谨慎掌握保护范围；（4）商标权与字号权的冲突不属商标异议案件的范畴。

国家工商总局商标局裁定认为，被异议商标“莲香楼”指定使用于第30类“酵母”商品。异议人二引证在先注册的第669128号、第1953958号、第3445626号、第4163100号、第11297893号“莲香楼”“莲香楼及图”商标核定使用于第30类“月饼；馅料（豆料）；糕点；香草（香味调料）；家用嫩肉剂”等商品。双方商标文字虽然相同，但被异议商标指定使用商品与异议人引证商标核定使用商品的功能用途、原料成分和生产工艺有所不同，不属于类似商品，故双方商标未构成使用于类似商品的近似商标。异议人二为“莲香楼”商标注册人，许可异议人一使用“莲香楼”商标。异议人一称其为中华老字号，被异议商标侵犯其在先商号权。两异议人提交的《广州市志》《广州著名老字号》等书籍的介绍、广东省老字号协会证明、多年来所获各项荣誉证书、报刊和电台报道、广告等证据可以证明：“莲香楼”为知名老字号，其“莲香楼”商标使用于月饼、鸡仔饼等烘焙食品，在相关公众中享有较高知名度。被异议商标申请使用的商品与异议人商标和商号赖以知名的烘焙类食品同属国际分类第30类商品，具有较为密切的关联。被异议商标若予注册并使用，易使消费者将其与异议人相联系，从而对商品的来源产生混淆、误认，可能损害异议人的利益。因此，被异议人申请注册被异议商标的行为侵犯了异议人的在先商号权。

二、案例评析

对知名老字号在先商号权的保护，应以被异议商标的注册和使用容易导致相关公众产生混淆，致使商号权人利益可能受到损害为前提要件。审理中通常要综合考虑下列因素：(1)商号登记日期；(2)在先商号的独创性；(3)在先商号的知名度；(4)商号相同或者高度近似；(5)被异议商标指定使用商品与在先商号权人提供的商品相同或者类似。本案中，被异议人针对上述第4条答辩认为，第30类已有他人的"莲香"商标共存，未造成混淆，因此也不应判定被异议商标"莲香楼"损害异议人的在先商号权。虽然"莲香"和"莲香楼"商标仅有表示场所的一个"楼"字之差，在商标审查环节通常被判定为近似商标，但在本案主张商号权的审理中却差异迥然。异议人长期宣传和使用并藉以知名且已形成对应关系的是"莲香楼"标识，被异议商标与此文字完全相同，因此容易造成消费者对商品的来源产生误认；反之，"莲香"商标在第30类因独创性不高且与异议人商号有一定差别，不容易使相关公众将该标识与异议人的商号产生联想。因此，个案虽因商号的独创性不同而表现出差异，但商号权成立则对双方标识的近似度有较高要求。关于第5条，双方提供的商品应属于相同或类似商品，但类似商品的判断不应局限于商标审查的标准，而要基于商品的关联度和混淆的可能性而适度放宽。主张商号权的国内老字号企业在其主营商品上未在先注册商标的情况是非常少见的，因此，在《商标法》第30条的保护之外，商号权可能赋予异议人一个延伸的保护。在异议人知名度证据较好的情况下，双方商品是否具有密切关联性的判断将直接影响案件认定的结论。实际上越来越多的老字号因创新发展和多元化经营的实际需要推出全新商品，消费者已惯于接受。商号权的保护不应过于拘泥于类似商品或服务，可适当扩大边界，同时主观恶意性以及商号的独创性、知名度等都是考量的要素。

老字号作为企业信誉的载体，蕴含了巨大的商业价值。案件审理中要真正做到保护当事人的合法在先权利，规制恶意攀附商誉、"搭便车"的行为，也不应保护过度。在案件审理实践中，要具体分析，综合考量，才能准确把握不同个案的弹性和尺度，作出公正、合理的裁决。

（国家工商行政管理总局商标局　陆　波）

案例6　第12347417号"PAULA CADEMARTORI"商标异议案

一、基本案情

匹·威·卡德马托里公司（以下简称异议人）对汕头市法华贸易有限公司（以下简称被异议人）经初步审定并刊登在第1459期《商标公告》中的第12347417号"PAULA CADEMARTORI"商标提出异议，国家工商总局商标局依据《商标法》有关规定予以受理。被异议人未在规定期限内作出答辩。

异议人的异议理由为：被异议商标与异议人在先注册的第12338187号"PAULA CADEMARTORI"商标构成类似商品上的近似商标。同时，异议人商标经长期使用已在中国取得极高知名度，达到驰名状态，被异议商标与之相同，其使用易误导消费者并损害异议人利益。另外，被异议商标侵犯了设计师Paula Cademartori女士的姓名权。依据《商标法》第30条、第32条、第13条等有关规定,应对被异议商标不予核准注册。

被异议人未在法律规定期限内答辩。

根据当事人陈述的理由和事实,国家工商总局商标局认为:被异议商标“PAULA CADEMARTORI”指定使用商品为第18类“家具用皮装饰、伞、手杖”等。异议人引证在先注册的第12338187号“PAULA CADEMARTORI”商标核定使用商品为第18类“旅行包”等。异议人在本案中提交的相关证据可以证明,Paula Cademartori女士是箱包及配饰领域的设计师,亦是异议人的创始人及独立股东,其委托异议人在本案中提出姓名权保护,异议人主体资格适格。被异议商标英文构成“PAULA CADEMARTORI”既与Paula Cademartori女士的姓名完全相同,其英文也与异议人在第18类“半加工或未加工皮革、旅行包”等商品上在先注册的商标高度近似。在被异议商标申请日前,异议人“PAULA CADEMARTORI”产品就销售到世界许多国家包括中国,并经过广泛宣传和使用为中国相关消费者知晓,Paula Cademartori女士作为相关产品设计师也通过接受媒体采访、报道等为中国相关公众知晓。被异议商标指定使用商品所属行业与Paula Cademartori女士从事设计的行业及异议人引证商标核定使用商品所属行业有一定关联,被异议人未经姓名权人的许可或授权,擅自以自己的名义将与Paula Cademartori女士姓名构成相同的英文在指定商品上申请注册,侵犯了Paula Cademartori女士的在先姓名权。违反了《商标法》第32条的相关规定。依据《商标法》第32条、第35条的规定,国家工商总局商标局决定:第12347417号“PAULA CADEMARTORI”商标不予注册。

二、案例评析

本案的焦点问题是:被异议商标的注册是否构成《商标法》第32条所指的损害他人现有的在先权利的情形。

(1)关于保护在先姓名权的相关规定。《商标法》第32条规定,申请商标注册不得损害他人现有的在先权利,也不得以不正当手段抢先注册他人已经使用并有一定影响力的商标。

《商标审查及审理标准》下篇第四部分2.4规定,未经许可,将他人的姓名申请注册商标,给他人姓名权可能造成损害的,系争商标应该不予核准注册或予以无效宣告。

《最高人民法院关于审理商标授权确权行政案件若干问题的规定》第20条第1款规定,当事人主张诉争商标损害其姓名权,如果相关公众认为该商标标志指代了该自然人,容易认为标记有该商标的商品系经过该自然人许可或者与该自然人存在特定联系的,人民法院应当认定该商标损害了该自然人的姓名权。

根据《民法总则》的规定,姓名权属于人格权,是一项法定权利。实践中,在后申请注册的商标损害在先姓名权的常见情形是未经姓名权人的许可,将他人的姓名,特别是知名人物的姓名申请注册为商标。

(2)判断侵犯他人在先姓名权的适用要件。认定系争商标是否损害他人姓名权,应当以相关公众容易将系争商标在其指定使用的商品上指向姓名权人或者与姓名权人建立对应联系为前提,既包括系争商标与他人姓名完全相同,也包括虽然系争商标与他人姓名在文字构成上有所不同,但反映了他的主要姓名特征,在相关公众的认知中指向该姓名权人。适用要件包括:①在相关公众的认知中,系争商标文字指向该姓名权人,且系争商标文字与在先权利人的姓名差别甚微;②系争商标的注册给他人姓名权可能造成损害。他人的姓名包括本名、笔名、艺名、别名等。未经许可使用公众人物的姓名申请注册商标的,或者明知为他人的姓名,却基于损害他人利益的目的申请注册商标的，应当认定为对他人姓名权的损害。

(3)本案对被异议商标侵犯他人在先姓名权的认定。①主体的适格。通常情况下，应当由自然人本人主张其姓名权（该自然人一般指提出异议、不予注册复审或者无效宣告申请时在世的自然人），在提交了特别授权文件并明确授权范围的情况下，可由被授权人作为利害关系人主张该自然人的姓名权。本案中异议人提交的 Paula Cademartori 女士的护照复印件及其出具的授权书公证认证件以及翻译、异议人公司主体资格证明公证认证件及其翻译等证据可以证明 Paula Cademartori 女士已授权异议人代其提出关于侵犯其姓名权的商标异议申请，异议人主体适格。②在先权利人的姓名已在相关领域在先具有一定知名度。异议人在本案中提交的异议人及其创始人 Paula Cademartori 女士的相关介绍及中文翻译、异议人“PAULA CADEMARTORI”品牌介绍及其与中国公司签署的购销合同及发票复印件、异议人在知名媒体上的宣传和报道、异议人引证商标的知名度、Paula Cademartori 女士的授权书、异议人主体资格证明、异议人在全球的专卖店及销售情况以及媒体对设计师 Paula Cademartori 女士的采访报道等相关证据表明，异议人是一家专门生产和经营箱包配饰的企业，由知名巴西裔意大利女设计师 Paula Cademartori 于 2011 年创立。Paula Cademartori 于 2005 年在巴西获得工业设计学位，随后在意大利米兰获得配饰设计硕士学位，并成功取得“青年时尚经理人”证书。2009 年，Paula Cademartori 作为配饰设计与范思哲品牌合作，随后被意大利时尚人才项目认定为意大利 140 名最具潜力的设计师之一。2011 年，随着春夏配饰在巴黎的展出，Paula Cademartori 创立的异议人公司及 PAULA CADEMARTORI 品牌出现在世人面前。当前异议人 PAULA CADEMARTORI 品牌在全球拥有 160 多家专卖店，并迅速在箱包配饰领域取得极高的知名度。其中欧洲 120 余家，东欧 10 余家，亚太地区 15 家，美洲地区 15 家，此外还有大量网络店铺。商标地域性这一特点在商品和服务全球化的新经济时代，呈现出弱化的趋势。跨境电商、国外代购、海淘等互联网相关商业模式的兴起，一定程度上扩大了商标使用的地域范围影响，国外品牌也为中国消费者知晓而具有一定知名度。

另外，Paula Cademartori 女士授权异议人已在中国境内于第 25 类、第 18 类等商品上及第 35 类服务项目上在先注册和使用了“PAULA CADEMARTORI”商标，也可以证明“PAULA CADEMARTORI”在我国的知名度或影响力情况。

(4)指定商品的关联性。姓名权作为一种影响在后商标注册的在先权利并非在所有类别商品上必然地受到保护。根据我国商标法律的相关规定及是否引起消费者混淆误认的判断标准，被异议商标指定使用商品要与在先姓名权权利人所知名的行业相关，且易导致相关公众误认为标示有其姓名文字的商标标志系经权利人的授权或与权利人具有特定的关联。本案被异议商标指定使用商品与 Paula Cademartori 女士所知名的领域同属消费者日常消费或时尚用品，具有一定的关联性。

综上，经过广泛的宣传和使用，Paula Cademartori 女士的名字已在相关领域具有一定知名度，相关公众容易认为与其姓名相同的商标标志指代了该自然人。

(5)被异议商标侵犯他人在先姓名权的认定。被异议商标由多个英文字母“PAULA CADEMARTORI”构成，与 Paula Cademartori 女士姓名的英文拼写相同，此种一致性巧合的可能性较少，难谓正当。且被异议人未在本案中对被异议商标的独创性作出合理解释。其次被异议商标指定使用在第 18 类的“家具用皮装饰、伞、手杖”等商品上。与异议人在第 18 类上在先注册的第

12338187 号“PAULA CADEMARTORI”商标核定使用商品及 Paula Cademartori 女士所知名的箱包、时尚用品等相关行业具有一定的关联性。被异议商标如予注册使用在其指定商品上，易导致相关消费者认为其经过 Paula Cademartori 女士的授权或与其具有特定关联，进而对商品来源产生混淆误认，亦可能对 Paula Cademartori 女士合法在先的权利造成损害，其注册使用构成对他人在先姓名权的损害。

（国家工商行政管理总局商标局
程丽元）

案例 7　第 15805578 号图形商标异议案

商标权与著作权是两种不同的知识产权，具有不同的构成要件和保护方式。但在实践中，商标权与著作权有时会承载于同一客体之上，权利的交织、边界的不确定性及使用形式的多样，导致二者权利的冲突。对于二者的冲突，基本的解决办法是“权利在先”原则。《商标法》第 32 条规定：“申请商标注册不得损害他人现有的在先权利，也不得以不正当手段抢先注册他人已经使用并有一定影响力的商标。”其中，“在先权利”是指除商标权之外的其他在先合法权利，其中包括著作权。对于未经著作权人的许可，将他人享有著作权的作品申请注册商标，应认定为对他人在先著作权的损害，该商标应当不予核准注册或者予以宣告无效。主要考量因素有：主张的客体是否构成作品，在先著作权权属情况，是否构成实质性相似等。将他人完整的作品拆分后分别申请商标构成对在先著作权的侵犯。

一、基本案情

谷歌公司（以下简称异议人）主张：第 15805578 号图形商标（以下简称被异议商标）与异议人享有在先著作权的美术作品构成实质性相似，侵犯了异议人的在先著作权，同时与异议人在先申请注册的图形商标构成相同类似商品上的近似商标。异议理由为：

第一，异议人的“”图形商标/标志具有较高的独创性，是受中国《著作权法》保护的美术作品。异议人对该作品享有在先著作权。

第二，在被异议商标申请日前，异议人图形商标/标志在包括中国在内的全球范围内享有极高的知名度，并与异议人之间建立了直接且唯一的对应联系。

第三，深圳众点移动互联（以下简称被异议人）与其关联公司在相同的商品上分别将异议人机器人作品中的主体卡通形象的头部“”与躯干部分“”拆分并进行简单重复罗列后分别申请注册商标，违反了《商标法》第 32 条有关“不得损害他人现有的在先权利”的规定。

第四，被异议商标的申请注册侵犯了异议人在先商标权，违反了《商标法》第 30 条的规定。

第五，被异议商标显然属于对异议人商标/标志的摹仿和抄袭。被异议商标的申请注册，不仅损害了异议人的合法权益，同时也违反了诚实信用原则，有悖于诚实守信、合法经营的商业道德和市场经济秩序，易产生不良社会影响以及损害商标管理秩序。

异议人请求根据《民法通则》第 4 条，《商标法》第 7 条、第 10 条第 1 款第（8）项、第 30 条、第 32 条、第 44 条关于不正当手段抢注的规定等，认定被异议商标应不予核准注册。

异议人在本案中提交以下主要证据：尼尔森统计数据，《华尔街时报》《商业周刊》《财富》杂志等排名的中文及摘译，《中国工商报》等报道，各主要搜索引擎的检索结果的复印件或打印件，以及异议人机器人卡通作品在美国版权局进行的版权登记相关证明的公证件、认证件。

国家工商总局商标局在审理中认定，被异议商标指定使用在第 9 类“计算机、计算机程序（可下载软件）”等商品上。异议人引证在先注册的第 10216498 号图形商标，核定使用商品为第 9 类“移动电话、智能电话”等。异议人在本案中提交的证据可以证明，异议人对其机器人图形美术作品享有在先著作权，且在被异议商标申请日前，异议人已将该标志在中国广泛用于安卓（Android）开源系统，并在相关公众中具有一定知名度。被异议商标由两个卡通人物的头部及外部包围开口向下的半圆线条构成，同时，被异议人的关联公司广东天宇信息科技公司（双方公司的法定代表人为同一自然人）在与被异议商标指定使用相同的商品上申请了第 15807280 号图形商标，该商标图形由两个卡通人物的躯干部分及外部包围开口向上的半圆线条组合而成，该商标图形与被异议商标组合在一起形成完整的两个卡通人物及外部包围圆形线条的图案，该图案显著部分的卡通人物造型，与异议人美术作品及引证商标图形在设计风格、构成要素、整体视觉效果上无明显差异，构成实质性相似，被异议商标与异议人引证商标如予并存使用在“计算机软件（已录制）、计算机、计算机程序（可下载软件）、计算机游戏软件、传真机、智能手机、手机带、电池”类似商品上，易导致相关消费者误认为被异议人系经异议人授权或与异议人存在某种特定关联，进而对商品来源产生混淆、误认，双方商标构成使用在类似商品上的近似商标。被异议人未在本案中提交其被异议商标图形的独创性的合理解释及原始创作的相关证据，亦未对异议人主张的事实和证据提出相反意见。被异议人与其关联公司采取将与异议人在先享有著作权的卡通机器人美术作品及异议人注册并使用在先且已在相关公众中具有一定知名度的商标拆分成两部分并进行简单叠加罗列后分别申请商标注册，以期达到规避法律及审查的目的。此种行为破坏了异议人作品的完整性，侵犯了异议人在先著作权。被异议人违反诚实信用原则，以不正当手段复制、摹仿他人在先商标以及他人在先享有著作权的作品，不仅易造成相关消费者的混淆、误认，亦扰乱了正常的商标注册秩序。

综上，依据《商标法》第 30 条、第 32 条的规定，决定对第 15805578 号图形商标不予注册。

二、案例评析

（一）关于构成同一种或类似商品上的近似商标的认定

（1）双方商标部分指定使用商品类似。本案中，被异议商标指定使用的“计算机软件（已录制）、计算机、计算机程序（可下载软件）、计算机游戏软件、传真机、智能手机、手机带、电池”商品与异议人引证商标核定使用商品的功能、用途、生产部门、消费群体等方面相似，属于类似商品。

（2）双方商标指定使用在类似商品上，构成使用在类似商品上的近似商标。本案被异议人及其关联公司将异议人在先注册并使用的商标拆分后作为商标的显著部分申请注册，属于恶意摹仿、抄袭他人在先商标，易导致相关消费者混淆、误认，双方商标构成使用在类似商品上的近似商标。

（二）关于侵犯异议人在先著作权的认定

《最高人民法院关于审理商标授权确权行政案件若干问题的规定》第 19 条规定：“当事人主张诉争商标损害其在先著作权的，人民法院应当依照著作权法等相关规定，对所主张的客体是否构成作品、当事人是否为著作权人或者其他有权主张著作权的利害关系人以及诉争商标是否构成对著作权的侵害等进行审查。商标标志构成受著作权法保护作品的，当事人提供的涉及商标标志的设计底稿、原件、取得权利的合同、诉争商标申请日之前的著作权登记证书等，均可以作为著作权归属的初步证据。”

认定被异议商标损害他人在先著作权，应具备以下要件。

（1）主张的客体具有独创性，符合作品的构成要件。对于作品的认定，根据我国《著作权法实施条例》第 2 条的相关规定，著作权法所保护的作品，是指文学、艺术和科学领域内具有独创性并能以某种有形形式复制的智力成果。作品所要求的独创性，应当体现作者自己的选择、取舍、安排、设计。本案中，异议人主张其享有在先著作权的“”卡通机器人造型体现了作者独立的选择和取舍，整体上呈现出一定的审美意义，具有一定独创性，构成著作权法意义上的美术作品。

（2）该作品的著作权归属于权利主张人。本案中异议人提交了其于 2011 年 10 月 5 日（此日期早于被异议商标的申请日）在美国版权局登记的“”图形作品的著作权证明的公证认证件，可以作为异议人享有“”图形作品的在先著作权的初步证据，且被异议人未在本案中对异议人的主张和证据提出相反意见，亦未对被异议商标图形的独创性作出合理解释。美国与中国均为《保护文学和艺术作品伯尔尼公约》的成员国，异议人在美国登记享有著作权的作品在中国应当受到保护。

（3）作品完成早于被异议商标申请日。异议人提供的证据可以表明其早在 2007 年于美国公开发表了平面美术作品“ANDROID 机器人图形”并于 2011 年 10 月在美国版权局登记，其作品公开发表时间与著作权登记时间均早于被异议商标申请日。

（4）被异议人有接触作品的可能性。“ANDROID 机器人图形”标志是异议人为推广其用于手机等便携设备的 Android 开源操作系统而设计的标志，在中国及世界许多国家或地区都享有一定数量的用户及知名度，被异议人具有接触该作品的可能性。

（5）被异议商标图形与享有著作权的作品构成实质性相似。被异议人及其关联公司将异议人享有著作权的“ANDROID 机器人图形”标志作品拆分后将其卡通形象进行简单的重复后申请商标“”（被异议商标）、“”（被异议人关联公司申请的商标），双方图形在设计风格、整体视觉效果上无明显差异，无论分开使用或者整合在一起形成完整的卡通机器人图形“”使用，均与异议人在先作品构成实质性相似。

结合本案异议人的主张及举证，被异议商标仅仅将他人作品拆分后，将显著部分要素进行简单重复后分别申请商标，破坏了异议人作品的完整性，仍构成对异议人在先著作权的侵害。

商标法保护合法的在先权利，著作权作为一种在先权利要坚持实质性相似和接触的原则。本案与常规的侵犯他人在先著作权的案件有所区别，并不是简单地复制和模仿他人的在先作品，而是将他人作品拆分并重复罗列后申请商标注册，具有较强的隐蔽性及干扰性。但由于具有独创性的作品的著作权人对作品主体的部分内容仍然享有著作权，且保护作品的完整性是著作权人的一项重要权利，被异议商标的申请注册既构成与他人在先享有著作权的作品的实质性相似，亦破坏了在先作品的完整性，侵犯了异议人在先著作权。且本案中，被异议人将异议人的作品拆分并进行简单重复罗列后分别注册商标，以期达到能侥幸逃避审查的目的。这种行为不仅在主观上具有摹仿、抄袭他人的智力成果，攀附他人商誉的故意，客观上侵害了在先权利人的合法利益，也影响了正常的商标注册秩序，违反了诚实信用原则。

（国家工商行政管理总局商标局　程丽元）

案例 8 第 12047481 号“MOMTAZ POWER 及图”商标异议案

《商标法》第 32 条规定，申请注册商标不得影响他人现有的在先权利，也不得以不正当手段抢先注册他人已经使用并有一定影响的商标。2013 年《商标法》继续沿用了 2001 年《商标法》的立法体例。本条是关于保护在先权利和禁止恶意抢注的规定。本条款的立法目的主要有两点：一是避免权利冲突，保护在先合法权利人的合法权利；二是避免混淆，保护相关公众的利益。商标的基本功能在于区分商品或者服务来源，如果在后申请注册的商标与他人享有在先权利的商号、作品、姓名、外观设计等相同或者近似，就可能导致相关公众对商品或者服务来源产生混淆或误认为两者之间存在特定关系，从而损害相关公众的利益。

该条款中的“在先权利”包含著作权。在异议案件中，异议人常以在先著作权作为异议理由来对抗申请注册的商标。在先著作权的认定是适用本法条解决著作权与商标权发生冲突问题的关键。

一、基本案情

(一)异议人主张

异议人的主要理由：(1)“公牛”图形作品是异议人独享并享有著作权的作品，该作品作为商标由异议人在包括中国在内的众多国家和地区长期、广泛和大量使用和宣传，获得了很高的知名度和声誉，已经成为异议人的象征。(2)被异议商标由文字和图形两个显著识别部分组成，其中的“公牛”图形与异议人拥有著作权的公牛标志完全相同。(3)被异议人抄袭异议人独创并享有著作权的“公牛”图形作品进行商标注册，侵犯并损害了异议人的在先著作权，被异议商标的注册申请依法应当予以驳回。

被异议商标

(二)被异议人主张

被异议人未在规定期限内作出答辩。

(三)国家工商总局商标局审理与裁定

被异议商标的基本情况：被异议商标“MOMTAZ POWER 及图”由被异议人于 2013 年 1 月 15 日在第 7 类“农业机械；割草机和收割机；排水机；喷雾器(机器)；除草机；播种机(机器)；内燃机(不包括汽车、拖拉机、谷物联合收割机、摩托车、油锯、蒸汽机车的发动机)；发电机；非陆地车辆用传动马达；泵(机器、引擎或马达部件)”商品上申请注册。

根据当事人陈述的理由及事实，经审查，国家工商总局商标局认为，被异议商标“MOMTAZ POWER 及图”指定使用于第 7 类“农业机械；割草机和收割机；排水机；喷雾器(机器)”等商品上，异议人引证在先经国际注册并领土延伸至中国受保护的第 679758 号“AUTOMOBILI LAMBORGHINI 及图”商标核定使用于第 18 类“手杖；鞭和马具手杖”等商品上。异议人引证商标“牛和盾牌”图形部分在设计上具有一定独创性，可视为受我国《著作权法》保护的美术作品。本案中，异议人提供了其注册商标信息、广告宣传、图形创作者的宣誓书等证据材料，上述证据可以证明该异议人对其引证商标图形部分享有著作权，且该标识通过异议人的在先公开使用已为相关公众所知晓。被异议商标图形部分与异议人享有著作权的“牛和盾牌”图形美术作品的主体特征、表现手法及视觉效果基本相同，已构成实质性近似，因此被异议人申请注册被异议商标已构成对异议人在先著作权的损害。

依据《商标法》第32条、第35条规定，国家工商总局商标局决定，第12047481号“MOMTAZ POWER及图”商标不予注册。

二、案例评析

实践中损害在先著作权的类型主要有：将他人的美术、建筑、摄影等作品申请注册为图形商标或者三维标志商标；将他人的书法作品申请为文字商标；2013年《商标法》增加了声音商标，以后还可能有将他人的音乐作品等申请注册为声音商标的情形出现。

被异议商标的注册申请是否损害他人在先著作权有如下方面考虑因素。

（一）异议人请求保护的对象是否构成作品

著作权也称版权，是指作者及其他权利人对文学、艺术和科学作品享有的人身权和财产权的总称。“作品”是指受到《著作权法》保护的客体。请求保护的对象构成作品是主张著作权对抗商标权的权利基础。《著作权法实施条例》第2条规定，著作权法所称作品，是指文学、艺术和科学领域内具有独创性并能以某种有形形式复制的智力成果。第4条第8款规定，美术作品是指绘画、书法、雕塑等以线条、色彩或者其他方式构成的有审美意义的平面或者立体的造型艺术作品。最高人民法院在具体案件中明确，著作权法保护的是具有独创性的作品，必须同时符合“独立创作”和“具有最低限度创造性”两个方面的条件才能成为著作权法意义上的作品。与商标权利相比，著作权的保护范围不限于使用商品或服务的范围。因此，经审查当事人的作品系在先著作权并可以适用《商标法》第32条保护时，无论被异议商标申请注册在何种商品或服务上，均应当不予核准注册或者予以撤销。

值得注意的是，著作权自作品创作完成之日起产生，在我国实行自愿登记原则。我国于1992年加入了《伯尔尼公约》和《世界版权公约》，因此，在缔约国内首次发表的一切文学艺术作品也在我国受到保护，不以我国的著作权登记为保护的必要前提。

在本案中，异议人引证的“AUTOMOBILI LAMBORGHINI及图”商标中，作品为“牛和盾牌”图形，造型独特，特点鲜明，具有较高的独创性和创造性，因此可以作为法律意义上的作品进行著作权保护。

（二）异议人是否享有在先著作权

在先享有著作权是指，在被异议商标申请注册日前，他人已经通过创作完成作品或者以继承、转让等方式取得著作权。在先享有著作权的事实可以下列证据材料加以证明：著作权登记证书，在先公开发表该作品的证据材料，在先创作完成该作品的证据材料，在先通过继承、转让等方式取得著作权的证据材料等。对生效裁判文书中确认的当事人在先享有著作权的事实，在没有充分相反证据的情况下，可以予以认可。《最高人民法院关于审理著作权民事纠纷案件适用法律若干问题的解释》第7条规定，当事人提供的涉及著作权的底稿、原件、合法出版物、著作权登记证书、认证机构出具的证明、取得权利的合同等，可以作为证据。在作品或者制品上署名的自然人、法人或者其他组织视为著作权人、与著作权有关权益的权利人，但有相反证明的除外。

值得注意的是，对于作品的权属证明，商标注册证仅表示商标权的归属，不属于《著作权法》意义上表明作者身份的署名行为，其权属情况需要其他相关证据材料共同证明。

在本案中，异议人提供了创作者META-DESIGN作出的经过公证认证的宣誓书复印件。另外，该异议人还在被异议商标申请日前对该作品作为商标在多个类别上申请注册和使用。

（三）被异议商标是否损害了该在先著作权

在异议人请求保护的对象构成著作权法中的作品且权属明确的情况下，一般采用“实质性相似＋接触”的标准来判定被异议商标是否损害了该在先著作权。实质性相似的程度一般采用整体判断原则。

被异议商标由文字和图形两个显著识别部分组成，图形部分为公牛，异议人“牛和盾牌”作品的主体部分为“牛”图形，两者相比较，可以看出不论从整体还是细节方面都非常近似，特别是耳朵、牛角、腿部姿势及尾巴的刻画也都完全一致。被异议商标图形部分与他人享有在先著作权的作品已构成实质性近似。

异议人在本案中提供了其在中国大陆地区的销售和宣传资料复印件、从 2004 年至 2010 年 6 月在中国的部分活动情况列表，以及从国家图书馆检索的关于异议人 2002 年至 2010 年 6 月的检索报告和文章。以上证据材料可以综合证明异议人经长期宣传和使用，其在中国大陆地区具有较高的知名度和影响力，可以推定被异议商标申请人接触过或者有可能接触到该作品。

被异议商标图形与异议人享有在先著作权的作品已构成实质性近似，被异议人有可能接触到该作品，且无相反证据证明被异议商标是独立创作完成的，在未经著作权人许可的情况下，被异议人将他人享有著作权的作品申请注册商标，应认定为对他人在先著作权的侵犯。

（国家工商行政管理总局商标局 宋玲玲）

国家工商行政管理总局反垄断与反不正当竞争执法局案例

案例 1 L 公司侵犯商业秘密案

一、基本案情

2016 年 12 月 23 日，德阳市工商局接到权利人德阳旌卫环保工程有限公司投诉，称四川 L 公司以不正当手段从权利人职工蒋某处获取权利人产品的技术图纸及客户信息，其行为涉嫌侵犯权利人的商业秘密。德阳市工商局对 L 公司涉嫌侵犯商业秘密的行为立案调查。

经查明，权利人于 2003 年 1 月 6 日成立，主要从事城市大中型生活垃圾压缩转运站、乡镇小型垃圾压缩转运站和其他环卫设备的研发、设计、生产，其主要产品有智能坑卧环保型垃圾压缩转运站、移动垂压多工位垃圾压缩转运站、四柱立式垃圾压缩转运站等产品，为权利人带来巨大的经济效益。权利人为上述产品的设计、研发付出了大量人力、物力和财力成本，对其技术信息及经营信息采取了保密措施：将有关技术图纸、与客户签订的合同、招投标项目标书等资料存放于专门的资料室，安排专人保管并采用普通锁与密码锁的方式进行加密保护；权利人与相关人员签订了保密合同及竞业禁止协议，在保密合同中对涉及的具体商业秘密范围进行了约定，包括但不限于上述技术信息及经营信息；同时权利人制定的《销售管理制度》规定，“对于本公司各项销售计划、行销策略、产品开发等应严守商业秘密，不得泄露于他人”。该系列产品将集装箱与摆升机构完全置于地面下，具有建筑高度低，建站成本小，方便垃圾倾倒投放、清扫和避光降温，阻隔恶臭等特点，对周围环境影响较小，适用于城镇居民生活小区、厂矿、院校的生活垃圾及固体废弃物的收集、压缩减容和封闭运转，权利人的许多客户均使用了上述产品，具有实用性；上述技术信息及经营信息也无法从公开渠道获取。

L公司于2015年9月18日成立，主要从事环保设备安装，城市生活垃圾收集、清运管理，环卫设备、环保设备、污水处理设备、垃圾焚烧设备的研究、生产、销售等业务，其法定代表人陈某系权利人原职工，于2015年1月离职。2016年12月26日，执法人员对L公司经营场所进行检查时发现一张摆杆（双箱）压缩垃圾中转站的纸质技术图纸，图纸右下角标注有“德阳旌卫环保工程有限公司”字样；在L公司法定代表人电脑硬盘中发现有电子版的“三台县6.6方移动垂压垃圾压缩设备基础图AB_1_2_2759.bak”“青川县四柱9·6方立压设备及厂房基础（数据尺寸更改来源）.dwg”“立式压缩基础11.dwg”等技术图纸，该图纸右下角显示的审定人为蒋诗贵，日期为2011年9月6日，上述纸质及电子版图纸系陈某从权利人处擅自带出。执法人员对L公司法定代表人陈某的QQ邮箱收件箱检查时发现，权利人职工蒋某2016年9月22日星期四晚上9:42通过其QQ邮箱向陈某的QQ邮箱发送了邮件，邮件附件名称为“8个，绵阳魏城立压2015.12.15..dwg…”，内容有“立压原理图.dwg”“立式压缩垃圾站原理图2012.02.25.dwg”等技术图纸，打开附件中的一份“6－8方移动垂压式垃圾压缩站通用设备基础图集”，该图纸右下角显示的审定人为权利人法定代表人蒋诗贵，日期为2014年5月2日。2016年4月22日，在贵州省九龙洞风景名胜区管理处地埋式生活垃圾压缩转运站采购及安装招标项目投标时，L公司通过蒋某获取了权利人参与该项目投标的28.95万元标底，使L公司以低于权利人500元的价格，即28.9万元中标该项目；2015年9月，权利人职工蒋某将权利人采取了保密措施的客户绵阳外国语学校的相关信息披露给L公司，并将该客户所购设备的维修业务擅自转交给L公司，由L公司为其设备进行了6次维修，收取4680元维修费。在此期间，L公司向权利人职工蒋某发放了23万元的工资等款项。经查，上述技术图纸、标书标底及客户信息均属权利人的商业秘密，L公司取得并使用权利人上述商业秘密均系通过权利人职工泄密的不正当手段获取。

二、法律适用

办案机关认为，根据《关于禁止侵犯商业秘密行为的若干规定》第3条第5款和《反不正当竞争法》第10条第3款的规定，权利人垃圾压缩站的技术信息及经营信息属于权利人的商业秘密。L公司以不正当手段从权利人职工蒋某处获取权利人产品的技术图纸及客户信息的行为，违反了《反不正当竞争法》第10条第1款第(1)项的规定，构成侵犯商业秘密的违法行为。依据《反不正当竞争法》第25条和《关于禁止侵犯商业秘密行为的若干规定》第7条第2款第(1)项的规定，办案机关决定责令L公司停止违法行为，将载有权利人商业秘密的图纸及客户信息等资料返还权利人，并决定对L公司的违法行为作出罚款15万元的行政处罚。

三、案件分析

（一）本案的关键是权利人的技术信息及经营信息是否属于商业秘密

本案所涉及的内容既有技术信息又有经营信息，都是权利人倾注多年心血、付出大量人力物力成本而形成，在城镇、厂矿及校园垃圾处理方面具有实用性，能够为权利人带来巨大经济效益，具有实用性。权利人自行研发、设计、生产的智能坑卧环保型垃圾压缩转运站、移动垂压多工位垃圾压缩转运站、四柱立式垃圾压缩转运站等产品的技术图纸和参数属于技术信息，权利人的客户信息、投标标底等属于经营信息，均不能从公开渠道获取，不为公众所知悉，能为权利人带来经济利益及竞争优势，且权利人为此采取了安排专人加密保管，同相关员工签订保密合同、竞业禁止协议等保密措施。符合《反不正当竞争法》第10条关于商业秘密的定义，应认定为商业秘密。

(二)L公司的行为是否构成侵犯商业秘密的违法行为

侵犯商业秘密的行为从逻辑上可以概括为三类：一是来源不正当的行为，二是来源正当但使用等不正当的行为，三是明知不正当获得仍作为的行为。客观方面，判断L公司的行为是否构成侵犯商业秘密的一个必要条件是，其是否采用了不正当手段获取权利人的技术信息和经营信息。L公司作为同行业经营者，其法定代表人陈某明知权利人的上述信息能够带来较大的经济效益，权利人采取了保密措施，通过公开渠道无法获得，在此情况下，未经权利人同意通过不正当手段获取权利人垃圾压缩站的技术图纸，并在权利人不知情的情况下，通过权利人职工蒋某获取权利人的产品技术图纸、标书标底及客户信息，得以中标贵州九龙洞风景区垃圾压缩站项目，取得绵阳外国语学校垃圾压缩站维修业务。其间L公司向权利人职工蒋某发放了23万元的工资等款项。L公司的上述行为属于以利诱的方式不正当获取权利人的商业秘密，构成《反不正当竞争法》第10条第1款第(1)项规定的行为。

案例2 N公司仿冒知名商品特有的包装、装潢案

一、基本案情

深圳市景田食品饮料有限公司(以下简称景田公司)投诉称，莆田市N公司涉嫌销售与其公司知名商品“百岁山”矿泉水包装相近似的“景田万岁山”饮用天然矿泉水，并提供了“百岁山”商标注册证、中国驰名商标证明文件、广东省著名商标证书、饮料瓶外观设计专利证书、“中国饮料工业天然矿泉水十强”证书、广告费专项审计报告等文书材料。2016年6月17日，执法人员依法对N公司经营场所进行检查，认为景田公司投诉的情况基本属实，于2016年6月22日立案调查。

经办案机关查明，投诉方景田公司成立于1992年12月8日，为一家专业生产销售瓶装、桶装饮用水的大型企业，其注册在第32类矿泉水商品上的“景田”“百岁山”注册商标于2014年12月29日被国家工商总局商标评审委员会认定为中国驰名商标。该公司于2011年6月被中国饮料工业协会授予“中国饮料工业天然矿泉水十强”荣誉，被广东省食品行业协会授予“广东省食品产业软饮料制作十强企业”荣誉，仅2015年广告投入达3.7亿元。公司法定代表人于2002年10月30日取得饮料瓶（40）外观设计专利，专利号为ZL02326020.3，根据该外观设计专利生产的“百岁山”矿泉水瓶，瓶盖为白色，瓶盖图案为类似山峰图形，瓶身为透明淡蓝色，瓶肩扁平与瓶身垂直，瓶身四周等距离分布四条大小相同的凹槽，自瓶肩垂直延伸至瓶身中部顺时针旋转45°垂直延伸至瓶底。

经比对，N公司生产的“景田万岁山”饮用天然矿泉水(568mL装)与景田公司生产的“百岁山”饮用天然矿泉水(570mL装)在瓶盖瓶身颜色、瓶盖大小、瓶高、瓶肩形状、瓶身直径、瓶身凹槽分布上完全相同，均为白色瓶盖，透明淡蓝色瓶身，瓶肩扁平与瓶身垂直，瓶肩四周等距离分布四条大小相同的凹槽。同时，两者使用的瓶贴形状、底色、文字排版高度近似，只存在商标中文字体及英文拼写的不同。此外“景田万岁山”产品自瓶身垂直延伸的四条凹槽至瓶身中部的心形间隔两两交叉与景田公司生产销售的产品外包装同一位置形状不同。综上，“景田万岁山”与景田公司生产销售的“百岁山”产品外包装高度近似，两

者仅在瓶身凹槽转连接存在细微差别。

二、法律适用

办案机关认为，N公司作为一家专门以批发饮料为主的副食品经营企业，其应当知晓景田公司“百岁山”饮用天然矿泉水的情况，N公司在下级经销商及商户对其销售的“景田万岁山” 饮用天然矿泉水外包装提出异议时，仍销售“景田万岁山”饮用天然矿泉水直至案发日。其行为违反了《福建省实施〈中华人民共和国反不正当竞争法〉办法》第5条第2款“经营者不得故意贩运、销售前款第(1)项规定的商品”的规定。

依据《福建省实施〈中华人民共和国反不正当竞争法〉办法》第22条第1款第(2)项的规定，在责令当事人停止违法行为的同时，没收违法所得70 378元，并处罚款126 680.4元。

三、案件分析

根据《反不正当竞争法》第5条的规定，商业主体混同行为主要有三种形式：假冒他人的注册商标；擅自使用知名商品特有的名称、包装、装潢，或者使用与知名商品近似的名称、包装、装潢，造成与他人的知名商品相混淆，使购买者误认为是该知名商品；擅自使用他人的企业名称或者姓名，引人误认为是他人的商品。本案是一起比较有典型意义的仿冒案件。

仿冒案件的认定主要涉及三个方面。一是被仿冒的商品是否是知名商品。本案中从办案机关取得的证据看，景田公司生产销售的“百岁山”饮用天然矿泉水生产、销售时间较早，销售区域广泛，景田公司针对上述商品投入了巨额的广告费用，并通过多种途径进行宣传，形成了极高的市场知名度，“百岁山”作为景田公司使用在矿泉水商品上的注册商标已于2014年12月29日被国家工商总局商标评审委员会认定为驰名商标。可以认定景田公司生产销售的“百岁山”饮用天然矿泉水属于《反不正当竞争法》第5条第(2)项规定的“知名商品”。

二是被仿冒的包装、装潢为该知名商品所特有。特有，是指商品名称、包装、装潢非为相关商品所通用，并具有显著的区别性特征。景田公司生产销售的“百岁山”产品外包装呈现出的瓶盖与瓶身颜色反差、瓶身形状(圆柱形)、瓶肩四周等距离分布的四条大小相同的凹槽及瓶身凹槽的旋转线条，不仅体现出“百岁山”饮用天然矿泉水自身独特的外包装，给一般公众以特别的视觉感受，而且瓶身凹槽旋转型线条设计更易于稳固手持。上述特点集合的产品外包装构成了“百岁山”知名商品的特有包装，且景田公司生产销售的“百岁山”外包装瓶体早在2002年就被授予外观设计专利，景田公司在取得该专利的独占许可之后，一直在上述商品上使用该包装至今，此瓶体包装与该公司生产销售的产品建立起了稳定联系，在普通消费者中形成了固有的产品外观印象，具有区别商品来源的显著特征。

三是仿冒行为引起一般公众的混淆，产生误认。“景田万岁山”矿泉水(568mL装)与景田公司生产销售的 “百岁山”矿泉水(570mL装)在功能、用途、销售渠道及消费对象上完全相同，属于相同商品。通过两者产品外包装的整体观察和比对，“景田万岁山”与景田公司生产销售的“百岁山”产品外包装高度近似，两者在瓶身凹槽旋转连接存在的细微差别，不足以区分“景田万岁山”与景田公司生产销售的产品。相反，“景田万岁山”外包装与景田公司生产销售的产品外包装的高度近似，足以使普通消费者对“景田万岁山”商品的来源产生混淆和误认。

另外还需要特别注意的是，在后使用的包装、装潢即使取得了外观设计专利，也不能作为对抗知名商品特有的包装、装潢的理由。这一点国家工商总局在《国家工商行政管理总局关于擅自将他人知名商品特有的包装、装潢作相同或者近似使用并取得外观设计专利的行为定性处理问题的答复》中，也有明确答复。

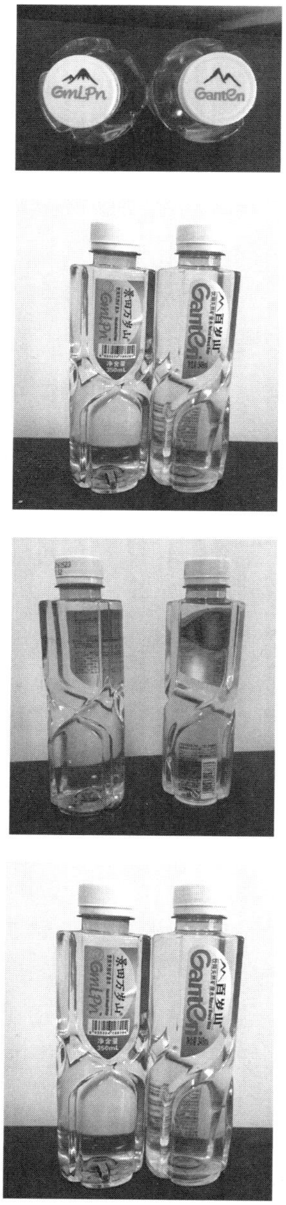

侵权人产品(左)与
权利人产品(右)对比图

案例3　S公司销售侵犯他人注册商标专用权商品案

一、基本案情

2016年11月14日，办案机关接到蒙娜丽莎集团股份有限公司举报，瑞华公司涉嫌侵犯"蒙娜丽莎"注册商标专用权，要求查处。经调查，瑞华公司不知所购买的商品为侵权商品，该商品来自佛山市S公司，S公司涉嫌侵犯他人注册商标专用权。经吉林省工商局批准，于2016年12月12日立案，对本案进行调查。

经查明，S公司于2016年10月20日在佛山市禅城区某陶瓷世界，经销售员黄某销售给瑞华公司"蒙娜丽莎"瓷砖一批，共7865箱，价值755 040元人民币。瑞华公司采购这批瓷砖，准备用于中国科学院长春应用化学研究所"稀土资源高值化利用及高性能复合材料综合研发保障平台"工程，办案机关执法人员于2016年12月12日，在中国科学院长春应用化学研究所工地，现场扣押该批瓷砖共7710箱(瑞华公司在运输、装卸、搬运过程中损坏155箱)，经"蒙娜丽莎"商标持有人蒙娜丽莎集团股份有限公司鉴定，该批瓷砖为侵犯"蒙娜丽莎"注册商品专用权商品。

二、法律适用

办案机关认为，S公司的上述行为，违反了《商标法》第57条的规定，构成侵犯注册商标专用权的行为。

依据《商标法》第60条第2款和《吉林省工商和市场监管系统行政处罚裁量规则(15.3)》的规定，鉴于S公司能主动改正违法行为，消除危害，主动退回货款和赔偿瑞华公司因此造成的损失共计1 850 241.2元，赔偿蒙娜丽莎集团股份有限公司20万元，并且能够积极配合执法部门调查处理，根据《行政处罚法》第27条的规定，予以从轻处罚，处侵权商品价值的1.5倍罚款。办案机关责令S公司立即停止侵权行为，没收侵权商品并罚款人民币1132 560元。

三、案件分析

本案看似一起简单的商标侵权案件，

实则包含很多实践中经常遇到的法律问题。办案机关在巧用法律规定处理侵权物品等方面的做法值得借鉴。

(一)对侵权商品的处理

执法机关在工地现场扣押的侵犯“蒙娜丽莎”注册商标的瓷砖,因其所有权已归瑞华公司所有,而该公司不知其所购买的商品为侵权商品,且能证明该商品是自己合法取得并说明提供者,根据《商标法》的规定,执法机关只能责令该公司停止销售侵权商品。为了防止侵权商品失控,也为后续对真正的侵权人S公司进行处理时没收侵权商品理顺关系,执法人员巧妙利用S公司主动退回货款,收回货物所有权的行为,重新依据《商标法》对该批侵权商品作出了扣押的强制措施,有理有据。

(二)管辖权问题

执法实践中一些执法人员对《行政处罚法》规定的“违法行为发生地”的理解有争议。《工商行政管理机关行政处罚程序规定》也未对违法行为发生地作进一步解释。本案中S公司在销售过程中特意规避将商品直接发到长春,采用将商品发到广州,其目的很明确,也是想规避长春方面对其的管辖。而全国人大法制工作委员会编写的有关《行政处罚法》的释义中,对违法行为发生地作了广义上的解释,规定“违法行为发生地包括行为着手地、经过地、实施地(发生地)和危害结果发生地。受处罚行为的核心要件是违法。违法行为发生地的行政机关都有管辖权,一般应由最先发现违法行为的行政机关管辖”。因此,工商机关在执法实践中也应从广义上理解违法行为发生地的含义,与违法行为有联结因素的工商机关原则上对违法行为都有管辖权。本案中,长春是侵权行为危害结果发生地,因此,长春市工商部门具有管辖权。

权利人产品

侵权人产品

权利人产品

侵权人产品

权利人产品与侵权人产品对比图

案例4　W公司擅自使用他人企业名称案

一、基本案情

2016年4月11日,阿拉尔塔北工商局执法人员在W公司检查时发现,该公司库房堆放有“地动源”牌复合微生物肥料160袋,执法人员查看“地动源”牌复合微生物肥料外包标识,发现该肥料外包装标示的生产厂名为临沂中磷生物科技有限公司,地址:山东省临沭县苍山路南首,与当事人厂名、厂址不符,涉嫌擅自使用他人的企业名称行为。2016 年 4 月 11 日，办案机关对当事人涉嫌擅自使用他人企业名称的违法行为予以立案。

经查明，W 公司于 2013 年 12 月 18 日在阿拉尔工商局注册登记，从事肥料的生产、加工、销售业务。2016 年 4 月 11 日，阿拉尔塔北工商局执法人员检查发现，W 公司库房堆放有“地动源”牌复合微生物肥料 160 袋，该肥料外包装标示有“复合微生物肥料，生物菌肥，国家星火计划承担单位，氮磷钾≥6%，有机质≥50%，有效活菌素(cfu)≥0.2 亿/g，执行标准：NY/T798—2004，微生物肥（2012）临字 1721 号，净含量：40kg，中国农业大学研制，临沂中磷生物科技有限公司，地址：山东临沭县苍山路南首，全国服务电话：800-860-7792”等内容，执法人员要求 W 公司提供该肥料进货票据、肥料登记证等相关材料，W 公司未能提供。

W 公司于 2016 年 2 月 21 日与临沂中磷生物科技有限公司签订委托加工协议，按照合同约定，临沂中磷生物科技有限公司提供包装袋，W 公司负责生产临沂中磷生物科技有限公司的“根福康”系列生物菌剂。但是，W 公司在经营中，未经临沂中磷生物科技有限公司同意，擅自添加委托加工协议的补充条款，擅自印制了外包装标示有“临沂中磷生物科技有限公司，地址：山东临沭县苍山路南首”字样的包装袋，在自己的公司生产了该肥料。执法人员通过临沂中磷生物科技有限公司委托鉴定，得知：临沂中磷生物科技有限公司只委托 W 公司生产“根福康”系列菌剂，没有委托生产“地动源”复合微生物肥料，W 公司生产并销售的“地动源”牌复合微生物肥料是冒用临沂中磷生物科技有限公司厂名、厂址的产品。

经调查，临沂中磷生物科技有限公司成立于 2008 年 4 月 9 日，从事生物肥料、生物有机复合肥料的生产、销售。W 公司成立于 2013 年 12 月 18 日，也从事有机肥、生物菌肥、复合肥的生产销售。“临沂中磷生物科技有限公司”在 2008 年就已被该公司在经营活动中广泛使用，经过多年在经营活动中使用和宣传，已享有一定的市场知名度，为相关公众所知悉。W 公司和临沂中磷生物科技有限公司是同行业的竞争者，在明知临沂中磷生物科技有限公司有较高知名度的情况下，仍擅自使用，引人误认为是他人的商品，有借他人之名为自己谋取不当利益的意图，主观恶意明显。W 公司冒用他人厂名、厂址，引人误认为是他人的商品，从事市场交易，损害竞争对手的行为属于不正当竞争行为。经营中，W 公司已向 2 名消费者销售该肥料，共销售该肥料 17 吨，销售价 2750 元/吨，赠送 2.5 吨，在车间存放 6.4 吨，成本价 2279.41 元/吨，该案涉案金额 67 036.75 元（2750 元/吨×17 吨＋2279.41 元/吨×8.9 吨），违法所得 8000 元（2750 元/吨×17 吨－2279.41 元/吨×17 吨）。

二、法律适用

办案机关认定，W 公司擅自使用他人的企业名称行为，违反了《反不正当竞争法》第 5 条第（3）项的规定，属于不正当竞争行为。办案机关依据《反不正当竞争法》第 21 条和《产品质量法》第 53 条的规定，责令 W 公司立即改正违法行为，没收违法所得 8000 元，没收肥料 6.4 吨，罚款 30 000 元。

三、案件分析

本案主要涉及对《反不正当竞争法》第 5 条第（3）项所指的企业名称的理解。特别需要执法人员注意的是对知名企业名称的保护范围的认定。

一是对企业字号的保护。企业名称是一个企业区别于其他企业或其他社会组织的标志，而这一标志又主要通过企业的字号来体现。字号对一个知名企业来讲不仅起到区别商品来源的作用，更具有一定的经济价值，与企业在某一领域的突出成就、良好信誉和优质产品或服务紧密联系。《最高人民法院关于审理不正当竞争民事案件应用法律若干问题的解释》第 6 条第 1 款明确规定，具有一定的市场知名度、为相关公众所知悉的企业名称中的字号，可以认定为《反不正当竞争法》第 5 条第(3)项规定的“企业名称”。

二是对企业简称的保护。《最高人民法院关于当前经济形势下知识产权审判服务大局若干问题的意见》第 10 条明确提出，对于具有一定市场知名度、为相关公众所熟知、已实际具有商号作用的企业名称中的字号、企业或者企业名称的简称，视为企业名称并给予制止不正当竞争的保护。

另外，正在修订后的《反不正当竞争法》有关仿冒的最新条款规定，除企业名称及其简称、字号外，他人的姓名、笔名、艺名、译名，社会组织的名称及其简称，他人的域名主体部分、网站名称、网页等均列入反不正当竞争法的保护范畴，禁止擅自使用。执法人员在查处仿冒案件的执法实践中应当认真思考立法本意，切实维护好权利人和消费者的合法权益，营造公平竞争的市场环境。

涉案产品

案例 5　亢某某等三名离职员工侵犯商业秘密案

一、基本案情

2016 年 6 月 12 日，浙江省义乌市工商局接到义乌市某汽车用品公司举报称，其在 2015 年底刚刚研发成功一款一伞两用汽车遮阳伞，本来准备在库存的老款一伞一用汽车遮阳伞清仓之后再推出新产品，但 2016 年 5 月中旬市场上已经出现与该公司新产品功能和设计十分相似的一伞两用汽车遮阳伞。后经该公司私下调查追踪，发现这批汽车遮阳伞出自该公司离职员工，分别为离职设计师亢某某和离职销售员刘某某、童某某合伙在义乌市经济开发区某厂房内生产销售。同时该公司向义乌市工商局提供了其生产的和涉案的一伞两用汽车遮阳伞样品，与涉案人员签订的劳动合同、员工保密协议，以及实现一伞两用功能的四个关键配件(顶座、插扣底座、勾座和手柄)的设计图纸。同日，义乌市工商局对亢某某、刘某某和童某某涉嫌侵犯商业秘密的行为进行立案调查。

经查明，某汽车用品公司是一家汽车遮阳伞生产厂家；当事人亢某某于 2013 年 10 月至 2016 年 4 月期间就职于该公司，从事机械设计工作；双方于 2013 年 11 月签订保密协议，约定当事人在职期间及离开公司 5 年内保守公司商业秘密。当事人刘某某于 2014 年 4 月至 2015 年 3 月期间就职于某汽车用品公司，从事销售工作。当事人童某某于 2014 年 6 月至 2015 年 5 月期间就职于某汽车用品公司，从事销售工作。当事人刘某某和童某某也与某汽车用品公司签订过保密协议。某汽车用品公司以前生产的是一伞一用汽车遮阳伞(只有汽车遮阳功能)，2015 年 12 月底，该公司自主研发成功一款一伞两用汽车遮阳伞(既有汽车遮阳功能，又有其他场合遮阳功能)，当事人亢某某参与并掌握实现了一伞两用功能的四个关键配件(顶座、插扣底座、勾座和手柄)的设计，新款其他配件可以沿用老款配件。某汽车用品公司对实现一伞两用功能的四个关键配件的设计采取了必要的保密措施(与员工、开模具者签订保密协议，及实行生产环节分人、分段管理等)。2016年3月,三名当事人合伙在义乌市经济开发区高新路开办汽车遮阳伞加工厂(尚未办理营业执照),并使用亢某某在某汽车用品公司掌握的实现一伞两用功能的四个关键配件的设计,生产销售一伞两用汽车遮阳伞。至查获时止,三名当事人使用某汽车用品公司商业秘密合伙生产销售一伞两用汽车遮阳伞违法经营额达200万元左右。

二、法律适用

办案机关认为,某汽车用品公司自行研发成功的实现一伞两用功能的四个关键配件(顶座、插扣底座、勾座和手柄)的设计符合《反不正当竞争法》第10条第3款的规定,属于商业秘密。当事人亢某某违反与汽车用品某公司有关保守商业秘密的约定,使用其在某汽车用品公司掌握的实现一伞两用功能的四个关键配件的设计,与当事人刘某某、童某某合伙生产销售一伞两用汽车遮阳伞的行为,违反了《反不正当竞争法》第10条第1款第(3)项的规定。当事人刘某某和童某某在明知违法的情况下,仍与当事人亢某某合伙使用其在某汽车用品公司掌握的实现一伞两用功能的四个关键配件的设计,生产销售一伞两用汽车遮阳伞的行为违反了《反不正当竞争法》第10条第2款的规定。根据《反不正当竞争法》第25条的规定,决定对亢某某、刘某某和童某某作出责令停止违法行为,各处罚款2万元的处罚。

三、案件分析

本案定性的关键有以下两点。

(1)对商业秘密的认定。判断经营者的技术信息和经营信息是否属于商业秘密,关键是看该信息是否具有秘密性、价值性、实用性、保密性四个属性。本案中权利人某汽车用品公司拥有的是实现一伞两用功能的四个关键配件(顶座、插扣底座、勾座和手柄)的设计,属于技术信息。权利人某汽车用品公司在原有一伞一用设计基础上进行升级改造,并研发了新产品,随时准备投放市场,该设计能够为权利人带来较大的经济效益,具备价值性和实用性;同时,权利人某汽车用品公司对该设计建立了严格的保密制度,采取订立保密协议和其他合理的措施,具备了商业秘密的保密性要件;该设计是权利人某汽车用品公司自主研发的,属不为公众所知悉的技术信息,具备了商业秘密的秘密性要件。综上所述,权利人某汽车用品公司拥有的设计具备了商业秘密的价值性、实用性、保密性和秘密性四个构成要件,属于商业秘密。

(2)对侵权人侵犯商业秘密行为的认定。执法实践中常见的侵犯商业秘密的行为主要有两种:一是通过盗窃、利诱、胁迫及其他不正当手段获取、披露或者使用商业秘密,二是违反保密义务或者合同约定而擅自披露、使用或者允许他人使用商业秘密。本案中当事人亢某某、刘某某和童某某在某汽车用品公司任职时都签订过保密协议,并约定了保密期限,应当承担为权利人保守商业秘密的义务。三人离职后,却违反与某汽车用品公司有关保守商业秘密的约定,使用其在某汽车用品公司掌握的实现一伞两用功能的四个关键配件的设计,生产销售一伞两用汽车遮阳伞,属于上述提到的第二种违反保密合同约定擅自使用其所掌握的权利人商业秘密行为。

(国家工商行政管理总局反垄断与反不正当竞争执法局供稿)

国家版权局2016年度打击侵权盗版十大案件

案例1 “风雨文学网”侵犯文字作品著作权案

一、基本案情

2015年10月，江苏省张家港市文化广电新闻出版局根据权利人举报，联合公安网警大队对“风雨文学网”涉嫌侵犯著作权案进行调查。经查，2013～2015年，张某未经著作权人许可，将《大亨传说》等小说发布在其自建的“风雨文学网”上进行传播，并通过在网站发布广告，从百度广告联盟非法获利，非法经营额达66.7万元。

2016年12月16日，江苏省张家港市人民法院依法作出刑事判决：张某犯侵犯著作权罪，判处有期徒刑3年10个月，并处罚金34万元。

二、案件评析

国家版权局等四个部门联合开展的“剑网2016”专项行动将整治网络文学侵权盗版列为重点任务。本案既是“剑网2016”专项行动中打击网络文学侵权盗版的一起重大案件，也是行政执法与刑事司法有效协作、合力打击侵权盗版的典型案例。

案件2 “echo回声”APP侵犯音乐作品信息网络传播权案

一、基本案情

2016年4月，上海市文化市场行政执法总队根据权利人投诉，对上海青声网络科技有限公司涉嫌侵犯信息网络传播权案进行调查。经查，该公司自2014年9月开始经营客户端软件“echo回声”，日活跃用户量30万人左右，下载量约1600万人次。该公司未经著作权人许可，通过“echo回声”APP向用户提供《约定》《隐形的翅膀》等90部音乐录音制品的在线浏览、收听和使用服务，并通过会员充值等途径获得经营收入。

2016年6月28日，上海市文化市场行政执法总队依法对上海青声网络科技有限公司作出行政处罚：罚款20万元。

二、案件评析

近两年来，国家版权局大力整治网络音乐版权秩序取得良好成效。本案当事人运营的网络音乐APP，未经授权大量传播他人享有著作权的音乐作品，破坏了初步改善的网络音乐版权秩序。本案的查处充分体现了版权行政部门维护网络音乐版权秩序的坚定决心。

案例3 “九九漫画”等网站侵犯漫画作品信息网络传播权案

一、基本案情

2016年6月，江苏省常州市文化广电新闻出版局根据调查线索，对“九九漫画”等网站涉嫌侵犯信息网络传播权案进行调查。经查，张某于2010年至2016年7月陆续开办“九九漫画”“台湾漫画网”“可可动漫”等漫画网站，未经著作权人许可，通过上述网站向公众提供《灌篮高手》《火影忍者》《海贼王》等351部漫画作品，涉及境内外众多权利人的作品。截至2016年7月，张某通过在网站发布广告，从广告联盟非法获利4.8万元。

2016年7月7日，江苏省常州市文化广电新闻出版局依法对张某作出行政处罚：没收违法所得，罚款17万元。

二、案件评析

近年来网络动漫侵权盗版呈现高发态势。本案当事人开办多个漫画网站，侵权漫画作品数量众多且涉及多个权利人，社会危害严重。该案的查处有效地维护了境内外漫画作品权利人的合法权益。

案例 4 吴某某侵犯网络游戏著作权案

一、基本案情

2014 年 8 月，上海市公安机关根据工作获得线索，对吴某某涉嫌侵犯网络游戏著作权案进行调查。经查，2014 年 5 月，吴某某私自在互联网上架设服务器，推广并运营他人非法获取的网络游戏《新仙剑奇侠传 ONLINE》服务器端程序，非法经营额达 38 万余元。

2015 年 10 月 15 日，上海市普陀区人民法院依法作出刑事判决：吴某某犯侵犯著作权罪，判处有期徒刑 3 年 3 个月，并处罚金 6 万元。后吴某某提出上诉。2016 年 3 月 28 日，上海市第三中级人民法院作出终审裁定：驳回上诉，维持原判。

二、案件评析

近年来互联网游戏产业规模不断扩大，但网游“私服”活动往往给投入巨额研发成本的网游公司带来重大经济损失，严重影响网游产业的健康发展。本案的一审和终审裁判对网游“私服”予以重拳打击，彰显了司法部门惩治互联网领域侵犯著作权犯罪的力度。

案例 5 汇梦影视茶吧侵犯影视作品著作权案

一、基本案情

2015 年 12 月，湖北省黄石市文化新闻出版广电局依法对卫某某经营的汇梦影视茶吧进行检查，发现该茶吧向顾客放映盗版《寻龙诀》等电影。2016 年 1 月，本案依法移送公安部门。经查，卫某某于 2014 年 10 月设立汇梦影视茶吧，为获得片源，卫某某通过勾结影院内部工作人员到电影院盗录、从互联网下载、向他人购买等方式获得盗版影片，在其经营的茶吧播放，违法所得达 8.4 万余元；其间，卫某某还将以上方式获得的盗版影片通过互联网进行售卖，违法所得近 2.9 万元。

2016 年 9 月 6 日，湖北省黄石市黄石港区人民法院依法作出刑事判决：卫某某犯侵犯著作权罪，判处有期徒刑 10 个月，并处罚金 5000 元；追缴违法所得 113 115 元。

二、案件评析

本案是我国首例影院盗录并通过网络传播电影作品的刑事案件。盗录盗播不仅给电影产业造成巨额经济损失，也严重打击了电影从业人员的创作积极性，给我国快速发展的电影产业带来巨大的破坏。本案的查处有力地震慑了盗录盗播电影的违法犯罪行为。

案例 6 青岛约吧有限公司侵犯影视作品著作权案

一、基本案情

2016 年 10 月，山东省青岛市文化市场行政执法局依法对青岛约吧有限公司开设的私人影院“约吧”进行检查，发现其电脑主机硬盘上共有 203 部电影。经营者郭某某无法提供作品授权文件，其未经权利人许可，擅自复制并在其经营场所为顾客提供观看和下载服务。

2016 年 12 月 5 日，山东省青岛市文化市场行政执法局依法对青岛约吧有限公司作出行政处罚：罚款 17.9 万元。

二、案件评析

近年来随着私人影院数量大幅增加,私人影院侵犯影视著作权的情况比较普遍。本案的查处对规范私人影院的版权秩序具有较强的现实意义,也表明了私人影院行业必须遵守著作权法“先授权、后使用”的基本原则。

案例7 霍某某销售盗版图书案

一、基本案情

2016年6月,河北省保定市文化广电新闻出版局根据举报线索,查扣霍某某在其租用的保定市清苑区一库房内存放的山东省地图出版社合法出版的《北斗地图》等盗版图书共计98 822册,涉案码洋270余万元。经查,该批图书系霍某某从河南新乡李某某处购回,进行批发销售。2016年8月,本案被依法移送河北省保定市公安局。

2016年12月26日,河北省保定市莲池区人民法院依法作出刑事判决:霍某某犯销售侵权复制品罪,判处有期徒刑1年,并处罚金20万元。

二、案件评析

本案侵权人以销售获利为目的购入侵权盗版图书,涉案侵权盗版作品数量巨大、涉案码洋数额较高,侵犯了多家出版社的著作权,社会危害严重,本案的判决有效维护了出版单位的合法权益。

案例8 巩某某等销售盗版光盘案

一、基本案情

2015年4月,山东省淄博市文化市场执法局与淄博市公安局直属分局成立专案组,对淄博市张店区天乐园商场后院一仓库进行突击检查,现场查扣涉嫌侵权盗版光碟2.8万余张。经查,2011年1月至2015年4月,巩某某等二人在天乐园商场销售盗版影碟和淫秽影碟,违法所得共计46万余元。

2016年12月6日,山东省淄博市张店区人民法院依法作出刑事判决:巩某某犯侵犯著作权罪,判处有期徒刑3年6个月,并处罚金人民币50万元;犯贩卖淫秽物品牟利罪,判处有期徒刑6个月,并处罚金1万元;二罪并罚,决定执行有期徒刑3年6个月,并处罚金51万元。巩某犯侵犯著作权罪,判处有期徒刑3年,缓刑3年,并处罚金50万元。

二、案件评析

随着互联网的发展,传统的光盘盗版方式虽有所减少,但在某些地区仍很严重,仍然是版权行政执法的重要领域之一。本案的查处是版权行政执法部门配合公安部门,加强“两法”衔接,共同打击光盘盗版的一起典型案件。

案例9 邹某等制售盗版图书案

一、基本案情

2015年12月,江苏省昆山市文化广电新闻出版局联合昆山市公安局对邹某等制售盗版图书案进行调查。经查,邹某以营利为目的,未经著作权人许可,委托上海墨龙印务有限公司印刷Kaplan公司出版的金融分析师(CFA)图书40 000余册,并通过网络销售,非法经营数额55万余元。上海墨龙印务有限公司及其负责人陈某在明知印刷品为盗版图书的情况下,通过自己印刷和分包给王某、赵某某印刷的方式,为邹某印刷上述图书。上海弘磊纸制品有限公司及其负责人吕某某在明知印刷品为盗版图书的情况下,为上海墨龙印务有限公司装订盗版书4万余册。

2016年8月19日,江苏省昆山市人民

法院依法作出刑事判决：因犯侵犯著作权罪，分别判处邹某有期徒刑3年6个月，并处罚金人民币36万元；判处上海墨龙印务有限公司罚金15万元；判处上海弘磊纸制品有限公司罚金10万元；判处陈某、吕某某、王某、赵某某有期徒刑缓刑，并处罚金5万元至10万元。

二、案件评析

本案涉及多个侵权主体和多种侵权行为。办案人员对印刷、分包、装订等侵权环节进行了坚决打击，不仅对个人犯罪依法处理，同时对单位犯罪人员和犯罪单位作出刑事处罚，充分体现了刑事司法对包括国外权利人在内的著作权人的保护。

案例10　竹林新华包装材料厂盗印教辅案

一、基本案情

2014年11月，根据举报线索，河南省巩义市公安局、巩义市文化广电新闻出版局成立联合行动组，对巩义市竹林新华包装材料厂进行检查，发现该厂正在印刷未经出版单位委托印刷的出版物，并当场查扣《中考英语》等出版物活页19万余张，《5年高考3年模拟》《小学教材全解》等多种图书共计14万余册，总码洋386万余元。2014年12月，本案依法移送巩义市公安局。

2016年2月1日，河南省郑州市中级人民法院依法作出刑事判决：徐某犯侵犯著作权罪，判处有期徒刑5年6个月，并处罚金70万元；李某犯侵犯著作权罪，判处有期徒刑4年6个月，并处罚金40万元；张某犯侵犯著作权罪，判处有期徒刑3年，并处罚金10万元；张某某犯侵犯著作权罪，判处有期徒刑3年，并处罚金10万元。后原审被告人分别提出上诉。2016年6月17日，河南省高级人民法院作出终审裁定：驳回上诉，维持原判。

二、案件评析

盗版教辅不仅给权利人造成巨大损失，也严重影响学生版权保护意识的形成。该案涉案教辅图书种类、数量众多，侵权盗版规模巨大，司法部门依法从严查处，维护了出版社的合法权益，有效规范了地区教辅市场秩序，产生了较好的社会影响。

（国家版权局版权管理司供稿）

出版物市场监管2016年度典型案例

在2016年“4·26世界知识产权日”即将到来之际，全国“扫黄打非”工作小组办公室4月19日对外公布了2015年以来“秋风”专项行动查处的10起侵权盗版案件。这些案件，覆盖网上网下以及印刷、批发、零售等各环节侵权盗版行为，最大侵权数额达1亿余元，其中4起案件已于由法院依法判决。

打击侵权盗版，保护知识产权，是“扫黄打非”的重要工作任务。2015年以来，全国各地“扫黄打非”部门共收缴各类非法出版物1600余万件，其中侵权盗版出版物790余万件；查办各类案件近8000件，其中侵权盗版案件2577件。为了进一步加大对侵权盗版活动的打击力度，2016年，全国“扫黄打非”办公室自2月就组织开展了部分城市高校周边复印店专项整治行动，对复印店侵权盗版违法行为进行严厉打击，一大批违法违规复印店被依法取缔或关闭，一大批从事侵权盗版活动的人员被依法处罚。之后，全国“扫黄打非”办公室继续开展“秋风2016”专项行动，持续保持对侵权盗版行为的高压打击态势。

案例1　江苏镇江、北京"10·26"特大网络销售盗版图书案

根据群众举报，江苏省镇江市公安局网安支队对天猫网店"剑锋时代图书专营店"涉嫌销售盗版图书立案侦查，并抓获涉案人张某某。经查，张某某通过网店销售各类盗版图书110余种，销售数量达52万余册，销售金额300余万元。同时，公安机关还在其住所及仓库现场扣押查封涉嫌盗版图书62.5万余册，案值近千万元。经进一步追查，发现一个由宋某某、刘某、郭某某、肖某组成的制售盗版图书的团伙。在北京查获销售窝点2处、仓库2个，摧毁非法印刷厂1个，抓获涉案人员42人。截至2016年4月，犯罪嫌疑人张某某等主要涉案人已被刑事拘留，案件在进一步侦办中。本案为全国"扫黄打非"办公室挂牌督办案件。

案例2　江苏昆山"12·15"制售侵权盗版图书案

江苏省苏州市、昆山市"扫黄打非"办公室协调公安、文化执法等部门对位于昆山市花桥绿地大道附近一仓库进行突击检查中，查获涉嫌盗版金融教材3万余册，并抓获犯罪嫌疑人邹某。之后，公安机关相继抓获涉案犯罪嫌疑人吕某、陈某、赵某、王某4人，捣毁非法图书印刷装订生产窝点2处，查获用于印刷侵权图书的PS模板406块。经查，自2015年9月，邹某非法委托上海相关印刷及装订企业进行有关教材的侵权复制活动，并通过淘宝网店向国内相关地区及新加坡等地销售，涉案金额达3000余万元。截至2016年4月，邹某等5名犯罪嫌疑人已被公安机关刑事拘留，案件正在进一步侦办中。

案例3　江苏徐州"3·11"印制侵权盗版图书案

根据群众举报，江苏省徐州市"扫黄打非"办公室协调市公安局治安支队、市文化执法等部门对云龙区三环东路附近一地下"黑印刷厂"开展突击检查，当场查获涉嫌盗版图书近10万余册，印刷机器4台，装订机3台，涉案金额约300万元，涉及北京、上海、江苏、山东、浙江等全国多个省市。截至2016年4月，犯罪嫌疑人徐某已被公安机关抓获，其他涉案人员正在网上追逃，案件在进一步侦办中。

案例4　河南滑县"5·12"侵犯著作权案

河南省滑县文化市场综合执法大队在印刷企业检查时发现，当地李夺彩印厂涉嫌非法印刷《拜厄基本教程》《新编古筝教程》等47种音乐教材，共计39 300册。该厂不能提供委托印刷手续，未办理印刷经营许可证、工商营业执照等相关证件。经鉴定，上述47种图书均属侵权盗版出版物。经查，自2014年11月，李某在滑县城关镇创业大道租赁厂房并购买印刷机器，在没有办理任何合法手续的情况下从事非法印刷活动。近期，河南省滑县人民法院以侵犯著作权罪判处李某有期徒刑3年，缓刑5年，并处罚金70万元。

案例5　河南焦作"4·15"侵犯著作权案

河南省焦作市"扫黄打非"办公室在检查中发现，武陟县詹店镇小马营村附近一无证经营印刷厂涉嫌盗印出版物，现场发现装订成册的各类非法出版物40 255册，未装订的非法出版物39 051册，未装订的各类图书封皮57 506张，用于印刷的PS版（用过的废版）3000张，印刷用双胶纸40卷（20吨）。经查，该厂属未经批准擅自从事印刷业经营活动的黑窝点。经鉴定，现场发现的22种图书及散页均属侵犯他人著作权的出版物。2016年3月，河南省焦作市武陟县人民法院以侵犯著作权罪判处徐某某有期徒刑3年6个月，并处罚金80万元。

案例6　山东济南“9·24”侵犯著作权案

根据群众举报线索，山东省济南市文化执法部门会同市公安局对市中区七贤街道办事处4处库房进行突击检查，查获非法出版物《数元教育丛书·手脑速算篇1》《手脑速算同步思维训练提升版》等图书38种，共计167 115册（盘）。经鉴定，其中4种图书为侵权盗版图书，34种图书（光盘）为假冒出版单位出版的非法出版物。截至2016年4月，犯罪嫌疑人贺某某已被依法批捕，案件在进一步侦办中。

案例7　山东济南“10·11”侵犯著作权案

山东省市济南市文化执法人员市场检查时，发现刘某某在济南市天阳物流集散地接收河南郑州运送的盗版图书后，将其中的《新概念英语3》《2013国家司法考试辅导用书》《思想政治理论（上册、下册）》等图书，分别出售给个体书商。公安机关又在天桥区新赵路某居民小区车库内查获刘某某存放的未售出盗版书籍。经鉴定，上述图书均为侵权盗版出版物。截至案发，刘某某销售盗版图书共计1万余册。近期，山东省济南市天桥区人民法院以侵犯著作权罪判处刘某某有期徒刑2年，缓刑2年，并处罚金3万元。

案例8　广西贺州“11·4”侵犯著作权案

广西壮族自治区贺州市钟山县公安局治安大队民警在钟山县农贸市场检查时发现李某某在市场内出售盗版光盘，并依法扣押涉案盗版光盘3273张。经鉴定，查获的光盘均为侵权非法音像制品。近期，贺州市钟山县人民法院以侵犯著作权罪判处李某某有期徒刑2年6个月，缓刑3年，并处罚金6000元。

案例9　四川成都“www.imanhua.com”网站侵犯著作权案

根据举报线索，四川省成都市公安局网监支队查实，www.imanhua.com网站在未经腾讯公司授权情况下，向公众免费传播腾讯公司独家授权代理的8部动漫作品和其他3部作品的链接，累计点击近千万次；自2014年8月以来，该网站靠广告收益获利180余万元。随后，公安部门将3名主要涉案人叶某某、江某某、胡某某抓获。截至2016年4月，本案由成都市青羊区人民法院审理。本案为全国“扫黄打非”办公室挂牌督办案件。

案例10　宁夏银川“广州创思信息技术有限公司”侵犯著作权案

根据举报线索，宁夏回族自治区银川市公安部门侦查发现，广州创思信息技术有限公司研发了涉嫌侵权的游戏《烈焰手游》并投入运营。该游戏自 2014 年 11 月上线至今，实际收入已过亿元人民币。截至 2016 年 4 月，银川市公安局已对相关嫌疑人采取了强制措施，案件在进一步侦办中。

（全国“扫黄打非”工作小组办公室供稿）

海关 2016 年度保护知识产权典型案例

案例 1　黄埔、天津、杭州、宁波、广州海关联合查办进口假冒商标汽车润滑油专案

一、案情介绍

2016 年 5 月，海关总署通过与公安部合作，从一起通过国内某电商平台销售假冒汽车润滑油案件中，敏锐地发现相关侵权线索。由于案件发生在进口环节，涉案货物通过跨境电子商务平台销售且危及国内消费者生命财产安全，海关总署高度重视，与公安部商定对案件进行联合督办，并召集杭州、宁波、广州、黄埔、天津等海关组成专案组，部署开展打击进口假冒润滑油专项行动。

行动中，5 个海关严密监控来自重点国家的进口润滑油数据，积极开展风险防控，先后采取保护措施 20 次，查获并向公安机关通报案件 6 宗，查扣假冒汽车润滑油 80 余吨，货值 950 余万元人民币。黄埔、天津海关发挥传统海运口岸海关在风险查控方面的优势，对海量进口电子数据进行分析过滤，从中捕捉疑点，研究假货报关规律，不断缩小布控范围，在确保合法贸易正常通关的前提下，对进口假冒润滑油实施精准打击。行动期间，黄埔海关分别在黄埔新港、东莞沙田口岸查获 3 批进口假冒汽车润滑油 31.7 吨；天津海关分别在天津新港和东疆口岸查获 3 批进口假冒润滑油 38.1 吨。专项行动所查扣的润滑油均系假冒“壳牌”“美孚”“嘉实多”等知名品牌商品。

黄埔、天津两关继续深挖扩线，及时固定证据，并向公安机关通报海关新掌握案件线索，扩大了战果，推动广西防城港市和天津市两地公安机关加入了打击进口假冒润滑油专案，取得积极成效。公安机关在海关的支持配合下，捣毁境内仓储窝点 5 个，抓捕犯罪嫌疑人 11 人，查扣假冒润滑油 11 万桶。

二、评选理由

（1）本案是海关总署与公安部联合督办的集群大案。海关总署与公安部从各自的管理条线出发，充分调动重点地区的执法力量，相关单位互通信息、共享资源、提前介入、无缝对接，织密一张打击侵权的网络，将假冒润滑油堵截在国门之外。本案的成功查办，为海关、公安在今后打击侵权的执法合作，以及重大案件的联合指挥积累了宝贵经验。

（2）本案是进口渠道查获巨额侵权商品的典型案例。本案为海关在海运进口渠道密集查发的侵权系列案件，且查扣的假冒商品数量之多、货值之巨尚属首次。本案再次证明侵权假冒是全球性问题，假冒侵权商品的生产和消费市场也是全球性的，中国作为全球经济一体化的一员，同样在遭受来自境外侵权假冒商品的危害。

（3）本案为海关与电商平台开展深入合作提供范本。针对跨境电子商务“全流程在线交易”的发展趋势和特点，执法机关需要电商平台提供更紧密协作，不断强化电商平台的主体责任，推动电商平台提高对网上侵权假冒线索的发现和挖掘能力，推进海关与平台企业共治，强化海关线上

线下一体化监管。海关总署以此案为契机，委托杭州海关签署《杭州海关 阿里巴巴集团知识产权保护合作备忘录》，双方探索建立跨境电子商务领域的长效合作机制。

（4）本案引起了国际社会及主流媒体的高度关注。英国驻华使馆商务参赞专程拜访海关总署，英中贸易协会致函海关总署，英国知识产权局局长肖恩·丹内利先生拜访黄埔海关，均高度评价了中国海关在打击跨境假冒润滑油行动中的工作成效。中央电视台、《国际商报》、广东卫视、南方网等中央和地方媒体对本案进行多种形式的专题报道，引起社会广泛关注并给予高度评价。

案例2 深圳、宁波、天津、黄埔、上海、杭州、青岛、南京海关查办出口侵犯专利权电动平衡车专案

一、案情介绍

2016年11月15日至12月31日，海关总署为深入推进中国制造海外形象维护"清风"行动，支持我国知识产权优势企业"走出去"，组织天津、上海、南京、杭州、宁波、青岛、深圳和黄埔海关，开展针对出口电动平衡车专利权保护专项行动。

行动期间，相关海关共计查获涉嫌侵犯专利权电动平衡车案件28起，查扣侵权电动平衡车12 766台，价值约1300万元人民币。专项行动有效遏制了平衡车行业面临的侵权和无序竞争情况，规范了行业秩序，保护了国内平衡车产业企业的合法权益。

相关海关强化信息沟通，联动查控，形成严密的防护网。为了形成打击合力，天津、宁波、深圳、青岛等海关通过跨区域海关执法协作，加强对平衡车产业集中的江浙地区货源的协同监控，在违法分子逃避华东、华南片区海关打击，北上转移的情况下，有效遏制了侵权违法行为口岸漂移。

在打击出口环节侵权违法行为的同时，相关海关积极开展行业调研，针对电动平衡车行业侵权乱象，通过推进成立行业协会 、加强行业自律、制定技术标准、提起民事诉讼等形式，积极引导权利人开展维权，为自主知识产权企业的健康、持续发展提供支持与保障。

二、评选理由

（1）本案是海关紧扣国家战略大局、加强专利权保护的典型案例。技术创新是我国知识产权强国战略和创新驱动发展战略的核心竞争力，是从"中国制造"到"中国创造"转变的重要抓手。此次行动是针对我国新兴产业开展的专利权保护的专项整治。在同类商品、多个口岸短期内密集查获侵犯专利权案件，彰显了海关实施专利权保护、助力企业创新的决心，对于海关系统强化专利权保护具有很强的指导性和借鉴意义。

（2）本案是海关总署统筹、多关联动的经典案例。电动平衡车的质量事关消费者生命财产安全，社会影响大，关注度高。本案中，海关总署高度重视，统一指挥，各关快速反应，加强联系，密切协作，主动深挖扩线和重点突破，改变以往单打独斗的局面，形成了严密的堵截链条，有效防范侵权违法行为的口岸漂移，是海关采取集群作战模式的成功范例。

（3）本案是海关打击侵权和促进创新相结合的典范。电动平衡车专利权领域的侵权乱象，在一定程度上制约了我国这一优势产业对国外市场的开拓。此次专项行动有效规范了电动平衡车出口秩序，促进了行业销量的大幅增长，并使价格回升且趋于稳定，为培育国内知识产权优势企业、维护"中国制造"海外形象、促进新兴产业良好发展起到了积极作用。

案例3　上海、南京、广州、北京、拱北等海关开展中美联合执法行动打击跨国销售侵权货物专案

一、案情介绍

根据海关总署与美国海关边境保护局(CBP)及美国移民与海关执法局(ICE)签署的知识产权执法合作文件,2016年3月、4月,中国海关会同美国海关联合开展两次各为期1个月的知识产权专项执法行动。

行动期间,全国海关共查获输往美国的侵权货物200余万件。其中,上海海关查获寄往美国的侵犯"NBA"商标专用权的球帽一批。上海海关在海关总署的安排下开展了中美跨境执法协作,及时深挖线索、固定证据并第一时间将上述案件信息经由海关总署通报给美国移民与海关执法局(ICE),美方根据中国海关提供的线索成功侦破了美国境内的销售侵权货物案件,对其国内犯罪嫌疑人采取了刑事强制措施。

南京海关查获寄往美国的侵犯"OAKLEY"商标专用权的眼镜6302副、侵犯"RAY. BAN"商标专用权的眼镜43副,案值约126万余元。南京海关将案件相关线索及时通报江苏省公安厅,公安部门根据线索抓获1名犯罪嫌疑人。

广州海关查获寄往美国的侵犯"NFL""RE""NBA""ADIDAS""REEBOK"商标专用权的球衣、球帽一批。案件查发后,广州海关深挖线索,运用风险分析下达预定式布控指令,连续查获假冒运动服装5批,共计225件。

此外,北京、拱北等海关在行动期间也运用风险分析、区域执法合作、信息共享等手段查获多批输往美国的侵权汽车配件、药品、消费电子产品等。

二、评选理由

(1)本案是双边海关跨境联合执法的成功案例。本案是海关总署与美国海关边境保护局(CBP)及美国移民与海关执法局(ICE)执法合作的有效成果,充分展现了双边海关在打击跨境侵权假冒违法行为领域的长期不懈努力。该行动获得了中美商贸联合委员会的肯定。

(2)本案是多关协作、多渠道打击侵权假冒行为的典型案例。全国各直属海关在海关总署专项统一部署、指挥下,联合作战,同时打击传统货运渠道与行邮跨境电子商务领域的侵权假冒行为,通过专项治理打击了特定领域的侵权假冒行为,有效维护了国际贸易秩序。

(3)本案是中国海关有效运用风险数据模型分析并发挥显著作用的探索与尝试。中国海关一向注重研究分析风险数据,设计完善数据模型,加强运用知识产权风险信息管理、设置风险参数,采用预定式布控等手段开展监控,最终该行动查获了多批侵权商品。

案例4　上海海关查办出口假冒商标缝纫机头案

一、案情介绍

2016年3月,上海海关将缙云县某公司出口假冒"SINGER"商标缝纫机涉嫌犯罪案移送上海市公安局;2016年9月,上海市第三中级人民法院作出刑事判决,判决当事人犯假冒注册商标罪,依法判决相关责任人有期徒刑1年6个月,判处责任单位和责任人罚金合计12万元。

2015年上海海关在开展"清风"行动时排查发现,浙江缙云地区部分不法企业出口侵权缝纫机的情形频发,该地区企业多从宁波口岸出口侵权缝纫机,且被海关多次查处。结合全国海关正在开展专项行动,上海海关认为侵权企业可能采取"口岸漂移"的手法从上海出口侵权缝纫机来逃避监管,因此立即在通关系统中加载风险参数对此予以重点监控。

2015年7月，上海海关通过风险布控连续查扣2批出口假冒“蝴蝶牌 BUTTERFLY”商标和标有“SINGER”商标的缝纫机头共1621台，货值27 346美元。上海海关深挖线索，追溯售假源头，发现该公司曾于2014年因出口假冒“SINGER”商标缝纫机被宁波海关行政处罚。鉴于当事人两年内多次出口侵权货物且主观恶意较重，2016年3月上海海关将上述案件线索通报上海市公安局，并协助公安机关开展侦查工作，同年9月上海市第三中级人民法院作出上述判决。

二、评选理由

(1)本案是上海海关打击“口岸漂移”的成功范例。在海关的严厉打击下，不法分子采取打游击的方式规避海关监管，通过跨地区，甚至跨省出口，给海关打击进出口侵权货物行为带来新的挑战。本案中，侵权企业通过宁波公司代理出口，且更换出口口岸，企图逃避海关监管，但海关对此类侵权“口岸漂移”做好防范，构建了严密的监管网络，通过实施风险布控，成功拦截侵权假冒货物。

(2)本案是上海海关加强“两法”衔接的典型案例。上海海关在案件调查过程中发现侵权企业之前因出口假冒缝纫机被宁波海关行政处罚的线索，一并通报公安机关，使得法院在刑事审判中认定该企业曾因侵权被行政处罚，再次犯假冒注册商标罪，主观恶性较深，处以罚金刑和实刑并处的重罚，极大地震慑了不法企业，是“两法”衔接的成功典范。

(3)本案是上海海关保护自主知识产权的优秀范本。上海海关历来重视国内企业自主知识产权的保护，本案权利人作为一家上海大型骨干企业，此前饱受出口侵权之苦。上海海关主动提供服务，及时为企业提供政策解读，引导企业申请海关备案，帮助企业办理总担保缓解资金压力，帮扶企业培训维权队伍，积极开展口岸防控，先后查获大批假冒该公司产品，有效帮助企业恢复海外市场，切实维护了企业的合法权益。

案例5　厦门海关查办外贸综合服务平台企业出口侵权鞋服案

一、案情介绍

2016年1月7日，厦门海关在对福建一达通企业服务有限公司申报出口的2票男式防寒衣进行查验时，发现其中17 382双运动鞋上使用了“adidas”“nike”“puma”等商标标识，货值42万余元人民币。经相关权利人确认，上述货物均为侵权商品。

案件查发后，厦门海关给予了高度重视，密切关注外贸综合服务平台企业发生的侵权问题，又在该公司申报出口的4票货物中，查获侵犯“CONVERSE”“PRADA”“PORSCHE”等商标专用权的防寒服7327件，货值50万元人民币。

案件查办过程中，厦门海关主动约谈了企业负责人，了解到该公司是一家以互联网信息服务平台为载体的新兴外贸综合服务平台企业，成立时间虽短，但业务发展迅猛。该公司现行的管理流程和模式与快速增长的业务量不相适应，导致无法有效筛查知识产权问题订单，侵权情事阶段性多发。为此，厦门海关结合调研情况，对该公司实施一对一政策帮扶，指导其通过完善公司风险管控机制、加强客户风险研判管理、提高上门看货监装比例等措施，有效控制侵权风险。经过共同治理，该公司未再出现侵权违法行为，企业订单侵权风险得到有效防范。

二、评选理由

(1)本案是新形势下外贸综合服务平台企业知识产权治理的典型案例。2016年以来，作为国家大力鼓励发展的新兴业态，外贸综合服务企业在进出口业务不断增长的同时，也存在侵权违法行为多发的情况，多地海关均有查获“一达通”系企业侵权案件。针对外贸综合服务平台企业发展初期出现的侵权问题，厦门海关本着“稳妥推进、权责对称、风险可控”的原则，从促进外贸稳增长的大局出发，加强政策宣传和引导，积极帮扶这一新兴业态走上健康发展的轨道，为新形势下外贸综合服务平台企业知识产权治理提供了有益探索。

（2）本案是海关与企业知识产权共治良性互动的典范。本案在处理中，厦门海关不是简单止步于对违法企业的处罚和对侵权货物的处置，而是推行海关与企业知识产权共治，主动调研，对症提出规范运营建议，通过后续延伸帮扶，使侵权企业纠错转正，努力追求执法效果和社会效果的统一。企业也密切联系海关，寻求防范侵权风险举措，在海关的帮助引导下，快速完善风险防控体系建设并落地执行，达到了海关知识产权保护从“制止侵权”到“防止侵权”的效果。

案例6　黄埔海关联合公安机关破获特大假冒商标休闲鞋案

一、案情介绍

2016年3月初，权利人耐克创新有限合伙公司在配合安徽蚌埠警方案件调查过程中了解到：近期可能有大批假冒休闲鞋从黄埔老港口岸出口。根据权利人提供的线索，黄埔海关立即展开风险研判，通过数据比对快速锁定嫌疑货柜。3月10日，重庆某贸易有限公司向海关申报出口一批休闲鞋（无品牌）到新加坡普劳萨巴洛克港，报关触发海关预定式布控指令。经查，嫌疑集装箱柜门位置堆放的是正常货物，在箱体的中后部却装有大量侵权休闲鞋，共查扣侵犯“CONVERSE”商标专用权的休闲鞋33 700双和近似“ALL STAR”商标休闲鞋3350双，货值166.4万元人民币。

黄埔海关迅速启动“两法”衔接工作机制，向蚌埠警方通报案情。蚌埠警方接报后给予高度重视，派出专案组赴广州展开深入调查。在海关的协助下，警方从报关环节打开缺口，目标指向同一犯罪团伙，决定将海关现场案件与公安在办案件并案侦查，完善了“从采购至出口”的证据链条，一举破获广州姐妹鞋业艾某等人销售假冒注册商标的商品案。全案抓获犯罪嫌疑人10名，查扣侵权运动休闲鞋50余万双，涉案金额逾4亿元人民币。

对于案件中公安机关难以刑事追诉的近似商标侵权违法部分，黄埔海关法规部门依法开展行政调查，用行政手段补充刑事打击，继续追究违法当事人的行政责任，实现“两法”衔接工作成效的最大化。

二、评选理由

（1）本案是“两法”衔接工作机制下成功查办的典型案例。案件中口岸海关与内地公安跨区域、跨部门联合执法，精诚合作，紧密配合，取得显著成效。海关办案单位主动靠前，与警方开展密切合作，第一时间收集固定证据，调取、甄别报关单证，从中发现与蚌埠警方在办案件的关联证据，为串并案件提供关键帮助。案件经过扩线侦查，最终成功打掉了一个长期在粤皖两地从事生产、销售、出口侵权假冒商品的犯罪团伙。本案涉案人员多、案值巨大，被列为公安部部级督办专案。

（2）本案是海关与权利人密切合作、快速反应、主动查发的成功案例。海关开展知识产权保护工作离不开权利人的支持与配合。长期以来，黄埔海关与权利人保持着良好的沟通互动，双方在工作中互信互助，互利互惠。本案中，权利人与海关密切配合，信息传递及时，为海关快速锁定侵权嫌疑货柜赢得了宝贵时间。

案例 7　宁波海关查办出口侵犯自主品牌挂锁案

一、案情介绍

2016 年 2 月 1 日，浙江某公司向宁波海关隶属北仑海关申报出口一批挂锁等货物。经布控查验发现，标有“三环”标识的挂锁 9 万多把，价值约 68 万元人民币。经商标权利人烟台三环锁业集团有限公司确认，这批货物均为侵权商品。宁波海关扣留涉案货物后，将案件线索通报浙江省公安厅和宁波市公安局，协助公安机关开展立案侦查。

查获本案后，宁波海关充分利用风险信息平台，对品名、数量、境内货源地、航线、最终目的国等各报关要素展开分析比对，总结口岸侵权案例和历史数据，探索侵权违规的相似性及规律性，挖掘本案隐藏的风险点，开展风险分析，下达预定式布控指令。

2016 年 3 月 18 日，宁波海关在福建省某公司申报出口的挂锁中查获侵犯“TRI—CYIRCELE”商标权的挂锁 15 万个，价值 133 万多元人民币。随后宁波海关又连续查获 3 起侵犯“三环图形”商标权的挂锁案件。

二、评选理由

(1)本案是海关打击出口侵犯国内自主知识产权、维护“中国制造”海外形象的典型案例。近年来，随着国家知识产权战略与创新驱动发展战略的施行，许多国内企业注重自主创新研发，不少优秀的国内品牌应运而生，并在国际上拥有广阔的市场。侵权问题经常阻碍国内优秀品牌开拓海外市场。保护国内品牌、支持企业“走出去”，是海关知识产权保护成效的重要体现。宁波海关积极行动，深入开展“中国制造”海外形象维护“清风”行动，加强对国内自主知识产权保护，有效制止了假冒产品进入国际市场，维护了“中国制造”的国际声誉。

(2)本案是海关利用风险分析手段、实现重点防控和精准打击的典范。挂锁是宁波口岸侵权高风险商品之一，宁波海关一直将其作为重点打击的目标商品，充分利用风险分析查控手段，总结口岸侵权案例和历史数据，探索侵权违法的关联性及规律性，同时加强与知识产权权利人的联系配合，发挥权利人在海关知识产权保护中的作用，强化信息收集和案件经营，重视每一个细小线索的深度挖掘，提升打击侵权的针对性，有效保护了权利人的合法权益。

案例 8　南宁海关查办出口系列假冒商标商品案

一、案情介绍

2016 年 8 月 5 日，南宁海关接到权利人举报，称广西某商贸有限公司将于当日从南宁海关隶属凭祥海关综合保税区口岸，向越南出口大批侵权商品。南宁海关立即召集风险情报研判小组成员部署相关工作。经综合研判，海关加强对涉嫌侵权货物出口时间、口岸、运输工具等信息的筛查，并及时下达预定式风险布控指令。当日中午，南宁海关就组建了临时机动查验小组，赴凭祥口岸现场开展相关工作。当日下午，南宁海关陆续捕获 6 票报关单，共计 5 个集装箱的侵权嫌疑货物。上述货物为涉及侵犯“NIKE”“Apple”等 22 项商标权的鞋服、背包、手机配件等共 10.4 万件。不法分子为了掩人耳目，将侵权货物与合法货物混装，给海关查验鉴别制造障碍。

经价格机构鉴定，上述货物价值 720 余万元人民币。耐克创新有限合伙公司、让·卡斯兰简单股份有限公司(法国)等 21 家知识产权权利人向南宁海关申请保护。鉴于该案已达到刑事立案标准，南宁海关及时向广西壮族自治区公安厅通报案件线索，公安部门决定立案侦办。

二、评选理由

（1）本案是南宁海关与知识产权权利人密切合作查处的典型案例。边境陆路口岸通关时间短，权利人提供有关线索时限紧急，机会稍纵即逝，南宁海关深入分析，比对数据，快速反应，准确锁定嫌疑目标，一举查获特大侵权案件，有力地打击了不法分子的嚣张气焰。

（2）本案是南宁海关各职能部门在“大协同”理念指导下查发侵权案件的成功实践。该案查发过程中，在情报经营、风险布控、机动查验、联合执法等多个环节充分发挥海关内部执法合力，取得了较好的执法效果。

（3）本案是陆运边境口岸推动“两法”衔接的成功典范。该案是南宁海关近年在边境小额贸易渠道查获的货值大、数量多的单起侵权出口案件，南宁海关及时通报案件线索，成功推动公安部门立案侦办本案，实现了行政执法与刑事司法的有效衔接。

案例9　郑州海关查办出口假冒商标集成电路案

一、案情介绍

2016年6月7日，某企业向郑州海关隶属新乡海关申报出口集成电路（放大器），规格型号为Texas Instruments OPA2333－HT 153PV，单价53.975美元，总价107.95万美元。郑州海关审单关员经查询，了解到该批货物为家用轿车的中央主控集成电路，用于车辆启动时控制由于电流瞬间过载引起的短路现象。货物涉及知识产权海关保护重点商品汽车配件，事关人身财产安全。郑州海关结合数据统计与风险分析，及时下达了布控指令，通过对该批货物全部开箱查验，发现货物包装上标有“Texas Instruments”标识，涉嫌侵犯德州仪器公司已在海关总署备案的商标专用权。经权利人实地查看货物，确认该批货物侵权。

由于商品敏感，案值较大，郑州海关收集固定案件相关证据后，立即向河南省公安厅通报侵权案件线索，目前案件正在办理中。

二、评选理由

（1）本案的查发反映了内陆海关较高的知识产权执法意识和能力。郑州海关虽然是内陆海关，但长期重视知识产权保护工作。本案中，郑州海关各部门密切配合，统计部门通过通关数据风险分析确定关注重点，各相关现场海关密切关注涉案货物物流信息，关区内转关现场紧密联系，及时通报最新情况，办案海关及时布控查验，法规部门及时开展立案调查，最终成功查办案件。

（2）本案是海关打击重点敏感商品侵权假冒行为的典型案例。假冒汽车配件社会危害极大，海关一直将其列为打击重点。本案涉案汽车配件数量多，金额大，且通过网络渠道销售，隐蔽性强，海关查发后及时移送公安机关深挖线索，有力震慑了不法分子制假、售假的嚣张气焰，维护了人民生命财产安全。

（3）本案查办体现了海关严格公正文明执法的良好形象。本案当事人在海关办理案件中始终不予配合，故意设置调查障碍，给海关办案造成了较大难度。郑州海关面对实际困难，能始终坚持依法行政，严格办案程序，坚持惩处与教育相结合的原则，最终顺利完成了案件办理。

案例10　拉萨海关查办出口假冒商标商品案

一、案情介绍

2016年6月16日，西藏某贸易公司向

拉萨海关隶属吉隆海关申报出口货物一批，报关单数据显示该批货物由22种商品混装组成。经审核，拉萨海关认为此份报关单申报出口的手提包归类与实际商品不符，存在伪报的嫌疑，遂对该票报关单进行布控。经查验发现，有300个手提包使用了“PRADA”商标，140个手提包使用了“GUESS”商标，90个手提包使用了“MICHAEL KORS”商标，2256双袜子使用了“DISNEY”商标，该批货物做工粗糙，申报价格畸低，存在侵权嫌疑。海关通知当事人补充申报知识产权状况，当事人无法提供合法购买凭证或权利人许可文件，故海关暂停了该批货物的通关并通知权利人确权。4家权利人均确认上述货物侵犯其商标专用权，并提出保护申请。吉隆海关依法扣留上述侵权嫌疑货物，经调查认定该批货物构成侵权，海关作出依法没收侵权货物并对当事人处以罚款的决定。

二、评选理由

(1)本案是雪域边关克服艰苦环境认真履职的典范。吉隆对尼口岸设在高原峡谷间，山高，路险，谷深，加之2015年“4·25”尼泊尔8.1级地震对吉隆海关监管设施破坏尚未恢复使用，查验工作异常艰苦，晴天一身土，雨天一身泥，海关监管面临巨大压力与挑战。但一线执法人员始终绷紧知识产权海关保护这根弦，在艰苦的边境口岸保持打击侵权假冒的敏感性，克服远离家人、交通不便、高原缺氧等各种困难，严格履行把关职责，确保“管得住、通得快”。

(2)本案是边关运用风险分析技术查获侵权货物的典型案例。在出口货物大幅增长、监管条件困难的背景下，拉萨海关在人工查验基础上，积极探索风险分析技术的运用，以企业信息、报关单信息、执法系统信息为平台，对商品品名、价格、经营单位等高风险要素进行评估，通过开展风险分析提高打击侵权假冒的有效性和针对性，摸索出一套符合自身实际的知识产权查控工作经验，取得显著成效。

(3)本案的成功查处是拉萨海关主动作为的缩影。拉萨海关克服地处边陲、边境线长等困难，积极尝试风险分析技术，深挖自身潜力，坚持开展执法培训，提升执法能力，筑牢关员打击侵权的思想防线。2016年吉隆海关33起案件的成功查处是高原边关积极履职、主动作为的最好诠释。

(海关总署政策法规司供稿)

公安机关2016年度知识产权保护案例

案例1 “5·12”打击涉烟经济犯罪集中收网行动

2016年7月、12月，公安部经侦局指挥28个省区市公安机关，先后开展两次打击涉烟经济犯罪集中收网行动，共发起62起集群战役，破案755起，抓获嫌犯1815名；捣毁各类犯罪窝点893个，其中，假烟生产窝点106个、烟机拼装窝点13个、仓储窝点730个、原材料加工窝点44个；缴获烟机219台及电烫机等其他设备769台，假烟、走私烟238万余条，烟叶、丝束、盘纸等制假原料2682吨，涉案总价值15.5亿元，各项战果系历年打击涉烟经济犯罪之最。

针对当前假烟、走私烟犯罪日益猖獗泛滥态势，2016年以来，公安部经侦局指挥各地公安机关，牢固树立“信息化建设、数据化实战”理念，坚持以大数据、大研判、大应用为发展方向，开发应用“打击涉烟经济犯罪信息化作战平台”，有效整合内外部数据资源，实现在线线索汇集和情报研判，批量生成和下发成熟线索，有效调度，实时互动，打造扁平化指挥、一体化作战格局。同时，公安部经侦局还与国家烟草专卖局专卖司建立打击涉烟经济犯罪研判室，抽调公安、烟草精干力量，深度整合公安、烟草部门各类数据资源，充实打击涉烟经济犯罪数据库，促进两部门信息化融合，掌握情报作战“制空权”，切实形成一体化常态工作合力。

案例 2　安徽“12·26”特大制售假冒名牌运动鞋案

2016 年 1 月 11 日，安徽蚌埠公安机关成功破获“12·26”特大制售假冒名牌运动鞋案，抓获吴某等 4 名犯罪嫌疑人，捣毁 1 处总作业面积达 3000 余平方米的大型制假工厂，查封鞋面、鞋底、鞋带、成型、包装 5 个生产车间的 9 条制假生产线，仅现场缴获假冒“匡威”等品牌运动鞋成品就达 50 余万双。

经查，2012 年以来，吴某等人在蚌埠市五河县开设鞋业工厂，专门从事造假活动，大肆生产假冒“匡威”等知名品牌运动鞋，主要批发给浙江、福建、广东、安徽等地贸易公司，再由这些贸易公司向外转售。该工厂平常上班工人达 500 余人，旺季时月产假冒运动鞋 20 万双以上。据现场查扣的账册、电脑等资料显示，该工厂累计销售金额达 6 亿元。本案造假规模之大、专业程度之高、缴获数量之多，系历年打击假冒运动鞋领域之最。

案例 3　浙江宁波特大跨境制售假冒品牌农药案

2016 年 3 月，浙江宁波公安机关会同海关部门成功侦破一起特大跨境制售假冒注册商标农药案，现场缴获假冒美国“杜邦”、瑞士“先正达”等品牌农药共 6 个品种、20 余吨，农药原药 6.4 吨，假冒注册商标标识 60 余万件，查扣 7 条流水生产线，灌装机、反应釜 9 台，假冒注册商标标识印刷菲林模板 5 套。

经查，2005 年以来，犯罪嫌疑人夏某等人在浙江宁波先后成立多家化工公司，在未取得农药生产许可证和权利人企业许可的情况下，生产假冒“杜邦”“先正达”等品牌的“氯虫本甲酰胺”等系列农药产品。为逃避打击，不法分子在生产的农药产品容器上不加贴商标标识，伪报“氨基酸”等品名报关出口，再将配套的假冒商标标识另行报关，上述产品及标识从宁波北仑港经越南向柬埔寨、老挝、泰国等东盟国家进行销售。为拓展境外市场，该团伙在柬埔寨金边专门成立工厂，将其从国内运至柬埔寨的假农药产品及商标标识进行贴标和分装，销往柬埔寨及周边国家。

案例 4　“4·22”跨境销售假冒润滑油案

2016 年 6 月 16 日，公安部经侦局指挥浙江、广东两省公安机关成功侦破“4·22”特大跨境销售假冒润滑油案，前期侦控的 11 名主要犯罪嫌疑人全部落网，其中马来西亚籍主犯吴某于 6 月 16 日早晨在广州白云机场出境时被拦截抓获。查获位于广州市番禺区、天河区和金华义乌市的储藏仓库 5 个，现场缴获假冒“美孚”“壳牌”“嘉实多”等品牌假冒润滑油 8000 余件，近 10 万瓶，查扣涉案电脑主机 10 余台，销售合同、清单 1000 余份，初步估计涉案金额逾亿元。

经查，2013 年以来，犯罪嫌疑人吴某等人在马来西亚成立制假公司，生产假冒“美孚”“壳牌”“嘉实多”假冒润滑油；通过广州、宁波等多个海关进口假润滑油入关，组织多个外贸公司进行分销。据初步调查，仅 2014 年初到 2016 年 6 月电脑台账批发、零售记录就达 2400 余万元。为扩大销售范围，吴某招聘多名销售人员，划定销售片区，将假冒润滑油标注为“马来西亚版”“港版”等版型配以海关入关文件，掩饰假货价格偏低的问题，迅速占领国内市场。

案例 5 “10·29”特大制售假冒伪劣柴油案

2016 年 7 月 11 日，重庆市公安机关会同质检部门开展联合收网行动，成功侦破“10·29”特大制售假冒伪劣柴油案，抓获犯罪嫌疑人 15 名，查获假冒伪劣 0 号柴油成品、半成品 100 余吨，查封大型储油罐 5 个，查扣涉案运油罐车 4 辆。初步查明，不法分子累计销售假冒伪劣柴油 3.4 万余吨，涉案总价值 1.53 亿元。

经查，犯罪嫌疑人王某于 2013 年在重庆设立公司，主要经销柴油等。为牟取非法暴利，王某从山东东营、陕西榆林、湖南怀化等地收购劣质柴油，装入油罐车后在中石化、中石油正规加油站按 1∶1 比例混装正品 0 号柴油，经简单搅拌后销往重庆、四川、贵州等地大型建筑工地，供挖掘机、货车等施工机械、车辆使用。为扩大销路，不法分子私刻中石化公司印章，伪造相关资质材料，冒充中石化正品柴油，以略低于市场价的价格进行销售。经重庆市计量质量检测研究院检测，该团伙销售的柴油硫含量为国家标准的 2.4 倍，尾气排放严重超标；闪点低于国家标准 13℃，易发生燃爆。

案例 6 “3·18”特大制售假冒品牌食糖案

2016 年 7 月 22 日，公安部经侦局指挥安徽、云南、河南、山东、上海、广西 6 省、区、市公安机关开展联合收网行动，成功侦破“3·18”特大制售假冒品牌食糖案，抓获犯罪嫌疑人 14 名，捣毁制假售假窝点 22 处，现场缴获假冒广西来宾东糖迁江公司“QT”牌、广西凤糖公司“网山”牌、广西博华食品公司“博华”牌、中国英茂糖业公司“英茂”牌等一批国内知名品牌的白砂糖 1200 余吨，各类包装材料 1 万余件，涉案价值 1.3 亿余元。

经查，2016 年 1 月以来，犯罪嫌疑人李某等人开始从事批发销售假冒品牌食糖。李某在中缅边境的瑞丽市设立仓储窝点，从缅甸不法分子处走私购入假冒“QT”“网山”等国内市场畅销品牌的食糖，通过货运物流分批发往其设在商丘的批发窝点，由其子和儿媳以真假混卖的方式对外进行批发零售。同时，为扩大销量，李某等人还通过手机、微信等联系下线二级批发商，将假糖销往云南、河南、山东、安徽、上海等地，主要销售至各地食品加工厂，部分直接散卖至城乡小型超市。据该团伙销售账目显示，2016 年 1 月以来累计销售近 3 万吨假食糖，每吨销售价格为 4000～5000 元不等，该团伙从中赚取每吨 500 元左右的差价。

案例 7 朱某等人制售假冒品牌运动鞋服案

2017 年 8 月 8 日，公安部经侦局指挥山东、广东、江苏、福建、辽宁、北京、安徽、甘肃、吉林、浙江、河南等 11 个省市公安机关，联合侦破一起制售假冒品牌运动鞋服案，抓获朱某等 23 名主犯，打掉生产、仓储、销售窝点 20 处，现场缴获假冒“耐克”“阿迪达斯”“纽巴伦”等品牌运动鞋服 21 万余件，以不法分子平均销售价计算价值 3000 余万元，市场正品价值 1.2 亿余元。

经查，2013 年以来，犯罪嫌疑人朱某等人在广东广州、福建莆田等地城乡接合部租赁厂房开设工厂，未经权利人企业授权，大肆生产假冒“耐克”“阿迪达斯”“纽巴伦”等品牌运动鞋服，以每件（双）80～150 元不等的价格销售给山东青岛李某、北京张某、福建莆田杨某、江苏苏州华某等一级经销商。上述经销商之间亦互相串货，并通过网店、实体店铺以每件150～300元不等的价格向各地销售；部分经由新疆销往吉尔吉斯斯坦等国家。

案例8　王某等人特大制售假酒案

2016年8月，公安部经侦局指挥河南、山东、安徽、广东、浙江等5省公安机关密切协作，联合侦破王某等人特大制售假冒品牌白酒案，现场缴获假冒“茅台”“五粮液”“剑南春”“赊店”等品牌白酒23万余瓶，各类酒瓶、纸箱、商标标识等包材1200余万件，查封假酒生产车间10处、仓库11处，查扣灌装机、打包机、热风枪、打码机等制假设备200余台。据不法分子账目显示，该团伙累计销售金额达1亿余元。

经查，主犯王某曾因制售假酒被判处有期徒刑7个月。刑满后，王某继续从事假酒生产，并纠集其亲属扩大假酒制售规模。该团伙从广东深圳刘某处购进“赊店”“泸州老窖”系列假酒包装，从河南郑州田某、浙江温州王某处购进“茅台”“五粮液”“剑南春”等假酒包装，用低档的香型相同或相近的“尖庄”“绵竹大曲”“老白干”等分别灌装成“五粮液”“剑南春”“茅台”等假酒，以每箱(6瓶)400～700元不等的价格销往河南、山东、安徽等地下线经销商。

案例9　沈某等人制售假冒品牌净水器案

2016年10月，公安部经侦局指挥北京、浙江、安徽、河南、四川等省市公安机关联合侦破一起特大制售假冒品牌净水器案，打掉2条流水生产线，现场缴获假冒品牌净水器3000余台及大批制假用聚丙烯、滤芯、商标标识、包装箱等原料和包材，抓获沈某等23名犯罪嫌疑人，初步查明该团伙累计销售金额近1亿元。

经查，自2015年以来，犯罪嫌疑人沈某在浙江慈溪设立制假窝点，在没有卫生许可证的情况下，开始制售假冒“安吉尔”品牌净水器。该团伙已成规模和产业化生产，拥有配装、注塑、喷漆等车间，面积4000余平方米，聘用工人100余名，施行封闭管理。该团伙仿冒“安吉尔”品牌正品净水器的外观及零部件设计，自行开发模具，生产滤芯、滤芯壳等，形成从部件生产、成品组装到市场销售、仓储物流的全体系化运作，高峰期日产量可达1000台，销售网络涉及北京、浙江、安徽、河南、四川等多个省市。

案例10　齐某等人制售假冒品牌饲料案

2016年11月，四川成都经侦部门根据权利人企业举报的案件线索，会同河北省公安机关联合侦破一起特大制售假冒品牌饲料案，抓获齐某等10名犯罪嫌疑人，打掉生产、销售窝点5处，现场缴获假冒“鱼浪”“来得快”等品牌鱼饵料100余万件、各类包装材料500余万件，涉案价值800余万元。

经查，主犯齐某于2015年起从事制售假冒品牌鱼饵料，在河北献县租赁厂房设立制假窝点，印制市场畅销品牌鱼饵料包装袋，从本地小作坊收购无品牌的各类猪饲料进行分包灌装，冒充正品鱼饵料，通过陈某等下线经销商以正品2～3折的价格销往全国各地。截至案发前，该团伙已累计生产假冒品牌的各类规格鱼饵料300余万件。

案例11　天津网络盗版影视作品案

2016年11月30日，天津市公安机关经侦部门会同网络安全部门，成功侦破一起特大互联网盗版影视作品案，初步查明不法分子累计在互联网站投放盗版电影、电视剧等侵权作品6.7万部，案值4000余万元。

经查，自2014年6月以来，犯罪嫌疑人秦某伙同胡某等人，在未经互联网主管部门审批备案的情况下，购买互联网域名，从江苏、安徽、浙江等地，租赁网络服务器搭建盗版电影网站。该团伙从知名网站上采集各类热门影视资源，去除版权声明等水印后，非法导入其所经营的影视网站，提供免费在线观看。该团伙与广告商合作，采取网站弹窗、电影内嵌插播等方式播放广告，收取广告费用，牟取非法利益。据初步统计，该网站先后投放盗版影视、综艺、动漫等侵权影视作品6.7万余部，日均访客达10万人次，涉案金额4000余万元。

（公安部经济犯罪侦查局供稿）

知识产权系统2016年度专利行政执法典型案例

案例1 广东省知识产权局处理“具有翻边装置的轮胎成型鼓”发明专利权纠纷案

一、案情简介

请求人VMI公司认为被请求人双骏公司实施了侵犯其名称为“具有翻边装置的轮胎成型鼓”、专利号为ZL01806616.X的发明专利权的行为，向广东省知识产权局请求处理。其请求书主张“涉案专利产品完全具有专利权利要求1的全部技术特征，还至少具有其专利权利要求2～14的附加技术特征”。

二、处理结果

广东省知识产权局于2014年6月23日立案后，经过现场勘验、两次口头审理等程序，并制作了现场比对录像，于2015年4月8日作出粤知执处字〔2014〕第9号行政处理决定书，认定被控侵权产品技术方案具有与请求人专利权利要求1记载的全部技术特征相同或等同的技术特征，责令双骏公司立即停止侵权行为。由于专利权利要求1的保护范围最大，行政处理决定书未对权利要求2～14进行处理和回应。

此外，在本案处理期间，本案被请求人于2014年7月8日申请宣告涉案专利无效。2014年12月4日，国家知识产权局专利复审委员会第24507号无效宣告请求审查决定书维持涉案专利权有效。鉴于涉案专利权较为稳定，广东省知识产权局根据保护范围最大的专利权利要求1确定了专利权的保护范围。

本行政决定作出后，被请求人提起行政诉讼，经一审、二审，二审终审撤销一审判决，驳回双骏公司的诉讼请求，维持了原行政处理决定。同时，2016年12月23日广东省高级人民法院的(2016)粤民终1390号民事判决维持了一审民事判决，责令双骏公司立即停止侵权行为并赔偿相关费用。

三、典型意义

本案经历和引发了行政处理程序及其行政诉讼一审、二审，无效程序及其行政诉讼，民事赔偿之诉一审、二审等多个处理程序，充分反映了专利侵权纠纷案件涉及技术和法律问题的复杂性，体现了专利行政执法主动作为的优势。在法律适用上，本案在行政诉讼中综合运用了民法和行政法基本原则，对于专利行政执法及其行政诉讼有重要借鉴和参考意义。

（广东省知识产权局 毕 赓）

案例2 浙江省金华市知识产权局处理“防盗门锁(双弧)”外观设计专利重复侵权纠纷案

一、案情简介

涉案外观设计专利名称为“防盗门锁(双弧)”,专利号为ZL200830245821.7,申请日为2008年10月30日,公告授权日为2009年10月14日,专利权人为某保安制品有限公司。专利权人于2013年发现被请求人某集团有限公司存在从事制造、销售、许诺销售涉嫌侵权产品的行为,遂向金华市中级人民法院提起民事诉讼。金华市中级人民法院于2013年11月15日作出判定被请求人立即停止侵权和赔偿损失的民事判决。被请求人不服判决,上诉至浙江省高级人民法院。浙江省高级人民法院于2014年4月8日作出终审判决,维持原判。但专利权人发现被请求人在法院判决生效后并未停止生产、销售、许诺销售侵权产品,在展销会和其官网上依旧有涉案侵权产品的展示,在其产品宣传册上印制有涉案专利侵权产品展示图,其位于永康市五金城的门店仍在销售侵权产品。请求人通过公证的形式固定了相关的证据,并于2016年8月向浙江省知识产权局递交了相关证据材料,提出请求查处被请求人的重复侵权行为,并要求就因被请求人重复侵权行为遭受的损失和为维权付出的合理费用进行调解。

浙江省知识产权局对请求人提交的请求材料进行了形式审查后,于2016年8月12日指定金华市科技局(知识产权局)管辖该涉嫌重复侵权案件。金华市知识产权局于8月13日立案,并于次日联合有关执法部门前往被请求人的生产经营场所(包括永康五金城门店)依法进行执法取证,在现场未发现涉案侵权产品,但被请求人公司网站和产品宣传册上仍有涉案侵权产品的图片。被请求人辩称,其已执行完法院判决,公司网站和宣传册上留有侵权产品的图片为工作失误,会立即整改。

二、处理结果

金华市知识产权局于2016年10月16日组织双方进行调解,并达成了和解协议。2016年11月11日,请求人向金华市知识产权局递交了撤案请求,11月12日金华市知识产权局作出决定,同意请求人的撤案请求,责令被请求人立即停止重复许诺销售的侵权行为,消除影响。

三、典型意义

重复侵权行为是明显恶意的侵权行为,比之一般专利侵权纠纷,更具有恶劣的社会影响,必须给予坚决打击。本案通过各部门联合执法调查,虽未现场查到侵权产品,可仍存在许诺销售的重复侵权行为。鉴于被请求人重复侵权行为的情节较轻,并能立即整改,消除影响,故未作罚款处理。本案给侵权者和相关人员起到了很好的警示效果,有利于营造良好的创新创业环境。

(浙江省金华市知识产权局)

案例3 上海市浦东新区知识产权局处理“元贞甘唐”牌固体调味料(甜味)假冒专利案

一、案情简介

2016年10月17日,上海市浦东新区知识产权局接到举报称辖区内千家惠超市所销售的“元贞甘唐”牌固体调味料(甜味)涉嫌假冒专利权。上海市浦东新区知识产权局对千家惠超市立案调查,现场检查后发现该“元贞甘唐”牌固体调味料(甜味)标注了发明专利号ZL97106601.9,但该专利已于2014年9月10日终止,该产品为上海川崎公司委托安徽百仓公司生产。浦东新区知识产权局遂进一步对上海川崎公司开展调查。经调查,2016年4月起当事人上海川崎公司委托安徽百仓公司生产“元贞甘唐”牌固体调味料(甜味),并要求按照其指定的包装生产,标注了“发明专利号ZL97106601.9”的内容,而实际该专利因未缴纳年费,已于2014年9月10日终止。另经调查,当事人实际未参与该产品的销售,而是由安徽百仓公司全部销售给安徽元贞川崎公司。当事人与安徽元贞川崎公司之间没有财务往来,因此当事人没有违法所得。

二、处理结果

根据《专利法实施细则》第84条第1款第(1)项的规定,当事人在专利权终止后继续在产品包装上标注专利标识构成假冒专利,鉴于当事人能及时进行整改,且没有违法所得,根据《专利法》第63条的规定,给予责令改正,并处罚款3万元。

三、典型意义

抓住细节,从案件中发现案源。上海市浦东新区知识产权局根据举报在查处上海千家惠超市销售假冒专利权产品的案件中,没有就事论事简单了结,而是深入追踪,发现该假冒专利权产品的委托方,从而进一步追查源头,成功办结本案。

(上海市知识产权局)

案例4 湖南省知识产权局处理“隐型防盗网型材”外观设计专利侵权纠纷案

一、案情简介

请求人钟祥市振豪公司是“隐型防盗网型材”(专利号为ZL201430272353.8)外观设计专利的专利权人。请求人认为被请求人添添格公司未经许可,销售其专利产品,侵犯了其专利权,向湖南省知识产权局提出处理请求。

二、处理结果

责令被请求人添添格公司立即停止销售侵权产品的行为。

三、典型意义

对于外观设计专利产品在作为部件组装成新的产品进行销售的情形下,属于使用还是销售行为是实践中的一大难点。本案具有典型意义。专利法意义上的“使用”是指对物的使用价值的利用,并不是用来欣赏、辨识其外观。《最高人民法院关于审理侵犯专利权纠纷案件应用法律若干问题的解释》第12条规定,将侵犯外观设计专利权的产品作为零部件,制造另一产品并销售的,应当认定属于《专利法》第11条规定的销售行为,但侵犯外观设计专利权的产品在该另一产品中仅具有技术功能的除外。适用该特殊条款必须满足以下三个条件:一是将外观设计专利产品用作零部件来制造另一产品,二是该外观设计专利产品在另一产品中并非仅具有技术功能(比如说该产品还能给人带来视觉上的美感),三是销售另一产品。本案被请求人在防护网产品中使用的型材除了起到支撑等技术性作用以外,其外在表现还具有一定的美感和视觉上的辨识性,因此满足了该司法解释中所有的条件,应该定性为销售行为,故侵权行为成立。

(湖南省知识产权局)

案例5 江苏省知识产权局处理“一种闪光对焊机用无压纹压块”实用新型专利侵权纠纷案

一、案情简介

郝某某是名称为“一种闪光对焊机用无压纹压块”、申请日为2003年5月26日、专利号为ZL03261662.7的实用新型专利的专利权人,该专利于2013年5月26日因专利权期限届满而终止。江苏省知识产权局于2015年5月25日收到郝某某的行政处理请求,郝某某诉称金茂公司未经许可在制链生产流水线中使用涉嫌侵权产品，请求维护其合法权益，制止侵权，并要求金茂公司赔偿损失并书面道歉。江苏省知识产权局立案受理后，依法成立合议组，向被请求人寄交了请求书副本、答辩通知书等相关法律文书，被请求人在答辩期限内向江苏省知识产权局提交了答辩意见。2015 年 7 月 17 日，江苏省知识产权局执法人员到被请求人金茂公司调查取证，拍摄照片 4 张，并制作调查笔录。2015 年 8 月 6 日，江苏省知识产权局组织双方进行了开庭审理。

二、处理结果

江苏省知识产权局经审理后认为，涉案产品没有落入涉案专利权利要求的保护范围，被请求人金茂公司生产、使用涉案产品的行为没有侵犯请求人郝某某的专利号为 ZL03261662.7 的实用新型专利权，并于 2015 年 10 月 29 日作出行政处理决定：依法驳回请求人的请求。郝某某不服行政处理决定，依法提起行政诉讼，南京市中级人民法院于 2016 年 11 月 14 日作出维持江苏省知识产权局专利侵权纠纷处理决定的初审判决，江苏省高级人民法院于 2017 年 3 月 16 日作出维持江苏省知识产权局专利侵权纠纷处理决定的终审判决。

三、典型意义

本案请求人郝某某在专利权终止后提出纠纷处理请求，就专利权有效期限内的涉嫌侵权行为请求江苏省知识产权局处理，从保护当事人利益的角度出发，江苏省知识产权局立案受理了本案。专利权的终止对专利行政管理部门的调查取证工作带来一定的困难，本案中江苏省知识产权局依职权调取的证据，因被请求人金茂公司承认其制造、使用的涉案产品从 2004 年至今未发生改变，且双方当事人均无异议，因此可作为本案的定案证据。

（江苏省知识产权局）

案例 6　广东省广州市知识产权局处理电子商务领域群体性专利假冒案

一、案情简介

2016 年 5 月，广州市知识产权局接到某专利权人举报，其一项发明专利及专利产品长期被广州市某公司假冒，其专利证书、获奖证书等专利材料和头像被该公司在淘宝、七一购物商城等电子商务平台大肆宣传；被举报公司还将一项被国家知识产权局驳回的 2006 年专利申请号作为专利号进行招商加盟活动，欺骗广大消费者。

二、处理结果

接到举报后，广州市知识产权局非常重视，成立了专案组并要求迅速查处此系列假冒专利案件。经调查核实，确认举报内容基本属实，还发现另有 3 种同类产品也有相同的假冒专利情形。经进一步调查，共初步锁定涉及电子商务领域的非法链接 360 多条，电商 100 多家，线下实体制假源头 4 个，涉及广州市、合肥市和长沙市的生产、代理和总经销。另外还发现合肥市的全国总代理还经销一种涉嫌假冒长春市某药业集团的产品，需要长春市知识产权局核实。

因案情重大，涉及面广，广州市知识产权局在 5 月中旬组织开展“闪电”电子商务领域专项打假行动，行动时间为 5 月 9～31 日，并请求国家知识产权局对涉及广东省、安徽省、山东省、浙江省、吉林省等多个地区的相关案件协调统一行动。在国家知识产权局的指挥协调下，广州市知识产权局第一次利用中国电子商务领域专利维权协作调度（浙江）中心处理电子商务领域假冒专利案件 529 件，涉及淘宝、天猫等电商平台的 100 多家网店。广州市知识产权局对实体店查处也作出具体布置，安排三个行动小组同时开展行动，一个小组赴合肥市配合当地省、市知识产权局，另两个小组分别对广州市白云区两家生产厂家进行查处，均收到良好的效果。

三、典型意义

广州市知识产权局通过制订专项行动方案，充分利用跨地区执法协作机制，科学合理组织执法力量，在国家知识产权局统一指挥协调下，一举查获相关线上电商企业和线下制假源头，快速高效地实现了对电子商务领域群体性假冒专利案件的查处，为探索电子商务领域知识产权保护工作提供了借鉴。

（广东省广州市知识产权局）

案例7　黑龙江省哈尔滨市知识产权局处理“机动车空气滤清器”实用新型专利侵权纠纷案

一、案情简介

请求人韩某某称，专利号为201120229489.1、名称为“机动车空气滤清器”的实用新型专利权归其所有，该专利申请日为2011年7月1日，授权日为2012年4月4日，现维持有效；该专利授权后，请求人于2016年4月1日发现，被请求人“金双亚”以营利为目的，制造、销售请求人的“机动车空气滤清器”专利产品，被诉侵权产品落入了请求人的“机动车空气滤清器”专利权的保护范围，构成专利侵权；请求人认为被请求人的上述侵权行为，严重损害了请求人的经济利益，扰乱了正常的市场秩序，特向哈尔滨市知识产权局提出处理请求：停止侵权，支付专利使用费用。

二、处理结果

涉案专利权利要求1的保护范围为：一种机动车空气滤清器，其组成包括：空气滤清器壳体1，其特征是：所述的空气滤清器壳体内装滤纸体2，所述的滤纸体上方装有带眼网4，所述的空气滤清器壳体1底部粘贴软质材料层3。被诉侵权产品的技术特征与该专利权利要求1所述的全部技术特征相同或等同。被诉侵权产品的技术特征：A固定滤纸体的框体、B装在框体内的滤纸体、C粘贴在滤纸体底部的软质材料层、D装在滤纸体上方的带眼网。其中：B与2相同，D与4相同，C与3相等同（主要是覆盖在滤纸体底部，起相同的作用，达到相同的效果）、A与1相等同（主要是框在滤纸体外，起固定作用，只是A的周边比1缩窄，本领域的普通技术人员无需经过创造性劳动就能够联想到的特征）。以上事实有证据佐证。哈尔滨市知识产权局最终认为：被请求人“金双亚”生产、销售的被诉侵权产品的技术特征与该专利的权利要求1的全部技术特征相比较：2个相同、2个相等同，落入该专利权利要求1的保护范围，被请求人生产、销售被诉侵权产品的行为构成专利侵权。本案处理结果：(1)责令被请求人“金双亚”立即停止侵权行为；(2)驳回请求人的其他请求。

三、典型意义

本案涉及的机动车空气滤清器体积较小，价格便宜，易于生产、制造，但是社会需求量较大，侵权成本低。本案在有效控制小商品的非法制造及销售方面提供了很好的借鉴，对依法合理保护专利权人的合法权益具有重要意义。

（黑龙江省哈尔滨市知识产权局）

案例8　安徽省合肥市知识产权局处理“一种批式循环谷物干燥机分体式干燥箱”专利侵权纠纷案

一、案情简介

请求人合肥某公司于2013年5月6日向国家知识产权局申请了“一种批式循环谷物干燥机分体式干燥箱”实用新型专利，2013年11月13日获得授权，现为有效专利。2016年8月16日，请求人向安徽省合肥市知识产权局提起专利侵权纠纷处理请求，称被请求人合肥甲公司未经请求人许可，擅自实施其专利，并将涉案产品“某型号谷物干燥机”销往池州某公司，要求被请求人：(1)立即停止(制造、销售、许诺销售等)专利侵权行为；(2)案件处理费用由被请求人承担。

二、处理结果

安徽省合肥市知识产权局于2016年8月16日受理上述请求，2016年8月19日立案并依法组成合议组。2016年9月28日，合肥市知识产权局对本案予以口头审理。双方当事人委托代理人均到场并参加了庭审。合肥市知识产权局对双方当事人提交的证据进行审查后，均予以认定。为进一步查明案件事实，客观公正地审理本案，依据口头审理时双方当事人同意合肥市知识产权局依法勘验现场的决定，2016年10月20日，合肥市知识产权局组织双方当事人勘验位于池州市的池州某公司，并函请池州市知识产权局予以协助，取得勘验笔录1份及勘验照片8张，经双方当事人确认无误。

合肥市知识产权局经审理查明，结合涉案专利证书、被请求人自认的事实及提交的证据，现场勘验的笔录、照片，可以认定涉案产品的干燥箱装置落入了涉案专利权的保护范围，被请求人生产、销售“某型号谷物干燥机”的行为侵犯了请求人的专利权。

合肥市知识产权局于2016年11月10日作出如下处理决定：(1)被请求人立即停止生产、销售“某型号谷物干燥机”的行为，并且不得使用尚未售出的侵权产品或者以任何其他形式将其投放市场；(2)驳回请求人的其他请求事项。

三、典型意义

本案涉案产品“一种批式循环谷物干燥机分体式干燥箱”的制造地点和销售地点分别位于安徽省合肥市和池州市。合肥市知识产权局根据国家知识产权局关于跨地区异地执法协作的相关规定，函请池州市知识产权局予以协助，不仅进一步查明了案件事实、保证案件审理的客观公正，更保障了双方当事人的权益，体现了专利行政执法的公平、高效、快捷。

（安徽省合肥市知识产权局）

案例9　山东省知识产权局处理“锚固钉”外观设计专利群体侵权纠纷案

一、案情简介

李淑香是名称为“锚固钉”外观设计专利的权利人。该专利用于外墙建筑模板的固定，其主要设计要点是在钉体上设有三组倒置小长方形片。请求人发现在山东、河北的10个市共有20家企业生产销售钉体上设有三组倒置小长方形片的同类产品，因此向山东省知识产权局提出侵权处理请求。

二、处理结果

本专利侵权纠纷涉及山东省6个市9家企业的16个侵权产品，涉及河北省4个市11家企业的18个侵权产品，侵权范围比较广泛。山东省知识产权局收到案件材料后将涉及河北省的案件按照相关规定移交给河北省知识产权局处理，对涉及本省的系列案件进行了集中开庭、分别审理。山东省知识产权局经审理认为，被控侵权产品与涉案专利整体形状相同、倒置小长方形片的排布方式相同，虽然小长方形片的数量有所差别，但相对于整体造型而言，属于局部细微差异。以一般消费者的认知能力，二者在整体视觉效果上构成近似，被控侵权产品落入涉案外观设计专利权的保护范围。最终有3个案件当庭达成调解协议，未达成调解协议的案件，山东省知识产权局作出了认定侵权的处理决定，责令被请求人立即停止侵权行为，销毁侵权产品，销毁制造侵权产品的专用工具、设备、模具等物品。

三、典型意义

专利群体侵权案件涉及侵权主体多，分布广，危害性大。不仅扰乱了市场秩序，阻碍了技术创新，破坏了我国专利制度，也给专利权人维权带来很大的困难。本专利群体侵权案件，由山东省知识产权局统一受理后，发挥行政执法的优势，充分运用协作执法机制，将省外案件及时进行移送，对本省案件集中开庭，避免了请求人奔波往返于各地维权的麻烦，大大降低了维权成本。通过"锚固钉"专利群体侵权案件的处理，有效地打击了侵权行为，维护了权利人的权利，同时也保护了消费者的合法权益。

（山东省知识产权局）

案例 10　河北省邯郸市知识产权局处理"包装桶（食用植物油）"发明专利侵权纠纷案

一、案情简介

请求人河北美临多维粮油公司称：请求人于 2014 年 8 月 22 日向国家知识产权局申请了名称为"包装桶（食用植物油）"的发明专利，申请号为 ZL201430304634.7，于 2014 年 12 月 31 日被授予专利权。2016 年 9 月 6 日，请求人发现被请求人邯郸市丛台区某超市销售的津福牌系列食用油外包装与其生产的美临牌食用油外包装极为类似，是侵犯其名称为"包装桶（食用植物油）"、专利号为 ZL201430304634.7 的专利的产品。请求人提供了如下证据材料：(1)专利证书复印件；(2)专利侵权纠纷处理请求书；(3)专利年费收费收据；(4)侵权产品照片及侵权超市营业执照。

二、处理结果

河北省邯郸市知识产权局经审理作出处理决定：责令被请求人邯郸市丛台区某超市立即停止侵权行为，即未经专利权人许可不得为生产经营目的销售涉案专利产品。

三、典型意义

本案涉及食品领域，关系民生。加强此领域的专利执法，打击侵权行为，对维护食品领域安全有重大促进作用。

（河北省邯郸市知识产权局）

国家知识产权局学术委员会 2016 年度学术研究成果

一、2016 年度一般课题名单

(一)实审专业委员会

1. 审查员达到“所属领域的技术人员”水平的培养途径研究
2. 新形态、新业态所涉软件相关申请的专利保护热点问题研究
3. 通信领域 PCT 国际申请的质量管理和促进
4. 基于计算机技术的疾病诊断与治疗方法的客体研究
5. 特定领域审查方法的研究
6. 3GPP 标准必要专利认定方法研究
7. 液晶显示热点技术及其检索策略分析研究
8. 通信领域中欧审查过程比较研究
9. 基于培训预警的新审查员独立审查上岗前的培养机制研究
10. 为“双创”提供支撑的大数据技术专利导航

(二)初步审查和流程优化专业委员会

1. 知识产权强国建设中专利审查流程的发展研究
2. 初审流程审批系统审查效能及系统完善研究
3. 专利审查流程数据在专利事务公共服务中的应用研究

(三)实用新型专业委员会

1. 实用新型审查智能化研究
2. 实用新型与发明创造性评判的区别研究
3. 实用新型专利权有效状况分析与审查质量改进措施研究

(四)外观设计专业委员会

1. 外观设计五局合作推进策略研究
2. 金砖国家外观设计比较研究
3. 特殊领域外观设计保护问题研究

(五)文献专业委员会

1. 关于国标《知识产权文献与信息分类及代码》的修订研究
2. PCT 有关标准的研究

(六)复审专业委员会

1. 专利复审、无效典型案例指导机制研究
2. 涉及计算机程序的功能性限定特征相关问题研究
3. 域外当事人主体资格证明文件审查标准研究

(七)信息化专业委员会

1. 决策支持及人工智能技术在我局审查系统中的应用研究
2. PCT 智能审查研究
3. 高效理解发明的智能辅助及实现路径初探

(八)审查相关政策专业委员会

1. 我局财务网上报销模式研究

2. 中国专利申请价值智能评估方法研究

3. 专利审查资源助力专利密集型产业培育的工作模式研究

二、2016年度优秀课题概要

1. 课题名称：专利审查流程数据在专利事务公共服务中的应用研究

课题负责人：纪原

课题着重在专利审查过程信息的外部应用与内部管理两个方面，展开专利审查流程数据在专利事务公共服务中的应用研究。通过对当前国内外专利审查流程数据的应用现状进行梳理和对比分析，明确国家知识产权局专利事务公共服务的定位。专利事务公共服务的内容，主要包括与专利审查流程直接相关的信息服务、流程服务以及管理服务。

课题针对当前专利事务公共服务的不足，从专利审查流程数据的内、外部应用两个方面展开研究。在专利审查流程数据的外部应用方面，为补充当前服务短板，针对信息的主动推送，提出的移动APP应用的具体解决方案，主要包括：用户管理方案、登记信息方案、推送信息方案、费用管理方案四个方面。同时，为进一步指导网上信息公开范围，尝试提出了“网上信息公开规范”。在专利审查流程数据的内部管理应用方面，针对流程建设、制度建设、专利运用三方面，将流程信息进行划分并提取其中的关键信息点，同时分析当前审查流程数据在关联性、结构化以及关键信息缺失等方面存在的问题。在重点对以上内外部应用的两个方面开展研究的过程中，对与之相关的基础数据存在的问题及完善的研究贯彻始终，并提出数据完善建议。

2. 课题名称：实用新型专利权有效状况分析与审查质量改进措施研究

课题负责人：陈勇

随着创新型国家建设步伐的不断加快和自主创新能力的日益提升，我国专利申请数量持续快速增长，同时也凸显出了专利授权质量参差不齐、巨大申请量与有限审查资源的矛盾日益突出等问题。实用新型专利权作为专利申请的一个部分，申请量和授权量庞大，其审查和授权质量也成为社会关注的一个焦点。在此背景下，课题对2006～2015年间实用新型专利的有效情况，从申请目的、维持年限、放弃情况等多角度，以及从主体类型、技术领域、地域分布等维度对实用新型专利权有效状况进行了详细的数据分析和特征比较；同时寻找实用新型专利中存在的典型案例，对这些典型案例加以分析和总结，找到申请文件中存在的问题，或者优质申请文件具备的特点，以期加强对申请和审查行为的引导。最终，基于上述各项分析研究的结论，课题组从专利审查、代理机构、创新主体、政策法规四个方面提出提高审查效率、改进审查质量的建议，以期通过更加一致、有效、高效的实用新型审查工作，解决目前巨大申请量与有限审查资源之间的矛盾，实现良性的政策导向。

3. 课题名称：金砖国家外观设计比较研究

课题负责人：卞永军

2016年10月4日，第七届金砖国家知识产权局局长会议在瑞士日内瓦举行。WIPO的数据分析显示，金砖国家知识产权局正逐渐在世界知识产权领域占有越来越重要的地位。国家知识产权局对金砖国家的知识产权实务研究主要集中在发明专利方面，对于各国外观设计制度及申请情况了解较少，迫切需要推进国家知识产权局对金砖国家外观设计制度方面的研究。课题组通过研究金砖国家间外观设计制度的异同，比对各国在申请、审查和授权阶段的制度规定，分析各国在异议和无效程序、诉讼及海关保护中外观设计制度的特点，结合我国申请人在金砖四国外观设计申请和保护方面的案例调研，深入分析了金砖国家间外观设计合作面临的挑战、发展的思路和合作的领域。通过研究分析，课题组提出了我国可借鉴的外观设计制度：(1)对传统知识中外观设计的保护；(2)对涉及宗教或民族传统的外观设计的保护；(3)对功能性外观设计的保护；(4)外观设计审检分离制度；(5)外观设计与著作权的权利冲突。课题组还在研究的基础上提出了金砖框架下国家知识产权局可开展的外观设计合作项目：(1)外观设计巡讲；(2)自动化合作；(3)外观设计专家会；(4)年度用户研讨会。课题组希望系列研究成果能够对金砖经济体中外观设计的发展和保护发挥积极作用。

4. 课题名称：审查员达到“所属领域的技术人员”水平的培养途径研究

课题负责人：朱仁秀

为提升专利审查质量，推进专利质量提升工程的进程，课题对审查员如何尽可能趋近“所属领域的技术人员”的培养途径进行了研究。课题对“所属领域的技术人员”的内涵进行了简要的分析，举例论证了未准确站位“所属领域的技术人员”对审查质量的影响；并从主观因素、客观因素两个角度，对当前审查员站位“所属领域的技术人员”的现状及其对审查质量的影响进行了客观的分析；随后，对国外专利审查机构的相关做法以及其中可借鉴之处进行了研究和梳理。最后，基于前述研究分析，提出了帮助审查员趋近“所属领域的技术人员”的培养路径、方式的意见和建议。一方面，从提升审查员自身能力的角度提出建议：(1)根据审龄逐步拓展审查领域并展开相应培训；(2)帮助审查员尽速认知本领域相关现有技术；(3)提升审查员参与创新过程的程度；(4)提升技术水平的同时培养法律思维运用能力；(5)充分发挥传帮带作用，全面提升同领域审查员整体水平。另一方面，从辅助审查员趋近“所属领域的技术人员”的手段的角度提出建议：(1)加强检索工具建设；(2)建立专业技术知识大数据共享平台；(3)完善技术专家库；(4)加大社会技术力量的引入力度。

5. 课题名称：新形态、新业态所涉软件相关申请的专利保护热点问题研究

课题负责人：李永红

近些年，互联网、电子商务、大数据等新技术日益深入地融合到各行业并影响着国家的产业升级或变革。

从国家层面，我国相继出台了《中共中央 国务院关于深化体制机制改革加快实施创新驱动发展战略的若干意见》《国务院关于大力推进大众创业万众创新若干政策措施的意见》《国务院关于大力发展电子商务加快培育经济新动力的意见》《国务院关于积极推进“互联网＋”行动的指导意见》《国务院关于新形势下加快知识产权强国建设的若干意见》等政策文件，对互联网、电子商务、大数据等领域知识产权保护进行部署，进一步明确了新业态、新领域创新成果知识产权保护的政策方向。

课题组根据上述重要部署，充分开展相关企业调研，收集业界意见。调研发现，互联网、电子商务、大数据领域的创新特点主要体现在四个方面：以软件改进为主要体现形式；以用户体验为导向；优势在于应用层面；创造性高度有限。产业界关于专利保护的需求主要包括：希望保护客体更加宽泛；撰写要求与国际接轨，权利表达符合技术特点，易于理解，避免侵权解释争议；解决软件领域确权与侵权判定中的关于权利要求解释的争议问题；完善领域客体、创造性评判标准以及丰富与领域微创新相适应的专利保护形式。

基于上述创新特点及保护需求，课题组有针对性地确定了研究目标，细化了研究办法与路径，并聚焦制约互联网、电子商务、大数据等新技术蓬勃发展的重点问题进行充分论证分析。具体研究内容包括：如何清楚地表达软件相关申请的保护范围；功能模块构架权利要求如何解释；可否放开计算机可读存储介质和计算机程序产品权利要求的客体；技术方案判断时三要素的关系；软件相关专利中程序改进性限定在确权与侵权判定程序中如何解释；利用说明书及其附图解释权利要求的内容时需要注意的问题是什么；涉及互联网、大数据、电子商务领域发明创造的专利保护客体和创造性研究；给予电子商务领域创新等微创新实用新型保护的可行性，电子商务领域创新等微创新的创造性判断需要注意的问题。研究还对大数据领域创新及申请的特点进行了梳理。

通过上述研究，课题组从合理有效保护软件专利的角度提出《专利审查指南2010》修改或适用方面的完善建议，并针对互联网、大数据、电子商务领域发明创造专利保护中的难点与争议性问题给出解决办法，促进审查实践中审查标准的执行一致。

6. 课题名称：基于培训预警的新审查员独立审查上岗前的培养机制研究

课题负责人：白剑锋

对于不断发展壮大的各京外专利审查协作中心而言，人才培养显得尤为关键。为加强新审查员独立上岗前的业务能力培养，创新人才培养模式，本课题以培训预警成果为基础，总结新审查员从集中培训结束到独立上岗前的 18 个月期间遇到的典型问题，制订新审查员的业务能力提升培养规划，以提升新审查员的审查能力，引导其快速成长。

研究将 18 个月按时间划分为 7 个阶段，从调查问卷反馈、导师带教、质检、业务指导等角度收集机械、电学、化学三大领域审查员出现的问题，以现阶段审查员为样本，以实际案例为支撑，基于问题类型得到不同阶段的审查员典型问题榜单，通过问题变化趋势得出不同阶段的审查员业务能力提升需求，并从典型案例出发进行深入研究，分析问题产生的根源，探讨对应的培训及解决机制，包括各阶段、各领域审查员的培训课程体系和培训形式内容，以及相对应的建议措施，最后从时间轴的维度上制订新审查员独立上岗前的业务能力提升规划。

7. 课题名称：关于国标《知识产权文献与信息分类及代码》的修订研究

课题负责人：王玲

国家标准《知识产权文献与信息分类及代码》(GB/T 21373—2008)已实施 8 年之久，随着知识产权事业的不断发展，知识产权文献与信息的内容不断丰富。然而在实践中却发现，聚焦于事业新发展、研究新热点的文献，在《知识产权文献与信息分类及代码》(GB/T 21373—2008)中没有相对应的分类位置；同一类目下文献量较大，需进一步细分。因此，为使知识产权文献与信息的分类体系更加完整、清晰，且与知识产权事业发展、文献增长相适应，本课题对《知识产权文献与信息分类及代码》的修订进行了研究。在全面调研知识产权文献与信息发展与分布状况，深入分析标准存在的问题及应用情况的基础上，提出了修订原则和思路。修订主要从三个方面展开：一是增强各大类结构的一致性和类目设置的规律性；二是针对有发展变化、关注度高、文献量大的主题，新增和细化了相应的类目；三是对其他知识产权或相关保护主题下的类目，根据相应领域的发展状况，进行扩充和细化。

为使修订后的《知识产权文献与信息分类及代码》更好地发挥作用，课题组就宣传推广和应用提出了如下建议：开展使用研究，帮助用户深入理解标准内容及使用方法；进行分类成果展示，积极发挥示范引导的作用；争取知识产权协会的配合，促进标准的广泛应用；配合分类表编制相应的辅助应用工具，促进分类主题一体化应用及网络化应用。

8. 课题名称：专利复审、无效典型案例指导机制研究

课题负责人：葛树

当今世界，成文法和判例法两大法系互相借鉴，各取所长，融合的趋势愈加明显，国内外各法律适用部门对于判例、指导案例的应用都表现出广泛的关注和极大的热情。伴随着我国专利事业的蓬勃发展，专利复审和无效案件数量逐年上升，这些案件所涉及的法律问题几乎遍及专利法及其实施细则以及专利审查指南的方方面面。而专利复审委员会所作的决定无疑是对专利法律原则和精神所作的基础性运用和说明，凝聚着审查人员的心血与智慧，是促进我国专利制度不断健全、完善，专利事业不断向前发展的一份宝贵财富。但是，形式上，国家知识产权局没有发布类似欧洲专利局案例法的案例汇编；实质上，中国的专利审查中没有一套可以在业内引用作为争论依据的案例体系。对于专利从业者来说，专利审查的专业性使得他们对专利审查案例体系的期待超过其他领域，尤其是对于迅猛发展的新技术领域，获得专利审查部门的主流意见和观点直接影响着权利申请和维护策略。因此，我国在成文法传统的基础上，也应顺应这种趋势的发展，建立有中国特色的复审、无效典型案例指导制度，明确审查实务中应当遵循的案例指导原则。

本课题分为五个部分，旨在从两大法系的固有特点及国内外已有的案例指导制度出发，对案例指导制度的理论研究和实践状况进行评述，发掘其中与专利行政指导案例制度相类似的关于社会公众、创新主体、专利从业人员对指导案例的需求，探寻可以促进对专利法价值宣传、对社会产生参考意义的专利行政指导案例之路，以期能够为专利复审、无效典型案例指导机制的建立和实施提供理论依据和实践基础。

第一章从成文法、判例法的概念、特点、发展历史和现状四个方面入手，对两大法系进行介绍和比较，并以此为基础强调了在两大法系日益融合的今天，判例在成文法国家的法律体系中发挥着日益重要的作用。

第二章采用比较法分析研究了欧洲、美国、日本、韩国等局专利法律体系下的案例指导机制，并重点研究了欧洲的CASE LAW、美国的《专利审查程序手册》和日本的《审查手册》，从中提炼出值得我国借鉴的方式和措施。

第三章对我国司法系统和行政系统中案例指导机制的历史沿革及现状进行了分析，并着重分析了人民法院案例指导制度的效力定位、工作程序、应用现状和配套措施，以期从指导案例的产生和应用两个方面对复审、无效典型案例指导机制的建立和实施提出建议。

第四章立足我国国情，从完善法律体系、阐释法律价值和实际需求等视角出发，论述了建立和实施复审、无效典型案例指导制度的必要性，同时从发展潮流、历史文化、实践经验、基本条件等多方面、全方位地论证了建立和实施复审、无效典型案例指导机制的可行性。

第五章对专利复审、无效典型案例指导机制的具体构建提出建议：首先，结合目前我国的法制环境，课题组提出典型案例指导机制下的“典型案例”的内涵与效力定位；其次，从典型案例的入选条件、形成程序、具体编纂、配套措施等方面对典型案例指导机制的构成给出意见。

9. 课题名称：高效理解发明的智能辅助及实现路径初探

课题负责人：刘稚

本课题梳理理解发明在实质审查中的重要性以及现有的智能化辅助审查手段。通过系统自动录入案件基本信息，智能辅助提取发明的技术领域、技术问题、技术手段和技术效果这四要素，再经由智能辅助系统推送有助于理解发明的相关信息。审查员可通过详细浏览具体内容，进一步修正最能体现发明构思的技术四要素，进而可推送至创造性判断端口等继续审查。系统可以重复进行智能辅助推送，促使推送结果精准，久而久之实现系统自学习与自适应。

基于上述构思，本课题根据实际专利申请现状，将申请案件分为高校申请、大公司申请、PCT申请、系列申请以及通用案件申请等类型，系统针对不同的案件流程，设计不同的理解发明推送信息流程，推送不同侧重点的相关信息。在智能推送执行过程中，为了便于后续案件类型扩展更加灵活，系统采用模块化设计，包含五个大模块，每个模块下又包含若干子模块。

另外，课题分析了现有算法及国家知识产权局可利用的智能化资源，对该系统的实现可行性进行分析，并对该系统具体实现框架进行设计。

本课题从审查员实际工作角度出发，设计理解发明的智能辅助系统，实现理解发明的高效优化，帮助审查员站位本领域技术人员，提高理解发明的准确度，确保课题实用性。

10. 课题名称：专利审查资源助力专利密集型产业培育的工作模式研究

课题负责人：魏保志

课题对目前专利密集型产业的发展形势进行了分析，在对比国内外关于专利密集型产业确认方法的基础上，确定了我国专利密集型产业的认定标准；梳理了专利密集型产业对经济的影响、国内外专利密集型产业的培育现状以及我国专利密集型产业的政策措施。

本课题对我国专利密集型产业的专利服务需求进行了研究，对专利服务的重要作用以及我国专利服务的现状和服务主体的需求进行了分析；研究了专利密集型产业中技术跟随阶段、赶超阶段和引领阶段专利密集型产业的服务需求。

此外，课题还对专利密集型产业的发展路径及培育模式进行了研究，阐述了专利密集型产业的基本发展理论，研究了专利密集型产业的发展路径，分析了跟随路径、赶超路径和引领路径的适用对象和路径规律；提出了专利密集型产业在跟随阶段、赶超阶段和引领阶段分别采用突围式、跨越式和领跑式培育模式，分析了三种模式下的培育目标、政府培育行为和服务机构支持。

最后，本课题对国家知识产权局的专利审查资源、审查资源服务经济社会发展的业务范围进行了梳理，研究了审查资源的服务范围，提出了从专利审查环节通过差异化的审查周期、差异化的审查方式，从专利服务角度根据不同发展阶段的产业给予差异化的专利服务内容等方式助力专利密集型产业的培育。通过上述研究，提出了要建立健全产业培育工作机制，在国家知识产权局建立专利密集型产业相关机构，在京外专利审查协作中心设立专利保护中心以及在专利审查政策、专利密集型产业扶持政策等方面的调整建议。

（国家知识产权局学术委员会秘书处供稿）

国家知识产权局 2016 年度软科学研究成果

1. 课题名称：SS16－A－02 “一带一路”倡议下的知识产权制度协调机制研究

承担单位：同济大学

课题负责人：单晓光

本课题组通过国别研究分析了“一带一路”沿线国家知识产权制度现状，剖析了欧盟知识产权制度一体化的具体设计方案和美国通过经贸合作输出知识产权制度的有益经验。研究表明：我国亟需在“一带一路”沿线国家实施知识产权制度协调与一体化，以保障我国的产业输出。

课题组认为，在“一带一路”沿线国家

实施我国主导下的知识产权制度协调与一体化是“软联通”的重要内容，同时也是扩大中国话语权，构建相关区域国际规则的重要体现。尽管我国“一带一路”倡议已经得到许多国家的明确支持，但在知识产权协调和一体化方面仍存在许多障碍。比如，“一带一路”沿线国家大多是发展中国家，知识产权发展状况参差不齐，较少参与知识产权国际合作等。

课题组建议，实施“一带一路”知识产权制度协调与一体化可借鉴欧盟和美国经验。欧盟协调各国立法冲突，对内部大统一市场建立了专利、商标、版权的一体化制度。美国将知识产权保护制度与经贸合作挂钩，通过“特别301条款”等，对不保护美国知识产权的贸易国实施制裁。我国既要友好协商构建一体化的知识产权制度，同时也应设置相应制裁措施；应加强与“一带一路”沿线国家的知识产权教育合作，加强人员互访和交流。我国应注重通过高等教育，培养通晓“一带一路”沿线国家语言、政治和法律的人才，开展知识产权国际教育合作，与“一带一路”沿线国家开展专利人才培训和审查员交换计划等；通过各种双边、多边对话机制，鼓励、引导“一带一路”沿线国家加入相关知识产权国际条约，以获得更为广泛的对话基础。

2. 课题名称：SS16－A－03　我国知识产权保护和运用政策落实情况评估

承担单位：中国科协创新战略研究院

课题负责人：罗　晖

课题组选取了国家知识产权局2016年党组重点工作中关于知识产权运用和保护两大领域的重点工作作为评价对象，并结合近年重点工作事项，共确定一级评价点5个，二级评价点8个，重点了解政策和重点工作的执行落实情况、实施效果及存在的问题，提出了相应的对策建议。

课题组评估发现：(1)全国知识产权运营公共服务平台初步完成建设，六地知识产权运营基金陆续完成筹建，平台和基金有助于推动知识产权高效运营；(2)区域布局理论研究与试点工作取得初步进展，推动试点地区摸清创新资源分布；(3)知识产权质押融资和专利保险试点示范全面开展，广东、福建等地探索形成较好经验模式；(4)国家专利导航产业发展实验区聚焦特色产业，成为地方政府促进产业发展的重要抓手；(5)国家专利协同运用试点拓展到联盟与高校院所，促进行业专利信息资源利用和联合保护；(6)国家专利运营试点企业不断提升专利运营与服务能力，打造知识产权运营生态；(7)知识产权执法维权工作深入开展，重点产业领域维权效率得到较大提升。

课题组有以下五点建议：(1)通过政策引导和市场运营培育高价值专利；(2)加大对知识产权区域布局支持力度；(3)进一步发挥机构专业优势和政府引导作用，完善知识产权融资风险控制机制；(4)明确对专利导航试点的项目支持和培训指导；(5)强化维权援助机制和行政执法能力，加快推进完善相关法律制度，加大打击知识产权侵权假冒力度，推进行政和司法保护优势互补、有机衔接，着力构建知识产权大保护工作格局。

3. 课题名称：SS16－A－04　TPP知识产权规则及我国应对研究

承担单位：同济大学　四川超凡知识产权服务股份有限公司

课题负责人：张伟君　姜丹明

美国退出《跨太平洋伙伴协议（TPP）》谈判，使TPP形势发生变化，但不排除TPP规则将来对我国产生影响的可能性，比如纳入我国主导的《东亚区域全面经济伙伴关系协定（RCEP）》。因此课题组认为，即使我国目前没有国际义务向其他WTO成员方提供TPP标准的知识产权保护，我们仍需要客观冷静地看待TPP知识产权规则。TPP知识产权规则是美国、日本等发达国家继TRIPS后通过跨国自由贸易协定谈判来提高知识产权保护国际标准的最新成果，其很多规则在承继了 TRIPS 后制定的 WCT、WPPT、新加坡条约以及 ACTA 协定等知识产权国际条约的基础上，进一步强化了对知识产权权利人的保护，因此无疑具有 TRIPS Plus 的特征。

我国现行知识产权法与上述 TPP 知识产权规则还存在差距。建议通过如下举措应对 TPP 带来的挑战。首先，应正面宣传我国知识产权制度与 TPP 规则的总体一致性。其次，不排斥将 TPP 合理规则纳入我国主导的自由贸易协定。再者，完善和新的国际知识产权规则相适应的知识产权制度。在吸收、借鉴这些国际规则的时候，必须考虑我国实际国情，不能一味强化对权利人的保护，忽视对当事人之间权利义务的平衡和维护公共利益的需要。应当构建起一个全面、有效、平衡的知识产权执法机制。

4. 课题名称：SS16－B－05　供给侧结构性改革背景下知识产权大保护格局研究

承担单位：国家知识产权局知识产权发展研究中心

课题负责人：韩秀成

知识产权大保护工作格局，是指由不同知识产权保护要素有机组合构成的知识产权大保护工作体系。供给侧结构性改革背景下构建知识产权大保护工作格局是加快实施创新驱动发展战略的重大举措，是应对发达国家知识产权保护国际化的必然选择，是加强新业态、新领域创新成果知识产权保护的迫切要求，是提高我国知识产权保护水平的应有之举，也是加快政府职能转变的客观需要。

课题组建议，深化知识产权重点领域改革，实行更加严格的知识产权保护，平等保护各类市场主体知识产权合法权益，维护公平竞争的创新市场秩序，激发市场主体创新活力，促进经济社会持续健康发展。从知识产权保护的“点、线、面”的不同维度构建知识产权大保护工作格局的具体路径，包括提升知识产权的审查保护能力，完善知识产权的立法保护体系，加强知识产权的司法保护，健全知识产权的行政执法保护体系，完善知识产权保护的协调机制，建立知识产权纠纷多元解决机制，加强重点领域和关键环节的知识产权保护，培育知识产权保护的文化环境，加强知识产权的国际保护等。

5. 课题名称：SS16－B－06　面向中国制造 2025 的知识产权密集型产业培育研究

承担单位：江苏省专利信息服务中心　江苏省知识产权局

课题负责人：杨玉明　丁荣余

课题组对江苏省支持产权密集型产业培育路径进行了研究和设计，通过对江苏省专利密集型产业、版权密集型产业、商标密集型产业的统计方法进行深入分析，从 GDP、就业、科技创新投入、科技创新产出、对外出口等 5 个方面研究了江苏省知识产权密集型产业对经济的贡献情况。围绕《中国制造 2025》，以新材料产业、装备制造业、工业机器人产业为研究对象，对其产业发展、国内外相关产业以及产业重点领域进行了专利密集度的深入分析，明确产业发展方向。

课题组针对新材料产业、装备制造业、工业机器人分别提出了相应的培育路径，并针对知识产权密集型产业培育，提出了如下政策建议：深化对知识产权密集型产业培育的认识；优化财政科技投入结构；完善知识产权密集型产业培育体系；大力培育知识产权密集型产业；发展壮大知识产权密集型企业；加快建成知识产权密集型园区；推进重点产业知识产权联盟建设；打造知识产权密集型产业培育载体；促进知识产权与产业政策更紧密衔接；健全知识产权服务体系。

6. 课题名称：SS16－B－08　知识产权运营模式及全国知识产权运营体系建设研究

承担单位：中国科学院科技战略咨询

研究院 云南大学

课题负责人:宋河发

课题组对国内外代表性专利权运营活动和运营服务对比分析后发现,我国高质量专利权匮乏、法律保护有待提高、中介服务机构和专利资产运营机构能力不足、专利权人运营能力和意识低、市场化程度和国际化运营不足等问题还较为突出。

课题组认为,应该在厘清专利权运营是专利权人作为运营主体的商业活动,以及专利权运营是基于实施转化而衍生的一系列运营活动这两点的基础上,按照聚焦产业化运营而非商业化或资产化运营原则、分层次多元模式建设原则、市场和企业主导原则等,采取直接扶持专利实施转化的政策、支持发展专利资产运营公司、鼓励组建专利联盟、力促专利运营服务业发展、提高财政支持项目的专利权运营效能、落实专利质量提升工程、发展专利保险和形成全球化的专利权运营格局等措施,构建我国的全国专利权运营体系,扶持一批标杆型的企业、培育一批有影响力的专利资产运营公司,并进一步完善专利权运营服务平台。

7. 课题名称:SS16－B－10　互联网领域新商业模式知识产权保护实证研究

承担单位:中国专利保护协会

课题负责人:马维野

由于目前互联网新兴技术的生命周期比获得专利确权的周期还短,使得在产品周期内都难以获得专利确权和保护,也缺乏适应这种新兴产业模式发展需求的专利审查标准以及相关的专利审查技术人才储备来确保获得合适的专利授权保护范围,使得针对“互联网＋”产业的专利保护缺失问题易发、多发。同时,对新形态成果进行专利保护一方面会鼓励创新,但另一方面,如果不加以科学有效的管理和控制,则可能导致专利粗制滥造、诉讼泛滥,反而会阻碍创新。因此,针对商业模式等新形态的可专利性制定合理、明确且行之有效的保护规则和审查标准是非常迫切和必要的。

课题组认为,互联网领域新商业模式有以下几大特征。(1)对既有商业模式的颠覆。(2)对用户移动终端的依赖性。(3)可产生独特的价值。(4)操作简单、务实,切中市场痛点。区别于传统技术、思想表达方式的创新及工商业标记的显著性,新商业模式对于知识产权保护制度提出了不同的保护需求:新商业模式需要较短的授权周期;新商业模式的审查需要降低技术门槛;新商业模式的保护不是绝对禁止。

课题组针对互联网领域新商业模式知识产权保护提出如下意见建议。(1)调整涉及商业方法的发明专利申请的“技术方案”判断标准。(2)修改《专利审查指南》关于保护客体的相关规定。(3)在创造性审查中将商业规则特征和技术特征同等对待。(4)增加创造性审查中的辅助性判断标准。(5)提高互联网商业模式相关申请的审查效率。(6)建立快速审查通道,保证审查的质量和效率。(7)建立全新登记制度,单独保护互联网领域新商业模式创新。

8. 课题名称:SS16－B－13　中国企业在美知识产权风险防控研究

承担单位:中关村知识产权战略研究院

课题负责人:张汉国

本课题研究的目的在于帮助中国企业做好在美知识产权风险防控工作,降低面临的知识产权风险。

课题组认为,专利纠纷是中国企业在美国面临的主要知识产权风险。课题组对以专利为主导地位的知识产权风险进行了识别和分析,并以在海外会展、海外市场扩展中所产生的专利纠纷作为案例实践,以构建专利为主的知识产权风险清单,并主要以专利作为知识产权风险防控目标,进行政府和企业相关行为的风险防控体系的构建。

课题组从政府和企业层面提出措施建议。政府层面:建立中国知识产权海外维权中心;增强政府和企业的良性互动;内部政策对接和支持;加强与美国各界的沟通、交流和协调;设立海外知识产权维权援助服务基金;建设全国统一的知识产权海外信息服务平台;建立海内外知识产权服务机构、专家名录信息。企业层面:完善法务部门;做好专门信息搜集;提高自主创新能力;做好专利防范工作;积极应诉,寻求解决;合理利用美国规则;因地制宜,与相关企业联手;与行业组织合作交流等。

9. 课题名称:SS16－B－14　企业海外经营中知识产权风险防控能力提升研究

承担单位:国家知识产权局专利局专利审查协作湖北中心 武汉理工大学

课题负责人:郭　雯　刘介明

课题组研究认为,企业海外经营中的知识产权风险是指企业在海外经营过程中,由于某些知识产权侵权或被侵权行为的发生,可能导致知识产权侵权或被侵权,并带来侵权损失的不确定性。企业海外经营中的知识产权风险具有四个主要特点,即风险因素的复杂性、风险发生的高频性、风险后果的严重性和风险影响的国际性。本课题从企业海外知识产权风险的分析与防范能力、动态监控与预警能力、快速响应与持续改进能力三个方面探讨了企业海外经营中知识产权风险防控能力构成;从海外知识产权风险防控的意识、制度与流程、技术与方法、承受能力等四个方面系统分析了企业海外经营中知识产权风险防控能力的影响因素。

课题组提出了企业海外经营中知识产权风险防控能力提升的具体建议。(1)企业海外经营前,应实施全视角的知识产权风险分析与评估机制,提升事前防范能力。(2)企业海外经营中,需要建立海外知识产权风险的动态监控与预警机制,提升动态监控与预警能力。(3)企业应建立快速响应机制、相关预案库和经验库,提升企业应对海外知识产权风险的快速响应与持续改进能力。(4)在日常经营管理中,企业需要实施海外知识产权风险的全面管控,以提升风险管理能力和承受能力。

10. 课题名称:SS16－C－15　基于供给侧结构性改革的新型知识产权服务体系的构建

承担单位:广东省知识产权研究与发展中心 广东中策知识产权研究院

课题负责人:马宪民　吴汉东

课题组分析了供给侧结构性改革对知识产权服务业提出的三大要求,即提升知识产权的运用和转化能力、强化知识产权的保护和知识产权服务主体多元化,根据广东省的具体情况,提出了构建广东省知识产权服务业体系的建议。

一是完善知识产权服务业有关公共政策。包括知识产权及知识产权服务相关法律法规制度的完善,知识产权服务业相关标准体系的完善,以及推动知识产权服务业发展的政策性文件。

二是完善知识产权服务业有关机构建设。包括转变政府职能,发挥统筹能力和资源优势,提供知识产权公共服务;发挥行业协会作用,利用行业集中优势,实现资源共享和累积;鼓励支持专门的知识产权服务业机构建立、运营和发展,协助企业建立自己的知识产权管理服务机构。

三是提高知识产权服务供给能力。提升知识产权服务业从业人员水平,从国家和行业层面进行知识产权人才规划,有步骤、分层次地进行知识产权专门人才的培养;运用现代技术提高服务质量;建设知识产权服务平台,包括技术、人员、机构和工作流程的建设;组建相关行业协会和产业联盟,成立各行业知识产权服务协会;成立区域知识产权行业协会;成立跨区域的知识产权行业协会;培育知识产权服务业产业集聚等。

11. 课题名称:SS16－C－16　知识产权促进大众创业万众创新政策研究

承担单位:中国科学院大学

课题负责人:李玲娟

课题组对现有的与创新创业发展相关的知识产权法律、法规和政策进行了汇总，结合创新创业的成长路径及关键要素，从信息、平台、融资、税费、知识产权保护等方面探讨如何进一步完善支持大众创业、万众创新的知识产权政策体系。

课题组提出如下建议。(1)针对创业企业的知识服务：重新审视用户需求；重新定位政府角色；重新审视服务体系。(2)针对创业企业的知识产权融资：创新知识产权融资模式，推广投贷联动模式的试点，探索投贷联动模式不良贷款本金的分担补偿机制和比例；完善创业企业成长的信用环境，尤其是信用担保体系，完善创业企业评级体系，逐步实现多部门联网的信息共享体系；成立科技型中小企业信用再担保机构，经营科技型中小企业信用再担保业务。(3)针对创业企业的知识产权保护：提升创业企业的知识产权意识；强化对中小微企业知识产权的维权援助，引导和协助各行业成立各种形式的协会、联盟，鼓励行业协会和联盟设立企业知识产权维权的专门机构，支持中小微企业积极维护自身的知识产权权益；加大对知识产权侵权的打击力度，修改知识产权法律中的有关条款，提高侵权行为必须付出的代价；整合行政部门执法资源，强化执法力量，增加执法经费；加强知识产权公共服务机构的建设。(4)针对完善创业企业税费政策：明确项目认定部门、认定程序，建立健全项目认定工作机制。针对目前企业加计扣除项目认定工作不统一、不规范的现状，政府部门要加强联系和协作，共同解决好加计扣除前置环节中项目认定这一核心问题，确保项目认定的权威性、统一性和准确性；改进对限制性费用项目的规定，尽可能与会计核算原则、标准相匹配，尽可能在项目定义、计算口径等方面与会计核算原则及标准相匹配，达到基本一致；完善研发费用归集起止时间的规定；完善知识产权费用减免政策措施。

12. 课题名称：SS16－C－19　区域知识产权运营体系研究：效率评价与机制分析

承担单位：哈尔滨工程大学

课题负责人：陈　伟

课题组针对我国区域知识产权运用体系效率的影响因素进行了探究，将通过专家评议法等方法筛选出的影响因素分为高显著影响因素、一般显著影响因素和不显著影响因素三类。高显著影响因素有：企业规模要素、协同创新水平。一般显著性的影响因素有：市场竞争程度、政府扶持力度。不显著的影响因素有：知识资本水平、税收减免程度。课题组建议，应该从宏观和企业两个层面出发，通过对不同影响因素的控制，提升我国区域知识产权运营体系效率。

对提升我国区域知识产权运营体系效率，课题组建议：完善知识产权相关政策；建立市场导向型产学研合作新机制；大力推动我国区域知识产权协调发展；建立金字塔型知识产权服务平台；完善区域知识产权保护环境；增加企业知识产权开发能力；推进企事业单位成为知识产权创造运用主体；完善企业知识产权保护机制；提升知识产权协同创新水平。

13. 课题名称：SS16－C－20　长江经济带(区域)知识产权运营体系与平台建设研究

承担单位：中部知光技术转移有限公司 国家知识产权局专利局专利审查协作湖北中心 湖北省科技信息研究院

课题负责人：金明浩　张彦林

当前，长江经济带地区知识产权资源分配不均衡、运营转化效率不高、金融资源尚未形成合力、知识产权服务资源缺乏、产业技术转移方向重复度高，迫切需要畅通知识产权运营渠道，促进知识产权资源的优势互补，以形成产业多元化的错位发展格局。

课题重点研究以知识产权为导向的战

略性新兴产业如何在长江经济带进行承接，并结合产业链的特点，从投资主体、资本结构、契约治理等方面，探索构建长江经济带区域政府与社会资本合作的知识产权市场化运营路径，助推地方产业转型升级和供给侧结构性改革，构建长江经济带全价值链知识产权运营体系。

立足于国家技术转移中部中心和拟建设中的长江经济带知识产权运营中心的实践探索，课题组提出了助推创新驱动、产业融合、区域协同、开放合作的长江经济带知识产权运营平台建设路径。建议通过政府引导、地方配套带动社会资本投入，实现资本、信息、市场、人才和技术等要素的配置优化，搭起高校院所知识产权创造和企业知识产权运用的合作平台，聚集和培养一批高水平运营机构和专业知识产权人才，形成专利申请、评议、导航、预警、交易、运营、科技金融和产业孵化的全价值链服务体系，打造知识产权运营的良性生态系统。建设长江经济带知识产权战略实施组织领导机构，以运营基金与人才培养为切入点，搭建知识产权运营“增值服务”“引领提升”“运营转化”“权益环境建设”四个业务功能模块，建设长江经济带知识产权运营平台。

14. 课题名称：SS16－C－22　区域知识产权综合保护创新机制研究

承担单位：中国（江苏）知识产权维权援助中心　江苏省专利信息服务中心（江苏省知识产权维权援助中心）

课题负责人：杨玉明

本课题研究显示，目前我国知识产权保护机制存在以下问题：知识产权行政管理职能分散；知识产权保护机构与行政部门存在程序上的重复设置；知识产权保护机构之间在保护职能、管辖地域上存在交叉；知识产权保护与产业结合较弱。

针对上述问题，课题组提出应当建立以区域产业发展为基础，与产业相结合的新型知识产权综合保护创新机制，完善以快速协同的知识产权保护中心为具体工作组织的知识产权快速协同保护制度。（1）保护中心的职责，具体应包括快速审查、快速确权、快速维权、知识产权保护协作、专利导航与知识产权运营。（2）保护中心的地域配置，应选择性地在重点优势产业地区设立知识产权快速协同保护中心，优先选择国家知识产权局专利局专利审查协作分中心所在地。（3）保护中心应当明确与相关政府机构的分工与配合，保障各项保护工作的有效开展，形成协调、顺畅、高效的知识产权保护格局。（4）保护中心应参与和推动与商标、版权保护的联动与协调。（5）在人员配备方面，地市级保护中心的单一产业领域在外观设计类完成年度基本工作量最低为 10 人/年，发明、实用新型为 15 人/年，全类别的为 20 人/年，省级保护中心相关测算标准约为：地级市标准×下辖地级市数量/3。（6）保护中心应重点加强在快速审查和快速确权方面、快速维权方面和专利导航方面的网络数据库建设。

15. 课题名称：SS16－C－23　知识产权证券化交易配套制度研究——以武汉为例

承担单位：中南财经政法大学　武汉市科技局（武汉市知识产权局）

课题负责人：汪海粟

知识产权证券化、资本化已成为现代企业发展的必然选择之一，是科技型企业融资创新的重要模式，也是武汉金融科技创新的必然要求。从国内外知识产权证券化实践探索来看，知识产权证券化案例较少，但知识产权价值实现的方式，即“类知识产权证券化”方式却呈现出多样化趋势。

课题组研究发现，我国知识产权证券化交易配套制度尚需完善。由于我国知识产权证券化基础性配套制度（法律制度、风险隔离制度、信用评级和增级制度）和支持性配套制度（会计制度、税收政策和评估机制）存在若干问题，导致我国至今尚未出现典型意义上的大规模和高水平的知识产权证券化实践。

课题组设计出五种可在我国试点开展的知识产权证券化模式：网络版权证券化、“信用分享型”企业集群知识产权证券化、“信用共享型”产业集群知识产权证券化、军民融合型知识产权证券化和“高校知识产权银行”方案。

课题组认为，武汉有资源、有政策、有经验，可率先试点开展。以武汉为例开展知识产权证券化试点，可考虑以武汉知识产权交易所为载体推行网络版权证券化，以东风集团及其关联企业为对象实施“信用分享型”知识产权证券化，以武汉节能环保和动漫行业为对象实施“信用共享型”知识产权证券化，以中船重工和航天科工等在汉企业为对象进行军民融合知识产权证券化，以武汉大学、华中科技大学等高校为对象实施高校知识产权证券化方案。

16. 课题名称：SS16－C－24　设立“一带一路”地区跨境知识产权纠纷调解中心的探索与实践

承担单位：浙江理工大学

课题负责人：欧　丹

本课题以“一带一路”沿线国家及地区知识产权纠纷解决调解程序、仲裁程序及专家裁决程序等文献研究为基础，结合我国专利、商标及著作权等知识产权纠纷解决的特征和实际情况以及我国推动“一带一路”地区跨境知识产权保护合作的现实需求，提出成立“一带一路”地区跨境知识产权纠纷调解中心的构想。课题组认为，由于跨境知识产权纠纷解决的现实需求以及知识产权诉讼的客观局限，成立“一带一路”地区跨境知识产权纠纷调解中心具有积极的现实意义。“一带一路”地区跨境知识产权纠纷调解中心的核心任务是提供信息和技术服务，主要通过创设平台与制度，并提供基础信息服务、预警平台服务、援助平台服务等综合性辅助服务，为当事人与纠纷解决机构之间提供桥梁。

17. 课题名称：SS16－C－25　南亚国家知识产权环境研究——以巴基斯坦为例

承担单位：云南省科学技术发展研究院

课题负责人：路　娜

课题研究发现，巴基斯坦是南亚大国，与中国经济联系密切。巴基斯坦知识产权立法相对完善，现行的知识产权法律包括巴基斯坦知识产权组织法案（2012）、专利法（2000）、版权法（1962）（2000 年修订）、商标法（2001）、植物育种者权法（2016）、外观设计法（2000）和集成电路布图设计法（2000）。

巴基斯坦联邦政府设立了巴基斯坦知识产权组织和相关管理机构，对知识产权的保护和运用进行综合管理；同时设立知识产权法庭受理侵权诉讼案件，知识产权司法保护与行政保护并重，并制定国家知识产权战略和相关政策，致力于推进知识产权产品的创新与创造，促进对外贸易、经济发展和外商直接投资，以及本土企业的繁荣发展。在知识产权保护的过程中，申请与授权实行“先到先得”的原则，注重新颖性、创造性和工业应用性。巴基斯坦政府不断尝试有效管理来解决制度缺陷，知识产权注册管理机构的运作模式也快速向计算机化发展。然而巴基斯坦知识产权保护形势不容乐观，侵权行为依然肆虐。尽管作为 WIPO 的成员国，但巴基斯坦加入的由 WIPO 管理的国际公约却为数不多。

18. 课题名称：SS16－C－26　创新型国家知识产权环境研究——以以色列为例

承担单位：中国知识产权研究会

课题负责人：马秀山　张健佳

课题研究发现，以色列在知识产权的保护方面已经具备了比较完备的法律法规，并且这些法律法规基本上能够与国际规则接轨。但在某些具体的立法形式、保护内容、行政审批程序以及司法保护等方面与我国有着一定的差异。

在专利制度方面，以色列没有实用新型制度。以色列专利法规定了发明专利（主专利）和附属专利。附属专利是对授权的发明专利的修改或改进，其保护期限为原发明专利（主专利）的剩余期限。以色列的工业设计与我国的外观设计类似，但其为单独立法。工业设计的保护期为自申请之日起 5 年。该保护期可以被延长 2 次，每次延长 5 年。

商标制度方面，以色列的商标必须具备显著性，可以包含字母、数字、文字、图形、标记或其组合，平面和立体均可，任何语言的商标均可。以色列的商标注册包括单一国家注册以色列以及马德里国际注册指定以色列两种途径。需要注意的是，马德里申请指定以色列时，不能同时指定叙利亚，否则叙利亚会因政治原因下发驳回，且此驳回无法答复，申请自动无效。

著作侵权制度方面，以色列的著作权法是狭义的著作权法，即其中仅规定了狭义的著作权，邻接权规定在《表演者和广播者权利法，5744－1984》中。以色列著作权法中的著作权内容规定了著作权人的七种排他性权利以及精神权利，其基本内容与我国相似，但在分类方式上与我国略有不同。

以色列在知识产权保护方面采取的是以司法保护为主导的模式，同时辅以行政保护。尽管以色列是世界领先的创新型国家，商业竞争较为激烈，但以色列每年仅有 10 件左右的专利侵权诉讼案，1～2 个终审判决。以色列司法部是以色列知识产权行政保护的主要主管机关，下设专利局（也称专利、设计和商标办公室），负责专利、商标和工业设计的申请的受理和审查，是国家对知识产权行使保护与审批管理职责的部门。

19. 课题名称：SS16－C－28　京津冀知识产权保护协同模式研究

承担单位：国家知识产权局专利局专利审查协作天津中心

课题负责人：杨　帆

课题组通过文献研究与实证分析等方式，对京津冀知识产权保护协同问题进行了深入探讨。研究表明，京津冀三地知识产权保护协同驱动产业发展作用不明显，组织保障、区域定位、督导落实以及知识产权技术供给等方面还需要进一步落实。

课题组借鉴长三角、珠三角等国内跨区域知识产权协同机制，提出如下建议。设立根据京津冀一体化进程逐步调整的联席机构。北京定位创新，天津定位孵化，河北定位转型，分别打造知识产权保护协同特色区。建立京津冀高价值核心专利库，并定期发布状况报告，扶持运营和转化。建立联动协同机制，包括专利复审委员会与三地司法系统人员交流、交互式培训，向法院输出技术调查官，电子化管理共享确权信息资源，建立快速响应沟通机制。强化三地差异化维权手段，如减少维权机构服务范围与职能重叠，避免冲突。提高仲裁调解宣传力度，增加维权多元化渠道。在河北雄安新区建立京津冀知识产权保护中心。构建京津冀知识产权保护协同度评价指标体系，定期发布京津冀知识产权保护协同白皮书及舆情分析。电子平台提供知识产权保护资源获取统一入口，为协同保护工作提供基础保障。

20. 课题名称：SS16－C－29　大数据产业知识产权保护研究

承担单位：清华大学深圳研究生院

课题负责人：何　隽

近年，全球新增大数据创业企业和开展大数据业务的企业数量激增，产品和服务数量也随之增长，市场结构趋向完全竞争。要实现并深化大数据在各行业的创新应用，探索与传统产业协同发展新业态和新模式，就必须有一套完善的顶层设计和规划，必须建立起大数据技术及产业的知识产权保护规范。本课题对大数据技术和大数据产业遇到的知识产权保护问题进行全面分析，进而为相关法律政策的制定和实践提供建议。

课题组总结了大数据产业知识产权法律政策，详细论述了大数据产业知识产权相关的政策和法律状况，包括世界各主要国家的法律状况、国际组织的政策法律状况、我国现有的法律保护状况以及对与大数据相关的立法和司法动向的分析；重点分析了数据信息纳入知识产权保护客体的可能性，对我国适用被遗忘权进行探讨。对大数据产业知识产权保护，以数据处理过程为纵轴，对数据采集、存储、清洗、分析挖掘、可视化、安全与隐私等各环节进行分析，探讨了大数据产业各环节所面临的知识产权保护问题。对大数据与传统产业结合的知识产权保护，以传统产业类型为横轴，对大数据在各行业的应用进行分析，涉及大数据与金融行业、零售业、物流业和健康行业的结合，探析了新业态、新模式可能遇到的知识产权保护问题。

21. 课题名称：SS16－C－30　中医药国际化的知识产权保护策略研究

承担单位：北京市知识产权局　合享汇智信息科技集团有限公司

课题负责人：汪　洪

当前，中医药的国际化形势不容乐观，国际知识产权保护亟待加强。全球中医药领域专利申请量前四位的国家依次为中国、日本、韩国和美国。其中，日、韩、美三国均很重视专利的国际申请，而我国国内申请为97%，只有3%的专利是国际申请。据统计，我国中药有“进大于出”“量涨价低”的问题。结合专利分析可以看出，导致这种局面的原因主要包括我国企业的专利保护意识薄弱、不懂市场竞争中如何利用专利策略、FDA审批困难以及我国现行标准难与国际接轨。

课题组提出以下建议。(1)加强政策引导，采取措施提高企业的专利保护和国际化意识。加大扶持力度，采取专利申请资助和奖励措施，鼓励企业提高专利申请数量、注重专利质量和海外布局。可设立发明专利申请专项补助资金、提高发明专利奖奖励额度、PCT申请资助及涉外专利维权资助等。(2)专利策略应贯穿中医药国际化市场活动每个环节。应进行全面的专利检索和分析确定目标市场；产品出口前通过构建专利金字塔、PCT申请、专利技术引进等策略做好布局；兼并、收购时做好价值评估和尽职调查；通过检索谨防出口的侵权风险；利用专利奖项等荣誉扩大品牌宣传，提高国际品牌影响力。(3)利用专利作为FDA审定辅助支撑材料。针对FDA申请不同环节布局的专利类别应有不同的侧重：IND阶段主要布局产品和方法类基础专利；Ⅰ、Ⅱ、Ⅲ期临床试验阶段都应重视申请用途专利；Ⅲ期临床试验是中药上市的关键，在此阶段除重视用途专利外，还可补充布局一些质量控制技术方面的专利。此外，企业还可利用对技术的迭代升级获取专利延长期。(4)加强专利标准化以及标准国际化建设。可从建立严格的企业标准入手，实行国家和企业双重标准对技术进行把关；国家应尽快制定国际认定的中医药技术标准；企业应积极关注并参与中医药标准的制定，将专利权利要求融入其中；企业可设立小组或专员，专门负责管理国际市场的技术标准信息，提前应对我国中药出口时遭遇的技术壁垒。

22. 课题名称：SS16－D－31　知识产权学科建设及专业学位教育模式研究

承担单位：大连理工大学

课题负责人：贺高红

本课题研究分析了当前及未来一段时间内知识产权学科建设及知识产权专业人才发展的知识产权工作环境、教育政策环境、人才工作环境等面临的新形势、新情况，总结了国内高校知识产权学科建设和学历学位教育进展情况，查找了现阶段存在的不足与问题，对比了美国、英国等主要发达国家情况，通过大数据分析对知识产权学科演进历程进行了梳理，提出了知识产权学科建设的发展目标和路径。

课题组认为，积极推动增设知识产权专业学位是解决现阶段知识产权实务人才稀缺难题的有效途径，稳步推进知识产权学科建设是从根本上解决知识产权人才培养问题的长远目标。课题组建议：(1)积极推动增设知识产权硕士专业学位；(2)稳步推进知识产权学科建设，争取在法学、应用经济学等可与知识产权结合的一级学科下设置与知识产权相关的二级学科，形成相对成熟的知识产权二级学科群后，积极推动知识产权一级学科的设置；(3)构建包括学前教育、初等教育、高等教育、职业教育等在内的完整知识产权教育体系。

23. 课题名称：SS16－D－33　专利管理专业人员和专利信息分析专业人员职业能力标准研究

承担单位：中国国际技术智力合作公司

课题负责人：刘娴娴

课题研究发现，专利管理专业人才与专利信息分析专业人才职业能力标准的理论研究较为薄弱。研究认为，可以借助胜任力模型工具及其基本分类方法，结合"专利管理专业人员""专利信息分析专业人员"这两类职业群体对这一工具的可适用特征，对他们的通用能力、专业知识、专业技能，以及从业背景、从业资格水平、岗位活动等内容进行整理和概括，提炼出能够满足市场需求的职业能力指标。课题组为专利管理专业人员确定出30个能力项，专利信息分析专业人员确定出22个能力项；在此基础上，结合划分出的两类知识产权专业人员职业功能和工作内容，形成具有实践性的职业能力标准。

课题组提出以下政策建议。(1)试点推广知识产权专业人才职业能力标准，规范管理知识产权专业人才队伍。(2)研究制定《知识产权分类人才评价标准指南》，畅通知识产权专业人才职业晋升渠道，为个人职业能力发展提供重要的参考依据。(3)研究制定以能力素质为核心的人才培养、培训、职称评定制度，促进和提升专业人员的知识能力水平。(4)促进改革高校人才培养模式，改善课程标准体系设置，增强学生实践动手能力，使能力和知识更符合职业能力标准，助力高校培养出真正符合社会需要的实务型知识产权人才。

24. 课题名称：SS16－D－34　人才引进中的知识产权鉴定机制研究

承担单位：北京强国知识产权研究院

课题负责人：杨旭日

课题组梳理了人才引进中的知识产权鉴定机制在我国的发展历程，认为，我国的人才引进的知识产权鉴定机制受到现有的人才引进的组织制度、鉴定能力、人才不足等因素影响，迫切需要进一步深化人才体制机制改革，建立人才引进的知识产权鉴定机制。课题组提出人才引进中的知识产权鉴定机制的构建思路和框架，同时对国家千人计划、长江学者计划、江苏双创计划等重要人才引进计划进行实证分析，认为应从顶层设计、组织机制、管理办法、人才培养等方面改善制度环境，切实防控人才引进的知识产权风险。课题组建议：加强人才引进中的知识产权鉴定典型案例实证研究和舆论宣传；加强人才引进中的知识产权鉴定机制的理论研究和实证研究；大力推进重大经济科技活动知识产权评议机制的建立；加快知识产权信息资源基础设施建设；加快知识产权中介服务机构和人才建设。

25. 课题名称：SS16－D－36　医学院校知识产权学科建设研究

承担单位：复旦大学附属华东医院

课题负责人：李　铭

课题组通过问卷调查发现，我国医学人才普遍不了解医学知识产权保护的重要性，对如何进行医学知识产权成果转化存在困惑，医学知识产权成果流失现象严重。

课题组提出如下建议。(1)医学院校知识产权学科课程结构完善及体系构建。医学院校应构建综合性的医学知识产权教育结构体系，包含医药知识产权理论教育；构建针对性的医学知识产权课程结构体系；合理安排其知识产权学科的组织架构，以适应社会的需要；将实践课作为学科中必不可少的一部分。（2）医学院校知识产权课程内容及教学方法创新。完善我国医学院校知识产权学科建设；将普及性知识产权课程纳入必修课范围，且采取直接教学的方式，让医学院校的学生都能对普及性知识产权知识进行系统地学习；使用创新的知识产权课程教学方法，包括：必修课与选修课相结合式教学方法、案例教学法、从系统课程式教学转化为以问题为中心式教学、双师（多学科）多向互动式等教学方法，让学生对专业问题的研究更深入，对实务技能的掌握更直接、更娴熟。

26. 课题名称：SS16－D－37　知识产权金融人才培养及评价体系研究

承担单位：上海社会科学院部门经济研究所

课题负责人：刘　亮

课题研究发现，从学科背景上来看，我国知识产权金融人才具有较高的学历水平和专业素质。其中，只有少部分人认为理工科专业知识是知识产权金融人才所应具备的，在一定程度上反映出知识产权金融类人才对于理工类专业知识的忽视。我国知识产权融资类人才在学校期间所学课程主要为经济学、管理学及金融学的知识，其中涉及法律、知识产权的课程较少。目前我国还没有成型的、系统的知识产权金融人才评价体系。

课题组建议如下。（1）构建知识产权金融评价体系及能力素质标准。知识产权金融人才培养体系的构建应坚持科学性原则、多元性原则、体现差异性原则、过程性原则、人性化原则、明确性原则和动态性原则。在能力素质标准的构建方面坚持全面性原则和遵循人才成长规律原则。（2）创新知识产权金融教育体系及人才培养方法。包括建立政府、高校、企业和其他社会力量四位一体的知识产权金融人才教育体系；理论与实践、普及与专业并重的培养方法；师资适应教育，人才配合教育；加大运用案例教学法等。

27. 课题名称：SS15－B－05　新科技革命对专利制度的挑战研究

承担单位：中国社会科学院法学研究所

课题负责人：李顺德

课题研究认为，新科技革命对专利制度的挑战主要表现在以下几个方面：（1）对发明、实用新型、外观设计三种专利类型的立法模式和审查制度带来影响；（2）产业模式的变革，引起保护客体和审查标准的变化，对专利制度提出新的挑战；（3）在新兴领域出现诸如GUI的新型专利侵权纠纷，对知识产权保护提出新要求；（4）对商业模式等新业态创新成果的保护，在政策导向、审查标准、侵权诉讼等方面需要新突破。

课题组建议，加大知识产权侵权违法行为惩治力度，让侵权者付出沉重代价。进一步将专利制度融入经济社会发展大局，完善专利保护法律法规，增强法规政策的稳定性。具体来说，可从扩大实用新型和外观设计保护范围等方面入手，改进和完善现行制度，将实用新型、外观设计单独立法作为远期目标。对于同时涉及硬件和软件改进的创新方案，可以考虑放宽实用新型的保护客体；在智能制造方面，对于组合发明、转用发明以及涉及技术与非技术相互融合的发明，从严把握创造性审查标准。以强化专利行政执法手段为核心不断完善专利行政保护，从完善技术事实查明机制、制定专利诉讼证据规则、完善专利案件管辖制度等方面完善专利司法保护。对于新业态涉及的互联网、大数据、商业方法、算法相关的发明专利申请，应聚焦于保护客体和创造性高度两个方面改进审查。

28. 课题名称：SS15－B－07　运用委托一代理理论完善职务发明奖酬制度

承担单位：国家知识产权局知识产权发展研究中心　中国科学院科技战略咨询研究院

课题负责人：徐　慧　肖尤丹

本课题梳理了当前我国职务发明奖酬

制度建立及其与其他国家职务发明制度的比较，提出委托一代理理论在完善职务发明奖酬制度中的理论原理。课题组建议如下。(1)运用科学理论指导职务发明条例的制定明确职务发明奖励标准。(2)建立单位与发明人间平衡的职务发明收益权利分配机制，对我国职务发明奖酬标准的“法定标准”加“约定优先”模式应作适当调整和细化，为利益平衡提供可操作的评价机制，“法定标准”可参考日本专利法。(3)健全职务发明奖酬的程序保障和责任追究机制。包括建立职务发明申报制度，建立职务发明奖酬民主协商程序，建立保障职务发明人知情权、监督权和优先受让权的规定等。(4)加强对职务发明奖酬规定实施的指导和监督。

(国家知识产权局办公室供稿)

农业部 2016 年植物新品种保护学术成果

制定并颁布了《植物品种鉴定 DNA 标记法 总则》；研制完成《植物品种特异性、一致性和稳定性测试指南 花椰菜》等 9 个国家标准；《植物品种特异性、一致性和稳定性测试指南 冬瓜》等 4 个农业标准；研制完成《植物品种特异性、一致性和稳定性测试指南 苹果》等 7 个技术文件。

(农业部科技教育司供稿)

与知识产权有关的政府网站

国家知识产权局网

国家知识产权局网（http://www.sipo.gov.cn/）是国家知识产权局主办的政府官方网站，是国家知识产权局宣传知识产权工作的窗口，面向社会发布知识产权工作方针政策、相关法律法规、时政要闻、教育培训等信息，提供专利审查信息查询、专利公布公告查询、文件下载和在线咨询等服务，并设有局领导信箱、意见征求、网上信访等互动板块。

中国商标网

中国商标网（http://sbj.saic.gov.cn/）是国家工商行政管理总局网站（http://www.saic.gov.cn/）的下设子网站，是宣传商标注册、运用、保护和管理的官方网站，主要栏目包括工作动态、重要发布、商标品牌战略、商标申请、国际注册、商标查询、商标公告、网上申请、商标执法、地理标志、国际交流、商标权运用、商标代理、驰名商标、公众留言、统计信息等。

反垄断与反不正当竞争网

反垄断与反不正当竞争网（http://www.saic.gov.cn/fldyfbzdjz/）是国家工商行政管理总局网站（http://www.saic.gov.cn/）的下设子网站，该子网站是工商机关宣传反垄断与反不正当竞争执法成果的重要窗口，主要栏目包括工作动态、政策法规、国际交流、典型案例等。

国家版权局网

国家版权局网（http://www.ncac.gov.cn/）是国家版权局主办的综合性政务官方门户网站，于2000年9月30日开通。主要功能包括宣传版权工作方针政策，发布有关版权执法监管、软件正版化、社会服务、宣传培训、产业发展、国际交流等方面的工作信息，在线接收侵权盗版举报，普及版权相关法律知识，进行版权信息公开等。

中国扫黄打非网

中国扫黄打非网（www.shdf.gov.cn）是全国“扫黄打非”工作小组办公室主办的综合性政务官方门户网站，是全国“扫黄打非”工作小组办公室宣传“扫黄打非”工作的窗口。网站内容主要包括向社会公开相关政策法规、新闻资讯、市场监管、大案要案、专项行动、经验交流、地方工作等信息，还面向公众提供网上举报与在线查询等服务。

农业部植物新品种保护办公室网

农业部植物新品种保护办公室网（http://www.cnpvp.cn）面向社会发布植物新品种保护相关法律法规、申请流程、新闻资讯等信息，并提供农业植物新品种保护公告、保护名录等信息查询，以及申请表格、测试指南等文件下载和在线咨询等服务。

林业植物新品种保护网

林业植物新品种保护网(http://cnpvp.net/)是国家林业局植物新品种保护办公室建立的政府官方网站,网站内容主要包括相关政策法规、行业新闻、林业品种权公告、代理机构、保护名录、品种权判决等,还提供林业授权植物新品种数据检索服务。网站包括中英文两种语言版本。

中国林业知识产权网

中国林业知识产权网(http://www.cfip.cn)是由国家林业局科技发展中心主办、国家林业局知识产权研究中心承办的林业知识产权信息共享平台,2012 年开通。网站整合了国内外林业知识产权信息资源,建设了林业专利、植物新品种权、林产品地理标志、商标、著作权等知识产权基础数据库 15 个,累计信息量 65 万条。网站包含林业知识产权展示平台、试点示范、专利在线分析和知识产权宣传周等频道,向公众展示了林业知识产权的成果和最新进展,免费提供林业知识产权信息检索和数据共享服务。

海关总署知识产权网

海关总署知识产权网(http://www.customs.gov.cn/default.aspx? tabid=2559)是海关总署网站(http://www.customs.gov.cn/publish/portal0/)的下设子网站,是海关总署宣传知识产权海关保护的官方网站,介绍了知识产权海关保护的概念、中国海关保护知识产权的范围、中国海关对知识产权的依申请保护与依职权保护模式等。主要栏目包括执法动态、知识产权备案申请、公告栏和问题解答等,为社会公众了解海关知识产权保护状况提供了方便。

中国保护知识产权网

中国保护知识产权网(http://www.ipr.gov.cn/)于 2006 年 4 月 26 日开通,由商务部主办,设有中英文双版。中文版立足于商务部承担的职责,全面反映商务部在知识产权方面的各项工作动态和政策法规,为社会各界遵守世界各国知识产权制度与维护自身合法权益提供指导与帮助,为中国企业"走出去"提供服务。网站现已开通"新闻动态、知识产权国际合作、海外维权、政策法规、数据资料、案例数据库、在线咨询"等多个栏目,力图全方位多角度地为公众提供国内外最新的知识产权时事动态、海外维权预警信息等相关服务。

中国知识产权裁判文书网

中国知识产权裁判文书网(http://ipr.court.gov.cn)由最高人民法院政务网站统一管理,于 2011 年 4 月 25 日正式重新开通。该网站汇集了全国各级人民法院作出的知识产权裁判文书,是展示我国知识产权司法保护成果的重要窗口。

人民法院知识产权审判网

人民法院知识产权审判网(http://zscq.court.gov.cn)是最高人民法院网(www.court.gov.cn)的下设子网站,该子网站是人民法院宣扬知识产权司法保护成果的第一个官方网站。主要栏目包括工作动态、调查研究、司法政策、司法保护成果、案例分析、知识产权战略实施和域外知识产权司法等。

人民检察院案件信息公开网

人民检察院案件信息公开网(www.ajxxgk.jcy.gov.cn)是最高人民检察院深化检务公开,拓展公开的深度和广度,依托国家电子政务网络建立统一的人民检察院案件信息公开系统,通过多种方式向相关人员提供案件程序性信息查询服务,向社会公开重要案件信息和法律文书,以及办理其他案件信息公开工作。检察机关办理的侵犯知识产权刑事案件的相关信息可通过该网站查询获知。